böhlau

Detlef Brandes · Holm Sundhaussen · Stefan Troebst (Hg.)

LEXIKON DER VERTREIBUNGEN

Deportation, Zwangsaussiedlung und ethnische Säuberung im Europa des 20. Jahrhunderts

In Verbindung mit Kristina Kaiserová und Krzysztof Ruchniewicz

Redaktion: Dmytro Myeshkov

Böhlau Verlag Wien · Köln · Weimar

GEFÖRDERT VOM

Bundesministerium
für Bildung
und Forschung

GWZO

Geisteswissenschaftliches Zentrum
Geschichte und Kultur Ostmitteleuropas
an der Universität Leipzig

Der Beauftragte der Bundesregierung
für Kultur und Medien

Gefördert aus Mitteln des/der Beauftragten der deutschen Bundesregierung für Kultur und Medien, des deutschen Bundesministeriums für Bildung und Forschung und des Geisteswissenschaftlichen Zentrums Geschichte und Kultur Ostmitteleuropas an der Universität Leipzig (GWZO).

BM.W_F

Gedruckt mit Unterstützung durch das Bundesministerium für Wissenschaft und Forschung, Wien

Bibliografische Information der Deutschen Nationalbibliothek:

Die Deutsche Nationalbibliothek verzeichnet diese Publikation in der Deutschen Nationalbibliografie; detaillierte bibliografische Daten sind im Internet über http://dnb.d-nb.de abrufbar.

ISBN 978-3-205-78407-4

http://www.boehlau.at
http://www.boehlau.de

Umschlaggestaltung: Judith Mullan

Umschlagabbildung: © Agnieszka Gasior

Gedruckt auf umweltfreundlichem, chlor- und säurefrei gebleichtem Papier.

Druck: General Druckerei Szeged

Inhalt

Vorwort

Die moderne Geschichte Europas ist gleich derjenigen Afrikas und Asiens zu wesentlichen Teilen eine Geschichte ethnopolitisch motivierter und zumeist staatlich induzierter Zwangsmigration. Dies gilt vor allem für das 20. Jahrhundert, in dem Millionen Europäer im Zuge von „Bevölkerungsaustausch" über Staatsgrenzen hinweg gegen ihren Willen „transferiert" worden sind, binnenstaatlicher Zwangsumsiedlung unterlagen sowie Opfer von Deportation und Vertreibung wurden, sei diese nun „wild" oder „ordnungsgemäß und human" erfolgt. Diese Zwangsmigrationsprozesse, ihre Akteure und Opfer, Verlaufsformen und Wirkungen sind Gegenstand des vorliegenden Lexikons.

Wie stark das Vertreibungsgeschehen der ersten Jahrhunderthälfte im Gedächtnis der Europäer präsent ist, belegt die Blitzkarriere des Schlagworts „ethnische Säuberung": 1992 zu Beginn des Bosnien-Krieges geprägt, hat es sich binnen weniger Monate in sämtlichen Weltsprachen und Sprachen der Region durchgesetzt. Es hat dadurch die Erinnerung an Holocaust, GULag, Porrajmos (Ermordung der europäischen Roma im Dritten Reich), Holodomor (Hungerkatastrophe in der Sowjetukraine 1932/33), Aghet bzw. Yeghern (Genozid an den Armeniern im Osmanischen Reich 1915/16) und andere Völkermorde, Soziozide, Ethnozide und Gesellschaftsverbrechen sowie vor allem an die gigantischen erzwungenen Bevölkerungsverschiebungen in Mittel- und Osteuropa in den beiden Kriegsdekaden 1912–1922 und 1939–1949 neu belebt. Und regelrecht alarmierend auf die europäische Öffentlichkeit wirkte die gleichsam in medialer Echtzeit stattfindende Vertreibung von fast einer Million Kosovoalbanern durch serbische Sicherheitsorgane aus Rumpf-Jugoslawien nach Makedonien und Albanien im Frühjahr 1999. Als eine der wenigen Massenvertreibungen im Europa des 20. Jahrhunderts konnte dieses Verbrechen eines Staates an seinen Bürgern mittels Intervention von außen binnen weniger Monate fast vollständig rückgängig gemacht werden – ohne allerdings die anschließende Flucht und Vertreibung von Kosovoserben gänzlich aufhalten zu können.

Das vorliegende Lexikon versucht zum einen, dieses gewaltige Vertreibungsgeschehen anhand des derzeitigen (teilweise lückenhaften und nicht selten kontroversen) Forschungsstands abzubilden, zum anderen Schneisen zu Analyse, Kategorisierung und Periodisierung zu schlagen. Entsprechend sind die 308 Lemmata in vier Gruppen unterteilt, und zwar in betroffene Ethnien in ihren Heimat- und Aufnahmeländern bzw. -regionen; zentrale Pläne, Konferenzen, Beschlüsse und besondere Maßnahmen; Akteure (Personen, Organisationen) und zentrale Begriffe; sowie Ausblicke auf Erinnerungskultur und Geschichtspolitik. Insgesamt lassen sich fünf große zeitlich-räumliche Komplexe erkennen, nämlich Südosteuropa zwischen dem Beginn des Ersten Balkankriegs und der Konferenz von Lausanne (1912–1923); die Sowjetunion in den 1930er und 40er Jahren; die vom nationalsozialistischen Deutschland und seinen Verbündeten sowie Satellitenstaaten im

Zweiten Weltkrieg beherrschten Regionen; Ostmitteleuropa nach dem Zweiten Weltkrieg; sowie Jugoslawien und seine Nachfolgestaaten in den 1990er Jahren. Überdies werden die gleichfalls im Kontext ethnischer Purifizierung zu sehenden Menschheitsverbrechen des Völkermords an den Armeniern, Juden und Roma in jeweils einem Beitrag behandelt – auch wenn dies sicher keine völlig befriedigende Antwort auf Karl Schlögels Frage, „Wie spricht man über Verbrechen im Schatten eines anderen Verbrechens?"[1] darstellt.

Die zeitliche Eingrenzung auf das 20. Jahrhundert ist der historischen Perspektive geschuldet: Die zahlreichen Nationsbildungsprozesse im multiethnischen östlichen Europa des 19. Jahrhunderts haben zur Erosion der Imperien dieser Region sowie im Zuge der Kriegsdekade 1912–1923 zu einem regelrechten Staatsbildungsschub geführt – mit der Folge dramatischer Bevölkerungsverschiebungen. Zugleich ist festzuhalten, dass es natürlich auch früher vergleichbare Vorgänge gegeben hat, etwa zwischen den Imperien von Zaren und Sultanen während und infolge des Krimkrieges 1853–1856 oder die Vertreibung der sephardischen Juden aus Spanien ab 1492. Aber nach Aufwertung der Ethnizität zum staatsbildenden Prinzip erhielten die Vertreibungen eine neue Intensität.

Der im Lexikon zugrunde gelegte Europabegriff ist ein weiter, da er Levante und Kaukasus (und damit Teile des Osmanischen Reichs bzw. der Türkei) miteinschließt, desgleichen die asiatischen Bestandteile von Zarenreich bzw. Sowjetunion und Russländischer Föderation, partiell auch der Gemeinschaft Unabhängiger Staaten, umfasst. Darüber hinaus weist der Band insofern auch eine außereuropäische Komponente auf, als die Destinationen der in und aus Europa Vertriebenen nicht selten in Übersee lagen.

Bezüglich der mit Blick auf das konkrete Geschehen häufig schwierigen Abgrenzung von Vertreibung als Resultat äußeren Zwangs einerseits und Flucht als Ergebnis eigener Initiative andererseits wurde nach der Regel verfahren, dass primär als Flucht einzustufende Zwangsmigrationsbewegungen nicht aufgenommen wurden. Entsprechend finden sich keine separaten Lemmata etwa zu den Flüchtlingen aus dem Griechischen Bürgerkrieg der Jahre 1946–1949 oder zu den 1956 aus Ungarn und 1968 aus der ČSSR Geflohenen. Dass diese Abgrenzung indes nicht immer präzise vorgenommen werden kann und dass in der juristischen Diskussion neuerdings auch „Fluchtverursachung als völkerrechtliches Delikt" gewertet wird[2], war den Herausgebern dabei wohlbewusst.

Generell haben sich die Herausgeber von folgenden Grundsätzen leiten lassen:

1. Obwohl Deutschland wegen des Umfangs der vom NS-Staat initiierten und von Deutschen erlittenen Vertreibungen einen wichtigen Platz einnimmt, werden alle Zwangs-

1 Karl SCHLÖGEL, Nach der Rechthaberei. Umsiedlung und Vertreibung als europäisches Problem, in: Vertreibungen europäisch erinnern? Historische Erfahrungen – Vergangenheitspolitik – Zukunftskonzeptionen. Hg. Dieter BINGEN/Włodzimierz BORODZIEJ/Stefan TROEBST. Wiesbaden 2003, 11–38, hier 12 (= Veröffentlichungen des Deutschen Polen-Instituts Darmstadt, 18).

2 Katja S. ZIEGLER, Fluchtverursachung als völkerrechtliches Delikt. Die völkerrechtliche Verantwortlichkeit des Herkunftsstaates für die Verursachung von Fluchtbewegungen. Berlin 2002.

migrationen in Europa gleichgewichtig behandelt, sofern der Forschungsstand dies zulässt.
2. Um Beiträge wurden über 100 Autoren gebeten, von denen eine sachliche und übernationale Analyse der einzelnen Vertreibungsvorgänge zu erwarten war.
3. Da sich das Lexikon an eine breite politisch-historisch interessierte Öffentlichkeit wendet, sollten die Beiträge nicht nur wissenschaftlich fundiert, sondern auch in einer allgemeinverständlichen Sprache abgefasst sein.
4. Um die Anschlussfähigkeit des Lexikons an den Forschungsprozess zu gewährleisten, sind die einzelnen Lemmata mit bibliographischen Hinweisen versehen.

In diese bibliographischen Angaben wurden zentrale wissenschaftliche Werke (vor allem Monographien und Sammelbände) aufgenommen – primär in westlichen Sprachen, aber auch Standardwerke in den jeweiligen National- und Regionalsprachen. Berücksichtigt wurde dabei vor allem die neuere Forschung. Bei der Zitierweise hat sich die Redaktion an dem ebenfalls im Böhlau Verlag erschienenen „Lexikon zur Geschichte Südosteuropas" orientiert.

Einer möglichst guten Erschließung der Inhalte des Lexikons dienen die Querverweise sowie ein Index, der neben den Personen- und geographischen Namen auch die wichtigsten Sachverhalte enthält.

Die Bezeichnungen in kyrillischer Schrift sind nach den Regeln der deutschen wissenschaftlichen Transliteration wiedergegeben. Für die im Deutschen eingebürgerten Ortsnamen wird die deutsche Schreibweise verwendet, in Klammern jedoch die jeweilige landesübliche Schreibung bei der ersten Erwähnung angegeben. Für ehemalige deutsche Ortschaften in den Ländern Ost- und Südosteuropas werden für die Zeit bis zum 1. 1. 1946 die deutschen, danach die Bezeichnungen in den jeweiligen Sprachen verwendet. Für Ortschaften im ukrainisch-polnischen Grenzgebiet gilt die Potsdamer Konferenz als zeitliche Trennungslinie. Die Bezeichnungen ethnischer Gruppen wurden vereinheitlicht – mitunter mit der Folge des Verzichts auf gängigere Benennungen in den Lemmatatiteln: statt „Bessarabiendeutsche" siehe z. B. unter „Deutsche aus Bessarabien". Dies wird im Index aufgeschlüsselt. Alle Daten vor 1918 werden auch für das Russische Reich nach dem Kalender neuen Stils angegeben. Während die Schreibweise von „Slaven, slavisch", „Magyaren" vereinheitlicht wurde, blieb es den Autoren überlassen, die Bezeichnung „Kosovo" mit oder ohne Artikel zu schreiben bzw. die Form „Kosova" zu wählen. Wie in jedem Nachschlagewerk wurden aus Platzgründen Abkürzungen verwendet, doch wurde versucht, dadurch die Lesbarkeit der Texte möglichst wenig zu beeinträchtigen.

Dieses Lexikon findet eine profunde Ergänzung in dem soeben in deutscher Übersetzung erschienenen polnischen Atlas der Aussiedlungs-, Vertreibungs- und Fluchtbewegungen von Polen, Juden, Deutschen und Ukrainern auf dem Territorium Vor- wie Nachkriegspolens in den Jahren 1939–1959.[3] Ebenfalls außerordentlich hilfreich zur

3 Atlas Zwangsumsiedlung, Flucht und Vertreibung. Ostmitteleuropa 1939–1959. Hg. Witold SIENKIE-

Thematik ist Paul Magocsis bewährter historischer Atlas zur Geschichte Ostmittel- und Südosteuropas[4] sowie der auf das 20. Jahrhundert beschränkte Atlas von Richard und Ben Crampton[5]. An thematisch wie regional verwandten Nachschlagewerken ist hinzuweisen auf das von Wolfgang Benz herausgegebene „Lexikon des Holocaust“ sowie auf andere Sammelwerke zum Völkermord an den Juden,[6] ferner auf die von Klaus J. Bade initiierte und 2007 erschienene „Enzyklopädie Migration in Europa“[7], die historisch weiter zurückgeht, jegliche Art von Migration behandelt und bereits in zweiter Auflage vorliegt, desgleichen auf Karl Cordells und Stefan Wolffs konzise „Ethnopolitical Encyclopedia of Europe“[8] sowie auf Gerhard Seewanns und Péter Dippolds „Bibliographisches Handbuch der ethnischen Gruppen Südosteuropas“[9]. Hinzu kommen das genannte „Lexikon zur Geschichte Südosteuropas“[10], dessen zweite Auflage unmittelbar bevorsteht, sowie die von Richard Frucht herausgegebene „Encyclopedia of Eastern Europe. From the Congress of Vienna to the Fall of Communism“ zum Zeitraum 1815–1989[11] und das von Valerij A. Tiškov edierte Nachschlagewerk „Die Völker Russlands“[12]. Bezüglich der Fachliteratur ist auch weiterhin auf die „Klassiker“ der 1940er Jahre, nämlich auf Eugene M. Kulischer[13] und Joseph B. Schechtman[14], zu verweisen, desgleichen – neben zahlreichen neueren Sammelwerken – auf die monographischen Versuche von Andrew Bell-Fialkoff, Norman M. Naimark, Michael Mann und Benjamin Lieberman.[15]

WICZ, Grzegorz HRYCIUK. Warszawa 2009. Zur polnischen Ausgabe vgl.: Wysiedlenia, wypędzenia i ucieczki 1939–1959. Polacy, Żydzi, Niemcy, Ukraińcy. Atlas ziem Polski [Aussiedlungen, Vertreibungen und Fluchtbewegungen 1939–1959. Polen, Juden, Deutsche, Ukrainer. Atlas der Gebiete Polens]. Hg. DIES. Warszawa 2008.

4 Paul Robert MAGOCSI, Historical Atlas of Central Europe. Revised and Expanded Edition. Seattle/WA 2002 (= A History of East Central Europe, 1).

5 Richard and Ben CRAMPTON, Atlas of Eastern Europe in the Twentieth Century. London, New York 1996.

6 Lexikon des Holocaust. Hg. Wolfgang BENZ. München 2002. Vgl. auch: Dimension des Völkermords. Die Zahl der jüdischen Opfer des Nationalsozialismus. Hg. DERS. München 1991 (^{2}1996).

7 Enzyklopädie Migration in Europa. Vom 17. Jahrhundert bis zur Gegenwart. Hg. Klaus J. BADE/Peter C. EMMER/Leo LUCASSEN/Jochen OLTMER. Paderborn u. a. ^{2}2008.

8 The Ethnopolitical Encyclopedia of Europe. Hg. Karl CORDELL/Stefan WOLFF. Basingstoke 2004.

9 Bibliographisches Handbuch der ethnischen Gruppen Südosteuropas. Hg. Gerhard SEEWANN/Péter DIPPOLD. 2 Bde. München 1997.

10 Lexikon zur Geschichte Südosteuropas. Hg. Edgar HÖSCH/Karl NEHRING/Holm SUNDHAUSSEN. Wien, Köln, Weimar 2004 (= utb 8270).

11 Encyclopedia of Eastern Europe. From the Congress of Vienna to the Fall of Communism. Hg. Richard FRUCHT. New York/NY, London 2000 (= Garland Reference Library of Social Sciences, 751).

12 Narody Rossii. Ėnciklopedija [Die Völker Russlands. Eine Enzyklopädie]. Hg. V. A. TIŠKOV. Moskva 1994.

13 Eugene M. KULISCHER, Europe on the Move: War and Population Changes, 1917–1947. New York/NY 1948. Siehe auch DERS.: The Displacement of Population in Europe. Montreal 1943.

14 Joseph B. SCHECHTMAN, European Population Transfers 1939–1945. New York/NY 1946 (^{2}1970); DERS.: Postwar Population Transfers in Europe 1945–1955. Philadelphia/PA 1962.

15 Andrew BELL-FIALKOFF, Ethnic Cleansing. New York/NY 1996; Norman M. NAIMARK, Fires of Hatred.

Den Vorschlag zu einem solchen Lexikon hat erstmals Holm Sundhaussen im Dezember 2002 auf einem internationalen wissenschaftlichen Kolloquium zum Thema „Ein Europäisches Zentrum gegen Vertreibungen. Historische Erfahrungen – Erinnerungspolitik – Zukunftskonzeptionen" in Darmstadt gemacht.[16] Im März 2004 fand diese Idee dann Eingang in die „Bonner Erklärung ‚Europäisches Netzwerk: Zwangsmigration und Vertreibung im 20. Jahrhundert'"[17] – mithin zu einer Zeit, als die deutschen, polnischen und tschechischen Debatten nationaler und bilateraler Art transnational-(zentral-)europäische Wirkung zeitigten.[18] Dass die Idee bereits sechs Jahre später realisiert ist, geht an erster Stelle auf die Bereitschaft zahlreicher Fachkolleginnen und -kollegen aus einem Dutzend europäischer Länder zur Mitwirkung sowie auf deren Disziplin und Pünktlichkeit zurück. Ihnen sei dafür ebenso herzlich gedankt wie den Übersetzern: Die Texte aus dem Polnischen wurden von Heidemarie Petersen, Christian Prüfer und Severin Gawlitta, diejenigen aus dem Russischen von Natalie Kromm übersetzt. Etliche Übersetzungen aus diesen Sprachen, desgleichen aus dem Englischen und dem Tschechischen wurden überdies von Herausgebern und Redakteuren erstellt.

Die Herausgeber danken der Behörde des Beauftragten der deutschen Bundesregierung für Kultur und Medien, dem Europäischen Netzwerk Erinnerung und Solidarität, dem Geisteswissenschaftlichen Zentrum Geschichte und Kultur Ostmitteleuropas an der Universität Leipzig (GWZO) sowie dem deutschen Bundesministerium für Bildung und Forschung für großzügige finanzielle Förderung, desgleichen der Heinrich-Heine-Universität Düsseldorf für die Bereitstellung der Infrastruktur. Dem österreichischen Teil des Böhlau Verlages, hier vor allem Eva Reinhold-Weisz, ist für sachkundige verlegerische Betreuung zu danken. Madlen Benthin von der Universität Leipzig hat dankenswerterweise

Ethnic Cleansing in Twentieth-Century Europe. Cambridge/MA 2001 (dt. Übers.: Flammender Hass. Ethnische Säuberung im 20. Jahrhundert. Aus dem Amerikanischen von Martin Richter. München 2004); Michael MANN, The Dark Side of Democracy: Explaining Ethnic Cleansing. Cambridge 2004 (dt. Übers.: Die dunkle Seite der Demokratie: Eine Theorie der ethnischen Säuberung. Aus dem Englischen von Werner Roller. Hamburg 2007); Benjamin LIEBERMAN, Terrible Fate: Ethnic Cleansing in the Making of Modern Europe. Chicago/IL 2006.

16 Holm SUNDHAUSSEN, Diskussionsbeitrag, in: Vertreibungen europäisch erinnern? (wie Fn. 1), 303.

17 Bonner Erklärung „Europäisches Netzwerk: Zwangsmigration und Vertreibung im 20. Jahrhundert", in: Zwangsmigration und Vertreibung – Europa im 20. Jahrhundert. Hg. Anja KRUKE. Bonn 2006, 33–36, hier 34.

18 Pamięć wypędzonych. Grass, Beneš i środkowoeuropejskie rozrachunki. Antologia tekstów polskich, niemieckich i czeskich [Das Gedächtnis der Vertriebenen. Grass, Beneš und mitteleuropäische Abrechnungen. Eine Anthologie polnischer, deutscher und tschechischer Texte]. Hg. Piotr BURAS/Piotr M. MAJEWSKI. Warszawa 2003; Agnieszka ŁADA, Debata publiczna na temat powstania Centrum przeciw Wypędzeniom w prasie polskiej i niemieckiej [Die öffentliche Debatte zum Thema der Errichtung des Zentrums gegen Vertreibungen in der polnischen und deutschen Presse]. Wrocław 2006; Vertreibungsdiskurs und europäische Erinnerungskultur. Deutsch-polnische Initiativen zur Institutionalisierung. Eine Dokumentation. Hg. Stefan TROEBST. Osnabrück 2006 (= Veröffentlichungen der Deutsch-Polnischen Gesellschaft Bundesverband e. V., 11).

das Endlektorat übernommen, Marie-Thérèse Mrusczok vom GWZO die Endkorrektur. Und ganz besonderer Dank gebührt Dmytro Myeshkov als Redakteur, der nicht nur ein vielköpfiges, mehrsprachiges, multidisziplinäres und internationales Autorenteam koordiniert und zur rechtzeitigen Manuskriptabgabe angehalten, sondern sämtliche Texte redigiert, zahlreiche neu geschrieben, etliche übersetzt und viele selbst verfasst hat.

Die ebenso intensive wie reibungsarme Kooperation mit den Verfasserinnen und Verfassern der Lemmata – mehrheitlich Zeithistorikerinnen und -historiker – sowie innerhalb des deutsch-polnisch-tschechischen Herausgebergremiums kann als weiterer Beleg dafür gewertet werden, dass die „Ökumene der Historiker" (Karl Dietrich Erdmann[19]) gleich den anderen in diesem Band vertretenen „Ökumenen" von Völkerrechtlern, Politikwissenschaftlern, Ethnologen u. a. zu einer konstruktiven Bearbeitung des weiterhin sperrigen, politisierten und somit brisanten Themas Vertreibung in der Lage ist. Zu hoffen steht, dass auch die nationalen Öffentlichkeiten sowie die politischen und intellektuellen Eliten Europas bald nachziehen.

Nachschlagewerke wie das vorliegende haben nicht zuletzt ihres Bezuges auf die jüngere Vergangenheit sowie ungleichmäßiger Forschungsstände wegen eine kurze Halbwertzeit. Die Herausgeber sind daher für Hinweise, Vorschläge und Kritik außerordentlich dankbar (per Mail an den Leipziger Mitherausgeber Stefan Troebst unter troebst@uni-leipzig.de), und dies nicht zuletzt mit Blick auf geplante Übersetzungen ins Polnische, Tschechische und in weitere europäische Sprachen sowie auf eine mögliche zweite, verbesserte und erweiterte Auflage.

Gewidmet ist dieses Buch unserem akademischen Lehrer und Kollegen Hans Lemberg (1933–2009) – profunder Kenner der Geschichte des östlichen Europa, kritischer Analytiker ethnischer Säuberungen im Ostmitteleuropa des 20. Jahrhunderts sowie Mitarbeiter am Lexikon –, dem die Herausgeber gleich zahlreichen Autoren in vielfältiger Weise verbunden sind.

Düsseldorf, Berlin, Leipzig, Ústí nad Labem und Wrocław im März 2010

19 Karl Dietrich Erdmann, Die Ökumene der Historiker. Geschichte der Internationalen Historikerkongresse und des Comité International des Sciences Historiques. Göttingen 1987.

Autorenverzeichnis

A. D.	Adam Dziurok (Katowice)
A. G.	Arkadij German (Saratov)
A. K.	Andreas Kossert (Warszawa)
A. R.	Adolat Rachmankulova (Toshkent)
A. Rog.	Arsenij Roginskij (Moskau)
A. S.	Andrej Savin (Novosibirsk)
A. St.	Alexa Stiller (Bern)
A. T.	Aleksej Tepljakov (Novosibirsk)
Á. T.	Ágnes Tóth (Budapest)
A. v. A.	Adrian v. Arburg (Praha)
A. W.	Andreas Wiedemann (Praha)
B. B.	Boris Barth (Konstanz/Bremen)
B. K.	Beate Kosmala (Berlin)
B. L.	Bernard Linek (Opole)
B. S.	Brunhilde Scheuringer (Salzburg)
C. B.	Carl Bethke (Leipzig)
C. G.	Constantin Goschler (Bochum)
C. K.	Claudia Kraft (Erfurt)
C. K.-S.	Christiane Kohser-Spohn (Tübingen)
C. L.-G.	Carolin Leutloff-Grandits (Graz)
C. P. S.	Clemens P. Sidorko (Basel)
C. V.	Christian Voß (Berlin)
D. B.	Detlef Brandes (Düsseldorf/Berlin)
D. H.	Detlef Henning (Lüneburg)
D. J.	Dirk Jachomowski (Schleswig)
D. K.	Dušan Kováč (Bratislava)
D. M.	Dietmar Müller (Leipzig)
Dm. M.	Dmytro Myeshkov (Düsseldorf)
D. N.	Dietmar Neutatz (Freiburg i. Br.)
D. P.	Dieter Pohl (München)
D. S.	Dittmar Schorkowitz (Halle/Saale)
E. H.	Elke Hartmann (Berlin)
E. J.	Egbert Jahn (Mannheim)
E. K.	Evangelos Karagiannis (Zürich)
E.-M. A.	Eva-Maria Auch (Bonn)
E. N.	Esther Neustadt (Wuppertal)

Edm. N.	Edmund Nowak (Opole)
E. O.	Erwin Oberländer (Bonn)
E. P.	Edvin Pezo (Regensburg)
F. B.	Florian Bieber (Canterbury)
F. W.	Falk Wiesemann (Düsseldorf)
G. H.	Grzegorz Hryciuk (Wrocław)
G. K.	Georgia Kretsi † (Berlin)
G. S.	Günter Schödl (Berlin)
Grz. S.	Grzegorz Strauchold (Wrocław)
H.-C. D.	Hans-Christian Dahlmann (Warszawa)
H. H.	Hans Hautmann (Wien)
H. He.	Hans Hesse (Hürth)
H.-J. H.	Hans-Joachim Heintze (Bochum)
H. K.	Herbert Küpper (München/Regensburg)
H. L.	Hans Lemberg † (Marburg)
H. M.	Helmut Müssener (Uppsala)
H. S.	Holm Sundhaussen (Berlin)
H. St.	Harry Stossun (Ratzeburg)
I. H.	Isabel Heinemann (Freiburg i. Br.)
I. R.-R.	Isabel Röskau-Rydel (Kraków)
J. N.	Julia Nietsch (Brüssel)
J. O.	Jochen Oltmer (Osnabrück)
J. R.	Joachim Rogall (Stuttgart)
J. T.	Joachim Tauber (Lüneburg)
J. V.	Jitka Vondrová (Praha)
K. B.	Katrin Boeckh (München/Regensburg)
K. Br.	Karsten Brüggemann (Tallinn)
K. C.	Konrad Clewing (Regensburg)
K. E. F.	K. Erik Franzen (München)
K. G.	Konrad Gündisch (Oldenburg)
K.-G. M.	Karl-Georg Mix (Lübeck)
K. J. B.	Klaus J. Bade (Osnabrück)
K. K.	Kristina Kaiserová (Ústí nad Labem)
K. L.	Kateřina Lozoviuková (Liberec)
K. M. Z.	Krzysztof Marcin Zalewski (Warszawa)
K. R.	Krzysztof Ruchniewicz (Wrocław)
L. G.	Luca Guido (Düsseldorf)
L. K.	Łukasz Kamiński (Warszawa)
M. B.	Mathias Beer (Tübingen)
M. C.	Marina Cattaruzza (Bern)

M. G.	Michael Garleff (Oldenburg)
M. Gett.	Marek Getter (Warszawa)
M. G. E.	Michael G. Esch (Düsseldorf)
M. H.	Mariana Hausleitner (Berlin)
M.-J. C.	Marie-Janine Calic (München)
M. K.	Markus Krzoska (Gießen)
M. Kr.	Marita Krauss (Augsburg)
M. R.	Małgorzata Ruchniewicz (Wrocław)
M. Rut.	Maria Rutowska (Poznań)
M. S.	Michael Schwartz (Berlin)
M. T.	Michael Toennissen (Düsseldorf)
M. Z.	Michael Zimmermann † (Essen)
N. B.	Nikolaj F. Bugaj (Moskau)
N. G.	Nikolaj Gladkich (Moskau)
N. M.-N.	Norbert Mappes-Niediek (Graz)
O. B.	Oleh Bazhan (Kyïv)
O. L.	Otto Luchterhandt (Hamburg)
P. A.	Pertti Ahonen (Edinburgh)
P. K.	Pekka Kauppala (Espoo)
P. P.	Pavel Poljan (Moskau/Freiburg i. Br.)
P. R.	Pierre Rigoulot (Nanterre)
Ph. T.	Philipp Ther (Florenz)
R. B.	Rainer Bendel (Tübingen)
R. L.	Ruth Leiserowitz (Berlin)
R. S.	Rolf Steininger (Innsbruck)
R. W.	Rolf Wörsdörfer (Darmstadt)
S. G.	Severin Gawlitta (Essen)
S. I.	Stefan Ihrig (Cambridge)
S. K.	Sergej Krasil'nikov (Novosibirsk)
S. M.	Stephan Müller (Wien/Budapest)
S. T.	Silke Törpsch (Berlin)
St. C.	Stanisław Ciesielski (Wrocław)
St. G.	Stefan Guth (Bern)
St. T.	Stefan Troebst (Leipzig)
T. G.	Tomasz Głowiński (Wrocław)
U. B.	Ulf Brunnbauer (Regensburg)
V. A.	Viorel Achim (Bucureşti)
V. D.	Vasile Dumbrava (Leipzig)
V. Dönn.	Victor Dönninghaus (Freiburg i. Br.)
V. K.	Viktor Krieger (Heidelberg)

V. S.	Viktorija Sarnova (Novosibirsk)
V. Z.	Volker Zimmermann (Praha)
W. B.	Wolfgang Bosswick (Bamberg)
W. F.	Wolfgang Freund (Saarbrücken)
Z. F.	Zuzana Finger (Kirchseeon)
Z. J.	Zoran Janjetović (Belgrad)

Abkürzungsverzeichnis

a.	auch
Abs.	Absatz
adm.	administrativ
akad.	akademisch
alb.	albanisch
allg.	allgemein
allrussl.	allrussländisch
antisem.	antisemitisch
Art.	Artikel
aserb.	aserbaidschanisch
ASSR	Autonome Sowjetische Sozialistische Republik
b.-h.	bosnisch-herzegowinisch
BBIOst	Berichte des Bundesinstituts für Ostwissenschaftliche und Internationale Studien
Bev.	Bevölkerung
Bez.	Bezeichnung
bez.	bezüglich
brit.	britisch
bspw.	beispielsweise
bulg.	bulgarisch
d. i.	das ist
db.	deutschbaltisch
demogr.	demographisch
demokr.	demokratisch
dgl.	dergleichen
dt.	deutsch
e. V.	eingetragener Verein
Einw.	Einwohner
ehem.	ehemalig
einschl.	einschließlich
elsäss.	elsässisch
engl.	englisch
ethn.	ethnisch
ethnogr.	ethnographisch
europ.	europäisch
evang.	evangelisch

evang.-luth.	evangelisch-lutherisch
faschist.	faschistisch
finn.	finnisch
Frst.	Fürstentum
frz.	französisch
geb.	geboren
gen.	genannt
geogr.	geografisch
gest.	gestorben
griech.	griechisch
GG	Grundgesetz
GG.	Generalgouvernement
Gouv.	Gouvernement
GUS	Gemeinschaft Unabhängiger Staaten
ha	Hektar, Hektare
Hrzgt.	Herzogtum
hist.	historisch
ideolog.	ideologisch
i. d. R.	in der Regel
inkl.	inklusive
internat.	international
ISSSR	*Istorija SSSR* [Moskau]
it.	italienisch
JBfGOE	*Jahrbücher für Geschichte Osteuropas* [Regensburg]
Jg.	Jahrgang
Jh. (e)	Jahrhundert(e)
jüd.	jüdisch
Jug.	Jugoslawien
jug.	jugoslawisch
kath.	katholisch
Kgr.	Königreich
komm.	kommunistisch
KP	kommunistische Partei
Kr.	Kreis
kroat.	kroatisch
KZ	Konzentrationslager
landwirt.	landwirtschaftlich
lat.	lateinisch
MA	Mittelalter
ma.	mittelalterlich

männl.	männlich
milit.	militärisch
Mio.	Million, -en
Mrd.	Milliarde, -n
N	Norden
NO	Nordosten
NRW	Nordrhein-Westfalen
n. St.	neuer Stil
NW	Nordwesten
nördl.	nördlich
O	Osten
o. g.	oben genannt
OI	*Otečestvennaja Istorija* [Moskau]
OKW	Oberkommando der Wehrmacht
orth.	orthodox
osm.	osmanisch
osteurop.	osteuropäisch
ökon.	ökonomisch
östl.	östlich
österr.	österreichisch
PB	Politbüro
Pl.	Plural
polit.	politisch
poln.	polnisch
Prof.	Professor
rd.	rund
relig.	religiös
resp.	respektive
revol.	revolutionär
RM	Reichsmark
röm.-kath.	römisch-katholisch
RR	*The Russian Review* [Lawrence/Kan.]
RSFSR	Russländische Sozialistische Föderative Sowjetrepublik
rum.	rumänisch
ruth.	ruthenisch
russ.	russisch
russl.	russländisch
russlanddt.	russlanddeutsch
S	Süden
s.	siehe

schwed.	schwedisch
serb.	serbisch
SMAD	Sowjetische Militäradministration in Deutschland
SNK	*Sovet narodnych komissarov,* Rat der Volkskommissare
SW	Südwesten
slowak.	slowakisch
slowen.	slowenisch
sog.	so genannt/e/er/en
sowj.	sowjetisch
SO	Südosten
soz.	sozial
sozialdemokr.	sozialdemokratisch
SSR	Sowjetische Sozialistische Republik (Sozialistische Sowjetrepublik)
sudetendt.	sudetendeutsch
südl.	südlich
territ.	territorial
tschech.	tschechisch
tschechoslowak.	tschechoslowakisch
türk.	türkisch
u.	und
UÇK	*Ushtria Çlirimtare e Kosovës,* Kosovo-Befreiungsarmee
ukr.	ukrainisch
ung.	ungarisch
usf.	und so fort
u. a.	unter anderem/und andere
v.	von
v. a.	vor allem
v. Chr.	vor Christus
v. H.	von Hundert
vgl.	vergleiche
VI	*Voprosy istorii* [Moskau]
VKP(b)	*Vsesojuznaja kommunističeskaja partija (bol'ševikov)* Kommunistische Allunionspartei (Bolschewiki)
volksdt.	volksdeutsch
VR	Volksrepublik
W	Westen
WRV	„Weimarer Reichsverfassung"
westl.	westlich
1. Wk.	Erster Weltkrieg
2. Wk.	Zweiter Weltkrieg

wirt.	wirtschaftlich
wiss.	wissenschaftlich
ZfG	*Zeitschrift für Geschichtswissenschaft* [Berlin]
Zivilbev.	Zivilbevölkerung
ZK	Zentralkomitee
z. T.	zum Teil
zw.	zwischen

Ägypter. Ä. (alb. *Egjiptas*, serb. *Egipćan*) sind eine kleine alb. bzw. serb. sprechende ethn. Minderheit in Kosovo. Ihre Selbstbez. erscheint in Kosovo zum ersten Mal 1990, als im Anschluss an die im makedonischen Ohrid am 24. 6. 1990 durchgeführte Gründungsversammlung des Ä.-Vereins im Oktober 1990 in Prishtina der Kosovo-Zweig gegründet wurde. Beide Vereine zählten je 5.000 Mitglieder. 1992 folgte die Gründung des Vereins der Ä. in Albanien, der aber erst 1997 offiziell anerkannt wurde. Am 26. 9. 1998 schlossen sich die einzelnen Zweige in Ohrid zum „Verein der Balkanägypter" zusammen.

Die Ä. wurden bis dahin für assimilierte Roma (→R. aus Kosovo) gehalten. Da sie muslimisch sind, bezeichnete sich ein Teil v. ihnen in den Volkszählungen als Albaner. Die Bewegung der Ä. postulierte in Abgrenzung zu den Roma u. →Ashkali, dass sie v. ägyptischen Soldaten abstammten, die bereits im 4. Jh. v. Chr. im Gefolge der Truppen Alexanders des Großen auf den Balkan kamen. Dieser Mythos erhob den ausdrücklichen Anspruch, im Besitz der ältesten Siedlungsrechte in Kosovo zu sein. Die Ä. verwiesen darauf, dass sie in der Zeit des Weströmischen Reiches, Byzanz' u. des Osm. Reiches eine wiederholte Erwähnung fanden.

Wissenschaftliche Unterstützung für die Untermauerung ihrer eigenständigen Identität erhielten die Ä. von zwei serb. Wissenschaftlern, dem Arabisten Rade Božović u. dem Ethnologen Miodrag Hadži-Ristić. Eine Verstärkung erhielt die Identitätsbildung auch durch das Buch über die Volkskultur der Ä. von Stojan Risteski, das 1991 in Ohrid erschien.

Die Ä. forderten, in der Volkszählung 1991 als eigene Gruppe anerkannt zu werden. In Makedonien wurden 3.307 Ä. gezählt. Serbien veröffentlichte nur die vorläufigen Ergebnisse, in denen die Ä. nicht erwähnt wurden. In Kosovo brachte die Volkszählung wegen des alb. Boykotts ohnehin keine zuverlässigen Ergebnisse, zumal sich die Mehrheit der Ä. den Albanern anschloss u. die Zählung boykottierte. Aus einer internen Quelle wurde die Zahl 5.881 bekannt. Die Albaner verhielten sich zur Schaffung einer Gruppe von Ä. ablehnend, weil sie auf das Wohlwollen der serb. Machthaber stieß. Die Vertreter der Roma zogen die ägyptische Identität ebenso in Zweifel.

Die Ä. führten neben ihrer Herkunft zur Abgrenzung v. den Roma an, dass ihr Bildungsniveau u. ihr Lebensstandard höher seien als bei den Roma aber auch als bei den Albanern. Im Gegensatz zu den Roma sind sie sesshaft, leben in den Stadtzentren u. gehen qualifizierten Berufen nach.

Durch ihre polit. Nähe zur serb. Verwaltung setzten sich Ä. zusätzlich auch v. den alb. sprechenden Ashkali ab. Bisher wurden sie oft als eine ethn. Gruppe angesehen. Ein polit. Führer der Ä. nahm auf serb. Seite an den Verhandlungen in Rambouillet teil.

Die meisten Ä. lebten im Westkosovo, v. a. in der Stadt Gjakova (serb. Đakovica), wo ihre Zahl vor dem Krieg zusammen mit den Roma u. Ashkali auf 10.000 Personen geschätzt wurde u. nach dem Krieg etwa 7.000 Personen betrug. Ähnlich wie die Roma u. Ashkali wurden die Ä. nach dem NATO-Einmarsch im Juni 1999 unter dem Vorwand der →Kollaboration mit den Serben schweren Repressalien ausgesetzt, infolge derer sie flüchteten. Nach den Erhebungen der Gesellschaft für bedrohte Völker wurden Roma und Ä. aus 27 Orten vertrieben, u. es wurden etwa 14.000 Häuser zerstört (→Kosovo als Vertreibungsgebiet).

Zahlreiche Ä. flohen nach Montenegro, wo zum 1. 12. 1999 vom Kommissariat für Binnenvertriebene 917 Ä. gezählt wurden, sowie nach Zentralserbien u. in die →Vojvodina. Ohne Dokumente haben sie einen erschwerten Zugang zu den staatl. Leistungen, u. der hohe Anteil v. gering qualifizierten Personen in der Gruppe der binnenvertriebenen Ä. zieht eine weitere soz. Marginalisierung nach sich.

Nach eigenen Angaben leben über 30.000 Ä. außerhalb des Kosovo, u. zwar in Makedonien, Montenegro, Serbien, Italien, Deutschland u. in der Schweiz. Zum 31. 12. 2004 bezifferte das Bundesamt für Migration u. Flüchtlinge die Zahl der Kosovo-Ä., die sich als abgelehnte Asylbewerber in Deutschland aufhalten, mit 1.883. Seit Mai 2005 finden Rückführungen statt.

Zu den prominenten Ä. zählen der aus Makedonien stammende Wissenschaftler Rubin Zemon, Vorsitzender des Balkan-Vereins der Ä., Cerim Abazi vom Verein der Kosovo-Ä. und die kosovarischen Parlamentsabgeordneten Bislim Hoti u. Xhevat Neziri.

Lit.: Kosovo Roma and Ashkali Forum, Our Position 2006, *Position Paper* 1 (2006) (http://www.osce.org/documents/odihr/2006/12/23321_en.pdf, Stand 11. 7. 2008); G. Duijzings, Religion and the Politics of Identity in Kosovo. London 2000; E. Marushiakova/V. Popov, New Ethnic Identities in the Balkans: The Case of the Egyptians, *Facta Universitatis, Series: Philosophy and Sociology* 2/8 (2001), 465–477; Die Kosova-Ägypter, in: Kosova (erschien als *Vielfalt. Zeitschrift für bedrohte Völker* 34 [2000]), 6–8 (http://www.gfbv.ch/pdf/03-00-034.pdf, Stand 25. 5. 2009); Minderheiten im Kosovo, *Der Einzelentscheider-Brief. Informationsschnelldienst für Einzelentscheider* 8 (2005). Hg. Bundesamt für Migration und Flüchtlinge.

Z. F.

Aktion „Swallow". Mit dem Decknamen „Swallow" (v. engl. „Schwalbe") wurde die Aussiedlung der dt. Bevölkerung östl. von Oder u. Lausitzer Neiße in die →brit. Besatzungszone Deutschlands bezeichnet, die 1946 durchgeführt wurde. Dies war Bestandteil der kraft des Potsdamer Abkommens der Alliierten (→Konferenz von Potsdam) begonnenen organisierten Massenaussiedlung der Deutschen aus →Polen. Die Prinzipien der Aktion wurden erst Anfang Januar 1946 festgelegt. Ein poln.-britisches Abkommen in dieser Angelegenheit wurde am 14. 2. 1946 geschlossen. Die sowj. Seite gab ihre Zustimmung zum Transit der Aussiedlertransporte durch die →sowjetische Besatzungszone sowie zur Abkoppelung der Transporte durch die Briten bereits an der poln. Grenze. Laut Abkommen sollten in erster Linie Deutsche aus der ehem. freien Stadt Danzig sowie aus Westpommern u. Niederschlesien ausgesiedelt werden. Weiterhin wurden tägliche Obergrenzen der Aussiedlungen festgelegt, die je nach Region zw. 1.000 u. 4.000 Personen pro Tag betrugen. Zur Vorbereitungsphase zählte auch die Bestimmung der Transporttrassen, die v. Stettin nach Bad Segeberg u. von Kaławsk (Kohlfurt, heute Węgliniec) nach Mariental u. Alversdorf führten. Ebenfalls wurden eine Seeroute nach Lübeck u. eine Eisenbahnroute nach Friedland geplant. Aus mehreren Personen bestehende brit. Vertretungen bezogen Stellung in Stettin u. Kaławsk. Auf poln. Seite wurde die Aktion v. dem für die →Repatriierung der Deutschen zuständigen Generalbevollmächtigten (poln. *Główny Pełnomocnik*) des →Ministeriums für die Wiedergewonnenen Gebiete geleitet. Technisch wurde sie vom Staatlichen Repatriierungsamt (poln. *Państwowy Urząd Repatriacyjny*, PUR) durch dessen zahlreiche lokale Außenstellen abgesichert. Eine ministerielle Anweisung zum Verlauf der Aussiedlungen sah eine eintägige Mitteilungsfrist zur Ankündigung der Ausreise vor u. erlaubte die Mitnahme v. persönlichem Gepäck (40 kg einschl. Lebensmittel für 2 Wochen), persönlichen Schmuckstücken sowie 500 RM. Der übrige Besitz wurde beschlagnahmt. Die Anweisung sah weiterhin vor, dass in erster Linie Stadtbewohner, Arbeitslose sowie bei privaten Arbeitgebern beschäftigte Personen entfernt werden sollten. Sog. Spezialisten, die in einigen Wirtschaftsbereichen gebraucht wurden, sowie bei den sowj. Kommandanturen beschäftigte Deutsche sollten vorerst nicht ausgesiedelt werden. Die lokalen Behörden bemühten sich darum, die Kranken, Alten u. Arbeitslosen so schnell wie möglich loszuwerden u. die Arbeitsfähigen so lange wie möglich zu halten. Auf den v. den Deutschen verlassenen Höfen sollten unverzüglich poln. Siedler angesiedelt werden, auch um das Hab u. Gut vor der Zerstörung durch die enteigneten Besitzer u. vor Diebstahl zu schützen, was jedoch nur teilweise gelang. Nach dem Verlassen der Wohnungen gelangten die Aussiedler zu Sammelpunkten, wo Kontrollen durchgeführt, die Ausreisedokumente ausgegeben u. die Transporte gebildet wurden. Das Personal dieser Punkte bestand größtenteils nur aus Deutschen. Unter den Aussiedlern wurden Kommandanten der Transporte u. der einzelnen Waggons ernannt. Die poln. Behörden gewährleisteten den bewaffneten Schutz der Transporte durch Soldaten des Korps für innere Sicherheit (poln. *Korpus Bezpieczeństwa Wewnętrznego*). Der Transport bestand aus Güterwaggons, die für den Transport v. Menschen umgerüstet werden sollten, ausgestattet mit Öfen, Lebensmitteln u. Heizmaterial für mehrere Tage. Fälle, bei denen diese Bedingungen nicht eingehalten wurden, führten zu Protesten u. Interventionen der brit. Seite, v. a. bei Aussiedlungen während der kalten Jahreszeiten. Es kam zu Erfrierungen u. Todesfällen aufgrund fehlender medizinischer Hilfe. Der erste Transport im Rahmen der A. „S." fuhr bereits am 20. 2. 1946 aus Niederschlesien ab. Ende des Monats wurden die ersten Züge auf der Trasse aus Stettin abgefertigt. Im Frühling 1946 nahm die Aktion an Intensität zu. Bis Ende Juli 1946 wurden 1 Mio. Menschen in die brit. Besatzungszone ausgewiesen, die meisten v. ihnen aus Niederschlesien. Im Juli 1946 erzwangen die Briten eine Begrenzung der Anzahl der Transporte bis auf drei u. bald darauf auf nur zwei pro Tag. Die Gründe hierfür lagen in den wachsenden Schwierigkeiten bei der Unterbringung der Aussiedler. Ende Dezember 1946 wurde die Annahme der Transporte eingestellt. Bis zu diesem Zeitpunkt waren 1,2 Mio. Menschen aus Polen in die brit. Besatzungszone Deutschlands ausgesiedelt worden. Für ihre Aufnahme war die dt. Verwaltung verantwortlich, die unter der Kontrolle der Briten agierte. Es wurden eintausend Übergangslager eingerichtet (die meisten in Nordrhein-Westfalen u. Schleswig-Holstein). Die dort herrschenden Bedingungen waren sehr hart. Vor allem anfangs fehlte es an Lebensmitteln, Medikamenten u. Kleidung.

Lit.: M. ZEIDLER, Kriegsende im Osten. Die Rote Armee und die Besetzung Deutschlands östlich von Oder und Neiße 1944/45. München 1996; Ph. THER, Deutsche und polnische Vertriebene. Gesellschaft und Vertriebenenpolitik in der SBZ/DDR und in Polen 1945–1956. Göttingen 1998; A. R. HOFFMANN, Die Nachkriegszeit in Schlesien. Gesellschafts- und Bevölkerungspolitik in den polnischen Siedlungsgebieten 1945–1948. Köln 2000; „Unsere Heimat ist uns ein fremdes Land geworden ...". Die Deutschen östlich von Oder und Neiße 1945 bis 1950. 4 Bde. Hg. W. BORODZIEJ/H. LEMBERG. Marburg 2000–2004; B. NITSCHKE, Vertreibung und Aussiedlung der deutschen Bevölkerung aus Polen 1945 bis 1949. München 2003; S. JANKOWIAK, Wysiedlenie i emigracja ludności niemieckiej w polityce władz w latach 1945–1970. Warszawa 2005; S. SIEBEL-ACHENBACH, Niederschlesien 1942 bis 1949. Würzburg 2006.

K. R.

Aktion „Ullmann". Als A. „U." wird die Auswanderung dt. Sozialdemokraten aus der →Tschechoslowakei in die →amerikanische Besatzungszone im Jahre 1946 bezeichnet. Benannt ist sie nach Alois Ullmann (1888–1957), ehemals Angehöriger des Parteivorstands der Dt. Sozialdemokr. Arbeiterpartei (DSAP) sowie Sekretär der ATUS (Arbeiter Turn- u. Sport-Union). Nach Kriegsende organisierte U. in der Tschechoslowakei die Tätigkeit der sudetendt. Sozialdemokraten u. deren Aussiedlung nach →Deutschland, denn obwohl Antifaschisten (→dt.sprachige A.: Aussiedlung aus der Tschechoslowakei) gegenüber der übrigen dt. Bevölkerung bevorzugt behandelt werden sollten, waren viele v. ihnen Repressalien ausgesetzt u. war der DSAP eine offizielle polit. Betätigung verboten. Zunächst gelangten im Oktober u. November 1945 zw. 4.000 u. 6.000 v. a. aus dem Bezirk Tetschen (Děčín) stammende Personen in vier Transporten nach Thüringen. Sie durften Kleidung, Wäsche u. Hausrat mit sich führen. Da aber danach eine weitere Aussiedlung v. Sozialdemokraten in die →sowj. Besatzungszone (SBZ) nicht mehr möglich war, konzentrierten sich die Bemühungen der A. „U." auf Bayern. Nachdem 1945 insbesondere sudetendt. Kommunisten in Sondertransporten in die SBZ übergesiedelt waren, erlaubte ein Beschluss der tschechoslowak. Regierung vom 15. 2. 1946 die Ausreise v. Antifaschisten zusätzlich in die amerikanische Besatzungszone, um den „Okkupationsorganen in Deutschland eine wirksame Unterstützung bei der Bildung demokratischer Verhältnisse" zu gewähren. Abhängig v. den Transportmöglichkeiten durfte bewegliches Eigentum mitgeführt werden, zurückgelassener Besitz war zu verzeichnen u. Bevollmächtigten zu übergeben. Die Vereinbarungen sind allerdings von tschechoslowak. Stellen offensichtlich nicht immer eingehalten worden. Die Tschechoslowak. Sozialdemokr. Partei war offiziell für die Auswanderung der dt. Sozialdemokraten zuständig u. stellte ein Büro für die A. „U." bereit, der die tatsächliche Durchführung oblag u. deren Bezirks- u. Kreisbetreuungsstellen mit der Organisation vor Ort betraut waren. In München koordinierte eine Betreuungsstelle die Aufnahme der Aussiedler, zusätzlich waren Beauftragte in Stuttgart u. Wiesbaden sowie Vertrauensleute in den Zielgebieten tätig. Von Anfang Mai bis Ende November 1946 kamen unterschiedlichen Angaben zufolge zw. 73.125 u. 82.600 Personen, in erster Linie Sozialdemokraten, in die amerikanische Besatzungszone. Die meisten Ausgesiedelten wurden in Bayern, die anderen in Hessen u. in Württemberg aufgenommen. Die A. „U." ist wiss. kaum erforscht, es dominieren Darstellungen v. Beteiligten.

Lit.: E. Werner, Die Antifa-Transporte in den Westen, in: Odsun. Die Vertreibung der Sudetendeutschen. Begleitband zur Ausstellung. Hg. Sudetendeutsches Archiv. München 1995, 277–298.

V. Z.

Aktion „Weichsel" (poln. *Akcja „Wisła"*). Ein Deckname für die im Jahre 1947 durchgeführte Operation zur Zwangsumsiedlung der ukr. Bevölkerung aus den südöstl. Gebieten →Polens in die sog. →Wiedergewonnenen Gebiete. Im Herbst des Jahres 1946 nach Beendigung der Umsiedlungsaktion der ukr. Bevölkerung aus den Gebieten der Wojewodschaften Lublin, Rzeszów u. Krakau (Kraków) in die Ukr. SSR sollten sich laut damaligen zu niedrig angesetzten Schätzungen etwa 15.000 bis 20.000 Ukrainer auf dem poln. Gebiet befinden. Trotz der Umsiedlungen waren etwa 1.500 bewaffnete Partisaneneinheiten der Ukr. Aufstandsarmee (ukr. *Ukraïns'ka Povstans'ka Armija*, UPA; →Ukr. A. und Polen in der Westukraine) weiter aktiv. Um die widerständische, verbliebene ukr. Unabhängigkeitsbewegung zu vernichten u. die mit der UPA sympathisierende lokale Bev. zu entfernen, erwogen die poln. Behörden Ende 1946 bis Anfang 1947 die Möglichkeit einer Zwangsumsiedlung der verbliebenen Ukrainer in die schwach besiedelten, v. der ausgesiedelten dt. Bevölkerung verlassenen westl. und nördl. Gebiete Polens. Als Vorwand zur Durchführung der Aktion diente der Tod des am 28. 3. 1947 v. der UPA in Jabłońki im Bieszczady-Gebirge in einem Hinterhalt ermordeten Stellvertretenden Ministers für Nationale Verteidigung, Generaloberst Karol Świerczewski. Am 29. 3. traf das Politbüro des ZK der Polnischen Arbeiterpartei (poln. *Polska Partia Robotnicza*, PPR) als faktisches Regierungszentrum den Beschluss zur Umsiedlung der Ukrainer sowie der gemischten Familien „im Rahmen einer repressiven Aktion [...] in schnellem Tempo [...] in die wiedergewonnenen Gebiete (vor allem in den nördlichen Teil Ostpreußens), mindestens 100 Kilometer v. der Grenze entfernt, wobei keine geschlossenen Gruppen zu bilden sind". Die Umsiedlung sollte mit der Militäroperation gegen die ukr. Partisanen korrelieren. Die in den Direktiven formulierten Grundsätze zum Vorgehen verwiesen auf ein langfristiges Ziel – den Willen zur definitiven Klärung der ukr. Frage durch die Schaffung v. Bedingungen zu einer schnellen Assimilierung – der Polonisierung der Ukrainer. Den am 16. 4. 1947 bestätigten Plan für eine Militär- sowie Aussiedlungsaktion hatte Generalmajor Stefan Mossor erarbeitet, welcher ebenfalls die Führung der ca. 17.500 Soldaten zählenden Operationsgruppe „Wisła" innehatte. Zur organisatorischen Vorbereitung diente eine gegen die ukr. Nationalisten gerichtete Propagandakampagne, die das Stereotyp vom „ukrainischen Banditen" bediente. Die Operation dauerte vom 28. 4. 1947 bis zum 31. 7. 1947. In ihrem Verlauf wurden 33.154 Familien mit 140.662 Personen umgesiedelt, davon 85.339 aus der Wojewodschaft Rzeszów, 44.728 aus der Wojewodschaft Lublin u. 10.510 aus der Wojewodschaft Krakau. Die meisten Umsiedler wurden in den Wojewodschaften Olsztyn (55.089 Personen), Szczecin (48.465), Wrocław (21.237), Poznań (8.042), Gdańsk (6.838) u. Białystok (991) angesiedelt. Im September u. Oktober 1947 wurden aus den Kreisen Hrubieszów u. Tomaszów Lubelski weitere 919 Personen sowie bis 1950 weiterhin kleinere Gruppen aus den Grenzstreifen in den Wojewodschaften Rzeszów u. Lublin ausgesiedelt. Während der Kämpfe u. durch Repressionen kamen 663 Mitglieder der UPA ums Leben. Im Lager in Jaworzno wurden 3.873 Personen inhaftiert (darunter 700 Kinder u. Frauen sowie 27 Priester), v. denen 161 starben oder ermordet wurden. Die ausgesiedelte Bev. konnte lediglich einen Teil des beweglichen Besitzes mit sich führen. Am neuen Wohnort wurden die Umsiedler in zumeist zerstörten u. ausgeplünderten Gebäuden der ausgesiedelten dt. Bevölkerung einquartiert. Die Ukrainer wurden zwar in erheblichem Ausmaße zerstreut, doch wurde die Anweisung nicht erfüllt, nicht mehr als sechs ukr. Familien in einem Dorf anzusiedeln. In einigen Kreisen stellte die ukr. Bevölkerung im Jahre 1947 über ein Drittel der Einw. (Kreise Iława, Braniewo, Węgorzewo). Im Hinblick auf die veränderte innere Situation Ende der 1940er/Anfang der 1950er Jahre wandten sich die staatl. Behörden v. der auf eine schnelle Assimilierung der verbliebenen ukr. Bevölkerung abzielenden Politik ab.

Lit.: Akcja „Wisła". Hg. J. Pisuliński. Warszawa 2003; Polska-Ukraina: trudne pytania. Materiały VIII międzynarodowego seminarium historycznego „Stosunki polsko-ukraińskie w latach II wojny światowej". Warszawa, 6–8 listopada 2000. Bd. 8. Hg. Ośrodek Karta. Warszawa 2001; R. Drozd, Droga na Zachód. Osadnictwo ludności ukraińskiej na ziemiach zachodnich i północnych Polski w ramach akcji „Wisła". Warszawa 1997; E. Misiło, Akcja „Wisła". Dokumenty. Warszawa 1993.

G. H.

Albaner aus Jugoslawien in der Zwischenkriegszeit. Die Eigenbez. der A. lautet *shqiptar* (Sg., Pl. *shqiptarë*). Die abgeleitete serbokroat. Form *šiptar* ist pejorativ gefärbt. Während der Zwischenkriegszeit verwendeten die Südslaven im Schriftgebrauch unterschiedliche Bez.en für die in →Jugoslawien lebenden A.: *Albanci*, *Arnauti* u. *Arbanasi*.

Die Volkszählungen wiesen für Jugoslawien 439.657 (1921) bzw. 508.259 (1931) Personen mit alb. Muttersprache aus. Beide Zahlen sind allerdings ungenau u. nach oben zu korrigieren. Siedlungsgebiete waren u. sind insbesondere die Grenzgebiete zu Albanien, mit der größten räumlichen Tiefe im Bereich Kosovo (→Albaner aus Kosovo). Administrativ waren sie im Kgr. der Serben, Kroaten und Slowenen (ab 1929 Kgr. Jugoslawien) zu Gunsten jeweils möglichst großer bzw. dominierender Anteile an slavisch-orthodoxer Bev. aufgeteilt.

Die A. Jugoslawiens gelangten 1912/13 im Zuge der →Balkankriege unter serb. bzw. montenegrinische Herrschaft. Sie sind autochthon im Sinne einer Siedlungspräsenz v. mindestens mehreren Jh.en. Die Vorstellung, sie seien in größerer Zahl erst nach 1690 zugewandert, ist heute widerlegt. In der Zwischenkriegszeit wurden die A. aber staatl.- u. serbischerseits durchgängig als entweder Zugewanderte oder aber albaniserte Serben betrachtet. In den letzten Jahrzehnten unter osm. Herrschaft hatte sich unter ihnen gerade auch vor dem Hintergrund v. Gewalterfahrungen (1877/78 kam es zu →ethnischen Säuberungen durch serb. Truppen im ab 1878 serb. Sandschak [serb. *Sandžak*] v. Niš; ähnlich dann in der weiteren Region 1912/13) eine Politisierung der eigenen Ethnizität vollzogen u. in der Elite z. T. ein modernes alb. Nationalbewusstsein herausgebildet.

Bis Mitte der 1920er Jahre ging der neue jug. Staat wiederholt mit drastischen milit. Maßnahmen gegen irredentistische alb. Aufständische *(Kaçaken)* u. gegen größere Teile der Minderheitsbev. vor. Nicht allein der vorhandene alb. →Irredentismus, sondern v. a. auch die starke Siedlungskonzentration in der Grenzregion zu Albanien ließen die ethn. Gruppe in den Augen serb. Politiker suspekt erscheinen. Die Minderheitenpolitik verwehrte denn auch den A. – gleich den Türken oder auch „Makedoniern/Bulgaren" – jegliche Minderheitenrechte. Minderheitenschulen etwa, die laut dem Friedensvertrag v. St. Germain (1919) auch für die v. Serbien u. Montenegro 1913 annektierten Gebiete vorzusehen waren, wurden nie errichtet (→Minderheitenschutz, →nationale Minderheit). Stattdessen setzte der Staat eine Zeit lang außer auf das Militär auch auf eine Assimilationspolitik mit dem Ziel einer Serbisierung der A. Die sog. Arnautaši-These, der zufolge die A. „eigentlich" albanisierte Serben u. erst in den letzten 100–150 Jahren vom Serbentum abgefallen u. zum Islam konvertiert seien, orchestrierte dies auf wiss. Ebene u. im öffentlichen Diskurs. Gleichwohl wurden die A. in der Praxis weniger zum Assimilations- denn zum Exklusions- bzw. Dissimilationsobjekt.

Politisch konnten sie sich schon aufgrund der Rechtsvorschriften (Nichtanerkennung als ethn./nationale Minderheit) lediglich auf relig. Grundlage gesondert organisieren, u. auch dies nur vorübergehend. Die polit. Vereinigung Džemijet (alb. *Xhemijet*, türk. *Cemiyet*, dt. Langtitel: Islamische Vereinigung zur Verteidigung der Gerechtigkeit) agierte als Interessenvertretung aller Muslime im sog. Südserbien (zeitgenössische Bez. für Sandschak v. Novi Pazar, Kosovo, kleine Teile des südl. Serbiens u. das heutige Makedonien). Bis 1923 lehnte sie sich an die regierende Radikale Partei an, der sie auch als Koalitionspartner zur Verfügung stand, ehe sie 1923 in die Opposition ging u. sich in Programm u. Zusammensetzung de facto „albanisierte". Nach starkem Druck der Polizei im Zuge der Wahlen v. 1925 u. der Verhaftung des Parteiführers Ferhad Draga unter Irredentismusvorwurf löste sich die Partei auf. In der Zeit danach gab es A. vereinzelt in der Radikalen Partei, in der Demokratischen Partei oder in der Jugoslawischen Radikalen Gemeinschaft (ab 1935). Ähnlich gewichtet fanden sie sich in den adm. staatlichen Strukturen wieder:

Auf unterer Verwaltungsebene waren sie durchaus anzutreffen, auf den Entscheidungsebenen spielten sie keine Rolle.

Eine Einschätzung des interethn. Verhältnisses in den v. den A. besiedelten Gebieten fällt aufgrund mangelnder Forschung schwer. Die staatl. Maßnahmen zur →Integration der südl. Landesteile in den Gesamtstaat waren aber jedenfalls nicht dazu geeignet, die interethn. Beziehungen zu verbessern. So wirkten die in den 1920er Jahren erfolgten Bemühungen des Staates zur Verhinderung einer Rückkehr der zw. 1912 u. 1918 in die Türkei geflohenen oder emigrierten Muslime/A. ebenso wie die milit. Maßnahmen u. die Agrarreform mit der einhergehenden Kolonisationspolitik eher dagegen. Die Umsetzung der Agrar- u. Kolonisationsgesetzgebung sollte den Druck auf die A. zur Auswanderung erhöhen.

Dies galt v. a. für das Siedlungsgebiet der A., besonders auf dem Territorium des heutigen Kosovo, wo die Agrarbehörden ihre Bemühungen um eine Ansiedlung v. Südslaven – vornehmlich Serben – konzentrierten. Dies sollte aus sicherheits- u. nationalpolit. Überlegungen heraus dazu beitragen, „fremdethnische" homogene Gebiete zu zerschlagen. Rechtlich orientierte man sich zuerst an Vorgaben des Kgr.s Serbien v. 1914, ehe der neue Staat mit der „Verordnung über die Ansiedlung der südlichen neuen Gebiete" 1920 eine eigene Richtlinie erließ, die 1922 Gesetzesrang erlangte. In der Zeit der Königsdiktatur (1929–1934) erfolgte ein neuer Anlauf zur Agrarreform u. Kolonisationspolitik (zwei neue Gesetze 1931, deren Ergänzung 1933). Ab der zweiten Hälfte der 1930er Jahre wurde betroffenen A. vor allem im Grenzgebiet zu Albanien vielfach nur noch 0,4 ha Wirtschaftsland zugestanden (unter der Subsistenzgrenze; nach anderen Angaben maximal 0,16 ha pro Familienmitglied, →Albaner aus Kosovo), z. T. wurden sie auch komplett enteignet, wenn die schwierig zu erbringende Eigentumsdokumentation nicht voll vorgelegt werden konnte. Komplette Enteignungen waren zuvor in den 1920er Jahren gegen tatsächliche oder vermeintliche „Kaçaken"-Familien praktiziert worden.

Im Zuge der auch v. den tief greifenden Änderungen der internat. Stellung Jugoslawiens beeinflussten minderheitenpolit. Zuspitzung der späteren 1930er Jahre konkretisierten sich die vorhandenen Überlegungen zur zahlenmäßigen Reduzierung u. zur Aussiedlung der A. Gleichzeitig zeichnete sich in der serb. Gesellschaft eine Radikalisierung ab. Ein beredtes Beispiel hierfür ist das im Serb. Kulturklub vorgetragene Referat v. Vasa Čubrilović über die Aussiedlung der A., womit deren →Vertreibung gemeint war. Formaler Höhepunkt war die jug.-türk. Konvention v. 1938 zur Aussiedlung v. 200.000 „Türken" – vorwiegend A. –, die indessen nicht umgesetzt wurde (→Muslime aus Jugoslawien in der Zwischenkriegszeit).

Die Zahl der in der Zwischenkriegszeit in die Türkei u. nach Albanien abgewanderten jugoslawischen A. kann man realistisch auf ca. 70.000 schätzen. Niedrigere Angaben wie etwa von ca. 21.000 (→Albaner aus Kosovo) fußen auf ungenügenden Statistiken zu wenigen Jahren; oft kolportierte wesentlich höhere Schätzungen sind desgleichen korrekturbedürftig. Staatlicher Druck war als Emigrationsmotiv generell v. hoher Bedeutung;

eigentliche Zwangsmigrationen sind v. a. in den ersten Jahren nach dem 1. →Wk. u. im Zuge der milit. und adm. Bekämpfung des Aufstandes der „Kaçaken" zu erkennen. Die entsprechenden Fluchtbewegungen erfolgten nach Albanien u. sind in der bisherigen Literatur kaum berücksichtigt worden.

Auch insgesamt ist die Historiographie zum Thema unbefriedigend. In der kosovoalb. Geschichtsschreibung überwiegt eine an den Bedürfnissen der heutigen Erinnerungskultur orientierte Behandlung unter zahlenmäßiger Überspitzung; durch die serb. Historiographie hingegen wird das Thema in Bedeutung u. Ursachen minimiert bzw. apologetisch behandelt.

Lit.: H. Islami, Studime demografike. 100 vjet të zhvillimit demografik të Kosovës. Prishtinë 2005; V. Jovanović, Jugoslovenska država i Južna Srbija 1918–1929. Makedonija, Sandžak, Kosovo i Metohija u Kraljevini SHS. Beograd 2002; M. Roux, Les Albanais en Yougoslavie. Minorité nationale, territoire et développement. Paris 1992; M. Obradović, Agrarna reforma i kolonizacija na Kosovu (1918–1941). Priština 1981.

K. C., E. P.

Albaner aus Kosovo. Die A. (Selbstbez. *shqiptar*) leiten ihre Herkunft v. den antiken Illyrern ab, die in Südosteuropa vor der Ankunft der Römer siedelten. Mangels geschichtlicher Beweise u. angesichts des sehr spärlich überlieferten Sprachmaterials kann diese Theorie jedoch nicht wiss. erhärtet werden, sie hat sich aber dennoch eingebürgert. Zur Bev.mehrheit wurden die A. in →Kosovo spätestens ab dem 17. Jh. Während der osm. Herrschaft nahmen sie mehrheitlich den Islam an. Das relativ friedliche Zusammenleben in K. ging mit der Auflösung des Osm. Reiches u. mit der Bildung neuer Nationalstaaten zu Ende. Während der →Balkankriege 1912/13 kam K. unter serb. Oberhoheit, die Regionen um die Städte Peja (serb. Peć) u. Gjakova (serb. Đakovica) gingen an Montenegro. Dabei wurden ungefähr 20.000 A. getötet, u. einige Zehntausende flohen.

Nach dem Ausbruch des 1. →Wk.s wurden weitere rd. 50.000 A. in die Türkei u. nach Albanien vertrieben. 1918 rückten die serb. Truppen wieder in K. ein. Bis 1921 wurden vermutlich 12.000 A. in den Kampfhandlungen u. bei Vergeltungsschlägen getötet. Das Vorgehen gegen sie lag im serb. Geschichtsbild begründet, das sich auf das serb. Reich in K. zwischen dem 13. u. 15. Jh. bezog, in dem die Niederlage gegen die Osmanen 1389 auf dem Amselfeld einen nicht zu unterschätzenden identitätsstiftenden Wert besaß. In diesem Geschichtsbild waren A. Eindringlinge, die sich widerrechtlich auf dem historischen serb. Boden aufhielten.

Anders als im Jahre 1878 setzte jedoch das nach dem 1. Wk. gegründete Kgr. der Serben, Kroaten u. Slowenen nicht auf eine Massenvertreibung der A., sondern unterwarf sie in der Überzeugung, dass es sich bei ihnen teilweise um albanisierte Serben handelte, einer strikten Serbisierungspolitik ohne jegliche Minderheitenrechte (→Albaner aus Jugoslawien in der Zwischenkriegszeit). Die ab 1920 verordnete Ansiedlung v. slavischen

Kolonisten u. die Handhabung der Agrarreform in den 1930er Jahren trafen die albanische Bev. empfindlich. 1935 wurden alle Landbesitzer in K. enteignet, die über keine jug. Dokumente verfügten. Sie durften maximal 0,16 ha pro Familienmitglied (nach anderen Angaben 0,4 ha) behalten. Den Verantwortlichen war bewusst, dass diese Landgröße unter dem Existenzminimum lag u. dass darunter insbesondere die albanische Bev. zu leiden hatte. In der Zeit zw. 1918 u. 1937 verließen unter dem Druck dieser Verhältnisse 17.084 A. Kosovo in Richtung Türkei u. arabische Länder, 3.902 sind nach Albanien ausgewandert. Anderen Angaben zufolge betrug diese Zahl ca. 120.000 A. (vgl. →Albaner aus Jugoslawien in der Zwischenkriegszeit).

Nach der Kapitulation Jugoslawiens u. der Vereinigung der unter der it. Kontrolle stehenden alb. Siedlungsgebiete kehrten sich die Machtverhältnisse um u. lenkten die Bev.-bewegungen in entgegengesetzte Richtung. Aus Nordalbanien wanderten ca. 25.000 Menschen in K. ein, während die slavischen Kolonisten der Zwischenkriegszeit u. die nichtalb. alteingesessenen Bev.teile angegriffen, zur Flucht gezwungen oder deportiert wurden.

Im komm. Jugoslawien galten die A. nach dem im Jahre 1948 erfolgten Bruch mit Moskau u. Tirana weiterhin als eine unzuverlässige Bev.gruppe, die unter dem Generalverdacht der Irredenta (→Irredentismus) stand. In den Jahren 1953 bis 1966 wanderten etwa 100.000 A. in die Türkei aus. Nach der Absetzung des berüchtigten Innenministers Aleksandar Ranković 1966 entspannten sich die ethn. Verhältnisse etwas, indem die den A. zugestandenen Minderheitenrechte einer „Nationalität“ u. die territ. Autonomie in die Praxis umgesetzt wurden.

Gelöst wurde das Problem der einander ausschließenden serb. und alb. Ansprüche auf das Territorium K.s auch in den friedlicheren Zeiten zw. 1966 u. 1981 nicht, sie schwelten im Untergrund u. brachen sich spätestens seit Mitte der 1980er Jahre Bahn. Die sich seit den 1960er Jahren vollziehende Abwanderung der Serben u. der Montenegriner weckte im serb. nationalen Lager Angst, auf diesem Wege K. vollends an die A. zu verlieren. Der Anteil der A. an der Gesamtbev. stieg über die Jahre an. Den Volkszählungen zufolge bildeten sie im Jahr 1961 67,1 % (646.605), 1971 73,7 % (916.167) u. 1981 77,4 % (1.226.736). Die Volkszählung v. 1991 wurde v. den A. boykottiert. Ihr geschätzter Anteil betrug 81,59 % (1.596.072).

Die alb. Politiker wurden serbischerseits beschuldigt, dass sie im Sinne des zahlenmäßig begründeten ausschließlichen Anspruchs auf das Territorium die Serben u. Montenegriner mehr oder weniger aggressiv aus K. hinausdrängen wollten. Vor diesem Hintergrund gelangte 1986 ein – nicht autorisiertes – Memorandum der Serb. Akademie der Wissenschaften an die Öffentlichkeit, das die Zustände in K. seit 1981 als einen an Serben verübten →Genozid charakterisierte. Die damit im inneren Zusammenhang stehende serb. Machtpolitik der 1990er Jahre hatte nach der Aufhebung der Autonomie außer der umfassenden Entrechtung u. Marginalisierung der A. in K. auch ihre Abwanderung zur Folge. Bis 1997 haben rd. 400.000 überwiegend junge A. Kosovo in Richtung Westeuropa verlassen. 1998 sind weitere 160.000 infolge der Kämpfe geflohen.

Während der radikale serb. Politiker Vojislav Šešelj noch 1995 in der Zeitschrift *Velika Srbija* über die Reserbisierung des K. nachdachte, hatte sich dort eine alb. Parallelgesellschaft etabliert, die sich bemühte, als Staat internat. anerkannt zu werden. Die Eskalation des Kampfes zw. der Kosovo-Befreiungsarmee UÇK u. den serb. Sicherheitskräften löste ab dem Frühjahr 1998 Zerstörungen v. Dörfern u. Vertreibungen der alb. Zivilbev. aus. In den umkämpften Gebieten gab es Plünderungen, Vandalismus, Gewalttaten gegen die Zivilbev. aller Ethnien sowie Entführungen u. Hinrichtungen. Bis zur Milošević-Holbrooke-Absprache im Oktober 1998, die der ersten Phase der gewalttätigen Auseinandersetzungen ein vorläufiges Ende setzte, wurden ca. 2.000 A. getötet, 40.000 sind nach Albanien, Makedonien u. →Bosnien-Herzegowina u. 45.000 nach Montenegro geflüchtet. Die Nachbarländer waren auf die Flüchtlinge schlecht vorbereitet, u. die Hauptlast trugen Privatpersonen, unterstützt durch das →Internationale Komitee vom Roten Kreuz (IKRK). In K. wuchs unterdessen die Zahl der Binnenvertriebenen auf 235.000 an. Davon lebten 50.000 im Freien, v. a. in den Wäldern.

Nach dem Abflauen der Kämpfe im Herbst nahm die Zahl der Flüchtlinge im Freien wieder ab. Die wenigsten Flüchtlinge kehrten jedoch in die Gebiete zurück, die v. den serb. Sicherheitskräften oder der UÇK kontrolliert wurden. Sie versuchten in Prishtina zu überwintern oder schlimmstenfalls in den Flüchtlingslagern, z. B. in Kukës, wohin sich auch die UÇK zurückzog u. die Atempause zur Rekrutierung v. Männern aus den zerstörten Dörfern nutzte. Die neu ausgebrochenen Kämpfe zw. der UÇK u. den serb. Sicherheitskräften lösten ab Dezember 1998 neue Fluchtbewegungen aus. Im März 1999 gab es nach dem UNHCR (→Hoher Flüchtlingskommissar der UNO) 2.000 Flüchtlinge im Freien.

Die massenhaften Flüchtlingsströme setzten mit dem Anfang der NATO-Bombardierung am 24. 3. 1999 ein (→Humanitäre Intervention). Nach den Angaben des UNHCR wurden aus K. zw. Ende März u. Anfang Juni 1999 ca. 860.000 Menschen vertrieben, die meisten davon waren A. 21.000 haben in Bosnien u. Herzegowina Schutz gesucht. 69.800 Flüchtlinge wurden in Montenegro registriert, wo die meisten bei Privatpersonen Aufnahme fanden, die vom Staat mit 3 DM pro Person u. Tag unterstützt wurden.

335.000 Menschen aus K. sind nach Makedonien geströmt, das zwar mit dem UNHCR Notfallpläne vorbereitet hatte, aber mit der unerwartet hohen Zahl überfordert war. Die Idee des Ex-Präsidenten Kiro Gligorov, Korridore nach Albanien einzurichten, wurde indessen nicht umgesetzt. Etwa 75.000 der Kosovo-Flüchtlinge verließen Makedonien in Richtung Albanien bzw. EU, davon wurden rd. 14.000 nach Deutschland evakuiert. 220.000 A. kehrten nach dem NATO-Einmarsch im Juni 1999 umgehend nach K. zurück.

Die Hälfte der aus K. vertriebenen Menschen fand Zuflucht in Albanien. Ihre Zahl erreichte im Juni rd. 442.000 Personen. Davon befanden sich allein im nordalb. Kukës zeitweilig 100.000 Menschen. Albaniens Bev. ist durch den Flüchtlingszustrom um 15 % angestiegen. 60 % der Flüchtlinge wurden v. Familien versorgt. Die drohende humanitäre Katastrophe in den nordalb. Lagern konnte durch gemeinsame Anstrengungen des UNHCR, Cap Anamur, der Ärzte ohne Grenzen, der NATO u. anderer Organisationen gebannt werden. Trotz der schlechten Bedingungen in den Lagern im N gelang die Umverteilung der Flüchtlinge auf das Landesinnere nicht, weil sie nahe an der Grenze zur Heimat bleiben wollten. Die Lager zogen Kriminelle an, die sich an der humanitären Hilfe bereicherten, u. wurden v. der UÇK genutzt, um bei Bedarf Zwangsrekrutierungen durchzusetzen. Nach dem Ende der Bombardierungen kehrte der größte Teil der Flüchtlinge sofort nach K. zurück. Mitte Juli befanden sich auf dem alb. Territorium nur noch 20.000 Flüchtlinge, v. denen ein Teil noch über den Winter 1999/2000 in Albanien blieb.

Etwa 7.000 bis 10.000 A. wurden während der Bombardierung getötet. Das IKRK hatte im Februar 2002 noch 2.877 Vermisstenanzeigen v. Kosovo-A.

Die Rückkehr der aus K. Vertriebenen im Juni u. Juli 1999 galt als schnellste Operation dieser Art in der bisherigen Geschichte. Neu daran war auch, dass mehr als 90 % v. ihnen in den Nachbarländern aufgefangen wurden, in denen sie durch koordinierte internat. Unterstützung versorgt wurden.

Zu den bedeutenden polit. Persönlichkeiten des 20. u. 21. Jh.s zählte Ibrahim Rugova, der in den 1990er Jahren den gewaltlosen Widerstand organisierte u. 2002–2006 Präsident des K. war. Unter den herausragenden Wissenschaftlern ist der Albanologe Rexhep Ismajli zu nennen, der seit 2002 der Präsident der Akademie der Wissenschaften u. der Künste ist. In der internat. Kunstszene ist der Performancekünstler Sisley Xhafa bekannt.

Lit. (a. →Kosovo als Vertreibungsgebiet): J. Pettifer/M. Vickers, The Albanian Question. Reshaping the Balkans. London 2007; K. Clewing, Bevölkerungsentwicklung und Siedlungspolitik. Die ethnische Zusammensetzung des Kosovo, in: Kosovo. Hg. B. Chiari/A. Kesselring. Paderborn 2006 (= Wegweiser zur Geschichte), 15–25; R. Pichler, Serben und Albaner im 20. Jahrhundert, in: ebd., 57–65; J. Elsässer, Kriegslügen. Vom Kosovokonflikt zum Milošević-Prozess. Berlin 2004; T. Judah, Kosovo. War and Revenge. New Haven/Conn. u. a. [2]2002; I. H. Daalder/M. E. O'Hanlon, Winning Ugly. NATO's War to Save Kosovo. Washington/DC 2000; H. Loquai, Der Kosovo-Konflikt – Wege in einen vermeidbaren Krieg. Die Zeit von Ende November 1997 bis März 1999. Baden-Baden 2000.

Z. F.

Algerier. A., die während des Algerienkrieges (1954–1962) aufseiten Frankreichs kämpften, werden *Harkis (H.)* genannt. Obwohl Algerien während der frz. Kolonisation (seit 1830) nicht zu einem *meltingpot* der einheimischen Bev. und der in Algerien oder im Mutterland Frankreich lebenden Franzosen geworden ist, sind dennoch gegenseitige Beziehungen u. Bindungen entstanden. Am Vorabend des Algerienkrieges standen viele Einheimische seit Generationen im Dienste Frankreichs, wobei es sich v. a. um eine Elite in Militär u. Verwaltung – *Caids* (Beamte) u. Abgeordnete – handelte.

Seit Februar 1956 unterstützten die in milit. Einheiten – den Harkas – zusammengeschlossenen muslimischen Hilfstruppen die frz. Armee im Kampf gegen algerische Befreiungskämpfer. Die *H.* (etwa 60.000 am Ende des Algerienkrieges) sollten insbesondere verhindern, dass die algerische Nationale Befreiungsfront (*Front de Libération Nationale*, FLN) in die Dörfer vordrang. Sie wurden v. Milizsoldaten (60.000 im Jahre 1960) u. von Moghaznis (18.000 im Jahre 1960) unterstützt, die die Selbstverteidigung der Dörfer organisieren u. die v. der frz. Regierung geschaffenen 640 „Sonderverwaltungssektionen" (SAS) schützen sollten; Letztere hatten die Aufgabe, die regionalen Abgeordneten zu ersetzen, die ihre Posten verlassen hatten, da sie seit Januar 1956 massiv v. der FLN bedroht worden waren. Nach der Unabhängigkeit Algeriens (1962) wurden etwa 1 Mio. Frankreich treu ergebener Muslime potentiell v. Racheaktionen bedroht.

Das Engagement der *H.* für Frankreich u. die steigende Anzahl der Harkas wurde zweifelsohne durch die v. der FLN entfachte Schreckensherrschaft gefördert. Die Bev., die anfangs die FLN mit Nahrung u. Unterschlupf unterstützt hatte, war schon bald nicht mehr dazu bereit, als die ersten v. revolutionären Idealen erfüllten Kämpfer gefallen waren. Die neuen Kämpfer, die sie ersetzten, erhielten kaum eine Ausbildung u. da sie nicht ausreichend polit. geschult waren, kannten sie nur die Sprache der Gewalt. So griffen sie zu autoritären Mitteln, um polit. Engagement zu fordern. Die v. ihnen bewusst eingesetzte Strategie, Unschlüssigkeit oder einen Dialog im Keim zu ersticken, ließ keine Neutralität zu: Den Bauern blieb nichts anderes übrig, als für Frankreich oder für die FLN Partei zu ergreifen.

Nach dem Abkommen v. Évian am 18. 3. 1962, mit dem der Krieg beendet wurde, verstärkte die siegreiche FLN ihre Repressionen gegen diejenigen, die aufseiten Frankreichs gestanden hatten. Die Massaker an den *H.* – denen oft Misshandlungen u. Folter vorausgingen – ereigneten sich zwar erst im Juli 1962. Die *H.*, die seit Anfang 1962 keine Waffen mehr besaßen, wurden jedoch seit der Waffenruhe immer häufiger bedroht u. verprügelt, sodass eine Atmosphäre panischer Angst entstand. Sie waren ihren Feinden schutzlos ausgeliefert u. erwarteten Unterstützung v. Frankreich. Die frz. Regierung hatte jedoch keine Maßnahmen für die Sicherheit der *H.* geplant. Angesichts des Ausmaßes, das die →Flucht der Algerienfranzosen im Sommer 1962 angenommen hatte (→Franzosen aus Algerien), kam es für sie nicht infrage, die ausreisewilligen *H.* nach Frankreich einreisen zu lassen. Da die frz. Regierung zudem befürchtete, dass der Krieg auf das frz. Mutterland überschwappen u. dass die Ankunft der *H.* die Reihen der *Organisation armée secrète* (OAS) – einer rechtsextremen bewaffneten Geheimorganisation, die sich aus gescheiterten Putschisten sowie faschist. Algerienfranzosen zusammensetzte u. die seit Monaten das frz. Mutterland mit einer Serie v. Explosionen terrorisierte – verstärken könnte, beschloss sie, die →„Repatriierung" der *H.* und anderer Hilfstruppen vom 16. 5. 1962 an zu verbieten. Die „große Reise" der *H.* nach Frankreich erfolgte also im Großen u. Ganzen heimlich. Ihre Flucht wurde v. Privatinitiativen – Vereinigungen u. Vereinen – oder Privatpersonen organisiert, die ihre Beziehungen außerhalb der offiziellen Netzwerke mobilisierten. Es lassen sich deswegen kaum genaue Angaben darüber machen, wie viele Hilfstruppen mit ihren Familien nach Frankreich flüchteten. Die nur unzulänglich bekannten Zahlen variieren je nach Autor zw. 40.000 bis 150.000. Derzeit haben sich die Historiker auf 88.000 geeinigt.

Die Repatriierung in Frankreich verlief zwar sehr unterschiedlich, wies aber ein konstantes Merkmal auf: Die frz. Behörden fragten zwar nicht danach, wie es den *H.* gelungen war, sich einzuschiffen u. das Mittelmeer zu überqueren, sie waren aber nicht bereit zu akzeptieren, dass die *H.* im Mutterland einfach untertauchten. Die meisten *H.* wurden bei ihrer Ankunft in Frankreich in →Lagern an unfruchtbaren Orten zusammengepfercht, wie bspw. in den Lagern in Larzac in Aveyron (Sommer 1962: 12.000 Personen), in Bourg-Lastic (Puy-de-Dôme), in Rivesaltes (in den östl. Pyrenäen), in Bias (Lot-et-Garonne) oder in Saint-Maurice-l'Ardoise im Gard (erst 1975 geschlossen), oder sie wurden in andere „Reservate", in Durchgangslager oder in im Wald gelegene Gehöfte geschickt. In den Lagern waren die Lebensbedingungen ausgesprochen schwierig. Die *H.* litten dort unter der Enge, der Kälte, der Feuchtigkeit in den schlecht imprägnierten Zelten, unter der ihnen auferlegten Disziplin, den milit. Rahmenbedingungen u. den verheerenden sanitären Gegebenheiten. Die Arbeitslosigkeit führte dazu, dass die Ex-Soldaten ein Leben am Rande der Gesellschaft führten: Sie waren weder in die frz. Gesellschaft noch in die Gemeinschaft der algerischen Gastarbeiter integriert, deren Zahl nach 1962 in Frankreich erheblich anstieg. Die Gastarbeiter haben in ihnen Verräter gesehen – der Mythos des „Harki-Kollaborateurs" ist damals entstanden – u. sich geweigert, sie als ihresgleichen anzuerkennen (→Kollaboration). Da es in Frankreich häufig zu Auseinandersetzungen zwischen *H.* und algerischen Gastarbeitern kam, sah sich die frz. Regierung darin bestätigt, dass es richtig war, die *H.* in Ghettos unterzubringen.

Im Dezember 1962 lehnten die *H.* sich zum ersten Mal gegen ihre Lebensbedingungen auf. Bis 1975 kam es in der ersten Generation der *H.* immer wieder zu Revolten u. Hungerstreiks, die in Frankreich jedoch gleichgültig hingenommen wurden. Erst radikalere u. medienwirksamere Aktionen der zweiten Generation – die Revolte der Söhne der *H.* – änderte das Bewusstsein der frz. Bevölkerung. Nach den ersten Revolten der *H.* gegen ihre zunehmende Marginalisierung, Verarmung u. Diskriminierung erarbeitete die frz. Regierung ein umfassendes Programm zur beruflichen Eingliederung der ehem. Hilfstruppen. Sie richtete v. a. an der Côte d'Azur im S Frankreichs im Wald gelegene Gehöfte ein. Es wurden insgesamt 75 Gehöfte geschaffen, die über 10.000 Personen beherbergten. Das letzte Gehöft für *H.* existierte bis 1994.

Die Erinnerung an die Massaker u. an die Lager, in denen sie vorübergehend in Frankreich untergebracht worden sind, prägt auch heute noch die Identität der *H.* Durch die Massaker der FLN haben die *H.* in ihrer Erinnerung verankert, v. Frankreich verraten worden zu sein, die Lager haben bei ihnen das Gefühl heraufbeschworen, im Stich gelassen worden zu sein. *H.* wurden lange „v. der Geschichte vergessen", da man ihr Schicksal diesseits u. jenseits des Mittelmeeres nicht wahrhaben wollte. In Algerien diente die Geschichtsschreibung lange als ein Mittel, die Herrschaft der FLN zu legitimieren. Sie wollte nicht zugeben, dass die Bev. die FLN nicht spontan u. einstimmig unterstützt hat u. dass sich einige A. auf die Seite des frz. Kolonialherrn geschlagen haben. In Frankreich wollten viele Intellektuelle nicht wahrhaben, dass der unterdrückte Kolonisierte v. gestern so schnell selbst zum Unterdrücker werden konnte. Über die Repressionen gegenüber entwaffneten *H.* und anderen pro-frz. einheimischen Bev.gruppen (die Zahl der Toten ist unbekannt), die seit 1962 den Säuberungsaktionen der FLN zum Opfer gefallen sind, haben sie geschwiegen. Letztlich haben auch die frz. Politiker das Schicksal der *H.* verdrängt, da sie nicht zugeben wollten, dass sie die v. der frz. Armee rekrutierten Soldaten im Stich gelassen haben u. dass Frankreich sich geweigert hat, ihnen 1962 nach ihrer überstürzten Flucht nach Frankreich die frz. Staatsbürgerschaft zu geben. Heute sind es häufig Kinder der *H.*, die sich um deren „vergessene Geschichte" bemühen u. sie bekannt machen.

Lit.: C.-R. Ageron, Le drame des Harkis. Mémoire ou Histoire, *Vingtième Siècle. Revue d'Histoire* 68 (2000), 3–16; J.-J. Jordi/M. Hamoumou, Les Harkis, une mémoire enfouie. Paris 1999; C.-R. Ageron, Les supplétifs algériens dans l'armée française pendant la guerre d'Algérie, *Vingtième Siècle. Revue d'histoire* 48 (1995), 3–20; M. Hamoumou, Et ils sont devenus harkis. Paris 1994; B. Stora, La gangrène et l'oubli. La mémoire de la guerre d'Algérie. Paris 1992; M. Roux, Les harkis et les oubliés de l'histoire 1954–1991. Paris 1991.

C. K.-S.

Die amerikanische Besatzungszone in Deutschland als Aufnahmegebiet für deutsche Flüchtlinge und Vertriebene nach dem Zweiten Weltkrieg. Die amerikanische Besatzungsmacht war sich mit den anderen Siegern des 2. →Wk.s darin einig, dass eine „ethnische Entmischung" die Probleme Ostmitteleuropas lösen könnte. Dieses Konzept des „ethnic engineering" galt seit dem Vertrag von Lausanne v. 1923 als ein möglicher Weg zur Lösung der Probleme multinationaler Gesellschaften (→Lausanner Konferenz). Das Potsdamer Protokoll v. 1945 akzeptierte diesen Weg für die Deutschen dreier Staaten Ostmitteleuropas (→Konferenz von Potsdam).

Von den rd. 12 Mio. dt.stämmigen Menschen, die gemäß dieser Politik aus der →Tschechoslowakei (→Deutsche aus den böhmischen Ländern) oder den Gebieten östl. v. Oder u. Neiße (→Deutsche aus dem heutigen polnischen Staatsgebiet) in das besetzte Deutschland vertrieben wurden, die vor der Roten Armee oder den Schikanen ihrer ehem. Landsleute flohen, kamen etwa 8 Mio. in die drei westl. Besatzungszonen (a. die →britische u. die →frz. Besatzungszone). Die britische u. die amerikanische Zone trugen die Hauptlast. Die Länder der amerikanischen Besatzungszone, einschl. der Enklave Bremen, nahmen prozentual unterschiedlich viele Menschen auf: Bei der Volkszählung v. 1950 stammten in Bayern 21,1 % der Bev., das waren 1.924.000 Menschen, aus Vertriebenenkreisen, in Württemberg-Baden waren es mit 656.062 Personen 16,8 %, in Hessen 720.000 u. damit 16,7 %. In Bayern lebten rd. 450.000 Schlesier u. über 1 Mio. Sudetendeutsche; im Laufe des Jahres 1946 waren in 764 organisierten Transporten allein nach Bayern 786.000

Sudetendeutsche gekommen, weitere 176.000 als Einzelgänger. Auch in Hessen waren 1949 rd. 60% der Vertriebenen Sudetendeutsche. Bayern nahm in absoluten Zahlen die meisten Vertriebenen auf: Ende 1948 waren v. 9,34 Mio. Einw. 1,9 Mio. →Flüchtlinge u. →Vertriebene. Durch Weiterwanderung nahm diese Zahl dann bereits Ende der 1940er Jahre wieder ab.

Da die Städte die größten Kriegsschäden erlitten hatten, fanden drei Viertel aller Flüchtlinge u. Vertriebenen zunächst in den ländlichen Gebieten Unterkunft. Hier lebten aber schon diejenigen, die während des Krieges wegen der Bombengefahr aus den großen Städten des Dt. Reiches evakuiert worden waren. Doch die Städte, in denen viele Wohnungen zerstört waren, schotteten sich mit strengen Zuzugsregelungen auch gegen ihre ehem. Bürger ab. 1946 lebten daher allein in Bayern über 410.000 außerbayerische Evakuierte, Ende 1948 immer noch 268.000. Mit Kriegsende waren auch Zwangsarbeiter, Kriegsgefangene u. Insassen v. Konzentrationslagern (→Displaced Persons) befreit worden; →Repatriierung war bei einigen Gruppen nur eingeschränkt möglich. Viele strebten die Auswanderung an; allein Oberbayern wurde zw. 1945 u. 1951 zur Durchgangsstation für 120.000 auswandernde Juden.

Zunächst sahen die amerikanischen Besatzer die Bewältigung der Ausweisung u. Neuansiedlung v. Millionen v. Menschen aus dem Osten v. a. als Transportproblem an. Dies hielten sie für lösbar; es sollte nur die „humane Durchführung" gewährleistet sein. Im Juli 1945 erfuhren die v. den Besatzern ernannten dt. Stellen v. der geplanten „Abschiebung der Deutschen". Die Betreuung u. Versorgung der Vertriebenen sollte zunächst das Rote Kreuz übernehmen. Danach würde, so die nicht sehr präzise Vorstellung der Amerikaner, wohl eine Assimilierung an die dt. Mehrheitsgesellschaft stattfinden. Insgesamt handle es sich um eine „rein deutsche Frage". Ein Verteilungs- u. Eingliederungsplan lag nicht vor. Die Besatzer überwachten dennoch über Jahre die dt. Maßnahmen, da sie bald mit gutem Grund der Integrationsbereitschaft der einheimischen Bev. misstrauten (→Integration). Seit dem Sommer 1945 etablierten sich in den wieder entstehenden Ländern bis hinunter auf die Ebene der Landkreise mit speziellen Vollmachten ausgestattete dt. Flüchtlings-Sonderverwaltungen, die Flüchtlinge auch notfalls mit Gewalt in Privatquartiere einweisen konnten. Selbsthilfeorganisationen der Vertriebenen wurden jedoch v. der Besatzungsmacht bald wieder verboten, da man in ihnen den Kern landsmannschaftlicher Zusammenschlüsse sah (→Landsmannschaften, →Sudetendeutsche Landsmannschaft). Diese waren nicht erwünscht, nur kulturelle Vereine wurden erlaubt.

Die Amerikaner wollten in ihrer Zone auf keinen Fall ein neues Minderheitenproblem entstehen lassen. Deshalb wurden Dorfgemeinschaften, ja oft auch größere Familien, bei der organisierten Vertreibung auseinandergerissen, indem man v. den meist 1.200 Menschen in 40 Güterwaggons umfassenden Vertreibungstransportzügen einzelne Waggons abhängte u. die Insassen damit unterschiedlichen Regionen zuteilte. Würden sich Dorfgemeinschaften wieder zusammen ansiedeln, so die Sorge, könnten neue nationale Inseln entstehen. Die Ankömmlinge sollten dann vorrangig in privaten Quartieren in den

Landgemeinden u. Kleinstädten untergebracht werden, Lager oder Massenquartiere nur kurzfristige Auffangstationen bleiben. In den Dörfern Hessens lag daher der Anteil der Neubürger Ende 1946 bei bis zu 50 %. Bei allen Konflikten, die so in den ersten Jahren unvermeidlich waren, kam es nicht zu einer Abschottung der Neuankömmlinge in Lagern; das förderte letztlich die Integration.

Bei den ersten demokratischen Wahlen auf Kreis- u. Länderebene konnten die Vertriebenen meist noch nicht mitwählen. Auf Länderebene wurden aber bald spezielle Flüchtlingsgesetze beraten, in denen der Schritt v. der Nothilfe zur Eingliederungshilfe im Mittelpunkt stand (Gesetz über die Aufnahme und Eingliederung deutscher Flüchtlinge vom 19. 2. 1947). An der Ausarbeitung dieses Gesetzes wurden in Bayern auf ausdrücklichen Wunsch des selbst aus dem Exil zurückgekehrten Ministerpräsidenten Wilhelm Hoegner (SPD) auch die Vertriebenen beteiligt. Das im Februar 1947 in Bayern erlassene Flüchtlingsgesetz legte die demokratische Mitwirkung der Flüchtlinge in der Regierung u. ihren Gremien fest u. bestimmte, die Neubürger im öffentlichen Dienst nach ihrer regionalen Quote zu beschäftigen. Mit dem aktiven u. passiven Wahlrecht für die Vertriebenen u. der Aufhebung des Koalitionsverbotes 1948 bildeten sich dann zunehmend polit. Flüchtlingslisten, u. mit dem Bund der Heimatvertriebenen und Entrechteten (BHE) eine Flüchtlingspartei, die beträchtliche Wahlerfolge verbuchen konnte.

Als größte, schier unlösbare Herausforderung galt zunächst die wirt. Integration. Unter Besatzungsstatut war das Recht auf Freizügigkeit aufgehoben u. so mussten die Vertriebenen an den zufälligen Orten ihrer Ankunft meist auf dem Land ausharren u. sich bei den Bauern verdingen, wenn sie sich nicht illegal dennoch auf die Suche nach Verwandten, nach Freunden u. Arbeit machten. Erst nach der Gründung der beiden dt. Staaten war dies auch wieder legal möglich. Etwa 2 der knapp 8 Mio. Flüchtlinge u. Vertriebenen, die 1950 in der Bundesrepublik gezählt wurden, zogen bis 1956 im Rahmen v. Umsiedlungsprogrammen oder auf eigene Initiative erneut um. Über die Hälfte (1,1 Mio.) ging allein in die Industriereviere Nordrhein-Westfalens. Für andere stand die Zusammenführung mit der Familie u. Freunden im Vordergrund. Es ist charakteristisch, dass bis heute über „Heimatbriefe" mit Nachrichten v. anderen Bewohnern der gleichen Region oder des Heimatdorfes, über Treffen ehemaliger Nachbarn oder Klassenkameraden eben dieser Zusammenhalt u. damit auch die alten soz. Netzwerke gepflegt werden; der Abonnentenkreis solcher Heimatzeitungen reicht meist weit über Deutschland hinaus bis in die USA u. nach Kanada. Das zeigt den Radius der Zerstreuung durch Vertreibung u. Weiterwanderung.

Ein großes Problem stellte die amerikanische Ansiedlungspolitik auch für diejenigen dar, die aus den hocharbeitsteilig organisierten Spezialindustrien des Sudetenlandes stammten; das waren z. B. die Handwerker, Händler u. Unternehmer der Gablonzer Schmuckindustrie, der Haida-Steinschönauer Glasindustrie, der Schönbacher u. der Graslitzer Musikinstrumentenherstellung. Ihr Erfolg hing v. der gemeinsamen Ansiedlung ab. Gegen den anfänglichen Widerstand der Besatzungsmacht gelang schließlich bspw.

den Gablonzern eine zumindest in Teilen gemeinsame Neuansiedlung bei Kaufbeuren u. Marktoberdorf im Allgäu. Durch geschickte Selbstorganisation konnte die ehem. Gablonzer Industrie nach der Währungsreform v. 1948 überdies umfängliche Kreditmittel aus verschiedensten Programmen erhalten, so Flüchtlingsproduktivkredite, Mittel aus dem Arbeitsbeschaffungsprogramm u. aus dem Marshall-Plan („European Recovery Program"). Neben dem Hauptansiedlungsgebiet mit über 520 Betrieben gab es aber auch Unternehmen der Gablonzer Industrie u. a. in den bayerischen Landkreisen Bayreuth, Oberallgäu, Günzburg, Augsburg, Mühldorf am Inn u. Ansbach. Bei anderen Industrien sah dies noch viel schlechter aus. Dennoch bescherten die wieder begründeten Betriebe, die mit großem Aufbauwillen geführt wurden, den Aufnahmeländern einen beträchtlichen Industrialisierungsschub.

Es gab vier Schritte der Integration: notdürftige Aufnahme – vorläufige Unterbringung – endgültige Sesshaftmachung mit wirt. Integration. Als vierter Schritt folgte seit Ende der 1940er Jahre die kulturelle Integration. Diese bezog gleichermaßen die Erinnerung an die alte Heimat u. die Aneignung der neuen mit ein u. war v. großem Bildungshunger u. hoher Aufstiegsmotivation begleitet. Aus landsmannschaftlichen Zusammenschlüssen erwuchs dann neues Selbstbewusstsein, das in der Bundesrepublik polit. und kulturell seinen Platz fand.

Lit.: Integrationen. Vertriebene in den deutschen Ländern nach 1945. Hg. M. Krauss. Göttingen 2008.

M. Kr.

Antonescu, Ion (*2. 6. 1882 Piteşti, †1. 6. 1946 Jilava), rum. Marschall u. Diktator. Zwischen dem 4. 9. 1940 u. 23. 8. 1944 stand A. als Präsident des Ministerrates u. „Staatsführer" (rum. *Conducătorul Statului*) an der Spitze der milit. und faschist. Diktatur. Außenpolitisch hat A. die schon vor seinem Machtantritt initiierte Orientierung an Deutschland beibehalten. Am 23. 11. 1940 schloss sich →Rumänien dem Dreimächtepakt an u. am 22. 6. 1941 trat das Land an der Seite Deutschlands in den Krieg gegen die Sowjetunion ein. Die Rückgewinnung der im Sommer 1940 an die →Sowjetunion abgetretenen Gebiete (Bessarabien, die Nordbukowina) sowie Nordsiebenbürgens (an →Ungarn aufgrund des zweiten Wiener Schiedsspruches vom 30. 8. 1940 abgetreten) wurde dabei zum Hauptziel der rum. Außenpolitik.

Die Bev.politik der Regierung wurde dem Prinzip der ethn. Homogenisierung (→Nationalstaat u. ethnische Homogenität) untergeordnet, und A. selbst hat mehrmals dazu explizite Erklärungen abgegeben. Die graue Eminenz der Bev.politik der A.-Regierung war Sabin Manuilă, Statistiker u. Demograph, Leiter des Zentralinstituts für Statistik. In seinen Studien behandelte er den Bev.austausch als Hauptmittel zur von A. angestrebten ethn. Homogenisierung des Landes. Solche Bev.austausche mit allen benachbarten Ländern wurden v. der Regierung in Betracht gezogen. Als Beispiel solcher Aktionen kann der

Bev.austausch im Rahmen des Vertrags v. →Craiova dienen, der eine komplette obligatorische Umsiedlung der Minderheiten vorsah (→Bulgaren aus der Norddobrudscha in die Süddobrudscha, →Rumänen aus der Dobrudscha).

Darüber hinaus plante die rum. Politik auch andere Maßnahmen, und zwar innere Kolonisation, →Repatriierung, Zwangsauswanderung. Während es sich bei der Kolonisation um die Neubesiedlung der v. Bukowina- u. Bessarabiendeutschen verlassenen Ortschaften handelte (→Deutsche aus Bessarabien, →D. aus der Bukowina) u. bei der Repatriierung um die Umsiedlung mancher Gruppen von ethn. Rumänen 1943 aus der UdSSR nach Rumänien (→Rumänen aus Bessarabien und der Nordbukowina), sollten die Minderheiten, die über keinen „eigenen" Staat verfügten – v. a. Juden u. Zigeuner –, zwangsausgesiedelt werden. 1940/41 wurden auch →Szekler aus der Südbukowina nach Ungarn umgesiedelt.

Im Herbst 1943 hatte die Regierung A.s einen umfassenden Plan ausgearbeitet, der einen rum.-russ.-ukr. Bev.austausch vorsah. Die Russen u. Ukrainer aus Bessarabien u. der Bukowina sollten nach Transnistrien umgesiedelt werden, u. ihre Wohnorte sollten durch ethn. Rumänen aus Transnistrien u. anderen sowj. Gebieten besiedelt werden.

Die →Deportation der Juden aus Bessarabien u. der Bukowina nach Transnistrien (insgesamt ca. 150.000 Menschen) war Bestandteil der Bev.politik, für die A. Verantwortung trug; diese zwei Gebiete waren die ersten, in denen die ethn. Homogenisierung realisiert werden sollte. Transnistrien wurde v. der rum. Regierung dagegen als „ethnische Müllgrube" ausgenutzt, wohin die „unerwünschten" Elemente deportiert wurden. In den Jahren 1941–1944 fielen dieser Politik in Rumänien sowie in den v. ihm kontrollierten Gebieten ca. 280.000 rum. oder ukr. Juden zum Opfer – sie wurden ermordet oder starben. 375.000 Juden im Altreich u. in Südsiebenbürgen überlebten jedoch. Die Deportation v. 25.000 rum. Zigeunern nach Transnistrien im Jahre 1942 – v. denen 11.000 ums Leben kamen – wurde auf den Befehl von A. durchgeführt.

Lit.: V. Achim, Consideraţii asupra proiectelor româneşti de schimb de populaţie din anii celui de-al doilea război mondial, in: Mişcări de populaţie şi aspecte demografice în România în prima jumătate a secolului XX. Hg. S. P. Bolovan u. a. Cluj-Napoca 2007, 241–254; D. Şandru, Mişcări de populaţie în România (1940–1948). Bucureşti 2003; V. Achim, The Romanian Population Exchange Project Elaborated by Sabin Manuilă in October 1941, *Annali dell'Istituto storico italo-germanico in Trento*, XXVII (2001), 593–617; Ders., Schimbul de populaţie în viziunea lui Sabin Manuilă, *Revista Istorică*, 5–6/XIII (2002), 133–150; International Commission on the Holocaust in Romania, Final Report. Iaşi 2005.

V. A.

Arbeitsarmee. A. (russ. *trudarmija*) ist ein euphemistischer Terminus für ein besonderes System der →Zwangsarbeit, das in der →Sowjetunion in den Jahren 1941–1946 v. a. für russlanddt. Jugendliche, Männer u. Frauen aufgebaut wurde.

Die Liquidation der ASSR der Wolgadeutschen (→Deutsche aus dem Wolgagebiet), die →Verbannung der dt. Minderheit in den asiatischen Teil des Landes u. ihre weitgehende Entrechtung machte sie zum bevorzugten Objekt staatl. Ausbeutungspolitik. Aus praktischen Gründen wäre eine massenhafte Aburteilung v. Hunderttausenden Deutschen u. ihre Überführung in Straflager (russ. *ispravitel'no-trudovoj lager'*, ITL, →Lager) nicht zweckmäßig gewesen. Deshalb schuf man die neue Lager-Kategorie der sog. mobilisierten Deutschen (russ. *mobilizovannye nemcy*), eine Zwitterkonstruktion aus einem rekrutierten Bauarbeiter u. einem Strafgefangenen, wobei sie in der Lagerstatistik keine Erwähnung fanden. Der zwangsmobilisierte Deutsche besaß typische Merkmale eines Lagerinsassen: Unterbringung in v. Stacheldraht umzingelten Baracken, Arbeitseinsatz u. Freizeit unter milit. Bewachung, Ess- u. Verpflegungsrationen nach den Normen des →GULag, Verbot jeglicher nicht gebilligter Kontakte mit der zivilen Bev. Die Aushebung durch örtliche Kriegskommissariate des Verteidigungsministeriums u. ihre Unterstellung unter die Kriegsgerichtsbarkeit verlieh dieser Kategorie gewisse Züge einer milit. Rekrutierung: Das eigenmächtige Verlassen des zugewiesenen Einsatzortes wurde nicht als Flucht, sondern als Desertion bezeichnet u. entsprechend geahndet. Zum Schluss deuteten das Vorhandensein v. gesonderten Partei- u. Komsomolzenorganisationen der mobilisierten Deutschen, wenn auch mit stark reduzierten Befugnissen, u. die vorgesehene Entlohnung nach Besoldungsgruppen für zivile Berufe auf verbliebene Elemente bürgerlicher Rechte hin.

Eingeleitet wurde die massenhafte Zwangsrekrutierung v. Männern im Alter v. 17 bis 50 Jahren durch die streng geheimen Beschlüsse des Staatskomitees für Verteidigung (russ. *Gosudarstvennyj Komitet Oborony*, GKO) vom 10. 1. u. 14. 2. 1942. Beide Aushebungen betrafen 133.900 Deutsche. Einen Teil der Mobilisierten schickte man auf Großbaustellen, die das Volkskommissariat für Innere Angelegenheiten (→NKVD) erst zu Beginn des Krieges oder kurz davor übernommen hatte. Dort sollten im Eiltempo ohne Rücksicht auf Verluste verschiedene Bauvorhaben realisiert werden: So befanden sich zum 1. 1. 1943 auf der Baustelle zur Errichtung des Čeljabinsker Hüttenkombinats (russ. *Čeljabmetallurgstroj NKVD SSSR*) 27.783 Zwangsarbeiter; auf der Baustelle des Bogoslover Aluminiumwerkes, Gebiet Sverdlovsk (russ. *BAZ-Stroj NKVD SSSR*), weitere 12.683 Mobilisierte usw. Die ankommenden Arbeitskräfte wurden in sog. Bautrupps (russ. *strojotrjady*) eingeteilt, die ihrerseits aus Kolonnen bis zu tausend Mann u. letztere aus Brigaden unterschiedlicher Größe bestanden. An der Spitze der Arbeitskolonnen standen andersethn. Vorgesetzte (russ. *načal'niki*) u. Politoffiziere. Andere Zwangsarbeiter wiederum kamen in schon existierende Straflager als Ersatz für in kämpfende Truppen überstellte oder vorzeitig entlassene Häftlinge. Dort wurden sie getrennt v. den übrigen Häftlingen u. der freien Belegschaft untergebracht u. eingesetzt.

Eine Besonderheit dieser Aushebung war ihr totaler Charakter. Neben den einfachen Arbeitern u. Bauern fand sich in den Arbeitslagern die gesamte intellektuelle u. Funktionärsschicht der Russlanddeutschen wieder: Abgeordnete, Minister u. Regierungsbeamte, Professoren u. Dozenten, Schriftsteller u. Ärzte, Lehrer u. Ingenieure, Offiziere u. Richter. Am 14. 10. 1942 übertrug man diese Bestimmungen auch auf Minderheiten, deren „Mutterländer“ im Krieg mit der UdSSR standen. Einige Tausend Männer in wehrpflichtigem Alter finn., ung., it. oder rum. Herkunft mussten ebenfalls Zwangsarbeitsdienst leisten.

Unvollständigen Angaben zufolge kamen im Laufe des Krieges auf die dem NKVD unterstellten Objekte etwa 182.000 Zwangsarbeiter. Diese Ziffer schließt ca. 18.600 Deutsche aus der Ukr. SSR ein, die noch Anfang September 1941 rekrutiert u. vorerst in milit. Baubataillonen organisiert wurden. Später wurde dieses Kontingent in die Kategorie „mobilisierte Deutsche“ überführt. Keine gesicherten Aussagen lassen sich indes über die Zehntausende ehem. russlanddeutscher Soldaten u. Offiziere der Roten Armee machen: Sie wurden teilweise in Arbeitslager überstellt, andere wiederum durften in den Baubataillons verschiedener Volkskommissariate verbleiben. Miserable Arbeits- u. Lebensbedingungen, rücksichtsloser Einsatz u. faktische Straffreiheit des Lager- u. Betriebspersonals führten dazu, dass unter den Mobilisierten in kürzester Zeit eine große Zahl v. Todes- u. schweren Krankheitsfällen zu verzeichnen war: Allein 1942 verstarben nach offizieller Statistik 12.047 Einberufene oder 10,3 % v. den zum 1. 1. 1943 registrierten Zwangsarbeitern (117.429). Aufgrund totalen körperlichen Verfalls mussten weitere 8.073 Personen entlassen werden.

Am 7. 10. 1942 ordnete das GKO mit Iosif →Stalin an der Spitze die Ausweitung der Rekrutierung des dt. „Kontingents“ auf Jugendliche u. ältere Männer im Alter v. 15 bis 16 u. 51 bis 55 sowie Frauen im Alter v. 16 bis 45 Jahren an. Lediglich schwangere Frauen u. solche, die Kinder unter 3 Jahren hatten, blieben v. der Mobilisierung verschont. Im Laufe v. nur wenigen Wochen hatte man durch die Kriegskommissariate insgesamt 123.552 Personen, darunter 52.742 Frauen ausgehoben und auf Tausende v. Kilometern entfernt liegenden Objekten eingesetzt, ähnlich wie bei den vorher zwangsverpflichteten Männern, getrennt v. Kindern u. anderen Familienangehörigen. Weitere Einberufungen, wenn auch geringeren Umfangs, folgten in den nächsten Monaten u. Jahren. Dieses Mal wurden sie zum großen Teil auf andere Industriebranchen verteilt: Zum 1. 1. 1944 waren im Volkskommissariat für Kohleförderung 56.551 Deutsche eingesetzt, für Erdölförderung 30.250, für Munition 8.021 usw. Organisiert in Form v. separaten Arbeitskolonnen, standen sie unter der direkten Verfügungsgewalt der Betriebsleitung, wogegen dem Innenministerium die adm. und geheimpolizeiliche „Betreuung“ oblag.

Bei der Unterdrückung u. Terrorisierung der mobilisierten Deutschen spielte v. a. die Geheimpolizei eine wichtige Rolle. Vertreter der Staatssicherheit im Lager war die berüchtigte „Operativ-tschekistische Abteilung“ (russ. *Operčast'*, OČO). Obwohl Teil der Lagerverwaltung, agierten die Mitarbeiter der OČO weitgehend autonom u. unterstanden territ. den Gebietsverwaltungen des NKVD u. der operativen Verwaltung der GULag-Zentrale. Bis zum Juli 1944 wurden 8.543 Zwangsarbeiter aufgrund v. Fluchtversuchen, angeblichen Sabotageakten, Selbstverstümmelungen oder konterrevolutionärer Arbeit verhaftet u. 6.392 v. ihnen zu langjähriger Haft im Straflager u. 526 zum Tode verurteilt.

Bereits im Jahre 1945 begannen in einzelnen Volkskommissariaten die Auflösung der Arbeitskolonnen u. die Überführung der dt. Zwangsarbeiter in die Stammbelegschaft der Betriebe bzw. Bauorganisationen. Im System des NKVD erfolgte dies erst mit der Direktive Nr. 68 vom 15. 3. 1946. Allerdings erhielten sie nicht die Rechte eines normalen Sowjetbürgers, sondern bekamen den Status eines →Sondersiedlers verliehen. Nur mit Einverständnis der Betriebsleitung u. des zuständigen Kommandanten konnten ehem. Mobilisierte an den Ort ihrer Pflichtansiedlung zurückkehren oder – soweit die Wohnverhältnisse es zuließen – ihre Familien zu sich holen. Die Zusammenführung der auseinandergerissenen Familien dauerte indes bis in die zweite Hälfte der 1950er Jahre.

Keine andere Ethnie in der Sowjetunion hat solch eine umfassende physische Ausbeutung erlebt: Von den 1,1 Mio. Russlanddeutschen, die sich während des Krieges im sowj. Machtbereich befanden, mussten etwa 350.000 Jugendliche, Männer u. Frauen fern v. ihren Familien u. unter Militärgerichtsbarkeit gestellt, Zwangsarbeit leisten. Eine verläßliche Zahl der Opfer läßt sich bislang nicht angeben; die Sterblichkeitsrate soll Hochrechnungen aus einzelnen Lagern zufolge nicht weniger als 20 % betragen haben.

Lit.: V. Krieger, Einsatz im Zwangsarbeitslager, in: Von der Autonomiegründung zur Verbannung und Entrechtung. Die Jahre 1918 und 1941 bis 1948 in der Geschichte der Deutschen in Russland. Hg. A. Eisfeld. Stuttgart 2008, 137–161; A. German/A. Kuročkin, Nemcy SSSR v „trudovoj armii“ (1941–1945). Moskva 1998; Deportation, Sondersiedlung, Arbeitsarmee: Deutsche in der Sowjetunion 1941 bis 1956. Hg. A. Eisfeld/V. Herdt. Köln 1996.

V. K.

Armenier von der Krim. A. (Selbstbez. Sg. *Haj[y]*, Pl. *Haykh/Haik/Hajer*) bewohnten die Halbinsel Krim seit dem MA, ihre Hauptsiedlungszentren waren Kaffa (ukr./russ. Feodosija, krimtatarisch Kefe), Karasubazar (krimtatarisch Qarasuvbazar, seit 1944 russ. Belogorsk, ukr. Bilohirs'k) u. Surchat (russ./ukr. Staryj Krym). Die Umsiedlung der christlichen Bev. des Krim-Chanats (darunter 12.613 A.) durch die russ. Regierung im Jahre 1778 – kurz vor dem Anschluss der Halbinsel an Russland – bedeutete das Ende der ma. armenischen Kolonien. Nur ein kleiner Teil der A. konnte später zurückkehren: Bis 1796 waren es nur 600 Personen. Nach wie vor siedelten die A. auf der K. überwiegend in den Städten, wo ihr Anteil Mitte des 19. Jh.s mit 6,7 % überdurchschnittlich hoch war (0,7 % der gesamten Bev.). Nach dem endgültigen Anschluss der K. an Russland verfügten zwei armenische Gemeinden – die in Staryj Krym u. die kath. in Karasubazar – über Selbstverwaltungsrechte u. eine eigene Rechtssprechung. Die Amtssprache im Stadtrat v. Staryj Krym war Armenisch. Bis zum Anfang des 20. Jh.s stieg die Zahl der A. auf über 8.000 Personen (1,6 %) an. Nach einem weiteren sprunghaften Anstieg durch die Flucht aus dem Osm. Reich (→Armenier im Osm. Reich) stabilisierte sich die Zahl der A. auf der K. nach dem 1. →Wk. bei 12.000 (1934: 14.000 oder 1,7 %; 1939: 12.900 oder 1,1 %).

Während des 2. →Wk.s arbeiteten einige Exil-A., unter ihnen die Generäle Drastamat Kanajan (gen. Dro) u. Garegin Ter-Charutunjan (Njdeh), mit NS-Deutschland zusammen. Vor allem Kanajan war es gelungen, Kontakte zum OKW aufzubauen u. Zusagen für die Unterstützung bei der Wiederherstellung des armenischen Staates zu bekommen. 1942 wurde der Armenische Nationalausschuss gegründet: Der Armenische Verbindungsstab unter einem immer größer werdenden Einfluss v. Daschnaken organisierte eine Reihe armenischer Legionen aus Exil- oder gefangenen A. Darüber hinaus leisteten einige ihren Dienst in der Wehrmacht, in SS-Einheiten (Waffengruppe „Armenien" im Rahmen des Kaukasischen Waffenverbandes der SS), die meisten aber wurden zum Dienst im Hinterland herangezogen, v. a. in Baukommandos, aber auch bei der Bekämpfung v. Partisanen in Polen u. in der Ukraine. Insgesamt kämpften nach unvollständigen Angaben auf der Seite Deutschlands mehr als 30.000 A. Die Alliierten lieferten dank der geschickten Politik der Daschnaken-Führer den größten Teil der A. nicht an die sowj. Seite aus.

Obwohl die überwiegende Mehrheit dieser A. nicht v. der Krim stammte, wurde ihre Zusammenarbeit mit den Besatzern zum Anlass einer umfassenden →Deportation v. der Halbinsel, die sich zw. 1941 u. 1944 unter dt. Besatzung befunden hatte. In Transkaukasien dagegen trugen Deportationen in den 1930–1940er Jahren einen präventiven Charakter oder wurden wegen einstiger Zugehörigkeit zu der Partei „Daschnakcutjun" durchgeführt (→Armenier in der Sowjetunion und in ihren Nachfolgestaaten, →Kaukasien).

Schon am 13. 4. 1944 unterschrieb Lavrentij →Berija den Befehl Nr. 004219/00137 „Über Maßnahmen zur Bereinigung der ASSR Krim von den antisowjetischen Elementen". Er veranlasste, alle „Verräter, aktiven Helfershelfer und Günstlinge der deutschfaschistischen Besatzer und andere antisowjetische Elemente, die den Besatzern Hilfe leisteten", vom Territorium der K. zu entfernen. Dazu gehörten neben weiteren Krimvölkern auch die A. (→Krim als Deportationsgebiet). Die Aussiedlungsaktion wurde auf der Grundlage des Beschlusses des Staatskomitees für Verteidigung (russ. *Gosudarstvennyj Komitet Oborony*, GKO) Nr. 5984ss vom 2. 6. 1944 durchgeführt u. am 28. 6. 1944 beendet. Insgesamt wurden 9.621 (nach anderen Angaben 9.919) A. in die Baschkirische, Mari ASSR sowie in die Gebiete Kemerovo, Molotov, Kirov u. Sverdlovsk in der Russl. Föderation u. in das Gebiet Gur'ev in →Kasachstan deportiert.

Ende 1944 häuften sich unter den →Sondersiedlern v. der K. u. auch unter den A. die Fluchtversuche. In den ersten 4,5 Jahren nach der Deportation wurden 56 geflüchtete A. verhaftet, die v. der K. stammten.

Nach den zur Verfügung stehenden Informationen wurden 574 A. von der K. in die Rote Armee eingezogen, davon 19 Offiziere, 70 Unteroffiziere u. 485 Soldaten. Die armenischen Rotarmisten wandten sich an das →NKVD mit Bitten, ihre Verwandten aus den Sondersiedlungen zu entlassen. Falls keine kompromittierenden Materialien vorlagen, wurden die Familien v. Kriegsveteranen nach u. nach befreit, aber ohne die Erlaubnis, sich wieder auf der Krim ansiedeln zu dürfen.

Nach den Angaben des sowj. Innenministeriums befanden sich im Januar 1953 8.570 Bürger armenischer Nationalität aus der ASSR Krim in Sondersiedlungen. Zusammen mit den A. aus Transkaukasien handelte es sich um 24.056 Personen. Mitte der 1950er lebten in Kasachstan 388 (davon im Gebiet Gur'ev 314), in Zentralasien 690 (davon in Kirgistan 304 u. in Usbekistan 303) u. in der Russl. Föderation insgesamt 950 v. ihnen. Im Januar 1958 wurden nur noch 152 A. als Sondersiedler registriert. Nach einem zweijährigen Diskussionsprozess hatte der Oberste Sowjet am 27. 3. 1956 beschlossen, die Einschränkungen für die Sondersiedler armenischer, griech. und bulg. Nationalität, die 1944 grundlos v. der K. deportiert worden waren, aufzuheben. Doch wurde ihnen weder die Rückkehr auf die K. erlaubt, noch war die Rückgabe des konfiszierten Eigentums vorgesehen. 2001 waren auf der K. 8.700 A. registriert.

Lit. (a. →Krim als Deportationsgebiet, →Armenier in der Sowjetunion und ihren Nachfolgestaaten): N. F. Bugaj, Narody Ukrainy v „Osoboj papke Stalina". Moskva 2006; Ders., Deportacija narodov Kryma. Dokumenty, fakty, kommentarii. Moskva 2002; V. Broševan/ P. Tygljanc, Izgnanie i vozvraščenie. Simferopol' 1994; V. N. Zemskov, Specposelency iz Kryma (1944–1956), *Krymskij muzej* 1 (1994), 73–90.

N. B.

Armenier im Osmanischen Reich. Die A., die sich selbst als *hay* u. ihr Land als *hayk'* bzw. *hayasdan* bezeichnen, blicken auf eine fast dreitausendjährige Geschichte zurück, die sich in großen Abschnitten als Abfolge v. Katastrophen u. Überleben erzählen lässt. Das hist. Siedlungsgebiet der A., die sog. Armenische Hochebene im O Kleinasiens, war jahrhundertelang Grenzregion zw. wechselnden Großreichen u. infolgedessen polit. meist geteilt, nur in kurzen Phasen unabhängig oder autonom u. häufig Schauplatz v. Kriegen. Seit dem 16./17. Jh. stand der größere, westl. Teil Armeniens unter osm. Herrschaft, ein kleinerer Teil im O (Transkaukasien) kam 1828 v. persischer unter russ. Herrschaft. Im Osm. R. konzentrierte sich die armenische Bevölkerung v. a. in den sog. sechs armenischen Provinzen Erzurum, Van, Diyarbekir, Bitlis, Mamuretülaziz u. Sivas. Dort stellten die A. in einigen, aber bei Weitem nicht in allen Regionen die Bev.mehrheit neben den Kurden als zweiter dominanter Bev.gruppe u. einer Vielzahl kleinerer ethn., sprachlicher und relig. Gruppen. Viele A. lebten außerdem in den Nachbarprovinzen Trabzon, Ankara u. in Kilikien bis nach Aleppo, ferner in Thrakien, Bithynien u. den großen städtischen Zentren des Reiches, v. a. Istanbul u. İzmir. Die Mehrheit der osmanischen A. waren Bauern. In den Städten waren viele A. auch Handwerker u. Kaufleute, während sich in den Metropolen eine kleine Elite v. Großkaufleuten, Bankiers u. Freiberuflern etabliert hatte. Polit.-adm. waren die A. in einem eigenständigen u. in seinen inneren Angelegenheiten autonomen *millet* (ethno-relig. Gemeinschaft) unter der Führung des Patriarchen in Istanbul, dem seit 1863 auch weltliche Gremien zur Seite gestellt waren, organisiert. Seit dem 19. Jh. existierten daneben auch ein armenisch-kath. und ein protestantisches *millet*. In der osm. Verwaltung waren die A. ab der Mitte des 19. Jh.s in vielen Bereichen vertreten, jedoch selten in einflussreichen Positionen, insbesondere nicht in den Sicherheitsorganen. Vom Dienst an der Waffe u. damit gleichzeitig vom Recht, Waffen zu tragen, waren die A. – wie alle Nichtmuslime – bis zur Gesetzesnovelle 1909 i. d. R. ausgeschlossen.

War das Zusammenleben der A. mit den Muslimen in den Ostprovinzen lange in erster Linie v. den Spannungen zw. Sesshaften u. Nomaden geprägt, wie sie auch anderswo verbreitet waren, so gewann die relig. Dimension im Laufe des 19. Jh.s zunehmend an Bedeutung. Im Zuge der anhaltenden Krise des Osm. Reiches sowie der forcierten Modernisierung, in der sich viele Muslime im Gegensatz zu den vermeintlich privilegierten Christen als Verlierer sahen, u. durch die Zentralisierungspolitik Istanbuls, die lokale Autonomien milit. unterdrückte u. damit die regionale Ordnung auflöste, ohne sie durch eine neue zu ersetzen, häuften sich gewaltsame Übergriffe gegen die A. Diese reagierten – in allem letztlich erfolglos – mit Petitionen an die Zentralmacht, Schutz u. Ordnung zu gewährleisten, mit dem Appell an die europ. Mächte, Reformen zu erzwingen, u. mit zaghaften Versuchen der Selbstverteidigung. Der Zentralstaat griff zu Ungunsten der A. in das lokale Gefüge ein, indem er Nomaden sesshaft machte, muslimische Flüchtlinge (→*muhacirun*) aus Kaukasien u. dem Balkan ansiedelte, kurdische Stämme bewaffnete (*hamidiye*-Regimenter), die alltäglichen Übergriffe gegen A. nicht oder nur unzureichend ahndete u. indem er angesichts andauernder europ. Interventionen, die unter dem Vorwand des Schutzes der Christen erfolgten, unter den Muslimen Ängste schürte, die eine anti-armenische Stimmung in der Bev. erzeugten. Der Transformationsprozess v. der pluralen Gesellschaft des Osm. R.s hin zu einem modernen Nationalstaat zog ein wachsendes Bedürfnis nach Vereinheitlichung nach sich, die nach dem Scheitern der Integrationsideologie des Osmanismus zunächst in die Islamisierungspolitik Abdülhamids II. u. schließlich in die radikale ethn. Homogenisierung der Jungtürken mündete (→Nationalstaat und ethnische Homogenität).

Die reichsweiten Massaker 1894–1896 stellten das erste systematische gewaltsame Vorgehen gegen die A. dar. Diese sog. hamidischen Massaker können noch als Antwort auf das armenische und europ. Drängen auf Reformen interpretiert werden. Der Völkermord v. 1915/16 hingegen war gekennzeichnet v. einem absoluten Vernichtungswillen mit dem Ziel, die zunehmend als problematisch empfundene „Armenische Frage" endgültig zu lösen. Der Kriegseintritt 1914 diente zugleich als Deckmantel u. Legitimation. Bereits im Februar 1915 erfolgte die Entwaffnung u. Exekution der armenischen Soldaten, ab März die Besetzung aller wichtigen Positionen in den Ostprovinzen mit Jungtürken. Spätestens am 20./22. 3. fiel die Entscheidung zur Vernichtung der armenischen Bev. Die Armee ging zunächst gegen die kurze Zeit zuvor noch autonomen armenischen Enklaven vor, v. denen am ehesten Widerstand zu erwarten war. Am 24. 4. 1915 – dem Datum, das seither als Gedenktag für die Katastrophe begangen wird – begann eine Welle v. Massenverhaftungen unter der armenischen intellektuellen, gesellschaftlichen und polit. Elite zunächst in der Hauptstadt, dann in den Provinzen. Bereits in dieser Zeit setzte die systematische →Deportation der armenischen Bev. ein, die nach immer gleichem Muster – Selektion der verbliebenen Männer u. ihre Ermordung an Ort u. Stelle, Marsch der Kolonnen durch unbesiedeltes Gebiet, Massaker an ausgesuchten Plätzen unterwegs mit Hilfe der *teşkilat-i mahsusa* (Spezialorganisation) – durchgeführt wurde u. ihren Höhepunkt ab Mai/Juni 1915 erreichte. Von den A. des Hochlandes starben 80–90 % auf dem Weg, die A. aus anderen Landesteilen erreichten in größerer Zahl die Sammellager in der syrischen u. mesopotamischen Wüste, wo sie im Sommer u. Herbst 1916 getötet wurden. Die provisorischen Gesetze über die Deportation u. Enteignung der A. vom Mai 1915 dienten der nachträglichen Legitimation der zuvor angeordneten u. teilweise bereits vollzogenen Taten. Der →Genozid an den osmanischen A. wurde begleitet v. einer im Osm. Reich bis dahin beispiellosen Pressekampagne, die die A. als „innere Feinde", Verräter u. Verschwörer stigmatisierte u. deren Kernelemente bis heute die Argumente des türk. Verleugnungsdiskurses liefern.

Die Zahl der osmanischen A. ist umstritten, umso mehr, als Zahlenangaben seit dem ausgehenden 19. Jh. politische Bedeutung haben. In Ermangelung zuverlässiger Zensusdaten muss man auf grobe Berechnungen zurückgreifen, die sich auf lückenhafte osmanische wie armenische Datenerhebungen stützen. Am überzeugendsten ist die Angabe von rd. 3 Mio. A. im Osm. R. (1878). Bis 1915 ist ein Verlust v. ungefähr einem Drittel zu verzeichnen, der auf die hamidischen Massaker 1894–1896 (ca. 200.000 Tote u. 300.000 →Flüchtlinge), die kilikischen Massaker 1909 (rd. 25.000 Opfer) u. Islamisierungen ganzer Dörfer sowie auf den wachsenden Auswanderungsdruck während dieser Periode zurückzuführen ist. Am Vorabend des Völkermordes kann man v. einer Zahl v. knapp 2 Mio. A. im Reich ausgehen, v. denen rd. 1–1,5 Mio. 1915/16 sowie in den Folgejahren der Vernichtung zum Opfer fielen. Diese Zahl umfasst wohl auch die in der Türkei verbliebenen islamisierten u. türkisierten bzw. kurdisierten Kinder u. Frauen. Die überlebenden A. zerstreuten sich weltweit. Größere Kolonien bildeten sich zum einen in Syrien u. im Libanon, zum anderen in Frankreich, Südamerika sowie den USA. Viele retteten sich auch nach Ostarmenien.

Die Forschung ist geprägt v. der fortgesetzten Leugnung des Völkermordes, die v. der Türk. Republik aktiv u. mit großem Aufwand betrieben wird u. die – wie auch die jahrzehntelange Vernachlässigung u. häufig auch systematische Zerstörung armenischer Kulturdenkmäler in Anatolien – die Fortsetzung u. Vollendung des Genozids darstellt. Entsprechend dominieren Quelleneditionen u. allg. Überblicke. Erst kürzlich erschien eine umfangreiche Rekonstruktion des Verlaufs des Genozids u. seiner Genese in frz. Sprache (Kévorkian 2006). Detaillierte Studien zu vielen anderen Aspekten des Genozids u. seiner unmittelbaren Vorgeschichte fehlen.

Lit.: T. Akçam, Ermeni Meselesi Hallolunmuştur. Istanbul 2008; R. H. Kévorkian, Le génocide des Arméniens. Paris 2006; Der Völkermord an den Armeniern 1915/16. Hg. W. Gust.

Springe 2005; M. Dabag, Der Genozid an den Armeniern im Osmanischen Reich, in: Verbrechen erinnern. Hg. V. Knigge/N. Frei. München 2002, 33–55; M. Nichanian, The Truth of the Fact, in: Remembrance and Denial. Hg. R. G. Hovannisian. Detroit/Mich. 1999, 249–270; R. G. Hovannisian, The Armenian Genocide and Patterns of Denial, in: The Armenian Genocide in Perspective. Hg. Ders. New Brunswick, Oxford 1986, 111–134.

E. H.

Armenier in der Sowjetunion und ihren Nachfolgestaaten (1937–1994). Autochthones Volk im nördl. Vorderasien (Selbstbez. Sg. *Haj[y]*, Pl. *Haykh/Haik/Hajer*), verbreitet hauptsächlich in Südkaukasien, im Nahen O u. auf der Krim (→A. von der Krim), nach dem Genozid im 1. Wk. (→A. im Osmanischen Reich) auch in den USA u. Frankreich. Im 19. Jh. fiel ein Teil des armenischen Siedlungsgebiets in Südkaukasien an Russland, 1920 wurde die Armenische SSR als Bestandteil der ehem. →Sowjetunion gegründet (1939: 1,05 Mio. A. in der Republik v. insgesamt 2,2 Mio. in der UdSSR). Die Mehrheit der A. sind Christen (gregorianisch u. uniert). Eine weitere, relativ kleine Gruppe von A. bildeten muslimische Chemšil (a. *Hemshil, Chemšin*) – an der südöstl. Schwarzmeerküste sowohl im georgischen Adžarien als auch im türk. Artvin beheimatete Pastoralhirten. Ihre ethn. Identität ist vielschichtig. Sie selbst bezeichnen sich nämlich zudem als Türken, v. denen sie – ihrer Konfession wegen – als solche auch anscheinend anerkannt werden. Wegen ihrer Religionszugehörigkeit waren sie v. →Deportationen besonders betroffen u. haben neben einer während der Deportationszeit in →Zentralasien angeeigneten Turksprache ihren eigenen mit Turkismen durchsetzten, westarmenischen Dialekt *(Homšetsma)* bewahrt.

Sogenannte präventive Zwangsverschickungen, die Iosif →Stalin vor u. während des 2. →Wk.s im Zuge v. Säuberungsoperationen in Grenzgebieten durchführen ließ, betrafen die A. in mehrfacher Hinsicht. Beruhend auf einer Verordnung (Nr. 2123–420ss) schon vom 17. 12. 1936 wurden so an die 2.788 Chemšil u. →Mes'cheten-Türken infolge desselben Dekretes (Nr. 103/1127–267ss) vom 17. 7. 1937 nach →Kasachstan deportiert. Auf Verordnung des Staatskomitees für Verteidigung vom 31. 7. 1944 (Nr. 6279ss) wurde auch der verbliebene Teil v. 1.385 Chemšil mit anderen muslimischen Nationalitäten aus der Georgischen SSR zwangsumgesiedelt. Wie bei den →Kurden u. Mes'cheten handelte es sich hierbei erneut um eine Präventivmaßnahme, mit der Stalin die südwestkaukasischen Grenzgebiete für sowj. Kriegsziele in Ostanatolien v. der turksprachigen Bev. säubern ließ. Der Deportationsbefehl (Nr. 001176) des →NKVD war am 20. 9. 1944 ergangen, außerdem hatten die Kommandeure der Kontroll- u. Filtrationslager (russ. *proveročno-fil'tracionnye lagerja*) auch bez. der A. im September 1945 den Befehl erhalten, alle aus der Armee Entlassenen ohne Ansehen der Person oder des Verdienstes in Sonderlager nach Novosibirsk zu überstellen.

Darüber hinaus wurden die A. der Schwarzmeerküste auf Befehl (Nr. 00183) des Ministeriums für Staatssicherheit vom 28. 5. 1949 sowie des Innenministeriums (Nr. 00525) vom

2. 6. 1949 als Vertreter der als staatsfeindlich eingestuften, bürgerlich-nationalistischen konterrevolutionären Partei der Daschnaken *(Dašnakcutjun)* deportiert. Grundlage hierfür war eine Entscheidung des ZK der KP vom 17. 5. 1949, die Schwarzmeerküste sowie Georgien u. Aserbaidschan v. „politisch unzuverlässigen Elementen" zu säubern, womit v. a. Griechen (→G.: Deportationen in den asiatischen Teil der Sowjetunion) und A. gemeint waren. Personen, die der Deportation vom Mai 1949 entgingen, wurden später auf Verfügung des Ministerrates Nr. 14133rs vom 10. 8. 1951 zwangsverschickt. In den Sonderlagern bildeten die Daschnaken noch am 1. 1. 1953 eine geschlossene Gruppe v. 15.486 Personen.

Mit Verordnung Nr. 5984ss vom 2. 6. 1944 wurden am 27. u. 28. 6. 1944 9.621 A. von der Krim unter dem Vorwand deportiert, das Armenische Komitee habe mit der dt. Wehrmacht kollaboriert (→Kollaboration). Von ihnen lebten am 1. 1. 1953 noch 8.570 in Sonderlagern Zentalasiens u. →Sibiriens. Fasst man nur die beiden Kategorien der Krim-A. u. Schwarzmeer-A. zusammen, so ergibt sich ein Kontingent v. 24.056 Deportierten (darunter 20.238 Erwachsene). Davon befanden sich in der Kasachischen 17 Daschnaken u. 575 A., in den restlichen sowj. zentralasiatischen Republiken 503 A., in den Gebieten Altaj 15.437 Daschnaken, Kemerovo 3 Daschnaken u. 1.385 A., Sverdlovsk 2.858 A., Molotov 1.835 A., in der Baschkirischen 941 u. in der Mari ASSR 282 A. Zum 1. 1. 1953 lebten noch 1.397 Chemšil in den Sonderlagern in der Kasachischen (422), der Usbekischen (2) u. der Kirgisischen (973) SSR.

Am 27. 3. 1956 hob das Präsidium des Obersten Sowjets per Dekret (Nr. 139/47) die Restriktionen der Zwangsdeportation für die A. auf. Am 28. 4. folgte mit Dekret (Nr. 0–134/42) auch die Rehabilitation der Chemšil (→Rehabilitierung). Dennoch blieb ihnen die Rückkehr in die Heimat lange untersagt, bis einige zunächst Anfang der 1980er Jahre u. der Rest 1989 im Ergebnis des usbekisch-kirgisischen Konfliktes um Oš u. der Ausschreitungen im Fergana-Tal als →Flüchtlinge in das Gebiet v. Krasnodar kamen. Dort lebt gegenwärtig in den Bezirken Apšeron u. Belorečʼe eine kleine Gruppe von rd. 1.500 Chemšil.

Mit dem Zerfall der Sowjetunion u. infolge der Souveränitätsbestrebung des Autonomen Gebietes Berg-Karabach (arm. *Arcach*, aserb. *Dağlıq Qarabağ*), das 1939 noch mit 91 %, nach der Volkszählung v. 1979 indes nur noch mit 79 % A. besiedelt war, kam es erneut zu Vertreibungen. Sie begannen am 27.–29. 2. 1988 mit einem mehrtägigen →Pogrom gegen die 18.000 armenischen Bewohner v. Sumgait, einer nördl. von Baku gelegenen Industriestadt mit 250.000 Einw. Zur Anzahl der Opfer liegen unterschiedliche Daten vor. Nach offiziellen Angaben waren 32 Tote (26 A., 6 Azeri) zu beklagen. Tatsächlich aber dürften es wohl über 50 Tote gewesen sein. Weder aserb. noch sowj. Sicherheitsbehörden griffen in die Ausschreitungen ein. Erste Vertreibungen von A. aus Baku u. Ganža (Gəncə, Kirovabad) begannen, nachdem das Oberste Gericht der UdSSR am 21. 11. ein Todesurteil gegen einen Azeri wegen Beteiligung an den Pogromen v. Sumgait verhängt hatte. Allein bis Ende November sollen an die 180.000 A. das Land verlassen haben.

Als der Oberste Sowjet der Armenischen SSR u. der Nationalrat v. Berg-Karabach am 1. 12. 1989 die Vereinigung beider Staatsgebiete deklarierten, reagierte man in Aserbaidschan erneut mit Gewalt gegen die armenische Bev. in Baku, Ganža, Šemacha, Šamchor, Mingečaur u. Nachitschewan. Am 11. 1. 1990 begann man, die A. auch aus den im N Berg-Karabachs gelegenen Bezirken Chanlar u. Šahumian (Goranboy) zu vertreiben. Am 13. u. 14. 1. kam es in Baku zu einem Pogrom, bei dem 88 Menschen, darunter 56 A., getötet u. an die 200 verletzt wurden. Auch diesmal hatten die Behörden den in Stellung gebrachten Mob gewähren lassen. Erst nachdem die Ausschreitungen am 20. 1. abgeklungen waren, griffen sowj. Sicherheitskräfte ein. Deren Aktion war indes nicht gegen die antiarmenische Gewalt, sondern gegen die aserb. Opposition gerichtet u. hatte 100 bis 180 Todesopfer sowie mehrere Hundert Verwundete zur Folge.

Die Vertreibung setzte sich während des Krieges fort, den Armenien u. Aserbaidschan vom August 1990 bis zum Mai 1994 um Berg-Karabach führten. Auch jetzt gingen – zumindest in der Anfangsphase – spezielle Einheiten des aserb. Innenministeriums u. sowj. Truppen gemeinsam vor, da Moskau sich mit dem Wahlsieg der Kommunisten in Aserbaidschan vom September 1990 nun unverhüllt an die Seite Bakus gegen Armenien stellte, das seine Unabhängigkeit zuvor am 23. 8. erklärt hatte. Unter dem Vorwand der Entwaffnung armenischer Guerilla-Verbände begann im April 1991 die sog. Operation „Ring“ (russ. *operacija „Kol'co“*), die bis zum Juni andauerte u. zur Vertreibung v. etwa 20.000 A. aus 26 Dörfern führte.

Dabei handelte es sich v. a. um jene armenisch besiedelten Bezirke, die bei Gründung des Autonomen Gebietes am 7. 6. 1923 nicht dem Territorium Berg-Karabachs zugeschlagen worden waren u. somit unmittelbar der aserb. Verwaltung unterstanden. Von der Operation betroffen waren der Bezirk Chanlar mit den Dörfern Getašen (Çaykənd, 5.000 Menschen) u. Azat (Azad), der Bezirk Šahumian mit den Dörfern Martunašen (Sarisu), Berdadzor, Kamo, Buzluch (Buzluq), Manašid (Mahaşid), Erkedž (Erkeç), Šahumian (Aşaği Ağcakənd) sowie der Bezirk Dizak (Hadrut, 14 Dörfer). Nach offiziellen Angaben sind bei den Kämpfen auf armenischer Seite 20.000 Soldaten gefallen. Zwischen 400.000 u. 450.000 A. haben ihre alte Heimat gezwungenermaßen verlassen u. Zuflucht in Armenien oder in der Russl. Föderation gefunden.

Bei den armenischen Behörden waren Mitte der 1990er Jahre 340.000 ethnische A. als Flüchtlinge registriert. Jedoch verlief deren →Integration v. Anfang an sehr schleppend – zum einen wegen des Erdbebens bei Spitak 1988, zum anderen aufgrund des transformationsbedingten Wirtschaftsniedergangs. So gab es nach Angaben des →Hohen Flüchtlingskommissars der UNO 1998 noch 310.000 Flüchtlinge: 269.000 aus Aserbaidschan, 18.000 aus Berg-Karabach, 12.000 aus Šahumian sowie 11.000 aus Abchasien u. Tschetschenien. Auch im Jahre 2004 waren noch 235.303 Flüchtlinge aserb. Provenienz registriert.

Lit. (a. →Kaukasien): UNHCR Statistical Yearbook. Geneva 2004; S. E. Cornell, Small Nations and Great Powers. A Study of Ethnopolitical Conflict in the Caucasus. Richmond 2001; S. J. Kauf-

MAN, Modern Hatreds. The Symbolic Politics of Ethnic War. Ithaca/NY, London 2001; T. POTIER, Conflict in Nagorno-Karabakh, Abkhazia and South Ossetia. A Legal Appraisal. The Hague 2001; R. DEHDASHTI, Internationale Organisationen als Vermittler in innerstaatlichen Konflikten. Die OSZE und der Berg Karabach-Konflikt. Frankfurt a. M., New York 2000; J. O. POHL, Ethnic Cleansing in the USSR, 1937–1949. Westport, London 1999; N. F. BUGAJ, K voprosu o deportacii narodov SSSR v 30–40-ch godach, *ISSSR* 6 (1989), 135–144; M. MINASJAN, Pereselenie amšenskich armjan na Černomorskoe poberež'e Kavkaza i pervye šagi ich chozjajstvennoj dejatel'nosti (poslednjaja četvert' XIX v.), *Vestnik obščestvennych nauk Armjanskoj SSR* 1 (1977).

D. S.

Ashkali. Der Name A. (a. Hashkali) als eine offizielle Bez. für eine alb. sprechende muslimische ethn. Minderheit in Kosovo (→K. als Vertreibungsgebiet) hat sich ab den 1990er Jahren verstärkt eingebürgert. Sie bezieht sich auf Menschen, die v. den Gruppenfremden bis dahin gemeinhin als „albanisierte Roma" wahrgenommen wurden. Zur Abgrenzung gegenüber den Roma (→R. aus Kosovo) geben die A. an, dass ihre Muttersprache Albanisch ist u. dass sie nicht aus Indien, sondern aus Ägypten oder der Türkei oder aus Persien auf den Balkan gekommen sind. Der jüngsten Theorie zufolge leitet sich ihr Name v. König Hashkan ab, der in Persien um 250 v. Chr. ein Kgr. errichtete. Nach 500 Jahren der Herrschaft wurden die A. vertrieben u. verstreuten sich in Europa. Der vermutete Zeitpunkt ihrer Ankunft auf dem Balkan variiert zw. dem 5. Jh. v. Chr. u. dem 9. Jh. unserer Zeitrechnung. Außer in Kosovo leben A. in Südosteuropa in Albanien, Bulgarien, Makedonien u. Serbien.

Die A. gehen in Kosovo z. T. ihren traditionellen Berufen als Schmiede u. Seiler nach, u. eine wachsende Zahl übt Handwerksarbeiten in verschiedenartigen Reparaturwerkstätten aus. Ein Teil arbeitete als jug. Gastarbeiter in den westeurop. Ländern u. unterstützte die in Kosovo lebenden Familienangehörigen.

In den Monaten, die dem NATO-Einmarsch in Kosovo folgten, sahen sich A. ähnlich wie Roma mit dem kollektiven Vorwurf der →Kollaboration mit dem serb. Regime konfrontiert u. wurden Opfer schwerster Misshandlungen. Ihre Häuser wurden geplündert u. zerstört u. die Bewohner in die →Flucht getrieben.

Als eine A.-Hochburg galt vor dem Krieg die Stadt Ferizaj mit 11.000 Personen. Nach dem Krieg ist ihre Zahl auf 3.700 gefallen. Weitere A. konzentrierten sich vor dem Krieg in Fushe Kosova, Prishtina, Vushtrri, Podujeva, Shtime u. Lipjan.

In verschiedenen Fällen versuchten alb. Nachbarn – z. T. mit Erfolg – sich für die v. der →Vertreibung bedrohten Roma und A. einzusetzen. Meistens setzten sich aber bewaffnete Personen oder feindliche Nachbarn durch. In einigen Orten wie z. B. in Podujeva verhinderte die Bev. die Vertreibung der Minderheiten, u. über 1.500 A. konnten bleiben.

Eine verlässliche Angabe über ihre Zahl ist dadurch erschwert, dass sie seit 1999 in einem Atemzug mit Roma u. →Ägyptern genannt werden. Es wird geschätzt, dass diese gesamte Gruppe im Jahre 2006 35.000–40.000 Personen betrug. Die Zahl vor dem Krieg wird v. den Roma, A. u. Ägyptern selbst mit mindestens 150.000 bis 300.000 angegeben.

Die Zahl der sog. binnenvertriebenen Roma, A. u. Ägypter belief sich in Serbien nach dem Krieg auf ca. 45.000–50.000 u. in Montenegro auf 8.000–10.000. Etwa 3.000 →Flüchtlinge wurden in Makedonien, Bosnien u. Herzegowina registriert. Nach Schätzungen des →Hohen Flüchtlingskommissars der UNO waren 2004 nur 45 % der Roma, A. u. Ägypter, die infolge der interethn. Gewalt im Jahre 1999 aus Kosovo flohen u. in Serbien u. Montenegro Zuflucht gesucht haben, offiziell als Binnenvertriebene registriert. Ihr Alltag in den Aufnahmeländern war dadurch erschwert, dass viele v. ihnen in Kosovo keine Papiere besaßen, mittellos waren u. über keine Ausbildung verfügten, um sich eine Existenzgrundlage aufzubauen.

Bis Juli 2003 galt die Vorgabe der serb. Regierung, wonach es Binnenvertriebenen nicht gestattet war, ihren ständigen Wohnsitz in Serbien anzumelden. Inzwischen ist diese Politik zwar aufgegeben worden, dem Flüchtlingskommissar der UNO war 2004 jedoch kein Fall bekannt, in dem die neue Rechtslage in der Praxis umgesetzt wurde. Darüber hinaus wurde bis 2005 eine Anmeldung v. Kosovo-Roma, A. u. Ägyptern in Serbien dadurch erschwert, dass sämtliche hierfür notwendigen offiziellen Dokumente nur persönlich bei den provisorischen kommunalen Meldebehörden (die mit dem Rückzug der jug. Armee im Juni 1999 nach Serbien überführt wurden) beantragt werden können, die sich zumeist im S Serbiens befinden. Die Beantragung war daher kosten- u. zeitaufwendig u. machte nur bei den Personen Sinn, die auch schon in Kosovo regulär gemeldet waren. Das ist bei vielen A. nicht der Fall.

In Montenegro war die Hürde, amtliche Dokumente zu beantragen u. durch eine Registrierung als Binnenvertriebener Zugang zu grundlegenden Rechten zu erhalten, dadurch erhöht, dass Vertriebene aus Kosovo rechtlich als Bürger Serbiens u. nicht Montenegros betrachtet wurden. Die montenegrinische Verordnung über den Status heimatloser u. vertriebener Personen vom Juli 1992 regelt die Rechte u. Pflichten sowohl v. Flüchtlingen als auch v. Binnenvertriebenen; beiden Gruppen wird nur ein sehr begrenzter Zugang zu bürgerlichen, wirt. und soz. Rechten eröffnet. Der Zugang zum Arbeitsmarkt ist ihnen verwehrt, u. sie haben nur einen stark eingeschränkten Anspruch auf medizinische Versorgung. Die Verordnung über die Beschäftigung v. Nichtansässigen aus dem Jahr 2003 beschneidet auch die Arbeitsmöglichkeiten v. Binnenvertriebenen im grauen Sektor weiter, da hiernach Arbeitgeber, die Personen beschäftigen, die ihren Aufenthalt nicht dauerhaft in Montenegro haben, mit zusätzlichen Steuern u. Abgaben belastet werden.

Unter den stark eingeschränkten Aufenthaltsrechten stellte sich die Wohnungsfrage als ein kaum lösbares Problem dar. Im Jahre 2004 gab es in Serbien u. Montenegro 586 inoffizielle Siedlungen der Roma, A. u. Ägypter, die zum größten Teil über keine Infrastruktur verfügten. Im Zuge der Privatisierung kam es immer wieder zu Zwangsräumungen, die Obdachlosigkeit, Schulabbrüche der Kinder u. gesundheitliche Gefährdung nach sich zogen.

Zwischen 2000 u. Februar 2006 kehrten 1.576 Roma, 3.933 A. u. Ägypter nach Kosovo zurück. Wie viele in derselben Zeit Kosovo verlassen haben, ist nicht bekannt. In →Deutschland wurden zum 31. 12. 2004 8.197 A. als Asylbewerber registriert. Seit Mai 2005 finden Rückführungen statt. In anderen westeurop. Ländern wird die Gesamtzahl mit 15.000–20.000 angegeben. Es wird eine Dunkelziffer v. weiteren mehreren Zehntausend illegalen Migranten angenommen.

Die A. haben sich zum ersten Mal 1996 zu einem A.-Verein *(Shoqata e Hashkalive)* zusammengeschlossen. Ihre Partei PDASHK (*Partia Demokratike Ashkanli Shqiptare e Kosoves*) haben sie am 19. 12. 1999 in Ferizaj gegründet. Zum Parteiführer wurde der damals 24 Jahre alte Sabit Rrahmani gewählt.

Lit.: Minderheiten im Kosovo, *Der Einzelentscheider-Brief. Informationsschnelldienst für Einzelentscheider* 8 (2005). Hg. Bundesamt für Migration und Flüchtlinge; Zur Situation von binnenvertriebenen Minderheiten (Roma, Ashkali und Ägypter) aus dem Kosovo in Serbien und Montenegro. Hg. UNHCR. Berlin 2004; „Bis der letzte „Zigeuner" das Land verlassen hat ...". Hg. Gesellschaft für bedrohte Völker. Göttingen 1999.

Z. F.

Asyl. Das Wort A. (v. griech. *to asylon* „Freistätte") kann man ganz allg. als Ort der Unverletzlichkeit u. des Schutzes bezeichnen, den ein Staat, sei es auf seinem Staatsgebiet oder auf einem seiner Hoheitsgewalt unterstehendem Territorium einer ihn um Schutz bittenden Person gewährt. Die Fälle, Situationen u. Gründe, unter denen das geschieht, können sehr unterschiedlich sein. Zu unterscheiden sind a) nach den Rechtsgrundlagen das 1. völkerrechtliche, 2. staatsrechtliche, 3. kirchliche A. u. b) nach den Asylgründen das 1. polit., 2. relig. sowie 3. humanitäre A.

Das Asylrecht wurzelt geschichtlich in der Antike. Wer sich zu einem als heilig geltenden Ort (Tempelbezirk, gewisse Städte usw.) geflüchtet hatte, unterstand dem Schutz der betroffenen Gottheit u. ihrer Diener. Das Christentum übernahm diese Tradition, u. die kath. Kirche trug sie bis zum 1983 außer Kraft gesetzten Codex Juris Canonici (CIC) v. 1917 (can. 1179) fort.

Obwohl Sinn u. Rechtfertigung eines Kirchenasyls in dem der Menschenwürde u. den →Menschenrechten verpflichteten demokr. Verfassungsstaat gänzlich entfallen waren, knüpften die Kirchengemeinden in den 1980er Jahren wieder an den Gedanken an, um Ausländerfamilien, meist in Kirchengebäuden, Schutz gegen drohende Abschiebemaßnahmen zu gewähren. Aus rechtsstaatl. Sicht einer Bindung auch der Religionsgemeinschaften an die für alle geltenden Gesetze (vgl. Art. 140 Grundgesetz [GG] i. V. m. Art. 137 Abs. 3 WRV) waren das nicht zu rechtfertigende Aktionen zivilen Ungehorsams.

Die Asylgewährung aus polit. Gründen, welche die moderne Asylrechtsentwicklung bestimmt, hat auf der Ebene des Völkerrechts nicht die feste Gestalt eines Rechtsinstituts angenommen. Allerdings erkennt Art. 14 der Allgemeinen Erklärung der Menschenrechte

(AEMR) das Recht jedes Menschen an, „in anderen Ländern vor Verfolgung Asyl zu suchen und zu genießen". Die AEMR ist jedoch als Resolution der Generalversammlung der Vereinten Nationen nur eine rechtlich unverbindliche Empfehlung (Art. 13 UN-Charta). Dass die Bestimmung zu einer Norm des Völkergewohnheitsrechts erstarkt sei, welche die Staaten zur Anerkennung eines Grundrechts auf Asylgewährung verpflichten würde, kann der Staatenpraxis indes nicht entnommen werden (→Völkerrecht). Ein dahingehender allg. Rechtsbindungswille lässt sich nicht nachweisen. Art. 14 begründet daher im Völkerrecht auch keinen subjektiven menschenrechtlichen Anspruch gegen die UN-Mitgliedstaaten auf Asylgewährung. Die Staaten sind daher grundsätzlich darin frei, verfolgte, in ihren Machtbereich gelangende Personen an deren Heimatstaat auszuliefern oder aber ihnen A. einzuräumen u. zugleich Auslieferungsschutz zu gewähren. Das A. ist daher trotz gewisser Tendenzen zur Internationalisierung noch immer ein Rechtsinstitut des jeweiligen nationalen Landes- bzw. Staatsrechts. Auf dieser Ebene aber gehört seine Anerkennung heute vielfach zum redaktionellen Standard nationaler Verfassungen bzw. Grundrechtskapitel. Dabei gibt es allerdings sehr unterschiedliche Varianten, v. der Anerkennung des Leidens im Kampf für die Freiheit (Frankreich) bis zur verfassungsrechtlichen Ermächtigung des Gesetzgebers, die Gewährung von A. zu regeln (Spanien). Auch die Bundesrepublik Deutschland hat sich unter dem Eindruck der Erfahrungen mit dem Menschenrechtsnihilismus des totalitären NS-Staates für die Solidarität mit →politischen Flüchtlingen entschieden. Art. 16 a Abs. 1 GG bestimmt: „Politisch Verfolgte genießen Asylrecht." Die dt. Rechtsprechung (Bundesverwaltungsgericht) hält in Anlehnung an die Genfer Flüchtlingskonvention (28. 7. 1951) jemanden dann für „politisch verfolgt", wenn er „wegen seiner Rasse, Religion, Nationalität, Zugehörigkeit zu einer sozialen Gruppe oder wegen seiner politischen Überzeugung Verfolgungsmaßnahmen mit Gefahr für Leib oder Leben oder Beschränkungen seiner persönlichen Freiheit ausgesetzt ist oder Verfolgungsmaßnahmen begründet befürchtet" (BVerwGE 67, 184/186). Wirtschaftliche Notlagen reichen als solche für die Anerkennung nicht aus.

Von Verfolgung ist dann zu sprechen, wenn Rechtsgüter beeinträchtigt sind oder sie sich unmittelbar in einer Gefahr befinden, welche den betreffenden Menschen in eine ausweglose Lage bringen u. ihm deswegen keine andere Wahl lassen, als sich dem Druck durch Flucht u. Verlassen seiner Heimat zu entziehen. Die Ausweglosigkeit entfällt allerdings, wenn der Betroffene in seinem Heimatstaat selbst sich der Verfolgung durch Ortswechsel wirksam entziehen kann („inländische Fluchtalternative"). Gemäß Art. 16 a Abs. 2 GG entfällt ein Recht auf A. dann, wenn der Asylbewerber nach Deutschland über das Territorium v. Staaten eingereist ist, in denen er wegen der dortigen Anerkennung der Europäischen Menschenrechtskonvention (EMRK) u. der Genfer Flüchtlingskonvention vor Verfolgung sicher wäre („ausländische Fluchtalternative"). Personen, die wegen fehlender Voraussetzungen zwar kein A. erhalten haben, aber fürchten müssen, dass sie in ihrem Heimatstaat getötet, gefoltert oder sonst unmenschlich behandelt werden, dürfen aus Deutschland nicht abgeschoben werden („Abschiebeschutz").

Der Status des anerkannten Asylbewerbers schließt das Aufenthaltsrecht im Aufnahmestaat u. den Schutz vor Auslieferung an seinen Heimatstaat ein. Der Aufnahmestaat darf die polit. Betätigung v. Asylanten einschränken. Aktivitäten des Asylanten zur Förderung der Menschenrechte in ihrem menschenrechtsfeindlich regierten Heimatstaat können indes nicht mit Hinweis auf das völkerrechtliche Interventionsverbot abgewehrt werden, wenn der Heimatstaat des Asylanten die völkerrechtlichen Menschenrechte formell anerkannt hat.

Lit.: K. HAILBRONNER, Asyl- und Ausländerrecht. Stuttgart 2006; C. GÖRISCH, Kirchenasyl und staatliches Recht. Berlin 2000; K. J. BADE, Ausländer, Aussiedler, Asyl in der Bundesrepublik Deutschland. Hannover 1994; A. GRAHL-MADSEN, Asylum, in: Encyclopedia of Public International Law. Hg. R. BERNHARDT. Bd. I, 283–287; O. KIMMINICH, Grundprobleme des Asylrechts. Darmstadt 1983.

O. L.

Ausbürgerung. Die A. ist eine Form des Verlustes der →Staatsangehörigkeit, nämlich durch den staatl. Hoheitsakt des Entzuges ohne u. gewöhnlich auch gegen den Willen des betroffenen Bürgers. Der Entzug kann individuell oder auch kollektiv – durch Gesetz, Dekret oder Verordnung – erfolgen. Für den letzteren Fall findet sich der Begriff der Massen- oder Zwangsausbürgerung.

Die Frage, ob die A. zulässig ist, beantwortet das →Völkerrecht nicht eindeutig, obwohl die A. in aller Regel zur →Staatenlosigkeit des Betroffenen führt, die nach geltendem Völkerrecht zumindest unerwünscht ist. Das Übereinkommen zur Verhinderung der Staatenlosigkeit (30. 8. 1961) bestimmt, dass kein Vertragsstaat einer Person die Staatsangehörigkeit entziehen darf, entwertet aber diesen Grundsatz durch den Vorbehalt, dass der Bürger kein Verhalten an den Tag gelegt haben darf, das „den Lebensinteressen des Staates in schwerwiegender Weise abträglich" ist (Art. 8).

Was die universelle Ebene des Völkerrechts anbetrifft, bestimmt Art. 15 Abs. 2 der Allgemeinen Erklärung der Menschenrechte der Vereinten Nationen (AEMR, 10. 12. 1948) allerdings, niemandem dürfe „seine Staatsangehörigkeit willkürlich entzogen werden". Das Verbot unterstreicht das in Abs. 1 jedem Menschen zuerkannte „Recht auf eine Staatsangehörigkeit". Versteht man unter „willkürlich" eine Maßnahme, die ohne sachlichen Grund getroffen wird, dann sind Zwangsausbürgerungen selbst nach dieser Bestimmung nicht v. vornherein unzulässig. Abgesehen davon hat die AEMR als Resolution der UN-Generalversammlung nur die Kraft einer rechtlichen Empfehlung, ist also keine strikt bindende Quelle des Völkerrechts. Aber auch dem universellen Völkergewohnheitsrecht kann keine feste Überzeugung des Inhalts entnommen werden, dass die Aberkennung der Staatsangehörigkeit rechtlich unzulässig ist.

Auf regionaler Ebene hat die Konvention des Europarates über die Staatsangehörigkeit (6. 11. 1997) dem Verbot eines willkürlichen Entzuges der Staatsangehörigkeit zwar völkerrechtliche Kraft verliehen, aber die Norm gilt geogr. nur begrenzt u. außerdem nicht rückwirkend.

Die Staatsangehörigkeitsgesetze der komm. Staaten Osteuropas enthielten durchweg Vorschriften über den Entzug der Staatsangehörigkeit als eine staatsrechtliche Sanktion gegen Bürger, denen das Regime eine Verletzung der Treuepflicht vorwarf (z. B. Art. 18 UdSSR-Staatsangehörigkeitsgesetz v. 1978: „wegen Handlungen, die den Ehrentitel ‚Bürger der UdSSR' herabsetzen und dem Prestige oder der Staatssicherheit der UdSSR schaden"). In der Praxis geschah dies meist, wenn sich die betroffenen Personen – freiwillig oder durch zwangsweise Verbringung – im Ausland befanden.

Kommt es im Falle eines Wechsels der territ. Souveränität oder der Gebietshoheit zu einer Neuregelung der Staatsangehörigkeit der ansässigen Bewohner, dann bedarf es jeweils sowohl für die massenweise geschehende Einbürgerung als auch für die A. einer Grundlage im Völkervertragsrecht, da zumindest v. der A. die Interessen der in Betracht kommenden Aufnahmestaaten betroffen sind. Im territ. Rahmen des Europarates haben dessen Mitgliedstaaten durch eine entsprechende Bestimmung ihrer Verfassungen jedenfalls die A. in der Form des strafenden Entzuges der Staatsangehörigkeit untersagt (z. B. Art. 16 Abs. 1 GG Deutschland).

Lit.: K. Doehring, Völkerrecht. Ein Lehrbuch. Heidelberg ²2004; R. Hofmann, Denationalization and Forced Exile, in: Encyclopedia of Public International Law. Hg. R. Bernhardt. Bd. I, 1001–1006; M. Silagi, Vertreibung und Staatsangehörigkeit. Bonn 1999.

O. L.

Aussiger Brücke. Am 31. 7. 1945 kam es zu einer Explosion in einem Munitionslager in Schönpriesen (Krásné Březno), einem Stadtteil v. Aussig (Ústí nad Labem). Auf die erste Explosion folgten weitere Detonationen, die mindestens 20 Minuten anhielten u. mindestens 27 Leben kosteten und rd. 100 Personen verletzten.

Kurz nach der ersten Explosion wurden Deutsche vor dem Bahnhof, auf einigen Plätzen u. auf der Brücke über die Elbe angegriffen. Dabei starben mindestens 18, vor dem Bahnhof auf dem Brückenplatz u. dem Marktplatz weitere 24 Personen. Ihre Leichen wurden als letzte im Krematorium in Theresienstadt eingeäschert. Die Gesamtzahl der dt. Opfer betrug mindestens 43. Aufgrund der heutigen Kenntnisse wird sie auf 80–100 Personen geschätzt.

An den Repressalien beteiligten sich neben tschech. Zivilisten auch bewaffnete Einheiten. Es handelte sich um Angehörige der örtlichen Besatzung des 42. Regiments u. des 2. Bataillons des 28. Regiments, das am Vortag in Aussig eingetroffen war. In die Aktion griffen auch Angehörige der Polizei u. Soldaten der Roten Armee ein. Eine aktive Rolle spielten auch Mitglieder der →Revolutionsgarden u. das Wachpersonal des Internierungslagers auf dem Lerchenfeld.

Der gesamte Unglücksfall wurde bald als Sabotageakt der Deutschen (der dt. Untergrundorganisation Werwolf) interpretiert. Obwohl diese These auf indirekten u. ungenügenden Beweisen stand, wurde sie allg. sehr schnell angenommen, verteidigt u. der Öffentlichkeit präsentiert, u. a. durch die Vertreter der Staatsmacht wie den Verteidigungsminister General Ludvík →Svoboda. Als erstes wurde das Innenministerium über die Lage in Aussig informiert. Die Rolle der milit. Abwehr *(obranné zpravodajství čs. Armády)* ist bis heute nicht geklärt. Bekannt ist, dass sowohl eine zahlenmäßig starke Gruppe der Abwehr als auch der Leiter der Abteilung Z im Innenministerium, Stabshauptmann Bedřich →Pokorný, in der Stadt eintrafen.

Bis heute sind die Ursachen der Katastrophe nicht bekannt. Es gibt mehrere Hypothesen: Es habe sich um das Zusammentreffen unglücklicher Zufälle, Sabotage der Deutschen, Verantwortungslosigkeit zuständiger Personen bzw. um eine Provokation gehandelt, deren Ziel es gewesen sei, passende Argumente für den →Transfer während der Verhandlungen in Potsdam (→Konferenz von P.) zu liefern usf. Die Gewalttaten, die an der dt. Bevölkerung in Aussig begangen wurden, stellten nach T. Staněk eine Art abschließenden Höhepunkt in der Serie der Exzesse dar, die sich auf „offener Szene" abspielten (→Denkmäler und Gedenkstätten in Tschechien).

Lit.: J. Havel/V. Kaiser/O. Pustejovsky, Ein Nachkriegsverbrechen. Aussig 31. Juli 1945. Ústí n. L. 2005; T. Staněk, Poválečné „excesy" v českých zemích v roce 1945 a jejich vyšetřování. Praha 2005; O. Pustejovsky, Die Konferenz von Postdam und das Massaker von Aussig am 31. Juli 1945: Untersuchung und Dokumentation. München 2001; Z. Radvanovský, Konec česko-německého soužití v Ústecké oblasti 1945–1948. Ústí n. L. 1997.

K. L.

Azeri (1988–1994). Der Zerfall der →Sowjetunion warf auch in Südkaukasien seine Schatten weit voraus. Er ließ dort den Konflikt um Berg-Karabach (aserb. *Dağlıq Qarabağ*, armenisch *Arcach*) eskalieren, ein vormals unter persischer Herrschaft stehendes Chanat, das im Vertrag v. Gülüstan am 12. 10. 1813 an Russland gelangt, mit Entscheid des Kaukasusbüro der KP vom 5. 7. 1921 Aserbaidschan zugeschlagen u. am 7. 6. 1923 als Autonomes Gebiet der Aserb. ASSR als eine mit 89 % überwiegend v. Armeniern (Januar 1937) besiedelte Enklave gegründet worden war.

Der lang stehende Konflikt begann im Oktober 1987 zu eskalieren, als im nordwestaserbaidschanischen Dorf Čardakli eine überwiegend armenische Bev. die Ernennung eines azerischen Sowchos-Direktors boykottierte u. die lokale Parteispitze mit Repressionen u. →ethnischer Säuberung reagierte. In Gegenreaktion sah sich die azerische Bev. Armeniens mit zunehmender Diskriminierung konfrontiert, sodass die Vertreibungsspirale im Januar 1988 einsetzte, als eine erste Flüchtlingswelle v. einigen Tausend A. (Selbstbez. *Azəri*/*Azäri*, Pl. *Azərilər*) Baku u. Sumgait erreichte (→Vertreibung, →Flüchtling). Nur wenige Tage nachdem das Parlament des Autonomen Gebietes Berg-Karabach am 20. 2.

den Austritt aus dem aserb. Staatsverband u. den Anschluss an Armenien gefordert hatte, kam es Ende Februar dann in Sumgait u. in anderen Städten zu tagelangen →Pogromen gegen aserb. Staatsbürger armenischer Nationalität.

Die Ausschreitungen zogen unmittelbar die Vertreibung v. 167.000, überwiegend in den Provinzen Ararat u. Zangezur lebenden A. aus Armenien nach sich. Bis 1990 hatten nach offiziellen Angaben rd. 186.000 A. das Land verlassen müssen. Die →Vertriebenen flohen zunächst v. a. nach Berg-Karabach, wo sich die Lage aufgrund eintreffender Armenier zuspitzte, die hierher vor den Pogromen in den aserb. Städten geflohen waren. Darüber hinaus löste die Ankunft azerischer Flüchtlinge aus Armenien u. aus Berg-Karabach in anderen Teilen Aserbaidschans erhebliche Spannungen aus, wodurch die antiarmenische Stimmung im Lande noch verstärkt wurde.

Die Vertreibungen setzten sich während des Krieges fort, den Armenien u. Aserbaidschan vom Sommer 1990 bis zum Mai 1994 um Berg-Karabach führten. Die Kämpfe waren intensiv u. wurden mit aller Schärfe ausgetragen, wobei es im Februar 1992 zum Massaker v. Chodžaly (Xocali) kam. In Erwiderung eines vorangegangenen Granatenbeschusses auf Stepanakert (Xankəndi) töteten armenische Einheiten bei einer zuvor angekündigten milit. Operation unter Beteiligung des 366. Infanterieregiments der GUS zw. 600 und 1.000 azerische Zivilisten u. beschleunigten dadurch auch die →Flucht der übrigen etwa 40.000 in Berg-Karabach ansässigen A.

Ihren Höhepunkt erreichte die Vertreibung, nachdem armenischen Truppen im Juni 1992 die Eroberung des Lačin-Korridors gelang u. sie im Zuge ihrer groß angelegten Gegenoffensive vom Februar bis zum Oktober 1993 die an Berg-Karabach westl., südl. wie östl. angrenzenden Bezirke Karvačar (Kəlbəcər), Kašatach (Laçin, Lačin), Kubatly, Zangelan (Zəngilan), Džebrail (Cəbrayil), Goradiz (Horadiz), Fizuli (Füzuli) u. Agdam besetzten. Dabei sollen nach Angaben des Staatskomitees für Statistik vom Dezember 2000 bis zu 792.000 A. vertrieben worden sein, wobei sich ein großer Teil der →Kriegsflüchtlinge nur über iranisches Gebiet in den O Aserbaidschans absetzen konnte. Ein breiter Grenzstreifen östl. von Berg-Karabach u. ein großer Teil des Bezirks Agdam wurden während der Kämpfe verwüstet. Sie unterstehen wie die im Krieg besetzten Bezirke als Pufferzone bis heute armenischer Kontrolle.

Nach offiziellen Angaben sind bei den Kämpfen auf aserb. Seite 18.000 Soldaten gefallen. Die azerische Bev. aus den genannten Bezirken ist im Umfang v. insgesamt 800.000 bis 1 Mio. vertrieben worden u. fand Aufnahme in der Republik Aserbaidschan, wo sie auch heute noch in Notunterkünften u. städtischen Slums lebt. Nach Angaben des →Hohen Flüchtlingskommissars der UNO belief sich die Anzahl der Vertriebenen u. Flüchtlinge in Aserbaidschan im Jahr 2004 immer noch auf 618.812 Personen (vgl. →Armenier in der Sowjetunion und ihren Nachfolgestaaten).

Lit. (a. →Armenier in der Sowjetunion und ihren Nachfolgestaaten): T. Potier, Conflict in Nagorno-Karabakh, Abkhazia and South Ossetia. A Legal Appraisal. The Hague 2001; U. Hal-

BACH, Migration, Vertreibung und Flucht im Kaukasus. Ein europäisches Problem, *BBIOst* 13 (1999), 1–40; V. JACOBY, Geschichte und Geschichtsschreibung im Konflikt um Berg-Karabach, *Ethnos-Nation* 6 (1998), 63–84.

D. S.

Balkankriege (1912/13). In den beiden B., bei denen sich jeweils unterschiedliche Gegner gegenüber standen, ging es um die Herrschaft über die letzten Territorien in Südosteuropa, die noch beim Osm. Reich (zeitgenössisch auch schon als Türkei bezeichnet) verblieben waren: Neben Albanien u. Thrakien war insbesondere Makedonien das Kriegsziel, wo neben der ansässigen christlichen Bev. – v. a. Slaven u. Griechen – während der osm. Zeit sehr viele türk. und andere muslimische Bev.teile angesiedelt worden oder zugezogen waren.

Der erste B. (Oktober 1912 bis Mai 1913) begann mit dem vereinten Angriff der Verbündeten Serbien, →Griechenland, →Bulgarien u. Montenegro, des kurz vorher geschlossenen Balkanbundes, auf osm. Truppen in Makedonien, im Sandschak, in Albanien u. in Thrakien. Innerhalb weniger Wochen brach der osm. Widerstand zusammen u. die osm. Truppen mussten sich bis kurz vor Konstantinopel zurückziehen. Im Dezember 1912 wurde eine Friedenskonferenz in London einberufen, auf der die kriegführenden Parteien u. die Botschafter der europ. Großmächte zusammenkamen, die als Unterzeichnerstaaten des Berliner Vertrages v. 1878 den Balkanstaaten die →Souveränität gewährt hatten.

Die Großmächte beschränkten sich in London darauf, den milit. Konflikt auf den Balkan zu lokalisieren und internat. Krisen wie jene um die Stadt Skutari zu verhindern. Hinzu trat der Wunsch Russlands, durch eine Vergrößerung Serbiens seine Position in Südosteuropa zu stärken, was Wien zu verhindern suchte. Vor diesem Hintergrund wurde 1912 die staatl. Autonomie Albaniens proklamiert, das unter der Kontrolle aller Großmächte stehen sollte, um Serbien wenigstens den Zugang zur Adria zu versperren. Im Präliminarvertrag v. London (unterzeichnet am 30. 5. 1913 zw. den Mitgliedern des Balkanbundes u. dem Osm. Reich) gestand die Pforte den Balkanverbündeten die Gebiete westl. einer zw. Enos (nahe der Mündung der Marica in die Ägäis) u. Midia (an der Küste des Schwarzen Meeres) gezogenen Linie zu u. musste damit die v. ihr über mehrere Jh.e beherrschten Territorien endgültig aufgeben.

Über die Verteilung dieser Regionen brach der Zweite B. zwischen den Balkanstaaten aus (Juni bis Juli 1913), als Bulgarien gegen die eben noch mit ihm Verbündeten vorging. Serbien, Griechenland u. Montenegro waren aber auf den Angriff vorbereitet. Sie wurden unterstützt v. Rumänien, das in die Süddobrudscha vorrückte. Die Osmanen nutzten ihrerseits die Gelegenheit u. holten sich Ostthrakien mit Adrianopel (Edirne) zurück.

Im Vertrag v. Bukarest (13. 8. 1913), der die Bestimmungen des Vertrages v. London bestätigte, musste der Verlierer Bulgarien auf weite Teile Makedoniens wieder verzichten. Der Großteil v. Makedonien wurde zw. Griechenland u. Serbien, das zudem Kosovo u.

einen Teil des Sandschak bekam, aufgeteilt. Griechenland erhielt außerdem eine Anzahl v. Ägäis-Inseln (darunter Kreta; nicht aber den it. besetzten Dodekanes), den Athos sowie Thessaloniki. Die Süddobrudscha fiel an Rumänien; Montenegro wurde durch die andere Hälfte des Sandschak sowie an der nordöstl. Grenze erweitert. Serbien, Griechenland u. Montenegro konnten somit ihre Territorien verdoppeln; Bulgarien, das sich kurz darauf mit der Türkei über die Teilung Thrakiens einigte, ebenfalls. Nach den Friedensschlüssen mit der Türkei (bulg.-türk. Vertrag vom 29. 9. 1913 – hier wurde u. a. festgelegt, dass Bulgarien Westthrakien behielt; griech.-türk. Vertrag vom 14. 11. 1913; serb.-türk. Vertrag vom 14. 3. 1914) wurde aber kein dauerhafter Frieden erreicht, da permanente Guerilla-Übergriffe türk., bulg., alb. und anderer revisionistischer Gruppierungen anhielten.

Die Kämpfe während der B. wurden insgesamt brutal u. ohne Rücksicht auf die Zivilbev. geführt. Zu den Folgen der B. gehörten umwälzende Bev.bewegungen in den betroffenen Gebieten. Die Migrationsbewegungen durch →Flucht, →Vertreibung oder freiwillige →Emigration begannen während der B. u. setzten sich nach der Annexion der eroberten Gebiete durch die Kriegsparteien fort. Die durch die Kriege eingeläutete Phase v. Zwangsmigrationen war gekennzeichnet durch systematische Aktionen, die in dieser Intensität vorher so nicht zu beobachten gewesen waren. Die neuen Herrscher in den eroberten Gebieten vollzogen eine rigorose Politik gegenüber den Angehörigen anderer Nationalitäten: in den neuen serb. Gebieten gegen Griechen, Bulgaren u. Muslime – damit waren umfassend ethn. Türken, Albaner, aber auch Angehörige v. Turkvölkern wie Tataren u. Tscherkessen gemeint –, in den neuen griech. Gebieten gegen Slaven u. Muslime u. in den neuen bulg. Gebieten gegen Muslime. Die Angehörigen anderer Nationen wurden mit „nationalisierten" Familiennamen versehen, um sie zur Auswanderung zu bewegen bzw. um die ethn. Zugehörigkeit ihrer Träger zu verschleiern, oft auch verbunden mit der zwangsweisen Veränderung ihrer Konfession. Sie wurden mit einem erhöhten Steuerdruck konfrontiert, mit der Schließung ihrer relig. Einrichtungen u. Schulen, aber auch mit der aktiven Vertreibung u. physischen Vernichtung mit dem Ziel der ethn. Homogenisierung eines Gebietes (→Nationalstaat und ethnische Homogenität).

So wanderten Griechen aus dem serb. und bulg. besetzten Teil Makedoniens u. aus dem zw. der Türkei u. Bulgarien aufgeteilten Thrakien nach Griechenland aus, während Serben in das serb. Makedonien u. Bulgaren in das bulg. Makedonien nachrückten (→Bulgaren aus Griechenland). Die größte Zwangswanderung einer Bev.gruppierung jener Zeit war die Auswanderung v. Muslimen aus den ehemals osm. Gebieten in Südosteuropa. Quantitativ sind diese Bev.bewegungen wegen der mangelnden, widersprüchlichen u. verstreuten Quellenangaben nur schwer fassbar. Allein über Thessaloniki als wichtigem Verkehrsknotenpunkt wanderten seit Beginn des Ersten B.s bis zum März 1914 insgesamt etwa 240.000 Muslime weiter nach Konstantinopel u. in andere türk. Regionen. Offizielle türk. Statistiken registrierten rd. 400.000 Muslime, die nach den B. die Balkanländer verlassen mussten. Aber auch die griechische Bev., die im Osm. Reich ansässig war, erfuhr – noch vor der „Kleinasiatischen Katastrophe" 1922 – eine erste Welle der Entwurzelung: Anfang 1914 begann ihre unsystematische →Deportation. Mehrere Zehntausend wurden nach Inner-Anatolien verschleppt, an die 150.000 Griechen v. a. aus Ostthrakien zur Emigration nach Griechenland gezwungen (→Griechen aus der Türkei).

Pilotcharakter für später folgende vertragliche Vereinbarungen über „freiwillige" Bev.-transfers (→Transfer) wiesen ein Zusatzprotokoll zum bulg.-türk. Abkommen vom 29. 9. 1913 sowie eine griech.-türk. Übereinkunft vom 5. 7. 1914 auf, in denen jeweils Bestimmungen über einen geregelten Bev.austausch der Unterzeichnerstaaten getroffen wurden. Die Regelungen, die aber letztlich nicht umgesetzt wurden, bezogen sich auf den Austausch v. Eigentum u. die Aufstellung v. lokalen Kommissionen zur Vertretung der Interessen der umzusiedelnden Bev. Die hier erstmals festgelegten Modalitäten für Vertreibungen u. Zwangsmigrationen fanden eine erneute Auflage, als Bulgarien u. Griechenland 1919 in Neuilly sowie Griechenland u. die Türkei 1923 in Lausanne (→Lausanner Konferenz) jeweils Konventionen über Bev.transfers unterzeichneten.

Ein weiteres Novum bez. der Kriegsführung während der B. und der Bev.verschiebungen war das öffentliche Echo, das sie in der westl. Welt fanden. Die internat. besetzte, private Kommission der Carnegie-Stiftung untersuchte aufgrund v. Zeugenaussagen die Vertreibungen, Massaker u. Verbrechen während der Kriege u. legte eine Auflistung der v. den Truppen aller beteiligten Staaten begangenen Gräueltaten vor. Durch den Ausbruch des 1. →Wk.s wurden die Zwangsmigrationen auf dem Balkan nur vorübergehend unterbrochen.

Lange Zeit dominierte bei der Darstellung der B. die Beschreibung der rein milit. Aktionen, aber auch der diplomatischen Vorgänge auf der Ebene der Großmächte. Von der Forschung wird seit einiger Zeit nun auch der Aspekt der Vertreibungen während der B. aufgegriffen. Die Lage der Zivilisten u. die Aussiedlung ganzer Bev.gruppen spielen bei der Diskussion des Themas Gewalt auf dem Balkan zunehmend eine Rolle.

Lit.: W. Höpken, Performing Violence. Soldiers, Paramilitaries and Civilians in the Twentieth-Century Balkan Wars, in: No Man's Land of Violence. Extreme Wars in the 20th Century. Hg. A. Lüdtke/B. Weisbrod. Göttingen 2006, 211–249; J. G. Schurman, The Balkan Wars. 1912–1913. New York 2005 [Nachdr. der Ausgabe Princeton 1914]; R. Hall, The Balkan Wars 1912–1913: Prelude to the First World War. London-New York 2002; K. Boeckh, Von den Balkankriegen zum Ersten Weltkrieg. Kleinstaatenpolitik und ethnische Selbstbestimmung auf dem Balkan. München 1995; The Other Balkan Wars: A 1913 Carnegie Endowment Inquiry in Retrospect. Hg. G. F. Kennan. Washington 1993 [Nachdr. der Ausgabe Washington 1914]; D. Pentzopoulos, The Balkan Exchange of Minorities and its Impact upon Greece. Paris, The Hague 1962; S. P. Ladas, The Exchange of Minorities. Bulgaria, Greece and Turkey. New York 1932; A. Wurfbain, L'échange gréco-bulgare des minorités ethniques. Lausanne u. a. 1930.

K. B.

Balkaren (1944/45). Wie bei den mit den B. (Selbstbez. *Balqarlar, Malqarlar*) verwandten →Karatschaiern war es auch in der Kabardino-Balkarischen ASSR noch vor Eintreffen der dt. Wehrmacht im August 1942 zu Solidarbekundungen der turksprachigen, sunnitischen B., weniger seitens der →Kabardiner gekommen. Ihre Zusammenarbeit hatte die Wehrmacht insbesondere durch die Umsetzung der Richtlinien für Propaganda unter den Kaukasusvölkern vom 18. 2. 1942 gewonnen, indem sie unmittelbar die Auflösung der Kolchosen bei den balkarischen Viehzüchtern des Hochlandes durchführte.

Bei einer Begegnung des kabardino-balkarischen Parteisekretärs Zuber Kumechov mit Lavrentij →Berija am 25. 2. 1944 ist die →Deportation mit dem Zurückweichen vor feindlichen Verbänden am Elbrus (russ. Ėl'brus) begründet worden, wo ein Zug Tscherkessen aus dem „Sonderverband Bergmann“ zum Einsatz gekommen war. Indes hatte Berija schon am 24. 2. 1944 die Verbannung der B. in seinem Telegramm an Iosif →Stalin vorgeschlagen, worin die B. des Staatsverrats bezichtigt wurden. Sie hätten versucht, mit dt. Protektion einen karatschaiisch-balkarischen Staat unter der Regierung der Emigranten Šokmonov-Šapošnikov u. Kemmetov (Kelemetov) zu bilden. Ein Befehl des →NKVD (Nr. 00186ss) zur Vorbereitung entsprechender Maßnahmen erfolgte am 26. 2. 1944, worauf das Staatskomitee für Verteidigung (russ. *Gosudarstvennyj Komitet Oborony*, GKO) am 5. 3. 1944 den Verschickungsbeschluss (Nr. 5309ss) erließ.

Die Deportation wurde v. Generalmajor Ivan Pijašev, Generalmajor Moisej Sladkevič sowie v. den regionalen Volkskommissaren für Sicherheit u. Inneres, S. I. Filatov u. Konstantin Bziava, unter der Leitung der stellvertretenden Volkskommissare des Inneren, Bogdan Kobulov u. Stepan Mamulov, durchgeführt u. erfolgte innerhalb v. nur zwei Stunden in der Nacht vom 8. auf den 9. 3. 1944, vierzehn Monate nach Abzug der dt. Truppen. Viele der rd. 15.000 balkarischen Frontkämpfer erreichte die Aufforderung, ihren Familien in die →Verbannung zu folgen. Dem lag ein Befehl an die Kommandeure der Kontroll- u. Filtrationslager (russ. *proveročno-fil'tracionnye lagerja*) vom September 1945 zugrunde, alle aus der Armee entlassenen B. ohne Ansehen der Person oder des Verdienstes nach Alma-Ata zu überstellen.

Den Bestimmungsort erreichten 37.044 Personen, 562 starben auf dem Transport. In der Zeit vom 5. bis 10. 5. folgte eine Gruppe von rd. 20 balkarischen Familien aus dem Bezirk Karačai der gleichnamigen autonomen Region nach, die unterdessen schon dem Kluchori-Bezirk der Georgischen SSR zugeschlagen worden war. Dass die Anzahl der deportierten B. schon Anfang Oktober 1945 auf 33.100 u. am 26. 11. 1948 sogar auf 31.648 Personen gesunken war, geht einerseits auf die unmenschlichen Lebensbedingungen zurück. Andererseits waren irrtümlich auch Kabardiner in der Eile mitdeportiert worden, die man zwischenzeitlich zurückgeschickt hatte.

Zum 1. 1. 1953 befanden sich 33.214 B. (darunter 19.762 Erwachsene) in den Sonderlagern der Republiken →Zentralasiens, u. zwar in der Kasachischen (16.819) (→Kasachstan), in der Usbekischen (410) sowie in der Kirgisischen (15.914) SSR. Kleinere Kontingente waren in →Sibirien, im Hohen N und im Ural verstreut.

Das Präsidium des Obersten Sowjets ordnete durch Dekret (Nr. 117/6) am 8. 4. 1944 die Wiederbesiedlung der balkarischen Gebiete sowie die Umbildung der Kabardino-Balkarischen ASSR in eine Kabardinische ASSR an, wobei man das Siedlungsgebiet u. den Landbesitz der B. zw. der neu geschaffenen Republik u. der Georgischen SSR aufteilte bzw. mit Kabardinern, Russen u. anderen Nationalitäten besiedelte. Am 29. 5. folgte ein Dekret des Präsidiums des Obersten Sowjets zur Namenbereinigung. Umbenannt wurden: Laškuta (in Zarečnoe), Chulam-Bezengi (Sovetskij), Kaškatau (Sovetskoe), Elbrus (Ialbuzi).

Am 28. 4. 1956 hob das Präsidium des Obersten Sowjets die Restriktionen der Zwangsdeportation für die B. durch ein Dekret (Nr. 0–134/42) auf. Dem schlossen sich mit Ukas (Nr. 149/13) vom 9. 1. 1957 die Rekonstituierung der Kabardino-Balkarischen ASSR u. qua Gesetz vom 11. 2. die Wiederherstellung der nationalen Autonomie an. Die Umbenennung der Ortsnamen wurde dabei rückgängig gemacht (vgl. →Rehabilitierung).

Um den B. die Heimkehr u. Wiederansiedlung an ihren angestammten Plätzen zu ermöglichen, stellte der Ministerrat der RSFSR auf Beschluss (Nr. 205) vom 12. 4. 1957 Finanzmittel zur Kreditvergabe bereit. Denn die alten Siedlungsbezirke lagen seit der Deportation unbewohnt u. verwüstet danieder. Wohnungen, Schulen sowie Wirtschafts- u. Verwaltungsgebäude mussten völlig neu hergerichtet u. Vieh für die Kolchosen angeschafft werden. An die 22.000 B. kehrten bis zum April 1958 in ihre Heimat zurück. Bis 1959 war mit 35.982 Personen (9.522 Familien) der größte Teil der balkarischen Bev. heimgekehrt.

Lit. (a. →Kaukasien): J. O. Pohl, Ethnic Cleansing in the USSR, 1937–1949. Westport/Conn., London 1999; N. F. Bugaj, K voprosu o deportacii narodov SSSR v 30–40-ch godach, *ISSSR* 6 (1989), 135–144; G. Simon, Nationalismus und Nationalitätenpolitik in der Sowjetunion. Von der totalitären Diktatur zur nachstalinschen Gesellschaft. Baden-Baden 1986; A. M. Nekrich, The Punished Peoples. The Deportation and Fate of Soviet Minorities at the End of the Second World War. New York 1978; R. Conquest, The Soviet Deportation of Nationalities. London 1960.

D. S.

Baltische Länder. Unter dieser Bez. werden heute zwei in ihrer hist. Entwicklung höchst unterschiedliche Gebiete zusammengefasst: Aus dem mehrheitlich v. Esten u. Letten besiedelten „Altlivland“ wurden im 18. u. 19. Jh. die russ. Ostseeprovinzen Est-, Liv- u. Kurland mit regionaler dt. baltischer Vorherrschaft u. nach dem 1. →Wk. die unabhängigen Staaten Eesti u. Latvija. Dagegen blieb das einst selbständige Großfürstentum Litauen durch die Personal- u. Realunion 1569 mit dem Kgr. Polen verbunden u. kam nach dessen 3. Teilung 1795 unmittelbar unter russ. Herrschaft. Südwestlitauen (Suvalkija) ging zunächst an Preußen. Trotz erheblicher Unterschiede in ethn. (finnougrische Esten, baltische Letten u. Litauer) u. kultureller Hinsicht (Protestantismus bei Esten u. überwiegend bei Letten, Katholizismus bei Litauern) verlief ihre Geschichte im 20. Jh. weitgehend parallel: Von den Staatsgründungen 1918 über die erst demokr., dann unterschiedlich autoritär regierten unabhängigen Staaten, die Einverleibung in die →Sowjetunion als Folge des Hitler-Stalin-Pakts (→Ribbentrop-Molotov-Pakt), die anschließende Sowjetisierung bis zur Rückgewinnung der Selbständigkeit Ende der 1980er Jahre. Inzwischen hat sich der eher geogr. orientierte Begriff B. L. für sie in Abgrenzung zu anderen Ostsee-Anrainern durchgesetzt.

Er bezieht sich auf die Region v. der Ostseeküste u. der Narova im N entlang dem Peipsi Järv nach S über Abrene bis an den Oberlauf der Daugava u. bildet westl. von Wilna (Vilnius, Wilno) die Grenze zu Polen. Im S grenzt Litauen an die russ. Exklave Kaliningrad. Als östl. Randgebiet der Ostsee und westl. Ausläufer der russ. Ebenen wird die Region geprägt durch den Baltischen Landrücken u. erstreckt sich v. der estländischen Küste *(Glint)* über hügelige Moränenlandschaften u. Moore zu den Kleinlandschaften Litauens, die im O u. S von größeren Waldgebieten abgelöst werden. Im Unterschied zu Livland (mit der Daugava) wurde Litauen kein Transitland für den Fernhandel. Grenzstreitigkeiten mit Russland ergaben sich im 20. Jh. im Petseri-Gebiet (Estland), bei Abrene (Lettland) sowie beim Wilna-Gebiet mit Polen (Litauen), kurzzeitig auch zw. Estland u. Lettland (Teilung v. Valga/Valka entlang der Sprachgrenze).

1918 fasste die russ. Provisorische Regierung die bis dahin unter dt. baltischer ritterschaftlicher Führung stehenden drei Ostseeprovinzen unter je einem estnischen u. lettischen Gouverneur zusammen. Mit Lettgallen (ehem. Poln.-Livland) erhielt Lettland eine bis dahin vom litauisch-weißruss. Bereich aus verwaltete Provinz. Litauen verlor 1920 seine hist. Hauptstadt Wilna an Polen, an seiner Südgrenze wiederum erhielt es 1923 das Memelgebiet (Klaipėda) mit regionaler Autonomie. Während der Zeit als baltische Sowjetrepubliken wurden die adm. Grenzen weitgehend beibehalten, abgesehen v. der Rückgabe des Gebietes um Wilna an Litauen.

1905/06 spitzten sich die polit. Spannungen zw. dt. baltischer Oberschicht, russ. Staatsmacht und ethn. Mehrheitsbev. in den Ostseeprovinzen zu revolutionärer Gewalt u. Strafexpeditionen zu, in deren Verlauf über 4.500 Verdächtige nach →Sibirien verbannt oder ausgebürgert wurden. Die estnische u. lettische revolutionäre Bewegung richtete sich in ihrer Verbindung nationaler u. sozialer Forderungen ebenso gegen die russ. Autokratie wie gegen die dt. baltische Oberschicht. Litauische nationale Gruppen verbündeten sich mit der kath. Kirche gegen die russ. Orthodoxie, während sich Esten u. Letten v. a. gegen die protestantische Landeskirche wandten. Die →Deutschbalten forcierten die Ansiedlung v. 15.000–20.000 dt. bäuerlichen Siedlern aus Wolhynien in Kurland u. Livland.

Im 1. Wk. flohen über 750.000 Letten aus Kurland u. Livland mit dem Rückzug der russ. Armee nach Russland oder wurden evakuiert, insgesamt mehr als ein Drittel der gesamten lettischen Bev. In St. Petersburg u. Moskau entwickelten sich ihre Hilfskomitees zu nationalen Sammelpunkten mit wachsender polit. Bedeutung durch Massendemonstrationen. Der Ausgang des 1. Wk.s führte zur Massenflucht v. Deutschbalten, v. denen – wie

1905/06 – viele in →Deutschland blieben. Trotz der Rückkehr dt.baltischer →Flüchtlinge aus Russland reduzierte sich die Gesamtzahl der Deutschbalten in Estland u. Lettland zw. 1914 u. 1934/35 um über die Hälfte v. etwa 162.000 auf 78.500. Die Bev.verluste betrugen in Lettland 38,5 %, in Estland 14,3 %. Von den 550.000 litauischen Flüchtlingen in Russland kehrten bis 1924 ca. 350.000 zurück, mit 80.000 aber nur die Hälfte aller jüd. Flüchtlinge. Trotz der Verluste im 1. Wk. und der Auswanderung v. ca. 80.000 Menschen, darunter zahlreiche Juden, nach Übersee, wuchs die Bev. Litauens rasch wieder an.

Der 2. →Wk. brachte für die Bev. der b. L. gravierende Eingriffe durch die Umsiedlung der Deutschbalten, den Massenmord an Juden (→J.: Deportation und Vernichtung) sowie durch staatl. gelenkte Zuwanderung industrieller Arbeitskräfte nach Kriegsende. Die Zwangsmigrationen begannen im Herbst 1939 als Folge des Hitler-Stalin-Pakts mit der „diktierten Option" (D. A. Loeber; →Option) der Umsiedlung (→U. [NS-Begriff]), der sich die meisten Deutschbalten in Estland u. Lettland im Herbst 1939 bzw. bei den Nachumsiedlungen 1940/41 anschlossen; die Estlandschweden wurden nach Schweden umgesiedelt. 1941 mussten auch die Litauendeutschen (→Deutsche aus Litauen) in den v. Deutschland annektierten →Warthegau (→W.: als Aus- und Ansiedlungsgebiet) u. alle Litauer, Russen u. Weißrussen aus dem Memelland u. dem Suwalki-Gebiet in das sowj. beherrschte Litauen umsiedeln. 1942/43 erfolgte nach der dt. Okkupation eine Rücksiedlung der Litauendeutschen, wobei Polen, Russen u. Litauer vertrieben wurden. Die rückgesiedelten Deutschen flohen im Sommer 1944 erneut nach Westen.

Während der dt. Okkupation sollten die b. L. durch „Eindeutschung" rassisch „positiv bewerteter Elemente", durch Kolonialisierung durch „germanische Völker" sowie durch Aussiedlung u. Liquidierung „unerwünschter" Volksgruppen in ein „deutsches Land" umgewandelt werden. Die jüd. Bevölkerung wurde fast vollständig ausgerottet: In Estland fanden ca. 1.000, in Lettland 66.000 u. in Litauen 170.000 Juden den Tod. 1944/45 flohen Zehntausende Esten, Letten u. Litauer vor der sowj. Okkupationsmacht überwiegend nach Deutschland – meist Zivilisten, aber auch Militärangehörige, die unter dt. Kommando gedient hatten.

Die äußerst vielschichtige u. erzwungene Migration während des 2. Wk.s führte zu einem starken Bev.rückgang, sodass bei Kriegsende keine europ. Region größere Verluste aufzuweisen hatte als die b. L.: Lettland 30 %, Estland 25 % u. Litauen 15 %. Zwischen 1939 u. 1945 verließen Estland 17 %, Lettland 21 % u. Litauen 6 % der Vorkriegsbev. aufgrund v. Umsiedlungen, →Deportationen, Zwangsrekrutierung sowie durch →Flucht vor den sowj. oder dt. Okkupationstruppen. Während Estland u. Lettland beim Übergang in sowj. Herrschaft nur kleinere Landgebiete verloren hatten, vergrößerte sich Litauen durch die Übernahme des Wilna-Gebiets 1939/40 u. des Memelgebiets 1948. Über die Hälfte der Memelländer gelangte durch Flucht u. Aussiedlung in die Bundesrepublik Deutschland.

Zu den ersten Aktivitäten der neuen Sowjetmacht gehörte die Übergabe des Transnarwa-Gebietes u. von Teilen des Kreises Petseri an die russl. Sowjetrepublik, insgesamt

5 % des estnischen Territoriums, womit Estland auch viele seiner russ. und setukesischen (Setukesen – estnischer Volksstamm) Bewohner verlor. Nach Verfassungsänderungen (1948 Lettland, 1950 Litauen, 1953 Estland) erfolgte eine Angleichung der staatl. Strukturen der baltischen Unionsrepubliken an das System der UdSSR, womit sie zu Verwaltungseinheiten eines zentralistisch regierten Staates wurden. Zur sowj. Herrschaftssicherung wurde die Einwanderung v. Russen gefördert, was v. den Balten als „Kolonisation" betrachtet wurde, zur wechselseitigen Entfremdung führte u. die Konflikte vertiefte. Der starke Rückgang des Bev.anteils der Esten u. Letten war nicht nur Folge der russ. Zuwanderung, sondern auch ihrer Verringerung durch Krieg, Flucht u. Repressionen (→Esten: Deportationen im und nach dem 2. Wk., →Letten: Deportationen im und nach dem 2. Wk.). So bildeten Letten, Esten u. Juden vier Jahrzehnte nach 1945 die einzigen europ. Bev.gruppen, deren überproportionaler Rückgang während des 2. Wk.s nicht ausgeglichen werden konnte. Mit der staatl. geförderten Politik der Russifizierung des öffentlichen Lebens u. Rückdrängung der lettischen u. estnischen Sprache sollte in Estland u. Lettland die Zweisprachigkeit als Grundlage einer Doppelidentität mit dem Ziel des einheitlichen Sowjetvolks erreicht werden. Das lief auf eine langfristige Assimilierung der Nicht-Russen hinaus u. stieß in allen drei b. L. auf vielfachen Widerstand.

Die veränderte Zusammensetzung der Bev. in den b. L. war Ergebnis der Umsiedlungen v. Deutschbalten u. Schweden, des →Holocaust, der Kriegsverluste u. Deportationen sowie der Abwanderung v. Esten, Letten u. Litauern. Hinzu kam der forcierte Zuzug einer russ.sprachigen Bev., wodurch Esten u. Letten (nicht aber Litauer) während der Sowjetzeit zu Minderheiten in den eigenen Ländern zu werden drohten. Nach Wiedererlangung der Unabhängigkeit kam es einerseits zu einer partiellen Abwanderung v. Russen, andererseits zur Rückkehr einzelner Balten aus dem westl. Exil.

Lit.: M. Garleff, Baltikum: Estland, Lettland und Litauen, in: Enzyklopädie Migration in Europa. Vom 17. Jahrhundert bis zur Gegenwart. Hg. K. J. Bade/P. C. Emmer/L. Lucassen/J. Oltmer. Paderborn 2007, 243–257; R. Tuchtenhagen, Geschichte der baltischen Länder. München 2005; Ostseeprovinzen, Baltische Staaten und das Nationale. Festschrift für Gert v. Pistohlkors zum 70. Geburtstag. Hg. N. Angermann/M. Garleff/W. Lenz. Münster 2005; Der ethnische Wandel im Baltikum zwischen 1850–1950. Hg. H. Wittram. Lüneburg 2005; Baltische Länder. Hg. G. v. Pistohlkors (= Deutsche Geschichte im Osten Europas). Berlin 1994, ²2002; M. Garleff, Die baltischen Länder. Estland, Lettland, Litauen vom Mittelalter bis zur Gegenwart. Regensburg 2001; The Baltic States at Historical Crossroads. Political, Economic, and Legal Problems and Opportunities in the Context of International Co-operation at the Beginning of the 21st Century. Hg. T. Jundzis. Riga ²2001; Tausend Jahre Nachbarschaft. Die Völker des baltischen Raumes und die Deutschen. Hg. W. Schlau. München 1995; Bevölkerungsverschiebungen und sozialer Wandel in den baltischen Provinzen Rußlands 1850–1914. Hg. G. v. Pistohlkors/A. Plakans/P. Kaegbein. Lüneburg 1995; R. Taagepera, Litauen, Lettland, Estland 1940–1980. Gemeinsamkeiten und Unterschiede, in: Auch wir sind Europa.

Zur jüngeren Geschichte und aktuellen Entwicklung des Baltikums. Hg. R. KIBELKA. Berlin 1991, 21–35.

M. G.

Beneš, Edvard (1884–1948). B. war seit 1915 engster Mitarbeiter Tomáš Garrigue Masaryks im Exil u. 1918–1935 Außenminister der Tschechoslowak. Republik. In der Endphase des 1. →Wk.s und auf der Pariser Friedenskonferenz v. 1919 setzte er die hist. Grenzen der böhmischen Länder als Staatsgrenzen der →Tschechoslowakei durch. Wie fast alle tschech. Politiker sah er in sudetendt. Forderungen nach dt. Kantonen den ersten Schritt zur Separation. Nach dem überwältigenden Wahlsieg der Sudetendt. Partei (SdP) am 19. 5. 1935 u. seiner Wahl zum Präsidenten der Republik am 18. 12. 1935 sprach er in mehreren dt. Städten, um den Einfluss der SdP einzudämmen. B. setzte sich für die Aufrüstung der Armee u. den Bau v. Grenzbefestigungen ein, war aber zugleich zu Zugeständnissen an die Sudetendeutschen (→Deutsche aus den böhmischen Ländern) bereit. Nach dem Anschluss →Österreichs am 12. 3. 1938 u. unter dem zunehmenden Druck der Westmächte bot er der SdP sogar territ. Autonomie an (3. und 4. Plan).

Als die SdP, die bei den Kommunalwahlen im Mai u. Juni 1938 etwa 85% der dt. Stimmen gewonnen hatte, die Verhandlungen abbrach, ihr Führer Konrad Henlein die Parole „Heim ins Reich“ ausgab u. ein „Sudetendeutsches Freikorps“ aufstellte, u. als der brit. Premierminister mit Adolf →Hitler über die Abtretung der Sudetengebiete sprach, entstand B.s sogenannter 5. Plan, mit dem er die dt. Minderheit auf etwa ein Drittel reduzieren wollte. Ein weiteres Drittel der Deutschen sollte mit strategisch nicht unbedingt erforderlichen Grenzgebieten in Westböhmen, Nordböhmen u. Tschechisch-Schlesien an →Deutschland fallen u. das letzte Drittel zwangsweise ausgesiedelt werden. Mit diesem Plan reagierte B. darauf, dass kein noch so weit reichendes Zugeständnis die SdP v. ihrem Separationskurs hatte abbringen können. Seitdem hielt B. ein friedliches Zusammenleben v. Tschechen u. Deutschen in einem Staat bzw. die Bildung einer gemeinsamen polit. Nation für ausgeschlossen.

Nach dem →Münchener Abkommen vom 29. 9. 1938 trat B. am 5. 10. zurück u. ging ins Exil. Nach Kriegsbeginn spielte er die führende Rolle bei der Bildung des Tschechoslowak. Nationalausschusses in Paris, der provisorischen Regierung am 18. 6. 1940, ihrer De-jure-Anerkennung am 18. 7. 1941 u. der Annullierung des Münchener Abkommens am 6. 7. 1942 durch Großbritannien (→britischer Kabinettsbeschluss) u. Frankreich am 29. 9. 1942. Seit dem 23. 5. 1941 sprach sich B. ebenso wie sein Mitarbeiter Hubert →Ripka auch öffentlich für Bev.transfers aus, damit Deutschland nicht mehr „seine nationalen Minderheiten für seine pangermanistischen Ziele missbrauchen“ könne. B. hielt am Prinzip der Rechtskontinuität der Vormünchener Republik u. damit seiner Präsidentschaft ebenso fest wie am Grundsatz seiner Konzeption des 5. Plans, d. h. an der Kombination der Elemente Gebietsabtretung, →Vertreibung u. Assimilation der restlichen Minderheit, u. zwar sowohl gegenüber den Sudetendeutschen als auch den Ungarn der

Südslowakei (→Magyaren aus der Südslowakei nach Ungarn, →Magyaren aus der Südslowakei: Deportation in die böhmischen Länder). Angesichts der Forderungen aus den Reihen der Exilpolitiker, Widerstandsbewegung u. Auslandsarmee, alle Deutschen zu vertreiben, sowie der antidt. Stimmung bei den Alliierten reduzierte B. schrittweise die Gebiete, zu deren Abtretung er notfalls bereit war, u. entwickelte ein Maximalprogramm, das die Vertreibung v. 2,5 bis 3 Mio. Deutschen vorsah. Allen Deutschen u. Ungarn sollte die Staatsbürgerschaft entzogen u. nur ausgewiesenen Antifaschisten wieder verliehen werden. Am 12. 5. bzw. 7. 6. 1943 erreichte B. Franklin D. Roosevelts, am 5. 6. u. nochmals am 12. 12. 1943 Iosif →Stalins Zustimmung zur Zwangsaussiedlung der Deutschen.

Nach dem Krieg kehrte B. über Moskau in die Tschechoslowakei zurück. Von Anfang an war er über die Umstände der →„wilden Vertreibung" (→w. V. aus der Tschechoslowakei) informiert. In scharfen Reden in Brünn (Brno) am 12. 5. und Lidice am 10. 6. sprach er v. einer dt. →Kollektivschuld, rief aber auch wie in Pilsen am 15. 6. u. Melnik am 14. 10. 1945 zu einem „vernünftigen und vorsichtigen Vorgehen" auf. Mit den →Dekreten des Präsidenten zur Enteignung u. zum Entzug der Staatsbürgerschaft schuf B. die Basis für die fast vollständige Zwangsaussiedlung der Deutschen sowie eines Teils der Ungarn aus der Südslowakei.

Lit.: T. STANĚK/A. v. ARBURG, Organizované divoké odsuny? Úloha ústředních státních orgánů při provádění „evakuace" německého obyvatelstva (květen až září 1945), *Soudobé dějiny* 12 (2005), 465–534; 13 (2006), 13–49, 321–376; D. BRANDES, Der Weg zur Vertreibung 1938–1945. Pläne und Entscheidungen zum „Transfer" der Deutschen aus der Tschechoslowakei und aus Polen. München [2]2005; T. STANĚK, Verfolgung 1945: Die Stellung der Deutschen in Böhmen, Mähren und Schlesien (außerhalb der Lager und Gefängnisse). Wien u. a. 2002; P. M. MAJEWSKI, Edward Beneš i kwestia niemiecka w Czechach. Warszawa 2001.

D. B.

Berija, Lavrentij Pavlovič (*17. 3. 1899 Mercheuli/Abchasien, †23. 12. 1953) war führender sowj. Partei- u. Staatsfunktionär, Leiter u. Koordinator der Repressionsorgane, Marschall der →Sowjetunion u. einer der Hauptorganisatoren der Massenrepressionen in der UdSSR.

B. entstammte einer armen Bauernfamilie aus Georgien, absolvierte das Polytechnische Institut in Baku (1922). Hier begann auch seine revolutionäre Tätigkeit. Seit März 1917 war er Mitglied der RSDRP(b) u. 1919/20 Sekretär einer illegalen Parteizelle.

B.s Karriere in den Organen der Allrussl. Außerordentlichen Kommission zur Bekämpfung v. Konterrevolution, Spekulantentum u. Sabotage (russ. *Vserossijskaja Črezvyčajnaja Komissija po bor'be s kontrrevoljuciej, spekuljaciej i sabotažem*, VČK) – der Vereinigten Staatl. Politischen Verwaltung (russ. *Ob'edinënnoe Gosudarstvennoe političeskoe upravlenie*, OGPU) – des Volkskommissariats für Innere Angelegenheiten der UdSSR (russ. *Narodnyj komissariat vnutrennich del SSSR*, →NKVD) nahm ihren Anfang im April

1921 zunächst in Aserbaidschan. Er wurde jedoch bald in die Georgische SSR versetzt, wo er in den Jahren 1926–1931 Chef der Staatl. Polit. Verwaltung (russ. *Gosudarstvennoe političeskoe upravlenie*, GPU) u. von 1927–1930 zugleich Volkskommissar des Inneren war. 1938 wurde er v. Iosif →Stalin nach Moskau berufen, wo er vom 25. 11. 1938 bis zum 29. 12. 1945 Volkskommissar für Innere Angelegenheiten der UdSSR war.

Seit 1941 bekleidete B. sowohl den Posten des NKVD-Chefs als auch leitende Positionen in der Regierung. Von 1941 bis 1953 war er stellvertretender Ministerpräsident der UdSSR, vom 30. 6. 1941 bis zum 4. 9. 1945 Mitglied des Staatskomitees für Verteidigung (russ. *Gosudarstvennyj Komitet Oborony*, GKO) der UdSSR u. seit dem 16. 5. 1944 Stellvertreter des GKO-Vorsitzenden. Zwischen 1939 u. 1953 war er Mitglied des Politbüros des ZK der KPdSU. Am 26. 6. 1953 wurde B. verhaftet, seines Amtes im ZK der KPdSU enthoben u. aus der Partei ausgeschlossen u. schließlich am 23. 12. 1953 zum höchsten Strafmaß verurteilt u. erschossen u. später nicht rehabilitiert.

Mit dem Aufstieg B.s in die Führungsebene des NKVD setzte ein besonderes „Tauwetter“ ein: Die Repressionen ließen merklich nach, gegen viele Gerichtsurteile wurde Berufung eingelegt. Auch die Deportationspolitik wurde gemäßigt: Die Zwangsumsiedlungen innerhalb des Landes wiesen keinen kollektiven oder massenhaften Charakter mehr auf u. beschränkten sich auf Säuberungen in den südl. Grenzregionen, die nicht mehr so viele Opfer forderten wie bisher. Bis zum Beginn des 2. →Wk.s wurde allerdings die v. Nikolaj →Ežov begonnene Säuberung entlang des gesamten bis dato geltenden Grenzverlaufs der Sowjetunion zu Ende geführt (→Deportation).

Mit Kriegsausbruch u. der Annexion der poln. Ostgebiete durch die UdSSR änderte sich die Situation schlagartig. Die Veränderung der Grenzen gab Anlass zu neuen Massensäuberungen u. Deportationen aus den besetzten Territorien. B. war für drei Deportationsaktionen ehem. polnischer Bürger verantwortlich: 1. „der Militärsiedler und der Forstbediensteten“ (Februar 1940; B. regte an, die Arbeitsleistung der Deportierten zur Förderung v. Gold u. Kupfererz auszunutzen), 2. der „administrativ Verbannten“ (April 1940; darunter waren Familienangehörige der in Katyn’, Mednoe u. anderen Orten erschossenen kriegsgefangenen Offiziere der poln. Armee) u. 3. der „Sonderumsiedler-Flüchtlinge“ (in der Mehrzahl Juden; Juni 1940) (→Ukraine als Deportationsgebiet). Nach der Beendigung des Krieges gegen Finnland am 12. 3. 1940 wurden die Bewohner der neu entstandenen Grenzregionen Opfer der Säuberung v. „Bürgern ausländischer Nationalität“ (Juli 1940). Nach dem Anschluss v. Estland, Lettland, Litauen u. Moldawien im Jahr 1940 ereilte das gleiche Schicksal die sog. „sozial-gefährlichen Elemente“ in diesen Ländern (→Baltische Länder, →Moldawien als Deportationsgebiet). Die Ausarbeitung des Deportationsplanes für diese Gebiete sowie für die Westukraine u. Westweißrussland oblag B. und Vsevolod Merkulov. Der v. ihnen vorgelegte Plan wurde v. Stalin im Mai 1941 bestätigt u. Mitte Juni realisiert – am Vorabend des dt. Überfalls auf die Sowjetunion.

Im Krieg wurde das Monopol der Tschekisten auf die Durchführung v. Deportationen aufgehoben: Das Recht auf präventive Aussiedlung u. andere Repressalien gegen „sozialgefährliche" Bev.gruppen wurde nunmehr auch dem Militär gewährt, doch auch in diesen Fällen übernahmen NKVD u. NKGB einen Teil der Arbeit. Zur Umsetzung des Erlasses des Präsidiums des Obersten Sowjets der UdSSR „Über die Erklärung des Kriegszustands" vom 22. 6. 1941 übermittelte B. den Organen des NKVD u. NKGB die Direktive über die Registrierung u. Aussiedlung der „sozial-gefährlichen Personen" samt ihren Familien (mit Ausnahme der arbeitsunfähigen Personen über 60 Jahre). Auf dem chiffrierten Telegramm der Südfront vom 3. 8. 1941 über den warmen Empfang, den die dt.stämmige Bev. in der Ukraine den anrückenden dt. Truppen bereitet haben sollte, notierte Stalin die Resolution: „Raus mit ihnen, dass die Fetzen fliegen." Vor dem Hintergrund dieses Befehls führte B. die größte Deportationskampagne der Kriegsperiode durch – die präventive Deportation der Russlanddeutschen, die sich insgesamt aus über 20 Operationen zusammensetzte u. von August bis Dezember 1941 dauerte (→Deutsche aus dem Wolgagebiet, →D. aus Trans- [Süd]kaukasien, →D. aus dem Schwarzmeergebiet). Die Leitung der Mehrzahl der Einzeloperationen oblag Ivan →Serov.

Eine besondere Stellung nehmen die sog. kollektiven „Vergeltungsdeportationen" gegen die Völker des Nordkaukasus (→Kaukasien) u. der →Krim ein, die 1943/44 stattfanden. Außerordentlich gründlich wurde die Deportation der →Tschetschenen u. Inguschen vorbereitet, da sie besonders umfassend angelegt war u. ob des zu erwartenden Widerstands als äußerst riskant galt. Am 11. 2. 1944 wurden die Fragen bez. dieser Deportation im Politbüro des ZK der VKB(b) erörtert, wobei die Meinungen auseinandergingen: Insbesondere B., aber auch andere plädierten für die Durchführung dieser Operation nach dem Zurückdrängen der Wehrmacht aus der UdSSR. Die Debatte entschied die Stimme Stalins, der sich für die unverzügliche Realisierung der Operation aussprach. Zu ihrer Durchführung – ein einmaliger Fall in der bisherigen Deportationspraxis – reiste B. gemeinsam mit seinen drei Stellvertretern persönlich an den Ort des Geschehens, um die operativen Vorbereitungen zu leiten. An der Aktion waren bis zu 19.000 operative Mitarbeiter des NKVD, des NKGB u. des SMERŠ (milit. Nachrichtendienst) sowie etwa 100.000 Offiziere u. Soldaten der NKVD-Truppen beteiligt. Auch die Vorbereitung zur Deportation der →Balkaren fand unter direkter Aufsicht B.s statt. Er sanktionierte ebenfalls die Zwangsumsiedlungen der kurdischen u. aserbaidschanischen Bev. aus Tiflis im März 1944, der Einw. aus den baltischen Republiken im April 1944 sowie der OUN-Mitglieder u. deren Familienangehörigen zw. April 1944 u. April 1945 (→Kurden, →Azeri, →Ukraine als Deportationsgebiet).

Die im Krieg gesammelten Erfahrungen bez. Kollektivdeportationen übertrug B. auf den Umgang mit der Bev. anderer Länder: Von Januar bis Mai 1945 wurden nach dem gleichen Schema wie im Nordkaukasus die Deportationen der Deutschen aus den v. der UdSSR u. ihren Verbündeten befreiten Ländern, v. a. aus →Rumänien, →Ungarn, →Jugoslawien sowie aus Ostdeutschland in die Sowjetunion durchgeführt (→Deutsche aus Rumänien: Deportation in die Sowjetunion, →D. aus Ungarn: Deportation in die Sowjetunion, →D. aus Jugoslawien: Deportation in die Sowjetunion, →Ostpreußen: Deportation in die Sowjetunion und Ausweisung in die SBZ). Darüber hinaus beteiligte sich die von B. geleitete Behörde bei Kriegsende u. in den ersten Nachkriegsmonaten aktiv an der Zwangsrepatriierung von sog. Russlanddeutschen, die zuvor nach →Deutschland gelangt waren, sowie an der Deportation v. Ingermanland-Finnen (→Repatriierung, →Finnen: Deportation aus Ingermanland). Nach dem Dezember 1945, als sich B. aus der operativen Leitung des NKVD-MVD bereits zurückgezogen hatte, nahm er in seiner Funktion als Stellvertreter des Ministerpräsidenten u. Mitglied des Politbüros des ZK an Beratungen über eine Reihe v. Deportationsaktionen teil, speziell über die Umsiedlung der Deutschen aus dem ehem. Ostpreußen (Gebiet Kaliningrad) in die →sowj. Besatzungszone (Oktober 1947 u. November 1948; →Ostpreußen: Deportation in die Sowjetunion und Ausweisung in die SBZ) sowie über die Deportation der Griechen (→G.: Deportationen in den asiatischen Teil der Sowjetunion).

Lit.: Stalinskie deportacii. Hg. N. L. Pobol'/P. M. Poljan. Moskva 2005; Berija, Lavrentij Pavlovič, in: N. V. Petrov/K. V. Skorkin, Kto rukovodil NKVD, 1934–1941. Spravočnik. Moskva 1999, 106–107; Der Fall Berija. Protokoll einer Abrechnung. Das Plenum ZK der KPdSU. Stenographischer Bericht. Hg. V. Knoll/L. Kölm. Berlin 1999.

P. P.

Bosniaken aus Bosnien-Herzegowina. Die bosnischen Muslime (B.) sind Nachfahren jener slavischen Einw. Bosniens u. der Herzegowina, die nach der osm. Eroberung im 15. Jh. zum Islam übertraten. Seit dieser Zeit ist die türk. Benennung *Boşnak* (bosnischer Muslim) geläufig. Auf Grundlage ihrer Religion, Lebensweise u. Kultur formte sich bei den muslimischen Südslaven im Verlauf der Jh.e ein eigenständiges nationales Abgrenzungsbewusstsein heraus, das sich v. dem der Katholiken u. Orthodoxen unterscheidet. Die 1878 errichtete österr.-ung. Verwaltung scheiterte mit dem Versuch, die Bezeichnung B. auf alle Einw. B.-H.s zu übertragen u. so dem Unabhängigkeitsstreben v. Serben u. Kroaten entgegenzuwirken.

Bis zur Mitte des 20. Jh.s galten die bosnischen Muslime als Religionsgemeinschaft. Erst die Kommunisten erkannten sie als eigenständiges Volk an. Der Antifaschistische Rat der Volksbefreiung Jugoslawiens erklärte auf seiner ersten Sitzung am 25. 11. 1943 die Gleichberechtigung aller Serben, Muslime u. Kroaten in B.-H. In den 1960er u. 1970er Jahren wurde der Status der bosnischen Muslime als eine v. sechs staatstragenden Nationen in den Verfassungen B.-H.s u. Jugoslawiens verankert. Die Volkszählung v. 1971 führte erstmals die Kategorie „Muslim im ethnischen Sinn“ ein. Die bosnische Verfassung v. 1990 definierte B.-H. als „demokratischen und souveränen Staat gleichberechtigter Bürger der Völker Bosniens und der Herzegowina – Muslime, Serben und Kroaten und der Angehörigen anderer Nationen und Nationalitäten, die in ihm leben“. In der Folge des jugoslawischen Zerfallskrieges hat sich die Selbstbezeichnung B. und der Anspruch auf eine bosnische Schriftsprache durchgesetzt. Die B. sehen sich heute mehrheitlich als ein eigenständiges Volk mit territ. Ansprüchen, nicht lediglich als eine Religionsgemeinschaft.

In ganz Jugoslawien lebten nach der Volkszählung v. 1991 2.376.464 Personen, die sich als „Muslim“ *(Musliman)* deklarierten, davon mehr als 80 % in B.-H. In Montenegro lebten rd. 90.000 (14,6 %), in Kosovo (→K. als Vertreibungsgebiet) 57.000 (2,9 %), in Makedonien 70.000 (3,3 %) u. in Slowenien 27.000 (1,36 %).

Bei Ausbruch des Krieges in B.-H. (→B.-H. als Vertreibungsgebiet) im Frühjahr 1992 hatten die bosnischen Muslime eine relative Mehrheit v. 43,7 % (1,904 Mio.) gegenüber den beiden anderen Staatsnationen (Serben u. Kroaten). Die Muslime besaßen kein kompaktes Siedlungsgebiet u. stellten einen hohen Anteil der städtischen Bev. Hohe Bev.-anteile verzeichneten sie v. a. in folgenden Gemeinden (in %): Banovići (72,4), Bihać (66,6), Bosanska Krupa (74,5), Bratunac (64,2), Breza (76,6), Bugojno (42,1), Busovača (44,8), Cazin (97), Čajniče (44,9), Doboj (40,2), Donji Vakuf (55,3), Foča (51,6), Fojnica (49,4), Goražde (70,2), Gornji Vakuf (56,1), Gračanica (72,2), Gradačac (60,2), Han Pijesak (40,1), Jablanica (72,1), Kakanj (54,6), Kalinovik (79,5), Kiseljak (40,9), Kladanj (73,3), Ključ (47,6), Konjic (54,6), Lukovac (66,7), Maglaj (45,1), Olovo (75), Prijedor (44), Rogatica (60,4), Sanski Most (47), Sarajevo Centar (50,2), Sarajevo Hadžići (63,3), Sarajevo Ilidža (43), Sarajevo Ilijaš (42,2), Sarajevo Novi Grad (50,8), Sarajevo Stari Grad (78), Sarajevo Trnovo (68,9), Sarajevo Vogošća (50,8), →Srebrenica (72,9), Srebrenik (75), Stolac (44,9), Tešanj (72,2), Travnik (45,3), Tuzla (47,6), Ugljevik (40,6), Velika Kladuša (91,8), Visoko (74,5), Višegrad (62,8), Vitez (41,4), Vlasenica (55,3), Zavidovići (60,1), Zenica (55,2), Zvornik (59,4) u. Žepče (47,2).

Infolge der Einführung des Mehrparteiensystems wurde die Partei der Demokratischen Aktion (SDA) unter Alija Izetbegović gegründet, die sich als bosnisch-muslimische Sammlungspartei traditionalistischer, laizistisch-liberaler, relig.-konservativer u. islamisch-fundamentalistischer Strömungen begriff. Aus Kritik an der konservativ-relig. Ausrichtung spaltete sich v. ihr die national-säkular ausgerichtete Muslimisch Bosniakische Organisation (MBO) unter Adil Zulfikarpašić u. Muhamet Filipović ab. Nach dem Zerfall der bosnischen Institutionen 1991/92 dominierte die muslimische SDA in Präsidium, Regierung u. Streitkräften B.-H.s u. präsentierte sich als legitimer Vertreter eines als „multiethnisch“ apostrophierten Staates.

Im Krieg kämpften die B. für ein unabhängiges, zentralistisches B.-H. in den bestehenden Republikgrenzen. Wie die anderen Völker besaßen die bosnischen Muslime eigene reguläre Streitkräfte (Territorialverteidigung) u. paramilit. Gruppen (z. B. Grüne Barette, Patriotische Liga u. a.). Vor u. während des Krieges kam es zu einem sichtbaren Erstarken des bosniakischen Nationalismus u. einer kulturellen und relig. Reislamisierung.

Die bosnischen Muslime waren Hauptopfer der →ethnischen Säuberungen in all ihren Aspekten u. sehen sich daher als Opfer eines →Genozids.

Lit. (a. →Bosnien-Herzegowina als Vertreibungsgebiet, →Bosniaken aus Jugoslawien in der Zwischenkriegszeit): M. Imamović, Historija Bošnjaka. Sarajevo 1998.

M.-J. C.

Bosniaken aus Jugoslawien in der Zwischenkriegszeit. Die slavischen Muslime aus dem Sandschak v. Novi Pazar (beiderseits der Grenze v. Serbien u. Montenegro) sowie teilweise auch aus anderen Teilen Montenegros u. aus Kosovo bezeichnen sich seit 1993 – wie die bosnischen Muslime (→Bosniaken aus Bosnien-Herzegowina) – als B. Diese Eigenbez. (serbokroat. *Bošnjak*, Pl. *Bošnjaci*) war zuvor seit etwa 1900 zunehmend außer Gebrauch gekommen. In der Zwischenkriegszeit waren nicht jene in Bosnien, wohl aber die slavischen Muslime der genannten, 1912/13 im Zuge der →Balkankriege an Serbien u. an Montenegro u. damit ab 1918 an →Jugoslawien gefallenen Gebiete v. Formen der Zwangsmigration betroffen.

1931 lebten dort, nach starken Fluchtbewegungen (→Flucht) u. Abwanderungen 1912/13 u. teilweise a. 1918/19, laut Volkszählung insgesamt 138.949 slavische Muslime. In der Kernregion Sandschak (Hauptort Novi Pazar) betrug ihr Anteil 1921 ca. 45 %.

Als unter osm. Herrschaft durch Übertritt zum Islam zw. dem 15. u. 18. Jh. entstandene Gruppe sind die B. in der Region „autochthon". Konstituierende Elemente ihrer vornationalen Identität waren die relig. Zugehörigkeit, die Sprache (in Abgrenzung zu anderssprachigen Muslimen u. im Sandschak auch teilweise gegenüber gleichsprachigen Andersgläubigen – Bez. der eigenen Variante nämlich als „bosanski", bosnisch) u. der adm. Zusammenhang des Großteils der betroffenen Gebiete mit dem osm. Bosnien. Bewusstseinsprägend war im Weiteren der konfliktvolle Rückzug des Osm. Reiches aus Südosteuropa, besonders die dabei gemachten Gewalterfahrungen. Die serb.-montenegrinisch/osm. Kriege 1876/77 betrafen den späteren Sandschak v. Novi Pazar selbst nur vorübergehend, führten aber durch Flucht u. →Vertreibung der Muslime aus den benachbarten, durch Montenegro u. Serbien kriegerisch erworbenen Gebieten zur Zuwanderung von muslimischen →Flüchtlingen u. zu verstärkten Bedrohungsperzeptionen. 1912/13 wurde der Raum milit. Operations- u. Okkupationsgebiet und zw. Serbien u. Montenegro aufgeteilt. Insbesondere in den v. Montenegro besetzten Gebieten kam es zu zahlreichen Übergriffen durch Militär u. Freiwilligenverbände gegen Muslime. Dort forcierten auch zeitweilige Zwangskonversionen zum orth. Christentum Fluchtbewegungen in das Osm. Reich, z. T. auch nach Albanien. Staatliche Kolonisationsbemühungen bezweckten die Veränderung der Bev.struktur zu Gunsten v. Serben u. Montenegrinern u. fanden im Kgr. der Serben, Kroaten und Slowenen (ab 1929 Kgr. Jugoslawien) ihre Fortsetzung.

Im jug. Staat schlossen sich die B. aus den südl. Landesteilen mit Albanern u. Türken unter dem parteipolit. Dach des Džemijet (alb. *Xhemijet*, türk. *Cemiyet*), der Islamischen Vereinigung zur Verteidigung der Gerechtigkeit, zusammen. Die grundlegende polit. Ausrichtung der Partei wurde jedoch von türk. und alb. Muslimen bestimmt. Mit der staatl. Zerschlagung der Partei 1925 verloren alle Anhänger des Islam in der „südserbischen" Region die einzige genuin auf ihre Bedürfnisse orientierte polit. Vereinigung.

Staatlicherseits wurden die B. als „Serben muslimischen Glaubens" deklariert u. nicht als ethn. Minderheitengruppe anerkannt. Die örtlichen interethn. Beziehungen variierten stark. Das insgesamt jedoch hohe Konfliktpotential offenbarten im November 1924 Ereignisse im Kr. Bijelo Polje, bei denen unter Zutun der örtlichen Behörden selbst nach offiziellen Angaben 120 B. (nach anderen Schätzungen bis 500 Personen) massakriert wurden. Eine ausgeprägte Fluchtbewegung der verbliebenen örtlichen Muslime nach Bosnien u. in die Türkei war die Folge. Generell unterstützten Gewalterfahrungen, mangelnder Schutz durch die Behörden u. die Ansiedlung von serb. Kolonisten u. Kriegsfreiwilligen bereits vorhandene Tendenzen zur Abwanderung in die Türkei, teils auch innerstaatl. nach Bosnien. Von der direkten Stoßrichtung der staatl. Verdrängungspolitik waren die B. jedoch weniger betroffen als die hauptsächlich anvisierten Albaner (→A. aus Jugoslawien in der Zwischenkriegszeit) u. Türken des jug. Südens.

Die Zahl der insgesamt abgewanderten B. lässt sich nicht genau bestimmen. Der Großteil der Emigration ins Ausland erfolgte in den ersten Jahren nach 1918 u. ist statistisch nicht erfasst. Doch auch in den 1930er Jahren wanderten noch B. unter Druck in die Türkei aus. Insgesamt ist v. vermutlich 10.000–20.000 Personen auszugehen. Neben dieser statistischen Unsicherheit lässt der heutige Forschungsstand insbesondere a. die Gewichtung soz., wirt. und ethnopolit. Beweggründe für die Migrationsbewegungen kaum zu.

Lit. (a. →Bosniaken aus Bosnien-Herzegowina): S. Bandžović, Iseljavanje Bošnjaka u Tursku. Sarajevo 2006; M. Memić, Bošnjaci-Muslimani Sandžaka i Crne Gore. Sarajevo 1996.

K. C., E. P.

Bosnien-Herzegowina als Vertreibungsgebiet. Der gewaltsame Zerfall →Jugoslawiens führte in der kleinen Vielvölkerrepublik B.-H. in den Jahren 1992–1995 zu massiven Bev.verschiebungen u. schwersten Verbrechen. Während des Krieges zw. April 1992 u. Oktober 1995 setzte sich mehr als die Hälfte der Einw.schaft v. 4,35 Mio. in Bewegung. Ungefähr 1,3 Mio. wurden intern vertrieben, 500.000 flohen in postjug. Nachbarrepubliken, weitere 700.000 nach Westeuropa (→Flucht, →Vertreibung). Viele Regionen veränderten dadurch ihre ethn. Struktur grundlegend.

Die Vorgeschichte des Krieges. Die massenhaften Vertreibungsaktionen in B.-H. stehen in ursächlichem Zusammenhang mit der kriegerischen Auflösung Jugoslawiens. Widerstreitende Interessen, Ziele u. Strategien der drei Staatsvölker Bosniaken (→Bosniaken aus B.-H.), Serben u. Kroaten in Bezug auf die polit. Neuordnung des postjug. Raumes führten unmittelbar nach der internat. Anerkennung B.-H.s als unabhängigen Staat am 6. 4. 1992 zu heftigen Kämpfen, die sich innerhalb weniger Monate auf das gesamte Territorium der kleinen Vielvölkerrepublik ausweiteten.

Nach der Volkszählung v. 1991 lebten in der Teilrepublik B.-H. 4,355 Mio. Menschen, davon 43,7 % Bosniaken, 31,2 % Serben, 17,3 % Kroaten u. 5,5 % Jugoslawen. Die restlichen 2,3 % verteilten sich auf Angehörige v. zwanzig weiteren Nationalitäten u. Religionsgemeinschaften. Ethnisch homogene Gemeinden gab es in B.-H. vor dem Krieg nicht; viele Menschen waren über ethn. Grenzen hinweg verwandtschaftlich miteinander verbunden.

Die national-orientierten Mehrheitsparteien der Bosniaken, Serben u. Kroaten, die sich 1990 nach dem Zusammenbruch des komm. Systems in B.-H. gebildet hatten, vertraten unvereinbare Positionen hinsichtlich Unabhängigkeit u. Staatsaufbau ihrer Heimatrepublik: Bosniaken u. Kroaten befürworteten die Unabhängigkeit, während die Serben in Jugoslawien verbleiben wollten. Andererseits standen die Bosniaken mit dem Ziel, den zentralistischen Staatsaufbau zu erhalten, ziemlich alleine: Serben u. ein großer Teil der Kroaten forderten aus Angst vor Majorisierung die Föderalisierung (Kantonisierung) der Republik u. arbeiteten zielstrebig auf den Aufbau autonomer, quasi-staatl. Gebilde auf bosnischem Boden hin. Nur aufseiten der Bosniaken, die außerhalb B.-H.s keine „Mutternation" besaßen, war unumstritten, dass die Republik in ihren bestehenden Grenzen als Staat erhalten bleiben müsse. Uneinigkeit herrschte allerdings darüber, ob ein kleines Jugoslawien, ein muslimisch dominierter Nationalstaat oder eine islamische Republik verwirklicht werden sollte.

Bei den ersten freien Wahlen im November u. Dezember 1990 hatten die muslimische Partei der demokratischen Aktion (serbokroat. *Stranka demokratske akcije*, SDA), die Kroatische Demokratische Union (*Hrvatska demokratska zajednica Bosne i Hercegovine*, HDZ-BiH) u. die Serbische Demokratische Partei (*Srpska Demokratska Stranka*, SDS) die Mehrheit der Sitze im Zweikammer-Parlament errungen u. bildeten eine Regierungskoalition. Als bosniakische u. kroatische Abgeordnete gegen den Willen ihrer serb. Kollegen am 14. 10. 1991 einen Parlamentsbeschluss zu Gunsten der Souveränität u. Unabhängigkeit Bosniens fassen wollten, gründeten die bosnischen Serben ein Gegenparlament, das sich für den Verbleib der serb. Siedlungsgebiete in Jugoslawien aussprach. Ähnlich wie die Serben zog es auch der nationalistisch orientierte Flügel der bosnischen Kroaten vor, die v. Kroaten besiedelten Regionen in B.-H. mit dem Mutterland Kroatien zusammenzuschließen, als sie in einem zentral regierten, multiethn. bosnischen Staat zu belassen.

Trotz des erbitterten Widerstandes der Serben u. der Ambivalenz der Kroaten u. trotz wachsender innerer Spannungen arbeitete die Regierung in Sarajevo seit Oktober 1991 zielstrebig auf die Verselbständigung B.-H.s hin. Die Europäische Gemeinschaft verlangte im Dezember 1991 eine Volksabstimmung über die Unabhängigkeit, die am 29. 2. u. 1. 3. 1992 stattfand, jedoch v. den Serben boykottiert wurde. Bei einer Beteiligung v. 64 % der Wahlberechtigten sprachen sich rd. 98 % für die Unabhängigkeit u. Souveränität ihrer Republik aus. Die Serben hatten bereits am 9. u. 10. 11. 1991 ein Plebiszit über den Verbleib der serb. Siedlungsgebiete in Jugoslawien abgehalten. Mehr als 1,1 Mio. Wahlberechtigte (rd. 99 %) hatten mit „Ja" gestimmt.

Militärische Eskalation und ethnische Säuberungen. Bereits vor der internat. Anerkennung B.-H.s am 6. 4. 1992 brachen offene Kampfhandlungen aus. Serbische Streitkräfte griffen u. a. Bosanski Brod (27. 3.), Bijeljina (2. 4.), Kupres (4. 4.), Foča (8. 4.), Zvornik (8. 4.), Višegrad (13. 4.), Brčko (30. 4.) u. Prijedor (30. 4.) an. Große Teile Nord- u. Ostbosniens kamen in wenigen Monaten unter serb. Kontrolle. Die nichtserbische Bev. wurde systematisch aus Ostbosnien sowie dem strategisch wichtigen Gebiet des Posavina-

Korridors in Nordbosnien vertrieben. Zwischen Mai u. Juli 1992 fanden massive Militär- u. Vertreibungsaktionen in der Region zw. Prijedor, Sanski Most u. Ključ statt. Von Juli bis November 1992 griffen serb. Truppen Gebiete im zentralbosnischen Drina-Tal an. Überall wurden Städte u. umliegende Dörfer umzingelt u. mit Granaten beschossen. Serbische Truppen nahmen Männer im militärfähigen Alter gefangen u. verschleppten sie in →Lager, darunter nach Omarska, Keraterm u. Manjača. Frauen u. Kinder wurden in die v. bosniakischen Streitkräften gehaltenen Enklaven vertrieben.

Der internat. Öffentlichkeit wurde durch den Bosnien-Krieg der Euphemismus →ethnische Säuberungen geläufig. Die Vertreibungspolitik war nicht rassenideologisch motiviert, sondern entsprang machtpolitischem u. militärstrategischem Kalkül: Um effektive Kontrolle über beanspruchte Regionen zu etablieren, sollte die als illoyal angesehene andersethnische Bev. entfernt werden. Menschen wurden also nicht deshalb vertrieben, weil sie Bosniaken, Kroaten oder Serben waren, sondern weil sie nicht zu der jeweils herrschenden Volksgruppe gehörten.

Es steht fest, dass ethn. Säuberungen u. andere Verbrechen v. Angehörigen aller drei bosnischen Staatsvölker begangen wurden u. alle ethn. Gemeinschaften in Mitleidenschaft zogen, allerdings in unterschiedlichem Ausmaß. Zu Beginn des Krieges wurden die heftigsten u. umfassendsten ethn. Säuberungen von serb. Streitkräften in Ost- u. Nordbosnien an Bosniaken u. – in geringerer Zahl – an Kroaten u. anderen Volksgruppen begangen. Kroatische Verbände vertrieben Bosniaken, Serben u. andere aus der Region v. Mostar u. aus Zentralbosnien. Bosniakische Kräfte begingen Verbrechen an Serben u. Kroaten; Vertreibungen größeren Ausmaßes fanden jedoch nur in begrenzten Regionen statt. Auch die Roma-Bev. und andere Minderheiten (→nationale Minderheit) wurden Opfer ethn. Säuberungen durch serb., kroatische u. bosniakische Verbände. Bis zu 30.000 Roma wurden 1992–1995 vertrieben, v. a. aus Prijedor u. den Nachbardörfern Kozarac, Hambarine, Tukovi u. Rizvanovići. In Vlasenica, Rogatica u. Zvornik wurden sie Opfer besonders schwerer Massenverbrechen.

Die umfänglichsten Vertreibungsaktionen fanden bereits in den ersten Kriegsmonaten statt. Rund 70 % aller →Vertriebenen mussten ihre Heimatregion zw. April u. August 1992 verlassen. Insgesamt griffen serb. Streitkräfte 37 Gemeinden an, darunter Zvornik, Bratunac, Vlasenica, Višegrad, Prijedor, Sanski Most, Ključ u. andere Orte im Tal der Save. Ungefähr 850 v. Bosniaken u. Kroaten bewohnte Ortschaften wurden zerstört.

Der UN-Sicherheitsrat erklärte angesichts wachsenden Flüchtlingselends die Städte Srebrenica, Sarajevo, Tuzla, Žepa, Goražde u. Bihać im Mai 1993 zu „sicheren Zonen“ *(safe areas)* u. stationierte dort 7.500 leicht bewaffnete Blauhelm-Soldaten. Im Juli 1995 überrannte die bosnisch-serb. Armee Srebrenica u. Žepa. 30.000 Menschen flohen; zw. 6.500 u. 8.800 Männer wurden interniert u. systematisch exekutiert (→Srebrenica).

Während des Krieges veränderten zahlreiche Gemeinden ihre ethn. Struktur grundlegend: Bspw. stellten Bosniaken u. Kroaten im ostbosnischen Foča 1991 noch rd. 51 % der Bev. 1997 war ihr Anteil auf 3,8 % gesunken. In allen 37 betroffenen Gemeinden fiel der

Anteil der Nicht-Serben v. 726.960 (53,97 %) im Jahr 1991 auf 235.015 (36,39 %) nach dem Krieg (1997). Gleichzeitig stieg ihr Anteil in den v. Bosniaken u. Kroaten beherrschten Gebieten (der „Föderation") um 41,18 %. Auf dem Gebiet der heutigen Republika Srpska verringerte sich die nichtserbische Bev. um 81,74 %.

Der „Zweite Krieg" zwischen Bosniaken und Kroaten 1993/94. Während serb. Streitkräfte Ost- u. Nordbosnien eroberten, übernahmen muslimische und kroat. Truppen Zentralbosnien u. die Herzegowina. Seit Ausbruch der ersten milit. Gewalt im April 1992 kämpften kroatische u. bosniakische bewaffnete Kräfte gemeinsam gegen die v. der Jugoslawischen Armee unterstützten bosnischen Serben. Seit Herbst 1992 verschlechterte sich das kroat.-bosniakische Verhältnis, gemeinsame Kommandostrukturen zerfielen. Im Januar 1993 brachen offene Kämpfe zw. den ehemals Verbündeten aus, der sog. Zweite Krieg (Januar 1993 bis März 1994).

Im April 1993 unternahmen bosnisch-kroat. Streitkräfte (HVO) eine Offensive im zentralbosnischen Lašva-Tal. Am 16. 4. 1993 zerstörten sie systematisch das Dorf Ahmići u. massakrierten unbewaffnete Zivilisten. Schwere Menschenrechtsverletzungen u. Vertreibungen trafen Bosniaken ferner in den Regionen Vitez, Busovača, Kiseljak, Vareš, Žepče, Zenica, Duvno, Stolac, Mostar, Jablanica, Prozor, Čaplijna, Gornji Vakuf, Novi Travnik, Travnik, Kreševo u. Fojnica; viele Nicht-Kroaten wurden vertrieben. Bosniakische bewaffnete Verbände verübten Massaker u. Vertreibungen gegen Kroaten, z. B. in Uzdol u. Stupni Do.

Zwischen Mai 1992 u. Februar 1993 kämpften bosniakische Streitkräfte in der Umgebung v. Srebrenica u. verübten Kriegsverbrechen an Serben, infolge derer Tausende flohen. Auch in anderen v. Bosniaken u. Kroaten gehaltenen Territorien waren Serben Verfolgung u. Vertreibung ausgesetzt. In Visoko, Ćelebići u. anderen Orten unterhielten kroat. und bosniakische Streitkräfte Gefangenenlager für Serben. Nach Schätzungen des →Hohen Flüchtlingskommissars der Vereinten Nationen fiel der Anteil der Serben zw. 1991 u. Mitte 1994 v. 43.959 auf 5.000 in der Westherzegowina, v. 79.355 auf ca. 20.000 in der Region v. Zenica, v. 82.235 auf 23.000 in Tuzla und v. 29.398 auf 1.609 in der Gegend v. Bihać.

Methoden und Instrumente ethnischer Säuberungen. Die Frage, ob langfristige Pläne für ethnische Säuberungen existierten, ist kontrovers u. steht in Zusammenhang mit grundlegenden Debatten über die Ursachen des jug. Staatszerfalls, die Natur der Nachfolgekriege u. die Kriegsziele v. Serben und Kroaten in B.-H. Die Anklagebehörde des Internat. Strafgerichtshofes für das ehem. Jugoslawien (ICTY) versucht nachzuweisen, dass die bosnisch-serb. Führung ethn. Säuberungen bereits in der ersten Hälfte 1991 plante. Schriftliche Dokumente, die dies beweisen würden, liegen bislang nicht vor, jedoch gibt es Zeugenaussagen u. Indizien, die auf die Planmäßigkeit der Vertreibungen hinweisen. Die UNO-Expertenkommission hat bereits 1992 festgehalten, dass die Methoden der Durchführung, der zeitliche Rahmen und geogr. Zusammenhang der Vertreibungen in B.-H. auf „Systematik und gewisse Planung und Koordination von höheren Autoritäten" hindeuten. Welchen Anteil die Staatsführung Serbiens an der Planung u. Durchführung ethn. Säuberungen in B.-H. hatte, bleibt nach dem plötzlichen Ableben des ehem. serbischen Präsidenten Slobodan →Milošević im Den Haager Untersuchungsgefängnis 2006 dagegen vorerst im Dunkeln.

Seit Kriegsende sind eine Reihe v. Urteilen im Zusammenhang mit ethn. Säuberungen gesprochen worden, darunter gegen den ehem. General Radislav Krstić. Weitere Angeklagte, darunter hochrangige jug. Generäle sowie Radovan →Karadžić, sitzen in Untersuchungshaft. Der bosnisch-serb. General Ratko →Mladić befand sich im Frühjahr 2009 noch auf freiem Fuß.

Kontroversen. Viele Aspekte der Vertreibungsgeschichte sind bis heute umstritten u. hochgradig politisiert, v. a. die Frage der Planmäßigkeit u. die Zahl der Opfer. Eine exakte Bestimmung v. Zahl und ethn. Zugehörigkeit v. Vertriebenen, Getöteten u. Vermissten ist aus Quellengründen nur annäherungsweise möglich. Die v. bosnischen Regierungsquellen meist genannte Zahl v. 200.000 Kriegstoten ist durch Erhebungen des unabhängigen Forschungs- u. Dokumentationszentrums (IDC) in Sarajevo sowie Experten des ICTY stark nach unten auf rd. 100.000 korrigiert worden.

Die große Mehrheit der bosniakischen Wissenschaftler u. Politiker sieht ihr Volk als Opfer eines v. Serbien geplanten u. durchgeführten Völkermords (→Genozid). Einige Wissenschaftler bezichtigen auch Kroatien des Genozids an den Bosniaken. Westliche Genozidforscher wie Norman Naimark, Jacques Sémelin betonen dagegen die Notwendigkeit, analytisch zw. ethnischen Säuberungen u. Genozid zu differenzieren. Der Internat. Strafgerichtshof dokumentiert Fälle, in denen die absichtsvolle Vertreibung einer Bev. auch in Völkermord überging, bspw. als serb. Truppen im Juli 1995 die UNO-Schutzzone →Srebrenica überrannten u. Tausende Bosniaken ermordeten.

Lit. (a. →ethnische Säuberung): M.-J. Calic, Ethnic Cleansing and War Crimes, 1991–1995, *Südosteuropa* 1 (2007), 70–106.

M.-J. C.

Die britische Besatzungszone in Deutschland als Aufnahmegebiet für deutsche Flüchtlinge und Vertriebene nach dem Zweiten Weltkrieg. Der Raum, den 1945–1949 die brit. Besatzungszone (BBZ) umfasste, hatte vielfältigen Anteil am Zwangswanderungsgeschehen der unmittelbaren Nachkriegszeit. In ihrer – v. Bremen abgesehen – ganz Nordwestdeutschland umfassenden Zone bildete die brit. Militärregierung 1945/46 die Länder Hamburg, Niedersachsen, Nordrhein-Westfalen (NRW) u. Schleswig-Holstein. Die BBZ war u. a. Aufnahmegebiet der Massenbewegungen v. →Displaced Persons (DPs), Evakuierten sowie →Flüchtlingen u. →Vertriebenen.

Die überlebenden Opfer der NS-Arbeits- u. Konzentrationslager bildeten nach Kriegsende das Gros der DPs. Die brit. Militärregierung zielte im Einklang mit den anderen Militärregierungen darauf, sie so rasch wie möglich in ihre Heimatländer zurückzutransportieren. In den vier Besatzungszonen gelang das allein in den ersten vier Monaten nach der dt. Kapitulation bei über 5 Mio. DPs, wobei der Anteil derjenigen aus Westeuropa überproportional hoch war. Im Juli 1945 befanden sich bspw. nur noch rd. 3.000 DPs aus Westeuropa im Besatzungsbereich der alliierten 21. Armeegruppe, die weite Teile Niedersachsens u. Schleswig-Holsteins erobert hatte. In den vier vorangegangenen Monaten waren bereits über 300.000 DPs repatriiert worden (→Repatriierung).

Der mit wesentlich größeren polit. und organisatorischen Schwierigkeiten verbundene Rücktransport der aus dem O Europas stammenden DPs begann in der BBZ erst in der zweiten Junihälfte. West-, mittel- u. ostmitteleurop. DPs, die östl. der Elbe interniert gewesen waren, wurden in großer Zahl zw. der brit. und der sowj. Besatzungsmacht gegen sowj. DPs ausgetauscht, die sich am Kriegsende in nordwestdeutschen Lagern befunden hatten: In der zweiten Junihälfte 1945 transportierten die Besatzungsmächte 80.000 west-, mittel- und v. a. ostmitteleurop. DPs aus der sowj. Besatzungszone (→die sowj. Besatzungszone in Deutschland) in die BBZ u. 70.000 sowj. DPs in die umgekehrte Richtung. Hintergrund war die sowj. Forderung nach einer bevorzugten Rückführung der eigenen Staatsangehörigen.

Die Austauschaktionen führten zu einer starken Zunahme v. Polen in der BBZ. Im Oktober 1945 gab es hier noch rd. 600.000 DPs, v. denen 99,3 % aus dem O Europas stammten, darunter allein rd. 484.000 aus →Polen. Im Oktober 1945 erfolgte die sowj. Genehmigung zur Repatriierung auch der poln. DPs. Seit dem Spätherbst 1946 nahmen dann die Transportziffern immer weiter ab. Hintergrund war die zunehmend geringere Rückkehrbereitschaft. Dazu trugen die Errichtung komm. Regime in den Ländern Ostmittel- u. Südosteuropas ebenso bei wie die dortigen territ. Veränderungen u. die schwierige wirt. Situation. Zahlreiche DPs hatten im Krieg ihre Familien verloren, ihre Heimatorte waren zerstört, ihre Gesundheit ruiniert. Anknüpfungspunkte für den Aufbau einer neuen Existenz in den Herkunftsgebieten gab es für viele nicht mehr. Im Herbst 1946 konnten deshalb auch die massiven Kampagnen der brit. Besatzungsmacht, die nicht nur Anreize zur Rückkehr bot, sondern auch Druck auf die DPs ausübte, die Rückkehrneigung der Zurückbleibenden nicht mehr verstärken.

Die Auswanderungsprogramme der im Juni 1947 gegründeten International Refugee Organization (IRO) gaben einer großen Zahl v. DPs eine neue Perspektive. Bis 1951 ermöglichte das Resettlement-Program der IRO europaweit ca. 712.000 DPs die Auswanderung. 1947–1951 verließen 220.000 DPs die BBZ. Wichtigste Ziele waren die USA (65.000), Australien (58.000), Großbritannien (34.000) u. Kanada (32.000). Insgesamt blieb nur ein kleiner Teil der DPs in Deutschland zurück.

Als im Umfang mit den DPs durchaus vergleichbar erwies sich die Gruppe der Evakuierten: Im Gebiet der späteren vier Besatzungszonen waren in der zweiten Kriegshälfte rd. 10 Mio. Menschen vor den alliierten Flächenbombardements auf dt. Städte in ländliche Regionen geflohen oder evakuiert worden. In der BBZ zählten v. a. Schleswig-Holstein u. Niedersachsen zu den wichtigsten Aufnahmeregionen für Evakuierte, während Hamburg u.

das Rhein-Ruhr-Gebiet als Entsenderegionen fungierten. Die Evakuierten konnten nicht selten erst nach Jahren ihre notdürftigen Quartiere verlassen u. in ihre Heimatorte zurückkehren; auch 1947 gab es in den vier Besatzungszonen noch an die 4 Mio. Evakuierte. An der Spitze der westdt. Länder mit der größten Evakuiertendichte stand Schleswig-Holstein, dessen Bev. zu 18 % aus Evakuierten bestand. Niedersachsen folgte mit rd. 10 %.

Nach der Gründung der Bundesrepublik wurde die Rückführung der Evakuierten v. a. als Aufgabe der Kommunen u. Länder behandelt u. ausschließlich als ein Problem der Wohnraumversorgung in den Städten eingeschätzt. Damit galt es im Vergleich zur Integration der Flüchtlinge u. Vertriebenen als nachrangig (→Integration). Ein für die Entwicklung der Aufnahmesituation zentraler Aspekt verbindet die Geschichte der Evakuierten sowie der Flüchtlinge u. Vertriebenen: Evakuierte waren i. d. R. schon seit 1943 in großer Zahl in den ländlichen Gebieten untergebracht worden, die seit Jahresende 1944 auch der Aufnahme v. Flüchtlingen u. Vertriebenen dienten. Mithin war die Unterkunftssituation dort bereits angespannt, als →Flucht u. →Vertreibung begannen.

In der BBZ gab es, wie auch in den anderen Besatzungszonen, keine gleichmäßige Verteilung der Flüchtlinge u. Vertriebenen. Es zeigte sich nicht nur ein Land-Stadt-Gefälle wegen des unterschiedlich ausgeprägten Zerstörungsgrades im Wohnungsbestand u. der als verschieden eingeschätzten Versorgungsmöglichkeiten. Darüber hinaus waren die östl. Gebiete stärker belastet als die westl. Ende 1947 lag der Anteil der Flüchtlinge u. Vertriebenen an der Gesamtbev. in der BBZ bei 14,5 %. Zwei der drei Hauptaufnahmegebiete v. Flüchtlingen u. Vertriebenen (Hauptflüchtlingsländer) in Westdeutschland lagen in der BBZ: Niedersachsen u. Schleswig-Holstein. Im Oktober 1946 wurden in Schleswig-Holstein 834.000 Flüchtlinge u. Vertriebene gezählt, die 32,2 % der Bev. stellten. Dieser Gruppe folgte dann Niedersachsen (23,4 %) mit 1.468.000 Flüchtlingen u. Vertriebenen. Demgegenüber waren die Anteile in NRW (5,8 %, 699.000 Menschen) u. Hamburg (3,9 %, 55.000 Menschen) deutlich niedriger. Weil die Vertreibungen weiterliefen, stieg bis zur nächsten Volkszählung 1950 in allen vier Ländern deren Bev.anteil weiter an: Schleswig-Holstein: 33 %, Niedersachsen: 27,2 %, NRW: 10,1 % u. Hamburg: 7,2 %.

Die Aufnahme der Flüchtlinge u. Vertriebenen erwies sich als ein Problem der Nahrungsmittel u. Güterversorgung sowie als Unterkunftsfrage. Mit der vorrangigen Unterbringung in den stark landwirt. geprägten Gebieten der BBZ verbanden sich zudem erhebliche Probleme der beruflichen Integration. Bis zur Währungsreform 1948 arbeiteten viele Flüchtlinge u. Vertriebene unentgeltlich, häufig lediglich für Kost u. Logis als Hilfskräfte in landwirt. Betrieben. Lohnarbeit im herkömmlichen Sinne blieb wegen der Wertlosigkeit der Währung beinahe bedeutungslos. Unterbeschäftigung, Gelegenheitsjobs, legale u. illegale Tauschaktivitäten kennzeichneten den Arbeitsalltag.

Erst die Währungsreform ließ 1948 die weithin verdeckte, regional aber sehr unterschiedlich ausgeprägte Erwerbslosigkeit offenbar werden. In Niedersachsen bspw. stellten im September 1948 Flüchtlinge u. Vertriebene 61 % aller Sozialhilfeempfänger. Die Zahl der Erwerbslosen lag in Nordwestdeutschland Anfang 1950 unter den Flüchtlingen u.

Vertriebenen dreifach höher als unter den Einheimischen. Die Weiterwanderungen der Flüchtlinge u. Vertriebenen zu den Arbeitsplätzen nach dem Beginn der Hochkonjunkturphase Anfang der 1950er Jahre korrigierten diese Entwicklung: Starke Abwanderungen erfolgten aus den ländlichen Regionen in die städtisch-industriellen Räume. In Nordwestdeutschland waren die „Verlierer" Schleswig-Holstein u. Niedersachsen, „Gewinner" war NRW. Zwischen 1949 u. 1960 wurden auf der Basis v. fünf Umsiedlungsprogrammen des Bundes u. a. rund 400.000 Flüchtlinge u. Vertriebene aus Niedersachsen u. Schleswig-Holstein nach NRW umgesiedelt. Auch innerhalb Niedersachsens u. Schleswig-Holsteins gab es solche Bewegungen in die stärker industrialisierten Gebiete.

Die Wanderungen änderten jedoch nichts an der Tatsache, dass Schleswig-Holstein u. Niedersachsen weiterhin Hauptflüchtlingsländer in Westdeutschland blieben: 1961 lag der Bev.anteil der Flüchtlinge u. Vertriebenen hier immer noch bei 27,2 % bzw. 24,3 %. Gleichzeitig hatten die Umsiedlungsprogramme u. freien Wanderungen dazu beigetragen, die Bedeutung NRWs für die Aufnahme wesentlich zu erhöhen. Der Bev.anteil erreichte mit 14,5 % zwar bei Weitem nicht die Anteile der nördl. anschließenden beiden Bundesländer. Mit einer Zahl v. 2,3 Mio. lebten hier inzwischen aber deutlich mehr Flüchtlinge u. Vertriebene als in jedem anderen Bundesland.

Lit.: J. Oltmer, Migration, in: Geschichte des Landes Niedersachsen. Bd. 5: Von der Weimarer Republik bis zur Wiedervereinigung. Hg. D. Schmiechen-Ackermann/K.-H. Schneider/G. Steinwascher. Hannover 2009.

J. O.

Britischer Kabinettsbeschluss zum Transfer der Deutschen aus Ostmittel- und Südosteuropa (6. 7. 1942). Der brit. Außenminister Anthony Eden legte dem Kriegskabinett am 2. 7. 1942 ein Memorandum vor, in dem er seinen Kollegen den Widerruf des →Münchener Abkommens vom 29. 9. 1938 vorschlug. Eden verwies auf die Terrorwelle, mit der die dt. Besatzungsmacht das „Protektorat Böhmen und Mähren" nach dem erfolgreichen Attentat auf den stellvertretenden Reichsprotektor Reinhard →Heydrich überzogen hatte, besonders auf die Erschießung aller männl. Einw. der Ortschaft Lidice. Da Deutschland selbst das Münchener Abkommen zerstört habe, betrachte sich die brit. Regierung als frei v. jeglicher Verpflichtung in dieser Hinsicht. „His Majesty's Government regard themselves as free from any engagements in this respect. At the final settlement to be reached at the end of the war, they will not be influenced by any changes effected in and since 1938." Dieser Text sollte veröffentlicht werden, während ein weiterer Passus geheim bleiben sollte: Erst wenn eine „angemessene Repräsentation der Sudetendeutschen" im „Staatsrat", dem Ersatzparlament des tschechoslowak. Exils, gesichert sei, werde die brit. Regierung die Jurisdiktion der Exilregierung über die exilierten Sudetendeutschen anerkennen. Bisher sei der Eintritt sudetendt. Vertreter in den Staatsrat an Edvard →Beneš' Absicht gescheitert, die Zahl der Deutschen in der Tschechoslowakei auf rd.

1 Mio. zu reduzieren, u. zwar durch den Verzicht auf das Eger-Dreieck u. zwei weitere Gebiete v. geringer strategischer Bedeutung mit 600.000–700.000 Einw., die Vertreibung v. 300.000–400.000 Sudetendeutschen als Kriegsverbrecher u. den →Transfer einer weiteren Mio. (→Deutsche aus den böhmischen Ländern). In der Begründung seines Antrags berief sich Eden auf ein Memorandum des Foreign Research and Press Service vom 12. 2. 1942: Adolf →Hitler habe selbst Bev.en in großem Maßstab zwangsweise verschoben. Viele Staaten, besonders →Polen u. die →Tschechoslowakei, würden zweifellos den Transfer dt. Minderheiten nach dem Krieg verlangen. Die Zahl der Deutschen, deren Transfer zurück nach Deutschland aus Mittel- u. Südosteuropa nötig sein könnte, werde auf 3 bis 6,8 Mio. geschätzt, u. zwar je nach der Vollständigkeit des Transfers. Außer Hitler habe nur die sowj. Regierung große Transfers vorgenommen. Einen erfolgreichen Bev.-austausch habe es nach dem 1. →Wk. zw. Griechenland u. der Türkei bzw. →Bulgarien (→Griechen aus der Türkei, →Bulgaren aus Griechenland) gegeben. Im Falle Deutschlands sei ein Austausch jedoch kaum möglich, da die nationalen Minderheiten innerhalb Deutschlands vergleichsweise klein seien.

„It will probably be impossible to avoid some measures of this kind in post-war Europe, but, if they are not carried out in an orderly and peaceful manner it is only too likely that the Czech and Polish populations will forcibly expel the German minorities from their midst." Schließlich bat Eden das Kriegskabinett um Einverständnis auch zum „general principle of the transfer to Germany of German minorities in Central and South-Eastern Europe after the war in cases where this seems necessary and desirable, and authority to let this decision be known in appropriate cases". Das Kabinett gab am 6. 7. 1942 sowohl der Erklärung zum Münchener Abkommen als auch dem Prinzip des Transfers seine Zustimmung u. Eden die Vollmacht, Beneš zu informieren, was jener schon am nächsten Tag tat.

Lit.: D. Brandes, Der Weg zur Vertreibung 1938–1945. Pläne und Entscheidungen zum „Transfer" der Deutschen aus der Tschechoslowakei und aus Polen. München ²2005.

D. B.

Britisches Regierungskomitee zum Transfer deutscher Bevölkerungen (1943/44). Anfang November 1943 lud das *Foreign Office* mehrere Ministerien ein, Vertreter in ein *Interdepartmental Committee on the Transfer of German Populations* zu entsenden. Im Mai 1944 lagen die Empfehlungen des Komitees vor u. wurden anschließend v. der brit. Regierung diskutiert.

Das interministerielle Komitee ging vom →britischen Kabinettsbeschluss vom 6. 7. 1942 über den →Transfer der Deutschen aus Ostmittel- u. Südosteuropa u. einem Memorandum Edens über die „Zukunft Deutschlands" aus, dem das Kabinett am 8. 10. 1943 zugestimmt hatte. Eden war ermächtigt worden, bei der bevorstehenden Außenminister-Konferenz in Moskau die Entschädigung →Polens für die erwarteten territ. Verluste jenseits der Curzon-Linie durch Ostpreußen, Danzig sowie v. „considerable areas of Silesia, including the Oppeln district, and consequent transfer of German populations" vorzuschlagen. Ferner sah der Beschluss die Wiederherstellung der →Tschechoslowakei vor, „possibly with minor agreed frontier rectifications in the Eger triangle".

In seinem Abschlussbericht vom 12. 5. 1944 gab das Interministerielle Komitee folgende Empfehlungen: Aus den Gebieten, die Polen erhalte, sollten möglichst alle Deutschen vertrieben werden, um nicht neben in Rumpfdeutschland auf Revanche sinnenden →Vertriebenen zusätzlich eine unruhige dt. Minderheit in Polen zu erhalten. Jedenfalls sollten zurückbleibende Deutsche keine Minderheitenrechte erhalten, um ihre Assimilation nicht zu behindern. Als Minimum sei mit der Aussiedlung v. 6.840.000 Deutschen aus Vorkriegspolen, Ostpreußen (→Ostpreußen: Flucht und Vertreibung nach Deutschland), Danzig, Oberschlesien (→Deutsche aus dem heutigen polnischen Staatsgebiet), außerdem der Hälfte der Sudetendeutschen (→Deutsche aus den böhmischen Ländern) sowie der seit 1939 in Westpolen angesiedelten →Volksdeutschen zu rechnen. Werde die poln. Grenze bis zur Oder u. westl. Neiße einschl. Breslau, Frankfurt (Oder) u. Stettin vorgeschoben, erhöhe sich die Zahl der Zwangsaussiedler auf ein Maximum v. 10.140.000 Personen (→Oder-Neiße-Grenze, →Deutschland). Angesichts der Probleme, die Nationalität zu bestimmen, sah das Komitee die beste Lösung in Edvard →Beneš' Vorschlag, alle Personen, die nach dt. Recht die dt. Staatsbürgerschaft besaßen, als Deutsche zu betrachten, wobei die tschechoslowak. bzw. poln. Regierung das Recht hätte, bestimmten Personen die Staatsbürgerschaft zu erhalten bzw. zu verleihen. Das Komitee machte sich auch Beneš' Vorschlag zu Eigen, das Vermögen der Vertriebenen gegen Reparationsforderungen zu verrechnen, aus denen dann die dt. Regierung die Vertriebenen zu entschädigen habe. Wegen der Belastung Rumpfdeutschlands mit der Aufnahme der Vertriebenen müssten die Forderungen nach dt. Reparationen gesenkt werden. Deutschland könne die Aussiedler absorbieren, werde aber in einer Übergangszeit Probleme haben, sie mit Wohnung, Nahrung u. Arbeit zu versorgen. Insgesamt seien die Chancen, eine Arbeit entsprechend ihrer Qualifikation zu bekommen, für ein Drittel der Vertriebenen gut, für zwei Drittel schlecht.

Die Tschechoslowakei werde die dt. Facharbeiter im Vergleich zu Polen schnell ersetzen können. Das Komitee diskutierte auch die Frage, ob ein Teil der Vertriebenen nach Lateinamerika, in die Dominien oder Kolonien auswandern oder nach →Sibirien deportiert werden könnte, kam aber zu dem Schluss, dass die betreffenden Staaten kein Interesse an dt. Siedlern haben dürften. Allerdings könne das Problem, die Vertriebenen in Deutschland aufzunehmen, durch einen Einsatz v. Millionen Deutschen als Zwangsarbeiter in der →Sowjetunion gemildert werden. Zwar sprächen polit. Gründe für eine schnelle Zwangsaussiedlung, doch wirt. u. humanitäre Argumente dafür, mit der Zwangsaussiedlung erst ein Jahr nach Kriegsende zu beginnen u. den Prozess über 5 Jahre zu strecken. Eine zentrale u. drei regionale Transfer-Kommissionen seien zu bilden, u. zwar mit je einem brit. Repräsentanten. Die Durchführung der →Vertreibung solle Großbritannien den Russen, Polen u. Tschechen überlassen, da die damit verbundenen „immensen Leiden" zu weit verbreiteter Kritik führen würden. Das übergeordnete *Armistice and Post-War Committee* des Kabinetts hielt den Abschlussbericht für „zu rücksichtsvoll gegenüber deutschen Interessen“. Dennoch sollte er den brit. Vertretern in den Kontrollkommissionen für Deutschland u. Österreich zur Verfügung gestellt werden.

Lit.: →britischer Kabinettsbeschluss.

D. B.

Brünner Todesmarsch. Der sog. B. T. gehört zu den schwerwiegendsten Ereignissen während der →wilden Vertreibung aus der Tschechoslowakei. Die Atmosphäre in Brünn (Brno) war nach dem Krieg sehr gespannt. Tschechische Einw. forderten eine beschleunigte Aussiedlung der Deutschen u. setzten eine Reihe restriktiver Maßnahmen durch. Mit dem Erlass Nr. 75 vom 29. 5. 1945 verfügte der Rat des Landesnationalausschusses die Aussiedlung eines Teils der Deutschen aus Brünn, ohne vorläufig ein konkretes Ziel zu nennen. Der Erlass war mit dem Innenministerium abgesprochen, wobei als Mittelsmann Bedřich →Pokorný, der Landesbefehlshaber der Nationalen Sicherheitswache, fungierte. Diese Aktion betraf fast 20.000 Personen.

Frauen, Arbeitsunfähige u. Männer über 60 Jahre sollten Brünn verlassen, nicht jedoch Kranke, Invaliden, Angehörige v. national gemischten Ehen, Antifaschisten (→deutschsprachige A.: Aussiedlung aus der Tschechoslowakei), Schwangere sowie Personen jüd. Herkunft, die sich zur dt. Nationalität bekannt hatten. Arbeitsfähige Männer im Alter von 14 bis 60 J. sollten in einem der Brünner Lager (Malmeritz/Brno-Maloměřice, →Lager) interniert werden. Die zur Aussiedlung bestimmten Personen wurden am 30. 5. 1945 ab 21 Uhr v. speziellen Durchsuchungskommissionen zusammengetrieben. Für den Weg konnten die Betroffenen nur die allernötigsten Dinge u. Lebensmittel für drei Tage mitnehmen. Schon bei der Durchsuchung u. vor dem Abtransport kam es zu Schikanen u. Raub. Die gesamte Aktion wurde mit Hilfe der Nationalen Sicherheitswache durchgeführt. Während des Abtransports passten auch bewaffnete „Arbeiterwachen“ auf die →Vertriebenen auf. Die erste Kolonne verließ Brünn noch in der Nacht des 30. 6. in Richtung Großraigern (Rajhrad), weitere folgten in Richtung Pohrlitz (Pohořelice). Unter den Vertriebenen befanden sich nicht nur Deutsche aus Brünn, sondern auch aus der Umgebung. Informationen aus dt. wie aus tschech. Quellen führen eine ganze Reihe v. Beispielen an, die v. grausamer Behandlung der Abtransportierten zeugen: Die Wachen ließen sich physische u. psychische Gewalt an den ermüdeten Vertriebenen zu Schulden kommen. Schon der Marsch selbst war physisch sehr anstrengend, besonders für die älteren Menschen u. die Frauen mit Kindern.

Die Kolonne der Vertriebenen verbrachte die Nacht in Pohrlitz ohne die geringsten hygienischen Voraussetzungen. Am folgenden Tag (1. 6.) machten sich nur 10.000 Personen auf den Weg zur österr. Grenze, die sie auch überschritten. Danach wurde kein größerer Transport mehr aus Pohrlitz abgesandt, doch überschritten kleinere Gruppen v. Vertriebenen weiterhin die Grenze. Die Ankunft einer so großen Gruppe v. Elendsgestalten führte auf der österr. Seite zu Problemen. Ein österr. Bevollmächtigter forderte entschieden die Einstellung dieser Abschiebung, die die tschechoslowak. Regierung am 2. 6. auch beschloss. Personen, die noch nicht ausgesiedelt worden waren, sollten in Lagern konzentriert oder zur Arbeit eingesetzt werden. In Pohrlitz, wo ein provisorisches Lager errichtet wurde, starben bis zum 12. 7. 1945 455 namentlich bekannte Personen, die meisten an einer Ruhrepidemie.

Die Gesamtzahl der Opfer ist nicht bekannt. Die neuesten hist. Untersuchungen belegen etwa 700 konkrete Todesfälle, wobei ihre tatsächliche Zahl zweifellos höher ist. Zu Verlusten an Leben kam es nicht nur auf tschech., sondern infolge der Erschöpfung auch auf österr. Gebiet. Vertriebenenkreise geben bis zu 4.000 Todesfälle allein auf tschech. Gebiet an. Die Untersuchungsorgane haben sich mit dem Fall des Brünner Marsches bis zum November 1989 nicht befasst. Im Jahr 1995 stellte eine Gruppe tschech. Staatsbürger (mit dem Schriftsteller Ludvík Vaculík an der Spitze) Strafanzeige gegen Unbekannt wegen Verdachts auf Begehung des Verbrechens eines →Genozids. Die polizeiliche Untersuchung kam zu dem Urteil, dass der Tatbestand des Genozids nicht bewiesen wurde, u. gab den Fall zu den Akten (→Denkmäler und Gedenkstätten in Tschechien).

Lit.: T. Staněk, Poválečné „Excesy“ v českých zemích v roce 1945 a jejich vyšetřování. Praha 2005; Ders., Verfolgung 1945: Die Stellung der Deutschen in Böhmen, Mähren und Schlesien (außerhalb der Lager und Gefängnisse). Wien u. a. 2002; V. Žampach, Vysídlení německého obyvatelstva z Brna ve dnech 30. a 31. května 1945 a nouzový ubytovací tábor v Pohořelicích 1. 6.–7. 7. 1945, *Jižní Morava* 32 (1996), 173–239; E. Hrabovec, Vertreibung und Abschub, Deutsche in Mähren 1945–1947. Frankfurt a. M. 1995.

K. L.

Bulgaren aus Griechenland. Die Rekonstruktion der Geschichte der B. →Griechenlands ist mit erheblichen Schwierigkeiten verbunden. In den letzten Jahrzehnten osm. Herrschaft auf dem Balkan war die Identität der Slaven Makedoniens u. Thrakiens heftig umstritten. Während der bulg. →Nationalismus alle Slaven in diesen Gebieten als B. betrachtete, definierte G. alle Christen unter der Jurisdiktion des Ökumenischen Patriarchats als Griechen. Ferner hat der griech. Staat niemals zuverlässige Informationen über die Zahl u. räumliche Verteilung seiner slavischsprachigen Bev. veröffentlicht. Schließlich sind die meisten Studien, die in G., →Bulgarien u. →Jugoslawien über diese Bev. verfasst worden sind, ideologisch stark belastet.

Am Vorabend der →Balkankriege lebten in jenem Teil Makedoniens, der später griech. Territorium wurde (Ägäis-Makedonien), ca. 260.000–270.000 orth. Slaven, die dem Bulgarischen nahe stehende Dialekte sprachen. Im Gegensatz zur griech.sprachigen Bev., die hauptsächlich im südl. Teil des Gebiets u. in urbanen Zentren konzentriert war, bewohnten sie vorwiegend den nördl. Teil u. die ländlichen Gegenden. Ihre kompaktesten

Siedlungsgebiete waren in den Regionen v. Kilkis, Edessa, Jannitsa (Zentralmakedonien), Florina, Kastoria (Westmakedonien), Serres u. Drama (Ostmakedonien). Das Verhältnis zw. dem pro-bulg. und pro-griech. Lager im Gebiet war, nicht zuletzt innerhalb der slavischen Bev., äußerst angespannt. Vorausgegangen war ein erbitterter Kampf zw. bewaffneten Milizen, die mit Terror die Kontrolle über das Gebiet u. seine Bev. zu gewinnen versuchten. Zahlreiche Menschen emigrierten in jener Zeit nach Übersee.

Die erste große Fluchtwelle von B. aus griech. kontrollierten Gebieten wurde vom Vormarsch der griech. Armee in Zentral- u. Ostmakedonien während des 2. Balkankrieges ausgelöst (Sommer 1913, →Flucht) u. dauerte bis zum Ende des 1. →Wk.s an. Zahlreiche Siedlungen wurden v. der griech. Armee verwüstet. Ein Teil der →Flüchtlinge folgte der bulg. Armee bei ihrem Rückzug, während ein anderer mit Schiffen v. Thessaloniki ins bulg. kontrollierte Westthrakien transportiert wurde. Im Zeitraum v. 1913 bis 1919 haben mehr als 40.000 B., v. a. aus den Regionen Kilkis, Serres u. Drama, Ägäis-Makedonien verlassen.

In Westthrakien haben zwei weitere Fluchtwellen von B. den Abzug der bulg. (1919) u. etwas später der Entente-Truppen (1920) begleitet. Betroffen waren mehr als 50.000 Personen, darunter bulg. Beamte u. Flüchtlinge (u. a. aus Ostthrakien u. Makedonien), die seit 1913 v. der bulg. Regierung dort angesiedelt worden waren. Nach griech. Quellen betrug die Zahl der vorwiegend in den Regionen v. Komotini u. Evros lebenden B. Westthrakiens Ende 1920 ca. 25.000 Personen. Anfang 1923 führten die griech. Militärbehörden aus Sicherheitserwägungen in der Region v. Evros umfangreiche →Deportationen ins Landesinnere durch, v. denen nach Schätzungen des →Völkerbundes ca. 1.500 Familien betroffen waren. Panisch verließen weitere Familien ihre Dörfer u. flohen nach Bulgarien. Obwohl die Deportationen nach Protesten Bulgariens bald eingestellt wurden u. die Deportierten zurückkehren u. Entschädigung beantragen durften, emigrierte ein Teil v. ihnen nach Bulgarien.

Im November 1919 vereinbarten G. und Bulgarien in Neuilly-sur-Seine den gegenseitigen Austausch ihrer Minderheiten. 1923 wurde die Konvention auf Westthrakien übertragen. Die Angehörigen der Minderheiten sollten freiwillig emigrieren, ihr Eigentum liquidieren u. nach der Auswanderung die Staatsbürgerschaft des Aufnahmelandes erhalten. Die Planung u. Aufsicht des Bev.austausches oblag einer Gemischten Kommission Griech.-Bulgarischer Migration, die sich auch der Frage emigrierter Personen vor der Konvention annahm. Unter beträchtlichem Druck seitens der lokalen Behörden wegen der gleichzeitigen Ansiedlung v. 650.000 Flüchtlingen aus Kleinasien u. dem Kaukasus (→Griechen aus der Türkei) in Ägäis-Makedonien u. Westthrakien wanderten knapp 60.000 B. vorwiegend in den Jahren 1923–1925 aus. Die Auswanderung führte zum drastischen Rückgang der bulg. Minderheit in Zentral- u. Ostmakedonien u. nahezu zu ihrem Verschwinden in Westthrakien.

In Bulgarien haben Flüchtlinge aus derselben Region oft eigene Kolonien gebildet. Kompakte Massen von B. aus Ägäis-Makedonien lebten in den Regionen v. Petrič u.

Plovdiv, die aus Westthrakien in der Region v. Chaskovo. Regierungsprogramme in Form v. Darlehen u. Landverteilung starteten 1920, konnten aber erst nach der Aufnahme der Flüchtlingsanleihe v. 1926 effektiv durchgeführt werden u. waren Anfang der 1930er Jahre abgeschlossen. Die makedonischen Flüchtlinge organisierten sich in Bruderschaften, deren Exekutivkomitee im engen Kontakt mit der 1918 neu gegründeten Inneren Makedonischen Revolutionären Organisation (IMRO) stand u. zu einem der Hauptträger des bulg. Revisionismus in der Zwischenkriegszeit wurde. Die westthrakischen Flüchtlinge schlossen sich der ebenfalls revisionistischen Thrakischen Organisation an. 1925 bildeten Flüchtlinge zum ersten Mal eigene Fraktionen im Parlament u. 1931 nahmen die makedonischen Flüchtlinge mit unabhängiger Liste an der Parlamentswahl teil. Seit 1934 wurde die Aktivität der Vereine erheblich eingeschränkt.

Entgegen der offiziellen Position G.s, dass nach dem Bev.austausch nur 80.000 Slavophone im Land lebten u. alle ein griech. Selbstverständnis hätten, betrug ihre Zahl Ende der 1920er Jahre mindestens das Doppelte u. ein Großteil v. ihnen verstand sich nicht als Griechen. Sie genossen keine Minderheitenrechte (→Minderheitenschutz), u. ihr Verhältnis zu den kleinasiatischen Flüchtlingen war v. Beginn an angespannt. Sie stimmten, anders als die Letzteren, nicht für die Liberalen u. stellten sich hinter ihre eigenen Eliten. Während der Metaxas-Diktatur erreichte die griech. Assimilationspolitik ihren Höhepunkt. Das Verbot des Slavischen wurde v. zahlreichen Internierungen von B. begleitet. Wegen der polit. Unterstützung der bulg. Minderheit durch die KP G.s (KKE), die zunächst getreu der Richtlinie des 5. Komintern-Weltkongresses v. 1924 für ein „vereinigtes und unabhängiges Makedonien" u. nach dem 7. Weltkongress v. 1935 für „gleiche Rechte für alle Nationalitäten in Griechenland" eintrat, wurde der Minderheit zunehmend eine komm. Gesinnung zugeschrieben. Im Laufe des griech.-it. Krieges wurden aus Sicherheitserwägungen zahlreiche Angehörige der bulg. Minderheit verhaftet u. ins Landesinnere gebracht.

Die bulg. Besatzung Ostmakedoniens u. Westthrakiens während des 2. →Wk.s ermöglichte die Ansiedlung v. ca. 100.000 B. (oft ehem. Flüchtlingen) in der Region, während eine noch höhere Zahl v. Griechen zur Aussiedlung gezwungen wurde. 1941 wurde in Thessaloniki der Bulg. Verein gegründet, der die Kontrolle Bulgariens über die restlichen Gebiete des griech. Makedonien vorbereitete. Seit 1943 wurde die bulg. Minderheit in Westmakedonien v. verschiedenen Kriegsparteien bewaffnet. Die it. und später die dt. Besatzer bauten slavischsprachige Milizen auf, die engen Kontakt mit dem Bulg. Verein bzw. dem faschist. Zweig der IMRO unterhielten u. deren Führung prominente bulgarophile Persönlichkeiten des Gebiets übernahmen. Nachdem die v. der KKE kontrollierte griech. Widerstandsbewegung Ende 1943 unter dem Druck der jug. Partisanen die Bildung einer unabhängigen slavischsprachigen Widerstandsorganisation (SNOF) mit eigenen bewaffneten Einheiten zugelassen hatte, wurden zunehmend Angehörige der Minderheit, auch aus dem Kreis ehem. Kollaborateure, für den Widerstand rekrutiert. Das Verhältnis der KKE zur SNOF-Führung war jedoch wegen der sezessionistischen Ambitionen der letzteren angespannt.

Vor dem Hintergrund massiver →Pogrome gegen die bulg. Minderheit (wegen →Kollaboration u. komm. Gesinnung) nach der Befreiung G.s flohen 25.000 Menschen – oft via Bulgarien – in die neu ausgerufene VR Makedonien. Stimmen für die Deportation der gesamten Minderheit wurden laut. Noch vor dem Abzug der bulg. Truppen aus Ostmakedonien u. Westthrakien hatten alle bulg. Siedler samt ca. 10.000 Einheimischen das Gebiet verlassen. Die letzte Fluchtwelle ging mit dem griech. Bürgerkrieg einher, an dem ca. 15.000 Angehörige der bulg. Minderheit als komm. Kämpfer beteiligt waren (→Kriegsflüchtling/Bürgerkriegsflüchtling). Die Zahl der slavischsprachigen Flüchtlinge bzw. →Vertriebenen infolge des Bürgerkrieges wird auf 35.000–50.000 geschätzt. Weitere Zehntausende verließen ihre Dörfer auf der Suche nach der Anonymität der Städte. Zusammen mit den griech. wurden die slavischen Flüchtlinge des Bürgerkrieges auf verschiedene osteurop. Länder verteilt (→Griechen: Deportationen in den asiatischen Teil der Sowjetunion). Die meisten v. ihnen hat die VR Makedonien, die wenigsten Bulgarien aufgenommen. Das griech. Gesetz zur →Repatriierung der polit. Flüchtlinge v. 1982 schloss die Repatriierung v. Minderheitsangehörigen aus.

Spätestens 1944 hatte der bulg. Nationalismus jeglichen Halt in der slavischsprachigen Bevölkerung G.s verloren. Durch die polit. Förderung des makedonischen Nationalismus durch Josip Broz →Tito, der in den ersten Nachkriegsjahren auch v. den Kommunisten u. den makedonischen Migrantenvereinen Bulgariens getragen wurde, wurden bulg. Loyalitäten in der Minderheit durch makedonische völlig ersetzt. Damit war das Ende der bulg. Minderheit in G. besiegelt.

Lit. (a. →Makedonier aus Griechenland): Prosphyges sta Balkania. Mnēmē kai ensōmatōsē. Hg. B. K. Gunarēs/I. D. Michaēlidēs. Athēna 2004; Minorities in Greece. Historical Issues and New Perspectives. Hg. S. Trubeta/C. Voss, *Jahrbücher für Kultur und Geschichte Südosteuropas* 5 (2003); I. D. Michaēlidēs, Metakinēseis slabophōnōn plēthysmōn (1912–1930). Ho polemos tōn statistikōn. Athēna 2003; T. Kōstopulos, Hē apagoreumenē glōssa. Kratiki katastolē tōn slabikōn dialektōn stēn hellēnikē Makedonia. Athēna 2002; J. S. Koliopoulos, Plundered Loyalties. Axis Occupation and Civil Strife in Greek West Macedonia, 1941–1949. London 1999; J. Dalègre, La Thrace Grecque. Populations et territoire. Paris 1997; G. Daskalov, Bălgarite v Egejska Makedonija: Mit ili Realnost. Sofija 1996; E. Kofos, Nationalism and Communism in Macedonia. Thessaloniki 1964.

E. K.

Bulgaren von der Krim. Den ersten B. (Selbstbez. *Bălgary*), die als Militärsiedler Ende des 18. Jh.s in das nördl. Schwarzmeergebiet kamen, folgten in den ersten Jahrzehnten des 19. Jh.s weitere bulg. Ansiedler v. a. aus Rumelien u. den Donaufürstentümern. Diese siedelten sich als ausländische Kolonisten überwiegend im Kr. Feodosija an u. betrieben Landwirtschaft. Im Laufe des 19. Jh.s wuchs ihre Zahl auf der Halbinsel kontinuierlich v. 800 (1816) auf 7.400 (1897), wobei ihr Anteil an der Krimer Bev. erst nach dem Exodus der →Krimtataren Anfang der 1860er Jahre die Marke v. 1 % überstieg u. weiterhin – auch in den 1920–1930er Jahren – zw. 1,3 u. 1,5 % stabil blieb (1920: 10.500, 1926: 11.400 Personen). Am Vorabend des 2. →Wk.s waren auf der K. mehr als 15.000 B. registriert, v. denen die meisten unter dt. Besatzung gerieten. So wie auch die Rumänen u. einige Italiener genossen die Krim-B. als Volksangehörige eines verbündeten Staates in der Besatzungszeit eine privilegierte Stellung. In seinem Brief an Iosif →Stalin vom 29. 5. 1944 beschuldigte Lavrentij →Berija den Großteil der bulgarischen Bev. der aktiven Beteiligung an den dt. Vergeltungs- sowie Beschaffungsmaßnahmen u. begründete damit die Notwendigkeit einer vollständigen →Deportation der B. v. der K. (→Kollektivschuld, →Kollaboration mit dem Landesfeind, →Krim als Deportationsgebiet).

Die Deportation wurde v. Ivan →Serov geleitet u. vom 27.–28. 6. 1944 durchgeführt. Im Mai 1944 waren zwar auf der K. nur 12.075 B. registriert, doch lag die Zahl der Deportierten mit 12.422 Personen etwas höher. Dazu kamen später noch B. aus Filtrationslagern (russ. *proveročno-fil'tracionnye lagerja*). So wurden am 15. 1. 1945 102 Personen ins Gebiet Sverdlovsk u. weitere im Mai 1945 nach Stalinabad in Turkmenistan verschickt. Nach Tadschikistan kamen 800 aus den Gebieten Odessa, Zaporož'e u. Izmail stammende, gleichfalls der Kollaboration mit den Besatzern beschuldigte B. u. erhielten den Status v. →Sondersiedlern. Manche v. ihnen, bei denen der Verdacht der Kollaboration sich nicht bestätigte, sowie mit Russen verheiratete bulg. Frauen, deren Zahl nicht bekannt ist, wurden später aus der Haft entlassen. 1949 befanden sich unter den deportierten B. 9 Offiziere, 79 Unteroffiziere u. 494 Soldaten, die nach der Deportation v. der K. zwangsweise demobilisiert worden waren.

Über die Zahl der bulg. Sondersiedler in einzelnen Regionen der UdSSR liegen keine genauere Angaben vor, weil sie oft zusammen mit den Griechen u. Armeniern in einer Kategorie zusammengefasst wurden (vgl. →Griechen: Deportationen in den asiatischen Teil der Sowjetunion, →Armenier von der Krim). Die meisten v. ihnen wurden aber wohl in der Russl. Föderation angesiedelt. In →Kasachstan zählte man 1.313 deportierte B., Anfang der 1950er Jahre stieg ihre Zahl auf 1.827 Personen an, in Tadschikistan lebten nur noch 103 B. Insgesamt waren Anfang 1953 in der UdSSR noch 12.465 B. als Sondersiedler registriert, verteilt über die östl. Gebiete der Russl. Föderation u. in →Zentralasien, im Januar 1958 waren es noch 897 Personen.

Lit.: →Krim als Deportationsgebiet.

N. B.

Bulgaren aus der Norddobrudscha (1940). →Bulgarien u. →Rumänien haben am 7. 9. 1940 den Vertrag v. Craiova (→Craiova Abkommen) unterzeichnet, in dem Rumänien die Abtretung des südl. Teils der Dobrudscha mit den Bezirken Caliacra u. Durostor an Bulgarien akzeptierte. Neben den Bestimmungen über die Revision des Grenzverlaufs war ein sog. Bev.austausch Kernpunkt des Vertrages, mit dem beide Staaten eine ethn.-nationale Homogenisierung ihres neu erworbenen Territoriums zu Gunsten der Staatsnation durchzusetzen versuchten (→Nationalstaat und ethnische Homogenität). In der Folge dieses Bev.austausches wurden ca. 100.000 Rumänen aus der Süddobrudscha (→R. aus der Dobrudscha) u. ca. 61.000 B. aus der Norddobrudscha zwangsumgesiedelt.

Der Bev.austausch war Abschluss u. Legalisierung einer v. Rumänien in der Norddobrudscha seit 1878 – u. in der Süddobrudscha seit 1913 – durchgeführten repressiven u. diskriminierenden Politik gegenüber der bulgarischen Bev., die diese polit., ökon. und kulturell marginalisierte u. einen Migrationsdruck erzeugte, der sich phasenweise verdichtete.

Rumänien hatte bereits Ende des Jahres 1878 mit der Eingliederung u. Romanisierung des neu erworbenen nördl. Teils der Dobrudscha begonnen: Die Dobrudscha wurde unter eine Art Ausnahmerecht gestellt, das die polit. Rechte der Bev. stark einschränkte; das Eigentumsgesetz v. 1882 u. verschiedene spätere gesetzliche Regelungen bewirkten, dass viele B. und Muslime Grundeigentum u. Immobilien an den rum. Staat zu Gunsten rum. Kolonisten abtreten mussten; bulg. und muslimische Schulen wurden geschlossen; Verwaltung u. Kirche romanisiert. Wenn 1878 die Rumänen etwa ein Viertel der Gesamtbev. in der Norddobrudscha ausgemacht hatten, so stellten die Rumänen 1909 durch Abwanderungen der bulg. u. muslimischen Bev. u. durch eine kontinuierliche Ansiedlung v. Rumänen etwas mehr als die Hälfte der Gesamtbev., der Anteil der Muslime und B. war gesunken auf 11 bzw. 14,5 %.

Als 1913 auch der südl. Teil der Dobrudscha mit einem Anteil v. 2,5 % Rumänen, 47 % B., 38 % Türken u. 4 % Tataren an der Gesamtbev. Rumänien zugesprochen wurde, wurde die repressive Romanisierungspolitik auch auf dieses – bulg.-muslimisch geprägte – Gebiet ausgeweitet.

Bulgarien hat im Gegenzug während seiner Besatzung der gesamten Dobrudscha v. 1916 bis 1918 ähnliche Repressionen gegenüber der rumänischen Bev. verübt: Es gibt für diesen Zeitraum Berichte über Morde an der rumänischen Bev., Hinrichtungen rum. Soldaten u. die Zerstörung rum. Einrichtungen. Die Zahl der Rumänen in der nördl. Dobrudscha soll v. 80.000 im Jahre 1914 auf 46.505 im Jahre 1919 gesunken sein.

Nach dem Frieden v. Neuilly (1919) forcierte die rum. Politik gewaltsam weitere Auswanderungswellen von B. und Muslimen. Verschärfend – u. während der gesamten Zwischenkriegszeit virulent – wirkte hier v. a. die Enteignungs- u. Konfiskationspraxis der rum. Behörden (das rum. Agrarreformgesetz v. 1924 soll den B. und Muslimen etwa 70 % ihres Bodens entzogen haben); des Weiteren die Verweigerung polit. und kultureller Grundrechte, die Zwangsrekrutierungen u. Zwangsrequisitionen für die rum. Armee, willkürliche Verhaftungen, die Ausweisung bulg. Priester u. Lehrer u. diskriminierende Eigentums- u. Steuergesetze.

Als 1940 der Austausch der rum. und bulg. Bev.gruppen nach dem Modell des Lausanner Abkommens (→Lausanner Konferenz) vom 30. 1. 1923 als legitimes Mittel polit. Konfliktlösung zw. Bulgarien u. Rumänien verhandelt wurde, lebten in der Norddobrudscha – nach der rum. Volkszählung v. 1930 – 65 % Rumänen, 8 % B., 6 % Türken u. 3,5 % Tataren, in der Süddobrudscha dagegen 38 % B., 34 % Türken, 20 % Rumänen u. 2 % Tataren.

Das Abkommen sah die zwangsweise Umsiedlung aller B. aus dem nördl. Teil u. aller Rumänen aus dem südl. Teil innerhalb v. drei Monaten vor. Daneben sollten B. und Rumänen aus den anderen Landesteilen innerhalb eines Jahres „freiwillig" auswandern können. Jedoch reservierten sich beide Staaten das Recht, eine ebensolche Anzahl wie die „freiwillig" Ausgewanderten zu „dekretieren", die auf die Gegenseite zwangsumgesiedelt werden konnte. Die Frage, welche Personen als ethnisch bulg. oder rum. definiert wurden u. somit unter den Austausch fielen, wurde der rum. Regierung überlassen, die zu diesem Zweck Listen der betroffenen Personen anfertigen ließ. Das gesamte ländliche Grundeigentum der Migranten wurde – gegen eine Entschädigung durch den Staat, in den die Umsiedlung erfolgte – Eigentum des Staates, auf dem es sich befand, d. h. zurückgelassen werden musste.

Die beweglichen Güter (einschl. Vieh und landwirt. Gerät) sollten Eigentum der Aussiedler bleiben u. mitgeführt werden dürfen, nachdem das gesamte Eigentum u. Vermögen verzeichnet u. diese Inventare durch die für die Organisation des Austauschs zuständige Gemischte Kommission bestätigt worden waren.

Während der Umsiedlungsaktion scheint für beide Seiten deutlich geworden zu sein, dass der geplante vollständige Austausch der Bev.gruppen kaum durchführbar war. Zeitgenössischen Presseberichten zufolge hat es zahlreiche Konflikte zw. der rum. und der bulg. Regierung über die Zahl der aufzunehmenden Personen gegeben, da beide Staaten versuchten, möglichst viele Personen auszusiedeln u. wenige aufzunehmen. Zunächst hatte die bulg. Regierung die Liste der umzusiedelnden B. reklamiert, da sich auf ihr zahlreiche Russen, Griechen u. andere Personen befänden, die für eine Umsiedlung in die Süddobrudscha nicht zugelassen seien; wenn Rumänien zunächst 74.451 Personen aussiedeln wollte – in Craiova hatte man von 55.000 gesprochen –, so hat Bulgarien nach erneuten Verhandlungen ca. 61.000 aufgenommen. Sowohl Rumänien als auch Bulgarien haben während der Umsiedlungsaktion ganze Dörfer auf die Gegenseite deportiert, um die eigene Zahl der aufzunehmenden u. zu entschädigenden Personen gering zu halten.

Es ist zu Plünderungen gekommen, zu Zerstörungen an den zu verlassenden Häusern, Geräten, Feldern, öffentlichen Einrichtungen u. Archiven, zu Übergriffen auf Personen, sodass hier zw. Umsiedlung, →Flucht u. →Vertreibung nicht zu unterscheiden ist.

Lit. (a. →Craiova Abkommen, →Rumänen aus der Dobrudscha): A. Schmidt-Rösler, Rumänien nach dem Ersten Weltkrieg. Die Grenzziehung in der Dobrudscha und im Banat und die Folgeprobleme. Frankfurt a. M. 1994; D. Gherasim, Schimbul de populatie intre state. Bucureşti 1943; F. Korkisch, Die rumänischen Gebietsabtretungen an Ungarn und Bulgarien und die Regelung damit zusammenhängender Volkstumsfragen, *Zeitschrift für ausländisches öffentliches Recht und Völkerrecht* 10 (1940), 707–768.

S. T.

Bulgarien *(Bălgarija).* 1878–1908 autonomes Frst., 1908–1946 Kgr., 1946–1990 Volksrepublik, seit 1990 Republik, seit 2007 Mitglied der EU. Territoriale Erweiterungen erfolgten 1885 (Vereinigung mit der osm. Provinz Ostrumelien) u. 1912/13 (Eroberung Pirin-Makedoniens u. Westthrakiens im 1. →Balkankrieg); 1940 erhielt B. die Süddobrudscha von Rumänien zurück (→Craiova-Abkommen); seit 1940 umfasst B. eine Fläche v. 110.933 qkm. Die Volkszählung 2001 ergab 7,93 Mio. Einw., davon 83,9 % Bulgaren, 9,4 % Türken, 4,7 % Roma, 0,2 % Russen, 0,1 % Armenier, 0,1 % Vlachen, 0,05 % Makedonier, 0,4 % andere (u. a. Sarakatsanen, Juden, Krimtataren), 0,8 % undeklariert, 0,3 % unbekannt. 83,7 % der Bev. bezeichneten sich als orthodox (überwiegend bulg.-orth.), 12,2 % als muslimisch (v. a. Sunniten).

Durch ethn. Aus- u. Einwanderung seit der Staatsgründung 1878 hat sich die Zusammensetzung der Bev. stark verändert. Die Volkszählung 1887 wies einen Anteil v. 23,1 % für Muslime aus – deutlich mehr als heute, trotz ihres höheren natürlichen Bev.-wachstums. Auch kleinere Minderheiten, wie Griechen u. Rumänen, verringerten sich stark aufgrund v. Auswanderung u. Assimilation (zw. 1878 u. 1945 wanderten 84.000 bis 100.000 Rumänen u. über 62.000 Griechen aus) (→Rumänen aus der Dobrudscha); rd. 40.000 Juden verließen nach dem 2. →Wk. B.; Wellen von bulg.-orth. bzw. slavischen →Flüchtlingen u. →Vertriebenen aus von B. beanspruchten, aber nicht kontrollierten oder verlorenen Gebieten (Makedonien, Thrakien) vergrößerten die Mehrheitsbev. Zwischen 1878 u. 1945 sollen zw. 500.000 u. 700.000 Bulgaren zugewandert sein (→Bulgaren aus der Norddobrudscha, →Makedonier aus Griechenland, →Bulgaren aus Griechenland).

Der Großteil der ethn. Emigration aus B. kann nicht als →Vertreibung oder →ethnische Säuberung klassifiziert werden. So erfolgte, im Unterschied zu Serbien u. →Griechenland, keine systematische Vertreibung bzw. Aussiedlung der Muslime. Vielmehr spielten für die Auswanderung v. Minderheitenangehörigen – neben →Flucht vor Krieg – unterschiedliche Motive wie Unsicherheit, polit. und ökon. Druck sowie Auswanderungsmöglichkeiten häufig eine wichtigere Rolle als auf Vertreibung zielendes (quasi-)staatl. Handeln. Vertreibungen im engeren Sinne erfolgten v. a. im Rahmen des russ.-osm. Krieges v. 1877/78 – vor der Schaffung eines bulg. Staates – u. der beiden Balkankriege (Vertreibung von rd. 70.000 Griechen aus dem 1912/13 eroberten Westthrakien sowie v. Zehntausenden Muslimen aus Makedonien u. Thrakien), wobei nicht-staatl. Akteure (irreguläre Banden) bzw. marodierende Truppen eine zentrale Rolle spielten u. staatl. Behörden z. T. dagegen vorzugehen versuchten. Auch die Flucht vieler Griechen v. a. aus Städten am Schwarzen Meer 1906 war Übergriffen seitens der Zivilbev. (als Reaktion auf die Ermordung v. Bulgaren in Makedonien durch griech. Banden) geschuldet. Staatlich organisiert waren Vertreibungen u. →Deportationen aus den bulg. Besatzungsgebieten während der beiden Wk.e (z. B. v. Serben aus Makedonien u. Griechen aus Westthrakien); die jüdische Bev. aus den von B. im 2. →Wk. okkupierten Gebieten (Makedonien, Westthrakien) wurde in NS-Vernichtungslager deportiert (nicht aber jene aus den Vorkriegsgrenzen).

Ein auch von B. in der Zwischenkriegszeit angewandtes Mittel der „ethnischen Flurbereinigung" waren bilaterale Abkommen zum Austausch v. Minderheiten, wobei es sich um „freiwilligen" Austausch handelte. Bereits am 29. 9. 1913 hatten B. und das Osm. Reich ein Abkommen über reziproken Bev.austausch aus der Grenzregion (bis 15 km v. der Grenze) abgeschlossen; die meisten der in Aussicht genommenen Menschen hatten ihre Wohnorte allerdings bereits verlassen. Von beiden Seiten wurden jeweils fast 50.000 Menschen „getauscht". Das Abkommen enthielt Bestimmungen zu Eigentumstransfer bzw. -kompensation, die aber nicht umgesetzt wurden. Der bulg.-türk. Freundschaftsvertrag v. 1925 verpflichtete B. u. a., Angehörigen der türk. Minderheit die Auswanderung in die Türkei zu gestatten. B. und Griechenland unterzeichneten gemeinsam mit dem Neuilly-Friedensvertrag (11. 1919), der auch Bestimmungen zum →Minderheitenschutz enthielt, eine Konvention zum reziproken „freiwilligen" Austausch der jeweiligen Minderheiten, die zuerst auf griech. Seite nur Ägäis-Makedonien, ab 1923 auch Westthrakien umfasste. Minderheitenangehörige erhielten das Recht auf freiwillige Auswanderung bei Kompensation für das zurückgelassene Eigentum. Das Kalfov-Politis- u. das Mollov-Kaphandaris-Abkommen (1924 u. 1927) regelten u. a. weitere Eigentumsfragen der →Emigration. Insgesamt resultierte der „freiwillige" Austausch zwischen B. u. Griechenland 1919–1928 in der Emigration v. ca. 92.000 Bulgaren (Slaven) aus Griechenland, davon rd. 39.000 bereits vor Vertragsabschluss 1919 (→Bulgaren aus Griechenland), u. 46.000 Griechen aus B. Ein weiterer bilateraler Bev.austausch wurde mit dem Vertrag v. Craiova zw. B. u. Rumänien, mit dem die Süddobrudscha zu B. kam, eingeleitet (→Craiova-Abkommen). Laut der bulg. Kommission für den Bev.austausch siedelten 61.537 Bulgaren aus der Norddobrudscha nach B. über und ca. 100.000 Rumänen in die Gegenrichtung, darunter viele rum. Kolonisten aus der Zeit nach 1919 (→Bulgaren aus der Norddobrudscha, →Rumänen aus der Dobrudscha).

Neben der Immigration im Rahmen v. vereinbarten Bev.transfers war B. in der ersten Hälfte des 20. Jh.s Aufnahmeland für Flüchtlinge, die sich als Bulgaren verstanden oder als solche vonseiten B.s betrachtet wurden u. Opfer v. Krieg, Vertreibung, Unterdrückung oder polit. und wirt. Druck geworden waren. Zwischen 1903 u. 1926 kamen Schätzungen zufolge 280.000 Flüchtlinge nach B., davon 48 % aus Griechenland (Westthrakien, Ägäis-Makedonien), 25 % aus dem Osm. Reich (Makedonien, Ostthrakien), 12,5 % aus Serbien/Jugoslawien (Vardar-Makedonien), 11 % aus Rumänien u. 3 % aus Kleinasien; alleine aus Ägäis-Makedonien flüchteten im Zeitraum 1913–1919 mehr als 40.000 Bulgaren v. a. nach B.; rd. 50.000 Bulgaren flohen aus Westthrakien nach dem Abzug der bulg. Truppen (1919) bzw. der Entente-Truppen (1920); viele v. ihnen waren dort nach 1913 v. der bulg. Regierung angesiedelt worden. Flüchtlinge aus Makedonien u. Thrakien waren Quelle soz. Protests sowie polit. Probleme; sie wurden Hauptträger des bulg. Revisionismus u. unterstützten den Terrorismus der Inneren Makedonischen Revolutionären Organisation (IMRO) in der Zwischenkriegszeit. Zur →Integration der Flüchtlinge erhielt B. zwei durch den →Völkerbund garantierte Anleihen 1926 u. 1928; den Flüchtlingen wurde die bulg. Staatsbürgerschaft verliehen. 1933 stellte die 1926 vom Völkerbund ernannte Ansiedlungsdirektion, die u. a. für die Zuteilung v. Land verantwortlich gewesen war, ihre Tätigkeit ein. B. war zudem Zufluchtsstätte für viele Tausend Armenier aus dem Osm. Reich (→A. im Osmanischen Reich). Nach dem 2. Wk. flohen einige Zehntausend slavische Makedonier aus Griechenland nach B., v. a. nach der Niederlage der griech. Kommunisten im Bürgerkrieg, wovon aber nur wenige Tausend in B. blieben, die seit den späten 1950er Jahren einer konsequenten Bulgarisierungspolitik unterlagen.

In der Forschung ist umstritten, inwieweit die massive Auswanderung v. Muslimen bzw. ethnischen Türken aus B. Folge v. Vertreibung war. Nach Schätzungen emigrierten 1878–1945 rd. 574.000 Muslime aus B.; davon in der Zwischenkriegszeit fast 200.000, insbesondere in den Jahren vor dem 2. Wk. aufgrund der minderheitenunfreundlichen Politik der Regierung (1935–1939 siedelten fast 85.000 Türken aus B. in die Türkei aus). Nach dem 2. Wk. gab es drei große Auswanderungswellen v. Türken u. anderen Muslimen (Pomaken u. Roma): ca. 154.000 in den Jahren 1950/51 (→Türken aus B. [1950/51]), 130.000 im Zeitraum 1968–1978 u. 370.000 v. Mai bis August 1989 (→Türken aus B. [1989]). Als →ethnische Säuberungen bzw. Vertreibungen lassen sich diese Emigrationsakte aber nicht durchgehend begreifen. Zu solchen kam es während der Balkankriege, als Muslime aus den von bulg. Truppen eroberten Gebieten vertrieben wurden, häufig auch v. irregulären Banden. In den Rhodopen wurden zahlreiche pomakische Dörfer niedergebrannt, um die Rückkehr der Flüchtlinge zu verhindern. Diesem Zweck dienten auch Schikanen bei Eigentumsfragen v. Rückkehrern. Elemente der Vertreibung spielten bei der Massenflucht v. Türken zw. dem 29. 5. 1989 u. 22. 8. 1989 eine Rolle; komm. Parteiführer formulierten Vorgaben hinsichtlich der erwünschten Anzahl der türk. Emigranten, u. lokale Kader übten Druck auf Türken aus, das Land zu verlassen. Nach dem Ende des Sozialismus kehrten innerhalb eines Jahres rd. 155.000 der geflüchteten Türken zurück.

Wie Wolfgang Höpken betont, waren für die meisten Fälle der muslimischen bzw. türk. Emigration aus B. komplexe Faktorenbündel verantwortlich. Neben staatl. Druck spielten ökon. und kulturelle Marginalisierung, relig. Motive sowie Gefühle der Entfremdung eine Rolle. Pomaken flohen vor der Zwangskonversion 1912/13. Besonders stark motivierte der massive Eingriff des sozialistischen Staates in das Leben der türk. und anderen muslimischen Minderheiten (u. die Aufnahmebereitschaft der Türkei) die Auswanderung, etwa die Kollektivierung u. die antirelig. Politik. Der sog. Wiedergeburtsprozess unter Pomaken (ab 1973) u. Türken (ab 1984), d. h. die Zwangsbulgarisierung dieser Minderheiten (u. a. durch erzwungenen Namenwechsel, Verbot des Türkischen, Zerstörung muslimischer Kulturgüter), brachte ein hohes Ausmaß an Repression gegen die Pomaken u. Türken mit sich, das sich in der zweiten Hälfte der 1980er aufgrund türk. Widerstandes noch verstärkte. Die v. Staatspräsident u. Parteichef Todor Živkov am 29. 5. 1989 deklarierte Öffnung der Grenzen für die Angehörigen der türk. Minderheit war als Aufforderung zur Emigration in die Türkei an all jene gedacht, die nicht bereit waren, sich zu assimilieren.

Während die Einwanderung „ethnischer Bulgaren" Eingang in das kollektive Gedächtnis gefunden hat (u. a. aufgrund der Aktivitäten v. Landsmannschaften), ist die Auswanderung v. Minderheitenangehörigen nicht Bestandteil der nationalen Meistererzählung.

Lit.: T. Dragostinova, Competing Priorities, Ambiguous Loyalities: Challenges of Socioeconomic Adaptation and National Inclusion of the Interwar Bulgarian Refugees, *Nationalities Papers* 34/5 (2006), 549–574; R. Daskalov, Bălgarskoto obštestvo 1878–1939. Bd. 2. Sofija 2005, 27–36; V. Stojanov, Turskoto naselenie v Bălgarija meždu poljusite na etničeskata politika. Sofija 1998; A. Eminov, Turkish and other Muslim Minorities in Bulgaria. London 1997; W. Höpken, Die Emigration von Türken aus Bulgarien. Historisches und Gegenwärtiges. Teil I: Die Emigration 1878 bis 1951, *Südosteuropa* 38/10 (1989), 609–637; S. Ladas, The Exchange of Minorities: Bulgaria, Greece and Turkey. New York 1932.

U. B.

Bundesstiftung „Flucht, Vertreibung, Versöhnung". Im Zuge der Bildung einer schwarz-roten Koalitionsregierung kam es im Herbst 2005 zu einer polit.-organisatorischen Zusammenführung des Vorhabens des Bundes der Vertriebenen (BdV) u. der ihm nahe stehenden Stiftung →Zentrum gegen Vertreibungen zur Gründung einer dt. Institution zur Erinnerung an ethnopolit. motivierte Zwangsmigration mit dem dt.-poln. (-slowak.-ung.) Alternativprojekt des →Europäischen Netzwerks Erinnerung und Solidarität. Im Koalitionsvertrag v. CDU/CSU u. SPD vom 11. 11. 2005 hieß es: „Die Koalition bekennt sich zur gesellschaftlichen wie historischen Aufarbeitung von Zwangsmigration, Flucht und Vertreibung. Wir wollen im Geiste der Versöhnung auch in Berlin ein sichtbares Zeichen setzen, um – in Verbindung mit dem Europäischen Netzwerk Erinnerung und Solidarität über die bisher beteiligten Länder Polen, Ungarn und Slowakei hinaus – an das Unrecht von Vertreibungen zu erinnern und Vertreibung für immer zu ächten." Nach langwierigen Verhandlungen innerhalb der Koalition, die von poln.-dt. Kontroversen begleitet wurden, legte CDU-Kulturstaatsminister Bernd Neumann am 19. 3. 2008 die Kurzkonzeption für ein Ausstellungs-, Dokumentations- u. Informationszentrum in Berlin vor, welches mangels Einigung mit dem sozialdemokr. Koalitionspartner die Interimsbezeichnung „Sichtbares Zeichen gegen Flucht und Vertreibung" tragen u. eng mit dem Netzwerk kooperieren sollte. Nach einer weiteren komplizierten Verhandlungsrunde beschloss das Bundeskabinett dann am 3. 9. 2008 die Gründung der neuen Institution, die nun die Bez. „Stiftung Flucht, Vertreibung, Versöhnung" erhielt, indes nicht nur in den dt. und europ. Medien, sondern auch regierungsintern als „Zentrum gegen Vertreibungen" bezeichnet wurde. Die neue unselbständige Stiftung wurde rechtlich in der Trägerschaft des zu diesem Zweck eigens ebenfalls in eine Stiftung umgewandelten Dt. Hist. Museums in Berlin konstituiert. Eine Anfang 2009 aufgebrochene innerdt. wie poln.-dt. Kontroverse über die Besetzung der drei BdV-Sitze im Stiftungsrat konnte regierungsseitig nur mit großer Mühe vorübergehend unter Kontrolle gebracht werden. Am 8. 4. 2009 hat die Bundesregierung den Stiftungsrat benannt sowie eine Summe v. 14 Mio. € für den Ausbau des Deutschlandhauses am Anhalter Bahnhof in Berlin bereitgestellt. Zum Gründungsdirektor wurde der Zeithistoriker Manfred Kittel bestellt.

Lit.: Presse- und Informationsamt der Bundesregierung, Pressemitteilung Nr. 152/8. 4. 2009: „‚Stiftung Flucht, Vertreibung, Versöhnung' erfolgreich auf den Weg gebracht", http://www.bundesregierung.de/nn_1264/Content/DE/Pressemitteilungen/BPA/2009/04/2009-04-08-bkm-stiftung-flucht-vertreibung-versoehnung.html (Stand 27. 5. 2009); Presse- und Informationsamt der Bundesregierung, Pressemitteilung Nr. 308/3. 9. 2008: „Bundeskabinett beschließt Errichtung der ‚Stiftung Flucht, Vertreibung, Versöhnung'", http://www.bundesregierung. de/Content/DE/Pressemitteilungen/BPA/2008/09/2008-09-03-pm-stiftung-flucht-vertreibung.html (Stand 27. 5. 2009); Beauftragter der Bundesregierung für Kultur und Medien, Konzeption „Sichtbares Zeichen gegen Flucht und Vertreibung", Ausstellungs-, Dokumentations- und Informationszentrum in Berlin. Berlin, 19. 3. 2008, http://www.bundesregierung.de/Content/DE/__Anlagen/BKM/2008-04-09-sichtbares-zeichen-konzeption-barrierefrei,property=publicationFile.pdf (Stand 27. 5. 2009).

St. T.

Bundesvertriebenengesetz (BVFG). In den Jahren zw. der bedingungslosen Kapitulation des Dt. Reiches am 8. 5. 1945 u. der Gründung der Bundesrepublik am 23. 5. 1949 wurden aufgrund der Beschlüsse der Alliierten rd. 8 der etwa 12 Mio. dt. →Flüchtlinge u. →Vertriebenen in den drei westl. Besatzungszonen →Deutschlands aufgenommen (→amerikanische, →britische, →französische Besatzungszone). Auch wenn es im Wesentlichen die gleichen Fragen waren – Aufnahme, Unterbringung, Versorgung u. langfristig Eingliederung der Vertriebenen u. Flüchtlinge (→Integration) –, verfolgten die einzelnen Besatzungsmächte u. die Länder unterschiedliche Lösungsansätze. Das hatte ein Auseinanderdriften der Gesetzgebung, der Terminologie für den betroffenen Personenkreis sowie mit abweichenden Kompetenzen ausgestattete Sonder- u. Regelverwaltungen im Flüchtlingsbereich selbst innerhalb einzelner Besatzungszonen zur Folge. Sie erwiesen sich als ein großes Hindernis bei der Bewältigung der Flüchtlingsfrage. Vor diesem Hintergrund wurde schon früh der Ruf nach einer einheitlichen Gesetzgebung u. einer zentralen, Koordinationsaufgaben übernehmenden Verwaltungseinrichtung laut. Die Ministerpräsidentenkonferenz vom 5. 8. 1949 sprach sich sowohl für ein „besonderes (Bundes-)Ministerium für Aufbau und Flüchtlingswesen" als a. für Bundesgesetze „zur Behebung der Flüchtlingsnot" aus.

Entscheidende Weichen für die notwendigen bundeseinheitlichen Regelungen im Flüchtlings- u. Vertriebenenbereich stellten drei Artikel des GGs. In Anlehnung an das Reichs- u. Staatsbürgerschaftsgesetz v. 1913 schreibt Art. 116 Abs. 1 die rechtliche Gleichstellung der dt. Volkszugehörigen, die auf dem Gebiet des Dt. Reiches (Stand 31. 12. 1937) als Flüchtlinge u. Vertriebene Aufnahme gefunden haben, mit den dt. Staatsangehörigen fest. Art. 74 Abs. 1 Ziff. 6 weist die „Angelegenheiten der Vertriebenen und Flüchtlinge" der zw. Bund u. Ländern konkurrierenden Gesetzgebung zu. Damit erhielt der Bund für diesen Bereich ein Gesetzgebungsrecht, das auf die Herstellung gleichwertiger Lebensverhältnisse u. die Wahrung der Rechts- u. Wirtschaftseinheit im Bundesgebiet zielte. Gleichen Überlegungen folgend räumt Art. 119 dem Bund ein besonderes Verordnungsrecht in Angelegenheiten der Flüchtlinge u. Vertriebenen ein.

Auf der vom Grundgesetz geschaffenen Basis bereitete die Bundesregierung unter Federführung des Ministeriums für Angelegenheiten der Vertriebenen, wie es zunächst hieß, in der ersten Legislaturperiode einen Gesetzentwurf vor, in dem der Status rd. eines Fünftels der Bev. der Bundesrepublik definiert, seine Rechte u. die vorgesehenen Hilfen festgeschrieben wurden. Den am 24. 8. 1951 im Kabinett verabschiedeten Entwurf brachte die Bundesregierung mit wesentlichen, vom Bundesrat vorgeschlagenen Änderungen am 26. 11. 1951 in den Bundestag ein (Bundesdrucksache Nr. 2872). Die schwierigen Beratungen nahmen 15 Monate in Anspruch u. beschäftigten 10 Ausschüsse des Bundestages in 130 Sitzungen. Den überarbeiteten Gesetzentwurf nahm der Bundestag „gegen einige Gegenstimmen und bei wenigen Enthaltungen" in seiner Sitzung am 25. 3. 1953 an. Nach Zustimmung des Bundesrats wurde das „Gesetz über die Angelegenheiten der Vertriebenen und Flüchtlinge (Bundesvertriebenengesetz BVFG) vom 19. Mai 1953" im Bundesgesetzblatt veröffentlicht u. trat am 5. 6. 1953 in Kraft.

Die 107 Paragraphen des BVFG sind sieben Abschnitten zugeordnet. Im ersten Abschnitt wird der Personenkreis definiert (Vertriebener einschl. Aussiedler [§ 1], Heimatvertriebener [§ 2], Sowjetzonenflüchtling [§ 3]), es werden die Voraussetzungen für die Inanspruchnahme v. Rechten u. Vergünstigungen genannt (§§ 9–12) u. die Bedingungen, unter welchen diese wegfallen (§13), und es werden die drei Arten v. Ausweisen (A, B, C) als Nachweisdokumente für die Inanspruchnahme der unterschiedlichen Eingliederungsmaßnahmen festgeschrieben. Der zweite Abschnitt des Gesetzes bestimmt den Verwaltungsapparat für die Durchführung des Gesetzes – die Länder richten „zentrale Dienststellen" zur Durchführung des Gesetzes ein (§ 21). Zudem werden Bund u. Länder verpflichtet, Beiräte mit Beteiligung der Flüchtlinge u. Vertriebenen einzusetzen, deren Zusammensetzung das Gesetz regelt (§§ 22–25). Der dritte u. umfangreichste Abschnitt des Gesetzes betrifft die vorgesehenen Maßnahmen für die Eingliederung der Flüchtlinge u. Vertriebenen. Sie beziehen sich zum einen auf alle im Gesetz definierten Personengruppen (Umsiedlungen innerhalb des Bundesgebietes §§ 26–34) u. zum anderen auf einzelne Beschäftigtengruppen, hier insbesondere die in der Landwirtschaft Tätigen (§§ 35–81). Die Rechtsverhältnisse in einzelnen Bereichen wie Schuldenregelungen u. sozialrechtliche Angelegenheiten werden im vierten Abschnitt geklärt (§§ 82–95). Die Pflege des Kulturgutes der Vertriebenen, die Förderung der wiss. Forschung u. die statistische Erfassung des Standes der wirt. und soz. Eingliederung sind Gegenstand des fünften Abschnitts (§§ 96, 97). Straf-, Übergangs- u. Schlussbestimmungen schließen das Gesetz ab (§§ 98–107).

Neben dem Notaufnahmegesetz v. 1950, dem Gesetz zur Regelung der Rechtsverhältnisse früherer Angehöriger des öffentlichen Dienstes nach Art. 131 des GGs v. 1951 u. dem Lastenausgleichsgesetz vom 14. 8. 1952 schuf das BVFG den rechtlichen Rahmen für „Deutschlands Problem Nr. 1", für die letztlich erfolgreiche Eingliederung der Millionen v. Flüchtlingen u. Vertriebenen in der Bundesrepublik. Angesichts seines herausragenden Stellenwertes ist das BVFG schon v. den Zeitgenossen als „Grundgesetz der Vertriebenen und Flüchtlinge" bezeichnet worden. Mit ihm gelang es, wie es in der Präambel zum ersten Entwurf des Gesetzes heißt, „einheitliche und wirksame Voraussetzungen für die Eingliederung der Vertriebenen und Flüchtlinge in das politische, wirtschaftliche und soziale Leben der neuen Umgebung zu schaffen".

Nur auf bestimmte Personengruppen eingeschränkt, entfaltet das Gesetz bis in die Gegenwart reichende gesamtgesellschaftliche Wirkungen. Wie das GG der Bundesrepublik hat auch das BVFG im Kern bis heute seine Gültigkeit erhalten. Zwar ist es mehrmals novelliert worden. Doch einschneidende Änderungen hat es erst mit dem Zusammenbruch des Ostblocks u. der dt. Vereinigung 1990 erfahren – durch das zum 1. 1. 1990 in Kraft getretene Eingliederungsanpassungsgesetz (mit dem das Aufnahmeverfahren der Aussiedler neu geregelt wurde) u. insbesondere durch das am 21. 12. 1992 verabschiedete und am 1. 1. 1993 in Kraft getretene „Gesetz zur Bereinigung von Kriegsfolgegesetzen (Kriegsfolgenbereinigungsgesetz – KfbG)". Mit diesem Gesetz wurde das BVFG in seiner Fassung v. 1977 in einem entscheidenden Punkt geändert. Der Status „Spätaussiedler" wurde erstmals definiert (im Wesentlichen auf dt. Volkszugehörige aus den Republiken der ehem. Sowjetunion eingeschränkt), u. als Stichtag für die Anerkennung wurde der 31. 12. 1992 festgelegt.

Texte: Gesetz über die Angelegenheiten der Vertriebenen und Flüchtlinge (Bundesvertriebenengesetz – BVFG) vom 19. 5. 1953, in: *Bundesgesetzblatt* (BGBl), Teil I, Nr. 22 (22. 5. 1953), 201 221; Gesetz zur Bereinigung von Kriegsfolgengesetzen (Kriegsfolgenbereinigungsgesetz – KfbG) vom 21. 12. 1992, *ebenda*, I (1992), 2094–2101.

Lit. (a. →Lastenausgleich in der Bundesrepublik Deutschland): M. Beer, Symbolische Politik? Entstehung, Aufbau und Funktion des Bundesministeriums für Vertriebene, Flüchtlinge und Kriegsgeschädigte, in: Migration steuern und verwalten. Deutschland vom späten 19. Jahrhundert bis zur Gegenwart. Hg. J. Oltmer. Osnabrück 2003, 295–322; Ders., Flüchtlinge – Ausgewiesene – Neubürger – Heimatvertriebene. Flüchtlingspolitik und Flüchtlingsintegration in Deutschland nach 1945 begriffsgeschichtlich betrachtet, in: Migration und Integration. Aufnahme und Eingliederung im historischen Wandel. Hg. Ders./M. Kintzinger/M. Krauss. Stuttgart 1997, 145–167; H. Neuhoff, Einwirkungen des Bundesvertriebenengesetzes auf das Lastenausgleichsrecht, in: Die Lastenausgleichsgesetze. Dokumente zur Entwicklung des Gedankens, der Gesetzgebung und der Durchführung. Bd. IV/1: Vertriebenengesetz, Kriegsfolgengesetz und Entschädigungsregelungen im Ausland. Hg. Bundesminister für Vertriebene,

Flüchtlinge und Kriegsgeschädigte. Bonn 1964, 1–64; T. Fritz, Das Recht der Vertriebenen. Von den Flüchtlingsgesetzen der Länder zum Bundes-Vertriebenengesetz. Dortmund 1950.

M. B.

Büro des Hohen Repräsentanten der internationalen Gemeinschaft in Bosnien-Herzegowina. Das Büro des H. R. in B.-H. (engl. *Office of the High Representative*, OHR) wurde im Januar 1996 unmittelbar nach dem Krieg v. der internat. Gemeinschaft gegründet, um den Friedensprozess, den Aufbau demokr. und rechtstaatl. Institutionen u. die Integration in euroatlantische Strukturen zu begleiten. Das Mandat des H. R. wird im Anhang 10 des Allg. Rahmenabkommens für den Frieden in B.-H. (→Dayton-Abkommen) definiert, das am 14. 12. 1995 in Paris v. den Kriegsparteien unterschrieben wurde. Bestellt wird der H. R. vom Friedensimplementierungsrat (engl. *Peace Implementation Council*), bestehend aus 55 Staaten und internat. Organisationen, die den Friedensprozess in B.-H. unterstützen u. das OHR finanzieren. Der Friedensimplementierungsrat revidiert auf Grundlage der Berichte des OHR regelmäßig das Mandat u. die Prioritäten des H. R.

Mit derzeit über 220 Beschäftigten in Sarajevo, in vier weiteren Städten B.-H.s und in Brüssel beobachtet das OHR die Umsetzung der zivilen Aspekte des Dayton-Abkommens, koordiniert die Arbeit aller in B.-H. tätigen zivilen Organisation u. der internat. UN-Polizei-Einsatztruppe (engl. *International Police Task Force*), die 2003 durch die EU-geführte Polizeimission EUPM abgelöst wurde. Seit 2002 ist der H. R. gleichzeitig auch Sonderbeauftragter der EU in B.-H. (engl. *EU Special Representative*).

Im Bereich der Rückkehr v. →Kriegsflüchtlingen u. -vertriebenen (→B.-H. als Vertreibungsgebiet) ist Anhang 7 des Dayton-Abkommens die Grundlage für die Arbeit des OHR: Art. 1 des Anhanges 7 garantiert allen →Flüchtlingen u. →Vertriebenen die freie Rückkehr in ihren ursprünglichen Vorkriegswohnort sowie das Recht auf Erstattung ihres Eigentums oder auf Entschädigung.

Die Koordinierung der Wiederaufbauhilfe der internat. Gemeinschaft u. der Rückkehr v. Flüchtlingen u. Vertriebenen in Kooperation mit dem →Hohen Flüchtlingskommissar der UNO u. der →International Organization For Migration, die Klärung v. Eigentumsfragen u. die Organisation der ersten Nachkriegswahlen waren die Hauptaufgaben des ersten H. R., des ehem. Premierministers v. Schweden Carl Bildt. Unter dem Mandat des ehem. spanischen Außenministers Carlos Westendorp (1997–1999) begleitete das OHR den Wiederaufbauprozess der b.-h. Regierungs- u. Justizinstitutionen nach den Wahlen v. 1996, die Privatisierung v. Staatsbetrieben u. die wirt. Integration B.-H.s durch die Angleichung des normativen Rahmens. Auf die wirt. Entwicklung setzte das OHR auch unter der Leitung des österr. EU-Verhandlungsleiters der Kosovo-Friedensgespräche in Rambouillet Wolfgang Petritsch (1999–2002) u. des ehem. Chefs der Liberaldemokratischen Partei Großbritanniens Paddy Ashdown (2002–2006). Reformen des Markt-,

Steuer- u. Eigentumsrechts sowie die Bekämpfung v. Korruption u. (organisisierter) Kriminalität sollten internat. Investoren anziehen, Armut u. Arbeitslosigkeit reduzieren u. Flüchtlinge u. Vertriebene zur Rückkehr bewegen.

Angesichts der Vielzahl der Reformen, die die internat. Gemeinschaft in kurzer Zeit durchführen wollte, u. der häufigen Blockade v. Gesetzesvorschlägen durch nationalistische Parlamentariergruppen beschloss der Friedensimplementierungsrat im Dezember 1997, das Mandat des H. R. um die sog. Bonn Powers zu erweitern u. ihn so zu beauftragen, b.-h. Beamte zu entlassen, die der Umsetzung des Dayton-Abkommens im Wege stehen, u. Gesetze zu erlassen, wenn das Parlament B.-H.s keine Lösung erzielen konnte.

P. Ashdown, der v. den „Bonn Powers“ besonders oft Gebrauch machte, erntete mit seinem pro-aktiven Vorgehen Respekt, aber auch viel Kritik. Akademiker, Politiker u. der Europarat verurteilten die „Bonn Powers“ als absolutistisches Machtinstrument, das der Demokratisierung B.-H.s u. der Verantwortungsübernahme durch einheimische Institutionen im Wege stünde. Zudem wurde im Zuge des Rückblicks auf die ersten zehn Nachkriegsjahre in B.-H. Kritik an der internat. Politik in B.-H. laut: Grundlegende Ziele des Dayton-Abkommens seien nicht erreicht, insbesondere im Bereich der Rückkehr v. Flüchtlingen u. Vertriebenen. Obwohl rd. die Hälfte der mehr als 2 Mio. Flüchtlinge u. Vertriebenen nach B.-H. zurückkehrte, konnte das ehrgeizige Ziel des Dayton-Abkommens nur teilweise verwirklicht werden. Die meisten Rückkehrer kehrten nicht an ihren usprünglichen Wohnort zurück, nur ein Viertel ließ sich in Regionen nieder, wo sie eine Minderheit darstellten. Gründe hierfür sind ungeklärte Eigentumsrechte, fehlende Mittel für den Wiederaufbau v. Häusern, fehlende Infrastrukturen (Schulen, Krankenhäuser, Verkehrsanbindung) in den Rückkehrgebieten sowie die soz. und wirt. Diskriminierung v. Rückkehrern. Der B.-H.-Fortschrittsbericht 2008 der EU-Kommission geht v. etwa 125.000 Rückkehrwilligen aus, die an ihren ursprünglichen Wohnort zurückkehren möchten.

„Ownership“, die Verantwortungsübernahme durch b.-h. Institutionen, war die Antwort des OHR auf diese Kritik: Christian Schwarz-Schilling (2006/07), ehem. Intern. Mediator in B.-H., bekundete öffentlich seine kritische Einstellung gegenüber den „Bonn Powers“. Die Zuständigkeit für die Rückkehrpolitik hatte das OHR schon 2004 an die b.-h. Regierung übertragen, verfolgte jedoch weiterhin – mit reduziertem Personal u. Budget – die Entwicklungen in diesem Bereich.

Nachdem unter Schwarz-Schilling zentrale Reformziele für die EU-Integration B.-H.s nicht erreicht wurden, griff sein Nachfolger, der slowak. Diplomat Miroslav Lajčák (2007–2009) wieder zu den „Bonn Powers“. Am 16. 6. 2008 unterzeichnete B.-H. ein Stabilisierungs- u. Assoziierungsabkommen mit der EU. Seitdem drängt v. a. Russland auf die Schließung des OHR u. die Übergabe seiner Aufgaben an die EU. Lajčáks Nachfolger, der österr. Diplomat Valentin Inzko, wird mit großer Wahrscheinlichkeit der letzte H. R. in B.-H. sein. Der Posten des EU-Sonderrepräsentanten soll jedoch weiterhin bestehen bleiben u. mit der Leitung der EU-Delegation in B.-H. verbunden werden.

Quellen: http://www.ohr.int, http://www.eusrbih. eu, http://www.unhcr.ba, http://www.iom.ba.

Lit.: →Dayton-Abkommen.

J. N.

Çamen. Die Ç. (griech. *Τσάμηδες*) sind eine muslimisch-albanophone Bev.gruppe in der Region Epirus in Nordwestgriechenland u. Südwestalbanien. Die meisten Orte dieses Gebiets (griech. *Τσάμουρια*, nach 1936 *Thesprotia*, alb. *Çamëria*) befinden sich im griech. Teil, während die *Çamëria* in Albanien nur acht Dörfer umfasst. Alle Ç. (ca. 23.000 bis 25.000 Personen) wurden am Ende des 2. Wk.s von bewaffneten Gruppen unter dem Vorwand der →Kollaboration mit den Besatzungsmächten aus →Griechenland vertrieben. Ein Teil der Ç. bzw. ihre Nachfahren beanspruchen seit 1991 ihr Eigentum u. ihre griech. Staatsbürgerschaft zurück.

1907 lebten im heutigen griech. Teil v. Epirus 50.000 albanophone Muslime, 1925 konnte eine vom →Völkerbund beauftragte Kommission hier nur noch 20.160 Ç. registrieren. Dieser Rückgang ist darauf zurückzuführen, dass ein großer Teil der Ç. nach der Grenzziehung zw. beiden Ländern (1913) aus Griechenland nach Albanien u. in andere Länder auswanderte. Nach den Migrationen in der Zwischenkriegszeit dürfte die Gruppe der Ç. zu Beginn der 1940er Jahre die Zahl 25.000 nicht überschritten haben.

Während die christlichen Albanophonen als potentielle „Griechen anderen Dialekts" stärker assimiliert wurden bzw. sich in die griech. Gesellschaft integrierten, betrieb die griech. Regierung gegen die muslimischen Albanophonen, die Ç., eine Politik der Ausgliederung. Der Ausschluss der Muslime aus der griech. Nation ging mit einer fortschreitenden Minorisierung der einst herrschenden Gruppe einher. Obwohl die einstige polit. Macht der çamischen Großgrundbesitzer in der griech. Ära verblasste, hatten sie immer noch soz. und wirt. Machtpositionen inne. Es existierten aber auch arme Kleinproduzenten, die dem griech. Stereotyp – alle Ç. seien „faule" Großgrundbesitzer – nicht entsprachen.

Die Ç. als Teil der muslimischen Gruppe erhielten im Vertrag v. Athen (1. 11. 1913) den Status eines juristischen Objekts, ohne separat als eine sprachliche bzw. eine nationale Gruppe wahrgenommen zu werden. Laut diesem Vertrag war die Entscheidung für die osm. Staatsbürgerschaft mit der Aussiedlungspflicht aus dem griech. Staatsterritorium verbunden. Bei der Umsetzung dieses Vertrags entschied sich die Mehrheit der Ç. für die griech. Staatsbürgerschaft. Diese Entscheidung wurde später als eine nationalpolit. Option der Minderheit (über)interpretiert, die ihre nicht-alb. Zugehörigkeit manifestieren sollte. Als eigenständige ethn. (bzw. sprachlich-konfessionelle) Gruppe unter den Muslimen treten die Ç. erst im Jahre 1923 im Rahmen der Verhandlungen um den Vertrag v. Lausanne (→Lausanner Konferenz) in Erscheinung, der einen massiven Bev.transfer vorsah. Die muslimischen Albaner wurden aber v. dem Bev.austausch ausgenommen.

In einer v. Armut gekennzeichneten Region wie Epirus erbten die Ç. noch aus osm. Zeit Grundstücke mit fruchtbaren Böden. Nach 1922 wurden viele Griechen aus Kleinasien in Epirus angesiedelt, was die Auseinandersetzungen zw. Christen u. Muslimen um Ackerland noch verschärfte (→Griechen aus der Türkei). Dabei wurden viele muslimische Landstücke als „verlassen" kategorisiert u. den kleinasiatischen →Flüchtlingen zur Verfügung gestellt. Auch bei der Durchführung der 1923 ausgerufenen panhellenischen Agrarreform wurden die Eigentumsrechte der Ç. mehrfach verletzt. Die Ç., die sich als Albaner verstanden, waren nicht bereit, Epirus zu verlassen, oder warteten auf die Entschädigung v. den griech. Behörden.

Die sozialen u. finanziellen Verhältnisse, unter denen die Ç. in Griechenland während der letzten Vorkriegsjahre gelebt hatten, waren in jeder Hinsicht drückend. Unter der it. Besatzung Griechenlands zw. dem 28. 10. u. 14. 11. 1940 wurden v. einigen Ç. Raubzüge u. Plünderungen in griech. Dörfern unternommen, Städte wie Paramithia, Filiati u. a. in Brand gesetzt und polit. Führer ermordet. Als Antwort darauf übte man während der erfolgreichen griech. Gegenoffensive (1940/41) an alb. Einwohnern massive Vergeltung u. verbannte die gesamte männl. çamische Bev. aus „Sicherheitsgründen". Als Griechenland im April 1941 durch einen Blitzangriff v. der dt. Wehrmacht erobert worden war, wurden die verbannten Ç. von den Besatzern befreit u. somit potentiell auf die Seite der Achsenmächte gezogen.

Führende Personen unter den Ç. ließen sich v. den Besatzungsmächten polit. einspannen u. übten in zunehmendem Maße adm. und milit. Funktionen in der griech. Çamëria aus. Eine Reihe v. Willkürmaßnahmen, die einige Ç. in Koordination mit den Besatzern vorwiegend gegen die christliche bzw. griechische Bev. der Region durchführten (etwa die Zerstörung v. Fanari 1943 u. die Erschießungen in Paramithia), knüpften an die Konflikte der Vergangenheit an. Im Juni 1944, kurz vor dem Rückzug der Deutschen, rückten bewaffnete griech. Widerstandsgruppen der Nationalen Republikanischen Griechischen Liga (EDES) in die Stadt Paramithia ein – eventuell mit dem Einverständnis der dt. Besatzungsmacht – u. setzten eine massive Verfolgung der çamischen Bev. der Stadt in Gang. Allein in dieser Stadt verloren rd. 300–500 Ç. ihr Leben. Die gesamte Bev. der Çamëria flüchtete nordwärts Richtung Filat. Als im September auch diese Stadt v. der EDES erobert worden war, kam es dort ebenfalls zu Verfolgungen. Aufgeschreckt durch die Massenverbrechen verließen die Ç. auch die restlichen alb. Siedlungen auf der griech. Seite der Grenze.

Die →Vertreibung der Ç. dauerte bis Ende 1944 an. Als die (komm.) Nationale Befreiungsfront (EAM) die Region eroberte, kehrten einige Tausende – besonders die in der Grenzregion Verbliebenen – Anfang 1945 in ihre Häuser zurück. Nach einer kurzen Phase des Friedens stimmte die EAM jedoch ihrer Entwaffnung zu (Februar 1945), wodurch sie die Kontrolle über den Epirus wieder verlor. Nun brach die letzte Verfolgungswelle gegen die Ç. aus (12.–13. 3.). In Filat wurden zw. 70–100 Ç. v. Truppenresten der EDES, die nun in die Region zurückkamen u. sich in die neu formierte Nationalgarde einreihten, wie auch v. lokalen Elementen umgebracht. Der Rest der çamischen Bev. ist endgültig nach Albanien geflüchtet, ein kleiner Teil versuchte in die Türkei zu fliehen. Albanischen Quellen zufolge wurden während der Vertreibungen am Ende des 2. Wk.s 2.000 Menschen ermodert, weitere 2.500 Flüchtlinge starben an Hunger oder Epidemien. Die Befürchtungen, die alb. Regierung könnte infolge der Einwanderungswelle Vergeltungsmaßnahmen gegen die griech. Minderheit ergreifen, haben sich nicht bewahrheitet. Nach der Volkszählung v. 1951 befanden sich nur noch 127 Muslime (Ç.) in dem einst v. mehr als 25.000 Ç. bewohnten Gebiet auf griech. Territorium. Einige wenige gingen durch Konvertierung zum Christentum, Namensänderungen oder Heirat in der griechischen Bev. auf.

In einem v. der griech. Staatsanwaltschaft 1946 eingeleiteten Gerichtsverfahren wurden mehr als 1.900 Ç. in Abwesenheit verurteilt. Ihr Grundeigentum wurde endgültig konfisziert, per Gesetz enteignet u. landlosen Bauern u. Flüchtlingen zur Verfügung gestellt.

1991 wurde in Albanien der Verein Çamëria gegründet, dessen Mitglieder ihre Repatriierungs- sowie Restitutionsansprüche 2001 vor dem Verfassungsgericht Albaniens erhoben haben u. beabsichtigen, bis vor das Gericht für Menschenrechte in Straßburg zu ziehen. Der griech. Staat versucht diese Angelegenheit zu vertuschen.

Lit.: G. Margaritis, Ανεπιθύμητοι συμπατριώτες. Στοιχεία για την καταστροφή των μειονοτήτων της Ελλάδας. Εβραίοι, Τσάμηδες. Athen 2005; A. Popovic, L'Islam Balkanique. Les musulmans du sud-est européen dans la période post-ottomane. Berlin, Wiesbaden 1986, 135–137; B. Krapsitis, Η ιστορία της Παραμυθιάς. Athen 1985; S. P. Ladas, The Exchange of Minorities: Bulgaria, Greece and Turkey. New York 1932.

G. K.

Churchill, Winston Spencer (1874–1965). C. wurde erstmals 1901 ins Unterhaus gewählt u. stand 1908–1931 mit Unterbrechungen an der Spitze verschiedener Ministerien. Bei Ausbruch des 2. →Wk.s wurde der profilierte Kritiker der Appeasement-Politik als Marineminister ins Kabinett berufen u. trat am 10. 5. 1940 an die Spitze einer Allparteienregierung. Als die Konservativen am 26. 7. 1945 die Unterhaus-Wahl verloren, wurde C. Oppositionsführer u. nach einem Sieg der Konservativen v. 1951–1955 erneut Premierminister.

C. berief sich mehrfach auf das „erfolgreiche" Muster des Bev.austausches zw. →Griechenland u. der Türkei. Schon kurz nach Kriegsbeginn sah er in der „Entwirrung" („sorting out") national gemischter Bev., wie sie der Optionsvertrag zw. →Deutschland u. Italien vom 21. 10. 1939 für die →Südtiroler u. Italiener vorsah, ein Vorbild für die Lösung anderer nationaler Konflikte. →Polen solle im O Zugeständnisse an die →Sowjetunion machen u. könne dafür Ostpreußen, Oberschlesien „und mehr" einschl. des →Transfers der Deutschen aus diesen Gebieten bekommen, sagte er am 15. 4. 1943 dem poln. Außenminister Edward Raczyński. Nach der →Konferenz von Teheran stellte C. der poln. Regierung ein Ultimatum: Er betrachte die vorgeschlagene Grenzregelung als „volle Erfüllung aller unserer Versprechungen und Verpflichtungen gegenüber Polen". Wenn die Exilregierung sie nicht annehme, lehne er jede Verantwortung für die Folgen ab. Alle Polen aus den Gebieten jenseits der Curzon-Linie könnten für den poln. Staat optieren (→Option), alle „unerwünschten Deutschen" würden aus den neuen Territorien entfernt (→Deutsche aus dem heutigen polnischen Staatsgebiet). Um „endlose Kriege" zu vermeiden, sollten die „Rassen Russlands, Polens und Deutschlands" entflochten werden wie beim türk.-griech. Bev.austausch, erklärte C. am 16. 2. 1944 dem poln. Ministerpräsidenten. Im Unterhaus verkündete C. am 22. 2. 1944, dass er das sowj. Verlangen nach der Curzon-Linie für gerechtfertigt halte u. sich mit Iosif →Stalin einig sei, dass Polen auf Kosten Deutschlands im W und N entschädigt werden solle, wie es auch ein →britisches Regierungskomitee im Mai 1944 vorgeschlagen hatte. Am 15. 12. 1944 gab er im Unterhaus bekannt, dass die Grenzziehung sowohl mit der „Entflechtung" („disentanglement") der Bev. im O und N als auch mit der „totalen Vertreibung der Deutschen" verbunden werde. Die Konzeption der Westverschiebung Polens bis zur Oder (→Oder-Neiße-Grenze) vertrat C. auch auf der →Konferenz von Jalta, am 27. 2. 1945 im Unterhaus sowie auf der →Konferenz von Potsdam.

Als neuer Oppositionsführer kritisierte C. am 16. 8. 1945 die Verschiebung der poln. Grenze nach W als zu weitgehend ebenso wie die Bedingungen, unter denen die Vertreibung der Deutschen aus dem neuen Polen stattfinde. Diese Formen könnten sich bei der Vertreibung der Sudetendeutschen (→Deutsche aus den böhmischen Ländern) wiederholen. In Besprechungen mit Edvard →Beneš am 3. 4. 1943 u. Anfang 1944 hatte C. dem Transfer der Deutschen auch aus den Sudetengebieten zugestimmt.

Lit.: D. Brandes, Der Weg zur Vertreibung 1938–1945. Pläne und Entscheidungen zum „Transfer" der Deutschen aus der Tschechoslowakei und aus Polen. München [2]2005; L. Kettenacker, Krieg zur Friedenssicherung. Die Deutschlandplanung der britischen Regierung während des Zweiten Weltkrieges. Göttingen 1989; L. Woodward, British Policy in the Second World War. 5 Bde. London 1970–1976.

D. B.

Craiova Abkommen. Ein Vertrag v. 1940 zw. →Rumänien u. →Bulgarien über die Dobrudscha (rum. *Dobrogea*, bulg. *Dobrudža*), darin werden die Abtretung der Süddobrudscha (auch Cadrilater genannt; etwa 7.500 qkm) an Bulgarien sowie ein Bev.austausch festgelegt. In der Zwischenkriegszeit war das Verhältnis zw. Bukarest u. Sofia v. a. wegen der Dobrudscha-Frage gespannt. Die Wiedergewinnung der Dobrudscha war eines der Hauptanliegen des bulg. Revisionismus der Zwischenkriegszeit.

Die Norddobrudscha war im Zuge des Berliner Kongresses an Rumänien gefallen – als Kompensation für den Verlust Südbessarabiens an Russland. Diese Teilung der Dobrudscha blieb 35 Jahre bestehen: bis zum Bukarester Frieden vom 19. 8. 1913, als nach dem 2. Balkankrieg (→Balkankriege) die gesamte Dobrudscha an Rumänien fiel. Im 1. →Wk.

stand die Dobrudscha zuerst unter Verwaltung der Mittelmächte, dann unter bulg. bzw. alliierter Verwaltung. Im Frieden v. Neuilly-sur-Seine wurden die Vorkriegsgrenzen wiederhergestellt, sodass die gesamte Dobrudscha wiederum an Rumänien fiel; die v. einigen Alliierten gewünschte Revision kam nicht zustande, nicht zuletzt weil Rumänien kein Kriegsgegner gewesen war.

Seit 1938 meldete Bulgarien offen Ansprüche auf die Dobrudscha an. Infolge des sowj. Ultimatums vom 26. 6. 1940 an Rumänien, das die Abtretung Bessarabiens an die →Sowjetunion innerhalb v. 24 Stunden vorsah, kam auch in die Dobrudscha-Frage Bewegung. Nach Vorgesprächen mit Deutschland u. Italien nahmen Rumänien u. Bulgarien am 19. 8. in Craiova (auch Krajova) unter den Delegationsleitern Alexandru Crețianu u. Svetoslav Pomenov Verhandlungen auf. Während die Verhandlungen insgesamt relativ reibungslos verliefen, kam es in Bezug auf den geplanten Bevölkerungsaustausch u. Detailfragen zu Verzögerungen. Erst als Ion →Antonescu – am 4. 9. zum Staatschef Rumäniens mit weitgehenden Vollmachten *(Conducător al statului)* ernannt – direkt in die Verhandlungen eingriff, wurde eine Lösung gefunden, sodass am 7. 9. 1940 der Vertrag unterzeichnet werden konnte. Der Austausch der Ratifikationsakten erfolgte am 14. 9. 1940.

Der Vertrag legt den Grenzverlauf auf den v. 1878 fest. Beide Seiten verzichten auf zukünftige Gebietsansprüche (Art. 1–2). Ein Zusatzprotokoll sieht einen Bev.austausch vor (Annex C). Der Austausch betraf die bulg. Bevölkerung der Kreise Tulcea u. Constanța sowie die rum. Bevölkerung der Kreise Durostor u. Caliacra (→Rumänen aus der Dobrudscha). Die Zwangsumsiedlung sollte innerhalb v. drei Monaten unter Aufsicht einer gemischten Kommission ausgeführt werden. Die bulg. Regierung zahlte eine Entschädigung v. 1 Mrd. Lei an Rumänien in zwei Raten (am 15. 1. 1941 u. am 15. 1. 1942). Nach dem 2. →Wk. wurde das C. A. im Pariser Frieden bestätigt. Seither ist die Dobrudscha nicht mehr Gegenstand v. zwischenstaatl. Ansprüchen oder Konflikten; die neuere Historiographie beschäftigt sich kaum mit dem Abkommen.

Quellen: Vertrag von Krajowa vom 7. September 1940, *Zeitschrift für ausländisches öffentliches Recht und Völkerrecht* 10 (1940), 750–767.

Lit. (a. →Bulgaren aus der Norddobrudscha [1940]; Rumänen aus der Dobrudscha [1940]): A. Kuzmanova, Sur le problème de la restitution de la Dobroudja de Sud à la Bulgarie, septembre 1939-septembre 1940, *Études balkaniques* 2 (1984), 114–124; J. Schechtman, European Population Transfers, 1939–1940. New York 1946.

S. I.

Dänemark als Aufnahmeland. Seit 1933 flüchteten einzelne Antifaschisten nach D., nach der dt. Besetzung am 9. 4. 1940 entweder in den Untergrund oder nach Schweden. Juden benutzten D. als Transitland. Der große Flüchtlingsstrom, v. a. über die Ostsee, setzte nach dem Führerbefehl vom 4. 2. 1945, Deutsche aus dem O auch in D. unterzubringen, ein. Trotz des wachsenden Widerstandes in D. wurde die Politik der dt.-dänischen Zusammenarbeit zwar erfolgreich fortgesetzt, Hilfe bei der Unterbringung der →Flüchtlinge verweigerte D. aber mit dem Hinweis auf die in KZ befindlichen Dänen. Die Ärzteschaft lehnte unter dem Eindruck v. vier ermordeten Ärzten in Odense am 20. 2. 1945 die Betreuung ebenso ab. Als die Wehrmachtsunterkünfte nicht mehr ausreichten, wurden Schulen, Hotels, Hallen usw. zwangsweise belegt. Nach der Kapitulation wurde die Lage besonders im Raum Kopenhagen katastrophal, in einzelnen Lagern wurden Flüchtlinge durch Freiheitskämpfer bedroht, bei Razzien bestohlen. Dänemark stand vor der Aufgabe, diese Menschen, größtenteils unterernährt, v. Krankheiten u. Ungeziefer bedroht, unzulänglich untergebracht, durch Fluchterlebnisse traumatisiert, ohne Kenntnis über das Schicksal der Angehörigen (bis Anfang Apr. 1946 Postsperre zw. Deutschland und D. durch die Alliierten), zu versorgen. Am 8. 5. 1945 wies der Staatl. zivile Luftschutz die örtlichen Chefs an, für die Verpflegung, Betreuung u. Bewachung der Lager zu sorgen (→Lager). Am 24. 7. 1945 erfuhr die dänische Regierung v. den Alliierten, dass die Flüchtlinge auch den kommenden Winter über in D. bleiben sollten. Ziel der dänischen Maßnahmen war: strenges Fraternisierungsverbot (auch Familienangehörige der dt. Minderheit wurden interniert), notdürftige Verpflegung. Ausbildung, kulturelle Betreuung sollten gefördert werden. Die Flüchtlinge waren Personen, denen nach einem dänischen Gesetz der Aufenthalt verweigert u. die unter Bewachung gestellt werden konnten. Eine vorläufige Registrierung Mitte Mai 1945 zählte 238.010 dt. Flüchtlinge, vorwiegend aus Ostpreußen (→Ostpreußen: Flucht und Vertreibung nach Deutschland), u. ca. 23.000 Personen anderer Nationen, wobei die Zuordnung der Memelländer, →Deutschbalten u. →Volksdeutschen aus Osteuropa schwankte. Die Menschen aus anderen Nationen kamen in besondere Lager mit besseren Bedingungen, durften auch früher in ihre Heimat reisen, darunter z. B. frz. Kriegsgefangene, die dt. Flüchtlinge begleitet hatten. Die Unterbringung u. Versorgung der dt. Flüchtlinge in einzelnen Wehrmachtslagern in Jütland u. in einigen kleinen Unterkünften war geregelt, die katastrophalen Zustände im Raum Kopenhagen konnten nicht sofort verbessert werden. Dass bis zum 31. 1. 1946 fast 8.000 Kinder starben, ist nicht nur auf die Entbehrungen während der →Flucht zurückzuführen, sondern auch auf die Verhältnisse in den Lagern u. die weitgehende Hilfsverweigerung der dänischen Ärzteschaft (K. Lylloff). Die folgende Darstellung der Lebensbedingungen ist eine pauschale Zusammenfassung der sich erst langsam konsolidierenden Zustände. Einzelne Zeitzeugen haben andere Erfahrungen gemacht. Die 1.100 unterschiedlich großen Lager (in Kopenhagen waren fast alle Schulen belegt) wurden bis zum Herbst 1947 zu Gunsten weniger Großlager in Jütland aufgelöst. Jeder Person standen zumeist in Großräumen, oft verwanzt, 2,5 qm zu; Waschgelegenheiten u. Toiletten befanden sich im Allgemeinen außerhalb der Wohnbaracken; das Heizmaterial war v. a. im strengen Winter 1946/47 unzureichend. Die Verpflegung war mit über 2.000 Kalorien täglich höher als in den dt. Städten, allerdings minderer Qualität, in einzelnen Fällen gab es Korruption u. Unterschlagungen, v. Dänen wie v. Deutschen, sodass zeitweise die Verpflegung sehr schlecht war, die Krankenkost war ausreichend. Bekleidungsspenden, v. a. aus Schweden u. von kirchlichen Gruppen aus Nordamerika, halfen, die größten Mängel zu beseitigen. Ein medizinischer Dienst wurde in den Lagern eingerichtet, Impfaktionen, z. T. brutal v. dänischen Medizinern durchgeführt, sollten Flüchtlinge wie auch Dänen vor Seuchen schützen. In Kopenhagen u. in den großen Lagern gab es Kliniken. Ärzte u. Pflegekräfte waren Flüchtlinge oder v. den Alliierten verpflichtete Wehrmachtsangehörige. Erziehung u. Kultur wurden im Rahmen der Zielsetzung, dass die Flüchtlinge ihre dt. Kultur pflegen u. lieben sollten, gefördert. Dänische Schulinspektoren bauten das v. den Flüchtlingen in eigener Initiative unter primitivsten Bedingungen begonnene Schulwesen mit dt. Pädagogen aus. In Oksböl konnten im Herbst 1945 Schüler der dorthin verschlagenen Berliner Schulen u. „Externe" das Abitur machen. Die Schulen (Volks-, Mittel-, Ober- u. Berufsschulen) waren in das lebendige Kulturleben (Chöre, Theater, Instrumentalmusik) integriert. Volkshochschulen, Filme, die leichte Muse mit Varieté u. Tanz sowie Sport ergänzten das Angebot. Die 1943 v. Emigranten gegründete Untergrundzeitung *Deutsche Nachrichten* wurde zur Flüchtlingszeitung. Das rege kirchliche Leben unterstand dem dänischen lutherischen Kirchendienst bzw. dem kath. Bischof. Evangelische Pastoren lebten in den Lagern, kath. Priester außerhalb. Als im Sommer 1945 die Hetze gegen die Deutschen in der dänischen Presse auf dem Höhepunkt war, veröffentlichten ca. 60 Kopenhagener Theologen eine Erklärung zu Gunsten der Flüchtlinge, die ihnen v. vielen Landsleuten herbe Kritik einbrachte. Demokratische Strukturen u. Gerichtsbarkeit entwickelten sich unter der Schirmherrschaft der letztlich entscheidenden Lagerkommandanten. Einzelne Flüchtlinge durften außerhalb der Lager für Naturalien arbeiten. Fraternisierung blieb bei Strafandrohung für Dänen wie Deutsche verboten. Einzelne dt.-dänische Trauungen fanden nach der →Repatriierung statt. Am 1. 11. 1946 verließ der erste offizielle Transport D., am 15. 2. 1949 der letzte. Die Kontrollen bei der Ausreise waren gelegentlich sehr rüde. Die Erinnerungen der Zeitzeugen an die Internierung sind unterschiedlich: Mangelhafte Verpflegung u. Kleidung, Kälte, Ungeziefer, der Stacheldraht, einzelner Schusswaffengebrauch einerseits; große Anerkennung u. Dank vielen einzelnen Dänen gegenüber andererseits. Auch die notdürftige Versorgung erforderte von D. große organisatorische u. materielle Leistungen. Hervorzuheben ist die Arbeit des Suchdienstes. Dänemark bezifferte die Kosten auf knapp 430 Mio. Kronen. In dem im Februar 1953 unterzeichneten Londoner Schuldenabkommen gewährten die Alliierten allerdings nur 160 Mio., die die Bundesrepublik Deutschland bis 1958 bezahlte.

Lit.: A. Gammelgaard, Ungeladene Gäste. Leer 1985; H. Havrehed, Die deutschen Flüchtlinge in Dänemark 1945–1949. Heide 1989; K. Lylloff, Kann laegeloeftet gradböjes?, *Historisk Tidsskrift* 1 (1999), 33–68; K.-G. Mix, Deutsche Flüchtlinge in Dänemark 1945–1949. Stuttgart 2005.

K.-G. M.

Danzig-Westpreußen als Aus- und Ansiedlungsgebiet. „Danzig ist nicht das Objekt, um das es geht. Es handelt sich für uns um eine Erweiterung des Lebensraums im Osten und Sicherstellung der Ernährung", sagte Adolf →Hitler bereits am 23. 5. 1939 gegenüber der dt. Generalität. Am Tag des Angriffs auf den poln. Staat wurde direkt die „Freie Stadt Danzig" annektiert u. nach dem „Polenfeldzug" im Oktober 1939 auch der „polnische Korridor" (Pommerellen). Daraus wurde der neue Reichsgau Danzig-Westpreußen, dem auch einige Bezirke Ostpreußens angegliedert wurden (die Stadt Danzig hatte weiterhin einen Sonderstatus im Reichsgau). Hitler legte den Zeitrahmen für die „restlose Eindeutschung" des „befreiten Gebietes" auf zehn Jahre fest u. beauftragte mit der Durchführung nicht nur regional den Reichsstatthalter u. Gauleiter Albert Forster, sondern auch zentral Heinrich →Himmler in dessen neuer Funktion als →Reichskommissar für die Festigung deutschen Volkstums (RKF).

Während des Angriffskrieges hatten die Einsatzgruppen der Sicherheitspolizei u. des SD, der „SS-Wachsturmbann Eimann" u. der „Volksdeutsche Selbstschutz" in Pommerellen bereits an die 30.000 Zivilisten, besonders Angehörige des poln. Adels u. der Intelligenz, Geistliche u. Juden ermordet u. weitere Personen in das neu errichtete Konzentrationslager Stutthof, 35 km östl. von Danzig gelegen, verbracht. Die erste große „Aussiedlungsaktion" nach der Zerschlagung des poln. Staates zur „Platzschaffung" für die erwarteten volksdt. Umsiedler aus dem Baltikum ordnete Himmler am 11. 10. 1939 an: In Danzig (Gdańsk), Gdingen (Gdynia) u. Posen (Poznań) sollten Tausende v. Wohnungen geräumt werden. Wenig später wurden 38.000 Einw. aus der Hafenstadt Gdingen vertrieben. Den ausgesiedelten Polen war jedoch gestattet worden, auf eigenen Wegen die Stadt zu verlassen, woraufhin um die 8.000 nach Warschau, 10.000 in die Umgebung Kielces, 5.000 nach Posen u. weitere 10.000 in die Umgebung Posens gingen (der Verbleib der restlichen Personen ist unbekannt). Nach Räumung der Wohnungen wurden diese jedoch nicht mit →Deutschbalten, sondern mit Reichsdeutschen belegt, denn die Stadt, v. den Nationalsozialisten in Gotenhafen umbenannt, sollte zum Kriegshafen ausgebaut werden, u. die Marineangehörigen benötigten Unterkünfte. Von den knapp 62.000 →Volksdeutschen aus Estland u. Lettland, die ab dem 18. 10. 1939 in den Ostseehäfen eintrafen, wurden letztendlich nur 11.000 im Reichsgau D.-W. angesiedelt, davon gerade einmal 4.600 Personen in Gotenhafen u. Bromberg zusammen.

Die weitere Planung der „Eindeutschung" Westpolens des RKF vom 30. 10. 1939 sah vor, bis Februar 1940 alle Juden u. „eine noch vorzuschlagende Anzahl besonders feindlicher polnischer Bevölkerung" aus den „eingegliederten Ostgebieten" sowie alle sog. Kongresspolen aus D.-W. ins →Generalgouvernement (GG.) abzuschieben. Die Zielvorstellung lautete: „Im weiteren Verlauf hat die planmäßige Besiedlung von Stadt und Land, die sich auf viele Jahre, vielleicht Jahrzehnte erstreckt, zu erfolgen." Dafür sollten laut Berechnungen 400.000 Polen u. Juden aus D.-W. vertrieben werden. Diese Planungsvorgaben des RKF wurden jedoch zu keinem Zeitpunkt während des Krieges erfüllt.

Nach der Anordnung des RKF kam es besonders im Reichsgau D.-W. zu einer Reihe v. „wilden“ →Deportationen, d. h. relativ unkoordinierten u. wenig aufeinander abgestimmten Ausweisungen v. mehreren Tausend Polen u. Juden in das GG. (aus D.-W. und dem →Warthegau wurden dabei in dieser Phase zusammen ca. 40.000 Personen vertrieben). In dem Zeitraum v. Mai bis November 1940 wurden dann weitere ca. 30.000 Personen v. der SS aus D.-W. ins GG. deportiert. In einer letzten Vertreibungswelle v. November 1940 bis März 1941, bis zum Stopp der Deportationen in das GG. wegen des Aufmarsches der Wehrmacht an der Ostgrenze, wurden v. der Umwandererzentralstelle (UWZ) Danzig, einer regionalen Organisation des Reichssicherheitshauptamtes (RSHA), im Hinblick auf die Ansiedlung der erwarteten Litauendeutschen (→Deutsche aus Litauen) weitere 10.000 Personen (6.607 Polen u. 3.259 Juden) ins GG. vertrieben.

Seit Dezember 1940 hatte die UWZ Danzig sog. Durchgangs- u. Umsiedlungslager errichtet, in denen Selektionen der „ausgesiedelten“ poln. Familien vorgenommen wurden (→Lager). Vertreter der Arbeitsämter wählten dabei arbeitsfähige Personen zur Landarbeit im „Altreich“ aus u. „Eignungsprüfer“ des Rasse- u. Siedlungshauptamtes der SS (RuSHA) suchten nach „rassisch wertvollen“ Polen zur sog. Wiedereindeutschung. Derartige Lager gab es in Thorn, Graudenz u. Dirschau, am bekanntesten ist jedoch das Lager Potulitz (Lebrechtsdorf), in dem 2.000 bis 10.000 Menschen untergebracht waren u. Hunderte wegen schlechter Versorgung in den Kriegsjahren starben. Nachdem die Deportationen in das GG. 1941 gestoppt worden waren, wurden aus diesen Lagern permanente Arbeitslager; denn die Vertreibungen v. Familien v. ihren Höfen, um dort Volksdeutsche anzusiedeln, kamen nicht zum Erliegen. Bis Ende des Krieges wurden insgesamt um die 60.000 umgesiedelte Volksdeutsche durch die regionalen Organisationen des RKF in den landwirt. Betrieben u. in den städtischen Wohnungen der vertriebenen Polen u. Juden untergebracht bzw. „angesiedelt“.

Forster, der seinen Gau D.-W. möglichst schnell germanisieren wollte, hielt sich nicht an strikte „rassische“ Kriterien für die Eintragung in die →Deutsche Volksliste (DVL). Um eine möglichst große Bev.zahl als „deutsch“ deklarieren zu können, folgte die DVL in dieser Region auch nicht den Prinzipien der Selbstmeldung u. Beantragung der Aufnahme, sondern basierte auf Zwangseintragungen. Die Anzahl derjenigen Personen im Reichsgau D.-W., die der sog. Zwischenschicht zugeordnet wurden, u. aus diesem Grund in Gruppe 3 der DVL aufgenommen werden sollten, wurde vom RKF (im September 1940) auf 120.000 Kaschuben sowie „rund 100.000 frühere Polen, die infolge von Mischehen und kultureller Beeinflussung zum Deutschtum neigen“, beziffert. Forster hielt sich jedoch nicht an diese Vorgaben Himmlers, u. so kam es, dass v. einer Bev. von 1,6 Mio. (ohne Danzig u. ohne die v. Ostpreußen angegliederten Bezirke) im Januar 1944 937.000 Personen (davon 725.000 in Gruppe 3) in D.-W. in der DVL registriert waren.

Lit.: D. Schenk, Hitlers Mann in Danzig. Gauleiter Forster und die NS-Verbrechen in Danzig-Westpreußen. Bonn 1999; G. Aly, „Endlösung“: Völkerverschiebung und der Mord an den europäischen Juden. Frankfurt a. M. 1995; C. Madajczyk, Die Okkupationspolitik Nazideutschlands in Polen 1939–1945. Köln 1988.

A. St.

Dayton-Abkommen. Das D.-A. *(General Framework Agreement for Peace in Bosnia and Herzegovina)* beendete den mehr als drei Jahre dauernden Krieg um die polit. und territ. Neuordnung Bosnien-Herzegowinas (→B.-H. als Vertreibungsgebiet). Der internat. vermittelte Vertrag wurde am 21. 11. 1995 in Dayton, Ohio, v. den damaligen Präsidenten Serbiens, Kroatiens u. Bosnien-Herzegowinas, Slobodan →Milosević, Franjo →Tuđman u. Alija Izetbegović, paraphiert u. am 14. 12. 1995 in Paris formell unterzeichnet.

Das Daytoner Vertragswerk besteht aus einem Hauptdokument u. elf Anlagen. Bosnien-Herzegowina wurde als unabhängiger u. souveräner Staat in seinen Vorkriegsgrenzen bestätigt, jedoch in zwei Entitäten aufgeteilt: die v. Kroaten u. Bosniaken regierte Föderation Bosnien-Herzegowinas auf 51 % des Staatsgebiets sowie die Serbische Republik (*Republika Srpska*) auf die restlichen 49 %. Sarajevo wurde als ungeteilte Hauptstadt anerkannt. Das Vertragswerk regelt zudem milit. Aspekte u. bestimmt über Wahlen u. Verfassung, garantiert →Menschenrechte, die Zusammenarbeit mit dem Kriegsverbrecher-Tribunal in Den Haag sowie die Rückkehr v. →Flüchtlingen u. →Vertriebenen.

In seinem milit. Teil regelt das D.-A. u. a. die Demobilisierung der Armeen, den Abzug schwerer Waffen u. ausländischer Truppen sowie die Einrichtung einer entmilitarisierten Zone. Mit der Implementierung wurde eine zunächst 60.000 Mann starke internat. Friedenstruppe (IFOR/SFOR, heute EUFOR) beauftragt. Für die Umsetzung der zivilen Bestimmungen ist der v. der Staatengemeinschaft eingesetzte, mit umfassenden Vollmachten ausgestattete Hohe Repräsentant für Bosnien u. Herzegowina (→Büro des H. R. der internat. Gemeinschaft in B.-H.) verantwortlich.

Da das Abkommen im Grunde die im Krieg geschaffenen Machtverhältnisse widerspiegelte, entstand eine hochkomplexe u. dysfunktionale Verfassungskonstruktion. Die gesamtstaatl. Institutionen (Zweikammer-Parlament, dreiköpfiges Präsidium, Zentralregierung, Verfassungsgerichtshof, Zentralbank) sind schwach; alle Zuständigkeiten, die nicht ausdrücklich den Bundesgewalten zugewiesen sind (Außenpolitik, Außenhandel, Zollpolitik, Einwanderung u. Staatsbürgerfragen, Transportwesen u. Geldpolitik), liegen bei den Entitäten, einschl. der Verteidigungspolitik.

Der als zentral anzusehende Annex 7 garantiert allen Flüchtlingen u. intern Vertriebenen das Rückkehrrecht. Von den mehr als 2 Mio. Menschen, die während des Bosnienkrieges ihre Heimat verloren (→Bosnien-Herzegowina als Vertreibungsgebiet), floh rd. die Hälfte ins Ausland, der Rest innerhalb →Jugoslawiens. Aber auch in der Nach-Dayton-Periode haben Menschen aus ethno-polit. Motiven ihre Heimat verlassen müssen: Zw. 1996 u. 1999 waren es noch einmal 60.000.

Bis Ende April 2006 sind 1.012.970 Flüchtlinge u. Vertriebene nach Bosnien-Herzegowina zurückgekehrt, darunter 455.105 in Gemeinden, in denen sie heute zur Minderheit zählen (272.459 in die Föderation, 161.264 in die Republika Srpska u. 21.382 in den internat. verwalteten Bezirk Brčko). Zwar haben mehrere Hunderttausend Menschen an ihren neuen Aufenthaltsorten ein neues Leben begonnen u. verzichteten auf die Rückkehr. Aber rd. 600.000 Personen waren auch mehr als 10 Jahre nach Kriegsende (31. 12. 2005) noch ohne dauerhafte Lösungen, nämlich rd. 200.000 innerhalb Bosnien-Herzegowinas u. fast 400.000 in Serbien, wo sich auch zahlreiche Vertriebene aus Kroatien u. Kosovo (→K. als Vertreibungsgebiet) aufhalten. Haupthindernisse für die Rückkehr sind nach wie vor Diskriminierung, Sicherheitsprobleme, ungeklärte Eigentums- u. Staatsbürgerfragen sowie fehlende Arbeits- und Bildungsmöglichkeiten.

Quellen: The General Framework Agreement for Peace in Bosnia and Herzegovina, December 14, 1995, http://www.ohr. int/dpa/default. asp?content_id=380.

Lit.: UNHCR Representation in Bosnia and Herzegovina. Statistical Summary as at 30 April 2006, www. unhcr. ba; UNHCR: Estimate of Refugees and Displaced Persons Still Seeking Solutions in South-Eastern Europe, as at 31st December 2005; Norwegian Refugee Council/ Global IDP Project: Profile of Internal Displacement: Bosnia and Herzegovina. Compilation of the Information Available in the Global IDP Database of the Norwegian Refugee Council (as of 24 March, 2005).

M.-J. C.

Dekrete des tschechoslowakischen Präsidenten („Beneš-Dekrete") (Mai–Oktober 1945). Im Londoner Exil einigten sich die tschechoslowak. Politiker auf die Theorie der Rechtskontinuität der Vormünchener Tschechoslowak. Republik. Auch der Rücktritt Edvard →Beneš' vom Amt des Präsidenten der Republik am 5. 10. 1938 sei erzwungen gewesen u. deshalb rechtlich ungültig. Der Präsident wurde im September 1940 ermächtigt, auf Vorschlag der Regierung Dekrete mit Gesetzeskraft zu erlassen. Als seine reguläre siebenjährige Amtszeit als Präsident auslief, erklärte die Regierung am 3. 12. 1942, dass Beneš bis zur Neuwahl in der befreiten Republik Präsident der Republik bleibe. Die Provisorische Nationalversammlung bestätigte am 28. 3. 1946, dass alle Präsidenten-Dekrete „von Anfang an als Gesetze gelten".

Einige der wichtigsten Dekrete über die Behandlung der Deutschen u. Ungarn wurden noch im Exil vorbereitet. Sie wurden in den Ministerien ausgearbeitet, seit Februar 1942 dem „Rechtsrat" zur Begutachtung u. seit Oktober 1942 auch dem „Staatsrat", einem Gremium mit beratender Funktion, zur Stellungnahme vorgelegt. Schon das am 5. 4. 1945 in Kaschau (Košice) verkündete Programm der Regierung der Nationalen Front begründete die geplanten Repressionen gegen die Mehrheit der dt. und ung. Bevölkerung mit deren illoyalem Verhalten im Krieg.

Eine Reihe dieser Dekrete betraf „staatlich unzuverlässige Personen", zu denen die Angehörigen der dt. und ung. Nationalität gezählt wurden. Als Deutsche u. Ungarn galten alle Personen, die sich bei einer Volkszählung seit 1929 zur dt. oder ung. Nationalität bekannt hatten oder „die Mitglieder nationaler Gruppen, Formationen oder politischer Parteien waren, in denen sich Personen deutscher Nationalität oder ungarischer Nationalität vereinigten". Am 19. 5. 1945 (Dekret Nr. 5) wurde das gesamte Vermögen der „Deutschen, Ungarn, Verräter und Kollaborateure" unter →„Nationalverwaltung" gestellt u. am 21. 6. 1945 (Nr. 12) ihr landwirt. sowie am 25. 10. 1945 (Nr. 108) ihr übriges bewegliches u. unbewegliches Eigentum entschädigungslos konfisziert. Diese Dekrete regelten auch dessen Übergabe an „Personen slavischer Nationalität". Die Deutschen u. Ungarn – Männer im Alter v. 14–60, Frauen im Alter v. 15–50 Jahren, die die Staatsbürgerschaft verloren hatten – wurden am 19. 9. 1945 (Nr. 71) zur Arbeit verpflichtet, oft außerhalb ihres bisherigen Wohnorts eingesetzt u. deshalb in Arbeitslagern untergebracht. Mit den Dekreten Nr. 122 u. 123 wurden die dt. Hochschulen aufgelöst.

Aufgrund des sog. großen Retributionsdekrets Nr. 16 vom 19. 5. 1945 wurden außerordentliche Volksgerichte errichtet, die „nazistische Verbrecher, Verräter und ihre Helfer" verurteilten. Das Dekret definierte Verbrechen gegen den Staat, gegen Personen, gegen das Vermögen u. den Tatbestand der Denunziation u. legte hohe Strafen fest. Es stellte nicht nur Verbrechen gegen die Menschlichkeit, den Frieden oder Kriegsverbrechen unter Strafe, sondern auch „Anschläge gegen die Republik". Bestraft wurde die Mitgliedschaft in der SS „oder anderer hier nicht genannter Organisationen ähnlichen Charakters". Fünf bis zwanzig Jahre sollten Funktionäre der NSDAP u. der Sudetendt. Partei erhalten. Das Dekret betraf Straftaten „in der Zeit der erhöhten Bedrohung der Republik", die als Zeit vom 21. 5. 1938 (Teilmobilmachung wegen Gerüchten über einen bevorstehenden Angriff des Dt. Reiches) bis zum 31. 12. 1946 definiert wurde. Für Friedenszeiten ungewöhnlich war die Tatsache, dass es sich bei den Gerichten, die in den Kreisen errichtet wurden, um Standgerichte handelte, der Prozess innerhalb v. drei Tagen abgeschlossen sein musste, eine Berufung gegen die Urteile ausgeschlossen war u. die Urteile innerhalb v. zwei Stunden zu vollstrecken waren. Gegen 475 Deutsche u. 234 Tschechen wurden Todesurteile verhängt, 443 Deutsche u. 293 Tschechen zu lebenslangem Kerker u. 19.888 zu bis zu 10 Jahren Haft verurteilt. Die Verurteilten konnten auch zur →Zwangsarbeit eingesetzt werden (Nr. 126). In der Slowakei wurden aufgrund einer parallelen Verordnung Nr. 33/1945 8.058 Personen verurteilt, unter ihnen 3.722 Magyaren, 1.609 Slowaken, 559 Deutsche (→D. aus der Slowakei) u. 77 Angehörige anderer Nationen. Dort wurden in 55 Fällen Todesurteile gefällt. Das sog. kleine Retributionsdekret Nr. 138 vom 27. 10. 1945 behandelte „Vergehen gegen die nationale Ehre". Es sah die Bestrafung einer Person vor, die „durch ungebührliches, das Nationalgefühl des tschechischen oder slowakischen Volkes verletzendes Verhalten öffentliches Ärgernis erregte".

Die Regierung verabschiedete schon am 19. 6. 1945 das Verfassungsdekret Nr. 33, das aber mit Rücksicht auf die bevorstehende Entscheidung der →Konferenz von Potsdam erst am 3. 8. 1945 v. Beneš unterschrieben u. veröffentlicht wurde. Mit diesem Dekret verloren die Deutschen u. Ungarn die Staatsbürgerschaft, u. zwar seit dem Tage, an dem sie „nach den Vorschriften einer fremden Besatzungsmacht" Staatsbürger des Dt. Reiches bzw. des Kgr.s Ungarn geworden waren; die übrigen mit dem 10. 8. 1945, d. h. mit dem Tage, als das Dekret in Kraft trat. Damit wurden sie zu Ausländern, die abgeschoben werden konnten. Wer dagegen nachweisen konnte, dass er der Tschechoslowak. Republik treu geblieben war, sich am Kampf um ihre Befreiung aktiv beteiligt oder unter dem nazistischen oder faschist. Terror gelitten hatte, behielt die tschechoslowak. Staatsbürgerschaft (→deutschsprachige Antifaschisten, →Staatsangehörigkeit). Personen, die die Staatsbürgerschaft verloren hatten, konnten innerhalb einer Frist v. sechs Monaten einen Antrag auf Wiederverleihung der Staatsbürgerschaft stellen, über den das Innenministerium „nach freiem Ermessen" entscheiden konnte. Das Dekret Nr. 33 wurde durch Richtlinien des Innenministeriums vom 14. u. 27. 5. 1946 ergänzt, nach denen unentbehrliche Fachkräfte u. ihre Familien v. der Abschiebung ausgenommen werden konnten.

In den Dekreten wird die Zwangsaussiedlung nicht erwähnt. Dennoch bilden sie zusammen mit der Hinnahme der wilden Vertreibung (→w. V. aus der Tschechoslowakei) u. der Sanktionierung eines „geregelten und humanen" →Transfers durch die →Konferenz v. Potsdam die rechtliche Grundlage für die Zwangsumsiedlung der Deutschen (→D. aus den böhmischen Ländern, →D. aus der Slowakei) u. eines Teils der Ungarn (→Magyaren aus der Südslowakei nach Ungarn). Umstritten ist die Bez. der Dekrete als „Beneš-Dekrete". Einerseits übte Beneš im Exil dank seiner dominanten Stellung entscheidenden Einfluss auf die Planung u. Entscheidungen der Alliierten zu Gunsten der Zwangsaussiedlung ebenso wie auf die Vorbereitung der entsprechenden Dekrete aus. Andererseits hätte er nach seiner Rückkehr in die Tschechoslowakei kein Dekret gegen die in der Regierung der Nationalen Front vereinigten polit. Parteien u. besonders gegen die Komm. Partei der Tschechoslowakei durchsetzen können.

Während die →Sudetendeutsche Landsmannschaft in Deutschland u. →Österreich ebenso wie die Regierung Ungarns die Aufhebung der „Beneš-Dekrete" fordert, wird dies v. den Regierungen Tschechiens u. der Slowakei abgelehnt. Die Europäische Union sah in den Dekreten keinen Grund, beiden Staaten die Aufnahme zu verweigern. Dabei berief sie sich auf die Gutachten, die sie bei mehreren Völkerrechtlern in Auftrag gegeben hatte.

Lit. (a. →Beneš, Edvard): Němci a Maďaři v dekretach prezidenta republiky: studie a dokumenty 1940–1945. Die Deutschen und Magyaren in den Dekreten des Präsidenten der Republik. Studien und Dokumente 1940–1945. Hg. K. Jech. Brno 2003; B. Frommer, To Prosecute or the Expel? Czechoslovak Retribution and the „Transfer" of Sudeten Germans, in: Redrawing Nations. Ethnic Cleansing in East-Central Europe 1944–1948. Hg. Ph. Ther/A. Siljak. Lanham 2001, 221–240.

D. B.

Denkmäler und Gedenkstätten der deutschen Vertriebenen. Das Gedenken u. Erinnern an →Vertreibung u. →Flucht, wie es sich in den D., Mahnmalen, Gedenktafeln,

Gedenksteinen o. Ä. der dt. Vertriebenen repräsentiert, ist seit den ersten Denkmaleinweihungen Ende der 1940er bzw. Anfang der 1950er Jahre durch mehrere Phasen u. Entwicklungen gekennzeichnet. Bekannt sind mittlerweile über 1.300 D. (59 in den neuen Bundesländern der Bundesrepublik u. 1.287 D. in den alten). Diese D. waren u. sind großen Veränderungen unterworfen. Insbesondere nach der dt. Wiedervereinigung 1989/90 waren manche Aussagen der D. nicht mehr zeitgemäß, wie z. B. im Falle des Denkmals in Osnabrück, das die Inschrift „Ewig deutscher Osten" trug u. 1992 demontiert wurde, oder im Fall des Denkmals in der schleswig-holsteinischen Stadt Tornesch, bei dem die alte Inschrift „Es gibt nur ein Deutschland" u. eine Deutschlandkarte in den Grenzen v. 1937 nach langen Auseinandersetzungen durch die neue Inschrift „In Gedenken an unsere unvergessene Heimat" ersetzt wurde. In vielen Fällen existieren manche D. aber a. nicht mehr, da sie im Laufe der Jahrzehnte verfallen sind oder zerstört wurden.

In den alten Ländern der Bundesrepublik Deutschland stellen die Länder Baden-Württemberg mit 291 u. Bayern mit 283 die meisten D. zur Vertreibung. Das bevölkerungsreichste Land der Bundesrepublik, NRW, folgt mit 195 D. erst auf dem 4. Platz u. verweist damit auf ein Kennzeichen dieser Denkmaltopographie: Die D. der dt. Vertriebenen befinden sich überwiegend auf dem Land, während sie in den Großstädten unterrepräsentiert sind. Darin spiegelt sich wider, dass die dt. Vertriebenen zumeist in ländlichen Gebieten wohnhaft wurden.

Auf dem Gebiet der neuen Bundesländer wurden die meisten D. in Thüringen (46 %) eingeweiht, während sich für die anderen Länder die Zahlen zw. 10 u. 17 % bewegen. Wie es scheint, waren u. sind in Thüringen die Ortsverbände des Bundes der Vertriebenen (BdV) besonders aktiv, was sich u. a. auch darin ausdrückt, dass es für Thüringen mittlerweile eine Broschüre gibt, die alle D. aufzählt (des Weiteren für Hessen u. Baden-Württemberg, vgl. das Literaturverzeichnis).

Diese Errichtung von D. in den neuen Bundesländern erlebte ihre Hochphase in den 1990er Jahren. Für die alten Bundesländer lassen sich dagegen zwei Wellen konstatieren: Die erste Welle der Denkmalsetzungen erfolgte mit 32 % aller D. in den 1950er Jahren, um in den Folgejahrzehnten stark zu sinken. Erst in den 1980er Jahren stieg die Zahl der Denkmaleinweihungen wieder signifikant an: 17 % aller Denkmalsetzungen erfolgten in diesem Jahrzehnt, um danach – mit Ausnahme der neuen Bundesländer – erneut stark zu sinken. Lediglich in NRW verlief die Entwicklung umgekehrt: Während in den 1950er Jahren 26 % aller D. eingeweiht wurden, waren es in den 1980er Jahren 28 %. Beide Entwicklungen zeigen jedoch, dass die Erinnerung u. das Gedenken an Flucht u. Vertreibungen nicht allein Kennzeichen der 1950er Jahre waren. Die Gründe für die zweite Welle v. Denkmaleinweihungen in den 1980er Jahren sind zum einen in dem 40. Jahrestag des Kriegsendes u. zum anderen in der Regierungsübernahme der konservativ-liberalen Koalition in Bonn zu sehen.

Die kurz skizzierten Unterschiede zw. den alten u. neuen Bundesländern, aber a. innerhalb der alten Bundesländer finden ihre Fortsetzung in den Denkmalkategorien. Alle

D. lassen sich 13 Kategorien zuordnen. So ist mit 20% aller D. das Hochkreuz mit der Inschrift „Den Toten unserer/der/ostdeutschen Heimat" das häufigste Denkmal der dt. Vertriebenen. Es befindet sich in nahezu allen Fällen auf einem Friedhof. Diese Hochkreuze scheinen vorderhand relig. motiviert gewesen zu sein. Sie schlugen quasi eine Brücke v. den Friedhöfen der neuen zu den unerreichbaren Gräbern der Verwandten der alten Heimat. Sie stellten zugleich jedoch die Aufforderung dar, die alte Heimat nicht aufzugeben. Des Weiteren erfolgte bereits in diesen frühen D. eine Fokussierung auf das Gedenken an die (alte) Heimat statt auf das Gedenken an die Vertreibung. Zudem wurde der Begriff „Heimat" – gleichsam exklusiv – für die ehemals ostdt. Gebiete in Anspruch genommen. Diese Hochkreuze sind insbesondere für die Länder mit einer überwiegend katholischen Bev. kennzeichnend. In Niedersachsen (9%), Schleswig-Holstein (3%) u. in NRW (13%) spielen sie dagegen eine geringere bis gar keine Rolle. In diesen Bundesländern dominieren Findlinge u. Gedenksteine als Träger des Gedenkens u. Erinnerns; wie übrigens in den neuen Bundesländern: Gedenksteine (50% aller Objekte) u. Findlinge (26%).

Die Dominanz des Hochkreuzes als Denkmaltypus in den alten Bundesländern findet ihre Entsprechung in den Inschriften. 50% aller D. tragen die Inschrift „Den Toten der Heimat" oder eine Variation davon. Dieses gilt für alle alten Bundesländer, mit der Ausnahme Schleswig-Holsteins. Hier überwiegt eine andere Inschriftengruppe, die in den übrigen Ländern jedoch an zweiter Stelle steht. Es handelt sich um Inschriften, die die „verlorene Heimat" zum Inhalt haben, wie etwa „Heimat, verlor'ne, dich sucht meine Seele", „Vergesst den deutschen Osten nicht", „Unvergessene Heimat" oder „Fern, doch treu". 22% aller Inschriften gehören dieser Gruppe an. Diese Feststellung überrascht. Denn es wäre zu erwarten gewesen, dass Inschriften, die Vertreibung u. Flucht oder die Toten v. Vertreibung u. Flucht zum Thema haben, bei den D. der dt. Vertriebenen vorherrschen würden. Ein Blick auf die neuen Bundesländer zeigt ein anderes Ergebnis. Hier dominiert die Inschrift „Dem Gedenken an die Opfer von Krieg, Gewalt und Vertreibung" (48%), gefolgt v. der Inschrift „Dem Gedenken an die Opfer v. Flucht und Vertreibung" (29%) oder ihrer Varianten.

Die Analyse der Frage, wann welche D. mit welchen Inschriften eingeweiht wurden, zeigt für Baden-Württemberg, welches exemplarisch für die anderen stehen kann, dass die Inschrift „Unseren Toten" in den 1950er Jahren einen Anteil v. 65% innehatte, der in den folgenden Jahrzehnten kontinuierlich fiel: 55% in den 1960er, 42% in den 1970er, 31% in den 1980er u. 25% in den 1990er Jahren, während der Anteil der Inschrift „Dem Gedenken an die Opfer v. Flucht u. Vertreibung" stetig anstieg: von anfänglich lediglich 6% über 18%, 33% u. 17% bis zu 59% in den 1990er Jahren. Das bedeutet, dass sich erst allmählich – über Jahrzehnte – ein Gedenken v. der mitunter revisionistischen Heimatrhetorik hin zum Gedenken an die Vertreibung u. ihre Opfer entwickelte.

Diese Feststellung erfährt noch eine Zuspitzung, wenn Inschriften mitbetrachtet werden, die revisionistische Forderungen stellen, wie z. B. „Das ganze Deutschland soll es sein", „Ewig deutscher Osten", „Hütet der Heimat heilige Scholle, deutsch soll sie bleiben", „Wir fordern unsere Heimat" oder „Nur die Sache ist verloren, die man aufgibt". In Kombination mit Karten, zumeist Bronzetafeln, die Deutschland in den Grenzen v. 1937 zeigen, erhalten diese Aussagen eine aggressiv-revisionistische Zuspitzung (hierzu gehören auch die sog. Ostlandkreuze).

Auf die Frage, v. wem die D. zur Vertreibung gesetzt wurden, mithin v. wem sie initiiert wurden, lässt sich konstatieren, dass in den alten Bundesländern lediglich 17 % aller Objekte dem BdV zugeschrieben werden konnten, während in den neuen Bundesländern 66 % aller Denkmalsetzungen auf den BdV zurückgehen.

Will man ein Fazit ziehen, dann wäre zu konstatieren, dass die D. zur Vertreibung die gedenkpolit. Ausrichtungen der bundesrepublikanischen Gesellschaft über einen Zeitraum v. nahezu 60 Jahren widerspiegeln u. diesen unterschiedlichen Strömungen stärker ausgesetzt waren u. noch sind als andere D., bspw. zur NS-Zeit, die in ihrer Gesamtheit jünger sind. Viele D. erwecken heute den Eindruck einer Musealität, als seien sie v. den Zeitläufen überholt worden, u. werfen gegenwärtig mehr Fragen auf, als sie beantworten.

Lit.: H. Hesse/E. Purpus, Monuments and Commemorative Sites for German Expellees, in: Difficult Pasts: Memorialisation in Germany from 1945 to the Present. Hg. B. Niven [erscheint im Herbst 2009]; K. Schmidt, Gedenkstätten und Mahnmale der deutschen Heimatvertriebenen in der Bundesrepublik Deutschland. Registerband zur Dokumentation. Herne 2004; Dem Vergessen entrissen. Gedenkstätten und Mahnmale der Vertriebenen, Flüchtlinge und Aussiedler in Baden-Württemberg. Hg. BdV-Landesverband Baden-Württemberg. Stuttgart 2002; Mahn- und Ehrenmale der Heimatvertriebenen in Hessen. Hg. BdV-Landesverband Hessen. Wiesbaden 1992; Gedenksteine in Thüringen. Den Opfern der Vertreibung gewidmet. Hg. BdV-Landesverband Thüringen. Ilmenau [o. J.].

H. He.

Denkmäler und Gedenkstätten in Polen. In →Polen beginnt die Erinnerung an →Vertreibungen u. →Deportationen mit dem Herbst 1939. Die dt. Besatzungsmacht vertrieb mehr als 400.000 Polen u. Juden, vorrangig gesellschaftliche Eliten, aus den ins Reich eingegliederten poln. Gebieten ins →Generalgouvernement. 475.000 Polen wurden innerhalb der eingegliederten Gebiete umgesiedelt (→Polen: Aussiedlung aus den „eingegliederten Ostgebieten").

Nachdem die →Sowjetunion am 17. 9. 1939 Ostpolen besetzt hatte, wurden zw. Februar 1940 u. Juni 1941 rd. 350.000 Einw. in entfernte Sowjetrepubliken verschleppt (→Ukraine als Deportationsgebiet). Zusammen mit den Inhaftierten u. in die Rote Armee einberufenen Personen waren es 570.000–580.000 poln. Staatsbürger (Polen, Juden, Ukrainer u. Weißrussen), die ihre Heimat verlassen mussten. 200.000 bis 300.000 Polen flüchteten während des poln.-ukr. Konflikts 1943/44 vor den Massakern aus Wolhynien über die Flüsse San u. Bug (→Polen aus Wolhynien und Ostgalizien: Ermordung und

Flucht). Viele wurden zw. 1944 u. 1946 nach Polen umgesiedelt (→Polen und Juden: Umsiedlungen aus den polnischen Ostgebieten nach Polen [1944–1947]). Ein verhältnismäßig großer Teil konnte jedoch erst Mitte der 1950er Jahre nach Polen „repatriiert" werden (→Polen: Repatriierung aus der Sowjetunion [1955–1959]).

Die sechs Kriegsjahre, in denen fast 6 Mio. Staatsbürger getötet worden sind, davon 3 Mio. ermordete Juden, haben sich als „Zeit des Sterbens" tief ins kollektive Gedächtnis eingeprägt (→Juden: Deportation und Vernichtung). Schon in der ersten Nachkriegszeit entstanden G. sowie unzählige D. u. Gedenktafeln an Orten, wo Polen Opfer dt. Gewalt geworden waren. Diese Erinnerungsorte standen einerseits in der Tradition des martyrologischen Gedenkens an Leid u. heroischen Widerstand der Polen u. entsprachen andererseits dem Willen des komm. Regimes, die Erinnerung an die dt. Verbrechen wach zu halten u. in den neuen Westgebieten die Spuren des dt. Kulturerbes zu tilgen. Nach der gezielten Zerstörung der poln. Kultur in der dt. Besatzungszeit erschien dies als nur allzu berechtigt. Die leidvollen Erfahrungen unter der sowj. Besatzung, das Trauma der Deportationen in das Innere der Sowjetunion u. der Verlust der ostpoln. Heimat durften bis 1989 in der Öffentlichkeit nicht thematisiert werden.

Als Inbegriff brutaler u. planmäßiger Zwangsaussiedlung durch die Deutschen gilt die Aktion Zamość, an die schon seit 1947 das „Museum für das Martyrium der Zamość- Region – Rotunde" (poln. *Muzeum Martyrologii Zamojszczyzny – Rotunda*) erinnert (→Polen [und Ukrainer]: Aussiedlungen aus der Region Zamość). Die Rotunde, Teil einer hist. Festung, wurde zum Durchgangslager für die →Vertriebenen (→Lager). In den 19 Zellen dieser Gedenkstätte erinnert eine Ausstellung an die Geschichte der Zamość-Region im 2. →Wk. Später wurden die Zellen verschiedenen Opfergruppen gewidmet. Während die Erinnerung an diese Aussiedlungsaktion in Polen sorgfältig gepflegt wurde, blieben die 1943 von ukr. Nationalisten an Polen begangenen →„ethnischen Säuberungen" in Wolhynien u. Ostgalizien ein Tabu. Heute erinnert in der Rotunde v. Zamość ein Raum auch an die „Wolhynier".

Erst nach 1989 konnte an die Repressionen durch die sowj. Besatzung 1939–1941 in Ostpolen u. damit an die Deportationen auch öffentlich erinnert werden. Das 1995 in Warschau eingeweihte zentrale Denkmal v. Maksymilian M. Biskupski trägt die pauschale Inschrift: „Für die im Osten Gefallenen und Ermordeten". Symbol der Deportation ist – wie in der jüd. Erinnerung – die Plattform eines Waggons, auf der sich neben zahlreichen lat. auch orth. Kreuze sowie je ein jüd. und muslimischer Grabstein befinden, die auf die unterschiedlichen Gruppen der Verschleppten hinweisen.

Schon einige Zeit vor der Wende v. 1989 griffen Betroffene das Thema der Deportationen aus den poln. Ostgebieten (poln. *kresy*) u. des Verlusts der Heimat auf. 1990 schlossen sie sich zum Verband der „Sybiracy" zusammen, Sammelbegriff für alle nach →Sibirien u. in andere entfernte Sowjetrepubliken Deportierten. In den 1990er Jahren wurden in Polen Plätze u. Straßen nach ihnen benannt (*Skwer Sybiraków*, *Park Sybiraków* etc.), Gedenktafeln angebracht u. Obelisken errichtet. Der 17. 9. ging als „Tag des Sybirak" in den

Gedenkkalender ein. Im kollektiven Gedächtnis der Polen ist Sibirien gleichbedeutend mit nationalen Niederlagen u. Aufständen, mit Verbannung u. schwerer →Zwangsarbeit, mit Leiden. Die Denkmäler fügen sich in das traditionell romantische u. martyrologische Muster ein: Die Deportationen durch die Sowjets im 2. Wk. sind das letzte Glied in der Kette v. Verschleppungen u. Verbannungen nach Sibirien in der poln. Geschichte – beginnend Ende des 18. Jh.s, gefolgt v. den Niederlagen der Aufstände des 19. Jh.s gegen die zaristisch-russ. Herrschaft. Schon der Nationaldichter Adam Mickiewicz hatte im dritten Teil seiner „Ahnen" *(Dziady)* die sibirische Verbannung v. Studenten aus Wilna nach dem November-Aufstand v. 1830 thematisiert.

An 200 Jahre Verbannung nach Sibirien will auch das Denkmal-Ensemble v. Joanna Haśnik-Adamiec u. Krzysztof Adamiec in Szczecin (Stettin) erinnern, das am 17. 9. 1994, dem 55. Jahrestag des Einmarsches sowj. Truppen, auf Initiative der „Sybiracy der Wojewodschaft Stettin" auf dem Zentralfriedhof eingeweiht wurde. Die Inschrift auf dem Felsblock lautet: „1768–1940–1952 – Zur Erinnerung an jene, die aus der Taiga Sibiriens, aus den Lagern des Nordens und der Steppe Kasachstans nicht mehr auf die Erde des Vaterlandes zurückgekehrt sind". Teil des Denkmals sind Bahngleise als Deportationssymbol, daneben Granitpfosten mit Motiven verschiedener Glaubensbekenntnisse – der höchste stellt das lat. Kreuz dar mit dem Wappen der Republik Polen u. den Jahreszahlen 1768–1795–1830–1863–1905–1939–1940–1941–1946–1953. An einer Mauer befinden sich Gedenktafeln mit den Namen v. Todesopfern, darüber die Deportationsorte: „Von Archangelsk über den Ural bis nach Sachalin".

Aus einem zwölf Meter hohen, schräg gestellten Kreuz, das siegreich eine Mauer durchbricht, besteht auch das Denkmal für die nach Sibirien Verbannten (poln. *Pomnik Zesłańcom Sybiru*) in Wrocław (Breslau). Es wurde am 20. 9. 2000 anlässlich des 60. Jahrestags der ersten Deportation durch die Sowjets in Anwesenheit hoher kirchlicher u. politischer Würdenträger eingeweiht. Das Monument erinnert auch an jene *Sybiracy*, die ihr Leben auf der „Unmenschlichen Erde" ließen. Diese Bez. steht für die sowj. Lager (poln. *łagry*) u. Gefängnisse sowie die Zielorte der Deportationen. Sie entspricht dem Titel eines Buchs v. Józef Czapski (1896–1993) „Na nieludzkiej ziemi". Der poln. Maler u. Schriftsteller, der selbst anderthalb Jahre in sowj. Kriegsgefangenenlagern verbrachte, beschreibt darin als Augenzeuge das Schicksal der Gefangenen u. analysiert den →GULag.

Mit der Entstehung einer pluralistischen Öffentlichkeit nach 1989 rückten auch die Ereignisse in den poln. Nord- u. Westgebieten nach 1945 ins Bewusstsein. →Flucht u. Zwangsaussiedlung der Deutschen (→D. aus dem heutigen polnischen Staatsgebiet, →wilde Vertreibung der D. aus Polen) wurden Gegenstand wiss. Forschung. Dies gilt auch für die nach dem Krieg errichteten Internierungs- u. Durchgangslager für die dt. Zivilbev., von denen einige im Ruf v. Todeslagern standen.

An das Schicksal v. etwa 40.000 Kriegsgefangenen, die in →Lamsdorf starben, erinnert seit 1964 das „Zentrale Kriegsgefangenenmuseum in Łambinowice-Opole" u. ein weithin sichtbares Denkmal auf einem Hügel. Der Opfer der Speziallager der Nachkriegszeit wird hier seit Mitte der 1990er Jahre mit relig. Symbolen gedacht: 1995 entstand ein Denkmal in Form eines Schlesischen Kreuzes mit der zweisprachigen Inschrift: „Deutschen und Polen – Opfern des Lagers Łambinowice von 1945–1946". Auf dem 2002 eingeweihten Friedhof tragen Steintafeln die Namen der dt. Todesopfer des Lagers. Eine Gedenktafel auf Dt. und Poln. lautet: „Vergib uns unsere Schuld, wie auch wir vergeben unseren Schuldigern".

1995 – 50 Jahre nach der Eröffnung des Arbeitslagers Zgoda in →Schwientochlowitz (Świętochłowice) bei Kattowitz (Katowice) wurde ebenfalls 1995 auf dem Kommunalfriedhof des nahegelegenen Ruda ein Gedenkstein errichtet. Die zweisprachige Inschrift heißt: „Den Opfern des Lagers Zgoda/Świętochłowice 1945". Auch Soldaten der poln. Heimatarmee u. Ukrainer waren hier interniert. Ein Denkmal am Lagertor erinnert generalisierend an die Opfer des Lagers Zgoda.

Beispiel für einen neuen dt.-poln. Umgang ist die Renovierung eines Denkmals im schlesischen Glogau (Głogów). 1926 hatten dort dt. Sozialdemokraten Friedrich Ebert, dem ersten Reichspräsidenten der Weimarer Republik, ein Denkmal errichtet. In den vergangenen Jahren kam es auf Initiative ehem. Glogauer in Deutschland u. mit der Unterstützung der Stadt Głogów zu neuen Ehren. Bemerkenswert ist die zweisprachige Inschrift auf zwei Bronzetafeln: „Wir gedenken aller Opfer von Krieg, Gewalt und Vertreibung".

Erst nach dem Ende des komm. Regimes konnte auch an Grausamkeiten der Roten Armee erinnert werden, bei deren Vormarsch in Ostpreußen viele Frauen u. Kinder Opfer der Übergriffe wurden (→Ostpreußen: Flucht und Vertreibung nach Deutschland). Die oft einzigen Erinnerungssymbole daran sind Kreuze an Häusern u. in den Wäldern der Wojewodschaft Ermland-Masuren. Ein Denkmal, das an die Flucht der ostpreußischen Zivilbev. ans Weichselhaff vor der anrückenden Roten Armee im Winter 1945 erinnert, wurde 2000 in Frauenburg (Frombork) in der Wojewodschaft Ermland-Masuren eingeweiht. Um die Errichtung des Steinblocks mit Marmortafel hatten sich u. a. der Kreis Braunsberg der Landsmannschaft Ostpreußen, die Stadtverwaltung v. Frombork u. die Wojewodschaftsbehörden bemüht. Die Inschrift lautet: „450.000 Einwohner von Ostpreußen machten den Exodus durch das Haff und die Nehrung durch, vertrieben durch einen grausamen Krieg. Viele ertranken, andere kamen in Schnee und Eis um. Ihre Opfer rufen zur Verständigung und zum Frieden auf. Unter Artillerie- und Luftwaffenbeschuss ertranken damals zehntausende Menschen in den Fluten des Haffs."

Lit.: Monument: sybiracki znak pamięci w Licheniu. Hg. Z. Helwing. Warszawa 2001; Pomnik Zesłańcom Sybiru: informator. Związek Sybiraków – Oddział we Wrocławiu. Hg. A. Czerwonko u. a. Wrocław 2000.

B. K.

Denkmäler und Gedenkstätten in Tschechien. Die Zahl von D. und G. mit Bezug auf die Zwangsmigrationen in der Tschech. Republik ist sehr begrenzt. Die Geschichte der nicht-tschech. ethnischen Gruppen, v. a. der böhmisch-mährischen Deutschen, drang nach 1989 nicht ohne Probleme in das Geschichtsbewusstsein breiterer Bev.schichten ein. Während in der letzten Zeit für einige herausragende dt. Persönlichkeiten – z. B. für Ludwig Czech (Vorsitzender der Dt. Sozialdemokratischen Arbeiterpartei 1921–1938, gest. 1942 in Theresienstadt) u. für den Bürgermeister v. Aussig (Ústí nad Labem) Leopold Pölzl – Denkmäler errichtet worden sind, entstehen an den Orten, an denen Vertreibungsexzesse stattfanden (→wilde Vertreibung aus der Tschechoslowakei), D., Gedenktafeln u. Kreuze. Hier sind einige Beispiele zu nennen.

Schon im Jahre 1994 wurde auf dem Friedhof in Deštné (Deschney) ein Gedenkstein errichtet, der an 25 dt. Opfer der Nachkriegsgewalt aus den Gemeinden Deštné, Jedlová (Tannenberg) u. Plasnice (Plaßnitz) erinnert. Der namentlich genannten Opfer wird sowohl in dt. als auch tschech. Sprache gedacht. Am 31. 7. 2005 wurde eine Gedenktafel „zum Gedenken an die Opfer der Gewalt vom 31. Juli 1945“ auf der Elbbrücke vom Magistrat v. Ústí nad Labem enthüllt (→Aussiger Brücke). Ein Eisenkreuz an der Straße in Richtung Mikulov (Nikolsburg) steht bei einem Massengrab der Opfer der wilden Vertreibung u. erinnert an den →„Brünner Todesmarsch“.

In Broumovsko (Braunauer Gebiet) wurde ein Versöhnungskreuz aufgerichtet, das den Opfern nationaler Streitigkeiten gewidmet wurde u. als Botschaft der Toleranz, Gewaltlosigkeit u. Versöhnung am Anfang des neuen Jahrtausends dient. Bei den ersten wilden Vertreibungen der Deutschen wurden in diesem Bezirk 97 Bewohner getötet, weitere 112 starben bei einem „Greisentransport.“ Eine andere Nachkriegstragödie spielte sich in Teplice nad Metují (Wekelsdorf) ab, wo am 30. 6. 1945 an der tschech.-poln. Grenze 23 alte Menschen, Frauen u. Kinder erschossen wurden. Das Kreuz soll an steinerne Schiedskreuze – Symbole der Überwindung v. Gewalt u. Streit – erinnern, v. a. aber für eine Rückkehr zu normalen Beziehungen werben.

In Nový Bor (Haida) sind im Jahre 1945 auf dem Marktplatz sieben Deutsche, darunter zwei Frauen u. ein 83-jähriger Mann, nach schweren Folterungen erschossen worden. Aus hist. Sicht ist interessant, dass unter den ehemaligen dt. Bewohnern die Meinung herrscht, dass es sich bei den Erschießungen um einen Racheakt handelte. 1917 waren nämlich in Haida sieben desertierte k. u. k Soldaten v. einem Kriegsgericht zum Tode verurteilt u. erschossen worden. Zum Gedenken an diese Toten wurde auf dem Waldfriedhof v. Haida auch ein D. mit ihren Namen errichtet.

Ohne Ergebnisse blieb bis jetzt der langjährige Versuch, in dem nordböhmischen Ort Postoloprty (Postelberg) ein D. für das Nachkriegsmassaker an rd. 800 Deutschen zu realisieren. Das Massaker wurde aber im Jahre 2005 in dem Theaterstück „Porta Apostolorum“ auf die Bühne gebracht. Derselbe Dramatiker, Miroslav Bambušek aus Louny (Laun), hat 2006 auch ein Stück über den „Brünner Todesmarsch“ geschrieben. Seine Aktionen gehören in den Rahmen des Projektes „Perzekuce.cz“, das dem „Unrecht in der Geschichte“ u. dem „Kampf um das Gedächtnis“ gewidmet ist.

Eine Ausstellung über die Opfer der komm. Gewalt im nordböhmischen Grenzgebiet wurde v. Eduard Vacek vorbereitet, der in der Sektion für die Dokumentation u.

Geschichte der tschech. Gefängnisverwaltung arbeitet. Bei seiner Tätigkeit stieß er u. a. auf Dokumente, die den Umgang mit Deutschen kurz nach dem 2. →Wk. beschreiben. Ein Teil der Ausstellung konzentriert sich auf die Gewalttaten, die an den Deutschen in Postoloprty u. in Žatec (Saaz) verübt wurden.

Ende 2006 entstand in Ústí nad Labem als Ergebnis einer Transformation des Stadtmuseums das Collegium Bohemicum. Unter den Trägern dieser auf dt.-tschech. Beziehungen u. auf Pflege des dt. Kulturerbes in den böhm. Ländern ausgerichteten Kultur- u. Bildungseinrichtung ist seit Mai 2008 auch die tschech. Regierung.

Lit.: C. Kraft, Der Platz der Vertreibung der Deutschen im historischen Gedächtnis Polens und der Tschechoslowakei/Tschechiens, in: Diktatur – Krieg – Vertreibung. Erinnerungskulturen in Tschechien, der Slowakei und Deutschland seit 1945. Hg. C. Cornelissen/R. Holec/J. Pešek. Essen 2005, 329–354; J. Havel/V. Kaiser/O. Pustejovsky, Ein Nachkriegs-Verbrechen: Aussig 31. Juli 1945. Ústí n. L. 2005; Na cestě od kříže ke smíření/Vom Kreuz zur Versöhnung. Hg. Bürgerinitiative Kreuz zur Versönhnung. Teplice n. M. 2002; M. Chrz, Leopold Pölzl. Životopis ústeckého předválečného starosty a významného představitele německé sociální demokracie v Československu. Ústí n. L. 2002.

K. K.

Deportation. Als D. (vom lat. *deportare* – wegschaffen, verbannen) wird eine erzwungene →Migration innerhalb der Grenzen eines Staates oder Machtbereichs einschl. eroberter u. besetzter Gebiete bezeichnet, zu der ein Staat seine eigenen oder fremden Staatsbürger zwingt. Mit dieser Definition kann die D. von Bev.verschiebungen über Staatsgrenzen hinweg abgegrenzt werden (→Vertreibung).

In einigen Fällen geht die D. der physischen Vernichtung der Deportierten voraus (→Armenier im Osm. Reich, →Juden: Deportation und Vernichtung, →Völkermord an den europäischen Zigeunern). Sie kann auch Teil einer noch weiter reichenden Repression sein, wenn z. B. Familienmitglieder v. Personen deportiert werden, die gefangen genommen oder ermordet werden. Nicht selten ist die D. mit dem Verlust der Bürger- u. Vermögensrechte verbunden, wie im sowj. Strafsystem. Die D. wird ohne Gerichtsverfahren u. nicht gegen konkrete Personen, sondern gegen ganze ethn. und/oder soz. Gruppen (russ. *kontingenty*) durchgeführt. Im Russ. Reich u. in der →Sowjetunion waren D.en auch wegen der Größe des Landes stärker verbreitet als in anderen europ. Staaten. Dort bedeuteten sie häufig die Zwangsumsiedlung aus dem traditionellen Wohngebiet über mehrere Tausend Kilometer hinweg in eine ungewohnte u. in der Regel lebensfeindliche Gegend.

D.en waren ein Mittel des Staates, um Gruppen tatsächlicher oder vermeintlicher polit. Gegner „unschädlich" zu machen. Sie sollten die Herrschaft eines bestimmten Regimes auf seinem Territorium stärken, u. zwar besonders in Grenzgebieten, die infolge von milit. oder anderen Aktionen besetzt oder annektiert worden waren u. in denen oft Angehörige →nationaler Minderheiten lebten.

Serben, Ruthenen u. Italiener wurden im 1. →Wk. von österr. Militärbehörden, Deutsche (→D. aus dem Königreich Polen im Ersten Weltkrieg, →D. aus Wolhynien im Ersten Weltkrieg), Juden (→J. aus Polen im Ersten Weltkrieg) u. Letten (→L.: Evakuierung und Flucht im Ersten Weltkrieg) v. den entsprechenden russ. Zivil- u. Militärbehörden aus grenznahen bzw. umkämpften Gebieten evakuiert bzw. deportiert, wobei damals offen blieb, ob sie nach dem Krieg zurückkehren dürften.

Während des 2. →Wk.s entwickelte das NS-Regime Pläne für gewaltige D.en nach dem „Endsieg“: Zwischen 30 u. 50 Mio. Menschen sollten weiter nach O abgeschoben werden (→Generalplan Ost, →Umsiedlung [NS-Begriff]). Am stärksten war →Polen von D.en der dt. Besatzungsmacht betroffen. Polen war „fünf Jahre lang Anwendungsgebiet und Exerzierfeld radikaler völkisch-nationalsozialistischer Herrenrassen- und Kolonisationstheorie“ (M. Broszat). Aber auch →Slowenen aus der Untersteiermark u. Oberkrain sowie Elsässer (→E.: NS-Vertreibung) bzw. Lothringer (→L.: NS-Vertreibung) wurden deportiert. Massen v. Zivilisten ließ das NS-Regime auch zur →Zwangsarbeit deportieren. Die Zahl der vom NS-Regime zur Zwangsarbeit verschleppten sowj. Zivilisten wird auf mehr als 3,2 Mio., jene der poln. Zivilisten auf etwa 2,8 Mio. geschätzt. Die meisten v. ihnen wurden in den ersten Monaten nach Kriegsende repatriiert, die Sowjetbürger unter ihnen oft unter Androhung oder Anwendung v. Gewalt (→Displaced Persons, →Repatriierung). Während der →Nürnberger Prozesse wurden den Angeklagten die verschiedenen D.en zur Last gelegt.

In der Sowjetunion wurden z. T. alle Angehörigen einer sozialen, relig. oder ethn. Gruppe deportiert. Solche D.en zielten im Falle ethn. Gruppen auf die →ethnische Säuberung eines bestimmten Territoriums. Auch wenn andere Kriterien hinzukamen, behielten solche D.en ihren ethn. Charakter. Sowohl außen- als auch innenpolit. Faktoren konnten zu D.en führen. Zu den D.en, die in der UdSSR unter dem Einfluss außenpolit. Faktoren durchgeführt wurden, gehören z. B. alle D.en von ausländischen, aber auch von sowj. Staatsbürgern, soweit diese derselben Nationalität waren wie die Mehrheit der Einw. von Nachbarstaaten oder v. solchen Staaten, gegen die die UdSSR Krieg führte. Typische Opfer solcher D.en waren Polen (→P. aus der Ukraine: Deportation nach Kasachstan), Deutsche (→D. aus dem Wolgagebiet), Finnen (→F.: Deportation aus Ingermanland) u. Rumänen (→R. aus Bessarabien und der Nordbukowina). Zu jenen Völkern, die aus innenpolit. Gründen deportiert wurden, gehören z. B. die Völker des Nordkaukasus (→Kaukasien). Außerdem nahmen die beauftragten sowj. Organe D.en bestimmter Personengruppen sowohl auf dem eigenen Staatsgebiet als auch in besetzten u. annektierten Gebieten vor (→Baltische Länder, →Ukraine als Deportationsgebiet, →Moldawien als Deportationsgebiet, →Ostpreußen: Deportation in die Sowjetunion und Ausweisung in die SBZ). Dabei handelte es sich meist um Angehörige der alten Eliten, selbständige Bauern (sog. Kulaken) u. Mitglieder antisowj. Widerstandsgruppen. Angehörige der dt. Minderheit in auf Zeit besetzten Gebieten Südosteuropas wurden ebenfalls zur Zwangsarbeit in die Sowjetunion verschleppt (→Deutsche aus Jugoslawien: Deportation in die Sowjetunion, →D. aus Rumänien: Deportation in die Sowjetunion, →D. aus Ungarn: Deportation in die Sowjetunion).

Obgleich D.en auch in anderen Staaten durchgeführt wurden, bildete sich in der Sowjetunion eine spezifische D.politik heraus. Ebenso wie schon im Russ. Reich war sie Teil u. wichtiges Instrument der Innenpolitik gegenüber angeblich oder tatsächlich „unzuverlässigen“ nationalen Minderheiten. Diese D.politik war zugleich eng mit dem System der Zwangsarbeit verbunden: Zur selben Zeit, als der „Archipel GULag“ sich auf die Erschließung v. Regionen mit extremen natürlichen Bedingungen spezialisierte u. für die geheimen Objekte (Uranbergwerke, geschlossene Städte usw.) Arbeitskräfte zur Verfügung stellte, wurden die Deportierten in den europäischen N, das Uralgebiet, nach Westsibirien (→Sibirien), →Kasachstan u. →Zentralasien gelenkt, wobei sie sich allerdings nicht in dicht bewohnten u. grenznahen Rayonen niederlassen durften.

D.en innerhalb der Sowjetunion begannen in den Jahren 1918–1920 (Kosaken) u. endeten Anfang der 1950er Jahre (sog. Schmarotzer [russ. *tunejadcy*] u. Zeugen Jehovas). Sie kulminierten zweifellos in der sog. Verbannung (russ. *ssylka*) der Bauern bzw. „Kulaken“ der 1930er Jahre u. der totalen D. der „repressierten“ oder „bestraften Völker“ in den Jahren des dt.-sowj. Krieges. In der zweiten Hälfte der 1920er Jahre wurden in der Sowjetunion praktisch noch keine Zwangsmigrationen in Gang gesetzt, doch beschäftigte sich schon 1925 eine Sonderkommission des Politbüros der RKP(b) mit der Möglichkeit, bestimmte Bev.gruppen aus einem breit definierten Grenzstreifen, nämlich dem größeren Teil des Gebiets Leningrad sowie den westl. Bezirken Weißrusslands u. der Ukraine, umzusiedeln. Allein in der Ukraine lebten in diesen Bezirken 4,8 Mio. Menschen u. damit 6 % der Gesamtbev. Soweit die Einw.schaft konkreter Grenzzonen eine bestimmte ethn. Färbung besaß, bekamen die Repressionen unvermeidlich mit dem soz. auch einen ethn. Charakter. Die Untersuchung sowj. D.en zeigt die im Verlauf der Zeit zunehmende Tendenz eines Übergangs vom klassenbedingten zum ethn. Kriterium.

Die D.politik der UdSSR, des Dt. Reiches, der VR Polen u. der →Tschechoslowakei lässt sich in einzelne „Operationen“ (sowj.), „Unternehmen“ oder „Nah- bzw. Fernpläne“ (dt.) sowie „Aktionen“ (Polen, Tschechoslowakei) gliedern. In diesen wurden die Zahl der Betroffenen, der Zeitrahmen, das gewählte Territorium, die Methoden – Anwendung oder Androhung v. Gewalt – sowie die Umsetzung der D.en in bestimmten Phasen fixiert. Im sowj. Fall sollten den „ersten Staffeln“ (russ. *pervye ėšelony*), in denen die Hauptmasse der Betroffenen abzutransportieren war, weitere Aktionen folgen, bei denen nach noch nicht erfassten oder versteckten Personen gesucht wurde. Die reichsdt. SS-Organe sprachen dagegen v. verschiedenen „Quoten“. Begleitet wurden die D.en auch v. Maßnahmen wie der Veränderung v. Verwaltungsgrenzen u. der Umbenennung v. Ortsnamen. Die D.pläne wurden i. d. R. in normative Akte v. Staats- oder Parteiorganen (Gesetze, Erlasse, Direktiven, Verordnungen, Befehle u. a.) gefasst. Entscheidungen über D.en, bis hinunter zu den zahlenmäßig kleinsten, wurden in der Sowjetunion im Zentrum getroffen, doch gab es bis 1935 auch Ausnahmen: Größere Selbständigkeit in dieser Hinsicht genossen

u. besondere Aktivität entfalteten die Staats- u. Parteiorgane in der Ukraine u. in Leningrad. In kritischen Zeiten wie dem Russ. Bürgerkrieg oder dem 2. Wk. konnten sogar regionale u. Milit. Behörden (Militärbezirke oder sog. Frontabschnitte [russ. *fronty*]) D.en veranlassen.

Die Angehörigen „bestrafter Völker" wurden vollständig u. nicht nur aus ihrer hist. Heimat, sondern auch aus allen anderen Rayonen u. Städten der Sowjetunion ausgesiedelt; sie wurden sogar aus der Armee entlassen, womit das ganze Land v. solchen totalen ethnischen D.en erfasst wurde. Zusammen mit der Heimat wurde dem „bestraften Volk", falls vorhanden, auch die nationale Autonomie entzogen. In der UdSSR wurden zehn Völker der totalen D. unterworfen. Von diesen verloren sieben – die →Deutschen aus dem Wolgagebiet, →Karatschaier, →Kalmücken, Inguschen, →Tschetschenen, →Balkaren u. →Krimtataren – auch ihre äußerst begrenzte nationale Autonomie; es handelte sich insgesamt um an die 2 Mio. Menschen, die bis zur D. auf einem Territorium v. 150.000 qkm gelebt hatten. Unter die Definition totaler D. fallen drei weitere Völker, nämlich die Finnen (→F.: Deportation aus Ingermanland), die →Mes'cheten-Türken u. Koreaner.

Die umfangreiche u., wie gesagt werden muss, chaotische u. gewaltsame Verschiebung v. Millionen sowj. Bürger hatte äußerst ernste demogr. und ökon. Folgen sowohl für die Herkunfts- u. Zielregionen als auch für das gesamte Land. Rechnungen zeigen, dass nur v. den innerstaatlichen D. en, d. h. jenen, die nicht die sich immer mehr ausweitenden Grenzen des sowj. Staates überschritten, mehr als 6 Mio. Menschen erfasst wurden. Hinzu müssen jene 3,2 Mio. sowj. Zivilisten gezählt werden, die zur Zwangsarbeit ins Dt. Reich verschleppt worden waren u. in der Mehrheit nach dem Krieg repatriiert worden sind. Als D. kann wegen ihres teilweise erzwungenen Charakters auch die Umsiedlung jener Sowjetbürger bezeichnet werden, die zur Kompensation deportierter Völker auf deren ehem. Land angesiedelt worden sind.

In der Forschungsliteratur (P. Polian) wurden bisher mindestens 52 D.kampagnen bzw. 130 Operationen identifiziert, die in den 1930er–1950er Jahren in der UdSSR in Gang gesetzt wurden. Von diesen 52 Kampagnen richteten sich 38 gegen ethn. Gruppen (ohne die Kosaken einzurechnen, die erst im Zuge der Volkszählung v. 2002 als ethn. Gemeinschaft registriert wurden). Zugleich liegt der Anteil der v. ethnischen D.en Betroffenen wesentlich niedriger, nämlich bei 32,1 %, konkret bei 57,5 % im Rahmen der innerstaatlichen u. nur bei 7,6 % bei den grenzüberschreitenden D.en. Die Erklärung liegt v. a. darin, dass die beiden größten Massendeportationen, nämlich die „Verbannung der Kulaken" u. die gewaltsame Repatriierung nicht zur Kategorie der ethnischen D.en gehören. Oder genauer, der ethn. Faktor spielte bei diesen beiden D.en eine verschwindend geringe Rolle, obwohl die Entkulakisierung nationaler Rayone auch der D. eine ethn. Färbung gab. Das gleiche gilt für die Repatriierung sowj. Staatsbürger aus den Reihen der Deutschen, Krimtataren u. anderer Völker, die während des Krieges in der UdSSR deportiert worden waren.

Lit.: Stalinskie deportacii. Hg. P. M. Poljan/N. L. Pobol'. Moskva 2005; V. N. Zemskov, Specposelency v SSSR, 1930–1960. Moskva ²2005; P. Poljan, Ne po svoej vole: Istorija i geografija prinuditel'nych migracij v SSSR. Moskva 2001 (engl. Ausgabe: Against their Will. The History and Geography of Forced Migrations in the USSR. Budapest, New York 2004); N. F. Bugaj, L. Berija – I. Stalinu: „Soglasno Vašemu ukazaniju …". Moskva 1995.

P. P.

Deutschbalten (Db., im 2. Wk. auch Baltendeutsche, Selbstbez. oft: *Balten*). Nach der ma. Familienwanderung gab es seit dem 16./17. Jh. regelmäßige Einwanderungen, im 19. Jh. Abwanderung erst Einzelner, dann immer größerer Gruppen v. Deutschen. Estland u. Livland behielten im Verlauf des Großen Nordischen Krieges mit den Kapitulationen v. 1710 (Frieden v. Nystad 1721) ihre ständischen Privilegien wie 1795 auch Kurland. Die db. Ritterschaften sowie die durch kontinuierliche Zuwanderung aus Deutschland ergänzten Geistlichen u. Stadtbürger stellten die herrschende polit., soziale und kulturelle Oberschicht. Eine nennenswerte Ansiedlung dt. Bauern gab es nicht. Die v. a. aus Ostpreußen nach Kurland einwandernden Akademiker bildeten den sog. Literatenstand; Theologen, Philologen u. Juristen lehrten als Hofmeister auf ritterschaftlichen Gütern.

Im 19. Jh. verfünffachte sich die Bev.zahl Rigas v. 103.000 Einw. (1871) über 282.000 (1897) auf 520.000 (1913), in Reval u. anderen Städten verdreifachte sie sich in den 1860/70er Jahren innerhalb einer Generation. In Riga waren 1867 von ca. 103.000 Einw. 43 % Deutsche u. 23,5 % Letten, 1913 lebten hier noch knapp 20 % Deutsche u. 40 % Letten. Seit 1860 wanderten Db. als Folge der Russifizierung nach →Deutschland ab, besonders seit 1890 u. während der Revolutionen 1905/1917. 1907–1913 wurden forciert ca. 15.000–20.000 dt. Kolonisten aus Wolhynien in Kurland u. Livland angesiedelt. Die Gesamtzahl der Db. betrug 1914 162.000. Von den im 1. →Wk. nach →Deutschland geflohenen ca. 30.000 Db. kehrte der größte Teil bis 1923 zurück, in Deutschland verblieben ca. 8.000. Insgesamt halbierte sich trotz Rückkehr db. →Flüchtlinge aus Russland ihre Gesamtzahl nach 1914: 1934/35 waren es in Estland 16.346, in Lettland 62.144.

In den 1918 begründeten baltischen Staaten (→baltische Länder) bildeten die Db. →nationale Minderheiten, deren Politiker in den Parlamenten um Werner Hasselblatt in Estland u. Paul Schiemann in Lettland Erfolge erzielten (lettische Schulautonomie 1919, estländische Kulturautonomie 1925) u. Niederlagen erlitten (Agrargesetze, Kirchenenteignungen, wirt. Repressionen), wobei sich Db. auch an Regierungen beteiligten. Güterenteignungen, starke Abwanderung u. ungünstige Sozialstruktur führten teilweise zu Loyalitätskonflikten, nationalistische Bewegungen verschärften diese ab 1930 besonders in Lettland.

Als Deutschland 1939 im Hitler-Stalin-Pakt (→Ribbentrop-Molotov-Pakt) die baltischen Staaten der →Sowjetunion auslieferte, erlaubte diese im →dt.-sowj. Grenz- u. Freundschaftsvertrag den in ihren Interessengebieten ansässigen Personen dt. Abstammung, nach Deutschland überzusiedeln. Nach Umsiedlungsverträgen mit den Regierungen Estlands u. Lettlands schlossen sich die meisten Db. dieser „diktierten Option" aus Furcht vor →Deportationen nach der voraussehbaren Okkupation durch die Sowjetunion an (→Option). An der von den Volksgruppenführungen geleiteten u. von Erhard Kroeger über die „Volksdeutsche Mittelstelle Einwandererberatung" (→Volksdeutsche Mittelstelle) in Posen (Poznań) gesteuerten Hauptumsiedlung nahmen ca. 14.000 Db. aus Estland u. 52.000 aus Lettland teil, v. denen aber nur 48.641 als „baltisch-dt. Rückwanderer" statistisch erfasst wurden, die eine Durchschleusung einschl. einer „rassischen Bewertung" durch die Dienststelle des Rasse- und Siedlungshauptamtes der SS durchlaufen mussten. Für die Unterbringung der Db. im →Warthegau u. →Danzig-Westpreußen waren volkstums- und siedlungspolit. Aspekte maßgebend. Bis zum offiziellen Abschluss der Umsiedlungsaktion (1. 7. 1940) stieg die Gesamtzahl durch Nachzügler auf insgesamt 52.583 Personen (→Umsiedlung [NS-Begriff]). Trotz intensiver Propaganda verweigerte aber eine Reihe von Db. die Teilnahme an der Umsiedlung, darunter Paul Schiemann.

Ein Teil der Zurückgebliebenen beteiligte sich an den Nachumsiedlungen im Frühjahr 1941 u. nach der sowj. Besetzung 1941. Aus Lettland u. Estland kamen damit weitere 18.710 Personen nach Deutschland, darunter auch ca. 3.500 Esten u. Letten. Die dt. Nachumsiedlungskommissionen begannen ihre Arbeit am 23. 1. 1941, die Umsiedlertransporte wurden vom 11. 2. bis 7. 4. 1941 abgewickelt. Die Nachumsiedler kamen in 121 Lager im sog. Altreich. Unzufrieden mit der Vorprüfung in Estland u. Lettland, ordnete das Reichssicherheitshauptamt eine Überprüfung der Nachumsiedler in Deutschland an.

Die Ansiedlung in den besetzten poln. Gebieten entsprach der nationalsozialistischen Volkstums- u. Lebensraumpolitik u. ist Teil des →Generalplans Ost. In Danzig-Westpreußen lebten ca. 11.000 Db. Ihrer besonderen Berufsstruktur entsprechend wurden 75 % der Db. in städtischen Regionen angesiedelt (Posen 29.000, Litzmannstadt [Lodz, Łódź] 8.500, Gotenhafen [Gdynia] 2.800). Hoffnungen auf Wiederherstellung der baltischen Staatlichkeit zerschlugen sich während der dt. Okkupation 1941–1944 ebenso wie jene auf eine Rückkehrmöglichkeit der Db. Ihre Ende Januar 1945 beginnende →Flucht verlief über die Ostsee oder über Berlin.

1963 lebten in der BRD 42.800 db. Umsiedler, in der DDR 10.200, in den USA u. Kanada 5.200, in Australien 1.300, in Schweden 700, in Sowjetestland 800, in anderen Ländern 2.200. Die gegenwärtige Forschung befasst sich vordringlich mit der Ansiedlung der Db. im besetzten →Polen u. ihrer Funktion als Teil der nationalsozialistischen Volkstums- u. Lebensraumpolitik.

Quellen: D. A. Loeber, Diktierte Option. Die Umsiedlung der Deutsch-Balten aus Estland und Lettland 1939–1941. Neumünster ^{2}1974.

Lit.: M. Schröder, Die Umsiedlung der Deutschbalten in den ‚Warthegau' 1939/40 im Kontext nationalsozialistischer Bevölkerungspolitik, in: Kontrapunkt. Vergangenheitsdiskurse und Gegenwartsverständnis. Hg. S. Mecking/S. Schröder. Essen 2005, 57–69; L. Bosse, Vom

Baltikum in den Reichsgau Wartheland, in: Deutschbalten, Weimarer Republik und Drittes Reich. Bd. 1. Hg. M. Garleff. Köln u. a. 2001, 297–387; J. Kivimäe, „Aus der Heimat ins Vaterland". Die Umsiedlung der Deutschbalten aus dem Blickwinkel estnischer nationaler Gruppierungen, *Nordost-Archiv* N. F. 4/2 (1995), 501–520; B. Filaretow, Kontinuität und Wandel. Zur Integration der Deutsch-Balten in die Gesellschaft der BRD. Baden-Baden 1990; R. Rexheuser, Die Umsiedlung der Deutschbalten 1939. Versuch einer historischen Einordnung, *Jahrbuch des baltischen Deutschtums* 36 (1989), 9–26; J. v. Hehn, Die Umsiedlung der baltischen Deutschen – das letzte Kapitel baltisch-deutscher Geschichte. Marburg 1982; H.-E. Volkmann, Zur Ansiedlung der Deutschbalten im „Warthegau", *ZfO* 30 (1981), 527–558.

M. G.

Deutsche aus dem Banat (Banater Schwaben). Als B. S. (mundartlich *Schwowe*[*leit*]) wird ein Teil der „Donauschwaben" bezeichnet, die ländliche dt.sprachige Bev. in dem Donau-Theiß-Winkel zw. Belgrad u. Siebenbürgen mit Temeschwar (rum. Timişoara, ung. Temesvár) u. – am Rande – in Arad (dt., rum., ung.). Wichtige Orte sind Großkikinda (ung. Nagykikinda, serb. Velika Kikinda) u. Großbetschkerek (serb. Zrenjanin, ung. Nagybecskerek), Werschetz (serb. Vršac, ung. Versecz) u. Weißkirchen (serb. Bela Crkva, ung. Magyar Fehértemplom). Dieses Gebiet zerfiel – bis auf einen kleinen Rest – nach dem 1. Wk. in einen jugoslawischen W u. einen größeren rumänischen O.

Die dt.sprachige Bev. des „Banats", in der älteren ung. verfassungsgeschichtlichen Terminologie in etwa gleichbedeutend mit „Markgrafschaft", war erst nach der Zurückdrängung des Osm. Reiches aus →Ungarn zugewandert u. angesiedelt worden. Die kaiserliche Eroberung Temeschwars u. der Friedensschluss mit dem Osm. Reich 1716/18 hatten die Voraussetzungen für die Sonderstellung des Temescher Banats als Krondomäne u. für die Neubesiedlung als „eine Vor-Mauer der Christenheit mit Teutschen Leuthen" geschaffen. Die weitgehend im Laufe des 18. Jh.s in sog. Schwabenzügen ins Land gelangenden Siedler stammten aus Südwestdeutschland, aus fränkischen, hessischen, bayerischen Gebieten, aus Lothringen, aus Spanien u. Italien – eine neue vielfältige Einwanderungsgesellschaft.

Die Abwesenheit eines kulturell oder gar polit. aktivierbaren, womöglich eines (dt.)nationalen Zusammengehörigkeitsbewusstseins, also eine weithin unpolit. ung.-patriotische, oft assimilative Grundhaltung ließ erste Bestrebungen einer Politisierung dt. nationalen Zuschnitts erst um 1900 zu. Seit dem 1. Wk. machte sich bei den „Schwaben" wie in ihrer Umwelt eine Tendenz zu →Nationalismus u. Deutschlandorientierung bemerkbar. Nach Beginn des 2. Wk.s sollten sich die ca. 130.000 Schwaben des Westbanats als Staatsangehörige des v. Deutschland angegriffenen →Jugoslawien ab dem 6. 4. 1941 in einer Art Loyalitätskonflikt befinden; dagegen mochte es für die polit. Stellung der ca. 300.000 (1930/39) Schwaben im östl. Banat, einschl. des Gebiets Arad, günstig erscheinen, dass sie der „Deutschen Volksgruppe in Rumänien" (1940 gegr.), also einem Bündnispartner des konnationalen „Dritten Reiches" angehörten. Nach der Kapitulation Jugoslawiens am 17. 4. 1941 u. dessen Auflösung entstand im Westbanat eine Art schwäbische Autonomie in der Trägerschaft der dt. Volksgruppe bzw. des dt. Volksgruppenführers Sepp Janko. So schien sich seit 1941 die Lage der B. S. in Serbien u. Rumänien, mittlerweile beide v. Deutschland abhängig, anzugleichen: Die Perspektive jeweils eines dt. Staates im Staate zeichnete sich ab – abhängig freilich v. den milit. Erfolgen des „Dritten Reiches".

Das Verhalten der dt. Minderheiten während des Krieges hat eine kontroverse Darstellung gefunden: Zw. den Extremen – einerseits – der Rechtfertigung aus der Sicht der schwäbischen Erlebnisgeneration als Notwehr einer bedrohten Minderheit u. – andererseits – der Verurteilung als willfähriges Instrument des „Dritten Reiches" hat sich eine wenig kommunikative Debatte entfaltet, die noch immer überzeugende archivalische Fundierung u. methodische Disziplin vermissen lässt. Immerhin scheint die Ausrichtung der Debatte nur auf die Frage „Notwehr oder fünfte Kolonne?" überwunden.

Mit dem Frontwechsel Rumäniens am 23./25. 8. 1944 sowie, in Jugoslawien, mit den AVNOJ-Beschlüssen der Tito-Partisanen am 21. 11. 1944 kam es zur entscheidenden Weichenstellung: Bereits ab Oktober/November 1944 im jug., ab Februar 1945 im rum. Banat, also schon vor der dt. Gesamtkapitulation u. der „wilden" Vertreibung aus Polen (→wilde Vertreibung der Deutschen aus P.) u. der ČSR (→wilde Vertreibung aus der Tschechoslowakei), wurden den B. S. wie der gesamten jugoslawiendeutschen Bev. Eigentums- und allg. bürgerliche Rechte aberkannt. Dies geschah u. a. durch die Gesetze vom 23./25. 8. 1945 zum „Verlust der Staatsangehörigkeit" u. zu „Straftaten gegen Volk und Staat" (→Staatsangehörigkeit). Vom am 28. 11. 1945 konstituierten Parlament ausgehend, am 1. 12. verabschiedet, bedeuteten derlei Entscheidungen sowie Enteignung u. Aufteilung v. schwäbischem Grundbesitz gemäß dem Gesetz vom 23. 8. zur Bodenreform noch keine Festlegung auf die, wohl eigentlich beabsichtigte, Vertreibung der Deutschen. Hinderlich war wohl der Einfluss der Alliierten, die auch bei der Potsdamer Konferenz (→Konferenz von P.) die Zwangsaussiedlung nicht auf Jugoslawien u. Rumänien ausdehnten. Stattdessen wurde die 1944 zw. 90.000 u. 100.000 Personen (1931: ca. 120.000) zählende schwäbische Bev. des Westbanats, die wegen des Zögerns Berlins sowie auch lokaler SS- u. Wehrmachtsstellen bis zum 2./3. 10. nicht rechtzeitig evakuiert worden war u. von der höchstens 12 %, also 11.800 Personen geflohen waren, zwangsweise u. größtenteils in Lagern zusammengefasst.

Zwischen April 1941 u. März 1948 sind im Westbanat insgesamt 35.481 Personen, davon 8.804 Militär- u. 26.677 Zivilpersonen, Opfer v. Krieg u. Verfolgung geworden. Von Letzteren betraf dies allein zw. Oktober 1944 u. März 1948 etwa 22.000 Schwaben, größtenteils Frauen. In diesen Opferzahlen kommt zum Ausdruck, dass die Lage der banatschwäbischen Minderheit nicht durch Vertreibung im engeren Sinne, durch Bürgerkrieg o. Ä. gekennzeichnet war. Es handelte sich vielmehr um Verfolgung – Verfolgung als kontingentes Erscheinungsbild v. negativer Stereotypisierung u. Ausgrenzung, v. Internierung von ca. 80 % der dt. Bevölkerung bis hin zu negativer Markierung sowie v. Misshandlung u. Ermordung. Da einerseits eine „Vertreibung" der größtenteils internierten Schwaben nach Deutschland nicht zustande kam, andererseits aber 1945/46 etwa

200.000 meistens serb. Ansiedler mit Wohnraum versorgt werden mussten, wurden die schwäbischen Lagerinsassen ab Frühjahr 1945 mehr u. mehr in größeren Lagern zusammengefasst. Dabei handelte es sich um Bezirkslager u. a. in Großkikinda, Betschkerek u. Werschetz sowie um zwei große Gebietslager, im N Molindorf (serb. Molin, ung. Molyfalva) (v. September 1945 bis Ende April 1947) u. im S Rudolfsgnad (Oktober 1945 bis März 1948). Dieses größte Lager mit bis zu 20.500 Menschen war besonders für nur begrenzt Arbeitsfähige bestimmt, also für Frauen u. Kinder, Alte u. Kranke. So sollen sich hier im Mai 1946 unter ca. 18.000 Insassen nicht weniger als 46 % Kinder (unter 14 Jahren) befunden haben. Nachdem etwa 48.000 Menschen, also etwa ein Viertel der Ende 1944 in Jugoslawien noch anwesenden Deutschen, im Lager gestorben waren, lebten 1950 in Jugoslawien insgesamt nur noch etwa 75.000 Deutsche. Nach fortgesetzter Abwanderung – allein bis 1960 haben etwa 62.300 Schwaben das Land verlassen – dürfte die „jugoslawiendeutsche" Bev. im engeren Sinne an der Jahrhundertwende nur noch ca. 8.000 Personen umfasst haben.

Auch in →Rumänien, wo die ca. 800.000 Personen zählende dt. Bevölkerung (Zählungen 1930 und 1939) stark zurückgegangen war (1948: ca. 345.000), kam es trotz des Bündniswechsels im August 1944 nicht zu einer Zwangsaussiedlung der Deutschen. Im östlichen, rum. Teil des Banats einschl. des im N angrenzenden Arader Gebietes zählte die dt. Bevölkerung 1930 ca. 275.000 Personen, das waren 26 % der Bev., – im Jahre 1941, zumindest nach einer Erhebung der „Deutschen Volksgruppe in Rumänien", 310.000 u. 1948 etwa 345.000 (Dezember 1989 noch ca. 90.000). Auch nach dem Waffenstillstand am 12. 9. 1944 u. ersten bedrohlichen polit. Signalen kam es nicht zu einer nennenswerten rumäniendt. Abwanderung, obwohl oder gerade weil die rum. Grenzen nach Ungarn u. Jugoslawien bis 1948 noch durchlässig blieben. Bis 1948 wurden fast 40.000 schwäbische Bauernhöfe enteignet. Neben Enteignung u. Entrechtung durch Minderheitenstatut u. Bodenreform kam es zw. dem 11. 1. u. 2. 2. 1945 zur Deportation v. nahezu 32.000 B. S., davon über 15.000 Frauen, zur →Zwangsarbeit in die →Sowjetunion bis 1949, die – nach mindestens 12.000 Toten während des Krieges – mehr als 3.800 Menschenleben kostete (→Deutsche aus Rumänien: Deportation in die Sowjetunion). Als in der Ära des rum. Stalinismus 1951–1956 insgesamt ca. 40.000 Menschen in der Bărăgansteppe östl. von Bukarest zwangsweise angesiedelt wurden, betraf dies auch Schwaben aus mindestens 172 Gemeinden.

Infolge der Abwanderung aus dem Banat sank die Zahl der Schwaben – trotz eines markanten Geburtenanstiegs in den 1950er u. frühen 1960er Jahren – unaufhaltsam v. ca. 156.000 (16 %) auf ca. 42.100 (3,6 %), zw. 1950 u. 1989 wanderten 120.000, allein 1990/91 ca. 70.000, aus dem Banat aus. Die Kanalisierung dieser Dynamik seit 1970/78 durch Kontingentvereinbarungen mit der Bundesregierung von jährlich 10.000, später 15.000 Auswanderern konnte diese „Kettenwanderung" nicht mehr abwenden.

Nach der Abwanderung aus dem SO haben banatschwäbische Erinnerung u. Erinnerungspolitik, Brauchtums- u. Identitätswahrung in landsmannschaftlichen u. wiss.-musealen Aktivitäten vielfältigen Ausdruck gefunden. Wichtigstes Zielgebiet der banat- u. überhaupt der donauschwäbischen Zuwanderung nach Deutschland war zunächst der mittlere Teil des heutigen Bundeslandes Baden-Württemberg, später wegen der Arbeitsmarktentwicklung dessen Neckar-Rhein-Region. In den Jahren 1950 bzw. 1964 dürften sich im Südweststaat ca. 95.000 bzw. 202.000 →Vertriebene aus Rumänien u. Jugoslawien befunden haben, darunter ca. 30.000 bzw. 60.000 aus den beiden Hälften des Banats.

Lit.: (a. →Deutsche aus Jugoslawien): J. Wolf, Entwicklung der ethnischen Struktur des Banats 1890 bis 1992, in: Atlas Ost- und Südosteuropas. Hg. Österreichisches Ost- und Südosteuropainstitut. Wien 2004, 1–155; Land an der Donau. Hg. G. Schödl. Berlin [2]2000 (= Deutsche Geschichte im Osten Europas).

G. S.

Deutsche aus Bessarabien. Das ehemals türkische B. (russ. *Bessarabija*, rum. *Basarabia*), zw. Pruth u. Dnjestr gelegen, wurde im Frieden v. Bukarest im Jahr 1812 an Russland abgetreten. Unmittelbar darauf begann die Einwanderung von dt. Siedlern, die somit ursprünglich dem sog. Russlanddeutschtum zuzurechnen sind. Die Einwanderer gründeten in den Jahren 1814–1842 24 Kolonien im Süden B.s, dem sog. Budžak (*Budschak*, türk. *Bucak*, rum. *Bugeac*, ukr. *Budžak*). Anlass für den Zustrom dt. Kolonisten nach B. war das Manifest Zar Alexanders I. vom 29. 11. 1813, das den dt. Siedlern in B. Religionsfreiheit, Befreiung v. Kriegsdienst u. zehnjährige Steuerfreiheit sowie über 60 ha Land u. Kredite für die Ersteinrichtung zusicherte. Viele der Kolonisten stammten aus Südwestdeutschland, waren 1800–1806 in die kurzzeitig preußischen Provinzen Südpreußen u. Neu-Ostpreußen gewandert. Bereits 1814 zogen die ersten Gruppen aus diesen Provinzen, aber auch aus Mecklenburg, Pommern u. Westpreußen unter der Führung russ. Werber nach B., gefolgt von Siedlern, die z. T. auch unmittelbar aus Südwestdeutschland – besonders aus Württemberg – kamen. Die D. gründeten über 100 Tochterkolonien. Die meisten Kolonien waren ethn. weitgehend homogen, doch stellten Juden in Tarutino, das sich zu einem Gewerbe- u. Handelszentrum entwickelte, schon 1890 45 % der Einw. Noch 1940 waren 80 % der Bev. in der Landwirtschaft tätig. Die Zahl der D. betrug 1930 bei einer Gesamtbevölkerung B.s von 2.864.402 Einw. 81.089, also 2,8 %. Bei der Volkszählung dieses Jahres wurde zw. Nationalität u. Muttersprache unterschieden; die Zahl derjenigen, die Deutsch als Muttersprache angegeben hatten, war mit 80.568 nur wenig geringer. Nach den amtlichen Bev.kontrollen u. Fortschreibungen des rum. Zentralinstituts für Statistik erhöhte sich die Zahl der D. in B. (a. Bessarabiendeutsche, Bd.) bis Ende 1939 auf 92.758.

Starke Veränderungen im Leben der Bd. traten mit dem Ende des 1. →Wk.s ein, als ganz B. an den rum. Staat fiel. Obwohl →Rumänien durch Unterzeichnung des Minderheitenschutzvertrages v. 1919 u. durch die Abgabe entsprechender Erklärungen eine verbal minderheitenfreundliche Politik verfolgte, gab es für die D. in den 1920er u. 1930er

Jahren erhebliche Einschränkungen durch die Bodenreform sowie durch die teilweise Verstaatlichung u. zunehmende Rumänisierung der Schulen (→Minderheitenschutz). Dennoch sicherten die evang.-luth. Kirche, die restlichen Konfessionsschulen, Genossenschaften sowie dt.sprachige Zeitungen die nationale Identität. Unter dem Einfluss der Weltwirtschaftskrise, des Verbots der dt. Schulsprache ab 1934 sowie der Förderung aus dem Dt. Reich gewann die „Erneuerungsbewegung" mit einem v. Nationalsozialismus beeinflussten Programm die Oberhand über die bisherigen konservativen Führungsgruppen. In den Jahren 1938/39 machten König u. Regierung im Zuge der Annäherung Rumäniens an das Dt. Reich in der Schulfrage Zugeständnisse an die Minderheit.

Der dt.-sowj. Nichtangriffsvertrag vom 23. 8. 1939 (→Ribbentrop-Molotov-Pakt) hatte in einem geheimen Zusatzprotokoll die Abgrenzung der beiderseitigen Interessensphären festgelegt – „für den Fall einer territorial-politischen Umgestaltung". Neben baltischen und poln. Gebieten war dabei auch B. ausdrücklich der sowj. Interessensphäre zugeordnet worden. Als am 28. 9. 1939 der →dt.-sowj. Grenz- u. Freundschaftsvertrag abgeschlossen wurde, einigten sich beide Mächte zugleich in einem geheimen Zusatzprotokoll grundsätzlich über eine Aussiedlung der Bd. In einer programmatischen Reichstagsrede vom 6. 10. 1939 sprach Adolf →Hitler v. einer „neuen Ordnung der ethnographischen Verhältnisse", die sich aus dem Zerfall des poln. Staates ergäben, u. er erweiterte diese um die Erklärung, dass der ganze O und SO Europas z. T. mit nicht haltbaren Splittern des dt. Volkstums gefüllt sei u. kündigte Umsiedlungen an, um auf diese Weise „einen Teil der europäischen Konfliktstoffe zu beseitigen" (→Umsiedlung [NS-Begriff]).

Gleichzeitig ließ das Ergebnis des Krieges gegen →Polen auf dt. Seite Siedlungspläne aktuell werden, bei denen die Frage nach Menschenreserven eine immer größere Rolle spielte. Schon am 16. 11. unterzeichneten →Deutschland u. die →Sowjetunion einen Vertrag über die Umsiedlung ethn. Minderheiten des „früheren polnischen Staates", wobei es auf dt. Seite um die Deutschen Wolhyniens (→D. aus W. im Zweiten Weltkrieg), Galiziens (→D. aus G.) u. des Narewgebiets ging. Am 25. 6. 1940 erkannte das Auswärtige Amt die „Rechte der Sowjetunion auf Bessarabien" an, betonte aber zugleich den Wunsch nach der Umsiedlung der Bd. nach dem Vorbild der Wolhyniendeutschen. Am nächsten Tag forderte die Sowjetunion v. Rumänien ultimativ die Abtretung B.s und der nördl. Bukowina u. begann am 28. 6. mit der Besetzung dieser Gebiete. Das Dt. Reich trat auch der sowj. Forderung nach Abtretung der nördl. Bukowina nicht entgegen, obwohl diese aus der vorangegangenen Abgrenzung der Interessensphären nicht ableitbar war. Das Auswärtige Amt bemühte sich um den Schutz der Bd. u. Bukowinadeutschen (→Deutsche aus der Bukowina) vor Verhaftungen u. um eine Umsiedlung noch vor Wintereinbruch. Schon am 17. 7. stimmte die sowj. Regierung der Umsiedlung der Bd. zu.

Nach schwierigen Verhandlungen über Vermögensfragen u. die Aussiedlung v. verhafteten Deutschen wurde am 5. 9. 1940 in Moskau die Vereinbarung über die Umsiedlung der D. aus B. und der nördl. Bukowina in das Dt. Reich geschlossen. Festgelegt wurde im Umsiedlungsvertrag das Prinzip der Freiwilligkeit u. der Erstattung des zurückgelassenen

Privatvermögens, wobei die sowj. Seite die Anrechnung der sofort nationalisierten Betriebe, mehrstöckigen Gebäude u. von Grund u. Boden ausschloss. Einer „Gemischten deutsch-sowjetischen Umsiedlungskommission" wurde die praktische Durchführung der Umsiedlung übertragen; sie stritt sich v. a. um den Wert der zurückgelassenen Wirtschaften der Bauern, also der Gebäude, Geräte, Vorräte sowie ihres Viehs. In B. ließen sich 93.318 Personen als Umsiedler registrieren. Die dt. Siedlungen lösten sich vollständig auf. Auch Nichtdeutsche versuchten, sich der Umsiedlung anzuschließen. Die Mitglieder der dt. Delegation wiesen Juden u. auch jüd. Ehepartner dt. Umsiedler zurück. Die Furcht vor Enteignung, Deportation u. Lagerhaft unter dem sowj. Regime ist als Hauptmotiv der Beteiligung an der Umsiedlung anzusehen. Darüber hinaus übten die dt. Delegation u. die örtlichen Parteifunktionäre starken Druck aus, u. der →NKVD machte sein Misstrauen gegenüber den Bd. deutlich. Die Dynamik der Evakuierung riss schließlich fast alle D. mit. Es dauerte bis zum April 1941, bis auch die verhafteten Bd. ausreisen konnten.

In organisierten Transporten wurden die Umsiedler in der Zeit vom 24. 9. bis zum 25. 10. 1940 zu den Donauhäfen gebracht u. von dort per Schiff nach Deutschland transportiert. Nach zum Teil mehrjährigem Lageraufenthalt wurden etwa 85.000 Bd. – also fast die gesamte Volksgruppe – in den damaligen Reichsgauen Danzig-Westpreußen (→D.-W. als Aus- und Ansiedlungsgebiet) u. Wartheland (→Warthegau als Aus- und Ansiedlungsgebiet) auf zumeist enteignetem Besitz v. Polen angesiedelt. Kleinere Gruppen wurden nach Böhmen-Mähren, ins sog. →Generalgouvernement (→Polen [und Ukrainer]: Aussiedlungen aus der Region Zamość), die Untersteiermark (→Slowenen aus der Untersteiermark und Oberkrain) u. das sog. Altreich dirigiert. Mit dem Kriegsende 1944/45 gerieten die Bd. in den allg. Strudel v. →Flucht u. →Vertreibung. 1964 wurden v. den vor Kriegsende namentlich zu ermittelnden Bd. 78.963 als lebend festgestellt, v. denen sich 64.383 in der damaligen Bundesrepublik Deutschland u. Berlin-West aufhielten – v. a. in Südwestdeutschland, 11.920 in der DDR u. Berlin-Ost, die übrigen in unterschiedlichen Ländern.

Lit. (a. →Deutsche aus der Bukowina): U. Schmidt, Die Deutschen aus Bessarabien. Eine Minderheit aus Südosteuropa, 1814 bis heute. Köln 2004; V. Pasat, Surovaja pravda istorii. Deportacii s territorii Moldavskoj SSR 1940–1950-e gg. Kišinėu 1998.

D. J.

Deutsche aus den böhmischen Ländern (a. Sudetendeutsche, Sd.). D. besiedelten seit der Ostkolonisation u. dem Landesausbau im MA v. a. die Randgebiete u. einige Sprachinseln im Innern der böhm. Länder. Diese gehörten v. 1526 bis zur Gründung der →Tschechoslowakei zur österr. Monarchie. Nach 1918 galt die dt.sprachige Bev. als →nationale Minderheit, da die Tschechoslowakei als Nationalstaat der Tschechen u. Slowaken definiert wurde. 1930 stellten 3,2 Mio. D. einen Anteil v. 22,3 % an der Gesamtbev. (a. →Deutsche aus der Slowakei). Die Sd. bildeten mit 3.05 Mio. Menschen den größten

Teil der dt. Minderheit u. machten in den böhmischen Ländern 29,1 % der Gesamtbev. aus. Ihre Mehrzahl (um die 90 %) war kath.

Der Begriff „Sd." etablierte sich nach 1918 als Sammelbezeichnung für die dt. Bewohner der böhm., mährischen u. schlesischen Landesteile der Tschechoslowakei. Er leitet sich v. der Bezeichnung „Sudeten" für das Mittelgebirgssystem vom Elbsandsteingebirge bis zur Mährischen Pforte sowie dem im 19. Jh. für die böhm. Länder (Böhmen, Mähren, Österr.-Schlesien) der Habsburgermonarchie verwendeten Begriff „Sudetenländer" ab. Bemühungen um die Durchsetzung des Namens „Sd." zur Festigung einer gemeinsamen Identität der D. in den böhm. Ländern zeitigten bis zur Gründung der Tschechoslowakei keinen Erfolg.

Im Laufe der 1920er Jahre spaltete sich das sudetendt. politische Spektrum, das sich zunächst gemeinsam gegen die Eingliederung der mehrheitlich von D. besiedelten Gebiete in die Tschechoslowakei gewehrt u. einen Anschluss an Dt.-Österreich angestrebt hatte, in negativistische u. in aktivistische Parteien. Letztere waren zur Mitarbeit im Staat bereit, einige ihrer Politiker bekleideten seit 1926 Ministerämter. Bei den Parlamentswahlen 1929 gewannen sie drei Viertel der dt. Stimmen. Gleichwohl waren Benachteiligungen der Minderheit festzustellen, so u. a. in der Sprachen- u. Schulpolitik sowie in der im Hinblick auf ihren Bev.anteil zu geringen Repräsentation im öffentlichen Dienst. Beklagt wurde ferner eine Vernachlässigung der dt. Wirtschaft. Die Weltwirtschaftskrise hatte diese besonders stark getroffen, weshalb die Arbeitslosenzahl unter den Sd. überdurchschnittlich hoch war.

Im Oktober 1933 gründete Konrad Henlein die Sudetendeutsche Heimatfront, die 1935 in Sudetendeutsche Partei (SdP) umbenannt wurde. Bei den Parlamentswahlen 1935 gewann sie 44 v. 66 dt. Abgeordnetenmandaten. Spätestens seit 1937 nationalsozialistisch ausgerichtet, kooperierte die Partei zunehmend mit dem Dt. Reich. Die sog. Sudetenkrise führte im September 1938 zum →Münchener Abkommen u. der Abtretung der mehrheitlich von D. besiedelten Grenzgebiete der Tschechoslowakei an Deutschland.

Während kleinere Gebiete des abgetrennten Territoriums an benachbarte bayerische u. österr. Regionen angeschlossen wurden, bildete der größte Teil mit 2,9 Mio. Bewohnern (Volkszählung 1939) den „Reichsgau Sudetenland". Die dortige NSDAP wies eine hohe Kontinuität zur SdP und eine im Vergleich zu anderen NSDAP-Gauen überproportional hohe Mitgliederzahl auf. Ideologische Ablehnung oder Widerstand beschränkten sich v. a. auf sozialdemokr., komm. und kath. Kreise. Die im Gau lebenden Tschechen (mit offiziell 291.000, rd. 9,9 % der Gesamtbev.) verloren jegliche polit. und kulturelle Selbständigkeit.

Nach der Wiederherstellung der Tschechoslowakei 1945 wurde die Mehrheit der D. durch den Entzug der Staatsbürgerschaft entrechtet u. enteignet. Dies ging mit einer Kennzeichnungspflicht für D., scharfen Beschränkungen der Bewegungsfreiheit, der Versorgung, der Eigentumsrechte u. dem Ausschluss vom öffentlichen u. kulturellen Leben einher (→Dekrete des tschechoslowakischen Präsidenten). Zahlreiche Personen, auch polit. unbelastete, wurden in →Lager gesperrt, mindestens 6.000 bis 7.000 Menschen starben dort. Außerordentliche Volksgerichte verurteilten 475 D. zum Tode u. 443 zu lebenslanger Haft.

Mitglieder der Armee, der →Revolutionären Garden, Rotarmisten, aber auch Zivilisten begingen Gewalttaten an D. (→wilde Vertreibung aus der Tschechoslowakei).

Bei der Vertreibung der D. aus der Tschechoslowakei sind zwei Phasen zu unterscheiden: Auf eine wilde Vertreibung in erster Linie in die →sowj. Besatzungszone Deutschlands (SBZ) 1945 folgte ab 1946 eine organisierte Zwangsaussiedlung in die →amerikanische Besatzungszone u. in die SBZ, die bis 1947 weitgehend beendet war. In der zweiten Phase, die rd. 1,9 Mio. Personen traf, konnten 50 kg Gepäck (in die US-Zone später 70 kg), Lebensmittel für mehrere Tage sowie 500 (in die US-Zone zunächst 1.000) Reichsmark mitgenommen werden. Diese Richtlinien wurden nicht immer beachtet. Unter günstigeren Bedingungen siedelten dt. Kommunisten sowie Sozialdemokraten aus (→deutschsprachige Antifaschisten, →Aktion Ullmann).

1950 lebten rd. 3 Mio. D. aus der Tschechoslowakei sowie deren Nachkommen in anderen Staaten. In der BRD betrug ihre Zahl rd. 1.912.000, wobei sich Schwerpunkte in den Bundesländern Bayern (1.026.355), Hessen (394.511) u. Baden-Württemberg (322.681) bildeten. In der DDR hielten sich 612.108 D. aus der Tschechoslowakei auf, besonders viele in Sachsen-Anhalt (226.042), Thüringen (146.910) u. Sachsen (110.083). In →Österreich belief sich die Zahl der Sd. im Oktober 1953 auf rd. 137.000 (davon 95.000 eingebürgerte u. 42.000 nicht eingebürgerte Personen). Weitere D. aus der Tschechoslowakei lebten in zahlreichen anderen Staaten (→Sudetendeutsche Emigration nach Schweden nach 1945).

Während die als →Umsiedler bezeichneten →Vertriebenen in der SBZ/DDR keine Interessenvertretungen gründen durften, bildete sich in den westl. Besatzungszonen nach einer Übergangszeit eine vielfältige Organisationsstruktur heraus. Eine polit. Bedeutung gewann in der BRD u. in Österreich die →Sudetendeutsche Landsmannschaft. In Bayern erlangten die Sd. eine Sonderstellung, da die Landesregierung 1954 die Schirmherrschaft über sie übernahm.

Nach der Vertreibung blieben in der Tschechoslowakei nur wenige D. zurück, v. a. Antifaschisten, dringend benötigte Spezialisten, Angehörige v. national gemischten Ehen sowie Familienmitglieder dieser Personenkreise. 1950 bekannten sich laut offiziellen Angaben 165.117 Personen als D. (1,3 % der tschechoslowak. Gesamtbev.), davon 159.138 in den böhmischen Ländern (1,8 % der dortigen Gesamtbev.). Ihre Zahl nahm im Laufe der Jahrzehnte durch Assimilation u. Auswanderung ab, auch wenn ihnen 1953 die Staatsbürgerschaft wieder verliehen wurde u. sich ihre soz. und polit. Lage allmählich verbesserte. Nach dem Umbruch im östl. Europa 1989 wurde die dt. Minderheit als solche anerkannt. Im Jahre 2001 bezeichneten sich in der Tschech. Republik 39.106 (0,38 % der Gesamtbev.) als D.

Seit der Öffnung der tschech. Archive 1989 sind vermehrt Studien zum Zusammenleben v. Tschechen und D. in der Tschechoslowakei u. zum Reichsgau Sudetenland vorgelegt worden. Die Forschung über Vertreibung u. Zwangsaussiedlung haben besonders tschech. Historiker vorangebracht, gerade auch mit zahlreichen Regionalstudien. Auf dt. Seite wurde stärker die Lage der Sd. in der BRD u. der DDR in den Blick genommen.

Lit.: T. Staněk, Verfolgung 1945. Die Stellung der Deutschen in Böhmen, Mähren und Schlesien (außerhalb der Lager und Gefängnisse). Wien 2002; T. Grosser, Die Integration der Vertriebenen in der Bundesrepublik Deutschland. Annäherungen an die Situation der Sudetendeutschen in der westdeutschen Nachkriegsgesellschaft am Beispiel Bayerns, in: Im geteilten Europa. Tschechen, Slowaken und Deutsche und ihre Staaten 1848–1989. Hg. H. Lemberg/J. Křen/ D. Kováč. Essen 1998, 41–94; F. Seibt, Deutschland und die Tschechen. Geschichte einer Nachbarschaft in der Mitte Europas. München [3]1997; Der Weg in die Katastrophe. Deutsch-tschechoslowakische Beziehungen 1938–1947. Hg. D. Brandes/V. Kural. Essen 1994.

V. Z.

Deutsche aus der Bukowina. Die Ansiedlung von D. in der Bukowina (dt. auch Buchenland, rum. *Bucovina*, ukr. *Bukovyna*) (a. Bukowinadeutsche, Bd.) geht auf die Impopulationspolitik des Habsburgerreiches nach der Verdrängung der Türken aus dem Karpatenbecken zurück. Die Grenzen der B. wurden nach der Abtretung durch die Türkei an Österreich 1776 vertraglich festgesetzt u. blieben dann bis ins 20. Jh. hinein weitgehend stabil. Die Einwanderung der D. in die B. konzentrierte sich größtenteils auf die ersten Jahrzehnte nach der österr. Besitznahme. Mehrere Gruppen sind hier zu unterscheiden: Südwestdeutsche („schwäbische") Bauern u. Handwerker ließen sich zw. Gebirge u. Pruthtal nieder; Bergleute – hauptsächlich aus der Zips – wurden zum Erzabbau im Karpateninnern gerufen und dt.-böhmische Glas- u. Waldarbeiter sowie Waldbauern zogen an den waldreichen Karpatenrand. Hinzu kamen die bürgerlichen Schichten der Städte, die aus den verschiedenen österr. Kronländern zuwanderten. Der Zuzug v. Beamten, Lehrern, Geistlichen, Kaufleuten, Handwerkern u. sonstigen Gewerbetreibenden dauerte während der gesamten Zeit der österr. Herrschaft an. Nach der österr. Verfassung v. 1861 wurde die B. zu einem österr. Kronland im Rang eines Hrzgt.s erhoben. Zur Zeit der Volkszählung v. 1910 sprachen etwa 20 % der Bev. der B. deutsch, v. denen etwa 60 % Juden waren. Im Frieden von St. Germain wurde die B. dem Kgr. →Rumänien zugesprochen.

Nach der Volkszählung des Jahres 1930 lebten in der B. 853.009 Einw., v. denen sich 75.533 (8,9 %) zur dt. Nationalität bekannten, während 93.812 Personen (11,0 %) Deutsch als Muttersprache angaben. Die Zahl der D. in der B. wuchs bis 1939 nach Fortschreibungen des rum. Zentralinstituts für Statistik auf 81.419 Personen. Der Anteil der D., die in der Land- u. Forstwirtschaft tätig waren, lag unter 50 %, wobei die Landwirtschaft der Bd. stark durch Zwergbesitz geprägt war. Knapp die Hälfte der Bd. gehörte handwerklichen u. industriellen Berufen an. Ein starkes akad. Bürgertum konzentrierte sich in der Hauptstadt Czernowitz (rum. Cernăuţi, ukr. Černivci) als geistigem Zentrum auch der Bd. Das Schulwesen war in österr. Zeit größtenteils staatl. gewesen mit muttersprachlichem Unterricht für die dt. Kinder, was sich in rum. Zeit radikal änderte. Bereits

1928 gab es selbst in rein dt. Gemeinden bis auf eine Ausnahme keine staatl. Volksschulen mehr mit dt. Unterrichtssprache. Die nationalstaatl. Bestrebungen Rumäniens überlagerten zunehmend die nationale Eigenständigkeit der Bd. Immerhin hatten die D. eigene Zeitungen wie die *Czernowitzer Deutsche Tagespost* u. die *Allgemeine deutsche Volkszeitung – Organ des Bukowiner Deutschtums*. Mit dem Volksrat der Deutschen gab es auch eine eigenständige polit. Vertretung, die sich durch Zusammenarbeit mit der jeweiligen rum. Regierungspartei auch im Parlament artikulieren konnte.

Vor diesem Hintergrund sind die polit. Ereignisse der Jahre 1939/40 zu sehen, die innerhalb kürzester Zeit zu einem fast vollständigen Abzug der D. führten. In der Folge des sog. Hitler-Stalin-Paktes vom 23. 8. 1939 (→Ribbentrop-Molotov-Pakt) forderte die →Sowjetunion am 26. 6. 1940 v. Rumänien ultimativ neben der Abtretung Bessarabiens auch die Übergabe der nördlichen B., die nicht im Hitler-Stalin-Pakt vorgesehen war, u. begann am 28. 6. mit der Besetzung dieser Gebiete. Auf der Basis dt.-sowjetischer Verhandlungen wurde am 5. 9. 1940 in Moskau eine „Deutsch-sowjetrussische Vereinbarung über die Umsiedlung der deutschstämmigen Bevölkerung aus den Gebieten von Bessarabien und der Nördlichen Bukowina in das Deutsche Reich" geschlossen (a. →Deutsche aus Bessarabien). Festgelegt wurde im Umsiedlungsvertrag das Prinzip der Freiwilligkeit u. der Erstattung des zurückgelassenen Vermögens. Einer „Gemischten deutsch-sowjetischen Umsiedlungskommission" wurde die praktische Durchführung der Umsiedlung übertragen. Die dt. Siedlungen lösten sich vollständig auf, u. auch Nichtdeutsche versuchten, sich der Umsiedlung anzuschließen. Die Furcht vor Enteignung, →Deportation u. Lagerhaft, die ersten Erfahrungen mit dem sowj. Regime wie auch die Hoffnungen auf eine Verbesserung ihrer wirt. Lage können als Hauptmotive der geschlossenen Beteiligung an der Umsiedlung angesehen werden. In organisierten Transporten wurden die Umsiedler in der Zeit vom 26. 9. bis zum 14. 11. 1940 mit der Eisenbahn ins Dt. Reich gebracht.

Bereits am 8. 10. 1940 wurden in Bukarest Verhandlungen zw. dem Dt. Reich u. Rumänien über die Umsiedlung der D. auch aus der bei Rumänien verbliebenen südlichen B. sowie aus der Dobrudscha aufgenommen (→Deutsche aus der Dobrudscha), die am 22. 10. 1940 in einen entsprechenden Staatsvertrag einmündeten. Obwohl für die D. der südlichen B. die Angst vor der Sowjetisierung keine Rolle spielte, folgten doch die meisten D. auch dieses Landesteils den reichsdt. Aufrufen zur Umsiedlung ins Reich (→Umsiedlung [NS-Begriff]). Die letzten Eisenbahntransporte aus der südlichen B. passierten am 15. 12. 1940 die Grenze des Dt. Reiches. Im Rahmen beider Umsiedlungsaktionen verließen 95.770 als D. die B., d. h. dass es etwa 20.000 Personen, die sich 1930 zu einer anderen Nationalität bekannt hatten, gelungen war, sich dem Zug ins „Großdeutsche Reich" anzuschließen. 1941 wurden in der Südbukowina nur noch 3.734 D. gezählt.

Nach z. T. mehrjährigem Lageraufenthalt wurden etwa 58.000 Bd. in den damaligen Reichsgauen Wartheland (→Warthegau als Aus- und Ansiedlungsgebiet) u. Oberschlesien auf zumeist enteignetem poln. Besitz angesiedelt. Nach Elsass-Lothringen wurden rd. 5.000 u. ins sog. Altreich 17.000 Personen gelenkt. Mit dem Kriegsende 1944/45 geriet ein Teil der Bd. in den Strudel von →Flucht u. →Vertreibung. Im Jahr 1964 wurden v. den vor Kriegsende namentlich zu ermittelnden Bd. 69.297 als lebend festgestellt, v. denen sich 52.427 in der damaligen Bundesrepublik Deutschland u. Berlin-West aufhielten, 5.339 in der DDR u. Berlin-Ost, 3.534 in der alten Heimat u. rd. 7.500 im westl. Ausland.

Lit.: O. Kotzian, Die Umsiedler. Die Deutschen aus Bessarabien, der Bukowina, der Dobrudscha, Galizien, der Karpaten-Ukraine und West-Wolhynien. München 2004; M. Hausleitner, Die Rumänisierung der Bukowina. Die Durchsetzung des nationalstaatlichen Anspruchs Großrumäniens 1918–1944. München 2001; D. Jachomowski, Die Umsiedlung der Bessarabien-, Bukowina- und Dobrudschadeutschen. Von der Volksgruppe in Rumänien zur „Siedlungsbrücke" an der Reichsgrenze. München 1984; W. Miege, Das Dritte Reich und die deutsche Volksgruppe in Rumänien 1933–1938. Ein Beitrag zur nationalsozialistischen Volkstumspolitik. Frankfurt a. M. 1972; E. Turczynski, Die Bukowina, in: Galizien, Bukowina, Moldau. Hg. I. Röskau-Rydel. Berlin 1999 (= Deutsche Geschichte im Osten Europas), 218–328.

D. J.

Deutsche aus der Dobrudscha. In der Folge des Berliner Kongresses v. 1878 kam der nördl. Teil der ehemals türk. Dobrudscha (rum. *Dobrogea*, bulg. *Dobrudža*) an →Rumänien. Nach dem 2. →Balkankrieg erhielt Rumänien im Jahr 1913 auch den südl. Teil der Dobrudscha (rum. *Cadrilater*) v. →Bulgarien. Die Ansiedlung v. Deutschen in der Dobrudscha (a. Dobrudschadeutsche, Dd.) begann 1841 u. ging v. Bessarabien sowie verschiedenen südrussischen Gouv.s aus. Günstige Bedingungen bei Grundkauf u. Ansiedlung in der Dobrudscha waren die Hauptmotive der Siedler. Die Dd. lebten zumeist nicht in geschlossenen dt. Dörfern, sondern in dt. Dorfteilen. Ihre Zahl betrug im Jahr 1930 12.581 Personen (1,5 % der Gesamtbev.). Nach den Fortschreibungen des rum. Zentralinstituts für Statistik erhöhte sich die Zahl der Dd. bis 1939 auf 15.378. Konfessionell waren die Dd. gemischt, wobei die Protestanten überwogen. In den evang. Kirchen wurde nur dt. gepredigt. Mit dem Deutschen Volksrat gab es auch eine polit. Vertretung. Ungünstig für die kulturelle Situation der Dd. wirkte sich die Lage der Siedlungen aus. Sie wohnten zwar in eigenen dt. Ortsteilen, doch fand sich kaum ein geschlossenes dt. Siedlungsgebiet, das Hinterland für Schulen oder andere kulturelle Einrichtungen hätte sein können. Ein nicht unerheblicher Teil der Dd. lebte wirt. am Rande des Existenzminimums. Besonders Letzteres führte dazu, dass die Volksgruppenführung der Dd. die mittlerweile sehr engen Verbindungen ins Dt. Reich dafür nutzte, eine Auswanderung der v. Verarmung betroffenen Dd. in das – durchaus so empfundene – Mutterland zu erreichen. Bei dieser sog. Vorumsiedlung zogen v. Anfang 1939 bis zum Sommer 1940 etwa 1.600 bis 1.700 Personen nach →Deutschland, also rd. 10 % der Dd.

Im Zusammenhang mit der Umsiedlung der →Deutschen aus Bessarabien u. der nördl. Bukowina (→D. aus der Bukowina) im Jahre 1940 gerieten auch die Dd. in der südl. Bukowina u. der Dobrudscha in den Blick der NS-Volkstumspolitik (→Umsiedlung [NS-Begriff]). Am 22. 10. 1940 wurde in Bukarest die „Deutsch-rumänische Vereinbarung über die Umsiedlung der Deutschen aus der Südbukowina und der Dobrudscha" unterzeichnet. Die Umsiedlung beruhte auf dem Prinzip der Freiwilligkeit u. der Erstattung zurückgelassenen Vermögens. Der größere Teil der Dd. begrüßte die Umsiedlung, manche gingen ungern, zogen aber mit, um nicht isoliert zurückzubleiben. Die Umsiedlungskommission übte Druck aus, um eine hohe Beteiligung zu erreichen. So schlossen sich aus der Dobrudscha 13.968 Personen der Umsiedlung an, bei einer Zahl v. 15.378 Dd. im Jahr 1939. Bei diesen Zahlen ist zu berücksichtigen, dass die südl. Dobrudscha unmittelbar vor der Umsiedlung an Bulgarien abgetreten worden war u. dadurch die dort lebenden etwa 500 Deutschen in den Umsiedlerzahlen nicht inbegriffen sind (→Craiova Abkommen). Außerdem enthält der zahlenmäßige Stand des Jahres 1939 einen Teil der „Vorumsiedler" v. 1939/40. Der Transport nach Deutschland erfolgte per Schiff auf der Donau bis Zemun (Semlin) u. von dort weiter mit der Bahn. Der letzte Transport mit Dd. passierte am 13. 12. 1940 die Reichsgrenze. Im rum. Teil der Dobrudscha befanden sich 1941 noch 1.693 Deutsche.

Nach z. T. mehrjährigem Lageraufenthalt wurden etwa 6.000 Personen im sog. Reichsgau Wartheland (→Warthegau als Aus- und Ansiedlungsgebiet) auf zumeist enteignetem poln. Besitz u. 5.075 Personen im sog. „Protektorat Böhmen und Mähren" angesiedelt u. die übrigen ins „Altreich" dirigiert. Als die sowj. Armee Westpolen eroberte, versuchten sie nach W zu fliehen; die übrigen wurden nach Kriegsende aus →Polen u. der →Tschechoslowakei vertrieben. 1964 lebten 8.559 Dd. in der damaligen Bundesrepublik, 2.318 in der DDR, 721 in der alten Heimat u. etwa 2.000 im westl. Ausland.

Zusammenfassend ist festzustellen, dass die Umsiedlung der Dd. eine mittelbare Folge der Ereignisse war, die mit dem sowj. Ultimatum v. 26. 6. 1940 in Bessarabien u. der Bukowina eingesetzt hatten. Anders als diese beiden Gebiete wurde die Dobrudscha aber v. den damit verbundenen politischen Umwälzungen nicht berührt. Mehr als bei den Bessarabien- u. den Bukowinadeutschen kann man bei der Umsiedlung der Dd. von Freiwilligkeit sprechen, besonders vor dem Hintergrund der wirt. wie kulturell schwierigen Verhältnisse der dt. Bevölkerung in der Dobrudscha. Dass die nationalsozialistische Propaganda ein idealisiertes Deutschlandbild vermittelte, dem die Realität der folgenden Jahre nicht standhielt, hat zu einer hohen Umsiedlungsbereitschaft beigetragen.

Lit.: →Deutsche aus der Bukowina.

D. J.

Deutsche aus dem Elsass: Verdrängung nach dem Ersten Weltkrieg. Vor der Annexion durch Deutschland 1871 war das E. bereits seit zwei Jh.en eine frz. Provinz. Die Französisierung auf polit., kultureller u. sprachlicher Ebene war in vollem Gange. Durch alle Gesellschaftsschichten hindurch waren die Elsässer Frankreich tief verbunden, dessen Lebensstil sich langsam aber sicher durchgesetzt hatte. Nach der milit. Niederlage Frankreichs in Sedan 1870 wurde die Provinz Gegenstand einer systematischen Einwanderungspolitik vonseiten der dt. Regierung, die das E. schnellstmöglich germanisieren wollte. Um diese Politik zum Erfolg zu führen, stand den Deutschen ein Zeitraum v. 45 Jahren, also v. zwei Generationen, zur Verfügung, eine hinlängliche Zeitspanne für den Versuch, das E. mit dem Dt. Reich zu verschmelzen. Von 1871 an strömten zwei neue Gruppen „altdeutscher“ Einwanderer ins E.: Militärangehörige (ein Viertel der Einwanderer), die in den elsäss. Garnisonsstädten stationiert waren, u. Beamte, die alle polit. und adm. Posten v. Bedeutung übernahmen u. den Elsässern untergeordnete Stellungen zuwiesen. Diese Einwanderer, zum Großteil preußische oder sächsische Bürger, waren die Repräsentanten des „neuen Deutschland“, in welchem die Elsässer das vertraute Deutschland v. vor 1870 nicht mehr wiedererkannten. Mit dieser neuen Elite, vom Kastengeist durchdrungen, v. ihrer eigenen Überlegenheit überzeugt, vom Germanisierungseifer erfasst, hatte die einheimische Bev. kaum Kontakt. Die elsäss. Elite – in den geschlossenen Kreisen der Bourgeoisie wurden die frz. Sprache u. Kultur verherrlicht u. der Kult um das „verlorene Frankreich“ gepflegt – u. die dt. militärische und wiss. Eliten ignorierten sich herablassend fast über die gesamte Dauer der Annexion.

Den ersten Ankömmlingen folgten bald Handwerker, kleine Angestellte u. Kaufleute, Arbeiter u. Tagelöhner, die hauptsächlich wirt. Motive ins E. trieben. Die meisten dieser Zuwanderer kamen aus dem Rheinland. Die geogr. Nähe, die kulturellen und relig. Ähnlichkeiten, eine gemeinsame Sprache, die gleichen Lebensgewohnheiten u. Charaktereigenschaften, auch die gleichen harten Arbeitsbedingungen, die schnell zu einer realen soz. Solidarität führten, die über die Frage der Nationalität hinausgingen, begünstigten in hohem Maße die Annäherung, sehr rasch auch die Verschmelzung der einheimischen Bev. mit den aus dem Rheinland zugewanderten Gruppen.

Die 1871 beginnende Migration Deutscher in Richtung E.-Lothringen setzte sich ohne Unterbrechung bis zum Vorabend des 1. →Wk.s fort. Insgesamt hatten sich bis zum Ende des Dt. Kaiserreiches mehr als 200.000 D. im E. niedergelassen, was etwas mehr als 10 % der Bev. entsprach. Im annektierten Lothringen, wo sich große Garnisonen befanden u. das eine schnelle Industrialisierung erlebt hatte, war der Zustrom erheblich stärker, sodass 1905 jeder vierte Lothringer D. war. Die dt. Zuwanderung in das E. konzentrierte sich v. a. auf die Städte. Im ländlichen Raum stieg der Anteil der Deutschen zw. 1871 u. 1914 nicht über 3 % der Gesamtbev. Straßburg war das Hauptziel der Zuwanderer: 45,6 % aller ins E. eingewanderten D. ließen sich dort nieder.

Der 1. Wk. unterbrach abrupt den Prozess der Annäherung bzw. Verschmelzung zw. den Elsässern u. Deutschen. Die Begeisterung der Elsässer, als die frz. Truppen im November 1918 im E. eintrafen, veranlasste die frz. Regierung, die Politik der Französisierung der Region zu beschleunigen. Ziel dieser Politik war es, das E. politisch und v. a. auch kulturell in das frz. Gemeinwesen zu integrieren u. so schnell wie möglich die dt. Periode aus dem kollektiven Gedächtnis der Elsässer zu löschen. In diesem besonderen polit. Klima, zu dem noch die großen wirt. und soz. Schwierigkeiten hinzukamen, konnten inoffizielle Säuberungskomitees gedeihen, die Jagd auf die noch auf elsäss. Gebiet lebenden D. machten u. „verdächtige", „unerwünschte" u. „pangermanistische" Elsässer aufspürten. Die Komitees setzen sich im Wesentlichen aus frz. Offizieren des Generalstabs, Elsässer Hurra-Patrioten u. doktrinär-revanchistisch eingestellten „Revenants" (Heimkehrern) zusammen. Diese Heimkehrer waren Elsässer, die 1918 aus dem frz. Exil zurückkehrten, in Frankreich den Mythos des unglücklichen E. unter „deutschem Joch" gepflegt hatten u. die Realitäten im E. von 1918 völlig verkannten. Anfangs ließen die noch kaum funktionierenden frz. Behörden vor Ort die Säuberungskomitees gewähren, war doch die →Vertreibung der dt. Arbeitskräfte eine kostengünstige Lösung für das Problem der Arbeitslosigkeit. Die Säuberungskomitees wurden v. „Selektionsausschüssen" (*Commissions de triage*, zwölf an der Zahl für das Département Bas-Rhin) unterstützt, die für die Klassifizierung der Bev. und für die individuelle Prüfung derjenigen Elsässer, die den Behörden als „verdächtig" gemeldet worden waren, zuständig waren. Auf der Basis dieser Klassifizierung u. Prüfungen vollzogen sich die Ausweisungen u. Internierungen. Die Internierung in *camps de concentration* – sie befanden sich meistens in Südfrankreich – betraf nur Alt-Elsässer oder Alt-Lothringer, da ihre Ausweisung rechtlich nicht möglich war (→Lager).

Die Entstehung der Selektionsausschüsse geht auf eine Idee v. 1914 zurück. In Erwartung des frz. Sieges über Deutschland sollte eine Kommission geschaffen werden, die die E.-Lothringer in drei Kategorien einteilen sollte: die „Guten" *(les bons),* die „gering Belasteten" *(les douteux)* u. die „Verdächtigen" *(les suspects).* 1918 wurde die elsässische Bev. in vier Gruppen unterteilt: Den Ausweis A erhielten die Elsässer „reiner Herkunft", deren beide Elternteile oder Großeltern frz. Abstammung waren. Der Ausweis B wurde an die Personen ausgegeben, die einen Elternteil ausländischer Herkunft hatten. Im E. waren dies v. a. die Nachkommen dt.-elsäss. Paare. Der Ausweis C war den Elsässern vorbehalten, deren beide Elternteile in einem verbündeten oder einem neutralen Land gebürtig waren. Der Ausweis D wurde Einwohnern dt. Abstammung u. ihren Nachkommen zugewiesen, selbst wenn diese im E. geboren waren. Der Besitz eines Ausweises war lebensnotwendig, denn er wurde benötigt für den Geldwechsel, die Ausübung des Wahlrechts u. war Voraussetzung für Reisen. 93,6 % der Ausgewiesenen des Winters 1918/19 besaßen einen Ausweis D.

Um übereifrige Exzesse zu verhindern, gab die frz. Regierung bald ministerielle Anweisungen heraus, die die Befugnisse der Komitees u. Kommissionen einschränkten. Mit diesen Anweisungen wurden auch die Rollen genau verteilt u. die Funktionsweise der Komitees u. Kommissionen beschrieben. Indes: Die überstürzte Vertreibung der deutschen Bev., die Klassifizierung der elsässischen Bev. und die Einrichtung einer Schnelljustiz auf elsäss. Boden waren Kardinalfehler der frz. Politik im E. Denn dies hat entscheidend zur Entwicklung einer Gegenbewegung beigetragen, der elsäss. Autonomiebewegung, die ab 1920 immer aktiver wurde.

Von November 1918 bis September 1920 mussten ungefähr 112.000 D., die Hälfte der auf elsäss. Boden lebenden deutschen Bev., das E. verlassen. Die D. wurden auf Lastwagen geladen oder in Kolonnen zur Grenze gebracht. Sie wurden erst 24 Stunden vorher v. ihrer Abschiebung in Kenntnis gesetzt u. durften nicht mehr als 30 bis 40 Kilo Gepäck pro Person mitnehmen. Der erklärte Wille, keinen verantwortungsvollen Posten in dt. Händen zu lassen, der doktrinäre Charakter der Politik zur Entgermanisierung des ehem. Reichslands, die improvisierten Verfahren, die auf die ganze Region ausgeweitet wurden – dies alles zeugt v. der Absicht, das E. von Deutschen zu „säubern".

Lit.: C. Kohser-Spohn, Staatliche Gewalt und der Zwang zur Eindeutigkeit. Die Politik Frankreichs in Elsass-Lothringen nach dem Ersten Weltkrieg, in: Nationalitätenkonflikte im 20. Jahrhundert. Ursachen von inter-ethnischer Gewalt im Vergleich. Hg. Ph. Ther/H. Sundhaussen. Wiesbaden 2001, 183–202; F. Uberfill, La société strasbourgeoise entre France et Allemagne (1871–1924). Strasbourg 2001; K. H. Rothenberger, Die Elsaß-Lothringische Heimat- und Autonomiebewegung zwischen den beiden Weltkriegen. Bern ²1976.

C. K.-S.

Deutsche aus Galizien. D. aus G. (a. Galiziendeutsche, Gd.) waren die Nachfahren v. den aus der Pfalz u. Württemberg sowie aus anderen dt.sprachigen Gebieten Ende des 18. u. Anfang des 19. Jh.s eingewanderten Ansiedlern. Die als Kolonisten angeworbenen D. lebten seit 1774 meist in kleineren Kolonien in dem v. Österreich infolge der Ersten Teilung Polens 1772 annektierten Gebiet Südpolens, das den Namen „Königreich Galizien und Lodomerien" (abgeleitet v. den Fürstentümern Halyč u. Vladimir) erhielt. Hauptstadt Galiziens (poln. *Galicja*, ukr. *Halyčyna*) war Lemberg (Lwów, L'viv). Die Gd. wurden nach dem Ende des 1. →Wk.s poln. Staatsbürger. Von den 59.000 Gd. gehörten 31.000 der evang.-unierten bzw. der evang. Konfession augsburgischen u. helvetischen Bekenntnisses, 1.000 der evang.-augsburgischen Konfession, 26.000 der röm.-kath. und 1.000 anderen Glaubensgemeinschaften (darunter auch Mennoniten) an. Die Ansiedlung dt. Kolonisten in G. fand gemäß den Patenten vom 1. 10. 1774 u. 17. 9. 1781 statt. Bis 1805 gelangten rd. 20.000 Einwanderer aus dt.sprachigen Gebieten nach G. Zwischen 1836 u. 1848 durften sich auch rd. 2.000 Dt.böhmen in G. niederlassen. Ein bedeutendes soziales u. geistliches Zentrum der evangelischen D. bildeten die 1896 v. dem aus Greifswald stammenden Pfarrer Theodor Zöckler gegründeten Anstalten in Stanislau (poln. Stanisławów, ukr. Stanislav[iv]/Ivano-Frankivs'k), die nach dem Vorbild der Bodelschwingh'schen Anstalten in Bethel ausgebaut wurden. Ein Verband der verschiedenen Konfessionen angehörenden D. in G. entstand erst im Jahre 1907 mit der Gründung des Bundes der christlichen D. in G. Juden war ausdrücklich die Mitgliedschaft verwehrt. Der im selben Jahr gegründete „Deutsche Volksrat in Galizien" vertrat die Interessen der Gd. gegenüber der Landesregierung in Lemberg u. der Zentralregierung in Wien. Sprachrohr der Gd. war das ebenfalls 1907 gegründete *Deutsche Volksblatt für Galizien*.

Die D. machten nur einen verschwindend kleinen Anteil an der Gesamtbevölkerung G.s aus. Nur in wenigen Dörfern u. Städten Ostgaliziens konnte bis 1939 eine dt. Gemeindestruktur (Evangelische, Mennoniten, Katholiken) bewahrt werden. Mit ihren mehrheitlich ukr. Nachbarn in Ostgalizien sowie mit Polen u. Juden versuchten die D. freundschaftliche Beziehungen aufzubauen. Das Verhältnis zu den Polen verschlechterte sich erst nach Einführung der Autonomie seit Ende der 1860er Jahre. Insbesondere die privaten dt.sprachigen evang. Schulen der Gd. erfuhren schrittweise Einschränkungen. Die Beziehungen zu den dt.sprachigen Juden gestalteten sich im Allg. relativ gut, so besuchten zahlreiche jüd. Schüler das evang. Gymnasium in Lemberg.

In dem Geheimen Zusatzprotokoll des Nichtangriffsvertrages zw. dem Dt. Reich u. der →Sowjetunion vom 23. 8. 1939 (→Ribbentrop-Molotov-Pakt) wurde vereinbart, dass „die Interessensphären Deutschlands u. der UdSSR ungefähr durch die Linie der Flüsse Narew, Weichsel u. San abgegrenzt" würden, falls es zu einer Umgestaltung →Polens kommen sollte. Nach dem Überfall auf Polen durch dt. Truppen am 1. 9. 1939 wurde in dem →dt.-sowj. Grenz- u. Freundschaftsvertrag vom 28. 9. 1939 die Aufteilung Polens besiegelt, wodurch sich der größere Teil der Gd. nun in der sowj. Einflusssphäre befand. Zur Durchführung des Abkommens wurde eine Gemischte dt.-sowj. Umsiedlungskommission unter dem Vorsitzenden der dt. Regierungsdelegation Kurt von Kamphoevener u. unter dem Vorsitzenden der sowj. Regierungsdelegation Maksim Litvinov gebildet. Das dt.-sowj. Abkommen über die Umsiedlung der Gd. wie auch der Deutschen aus Wolhynien (→D. aus W. im Zweiten Weltkrieg) u. dem Narewgebiet in das Dt. Reich wurde am 16. 11. 1939 in Moskau v. den beiden Vorsitzenden unterzeichnet (→Umsiedlung [NS-Begriff]). In dem 23 Artikel u. ein Zusatzprotokoll umfassenden Abkommen wurden die Umsiedlungsmodalitäten u. die Anzahl u. Kompetenzen der Bevollmächtigten für die Umsiedlung festgelegt. Zum Umzugsgut durften 50 kg pro Familienoberhaupt u. für alle weiteren Familienmitglieder je 25 kg gezählt werden. Darüber hinaus war es gestattet, Groß- u. Kleinvieh in bestimmter Anzahl sowie für Handwerker unentbehrliche Werkzeuge mitzunehmen. Zum Ausfuhrgut zählten auch persönliche Urkunden sowie Dokumente v. Einrichtungen der Gd. Dagegen durften u. a. Wertgegenstände, Waffen u. Kraftwagen nicht ausgeführt werden. Jede umzusiedelnde Familie erhielt das Recht, ihr zurückgebliebenes Vermögen in eine Liste einzutragen, dessen Gesamtwert dann v. je einem Mitglied der gemischten Umsiedlungskommission geschätzt wurde, der dann bei der Neuansiedlung berücksichtigt werden sollte. Problematisch gestaltete sich die zw. dem 11. 12. 1939 bis 3. 2. 1940 andauernde Umsiedlung aufgrund der tiefen Temperaturen. Als Transportmittel dienten größtenteils Pferdewagen, die in großen Trecks die Brücke über den San in der im →Generalgouvernement (GG.) gelegenen Stadt Przemyśl überquerten. Die aus Städten stammenden Personen sowie Alte, Kranke, Frauen u. Kinder wurden meist per Eisenbahn transportiert. Zum Zeitpunkt der Umsiedlung betrug die Gesamtzahl der Gd. 59.000 (1. 1. 1939), v. denen im Winter 1939/40 54.095 Personen umgesiedelt wurden.

Den Umsiedlern wurde nicht gestattet, sich im ehem. Westgalizien niederzulassen, sondern sie wurden in die Durchgangslager in Lodz (Łódź), Pabianice, Zgierz u. Kalisch (Kalisz) transportiert. Hatten die Gd. aufgrund der Entfernung zum Dt. Reich u. der hist. bedingten engeren Anbindung an Österreich zuvor selten Kontakt mit der nationalsozialistischen Agitation, so änderte sich dies mit der Umsiedlung u. der Unterbringung in den Durchgangslagern. Die versprochene Ansiedlung auf Bauernhöfen fand zunächst nicht statt, da die Maßnahmen zur Aussiedlung v. Polen u. Juden aus dem Warthegau u. deren Ansiedlung im GG. erst im November 1939 begonnen hatten (→Warthegau als Aus- und Ansiedlungsgebiet). Die Gd. verbrachten die ersten Monate nach ihrer Umsiedlung in Durchgangslagern, wo sie auf ihre polit. Gesinnung u. „rassische Qualifikation" zwecks Einbürgerung überprüft wurden. Ein Teil der Umsiedler gelangte dann in „Beobachtungslager", schon überprüfte Familien wurden vornehmlich in den zuvor entvölkerten östl. Teilen des Warthelands angesiedelt.

Auf amtlichen Archivmaterialien basierende Forschungen zur Umsiedlung der Gd. liegen nicht vor. Neuere Beiträge zur Umsiedlung beziehen sich auf Veröffentlichungen v. an der Umsiedlung beteiligten Personen. Quellen zur Umsiedlung der Gd. befinden sich im Bundesarchiv Berlin-Lichterfelde. Die Gd. werden durch das Hilfskomitee der Galiziendeutschen A. u. H. B. mit Sitz in Stuttgart vertreten. Organ des Hilfskomitees ist *Das heilige Band. Der Galiziendeutsche* (Monatsschrift) mit theologischen und hist. Beiträgen sowie mit Informationen über aus G. stammende Personen. Ein engl.sprachiges Internetforum (galizien.multiply.com) widmet sich Fragen der Herkunft v. Familien aus G.

Lit.: O. Kotzian, Die Umsiedler. Die Deutschen aus West-Wolhynien, Galizien, der Bukowina, Bessarabien, der Dobrudscha und in der Karpatenukraine. München 2005; Galizien und sein Deutschtum. Eine Dokumentation aus Sepp Müllers Nachlaß (...). Bd. II/IV: Heimatbuch der Galiziendeutschen. Bearb. E. Müller. Stuttgart 2002; Galizien, Bukowina, Moldau. Hg. I. Röskau-Rydel. Berlin 1999 (= Deutsche Geschichte im Osten Europas); Aufbruch und Neubeginn. Heimatbuch der Galiziendeutschen. Teil II. Hg. J. Krämer in Zus. mit R. Mohr/E. Hobler. Stuttgart, Bad Cannstatt 1977; H. Hecker, Die Umsiedlungsverträge des Deutschen Reiches während des Zweiten Weltkrieges. Hamburg 1971.

I. R.-R.

Deutsche aus dem heutigen polnischen Staatsgebiet. Diese größte Gruppe der dt. →Vertriebenen umfasst zwei hist. völlig unterschiedliche Bev.teile.

1. Die Bewohner der Gebiete, die vor Beginn des 2. →Wk.s Teil des Dt. Reiches waren: 4,5 Mio. Nieder- u. Oberschlesier, 1,9 Mio. Hinterpommern, 642.000 Ostbrandenburger u. die 2,5 Mio. Ostpreußen im S der Provinz. Diese rd. 9,5 Mio. Menschen (1939) besaßen die dt. →Staatsangehörigkeit. Hinzu kamen die 348.000 deutschen Einw. der Freien Stadt Danzig. Die genannten D. waren die Mehrheitsbev. in den Grenzprovinzen

zu →Polen, wobei neben praktisch rein dt. Gebieten wie Ostbrandenburg, Niederschlesien u. dem größten Teil Hinterpommerns in anderen Gebieten das Nationalgefühl bei einem Teil der Landbev. weniger stark als das Regionalgefühl ausgebildet war. Die Neigung zur dt. oder poln. Seite konnte sich dort innerhalb einer Familie unterscheiden. Dies war v. a. in einigen ländlichen Gebieten Oberschlesiens der Fall, aber auch im Ermland, in Masuren u. den östl. Kreisen Hinterpommerns gab es dieses „schwebende Volkstum" u. teilweise auch organisierte poln. Minderheiten.

2. Die rd. 1 Mio. Angehörigen der dt. Minderheit im poln. Staat vor dem 2. Wk. Auch dies war hist. keine homogene Gruppe, sondern setzte sich aus drei sehr unterschiedlichen Bev.teilen zusammen, die erst als Minderheit im poln. Staat der Zwischenkriegszeit ein Gemeinschaftsgefühl entwickelten (→nationale Minderheit). Der zahlenmäßig bedeutendste Teil waren die Bewohner der Gebiete, die bis 1918 Teil Preußens u. damit des Dt. Reiches gewesen waren, also des Posener Landes, Westpreußens u. Ostoberschlesiens. Sie besaßen zum kleineren Teil noch die dt. Staatsangehörigkeit, doch die meisten hatten, um in der Heimat verbleiben zu können, die poln. Staatsangehörigkeit annehmen müssen. Die zweitgrößte Gruppe waren die D. in Mittelpolen, mit dem Zentrum um die Textilmetropole Lodz (Łódź). Sie waren mehrheitlich im 19. Jh. in das damalige russ. Teilgebiet eingewandert u. bis 1918 zumeist russ. Staatsbürger dt. Nationalität. Die dritte Gruppe waren die D. in Galizien, vor 1918 Teil der Habsburger Monarchie (→D. aus Galizien). Während der dt. Besatzungszeit in Polen wurde diesen dt. Minderheitenangehörigen über die sog. →Deutsche Volksliste die dt. Staatsangehörigkeit, teilweise aber nur auf Widerruf, verliehen.

Zur alteingesessenen deutschen Bev. kamen während des Kriegs weitere hunderttausende dt. Umsiedler (→Umsiedlung [NS-Begriff]) aus Osteuropa wie die →Deutschbalten oder die →D. aus Bessarabien, v. a. in das Posener Land. Es kamen ferner Beamte aus den westlicheren Reichsgebieten, Bombenflüchtlinge u. zahlreiche Ausländer, alliierte Kriegsgefangene u. Zwangsarbeiter.

Erste Fluchtbewegungen. Nach einem Massaker der Roten Armee im Oktober 1944 im ostpreußischen Nemmersdorf kam es zu ersten spontanen Fluchtbewegungen ostdeutscher Zivilbev., die allerdings v. den NSDAP-Dienststellen nach Möglichkeit unterbunden wurden. Die Verantwortung für die →Evakuierung der Zivilbev. lag bei den seit 1942 zu Reichsverteidigungskommissaren ernannten Gauleitern. In Ostpreußen verbot Erich Koch jede vorbeugende →Flucht bei Todesstrafe. In Pommern, Schlesien u. den Reichsgauen Wartheland (→W. als Aus- und Ansiedlungsgebiet) u. Danzig-Westpreußen (→D.-W. als Aus- und Ansiedlungsgebiet) wurden dagegen seit Herbst 1944 geheime Räumungspläne erarbeitet. In allen östl. Reichsgebieten wurde gleichzeitig ein sog. Ostwall errichtet. Tatsächlich war jedoch angesichts der milit. Kräfteverhältnisse zw. Wehrmacht u. Roter Armee der Zusammenbruch der dt. Ostfront u. die Eroberung Ostdeutschlands durch die Sowjettruppen mit diesen Maßnahmen nicht zu verhindern (→Ostpreußen: Flucht und Vertreibung nach Deutschland).

Militärische Entwicklung. Der vom 12. bis zum 15. 1. 1945 erfolgende Großangriff der Roten Armee auf der gesamten Front v. der Memel bis zur oberen Weichsel in Richtung Schlesien, die mittlere Oder u. Königsberg kam deshalb mit unerwarteter Geschwindigkeit voran. Die vorbereiteten Räumungsmaßnahmen für die Zivilbev. erwiesen sich als völlig unzureichend. In wenigen Tagen stieß die Rote Armee v. der Weichsel bis an die alte Reichsgrenze östl. von Breslau vor u. eroberte Ende Januar das oberschlesische Industriegebiet. Am 16. 2. 1945 wurde die schlesische Hauptstadt Breslau eingeschlossen, die als „Festung" noch bis zum 6. 5. 1945 verteidigt wurde. Bis Ende März war auch Oberschlesien westl. der Oder erobert. Seit dem 26. 1. 1945 war Ostpreußen v. der Landverbindung mit dem übrigen Reichsgebiet abgeschnitten. Bis Ende März 1945 wurde der größte Teil der ostdt. Gebiete jenseits v. Oder u. Görlitzer Neiße v. der Roten Armee besetzt.

Die NS-Behörden erlaubten die Evakuierung meist erst in letzter Minute, sodass mindestens 600.000 Ostdeutsche v. dem schnellen Vorstoß der Roten Armee noch in ihrer Heimat überrollt wurden. Die wild einsetzende Flucht führte zu chaotischen Zuständen auf den Straßen, wobei der überaus harte Winter 1944/45 das Los der Flüchtlinge zusätzlich erschwerte. Aus Pommern, Ostbrandenburg u. Schlesien konnten sich die meisten Flüchtlinge aber noch einzeln oder in Trecks, zu Fuß oder mit den letzten Bahntransporten nach W retten. Tausende nach Sachsen geflüchtete Ostdeutsche, v. a. Schlesier, starben bei der Bombardierung Dresdens am 13. u. 14. 2. 1945.

Etwa 4,4 Mio. Ostdeutsche waren zum Zeitpunkt der Kapitulation in ihrer Heimat verblieben oder auf der Flucht noch östl. der Oder überrollt worden. Sie hatten während u. nach der Eroberung unter ständigen Übergriffen u. Gewalttaten sowj. Truppen zu leiden. Diese massenhaften Ausschreitungen waren z. T. sicherlich eine Reaktion auf die Verbrechen der dt. Besatzer in der →Sowjetunion während des Krieges, die Rotarmisten wurden aber auch durch entsprechende Aufrufe wie die des Schriftstellers Ilja Ehrenburg zu Plünderungen, Morden u. Vergewaltigungen aufgehetzt u. dafür auch zumeist nicht zur Verantwortung gezogen. Unmittelbar nach der Eroberung der ostdt. Gebiete begannen die sowj. Militärbehörden, arbeitsfähige Männer u. Frauen zur →Zwangsarbeit in die Sowjetunion zu deportieren (→D. und Polen aus Oberschlesien und Pommern: Deportationen in die Sowjetunion, →Ostpreußen: Deportation in die Sowjetunion und Ausweisung in die DDR, →Deportation).

Alliierte Pläne für die Zwangsaussiedlung der Deutschen. Bezüglich einer Westverschiebung Polens auf Kosten Deutschlands u. der Ausweisung der D. aus den geforderten Gebieten herrschte während des Krieges grundsätzlich bei allen polit. Lagern Polens Einmütigkeit. Auch die Alliierten hatten entsprechende Vorstellungen akzeptiert, ohne jedoch konkrete Feststellungen zu treffen. Die Londoner Exilregierung Polens u. der ihr nahestehende Untergrund im besetzten Polen hatten bereits seit 1940 Pläne entwickelt, die sich allerdings bez. des Umfangs der Gebietsforderungen u. des Zeitplans der Zwangsaussiedlung der D. je nach polit. Gesamtkonzept unterschieden. Schlesien, insbesondere sein östl. der Oder gelegener Teil, spielte dabei neben Ostpreußen eine zentrale Rolle. Für einen Anschluss dieser Gebiete an Polen wurden dabei gegenüber den Alliierten wirt., geopolit., strategische, ethn. und hist. Argumente vorgebracht.

Erst relativ spät, nämlich Ende 1943, hatten auch die komm. Kräfte im poln. Untergrund u. im sowj. Exil den Gedanken einer Westerweiterung Polens um ostdt. Gebiete u. der Ausweisung der dortigen D. übernommen. Da sie auf Iosif →Stalins Druck den Verlust der poln. Ostgebiete der Vorkriegszeit an die Sowjetunion akzeptieren mussten (→dt.-sowjetischer Grenzvertrag), konnten sie nur durch möglichst weitgehende Gebietsforderungen im W in den Augen ihrer Landsleute ein Verdienst erwerben. Tatsächlich war Polen in der Grenzfrage aber ebenso wie Deutschland nur Objekt alliierter Entscheidungen. Die poln. Westgrenze hatte Stalin bereits in einem Geheimabkommen mit dem von poln. Kommunisten im Juli 1944 gebildeten Lubliner Komitee einseitig u. ohne Absprache mit seinen Verbündeten an der Oder u. Görlitzer Neiße festgelegt. Angesichts des Zögerns der Westalliierten, sich bez. der poln. Westgrenze festzulegen, gingen die provisorische Regierung Polens u. ihre Moskauer Schutzmacht zu einer Politik der vollendeten Tatsachen über (→Oder-Neiße-Grenze, →Wiedergewonnene Gebiete).

Vertreibungen vor u. nach der Konferenz von Potsdam. Durch rasche Veränderung der Bev.verhältnisse in den Oder-Neiße-Gebieten zu Gunsten Polens sollte die Entscheidung der Alliierten beeinflusst werden. Diesem Ziel dienten die im Juni 1945 erfolgten Sperrungen der Übergänge an Oder u. Görlitzer Neiße, um den nach Abschluss der Kampfhandlungen eingesetzten Rückstrom der geflohenen D. zu stoppen, u. erste Zwangsaussiedlungen von D. aus den nächst der Oder u. Neiße gelegenen Kreisen durch poln. Militär im Juni u. Juli 1945. Von diesen ersten, sog. wilden Vertreibungen (→w. V. der Deutschen aus Polen) waren etwa 500.000 D. betroffen. Auf der →Konferenz von Potsdam im Juli/August 1945 beschlossen die siegreichen Alliierten eine Aufteilung des Dt. Reiches. Bezüglich der D. in Polen wurde in Artikel XIII des Potsdamer Protokolls festgelegt, dass sie nach Deutschland überführt werden u. dass dies in ordnungsgemäßer u. humaner Weise erfolgen sollte. Tatsächlich entsprach die Durchführung der Zwangsaussiedlung nach der Potsdamer Konferenz nicht dieser Bestimmung. Offiziell verbot die poln. Regierung zwar Rache u. Willkür an den D. bei Androhung harter Strafen. Tatsächlich aber wurden entsprechende Ausschreitungen v. den örtlichen Behörden häufig zumindest stillschweigend geduldet. Zum einen waren die staatl. Organe in den Oder-Neiße-Gebieten während der ersten Monate noch nicht in der Lage, Sicherheit u. Ordnung zu garantieren. Zum anderen waren sie an den dt.feindlichen Aktionen teilweise aktiv beteiligt. Generell war in jener Zeit Mitleid mit den D. in der poln. Gesellschaft nach Krieg u. Besatzungszeit nicht zu erwarten. Die Fälle poln. Hilfeleistung für verfolgte u. diskriminierte D., die es gab, sind deshalb umso höher zu bewerten.

Die poln. Behörden begannen mit der planmäßigen Aussiedlung der deutschen Bev. aufgrund der Beschlüsse v. Potsdam im Oktober 1945. Durch entsprechende Gesetze u. Verordnungen hatten die D. zuvor bereits alle Rechte u. ihren Besitz verloren. Sie wurden in Sammellagern interniert, aus denen sie bis zur Ausweisung als Arbeitskräfte zum

Wiederaufbau des zerstörten Landes herangezogen wurden. In diesen Ausweisungs- u. Zwangsarbeitslagern kam es aufgrund v. Unterernährung, schlechten hygienischen Verhältnissen, fehlender ärztlicher Versorgung u. Misshandlungen bis hin zum Mord zu vielen Todesopfern, deren Zahl aufgrund fehlender Unterlagen wohl nie mehr genau zu rekonstruieren sein wird. Zu den schlimmsten Lagern gehörten →Lamsdorf bei Oppeln, →Schwientochlowitz, Potulitz bei Bromberg u. Sikawa bei Lodz (→Lager).

Bis zum Jahre 1949 wurden rd. 3,5 Mio. D. aus den Oder-Neiße-Gebieten ausgesiedelt, weitere 250.000 D. verließen aufgrund der völligen Rechtlosigkeit u. Diskriminierung in ihrer Heimat auf eigene Initiative hin das Land. Bezüglich der Menschenverluste im Zusammenhang mit Kriegshandlungen, Flucht u. Vertreibung wurde nach einer Bev.-bilanz für das Jahr 1950 angenommen, dass etwa 0,5 Mio. Ostdeutsche gefallen oder in Gefangenschaft verstorben seien sowie bei Flucht, Deportation u. Vertreibung weitere 1,6 Mio. D. ihr Leben verloren. Neuere Untersuchungen zeigen, dass die tatsächlichen Verluste wohl deutlich geringer waren. Für den poln. Bereich sind lediglich insgesamt 400.000 als sicher anzusehen. Hierbei ist zu bedenken, dass die Verantwortung für die Verluste bei den Kriegshandlungen u. bei der Flucht aufgrund der verspäteten Räumungserlaubnis zum größten Teil bei den nationalsozialistischen Machthabern lag. Die Opfer der Ausschreitungen gegenüber der Zivilbev. während der Eroberung u. Deportationen waren dagegen v. der Roten Armee u. den sowj. Militärbehörden zu verantworten. Bei den poln. Vertreibungsmaßnahmen forderten die sog. wilden Vertreibungen vor Potsdam u. die Zustände in den Internierungslagern die meisten Menschenleben. Die organisierten Zwangsaussiedlungen nach Potsdam hatten trotz der harten u. teilweise dramatischen Begleitumstände nur relativ wenige Todesfälle zur Folge. Mindestens ebenso schlimm wie die körperlichen Schäden infolge der Vertreibungsmaßnahmen, zumeist sogar dauerhafter u. folgenreicher für die dt.-poln. Beziehungen, waren aber die seelischen Verletzungen.

Deutsche Minderheit in Polen nach der Vertreibung. Polen hatte seine Forderungen nach Angliederung der Oder-Neiße-Gebiete auch mit der Existenz einer zahlenmäßig bedeutenden poln. Minderheit begründet. In Oberschlesien ging man von rd. 800.000 Personen, in Ostpreußen v. mehr als 100.000 Personen aus, die als entweder poln. oder poln.stämmig angesehen wurden. Diese hoffte man durch eine entsprechende Repolonisierungspolitik in die poln. Gesellschaft eingliedern zu können. Tatsächlich wurde auf regionale Besonderheiten aber keine Rücksicht genommen u. eine rigorose Polonisierung der faktisch als Staatsbürger zweiter Klasse behandelten Einheimischen betrieben. Die Folge war zwar eine äußerliche Anpassung, aber eine innere Ablehnung der neuen poln. Wirklichkeit bei den sog. Autochthonen, wie sie in dem Wunsch nach Aussiedlung nach Deutschland in den nächsten Jahrzehnten u. der Etablierung einer dt. Minderheit nach 1989 ihren Ausdruck fand (→Wiedergewonnene Gebiete).

Lit.: R. Overmans, Kriegsverluste im Kontext von Reparationsinteressen, *Jahrbuch des Zentrums für Historische Forschung der Polnischen Akademie der Wissenschaften* 1 (2007), 93–102;

J. Rogall, Leben nach dem Weltuntergang. Die Deutschen im polnischen Staat 1945–1989. Münster 2006; B. Nitschke, Vertreibung und Aussiedlung der deutschen Bevölkerung aus Polen 1945–1949. München 2003; G. Thum, Die fremde Stadt. Breslau 1945. Berlin 2003; „Unsere Heimat ist uns ein fremdes Land geworden…" Die Deutschen östlich von Oder und Neiße 1945–1950. Dokumente aus polnischen Archiven. 4 Bde. Hg. W. Borodziej/H. Lemberg. Marburg a. L. 2000–2004; M. G. Esch, „Gesunde Verhältnisse". Deutsche und polnische Bevölkerungspolitik in Ostmitteleuropa 1939–1950. Marburg a. L. 1998; Dokumentation der Vertreibung der Deutschen aus Ost-Mitteleuropa. In Verbindung mit A. Diestelkamp, R. Laun, P. Rassow u. H. Rothfels bearb. v. Th. Schieder. Hg. v. Bundesministerium für Vertriebene. Bd. I/1–3. München 1984.

J. R.

Deutsche aus Jugoslawien. Als am 1. 12. 1918 das Kgr. der Serben, Kroaten u. Slowenen gegründet wurde (→Jugoslawien), befanden sich unterschiedliche dt.sprachige Gruppen auf dem jug. Territorium. Die ältesten waren in den Kronländern Untersteiermark u. Krain anzutreffen (→Deutsche aus Slowenien). Die Mehrheit der D. lebte in der →Vojvodina u. Slawonien. Sie nannten sich selbst u. wurden auch v. ihren Nachbarn Schwaben genannt. 1922 wurde ihnen v. den Geographen Hermann Rüdiger u. Robert Sieger der Name „Donauschwaben" verliehen, den sie jedoch erst nach dem 2. →Wk. als Selbstbez. akzeptierten. Sie waren vom Wiener Hof u. Magnaten während 18. u. 19. Jh. v. a. als Ackerbauern angesiedelt worden. Da sie zu 80 % Katholiken waren, assimilierten sie sich oft an die Magyaren oder Kroaten. Die etwa 20 % Protestanten waren i. d. R. stärker national orientiert.

Die jüngste u. die kleinste dt. Gruppe (an die 20.000 Personen) entstand seit 1878 in Bosnien. Wegen ihrer Armut u. der Armut des Landes waren sie wirt. wenig erfolgreich. Ihre Dörfer lagen zerstreut im NW u. NO Bosniens, ohne Verbindung untereinander. Erst der gemeinsame Minderheitenstatus u. die Propaganda der 1930er Jahre haben alle diese unterschiedlichen Gruppen mit etwa 500.000 Personen zusammengeführt.

Der Angriff des Dt. Reiches, Italiens u. ihrer Satelliten im April 1941 endete mit der Niederlage J.s und der Zerstückelung des Staatsterritoriums. Die Untersteiermark wurde v. Deutschland annektiert; die Kočevje (Gottschee) u. Ljubljana (Laibach) befanden sich innerhalb der it. Okkupationszone; Slawonien- u. Bosniendeutsche wurden zu Staatsbürgern des neu gegründeten Unabhängigen Staats Kroatien mit weitgehenden nationalen Rechten; die Donauschwaben der Batschka u. Baranja wurden wieder →Ungarn einverleibt u. die im serb. (westlichen) Banat bekamen eine nationale und territ. Autonomie innerhalb des okkupierten Serbiens. Wegen des nicht zufriedenstellenden Minderheitenstatus während der Zwischenkriegszeit, ihres gewachsenen nationalen Selbstbewusstseins, der NS-Propaganda seit den frühen 1930er Jahren u. des Schreckens der Kriegstage im April 1941 begrüßten die →Volksdeutschen in ganz J. die Okkupationstruppen u. leisteten ihnen Hilfe, wobei es hier u. da zu Opfern unter der slavischen Bev. kam.

Die Bosnien-D., die v. den Partisanen immer stärker bedroht wurden, wurden in der ersten Hälfte des Jahres 1942 aus Nordwestbosnien nach Slawonien u. Syrmien umgesiedelt. In der zweiten Hälfte desselben Jahres wurden sie dann z. T. nach Lodz (Łódź) im →Generalgouvernement gebracht.

Als →Rumänien am 23. 8. 1944 auf die Seite der Alliierten wechselte u. der Roten Armee Durchmarsch gewährte, war das serb. Banat bedroht. Darauf reagierte die Volksgruppenführung mit einem detaillierten Evakuierungsplan (→Evakuierung). Obwohl die Lage immer prekärer wurde, untersagte aber der Höhere SS- u. Polizeiführer Hermann Behrends am 10. 9. die Evakuierung. Bis heute bleibt umstritten, ob dieser Befehl v. ihm, Heinrich →Himmler oder Adolf →Hitler ausging. Der Befehl blieb bis zum 1. 10. in Kraft. Bis dahin war die Rote Armee schon ins mittlere Banat eingedrungen. Auch diejenigen, die noch hätten fliehen können, taten es nicht wegen der Bindung an die Scholle, der Hoffnung auf eine Wende des Kriegsglücks bzw. auf einen friedlichen Übergang wie 1918 oder auch in der Überzeugung, sie hätten niemandem etwas zuleide getan. Manche fuhren fort, kehrten aber bald wegen der schlammigen Straßen oder auf Zuraten ihrer serb. Nachbarn zurück. Aus all diesen Gründen sind nur etwa 10 % der Banater D. evakuiert worden.

Für die Batschka gab es keine Evakuierungspläne, da man die Ungarn nicht beunruhigen wollte. Erst als die Evakuierung der ung. Beamten u. Bev. am 6. 10. 1944 begann, schlossen sich ihnen die D. an. Obwohl planlos, verlief die Evakuierung erfolgreicher als im Banat, da die Menschen ein paar Tage mehr zur Verfügung hatten.

Noch mehr profitierten v. ihrer geogr. Lage die D. in Syrmien u. Westslawonien. Die Volksgruppenführung in Kroatien entwarf in der ersten Septemberhälfte einen Evakuierungsplan, obwohl die Genehmigung zu dessen Durchführung vom Gutdünken verschiedener Reichsbehörden abhing. Als man sich in Berlin am 3. 10. der ernsten Lage bewusst wurde, gab man den Befehl zur Evakuierung aus der ersten Zone. Bis zum 7. 11. wurde das ganze Siedlungsgebiet geräumt: Nur Amtsträger u. ältere Leute, die nicht mitgehen wollten, blieben in der Heimat.

Die Reichsbehörden fassten die Evakuierung der D. aus dem SO als eine vorübergehende u. kriegsbedingte Maßnahme auf, nicht als Aussiedlung. Die Evakuierung vollzog sich darum etappenweise, immer in Richtung NW.

Die Volksdeutschen, die zurückblieben, waren der Rache der Partisanen sowie Plünderungen u. Vergewaltigungen seitens der Rotarmisten ausgeliefert. In vielen Ortschaften kam es zu Massenerschießungen, Misshandlungen u. Verhaftungen. Die Bewegungsfreiheit der deutschen Bev. wurde begrenzt, u. fast vom ersten Tag des neuen Regimes an wurden die D. zur →Zwangsarbeit herangezogen. Bald wurden die ersten Sammellager – am Anfang nur für Zwangsarbeiter – gegründet (→Lager). Allmählich wurden jedoch größere Teilen der deutschen Bev. und bis Mitte 1945 fast alle D. in Lager gesperrt. Schätzungsweise 10.000 D. haben in der ersten Welle v. Racheakten ihr Leben verloren.

Ende 1944 bis Anfang 1945 wurden auf sowj. Forderung hin etwa 11.000 Volksdeutsche (überwiegend Frauen) zur Zwangsarbeit in die →Sowjetunion verschleppt (→Deutsche aus Jugoslawien: Deportation in die S.). Am 21. 11. 1944 fasste das Präsidium des vorläufigen Partisanen-Parlaments (AVNOJ) den Beschluss, das Vermögen aller Volksdeutschen zu beschlagnahmen, es sei denn, sie hätten sich nicht als D. bekannt bzw. die Partisanenbewegung aktiv unterstützt oder seien mit Nicht-Deutschen verheiratet. Zusammen mit anderen Rechten wurden ihnen die Bürgerrechte entzogen.

Die D. wurden entweder in ehem. Konzentrationslagern, Fabriken u. Kasernen oder in den ehem. deutschen Dörfern oder Ortsteilen inhaftiert, die so in Lager umfunktioniert wurden. In den etwa 100 Lagern, die jedoch nicht alle gleichzeitig existierten, waren die Lebensbedingungen schrecklich: Die Nahrung war sehr dürftig, die hygienischen Bedingungen waren schlecht. Die Leute wurden in Häuser oder Ställe gepfercht u. schliefen auf dem nackten Boden. Es gab weder Brennholz noch Arzneien. Die Insassen mussten unter schwersten Bedingungen Arbeit verrichten u. wurden oft v. den Posten misshandelt. Da die diplomatischen Versuche der komm. Behörden, die Volksdeutschen nach Deutschland auszusiedeln, mehrmals scheiterten, mussten sie bis zum Frühling 1948 in Lagern ausharren, in denen ca. 50.000 ums Leben gekommen sind.

Da man die D. durch Aussiedlung nicht loswerden konnte, erleichterte man in der ersten Hälfte des Jahres 1947 ihre Flucht ins Ausland. Im Herbst desselben Jahres änderte sich diese Politik: Die Volksdeutschen wurden für die Arbeit in Bergwerken u. Fabriken angeworben. Im Frühjahr 1948 wurden die Lager endgültig aufgelöst u. die Überlebenden in verschiedenen Betrieben eingesetzt. Sie wurden als Arbeitnehmer behandelt u. bezahlt, hatten aber drei Jahre lang nicht das Recht, ihre Arbeitsplätze zu verlassen. Danach entschloss sich die Mehrheit auszuwandern, auch um sich mit ihren Angehörigen im Ausland wieder zu vereinigen. Dies geschah jedoch nicht, ohne dass von jug. Seite bürokratische Hindernisse aufgebaut wurden. Das Schicksal der D. in J. kann man nicht als Musterbeispiel v. →Vertreibung betrachten. Als die Lager aufgelöst wurden, waren die komm. Behörden bereit, den D. alle Minderheitenrechte zu gewähren.

Die Gründe für die jug. Politik gegenüber der dt. Minderheit sind nach wie vor nicht vollständig geklärt. Es ist bekannt, dass die komm. Führung die Entscheidung zur Vertreibung Ende 1943 gefasst hat. Als Motive wurden das „illoyale" Verhalten der D. während des Krieges u. die Kriegsverbrechen, an denen ein Teil der Volksdeutschen beteiligt war, angeführt. Auch dürfte das Interesse an dem ziemlich großen Vermögen der D. eine Rolle gespielt haben. Die Furcht, dass ein wieder erstarktes Deutschland sich der dt. Minderheiten bedienen könnte, um imperialistische Pläne zu verwirklichen, könnte ein zusätzlicher Grund gewesen sein.

Lit. (a. →Deutsche aus Slowenien, →Deutsche aus Jugoslawien: Deportation in die Sowjetunion): Z. Janjetović, Between Hitler and Tito. The Disappearance of the Vojvodina Germans. Belgrade ²2005; Ders., The Disappearance of the Germans from Yugoslavia: Expulsion or Emigration? *Revue des Études Sud-Est Européennes* XL (2002), 215–231; V. Geiger, Nestanak Folksdojčera. Zagreb 1997; Leidensweg der Deutschen im kommunistischen Jugoslawien.

Bde. 1–4. Hg. J. Beer u. a. München 1991–1995; Das Schicksal der Deutschen in Jugoslawien. Hg. Bundesministerium für Vertriebene, Flüchtlinge und Kriegsgeschädigte. Augsburg 1994 (= Dokumentation der Vertreibung der Deutschen aus Ost-Mitteleuropa, 5); V. Oberkersch, Die Deutschen in Syrmien, Slawonien, Kroatien und Bosnien. Geschichte einer deutschen Volksgruppe. Stuttgart 1989.

Z. J.

Deutsche aus Jugoslawien: Deportation in die Sowjetunion. Die Deportation von D. aus J. (a. Jugoslawiendeutschen, Jd.) zur →Zwangsarbeit in die →Sowjetunion war Teil einer breiter angelegten Aktion, die fast alle v. der Roten Armee besetzten Länder Ostmitteleuropas u. Südosteuropas umfasste. Sie basierte auf dem Ziel der sowj. Führung, Reparationen nicht nur in Form v. Sachleistungen, sondern auch als Arbeitskräfte zu bekommen.

Für die Durchführung der →Deportation der D. aus J. (u. Südungarn, →D. aus Ungarn: Deportation in die Sowjetunion) war die 3. Ukr. Front verantwortlich. Sie wurde in zwei Sektoren gegliedert: Sektor 9 in Sombor (Batschka) u. Sektor 10 in Belgrad. Zuständig für die Durchführung der Aktion in J. waren Marschall Fëdor Tolbuchin u. Armeegeneral Sergej Birjuzov. Schon am 22. 11. 1944, während des Besuchs hoher KPJ-Funktionäre in Moskau, befahl Iosif →Stalin Tolbuchin, alle →Volksdeutschen des Banats im Alter zw. 16 u. 50 Jahren in die Sowjetunion zu deportieren. Die komm. Führung der jug. Partisanen hatte Ende 1943 den Beschluss gefasst, die dt. Minderheit aus dem Land zu entfernen. Am 21. 11. 1944 hatte der Antifaschistische Rat der Volksbefreiung Jugoslawiens (*Antifašističko veće Narodnog Oslobodjenja Jugoslavije,* AVNOJ) beschlossen, das gesamte Vermögen der Volksdeutschen zu beschlagnahmen. Da darüber hinaus zu dieser Zeit schon Sammellager existierten, in denen ein beträchtlicher Teil der dt. Bevölkerung des Banats u. der Batschka festgesetzt worden war, stand der sowj. Aktion nichts mehr im Wege.

Die D., die v. den neuen jug. Behörden zusammengetrieben wurden, wurden in vielen Fällen sowj. Ärztekommissionen vorgeführt, die die gesunden u. arbeitstauglichen Personen für die Zwangsarbeit in der UdSSR auswählten. In Betracht kamen arbeitsfähige Männer zw. 17 u. 45 (in Ausnahmefällen zw. 16 u. 50) u. Frauen zw. 18 u. 35 (in Ausnahmefällen bis zu 40) Jahren. Neben den Kranken u. Arbeitsunfähigen wurden Hochschwangere sowie Mütter mit kleinen Kindern verschont. Da die Mehrheit der wehrfähigen Männer in Waffen-SS-, Wehrmacht- u. verschiedenen Polizei-Einheiten diente, machten Frauen fast zwei Drittel der Deportierten aus. In manchen Transporten lag das Verhältnis zw. Frauen u. Männern sogar bei 6:1 u. 8:1.

Die Deportierten wurden angewiesen, Kleidung sowie Nahrungsmittel für drei Wochen mitzunehmen. Ihr Gepäck wurde aber oft v. Wachmannschaften aus den Reihen der Partisanen schon vor der Abfahrt geplündert. Das Reiseziel wurde ihnen nicht mitgeteilt. Zu den Orten, v. denen aus die D. abtransportiert wurden, gehören Sombor, Apatin, Kula, Hodschag (Odžaci) in der Batschka u. Groß-Betschkerek (Veliki Bečkerek, derzeit Zrenjanin),

Kikinda, Pantschowa (Pančevo) u. Werschetz (Vršac). Die Aktion begann am 23. 12. 1944 u. endete am 14. 1. 1945. Wie es scheint, fuhren die meisten Züge zw. dem 25. 12. 1944 u. dem 6. 1. 1945 ab. Die Züge bestanden aus 40–50 Viehwaggons, in denen bis zu 45 Leute zusammengepfercht wurden, u. die 35–40 bewaffnete Posten überwachten. Die Zahl der Deportierten wurde früher auf 27.000 bis 30.000 geschätzt, doch zeigen neuere Forschungen, dass etwa 11.000 Personen deportiert worden sind. Obwohl die Sowjetunion weitere 10.000 D. anforderte, stieg ihre Zahl bis September 1945 nur auf 12.364 Menschen.

Die Reise dauerte bis zu drei Wochen. Die Waggons wurden unterwegs nur einmal pro Tag u. in einem Fall sogar erst nach mehreren Tagen geöffnet, damit die Leute Wasser holen u. ihre Notdurft verrichten konnten. Manche Waggons blieben sogar die ganze Reise hindurch verschlossen. Die Deportierten litten unter Hunger, Durst, Durchfall u. Kälte, was zu Todesfällen führte. Manchmal mussten erfrorene Glieder amputiert werden.

Die Mehrheit der aus J. deportierten Donauschwaben landete im Donecbecken, wo sie hauptsächlich in Bergwerken u. auf Baustellen arbeiteten. Andere wurden in der Industrie oder in Kolchosen eingesetzt. Die Mehrheit der Jd. arbeitete in Charkiv, Rostov, Budënovka, Šachty, Krupskaja, Časiv Jar, Toškovka, Kryvyj Rih, Stalino, Makiïvka u. Vorošylovhrad.

Nach ihrer Ankunft mussten die Deportierten ihre Unterkünfte notdürftig wohnbar machen. Es handelte sich um heruntergekommene Gebäude, oft ohne Fenster. In den ersten Wochen schliefen sie auf dem Boden u. später auf improvisierten dreistöckigen Betten, die die Inhaftierten selbst zusammenzimmerten. In manchen →Lagern mussten die Deportierten sogar den Stacheldrahtzaun selbst bauen. Die hygienischen Bedingungen waren sehr mangelhaft: Es gab kein warmes Wasser u. die Latrinen waren in einem abstoßenden Zustand. Die Verpflegung war unzureichend. Denjenigen, die schwerere Arbeit verrichteten, wurden mehr Kalorien zugemessen. Um ihre Kost zu verbessern, tauschten die Lagerinsassen ihre wenigen Habseligkeiten bei Einheimischen gegen Lebensmittel ein, bettelten oder stahlen Kartoffeln, Rüben u. a. von den Feldern. Die Deportierten wurden nominell für ihre Arbeit bezahlt, doch nach dem Abzug der Kosten für Verpflegung u. Unterkunft blieb ihnen wenig übrig.

Die Arbeit begann erst ein bis drei Wochen nach der Ankunft. In der Zwischenzeit mussten die Deportierten ihre Unterkunft in Ordnung bringen, sich v. den Strapazen der Reise erholen u. gegebenenfalls für ihre neuen Berufe angelernt werden. Die Arbeit wurde a. bei sehr niedrigen Temperaturen u. unter schwersten Bedingungen verrichtet, die aber auch für sowj. Deportierte u. freie Arbeiter galten. Wegen Erschöpfung, mangelhafter Schutzvorrichtungen u. der unzulänglichen beruflichen Qualifikation waren Unfälle häufig u. endeten zuweilen tödlich. Nichterfüllung der vorgegebenen Normen wurde mit zusätzlicher Arbeit, Rationsverminderung oder Kerker bestraft. Die Normen wurden mehrmals erhöht, was den Arbeitseifer der Deportierten senkte. Dasselbe galt für die unerfüllten Versprechungen einer baldigen Heimkehr. Die Behandlung seitens der sowj. Posten (meistens Halbwüchsige, Frauen oder ältere Männer) war unterschiedlich:

In manchen Lagern waren körperliche Strafen die Regel u. wurden für jede Kleinigkeit verhängt, in anderen gab es keine physischen Misshandlungen.

Wegen der schweren Arbeit, der schlechten Lebensbedingungen u. des fast völligen Mangels an ärztlicher Versorgung war die Zahl der Todesfälle hoch. Ebenso wuchs die Zahl der Arbeitsunfähigen u. Schwerkranken. Diese wurden ebenso wie schwangere Frauen seit Herbst 1945 entlassen. Manche Frauen wurden absichtlich schwanger, um freigelassen zu werden, doch als die sowj. Behörden das feststellten, galt Schwangerschaft nicht mehr als Entlassungsgrund: Wenn eine künftige Mutter sich nicht einer Abtreibung unterziehen wollte, musste sie wenige Tage nach der Niederkunft wieder arbeiten. Die Transporte mit arbeitsunfähig gewordenen Deportierten wurden (gewöhnlich über Frankfurt a. O.) in die →sowj. Besatzungszone Deutschlands geschickt. Nur wenige kleinere Transporte wurden 1945 nach J. dirigiert u. ihre Insassen in jug. Lager für Volksdeutsche weitergeleitet. Einige dieser Transporte wurden an der Grenze zurückgewiesen u. irrten mehrere Wochen durch →Rumänien u. →Ungarn bis die Deportierten sich zerstreuten oder schließlich nach →Österreich kamen.

Erst seit der Währungsreform Ende 1947 konnten die Deportierten auf dem freien Markt zusätzliche Nahrungsmittel kaufen. Auch verbesserten sich die allg. Lebensbedingungen in den Jahren 1948/49, sodass die Deportierten sogar legal einmal monatlich in die nächstliegende Stadt gehen konnten, um Nahrungsmittel u. Kleidung zu kaufen. Kulturelle Veranstaltungen u. Vorträge über Marxismus wurden angeboten, stießen aber auf geringes Interesse. Die Post begann, wenn auch unregelmäßig, seit 1947 zu funktionieren u. sogar der Besuch v. Gottesdiensten wurde stillschweigend toleriert.

Die allg. →Repatriierung der Deportierten setzte im Herbst 1949 ein. Die D. arbeiteten die letzten ein bis zwei Wochen nicht mehr u. bekamen bessere Verpflegung u. Kleidung. Sie konnten ihre persönlichen Sachen mitnehmen, außer irgendwelchen Schriften u. Fotos. Die Jd. wurden nach Deutschland transportiert. Nach ihrer Ankunft hatten sie Mühe, die überlebenden Mitglieder ihrer Familien wiederzufinden.

Nach aktuellem Forschungsstand sind 1.994 Jd. (17% der Deportierten) während ihrer Internierung in der UdSSR ums Leben gekommen, unter ihnen 1.106 Männer u. 888 Frauen. Selbst diese hohe Sterberate lag unter jener in den jug. Lagern. Sie ist mit der etwas besseren Behandlung u. günstigeren Altersstruktur der Deportierten zu erklären.

Lit. (a. →Deutsche aus Jugoslawien, →D. aus Ungarn: Deportation in die Sowjetunion): J. Wolf, Deutsche Zwangsarbeiter aus Ostmittel- und Südosteuropa in der Sowjetunion 1945–1949. München 2005; P. Polian, Against their Will. The History and Geography of Forced Migrations in the USSR. Budapest, New York 2004; Genocide of the Ethnic-Germans in Yugoslavia 1944–1948. Hg. Documentation Project Committee. München 2003; Z. Janjetović, Deportacija vojvođanskih Nemaca na prinudni rad u Sovjetski Savez krajem 1944. i početkom 1945. godine, *Jugoslovenski istorijski časopis* 1 (1997), 157–168.

Z. J.

Deutsche aus dem Königreich Polen im Ersten Weltkrieg. Bei den D. im Kgr. P. handelte es sich um Kolonisten (Siedler) u. ihre Nachkommen, die seit der zweiten Hälfte des 18. Jh.s aus den dt. Staaten nach →Polen eingewandert waren. Angeworben im Zuge der Ansiedlungstätigkeit poln. Grundherren u. nach 1815 auch im Rahmen staatl. Kolonisationspolitik, wurden sie als Fabrikanten, Handwerker oder Gewerbetreibende, v. a. aber als Landwirte angesetzt. Letztere gründeten Kolonien u. Dörfer, die auf unkultivierten Grundstücken entstanden u. vor ihrer landwirt. Erschließung urbar gemacht werden mussten. Mit verbrieften Rechten u. Pflichten ausgestattet, siedelten sie als persönlich freie u. vom Militärdienst befreite Zinsbauern. Sie gehörten fast ausschließlich der evang.-augsburgischen Kirche an, doch organisierten sie ihre relig. Betreuung weitgehend selbst, mittels Errichtung u. Unterhalt v. Kantoraten. Auf diese Weise bewahrten sie ihre ethn.-konfessionelle Homogenität in den dörflichen Siedlungsgemeinschaften sowie ihre sprachliche u. kulturelle Eigenart. Bis zur Bodenreform v. 1864 bildeten sie eine wirt. u. materiell gehobene bäuerliche Schicht u. konnten diese Position bis in die 1880er Jahre behaupten. Danach stagnierten ihre Wirtschaften u. wurden sie zunehmend v. Polen ein- u. teilweise überholt. In geschlossenen Kolonien u. Dörfern lebend, assimilierten sie sich kaum an die einheimische Bev. Anders verhielt es sich in den Städten. Dort polonisierten sich die dt. Einwanderer vielfach bereits in der zweiten Generation. Mit dem Eingang nationaler Paradigmen in den polit. Raum rückten die dt. Kolonisten im Kgr. P. verstärkt in den Fokus der Öffentlichkeit. Die sich seit den 1890er Jahren verschlechternden dt.-russ. Beziehungen strahlten auch auf die Wahrnehmung der „russischen Deutschen“ aus, denen man aufgrund ihrer kaum vorhandenen Bereitschaft zur Assimilation Illoyalität u. staatsfeindliches Verhalten unterstellte. Die kongresspoln. Presse u. Publizistik projizierte zudem die preußische Polenpolitik in der Provinz Posen, insbesondere die Tätigkeit der dortigen Ansiedlungskommission, auf die dt. Kolonisten im eigenen Land. Noch vor Kriegsbeginn wurden die dt. Kolonien in Kongresspolen von nationalistischen Autoren als Brückenköpfe der dt. Armeen bezeichnet. Der 1. →Wk. verschärfte die nationalen Antagonismen noch mehr, sodass Maßnahmen gegen die etwa 550.000 russ. Untertanen dt. Abstammung als zwangsläufig erschienen u. in die extreme Form der →Deportation mündeten.

Die ersten Zwangsräumungen betrafen die dt. Kolonisten, die in der Nähe der Festung Novogeorgievsk bei Nowy Dwór lebten. Bereits am 1. 8. 1914 mussten sie innerhalb v. fünf Stunden ihre Heimstätten verlassen u. sich nach Warschau begeben, wo sie sich bis Januar 1915 aufhielten. Diese Maßnahme hatte einen vorbeugenden Charakter u. stand nicht in Verbindung mit den Kampfhandlungen. Sie sollte sicherstellen, dass sich in der Nähe wichtiger milit. und strategischer Anlagen keine D. befanden. Ähnlichen Hintergrund hatte die Aussiedlung der deutschen Bev. aus dem Gouv. Suwałki. Im Oktober 1914 während der russ. Offensive gegen Ostpreußen u. in Russisch-P. forderte nämlich der Oberkommandierende, Großfürst Nikolaj Nikolaevič, die Regierung auf, Maßnahmen gegen D. u. ihren Besitz zu ergreifen. In den Kabinettsitzungen vom 30. 10. u.

3. 11. 1914 beriet der Ministerrat u. a. über eine Zwangsaussiedlung der Kolonisten. Doch lehnte dieser die Forderung der Militärführung ab. Nach der ablehnenden Antwort der Regierung sah sich der Oberkommandierende der russ. Streitkräfte am 16. 11. 1914 veranlasst, die Übertragung der Entscheidungsgewalt bez. der Deportationen aus den westl. Gouv.s an ihn persönlich zu verlangen. Für die anderen Gebiete sollte der Innenminister die Vollmacht in dieser Frage erhalten. Gleichzeitig wurden die Spionagevorwürfe gegen die Kolonisten seitens der Militärs aufgegriffen u. an die Presse weitergegeben. Begleitet v. einer antidt. Pressekampagne u. „bestätigt" durch unzählige Denunziationen, befahl am 20. 11. 1914 der Kommandierende General der Nord-Westfront die Aussiedlung der D. aus den baltischen Provinzen Kurland, Livland u. Riga. Etwa drei Wochen später (am 13. 12.) begann die Deportation der deutschen Bev. aus dem Gouv. Suwałki, d. h. nicht nur der wehrfähigen Männer, sondern aller D.

Die Deportation der dt.stämmigen Bev. aus Russisch-P. war in ihrer Umsetzung eine schwierige logistische Aufgabe. Organisierte Deportationen fanden deshalb nur in Regionen statt, die in sicherer Entfernung zur Frontlinie lagen. In den unmittelbaren Frontgebieten, die des Öfteren v. den Kriegsparteien eingenommen u. wieder aufgegeben wurden, kam es zwar zur Verschleppung von Einzelpersonen aber zu keinen massenhaften Ausweisungen. Der Vorwurf des „staatsfeindlichen Verhaltens" der D. in den Westgebieten des Russ. Reiches, der bisher für die Mobilisierung der Öffentlichkeit u. als Rechtfertigung der bisherigen Aussiedlungen verwendet worden war, wurde seit November 1914 zur Erklärung milit. Niederlagen hinzugezogen. Diese Kombination bildete einen Übergang v. vereinzelten Deportationsaktionen zu einer planmäßigen Aussiedlung der dt.stämmigen Bev. aus Kongresspolen.

Der Wintereinbruch im Dezember 1914 brachte eine Beruhigung an der Ostfront, die die russ. Militärführung zur Durchführung einer größeren Aussiedlungsaktion der „illoyalen" Bev.gruppen nutzte. Am 5. 1. 1915 befahl der Kommandierende der Nord-West-Front dem Warschauer Generalgouverneur, alle dt. Kolonisten männl. Geschlechts ab dem 15. Lebensjahr aus russ. kontrolliertem Gebiet westl. der Weichsel ins Innere Russlands umzusiedeln. Noch am selben Tag erging eine Anordnung des Generalgouverneurs an alle Gouverneure in Russisch-P., die Aussiedlung der o. g. Personengruppe entlang v. Eisenbahnlinien in einem Streifen v. beiderseits 15 Werst vorzunehmen. Am 13. 1. 1915 beschlossen dann die Militärs, die Deportation aller männlichen dt. Kolonisten im Alter v. 15 Jahren oder älter aus dem gesamten kongresspoln. Gebiet. Da diese Entscheidung viele Abstimmungsfragen aufwarf, wurden bis zu deren abschließenden Klärung alle Aussiedlungsaktionen vorübergehend eingestellt. Am 26. 1. erging jedoch die endgültige Anordnung, „in kürzester Zeit" die Deportation der dt. Kolonisten auch „rechts der Weichsel" vorzunehmen. Die kongresspoln. Gouverneure gaben zu unterschiedlichen Zeitpunkten die Entscheidungen der Militärs, übermittelt durch den Warschauer Generalgouverneur, an die Kreisvorsteher weiter. Letztendlich aber bestimmte das Vorrücken der dt. Truppen die Reihenfolge der Deportationen. Zuerst waren die an Ostpreußen grenzenden Gouv.s betroffen: Nach Suwałki folgten Łomża, Płock u. Warschau, danach die Gouv.s westl. der Weichsel, Piotrków, Radom u. Kielce u. schließlich im O Lublin u. Siedlce. Für das Oberkommando der russ. Streitkräfte war damit aus milit. Sicht die Aufgabe weitgehend gelöst. Für das weitere Verfahren in Fragen der Deportationen, die bisher v. den Armeekommandierenden vor Ort befehligt worden waren, wurden ein einheitlicher Plan u. eine verbindliche Richtlinie für weitere Aussiedlungen aus Russisch-P. ausgearbeitet. Hierfür wurde eine besondere Kommission unter dem Vorsitz des neuen Warschauer Generalgouverneurs, Fürst Pavel Engalyčev, einberufen. Am 24. 2. befahl Engalyčev allen Gouverneuren in Russisch-P., bis zum 5. 3. alle D. auszusiedeln. Betroffen waren alle städtischen u. die noch verbliebenen ländlichen D. Am 5. 3. schränkte Engalyčev diese Bestimmung jedoch dahingehend ein, dass nur „deutsche Kolonisten" deportiert werden sollten, d. h. „Landwirte deutscher Abstammung, die Grundstücke besitzen u. die außerhalb der Städte leben". Gleichzeitig konnten die Aussiedlungsfristen nach Ermessen des jeweiligen Gouverneurs vor Ort verlängert werden. In der vorgegebenen Frist v. nur neun Tagen konnte diese Aufgabe kaum bewerkstelligt werden. Darüber hinaus bildeten die Unterbringungsmöglichkeiten in Russland ein weiteres Problem. Die Deportationen der dt. Kolonistenfrauen u. -kinder begannen Ende Februar bis Anfang März, die Aussiedlungen der noch verbliebenen landlosen D. in Stadt u. Land in der letzten Aprilwoche 1915. Von der Aussiedlung ausgenommen waren „völlig zuverlässige Frauen und Kinder". Gemeint waren hier Ehefrauen u. Kinder, deren Ehemänner u. Väter in der russ. Armee dienten. Damit setzte der Warschauer Generalgouverneur seinen Aussiedlungsbefehl vom 24. 2. um. Am 26. 4. 1915 konnte Engalyčev an den Generalstab melden: „Die Deutschstämmigen aus dem mir anvertrauten Land wurden ausgesiedelt." Die D. aus Kongresspolen wurden in die Gouv.s Samara u. Saratov deportiert. Ihre Zahl wird auf etwa 100.000 Personen geschätzt.

Lit. (a. →Weltkrieg, Erster): S. Gawlitta, Zwischen Einladung und Ausweisung. Deutsche bäuerliche Siedler im Königreich Polen 1815–1915. Marburg 2009; E. Lohr, Nationalizing the Russian Empire. The Campaign against Enemy Aliens during World War I. Cambridge/Mass., London 2003; J. Hensel, Ewakuacja kolonistów niemieckiego pochodzenia z Królestwa Polskiego „w głąb Rosji" w latach 1914–1915, in: Polska między Niemcami a Rosją. Studia ofiarowane Marianowi Wojciechowskiemu w 70. rocznicę urodzin. Hg. W. Borodziej/P. Wieczorkiewicz. Warszawa 1997, 41–60; S. G. Nelipovič, General ot infanterii N. N. Januškevič. „Nemeckuju pakost' uvolit' i bez nežnostej …". Deportacii v Rossii 1914–1918, *Voenno-Istoričeskij Žurnal* 1 (1997), 42–53; Ders., Repressii protiv poddanych „Central'nych Deržav". Deportacii v Rossii 1914–1918, *ebd.* 6 (1996), 32–42; Ders., Rol' voennogo rukovodstva Rossii v „nemeckom voprose" v gody Pervoj Mirovoj Vojny (1914–1917), in: Rossijskie nemcy. Problemy istorii, jazyka i sovremennogo položenija. Materialy meždunarodnoj naučnoj konferencii. Hg. I. Pleve. Moskva 1996, 262–283.

S. G.

Deutsche aus Litauen. In dem 1918 gegründeten litauischen Staat war die dt. Volksgruppe mit ca. 45.000 Dt.stämmigen (a. Litauendeutsche, Ld.) die viertstärkste Minderheit u. lebte zu fast 90 % in einem relativ kleinen an Ostpreußen grenzenden Gebiet. Das v. Januar 1923 bis März 1939 von L. besetzte Memelland gehörte hist. gesehen zu Ostpreußen u. wird in der vorliegenden Betrachtung nicht berücksichtigt.

Über 65 % der Ld. lebten v. der Landwirtschaft oder waren ländliche Handwerker. In Kaunas u. in einigen anderen Städten gab es außerdem eine dt. Arbeiterschaft. Angehörige akad. Berufe waren unter den D. in L. nur in sehr geringer Zahl vertreten. Das Fehlen einer intellektuellen Führungsschicht war das Hauptproblem der Volksgruppe. Unter den D. in L. gab es nur wenige Vermögende. Abgesehen v. einzelnen im N des Landes ansässigen Besitzern von dt. Restgütern herrschte der Klein- u. Mittelbesitz vor. Insbesondere im Hauptsiedlungsgebiet im SW des Landes betrug die Hofgröße kaum über 10 ha.

Die meisten der im 20. Jh. in L. ansässigen D. stammten aus Ostpreußen u. dabei v. a. aus dessen östl. Grenzkreisen. Die Zuwanderer hatten nur geringen Einfluss auf das kulturelle und wirt. Leben im Lande. Innerhalb der Minderheit gab es bis ins 20. Jh. keinen Zusammenhalt, der über den Bereich der örtlichen evang. Kirchengemeinde hinausging. Allein der Tatsache, dass die D. in der Regel der evang.-luth. Kirche angehörten u. sich dadurch v. den kath. Litauern unterschieden, war es zuzuschreiben, dass sie als Minderheit bis in die Mitte des 20. Jh.s überdauerten. Die evang.-luth. Kirche war eine entscheidende Stütze der dt. Kultur und v. a. auch der dt. Sprache. Gleichermaßen wichtig war ihre Funktion als einzige überregionale Organisation der D. in L. vor dem 1. Wk., die ansonsten aufgrund ihrer bäuerlichen, ortsgebundenen Lebensweise kein nationales Zusammengehörigkeitsgefühl entwickelt hatten.

Die Anwerbung durch die litauischen Fürsten Mindaugas u. Gediminas führten im MA zum Zuzug von D. in die Städte Wilna (Vilnius, Wilno), Kaunas u. Trakai. In Kaunas prägte der gotische Baustil das Stadtbild. 1440 wurde hier ein Hansekontor gegründet. Im Zuge der Reformation wurden einzelne dt. Siedler v. litauischen Adligen für ihre Güter angeworben. Nach dem Ende des poln.-litauischen Doppelreiches 1795 verstärkte sich die Einwanderung aus Deutschland, sie blieb jedoch auf einzelne Siedlungsinseln u. auf die erwähnten Städte beschränkt.

Erst Anfang des 19. Jh.s wanderten dt. Landwirte ein, insbesondere aus dem benachbarten Ostpreußen. Aufgrund dieses Zuzugs wurde eine ganze Reihe v. neuen evang. Gemeinden gegründet. Unter den Neusiedlern waren viele Nachkommen der protestantischen Glaubensflüchtlinge aus Salzburg. Um die Mitte des 19. Jh.s zogen der Eisenbahnbau sowie einige dt. Industriebetriebe Zuwanderer auch aus Westdeutschland an.

Der Kriegsausbruch 1914 brachte die auf dem litauischen Territorium lebenden D. in eine schwierige Lage. Viele mussten vorübergehend ihre Wohnstätten verlassen. Mit der Besetzung des Landes durch dt. Truppen begann 1915 für die hier lebenden D. eine günstige Entwicklung. Die Militärverwaltung förderte sie v. a. durch die Einrichtung dt.

Grundschulen. Bis dahin waren die Kirchenschulen die einzigen Stätten gewesen, wo die Kinder das Lesen u. Schreiben erlernen konnten.

Nach der Niederlage der dt. Truppen u. der russ. Revolution entstand die Republik L. Zwar gab es umfangreiche gesetzlich festgeschriebene Minderheitenrechte, diese Gesetze boten jedoch keinen ausreichenden Schutz gegen den auch in L. bald einsetzenden nationalen Chauvinismus (→Minderheitenschutz). 1920 wurde in Kaunas die Partei der D. L.s gegründet, deren Einfluss jedoch gering blieb. Wichtiger war der Kulturverband der D. L.s, der sich in der Zeit bis zur Umsiedlung (→U. [NS-Begriff]) zur alle Bereiche umfassenden Volkstumsorganisation entwickelte. Hauptstreitpunkte zw. der dt. Minderheit u. den litauischen Behörden waren in den 1920er u. 1930er Jahren die Kirchen- u. die Schulpolitik. Zweifelhafte Volkszählungsergebnisse u. falsche Passeintragungen hatten weitreichende Auswirkungen hinsichtlich der Einrichtung v. Minderheitenschulen. Ende der 1930er Jahre lag der Anteil der Kinder, welche keine dt. Schule besuchen konnten, bei über 60 %. Der Konflikt auf dem kirchlichen Sektor erwuchs aus der national heterogenen Zusammensetzung der Kirchengemeinden u. der einseitigen Parteinahme der Regierung für die litauischen Lutheraner. Die ökon. und soz. Lage der D. war im Laufe der 1930er Jahre auch aufgrund der vom Staate gelenkten nationallitauisch ausgerichteten Wirtschaftspolitik schwieriger geworden.

Die Machtübernahme der Nationalsozialisten in →Deutschland hatte zunächst noch keine direkten Auswirkungen auf die Arbeit der dt. Minderheitenorganisation. Wenn es auch zw. den D. im Memelgebiet u. der dt. Minderheit in L. kaum Berührungspunkte gab, so wirkte sich das durch die Memelfrage belastete Verhältnis des litauischen Staates zu seinen Nachbarn im W auch auf die Ld. aus. Seit 1936 waren im Kulturverband, der inzwischen finanziell massiv aus Deutschland unterstützt wurde, Einflüsse des Nationalsozialismus unübersehbar, wenngleich sich die Aktivitäten auf die größeren dt. Siedlungen beschränkten.

Am 28. 9. 1939 war im geheimen Zusatzprotokoll zum →dt.-sowj. Grenz- u. Freundschaftsvertrag festgelegt worden, dass L. zum allergrößten Teil zur sowj. Interessensphäre gehören u. ein Bev.austausch durchgeführt werden sollte. Unmittelbar darauf begannen die Umsiedlungen der D. aus Estland u. Lettland (→Deutschbalten). Wegen langwieriger Verhandlungen über einen schmalen Grenzstreifen im SW des Landes verzögerte sich die Umsiedlung. Somit war die dt. Minderheit noch im Lande, als die →Sowjetunion L. im Juli 1940 besetzte u. ihr Terrorsystem installierte (→Litauer). Während der Umsiedlung v. Januar bis März 1941, bei der das SS-Umsiedlungskommando v. Mitarbeitern des Kulturverbandes unterstützt wurde, gab es einen Ansturm auf die Registrierungsstellen. Dabei galt das evang. Bekenntnis als Indiz für die dt. Volkszugehörigkeit. Streitfälle ergaben sich v. a. aus Eigentumsfragen wie der Mitnahme v. Wertgegenständen u. Vieh sowie der Regelung v. Schulden. In Sonderzügen, per LKW u. in Trecks kamen über 50.000 Umsiedler, unter ihnen auch Litauer, an denen das Reich interessiert war, nach Deutschland. Sie führten große Mengen an Hausrat sowie Vieh mit.

Im Unterschied zu anderen Umsiedlungsaktionen (vgl. →Deutsche aus Bessarabien, →D. aus der Bukowina) gab es bezogen auf L. einen Bev.austausch. Parallel zur Umsiedlung der D. aus L. wurden über 20.000 Litauer, Russen u. Weißrussen aus dem Memel- u. Suwalkigebiet z. T. zwangsweise nach Sowjet-L. umgesiedelt.

Nach einer Überprüfung der „Rassenmerkmale" wurde ein großer Teil der Umsiedler aus L. in Lager in Westdeutschland gebracht, wo man sie v. a. in der Rüstungsindustrie einsetzte. Die als „wertvoller" geltende andere Gruppe war für die Ostsiedlung vorgesehen, musste aber wegen fehlender Unterbringungskapazitäten in Lagern bleiben.

1941 wurde L. von dt. Truppen besetzt u. in einer einmaligen Aktion siedelten die NS-Machthaber über 20.000 Ld. aus den Lagern in ihre alte Heimat zurück. Sie sollten die Vorhut einer gemäß dem →Generalplan Ost umfassenden dt. Kolonisation des Landes sein. Diese Maßnahme ging einher mit einer Verdrängung poln., russ. und litauischer Bev. und ist beispielhaft für die Menschenverachtung, mit welcher hier eine „ethnische Flurbereinigung" vorgenommen wurde. Die Ld. kamen i. d. R. nicht auf ihren alten Besitz zurück, sondern sollten im zukünftigen dt. besetzten L. eine Führungsrolle spielen. Repressionen u. Terrormaßnahmen der dt. Besatzer belasteten bald das Verhältnis der Rücksiedler zu ihren Nachbarn.

Die Front löste im Sommer 1944 eine Fluchtbewegung der Rücksiedler in Richtung W aus (→Flucht). Manche wurden v. der Roten Armee überrollt u. mussten in das nun wieder sowjetische L. zurückkehren. Erst Jahre später kamen sie als Spätaussiedler nach Deutschland.

Heute leben die D. aus L. verstreut im Bundesgebiet, viele sind auch nach Übersee ausgewandert. Die Landsmannschaft der D. aus L. kümmert sich um die Wahrung des kulturellen Erbes (→Landsmannschaften).

Lit.: H. Stossun, Die Umsiedlungen der Deutschen aus Litauen. Marburg 1993; M. Hellmann, Die Deutschen in Litauen. Kitzingen 1951.

H. St.

Deutsche aus Polen: „Verdrängung" nach dem Ersten Weltkrieg. Durch die Abtretung von ca. 90 % der preußischen Provinz Posen (Poznań) u. großer Teile der Provinz Westpreußen (Pomerellen, poln. *Pomorze*) kamen 670.000 bzw. 412.000 D. unter poln. Herrschaft. In Poln.-Oberschlesien lebten 150.000, im ehem. Kongresspolen 450.000 D., darunter 140.000 in Lodz (Łódź) u. Białystok, v. denen viele in der Textilindustrie arbeiteten, 100.000 in Wolhynien u. 70.000 in Österr.-Polen, unter ihnen 34.000 Bauern u. 30.000 Textilarbeiter in Bielitz. Der Grundbesitz über 50 ha war in der Provinz Posen zu 36,2 % in dt. Besitz, in Pomerellen zu 43,7 % u. in Oberschlesien zu 90 %. Dort stellten D. auch die meisten Unternehmer. In Posen u. Pomerellen war „der Deutsche" gleichzeitig ein Protestant u. gehörte der Ober- u. Mittelschicht an, „der Pole" Katholik u. eher der Unterschicht zugehörig.

Gründe für die D., nach dem 1. →Wk. für das Dt. Reich zu optieren (→Option) u. freiwillig abzuwandern, waren: Wo sie früher die Herren gewesen waren, wollten sie nicht nur geduldet werden. Junge Männer fürchteten, an der Front gegen die Rote Armee eingesetzt zu werden. Nicht erbberechtigte Bauernsöhne optierten für Deutschland, während die Hoferben meist blieben. Zudem berief die dt. Regierung aus Westpreußen zum 1. 4. 1920 alle 20.000 Beamten ab, denen das soz. Umfeld aus Handwerk, Handel u. Kultur folgte.

Vor allem aber waren die poln. Regierungen an der Schwächung des dt. Elements interessiert. Der nationaldemokratische Politiker Stanisław Grabski erklärte im Oktober 1919 öffentlich: „Posen kann uns einen Weg weisen, in welcher Weise der Prozentsatz von 14 oder sogar 20 v. H. auf 1 1/2 v. H. gebracht werden kann. Das fremde Element wird sich umsehen müssen, ob es sich anderswo besser befindet." Auch Władysław Sikorski gab als Ministerpräsident im April 1923 die Parole aus: Die Entdeutschung müsse „in möglichst raschem Tempo und kurzem Zeitraum durchgeführt werden". Auch Wincenty Witos, Vorsitzender der Bauernpartei, erklärte, es sei „höchste Zeit, dass die deutschen ‚Kulturträger' verschwinden".

Zu den Mitteln der poln. Verdrängungspolitik gehörten: Durch die Bestimmungen des Versailler Vertrags erhielten alle dt. Reichsangehörigen die poln. Staatsbürgerschaft, nicht jedoch diejenigen, die ihren Wohnsitz erst nach dem 1. 1. 1908, dem Tag des Inkrafttretens des preußischen Enteignungsgesetzes, in die nunmehr poln. Provinzen verlegt hatten. Wer für die dt. Staatsbürgerschaft optiert hatte, sollte nach zwölf Monaten das Land verlassen (Art. 91 Versailler Vertrag). Von den etwa 150.000 bis 175.000 Optanten blieben 1925 nur 12.000 zurück. Mit dem Versailler Vertrag (Art. 92 u. 297) erhielt der poln. Staat auch das Recht, diese beiden Personengruppen zum Verkauf ihres Grundbesitzes zu zwingen; dabei setzten die Liquidationsbehörden die Preise möglichst niedrig fest, um poln. Käufer zu gewinnen. Auf diese Weise wurden v. 1919 bis 1929 in Posen u. Pomerellen 4.000 Objekte ländlichen Besitzes mit rd. 170.000 ha Fläche u. 1.888 städtische Objekte unter Zwang verkauft. Polen nutzte die Übernahme des ehem. Besitzes des Reiches, der dt. Bundesstaaten u. Mitglieder des Herrscherhauses (Art. 256), um die dt. Pächter v. den entsprechenden Ländereien zu vertreiben. Zwischen 1920 u. 1922 wurden alle dt. Staatsbürger aus dem öffentlichen Dienst entlassen, in poln. Privatbesitz befindliche Betriebe zogen nach. Durch diese u. weitere Maßnahmen ging mit etwa 500.000 ha ein Drittel des dt. privaten Landbesitzes an poln. Eigentümer über. Zudem suchten Verbände wie der Westmarkenverband *(Związek Obrony Kresów Zachodnich,* später *Polski Związek Zachodni)* die D. durch anti-dt. Demonstrationen u. Gewaltaktionen einzuschüchtern u. zur →Emigration zu treiben. Erst Józef Piłsudski erklärte nach seinem Putsch im Mai 1926, dass er alles, was in seiner Macht stehe, für das friedliche Zusammenleben des poln. und dt. Volks im poln. Staat tun werde.

Die D. wanderten besonders aus Pomerellen u. Posen ab, v. a. in den Jahren 1918–1922, aber auch noch bis 1926, da die Optanten für Deutschland spätestens zu diesem Jahr das Land verlassen haben mussten. Bis 1922 sank die Zahl der D. in Posen u. Pomerellen v.

1,2 auf 0,6 Mio., bis 1926 um weitere 220.000 auf 342.000. Die Lage stabilisierte sich erst zu Beginn der 1930er Jahre. 85 % der dt. Stadt-, aber nur 50 % der dt. Landbevölkerung waren ausgewandert. Nach Abschluss der Emigrationsbewegung lebten rd. 70 % der D. Posens u. Pomerellens auf dem Lande. Die umstrittenen Volkszählungen v. 1921 u. 1931 zeigen deutlich, dass die Zahl der D. vor allem in Posen, Pomerellen u. Schlesien abgenommen hat, nicht jedoch in Warschau, Lodz, Wolhynien u. Galizien.

Die Zahl der dt. Schulen sank ebenfalls, in Posen v. 622 (1922/23) auf 152 (1927/28), in Pomerellen in derselben Zeit v. 169 auf 24. Die Schulbezirke wurden häufig so abgegrenzt, dass die Mindestzahl v. 40 Kindern unterschritten wurde. Die übrigen Kinder mussten poln. Schulen besuchen. Dt. Lehrer, die das poln. Sprachexamen nicht bestanden, wurden entlassen. In den ehem. preußischen Ostgebieten machten private Lehranstalten etwa 40 % der dt. Minderheitenschulen aus; sie wurden v. Schulvereinen mit örtlichen Honoratioren an der Spitze getragen. Die Schulen wurden aus dem Reich subventioniert, die auf nationalpolit. Wohlverhalten der Lehrer u. Eltern achteten. Allerdings wurden auch dt. Privatschulen administrativ gegängelt. Deutsche Verbände versuchten, Kinder aus national schwankenden Familien für das dt. Schulwesen zu gewinnen; die poln. Behörden reagierten mit der Schließung dt. Schulen, die den formalen Anforderungen nicht genügten.

Aus Ost-Oberschlesien wanderte nur etwa ein Drittel der D. ab. Die poln. Volkszählung v. 1931 kommt auf ein Viertel der dt. Schätzungen des dt. Anteils an der Bev. Ost-Oberschlesiens: Diese Differenz beruht auch auf der schwankenden Haltung eines großen Teils der Oberschlesier in der nationalen Frage. Nach den poln. Volkszählungen gab es 1921 1.059.200 u. 1931 741.000 D. in P. Nach privaten dt. Zählungen waren es 1926 1.128.000 u. 1938/39 1.030.000 Personen.

Zusammen mit dem Versailler Vertrag hatte P. das Minderheitenschutzabkommen unterzeichnet. Die Verfassung vom März 1921 sicherte allen →nationalen Minderheiten gleiche Rechte zu. Rechtliche Fragen der jeweiligen Minderheiten im geteilten Oberschlesien regulierte die Genfer Konvention vom 15. 5. 1922 zw. dem Dt. Reich u. der Poln. Republik. Die Polendeutschen richteten Klagen an den →Völkerbund, v. denen dieser nur einen kleinen Teil als verhandlungsfähig einstufte. Ernsthafte Versuche, zumindest einen Teil der Bürger dt. Nationalität für sich zu gewinnen, hat die Zweite Republik nicht unternommen. Dies war allerdings auch kaum zu erwarten, solange die Weimarer Republik an ihrer Revisionspolitik festhielt u. die dt. Minderheit u. deren Verbände als Basis für ihren Anspruch auf die Rückgabe des „Korridors" u. Oberschlesiens über geheime Umwege subventionierte.

Lit.: I. Eser, Polnischer Nationalstaat, deutsche Minderheit und Schulwesen 1918–1939. Aufbau einer Zivilgesellschaft? in: Die Praxis der Zivilgesellschaft. Akteure, Handeln und Strukturen im internationalen Vergleich. Hg. A. Bauernkämper. Frankfurt a. M. 2003, 275–292; W. Kessler, Elitenwechsel. Die Gebietsabtretungen in Posen-Westpreußen und Oberschlesien 1920–1922 und die regionalen Führungsschichten, in: Vertriebene Eliten. Vertreibung und Verfolgung von Führungsschichten im 20. Jahrhundert. Hg. G. SCHULZ. München 2001, 41–60; P. HAUSER, Mnieszość niemiecka na Pomorzu w okresie międzywojennym. Poznań 1998; A. KOTOWSKI, Polens Politik gegenüber seiner deutschen Minderheit 1919–1939. Wiesbaden 1998; M. NIENDORF, Minderheiten an der Grenze. Deutsche und Polen in den Kreisen Flatow (Złotów) und Zempelburg (Sępólno Krajeńske) 1900–1939. Wiesbaden 1997; R. BLANKE, Orphans of Versailles. The Germans in Western Poland, 1918–1939. Lexington 1993; N. KREKELER, Revisionsanspruch und geheime Ostpolitik der Weimarer Politik. Die Subventionierung der deutschen Minderheit in Polen 1919–1933. Stuttgart 1973; H. RAUSCHNING, Die Entdeutschung Westpreußens und Posens. Berlin 1930.

D. B.

Deutsche und Polen aus den ehemaligen deutschen Ostgebieten: Deportation in die Sowjetunion. In der Schlussphase des 2. →Wk.s u. kurz nach seinem Ende wurden nicht nur Kriegsgefangene, sondern auch auf feindlichem Territorium lebende oder als Feinde betrachtete Zivilisten zur →Zwangsarbeit in die Sowjetunion deportiert. Sie wurden als Arbeitskraft für die vom Krieg zerstörte Wirtschaft der UdSSR betrachtet.

Einwohner der durch die Rote Armee besetzten Gebiete des Dritten Reichs wurden im Rahmen einer Pazifizierung festgenommen (Befehl 0016 des Vorsitzenden des NKVD der UdSSR „Über Maßnahmen zur Säuberung des Hinterlandes der Front der Roten Armee von feindlichen Elementen"). Die Internierten kamen in Speziallager, wo über ihr weiteres Schicksal entschieden wurde. Der Sabotage u. des Terrorismus Beschuldigte erhielten harte Strafen. Dagegen sollten Männer im Alter zw. 17 u. 50 Jahren, die in der Wehrmacht oder im Volkssturm ihren Dienst geleistet hatten, in Kriegsgefangenenlager, die übrigen arbeitsfähigen Männer in Internierungslager in der UdSSR verbracht werden (v. a. in die Ukraine u. nach Weißrussland). Als Grund für die Festnahme durch die Sicherheitsorgane der UdSSR diente der Vorwurf der Zugehörigkeit zu einer der NS-Organisationen oder der Verdacht, ein im Sinne des damaligen sowj. Rechts „gesellschaftlich gefährliches Element" zu sein. Anfang Februar 1945 wurde ein Zusatzbeschluss zum erwähnten Befehl erlassen, wonach die zur Arbeit mobilisierten Zivilisten komplette Sommer- u. Winterkleidung sowie Bettwäsche, Toilettenartikel, Geschirr, Besteck u. Lebensmittel für 15 Tage mitnehmen sollten. Bei Nichterscheinen trotz Aufforderung drohte ihnen das Kriegstribunal. In dem erwähnten Befehl des Vorsitzenden des →NKVD sowie in den späteren Anweisungen wurden weder die unterschiedliche ethn. Zusammensetzung der Bev. einzelner Regionen noch ihre Staatszugehörigkeit berücksichtigt. So betrafen die v. a. gegen die Deutschen in Oberschlesien, Danzig u. Westpreußen gerichteten Repressionen ebenfalls dort lebende Polen. Ein Eintrag in der Volksliste (→deutsche Volksliste) während des Kriegs galt als ausreichender Schuldbeweis. In den bis 1938 zum dt. Staat gehörenden Gebieten kam es auch zu Repressionsmaßnahmen gegenüber Polen mit deutscher Staatsangehörigkeit, und das trotz ihrer propolnischen Haltung vor dem Krieg, die sie mehrmals zum Ausdruck gebracht hatten.

Die genaue Zahl der festgenommenen u. in die UdSSR deportierten Personen ist nicht festzustellen. Es bestehen Unterschiede zw. den bekannten sowj. Dokumenten u. früheren Schätzungen der Historiker. Nach sowj. Angaben wurden bis zum 20. 2. 1945 in Oberschlesien u. Ostpreußen 28.000 Männer „zur Arbeit mobilisiert“. Von Februar bis April wurden v. dort weitere 77.000 Männer verschleppt. Insgesamt wurden bis Mitte April 1945 in den Gebieten östlich von Oder u. Lausitzer Neiße 215.500 Personen festgenommen, darunter 138.200 Deutsche, 39.000 Polen u. fast 28.000 sowj. Bürger. Fast 130.000 von ihnen wurde die Mitgliedschaft in einer NS-Organisation zur Last gelegt. 148.500 der insgesamt Festgenommenen wurden in die UdSSR deportiert. Der Rest verblieb noch in frontnahen Isolierungslagern, in denen 5.000 Personen starben. Laut einem späteren Dokument befanden sich sogar 217.700 dt. Zivilisten in der UdSSR. Davon wurden nur 66.000 Personen als führende Nationalsozialisten bezeichnet. Zusammen mit den aus Rumänien (→Deutsche aus R.: Deportation in die Sowjetunion), Ungarn (→Deutsche aus U.: Deportation in die Sowjetunion) u. Jugoslawien (→Deutsche aus J.: Deportation in die Sowjetunion) deportierten Deutschen betrug die Zahl der verschleppten Deutschen ungefähr 450.000 Personen.

Mitte April 1945, vor der Offensive auf Berlin u. der endgültigen Zerschlagung des Dritten Reiches, schränkte Lavrentij →Berija die Internierungen ein (Befehl 00315). Dies hatte praktische Gründe: Die Anzahl aktiver Nazis, die festgenommen werden konnte, blieb weit hinter den Erwartungen zurück. Es wurden meistens gemeine Mitglieder von NS-Organisationen gefasst, die aber sehr oft aufgrund ihres Alters u. Gesundheitszustandes nicht arbeitsfähig waren. Die Deportationen in die UdSSR wurden eingestellt u. die Häftlinge teilweise freigelassen. Es sei übrigens noch daran erinnert, dass die dt. Bevölkerung auch zur Arbeit für die in verschiedenen Ortschaften der 1945 an Polen angegliederten Gebiete stationierten sowj. Einheiten gezwungen wurde.

Die Deportation in die UdSSR war für die nach Umsiedlung u. Flucht an ihren alten Wohnorten verbliebene Zivilbev. neben den Gewaltakten nach dem Einmarsch der sowj. Truppen die wohl furchtbarste Erfahrung. Die Verhaftungen glichen oftmals Razzien. Im früheren dt. Teil von Oberschlesien kam es zur Festnahme kompletter Arbeitertrupps, die gerade v. der Schichtarbeit aus dem Bergwerk kamen. Auf diese Art u. Weise sicherte sich die Sowjetunion die wertvollsten Arbeitskräfte. In den übrigen Regionen war der Anteil der Frauen unter den Deportierten höher, weil es dort einfach nicht mehr genug Männer gab. Die für die Deportation vorgesehenen Personen wurden auch unter verschiedenen Vorwänden in sowj. Behördenvertretungen vorgeladen oder einfach auf der Straße festgenommen. Aus diesen Gründen war nur ein Teil auf die bevorstehende lange Reise entsprechend vorbereitet. Der Aufenthalt in den provisorischen Gefängnissen u. Sammellagern war v. a. wegen der schrecklichen sanitären Bedingungen, der Verpflegung u. der Grausamkeit der Wachen gefährlich. Viele der Festgehaltenen wurden deshalb schnell arbeitsunfähig. Die größten Sammellager wurden in Graudenz (Grudziądz), Posen (Poznań), Zichenau (Ciechanów), Insterburg, Gleiwitz (Gliwice), Beuthen (Bytom) u. Schwiebus (Świebodzin) eingerichtet.

Nach einer mehrwöchigen schweren Reise Richtung O wurden die Deportierten in Lager auf sowj. Boden transportiert. Die Bedingungen, unter denen die Zivilgefangenen festgehalten wurden, unterschieden sich nicht v. der üblichen harten Situation in sowj. Lagern, wie sie direkt nach dem Krieg herrschten. Daher war die Sterblichkeit in den Jahren 1945 u. 1946 sehr hoch, was v. a. auf die auszehrende Arbeit, den Hunger u. den Mangel an Arbeitskleidung zurückzuführen ist. Im Unterschied zu den durch Gerichte verurteilten Personen wussten die anderen Deportierten nicht, wie lange ihr Aufenthalt hinter Stacheldraht dauern würde. Sie wurden in Kohlebergwerken, bei der Rodung der Taiga, in Industriebetrieben, bei Straßenarbeiten, der Beladung von Waggons usw. eingesetzt.

Die →Repatriierung der Deportierten begann schon im Jahre 1945; zuerst wurden Schwerkranke u. Invaliden zurückgeschickt. Die Repatriierungen nach Deutschland dauerten bis Ende der 1940er Jahre an. Aus dem Kontingent der internierten Deutschen wurden Personen poln. Abstammung herausgefischt (u. a. oberschlesische Bergleute), um deren Rückkehr – unter dem Druck der Familien – sich die Regierung in Warschau bemühte. Ca. 200.000 Internierte wurden schließlich nach Deutschland geschickt.

Lit.: Z. Woźniczka, Z Górnego Śląska do sowieckich łagrów. Katowice 1996; F. Klier, Verschleppt ans Ende der Welt. Schicksale deutscher Frauen in sowjetischen Arbeitslagern. Frankfurt a. M. 1996.

M. R.

Deutsche aus Rumänien: Deportation in die Sowjetunion. Im Januar 1945 wurden etwa 70.000 D. aus R. zur →Zwangsarbeit in die →Sowjetunion deportiert. Sie stellten damit die größte Gruppe deportierter D. aus Ostmittel- u. Südosteuropa, vor jenen aus der Tschechoslowakei, Ungarn (→Deutsche aus U.: Deportation in die Sowjetunion), Jugoslawien (→Deutsche aus J.: Deportation in die Sowjetunion) u. Bulgarien. Damit hatte sich die Sowjetunion gegen den schwachen Widerstand der beiden Westalliierten USA u. Großbritannien mit ihrer Position durchgesetzt, auch Zwangsarbeit als Reparation einzusetzen. Gegen den neuen Verbündeten →Rumänien hatte die Sowjetunion durchgesetzt, die D. R.s kollektiv als aktive Anhänger des Nationalsozialismus u. des „Dritten Reiches" zu definieren u. sie für den Wiederaufbau der verwüsteten Regionen der Sowjetunion in Haftung zu nehmen. Etwas mehr als die Hälfte der Deportierten waren Frauen im Alter v. 18–30 Jahren, während die Männer zw. 17 u. 45 Jahre alt waren. Die „mobilisierten und internierten (‚Volks'-)Deutschen" (→Volksdeutsche) kamen vorwiegend in Kohlebergwerken u. Betrieben der Schwarzmetallurgie in den damaligen Südgebieten der Sowjetunion (Dnipropetrovs'k, Stalino, Vorošylovhrad) u. im Ural (Molotov) zum Einsatz. Die →Deportation kann in zweifacher Hinsicht als wichtiges Element im Prozess der Aussiedlung der D. aus R. eingeschätzt werden: Zum einen kehrten nicht alle Überlebenden nach R. zurück, sondern wurden einige nach →Deutschland u. →Österreich zurückgeführt, v. wo aus sie mittels Familienzusammenführung weitere D. zur Aussiedlung veranlassten.

Zum anderen wurde die Deportation im kollektiven Gedächtnis der D. aus R. als illoyaler Akt des rum. Staates erinnert, der sich seiner Mitschuld am Angriffskrieg gegen die Sowjetunion mit der Zwangsarbeit der Rumäniendeutschen entledigt habe.

Von den deportierten D. aus R. kamen etwa 30.000 aus Siebenbürgen, 30.000 aus dem Banat (→Deutsche aus dem B.), 5.000 aus dem Sathmarer Gebiet sowie 5.000 aus Altrumänien. Nach dem Zensus v. 1930 betrug die Gesamtzahl der D. in R. 745.421 (4,1 %), die bis 1939 fortgeschriebene Zahl des rum. Zentralinstituts für Statistik lag bei 778.192 (3,9 %). Der Anteil der D. an der Bev. der jeweiligen Region belief sich bei den überwiegend evang.-luth. →Siebenbürger Sachsen 1930 auf 7,9 %, den überwiegend röm.-kath. Banater Schwaben auf 23,8 % u. den ebenfalls röm.-kath. Sathmarer Schwaben auf 4,8 %. Alle drei Regionen waren erst nach dem 1. →Wk. zu R. gekommen. Aufgrund mehrerer kultureller Magyarisierungswellen um die Wende zum 20. Jh., die insbesondere unter den Sathmarer Schwaben Ergebnisse gezeitigt hatten, wurde der Wechsel der staatl. Zugehörigkeit v. der Mehrheit der D. anfangs durchaus begrüßt. Die Unzufriedenheit mit der rum. Minderheitenpolitik, aber auch mit den eigenen Eliten führte in den 1930er Jahren zu einer völkischen Mobilisierung der D. und einer anschließenden Gleichschaltung als in R. weitgehend autonome „Volksgruppe“ mit den Interessen des Nationalsozialismus u. des „Dritten Reiches“.

In den Kontext der Deportationsentscheidung u. des Geschehens gehört die milit. und diplomatische Lage zw. den Alliierten u. ihrem neuen Bündnispartner R. Bereits in dem bekannten, informellen „Prozent-Abkommen“ zw. Winston →Churchill u. Iosif →Stalin vom 9. 10. 1944 in Moskau war der Einfluss der Westalliierten in R. auf 10 % u. der der Sowjetunion auf 90 % beziffert worden. Nachdem R. am 23. 8. 1944 v. der Seite der Achsenmächte auf die der Alliierten gewechselt war, bekam es die Folgen des „Prozent-Abkommens“ zu spüren. Bis zur Unterzeichnung des Waffenstillstandsabkommens mit R. am 12. 9. 1944 wurde das Land v. der Roten Armee nach wie vor als Feind behandelt: 150.000 Kriegsgefangene wurden in die Sowjetunion verschleppt. Auch nach der Etablierung einer Alliierten Kontrollkommission (AKK) in Bukarest stellte sich heraus, dass Handlungen der sowj. Vertreter nur unwesentlich v. ihren angloamerikanischen Kollegen eingeschränkt wurden. Als der Deportationsbefehl der Sowjets an die rum. Regierung am 6. 1. 1945 im Namen der AKK erging, protestierte die brit. Seite einzig aufgrund ihrer Nicht-Konsultierung, während die Amerikaner zusätzlich die präjudizierende Wirkung solch einseitig durchgesetzter Reparationsforderungen auf die Nachkriegsordnung zu bedenken gaben. Gegen die Deportation selbst sowie gegen ihre fragwürdige Begründung wurde vonseiten der Westalliierten kein Protest erhoben, sehr wohl aber v. der rum. Regierung. Bereits Ende August 1944 wurde die rum. Regierung unter General Constantin Sănătescu aufgefordert, Listen v. allen dt. Staatsangehörigen sowie, weniger eindeutig, von D. aus R. anzulegen. Entgegen dem Waffenstillstandsabkommen forderte der stellvertretende Vorsitzende der Kontrollkommission Vladislav Vinogradov die rum. Regierung am 31. 10. 1944 erneut u. diesmal explizit auf, bis zum 10. 11. 1944 „Listen und statistisches

Material über die rum. Staatsangehörigen ethnisch deutscher und ungarischer Herkunft" vorzulegen. Nachdem am 6. 1. 1945 der Zweck dieser Registrierung klar geworden war, überreichte die neue rum. Regierung unter General Nicolae Rădescu am 13. 1. 1945 Vinogradov eine offizielle Note, in der sie gegen die Deportation protestierte. Es sei ein juristischer Verstoß gegen das Waffenstillstandsabkommen, massenhaft rum. Staatsbürger zu deportieren. Aus wirt. Gründen sei es untragbar, Menschen zu deportieren, die „so gut in das Leben des rumänischen Volkes integriert [sind], dass sie einen wahrhaft organischen Teil desselben darstellen [...]". Schließlich wurde aus humanitären Erwägungen auf die Schwierigkeiten einer Deportation aller arbeitsfähigen Personen mitten im Winter u. die Not der zurückbleibenden Alten u. Kinder hingewiesen.

Die systematische Rekrutierung der Zwangsarbeiter dauerte vom 11. bis 16. 1. 1945. Von der Deportation ausgenommen waren Schwangere vom sechsten Monat an, Mütter v. Kindern unter einem Jahr, Frauen, die mit einem Rumänen verheiratet waren, u. Kinder eines rum. Vaters. Deportiert wurden somit alle innerhalb der genannten Altersgrenzen (wobei es zu zahlreichen Unter- u. Überschreitungen der Altersgrenzen kam), also auch in der rum. Armee dienende D. sowie Mitglieder linksgerichteter Parteien. Die zu Deportierenden wurden unter Aufsicht sowj. Soldaten u. von NKVD-Mitarbeitern (→NKVD) von rum. Soldaten, Polizisten u. auf dem Land oft auch v. Zivilisten verhaftet u. in Sammellagern untergebracht (→Lager). In Güterwagen wurden sie schließlich – abhängig v. der Streckenbelastung u. der Entfernung – innerhalb v. zwei bis drei Wochen an die Deportationsorte verbracht. Dort waren die Unterkünfte in aller Regel stark vom Krieg beschädigt, sodass sie in den ersten Wochen erst hergerichtet werden mussten. Die Lager waren umzäunt, milit. bewacht u. befanden sich in der Nähe des Arbeitsplatzes. Unabhängig v. ihrer Qualifizierung wurden die Zwangsarbeiter für schwere körperliche Arbeiten eingesetzt. Insbesondere in den beiden ersten Deportationsjahren war die Versorgung mit Lebensmitteln – auch aufgrund schlechter Ernten – ungenügend.

Nur für die Siebenbürger Sachsen ist der Forschungsstand historiographisch u. statistisch zufriedenstellend. Von den 30.336 Siebenbürger Sachsen starben 2.643 in der Sowjetunion. Die Mortalitätsrate im Allg. lag bei etwa 10 %. Etwa die Hälfte der Deportierten wurden v. 1945 bis 1947 u. die andere Hälfte 1948/49 repatriiert, drei Viertel wurden direkt nach R. und etwa ein Viertel in die →sowj. Besatzungszone geschickt. Seit Mitte der 1950er Jahre werden die Arbeitsjahre der Deportierten auf die Rente angerechnet, u. seit 1990 gelten sie zusätzlich als in der komm. Diktatur polit. verfolgte Personen u. genießen die dafür vorgesehenen Vergünstigungen. Ausweislich der Volkszählung v. 2002 leben heute noch 60.088 D. in R.

Quellen: Dokumentation der Vertreibung der Deutschen aus Ost-Mitteleuropa. Bd. 3: Das Schicksal der Deutschen in Rumänien. Bearb. von Theodor SCHIEDER u. a. Hg. BUNDESMINISTERIUM FÜR VERTRIEBENE, FLÜCHTLINGE UND KRIEGSGESCHÄDIGTE. Bonn 1957.

Lit.: J. Wolf, Deutsche Zwangsarbeiter aus Ostmittel- und Südosteuropa in der Sowjetunion 1945–1949. München 2005; G. Klein, Im Lichte sowjetischer Quellen. Die Deportation Deutscher aus Rumänien zur Zwangsarbeit in die UdSSR 1945, in: Lager, Zwangsarbeit, Vertreibung und Deportation. Dimensionen der Massenverbrechen in der Sowjetunion und in Deutschland 1933 bis 1945. Hg. D. Dahlmann/G. Hirschfeld. Essen 1999, 337–367; P. M. Polian, Westarbeiter: Reparation durch Arbeitskraft. Deutsche Häftlinge in der UdSSR, *Südostdeutsche Vierteljahrsblätter* 47/2 (1998), 153–162; G. Weber u. a., Die Deportation der Siebenbürger Sachsen in die Sowjetunion 1945–1949. Köln, Weimar 1996; S. Karner, Im Archipel GUPVI. Kriegsgefangenschaft und Internierung in der Sowjetunion 1941–1956. Wien, München 1995.

D. M.

Deutsche aus dem Schwarzmeergebiet. Nach den Angaben der Volkszählung vom 17. 1. 1939 lebten in der Ukr. Sozialistischen Sowjetrepublik 392.458 D. (bei der Volkszählung vom 6. 1. 1937 wurden 401.880 gezählt). Reduziert man diese Zahl um jene D., die v. a. in den westl. Gebieten (ukr./russ. *oblasti*) Žytomyr, Kyïv (Kiev) u. Černihiv lebten, u. rechnet man die 51.299 D. (50.576 am 6. 1. 1937) der ASSR Krim hinzu, ergibt sich für 1939 eine Zahl v. 378.935 D. im Schwarzmeergebiet (a. Schwarzmeerdeutsche, Sd.; russ. *pričernomorskie nemcy*).

Infolge der beiden erfolgreichen Türkenkriege Katharinas (1768–1774, 1787–1792) u. der Annexion des Krim-Chanats (1783) dehnte sich Russland in breiter Front, zw. dem Dnestr u. dem Kuban, bis zum Schwarzen Meer aus. Die neu erworbenen Gebiete „Neurusslands" (russ. *Novorossija*) wurden im Jahre 1802 in die Gouv.s Cherson, Taurien u. Ekaterinoslav gegliedert. In Neurussland wurden neben anderen ethn. Gruppen auch dt. „Kolonisten" angesiedelt. Sie werden als Sd. im engeren Sinn bezeichnet; zu den Sd. im weiteren Sinn werden auch die D. Bessarabiens u. des Dongebiets gerechnet.

In der Zeit v. 1786 bis 1842 folgten dt.sprachige Siedler aus Danzig u. Umgebung, v. a. Mennoniten, sowie Lutheraner u. Katholiken aus Württemberg, Baden u. dem Elsass der Einladung der Zaren, sich in Neurussland niederzulassen. Sie wurden in der Nähe v. Ekaterinoslav (Dnipropetrovs'k), Aleksandrovsk (Zaporižžja) u. im Hinterland der Hafenstädte Odessa, Melitopol' u. Mariupol' sowie auf der Krim angesiedelt. Einrichtungskredite, Grundstücke v. meist 60–65 Desjatinen (1 Desjatine = 1,07 Hektar), eine zehnjährige Steuerfreiheit sowie die Befreiung v. der Rekrutenpflicht halfen ihnen, die Not der Anfangsphase zu überwinden u. ihre „Kolonien" zu Inseln relativen Wohlstands zu entwickeln. 1844 lebten schon 87.304 D., unter ihnen 21.411 Mennoniten, in Neurussland einschl. Bessarabien, wobei auf die Bessarabiendeutschen etwa 15.000 Personen entfielen. Zur Zeit der Volkszählung v. 1897 wohnten 298.209 Sd. außerhalb der Städte. Den dt. Kolonisten waren 520.000 Desjatinen Land zugewiesen worden, auf denen sie 199 Dörfer angelegt hatten. Bis 1890 erhöhte sich die Zahl ihrer Kolonien auf mehr als das Vierfache, ihr Landbesitz auf das Fünffache. Viele Sd. waren in das benachbarte Dongebiet u. den

Nordkaukasus, ins Uralgebiet u. nach Sibirien bzw. besonders seit der Einführung der Wehrpflicht 1874 nach Nordamerika ausgewandert.

Während des 1. →Wk.s kamen die Sd. zeitweise unter die Herrschaft der Mittelmächte u. der verschiedenen Bürgerkriegsparteien. In den Jahren 1921/22 erlebten die Sd. eine Hungersnot, in den 1920er Jahren die wirt. Erholung u. Bildung v. „nationalen" Dorfsowjets u. Rayons, seit 1929 die Verschärfung der relig. Verfolgung, die Kollektivierung u. „Entkulakisierung", gefolgt v. einer erneuten Hungersnot, seit 1934 die Verfolgung als potentielle Landesverräter (→Nationale Operationen des NKVD der UdSSR) u. schließlich den →„Großen Terror" der Jahre 1937/38.

Der Kriegsrat der sowj. Südfront meldete am 3. 8. 1941, dass „die deutsche Bevölkerung auf unsere zurückweichenden Truppen aus Fenstern und Gärten schoss" u. die dt. Truppen „in einem deutschen Dorf mit Brot und Salz begrüßt" wurden – nur geschah das gleiche in zahlreichen ukr. Dörfern. Die Frontsowjets ließen sofort einen Teil der D. aus den Gebieten Odesa (russ. Odessa) bzw. Dnipropetrovs'k abtransportieren. Angesichts des schnellen Vormarschs der dt. und rum. Truppen gelang es den sowj. Behörden nicht mehr, alle Sd. zu deportieren, v. a. nicht aus der westl. und südwestl. Ukraine. Schon im August 1941 mussten fast alle etwa 50.000 Sd. der Krim ihre Heimat verlassen (→Krim als Deportationsgebiet). Das Staatskomitee für Verteidigung (russ. *Gosudarstvennyj Komitet Oborony*, GKO) befahl am 22. 9. 1941 die Umsiedlung der D. aus den östl. Gebieten Zaporižžja, Stalino (Donec'k) u. Vorošylovhrad (Luhans'k). Nach Angaben des →NKVD wurden vom 1. 9. 1941 bis zum 1. 1. 1942 aus diesen Gebieten knapp 80.000 Sd. tatsächlich ausgesiedelt. Diese vergleichsweise geringe Zahl ist sowohl auf den schnellen Vormarsch der dt. und rum. Truppen als auch auf die Tatsache zurückzuführen, dass Iosif →Stalin für die Volkszählung v. 1939 eine höhere Einw.zahl für die gesamte Sowjetunion als in der kassierten Volkszählung v. 1937 festgelegt hatte, aus welcher die Verluste durch die „Entkulakisierung", die Hungersnot v. 1932/33 u. den „Großen Terror" deutlich geworden wäre. Außerdem hatte die Führung beschlossen, die Angehörigen der Streitkräfte u. die Massen v. Lagerhäftlingen „in kleinen Päckchen" auf die Republiken u. Gebiete zu verteilen. In den Lagern aber waren die D. als „Kulaken" sowie als Verhaftete „nach der deutschen Linie" als potentielle Landesverräter überdurchschnittlich vertreten. Weniger als ein Zehntel der deportierten Sd. sollte in die Region Altaj, die übrigen sollten in verschiedene Gebiete →Kasachstans gebracht werden. Im Zuge der Rückeroberung der Ukraine wurden jene etwa 3.000 Sd., die in ihrer Heimat geblieben waren, als →„Volksdeutsche" ebenso nach O deportiert wie der größere Teil derjenigen Sd., nämlich etwa 204.000 Personen v. a. aus der Ukraine, die v. den reichsdt. Behörden zuerst nach Weißrussland u. danach in den Warthegau umgesiedelt oder direkt ins „Altreich" evakuiert worden waren (→Deutsche aus der Ukraine: NS-Pläne und -Politik, →Umsiedlung [NS-Begriff], →Warthegau als Aus- und Ansiedlungsgebiet).

Die Aufnahmegebiete in Kasachstan u. →Sibirien erwiesen sich nicht in der Lage, die Deportierten in eigenen Wohnungen unterzubringen. Die Einheimischen mussten einen

Teil ihrer Wohnungen oder Zimmer für die Neuankömmlinge freimachen. Die übrigen landeten in Baracken u. Zelten, in denen 1–1,5 qm auf die Person entfielen. Nur ein Teil der Kinder der →„Sondersiedler" besuchte Schulen, so 1945/46 in Kirgisien weniger als ein Viertel. In Usbekistan fanden die Behörden 8.657 obdachlose dt. Kinder, die dann in Heime bzw. Arbeit eingewiesen wurden. Schon während des Transports hatten die Deportierten Hunger gelitten. Die Anweisungen, auf den Bahnstationen Essen auszugeben, wurden in den seltensten Fällen erfüllt. Hunger litten die Sondersiedler auch an ihren neuen Arbeitsplätzen (→Arbeitsarmee). Ende 1945 stellten die Deutschen nach Angaben der zuständigen NKVD-Abteilung mit 1.034.701 Personen 45 % aller Bewohner v. geschlossenen „Sondersiedlungen". Mitte 1948 arbeiteten 1.014.270 Sondersiedler in der Landwirtschaft, 212.294 im Bergbau, 180.405 in der Waldwirtschaft u. 752.832 in anderen Industriezweigen sowie schließlich 95.619 in Betrieben des Innenministeriums.

Die D. durften Ende 1945/Anfang 1946 die bewachten sog. Zonen verlassen u. ihre Familien holen. Im November 1948 teilte ein wichtiges Gesetz die Sondersiedler in zwei Kategorien, nämlich in die auf Zeit u. jene auf Dauer Verbannten. Die erste Kategorie enthielt Deportierte wie „Kulaken" oder „Vlasov-Leute", die in der Mehrheit vor Stalins Tod freikamen. Die zweite Gruppe umfasste alle Angehörigen deportierter Nationen. Am 26. 11. 1948 entschied das Präsidium des Obersten Sowjets, dass die D. wie auch andere ethn. Gruppen „in diese fernen Regionen auf ewig ausgewiesen sind, ihnen wird das Recht auf Rückkehr in die früheren Siedlungsorte aberkannt". Aufgrund zahlreicher Eingaben erleichterte das Innenministerium im November 1951 bzw. im Juli 1954 die Lage der Sondersiedler. Seit 1954 durften sie sich innerhalb der jeweiligen Republik frei bewegen u. mussten sich nur noch einmal im Jahr bei den Organen des Innenministeriums registrieren lassen. Im Mai wurden die Mitglieder u. Kandidaten der Partei u. schließlich im Dezember 1955 auch die übrigen Deportierten aus dem Status der Sondersiedler entlassen u. damit v. der Aufsicht durch die Organe des Innenministeriums befreit, doch durften sie nicht in ihre alten Siedlungsgebiete zurückkehren. Erst 1964 nahm das Präsidium des Obersten Sowjets die Beschuldigung zurück, dass die D. Spionen u. Diversanten Unterschlupf gewährt hätten, u. erst 1972 wurde ihnen erlaubt, in ihre Heimat zurückzukehren.

Lit.: Deportacija narodov SSSR (1930-e–1950-e gody). Čast' 2: Deportacija nemcev (sentjabr' 1941 – fevral' 1942 gg.). Hg. O. L. Milova. Moskva 1995; D. Brandes, Von den Zaren adoptiert. Die deutschen Kolonisten und die Balkansiedler in Neurußland und Bessarabien 1751–1914. München, Wien 1993; D. Neutatz, Die „deutsche Frage" im Schwarzmeergebiet und in Wolhynien. Politik, Wirtschaft, Mentalitäten und Alltag im Spannungsfeld von Nationalismus und Modernisierung (1856–1914). Stuttgart 1993; M. F. Bugaj, Deportaciï naselennja z Ukraïny (30–50-ti roky), *Ukraïns'kyj istoryčnyj žurnal* 10 (1990), 32–38.

D. B.

Deutsche aus der Slowakei. In die S. waren D. (a. Karpatendeutsche, Kd.) als Gäste bereits seit den Anfängen des ung. Staates gekommen. Die erste größere Migrationswelle erfolgte nach dem Einfall der Tataren 1241, als ein großer Teil Ungarns verwüstet u. entvölkert war. König Béla IV. lud daher Gäste ins Land, v. a. aus dt. Gebieten u. erteilte ihnen verschiedene Privilegien, um sie sesshaft zu machen. Die D. waren am Aufbau v. Städten u. des Bergbaus in der Mittelslowakei sowie an der Entwicklung v. Handwerken u. Handel massiv beteiligt. Ein Teil der dt. Immigranten betrieb Landwirtschaft. In der Zips spielten „Zipser Sachsen", die über eine starke regionale Identität verfügten, bei der Verteidigung der Nordgrenze Ungarns gegen Polen eine wichtige Rolle. Eine weitere bedeutende Welle dt. Einwanderung setzte im 14. Jh. ein, als vorwiegend Bauern in die Umgebung von Städten zogen. Es folgten weitere weniger starke Kolonisierungswellen. Zahlenmäßig bedeutsam war die Gruppe der Habaner, Anhänger der Hutterer, also einer wiedertäuferischen Gemeinschaft, die in vielen Ortschaften der Westslowakei eine Heimat fanden. Im 19. Jh. kamen noch Bauernfamilien in die S. und dt. Holzfäller auf die Forstgründe der Pállfy-Familie in den Kleinen u. Weißen Karpaten.

Noch vor dem 1. Wk. entstand unter den D. in →Ungarn eine vom Professor der Universität in Czernowitz Raimund Friedrich Kaindl ins Leben gerufene Bewegung der Kd. Nach der Gründung der Tschechoslowak. Republik (→Tschechoslowakei) fanden sich slowak. D. in einem Staat mit den Sudetendeutschen (→Deutsche aus den böhmischen Ländern). Aus den Sudetenländern erreichte die S. eine nationale Agitation mit dem Ziel einer nationalen Einigung der D. in der S. Vor den Parlamentswahlen im Jahr 1929 entstand eine polit. Partei, die sich in Analogie zur Sudetendeutschen Partei Karpatendeutsche Partei nannte. So etablierte sich der Terminus „Kd." als Bez. für die ganze dt. ethnische Gruppe, die bis 1946 auf dem Gebiet der S. lebte.

Die D. in der S. stellten eine nationale Minderheit v. weniger als 5 % dar. 1921 umfasste die dt. Minderheit 139.900 Personen bei einer Gesamtanzahl v. fast 3 Mio. Einw. (4,7 %). Im Jahr 1930 stieg ihre Zahl auf 147.501, der prozentuale Anteil sank jedoch auf 4,53 %. 1937 gab es 158.725 D. in der S., ihr prozentualer Anteil ging aber weiter auf 4,5 % zurück. Nach dem 1. Wiener Schiedsspruch, der den Anschluss eines Landstreifens an Ungarn postulierte, wo auch D. lebten, sank die Anzahl der D. in der S. auf 128.547, ihr prozentualer Anteil wuchs aber auf 4,83 %. Während der Ersten Tschechoslowak. Republik lebten zudem nahezu 14.000 D. in der Karpatenukraine, v. denen sich ein Teil als Kd. verstand.

In der S. wohnten die D. zerstreut fast in allen Städten u. in vielen Dörfern. In 60 Gemeinden bildeten sie laut der Volkszählung v. 1930 die Mehrheit. Eine größere Konzentration dt. Bevölkerung gab es v. a. in drei Gebieten: in der Zips (Spiš), die aus der Oberzips u. Unterzips bestand, im Hauerland mit dem anschließenden Gebiet rd. um die Ortschaft Hochwies (Veľké Pole) sowie in Pressburg (Bratislava) u. seiner Umgebung. Die einzelnen Siedlungsgebiete unterschieden sich sprachlich, durch die Bräuche u. infolge der hist. Entwicklung in Ungarn auch konfessionell. In der Oberzips lebten vorwiegend

Protestanten Augsburger Bekenntnisses, in der Unterzips war die Bev. bereits kath.-protestantisch gemischt, im Hauerland waren die D. fast ausschließlich Katholiken u. in Pressburg waren die Konfessionen wiederum gemischt. In Pressburg, aber auch in anderen Städten bekannten sich viele Juden zur dt. Sprache u. Nationalität. Insgesamt überwogen Katholiken, die 70% bildeten, 22,7% bekannten sich zur lutherischen Kirche, 6,4% waren jüd. Glaubens.

Mit der Durchsetzung der Bemühungen um die Einigung der Kd. während der slowakischen staatl. Selbstständigkeit in den Jahren 1939–1945 wurde schließlich Pressburg auch zum organisatorischen Hauptzentrum der dt. Minderheit in der S. Bis dahin hatten regionale Zentren größere Bedeutung gehabt: in der Oberzips Käsmark (Kežmarok) u. Leutschau (Levoča), in der Unterzips Göllnitz (Gelnica) u. Schmöllnitz (Smolník), in der Mittelslowakei v. a. Kremnitz (Kremnica) u. Krickerhau (Handlová). Aus dem Milieu slowak. Deutscher gingen einige bedeutende Persönlichkeiten der Wissenschaft, des Bergbaus u. des Handels hervor. Innerhalb der polit. Bewegung spielte zunächst der gebürtige Pressburger Edmund Steinacker (1839–1929) eine bedeutendere Rolle. In der zweiten Hälfte der 1930er Jahre, aber v. a. während der Existenz des Slowak. Staates (1939–1945) hatte sich ein Sudetendeutscher aus Olmütz (Olomouc), der Agraringenieur Franz Karmasin (1901–1970) als Anführer der Kd. durchgesetzt. In der Zips war der Großgrundbesitzer Andor Nitsch (1883–1976) die bedeutendste Persönlichkeit. Nitsch u. nach 1935 auch Karmasin wurden in das tschechoslowak. Parlament gewählt. Eine bedeutendere Position erlangten die Kd. erst während des Slowak. Staates, als Karmasin zum Staatssekretär für die Angelegenheiten der dt. Volksgruppe ernannt wurde. Während der Ersten ČSR hatten slowak. D. Standardrechte einer Minderheit in Bezug auf die Verwendung der Sprache sowie schulische, kulturelle u. polit. Rechte. Während des Slowak. Staates erklärte die Deutsche Partei die D. in der S. zum Teil des deutschen Herrenvolks. Karmasin bemühte sich gezielt um eine Exterritorialität der Kd., die der slowak. Verwaltung nicht unterstehen sollten. In gewisser Hinsicht ist ihm dies auch gelungen (dt. Staatsbürgerschaft karpatendt. SS-Angehöriger; die Möglichkeit, in die SS statt in die slowak. Armee einzurücken, die Evakuierung slowak. Deutscher ohne Beteiligung der slowak. Regierung u. Ä.), während des Krieges war jedoch das „Dritte Reich" nicht daran interessiert, die scheinbare →Souveränität des Slowak. Staates zu verletzen, was Karmasins Ansprüchen gewisse Grenzen setzte.

Das Verhältnis der slowak. D. zur Mehrheitsbev. hatte lange Zeit keinen Konfliktcharakter. Es war eher ein „Nebeneinander". Vor allem in Städten, wo die Vertretung einzelner Ethnien im Magistrat oder in der Person des Bürgermeisters eine Rolle spielte, gab es lokale u. regionale Konflikte, die jedoch auf die Stadt oder Region begrenzt waren und i. d. R. schließlich auch beigelegt wurden. Zu Konflikten kam es erst während des 2. →Wk.s. Ein großer Teil der Kd. erlag der NS-Propaganda. Das provokante Benehmen v. a. der Jugend rief unfreundliche Reaktionen der Mehrheitsbev. hervor, die darüber hinaus die totale Unterordnung des Slowak. Staates unter Deutschland als demütigend empfand. Dies zeigte sich insbesondere während des Slowak. Nationalaufstandes im August 1944, als Partisanen Exzesse an der dt. Zivilbev. verübten. Nach der Niederschlagung des Aufstandes beteiligten sich Kd. an Strafexpeditionen gegen die slowak. Bevölkerung, die den Partisanen behilflich gewesen war. Dieser Konflikt zw. dem Majoritätsvolk u. den D. in der S. wurde durch die Kriegsverhältnisse hervorgerufen u. hatte keine tieferen hist. Wurzeln.

Am Ende des Kriegs gab es nur mehr etwa 57.000 D. in der S., die anderen waren auf Befehl Heinrich →Himmlers u. ohne Konsultation mit der slowak. Regierung evakuiert worden. Nach offiziellen Angaben der Deutschen Partei wurden 120.000 D. aus der S. evakuiert. Diese Zahl ist aber als übertrieben anzusehen, v. a. deshalb, weil massenhafte u. ungeordnete →Flucht kaum als →Evakuierung bezeichnet werden kann. Nach Kriegsende kehrte ein kleiner Teil der Evakuierten in die S. zurück. Die Zwangsaussiedlung der D. erfolgte auf Basis derselben internat. und nationalen Entscheidungen wie jene der Sudetendeutschen. Im Herbst 1945 gab es in der S. bereits 52 Internierungslager, doch hatten die meisten eine geringe Kapazität. Die Lager wurden allmählich aufgelöst, bis nur mehr drei große Lager geblieben waren – in Petržalka, Poprad u. Nováky. Die geregelte Aussiedlung erfolgte v. April bis November 1946. Aus der S. fuhren 33 Transporte (22 in die →sowj. und 11 in die →amerikanische Besatzungszone). Gegen die Abschiebung in die US-Zone wehrten sich die D. nicht, doch versuchten viele v. ihnen, sich durch Flucht in die Wälder der Umsiedlung in die Sowjetzone zu entziehen. Auf diese Weise wurden 32.400 Personen aus der S. ausgesiedelt. Die meisten D. kehrten nach dem Krieg nicht mehr in die S. zurück, einige flüchteten, um sich dem Aufenthalt in den Internierungslagern zu entziehen. Die Anzahl der D., die in der S. letztendlich blieben, betrug etwas mehr als 27.000.

Die meisten D. aus der S. befinden sich heute in Baden-Württemberg u. Bayern. Das Museum der Kd. in Karlsruhe besitzt eine Sammlung sowie eine umfangreiche Dokumentation. In der S. wurde mit der Erforschung der neuzeitlichen Geschichte der Kd. erst nach 1989 begonnen (D. Kováč, S. Gabzdilová-Olejníková, M. Olejník, M. Schvarc).

Lit.: S. Gabzdilová-Olejníková, Die Aussiedlung der Karpatendeutschen aus der Slowakei im Jahr 1946, *Bohemia* 47 (2006/07), 84–102; D. Kováč, Vysídlenie Nemcov zo Slovenska (1944–1953). Praha 2001; Ders., Die „Aussiedlung" der Deutschen aus der Slowakei, in: Erzwungene Trennung. Vertreibungen und Aussiedlungen in und aus der Tschechoslowakei 1938–1947 im Vergleich mit Polen, Ungarn und Jugoslawien. Hg. D. Brandes/E. Ivaničková/J. Pešek. Essen 1999, 235–240; Ders., Nemecko a nemecká menšina na Slovensku (1871–1945). Bratislava 1991.

D. K.

Deutsche aus Slowenien. Auf dem Territorium des heutigen S., zu dem damals Gebiete der österr. Kronländer Steiermark, Krain, Kärnten u. Küstenland sowie ein kleiner Teil des Kgr.s Ungarn (ung. *Muravidék*, dt. Übermurgebiet, slowen. *Prekmurje*) gehörten, lebten zum Zeitpunkt der Volkszählung v. 1910 noch etwa 100.000 Personen, die sich zur dt. Umgangssprache bekannten. Sie verfügten nicht über ein einheitliches Siedlungsgebiet, sondern wohnten überwiegend im untersteierischen Städtedreieck Marburg a. d. Drau (Maribor), Cilli (Celje) u. Pettau (Ptuj) sowie in zwei agrarisch geprägten Gebieten, der Gottschee *(Kočevje)* u. dem Abstaller Feld *(Apaško polje)*. Einige Tausend Dt.sprachige lebten in Ljubljana (Laibach), der Hauptstadt des Hrzgt.s Krain.

Zur überaus heterogenen dt.sprachigen Bev. zählten die Nachfahren der Siedler, die seit dem 14. Jh. v. den Adligen u. Territorialherren ins Land gerufen worden waren, ebenso wie teilweise autochthone Stadtbewohner u. etliche Unternehmer, Beamte, Techniker u. Arbeiter dt.-österr. oder „reichsdeutscher" Herkunft, die erst seit einer oder zwei Generationen im slowen.sprachigen Raum lebten. Der grundbesitzende Adel war fast ausschließlich dt.sprachig. Nach 1848 u. verstärkt seit 1871 gab es parallel zum Erstarken der slowen. Nationalbewegung Versuche, alle Dt.sprachigen über ein einheitliches Vereinsnetz (Schutz- u. Schulvereine, Turnerbünde) zu erfassen u. im dt. nationalen Sinne zu mobilisieren.

Durch die Pariser Vorortverträge u. den Vertrag v. Rapallo wurde der slowen.sprachige Raum 1918 bzw. 1920 zu zwei Dritteln Teil des Kgr.s der Serben, Kroaten u. Slowenen (SHS-Kgr., seit 1929 Jugoslawien), während ein Drittel Teil der it. Grenzregion Julisch Venetien wurde. Obwohl der südslavische Staat durch einen Minderheitenschutzvertrag verpflichtet war (→Minderheitenschutz), elementare Rechte der nicht-slavischen Bev.teile zu respektieren, wurden die dt.sprachigen Minderheiten nach 1918 einer forcierten Assimilation unterworfen (Schulpolitik, Verdrängung der dt. Sprache aus der Öffentlichkeit). Die jug. Seite begründete ihr Vorgehen mit dem Ziel, die Ergebnisse früherer Germanisierungskampagnen rückgängig zu machen. Sie griff zur sog. Familinennamenanalyse, einer pseudowiss. Methode, die es immer weniger Angehörigen der Minderheiten erlaubte, dt. Schulen bzw. Schulklassen zu besuchen. Durch die bewusste Ansiedlung von slowen. Flüchtlingen aus den v. Italien annektierten slowen.sprachigen Gebieten im Adriaraum wurde die dt.sprachige Bev. auch an Orten in die Minderheit gedrängt, an denen sie nach 1918 zunächst noch eine weitgehend unangefochtene Stellung eingenommen hatte.

Der dt.sprachigen Bev. war es immer wieder gelungen, Slowenen als Anhänger der „Stajerc"-Partei (in der Steiermark), als sog. Windische (v. a. in Südkärnten) oder als „Deutschtümler" *(nemškutarji)* dem slowen. Nationalgedanken u. später dem südslavischen Staat zu entfremden. Der Statuswechsel v. einer quasi-Titularnation der Donaumonarchie zur gerade noch eben geduldeten Minderheit im SHS-Kgr. führte aber tendenziell dazu, dass viele Dt.sprachige das Land verließen. Andererseits begünstigte er in den 1930er Jahren eine Radikalisierung der verbliebenen →„Volksdeutschen" durch den Nationalsozialismus.

Die slowen. Historiographie hat in der Vergangenheit in erster Linie die Wühlarbeit der dt. Organisationen bei der Vorbereitung des milit. Angriffs der Achsenmächte hervorgehoben. Vor allem seit dem Anschluss →Österreichs an NS-Deutschland u. seit der

Zerschlagung der →Tschechoslowakei gab es immer wieder Demonstrationen der „Volksdeutschen“ in S., die eine Ausweitung des „Anschlusses“ nach S hin befürworteten.

Die Besetzung S.s durch die Wehrmacht, die it. und die ung. Armee hatte seit April 1941 v. Region zu Region unterschiedliche Konsequenzen für die damals v. den Besatzern auf 28.075 bezifferten „Volksdeutschen“: In Oberkrain u. in der Untersteiermark wurde die dt.sprachige Bev. naturalisiert u. an der Verwaltung des Landes beteiligt. Das Besatzerregime blähte die „dt. Volksgruppe“ durch den Import v. Lehrern u. Verwaltungspersonal auf, zog sie zum Kriegsdienst heran, spannte sie zur →Zwangsassimilation der slowenischen Bev. ein u. setzte sie damit den Vergeltungsaktionen der Partisanen aus. In der Untersteiermark, aus der sie Zehntausende v. Slowenen deportierten, schufen die Besatzer „Lebensraum“ für dt. bzw. dt.sprachige Siedler aus anderen Ländern (Südtirol, Kanaltal, Schwarzmeergebiet), die als sog. Wehrbauern v. a. entlang der kroat. Grenze die enteigneten Höfe der slowen. Bauernfamilien übernehmen sollten.

Die dt.sprachigen Minderheiten im it. Besatzungsgebiet der sog. Provinz Laibach (it. *Provincia di Lubiana*) hofften zwar noch auf eine „Befreiung“ durch die Wehrmacht, sahen sich aber bald mit der Tatsache konfrontiert, dass sie in die vom „Großdeutschen Reich“ verwalteten Regionen umgesiedelt werden sollten. Die Pläne des SS-Umsiedlungsstabs betrafen die Kleinstädter u. Waldbauern der 600 Jahre alten Enklave Gottschee ebenso wie die dt.sprachigen Bewohner v. Ljubljana, das v. 1941 bis 1943 unter dem Namen Lubiana Hauptstadt des it. Besatzungsgebiets im Süden S.s war. Die Umsiedlung (→U. [NS-Begriff]) der Gottscheer u. der Laibacher erfolgte im vollen Einverständnis zw. NS-Deutschland u. dem faschist. Verbündeten, der sofort die zurückgelassenen Immobilien u. das Vieh der Gottscheer Landwirte in Besitz nahm. Die überwiegende Mehrheit der Gottscheer gab dem Werben u. den Erpressungen der NS-Volksgruppenführung nach u. ließ sich im „Ranner Dreieck“ nieder. Im Partisanenkrieg wurden viele Gottscheer Dörfer v. der it. Besatzungsmacht niedergebrannt oder v. den kämpfenden Parteien verwüstet. Das Gebiet wurde vor Kriegsende nicht wieder neu besiedelt, aber auch später durch die titoistische Verwaltung nicht weiter gefördert: Etliche Dörfer verfielen ganz u. wurden vom Wald überwuchert.

Anfang Mai 1945, etwa zeitgleich mit dem Machtantritt der Partisanen in Ljubljana, begann die →Evakuierung der dt.sprachigen Bewohner S.s. Am 6. 5. ordnete der steirische Gauleiter Siegfried Uiberreither den Abtransport der Gottscheer nach N an; die vielfach Tieffliegerangriffen ausgesetzten, schadhaften Eisenbahnzüge mit den Flüchtlingen wurden z. T. von der sowj. Besatzungsmacht aus Österreich nach S. zurückgeschickt u. blieben tagelang im Niemandsland stehen. Tausende v. „Volksdeutschen“ wurden unter menschenunwürdigen Bedingungen in →Lagern festgehalten, die die jug. Geheimpolizei OZNA in S. errichtet hatte. Die slowen. Behörden beschlagnahmten das Vermögen der dt.sprachigen Bewohner, die oft zu den begüterten Schichten gehört hatten; Schlösser u. Adelssitze waren vielfach schon im Kriegsverlauf v. den Partisanen zerstört worden. Zahlreiche „Volksdeutsche“ starben in den Lagern; die Überlebenden wurden 1945/46 nach Österreich oder weiter in Drittländer abgeschoben.

Die für das ganze Land geltenden Beschlüsse des Antifaschistischen Rates der Volkksbefreiung Jugoslawiens (AVNOJ) verweigerten vormaligen Staatsbürgern Jugoslawiens, die während der Besatzungszeit für das Dt. Reich optiert hatten und dt. Staatsbürger geworden waren, das Recht auf Wiedererwerb der jug. Staatsbürgerschaft (→Option, →Staatsangehörigkeit). Von dieser Bestimmung waren praktisch alle „Volksdeutschen" in S. betroffen. Der Verlust der staatsbürgerlichen Rechte u. die Beschlagnahme des Vermögens entzog auch denjenigen die Lebensgrundlage, die bereit waren, im Land zu bleiben. Wer nicht floh oder abgeschoben wurde, verdankte die Möglichkeit zu bleiben i. d. R. ganz besonderen Umständen. Bis zur Erklärung der slowen. Eigenstaatlichkeit 1991 gab es für die wenigen im Land verbliebenen Dt.sprachigen (anders als für die Italiener u. Magyaren des Küstenlandes u. des Übermurgebiets) keine Möglichkeit, sich als Minderheit zu konstituieren.

Lit.: M. Moll, Kein Burgfrieden. Der deutsch-slowenische Nationalitätenkonflikt in der Steiermark 1900–1918. Innsbruck 2007; S. Karner, Die deutschsprachige Volksgruppe in Slowenien. Aspekte ihrer Entwicklung 1939–1997. Klagenfurt u. a. 1998; „Nemci" na Slovenskem 1941–1955. Hg. D. Nećak. Ljubljana 1998; Zwischen Adria und Karawanken. Hg. A. Suppan. Berlin 1998 (= Deutsche Geschichte im Osten Europas); Kočevska: izgubljena kulturna dediščina Kočevskih Nemcev. Hg. M. Ferenc/D. Debenjak. Ljubljana 1993; I. Kaiser-Kaplaner, Gottscheer Frauenschicksale im 20. Jahrhundert. Eine sozialgeschichtliche Untersuchung Vertriebener anhand von Erzählungen Betroffener. Klagenfurt 1993; H. H. Frensing, Die Umsiedlung der Gottscheer Deutschen. Das Ende einer südostdeutschen Volksgruppe. München 1970; D. Biber, Nacizem in nemci v Jugoslaviji 1933–1941. Ljubljana 1966.

R. W.

Deutsche aus Trans-/(Süd)kaukasien. Südkaukasien umfasste seit 1878 die Gouv.s Kutaisi, Tiflis, Baku, Elizavetpol', Erivan u. die Gebiete Kars, Batumi; 1918–1920/21 die Republiken Armenien, Georgien, Aserbaidschan; nach der Sowjetisierung (1920 Armenien u. Aserbaidschan, 1921 Georgien) wurden sie v. 1922 bis 1936 als Transkaukasische Sozialistische Föderative Sowjetrepublik Bestandteil der →Sowjetunion, 1936 bis 1991 waren sie erneut Unionsrepubliken, seitdem unabhängige Staaten mit insgesamt rd. 17 Mio. Einw.

D. siedelten sich in den Jahren 1816–1818 in Südkaukasien an u. kamen v. a. aus pietistischen Kreisen Baden-Württembergs. Im heutigen Georgien gründeten sie die Kolonien Marienfeld, Neu-Tiflis an der Stadtgrenze v. Tiflis (Tbilisi), Katharinenfeld (später Luxemburg, auch Bolnisi), Elisabethtal (Asureti), Alexandersdorf u. Petersdorf, die 8 bis 60 Werst v. Tiflis entfernt waren. Auf dem Gebiet der heutigen Republik Aserbaidschan bauten sie die Mutterkolonien Annenfeld (Annino, Šamchor, heute Šamkir) u. Helenendorf (auch Elenino, Chanlar, Göy Göl) auf. Ab dem letzten Drittel des 19. Jh.s folgten Tochtergründungen, einige Familien wanderten bis in die Gebiete Erivan u. Kars. Ihre wirt. und soz.-kulturelle Blüte verdankten die ländlichen Siedlungen v. a. der Winzerei u. dem Wagenbau. Die Winzerfamilien Vohrer u. Hummel sowie seit den 1920er Jahren die Genossenschaft „Union" (Katharinenfeld) u. „Konkordija" (Helenendorf) verfügten über ein reichsweites Vertriebsnetz, erzielten Umsätze in Millionenhöhe u. entwickelten sich zu Musterbetrieben im gesamtruss. bzw. sowj. Maßstab.

1918 lebten 12.500 dt. Kolonisten in Südkaukasien. Die Gesamtzahl der Bürger dt. Abstammung stieg im Zusammenhang mit den Hungersnöten an der Wolga u. in der Ukraine sowie durch die Industrialisierung (Bakuer Ölrevier) in den 1920er–1930er Jahren durch Zuwanderer stark an, stagnierte unter den Kolonisten jedoch durch Rückgang der Geburtenrate, Rückwanderung u. Verfolgung. 1928 waren v. 3.000 Bakuer D. 2.500 aus dem Wolgagebiet (→Deutsche aus dem Wolgagebiet).

Die Ereignisse des 1. →Wk.s trafen nicht nur die zahlreichen Angestellten dt. Firmen im Erdöl-, Bergwerks- u. Hüttenwesen, sondern auch all jene, die erst nach 1880 die russ. Staatsbürgerschaft erhalten hatten. Am 25. 10. 1914 wurde aus der Kaukasischen Statthalterschaft die „gründliche und energische Kontrolle" über Kolonisten wie Reichsdeutsche angemahnt, am 2. 4. 1915 erteilte der Statthalter die Anweisung zur Aufstellung v. Eigentumslisten. Das zweite →Liquidationsgesetz (13. 12. 1915) mit seinen Durchführungsbestimmungen für Transkaukasien vom 25. 1. u. 15. 2. 1916 leitete die zweite Phase der Liquidierung v. deutschem Besitz ein. Verhaftungen u. Prozesse 1926, 1930, 1933 u. 1935 betrafen ca. 10 % aller deutschen Einw. in den Kolonien. Allein 1935 wurden 600 Familien aus Annenfeld u. Helenendorf nach Ostkarelien zwangsausgewiesen.

Hatte es bereits seit den 1920er Jahren Verfolgungen der dt. Pastoren gegeben, setzte eine neue Verhaftungswelle im Dezember 1934 ein. 1937 wurden die Kirchen als geistliche Zentren endgültig geschlossen, 1938 erfolgte eine gewaltsame Reorganisation der schulischen Ausbildung in den Kolonien.

Seit 1933 in Tiflis u. 1937 in Baku fingen die Organe des →NKVD an, Listen über die in den Städten lebenden D. zusammenzustellen. Anfang 1935 wurden Fragebögen an alle dt.stämmigen Arbeiter u. Angestellten ausgegeben, um Auskünfte über in Deutschland lebende Verwandte zu erhalten. Kündigungen u. Verhaftungen folgten. Im Oktober 1940 wurden in Baku fast alle in den dt. Kolonien Aserbaidschans geborenen dt. Studenten verhaftet. Nach Abschluss der Untersuchungen im März 1941 wurden sie zum Tode bzw. zu 5–10 Jahren Lagerhaft verurteilt. Nur wenige überlebten.

Auf Beschluss des Staatskomitees für Verteidigung der UdSSR (russ. *Gosudarstvennyj Komitet Oborony*, GKO) „Über die Umsiedlung der Deutschen aus der Georgischen, Aserbaidschanischen und Armenischen SSR" (Nr. 744ss vom 8. 10. 1941, aufgehoben durch die Verordnung des Ministerkabinetts Nr. 336 vom 6. 6. 1991) waren aus Georgien 23.580, aus Aserbaidschan 22.741 u. aus Armenien 212 Personen umzusiedeln, als „antisowjetisches Element" waren bereits 1.842 Personen erfasst u. verhaftet worden. Vom 15. bis 30. 10. 1941 wurden sie über Baku u. Krasnovodsk nach →Kasachstan deportiert. Bis zum 25. 12. 1941 waren dort jeweils 20.527, 24.133 u. 433 Personen eingetroffen.

Bleiben durften nur dt. Frauen, die in nichtdt. Familien eingeheiratet hatten. Kinder u. Jugendliche mit dt. Vater und nichtdt. Mutter durften bis zum 16. Lebensjahr bei der Mutter bleiben u. wurden danach deportiert. Mit dem Erlass des Präsidiums des Obersten Sowjets vom 26. 11. 1948 wurde ihnen das Recht auf Rückkehr in ihre früheren Siedlungsorte aberkannt. Bis 1979 kamen 2.053 aus Georgien deportierte Deutsche zurück. Anfang 1998 erfolgte die →Rehabilitierung aller verfolgten D. und Dt.stämmigen durch die georgische Regierung. 2006 wurde die Zahl der Bürger dt. Abstammung in den drei kaukasischen Republiken auf ca. 3.000 geschätzt, ungefähr die gleiche Anzahl ist aus den südkaukasischen Staaten nach Deutschland ausgereist. Im August 1991 gründete sich in Tiflis die Assoziation der D. Georgiens („Einung"), ein Jahr später in Baku die Gesellschaft „Wiedergeburt".

Lit.: T. Gumbatova, Žizn' nemcev-kolonistov za Kavkazom. Baku 2005; D. Springhorn, Deutsche in Georgien. Tbilisi 2004; S. Zejnalova, Nemeckie kolonii v Azerbajdžane (1819–1941gg.). Baku 2002; K. Aliev, Nemcy na Južnom Kavkaze ili moja žizn' v Annenfel'de. Baku 2000; M. Džafarly, Političeskij terror i sud'by azerbajdžanskich nemcev. Baku 1998; M. F. Schrenk, Geschichte der deutschen Kolonien in Transkaukasien. Landau ^{2}1997; N. A. Ibragimov, Nemeckie stranicy istorii Azerbajdžana. Baku 1995.

E.-M. A.

Deutsche aus der Ukraine: NS-Pläne und -Politik. Die Wehrmacht übergab die seit dem 22. 6. 1941 eroberten Gebiete der U. und einige südl. Rayone Weißrusslands seit September 1941 schrittweise zivilen Behörden. An der Spitze des „Reichskommissariats Ukraine" (RKU) stand der ostpreußische Gauleiter Erich Koch (1896–1986).

Unter den etwa 17 Mio. Einw. des RKU lebten jene etwa 200.000 D. (a. Ukrainedeutsche, Ud.), die die sowj. Behörden angesichts des schnellen Vormarsches der dt. und rum. Truppen nicht mehr hatten deportieren können (→Deutsche aus dem Schwarzmeergebiet). Weitere 127.000 D. zählten die SS-Kommandos in „Transnistrien", dem Streifen zw. Dnestr u. Bug, mit dem →Rumänien für seine Teilnahme am Feldzug gegen die →Sowjetunion belohnt wurde. Aufgrund der Repressionen besonders der 1930er Jahre u. der Einberufung zur sowj. Armee trafen die dt. Truppen auf eine ukrainischdt. Bev., unter der Männer – u. zwar überproportional alte – nur 23 %, Frauen 38 % u. Kinder 39 % stellten u. die besonders in der Westukraine in äußerster Not lebten.

Den dt. und rum. Truppen, die seit dem 22. 6. 1941 in die U. vorrückten, folgten die SS-Einsatzgruppen C u. D, die im Rahmen ihrer Aufgabe „Freimachung bearbeiteter Gebiete von Juden, Kommunisten und Partisanengruppen" bis zum Frühjahr 1942 u. a. auch ukrainischdt. Kommunisten ermordeten. Zu deren Auftrag gehörten auch „Schutz und Betreuung volksdeutscher Siedlungen", eine Aufgabe, die in Transnistrien einer Kompanie des Regiments zbV „Brandenburg" erteilt worden war, das unter der Führung eines Offiziers der milit. Abwehr stand.

Nach dem Abzug der Einsatzgruppen u. des Regiments Brandenburg wurden die Ud. der Aufsicht der →„Volksdeutschen Mittelstelle“ u. ihres „Sonderkommandos Russland“ unterstellt, die die Ud. identifizierten u. registrierten. Aus den Kriegsgefangenenlagern, in denen bis zu 80 % der Insassen starben, wurden die Ud. entlassen. Die Besatzungsbehörden übergaben den Ud. konfiszierte Viehherden und landwirt. Geräte, zogen v. ihnen geringere Steuern als v. der übrigen Bev. ein, gestanden ihnen höhere Lebensmittelrationen zu, ließen die Wiedereröffnung v. Kirchen zu u. eröffneten dt.sprachige Schulen, in denen die Kinder im Sinne des Nationalsozialismus indoktriniert wurden. Die Ud. wurden allerdings auch in den →Holocaust verstrickt. Einerseits erhielten sie Wohnungen u. Textilien aus dem Besitz ermordeter Juden, andererseits wurden ihre „Selbstschutz“-Einheiten zu den Massenmorden der SS an den Juden herangezogen, u. zwar besonders in Transnistrien. Die Besatzungsbehörden erfüllten jedoch nicht den Wunsch der Ud., die Kolchosen aufzulösen. Am 19. 3. 1943 erhielten alle Ud. durch ein Dekret des Reichskommissars die dt. Staatsbürgerschaft. Schon zuvor waren viele v. ihnen zur Wehrmacht bzw. Waffen-SS eingezogen worden.

Am 16. 7. 1941 gab Adolf →Hitler die Generallinie für die Behandlung der Sowjetunion aus: Es komme darauf an, „den riesenhaften Kuchen zu zerlegen, damit wir ihn erstens beherrschen, zweitens verwalten und drittens ausbeuten können“. Neben dem „Baltenland [...] müsse die Krim mit einem erheblichen Hinterland [...] Reichsgebiet werden.“ Sie solle „von allen Fremden geräumt und deutsch besiedelt werden“ (→Krim als Deportationsgebiet). Als Fernziel der dt. Besatzungspolitik, das in 30, später sogar nur 25 Jahren erreicht werden sollte, nannte der →„Generalplan Ost“ die Verlegung der dt. „Siedlungsgrenze“ um etwa 1.000 km nach O und die Etablierung einer noch weiter vorgeschobenen „Wehrgrenze“ am Ural. Die Bev. dieser Gebiete sollte schrittweise über den Ural nach →Sibirien deportiert bzw. zum Teil als „rassisch unerwünscht“ ebenso ermordet werden wie die Juden (→J.: Deportation und Vernichtung). Der „Generalplan Ost“, bald darauf zum „Generalsiedlungsplan“ weiterentwickelt, bezeichnete die Krim u. das Gebiet Cherson als „Gotengau“, in den entweder die Deutschen Transnistriens oder die →Südtiroler gebracht werden sollten. Auf der Krim fand die „Volksdeutsche Leitstelle“ 5.000–6.000 Volksdeutsche, die sie in eigenen Stadtvierteln u. Dörfern zusammensiedelte. In seinem Kommentar zum „Generalsiedlungsplan“ schrieb Heinrich →Himmler noch am 12. 1. 1943, dass die Krim „total eingedeutscht“ werden müsste, doch schon am nächsten Tag befahl Hitler angesichts der milit. Niederlagen die Einstellung aller laufenden Siedlungsplanungen.

Im Spätherbst 1942 begannen SS-Dienststellen, die Ud. zusammenzusiedeln. Aus den geplanten „Siedlungsperlen“ wurden schnell Schutzzonen vor Partisanenüberfällen. Im Generalbezirk Žytomyr wurden in der Zeit v. Oktober 1942 bis März 1943 über 30.000 Ud. in drei „volksdeutschen Siedlungsgebieten“ konzentriert, v. a. in „Hegewald“, wo Himmler seine „Feldkommandostelle“ zw. Žytomyr u. Berdyčiv eingerichtet hatte. Die ukrainische Bev. der betroffenen Dörfer wurde vertrieben.

Diese „Aufbauarbeit" dauerte jedoch nur so lange, bis den dt. Siedlungsgebieten die Wiedereroberung durch die Rote Armee drohte. Im November 1943 stellten die dt. Bauern „Trecks" zusammen, mit denen rd. 130.000 Personen ins „Altreich" und rd. 220.000 in den „Warthegau" u. das „Generalgouvernement" gelangten, wo sie von sowj. Armeen überrollt wurden (→Warthegau als Aus- und Ansiedlungsgebiet, →Generalgouvernement als Aufnahme- und Deportationsgebiet). Nach Kriegsende wurden diese ebenso wie weitere mindestens 50.000 Sowjetdeutsche aus der →britischen u. →amerikanischen Besatzungszone Deutschlands in die Sowjetunion „repatriiert" (→Repatriierung). Bis zu einem Viertel dieser Zwangsrepatriierten dürfte die →Deportation nicht überlebt haben.

Lit.: K. C. Berkhoff, Harvest of Dispair. Life and Death in Ukraine under Nazi Rule. London 2004; K. Brown, A Biography of No Place. From Ethnic Borderland to Soviet Heartland. London 2004; I. Heinemann, „Rasse, Siedlung, deutsches Blut". Das Rasse- und Siedlungshauptamt der SD u. die rassische Neuordnung Europas. Göttingen 2003; W. Lower, A New Ordering of Space and Race: Nazi Colonial Dreams in Zhytomyr, Ukraine, 1941–1944, *German Studies Review* 25 (2002), 227–254; M. V. Koval'/P. V. Medvedev, Fol'ksdojče v Ukraïni (1941–1944 rr.), *Ukraïns'kyj istoryčnyj žurnal* 5 (1992), 15–28; I. Fleischhauer, Das Dritte Reich und die Deutschen in der Sowjetunion. Stuttgart 1983.

D. B.

Deutsche aus Ungarn: Deportation in die Sowjetunion. Bereits Ende 1943 schlug die Sonderkommission unter der Leitung des Botschafters der UdSSR in Großbritannien Ivan Majskij vor, →Zwangsarbeit als eine Form der Reparationsleistung zu nutzen. Später wurde die Frage nach der Verwendung „deutscher Arbeitskraft in den Ländern, die unter der deutschen Aggression gelitten hatten, für einen Zeitraum von zehn Jahren nach Kriegsende" v. der sowj. Seite auf der →Konferenz von Jalta mehrfach thematisiert.

Von insgesamt 551.049 Personen dt. Nationalität in den osteurop. Ländern, die v. den Armeen der 2., der 3. u. der 4. Ukr. Front befreit wurden, waren 50.292 Personen in →Ungarn registriert. Gemäß der Verordnung des Staatl. Verteidigungskomitees der UdSSR (russ. *Gosudarstvennyj Komitet Oborony*, GKO) Nr. 7161ss vom 16. 12. 1944 war in →Rumänien, U. u. →Jugoslawien die Mobilisierung v. Männern im Alter zw. 17 u. 45 Jahren u. Frauen v. 18 bis 30 Jahren vorgesehen, die zur Wiederinstandsetzung der Kohleindustrie im Donecbecken (insgesamt bis zu 50.000 Personen) u. der Eisen- u. Stahlindustrie im S der Sowjetunion (bis zu 20.000 Personen) eingesetzt werden sollten. Zur Realisierung des Planes wurden in U. zwei operative Sektoren gebildet, die gemeinsam mit acht weiteren Sektoren dem Hauptstab in Bukarest unterstanden. Der 7. Sektor umfasste die Komitate Pelt-Pilis-Solt-Kiskun u. Czongrád, der 8. Sektor – Jász-Nagykun-Szolnok (dt. Jaß-Großkumanien-Sollnock), Békés, Heves (dt. Hewesch), Hajdú-Bihar u. Satu Mare (in Rumänien). Jeder Sektor war in Bezirke der operativen Gruppen aufgeteilt. Die Leitung der Registrierung, Mobilisierung u. Internierung der D. in U. oblag dem

Befehlshaber des Heeres der 2. Ukr. Front, Marschall Rodion Malinovskij, gemeinsam mit Lavrentij →Berijas Stellvertreter Arkadij Apollonov sowie weiteren hochgestellten Mitarbeitern des →NKVD, die bereits zuvor die Deportation der →Deutschen aus dem Wolgagebiet, der →Tschetschenen etc. durchgeführt hatten. Es galten folgende Fristen: a) für Jugoslawien u. Ungarn (im Bereich der 3. Ukr. Front) vom 28. 12. 1944 bis zum 5. 1. 1945 u. b) für U. (im Bereich der 2. Ukr. Front) vom 1. bis zum 10. 1. 1945. In U. (u. im nördl. Siebenbürgen), im Bereich der 2. Ukr. Front, wurden die Fristen für die Operation leicht abgeändert. Der Ablauf der Deportation wurde im Befehl 0060/1944 der russ. Armeeführung vom 22. 12. 1944 geregelt, am 5. 1. 1945 kam eine entsprechende Verordnung der ung. Regierung dazu.

Die Durchführung erfolgte in zwei Etappen: In der ersten Etappe, im Zeitraum vom 28. 12. 1944 (nach einigen Angaben vom 20. 12. 1944) bis zum 15. 1. 1945, wurden elf operative Gruppen, die gemeinsam mit den örtlichen Behörden tätig wurden, u. dementsprechend elf Sammelstellen geschaffen: Karcag, Balmazúiváros, Kompolt, Fegyvernek, Mezőberény, Gyula, Elek, Ceglédbercel etc. Nach Überprüfung der Listen sollten 15.428 Personen interniert werden. Die Internierung begann unmittelbar am 30. 12. Bis zum 5. 1. 1945 wurden in den Sammelstellen 12.137 Personen zusammengezogen, bis zum 15. 1. 14.352 Personen. „Ausgesiebt" wurden 1.050 Pers., doch die überwiegende Anzahl der Menschen deportierte man in neun Transporten in die UdSSR (Bestimmungsorte waren vorrangig Kišinëv u. Bendery, aber auch Čeboksary, Antropšino u. Ust'-Aba an der Eisenbahnlinie Moskau-Perm').

In der zweiten Etappe, die in der zweiten Januarhälfte durchgeführt wurde, kamen lediglich fünf operative Gruppen zum Einsatz (nach den Erfahrungen mit der „vorhergehenden Operation") mit der Dislokation in Budapest-Kőbánya, Miskolc, Szerencs u. Ceglédbercel. Nach dem Stand vom 31. 1. 1945 wurden v. 7.115 registrierten D. 454 wegen Krankheit ausgesondert. Die übrigen, nun bereits als „Sonderkontingent" bezeichnet, konzentrierte man an vier Sammelstellen. Alle vier im Januar realisierten Transporte hatten das Donecbecken zum Ziel. Einschließlich der ersten Etappe der Operation wurden 19.576 arbeitsfähige D. mobilisiert u. in 15 Transporten in die UdSSR deportiert. Jugoslawien sowie Teile U.s fielen in den Bereich der 3. Ukr. Front; die dortige Operation fand zw. dem 23. 12. 1944 u. dem 14. 1. 1945 statt. Die Gesamtzahl der im Bereich dieser Front Mobilisierten betrug 21.695, unter ihnen 9.747 Männer u. 11.948 Frauen. Hiervon stammte die Hälfte, 10.760 Personen, aus U. Zu ihrer Deportation kamen 17 Transportzüge (786 Güterwaggons) zum Einsatz (vgl. →Deutsche aus Jugoslawien: Deportation in die Sowjetunion).

Die Form der Internierung unterschied sich v. Land zu Land praktisch nicht. In den Dörfern (vorsorglich durch gemischte Truppen abgeriegelt) beorderte man die dt. Bevölkerung zur lokalen Behörde. Dort wurde ihr die Mobilisierung verkündet u. eine Auflistung der Kleider u. Gebrauchsgegenstände, die sie mit sich führen durfte (nicht mehr als 200 kg pro Person), verlesen. Anschließend wurden die Menschen kurzfristig zum Packen in ihre Häuser entlassen, wonach sie sich zu den Sammelstellen begeben mussten. Die Bewachung auf dem Marsch übernahmen örtliche Sicherheitsorgane unter Kontrolle der sowj. operativen Kräfte, doch die Sammelstellen selbst wurden ausschließlich von sowj. Seite „betreut". Dorthin wurden auch die den Internierten zugestandenen Vorräte an warmer Kleidung u. Schuhen sowie Lebensmittel für 15 Tage transportiert. Hier erfolgte die Überprüfung der tatsächlichen Arbeitstauglichkeit der Ankömmlinge nach Listen; die Arbeitsunfähigen (ebenso Kranke, Schwangere, Frauen mit Kindern bis zu anderthalb Jahren, Angehörige anderer Nationalitäten, Priester u. Mönche) sonderte man aus u. verbrachte sie zurück in ihre Heimatorte. Die Arbeitsfähigen hingegen wurden für die Transporte in Namenslisten erfasst.

Die internierten D. erhielten das Recht, Briefe u. Päckchen zu erhalten u. zu versenden; Verweigerung u. Flucht vor der Mobilisierung unterlagen strenger Bestrafung bis hin zur Überstellung an die Standgerichte.

Bis zum 2. 2. 1945 war die Operation zur Mobilisierung, Internierung u. Deportation der dt. Bevölkerung aus U. und den Nachbarstaaten in die UdSSR abgeschlossen. Von den 50.292 in U. registrierten D. (19.024 Männern u. 31.268 Frauen) wurden 31.923 (20.989 Männer u. 10.934 Frauen) interniert.

Von insgesamt über 208.000 Internierten (v. a. Zivilisten aus den Balkanstaaten u. aus Preußen [→Ostpreußen: Deportation in die Sowjetunion und Ausweisung in die DDR]) starben im Jahr 1945 35.775 Menschen; 40.331, darunter 10.983 Polen, wurden repatriiert (→Polen und Juden: Repatriierung aus der Sowjetunion 1945–1946). Der Rücktransport der Internierten setzte praktisch bereits 1945 ein, als 4.000 Personen nach U. und Jugoslawien zurückgeschickt wurden. Wobei alle Repatrianten der ersten Stunde krank u. entkräftet u. somit für die Ausbeutung ihrer Arbeitskraft nicht mehr geeignet waren. Der Rücktransport der arbeitsunfähig gewordenen internierten D. hielt auch 1946 an, dabei erfolgte die Übergabe ung. und österr. Staatsangehöriger durch das Lager Nr. 136 in Szeged. Hauptmotive für die Repatriierung waren einerseits die Hungersnot in der UdSSR u. andererseits die auf der Tagung des Rates der Außenminister im April 1947 getroffenen Abmachungen, wonach sich die UdSSR dazu verpflichtete, die geordnete Repatriierung spätestens 1949 abzuschließen. 1945 erfolgte die Rückführung v. 3.991 Ungarndeutschen, 1946 waren es 4.860, 1947 12.082 u. 1948 3.999 Personen, insgesamt wurden zw. 1945 u. 1949 29.100 D. repatriiert.

Die Deportation v. Zivilisten aus den besetzten Gebieten des gegnerischen Staates stellt eine grobe Verletzung des →Völkerrechts dar u. ist aus der Sicht der Haager Landkriegsordnung v. 1907 ein Kriegsverbrechen. Zum fünfzigsten „Jahrestag" der Deportationen aus Südosteuropa in die UdSSR wurde in den betroffenen Ländern u. in Deutschland der Menschen gedacht, die dieses Schicksal erlitten hatten.

Am 7. 12. 1993 wurde in U. das Gesetz Nr. 53 über die →Rehabilitierung verabschiedet, das eine materielle Kompensation vorsah: Die ehemals deportierten D. erhielten einen Zuschlag zu ihrer Rente, jedes in der UdSSR verbrachte Jahr zählt als anderthalb

Arbeitsjahre (bei der Berechnung der Dauer der Berufstätigkeit), dazu gab es einige weitere Vergünstigungen.

In der UdSSR selbst, genauer: in Russland, in der Ukraine u. in den übrigen, aus den Splittern der UdSSR hervorgegangenen Staaten, auf deren Gebiet die D. damals interniert waren, befindet sich der Prozess ihrer moralischen (geschweige denn ihrer materiellen) Rehabilitierung in einem rudimentären Stadium.

Lit.: V. B. Konaszov/A. V. Terescsuk, Berija és a „malenkij robot". Dokumentumok Ausztria, Bulgária, Magyarország, Németország, Románia, Csehszlovákia és Jugoszlávia polgári lakossága 1944–1945-ös internálásának történetéről, *Történelmi Szemle* XLVI (2004), 3–4, 345–402; Sbornik zakonodatel'nych i normativnych aktov o repressijach i reabilitacii žertv političeskich repressij. 2 Bde. Hg. G. Vesnovskaja. Kursk 1999; G. Weber, Zur Deportation der Deutschen aus Südosteuropa in die Sowjetunion 1945–1949, in: Deportation der Südostdeutschen in die Sowjetunion 1945–1949. München 1999, 39–58; R. Weber, Zahlen und Fakten – Statistische Aspekte der Deportation, in: Ebenda, 59–62; Deportálás, kényszermunka. Békési és csanádi németek szovjet munkatáborokban. Hg. G. Erdmann. Gyula 1990.

P. P.

Deutsche aus Ungarn: Zwangsaussiedlung nach Deutschland. Infolge des Friedensvertrags v. Trianon verblieben v. den einst nahezu 2 Mio. D. rd. 550.000 innerhalb der neuen Grenzen →Ungarns. Die →Siebenbürger Sachsen, die Schwaben aus Szatmár, aus der Batschka u. dem Banat sowie die D. aus dem Burgenland wurden damals zu Bürgern der Nachbarstaaten. Mit ihrem Anteil v. 6,9 % an der Gesamtbev. waren die D. in U. die größte →nationale Minderheit. Die vorwiegend in der Landwirtschaft beschäftigten u. einem starken Assimilationsdruck ausgesetzten D. lebten in größerer absoluter u. relativer Zahl im westl. und südöstl. Transdanubien, in Budapest u. seiner unmittelbaren Umgebung sowie im Gebiet zw. Donau u. Theiß. Als Gegenreaktion auf die Magyarisierungsbestrebungen der Ungarn forderte die dt. Minderheit ab Anfang der 1920er Jahre die Gewährleistung eines Schulunterrichts in der Muttersprache sowie die Gründung eines Kulturvereins. Der Ungarnländische Deutsche Volksbildungsverein wurde am 3. 8. 1924 unter dem Vorsitz v. Gustav Gratz, selbst Zipser Sachse u. vormals ung. Botschafter in Wien, dann Außenminister, u. unter dem geschäftsführenden Vizepräsidenten Jakob Bleyer ins Leben gerufen. Dem Volksbildungsverein gelang es allerdings nicht, die verschiedenen Bestrebungen der D. in U. zu integrieren. In den folgenden Jahren bildeten sich im Lager der dt. Minderheit in U. zwei markante Richtungen heraus. Die eine Strömung strebte nach einer engen Zusammenarbeit mit den Ungarn u. nach einem friedlichen Zusammenleben, die andere wollte dagegen in erster Linie die Beziehungen zu Berlin kräftigen. Nach dem 1. Wiener Schiedsspruch vom 2. 11. 1938 vertrat die v. Béla Imrédy geführte Regierung die Auffassung, dass der damals erreichte Gebietsgewinn größer hätte ausfallen können, wenn U. gegenüber den dt.-völkischen Bestrebungen nachgiebiger gewesen wäre. Da die ung. Regierungen die Unterstützung ihrer Revisionspolitik in erster Linie v. Deutschland erwarteten, ließen sie eine Zunahme des nationalsozialistischen Einflusses im Kreise der Ungarndeutschen zu. So entstand am 26. 11. 1938 der Volksbund der D. in U. unter Führung v. Franz Basch. Infolge des Volksgruppenabkommens, das am 30. 8. 1940 in Wien unterzeichnet worden war, entfaltete der Volksbund in U. eine immer dezidiertere u. aggressivere Politik im Interesse der Politik des Reichs.

Während des 2. →Wk.s kam mehrmals der Gedanke auf, die D. in U. auf Basis der Freiwilligkeit nach Deutschland umzusiedeln. Aufgrund der dt. Besetzung U.s am 19. 3. 1944 wurde die Durchführung derartiger Pläne allerdings verworfen. Die Beurteilung der D. in U. nach dem Krieg u. die ihnen gegenüber angewandten Methoden wurden durch die Beschlüsse u. Stellungnahmen der Großmächte, die außen- u. innenpolit. Situation des Landes sowie die Bestrebungen der polit. Kräfte U.s bestimmt. Noch bevor man allerdings in U. selbst damit begann, die D. in U. zur Rechenschaft zu ziehen, führte die Rote Armee Ende 1944 u. im Januar 1945 Strafaktionen durch, infolge derer etwa 35.000 Ungarndeutsche in sowj. Lager deportiert wurden (→Deutsche aus Ungarn: Deportation in die Sowjetunion).

Die polit. Parteien u. die Provisorische Nationalregierung setzten es sich bereits im Frühjahr 1945 zum Ziel, eine möglichst große Zahl v. Personen dt. Nationalität aus U. zu vertreiben bzw. auszusiedeln, obwohl sie vor der Öffentlichkeit das Prinzip der →Kollektivschuld der D. bis Dezember 1945 noch nicht akzeptierten. Diese Absicht konnte die ung. Regierung aber ohne Unterstützung der alliierten Großmächte nicht verwirklichen. Die Situation wurde auch dadurch erschwert, dass die Präsenz der Alliierten Kontrollkommission die →Souveränität U.s einschränkte u. die ung. Regierung zur gleichen Zeit auch gegen die Umsiedlung u. Entrechtung der Ungarn in der Slowakei glaubwürdig auftreten wollte (→Magyaren aus der Südslowakei nach Ungarn, →M. aus der Südslowakei: Deportation in die böhmischen Länder).

Ab Februar 1945 erließ die Regierung mehrere Verordnungen, u. zwar über die Durchführung der Bodenreform, die Masseninternierung, das Verbot des Wohnortwechsels u. den Ausschluss vom Wahlrecht, die breite Schichten der deutschen Bev. – ohne Beachtung ihrer persönlichen Verantwortung – in ihren persönlichen sowie Eigentumsrechten beschränkten. Im Rahmen der Bodenreform wurden z. B. ihr Grund u. Boden sowie ihre Häuser massenhaft konfisziert (→Konfiskation) u. unter der armen Landbev. aus den Gebieten Transdanubiens u. Nordungarns sowie unter ung. →Flüchtlingen aus den Nachbarstaaten verteilt.

Mit der Verordnung Nr. 3820/1945 des Ministerpräsidenten vom 1. 7. 1945 beschloss die Regierung ein Verfahren zum Nachweis der sog. Nationaltreue. Damit weitete sie den Kompetenzbereich des sog. Amtes für Volksfürsorge aus u. ordnete die Untersuchung des einstigen polit. Verhaltens der D. in U. an. Gemäß dieser Verordnung konnten Ausschüsse dieses Amtes die Deutschen in vier Kategorien einteilen, d. h. sie als Führer, Mitglieder, Sympathisanten des Volksbundes oder diesem Verband Fernstehende beurteilen, über die jeweils unterschiedliche Sanktionen verhängt wurden. Das Verfahren erstreckte sich auf alle Personen ab 16 Jahren ohne Berücksichtigung ihres Geschlechts oder Berufs.

Nach den Potsdamer Beschlüssen (→Konferenz von Potsdam) u. der Sitzung des Alliierten Kontrollrats für Deutschland vom 20. 11. 1945 entstand eine vollkommen neue Situation, denn die Ungarn bekamen nun die Möglichkeit, die gesamte dt. Minderheit auszusiedeln.

Die ung. Regierung ergriff diese Möglichkeit u. verabschiedete auf ihrer Sitzung am 22. 12. 1945 mit überwältigender Mehrheit u. namentlich die Verfügung Nr. 12.200/1945 des Ministerpräsidenten, die auf dem Prinzip der Kollektivschuld beruhte. Gemäß der Verordnung waren diejenigen ung. Staatsbürger verpflichtet, nach Deutschland überzusiedeln, die sich bei der Volkszählung des Jahres 1941 zur dt. Nationalität (302.198 Personen) bekannt oder Dt. als Muttersprache (475.491) angegeben hatten. Mit einer Ausnahme konnten Personen rechnen, die während des Krieges antifaschist. Widerstand geleistet hatten, in Mischehen lebten oder alt oder krank waren. Die Obergrenze für solche Ausnahmefälle wurde allerdings im Voraus auf 10 % der Gesamtzahl festgelegt.

Entsprechend früheren Plänen begann die Aussiedlung der D. in den Dörfern um Budapest. Die ersten Eisenbahnwaggons rollten am 19. 1. 1946 aus Budaörs in Richtung Süddeutschland. Die Missstände, die sich bei dieser Aussiedlung zeigten, nahmen vorweg, was die gesamte Aussiedlung kennzeichnen sollte. In der Praxis verliefen die Aussiedlungen zwar in jedem Dorf anders, je nachdem wie das Verhältnis zw. der lokalen Selbstverwaltung u. dem Aussiedlungsbeauftragten war, wie stark das Dorf parteipolit. gespalten war, wie sich gerade die innenpolit. Situation entwickelte oder wie es um die Transportkapazitäten bestellt war. Dennoch gab es Gemeinsamkeiten: Die schlechte Vorbereitung, die Ungenauigkeit der rechtlichen Regelungen, die Nichteinhaltung der Verordnungen, die fehlende Kontrolle der Aussiedlungsorgane sowie ihre korrupte u. unorganisierte Tätigkeit stellten v. Anfang an ein Problem dar. Selbst um den Bestand an lebenden Tieren, die die D. zurückließen, kümmerte man sich nicht mit der nötigen Umsicht. Aufgrund des außenpolit. Drucks u. innerer Widerstände in der ung. Gesellschaft u. Politik wurde die Aussiedlung der Donauschwaben im Juni unterbrochen. Nach langwierigen Verhandlungen kam am 22. 8. 1946 ein Abkommen zw. der ung. Regierung u. den amerikanischen Militärbehörden über die Fortführung der Aussiedlung zustande, die sich dennoch verzögerte. 1946 wurden aus 172 Gemeinden insgesamt 116.956 Personen in die →amerikanische Besatzungszone ausgesiedelt u. zusätzlich etwa 6.000 jug. Staatsbürger dt. Nationalität abtransportiert (→Deutsche aus Jugoslawien).

Am 20. 3. 1947 bat die ung. Regierung die Alliierte Kontrollkommission um Hilfe, um die Differenzen mit den amerikanischen Behörden über die Fortsetzung der Aussiedlungen schnellstmöglich zu überwinden. Trotz der Tatsache, dass die ung. Regierung bei den Verhandlungen im vorangegangenen Jahr alle Forderungen der amerikanischen Behörden erfüllt habe, seien diese nicht bereit, weitere D. aufzunehmen.

Am 11. 6. 1947 richtete die ung. Regierung, nachdem es zu keiner Übereinkunft mit den amerikanischen Behörden gekommen war u. die Unterbringung der aus der Slowakei umgesiedelten Ungarn immer dringender wurde, erneut Noten an die Alliierte Kontrollkommission in U., in denen sie um die Aufnahme v. Ungarndeutschen in die →sowj. Besatzungszone Deutschlands bat. Die →Sowjetunion stimmte daraufhin zu, 50.000 Personen dt. Nationalität in ihrer Besatzungszone aufzunehmen.

Die Aussiedlung der D. konnte infolgedessen am 19. 8. 1947 fortgesetzt werden. Bis Jahresende wurden noch 60.000 D. in die amerikanische Besatzungszone in Deutschland ausgesiedelt. 6.720 der zur →Deportation in die sowj. Zone bestimmten Personen flohen. Bis zum 15. 6. 1948, als die Aussiedlungen ihr Ende fanden, wurden etwa 35.000 Personen dt. Nationalität in die sowj. Besatzungszone verbracht.

Die Verordnung Nr. 84/1950 des Ministerrats gewährte der verbliebenen dt. Bevölkerung U.s erneut vollständige Gleichheit vor dem Gesetz. Für die D. sollte die Gewährung der Staatsbürgerrechte u. die Aufhebung der Beschränkungen bei der Wahl des Wohnorts u. der Arbeitsstätte die Voraussetzung für ihre →Integration in die ung. Gesellschaft bieten. Allerdings stellte sich in den folgenden Jahrzehnten heraus, dass sich diese Möglichkeiten in manchen Bereichen als rein formal erwiesen.

Zu Beginn der 1990er Jahre wurden in U. die Archive geöffnet u. die ideologischen Einschränkungen für die hist. Forschung aufgehoben. Die Untersuchung der außen- u. innenpolit. Gründe der Migrationsprozesse, die Aufdeckung der Zusammenhänge zw. den verschiedenen Aus- u. Umsiedlungsaktionen sowie die Analyse ihrer Auswirkungen auf die Sozialstruktur konnten beginnen.

Lit.: M. Beer, Auf dem Weg zum ethisch reinen Nationalstaat? Europa in Geschichte und Gegenwart. Tübingen 2004; Á. Tóth, Migrationen in Ungarn 1945–1948. Vertreibung der Ungarndeutschen, Binnenwanderungen und slowakisch-ungarischer Bevölkerungsaustausch. München 2001.

Á. T.

Deutsche Volksliste. Die d. V. (DVL) war ein v. den Nationalsozialisten in den annektierten westpoln. Gebieten entwickeltes Verfahren zur Klassifikation u. Selektion der Bev., d. h. zur Auslese der Deutschen u. Ausgrenzung der Polen (Juden waren v. dieser Prozedur der Bev.selektion v. vornherein ausgeschlossen). 1944 war v. über 9 Mio. Einw. in den sog. eingegliederten Ostgebieten (den Reichsgauen Danzig-Westpreußen [→D.-W. als Aus- und Ansiedlungsgebiet] u. Wartheland [→Warthegau als Aus- und Ansiedlungsgebiet] sowie den Regierungsbezirken Zichenau u. Kattowitz) fast ein Drittel in der DVL eingetragen.

Mit einer Verordnung vom 28. 10. 1939 hatte der Reichsstatthalter u. Gauleiter des Warthelandes, Arthur Greiser, die DVL eingerichtet. Die DVL bestand anfangs nur aus zwei Kategorien: In Gruppe A konnten sich diejenigen eintragen lassen, die sich vor dem 1. 9. 1939 öffentlich als Deutsche bekannt u. ihre dt.-nationale Identität aktiv polit. vertreten hatten. In Gruppe B konnten sich diejenigen registrieren, die ihre ethn.-kulturelle dt. Identität (d. h. die dt. Sprache u. „deutsche" Sitten u. Bräuche) zwar nicht öffentlich, aber im Privaten gepflegt hatten. Bei beiden Gruppen wurden dieses Bekenntnis zum „Deutschtum" sowie eine dt. Abstammung vorausgesetzt. Zwei weitere Gruppen, C u. D, kamen im Mai 1940 hinzu: Gruppe C wurde für all jene Personen eingerichtet, die nicht eindeutig „dt." oder „poln." waren, sondern als „Misch- und Zweifelsfälle" galten: Zu ihnen gehörten Personen dt.-poln. Abstammung, „polonisierte Deutsche" u. Personen, die in dt.-poln. Mischehen lebten. Darüber hinaus sollten auch Angehörige anderer ethn. Gruppen (Kaschuben, Masuren u. Schlonsaken), die sog. Zwischenschichten, in Gruppe C der DVL eingetragen werden. Gruppe D war für Personen bestimmt, die zwar dt. Abstammung waren, sich aber polit. „feindlich" (d. h. in linken oder poln.-nationalen Gruppierungen) betätigt hatten (u. von den Nationalsozialisten deshalb abwertend als „Renegaten" bezeichnet wurden), sowie für die rein poln. Ehepartner v. →„Volksdeutschen" u. „Deutschstämmigen", die in den anderen Gruppen registriert waren. Gruppe D unterlag der besonderen Überprüfung u. Aufsicht der Sicherheitspolizei u. des SD; die „Renegaten" wurden zumeist in Konzentrationslager verbracht.

Diese Einteilung, die im Wartheland v. der Zivilbehörde in Zusammenarbeit mit dem SD u. dem Rassenpolit. Amt der NSDAP entwickelt worden war, wurde in dieser Form auch v. Heinrich →Himmler, dem Reichsführer-SS u. →Reichskommissar für die Festigung deutschen Volkstums (RKF) favorisiert. Der RKF versuchte mit einer zentralen Anordnung vom September 1940 die DVL in dieser Form in ganz Westpolen durchzusetzen, doch erst der Erlass des Reichsministeriums des Innern (in Zusammenarbeit mit dem RKF) vom 4. 3. 1941 erreichte eine Zentralisierung u. Vereinheitlichung der DVL in den „eingegliederten Ostgebieten". Die Gruppen A bis D wurden nun durch die Gruppen 1 bis 4 ersetzt; die Einteilung richtete sich ansonsten nach dem wartheländischen Prinzip. Die „Bekenntnisdeutschen" aus Gruppe 1 u. 2 sollten ohne Umschweife die dt. →Staatsangehörigkeit erhalten, während Personen der Gruppe 3 nur die „Staatsangehörigkeit auf Widerruf" verliehen bekamen, die im Verlauf v. zehn Jahren wieder aberkannt werden konnte. Gruppe 4 war gänzlich v. dem Erwerb der dt. Staatsangehörigkeit ausgeschlossen. Der Erlass sah vor, dass die Kriterien zur Aufnahme in die DVL das Bekenntnis, die Abstammung u. die „rassische Eignung" sein sollten, doch zu dieser v. Himmler in seiner Eigenschaft als RKF angeordneten „rassischen Musterung" aller in Gruppe 3 u. 4 aufgenommenen Personen durch „Eignungsprüfer" der SS kam es nur im Reichsgau Wartheland u. im zu Ostpreußen gehörenden Regierungsbezirk Zichenau. In Danzig-Westpreußen leistete der Gauleiter u. Reichsstatthalter Albert Forster u. in Oberschlesien der Gauleiter u. Oberpräsident Fritz Bracht hinhaltenden Widerstand gegen die Überprüfungen der „rassischen Eignung". Auch die vom RKF geplante Umsiedlung der Angehörigen der beiden Gruppen 3 u. 4 ins „Altreich" zur langfristigen Eindeutschung wurde auf die Zeit nach dem Krieg verschoben.

Während im Warthegau die Aufnahme in die DVL Gruppe 3 restriktiv gehandhabt wurde (mindestens zwei dt. Großeltern mussten nachgewiesen werden), verlief sie in

Danzig-Westpreußen u. in Oberschlesien großzügiger, aber dafür teilweise unter Zwang (Danzig-Westpreußen). Die beiden Gauleiter Bracht u. Forster betrachteten die DVL als ein pragmatisches Instrument, durch das sie vermeintlich schnell u. einfach den Großteil der Bev. eindeutschen konnten u. damit die Bev.relationen in ihren Gebieten zu Gunsten der Deutschen verbessern konnten. Während in Danzig-Westpreußen knapp 1 Mio. Menschen u. in Oberschlesien fast 1,3 Mio. Menschen in die DVL aufgenommen wurden (davon allein 77 % in Danzig-Westpreußen bzw. 69 % in Oberschlesien in Gruppe 3), wurden im Wartheland insgesamt nur etwas mehr als 0,5 Mio. Menschen u. im Regierungsbezirk Zichenau nur 45.000 eingetragen (darunter ca. 13 % im Wartheland bzw. 29 % im Regierungsbezirk Zichenau in Gruppe 3). Nach dem Stand vom Januar 1944 waren damit in den „eingegliederten Ostgebieten" insgesamt 2,76 Mio. Personen in die DVL aufgenommen worden.

Da die Eintragung in die DVL anfangs i. d. R. freiwillig war (dies änderte sich ab 1942), spielten bei denjenigen, die sich in anderen Zeiten nicht aus eigenem Antrieb dem „Deutschtum" zugerechnet hätten, verschiedene Motive eine Rolle: die existentielle Bedrohung durch Entrechtung, Enteignung u. →Deportation oder Trennung der Familie auf der einen Seite sowie der sozioökon. Anreiz, d. h. nicht nur die Aussicht auf volle Lebensmittelrationen, sondern auch die Möglichkeit zur (wenn auch eingeschränkten) gesellschaftlichen Partizipation auf der anderen Seite. In Oberschlesien bspw. hatte Bischof Stanisław Adamski die poln. Schlesier zum Eintritt in die DVL ermutigt. Proportional zur Verschlechterung der Kriegslage verminderte sich jedoch der Anreiz zur Antragstellung – war doch mit einer Eintragung in die DVL die Wehrpflicht verbunden. Besonders Angehörige der DVL Gruppe 3 versuchten, wieder aus der DVL auszuscheiden, wofür ihnen die Einweisung in ein Konzentrationslager bzw. die Todesstrafe drohte. Insgesamt kämpften schätzungsweise 250.000 in die DVL Eingetragene (Deutsche wie Polen; teilweise mit ungeklärter Staatsangehörigkeit) als Soldaten in der dt. Wehrmacht.

1943 wurde eine DVL nicht nur im Reichskommissariat Ukraine etabliert, sondern auch in den Bereichen der Militärbefehlshaber in Belgien/Nordfrankreich u. ansatzweise im besetzten Frankreich. Die Wertungsgruppen wurden leicht abgeändert, der Hauptunterschied zum DVL-Verfahren in den „eingegliederten Ostgebieten" bestand jedoch darin, dass hier die Menschen v. der Einwandererzentralstelle (EWZ) gemustert wurden. Die EWZ war eine Organisation des RKF-Apparates, die dem Chef der Sicherheitspolizei u. des SD unterstand u. seit Oktober 1939 die umgesiedelten „Volksdeutschen" erfasst, „rassisch" gemustert, klassifiziert und ggf. eingebürgert hatte. Hatte die SS die „rassischen Musterungen" in Danzig-Westpreußen u. Oberschlesien nicht durchsetzen können, konnte sie dies mittels der EWZ in den DVL-Verfahren in der Ukraine u. in Westeuropa. In diesen Gebieten wurden jedoch nur einige Tausend Personen über das DVL-Verfahren eingebürgert.

Die Aufnahme in die DVL in den „eingegliederten Ostgebieten" hatte in →Polen nicht nur direkt nach dem Krieg Folgen für die Eingetragenen (Angehörige der Gruppen

1 u. 2 wurden als „Volksdeutsche“ diskriminiert u. vertrieben, während Angehörige der Gruppe 3 vom poln. Staat generell als „Polen“ betrachtet wurden), sondern zeitigte auch in den Jahrzehnten danach, sogar bis heute Auswirkungen auf die dt.-poln. Beziehungsgeschichte. So wanderten in den späten 1980er Jahren Hunderttausende v. Nachkommen der ehemals in Gruppe 3 der DVL Registrierten als „Spätaussiedler“ in die Bundesrepublik ein. Aber nicht nur in Deutschland, auch in Polen unterlagen die ehem. Angehörigen der Gruppe 3 der DVL u. ihre Nachfahren einer gewissen Stigmatisierung. Noch bei den poln. Präsidentschaftswahlen 2005 wurde der Kandidat Donald Tusk vom rechtskonservativen Lager diffamiert, sein Patriotismus sei zweifelhaft, da sein Großvater als Angehöriger der DVL Gruppe 3 in der dt. Wehrmacht gekämpft hatte. Seit November 2007 ist Tusk Premierminister der Republik Polen.

Lit.: G. Wolf, Deutsche Volksliste, in: Handbuch der völkischen Wissenschaften. Hg. I. Haar/ M. Fahlbusch. München 2008, 129–135; I. Heinemann, „Rasse, Siedlung, deutsches Blut“. Das Rasse- und Siedlungshauptamt der SS und die rassische Neuordnung Europas. Göttingen 2003; M. G. Esch, „Gesunde Verhältnisse“. Deutsche und polnische Bevölkerungspolitik in Ostmitteleuropa 1939–1950. Marburg 1998; C. Madajczyk, Die Okkupationspolitik Nazideutschlands in Polen 1939–1945. Köln 1988; M. Broszat, Nationalsozialistische Polenpolitik. Stuttgart 1961.

D. B., A. St.

Deutsche aus dem Wolgagebiet. D. an der Wolga (a. Wolgadeutsche, Wd.) – regionale Gruppe ethn. Deutscher in Russland u. in der →Sowjetunion. Die gesamte Einw.zahl betrug 1941 452.000 Personen. Das Ansiedlungsgebiet stellt ein geschlossenes Territorium dar – am rechten Wolgaufer („Bergseite“) v. Saratov aus Richtung S, am linken Ufer („Wiesenseite“) v. Saratov aus in nord-östl. und südl. Richtung. 373.500 Wd. lebten in der Republik der Wolgadeutschen (WDR), 46.700 im Gebiet Saratov, 26.200 im Gebiet Stalingrad. Etwa 75 % waren Lutheraner, über 15 % Katholiken und rd. 10 % Mennoniten. Die größten Zentren waren Marxstadt mit 16.100, Balzer mit 15.800 u. Seelmann mit 7.400 Einw. Die ersten D. (über 22.000 Personen, vorwiegend aus Baden) kamen in den Jahren 1764–1767 auf Einladung der Zarin Katharina II. (Manifest v. 1763) u. wurden in über 100 Kolonien in der Gegend um Saratov angesiedelt. Die Kolonisten erhielten großzügige Landparzellen u. materielle Unterstützung, ihnen wurde eine autonome Selbstverwaltung, die Befreiung vom Militärdienst, Steuer- (für bis zu 30 Jahren) u. Religionsfreiheit zugesichert. Die Kolonien unterstanden dem Saratover Vormundschaftskontor für ausländische Ansiedler. In den Jahren 1840–1860 entstanden auf neu zugeteilten Landflächen mehr als 60 Tochterkolonien. Zwischen 1853 u. 1862 wanderten aus Preußen Mennoniten ein, die 10 Kolonien gründeten. 1871, im Zuge der großen Reformen in Russland, erfolgte die Angleichung des rechtlichen Status der Kolonisten an jenen der russ. Bauern, ab 1874 wurden sie zum Wehrdienst eingezogen. Diese Veränderungen, doch v. a. die Landarmut, führten zu einer Massenauswanderung der Wd. in den asiatischen Teil Russlands u. nach Amerika. Während des 1. →Wk.s wurden die D. trotz ihrer polit. Loyalität in ihren bürgerlichen Rechten beschnitten. Die an die Macht gelangten Bolschewiki gründeten im Oktober 1918 das Gebiet der Wd., ab 1924 die WDR (die D. stellten 2/3 der Gesamtbev.). Der Status der Autonomie bot den Wd. keinen Schutz vor staatl. Repressionen, da sie sich aufgrund ihrer Mentalität den Versuchen der Bolschewiki, die traditionellen Lebensformen zu zerstören, hartnäckig widersetzten. Zwischen 1917 u. 1921 hatten sie unter den Folgen des Bürgerkriegs, in den Jahren 1921/22 u. 1932/33 unter verheerenden Hungersnöten (fast 150.000 Todesopfer) zu leiden. Im Zuge der Kollektivierung der Landwirtschaft in den Jahren 1929–1931 wurden sie enteignet u. gleich Leibeigenen zur Arbeit in den Kolchosen gezwungen. Zwischen 1934 u. 1939 wurden sie Opfer einer Repressionskampagne („Kampf gegen die Faschisten"), die aus der Verschlechterung der sowj.-dt. Beziehungen resultierte. In der Zeit v. 1918–1941 sank die Bev.zahl in der WDR v. 660.800 auf 605.600 Personen. Das Verhältnis der D. zu der sie umgebenden russ., ukr., kasachischen u. der sonstigen Bev. war im Allg. freundschaftlicher Natur u. von gegenseitigem Nutzen. Dokumentiert sind lediglich einzelne Konflikte (in den 1770er Jahren Überfälle nomadisierender Kasachen auf dt. Siedlungen, in der Sowjetzeit marginale Konflikte alltäglicher Art infolge der allg. Staatspolitik). Der Widerstand der D. gegen die Maßnahmen der Bolschewiki brachte ihnen den Ruf einer illoyalen Bev.gruppe ein. Vor diesem Hintergrund beschlossen Iosif →Stalin u. sein Umfeld nach dem Überfall →Deutschlands auf die Sowjetunion u. den großen Schlachten des Sommers 1941 die Russlanddeutschen aus dem europ. Teil der UdSSR zu deportieren. Am 26. 8. 1941 erließen der Rat der Volkskommissare der UdSSR u. das ZK der KP die geheime Verordnung „Über die Umsiedlung der Deutschen aus der Republik der Wolgadeutschen, den Gebieten Saratov und Stalingrad, in andere Regionen und Gebiete". Geplant war: „Alle Deutschen aus der Republik der Wolgadeutschen und den Gebieten Saratov und Stalingrad umzusiedeln, in [...] die Region Krasnojarsk – 70.000 Pers.; in die Region Altaj – 91.000 Pers.; in das Gebiet Omsk – 80.000 Pers.; in das Gebiet Novosibirsk – 92.000 Pers.; in die Kasachische Sowjetrepublik – 100.000 Pers.". Die Leitung der Zwangsumsiedlung oblag dem →NKVD. Festgelegt waren sowohl deren Dauer (3.–20. 9. 1941) als auch deren Ablauf. 12.300 Soldaten des NKVD führten die Aktion entsprechend durch. Die Verordnung vom 26. 8. wurde unverzüglich an die polit. Führung der WDR, der Gebiete Saratov u. Stalingrad weitergeleitet. Die Führung der WDR hielt am 27. 8. außerordentliche Sitzungen ab, auf welchen sie ihrerseits per Beschluss der Deportationsverordnung zustimmte u. konkrete Maßnahmen zu deren Durchführung erließ. Am gleichen Tag unterzeichnete der Volkskommissar für Innere Angelegenheiten der UdSSR Lavrentij →Berija den Erlass Nr. 001158 „Über Maßnahmen zur Durchführung der Operation zur Umsiedlung der Deutschen aus der Republik der Wolgadeutschen, den Gebieten Saratov und Stalingrad". Verantwortlich für die Durchführung der Operation in den Aussiedlungsorten war der Stellvertreter Berijas Ivan →Serov. Zur Legitimierung der Zwangsumsiedlung wurde der Erlass des Präsidiums des Obersten Sowjets der UdSSR (PVS) vom 28. 8. 1941 „Über die Umsiedlung der Deutschen, die in den Wolga-Rayons wohnen" angefertigt (der real nie ratifiziert wurde). Darin warf man den D. Landesverrat vor u. erhob den Vorwurf, unter ihnen gebe es „Tausende und Zehntausende von Diversanten und Spionen, die nach einem aus Deutschland gegebenen Signal in den von Deutschen bewohnten Rayons Sprengstoffanschläge verüben sollten". Auf Anordnung von Serov wurde der Erlass am 30. 8. in den offiziellen Presseorganen der WDR (*Nachrichten* u. *Bol'ševik*) veröffentlicht. Am nächsten Tag enthob man die gesamte dt. politische Führung ihrer Ämter. Per Dekret des PVS der UdSSR „Über die administrative Einrichtung des Territoriums der ehemaligen Republik der Wolgadeutschen" erfolgte am 7. 9. 1941 die Aufteilung des Territoriums der WDR zw. den Gebieten Saratov u. Stalingrad. Die Deportation in Güterzügen begann am 1. 9. Die Bewohner der Orte, die in der Nähe der Verladestationen lagen, wurden zuerst abtransportiert. Die Beförderung zu den Verladebahnhöfen erfolgte auf Kraftfahrzeugen, Pferdefuhrwerken, zu Fuß sowie auf dem Wasserweg. Am 3. 9. gingen v. zehn Bahnstationen die ersten zehn Züge ab. Die meisten Züge – 46 Stück (108.800 Personen) – gingen v. der Station Pokrovsk (Stadt Engels) ab. Die Station Uvek (unmittelbar bei Saratov) verließen 21 Züge (48.700 Personen). Ab dem 14. 9. wurden, mit dem Eintreffen der Kolonistenkolonnen aus dem Kanton Balzer, die Verlademaßnahmen an den beiden Stationen weiter vorangetrieben. Viele dieser Menschen hatten Fußmärsche v. 60–80 km hinter sich. Aus Saratov gingen 13 Züge ab, aus Medvedica zehn, aus den anderen Stationen – zw. einem u. neun Zügen. Die Operation der Zwangsumsiedlung war am 20. 9. mit der Abfahrt der letzten drei Züge aus Pokrovsk u. Uvek abgeschlossen. Im Verlauf der Deportation gab es 349 Verhaftungen. Ingesamt wurden nach Angaben des NKVD in 188 Güterzügen 451.986 Personen aus dem Wolgagebiet nach →Sibirien u. →Kasachstan deportiert. Die Zielorte erreichten 440.238 Personen. Die Differenz v. ca. 11.700 Personen (im Durchschnitt 62 Personen pro Zug) ergab sich aus den Todesfällen (bis zu 1.000 Personen) u. den Zurückgelassenen etc. – jedoch v. a. aus den Pannen bei der Zählung der Menschen bei Abtransport u. Ankunft. Die Verbannungsorte der Wd. sind in der Tabelle auf S. 190 angeführt.

Viele wurden anschließend in noch weiter abgelegene Regionen geschickt – auf den Flüssen Enisej, Ob' u. Irtyš oder auf Taiga- u. Steppenwegen. In jedem Dorf brachte man nur wenige Familien unter. Wenn in der WDR die D. in 22 Kantonen (28.200 qkm) wohnten, so waren sie nun auf 224 Rayons (bis zu 3.000.000 qkm) verteilt.

Die gravierendste Folge der Deportation war die Zerstörung der Wd. als eigenständige ethn. Gruppe. Die folgende Mobilisierung in die sog. →Arbeitsarmee führte zu ihrer weiteren Zerstreuung im Land sowie zur Vermischung mit anderen regionalen Gruppen der Russlanddeutschen u. dies wiederum zur Entstehung einer einheitlichen dt. Identität. Gleichzeitig ging eine umfassende Assimilation (v. a. Russifizierung) vonstatten. Bis zum Oktober 1955 unterstanden die D. dem Sondersiedlungsregime (→Sondersiedler), bis November 1972 war ihnen die Rückkehr ins Wolgagebiet untersagt, bis zum Ende

Region, Gebiet	Anzahl der angekommenen		Anzahl der Entladebahnhöfe
	Züge	Deportierten, in Tausend	
Region Krasnojarsk	34	79,5	18
Region Altaj	34	80,4	14
Gebiet Omsk	32	82,9	15
Gebiet Novosibirsk	37	88,7	28
Kasachische SSR, darunter	51	117,7	32
Gebiet Kustanaj	7	16,2	6
Gebiet Pavlodar	9	21,2	6
Gebiet Akmolinsk	12	28,1	7
Gebiet Nord-Kasachstan	10	23,2	5
Gebiet Semipalatinsk	9	20,1	5
Gebiet Ost-Kasachstan	4	8,9	3
Gesamt	188	440,2	107

der 1980er Jahre waren sie in ihren nationalen Rechten beschnitten. Die Bewegung zur Wiederherstellung der Autonomie an der Wolga (an der Wende der 1980er–1990er Jahre) blieb erfolglos. Die ökon. und polit. Krise, interethn. Konflikte u. der Zerfall der Sowjetunion förderten die massenhafte Auswanderungsbewegung der D. in die Bundesrepublik Deutschland. Auf dem Territorium, das die Wd. bis 1941 bewohnten, leben heute rd. 20.000 D. (2002). Sie verfügen über eigene öffentliche Organisationen u. Kulturzentren.

Lit.: A. German, Deportacija sovetskich nemcev iz Evropejskoj časti SSSR osen'ju 1941 goda, in: Novejšaja istorija otečestva XX–XXI vv. Sbornik naučnych trudov. Vyp. 2. Saratov 2007, 263–319; Ders., Bol'ševistskaja vlast' i nemeckaja avtonomija na Volge. Saratov 2004; A. Ajsfel'd/V. Brul', Deportacija, in: Nemcy Rossii: Ėncyklopedija. Bd. 1. Hg. V. Karev u. a. Moskva 1999, 696–703; A. German, Istorija Respubliki nemcev Povolž'ja v sobytijach, faktach, dokumentach. Moskva 1996; Deportation, Sondersiedlung, Arbeitsarmee. Deutsche in der Sowjetunion 1941 bis 1956. Hg. A. Eisfeld/V. Herdt. Köln 1996; Deportacija narodov SSSR. Teil 2: Deportacija nemcev. Hg. Institut Ėtnologii i Antropologii im. N. N. Miklucho-Maklaja RAN. Moskva 1995; I. Fleischhauer, Das Dritte Reich und die Deutschen in der Sowjetunion. Stuttgart 1983.

A. G.

Deutsche aus Wolhynien im Ersten Weltkrieg. Am 12. 6. 1915 wies der Chef des russ. Generalstabes General Nikolaj Januškevič die Befehlshaber der Militärbezirke Kiev u. Odessa an, die dt. Kolonisten aus den westl. Grenzgouv.s der genannten Bezirke in Kürze auszusiedeln. Drei Tage später befahl die milit. Führung der russ. Südwestfront den Gouverneuren v. Wolhynien u. Podolien, die Überwachung der dort lebenden dt. Kolonisten bis zu ihrer →Deportation zu verstärken. Schließlich begannen die örtlichen Behörden am 24. 6. die D. aus W. (a. Wolhyniendeutsche, Wd.) zu deportieren.

Die Aussiedlung der Wd. vollzog sich in drei Phasen. Zunächst unterlagen der Deportation alle dt. Kolonisten, die keine Angehörigen in der russ. Armee hatten, u. zwar bis Ende Juni die im westl., von Anfang Juli die im mittleren u. ab Mitte Juni die im östl. W. lebenden. Bis zum 20. 7. sollte die Aktion abgeschlossen sein u. es sollte westl. des Flusses Dnepr keine dt. Siedler mehr geben. Ende 1915 u. Anfang 1916 wurden alle noch bis dahin verschonten u. in ihren Ortschaften verbliebenen Kolonisten zwangsevakuiert. Die deportierten D. aus W. wurden auf die Gouv.s Saratov, Nižnij Novgorod, Jaroslavl', Tula (ausgenommen Landkreis Tula), Orël u. Kursk verteilt.

Der Zwangsaussiedlung der etwa 200.000 Wd. gingen Geiselnahmen voraus. Die Behörden vor Ort nahmen in erster Linie Personen fest, die sich innerhalb des dt. Gemeindelebens hervorgetan hatten, insbesondere Pastoren, Kantoren, vereinzelt Lehrer, Vorsteher der Kirchenkollegien oder angesehene Landwirte. Auf diese Weise versuchte die Staatsmacht etwaigem Widerstand vonseiten der Kolonisten vorzubeugen u. eine störungsfreie Durchführung der Aktion zu gewährleisten. In den Städten wurde der Räumungsbefehl durch Anschlag bekanntgegeben, in den Kolonien durch den Polizeihauptmann (russ. *pristav*) oder durch den Wachtmeister (russ. *urjadnik*) überbracht. Danach musste der Dorfvorsteher die Gemeinde einberufen u. den Aussiedlungsbefehl, seine Frist u. die Namen der in Geiselhaft genommenen Personen bekanntgeben. Die lokalen Polizeiorgane verfuhren bei der Bekanntmachung des Deportationsbefehls unterschiedlich u. setzten keine einheitlichen Fristen zum Verlassen der Kolonien. So ergaben sich Fälle, in denen die Ortschaften sofort, innerhalb weniger Stunden, innerhalb v. 24 Stunden, in drei oder auch in fünf Tagen geräumt werden mussten. In dieser äußerst kurzen Zeit versuchten die Kolonisten ihr Hab u. Gut v. a. ihr Mobiliar u. ihr lebendes Inventar durch Notverkäufe an einheimische Bauern zu veräußern, was nicht selten den Charakter eines planlosen Ausverkaufs zu Schleuderpreisen u. der Plünderung annahm. Die städtischen D. wurden hauptsächlich mit der Eisenbahn abtransportiert; sie durften dabei nicht mehr als 10 kg Gepäck mitführen. Zudem mussten sie für die Kosten der Zugfahrt selbst aufkommen. Die Masse der ländlichen deutschen Bev. war jedoch gezwungen, durch wochenlange Fußmärsche oder in selbst organisierten Trecks aus Pferdefuhrwerken W. zu verlassen.

Die Deportation der Wd. stand im unmittelbaren Zusammenhang mit der Entwicklung der russ. Westfront im Mai 1915. Der dt.-österr. Durchbruch bei Gorlice am 2. 5. 1915 zwang die zaristische Militärführung zur Einleitung des Rückzugs u. zunehmend zur Anwendung der Politik der „verbrannten Erde“. Letztere beinhaltete nicht nur die Verlegung kriegswichtiger Güter u. die Zerstörung der Infrastruktur, sondern schloss die Zwangsevakuierung bestimmter Bev.gruppen ein. So transportierten die abziehenden russ. Behörden aus den östl. Landesteilen Kongresspolens ganze Industrieanlagen u. die Facharbeiter ebenso ab wie die Bediensteten im Eisenbahn- u. Transportwesen. Die Deportation der Wd. in die inneren Gouv.s des Zarenreiches erklärt sich z. T. aus dem Misstrauen der russ.

Militärs, die die Kolonien als eine „vorbereitete Basis für den germanischen Einfall" sahen, die es zu liquidieren galt.

Die Deportationen waren begleitet v. einer gegen die Wd. gerichteten chauvinistischen Agitation u. Pressekampagne, die eine massive Denunziation vonseiten der einheimischen Bev. gegen die Kolonisten nach sich zog. Aus Furcht, die russ. Deutschen könnten für die anrückenden Einheiten der Mittelmächte spionieren oder gar im dt. Heer dienen, was nach dem neuen reichsdt. Staatsbürgerschaftsrecht v. 1913 als möglich erachtet wurde, u. dem öffentlichen Druck nachgebend, beschloss die milit. Führung, die Wd. in die inneren Gouv.s des Zarenreiches zu deportieren. Sie folgte damit einem bereits in Russisch-Polen angewandten Muster, wonach eine den dt. Kolonisten per se unterstellte polit. Unzuverlässigkeit Repressalien gegen sie rechtfertigte, auch ihre Zwangsaussiedlung (vgl. →Deutsche aus dem Königreich Polen im Ersten Weltkrieg). Darüber hinaus ermöglichte die Deportationen zustimmend begleitende antidt. Pressekampagne den russ. Militärs, v. den eigenen Misserfolgen an der Front abzulenken, indem sie hierfür die Deutschen verantwortlich machten, die für ihren „Verrat" bestraft werden müssten. Durch einen „erfolgreicheren" Kampf gegen die „inneren Feinde" erhoffte die russ. Armeeführung, die erlittenen milit. Rückschläge an der Front in der öffentlichen Wahrnehmung kompensieren zu können.

Die bisherige Forschung liefert keine weiteren Erklärungen zur Entscheidungsfindung u. geht möglichen polit., wirt. und soz. Hintergründen u. Motiven der Zwangsevakuierung der deutschen Bev. aus W. nicht nach. Dabei berühren vielfach die älteren Arbeiten der meist aus W. stammenden Autoren eine Reihe weiter gehender Fragestellungen, lassen sie aber letztlich offen. Einer Untersuchung bedarf u. a. die Frage nach einem möglichen Zusammenhang zw. den sog. →Liquidationsgesetzen vom 15. 2. 1915 u. den Deportationen. Inwiefern konnte hier die Zwangsräumung der D. zur Entschärfung der soz. Frage auf dem Land beitragen? Zu erforschen wäre daneben der Einfluss der russ.-orth. Geistlichkeit in W., insbesondere des Bischofs Eulogios auf die repressiven Maßnahmen gegen die dortigen lutherischen Deutschen. Die jüngere Forschung hingegen befolgt fast ausschließlich den militärhist. Ansatz, beleuchtet aber das Verhältnis zw. der Armeeführung u. der Regierung in der Frage der Zwangsräumung nicht. Eine übergreifende Studie zu den aufgeworfenen Fragen sollte die kriegsbedingten Deportationen nach einem möglichen Vorwand u. Katalysator für die Lösung angestauter innenpolit. und sozioökon. Probleme stellen.

Lit. (a. →Deutsche aus dem Königreich Polen im Ersten Weltkrieg): O. Schulz, Die erste Aussiedlung der Wolhyniendeutschen 1915, *Heimatbuch der Deutschen aus Rußland* 1997/1998, 8–25; W. Giesbrecht, Die Verbannung der Wolhyniendeutschen 1915/1916, *Wolhynische Hefte* 3 (1984), 42a–97; F. Rink, Die Vertreibung der deutschen Kolonisten aus Wolhynien 1915/16, *Heimatbuch der Deutschen aus Rußland* 1966, 61–65.

S. G.

Deutsche aus Wolhynien im Zweiten Weltkrieg. Als W. bezeichnet man eine osteurop. Landschaft im NW des heutigen ukr. Staates, die zw. dem Fluss Bug im Westen, dem Teterev – einem Nebenfluss des Dnepr – im O, dem Pripjat im N u. den Karpaten im S liegt. Das Gebiet, das erstmals im Jahre 1018 erwähnt wurde, gehörte zunächst zum Einflussbereich der Kiever Rus', bevor es in den Jahren nach 1340 an das Großfürstentum Litauen fiel. Nach der Lubliner Union v. 1569 wurde die drei Jahre zuvor neu geschaffene Wojewodschaft W. dem poln. Reichsteil zugeschlagen. Nach den Teilungen Polens v. 1793 bzw. 1795 geriet es in den Besitz Russlands, das ein neues Gouv. mit der Hauptstadt Žitomir einrichtete. Die Grenzen dieses Gouv.s blieben bis zum Ende des Zarenreiches 1917 weitgehend unverändert. Nach kurzzeitiger Unabhängigkeit eines ukr. Staates teilten nach dem poln.-sowjetruss. Krieg im Frieden v. Riga 1921 Polen u. Sowjetrussland W. unter sich auf. Der westl. Teil mit der Hauptstadt Łuck wurde zu einer poln. Wojewodschaft, der östl., nun sowj. Teil verlor 1924 jegliche Eigenständigkeit. Infolge des Hitler-Stalin-Paktes (→Ribbentrop-Molotov-Pakt) bzw. des →dt.-sowjetischen Grenzvertrages vom 28. 9. 1939 wurde der ehemals poln. Teil W.s in die →Sowjetunion eingegliedert. Nach dem dt. Überfall im Juni 1941 war W. für kurze Zeit noch einmal unter dt. Militärherrschaft vereint.

Bis zur Mitte des 19. Jh.s lebten höchstens einige Tausende D. in W. (a. Wolhyniendeutsche, Wd.). Erst nach 1860 setzte eine umfassendere Siedlungsbewegung, v. a. aus Kongresspolen ein. Grund dafür waren zum einen Anwerbemaßnahmen der adligen Gutsbesitzer, die ihre billigen ruthenischen Arbeitskräfte nach der Aufhebung der Leibeigenschaft 1861 weitgehend eingebüßt hatten, zum anderen die Unzufriedenheit vieler dt. Kolonisten über die wirt., relig. und gesellschaftlichen Verhältnisse in Mittelpolen. Im Laufe v. 30 Jahren stieg die Zahl der D. in W. – fast ausschließlich evang. Bauern mit relativ niedrigem Bildungsstand – von ca. 6.000 im Jahre 1860 auf ca. 102.000 im Jahre 1889. 1911 war dann mit 200.000 die Höchstzahl erreicht. Im Laufe des 1. →Wk.s wurden viele v. ihnen als potenziell verdächtig ins Innere Russlands deportiert (→D. aus Wolhynien im Ersten Weltkrieg). Nach der Teilung W.s gab es kaum noch geschlossene dt. Siedlungen. Nach der Volkszählung v. 1931 lebten noch 46.883 D. im poln. Teil W.s, Schätzungen gehen v. einer Gesamtzahl v. 60.000 aus. Die meisten D. im sowj. Teil W.s wurden nach 1941 zwangsweise nach →Sibirien gebracht, der Rest floh 1944 mit der geschlagenen dt. Wehrmacht nach Westen.

Die „Heimholung" der Auslandsdeutschen gehörte zum nationalsozialistischen Programm zum einen als Teil einer grundlegenden Neuordnung des europ. Kontinentes nach ethn. Gesichtspunkten, zum anderen gemäß der Rassenideologie wegen einer angeblich notwendigen „Auffrischung des deutschen Blutes". Zur Neuordnung gehörte u. a. die Ansiedlung der →„Volksdeutschen" aus dem O in den ins Reich „eingegliederten Gebieten" Polens, insbesondere im neuen Reichsgau Wartheland (→W. als Aus- und Ansiedlungsgebiet), größtenteils anstelle der vertriebenen ursprünglichen poln. und jüd. Bevölkerung.

Nachdem die neuen Grenzen zw. dem Dt. Reich u. der Sowjetunion Ende September 1939 festgelegt worden waren, begannen am 17. 10. in Moskau die bilateralen Verhandlungen über einen Umsiedlungsvertrag, der am 16. 11. 1939 unterzeichnet wurde (→Umsiedlung [NS-Begriff]). In Artikel I wurde ein Bev.austausch aus den betroffenen Gebieten – neben den Wd. waren davon auch die Galizien- (→D. aus Galizien) u. Narewdeutschen betroffen – vereinbart. Der Zeitraum für die Umsiedlung, die offiziell als freiwillig bezeichnet wurde, wurde auf die relativ kurze Frist zw. dem Tag der Vertragsunterzeichnung u. dem 1. 3. 1940 festgelegt. Der Transport sollte entweder per Eisenbahn oder per Pferdefuhrwerk erfolgen. Die Menge des mitzunehmenden Eigentums wurde beschränkt, die Art der Güter genau definiert. Verboten war z. B. die Mitnahme größerer Bargeldmengen u. Wertgegenstände, die in den Besitz der jeweils anderen Seite der Vertragsparteien fielen. Der Gegenwert sollte den Umsiedlern bei der Neuansiedlung erstattet werden. Diese Formulierungen entsprachen weitgehend denjenigen, die nach Ende des 2. →Wk.s in den Umsiedlungsverträgen zw. den Sowjetrepubliken Ukraine, Weißrussland u. Litauen u. dem poln. Staat angewandt wurden (→Ukrainer, Weißrussen und Litauer: Umsiedlung aus Polen in die UdSSR). In Artikel II waren Bestimmungen über die Gemischten Kommissionen enthalten, die über den Ablauf wachen sollten, Artikel III regelte die Organisation der Umsiedlung.

Aufgrund einer Anordnung des Reichskommissars für die Festigung deutschen Volkstums Heinrich →Himmler v. 30. 10. 1939 erhielt die →Volksdeutsche Mittelstelle den Auftrag zur Erfassung der Wd. in ihren Siedlungsgebieten, zur Durchführung der Transporte sowie zu deren Unterbringung in Übergangslagern, v. a. in den Reichsgauen Wartheland u. Danzig-Westpreußen (→D.-W. als Aus- und Ansiedlungsgebiet). Die für die Umsiedlung neu geschaffenen Strukturen waren für Wolhynien- u. Galiziendeutsche die gleichen. Der Hauptbevollmächtigte hatte seinen Sitz in Łuck, die Region W. wurde in drei Gebiete mit den Zentren Łuck, Kostopol u. Włodzimierz Wołyński aufgeteilt. Die Aktion selber sollten ca. 300 Mann durchführen, die verschiedenen NS-Organisationen angehörten. Es wurde ein Rahmenplan aufgestellt, der vorsah, mit welchen Transportmitteln – per Bahn oder per Fuhrwerk – die Betroffenen reisen u. welches die Routen sein sollten. Die Eisenbahntransporte sollten über den Grenzübergang Uscilug am Bug, die Fuhrwerktrecks über die Grenzübergänge Dorohusk u. Kodeń erfolgen. Die vorgesehene Arbeitsgruppe reiste am 8. 12. 1939 in das Gebiet ein u. begann mit sowj. Unterstützung mit den Vorbereitungen bei den Betroffenen. Da die wenigsten v. ihnen durch Dokumente belegen konnten, dass sie D. waren, wurden die v. den evang. Pfarren geführten Tauf- u. Heiratsdokumente entscheidend. In manchen Fällen genügte auch die Angabe des Nachnamens. Die Bereitschaft zur Umsiedlung war meistens hoch, hatte man im 1. Wk. doch konkrete Erfahrungen mit der Verschleppung nach O gemacht u. fürchtete diese nun erneut. Die Ausreise erfolgte geogr. von O nach West, sodass die westlichsten Siedlungen als letzte geräumt wurden. Der vorgesehene Rahmenplan konnte letztlich nicht eingehalten werden, u. a. weil die Ortsbevollmächtigten unterschiedlich rasch mit ihrer Erfassungsarbeit vorankamen, weil die Zahl der Ausreisewilligen größer war, als erwartet, u. weil der prozentuale Anteil der Bahnreisenden nicht so hoch veranschlagt worden war. Unter den schwierigen Bedingungen des Winters erfolgte die Umsiedlung in großer Eile. Bis zum 26. 1. 1940 war sie abgeschlossen. Nach der amtlichen Statistik des Hauptbevollmächtigten für die Umsiedlung, Horst Hoffmeyer, vom 5. 2. 1940 wurden aus W. insgesamt 66.297 D. ausgesiedelt, 33.253 aus dem Gebiet Łuck, 22.552 aus dem Gebiet Kostopol u. 7.310 aus dem Gebiet Włodzimierz Wołyński. Dazu kamen 3.362 sog. Hauländer, Menschen, die vor der Hauptsiedlungswelle des 19. Jh.s in die Region gewandert waren. Als weitere Gruppe sind noch diejenigen Menschen zu nennen, die schon zuvor als Flüchtlinge W. verlassen hatten, insgesamt etwa 10.000 bis 15.000 Personen. Nach dieser Übersicht sollen sich lediglich 286 Wd. der Umsiedlung entzogen haben. Es erscheint aber fraglich, ob zuvor wirklich alle D. in den betroffenen Gebieten erfasst worden waren.

Nach einem schleppenden Beginn wurde die Umsiedlung der Wolhynien- u. Galiziendeutschen v. den nationalsozialistischen Medien offensiv präsentiert. Besonders die Printorgane der Partei zeigten die Rücksiedler als zwar arme u. anspruchslose, zugleich aber national überzeugte Menschen, die für ihr Deutschtum viele Leiden in Kauf genommen hätten. Die *Deutsche Wochenschau* nahm sich des Themas ebenso an wie zahlreiche belletristische Texte (z. B. der Roman „Die große Heimkehr" v. Wilhelm Götz), Bildbände u. autobiographische Berichte. Mit „Tipp und Tapp. Der Junge und sein Dackel aus Wolhynien" v. Walter Pogge u. Hanns Erich Köhler entstand sogar einer der ersten dt. Comics.

Die wichtigsten Quellen zur Umsiedlung der Wd. befinden sich im Bundesarchiv. Materialien zusammengetragen hat in Deutschland ansonsten v. a. der Hist. Verein Wolhynien e. V. mit Sitz in Wiesentheid bei Schweinfurt. Er gibt auch in unregelmäßigem Abstand die *Wolhynischen Hefte* heraus. 1993 wurde in Dobbin-Linstow im südl. Mecklenburg ein Wolhynier-Umsiedlermuseum eingerichtet. Im Internet bilden die Seiten des Vereins unter http://www.historischerverein.wolhynien.de den Ausgangspunkt für weitere, v. a. familiengeschichtliche Spurensuchen.

Lit.: S. Döring, Die Umsiedlung der Wolhyniendeutschen in den Jahren 1939 bis 1940. Frankfurt a. M. 2000; W. Fielitz, Das Stereotyp des Wolhyniendeutschen Umsiedlers. Marburg 2000.

M. K.

Deutschland. D. war im Jahrzehnt der →Weltkriege 1914–1945 ein zentraler Motor des europ. Zwangswanderungsgeschehens. Vom Ende des 2. Wk.s bis in die Gegenwart bildete es dann ein wichtiges Ziel europ. und globaler Fluchtbewegungen. Es bewegten sich dabei in der dt. Geschichte des 20. Jh.s nicht nur Menschen über Grenzen, sondern auch Grenzen über Menschen hinweg – Minderheiten wurden zu Mehrheiten, Mehrheiten zu Minderheiten, Einheimische zu Fremden im eigenen Land.

1. Zwangsrekrutierung, Zwangsarbeit und Fluchtbewegungen im Ersten Weltkrieg. Während des 1. Wk.s prägten zunehmend Zwangsrekrutierung u. →Zwangsarbeit die Ausländerbeschäftigung in D., obgleich es weiterhin eine nennenswerte Anzahl v. Arbeitern aus dem Ausland gab, die freiwillig in der dt. Kriegswirtschaft arbeiteten. Bei Kriegsende gab es mindestens 2,5 Mio. ausländische Arbeitskräfte, die fast ein Zehntel aller Erwerbstätigen des Vorkriegsstandes bzw. rd. ein Siebtel aller Erwerbstätigen im letzten Kriegsjahr stellten. Über 1,5 Mio. v. ihnen waren Kriegsgefangene. Die dt. Zivil- u. Militärbehörden behandelten die rd. 1 Mio. zivilen ausländischen Arbeitskräfte, anders als die Kriegsgefangenen, nicht als einheitliche Kategorie, obgleich auch sie zum größten Teil aus dem „feindlichen Ausland" stammten. Das galt besonders für die bei Kriegsende 1918 etwa 500.000–600.000 auslandspoln. Arbeitskräfte. Die bereits in der Vorkriegszeit restriktive Politik gegenüber den Polen aus Russland verschärfte sich mit Kriegsbeginn weiter: Als „feindliche Ausländer" wurden die Auslandspolen sogleich reichsweit unter ein Rückkehrverbot gestellt, durften also nicht in ihre Heimat zurückkehren. Sie unterlagen außerdem einem Ortswechselverbot u. blieben an ihre Arbeitgeber gebunden. Polen u. Ruthenen aus dem österr.-ung. Galizien, u. damit aus einem Territorium der verbündeten Donaumonarchie, wurde die Rückkehr – trotz schärfster Proteste aus Wien – anfangs erschwert, um den Übergang v. der Friedens- in die Kriegswirtschaft auf dem landwirt. Arbeitsmarkt zu erleichtern.

Faktisch waren die Polen damit zu Zwangsarbeitskräften geworden, die über ihren Aufenthaltsort u. ihren Arbeitgeber nicht frei entscheiden konnten. Darüber hinaus wurden die von dt. Truppen in Polen u. Belgien besetzten Gebiete seit 1915/16 zum Objekt der dt. Arbeitskräftepolitik. Polen blieb in erster Linie Rekrutierungsgebiet für landwirt. Arbeitskräfte. In Belgien hingegen wurden vornehmlich Arbeitskräfte für die Rüstungsindustrie rekrutiert. Weil die Zahl „freiwilliger" Meldungen insgesamt weit unter dem erwünschten bzw. für notwendig erachteten Niveau blieb, griffen die dt. Behörden immer häufiger zu Zwangsmitteln.

Neben die Zwangsarbeit traten im Zwangsmigrationsgeschehen Massenfluchtbewegungen.

2. Flucht und Asyl in der Zwischenkriegszeit. Der 1. Wk. hatte mit seinem extremen →Nationalismus die Ausgrenzung v. Minderheiten u. die Verbreitung v. Fremdenfeindlichkeit entscheidend gefördert. Mit dem Ende des 1. Wk.s u. den Staatenbildungsprozessen in seiner Nachfolge gewannen in der Zwischenkriegszeit Fluchtbewegungen, Umsiedlungen u. →Vertreibungen erheblich an Bedeutung. Die polit. Veränderungen durch die Friedensverträge ließen in Europa etwa 10 Mio. Menschen unfreiwillig die Grenzen überschreiten. D. war von solchen Bewegungen massiv betroffen. Bis Mitte der 1920er Jahre wanderten rd. 1 Mio. Menschen aus den abgetretenen Gebieten zu. Dabei handelte es sich um die größte unter allen Zuwanderungsbewegungen, die die Weimarer Republik zu bewältigen hatte – u. das 1918–1923 innerhalb weniger, durch schwere wirt., soz. und polit. Krisen gekennzeichneter Nachkriegsjahre.

Allein aus Elsass-Lothringen kamen bis zu 150.000 Menschen in das Rest-Reich (→Deutsche aus dem Elsass: Verdrängung nach dem Ersten Weltkrieg), weitere 16.000 Zuwanderer stammten aus den ehem. deutschen Kolonien. Weitaus umfangreicher noch war die Zuwanderung aus den nach dem Versailler Vertrag an Polen abgetretenen Ostgebieten des Reiches (→Deutsche aus Polen: „Verdrängung" nach dem 1. Wk.). Bis Mitte 1925 zählte das Statistische Reichsamt 850.000 dt. „Grenzlandvertriebene" aus den poln. Westgebieten. Hinzu kamen die etwa 120.000 „Dt.stämmigen", die in den Kriegs- u. Nachkriegswirren zw. 1917 u. 1921/22 aus dem ehem. Zarenreich ins Reich gekommen waren, allerdings zu rd. der Hälfte den Weg weiter nach Übersee suchten oder zu Tausenden wieder zurück nach Polen oder in die UdSSR wanderten.

Noch restriktiver war die Migrations- u. Integrationspolitik der Weimarer Republik gegenüber der Zuwanderung ost-, ostmittel- u. südosteuropäischer Juden. Im Kontext der Staatenbildungen in Ost-, Ostmittel- u. Südosteuropa war es vor dem Hintergrund tief greifender wirt., sozialer und polit. Krisen zu →Pogromen u. anderen gewalttätigen Ausschreitungen gegen Juden gekommen. Viele v. ihnen suchten, oft illegal, den Weg über die weithin verschlossenen Grenzen nach W. Nach D. kamen bis 1921 wahrscheinlich rd. 70.000 asylsuchende Juden aus Ost-, Ostmittel- u. Südosteuropa. Jenen, die die Grenzsperren überwunden hatten, wurde in Preußen anfangs noch Asyl gewährt. Dort, aber auch im übrigen D., verstärkten sich 1919–1923 antisem. Ausschreitungen exzessiv. Es kam zu offener Gewalt (Straßenkrawalle, Überfälle, Geiselnahmen) gegen ost-, ostmittel- u. südosteurop. Juden, u. die antijüd. Politik auf Reichs- u. Länderebene verschärfte sich. In Bayern kulminierte der regierungsamtliche Antisemitismus 1923 in einer Internierungs- u. Ausweisungswelle gegenüber ausländischen Juden. Aber auch in Preußen wurde die 1919 noch großzügige Asylgewährung bald immer mehr eingeschränkt.

Ähnliche Prozesse v. Weiterwanderungen wie bei den →Flüchtlingen aus Russland u. den osteurop. Juden in der unmittelbaren Nachkriegszeit lassen sich bei der →Emigration aus dem nationalsozialistischen D. nach 1933 beobachten. Sie betraf polit. Gegner des Regimes u. solche, die das Regime dafür hielt, v. a. aber all jene, die aufgrund der rassistischen NS-Ideologie geächtete Fremde wurden, allen voran die Juden (→J.: Deportation und Vernichtung).

Die genaue Zahl der Emigranten aus D. ist unbekannt. Die weitaus größte Gruppe stellten die Juden, v. denen wohl etwa 280.000–330.000 das Reich verließen. Nimmt man die jüd. Emigration aus →Österreich nach dem „Anschluss" an das Dt. Reich 1938 (150.000) u. aus der →Tschechoslowakei nach dem →Münchner Abkommen im selben Jahr hinzu (33.000), beläuft sich allein die Zahl der im weitesten Sinne jüd. Abwanderer aus dem von D. beherrschten Mitteleuropa insgesamt auf 450.000–600.000 Menschen.

Im Vergleich zu der großen Zahl jüd. Flüchtlinge aus Mitteleuropa blieb die Zahl derjenigen, die ihrer polit. Arbeit wegen D. sowie Österreich und die von D. besetzten Gebiete der Tschechoslowakei nach 1938 verließen, weitaus geringer. Sie umfasste bis 1939 etwa 25.000–30.000 Personen, überwiegend Sozialdemokraten (→Sudetendeutsche Emigration nach Schweden 1938) u. Kommunisten.

3. Deutschland als Motor und Zentrum des europäischen Zwangswanderungsgeschehens im Zweiten Weltkrieg. Der 2. Wk. führte zu einer beispiellos hohen Zahl v. Zwangswanderungen. Sie resultierte ganz wesentlich aus Expansion u. Untergang des nationalsozialistischen „Dritten Reiches". Bei vielfältigen Überschneidungen lassen sich während des 2. Wk.s u. in der unmittelbaren Nachkriegszeit grob vier verschiedene Haupttypen v. Zwangswanderungen unterscheiden: 1. die Flüchtlinge in der unmittelbaren Folge des Kriegsgeschehens, die aus den Kampfzonen u. vor den vorrückenden Truppen flüchteten oder evakuiert wurden; 2. während des Krieges deportierte oder unter Zwang festgehaltene Personen: Zwangsarbeitskräfte, vornehmlich in der dt. Kriegswirtschaft, Kriegsgefangene sowie zivile Teile eigener oder fremder Bev.en, die umgesiedelt oder deportiert wurden; 3. die →Displaced Persons (DPs) der unmittelbaren Nachkriegszeit u. 4. die nach dem Kriegsende vom 8. 5. 1945 aus den ehem. Ostgebieten des Dt. Reiches u. aus dt. Siedlungsgebieten in Ost-, Ostmittel- u. Südosteuropa Vertriebenen (→Deutsche aus dem heutigen polnischen Staatsgebiet, →Deutsche aus den böhmischen Ländern, →Ostpreußen: Flucht und Vertreibung nach Deutschland, →Deutsche aus Jugoslawien, →Deutsche aus Ungarn: Zwangsaussiedlung nach Deutschland, →Siebenbürger Sachsen u. a.).

Im 2. Wk. war D. Motor u. Zentrum der europ. Massenzwangswanderungen. Es war nur deshalb in der Lage, den 2. Wk. beinahe 6 Jahre lang zu führen, weil es den Krieg v. vornherein als Raub- u. Beutekrieg geplant hatte u. durchführte. Die mit D. verbündeten Staaten sowie die v. 1938 an erworbenen bzw. eroberten Länder u. Landesteile hatten hierbei die Aufgabe, mit ihrer landwirt. und industriellen Produktion, ihren Rohstoffen u. ihren Bev.en der dt. Kriegswirtschaft zu dienen. Im Laufe des Krieges stieg die Bedeutung der geraubten Güter u. Menschen für die dt. Kriegswirtschaft immens an: Im Oktober 1944 wurden fast 8 Mio. ausländische Arbeitskräfte in D. gezählt, darunter fast 6 Mio. Zivilisten u. knapp 2 Mio. Kriegsgefangene. Sie stammten aus mehr als 20 Ländern. Bei den Herkunftsländern der im Herbst 1944 registrierten knapp 8 Mio. ausländischen Arbeitskräfte dominierte die UdSSR mit einem Anteil v. mehr als einem Drittel (2,8 Mio.). 1,7 Mio. Menschen kamen aus Polen u. 1,2 Mio. aus Frankreich, jeweils mehrere Hunderttausend zudem noch aus Italien, den Niederlanden, Belgien, der Tschechoslowakei u. →Jugoslawien.

Im gesamten neueroberten „Lebensraum" des O strebte die nationalsozialistische Politik nach dauerhafter Herrschaftssicherung u. nach der Etablierung einer streng nach rassistischen Kriterien ausgerichteten „deutschen" Ordnung, die Bev.gruppen u. Nationalitäten hierarchisierte. Wesentliche Elemente der Herstellung dieser rassistischen „Weltordnung" waren Planung u. weitreichende Umsetzung v. Umsiedlungen (→U. [NS-Begriff]), Vertreibungen u. →Deportationen ganzer Bev.en zu Gunsten einer „arischen" Bev. als vorgebliches „Volk ohne Raum". Etwa 9 Mio. Menschen waren davon betroffen. 1939–1944 wurden 1 Mio. Menschen dt. Herkunft aus ihren außerhalb der Reichsgrenzen gelegenen Siedlungsgebieten in Südost-, Ostmittel- u. Osteuropa „heim ins Reich" gelockt u. genötigt, v. a. um sie in den eroberten Gebieten anzusiedeln, die dem Reich unmittelbar angegliedert worden waren (→Volksdeutsche).

Voraussetzung für die Ansiedlung dieser Volksdeutschen war immer die Deportation der ansässigen poln. und jüd. Bevölkerung, die 1939/40 in großem Maßstab eingeleitet worden war u. im Fall der Juden im Völkermord endete (→Genozid). 1940/41 etwa wurden rd. 1,2 Mio. Polen u. Juden aus den ehemals poln., nunmehr dem Reich angegliederten „Reichsgauen" →Wartheland u. →Danzig-Westpreußen zu Gunsten der neu anzusiedelnden Volksdeutschen vertrieben – nicht selten zeitgleich, sodass sich die Züge der Neuansiedler u. der Deportierten noch begegneten (→Polen: Aussiedlung aus den „eingegliederten Ostgebieten"). Das sollte aber nur der Anfang sein; denn nach der Gesamtplanung galten v. den mehr als 10 Mio. Menschen, die in diesem Gebiet lebten, nur 1,7 Mio. als „eindeutschungsfähig". 7,8 Mio. Polen u. 700.000 Juden sollten vertrieben werden.

In der nationalsozialistischen rassistischen Hierarchie galten jüd. bzw. für jüd. erklärte Menschen als Bev.gruppe mit dem geringsten Anspruch auf „Lebensraum". Sie waren v. der dt. Vernichtungspolitik am stärksten betroffen.

4. Displaced Persons, Flüchtlinge und Vertriebene, Evakuierte und Kriegsgefangene nach dem Zweiten Weltkrieg. Die überlebenden Opfer der nationalsozialistischen Arbeits-, Konzentrations- u. Vernichtungslager stellten nach Kriegsende das Gros der 10–12 Mio. DPs. Unter den großen Zwangsmigrantengruppen im D. der unmittelbaren Nachkriegszeit bildeten die DPs nur eine unter mehreren: Im Gebiet der späteren vier Besatzungszonen waren rd. 10 Mio. Menschen vor den gezielten alliierten Flächenbombardements auf dt. Städte in ländlich geprägte Regionen geflohen oder evakuiert worden. Die „Evakuierten" konnten nicht selten erst nach Jahren ihre notdürftigen Quartiere verlassen u. in ihre Heimatorte zurückkehren; auch 1947 gab es in den vier Besatzungszonen noch an die 4 Mio. Evakuierte (→amerikanische, →britische, →französische u. →sowjetische Besatzungszone). In der Bundesrepublik wurde ihre Rückführung dann v. a. als Aufgabe der Kommunen u. Länder behandelt u. ausschließlich als ein Problem der Wohnraumversorgung in den Städten eingeschätzt. Damit galt es im Vergleich zur Aufnahme u. →Integration der Flüchtlinge u. Vertriebenen als nachrangig.

Wesentlich mehr Anteil als am Schicksal der DPs u. der Evakuierten nahm die dt. Bev. in der Nachkriegszeit am Los der dt. Kriegsgefangenen. Umfragen im Auftrag der US-Besatzungsbehörden zufolge zählte die Frage der Behandlung u. der Rückkehr der dt. Kriegsgefangenen für die Deutschen 1945–1949 zu den drei „Hauptsorgen" neben den Problemen der Versorgung mit Lebensmitteln u. Gütern des alltäglichen Bedarfs.

Die Geschichte der Kriegsgefangenschaft v. Deutschen im u. nach dem 2. Wk. erstreckte sich über 17 Jahre – vom Kriegsbeginn im September 1939 bis zur Rückkehr der letzten „Spätestheimkehrer" aus sowj. Lagern Anfang 1956. Im Krieg waren rd. 11 Mio. dt. Soldaten in alliierte Kriegsgefangenschaft geraten, der größte Teil in den letzten Kriegsmonaten. Zwanzig verschiedene Staaten hatten sie in Gewahrsam genommen, darunter v. a. die USA (3,8 Mio.), Großbritannien (3,7 Mio.) u. die UdSSR (3,2 Mio.).

Vor allem für die Spätheimkehrer der Jahre 1949/50 u. die Spätestheimkehrer der folgenden Jahre bis 1956 bedeuteten die langen Jahre der Kriegsgefangenschaft einen tiefen biographischen Bruch. Nicht selten trafen Heimkehrer auf eine völlig veränderte Familiensituation, in der sich die eigene Position angesichts über Jahre hinweg selbständig agierender Ehefrauen u. Kinder nicht mehr in die traditionelle Rolle des „Familienvorstandes" einfügen ließ. Die Rückkehr erforderte zugleich das Bemühen um die Integration in eine in vielerlei Hinsicht fremd gewordene Gesellschaft, Kultur u. Arbeitswelt.

Von rd. 18 Mio. Reichsdeutschen in den Ostprovinzen des Reiches u. Volksdeutschen in den dt. Siedlungsgebieten in Ost-, Ostmittel- u. Südosteuropa waren in der Endphase des Krieges rd. 14 Mio. in Richtung W geflüchtet oder nach dem Kriegsende vertrieben bzw. deportiert worden. Die Daten der Volkszählung v. 1950 lassen die Bilanz dieser millionenfachen Fluchtbewegungen u. Vertreibungen deutlich werden. Danach waren insgesamt knapp 12,5 Mio. Flüchtlinge u. Vertriebene aus den nunmehr in poln. und sowj. Besitz übergegangenen ehem. Ostgebieten des Dt. Reiches u. aus den Siedlungsgebieten der Volksdeutschen in die Bundesrepublik u. in die DDR gelangt; weitere 500.000 lebten in Österreich u. anderen Ländern, vielleicht rd. 300.000 waren in die UdSSR deportiert worden. Hunderttausende hatten Flucht, Vertreibung u. Deportation nicht überlebt.

Von den 12,5 Mio. Flüchtlingen u. Vertriebenen in Bundesrepublik u. DDR des Jahres 1950 kam mit knapp 7 Mio. der größte Teil aus den ehemals dt. Gebieten östl. von Oder u. Neiße. Als nächstgrößere Gruppe folgten knapp 3 Mio. Flüchtlinge u. Vertriebene aus der Tschechoslowakei (→Deutsche aus den böhmischen Ländern); hinzu kamen 1,4 Mio. aus dem Polen der Vorkriegsgrenzen, 300.000 aus der bis 1939 unter der Verwaltung des →Völkerbunds stehenden Freien Stadt Danzig, knapp 300.000 aus Jugoslawien (→Deutsche aus Jugoslawien), 200.000 aus Ungarn (→Deutsche aus Ungarn: Zwangsaussiedlung nach Deutschland) u. 130.000 aus Rumänien (→Siebenbürger Sachsen, →Deutsche aus der Bukowina).

In den vier Besatzungszonen in Deutschland gab es keine gleichmäßige Verteilung der Flüchtlinge u. Vertriebenen. Ländlich geprägte Gebiete mussten weitaus mehr Menschen aufnehmen als die v. a. durch Luftangriffe häufig schwer zerstörten städtisch-industriellen Ballungsräume; denn in den Landgemeinden u. ländlichen Kleinstädten schienen die Wohnungssituation u. die Versorgungsmöglichkeiten mit Lebensmitteln besser zu sein. Insgesamt war der Osten D.s stärker betroffen als der W, und innerhalb der drei westl. Besatzungszonen waren wiederum die östl. Gebiete stärker belastet als die westl. Ende 1947 lag der Anteil der Flüchtlinge u. Vertriebenen an der Gesamtbev. in der sowj. Besatzungszone bei 24,3 %. Die amerikanische Besatzungszone blieb demgegenüber mit 17,7 % ebenso zurück wie die brit. mit 14,5 %. In der frz. Besatzungszone lag der Flüchtlingsanteil an der Gesamtbev., wegen der Weigerung der frz. Besatzungsbehörden, Flüchtlinge u. Vertriebene aufzunehmen, sogar bei nur rd. 1 %.

5. *Asyl im geteilten und vereinigten Deutschland.* Das Asylgrundrecht der Bundesrepublik entstand in Reaktion auf die hunderttausendfachen Vertreibungen aus dem national-

sozialistischen D. u. bildete damit eine wichtige symbolische Distanzierung v. der nationalsozialistischen Vergangenheit (→Asyl). Darüber hinaus demonstrierte es gegenüber den Westmächten die Anerkennung der nach dem 2. Wk. v. a. bei der Gründung der Vereinten Nationen festgeschriebenen menschenrechtlichen Regelungen. Auch in der DDR gab es v. Beginn an ein Asylrecht, allerdings nicht als subjektives Recht des Antragstellers, sondern als Recht des Staates, Asyl zu gewähren: Die Zahl der Asylsuchenden blieb im Vergleich zu der in der Bundesrepublik sehr niedrig. Zuflucht in der DDR erhielten v. a. Mitglieder v. „sozialistischen Bruderparteien", deren Stellung in ihren jeweiligen Heimatländern bedroht war. Hinzu kamen Angehörige von polit. Bewegungen in diversen Ländern der „Dritten Welt", die sich gegen die Kolonialherrschaft richteten oder in postkolonialen Bürgerkriegen Niederlagen erlitten hatten. Zu den größeren Gruppen in der DDR zählten bspw. komm. Flüchtlinge aus dem griech. Bürgerkrieg der späten 1940er Jahre, deren Zahl sich auf rd. 1.000 belief, algerische Anhänger der anti-frz. Befreiungsbewegung FLN in den 1960er Jahren (→Algerier) oder als letzte umfangreiche Gruppe chilenische Flüchtlinge, v. denen nach dem Sturz des sozialistischen Präsidenten Salvador Allende 1973 rd. 2.000 Aufnahme in der DDR fanden.

In der Bundesrepublik war die Aufnahme der Flüchtlinge aus →Ungarn 1956 u. aus der Tschechoslowakei 1968 als Bestätigung für die Notwendigkeit der Asylrechtsregelung im Ost-West-Konflikt verstanden worden. Da zugleich sehr gut qualifizierte, junge Arbeitskräfte unter den Flüchtlingen dominierten, erwies sich die Integration in den Arbeitsmarkt ebenso als unproblematisch wie die soz. Integration insgesamt. Je häufiger seit den späten 1970er Jahren aber das Asylrecht in Anspruch genommen wurde, desto stärker wurde es mit Hilfe gesetzlicher Maßnahmen u. Verordnungen eingeschränkt.

Die Zahl der Asylgesuche hatte 1980 erstmals die Marke v. 100.000 überschritten, war jedoch bereits im Folgejahr wieder abgesunken. Seit Mitte der 1980er Jahre aber stieg, v. a. vor dem Hintergrund der polit. und wirt. Krise in Ost-, Ostmittel- u. Südosteuropa, die Kurve der Asylgesuche wieder stark an. Sie wuchs 1988 erneut auf einen Wert v. über 100.000, erreichte 1989 ca. 120.000 u. im Folgejahr rd. 190.000. 1991 kletterte sie weiter (ca. 260.000) u. erreichte 1992 schließlich den Höchststand v. fast 440 000. Zugleich änderte sich die Zusammensetzung der Gruppe der Asylbewerber grundlegend: 1986 waren noch rd. 75 % aus der „Dritten Welt" gekommen. 1993 stammten 72 % aus Europa, wobei es sich in hoher Zahl um Bürgerkriegsflüchtlinge aus dem Raum v. Ex-Jugoslawien (→Kriegsflüchtling/Bürgerkriegsflüchtling, →Jugoslawien), aber auch um Roma aus →Rumänien handelte. Seit der Änderung des Grundrechts auf Asyl im Jahr 1993 hat in aller Regel keine Chance mehr auf Asyl, wer aus „verfolgungsfreien" Ländern stammt oder über „sichere Drittstaaten" einreist, v. denen D. lückenlos umgeben ist. Nach dem Ende der Kriege u. Bürgerkriege in Südosteuropa kam der überwiegende Teil der Asylbewerber wieder aus der „Dritten Welt". 1994 schon war die Zahl der Asylbewerber auf knapp 127.000 gefallen. Seit dem Ende der 1990er Jahre lagen die Zahlen der jährlichen Asylanträge bei stark sinkender Tendenz durchweg wieder unter der

1988–1997 überschrittenen Schwelle v. 100.000 u. sanken nach der Jahrtausendwende kontinuierlich weiter ab.

Einen Flüchtlingsstatus genießen in der Bundesrepublik seit Anfang der 1990er Jahre auch zugewanderte Juden aus den Nachfolgestaaten der ehem. Sowjetunion. Sie wurden angesichts des nicht mehr staatl., dafür aber vielfach geradezu alltäglichen Antisemitismus in der GUS analog zu Kontingentflüchtlingen behandelt, d. h. mit einem ihnen kollektiv zugebilligten Status, der annähernd demjenigen v. anerkannten Asylberechtigten entspricht. Die Vorgeschichte ihrer Zuwanderung begann in der Zeit der Agonie der DDR zw. dem Untergang des SED-Regimes Anfang November 1989 u. der Vereinigung mit der Bundesrepublik Deutschland 1990 (3. 10. 1990). In dieser postrevolutionären Zwischenzeit erklärten sich 1990 die v. der antizionistischen SED-Doktrin abgerückten Fraktionen der DDR-Volkskammer in einer gemeinsamen Erklärung bereit, „verfolgten Juden in der DDR Asyl zu gewähren". Das wurde auch vom DDR-Ministerrat im Juli 1990 bestätigt. Daraufhin beantragten bis Mitte April 1991 fast 5.000 Juden aus der Sowjetunion ihre Aufnahme im Staatsgebiet der ehem. DDR. Die ersten 8.535 jüd. Zuwanderer waren seit April 1990 in die noch existierende DDR eingereist. Von der Öffnung des Eisernen Vorhangs bis Ende 2005 wanderten insgesamt mehr als 200.000 Juden aus der Sowjetunion/GUS nach D. zu.

Trotz der Verbesserung des Rechtsstatus polit. Flüchtlinge nach dem 2. Wk. verband weiterhin ein gemeinsames Charakteristikum die dt. Flüchtlingspolitik im 20. Jh.: Nur den geringsten Teil der Flüchtlinge u. Vertriebenen erfassten Asylregelungen; zumeist erfolgte die Aufnahme aufgrund v. Bestimmungen jenseits des Asylrechts – in der Regel Normen des Kriegsfolgenrechts (so insbesondere im Kontext der beiden Wk.) oder gesetzliche Regelungen zur Aufnahme v. Arbeitswanderern.

Lit. (a. →Generalplan Ost, →Juden: Deportation und Vernichtung, →Weltkrieg, Erster, →Weltkrieg, Zweiter, →amerikanische, →britische, →französische u. →sowjetische Besatzungszone); Enzyklopädie Migration in Europa vom 17. Jahrhundert bis zur Gegenwart. Hg. K. J. Bade/P. C. Emmer/L. Lucassen/J. Oltmer. Paderborn 2007; Zwangsmigrationen im mittleren und östlichen Europa. Völkerrecht – Konzeptionen – Praxis (1938–1950). Hg. R. Melville/J. Pešek/C. Scharf. Mainz 2007; Vertriebene in Deutschland. Interdisziplinäre Ergebnisse und Forschungsperspektiven. Hg. D. Hoffmann/M. Krauss/M. Schwartz. München 2000; M. Krause, Flucht vor dem Bombenkrieg. „Umquartierungen" im Zweiten Weltkrieg und die Wiedereingliederung der Evakuierten in Deutschland 1943–1963. Düsseldorf 1997; G. Aly, „Endlösung". Völkerverschiebung und der Mord an den europäischen Juden. Frankfurt a. M. 1995; Die Vertreibung der Deutschen aus dem Osten. Ursachen, Ereignisse, Folgen. Hg. W. Benz. Frankfurt a. M. 1995; Flüchtlinge und Vertriebene in der westdeutschen Nachkriegsgeschichte. Bilanzierung der Forschung und Perspektiven für die künftige Forschungsarbeit. Hg. R. Schulze/D. von der Brelie-Lewien/H. Grebing. Hildesheim 1987.

K. J. B., J. O.

Deutsch-polnische Schulbuchkommission. Die Gründung der gemeinsamen Dt.-poln. Schulbuchkommission im Jahre 1972 mit der Aufgabe, die Darstellung der poln.-dt. Beziehungen in den Schulbüchern Polens u. der Bundesrepublik Deutschland zu diskutieren u. gemeinsame Empfehlungen für Geschichts- u. Geographie-Lehrbücher vorzubereiten, war aus heutiger Perspektive betrachtet, ein bedeutsames Ereignis. Sie wurde möglich in der Zeit einer Entspannung zw. beiden Staaten, nämlich unter der Wirkung der sog. Neuen Ostpolitik, die die sozialliberale Koalition Ende der 1960er Jahre eingeleitet hat. Symbol dieser neuen Beziehungen war der Kniefall Willy Brandts vor dem Denkmal der Helden des Ghetto-Aufstands in Warschau im Dezember 1970.

Anfang der 1970er Jahre war der spätere Erfolg der Kommission noch kaum vorauszusehen. Frühere Versuche, ein ähnliches Gremium zu installieren, waren nämlich gescheitert. Ein erster Versuch in den Jahren 1937/38, unternommen im Zeichen des Nichtangriffspakts zw. Polen u. Deutschland, endete mit einer Verschlechterung der Beziehungen im Jahr 1938 u. dem Ausbruch des Krieges. Der zweite Anlauf in den Jahren 1956–1960 knüpfte an 17 Thesen für den Geschichtsunterricht an, die der westdt. Geschichts- u. Geografielehrer Dr. Enno Meyer ausgearbeitet hatte. Sie initiierten Diskussionen zw. deutschen Historikern u. Pädagogen, an denen sich zur Überraschung der dt. Seite auch poln. Historiker aus Polen u. der Emigration beteiligten. Nach 1956 erlebte Polen eine mehrjährige Phase der Liberalisierung des komm. System, die allerdings keine sichtbare Verbesserung in den poln.-dt. Beziehungen brachte. Für die Bildung einer gemeinsamen Kommission, die sich mit der schulischen Erziehung befasste, war es noch zu früh. In der Bundesrepublik Deutschland wurden gerade 1956 die Empfehlungen zur „Ostkunde" im Unterricht verabschiedet, die bis zum Ende der 1960er Jahre galten. Stattdessen wurde 1956 eine Historikerkommission zw. der Volksrepublik Polen u. der DDR gebildet, deren Arbeitsergebnisse aber minimal blieben. Der dritte Versuch in den Jahren 1969–1971 schließlich ist mit der Initiative des Direktors der Evang. Akademie in Westberlin Günter Berndt verbunden, der Konferenzen veranstaltete, die sich der Darstellung der dt.-poln. Beziehungsgeschichte in den Geschichtslehrbüchern widmeten. Die Verlautbarungen über diese Treffen erregten in Polen u. der Bundesrepublik beträchtliches Aufsehen u. unterstrichen die Notwendigkeit, eine gemeinsame Kommission zur Revision der Schulbücher zu bilden.

Georg Eckert, Direktor des Internat. Schulbuchinstituts in Braunschweig u. zugleich Leiter des Nationalen Komitees der UNESCO in der Bundesrepublik, ergriff während der XVI. Generalkonferenz der UNESCO in Paris (1970) die Initiative zu einem Treffen mit Eugenia Krassowska, der Vorsitzenden des poln. UNESCO-Komitees, bei der sie die Möglichkeit u. Notwendigkeit einer Verbesserung der poln. und westdt. Schulbücher für Geschichte u. Geographie besprachen.

Der Abschluss des Vertrags über die Grundlagen der Normalisierung der gegenseitigen Beziehungen zw. Polen u. Westdeutschland am 7. 12. 1970 schuf in beiden Staaten die polit. Voraussetzungen u. ein geeignetes Klima für den Beginn einer systematischen

Zusammenarbeit v. Wissenschaftlern, Pädagogen u. Herausgebern v. Schulbüchern. Die Verhandlungen über die Berufung der Experten für die Schulbuchrevision zogen sich über das ganze Jahr 1971 hin. Erst am 22. 2. 1972 kam es zur 1. Sitzung beider Delegationen in Warschau. Dabei ging es um die Skizzierung der methodischen u. sachlichen Basis der künftigen Zusammenarbeit u. den Inhalt der ersten 14 Schulbuch-Thesen. Schon Mitte März 1972 fand in Braunschweig die 2. Konferenz statt, bei der Georg Eckert u. Władysław Markiewicz, der stellv. Vorsitzende des poln. Komitees, ein Übereinkommen zw. den beiden UNESCO-Komitees über die Revision des Inhalts der Schulbücher unterzeichneten. Eckert u. Markiewicz fungierten zugleich als erste Vorsitzende der Schulbuchkommission. Auf den folgenden Konferenzen riefen die Probleme der poln.-dt. Beziehungen im 20. Jh., v. a. die Frage der Nachkriegsmigrationen, die größten Kontroversen hervor. Die Diskussionen dauerten zwei Jahre an, u. es fehlte nicht an kritischen Momenten. Sie wurden in beiden Staaten aufmerksam beobachtet u. kommentiert, in der demokr. Bundesrepublik weit differenzierter als im komm. Polen. Häufig wurde den westdt. Historikern der Vorwurf einer übertriebenen Nachgiebigkeit gegenüber poln. Forderungen gemacht u. sogar der „Ausverkauf der deutschen historischen Tradition an die Kommunisten" u. der poln. Seite eine große Abhängigkeit v. den polit. Machthabern in Warschau unterstellt. Auf der 9. resümierenden Konferenz in Braunschweig im April 1976 wurden die vorbereiteten Empfehlungen zum Geschichts- u. Geographieunterricht redigiert. 26 Empfehlungen betrafen die Geschichte, 7 die Geographie. Die dt. Auflage der Empfehlungen betrug (bis Anfang der 1990er Jahre) etwa 300.000 Exemplare. In Polen wurden die Empfehlungen entweder in Veröffentlichungen der Schulbuchkommission oder in Fachzeitschriften publiziert u. waren unter den Lehrern wenig bekannt. Da die Erziehung in Polen zentral v. der Regierung u. dem Bildungsministerium gelenkt wurde u. alle Publikationen der Zensur unterworfen waren, kann man sich leicht ausrechnen, dass die Verbreitung der Ergebnisse der Schulbuchkommission nicht die entsprechende Unterstützung erhielt. Dagegen kam es in Westdeutschland nach der Veröffentlichung der Empfehlungen zu einer äußerst lebhaften Diskussion. Sie waren Gegenstand v. Beratungen der Länderparlamente, u. in der Presse erschienen zahlreiche Rezensionen u. Besprechungen.

Die Empfehlung Nr. 22 betraf die „Bevölkerungsverschiebungen": „Der größte Teil der in den Oder-Neiße-Gebieten verbliebenen deutschen Bevölkerung wurde in den Jahren 1945 bis 1947 ausgewiesen bzw. im Rahmen des interalliierten Transferabkommens zwangsumgesiedelt. In der Folgezeit fanden noch einzelne Übersiedlungen und individuelle Ausreisen im Rahmen der Familienzusammenführung u. a. in den Jahren 1956/57 statt." Der Hinweis auf die unterschiedlichen Etappen, in denen die dt. Bev. die Ostgebiete verlassen hatte, entfachte eine lebhafte Diskussion, besonders unter den Repräsentanten der dt. Vertriebenenverbände. Ein Teil v. ihnen wollte sich nicht mit einer solchen Darstellung abfinden. Aus diesem Grund erhielten einige dt. Historiker den Auftrag zur Erstellung v. Alternativempfehlungen.

Mit der Publikation der Empfehlungen war die Arbeit der Kommission jedoch nicht beendet, sondern begann die nächste Etappe. Man beschloss, sich weiterhin zu treffen u. über einzelne Themen zu diskutieren, die während der Arbeit an den Empfehlungen die größten Kontroversen hervorgerufen hatten (die 1930er u. 1940er Jahre). Zur Popularisierung der Forschungsergebnisse der poln. und dt. Historiker im Rahmen der Kommission trugen deren Publikationen bei, die in beiden Sprachen erschienen. Im Laufe der Zeit entwickelten sie sich zu einem unersetzlichen Material für die Lehrer.

Der Wegfall der letzten Hindernisse aufgrund der Zugehörigkeit zu zwei entgegengesetzten Blöcken, die Erlangung der Unabhängigkeit durch Polen u. die Wiedervereinigung Deutschlands hatten eine aufmunternde Wirkung auf die Tätigkeit der Kommission. Zwar wurde es nicht für sinnvoll erachtet, die Arbeit v. Neuem zu beginnen, sondern beschlossen, das Themenspektrum der Treffen zu erweitern u. sich dabei mit Problemen zu befassen, die über den engen Rahmen bilateraler Gespräche hinausweisen. So lässt sich auch die Initiative erklären, Materialien zum poln.-dt. Verhältnis im 20. Jh. zu bearbeiten, in denen das Problem der Nachkriegsmigrationen in den Rahmen der Migrationen in Europa gestellt wird (→Migration). Diese Publikation erschien auf Poln. und Dt. und erfreut sich weiter großen Interesses. In Deutschland wurde sie schon über 30.000 Mal vertrieben. In Polen ist sie zusätzlich auf den Internetseiten des Ministeriums für Nationale Erziehung zugänglich. Die Diskussionen über die Frage der Zwangsmigrationen im poln.-dt. Verhältnis u. ihre Umsetzung in der Schulpraxis wurden 2007 auf einer Konferenz der Kommission in Stettin (Szczecin) zusammengefasst, deren Materialien ebenfalls in beiden Sprachen zugänglich sind.

Die Arbeit der Schulbuchkommission wurde 2002 in Anwesenheit beider Außenminister mit dem angesehenen Poln.-Dt. Preis gewürdigt. Zur Zeit steht die Kommission vor ihrer größten Herausforderung. Denn im Mai 2008 begann die Arbeit an einem gemeinsamen Geschichtslehrbuch, über die die Kommission das Patronat ausübt u. an der sich ihre Mitglieder beteiligen.

Lit.: Das Thema Vertreibung und die deutsch-polnischen Beziehungen in Forschung, Unterricht und Politik. Hg. R. Maier/T. Strobel. Hannover 2008; K. Zernack, Dwadzieścia lat później. W sprawie nowego wydania niemiecko-polskich zaleceń w sprawie podręczników szkolnych, in: Ders., Niemcy – Polska: Z dziejów trudnego dialogu historiograficznego. Hg. H. Olszewski. Poznań 2006, 197–208; Deutschland und Polen im zwanzigsten Jahrhundert. Analysen – Quellen – didaktische Hinweise. Hg. U. A. J. Becher/W. Borodziej/R. Maier. Hannover 2001; W. Borodziej, Die deutsch-polnische Schulbuchkomission 1972–1999, in: Internationale Verständigung. 25 Jahre Georg-Eckert-Institut für internationale Schulbuchforschung in Braunschweig. Hg. U. A. J. Becher/R. Riemenschneider. Hannover 2000, 157–165; K. Ruchniewicz, Der Entstehungsprozess der Gemeinsamen deutsch-polnischen Schulbuchkommission 1937/38–1972, *Archiv für Sozialgeschichte* 45 (2005), 327–352; T. Strobel, Die Gemeinsame deutsch-polnische Schulbuchkommission. Ein spezifischer Beitrag zur

Ost-West-Verständigung 1972–1989, *ebenda* 253–268; Die deutsch-polnischen Schulbuchempfehlungen in der öffentlichen Diskussion der Bundesrepublik Deutschland: eine Dokumentation. Hg. W. JACOBMEYER. Braunschweig 1979.

K. R.

Deutsch-sowjetischer Grenzvertrag. Am 28. 9. 1939 schlossen das Dt. Reich u. die →Sowjetunion einen G., worin die im →Ribbentrop-Molotov-Pakt zw. beiden Staaten vereinbarte Demarkationslinie modifiziert u. präzisiert wurde: Der G. verneinte den zuvor erwogenen Fortbestand eines poln. Rumpfstaates; in Abwandlung des Hitler-Stalin-Pakts ging Zentralpolen ans Dt. Reich über, Litauen an die UdSSR. Der Grenzverlauf folgte den Flüssen Bug im N u. San im S. Damit gelangten 22 Mio. poln. Staatsbürger unter dt. Herrschaft, darunter ca. 18 Mio. ethn. Polen, 2 Mio. Juden, 0,8 Mio. Deutsche u. 0,5 Mio. Ukrainer u. Weißrussen, während 13 Mio. unter sowj. Verwaltung fielen – davon ca. 4–5 Mio. Polen, 1,2 Mio. Juden, 6,6 Mio. Ukrainer u. Weißrussen sowie gut 0,1 Mio. Deutsche.

Zur Rechtfertigung des vereinbarten Grenzverlaufs wurde auf dessen angebliche Identität mit der ethnokulturellen Scheidelinie zw. Polen u. Ostslaven verwiesen, gleichzeitig wurden aber weitere ethn. „Bereinigungen“ festgelegt (→ethnische Säuberung), zu denen noch ungeregelte Fluchtbewegungen kamen. In der Folge lassen sich vier Umsiedlungsprozesse unterscheiden:

Unkontrollierte Flucht. Seit Bekanntwerden der neuen Demarkationslinie überquerten Flüchtlingsströme in erheblichem Umfang u. in beide Richtungen die zunächst kaum gesicherte Grenze. Dabei wurde die Ausreise von sowj. und dt. Autoritäten i. d. R. geduldet, die Einreise wo möglich aber verhindert (→Flucht, →Flüchtling).

Sogenannte Umsiedlungsaktionen. In einem vertraulichen Zusatzprotokoll zum G. wurde die Möglichkeit der freiwilligen Umsiedlungen v. →„Volksdeutschen“ aus dem sowj. in den dt. Sektor vereinbart u. per Umsiedlungsabkommen vom 16. 11. 1939 präzisiert, gleiches sollte in umgekehrter Richtung für Ukrainer u. Weißrussen gelten (→Umsiedlung [NS-Begriff]). Ab November 1939 registrierten gemischte dt.-sowj. Kommissionen beidseits der Demarkationslinie die Übersiedlungswilligen. Zwischen Dezember 1939 u. Januar 1940 verließen gut 130.000 Volksdeutsche per Eisenbahn oder Treck Wolhynien (→Deutsche aus W. im Zweiten Weltkrieg), Ostgalizien (→Deutsche aus Galizien) u. das Narew-Gebiet, wurden in Durchgangslagern in Lodz (Łódź) u. Umgebung gesammelt u. im Sommer 1940 größtenteils im Warthegau (→W. als Aus- und Ansiedlungsgebiet, →Lager) auf enteignetem poln. Besitz angesiedelt. Umgekehrt machten bis April 1940 zw. 14.000 u. 35.000 umsiedlungswillige „Ostslaven“ v. ihrem Optionsrecht Gebrauch, darunter zahlreiche Juden (→Option).

Ungeregelte Abschiebungen. Anfangs wurden von dt. Seite Versuche unternommen, ca. 20.000 an der Grenze versammelte Flüchtlinge aus Ostpolen sowie ca. 5.000 Juden (Aktion „Nisko“) ohne Wissen der sowj. Autoritäten über die Demarkationslinie abzuschieben. Nach sowj. Protesten wurde diese Praxis jedoch aufgegeben.

Sogenannte Flüchtlingsaktion. Auf Drängen der sowj. Seite kam es v. März bis Mai 1940 zum Austausch poln. Staatsangehöriger, die sich nach den Kriegswirren Ende 1939 durch die dt.-sowj. Demarkationslinie v. ihrem Wohnsitz getrennt fanden. Diese seit Oktober 1939 erwogene, von dt. Seite aber zunächst abgelehnte Flüchtlingsaktion wurde v. der UdSSR schließlich durch gezielte Behinderung der Umsiedlungsaktion erzwungen. Auf dt. Wunsch wurde eine Kontingentierung festgelegt: Deutschland sollte maximal 60.000 Rückkehrer annehmen, die Sowjetunion 14.000. Die tatsächlichen Zahlen liegen zw. 40.000 u. 55.000 bzw. wenigen Tausend.

Entgegen den erklärten Absichten beider Seiten gelangten im Zuge v. Umsiedlungs- u. Flüchtlingsaktionen insgesamt 40.000–60.000 Ukrainer nach W. Die von dt. Seite als Nachtrag zur Umsiedlungsaktion angebotene Übergabe v. zusätzlich 50.000 Kriegsgefangenen ukr. und weißruss. Nationalität an die UdSSR lehnten die Sowjets im Mai 1940 jedoch ab.

Lit.: O. Kotzian, Die Umsiedler. Die Deutschen aus West-Wolhynien, Galizien, der Bukowina, Bessarabien, der Dobrudscha und in der Karpatenukraine. München 2005; T. Ilarionova, Obmen naseleniem meždu SSSR i Germaniej nakanune i v načale vtoroj mirovoj vojny, *OI* 4 (2004), 54–62; C. Madajczyk, Die Okkupationspolitik Nazideutschlands in Polen 1939–1945. Berlin (Ost) 1987; H. Hecker, Die Umsiedlungsverträge des Deutschen Reiches während des Zweiten Weltkrieges. Hamburg 1971.

St. G.

Deutschsprachige Antifaschisten: Aussiedlung aus der Tschechoslowakei. Zwischen 1945 u. 1951 verließ die Mehrheit der v. den tschechoslowak. Behörden als A. (a.: *Antifa, Antinazisten*) anerkannten Deutschen ihr bisheriges Heimatland. Als A. galten jene dt. sprechenden Bürger der →Tschechoslowakei, die dem Staat gegenüber vor u. während des 2. →Wk.s loyal geblieben waren, sich nicht „gegenüber der tschechischen und slowakischen Nation schuldig gemacht“ hatten u. sich entweder am Kampf um die Wiederherstellung der Republik beteiligt oder unter dem Besatzungsterror gelitten hatten. Diesen Personen sollte auf ihren Antrag hin – in Ausnahme zu allen übrigen Deutschen – die Staatsbürgerschaft erhalten bleiben, wobei die Beweislast bei ihnen lag.

Noch bevor das behördliche Anerkennungsverfahren greifen konnte, wurde v. Ende Mai bis in den Herbst 1945 infolge mangelnder Sorgfalt bei der Personenauswahl eine unbestimmbare Anzahl von A. von der sog. wilden Vertreibung (→w. V. aus der Tschechoslowakei) nach Sachsen, Schlesien u. →Österreich erfasst. Das Erlebnis der in manchen Bezirken undifferenzierten Behandlung der deutschen Bev. und die Aussicht, auch als anerkannte A. auf längere Sicht Bürger zweiter Klasse zu bleiben (ohne aktives u. passives Wahlrecht, ohne die Möglichkeit, sich polit. und gesellschaftlich zu betätigen, ohne Periodika, Rundfunk, Film u. Schulbildung in der Muttersprache) waren die Hauptgründe, warum die Mehrheit der dt. Hitler-Gegner bereits während der zweiten Jahreshälfte 1945 nach der Auswanderung trachtete. Die führenden tschech. Kommunisten u. Sozialdemokraten begannen dieses Ansinnen früh zu unterstützen.

Zunächst reisten im Herbst 1945 zahlreiche kleinere Gruppen auf eigene Faust u. noch ohne Privilegien bez. des mitführbaren Eigentums nach Sachsen aus, ab Mitte Oktober auch auf Elbkähnen, ab Ende November in speziellen Eisenbahntransporten. Bis Ende November 1946 gelangten zw. 43.000–50.000 Personen (überwiegend Kommunisten) in die →sowj. Besatzungszone (SBZ), wo für einige v. ihnen ein „politischer Einsatz" vorgesehen war. Die Aufnahme der zahlenmäßig stärker vertretenen dt. Sozialdemokraten wurde v. den SBZ-Organen verzögert. Die Prager Regierung verabschiedete am 15. 2. 1946 auf Drängen der A. neue Richtlinien für die Sonderaussiedlungen, die die Ausfuhrbestimmungen für persönliches Eigentum lockerten u. nun auch eine Auswanderung in die Westzonen (→amerikanische, →brit., →frz. Besatzungszone) ermöglichten. In deren Rahmen wanderten zw. Mai u. November 1946 zw. 53.000–83.000 Deutsche, überwiegend Sozialdemokraten, aus (→Aktion Ullmann). Die beträchtliche Bandbreite ergibt sich durch unterschiedliche Angaben in den tschech. Amtsquellen u. den Dokumenten der sudetendt. Organisatoren der Aktion. Am wahrscheinlichsten scheint die Zahl v. etwa 72.000 Personen zu sein.

Die privilegierte Auswanderung – deren freiwilliger Charakter aufgrund situativer Zwänge zu realisieren ist – stand nur dt. Kommunisten u. Sozialdemokraten offen. Mehrere Versuche, v. a. von dt. Katholiken, um die Gewährung v. analogen Regelungen wurden v. den Behörden abgewiesen, sodass 1946 eine bedeutende Anzahl tatsächlicher Hitler-Gegner mit der Masse der übrigen Deutschen in die normalen Aussiedlungstransporte eingereiht wurde. Zwischen 1947 u. 1951 fanden keine internat. vereinbarten Antifa-Sondertransporte mehr statt, doch gelang es der Mehrheit v. über 25.000 verbliebenen, aber ausreisewilligen Sozialdemokraten dennoch, sich auf mehrheitlich halb-offiziellen bzw. illegalen Wegen nach Bayern durchzuschlagen.

Nach amtlichen tschechoslowak. Quellen sind im Rahmen der Sondertransporte (d. h. in 394 Zügen, 103 Autokonvois u. auf etwa 14 Schiffsfahrten) insgesamt 96.176 deutsche A. (inkl. Familienangehörige) nach →Deutschland ausgewandert. Dies machte weniger als 10 % der 1946 insgesamt ausgesiedelten Deutschen aus. Bewilligungen für die Sonderaussiedlung wurden bis September 1946 an 137.861 Personen ausgestellt. Deren relativ liberale Erteilung entsprach der offiziellen Devise, das „Problem" der deutschen A. so weit wie möglich durch Auswanderung u. nicht durch deren Verbleib zu lösen. 1949 wurden in den böhmischen Ländern noch etwa 6.000 anerkannte deutsche A. gezählt.

Lit.: A. v. Arburg, „Hier gibt es kein Zurück mehr". Vertreibung, Aussiedlung, Flucht und Ausreise deutscher Antifaschisten aus der Tschechoslowakei 1945–1951, in: I oni byli proti. Sborník z mezinárodní historické konference, která se konala ve dnech 13.–15. listopadu 2006 v Ústí nad Labem v rámci projektu „Dokumentace osudů aktivních odpůrců nacismu, kteří byli po skončení druhé světové války postiženi v souvislosti s opatřeními uplatňovanými v Československu proti tzv. nepřátelskému obyvatelstvu". Ústí n. L. 2007, 185–215; H. VAN HOORN, Neue Heimat im Sozialismus. Die Umsiedlung und Integration sudetendeutscher Antifa-Umsiedler in die SBZ/DDR. Essen 2003; E. HRABOVEC, Vertreibung und Abschub. Deutsche in Mähren 1945–1947. Frankfurt a. M. u. a. 1995; T. STANĚK, Odsun Němců z Československa 1945–1947. Praha 1991.

A. v. A.

Deutsch-Tschechische und Deutsch-Slowakische Historikerkommission. Nach dem Ende des komm. Regimes in Prag beriefen die Außenminister der →Tschechoslowakei u. der Bundesrepublik →Deutschland Jiří Dienstbier u. Hans-Dietrich Genscher im Frühjahr 1990 eine „Gemeinsame Historikerkommission" der beiden Länder ein. Sie trat alsbald in Prag zu einer ersten Sitzung unter Leitung der Professoren Jan Křen u. Rudolf Vierhaus zusammen. Der Kommission wurde die Aufgabe gestellt, „die gemeinsame Geschichte der Völker beider Länder, vor allem in diesem Jahrhundert [...] zu erforschen und zu bewerten", u. zwar „in breitem historischem Kontext", „einschließlich der positiven Seiten des gegenseitigen Zusammenlebens, aber auch der tragischen Erfahrungen der Völker beider Länder im Zusammenhang mit dem Beginn, dem Verlauf und den Ergebnissen des Zweiten Weltkrieges".

Seit der Aufteilung der Tschechoslowakei 1993 gibt es formal zwei Kommissionen, eine dt.-tschech. und eine dt.-slowak., die allerdings in ihrem dt. Teil identisch sind, sodass es aus dt. Sicht eine dreigliedrige „Dt.-Tschech. und Dt.-Slowak. Historikerkommission" gibt, die stets gemeinsam tagt, außer wenn es sich um ausschließlich dt.-tschech. Angelegenheiten handelt.

Die Mitglieder der Kommission einigten sich schon in der ersten Sitzung darauf, den Kontext ihrer Arbeit weit zu spannen u. mit der Entstehung nationaler Bewegungen im 19. Jh. zu beginnen. In den ersten vier der meist jährlich, oft aber auch öfter, abgehaltenen Konferenzen wurde daher in einem ersten Durchgang die Zeit v. 1815 bis 1989 behandelt. Schon hier spielten →Vertreibungen eine wichtige Rolle, ebenso in einem kurzen Abriss der Geschichte der tschech(oslowak).-dt. Beziehungen. In der nächsten Arbeitsphase wurden zentrale Themen der gemeinsamen Geschichte behandelt, darunter auch 1997 vergleichend die Vertreibungen u. Aussiedlungen in u. aus der →Tschechoslowakei, →Polen, →Ungarn u. →Jugoslawien. Besonders aufmerksam wurde auch eine Kurztagung in der Öffentlichkeit wahrgenommen, in der die im polit. Diskurs meist mit angeblich etwa 250.000 viel zu hoch angenommene Zahl der „Vertreibungstoten" aus der Tschechoslowakei aus methodischer Sicht korrigiert u. auf ein realistischeres Maß v. etwa bis 30.000 zurückgeführt wurde (→Deutsche aus den böhmischen Ländern, →wilde Vertreibung aus der Tschechoslowakei).

Die Kommission arbeitet strittige Fragen im wechselseitigen Geschichtsbild auf u. wendet sich über den fachwiss. Diskurs hinaus an ein breiteres Publikum. Sie hält nicht nur internat. Konferenzen ab u. veröffentlicht die Tagungsbände in zwei parallelen Ausgaben, einer dt. und einer tschech.-slowak. Die Kommission sieht es vielmehr auch als ihre Aufgabe an, Forschungen Dritter zu fördern, so durch die Anregung v. Dissertationen, Habilitationsarbeiten und dgl. zu Themen des gegenseitigen Verhältnisses, die „weiße Flecken" bilden. Ein Stipendienprogramm fördert Archivaufenthalte junger tschech. Historikerinnen u. Historiker in Deutschland u. umgekehrt. Insgesamt geht es darum, die nationalen Geschichtsbilder v. Tschechen, Slowaken u. Deutschen miteinander konvertierbar zu machen. Gegenwärtig wird ein Projekt v. der Kommission begleitet, das eine Dokumentation amtlicher Quellen zur Vertreibung erarbeiten soll; ein vom →„Europäischen Netzwerk Erinnerung und Solidarität" finanziertes Projekt „Diskurse von Opferverbänden: Deutschland, Tschechien und die Slowakei im Vergleich" läuft von Oktober 2007 bis September 2010. Die Öffentlichkeit wird durch Podiumsdiskussionen, Presseerklärungen (z. B. 2002 über die umstrittenen →Dekrete des tschechoslowakischen Präsidenten), Workshops, für die Öffentlichkeit bestimmte Publikationen u. a. unterrichtet.

Über die Kommission, ihre Publikationen, Mitglieder usw. informiert: http://www.dt-ds-historikerkommission.de

H. L.

Displaced Persons. Der Begriff D. P. (DP) wurde vom Hauptquartier der alliierten Streitkräfte (SHAEF) nach der Landung in der Normandie im Juni 1944 für befreite Häftlinge aus Konzentrationslagern sowie für ehem. Zwangsarbeiter verwendet, die vom NS-Regime aus den besetzten Gebieten bzw. als „Fremdarbeiter" aus Staaten der Achsenmächte verschleppt worden waren u. sich bei Kriegsende in →Deutschland aufhielten. Damit wurden sie v. den Besatzungsbehörden v. Kriegsgefangenen unterschieden. Insgesamt gab es auf dem ehem. „großdeutschen Reichsgebiet" 11 Mio. DPs aus 20 Staaten, rd. 6,5 Mio. v. ihnen befanden sich auf dem Gebiet der westl. Besatzungszonen (→amerikanische, →britische, →französische Besatzungszone).

Bis auf 1,7 Mio. konnten alle DPs noch im Verlauf des Jahres 1945 in ihre Ursprungsländer zurückgeführt („repatriiert", →Repatriierung) werden. Bei den Staatsangehörigen der westl. Alliierten stellte die Repatriierung ein geringes Problem dar. Auch die Rückkehr v. Zwangsarbeitern aus Nord-, West- u. Südeuropa verlief den Umständen entsprechend zügig. Die Repatriierung wurde v. der United Nations Relief and Rehabilitation Administration (UNRRA), einer Unterorganisation der UNO, unter Leitung der Militäradministrationen der westl. Besatzungszonen durchgeführt. Die UNRRA übernahm im September 1945 die Verwaltung der DP-Lager in der US-Zone, im März 1946 auch in der brit. Zone. Nicht alle DPs meldeten sich bei der UNRRA; insbesondere die frz. Besatzungsmacht ermutigte die DPs, sich eine eigene Unterkunft u. auch Arbeit zu besorgen.

Die Heimführung v. KZ-Häftlingen u. „Fremdarbeitern" aus Osteuropa, insbesondere aus der →Sowjetunion, den →Baltischen Ländern u. →Polen, stieß auf erhebliche Schwierigkeiten. Die Sowjetunion verlangte, dass ihre eigenen Staatsangehörigen nicht nur vollständig, sondern sogar als erste Gruppe, v. a. auch noch vor den Polen, nach

Hause transportiert würden. Häufig wurden sowj. DPs gegen ihren erklärten Willen zwangsrepatriiert, fürchteten sie doch nicht ohne Grund, in Iosif →Stalins Sowjetunion für ihre →Zwangsarbeit beim dt. Gegner nach ihrer Heimkehr bestraft zu werden. Nicht wenige entzogen sich der Übergabe durch den Freitod. Tatsächlich waren die sowj. Repatrianten scharfen Repressalien ausgesetzt, wobei eine große Zahl unter dem Vorwurf der →Kollaboration hingerichtet wurde. Erst der beginnende Kalte Krieg bewog die westl. Alliierten in der zweiten Jahreshälfte 1946 auf die zwangsweise Repatriierung v. Sowjetbürgern zu verzichten.

Im strengen Winter 1945/46 kam die Repatriierung der DPs fast vollständig zum Erliegen. Als sie im folgenden Frühjahr wieder aufgenommen wurde, kehrten nur noch 500.000 DPs in ihre Heimat zurück. Von den ehemaligen poln. Zwangsarbeitern widersetzte sich ein Teil der Rückführung in die Heimat, da Ostpolen v. der Sowjetunion annektiert worden war u. die Kommunisten nun in dem nach W verschobenen poln. Staat schrittweise ihre Alleinherrschaft errichteten. In ihrer Weigerung wurden die DPs durch Vertreter der poln. Exilregierung u. Offiziere der Exilarmee bestärkt, die im Emsland fast 30.000 poln. DPs betreuten. In der Nähe des Städtchens Haren untergebracht, bauten diese poln. DPs während ihres z. T. bis März 1948 dauernden Aufenthalts ein eigenes Bildungswesen auf.

Die noch in den Westzonen verweilenden insgesamt 713.000 DPs galten großenteils als nicht repatriierbar. Von 1947 bis 1951 versuchte man mit Erfolg, die bisher nicht Zurückgebrachten in anderen Ländern anzusiedeln. Zu den Aufnahmeländern gehörten v. a. die USA (274.000), Australien (136.000), Kanada (83.000) u. Israel (70.000), während westeurop. Staaten insgesamt 110.000 Menschen aufnahmen. Die verbliebenen DPs, unter ihnen viele Juden, verharrten teilweise jahrelang in ethn. homogenen DP-Lagern, wo sie v. der UNRRA, ab 1947 v. ihrer Nachfolgeorganisation International Refugees Organisation sowie jüd. Institutionen wie dem American Jewish Joint Distribution Committee betreut wurden. Die Situation in den Lagern war anfangs kritisch; teils handelte es sich bei den Unterkünften um Kasernen u. Hotels, teils um ehem. Zwangsarbeiter- oder Konzentrationslager (z. B. Bergen-Belsen), in denen die Befreiten nun leben mussten. Seitens der dt. Bevölkerung u. Verwaltung waren sie häufig Diskriminierungen ausgesetzt.

Vor allem in der Anfangszeit beteiligte sich ein Teil der DPs an kriminellen Aktionen (in erster Linie Rache- u. Raubdelikte). Aufgrund der langen Aufenthaltsdauer unter weiter andauernden Lagerbedingungen u. der ungeklärten Zukunftsperspektive entfaltete sich in einigen Lagern ein intensives kulturelles Eigenleben. Es entstanden Lagerzeitungen, Theatergruppen u. Sportvereine; es gab separate Bildungseinrichtungen v. Kindergärten bis hin zu einer jüd. UNRRA-Universität.

Die jüd. DPs setzten sich ursprünglich v. a. aus Überlebenden der Konzentrationslager zusammen. Im September 1945 waren es auf dem Gebiet der vier Besatzungszonen 53.322 Personen. Nachdem Präsident Harry Truman über die katastrophale Lage der jüd. DPs in manchen Lagern informiert worden war, wurden für diese im August 1945 die

Lebensmittelzuteilungen erhöht u. separate Wohnlager geschaffen. Wie DPs wurden in der US-Zone auch jene etwa 125.000 Juden behandelt, die in der ersten Hälfte des Jahres 1946 aus der Sowjetunion nach Polen repatriiert worden waren, wo sie ihre Familien ermordet, ihre Synagogengemeinden zerstört u. ihr Eigentum geraubt bzw. verteilt vorgefunden hatten. Für die meisten v. ihnen war Polen zu einem Friedhof geworden, den sie – nicht zuletzt unter dem Einfluss zionistischer Werbeaktivitäten – über Deutschland u. →Österreich verlassen wollten, um in Palästina ein neues Leben aufzubauen. Auch Nachrichten über erneute →Pogrome in Nachkriegspolen (etwa in Kielce im Juli 1946) trugen zu dieser Entscheidung bei. Die Zahl der Juden in der US-Zone erhöhte sich dadurch v. 36.000 im Januar 1946 auf 141.000 im Oktober 1946, in der brit. Zone nur v. 19.000 im Juni 1946 auf 50.000 im November 1946. In der brit. Zone wurden den jüd. DPs die im Vergleich zur US-Zone besseren Bedingungen vorenthalten, weshalb viele in das amerikanische Besatzungsgebiet drängten. Da die brit. Regierung die gespannte Lage im Mandatsgebiet Palästina nicht durch eine Masseneinwanderung v. Juden destabilisieren wollte, versuchten bis zur Unabhängigkeitserklärung 68.000 jüdische DPs auf illegalem Weg das „Heilige Land" zu erreichen, doch wurden die meisten v. ihnen v. den Briten nicht an Land gelassen, verhaftet u. in Zypern interniert. Zwischen der Staatsgründung u. Ende 1950 trafen trotz des Unabhängigkeitskriegs 65.638 Juden in Israel ein.

Ende 1951 gab es in der Bundesrepublik Deutschland nur noch insgesamt 140.000 DPs. Dabei handelte es sich überwiegend um sozial u. kulturell entwurzelte Menschen, die zudem häufig auch noch durch psychische oder körperliche Schädigungen beeinträchtigt waren. Sie erhielten mit dem „Gesetz über die Rechtsstellung heimatloser Ausländer" vom 25. 4. 1951 einen im Vergleich zum internationalen Flüchtlingsrecht großzügigen Bleibestatus. Die letzten Lager wurden Anfang der 1960er Jahre aufgelöst.

Lit.: Rotarmisten in deutscher Hand. Dokumente zu Gefangenschaft, Repatriierung und Rehabilitierung sowjetischer Soldaten des Zweiten Weltkrieges. Hg. P. Polian/A. Hilger/R. Overmans. Paderborn 2008; U. Goeken-Haidl, Der Weg zurück. Die Repatriierung sowjetischer Zwangsarbeiter während und nach dem Zweiten Weltkrieg. Essen 2006; J. Rydel, „Polska okupacja" w północno-zachodnich Niemczech 1945–1948. Nieznany rozdział stosunków polsko-niemieckich. Kraków 2000 (dt.: Die polnische Besatzung im Emsland 1945–1948. Osnabrück 2003); Überlebt und unterwegs. Jüdische Displaced Persons im Nachkriegsdeutschland. Hg. Fritz-Bauer-Institut. Frankfurt a. M. 1997; A. Königseder/J. Wetzel, Lebensmut im Wartesaal. Die jüdischen DPs (Displaced Persons) im Nachkriegsdeutschland, Frankfurt a. M. 1994; A. J. Kochavi, British Policy on Non-Patriable Displaced Persons in Germany and Austria, 1945–7, *European History Quarterly* 21 (1991), 365–382; T. Albrich, Exodus durch Österreich. Die jüdischen Flüchtlinge 1945–1948. Innsbruck 1987; W. Jacobmeyer, Vom Zwangsarbeiter zum Heimatlosen Ausländer. Die Displaced Persons in Westdeutschland 1945–1951. Göttingen 1985; Ders., Jüdische Überlebende als „Displaced Persons". Untersuchungen zur Besatzungspolitik in den deutschen Westzonen und zur Zuwanderung osteuropäischer Juden

1945–1947, *Geschichte und Gesellschaft* 9 (1983), 421–452; K. Kersten, Repatriacja ludności polskiej po II wojnie światowej. Wrocław 1974.

F. W., D. B.

„Dokumentation der Vertreibung der Deutschen aus Ostmitteleuropa" ist der Titel des dt. Standardwerks zu Umsiedlung, →Flucht u. →Vertreibung von rd. 12 Mio. Deutschen am Ende des 2. →Wk.s aus den Ostgebieten des Dt. Reiches u. aus einer Reihe v. Staaten Ostmittel- u. Südosteuropas. Die monumentale, mehr als 5.000 Druckseiten umfassende Veröffentlichung ist zw. 1953 u. 1962 in fünf Bänden, einige davon in mehreren Teilbänden, drei Beiheften sowie einem Ortsregister erschienen. Hinzu kommen gekürzte zeitgenössische englische Ausgaben einiger der Bände. Bis in die Gegenwart haben die fünf Hauptbände der Reihe drei (weitgehend) unveränderte Nachdrucke erfahren. Das dritte der Beihefte gehört seit seiner Erstveröffentlichung 1960 mit Übersetzungen in mehrere Sprachen u. mit seinen zweistelligen Neuauflagen bis heute zu den Bestsellern des dt. Buchhandels.

Die „Dokumentation der Vertreibung …" ist das Ergebnis des größten zeitgeschichtlichen Forschungsvorhabens aus den Anfängen der Bundesrepublik, das drei Generationen einflussreicher dt. Historiker zusammenführte. Ältere Überlegungen u. Vorarbeiten aufgreifend, gab das Bundesministerium für Vertriebene, Flüchtlinge u. Kriegsgeschädigte 1951 den Auftrag dazu u. finanzierte das Vorhaben über die gesamte Dauer von rd. zehn Jahren. Geleitet u. konzipiert wurde es vom Historiker Theodor Schieder (1908–1984). Er stand einer hochkarätig besetzten Wiss. Kommission vor. Ihr sicherte der Auftraggeber volle Freiheit u. Unabhängigkeit zu. Der Kommission gehörten neben drei weiteren Historikern – Hans Rothfels (1891–1976), Peter Rassow (1889–1961) u. Werner Conze (1910–1986) – der Archivar Adolf Diestelkamp (1900–1955) u. der Völkerrechtler Rudolf Laun (1882–1975) an. Im Laufe der Jahre waren im Arbeitsstab des Projektes u. a. Hans Booms (1924–2007), Martin Broszat (1926–1989) u. Hans-Ulrich Wehler (geb. 1931) tätig. Im Bewusstsein des „deutschen Anteils an den Verhängnissen der beiden letzten Jahrzehnte" entwickelte sich das Vorhaben unter Leitung der Kommission v. einer Auftragsarbeit mit dezidiert außen- u. innenpolit. Zielsetzungen, v. einer „Dokumentation der Unmenschlichkeit" als ein Instrument gegen das „Unrecht von Potsdam", zu einem methodisch innovativen Forschungsvorhaben mit einem inhaltlich zukunftsweisenden Erklärungsansatz.

Gut fünf Jahre nach der bedingungslosen Kapitulation Deutschlands stand die Wiss. Kommission vor der Herausforderung, Vorgänge zu dokumentieren, für die (noch) keine herkömmlichen Quellen verfügbar waren. Längst bevor die dt. Geschichtswissenschaft die Oral History entdeckte, griff das Forschungsvorhaben auf Selbstzeugnisse als Ersatzquellen zurück: Aussagen, Berichte u. Gedächtnisprotokolle v. Betroffenen. In einem dreistufigen Verfahren (Authentifizieren, Verifizieren, Verwertbarkeit) wurden die Zeitzeugenberichte auf ihre Echtheit, Glaubwürdigkeit u. auf ihre Aussagekraft geprüft. Die als Ergebnis der minutiösen Quellenkritik ausgewählten Dokumente flossen in die fünf, im Wesentlichen Quellenbände darstellenden Publikationen zu den Gebieten östl. der Oder und Neiße (→Oder-Neiße-Grenze), zu →Ungarn, →Rumänien u. zur →Tschechoslowakei, zu →Jugoslawien u. in die Tagebuchaufzeichnungen der drei Beihefte ein. Aber die Wiss. Kommission beschränkte sich nicht nur auf die Edition v. Zeitzeugenberichten. Die persönlichen Berichte wurden mit den spärlichen amtlichen Quellen verknüpft u. in den zeitgenössischen Kontext eingebettet, wodurch es gelang, Erklärungen für die Ursachen, Voraussetzungen, den Ablauf u. die Folgen der jeweiligen stark national geprägten Zwangsmigrationen anzubieten, die in den Zeitzeugenberichten weitgehend fehlen. Die Ergebnisse dieses Deutungsangebots schlugen sich in den v. Band zu Band immer umfangreicheren, den Quelleneditionen vorgeschalteten wiss. Darstellungen nieder. Darin setzte sich die Wiss. Kommission mit der Geschichte der jeweiligen dt. Minderheit im nationalstaatl. Kontext einschl. der spezifischen Ausprägung ihrer Geschichte in der Zwischenkriegs- u. NS-Zeit auseinander, bis hin zur Entwicklung nach 1945 u. der Stabilisierung der komm. Systeme in den Herkunftsstaaten der →Flüchtlinge u. →Vertriebenen.

Mit den methodisch abgesicherten wiss. Erkenntnissen u. insbesondere der hist. Einordnung v. Umsiedlung, Flucht u. Vertreibung in den Kontext der dt. und europ. Geschichte des 20. Jh.s erntete die Wiss. Kommission massiven Widerspruch vonseiten der Interessenverbände der Vertriebenen. In Widerspruch geriet die Wiss. Kommission auch zum Auftraggeber der Dokumentation. Anders als v. der Regierung erwartet, bestätigten die Forschungsergebnisse nicht die regierungsamtliche Position einer angeblich voraussetzungslosen Umsiedlung, Flucht u. Vertreibung der deutschen Bev. Im Gegenteil: Dem Totalitarismus-Ansatz verpflichtet interpretierte die Wiss. Kommission Umsiedlung, Flucht u. Vertreibung als Teil einer langen Kette v. Zwangsmigrationen in der europ. Geschichte, für die die Idee des ethn. reinen Nationalstaats (→Nationalstaat und ethnische Homogenität) eine wesentliche Triebfeder bildete. Diese seit dem 19. Jh. vom →Nationalismus genährte Kette reichte v. den Umsiedlungen während der →Balkankriege, den Bev.verpflanzungen als Folge des 1. →Wk.s, dem in der Konvention v. Lausanne 1923 (→Lausanner Konferenz) bestätigten griech.-türk. Bev.austausch, den Umsiedlungen im sowj. Bereich (→Sowjetunion) u. auch der nationalsozialistischen Umsiedlungs- u. Vertreibungspolitik bis hin zu den Umsiedlungen am Ende des 2. →Wk.s (→Umsiedlung [NS-Begriff]). Als zusätzliche Faktoren mit katalytischer Wirkung wurden die nationalsozialistische Umsiedlungs-, Besatzungs- u. Vernichtungspolitik sowie die neue globale und europ. machtpolitische Konstellation am Ende des 2. Wk.s gesehen.

Diese Deutungskonkurrenz entschieden die Auftraggeber der „Dokumentation" letztlich für sich. Die Folge: Der v. Anfang an geplante sechste u. letzte Band der „Dokumentation", in dem die Kontextualisierung v. Umsiedlung, Flucht u. Vertreibung, einschl. der nationalsozialistischen Eroberungs-, Besatzungs- u. Umsiedlungspolitik, vorgenommen wurde, ist nicht mehr erschienen. Zusätzlich trugen dazu persönliche und wiss. Gründe bei. Nicht zuletzt ist die Fertigstellung des Abschlussbandes v. dem gewandelten Verhältnis der bundesdeutschen Gesellschaft u. auch der dt. Geschichtswissenschaft zur NS-Zeit in den Schwellenjahren um 1960 eingeholt worden.

Durch das Nichterscheinen des „auswertenden Ergebnisbandes" blieb der Reihe der krönende Abschluss versagt. Die „Dokumentation" ist daher ein Torso, allerdings ein wissenschaftsgeschichtlich ebenso bedeutsamer wie erinnerungspolit. äußerst wirkungsmächtiger.

Am Beispiel der „Dokumentation" lassen sich wesentliche Entwicklungslinien der dt. Historiographie im 20. Jh. im Allg. und der zeitgeschichtlichen Forschung im Besonderen nachvollziehen. Mit ihrer Entstehungsgeschichte, den an dem Vorhaben beteiligten Historikern, der Konzeption, den Nachdrucken u. ihrer Rezeptionsgeschichte ist die „Dokumentation" der Gradmesser schlechthin für die wiss. Beschäftigung u. Auseinandersetzung mit diesem Kapitel deutscher u. europäischer Zeitgeschichte. Die Publikation hat bezogen auf den Ansatz, den methodischen Zugang u. die Ergebnisse Maßstäbe gesetzt. Diese konnten im Rahmen des Forschungsvorhabens selbst nicht vollständig eingelöst werden. Eine Gesamtdarstellung v. Umsiedlung, Flucht u. Vertreibung der deutschen Bev. am Ende des 2. Wk.s als Teil der jüngeren, v. Nationalsozialismus geprägten Geschichte im Kontext der europ. Zwangsmigrationen des 20. Jh.s und seiner weit ins 19. Jh. zurückreichenden Ursachen ist auch nach einem halben Jh. nach wie vor ein Desiderat der dt. wie internat. Forschung.

Die „Dokumentation" ist zudem ein zuverlässiger Seismograph für die die gesamte Geschichte der Bundesrepublik durchziehenden u. breit angelegten polit., gesellschaftlichen u. medialen Debatten zu Umsiedlung, Flucht u. Vertreibung. Es gibt keine Auseinandersetzung zu dem Thema, die nicht einen Bezug zur „Dokumentation" aufweist. Wie keine andere Publikation beleuchtet ihre Entstehung u. ihre wechselvolle Rezeptionsgeschichte den spezifischen Umgang mit Flucht u. Vertreibung in der Bundesrepublik v. ihrer Gründung bis zu den gegenwärtigen Diskussionen zum Ort v. Umsiedlung, Flucht u. Vertreibung im kulturellen Gedächtnis der Deutschen.

Lit.: M. Beer, Die Ostdokumentation. Zur Genesis und Methodik der größten Sammlung biographischer Zeugnisse in der Bundesrepublik, in: Brief, Erzählung, Tagebuch. Autobiographische Dokumente als Quellen zur Kultur und Geschichte der Deutschen in und aus dem östlichen Europa. Hg. H. M. Kalinke. Freiburg 2000, 23–50; Ders., Der „Neuanfang" der Zeitgeschichte nach 1945. Zum Verhältnis von nationalsozialistischer Umsiedlungs- und Vernichtungspolitik und der Vertreibung der Deutschen aus Ostmitteleuropa, in: Deutsche Historiker im Nationalsozialismus. Hg. W. Schulze/O. G. Oexle. Frankfurt a. M. 1999, 274–301; Ders., Im Spannungsfeld von Politik und Zeitgeschichte. Das Großforschungsprojekt „Dokumentation der Vertreibung der Deutschen aus Ost-Mitteleuropa", *VfZ* 46 (1998), 345–389; Dokumentation der Vertreibung der Deutschen aus Ost-Mitteleuropa. In Verbindung mit W. Conze, A. Diestelkamp, R. Laun, P. Rassow und H. Rothfels, bearb. von T. Schieder. Hg. Bundesministerium für Vertriebene. Bonn 1953–1962. Bd. I,1–2: Die Vertreibung der deutschen Bevölkerung aus den Gebieten östlich der Oder-Neiße. Bonn 1953; Bd. I,3: Die Vertreibung der deutschen Bevölkerung aus den Gebieten östlich der Oder-Neiße. Polnische Gesetze und Verordnungen 1944–1955. Bonn 1960; Bd. II: Das Schicksal der Deutschen in Ungarn. Bonn 1956; Bd. III: Das Schicksal der Deutschen in Rumänien. Bonn 1957; Bd. IV, 1–2: Die Vertreibung der deutschen Bevölkerung aus der Tschechoslowakei. Bonn 1957; Bd. V: Das Schicksal der Deutschen in Jugoslawien. Bonn 1961; 1. Beiheft: Ein Tagebuch aus Pommern 1945–1946. Aufzeichnungen von Käthe von Normann. Bonn 1955; 2. Beiheft: Ein Tagebuch aus Prag 1945–1946. Aufzeichnungen von Margarete Schell. Bonn 1957; 3. Beiheft: Ein Bericht aus Ost- und Westpreußen. Aufzeichnungen von Hans Graf von Lehndorff. Bonn 1960; Ortsregister, Bonn o. J. [1962]. Neudruck der fünf Hauptbände München 1984. Augsburg 1993, 1994. München 2004.

M. B.

Elsässer: NS-Vertreibung. Das Elsass gehörte seit dem Westfälischen Frieden 1648 zum größten Teil zur frz. Krone. Nach den Reformen im Gefolge der Frz. Revolution identifizierte sich das elsäss. Bürgertum zunehmend mit dem frz. Staat. Die Bev. des Elsass sprach mit Ausnahme einiger Vogesentäler u. der Bourgeoisie einen germanophonen Dialekt. Im Frankfurter Frieden wurden 1871 die beiden frz. Departements Bas-Rhin u. Haut-Rhin vom Dt. Reich als die Bezirke Unter- u. Ober-Elsass des Reichslandes Elsass-Lothringen annektiert, worauf viele E. nach Frankreich auswanderten. 1918/19 kehrte das Elsass nach Frankreich zurück; ein erheblicher Teil der in den vergangenen 50 Jahren zugezogenen Deutschen wurde v. den frz. Behörden vertrieben (→Deutsche aus dem Elsass: Verdrängung nach dem Ersten Weltkrieg). 1940–1945 wurde das Elsass, obwohl offiziell nur besetzt, vom Dt. Reich de facto annektiert, im Gegensatz zur Reichslandzeit aber nicht mit Lothringen zusammengefügt, sondern staatl. einem Chef der Zivilverwaltung, Gauleiter Robert Wagner, unterstellt u. parteipolit. mit dem Gau Baden der NSDAP zum Gau Oberrhein verbunden. Wagner erhielt im August 1940 v. Adolf →Hitler den Auftrag, das Elsass innerhalb v. 10 Jahren in ein rein dt. Gebiet umzuwandeln. Dazu gehörte neben der Beseitigung frz. Kultur aus Öffentlichkeit u. Erziehungswesen die Verdrängung von frz. sprechenden u. fühlenden Menschen.

Die →Vertreibungen aus dem Elsass fanden in einigen Wellen statt; zwei Phasen lassen sich unterscheiden. Nachdem in den ersten Monaten nach der Besetzung ein großer Teil der v. den Nationalsozialisten abgelehnten Bev.gruppen nach Frankreich ausgewiesen worden war, setzte Wagner auf die Umerziehung der verbliebenen E. zu guten Deutschen u. wurden die Vertreibungen seltener. Im Zuge der Zwangsrekrutierung u. -naturalisierung der elsäss. Soldaten begann 1942 eine zweite Vertreibungsphase, in der Wagner sich v. allen polit. unsicheren E. befreien wollte.

Schon vor dem Beginn der Vertreibungen wurden E. ihrer Heimat beraubt. Von den im September 1939 aus dem v. Kampfhandlungen bedrohten Grenzgebiet nach Südwestfrankreich evakuierten E. wurde gut die Hälfte aus rassistischen Gründen v. der Wehrmacht an der Rückkehr gehindert. Zehntausende E. harrten lieber freiwillig in ihren Notquartieren aus, als in ihre vom Dt. Reich annektierte Heimat zurückzukehren.

Als erste wurden im Juli 1940 die Juden – jüdische E., frz. und eingewanderte überwiegend aus Deutschland geflohene Juden – aus dem Elsass hinausgetrieben. 5.000–10.000 Juden u. ihre Familienangehörigen wurden abgeschoben, 20.000–25.000 kehrten nicht aus der Evakuierung zurück oder wurden an der Rückkehr gehindert. Oft schon mit den Juden zusammen wurden Nordafrikaner u. ihre Kinder, Roma u. Sinti (→Völkermord an den europäischen Zigeunern) v. den Nationalsozialisten vertrieben. Ebenfalls aus rassistischen Motiven wurden weitere Randgruppen wie Homosexuelle, sog. Berufsverbrecher u. Asoziale (Bettler, Landstreicher, „Arbeitsscheue") aus dem Elsass gejagt. Es folgten die Ausweisungen hoher frz. Staats- u. Kirchenbeamter, v. Angehörigen kirchlicher Orden, der Mitglieder patriotischer Organisationen *(Union nationale des combattants, Souvenir français)* u. der militanten Nationalisten *(Action française, Jeunesses patriotes)*, v. Antifaschisten, Kommunisten u. der nichtdt. Spanienkämpfer aus den internat. Brigaden. Schließlich wurden alle seit 1918 zugewanderten Franzosen u. alle vermeintlich antideutschen E., die Deserteure aus der kaiserlichen Armee, diejenigen, die im 1. Wk. in der frz. Armee gedient hatten, u. solche E., die sich gegen die elsäss. Heimatbewegung u. besonders gegen das Dt. Reich gestellt hätten, vertrieben. Die größte Aussiedlungsaktion im Elsass wurde in den ersten zwei Dezemberwochen 1940 durchgeführt.

Die Vertreibungen der ersten Phase verliefen ähnlich. Mit Hilfe v. erbeuteten amtlichen frz. Verzeichnissen u. von dt. Spitzeln aus der Vorkriegszeit und v. a. durch Denunziationen aus der Bev. stellte die Gestapo Listen zusammen. Mit im ganzen Reich requirierten Transportfahrzeugen fuhren v. Schutzpolizisten begleitete Gestapoagenten zu den Häusern der Betroffenen, die zu jeder Tages- u. Nachtzeit herausgeklingelt u. verhaftet wurden. Ohne Ausnahme wurden alle Personen einer Familie vertrieben, stillende Mütter u. Säuglinge, Kranke u. Greise. Die Menschen hatten oftmals nur eine halbe Stunde Zeit, sich unter der Bewachung eines Polizisten fertig zu machen. In der Regel durfte jeder Erwachsene nur 30 kg Gepäck u. 2.000 Francs mitnehmen, Kinder die Hälfte. Wertsachen mussten zurückgelassen werden. Es kam nicht selten vor, dass sich die dt. Beamten an zurückgebliebenen Schmuckstücken, Möbeln oder Lebensmitteln bedienten, bevor sie die Wohnungen versiegelten. Das Eigentum der Vertriebenen verfiel wie das der in der Evakuierung verbliebenen E. als „volks- und reichsfeindliches Vermögen" dem dt. Staat. Mit Autobussen u. Lastern (auch offene Laster bei winterlicher Kälte) wurden die Vertriebenen zu einem Sammellager gebracht, in dem sie es bisweilen bis zu zwei Tagen aushalten mussten, bevor sie auf Züge gesetzt u. in die unbesetzte Zone Frankreichs verfrachtet wurden. Nach der Ankunft der Vertriebenen zumeist in Lyon wurden sie von den frz. Behörden oft in die Evakuierungsgebiete Südwestfrankreichs geschickt.

Vor der Einführung der Wehrpflicht im Elsass ließ Wagner 1942/43 eine „Schlußbereinigung im Elsaß" vornehmen, bei der die letzten „Französlinge", diejenigen E., die sich weiter in Sprache und polit. Haltung offen zu Frankreich bekannten, verschwinden sollten. Hitler befahl am 4. 8. 1942 ebenfalls die Familien der Arbeits- u. Wehrdienstverweigerer mit Deportation bestrafen zu lassen. Wagner u. der Reichskommissar für die Festigung deutschen Volkstums Heinrich →Himmler sahen für „gute rassische Elemente" der betroffenen Menschen die Umsiedlung (→U. [NS-Begriff]) in die eroberten Ostgebiete, in den Distrikt Lublin (→Polen [und Ukrainer]: Aussiedlungen aus der Region Zamość) oder in die Ukraine vor, „rassisch tragbare" sollten ins Altreich fern der Westgrenze verschleppt u. die „rassisch minderwertigen" E. nach Frankreich vertrieben werden. Über die Behandlung der ein frankophones Patois sprechenden Bev. aus den Vogesen war man unentschieden, da die Rassenforschung noch kein endgültiges Ergebnis über die Herkunft der Patois-Bewohner geliefert hatte. Die E., die in dieser zweiten Vertreibungsphase nach Deutschland deportiert wurden, wurden in v. der SS bewachten Speziallagern menschenunwürdig zusammengepfercht u. gezwungen, für die dt. Rüstungsindustrie zu arbeiten; ihr Vermögen wurde v. der Dt. Umsiedlungs-Treuhand-Gesellschaft eingezogen. Die sog. Patriotes Résistants à l'Occupation (P. R. O.) warten bis heute auf die internat. Anerkennung als Opfer v. Deportation u. Zwangslager.

Bei den Vertreibungen aus dem Elsass kann nicht leicht zw. →ethnischen Säuberungen und polit. motivierten Strafaktionen unterschieden werden. Sie waren v. den Nationalsozialisten als Repressalien u. als bevölkerungspolit. Maßnahmen intendiert. Die Beseitigung v. ostentativ frz. sprechenden E. diente der Germanisierung, indem gleichzeitig polit. Opposition u. fremde Kultur entfernt wurde. Das langfristige Ziel der nationalsozialistischen Ethnopolitik im Elsass war ein weitreichender Bev.austausch, bei dem wenigstens die Hälfte der E. zur „völkischen Sicherung" der Westgrenze durch Reichsdeutsche ersetzt werden sollte. Nach Schätzungen wurden 50.000 E. an der Rückkehr gehindert u. 45.000 vertrieben. Dazu kamen 60.000 Evakuierte, die durch die dt. Besetzung ihre Heimat verloren. Die Zahl der elsäss. P. R. O. lag bei etwa 3.500. Höhere Schätzungen sprechen v. insgesamt 180.000 E. (15 % der Vorkriegsbev.), die 1939–1945 das Land verlassen mussten. 1945 durften die überlebenden Vertriebenen in ihre Heimat zurückkehren. Der Graben, der daheim Gebliebene u. Vertriebene trennte, war noch Jahrzehnte nach dem 2. Wk. in der elsäss. Gesellschaft festzustellen.

Lit.: P. Rigoulot, L'Alsace-Lorraine pendant la guerre 1939–1945. Paris 1997; B./G. Le Marec, L'Alsace dans la guerre. Le Coteau 1988; E. Riedweg, L'Alsace et les Alsaciens de 1939 à 1945. Strasbourg 1983; L. Kettenacker, Nationalsozialistische Volkstumspolitik im Elsaß. Stuttgart 1973; E. Jäckel, Frankreich in Hitlers Europa. Die deutsche Frankreichpolitik im Zweiten Weltkrieg. Stuttgart 1966; M.-J. Bopp, L'Alsace sous l'Occupation allemande, 1940–1945. Le Puy 1945.

W. F.

Emigration. Die E. bezeichnet den Fall, dass ein Mensch, gewöhnlich ein Bürger, sein Heimatland (Staat) auf Dauer verlässt, weil er mit den dort herrschenden polit. Verhältnissen nicht mehr einverstanden ist u. er bei einem weiteren Verbleib im Lande sich u./oder seine nächsten Angehörigen für ernsthaft gefährdet hält. Die E. führt ins (polit.) „Exil". Das polit. Motiv unterscheidet E. von dem allg. Begriff der Auswanderung, der hinsichtlich der Gründe neutral ist u. insbesondere auch das Verlassen der Heimat aus wirt. Motiven einschließt.

Aus staatsrechtlicher u. völkerrechtlicher bzw. aus grund- u. menschenrechtlicher Sicht ist die E. eine Realisationsform der Ausreisefreiheit. Sie kann individuell oder gemeinschaftlich erfolgen. Aus juristischer Sicht besteht zw. Auswanderung und E. im Ansatz kein Unterschied, denn beiden gemeinsam ist das Verlassen der Heimat u. die Verlegung des Wohnsitzes auf Dauer ins Ausland. Die Dauer des Wegzuges ist aber ein Merkmal, das besondere rechtliche Hindernisse u. Erschwernisse der Ausreise im Verlaufe der Geschichte vonseiten der Obrigkeit gerechtfertigt hat.

Im →Völkerrecht wird die Ausreisefreiheit auf der universellen Ebene erstmals in Art. 13 Abs. 2 der Allgemeinen Erklärung der Menschenrechte (AEMR; 10. 12. 1948) fixiert, allerdings ohne völkerrechtliche Verbindlichkeit, da Resolutionen der UN-Generalversammlung nur die Qualität v. Empfehlungen haben: „Jeder hat das Recht, jedes Land, einschließlich seines eigenen, zu verlassen und in sein Land zurückzukehren." Durch Art. 12 Abs. 2 des Internationalen Paktes der Vereinten Nationen über bürgerliche und polit. Rechte („Bürgerrechtspakt"; 19. 12. 1966) erhält die Ausreisefreiheit den Rang einer Völkerrechtsnorm in der Form v. Völkervertragsrecht: „Jedermann steht es frei, jedes Land einschließlich seines eigenen zu verlassen." Indem die weitaus meisten UN-Mitgliedstaaten inzwischen dem Bürgerrechtspakt beigetreten sind, dürfte die Ausreisefreiheit heute auch zu einer Norm des Völkergewohnheitsrechts geworden sein. Sie gilt allerdings nicht uneingeschränkt, denn Art. 12 Abs. 3 des Bürgerrechtspakts unterwirft ihre Ausübung einem mehrfachen Vorbehalt. Der Staat darf die Ausreisefreiheit nämlich zum Schutz 1. der „nationalen", d. h. der staatl. „Sicherheit"; 2. der öffentlichen Ordnung *(ordre de république)*; 3. der Volksgesundheit; 4. der öffentlichen Sittlichkeit u. 5. der Rechte u. Freiheiten anderer einschränken. Allerdings müssen die Einschränkungen 1. in der Form des Gesetzes normiert, also vom Parlament beschlossen worden sein; 2. zur Verfolgung der genannten Zwecke tatsächlich „notwendig" u. 3. mit den übrigen →Menschenrechten vereinbar sein.

Zwischen unpolit. motivierter Auswanderung und polit. motivierter E. unterscheidet die vom Bürgerrechtspakt verbriefte Ausreisefreiheit nicht, aber ihr stark ausdifferenzierter Einschränkungsvorbehalt lässt dem nationalen Gesetzgeber u. den staatl. Behörden genügend Spielräume, Unterschiede zw. „Auswanderern" u. „Emigranten" zu machen.

Auf der Ebene des regionalen Völkerrechts erkennt Art. 2 Abs. 2 des 4. Zusatzprotokolls (ZProt) vom 16. 9. 1963 zur Europäischen Menschenrechtskonvention (EMRK; 4. 11. 1950) die Ausreisefreiheit mit derselben Formulierung wie der Bürgerrechtspakt an. Auch der Einschränkungsvorbehalt ist fast identisch.

Geschichtlich wurzelt das Recht zur E. im *beneficium emigrandi*, d. h. dem Recht des freien Abzuges der Untertanen evang. und kath. Konfession im alten Dt. Reich, wenn sie sich dem Zwang, die Konfession ihres Territorialherren anzunehmen *(ius reformandi; cuius regio eius religio)*, nicht unterwerfen wollten. Das *beneficium emigrandi* wurde durch den Augsburger Religionsfrieden (1555) verbrieft (Art. 24) u. auch vom Westfälischen Frieden (1648) anerkannt (Art. 35, 36 Frieden v. Osnabrück).

Unter dem Einfluss der Aufklärung wurde aus dem *beneficium* ein *ius emigrandi*. Als allg. Menschenrecht fand die Ausreisefreiheit dann seit dem Ende des 18. Jh.s Eingang in die modernen Staatsverfassungen, in Deutschland in § 136 Abs. 1 der Paulskirchenverfassung (1849): „Die Auswanderungsfreiheit ist von Staats wegen nicht beschränkt; Abzugsgelder dürfen nicht erhoben werden."

Der prominente russ. Völkerrechtler Friedrich (Fëdor) von Martens kommt 1886 zu der Feststellung, dass mit Ausnahme Russlands „alle zivilisierten Staaten die Auswanderungsfreiheit anerkennen".

Als Ende des 18. Jh.s der Nationalstaat aufkommt u. anstelle der einst dominierenden konfessionellen Parteiungen säkulare polit. Ideen zur Bildung polit. Parteien führen u. zur revolutionären Umgestaltung v. Staat u. Gesellschaft drängen, tritt neben den Auswanderer der Emigrant, der in polit. Freiheit leben möchte u. daher bevorzugt nach W, in die Schweiz, nach England, Belgien, Frankreich oder in die USA ins Exil geht u. um →Asyl nachsucht. Emigrant, →politischer Flüchtling u. Asylant werden mehr oder weniger Synonyma.

Im 20. Jh. bleiben Ausreise- bzw. Auswanderungsfreiheit v. den Staaten im Grundsatz anerkannt, aber ihre Ausübung wird infolge der →Weltkriege u. der Intensivierung der staatl. Kontrolle über die Bürger zunehmend eingeschränkt. In den totalitären Weltanschauungsstaaten des 20. Jh.s (Sowjetstaat, NS-Staat usw.) steigert sich die Kontrolle bis zum Äußersten.

Schon im 19. Jh. war es zu großen E.bewegungen, insbesondere v. Europa nach Nordamerika gekommen, so v. Polen nach dem Ende ihres Staates (1795, 1830) u. von Deutschen nach der gescheiterten Revolution v. 1848 („48er"). Russland zwang nach seiner Niederlage im Krimkrieg mit einem Vernichtungskrieg die Tscherkessen u. Abchasen zur Massenflucht ins Osm. Reich (*machadžirstvo*, d. h. Vertreibung, →*muhacirun*). Im 20. Jh. lösten Kriege, Revolutionen, konfliktträchtige Friedensvertragsregelungen sowie die Etablierung totalitärer Weltanschauungsstaaten neue, bis dahin nicht gekannte Massenemigrationen aus, v. a. aus Russland infolge der Oktoberrevolution u. des Bürgerkrieges („Weiße E."), aus dem Osm. Reich (Armenier [→A. im Osmanischen Reich] u. Griechen [→G. aus der Türkei]) u. aus dem nationalsozialistischen Deutschland ab 1933. Die Sowjetisierung Ostmittel- u. Südosteuropas während u. nach dem Ende des 2. Wk.s (1944–1949) setzte neue E.wellen in Bewegung. Hervorstechend ist schließlich im letzten Viertel des 20. Jh.s die Massenemigration v. Juden u. Deutschen aus der →Sowjetunion.

Lit.: K. J. Bade, Europa in Bewegung. Migration vom späten 18. Jahrhundert bis zur Gegenwart. München 2002; A. Kappeler, Russland als Vielvölkerreich: Entstehung, Geschichte, Zerfall. München ^{2}2001; J. A. Frowein/W. Peukert, EMRK-Kommentar. Kehl-Straßburg ^{2}1996;

K. SCHLÖGEL, Der große Exodus. Die russische Emigration und ihre Zentren, 1917–1941. München 1994; M. NOWAK, UNO-Pakt über bürgerliche und politische Rechte, Kommentar. Kehl-Straßburg 1989; R. HOFMANN, Die Ausreisefreiheit nach Völkerrecht und staatlichem Recht. Berlin u. a. 1988.

O. L.

Enver Paşa. İsmail Enver Paşa (1881–1922) war osm. General, Guerillakämpfer, wichtigste milit. Führungspersönlichkeit des jungtürk. Komitees für Einheit u. Fortschritt (*İttihat ve Terakki Cemiyeti*, KEF) u. von 1914–1918 Kriegsminister. E. wurde am 22. 11. 1881 in Istanbul als Sohn eines kleinen Beamten aus Manastır (Bitola) geboren. Er durchlief eine Reihe v. Militärschulen, die Militärakademie u. schließlich die Generalstabsschule, die er 1902 als zweitbester Absolvent verließ. Seinen schnellen Aufstieg verdankte er seinen Erfolgen im Kampf gegen Freischärler in den Balkanprovinzen 1903–1906.

1906 wurde E. Mitglied der neu gegründeten oppositionellen Gesellschaft für die Osmanische Freiheit, die später im KEF aufging. Seine herausgehobene Stellung innerhalb des KEF gründete sich zunächst auf seine Rolle während des jungtürk. Umsturzes 1908: E. war einer der sog. Freiheitshelden *(kahraman-ı hürriyet),* die mit ihren Truppen in die Berge gegangen waren u. so den Staatsstreich einleiteten. Seine Erfolge in Libyen, wo er 1911/12 den Guerillakampf gegen die it. Besatzer organisierte, und v. a. beherzte Rückeroberung Edirnes 1913 vergrößerten seine milit. Reputation u. verliehen E. noch größeres Gewicht. Schließlich festigte E. seine polit. Position durch die sog. Spezialorganisation (*Teşkilat-i Mahsusa*), deren Aufgabenspektrum v. der Ausschaltung polit. Gegner bis hin zu Guerilla-Aktivitäten hinter den Linien reichte, die aber seit Anfang 1915 v. a. für systematische Massaker an den Armeniern (→A. im Osmanischen Reich) eingesetzt wurde.

Am 15. 12. 1913 u. 3. 1. 1914 wurde E. gleich zweimal befördert u. am 4. 1. 1914 zum Kriegsminister ernannt. Am 8. 1. 1914 wurde er überdies Chef des Generalstabs. Umgehend plante er eine Armeereform, deren weitreichendste Maßnahme in der radikalen Verjüngung des Offizierskorps bestand. Am 2. 8. 1914 brachte er ein Militärbündnis mit Deutschland zur Unterschrift u. drängte in der Folge sein Land zum raschen Kriegseintritt, u. a. wohl auch, um im Krieg die radikale Politik des KEF – Ostexpansion, Eliminierung der Armenier u. Nationalisierung der Wirtschaft – verwirklichen zu können. Die Eigenschaften, die E. zu seinen frühen Erfolgen verholfen hatten, Charisma gepaart mit Kühnheit u. einer Tendenz zur Selbstüberschätzung, führten im 1. →Wk. zur Katastrophe: Bei seinem einzigen Kriegskommando opferte E. gegen alle Einwände im Januar 1915 rd. 90.000 Mann bei einem übereilten Vorstoß an der Kaukasusfront bei Sarıkamış. Nach dieser Niederlage wurde eine Dolchstoßlegende des vermeintlichen armenischen Verrats konstruiert, die es erlaubte, die lokalen Verwaltungsorgane u. große Teile der Bev. für den →Genozid an den Armeniern zu mobilisieren.

Mit anderen jungtürk. Führern floh E. am 2. 11. 1918 nach Berlin. Nach dem Krieg kämpfte E. in Zentralasien gegen die Rote Armee; er starb am 4. 8. 1922 bei einem Gefecht bei Baldžuan. Am 1. 1. 1919 wurde er in Abwesenheit aus der Armee ausgeschlossen u. am 5. 7. 1919 zum Tode verurteilt, u. a. wegen seiner Verantwortung für den Völkermord an den Armeniern. Später änderte sich die Wahrnehmung E.s jedoch allmählich wieder in Verehrung. Im Zuge wieder entflammter panturanischer Ambitionen der türk. Politik wurden seine Gebeine 1996 nach Istanbul überführt u. auf dem Heldenfriedhof des „Freiheitshügels" *(abide-i hürriyet)* bestattet.

Lit.: M. Ş. Hanioğlu, Enver Paşa, in: İslâm Ansiklopedisi, Bd. 11. Istanbul 1995, 261–264; E. J. Zürcher, The Unionist Factor. The Role of the Committee of Union and Progress in the Turkish National Movement (1905–1926). Leiden 1984; Ş. S. Aydemir, Enver Paşa. 3 Bde. Istanbul 1970–1972.

E. H.

Esten: Deportationen im und nach dem Zweiten Weltkrieg. *Deportationen 1941.* Wie kaum ein anderes Ereignis des 20. Jh.s sind die →Deportationen der 1940er Jahre in das kollektive Gedächtnis der E. (Selbstbez. *Eestlased*) als hist. Trauma eingegangen u. dienen bis heute als Symbol für das sowj. Terrorregime. Die Deutungen reichen dabei auf estnischer Seite bis zur Behauptung eines planmäßig v. der stalinistischen Führung durchgeführten →„Genozids", während die russ. Literatur, in der die Annexion des Baltikums aus Sicherheitsinteressen legitimiert wird, die Notwendigkeit der „Säuberungen" zur Ausschaltung des Widerstands gegen die Sowjetisierung hervorhebt. Grundsätzlich dreht sich damit der anhaltende Streit zw. der Russl. Föderation u. den baltischen Staaten um die Frage, ob die Einverleibung der kleinen Ostseerepubliken in die →Sowjetunion im Juni 1940 mehr oder weniger legal war – und sie daher 1944 v. der Roten Armee „befreit" werden konnten – oder ob es sich dabei um eine milit. Okkupation selbständiger Staaten gehandelt hat, die im Herbst 1944 nur erneuert wurde (→Baltische Länder).

Estland hatte sich im Februar 1918, kurz bevor die dt. Armee im Kontext der Brester Friedensverhandlungen das Land besetzte, für unabhängig erklärt. In einem Freiheitskrieg, der sowohl gegen dt. wie sowjet-russ. Truppen geführt wurde, konnte sich die junge Republik behaupten u. erreichte im Frieden v. Tartu (dt. Dorpat, russ. Jur'ev) mit der sowj. Regierung im Februar 1920 nicht nur die erste diplomatische Anerkennung, sondern auch einen „ewigen" Verzicht Moskaus auf ihr Gebiet. Die stark auf die Legislative ausgerichtete Verfassung v. 1920 galt einem Nationalstaat, dessen ethn. Zusammensetzung vergleichsweise homogen war. Russen u. Deutsche stellten mit 8,2 % bzw. 1,5 % (1934) die größten Minderheiten, denen mit dem Gesetz über die Kulturautonomie v. 1925 weit reichende Rechte verliehen worden waren. Erst der im März 1934 durchgeführte Staatsstreich des ersten Ministerpräsidenten v. 1918, Konstantin Päts, brachte mit der Erklärung des Ausnahmezustands u. der Ausschaltung des Parlaments auch Einschränkungen in den Minderheitenrechten, deren Grundzüge jedoch unangetastet blieben. Das mit der Annahme der Verfassung v. 1938 plebiszitär sanktionierte autoritäre Regime war auf die

Person Päts zugeschnitten, blieb jedoch in der Innenpolitik relativ moderat u. beschränkte sich auf administrative Kontrolle der Opposition, die Innenminister Kaarel Eenpalu in die griffige Formel der „gelenkten Demokratie" kleidete.

Durch den Geheimpakt der Diktatoren Adolf →Hitler u. Iosif →Stalin (→Ribbentrop-Molotov-Pakt) wurde Estland wie seine beiden südl. Nachbarn 1939 der sowj. Interessenssphäre zugeschlagen. Diese *Carte blanche* nutzte Stalin unverzüglich u. drängte Estland unter milit. Drohungen noch im selben Jahr einen Stützpunktvertrag auf, dem zufolge 25.000 Rotarmisten ins Land einzogen (bei einer Friedensstärke v. ca. 15.000 Mann). Diese Präsenz sowie die massiv an der Grenze zusammengezogenen Einheiten sicherten schließlich im Juni 1940 die inszenierte „sozialistische Revolution", die in die ultimativ geforderte Bildung einer sowjetfreundlichen Regierung mündete. Im Ergebnis bat wie in Lettland u. Litauen ein aus manipulierten Scheinwahlen hervorgegangenes Parlament im August 1940 um die Aufnahme in die Sowjetunion.

Das neue Regime besaß eine nur schwache Verankerung in der Bev., unter der gerade einmal 150 Kommunisten waren; gewisse Sympathien unter Intellektuellen u. Arbeitern wurden rasch verspielt, da der Machtwechsel unmittelbar v. Gewalt begleitet war. Bereits im Juni u. Juli 1940 wurden ca. 150 Personen verhaftet, darunter führende Politiker, Militärs u. Wirtschaftsvertreter der Republik; hierzu zählten u. a. Präsident Konstantin Päts u. Oberbefehlshaber Johan Laidoner, die mit ihren Familien ins Innere der Sowjetunion verschleppt wurden. Man geht davon aus, dass bis Ende 1940 über 1.000 Personen verhaftet wurden, doch betraf dies nur die Spitze des vermeintlichen „antisowjetischen Elements". Von 89 ehem. Ministern wurden 48 verhaftet, v. den 11 Regierungschefs aus der Zeit vor 1940 wurden vier erschossen, vier starben im →Lager, einer beging Selbstmord, einer starb in einer russ. Psychiatrie – nur einem gelang die Flucht. Von den bis zum Sommer 1941 ca. 8.000 Verhafteten wurden mindestens 1.950 noch in Estland erschossen, die übrigen gelangten in die Lager, wo mehr als 90 % in den Kriegsjahren starben.

Noch 1940 wurde mit der Durchforstung der Archive begonnen, um einschlägige Informationen über das Personal der Parteien, der Staats- u. Lokalverwaltung, der Polizei, der Gerichte sowie der Staatsanwaltschaft u. der Armee zu sammeln (Anordnung des Innenkommissariats für alle annektierten Gebiete vom 28. 11. 1940). Aufgrund dieser Informationen stellten die sowj. Sicherheitsorgane dann Listen zusammen, die als Grundlage für die Massendeportation im Juni 1941 dienten. Bis zum Mai 1941 wurden gut 65.000 Namen verzeichnet, v. denen knapp 38.000 in die Kartei der „politisch gefärbten" Personen fielen.

Mitte Mai 1941 erteilten das ZK VKP(b) u. der Ministerrat der UdSSR den Sicherheitsorganen die „Erlaubnis" zur „Säuberung" der drei baltischen Sowjetrepubliken. Dies bedeutete Lagerhaft für fünf Kategorien des „antisowjetischen, kriminellen und sozial gefährlichen Elements": a) aktive Mitglieder konterrevolutionärer Parteien sowie Teilnehmer an nationalistischen weißgardistischen Organisationen; b) ehem. Mitarbeiter der Polizei u. der Gefängnisse; c) ehem. Großgrundbesitzer, Fabrikanten u. hohe Beamte des Staatsapparats; d) ehem. Offiziere; e) Kriminelle. Familienangehörige der ersten vier Kategorien sowie aus dem Dt. Reich Repatriierte u. Dt.stämmige, die sich der noch 1939 zw. Berlin u. Moskau vereinbarten „Umsiedlung der Baltendeutschen" entzogen hatten, waren für 20, Prostituierte für 5 Jahre zu verbannen (→Deutschbalten, →deutsch-sowj. Grenzvertrag vom 28. 9. 1939). Auf dieser Grundlage ging das →NKVD der Estnischen SSR v. 14.471 zu deportierenden Personen aus.

Über die tatsächlich v. 14.–16. 6. aus Estland deportierten Personen gibt es unterschiedliche Angaben. Nach Informationen des Volkskommissars Vsevolod Merkulov vom 17. 6. habe die Aktion 9.156 Personen betroffen, v. denen 3.178 „verhaftet" u. 5.978 „ausgesiedelt" worden seien – Erstere kamen in Straflager, die Übrigen wurden verbannt. Von ihnen sowie den 231 aus dem SO Estlands deportierten estnischen Offizieren der Roten Armee sind 4.264 Personen während der Sowjetzeit wieder zurückgekehrt. Zählt man die Anfang Juli durchgeführte Aktion der sowj. Sicherheitsorgane auf der Insel Saaremaa (Ösel) hinzu, steigt die Zahl der insgesamt Deportierten auf über 10.800, unter denen mehr als 5.000 Frauen u. gut 2.500 Kinder unter 16 Jahren waren. Unter ihnen befanden sich auch mehr als 400 Juden, was ihren demogr. Anteil an der Vorkriegsbevölkerung (ca.0,4 %) um das Zehnfache übertraf, sowie zahlreiche Russen, zumeist aus dem Kreis der „weißgardistischen" Emigration nach 1917: Hier schwanken allerdings die verfügbaren Angaben zw. 535 u. 912 Personen (Bev.anteil 1934: 8,2 %). Gleichzeitig wurden unmittelbar nach dem dt. Angriff noch ca. 33.000 E. in die Rote Armee zwangsmobilisiert u. ebenfalls ins Innere der UdSSR verbracht.

Die Durchführung der Deportation oblag drei- bis vierköpfigen Operativgruppen, die meist erst an Ort u. Stelle v. der erwarteten Aktion erfuhren. Sie weckten die Opfer, gaben ihnen einige Zeit zum Packen u. fuhren sie zu den Bahnhöfen. Die Männer wurden arretiert u. von den Familien getrennt in Straflager in der Ukraine (Starobel's'k, Babyno), v. dort aber nach dem Kriegsausbruch in das Gebiet Sverdlovsk (Verchotur'e) bzw. nach Noril'sk transportiert. Ihre Familienangehörigen wurden in die Gebiete Kirov, Novosibirsk, Omsk u. Tomsk sowie in die Altairegion u. den Krasnojarsker Bezirk am Enisej verschleppt (→Sibirien). Unter den Deportierten waren neben Frauen u. Kindern auch zahlreiche alte Menschen, die den Strapazen der Reise u. des ersten Winters in der →Verbannung nicht gewachsen waren.

Sucht man nach einer „Ratio" hinter diesen Zwangsmaßnahmen, dürfen neben der Sicherung der Sowjetisierung der Region die Kriegsvorbereitungen nicht übersehen werden; der sowj. Militärdoktrin zufolge sollte der Kampf auf dem Boden des Gegners geführt werden, sodass neben den anderen 1939/40 annektierten Gebieten auch das Baltikum unmittelbares Fronthinterland geworden wäre. Es scheint, als ob der Kriegsausbruch weitere Deportationen im Juli 1941 verhindert hat.

Deportationen 1949. Die Massenverschleppung vom 25. 3. 1949 (Operation „Priboj") stellte den gewaltsamen Höhepunkt der Sowjetisierung Estlands dar. Mit ihr sollten zwei eng aufeinander bezogene Entwicklungen der Nachkriegszeit im Sinne der neuen Macht beeinflusst werden: die Kollektivierung der Landwirtschaft u. der bewaffnete Widerstand der sog. Waldbrüder. Die Anwendung v. Gewalt hatte in beiderlei Hinsicht Erfolg: Die Widerstandsintensität, die ohnehin geringer war als z. B. in Litauen, kam nahezu zum Erliegen, u. die Landwirtschaft war Ende 1949 zu über 90 % kollektiviert.

Am Ende der dt. Besatzung waren ca. 70.000 E. vor der Roten Armee nach W geflüchtet u. nach vorläufigen Angaben auf beiden Seiten der Front mindestens je 10.000 E. gefallen. Unter den knapp 8.000 v. den Deutschen im Land Getöteten waren auch die ca. 900 verbliebenen Juden. Nach der Umsiedlung der →Deutschbalten 1939–1941 u. der Evakuierung der schwed. Minderheit nach Schweden 1943/44 war Estland somit bei Ankunft der Roten Armee in ethn. Hinsicht nahezu homogen; die erste v. der wiederhergestellten Sowjetmacht durchgeführte Deportation betraf im August 1945 aber 407 Deutsche. Nach verschiedenen Angaben wurden zu Stalins Lebzeiten bis zu 30.000 Menschen in den →GULag deportiert, v. denen mindestens 11.000 nicht mehr zurückkehrten, wobei die Opfer der Märzdeportation 1949 nicht mit eingerechnet sind. Nachdem unmittelbar nach der Rückeroberung ca. 10.000 „Handlanger der Okkupationsmacht" u. Partisanen verhaftet worden waren – v. denen ungefähr die Hälfte in der Haft starb –, verlagerte sich der Massenterror zunehmend auf die ländlichen Regionen, wo er sich gegen „Kulaken u. Nationalisten" sowie ihre Familien richtete.

Die Durchsetzung der Sowjetmacht auf dem Land sollte die soz. Basis für die Partei schaffen, doch krankte sie an mangelnder Kontrollmöglichkeit u. Organisation sowie an starren ideologischen Erklärungsmustern (z. B. bei der blind aus den 1930er Jahren übernommenen Einteilung der Bauern in *bednjaki*, *serednjaki* u. *kulaki*). Der Widerstand des weitgehend intakten ländlichen Milieus gegen die neue Macht gipfelte im bewaffneten Kampf der „Waldbrüder", der mit milit. Mitteln bekämpft werden musste. Die Umgestaltung des Dorfes sollte zunächst mit Bodenreform u. Steuerpolitik erreicht werden, wobei die Ausgrenzung der „Kulaken", eine künstlich auf Estland übertragene ideologische Kategorie, primäres Ziel war. Gleichzeitig blieben die Kolchosen unpopulär u. zogen aufgrund der existenzbedrohenden Steuerpolitik nur den „Klassenfeind" an, der in den Kolchosen Unterschlupf suchte.

Am 29. 1. 1949 beschloss der Ministerrat der UdSSR die Deportation v. 90.000 Personen aus allen drei baltischen Sowjetrepubliken. Betroffen waren „Kulaken mit Familien" sowie „Familien von Banditen und Nationalisten". Nach einem entsprechenden Erlass des Innenministeriums vom 12. 3. begannen die Vorbereitungen, in deren Verlauf in Estland über 20.000 Soldaten u. Parteiaktivisten v. den Sicherheitsorganen zusammengezogen wurden. In Estland standen 7.540 Familien (22.326 Personen) auf den Deportationslisten.

Die Operation begann am frühen Morgen des 25. 3. Jede der bis zu siebenköpfigen Operativgruppen hatte drei oder mehr Familien zu einer der 16 Sammelstellen zu bringen, v. wo der letzte der 19 Züge am Abend des 29. 3. nach O aufbrach. Um Fluchtversuche über das Meer zu verhindern, war die Grenzwache in Alarmbereitschaft versetzt worden.

Es gelang allerdings nicht ganz, die vorgesehene Quote zu erfüllen. Nach Angaben des sowjet-estnischen Innenministeriums wurden 7.488 Familien mit 20.535 Personen verladen, davon 4.579 (22,3 %) Männer, 9.890 (48,2 %) Frauen u. 6.066 (29,5 %) Kinder. Anderen Angaben zufolge handelte es sich um 20.723 bzw. um 21.251 Personen, die im Laufe des März 1949 verschleppt wurden. Neun Züge fuhren in das Gebiet Novosibirsk, sechs in das Gebiet Krasnojarsk, je zwei in die Gebiete Omsk u. Irkutsk. Viele Menschen, denen es gelungen war, sich vor den Operativgruppen zu verbergen, wurden später gefasst u. deportiert. Ca. 3.000 der Deportierten starben während des Transports oder in der Verbannung.

Insgesamt traf diese Aktion damit nicht so sehr die eigentlichen „Kulaken", sondern vielmehr Familienmitglieder z. T. bereits verhafteter „Nationalisten" u. „Volksfeinde". Es ging somit weniger um den „Klassenkampf" auf dem Lande, als um die gewaltsame Beendigung des Widerstands gegen die Kollektivierung unter den Bauern. In Estland verursachte diese Aktion einen Schock, der eine Atmosphäre der Angst entstehen ließ. Die Hoffnung auf ein Eingreifen der Westmächte verschwand, u. die Bauern betrachteten den Eintritt in die Kolchosen als einzige Rettung, womit dem bewaffneten Widerstand die Unterstützung aus den Dörfern wegbrach. Die Demonstration von staatl. Gewalt hatte somit ihr Ziel erreicht.

Die letzte Deportation v. estnischem Territorium fand 1951 statt, als 259 Zeugen Jehovas verschleppt wurden. In den Jahren 1954–1960 kehrten aus den Lagern u. Verbannungsorten insgesamt 27.835 Menschen zurück, andere erhielten die Rückkehrerlaubnis erst später. Genauere Angaben über die in Haft u. Verbannung verstorbenen Personen sowie die Anzahl der neugeborenen Kinder fehlen. Grobe Schätzungen gehen davon aus, dass während des gesamten Zeitraums v. 1940–1989 ca. 90.000 Menschen infolge v. Gewaltanwendung der Okkupationsmächte starben u. weitere 90.000 Menschen das Land verließen. Dies ergäbe 17,5 % der Bev. von Anfang 1939 u. stellte damit eine der höchsten Verlustraten in Europa dar.

Während Listen der Deportierten v. 1941 bereits v. der dt. Okkupationsmacht zusammengestellt wurden – mit Ausnahme der jüd. Deportierten –, war eine eingehende Untersuchung der Nachkriegsrepressionen erst nach dem Ende der UdSSR möglich. Nun konnten neben den so vollständig wie möglich rekonstruierten Opferlisten (L. Õispuu) auch zahlreiche Erinnerungen an Sibirien erscheinen (R. Hinrikus). Während das Leid der Deportierten allerdings noch während der Perestrojka u. den ersten Jahren nach 1991 mobilisierend auf die Gesellschaft wirkte, wird es heute wieder privatisiert u. entfaltet seinen symbolischen Gehalt höchstens noch im vergangenheitspolit. Diskurs (K. Brüggemann).

Seit Ende der 1990er Jahre beschäftigen sich die hist. und v. a. die ethnologische Forschung intensiv mit Fragen v. Deportation u. Verbannung unabhängig vom anklagenden Duktus der Repressiertenverbände. Hier wären v. a. die Untersuchungen der Tartuer Historikerin Aigi Rahi-Tamm über die Nachkriegsdeportationen zu nennen oder die interdisziplinäre Aufarbeitung der Erinnerungsliteratur (T. Kirss). Die Arbeit der 1998 eingerichteten Präsidentenkommission zur Untersuchung der Verbrechen gegen die Menschlichkeit konnte 2006 einen umfassenden faktenreichen Überblick liefern (T. Hiio), doch erhält die Kontextualisierung der spezifisch estnischen Ereignisse im breiteren hist. Rahmen wertvolle Anregungen v. a. von nicht-estnischer Seite (D. Feest, A.-M. Kõll). Wie sehr sich russ. u. estnische Interpretationen (M. Laar) unterscheiden, ist auch anhand v. neueren Quellenpublikationen nachvollziehbar (N. Bugaj), doch bleibt der Wert seriöser Editionen unbestritten (N. Pobol', P. Poljan); eine bemerkenswert ausgewogene Darstellung der Sowjetisierung des Baltikums v. Elena Zubkova stellt die Ausnahme v. der Regel dar. Eine engere estnisch-russ. Zusammenarbeit erfolgt in erster Linie mit der Gesellschaft →„Memorial".

Quellen: www.okupatsioon.ee; www.historycommission.ee.

Lit.: E. Zubkova, Pribaltika i Kreml' 1940–1953. Moskva 2008; K. Brüggemann, Von Migranten, Verbannten und Deportierten: Sibirien als Ort der estnischen Geschichte, *Nordost-Archiv* 14 (2007), 113–139; D. Feest, Kollektivierung im Baltikum. Köln u. a. 2007; Estonia 1940–1945. Reports of the Estonian International Commission for the Investigation of Crimes Against Humanity. Hg. T. Hiio u. a. Tallinn 2006; Narody stran Baltii v uslovijach stalinizma (1940-e – 1950-e gody). Hg. N. Bugaj. Stuttgart 2005; Stalinskie deportacii 1928–1953. Hg. N. L. Pobol'/P. M. Poljan. Moskva 2005; The White Book. Losses inflicted on the Estonian Nation by Occupation Regimes 1940–1991. Hg. V. Sallo. Tallinn 2005; A. Rahi-Tamm, Teise Maailmasõja järgsed massirepressioonid Eestis. Allikad ja uurimisseis. Tartu 2004; M. Laar, Estland und der Kommunismus, in: Das Schwarzbuch des Kommunismus. Bd. 2. Hg. St. Courtois u. a. München 2004, 261–323; She Who Remembers Survives. Hg. T. Kirss u. a. Tartu 2004; A. M. Kõll, Tender Wolves, Identification and Persecution of Kulaks in Viljandimaa, 1940–1949, in: The Sovietization of the Baltic States, 1940–1956. Hg. O. Mertelsmann. Tartu 2003, 127–149; Eesti elulood. Hg. R. Hinrikus. Bde. 1–3. Tallinn 2000–2003; Deportation from Estonia to Russia. Deportation in June 1941 & Deportations in 1940–1953. Hg. L. Õispuu. Tallinn 2001; Deportation in March 1949. Hg. Ders. 2 Bde. Tallinn 1999–2003.

K. Br.

Ethnische Säuberung. Der Begriff e. S. ist eine wörtliche Übersetzung des serb./kroat./bosnischen Begriffs *etničko čišćenje*. Dieser tauchte kurz nach Beginn des Krieges in Bosnien-Herzegowina 1992 (→B.-H. als Vertreibungsgebiet) in serb. Medien auf u. fand danach schnell Eingang in die internat. Publizistik u. Fachliteratur (engl. *ethnic cleansing*, frz. *nettoyage* oder *purification ethnique*, russ. *etničeskaja čistka* etc.). Ob e. S. aus dem in der jug. Militärdoktrin angewandten Begriff „Säuberung des Terrains" (*čišćenje terena*) abgeleitet wurde, ist unklar. Allerdings wurde der Begriff „Säuberung des staatlichen Territoriums" im Sinne der Beseitigung v. →nationalen Minderheiten u. „a-nationalen

Elementen" bereits vom Četnik-Führer Draža →Mihailović in einer Instruktion vom 20. 12. 1941 verwendet („čišćenje državne teritorije od svih narodnih manjina i ne-nacionalnih elemenata"). Nach Beginn des Bosnienkrieges 1992 war der Begriff zunächst heftig umstritten, da er v. ausländischen Beobachtern der Verbrechen in Bosnien-Herzegowina als verharmlosende Bez. für →Genozid kritisiert wurde bzw. nicht klar definiert war. Ende 1992 wurde er in Deutschland zum „Unwort des Jahres" gewählt. Seither benutzen ihn viele Autoren/Autorinnen nur mit Anführungsstrichen oder mit dem Zusatz „sog.". Dennoch hat sich der Terminus internat. durchgesetzt u. taucht sowohl in offiziellen Dokumenten der Vereinten Nationen als auch in den Verhandlungen der Internationalen Kriegsverbrechertribunale für das ehem. →Jugoslawien u. Ruanda sowie des Internationalen Strafgerichtshofs auf. Im Unterschied zum Völkermord stellt e. S. bis heute jedoch keinen juristisch definierten Tatbestand dar. Unter Fachleuten ist weitgehend unstrittig, dass Völkermord und e. S. keine Synonyme sind u. dass der Begriff e. S. eine Vielzahl v. Aktionen umfasst, v. denen einige – wie Menschenrechtsverletzungen, Kriegsverbrechen oder Völkermord – strafbar, andere dagegen – z. B. ein zwischenstaatl. vereinbarter obligatorischer Bev.austausch – nicht strafbar sind. Der Europäische Gerichtshof für Menschenrechte erklärte in einem Urteil am 12. 7. 2007: „Neither the intent, as a matter of policy, to render an area ‚ethnically homogeneous', nor the operations that may be carried out to implement such policy, can as such be designated as genocide: the intent that characterizes genocide is ‚to destroy, in whole or in part' a particular group, and deportation or displacement of the members of a group, even if effected by force, is not necessarily equivalent to destruction of that group, nor is such destruction an automatic consequence of the displacement." Das bedeutet, dass e. S. ein weiter gefasstes Spektrum v. Tatbeständen bezeichnet als der Begriff Genozid.

1999 hat Norman Naimark einen Aufsatz über „Das Problem der ethnischen Säuberung im modernen Europa" vorgelegt u. diesen anschließend zu einer Monographie ausgeweitet. Naimark verzichtete auf eine Vorweg-Definition e. S.en und versuchte stattdessen, „den Begriff anhand eines Durchgangs durch seine historische Entwicklung Bedeutung annehmen [zu] lassen". „Ethnische Säuberung wird durch ihre Geschichte definiert", lautet sein Ansatz. Anhand v. fünf Fallbeispielen hat der Autor strukturelle Charakteristika u. Gemeinsamkeiten herausgearbeitet. Diese Beispiele betreffen 1. den Genozid an den Armeniern v. 1915 (→A. im Osmanischen Reich) u. die e. S.en im Gefolge des griech.-türk. Kriegs v. 1922/23 (→Lausanner Konferenz, →Griechen aus der Türkei); 2. den nationalsozialistischen →Holocaust; 3. die sowj. Deportationen v. →Tschetschenen u. Inguschen u. →Krimtataren im Frühjahr 1944; 4. die Vertreibung der Deutschen aus →Polen u. der →Tschechoslowakei (→D. aus dem heutigen polnischen Staatsgebiet, →D. aus den böhmischen Ländern) gegen u. nach dem Ende des 2. →Wk.s sowie 5. die e. S.en im früheren Jugoslawien während der 1990er Jahre (mit dem Schwerpunkt auf dem Krieg in Bosnien). Der Autor konstatiert, dass e. S.en stets v. extremer Gewalt (sowohl gegen Männer wie Frauen u. Kinder) begleitet sind, dass sie weniger das Ergebnis spontaner →Pogrome u. Massaker als vielmehr gezielte Maßnahmen polit. Akteure u. Staaten darstellen, dass sie „totalistisch“ in der Zielsetzung sind, zumeist im Zusammenhang mit Krieg oder dem Übergang vom Krieg zum Frieden durchgeführt werden u. dass sie sich nicht nur gegen Menschen, sondern auch gegen deren kulturelles Erbe, ihre Erinnerung u. Identität richten. Im Gegensatz zu anderen Autoren, die e. S.en bis zu den Massendeportationen der Assyrer im 9.–7. Jh. v. Chr. zurückverfolgen, stellt Naimark eine direkte Verbindung zw. modernem →Nationalismus und e. S. her. Die e. S.en des 20. Jh.s seien „in ihrer ideologischen und politischen Motivation und ihrer Intensität unverwechselbar“; ihre „Grundideen“ wurzelten „in der Entwicklung des europäischen Nationalismus am Ende des 19. Jahrhunderts“.

In Fortführung v. Naimarks Ansatz lassen sich e. S.en definieren als die v. einem modernen Staat oder Para-Staat u. seinen Akteuren initiierten u. ausgeführten, ermunterten oder geduldeten Maßnahmen, die darauf abzielen, eine aufgrund ihrer Ethnizität als „fremd“, „bedrohlich“, oft auch als „minderwertig“ stigmatisierte Bev.gruppe v. einem bestimmten Territorium zu entfernen, einschl. all dessen, was an ihre bisherige Präsenz erinnern könnte. Diese Maßnahmen erfolgen gezielt (intentional) u. systematisch, können aber auch begleitet sein v. Handlungen, die das Resultat eines Konfliktverlaufs sind (prozessuale oder „funktionale“ Formen e. S.en). Ziel der e. S. ist nicht primär der Völkermord, sondern die räumliche Entfernung der ethn. „fremden“ u. „feindseligen“ Bev.-gruppe(n) oder die Beseitigung ihrer differenzierenden Merkmale, um auf diese Weise Staatsterritorium, Staatsvolk u. „Volkstumsboden“ in Übereinstimmung zu bringen. Die angestrebte „Reinigung“ kann in Form v. erzwungener Assimilation, v. Animation zur →Flucht (z. B. als Folge v. Diskriminierung, systematischer Demütigung oder Zerstörung der wirt. Grundlagen) sowie durch Umsiedlung, →Vertreibung oder Genozid der unerwünschten Bev. und Beseitigung/Zerstörung ihrer kulturellen Denkmäler u. sonstiger Überreste geschehen. Maßnahmen dieser Art kommen v. a. dort zur Anwendung, wo die Wir-Gruppe der Akteure als Abstammungsgemeinschaft verstanden wird u. Teile ihres tatsächlichen oder beanspruchten Territoriums v. Bev.gruppen bewohnt werden, die nicht der eigenen Wir-Gruppe oder Titularnation angehören. Im Unterschied zu polit. oder relig. motivierten Säuberungen steht also bei e. S.en die andersartige Ethnizität der Zielgruppe im Vordergrund, die in früheren Jh.en nur eine untergeordnete oder keine Rolle gespielt hatte. Die ethn. Merkmale können durchaus mit relig. und polit. Merkmalen interferieren (z. B. wenn die Religionszugehörigkeit ein konstitutives Merkmal der ethn. Zuordnung bildet oder wenn polit. Gegnerschaft das Resultat ethn. Differenz ist).

Zur Genese e. S.en:

1. Mit der in der in den letzten Jahrzehnten des 19. Jh.s einsetzenden schrittweisen Ethnisierung der Nationskonzepte, v. a. in Mittel-, Ostmittel- u. Südosteuropa, sowie ihrer Verknüpfung mit biologistischen u. rassistischen Deutungen wurden bereits früher vorhandene Reinheitsvorstellungen auch auf die moderne Nation u. das v. ihr aufgrund „historischer Rechte“ und/oder unter Rekurs auf das →Selbstbestimmungsrecht der Völ-

ker beanspruchte Territorium übertragen. Bereits 1855 hatte ein Repräsentant des dt. Nationalismus, Paul de Lagarde, erklärt: „Es ist zweifellos nicht statthaft, dass in irgendeiner Nation eine andere Nation bestehe; es ist zweifellos geboten, diejenigen, welche [...] jene Dekomposition befördert haben, zu beseitigen: Es ist das Recht jedes Volkes, selbst Herr auf seinem Gebiet zu sein, für sich zu leben, nicht für Fremde." Das Wort „Säuberung" (oder Begriffe aus seinem semantischen Umfeld) tauchten seit Anfang des 20. Jh.s wiederholt im Sinne einer Entfernung ethn./national oder rassisch missliebiger Personen auf. So propagierte der Alldeutsche Verband nach 1914 die „völkische Feldbereinigung" als Methode zur Germanisierung der neu erworbenen Gebiete an der Ostgrenze des Dt. Reiches u. forderte eine „Politik der Ausräumung und Verpflanzung" der frz. Bevölkerung in den Westgebieten. Italienische Nationalisten setzten sich während des 1. →Wk.s für die Aussiedlung der →Südtiroler ein, um das Land südl. des Brenners von dt. „Verunreinigungen" (it. *inquinamenti*) zu säubern. Im faschist. Italien war v. einer „ethnischen Melioration" *(bonifica etnica)* u. im →Rumänien des Diktators Ion →Antonescu v. „ethnischer Purifizierung" die Rede. Die Nationalsozialisten schließlich bezeichneten jene Gebiete, deren jüdische Bev. geflohen, deportiert oder vernichtet worden war, als „judenrein" (→Juden: Deportation und Vernichtung).

2. Ein weiterer Schritt auf dem Weg zu e. S.en war die v. der Haager Landkriegskonvention 1907 geächtete Verwischung der Grenzen zw. Kombattanten u. Zivilbev. Die terroristischen Aktivitäten nationaler „Befreiungsbewegungen" bzw. der v. ihnen aufgestellten Guerilla-Banden, insbesondere in den v. mehreren Nationalbewegungen beanspruchten Territorien in den europ. Provinzen des Osm. Reiches, machten die Unterscheidung zw. regulärem Militär, para-milit. Banden und Zivilbev. immer schwerer. Die freiwillige oder erzwungene Unterstützung der Guerilla-Banden durch die eigene Bev. und die fließenden Übergänge zw. nicht beteiligten Zivilisten u. Partisanen ließen die Gesamtbev. in den Augen der Gegner als kriegführende Partei erscheinen. Die milit. „Säuberung" eines Gebiets v. Resten feindlicher Truppen richtete sich daher mitunter gegen die ganze oder gegen große Teile der ethn. „fremden" Bev. (z. B. in den →Balkankriegen v. 1912/13).

3. Hat auch die vom Selbstbestimmungsrecht der Völker ausgehende Beweislast, dass eine ethn. „fremde" oder gemischte Bev. in einem umstrittenen Territorium „eigentlich" der eigenen Nation angehört, obwohl sie eine „falsche" Sprache oder Religion praktiziert, oder dass die Anwesenheit dieser Bev. als Folge v. „Fremdherrschaft" „illegal" sei, zu Handlungen motiviert, v. denen einige den Tatbestand e. S.en erfüllen. Um territ. Ansprüche mit dem Selbstbestimmungsrecht in Übereinstimmung zu bringen, wurde in derartigen Fällen ein Katalog unterschiedlicher Maßnahmen praktiziert: 1. die betreffenden Personen erhielten im Friedensvertrag ein Optionsrecht, das ihnen die Umsiedlung in den Staat ihrer bisherigen Zugehörigkeit ermöglichen sollte (→Option); 2. durch zwangsweise Assimilation sollten diejenigen Merkmale beseitigt werden, die die Angehörigen der betroffenen Gruppe v. der Titularnation unterschieden (→Zwangsassimilation); 3. die Existenz v. Minderheiten wurde geleugnet, denn wo es keine Minderheiten gab, brauchte

man sie nicht zu schützen; 4. durch Vertreibung wurden vollendete Tatsachen geschaffen (→wilde Vertreibung aus der Tschechoslowakei, →wilde Vertreibung der Deutschen aus Polen) u. 5. zwischenstaatl. Umsiedlungsverträge sollten die Konfliktherde beseitigen. Zu e. S.en im Sinne des Völkermords oder mit genozidalem Charakter kam es i. d. R. nur im Verlauf v. Kriegen u. unmittelbar nach Kriegsende.

Ethnische Säuberungen werden häufig als Resultat eines „uralten", „atavistischen" Hasses zw. den Nationen oder ethn. Gruppen gedeutet oder in Zusammenhang mit chronischer Armut u. dem daraus resultierenden Kampf um Ressourcen gebracht. Doch ein „uralter" Hass ist in den meisten Fällen nicht nachweisbar, u. Armut führt nicht zwangsläufig zu e. S.en. Auch kulturalistische Erklärungen, die auf spezifische mentale Dispositionen der Täter abzielen, erweisen sich zumeist als empirisch unhaltbar oder nur partiell zutreffend. Ethnische Säuberungen ereignen sich nicht, sondern werden inszeniert. Auslöser ist eine schwere Krise, für die Schuldige („Sündenböcke") gesucht werden. Politische und/oder Deutungseliten benennen den kollektiven „Feind", sprechen ihm alle menschlichen Züge ab, konstruieren Bedrohungsszenarien, schüren existentielle Ängste u. errichten so eine kognitive Blockade, die alles wegfiltert, was nicht in dieses Wahrnehmungsmuster passt. In einer solcherart verunsicherten, verängstigten u. kognitiv blockierten Bev. genügen oft wenige (gezielt inszenierte) gewaltsame Zwischenfälle, um die Eskalation der Gewalt anzustoßen. Paramilitärische Banden und/oder „Spezialeinheiten" der staatl. Sicherheitsorgane übernehmen dabei die Vorreiterrolle, verstärken die Angst in der eigenen wie „feindlichen" Bev., lösen Panik, Abwehr u. Gegengewalt aus. Unter den Exekuteuren e. S.en befinden sich sowohl Überzeugungstäter wie Opportunisten, die materielle Vorteile anstreben, oder Personen, die v. ihrer Umgebung zur Beteiligung gedrängt werden. Aber alle sind überzeugt, dass sie in Übereinstimmung mit ihrer Gemeinschaft handeln, dass sie im Kampf um Überleben u. Zukunft ihrer Nation ausschließlich einen Verteidigungskrieg führen, dass sie tun, was angesichts der Bedrohung durch ihre Gegner getan werden „muss" u. was jeder „anständige" Mensch in dieser Situation tun würde.

Lit.: Definitionsmacht, Utopie, Vergeltung. „Ethnische Säuberungen" im östlichen Europa des 20. Jahrhunderts. Hg. U. Brunnbauer/M. G. Esch/H. Sundhaussen. Münster 2006; J. Sémelin, Säubern und Vernichten. Die politische Dimension von Massakern und Völkermorden. Hamburg 2007; D. Gratz, Elitozid in Bosnien und Herzegowina 1992–1995. Baden-Baden 2007; M. Mann, Die dunkle Seite der Demokratie. Eine Theorie der ethnischen Säuberung. Hamburg 2007; A. J. Vetlesen, Evil and Human Agency: Understanding Collective Evildoing. Cambridge 2005; Auf dem Weg zum ethnisch reinen Nationalstaat? Europa in Geschichte und Gegenwart. Hg. M. Beer. Tübingen 2004; C. B. Walling, The History and Politics of Ethnic Cleansing, in: The Kosovo Tragedy. The Human Rights Dimensions. Hg. K. Booth. London, New York 2004; Ethnic Cleansing in Twentieth Century Europe. Hg. S. B. Várdy/T. H. Tooley. Boulder/Colo. 2003; A. Krieg-Planque, „Purification ethnique". Une formule et son histoire. Paris 2003; C. Carmichael, Ethnic Cleansing in the Balkans. Nationalism and the

Destruction of Tradition. London, New York 2002; N. M. NAIMARK, Fires of Hatred. Ethnic Cleansing in Twentieth Century Europe. Cambridge/Mass. 2001; M. BAX, Warlords, Priests and the Politics of Ethnic Cleansing: A Case Study from Rural Bosnia-Hercegovina, *Ethnic and Racial Studies* 23/1 (2000), 16–36; S. WEINE, When History is a Nightmare. Lives and Memories of Ethnic Cleansing in Bosnia-Herzegovina. New Brunswick 1999; T. A. SALZMAN, Rape Camps as a Means of Ethnic Cleansing: Religious, Cultural and Ethical Responses to Rape Victims in the Former Yugoslavia, *Human Rights Quarterly* 20/2 (1998), 348–378; T. MARTIN, The Origins of Soviet Ethnic Cleansing, *Journal of Modern History* 70 (1998), 813–861; A. BELL-FIALKOFF, Ethnic Cleansing. New York, Oxford 1996; A. AKBAR, Ethnic Cleansing: A Metaphor for Our Time? *Ethnic and Racial Studies* 18/1 (1995), 2–25; N. CIGAR, Genocide in Bosnia. The Policy of Ethnic Cleansing. College Station. Texas 1995; J. MCCARTHY, Death and Exile. The Ethnic Cleansing of Ottoman Muslims 1821–1922. Princeton 1995; S. MÜLLER/P. ANGELI/A. RICHTER, „Ethnische Säuberungen" in Bosnien-Herzegowina. Eine Untersuchung am Beispiel der Stadt Zvornik in Nodostbosnien, *Südosteuropa. Zeitschrift für Gegenwartsforschung* 44 (1995), 290–309; R. GUTMAN, A Witness to Genocide. The First Inside Account of the Horrors of Ethnic Cleansing in Bosnia. Shaftesbury 1993.

H. S.

Ethnopolitik. Der Begriff setzt sich aus „Ethnos" (griech. „Volk") u. „Politik" (v. griech. *polis* – „Stadt" oder „Gemeinschaft") zusammen. E. oder Biopolitik versucht, scheinbare Universalien wie die Ethnizität auf ihre biologische Komponente zu reduzieren. Damit wollen sozialbiologische u. humanethnologische Theoretiker vermittels der Biologie kulturelle, soz. und polit. Sachverhalte durch genetische Kombinationen erklären. Soziale und polit. Konflikte werden auf ethn.-kulturelle Hintergründe zurückgeführt, wie z. B. der Euphemismus der →ethnischen Säuberung. Das Beispiel weist auf den vielfachen Missbrauch des Volksbegriffes hin, der seinen Höhepunkt im Nationalsozialismus erreichte, aber immer noch nicht ausgemerzt ist. Heute spielt der Begriff „Volk" im Zusammenhang mit dem Selbstbestimmungsrecht (→S. der Völker) eine große Rolle. Dieses in Art. 1 der UN-Charta genannte Prinzip hat nunmehr völkergewohnheitsrechtlichen Charakter u. ist auch in Art. 1 der beiden UN-Menschenrechtspunkte verankert. Das Selbstbestimmungsrecht berechtigt alle Völker, sich einen eigenen Staat zu schaffen. Allerdings kennt das →Völkerrecht keine Definition des Begriffs „Volk", sodass letztlich die Staaten selbst bestimmen, welche Gruppen nach ihrer Rechtsordnung Völker darstellen. Der Zerfall der →Sowjetunion u. →Jugoslawiens, die beide nach ihren Verfassungen Vielvölkerstaaten waren, hat andere Staaten zu größter Vorsicht bei der Anerkennung v. Völkern veranlasst, um nicht Sezessionsbewegungen Vorschub zu leisten. Kompliziert ist auch die Abgrenzung v. Völkern zu Minderheiten, für die es ebenfalls keine Legaldefinition gibt.

Ob u. inwieweit Minderheiten durch Staaten anerkannt oder gar als Volksgruppen bezeichnet werden, ist ebenfalls Teil der nationalstaatlichen E. Internationale Verpflichtungen zur Akzeptanz v. Gruppen als Träger v. Rechten gibt es im Gegensatz zur allg. gültigen

Respektierung der individualistisch ausgestalteten →Menschenrechte nicht. Allerdings besteht ein für alle Staaten zwingend bindendes *(ius cogens)* Verbot der Diskriminierung aufgrund der Rasse, Sprache oder Religion. Dieses Verbot ist bereits in Art. 1 der UN-Charta enthalten u. wurde 1965 mit der UN-Konvention über die Beseitigung aller Formen der Rassendiskriminierung ausgeformt. Demnach bezeichnet der Ausdruck Rassendiskriminierung „jede auf der Rasse, der Hautfarbe, der Abstammung, dem nationalen Ursprung oder dem Volkstum beruhende Unterscheidung, Ausschließung, Beschränkung oder Bevorzugung, die zum Ziel oder zur Folge hat, dass dadurch ein gleichberechtigtes Anerkennen, Genießen oder Ausüben von Menschenrechten und Grundfreiheiten im politischen, wirtschaftlichen, sozialen, kulturellen oder jedem sonstigen Bereich des öffentlichen Lebens vereitelt oder beeinträchtigt wird". Diese weitgehende Definition ist heute auf alle Diskriminierungstatbestände anzuwenden, sodass sich jede staatliche E. an ihr orientieren muss u. ihr enge Grenzen setzt. Mehr noch, die Staaten sind nach Art. 4 der Rassendiskriminierungskonvention auch verpflichtet, jede Verbreitung v. Ideen, die sich auf die Überlegenheit einer Rasse oder Rassenhass gründen, jedes Aufreizen zur Rassendiskriminierung u. jede Gewalttätigkeit oder Anstiftung dazu gegen eine Rasse oder eine Personengruppe anderer Hautfarbe oder Volkszugehörigkeit sowie jede Unterstützung rassenkämpferischer Betätigung einschl. ihrer Finanzierung zu einer nach dem Gesetz strafbaren Handlung zu erklären. Diese Verpflichtung ist insofern sehr weitreichend, als damit nicht nur die staatl., sondern auch die private Verbreitung rassistischen Gedankenguts strafbar ist. Diese Verpflichtung ist unter Beachtung der Meinungsäußerungsfreiheit einzuhalten.

Von polit. Bedeutung ist zudem, dass sich die Staaten nach Art. 7 der Rassendiskriminierungskonvention verpflichtet haben, „unmittelbare und wirksame Maßnahmen, insbesondere auf dem Gebiet des Unterrichts, der Erziehung, Kultur und Information, zu treffen, um Vorurteile zu bekämpfen, die zu Rassendiskriminierung führen, zwischen den Völkern und Rassen- oder Volksgruppen Verständnis, Duldsamkeit und Freundschaft zu fördern". Da diese Verpflichtung v. über 160 Mitgliedsstaaten der UN-Konvention gegen Rassendiskriminierung akzeptiert wurde, kann man heute v. einer gewohnheitsrechtlichen Verpflichtung der Staaten zum Ergreifen v. wirksamen Maßnahmen gegen Rassenvorurteile ausgehen, die auch in der E. zu berücksichtigen ist.

Die E. nach dem 2. →Wk. war durch die brutalen →Vertreibungen v. Millionen Deutschen (vgl. einzelne Gruppen) u. anderen Volksgruppen als „ethn. Säuberungen" gekennzeichnet. Freilich wurde diese Politik schon durch den assyrischen Herrscher Tiglath-Pileser III. im 7. Jh. v. Chr. praktiziert u. hat somit die Menschheit über lange Zeit begleitet. Erst das moderne Völkerrecht verbietet die „ethn. Säuberung". Der Zerfall Jugoslawiens Anfang der 1990er Jahre wurde durch umfangreiche „ethn. Säuberungen" begleitet. Allein 1991 flohen aus Kroatien 200.000 Menschen (→Krajina-Serben) u. 350.000 wurden Binnenvertriebene aufgrund ihrer ethn. Zugehörigkeit. Insofern glich das Bild den Entwicklungen nach dem 2. Wk. Als ermutigend kann allerdings angesehen werden, dass die Staatengemeinschaft die Vertreibungen nicht hinnahm. Der UN-

Sicherheitsrat verurteilte die „ethn. Säuberungen“ ausdrücklich mit der Resolution 780 (1992) als Verletzung des humanitären Völkerrechts. Gegen die Konfliktparteien wurden wegen dieser Form der E. auch nichtmilit. Zwangsmaßnahmen nach Kap. VII der UN-Charta angewendet. Nach dem Ende des bewaffneten Konflikts in Bosnien-Herzegowina (→B.-H. als Vertreibungsgebiet) wurde im Friedensvertrag v. Dayton (→D.-Abkommen) eine detaillierte Regelung zum Rückkehrrecht der →Vertriebenen festgeschrieben, die sich im Anhang 7 befindet. Dessen Art. 1 bestimmt: „All refugees and displaced persons have the right freely to return to their homes of origin.“ Diese Verpflichtung wurde mit großem Aufwand umgesetzt, da ihr anfänglich insbesondere in den Kommunen Bosnien-Herzegowinas erheblicher Widerstand entgegengesetzt wurde. Der einhellige Widerstand der Staatengemeinschaft gegen die „ethn. Säuberungen“ mag auch darauf zurückzuführen sein, dass sie viele Autoren in die Nähe des Völkermordes (→Genozid) rücken u. auch der Internat. Strafgerichtshof diese Vertreibungen als solche qualifizierte. Das Rückkehrrecht Vertriebener ist heute als Völkergewohnheitsrecht anzusehen u. wird auch v. den Palästinensern gegenüber Israel geltend gemacht.

Insgesamt ist weithin ein Rückgang der E., die letztlich auf den Schutz der ethn. Gruppe abzielt, zu verzeichnen. Diese Entwicklung ist einerseits auf den Missbrauch der Gruppenrechte durch Minderheiten zurückzuführen, wie es sich im Falle der Sudetendeutschen in der Tschechoslowakei 1938 zeigte (→Deutsche aus den böhmischen Ländern). Andererseits ist sie eng mit dem Aufstieg der Menschenrechte verbunden, die das Individuum zum Träger v. völkerrechtlichen Rechten u. Pflichten machte. Dies ermöglicht es den Angehörigen v. Minderheiten, durch den Individualrechtsschutz ihre Identität zu wahren, ihre Kultur zu pflegen, ihre Sprache zu sprechen u. Religion auszuüben. Diese Rechte sind in Art. 27 des Internat. Paktes über bürgerliche und polit. Rechte verankert u. haben eine kollektive Dimension, da sie nur gemeinsam mit anderen Angehörigen derselben Gruppe wahrgenommen werden können. Gleichwohl ist der Inhaber rechtstechnisch das Individuum.

Lit.: D. Haller, dtv-Atlas Ethnologie. München 2005; H.-J. Heintze, Völkerrecht und Ethnizität, *WeltTrends* 38 (2003), 31–43; Ders., Moderner Minderheitsschutz – rechtliche oder politische Absicherung. Bonn 1998.

H.-J. H.

Europäisches Netzwerk Erinnerung und Solidarität. Das vom Bund der Vertriebenen (BdV) seit 2000 betriebene Projekt der Gründung eines nationalen →Zentrums gegen Vertreibungen in Berlin hatte mit Blick auf die dt. und (zentral-)europ. Öffentlichkeit zwei unmittelbare Folgen: Zum einen löste es einen Europäisierungsschub der Vertreibungserinnerung aus, zum anderen bewog es Präsidenten u. Regierungen in Berlin u. Warschau zum Schulterschluss. Ergebnis war die Übereinkunft, eine europ. Institution zur Vertreibungserinnerung als Alternative zum BdV-Projekt zu gründen.

Am 16. 5. 2002 debattierte der Dt. Bundestag über die Gewichtung v. Nationalem u. Europäischem im Plan der Einrichtung eines Vertreibungszentrums u. verabschiedete am 4. 7. mit rot-grüner Mehrheit eine Entschließung mit folgender Schlüsselpassage: „Der Deutsche Bundestag spricht sich dafür aus, einen europäischen Dialog über die Errichtung eines europäischen Zentrums gegen Vertreibungen zu beginnen. Ein solches Zentrum – als Dokumentations- und Begegnungszentrum mit Forschungsstätte – soll die Vertreibungen im Europa des 20. Jahrhunderts in ihren verschiedenen Ursachen, Kontexten und Folgen, darunter die Vertreibung der Deutschen, dokumentieren. Die Betroffenen sollten ihr Schicksal und Leid in dieser Dokumentation wieder erkennen können – und gleichzeitig das der Vertriebenen anderer Völker sehen."

Das Jahr 2003 war gekennzeichnet v. einer schärfer werdenden Kontroverse innerhalb Deutschlands zw. den Verfechtern eines in Berlin anzusiedelnden dt. Zentrums u. den Propagandisten einer europ. Einrichtung. Parallel zu diesem dt. innenpolitischen Streit entwickelte sich im Sommer des Jahres eine hitzige poln.-dt. Debatte, die zunehmend die kooperativen Ansätze der Zeit davor überlagerte. Die dadurch bedingte Verschlechterung der bilateralen Beziehungen veranlasste Berlin u. Warschau zum Krisenmanagement. Im Juli 2003 begannen die Präsidenten Polens u. Deutschlands, Aleksander Kwaśniewski u. Johannes Rau, eine gemeinsame Initiative zur Entschärfung der Situation vorzubereiten. Das Ergebnis war die sog. Danziger Erklärung beider Präsidenten vom 29. 10. 2003, welche die Grundlage sowohl für die weiteren poln.-dt. Initiativen in diesem Politikfeld als auch für eine Europäisierung der bisherigen Institutionalisierungsinitiativen legte. Darin hieß es: „Die Europäer sollten alle Fälle von Umsiedlung, Flucht und Vertreibung, die sich im 20. Jahrhundert in Europa ereignet haben, gemeinsam neu bewerten und dokumentieren, um ihre Ursachen, ihre historischen Hintergründe und ihre vielfältigen Konsequenzen für die Öffentlichkeit verständlich zu machen. [...] Wir sind überzeugt davon, dass die Ergebnisse dieses europäischen Dialoges einen wichtigen Beitrag zur Vertiefung unseres gegenseitigen Verständnisses und zur Stärkung unserer Gemeinsamkeiten als Bürger Europas leisten werden."

Die Kontroverse in den dt. und poln. Medien über das BdV-Projekt eines Zentrums gegen Vertreibungen vom Sommer 2003 bewog überdies die Regierungen in Berlin u. Warschau dazu, sich um eine nachhaltige Entschärfung des im öffentlichen Vertreibungsdiskurs enthaltenen bilateralen Konfliktpotentials zu bemühen. Motor dabei war die rot-grüne Bundesregierung in Berlin, wobei die Initiative vom sozialdemokr. Regierungspartner ausging. Parteiintern wurde vereinbart, die Angelegenheit der im Kanzleramt angesiedelten u. parteilosen Kulturstaatsministerin Christina Weiss zu übertragen. Am 16. 9. 2003 teilte diese in einer Rede in Leipzig die Eckpunkte der dt. Regierungsinitiative mit: „Uns geht es beim ‚Zentrum gegen Vertreibungen' nicht um einen Ort, sondern um einen Prozeß. Einen Prozeß der Verständigung, der Forschung und der Aufarbeitung. Ich plane deshalb, ein internationales Netzwerk zu etablieren, in dem Wissenschaftler, Politiker und Betroffene miteinander in Kontakt treten können." Und in einem Beitrag für die Wochenzeitung *Die Zeit* vom 2. 10. 2003 präzisierte die Ministerin das Vorhaben inhaltlich dahingehend, dass die Neugründung „einen starken Verbund dezentraler Werkstätten der Erinnerung" darstellen und „nicht nur auf Flucht und Vertreibung im 20. Jahrhundert spezialisiert bleiben, sondern die Erinnerung an das nationalsozialistische Regime und die kommunistischen Diktaturen ebenso beinhalten" solle „wie die Suche nach den historischen Wurzeln des Nationalstaates und der Wahnvorstellung von seiner ethnischen Homogenität".

Der näher rückende Termin der EU-Osterweiterung durch acht Staaten Ostmitteleuropas am 1. 5. 2004 sorgte im Frühjahr 2004 für positiven Druck auf das jetzt als „Netzwerk", nicht länger als „Zentrum" bezeichnete Projekt mit dem dt.-poln. Tandem als Lokomotive. Im Zuge intensivierter Reise- u. Gesprächsdiplomatie konnte Kulturstaatsministerin Weiss den poln. Kulturminister Waldemar Dąbrowski dazu bewegen, den 1991 gegründeten multilateralen Rahmen der Visegrád-Staatengruppe für den Netzwerkplan zu nutzen. Und in der Tat gelang es Warschau, Budapest u. Pressburg (Bratislava) dafür zu gewinnen. Dass selbst Prag anfänglich zur Mitarbeit bereit war, ging wohl auf die Erfüllung der Bedingung zurück, dass neben Deutschland auch Österreich in die neue Konstruktion einzubinden sei. Im März 2004 kamen die sechs Kulturminister überein, entsprechende Gespräche aufzunehmen. In deren Verlauf erwiesen sich die tschech. Vorbehalte als unüberwindbar u. das österr. Interesse als zu gering – mit der Folge, dass beide Staaten aus dem Projekt ausstiegen.

Die förmliche Ankündigung der Kulturminister Deutschlands, Polens, der Slowakei u. Ungarns, „das Europäische Netzwerk Erinnerung und Solidarität (European Network Remembrance and Solidarity) gründen zu wollen", erfolgte am 2. 2. 2005 in Warschau. Die Präambel u. die zentralen Bestimmungen dieser Erklärung lauten: „Die Kulturminister Deutschlands, Polens, der Slowakei und Ungarns – eingedenk der Geschichte Europas im 20. Jahrhundert, die in hohem Maße durch Kriege und totalitäre Diktaturen geprägt war, welche eine ungeheuere Anzahl Opfer forderten und unermessliches Leid über die Menschen brachten, auf der Grundlage der seit 1945 geschlossenen völkerrechtlichen bi- und multilateralen Verträge, politischen Vereinbarungen und Abkommen, die als historische Tatsachen respektiert werden, in Anerkennung des politischen Wandels in Europa seit 1989, insbesondere der am 1. Mai 2004 vollzogenen Erweiterung der Europäischen Union, die den zwischenstaatlichen Beziehungen der beteiligten Länder einen neuen Charakter verliehen hat, in dem Wunsch eine gemeinsame, ausschließlich vom europäischen Geist der Versöhnung getragene Analyse, Dokumentation und Verbreitung der Vergangenheit zu unterstützen, die Geschichte der Völker Europas miteinander zu verbinden, zur Entwicklung einer europäischen Erinnerungskultur beizutragen und damit die freundschaftlichen Beziehungen zwischen den beteiligten Staaten zu festigen, – erklären, das Europäische Netzwerk Erinnerung und Solidarität (European Network Remembrance and Solidarity) gründen zu wollen. Die an der Gründung dieses Netzwerks beteiligten Länder werden offen sein für die Aufnahme weiterer Länder.

1. [...] Gegenstand des Netzwerks ist die Analyse, Dokumentation und Verbreitung der Geschichte des 20. Jahrhunderts, eines Jahrhunderts der Kriege, der totalitären Dik-

taturen und der Leiden der Zivilbevölkerung – als Opfer von Kriegen, Unterdrückung, Eroberung, Zwangsmigrationen sowie als Opfer von nationalistischen, rassistischen und ideologisch motivierten Repressionen.

2. […] Aufgaben des Netzwerks Erinnerung und Solidarität sind: a) die Verbindung der in den einzelnen Ländern bereits bestehenden Initiativen sowie die Organisierung der Zusammenarbeit zwischen öffentlichen, staatlichen und Außerregierungsinstitutionen, Forschungseinrichtungen und Orten der Erinnerung; b) die Förderung, Finanzierung und Durchführung gemeinsamer Forschungs- und Bildungsprojekte sowie von Konferenzen, Ausstellungen, Veröffentlichungen und weiteren einschlägigen Aktivitäten.

3. Struktur des Netzwerkes. Für die Koordinierung des Europäischen Netzwerkes Erinnerung und Solidarität soll ein Sekretariat mit Sitz in Warschau eingerichtet werden. Das Sekretariat soll von einem Direktor/einer Direktorin geleitet werden. Zur Unterstützung der Arbeit des Sekretariats wird ein Lenkungsausschuss (Steering Committee) eingerichtet, dem jeweils ein von den beteiligten Ländern benannter Koordinator und der Direktor des Sekretariats angehören sollen. Ferner sollen ein Wissenschaftlicher Beirat (Advisory Council) sowie ein Kuratorium (Board) geschaffen werden, das aus Persönlichkeiten des öffentlichen Lebens gebildet wird."

Dass es sich dabei noch immer um eine bloße Absichtserklärung, nicht hingegen bereits um eine Vollzugsmeldung handelte, hatte seinen Grund in juristischen Problemen. Denn den beteiligten Regierungen gelang es nicht, eine gemeinsame Rechtsform für die Neugründung zu finden, sodass hilfs- u. übergangsweise am 23. 8. 2005 in Warschau v. dem internat. bekannten Künstler u. Auschwitz-Überlebenden Józef Szajna eine private Stiftung nach poln. Recht eingerichtet wurde. Erst als deren vierseitig zusammengesetzter Stiftungsrat sich am 7. 9. 2005 in der poln. Hauptstadt mit dem Zeithistoriker u. Regierungsbeamten Andrzej Przewoźnik an der Spitze konstituiert hatte, war das Netzwerk formell gegründet. Die Bildung einer schwarz-roten Koalition in Berlin sowie die Regierungsübernahme der Nationalkonservativen in Warschau haben anschließend dafür gesorgt, dass das Netzwerk-Projekt de facto auf Eis gelegt wurde. 2009, also vier Jahre nach seiner förmlichen Gründung, verfügt es über keine adm. Struktur, geringe finanzielle Mittel u. entfaltet dementsprechend nur eine bescheidene Tätigkeit. Unklar ist überdies die Stellung des Netzwerks zur 2008 v. der dt. Regierung gegründeten →Bundesstiftung „Flucht, Vertreibung, Versöhnung".

Lit.: St. Troebst, Das Europäische Netzwerk Erinnerung und Solidarität. Eine zentraleuropäische Initiative zur Institutionalisierung des Vertreibungsgedenkens 2002–2006, *Zeitgeschichte* 34 (2007), 43–57; R. Vetter, Europäisches Erinnern. Das „Netzwerk Erinnerung und Solidarität" hat seine Arbeit begonnen, *Dialog* 72/73 (2005/06), 115–118; Vertreibungsdiskurs und europäische Erinnerungskultur. Deutsch-polnische Initiativen zur Institutionalisierung. Eine Dokumentation. Hg. St. Troebst. Osnabrück 2006.

St. T.

Evakuierung. E. (v. lat. *evacuare* – „leeren“, „räumen“) bedeutet, ein Gebäude, eine Stadt oder ein bestimmtes Gebiet v. den dort lebenden Menschen bei gemeiner Gefahr räumen zu lassen, um sie vor einem großen Unglück oder einer Katastrophe zu bewahren. Ob die Gefahr durch Kriegshandlungen droht, auf natürlichen Ursachen oder auf technischem Versagen beruht, macht begrifflich keinen Unterschied. Immer handelt es sich um ein v. den staatl. Behörden organisiertes u. mehr oder weniger planmäßig durchgeführtes Unternehmen. Im Krieg können Objekt v. E.maßnahmen sowohl Teile der Zivilbev. als auch milit. Verbände sein, im Frieden alle Menschen, die sich in der Zone der Gefahr aufhalten.

Während des 2. →Wk.s haben Maßnahmen zur E. der Zivilbev. sowohl in den v. Luftangriffen bedrohten u. betroffenen Städten als auch in Frontnähe eine bedeutende Rolle gespielt. Die größte E.aktion führte die dt. Kriegsmarine auf Anweisung v. Großadmiral Karl Dönitz in den letzten Monaten u. Wochen des 2. Wk.s durch. Sie betraf v. a. Ost- u. Westpreußen. Nachdem Ende Januar 1945 die Rote Armee auf Danzig vorgestoßen u. die Landverbindung Ostpreußens nach W unterbrochen hatte, blieb für eine Rettung der Zivilbev. nur noch der Weg über die Ostsee. Verspätet u. durch die dramatischen Verhältnisse erzwungen, lief die E. unter chaotischen Umständen ab. Gleichwohl gelang es, ca. 3 Mio. Menschen, meist Frauen, Kinder u. Alte sowie Verwundete, v. den Häfen Ostpreußens, Westpreußens u. Pommerns nach W zu transportieren. Durch Torpedobeschuss u. Mineneinwirkung ging zwar ein Dutzend Schiffe unter, aber mit insgesamt ca. 35.000 Toten (1,3 %) blieben die Verluste der E.aktion über See erstaunlich niedrig (→Ostpreußen: Flucht und Vertreibung nach Deutschland).

Lit.: G. Böddeker, Die Flüchtlinge. Die Vertreibung der Deutschen aus dem Osten. München [4]1985; H. Schön, Ostsee ’45 – Menschen, Schiffe, Schicksal. Stuttgart 1983; Dokumentation der Vertreibung der Deutschen aus Ost-Mitteleuropa. In Verbindung mit W. Conze u. a., bearb. von T. Schieder. Hg. Bundesministerium für Vertriebene. Bonn 1953–1962. Bde. I, V,3.

O. L.

Ežov, Nikolaj Ivanovič (*19. 4. [1. 5]. 1895 Sankt Petersburg, †6. 2. 1940), Volkskommissar für Innere Angelegenheiten (→NKVD), Generalkommissar für Staatssicherheit der UdSSR. E. war einer der Hauptorganisatoren der Massenrepressionen in der UdSSR, die in die Geschichte unter den Bez.en der →„Große Terror“, das „Jahr 1937“ oder „Ežov-Terror“ (russ. *ežovščina*) eingingen, als 1,7 Mio. Menschen verhaftet u. ca. 0,7 Mio. v. ihnen erschossen wurden. Seit 1909 war er Arbeiter in Kovno (Kaunas), 1914/15 Fabrikarbeiter in Petrograd, infolge der Teilnahme an Streiks u. Demonstrationen wurde er verhaftet u. verbannt. Im März 1917 trat er der KP bei. In den Jahren des Bürgerkriegs fungierte er als Politkommissar in mehreren Einheiten der Roten Armee u. leistete 1918–1926 Parteiarbeit in verschiedenen Regionen der UdSSR. Seit 1927 war er in der Nomenklatur des ZK der VKP(b) tätig, 1929/30 Stellvertretender Volkskommissar für

Landwirtschaft, außerdem 1934–1939 Mitglied des ZK der VKP(b) u. 1937–1939 Abgeordneter des Obersten Sowjets der UdSSR. Vom 26. 9. 1936 bis zum 25. 11. 1938 führte er das Volkskommissariat für Innere Angelegenheiten, am 28. 1. 1937 wurde ihm der Titel eines Generalkommissars für Staatssicherheit u. am 17. 7. 1937 der Leninorden verliehen. Am 9. 4. 1939 wurde er v. allen Posten entbunden u. am 10. 4. 1939 verhaftet. Die Anklage lautete: Leitung einer verschwörerischen Organisation innerhalb der Truppen u. der Organe des NKVD der UdSSR, Spionagetätigkeit zu Gunsten ausländischer Geheimdienste, Vorbereitung eines bewaffneten Aufstandes gegen die Sowjetregierung etc. Zusätzlich wurde er nach Artikel 154-a des Strafgesetzbuches der RSFSR („Homosexualität, vollzogen unter Gewaltanwendung oder der Ausnutzung des Abhängigkeitsverhältnisses des Geschädigten") angeklagt, am 4. 2. 1940 zur Höchststrafe verurteilt, am 6. 2. erschossen u. später nicht rehabilitiert.

In das Amt des Volkskommissars für Innere Angelegenheiten wurde E. von Iosif →Stalin persönlich berufen. In dieser Position führte er fanatisch u. ergeben jede Anweisung Stalins aus, verfolgte alle Personen, die der „Spionage", „antisowj. Tätigkeit" oder „Stimmungsmache" verdächtigt wurden, all jene, die Stalins System der Alleinherrschaft bedrohten. Auf dem Februar-März-Plenum des ZK der VKP(b) am 23. 2. 1937, auf dem die Abrechnung mit dem „antisowjetischen rechtstrotzkistischen Block" mit Nikolaj Bucharin u. Aleksej Rykov an der Spitze erfolgte, fungierte er als Hauptankläger. Anfang 1937 führte E. eine brutale Säuberung des Volkskommissariat-Apparates durch, der eine Säuberung innerhalb der gesamten Partei- u. Staatselite folgte. Im Juni u. Juli 1937 starteten die Tschekisten (v. russ. VČK: *Vserossijskaja Črezvyčajnaja Komissija po bor'be s kontrrevoljuciej, spekuljaciej i sabotažem*, Allrussl. Außerordentliche Kommission zur Bekämpfung v. Konterrevolution, Spekulantentum u. Sabotage) ihre Massenoperationen gegen die „soziale Basis" potenzieller Aggressoren – gegen „Kulaken" u. Vertreter einzelner (als unzuverlässig eingestufter) Nationalitäten. In diesem Rahmen fanden auch die Massendeportationen aus den Grenzrayons (insbesondere der Deutschen u. der Polen [→P. aus der Ukraine: Deportation nach Kasachstan] aus den westl. Grenzgebieten im Jahr 1936, der →Kurden u. der Armenier [→A. in der Sowjetunion und ihren Nachfolgestaaten] aus dem S u. der Koreaner aus dem Fernen O im Jahr 1937) statt. Dabei kamen in den meisten Fällen die außergerichtlichen Repressivorgane, sog. Sonderkollegien (russ. *osobye soveščanija*, OSO) u. „*Trojkas* des NKVD", zum Einsatz. Die Repressionen dauerten bis zur Amtsenthebung E.s vom Posten des Volkskommissars für Innere Angelegenheiten an, worauf Ende 1938 u. zu Beginn v. 1939 das sog. Berija-Tauwetter folgte (→Berija, Lavrentij), d. h. die Einstellung der Massenoperationen, der Verzicht auf die Sondermechanismen der außergerichtlichen Aburteilung, die Beseitigung der „Ežov"-Kader aus der Führung des NKVD u. sogar die partielle Revision der Akten u. die Freilassung v. Inhaftierten.

Lit.: J. A. Getty/O. V. Naumov, Yezhov. The Rise of Stalin's „Iron Fist". New Haven, London 2008; Stalinskie deportacii. Hg. N. L. Pobol'/P. M. Poljan. Moskva 2005; M. Jansen/

N. Petrov, Stalin's Loyal Executioner. People's Commissar Nikolai Ezhov, 1895–1940. Stanford/Calif. 2002; Ežov, Nikolaj Ivanovič, in: N. V. Petrov/K. V. Skorkin, Kto rukovodil NKVD, 1934–1941. Spravočnik. Moskva 1999, 184–186; B. Brjuchonov/E. N. Šoškov, Opravdaniju ne podležit. Ežov i ežovščina 1936–1938 gg. Sankt-Peterburg 1998.

P. P.

Finnen: Deportation aus Ingermanland (Gebiet Leningrad) 1930–1944. Die Begriffe Ingermanland *(Inkeri)* sowie ingermanländische F. *(inkerinsuomalaiset, inkeriläiset)* sind im europ. Bewusstsein u. in der Politik seit etwa 60 Jahren kaum mehr anzutreffen. Doch gehört I. – das Gebiet um St. Petersburg – v. a. wegen der Handelswege zu den wichtigsten Teilen Russlands u. des Ostseeraums. Die Zahl der F. I.s, meistens evang. Glaubens, betrug vor dem 2. →Wk. etwa 200.000. Ihre →Deportation erfolgte in mehreren Stufen in der Zeit zw. 1930 u. 1944, wobei ihre Verfolgung als →nationale Minderheit durch einen Beschluss aus dem Jahr 1942 ihren Höhepunkt erreichte.

Als I. wird seit dem MA das Gebiet entlang des Flusses Inkereenjoki (russ. Ižora) genannt. Als Urbevölkerung wurden hier die mit dem östl. Hauptstamm der F., den Kareliern (→K.: Flucht und Evakuierung), eng verwandten Ingrier (Selbstbez. *karjalazet*, finn. *inkerikot* oder *inkeroiset*, russ. *ižory*) nachgewiesen.

Unter der Herrschaft v. Novgorod sind die Ingrier zw. dem 10. und 15. Jh. allmählich zur Orthodoxie bekehrt worden. Katholische Mission u. protestantische Reformation haben die Grenze zu den ehem. Stammesgenossen im W auch zu einer relig. werden lassen.

Für Novgorod u. seinen Eroberer Moskau war I. wegen des Transport- u. Handelsflusses Neva wichtig. Seine Verteidigung gegen Schweden brach allerdings Anfang des 17. Jh.s zusammen. Während der schwed. Herrschaft wurde eine Politik wirt. Ausbeutung und relig. Unterdrückung betrieben, die die →Flucht eines großen Teils der Bev. ins Zarenreich zur Folge hatte. Dort siedelten sie sich in der Gegend um Tver' an u. wurden als Tver'-Karelier bekannt.

An ihre Stelle rückten evangelische F. Aus der zentralfinn. Provinz Savo kam die erste Welle der heutigen F. I.s, die *savakot*. Aus den karelischen Landengen, im Wesentlichen aus der großen Kirchengemeinde Äyräpää, wanderten die *äyrämöiset* ein. Eine immer kleiner werdende Restgruppe der orth., z. T. aber a. zum Protestantismus übergegangenen Ingrier konnte sich jedoch bis heute in den südwestl. Küstengebieten I.s halten.

Die Rückeroberung I.s durch das Moskauer bzw. Russ. Reich im sog. Großen Nordischen Krieg 1700–1718 sowie insbesondere die Gründung v. St. Petersburg bedeuteten den Anfang der Russifizierungspolitik I.s. Die russ. Revolution u. der russ. Bürgerkrieg trafen das bäuerliche finnische I. nur leicht, obwohl in den nordöstl. an Finnland grenzenden Teilen von I. 1918 bürgerkriegsähnliche Zustände herrschten. Mit der Stabilisierung der bolschewistischen Macht 1920 verließen etwa 5.000 Einw. Ingermanland in Richtung Finnland.

Durch die Verlegung der russ. Hauptstadt nach Moskau im Frühjahr 1918 sank die strategische Bedeutung I.s, worauf der Besiedlungsdruck abgeschwächt wurde. Auch die antirelig. Politik der Bolschewiki, die zunächst fast ausschließlich gegen die herrschende orth. Kirche gerichtet war, sorgte für ein vergleichsweise konfliktfreies Zusammenleben der Bev. und der neuen Machthaber. 1925 wurde der nördl. Bezirk Kuivainen, der allerdings nur einen kleinen Teil des finn. Siedlungsgebietes umfasste, zu einem nationalen Rayon erhoben.

Die Zwangskollektivierung 1929–1934 bedeutete eine massive Einmischung des Sowjetstaates ins Leben der traditionellen Agrargesellschaft. Die mangelnde Unterstützung der Regierungsmaßnahmen sowie die relig. gestärkte Ablehnung seitens der finn. Gemeinden führten dazu, dass hier besonders viele „Kulaken" u. „Kulakenhelfer" (russ. *podkulačniki*) gefunden wurden. Da für sie Deportation als Standardstrafe vorgesehen war, bekam die Zwangskollektivierung in I. sehr bald den Charakter der Zwangsaussiedlung der Führungsschichten der nationalen Minderheit. Es wird geschätzt, dass etwa 18.000 F. I.s in diesen Jahren in entlegene Gebiete der →Sowjetunion, vornehmlich auf die Kola-Halbinsel (russ. *Kol'skij poluostrov*) u. nach →Kasachstan, zwangsumgesiedelt wurden. Darüber hinaus flohen 2.000 Personen nach Finnland. Als Folge der antirelig. Politik wurde die evang. Kirche in I. faktisch ausgelöscht.

In den Jahren 1935–1938 führte der →NKVD eine „Säuberung" des nordwestl. Grenzgebietes durch (→Nationale Operationen des NKVD der UdSSR). Etwa 30.000 F. I.s wurden in die benachbarten Gebiete umgesiedelt, diejenigen, die als polit. unzuverlässig galten, gar nach Tadschikistan u. Kasachstan. Der nationale Rayon Kuivainen wurde liquidiert.

Mit dem →Großen Terror wurden die nationalen Rechte der F. I.s zunichtegemacht, der Schulunterricht in finn. Sprache wurde stark eingeschränkt. In der Statistik des Terrors sind die F. I.s mit etwa 10.000 Hinrichtungsopfern überproportional vertreten.

Der 2. →Wk. hatte für die F. I.s katastrophale Folgen. Beim dt. Vorstoß in Richtung Leningrad 1941 gerieten etwa zwei Drittel ihres Ansiedlungsgebietes unter dt. Besatzung. Als Ausdruck der „Waffenbrüderschaft" mit Finnland respektierten die Deutschen zuerst die Rechte der finn. Minderheit. Für die Partisanenbekämpfung wurde eine Einheit der F. I.s, das Ostbataillon 664, aufgestellt. Infolge der sich drastisch verschlechternden ökon. Lage sowie wegen der andauernden Beschießung des Gebietes um Leningrad wurde im Winter 1942/43 die Entscheidung getroffen, etwa 63.000 F. I.s und Ingrier nach Estland umzusiedeln. Ob dabei schon an ihre Weiterleitung nach Finnland gedacht wurde, bleibt unklar. Letztlich wurden sie nach einer Absonderung „gefährlicher Elemente" im Sommer u. Herbst 1943 nach Finnland überführt.

In dem v. Deutschen nicht besetzten östl. Teil I.s u. im belagerten Leningrad wurde im Jahre 1942 eine totale Deportation der F. beschlossen. Dieser Beschluss wurde v. den Mitgliedern des PB der VKP(b) Vjačeslav Molotov, Georgij Malenkov, Aleksej Kosygin u. Andrej Ždanov (vorbehaltlich der Bewilligung durch Iosif →Stalin) am 24. 8. 1941 gefasst u. sollte 96.000 Sowjetbürger betreffen. Wegen fehlender Transportkapazitäten kam es jedoch erst später zur Durchführung dieser Aktion. Während sich diese Zwangsaussiedlung für einen Teil der finn. Bewohner, die mit anderen Evakuierten aus der „hungernden Stadt" in die inneren russ. Gebiete bzw. nach →Kaukasien gebracht wurden, zunächst als ein Glücksfall erwies, gerieten die anderen in unwirtliche Gegenden →Sibiriens u. →Zentralasiens mit besonders schlechter Versorgung. Die Gesamtzahl der Deportierten dürfte bei 50.000 Personen liegen.

Das Ziel einer vollständigen Entfernung der finnischen Bev. wurde auch nach dem Vorfrieden mit Finnland (September 1944) weiterhin verfolgt. Mit falschen Versprechungen u. psychischem Druck wurden über 85 % (mindestens 54.000 Personen) der nach Finnland evakuierten Einw. I.s von den sowj. Behörden zur Rückkehr in ihre Heimat bewogen (Waisenkinder wurden zwangsverschleppt), um unmittelbar danach in die Gebiete Novgorod, Tver', Jaroslavl' u. Pskov (Pleskau) überführt zu werden. Den evakuierten oder deportierten F. mit Ausnahme von ehem. Rotarmisten oder ihren Verwandten wurde die Rückkehr ins Leningrader Gebiet verboten. Die Ingrier blieben v. dieser Zwangsaussiedlung verschont, wobei einige v. ihnen durch Verwechslungen oder falsche Eintragungen doch ausgesiedelt wurden. Etwa 1.500 F. wurden für ihren Dienst bei der finn. bzw. der dt. Armee in den Jahren 1941–1944 verurteilt.

Die 1944 deportierten Personen konnten oft schon nach wenigen Jahren ihre Freizügigkeit – allerdings bei weiterbestehendem Rückkehrverbot ins Leningrader Gebiet – zurückerhalten. Dabei bevorzugten sie die benachbarten Gebiete mit einer national verwandten Bev. (Estland u. Ost-Karelien). In Ost-Karelien hat man sich allerdings nach dem polit. Kurswechsel in den Jahren 1949–1955 bemüht, keine neuen Rückkehrer aufzunehmen u. auch bisher eingewanderte auszusiedeln. Ab 1955/56 konnten zwar alle Deportierten in diese Gebiete frei umziehen, nationale Rechte blieben ihnen aber weiterhin vorenthalten. Die einzige Möglichkeit, dem Russifizierungsdruck zu entgehen, bestand deswegen in einer sanften „Estnifizierung".

Die →Rehabilitierung der F. I.s wurde am 1. 10. 1993 vom russl. Parlament beschlossen. Eine Rückkehr ins Leningrader Gebiet kann nur in einer individuellen Form ohne Inanspruchnahme irgendwelcher staatl. Hilfen oder Erstattungen erfolgen. Statt einer Rückkehr nach I. hat sich jedoch die „Rückkehr" nach Finnland als Ausweg etabliert. Seit 1989 konnten die F. I.s zunächst praktisch frei, dann mit Wartezeiten u. Auflagen, aber immerhin bei großzügiger Auslegung der nationalen Kriterien, nach Finnland auswandern. Diese Chance haben seitdem etwa 50.000 Personen wahrgenommen, v. a. junge u. stark russifizierte Menschen, während die ältere Generation häufig in Russland oder Estland bleibt. Die als „Rücksiedler" bezeichneten F. aus Russland haben deswegen oft in ihrer Wahlheimat einen schweren Stand. Integrationsprobleme sind in Finnland genauso an der Tagesordnung wie bei den Deutschen aus Russland in der Bundesrepublik (→Integration).

Der Forschungsstand ist nicht zufriedenstellend. Über die indirekten Deportationen der 1930er u. 1940er Jahre gibt es zwar verhältnismäßig viel Material, vornehmlich in finn. Sprache. Die zentrale Deportationskampagne v. 1942 bleibt aber bisher schlecht erforscht, u. genaue Opferzahlen sind immer noch unbekannt.

Lit.: V. I. Musaev, Političeskaja istorija Ingermanlandii v konce XIX-XX veke. Sankt-Peterburg [2]2004; L. A. Gil'di, Sud'ba „social'no-opasnogo“ naroda. Zasekrečennyj genocid finnov v Rossii i ego posledstvija v 1930–2002 gg. Sankt-Peterburg 2003; V. I. Musaev, Ingermanlandskij vopros v XX veke. Sankt-Peterburg 1999; L. A. Gil'di, Rasstrely, ssylki, mučenija. Sankt-Peterburg 1996; Ingermanland: om land och folk. Hg. S. Huovinen. [Stockholm] 1993; P. Nevalainen, Inkeriläinen siirtoväki Suomessa 1940-luvulla. Helsinki 1989; Finny v Rossii: istorija, kultury, sud'by. Sbornik naučnych statej. Hg. E. S. Kiuru. Petrozavodsk 1998; T. Flink, Pois Inkeristä, ohi Inkerin. Helsinki 1995; Inkeri – historia, kansa, kulttuuri. Hg. P. Nevalainen/ H. Sihvo. Helsinki 1991; E. Tuuli, Inkeriläisten vaellus. Inkeriläisen väestön siirto 1941–1945. Porvoo u. a. 1988; E. Amburger, Ingermanland. Eine junge Provinz Rußlands im Wirkungsbereich der Residenz und Weltstadt St. Petersburg-Leningrad. Köln u. a. 1980.

P. K.

Flucht. F. ist kein Begriff des →Völkerrechts, aber das v. dem Wort bezeichnete Phänomen wird als Faktum v. dem völkerrechtlichen Begriff denknotwendig vorausgesetzt. In Anlehnung an dessen Definition in der Genfer Flüchtlingskonvention (28. 7. 1951) könnte man F. bestimmen als das Verlassen seines Heimat-, Wohnsitz- oder Aufenthaltsstaates „aus der begründeten Furcht vor Verfolgung wegen seiner Rasse, Religion, Nationalität, Zugehörigkeit zu einer bestimmten soz. Gruppe oder wegen seiner politischen Überzeugung“. F. beschreibt also ein nicht wirklich freiwillig geschehendes individuelles oder kollektives Entweichen (in aller Regel) aus dem Staat, dessen Staatsangehörigkeit man besitzt. Das Phänomen befindet sich daher im Umfeld der Begriffe →Deportation, →Vertreibung, Zwangsausweisung, Zwangsumsiedlung u. Verschleppung, unterscheidet sich v. ihnen jedoch dadurch, dass bei der F. im Unterschied zur Deportation, Zwangsumsiedlung oder Zwangsausweisung der Betroffene noch als Subjekt handelt u. nicht nur Objekt fremden Willens ist. Im komplexen Phänomen der Vertreibung verschmelzen beide Aspekte hingegen zu einer begrifflichen Einheit.

Das Phänomen der F. verweist ex negativo auf das Recht auf Heimat, dessen Verletzung die F. insbesondere dann indiziert, wenn sie kollektiv bzw. massenhaft geschieht. Dieses Recht ist nach 1945 in Deutschland v. den Heimatvertriebenen (→Vertriebene) nahe stehenden Rechtswissenschaftlern aus der Kombination einer Reihe völkerrechtlicher Prinzipien u. Normen argumentativ entwickelt worden. Dazu zählen das Menschenrecht auf Ausreise aus u. auf Rückkehr in seinen Staat (Art. 13 Allgemeine Erklärung der Menschenrechte, Art. 12 Internationaler Pakt über Bürgerliche u. Politische Rechte [IPBPR, 19. 12. 1966], →Menschenrechte), die dem Schutz der Zivilbev. eines im Krieg okkupierten Gebietes dienenden Bestimmungen der Haager Landkriegsordnung (Art. 43, 46, 56 HLKO), das Verbot v. Ausweisungen aus dem Heimatstaat (Art. 3 des 4.

ZProt zur Europäischen Menschenrechtskonvention – EMRK, 1950/1963), v. a. aber das →Selbstbestimmungsrecht der Völker (Art. 1 Nr. 2 UNO-Charta; Art. 1 der beiden UN-Menschenrechtspakte v. 1966).

Das Selbstbestimmungsrecht schließt nämlich auch eine stabile territ. Grundlage ein, ohne welche das Recht nicht wirksam ausgeübt werden könnte. Das legitime Recht, die Heimat zu bewahren, führt zum Anspruch eines Volkes u. einer Volksgruppe darauf, nicht willkürlich u. zwangsweise seines angestammten Lebensraumes beraubt zu werden. Dieses Recht ist durch Verbote v. Deportation, Zwangsumsiedlungen u. Vertreibungen erstmals durch das Statut des Internat. Militärtribunals v. Nürnberg (IMT, 6. 8. 1945: Art. 6 c – Deportation, vgl. →Nürnberger Prozesse) u. durch das humanitäre Völkerrecht (Art. 49 Abs. 1 der IV. Genfer Rot-Kreuz-Konvention zum Schutz v. Zivilpersonen in Kriegszeiten vom 12. 8. 1949), inzwischen auch durch das Völkerstrafrecht (Art. 7 Abs. 1 lit. d) des ständigen Internat. Strafgerichtshofes (Statut v. Rom, 17. 7. 1998) abgesichert.

Lit.: Deportation, Vertreibung, „ethnische Säuberung". Hg. W. Fiedler. Bonn 1999; K. Ipsen, Völkerrecht. Lehrbuch. München [4]1999; S. Köhler, Das Massenvertreibungsverbot im Völkerrecht. Berlin 1999; O. Kimminich, Das Recht auf die Heimat. Bonn [3]1989; Flucht und Vertreibung. Hg. D. Blumenwitz. Köln u. a. 1987.

O. L.

Flucht aus den Sudetengebieten 1938 (Tschechen, Juden, Antifaschisten). Seit dem Anschluss Österreichs am 12. 3. 1938, dem Sieg der Sudetendeutschen Partei (SdP) bei den Kommunalwahlen im Mai/Juni fürchteten Tschechen, Juden sowie dt. Antifaschisten den Anschluss der Sudetengebiete an das „Großdeutsche Reich" mit Entrechtung u. Verfolgung (a. →Juden: Deportation und Vernichtung). Die anfangs schwache Fluchtwelle schwoll an, als sich die Prager Regierung am 22. 9. 1938 dem brit.-frz. Ultimatum unterwarf, die Grenzgebiete an das „Großdeutsche Reich" abzutreten, u. erreichte in den Tagen u. Wochen nach dem →Münchener Abkommen vom 29. 9. 1938 ihren Höhepunkt.

Von ursprünglich 22.000 Juden waren zur Zeit der Volkszählung vom 17. 5. 1939 nur noch 2.000 in den abgetretenen Grenzgebieten (tschech. →*pohraničí*) geblieben. Auch über 10.000 sudetendt. Sozialdemokraten u. Kommunisten trieb der Terror zuerst der Sudetendeutschen Partei u. seit der Annexion auch der Gestapo aus ihrer Heimat (→Sudetendeutsche Emigration nach Schweden 1938). Viele Juden u. deutschen Antifaschisten flüchteten weiter ins neutrale und westl. Ausland (→Flüchtling). Bis zum Sommer 1939 registrierte das Prager „Amt für Flüchtlingsfürsorge" über 139.000 tschech. Flüchtlinge aus den Sudetengebieten, zu denen noch etwa 37.000 Staatsangestellte mit ihren Familien kamen, um die sich die jeweilige Prager Zentralbehörde kümmern musste. Je später die Menschen flohen, umso weniger konnten sie v. ihrem Besitz auf den Lastwagen unterbringen oder in den Zügen mitnehmen. Außerdem musste die Regierung auch Flüchtlinge aus dem von poln. Truppen besetzten Teschener Gebiet (→T./Olsa-Gebiet:

Ausweisungen von Polen und Tschechen) aufnehmen. Nach der Errichtung des „Protektorats Böhmen und Mähren“ am 16. 3. 1939 gewährte die Protektoratsregierung v. a. mittellosen Flüchtlingen einen Vorschuss auf eine geplante Entschädigung, die jedoch nie ausgezahlt wurde.

Lit.: J. Gebhart, Migrationsbewegungen der tschechischen Bevölkerung in den Jahren 1938–1939. Forschungsstand und offene Fragen, in: Erzwungene Trennung. Vertreibungen und Aussiedlungen in und aus der Tschechoslowakei 1938–1947 im Vergleich mit Polen, Ungarn und Jugoslawien. Hg. D. Brandes/E. Ivaničková/J. Pešek. Essen 1999, 13–25.

D. B.

Flüchtling. Unter F. wird v. der weltweit maßgebenden Genfer Flüchtlingskonvention (28. 7. 1951) eine Person verstanden, „die aus der begründeten Furcht vor Verfolgung wegen ihrer Rasse, Religion, Nationalität, Zugehörigkeit zu einer bestimmten sozialen Gruppe oder wegen ihrer politischen Überzeugung sich außerhalb des Landes befindet, dessen Staatsangehörigkeit sie besitzt“ (Art. A. 2.).

Das Phänomen, dass Menschen ihre angestammte Heimat aus Not oder unter Zwang verlassen, begleitet die gesamte Geschichte, sei es individuell infolge eines Konfliktes mit ihrer Gemeinschaft wegen strafwürdigen Verhaltens oder kollektiv wegen der Zugehörigkeit zu einer v. der Obrigkeit diskriminierten soz., polit., relig. oder ethn. Gruppe. Zunächst haben relig. u. konfessionelle Unduldsamkeit gegenüber Juden, Lutheranern, Reformierten, Katholiken usw. mit Höhepunkten in den Religionskriegen des 16. u. 17. Jh.s eine zentrale Rolle gespielt, seit dem späten 18. Jh. dann Diskriminierung u. Verfolgung aus Gründen des Nationalismus, Chauvinismus u. Rassismus. Auswanderung der Religionsflüchtlinge – teils in überseeische Gebiete (Nordamerika usw.), teils in religionsverwandte oder tolerante europ. Nachbarstaaten (Preußen: Hugenotten) – war eine Hauptform der Problemlösung. Sie wurde auch zum Ausweg für unter nationalistischer Diskriminierung u. Verfolgung leidende Nationalitäten (z. B. Immigration der Tscherkessen in das Osm. Reich u. später).

Das →Völkerrecht erfasste die F.e zunächst ausschließlich mit dem seit der Antike entstandenen Fremdenrecht.

Unter den Begriff des Fremden fielen alle Rechtsbeziehungen zw. einer Herrschaftsgewalt (Staat) u. Ausländern bzw. Staatenlosen (→Staatenlosigkeit), v. der Zulassung der Einreise in das Jurisdiktionsgebiet über den Aufenthaltsstatus bis hin zu dessen Beendigung.

Die alle früheren Ausmaße an Unglück, Not u. Leid überschreitenden massenhaften F.bewegungen während u. unmittelbar nach dem 1. →Wk. führten zu einer das Fremdenrecht ergänzenden Entwicklung eines speziellen F.rechts im Völkerrecht u. entsprechenden Institutionen, zunächst unter der Ägide des →Völkerbundes, dann der Vereinten Nationen. Die Eigenart der F.e besteht darin, dass sie zur Rettung v. Leben, Leib u. Freiheit ihren Heimatstaat verlassen haben, dessen Schutz in der Fremde sie aus polit. Gründen nicht mehr in Anspruch nehmen können (oder wollen) u. sich daher in einer rechtlich u. materiell ausweglosen Lage befinden (→politische Flüchtlinge, →Kriegs-/Bürgerkriegsflüchtlinge). Diese Merkmale lagen den diversen F.abkommen unter der Ägide des Völkerbundes zugrunde u. sind schließlich in die oben zitierte Definition der Genfer Konvention über die Rechtsstellung der F.e vom 28. 7. 1951 eingegangen (Art. 1 A. 2.). Die Geltung der Konvention wurde 1966 durch ein gleichnamiges Protokoll (in Kraft seit dem 4. 10. 1967) auf alle F.e weltweit ausgedehnt. Ihr sind bis heute ca. 150 Staaten beigetreten (1. 4. 2008).

Die Hauptaufgaben der Konvention waren die Versorgung der F.e mit Pässen u. Passersatzdokumenten (→Nansen-Pass), Unterkunfts- u. Arbeitsbeschaffung sowie die Abstimmung staatlicher u. privater Hilfsmaßnahmen. Ein Problem des Hochkommissariats hatte unter der Ägide des Völkerbundes daraus resultiert, dass der Bund nur dessen Verwaltungskosten trug. Der Hochkommissar musste daher die Mittel für die 2,25 Mio. F.e bei den Mitgliedstaaten des Völkerbundes u. privaten Organisationen einwerben. 1922 wurden vom Hochkommissar für die F.e aus Russland die ersten internat. Pässe ausgestellt, alsbald auch an Armenier (→A. im Osmanischen Reich), später an Türken, Assyrer usw., ab 1936 ferner an F.e aus →Deutschland.

Zwischen 1930 u. 1938 wurde der Hochkommissar durch das Internationale Nansen-Amt für Flüchtlinge unterstützt u. ab 1933 der Status der F.e erstmals auf einen völkerrechtlichen Vertrag gestützt (Convention relative au Statut internationale des réfugiés, 28. 10. 1933).

Bereits 1943 war die United Nations Relief and Rehabilitation Administration zur Repatriierung der F.e u. Verschleppten aus den von dt. Besatzung wieder befreiten Gebieten gegründet worden. Sie wurde 1947 v. der vom Wirtschafts- u. Sozialrat der Vereinten Nationen (ECOSOC) eingerichteten International Refugee Organisation (IRO) abgelöst, diese wiederum durch den →Hohen Flüchtlingskommissar der Vereinten Nationen (UNHCR). Die Erwartung, das Amt werde mit Bewältigung der Kriegsfolgen bald überflüssig sein, erfüllte sich nicht. Die ihm gestellten Aufgaben haben sich geogr. nur verschoben. Schwerpunkte der Arbeit des UNHCR waren in den 1950er Jahren die Sorge um die Ungarn- u. die Algerienflüchtlinge (→Algerier, →Franzosen aus Algerien), seit den 1960er Jahren bis heute F.probleme in Schwarzafrika, seit den 1970er Jahren die Arbeit in Afghanistan, in Vorder- u. Hinterindien (Kambodscha), seit den 1990er Jahren in Osteuropa (ehem. →Sowjetunion, →Jugoslawien), heute im Irak, Afghanistan, Sudan, Tschad usw.

Die Genfer Flüchtlingskonvention regelt lediglich den Rechtsstatus („Personalstatut") des aufgenommenen F.s am Wohnsitz bzw. im Aufenthaltsstaat. Maßgebend ist dessen Rechtsordnung (Art. 12). Im Übrigen enthält die Konvention Bestimmungen über Religionsausübung, Eigentum, Vermögen u. Besteuerung, Vereinigungsrecht, Zugang zu Gerichten, Arbeit u. Beruf, Wohnungswesen, Elementarschulbildung, Armenfürsorge,

Freizügigkeit, Personalausweis u. Reisepässe. Insgesamt streben die Bestimmungen eine Statusangleichung an die Staatsangehörigen des Aufenthaltslandes an. Die Ausweisung eines F.s ist nur unter engen, rechtsstaatl. Voraussetzungen zulässig, im Übrigen aber verboten, wenn ihm dadurch Gefahr für Leben oder Freiheit drohen (Art. 32, 33).

Vom UNHCR werden ca. 10 Mio. F.e betreut (1. 1. 2007). 75 % v. ihnen entfallen auf Asien u. Afrika, ca. 11 % auf Europa. Stark gewachsen ist die Zahl der Binnenflüchtlinge. Sie fallen allerdings nicht unter die Betreuung des UNHCR gemäß der Genfer Flüchtlingskonvention.

Lit.: J. C. HATHAWAY, The Rights of Refugees under International Law. Cambridge 2005; M. SCHORR, Der Wandel der humanitären Aktion. Hamburg 2004; K. J. BADE, Europa in Bewegung. Migration vom späten 18. Jahrhundert bis zur Gegenwart. München 2002; A. GRAHL-MADSEN, Refugees. League of Nations Offices, in: Encyclopedia of Public International Law. Hg. R. BERNHARDT. Bd. IV, 76–78; M. MARUGG, Völkerrechtliche Definitionen des Ausdruckes „Flüchtling“: ein Beitrag zur Geschichte unter besonderer Berücksichtigung sogenannter de-facto-Flüchtlinge. Basel, Frankfurt a. M. 1990.

O. L.

Foibe: Erinnerung an die Verfolgungen der Italiener in Istrien. Der Terminus *foiba* (Pl. *foibe*) stammt aus dem lat. *foiva* bzw. *fossa* (Graben, Grube, Loch). Durch die hist. und polit. Diskussion wurden die F. zum Synonym für Massaker u. bezeichneten im Laufe der Zeit Massengräber.

Das F.-Massaker wird in zwei Phasen eingeteilt. 1. Phase: Das infolge des Waffenstillstandes vom 8. 9. 1943 u. des Sturzes Benito Mussolinis entstandene Macht-Vakuum wurde v. den it. Antifaschisten u. von den Slaven (Slowenen u. Kroaten) gefüllt. Kurz nach der „Befreiung“ folgten die ersten Festnahmen, die zur Beseitigung v. Faschisten u. Italienern führten. Es ist schwierig festzustellen, wie viele Personen dabei eliminiert wurden. Einigen Schätzungen zufolge kann man mindestens v. 500 Opfern ausgehen. Während der 2. Phase – in der Zeit zw. April-Mai u. Juni 1945 – erreichten die Exekutionen ihren Höhepunkt. Als Josip Broz →Titos Truppen in Triest eintrafen, fingen sie unmittelbar danach mit den Vernichtungsaktionen an. Auch hier ist es sehr schwierig, die konkreten Zahlen auszumachen, wobei Historiker mindestens 4.000 Opfer annehmen.

Nach dem 2. →Wk. gerieten sowohl die F. als auch der Exodus der Italiener (→Italiener aus Istrien, Fiume und Zara) in Vergessenheit. Die Gründe dafür sind an mehreren Stellen zu suchen. Für die Alliierten war →Jugoslawien während des Kalten Krieges (zumindest offiziell) ein bündnisfreies Land, u. die Balkanregion wurde zu einer Pufferzone zw. zwei Blöcken. Daher hatten die Alliierten kein Interesse an der Klärung der →ethnischen Säuberungen, obwohl sie davon wussten. Auch die verschiedenen Regierungen der 1946 neugeborenen it. Republik fanden es bequemer, Probleme zu verdrängen. Einerseits glich die Lage an der nordöstl. Grenze zu Jugoslawien einer der öffentlichen Meinung nur mit Schwierigkeiten zu erklärenden Niederlage, wobei die neue Situation die Schwäche Italiens zeigte. Darüber hinaus hatten die Regierungen ein Interesse daran, diese Ereignisse zu vergessen, um sich nicht mit dem kostspieligen Thema der Entschädigung der Opfer u. Hinterbliebenen auseinandersetzen zu müssen. Die KP Italiens wollte ihrerseits um jeden Preis vermeiden, dass bekannt würde, wie einige ihrer Anführer die für die F. Verantwortlichen unterstützt hatten. Als die it. Kommunisten die F. doch ansprachen, wurden die Gräueltaten auf die „Faschisten" u. nicht auf die „Kommunisten" Titos zurückgeführt. Noch am Ende der 1990er Jahre u. 2004 fand man in Italien Kommunisten, die das Ganze leugneten. So z. B. sprach der Kommunisten-Anführer Armando Cossutta im Hinblick auf die F. von einem schrecklichen hist. Revisionismus bzw. über eine Verschwörung zur Desorientierung des großen komm. Volkes. Schule u. Schulbücher wurden v. dieser Haltung ebenfalls beeinflusst, wobei die Ereignisse v. 1943 u. 1945 entweder nicht erwähnt oder bagatellisiert wurden.

Die zwei Erinnerungen Italiens. Nach dem Ende des Kommunismus u. des Kalten Krieges fanden die F. immer mehr Raum nicht nur in der Öffentlichkeit, sondern auch in der polit. Debatte, wobei die Ereignisse v. den verschiedenen Parteien z. T. instrumentalisiert wurden. So verabschiedete einerseits die v. den Rechten geführte Regierung am 30. 3. 2004 ein Gesetz, um „des Exodus aus Istrien und der Foibe zu gedenken". Dieses Gesetz muss aber auch als eine polit. Antwort verstanden werden, da die v. Ex-Kommunisten geführte vorige Regierung am 20. 7. 2000 ein Gesetz verabschiedet hatte, um „der Vernichtung und der Verfolgung des jüdischen Volkes und der italienischen Deportierten in den NS-Lagern zu gedenken". Beachtenswert dabei ist, dass beide Gesetze jeweils einen Tag der Erinnerung *(Giorno della Memoria)* beschlossen. Es stellt sich daher die Frage, inwieweit diese Gesetze der Erinneung oder der jeweiligen an die Macht gekommenen Ideologie dienen.

Lit. (a. →Italiener aus Istrien und Fiume): G. Oliva, Foibe: Le stragi negate degli italiane della Venezia Giulia e dell'Istria. Milano 2002; R. Ursini-Ursic, Attraverso Trieste: un rivoluzionario pacifista in una città di frontiera. Roma 1996; G. Oliva, I vinti e i liberati. 8 settembre 1943–25 aprile 1945. Milano 1994; M. Torsiello, Le operazioni delle unità italiane nel settembre-ottobre 1943. Roma 1975.

L. G.

Franzosen aus Algerien. Am 3. 7. 1962 wurde die Unabhängigkeit A.s nach 130 Jahren frz. Kolonialherrschaft ausgerufen. Die Algerienfranzosen (in den 1960er Jahren wurden sie *Pieds Noirs*, heute werden sie *colons* genannt) mussten das Land verlassen. Ihre überstürzte →Flucht fand unter chaotischen Umständen statt, die durch Angst, Verzweiflung u. Erniedrigung gekennzeichnet waren. Die letzten Monate des Algerienkrieges (1954–1962) waren für sie besonders traumatisierend, denn sie hatten miterlebt, wie A. immer stärker v. einer Bürgerkriegsstimmung ergriffen wurde, in der sich ein hasserfüllter Terrorismus ausbreitete. Die Spirale der Gewalt, die durch die mörderischen Aktionen der Nationalen Befreiungsfront (*Front de Libération Nationale*, FLN) in den europ. Vierteln u. durch die Gegengewalt der neu gegründeten *Organisation armée secrète* (OAS) – einer mafiaähnlichen bewaffneten Geheimorganisation, die sich aus gescheiterten Putschisten und frz. Ultranationalisten zusammensetzte u. die nach dem Waffenstillstand vom 18. 3. 1962 eine Politik der „verbrannten Erde" propagierte – angetrieben wurde, hatte den Graben zw. der algerischen u. der frz. Gemeinschaft in A. zunehmend vertieft.

Trotz dieser Situation hatte die frz. Regierung nicht an eine Massenflucht der Algerienfranzosen gedacht. Infolge der →Repatriierung der F. nach der Unabhängigkeit Indochinas 1953 u. der ersten Repatriierungen von F. aus Marokko u. Tunesien seit 1954 gründete die Regierung im August 1961 zwar ein Staatssekretariat für Repatriierte, das nach ersten Expertenschätzungen v. etwa 100.000 jährlich bzw. von insgesamt 400.000 Algerienfranzosen ausging. Bereits 1962 kamen jedoch fast 800.000 Personen per Flugzeug oder Schiff nach Frankreich. Allein zw. Mai u. August 1962 wurden 670.000 Einreisende registriert – insgesamt wurden 1,6 Mio. Repatriierte aus Nordafrika erfasst.

Zwei Drittel der Repatriierten landeten in Marseille. Ab Juli 1962 war die Stadt, v. der aus die Verteilung in unterschiedliche Regionen Frankreichs erfolgen sollte, völlig lahmgelegt. Es klappte weder mit der Unterbringung, noch wurden die Repatriierten entsprechend versorgt. Sie empfanden dieses Durcheinander u. Chaos als Verachtung u. Ablehnung seitens der frz. Bevölkerung, schon bald kam es zw. beiden Gruppen zu Spannungen. Die F. – wie das Beispiel der Marseiller zeigte – verhielten sich den Repatriierten gegenüber feindselig, die Bez. *Pieds Noirs* wurde in der ersten Zeit als Beleidigung empfunden. Die Ablehnung der Repatriierten beruhte nicht nur auf dem in der öffentlichen Meinung verbreiteten Stereotyp eines in A. lebenden ebenso brutalen, faschist. und rassistischen wie ungebildeten, lauten u. arroganten F., der auf Kosten der Kolonisierten reich geworden war. Die Feindseligkeit gegenüber den Algerienfranzosen hatte auch wirt. und polit. Gründe: Durch die starke Zunahme der Bev. verschärften sich viele Probleme im Bereich Städte- u. Wohnungsbau, die zu Beginn der 1960er Jahre in Frankreich noch nicht gelöst waren. Entsprechend der offiziellen gaullistischen Doktrin identifizierten die F. die *Pieds Noirs* außerdem häufig mit der OAS. Die Zunahme der rechtsradikalen Attentate u. der rassistisch motivierten Verbrechen, die im S Frankreichs seit der Repatriierung begangen wurden, schien diese Einstellung zu rechtfertigen.

Das Trauma des tragischen Sommers 1962 führte dazu, dass die Erinnerung der Flüchtlinge sich auf ein A. vor 1954 fixierte, auf ein idealisiertes, für immer „verlorenes Paradies". Bald bildete sich bei den Algerienfranzosen ein Phänomen heraus, das in der Regel als *Nostalgérie* bezeichnet wird: Der Verlust der Heimat wurde auf romantische Weise verarbeitet. Ihr Erinnerungsbild war das koloniale Idyll, in dem Rassismus oder soz. Unterschiede keine Rolle spielten. Auch das Problem des unzufriedenen, kolonial unterdrückten Muslims bestand in der Harmonie der *Nostalgérie* nicht.

Die *Nostalgérie* u. die bitteren Erfahrungen der Repatriierten – während des Krieges u. bei der Übersiedlung sowie mit der frz. Bevölkerung nach ihrer Ankunft – schweißte die Algerienfranzosen zusammen. Sie begannen sich selbst als Gemeinschaft zu begreifen u. lebten in ihrem eigenen Milieu. Zahlreiche Vereinigungen machten sich zu Hütern ihrer Geschichte. Die bekanntesten sind die Nationale Vereinigung der Franzosen aus Nordafrika, Übersee und ihrer Freunde, die 1980 noch etwa 20.000 Mitglieder hatte, u. die 1965 gegründete Gewerkschaftliche Union zur Interessenvertretung der aus Algerien zurückgezogenen Franzosen. Diese beiden Verbände befassten sich in erster Linie mit den materiellen Forderungen der Algerienfranzosen, v. a. mit Entschädigungszahlungen. Die meisten anderen Vereine hatten häufig keine konkreten polit. Zielsetzungen, sondern sind aufgrund räumlicher Kriterien – wie dem Herkunftsort in A. oder dem Wohnort in Frankreich – entstanden. Andere Vereinigungen wurden zu ganz bestimmten Zwecken gegründet, wie bspw. die Vereinigung zum Schutz der Friedhöfe in Algerien. Nur wenige Verbände bemühten sich um polit. Einfluss wie z. B. der Verband für die Einheit der Repatriierten, der Flüchtlinge und ihrer Freunde, dessen polit. Nähe zum Rechtsextremismus offensichtlich war.

Die im Milieu der organisierten Repatriierten gepflegte *Nostalgérie* ist jedoch zum Scheitern verurteilt, da die Generation der direkt Betroffenen langsam ausstirbt. Ihre Enkel u. Urenkel können sich nicht mehr mit dieser Kultur identifizieren, da sie keine Erinnerungen an die Flucht haben. Im Laufe v. 40 Jahren sind die Repatriierten faktisch in die frz. Gesellschaft integriert worden (→Integration). Das beweist die große Zahl der gesellschaftlich Aufgestiegenen. Zwischen 1962 u. 2002 stammten 16 Minister, 42 Parlamentarier u. 14 Botschafter sowie 100 Generaldirektoren, Vorstände oder Unternehmensgründer aus den repatriierten Familien Nordafrikas. Alle diese Personen treten i. d. R. nicht als Algerienfranzosen auf, sondern unterscheiden sich in der Öffentlichkeit nicht v. ihren Kollegen.

Lit.: F. Renken, Frankreich im Schatten des Algerienkrieges. Die V. Republik und die Erinnerung an den letzten großen Kolonialkonflikt. Göttingen 2006; M. Baussant, Pieds Noirs. Mémoires d'exils. Paris 2002; J. Hureau, La mémoire des Pieds Noirs de 1830 à nos jours. Paris 2001; J. Verdès-Leroux, Les Français d'Algérie de 1830 à aujourd'hui. Une page d'histoire déchirée. Paris 2001; A. Horne, A Savage War of Peace. Algeria 1954–1962. London 1996; J.-J. Jordi, 1962, l'arrivée des Pieds Noirs. Paris 1995; ders., De l'exode à l'exil. Rapatriés et Pieds Noirs en France. Paris 1993; M. Ayoun/J.-P. Stora, Mon Algérie. Paris 1989.

C. K.-S.

Die französische Besatzungszone in Deutschland als Aufnahmegebiet für deutsche Flüchtlinge und Vertriebene nach dem Zweiten Weltkrieg. Auf der →Konferenz von Potsdam (17. 7.–2. 8. 1945) einigten sich die alliierten Siegermächte Großbritannien, Sowjetunion u. die USA auch darauf, die laufenden „wilden Vertreibungen" (→w. V. der Deutschen aus Polen, →w. V. aus der Tschechoslowakei) zu stoppen u. die „ordnungsgemäße und humane" Durchführung des „Transfers der Deutschen aus Polen, der Tschechoslowakei und Ungarn [...] nach Deutschland" zu fordern. Mit Deutschland waren alle vier Besatzungszonen gemeint, auch die erst später aus Teilen der →amerikanischen u. →britischen Zone im Juli 1945 hervorgegangene frz. Besatzungszone (FBZ). Auf dem Gebiet ihrer in Südwestdeutschland gelegenen, an Frankreich angrenzenden FBZ bildete die frz. Militärregierung 1945 u. 1946 mehrere Länder: Rheinland-Pfalz, Baden, Württemberg-Hohenzollern u. das Saarland. Letzteres wurde Anfang 1946 mit der letztlich gescheiterten Absicht aus der FBZ ausgegliedert, es an Frankreich anzugliedern. Teil der FBZ war zudem der Landkreis Lindau als Bindeglied zu der frz. Besatzungszone in →Österreich (die Bundesländer Tirol u. Vorarlberg).

Frankreich, das an der Potsdamer Konferenz nicht beteiligt war, stimmte zwar den dort getroffenen Umsiedlungsbeschlüssen nachträglich grundsätzlich zu, war aber anders als die anderen Besatzungsmächte bestrebt, keine oder möglichst wenige dt. →Flüchtlinge u. →Vertriebene aufzunehmen. Das Handeln der frz. Militärregierung in Baden-Baden folgte dabei den Grundsätzen der frz. Außenpolitik in der Nachkriegszeit. Diese zielten darauf, Frankreichs Stellung in Europa und internat. zu stärken, u. a. indem ein erneutes Erstarken Deutschlands verhindert werde. Diesem Ziel ordnete die frz. Militärregierung auch die Flüchtlingspolitik, wie in den anderen Zonen ein Reservatrecht der Besatzungsmacht, unter. Eine Aufnahme von dt. Flüchtlingen u. Vertriebenen im Nachkriegsdeutschland im Allg. und in der FBZ im Besonderen hätte aus frz. Sicht das demogr. und damit auch das milit. und wirt. Ungleichgewicht zu Gunsten Deutschlands u. zu Lasten Frankreichs verändert. Insbesondere galt es auch mit Blick auf die verfolgten Annexionspläne, eine erhöhte dt. Bev.konzentration in der Grenzregion sowohl westl. als auch östl. des Rheins zu verhindern. Zudem sah Frankreich in der Aufnahme v. Flüchtlingen u. Vertriebenen einen zusätzlichen wirt. Nachteil. Durch die steigende „Zahl hungriger Mäuler" wäre einerseits die ohnehin schon bedrohliche Ernährungslage in der FBZ verschärft u. andererseits das für Frankreich wichtige Reparationspotential geschwächt worden.

Ausdruck dieser Überlegungen war Frankreichs dreifache Strategie in der Flüchtlings- u. Vertriebenenpolitik, die als Teil der allg. Bev.politik in der Zuständigkeit der *Direction des Personnes Déplacées et Réfugiés* (PDR) lag. Eine Aufnahme v. Flüchtlingen u. Vertriebenen in die FBZ galt es, möglichst zu verhindern. Wenn sich das nicht verwirklichen ließ, hatte eine Aufnahme nur nach den Auswahlkriterien Alter u. Arbeitsfähigkeit zu erfolgen. Zugleich waren möglichst alle Personen, die als Ergebnis des Krieges in das Gebiet gekommen waren, in ihre Herkunftsgebiete zurückzuführen. Schließlich waren jene Personen zu assimilieren, zu Franzosen zu machen, die nicht abgeschoben u. nicht zur Auswanderung ermuntert werden konnten, oder die trotz der Abschottungspolitik aufgenommen werden mussten.

Diese Grundsätze der frz. Flüchtlings- u. Bev.politik fanden ihren Niederschlag bereits im Umsiedlungsplan des Alliierten Kontrollrats, den dieser gemäß Artikel XIII des Potsdamer Abkommens am 10. 11. 1945 vorlegte. Als Ergebnis alliierter Verhandlungen macht er vorläufige Angaben zum Umfang, zum Ablauf, zu den Herkunfts- u. Zielgebieten der Umsiedlungen u. Umsiedlungstransporte. Sie verdeutlichen die Sonderrolle Frankreichs in der Flüchtlingspolitik. Im Unterschied zu den anderen Besatzungszonen, die dem Plan entsprechend zw. 1,5 u. 2,75 Mio. Flüchtlinge u. Vertriebene aus den unter poln. Verwaltung gestellten reichsdeutschen Gebieten, aus →Polen (→Deutsche aus dem heutigen polnischen Staatsgebiet), der →Tschechoslowakei (→Deutsche aus den böhmischen Ländern) u. →Ungarn (→Deutsche aus U.: Zwangsaussiedlung nach Deutschland) aufzunehmen hatten, sah der Plan für die frz. Zone lediglich „150.000 Menschen" aus Österreich vor. Deren Aufnahme sollte nicht vor dem 15. 4. 1946 beginnen. Bis dahin war der vereinbarte Austausch dt. Evakuierter zw. den Besatzungszonen im Verhältnis 1:1 abzuschließen. Zudem sagte Frankreich zu, etwa 250.000 Evakuierte aus der amerikanischen Besatzungszone aufzunehmen, die früher auf dem Gebiet der jetzigen FBZ gelebt hatten.

Mit dem Umsiedlungsplan des Alliierten Kontrollrats gelang es Frankreich zunächst, seine Abschottungspolitik weitgehend durchzusetzen. Das umso mehr, als die Zahl der tatsächlich Aufgenommenen weit hinter den vorgesehenen Zahlen zurückblieb. Frankreich bestand nämlich darauf, dass es sich bei den aus Österreich aufzunehmenden Menschen ausschließlich um „Reichsdeutsche" handelte. Die Aufnahme v. Flüchtlingen aus mehreren südosteurop. Staaten (→Volksdeutsche), die der Krieg nach Österreich verschlagen hatte, lehnte es mit dem schlagkräftigen Argument ab, diese Länder seien auf der Potsdamer Konferenz nicht zur Umsiedlung ihrer deutschen Bev. ermächtigt worden. Bis November 1946 trafen nur rd. 4.000 „Reichsdeutsche" aus Österreich in der FBZ ein.

Dementsprechend standen bei den in den Ländern der FBZ eingerichteten kommissarischen Flüchtlingsverwaltungen zunächst die Kontrolle u. Abwicklung der Evakuiertentransporte u. weniger die Aufnahme u. Betreuung der Flüchtlinge u. Vertriebenen im Vordergrund. Dabei lassen sich deutliche Unterschiede zw. den einzelnen Ländern der FBZ feststellen. In Rheinland-Pfalz, wo kein durchstrukturierter Verwaltungsapparat für den Flüchtlingsdienst eingerichtet wurde, bestand im Hinblick auf die Abschottung des Landes gegen die Flüchtlings- u. Vertriebenenaufnahme eine weitgehende Interessenidentität zw. Besatzungsmacht und dt. Verwaltungen. Demgegenüber gab es in Württemberg-Hohenzollern eine Interessenkollision zw. der Besatzungsmacht u. dem dort eingesetzten Landeskommissar für das Flüchtlingswesen, dem späteren Staatskommissar für Umsiedlung, der einer eigenständigen Abteilung im Innenministerium vorstand. Ausgehend v. der Einschätzung, dass die Umsiedlung unumkehrbar sei u. die Aufnahme v. Flüchtlingen u. Vertriebenen in einen wirt. Gewinn für das Land umgemünzt werden könne, entwickelte der erste Landeskommissar Theodor Eschenburg (1904–1999) einen weitsichtigen Aufnahme- u. Eingliederungsplan, der zu jener Zeit in allen anderen Besatzungszonen u. Ländern seinesgleichen suchte. Der Plan blieb aber mangels Flüchtlingen u. Vertriebenen weitgehend Programm. Bis November 1946 fanden nur rd. 16.000 dt. Flüchtlinge u. Vertriebene Aufnahme in der FBZ. Die Mehrzahl davon waren sog. Dänemarkflüchtlinge.

Dabei handelte es sich im Wesentlichen um dt. Flüchtlinge aus Ostpreußen (→Ostpreußen: Flucht und Vertreibung nach Deutschland), Pommern u. vereinzelt auch um

Luftevakuierte aus Schlesien. Sie wurden in den letzten Kriegsmonaten von der dt. Marine über die Ostsee in das besetzte Dänemark evakuiert. Hier erlebten die bis zu 200.000 Flüchtlinge das Kriegsende (→Dänemark als Aufnahmeland). Sie wurden v. den dänischen Behörden mit der Absicht in Lagern interniert, ihre Ausreise aus Dänemark so bald wie möglich zu erreichen. Auf Drängen der anderen Alliierten, aber auch aus außenpolit. Erwägungen stimmte Frankreich zu, einen Teil der Dänemarkflüchtlinge in ihrer Besatzungszone aufzunehmen. Letztlich sollten es rd. 52.000 sein. Sie wurden v. Ende 1946 bis Ende 1948 nach Baden, Württemberg-Hohenzollern u. Rheinland-Pfalz verbracht u. waren das Ergebnis einer Nützlichkeitskriterien verpflichteten Auslese durch die frz. Behörden. Bevorzugt wurden Arbeitsfähige u. Waisenkinder, bei denen man v. einer schnellen Assimilation ausging.

Ein grundlegender Wandel in der frz. Politik gegenüber den dt. Flüchtlingen u. Vertriebenen trat erst 1949 ein. Jetzt erlaubte die frz. Militärregierung den Vertretern der Flüchtlingsverwaltungen der Länder ihrer Zone, an den Treffen der Arbeitsgemeinschaft der dt. Flüchtlingsverwaltungen teilzunehmen, die die einschlägigen Vertreter aller Länder der westl. Besatzungszonen vereinigte. Schließlich stimmte die Besatzungsmacht auch den noch im Vorfeld der Gründung der Bundesrepublik eingeleiteten Binnenumsiedlungen zu. Ziel war es, die Hauptaufnahmeländer der Flüchtlinge u. Vertriebenen – Schleswig-Holstein, Niedersachsen u. Bayern – zu entlasten u. so einen Flüchtlingsausgleich in die Wege zu leiten. Erst im Rahmen der Binnenumsiedlungsprogramme nahmen die Länder der FBZ in nennenswertem Umfang Flüchtlinge u. Vertriebene auf. Dennoch lag der Anteil der Flüchtlinge u. Vertriebenen in diesen Ländern bei der Gründung der Bundesrepublik mit rd. 10 % weit unter dem Bundesdurchschnitt. Eine der kurzfristig positiven Folgen der frz. Abschottung in der Flüchtlingspolitik war sicher ein im Vergleich zu den anderen Besatzungszonen geringeres Konfliktpotential bei der Begegnung v. Alt- u. Neubürgern. Langfristig betrachtet hatte die restriktive Flüchtlingspolitik allerdings deutlich erkennbare negative wirt. Folgen. Beim wirt. Aufschwung in der jungen Bundesrepublik standen hier die dringend benötigten Arbeitskräfte nicht im erforderlichen Maß zur Verfügung.

Lit.: A. KÜHNE, Entstehung, Aufbau und Funktion der Flüchtlingsverwaltung in Württemberg-Hohenzollern 1945–1952. Flüchtlingspolitik im Spannungsfeld deutscher und französischer Interessen. Sigmaringen 1999; M. BEER, Flüchtlinge und Vertriebene im deutschen Südwesten nach 1945. Sigmaringen 1994; Zur Integration der Flüchtlinge und Vertriebenen im deutschen Südwesten nach 1945. Bestandsaufnahme und Perspektiven der Forschung. Hg. DERS. Sigmaringen 1994; M. SOMMER, Flüchtlinge und Vertriebene in Rheinland-Pfalz. Aufnahme, Unterbringung und Eingliederung. Mainz 1990; R. HUDEMANN, Sozialpolitik im deutschen Südwesten zwischen Tradition und Neuordnung 1945–1953. Sozialversicherung und Kriegsopferversorgung im Rahmen französischer Besatzungspolitik. Mainz 1988.

M. B.

Gagausen aus Bessarabien. Die G. (Selbstbez. *Gagauz*, rum. *Gagauzi*, türk. *Gagauz, Gagavuz*) sind ein christlich-orth. Turkvolk, das sich im späten 18. u. frühen 19. Jh. aus der Dobrudscha kommend in B. (rum. Basarabia, russ. Bessarabija) angesiedelt hat. Sie ließen sich dort im S, im sog. Budschak nieder, aus dem die dort zuvor ansässigen Nogai-Tataren ins Osm. Reich ausgesiedelt worden waren. Ihre Ansiedlung ist im Rahmen der Besiedlung „Neurusslands" zu sehen. Als Motiv für ihre Auswanderung aus der Dobrudscha wird häufig genannt, dass dieses Gebiet als Schauplatz mehrerer osm.-russ. Kriege zu unsicher geworden war. Ihre Auswanderung wird daher oft als →„Evakuierung" beschrieben. Genaueres über ihre Motive sowie über ihre Situation im Osm. Reich lässt sich bisher nicht sagen. Auch die Folklore der G. verweist auf ihren Wunsch im 19. Jh., in die Dobrudscha zurückzukehren. Ob die Gruppe der G. B.s deshalb die Charakteristika einer Diasporagruppe besitzt, ist umstritten.

Mit der Ansiedlung der G. in B. hat sich der Siedlungsschwerpunkt der G. dauerhaft verschoben. Für das Ende des 19. Jh.s geht man v. ca. 56.000 (1897), in der Zwischenkriegszeit (1920) v. ca. 74.000 bzw. ca. 90.000 (1930) u. 1989 v. knapp 153.000 G. aus. Nach einem Konflikt mit dem Zentrum der seit 1991 bestehenden Republik Moldau erhielten die G. 1994 im S der Republik ein Autonomiestatut, das innere Selbstverwaltung vorsieht. Das Zusammenleben mit anderen ethn. Gruppen, v. a. mit den Rumänen B.s wird in der rum. Historiographie der Zwischenkriegszeit überaus positiv geschildert. Man kann jedoch davon ausgehen, dass die G. ebenso wie die anderen ethn. Minderheiten B.s massiven Rumänisierungsmaßnahmen, v. a. im sprachlichen, kulturellen u. schulischen Bereich ausgesetzt waren. Eine umfassende Forschungsarbeit zu den G. im rum. Staat der Zwischenkriegszeit steht noch aus.

Eine Umsiedlung aller G. B.s war in den 1930ern anvisiert worden. Welche Rolle die G. letztendlich in den Vertreibungsplänen der rum. Regierung der Zwischenkriegszeit u. der Kriegszeit einnehmen, ist bisher nicht hinreichend erforscht (→Rumänien). Ein vom rum. Demographen Sabin Manuilă dem rum. Staatsoberhaupt Ion →Antonescu 1941 vorgelegter Plan zur „Rumänisierung" des rum. Staatsgebiets durch Bev.austausch, →Vertreibung u. Ermordung ist so detailliert, dass es verwundert, dass dort die G. nicht namentlich als Gruppe aufgeführt werden. Lediglich die Gruppe der „Türken" taucht hier auf, u. es ist zu vermuten, dass mit dieser Gruppenbezeichnung auch die G. gemeint waren. Die den Turkvölkern zuzuordnenden Gruppen Rumäniens (Türken, Tataren u. G.) nehmen insgesamt eine periphere Rolle in den Vertreibungsplänen ein. Der Plan belegt jedoch, dass auch sie letztendlich ausgesiedelt werden sollten.

Eine konkrete Initiative zu einer Aussiedlung der G. scheint jedoch v. a. von türk. Seite ausgegangen zu sein. Der Botschafter der Republik Türkei in Rumänien Hamdullah Suphi Tanrıöver (1931–1944) interessierte sich angelegentlich für die verschiedenen Turkvölker Rumäniens. Er machte die G. in der Türkei überhaupt erst bekannt. Die Sekundärliteratur u. ein Brief der rum. Botschaft in Ankara nach Bukarest verweisen auf den v. Tanrıöver verfolgten Umsiedlungsplan. Dieser Plan habe die Umsiedlung aller bessarabischen G. in die Republik Türkei, in die Marmaris-Region, zum Ziel gehabt. Er scheint hierfür die Unterstützung Mustafa Kemal Atatürks gehabt zu haben. Mögliche Motive Atatürks werden in einem Gespräch zw. dem Premierminister Celal Bayar (1937–1939) u. Atatürk in der v. Mustafa Baydar verfassten biographischen Schrift zu Tanrıöver wiedergegeben. Er schien hiermit die Aussiedlung der Gruppe der Karamanlı wiedergutmachen zu wollen. Diese turkophone christlich-orth. Gruppe war 1923 im griech.-türk. Bev.austausch (→Griechen aus der Türkei) aufgrund ihrer Religion nach →Griechenland umgesiedelt worden. Es wird berichtet, dass Tanrıöver nach der Abtretung B.s an die →Sowjetunion v. a. deshalb in Bukarest verblieb, weil er diesen Umsiedlungsplan umsetzen wollte, sobald es die Kriegsentwicklung wieder zuließe. Trotz der Rückeroberung B.s durch rum. und dt. Truppen (1941) wurde der Plan allerdings nie in die Tat umgesetzt.

Die gagausische Historiographie geht auf diesen Umsiedlungsplan so gut wie gar nicht ein. In der türk. Historiographie wird der Plan meist nicht wahrgenommen, widerspricht er doch dem gängigen Bild, dass die G. nicht hätten in die Türkei emigrieren dürfen, da sie Christen waren. Diese Sicht impliziert, dass sich direkt aus dem Verhalten der Türkei gegenüber den verschiedenen türk. u. muslimischen Gruppen in Südosteuropa in der Einwanderungsfrage die Bedeutung der Religion für das Staatsbürgerschaftskonzept ableiten ließe (vgl. →*muhacirun*). A. Yıldız gehört zu den wenigen Autoren, die den Umsiedlungsplan erwähnen, doch geht er ohne Begründung davon aus, dass der Plan aufgrund türk. Nichtakzeptanz nicht umgesetzt worden sei. Diese Begründung ist aus verschiedenen Gründen unbefriedigend. Man könnte hier nur auf Tekin Alp, einen der Ideologen des Kemalismus verweisen, der explizit schreibt, der Kemalismus würde die G. mit offenen Armen in der Türkei begrüßen.

Der Sichtweise, dass die G. wegen ihres Christentums nicht Aufnahme in der Türkei gefunden hätten, kann ferner entgegen gehalten werden, dass für die in Istanbul (z. T. in Tanrıövers eigenem Haus) verbliebenen gagausischen Studenten eine eigene Staatsbürgerschaftskategorie durch Beschluss des türk. Parlaments (1943) eingerichtet wurde. Da in der Regel ethn. und relig. Kategorien im Pass eindeutig wiedergegeben wurden, sah man sich gezwungen auf die Türkizität der G. durch den Eintrag „türk ortodox" hinzuweisen, um sie v. nicht-türk. christlich-orth. Gruppen abzugrenzen.

Die Gründe für den Plan u. für dessen Nichtumsetzung müssen v. der Forschung noch geklärt werden. Auch die Frage nach der Einstellung der G. selbst gegenüber diesen Absichten ist bislang unbeantwortet.

Quellen: Brief der rumänischen Botschaft Ankara, in: Minoritățile naționale din România 1931–1938. Documente. Hg. I. Scurtu. București 1999, 403–404; The Memorandum of Sabin Manuilă to Marshal Ion Antonescu, *Annali dell'Instituto italo-germanico in Trento/Jahrbuch des italienisch-deutschen Instituts in Trient* 27 (2001), 609–617.

Lit. (a. →Antonescu, Ion, →Rumänien): M. Argunşah, Gagauzların tarihi, in: Türkler. Hg. H. C. Güzel u. a. Bd. 20. Ankara 2002, 228–243; A. Yildiz, Hamdullah Suphi Tanrıöver, in: Modern Siyasî düşünce. Bd. 4 – Milliyetçilik. Hg. T. Bora/M. Gültekingil. İstanbul 2002, 642–645; Ders. „Ne Mutlu Türküm Diyebilene" – Türk Ulusal Kimliğinin Etno-Seküler Sınırları (1919–1938). İstanbul 2001; D. Brandes, Von den Zaren adoptiert. Die deutschen Kolonisten und Balkansiedler in Neurußland u. Bessarabien 1751–1914. München 1993; M. Baydar, Hamdullah Suphi Tanrıöver ve Anıları. İstanbul 1968; T. Alp, Le Kemalisme. Paris 1937.

S. I.

Generalgouvernement als Aufnahme- und Deportationsgebiet. Mit dem Erlass Adolf →Hitlers „über die Verwaltung der besetzten polnischen Gebiete" vom 12. 10. 1939 (der tatsächlich erst am 24. 10. 1939 fertiggestellt wurde) verzichtete die dt. Besatzungsmacht endgültig auf das Konzept eines poln. Reststaates. Stattdessen verfügte Hitler mit der Schaffung des „Generalgouvernements" (GG.) die Errichtung eines Verwaltungsgebildes mit Kolonialstatus.

Anfangs sollte das GG. „Heimstätte der Polen" sein, wie Hitler am 17. 10. 1939 sagte. Dies änderte sich im Laufe der Zeit, u. ab Sommer 1941 unterlag es den Vorgaben eines strikten Germanisierungsplanes für die folgenden 15–20 Jahre. Um diesen zu vollenden, wolle man, wie Generalgouverneur Hans Frank im November 1940 in Berlin verkündete, nach dem Krieg „um jeden Preis mit den Polen fertig werden". Die Juden sollten noch schneller aus dem GG. verschwinden (→J.: Deportation und Vernichtung).

Das GG. umfasste ursprünglich eine Fläche v. 95.742 qkm mit insgesamt knapp 11,5 Mio. Einw. In der Verwaltung des GG. wurden nur Deutsche, hauptsächlich sog. Reichsdeutsche beschäftigt. Das GG. war anfangs in die vier Distrikte Krakau, Warschau, Radom u. Lublin unterteilt. „Hauptstadt" des GG. wurde Krakau. Nach dem Überfall auf die →Sowjetunion kam mit Galizien ein fünfter Distrikt zum GG. hinzu. Die Fläche des GG. wuchs damit auf 145.180 qkm, seine Einw.zahl stieg auf knapp 17 Mio.

Nichtjüdische Polen bildeten im Jahr 1940 mit 83,3 % u. ab 1942 mit 64,1 % die Mehrheit der Bev. Juden waren mit 11,2 % die zweitgrößte Bev.gruppe. Nach Juni 1942 stieg ihre Zahl kurzzeitig auf über 2 Mio. Bis zum Ende des →Holocaust starben über 80 % v. ihnen in den Todesfabriken. Eine dritte Bev.gruppe waren die Ukrainer. Anfangs lebten knapp 540.000 v. ihnen im GG., überwiegend in den Distrikten Krakau u. Lublin. Sie stellten nach der Angliederung Galiziens mit ca. 3 Mio. Menschen knapp 23 % der Bev. Die Zahl der dt. Zivilisten stieg von ca. 19.000 im Dezember 1940 auf 189.000 im Jahr 1942 u. 240.000 im Juli 1943.

Auf dem Gebiet des GG. stellte sich die Besatzungsmacht drei Hauptaufgaben im Rahmen der sog. Polenpolitik: die völlige polit. Entmündigung u. Ausrottung des poln. Volkes, die maximale wirt. Ausbeutung u. ein stetiges Vorschieben der Ostgrenze des deutschen Siedlungsgebietes. Diese Ziele standen oft im Widerspruch zueinander. Die harten Repressionen wurden durch poln. Vergeltungsakte beantwortet, was dazu führte, dass wenige Deutsche in das GG. übersiedelten.

Die Vertreibung der Polen aus den eingegliederten Gebieten begann bereits im September 1939 (→Polen: Aussiedlung aus den „eingegliederten Ostgebieten"). Bis November kann man v. sog. wilden Vertreibungen sprechen, bei denen die Betroffenen 24 Stunden Zeit hatten, ihre Wohnungen zu räumen. Oftmals angezeigt durch ortsansässige Deutsche wurden zw. 30.000 u. 40.000 Menschen auf diese Weise ihrer Heimat beraubt. Wenig später begannen die zentral organisierten Massenaussiedlungen. Um das Ziel der Eindeutschung der eingegliederten Gebiete zu verwirklichen, wurden drei „Nahpläne" vorbereitet. Die Opfer der Maßnahmen wurden während der Nacht innerhalb v. 10–30 Minuten aus ihren Häusern u. Wohnungen vertrieben, ausgestattet nur mit Handgepäck u. Lebensmitteln für wenige Tage. Pro Kopf durften sie 20–200 Złoty mitnehmen. Die Opfer wurden zuerst in Durchgangslagern untergebracht, in unbeheizten Waggons bei Frost in das GG. transportiert u. dort im Freien ausgesetzt. Bei fast jedem Transport gab es einige Dutzend Tote.

Die Zahl der aus den eingegliederten Gebieten vertriebenen Polen u. Juden wird auf zw. 750.000 u. sogar 1,5 Mio. geschätzt, wenn jene Menschen mitgerechnet werden, die zu Gunsten „volksdeutscher" Umsiedler ihre Höfe u. Wohnungen verlassen mussten u. in den betroffenen Gebieten blieben. Letztlich wurden im Rahmen des 1. Nahplans über 222.000 Polen ins GG. umgesiedelt u. unmittelbar nach dessen Abschluss, bis zum 15. 3. 1940, weitere 120.000. Im Rahmen des 2. Nahplans wurden 142.000 Leute ausgesiedelt u. im Rahmen des 3. Nahplans ca. 47.000. Insgesamt wurden über 0,5 Mio. Menschen in das GG. umgesiedelt.

Die Polen im GG. unterlagen dem Arbeitszwang, der nach dem 14. 12. 1939 für Menschen im Alter v. 14 bis 60 Jahren galt. Seit April 1940 holten sich die Deutschen die Arbeitskräfte hauptsächlich durch Razzien, durchgeführt v. SS u. Polizei. Ihren Höhepunkt erreichten sie im Jahr 1942. Insgesamt wurden 1.297.000 Menschen (10,3 % der Gesamtbev.) aus dem GG. ins sog. Altreich zur Arbeit gebracht. Unter ihnen befanden sich auch 200.000 Ukrainer. Aus allen durch die dt. Armee besetzten poln. Gebieten wurden über 3 Mio. nichtjüd. Polen zur →Zwangsarbeit deportiert, v. denen 137.000 umgekommen sind.

Alle Juden, die im GG. lebten, wurden in Städten, in sog. jüd. Wohnbezirken (Ghettos) konzentriert. Die Mehrheit v. ihnen wurde vertrieben u. diejenigen, die in ihren Häusern u. Wohnungen geblieben waren, wurden gezwungen, andere Juden aufzunehmen. Bis Ende 1943 wurden alle Ghettos im GG. liquidiert u. ihre Bewohner in die Vernichtungslager gebracht.

Aus den poln. Gebieten, darunter aus dem GG., wurden während der Besatzungszeit einige Hunderttausend poln. Bürger in die Gefängnisse u. Konzentrationslager im Reichsgebiet deportiert. Eine genaue Berechnung der Zahl ist in diesem Falle nicht möglich. Am Ende des Krieges wurden aus den Gefängnissen u. Lagern 863.000 Menschen befreit.

Nach den Deportationen der jüdischen Bev. war die Aussiedlung v. Polen aus den Kreisen Zamość, Biłgoraj, Tomaszów u. Hrubieszów die größte Aussiedlungsaktion im GG. Sie war als Vorbereitung auf den →Generalplan Ost gedacht (→Polen und Ukrainer: Aussiedlungen aus der Region Zamość). An die Stelle der ausgesiedelten Polen traten über 9.000 volksdt. Siedler.

Einwohner des GG.s wurden auch wegen des Baus v. Truppenübungsplätzen der Wehrmacht u. Waffen-SS ausgesiedelt, u. zwar zunächst 1940/41 Bewohner v. 160 Dörfern aus dem Kreis Radom, 1942 aus 28 Dörfern im Kreis Kolbuszów u. 1943 aus 38 dt. Siedlungen in Galizien. Insgesamt wurden zu diesem Zweck 171.000 Menschen, teilweise a. Deutsche, im GG. umgesiedelt. So wurden im Herbst 1940 u. in der ersten Hälfte 1941 25.475 „ethnische Deutsche“ aus dem Gebiet um Lublin in die eingegliederten Gebiete gebracht u. von Mai 1940 bis Januar 1941 gegen 66.608 Polen aus dem Wartheland u. 5.548 aus dem Kreis Żywiec ausgetauscht (→Polen: Aussiedlung aus der Region Żywiec).

Die letzte große Aussiedlung im GG. fand im Oktober 1944 statt, als knapp 500.000 Warschauer nach der Niederschlagung des Aufstands aus der Stadt vertrieben wurden (→Warschau – Zwangsaussiedlung während und nach dem Aufstand). Zuerst im Durchgangslager in Pruszków untergebracht, wurden sie dann weiter in andere Gebiete des GG.s und in das „Altreich“ zur Zwangsarbeit deportiert.

Dazu kamen noch die sog. internen Umsiedlungen (→U. [NS-Begriff]), bei denen die Bev. gezwungen wurde, ihre Wohnungen für die Beamten der Besatzungsbehörden zu räumen. Einige Hunderttausend Menschen wurden auf diese Weise vertrieben.

Die Bev.situation war v. 1939 bis 1945 fortlaufend instabil. Zuerst stieg die Bev.zahl infolge der Umsiedlung v. einigen Hunderttausend Menschen aus den 1939 eingegliederten Gebieten. Gleichzeitig wurden aber aus dem GG. mehr als 35.000 Weißrussen u. Ukrainer in die Sowjetunion umgesiedelt, vom Oktober bis Dezember 1939 war die Sowjetunion auch Zufluchtsort für über 200.000 Juden. Andererseits kamen aus dem O 15.000 Polen in das GG., die vor dem Krieg in Zentralpolen gelebt hatten. Auch 40.000–60.000 Ukrainer flüchteten zw. 1939 u. 1940 aus den Gebieten östl. des Bugs in das GG.

Aus der Volkszählung vom 1. 3. 1943 geht hervor, dass die Bev.zahl des GG.s seit 1940 um 2.217.155 v. 16.958.383 auf 14.741.228 gefallen ist. Von dt. Seite wurde dieser Verlust hauptsächlich mit der „Aussiedlung“ der Juden u. den Zwangsausreisen zur Arbeit ins Reich erklärt.

Von den 1,7 Mio. Menschen, die während der gesamten Besatzungszeit auf poln. Gebiet ausgesiedelt oder vertrieben wurden, waren 800.000 Aussiedler aus dem GG. Nicht eingeschlossen sind dabei die Zwangsarbeiter aus dem GG. (1.297.000) u. die Menschen in den Gefangenen- (200.000) u. Konzentrationslagern (einige Hunderttausend). Ebenfalls nicht eingeschlossen sind Personen, die innerhalb des GG.s umgesiedelt oder vertrieben wurden, sowie jüd. Menschen in den Ghettos, v. denen die meisten in den Todesfabriken starben (1.810.000). Insgesamt wurden im GG. mindestens 5 Mio. Menschen aus- u. umgesiedelt.

Lit.: C. Łuczak, Praca przymusowa Polaków w Trzeciej Rzeszy. Warszawa 1999; Ders., Polityka ludnościowa i ekonomiczna hitlerowskich Niemiec w okupowanej Polsce. Poznań 1979; J. T. Gross, Polish Society under German Occupation. Princeton 1979; C. Madajczyk, Polityka III Rzeszy w okupowanej Polsce. 2 Bde. Warszawa 1970; G. Eisenblätter, Grundlinien der Politik des Reiches gegenüber dem Generalgouvernement. Frankfurt a. M. 1969; W. Jastrzębski, Hitlerowskie wysiedlenia z ziem polskich wcielonych do Rzeszy w latach 1939–1945. Poznań 1968; M. Broszat, Nationalsozialistische Polenpolitik 1939–1945. Stuttgart 1961; C. Madajczyk, Generalna Gubernia w planach hitlerowskich. Studia. Warszawa 1961.

T. G.

Generalplan Ost (Generalsiedlungsplan). Bezeichnung für die nationalsozialistischen Planungen zur ethn. Neuordnung Osteuropas während des 2. →Wk.s. Grundgedanke aller Umsiedlungs- u. Neuordnungspläne war die Vorstellung, dass die im Kriege eroberten Gebiete insbesondere Osteuropas in „dt. Lebensraum" umgewandelt werden müssten. Dies bedeutete millionenfache Umsiedlungen (→U. [NS-Begriff]), →Vertreibungen u. →Deportationen der lokalen Zivilbev. und die anschließende Neuansiedlung v. Deutschen, →„Volksdeutschen" u. Angehörigen der „germanischen" Völker.

Auftraggeber der Umsiedlungspläne war der Reichsführer SS Heinrich →Himmler, welcher als →Reichskommissar für die Festigung deutschen Volkstums (RKF) die zentrale Kompetenz für die Neugestaltung des eroberten Ostens beanspruchte. Insgesamt sind fünf Planungsvarianten zu unterscheiden. Vier dieser Entwürfe entstanden zw. 1940 u. 1943 in der Hauptabteilung Planung u. Boden des Stabshauptamtes RKF unter dem Berliner Agrarwissenschaftler Konrad Meyer: 1. die Planungsgrundlagen für den Aufbau der Ostgebiete (1. 1940); 2. ein erster Entwurf Meyers für einen G. O. (7. 1941); 3. der G. O. (6. 1942) sowie 4. der Generalsiedlungsplan (1942/43). Die fünfte Variante wurde v. der Amtsgruppe III B des Reichssicherheitshauptamtes der SS (RSHA) erstellt u. trug ebenfalls den Titel G. O. (11. 1941).

Während die „Planungsgrundlagen" v. 1940 noch die Eindeutschung der annektierten poln. Gebiete projektierten (→Polen), wurden die Pläne nach dem Angriff auf die →Sowjetunion immer inhumaner. Nach den Berechnungen des RSHA vom November 1941 sollten aus Polen, dem Baltikum u. der westl. Sowjetunion 31 Mio. „fremdvölkische Menschen" nach →Sibirien deportiert oder ermordet werden u. weitere 14 Mio. „Fremdvölkische" als Arbeitssklaven Verwendung finden. Der G. O. vom Juni 1942 („Generalplan Ost. Rechtliche, wirtschaftliche und räumliche Grundlagen des Ostaufbaus" vom 2. 6. 1942, vgl. auch die Kurzfassung „Kurze Zusammenfassung der Denkschrift Generalplan Ost" vom 28. 5. 1942) setzte andere Akzente: Die Einheimischen sollten nun nicht mehr gewaltsam deportiert, sondern auf Kolchoseland umgesiedelt werden. Hinzu kam die Dezimierung der Bev. durch →Zwangsarbeit u. Entstädterung. In der Konsequenz ging es auch im G. O. darum, einen Großteil der Zivilbev. zu ermorden oder verhungern zu lassen. Etwa 5 Mio. dt., volksdeutsche u. germanische Siedler sollten den neuen

Lebensraum dauerhaft sichern. Hatte der G. O. des RKF vom Juni 1942 sich noch auf die „Germanisierung“ Polens u. einzelner Siedlungsstützpunkte im Baltikum (→Baltische Länder) u. in der westlichen Sowjetunion beschränkt (→Deutsche aus der Ukraine: NS-Pläne und -Politik), plante der Generalsiedlungsplan des RKF aus den Jahren 1942/43 (der nur in Fragmenten erstellt wurde) noch großräumiger. Nun sollten auch Elsass-Lothringen, das „Protektorat Böhmen und Mähren“ sowie die Region Untersteiermark/Oberkrain in die Umsiedlungs- u. Germanisierungspolitik einbezogen werden.

Die Neuordnung Osteuropas wurde konsequent nach rassenideologischen Prinzipien konzipiert. Für die „rassisch hochwertigen Fremdvölkischen“ war eine „Wiedereindeutschung“ vorgesehen. Die Ermordung der jüdischen Bev. (→Juden: Deportation und Vernichtung) wurde in den Neuordnungsplänen als Grundprämisse schlicht vorausgesetzt.

Weder der G. O. noch der Generalsiedlungsplan wurden in die Tat umgesetzt. Dies darf jedoch nicht darüber hinwegtäuschen, dass während des Krieges millionenfache →Vertreibungen u. Umsiedlungen stattfanden u. auch in einzelnen Regionen wie dem Distrikt Lublin, (→Polen [und Ukrainer]: Aussiedlungen aus der Region Zamość) bereits mit der Umsetzung der Pläne begonnen wurde. Nach dem Krieg wurde keiner der Wissenschaftler um Konrad Meyer zur Verantwortung gezogen. Den meisten gelang eine Fortsetzung ihrer Karriere als Raumforscher u. Landesplaner in der BRD.

Lit.: Wissenschaft – Planung – Vertreibung. Neuordnungskonzepte und Umsiedlungspolitik im 20. Jahrhundert. Hg. I. Heinemann/P. Wagner. Stuttgart 2006; Vom Generalplan Ost zum Generalsiedlungsplan. Hg. C. Madajczyk. München 1994; Der „Generalplan Ost“: Hauptlinien der nationalsozialistischen Planungs- und Vernichtungspolitik. Hg. M. Rössler/S. Schleiermacher. Berlin 1993.

I. H.

Genozid. Der Begriff *genocide* wurde 1944 v. dem Juristen Raffael →Lemkin in dem Buch „Axis Rule in Occupied Europe“ als Kunstwort geschaffen, um die nationalsozialistische Vernichtungspolitik an den Juden (→J.: Deportation und Vernichtung) zu kennzeichnen. Der Terminus ist zusammengesetzt aus dem altgriech. *genos* („Stamm, Rasse, Volk“) u. dem lateinischen Suffix *-cide* (bzw. *caedere* „töten“). Völkerrechtlich relevant wurde der Begriff, als die Vollversammlung der UNO am 9. 12. 1948 unter dem Eindruck des nationalsozialistischen Völkermordes einstimmig die „Konvention zur Verhütung und Bestrafung des Genozids“, kurz Genozidkonvention, annahm, die in einem engen inhaltlichen Zusammenhang mit der universellen Erklärung der →Menschenrechte steht. Alle westlich geprägten Staaten haben die Genozidkonvention ratifiziert bzw. in ihr nationales Recht aufgenommen, die USA allerdings erst 1989. Die Genozidkonvention stellt fest, dass Völkermord eine Intention voraussetzt, die auf die völlige oder teilweise Zerstörung einer bestimmten Opfergruppe abzielt. Ferner wird festgelegt, dass diese Gruppe aus nationalen, rassischen, ethn. oder relig. Gründen verfolgt werden muss, u. ferner werden diejenigen Handlungen, die Völkermord darstellen, benannt. Das grundsätzlich Neue der Genozidkonvention besteht darin, dass zum ersten Mal seit dem Westfälischen Frieden v. 1648 die Souveränität des Nationalstaates infrage gestellt wird, die bis dahin in Europa als unantastbar galt. Zuvor bestand die Meinung, ein Staat könne mit seinen Bürgern machen, was er wolle. Individuen, die des Völkermordes beschuldigt werden, können sich demnach nicht mehr auf ihre nationalen Gesetze berufen, die eine juristische Verfolgung eventuell ausschließen (= derogatorische Wirkung).

In den folgenden Jahren setzte sich der Begriff *genocide* bzw. G., der im Deutschen synonym mit „Völkermord" gebraucht wird, einerseits in allen Sprachen schnell durch. Andererseits geriet die Genozidkonvention nach ihrer Verabschiedung weitgehend in Vergessenheit, u. bis zum Beginn der 1990er Jahre befassten sich nur sehr wenige Soziologen, Juristen, Ethnologen u. Politologen mit der Begrifflichkeit u. der Anwendbarkeit des G.-Konzeptes; zudem fanden diese Debatten ausschließlich in den USA statt. Um einige Fälle v. staatlichem Massenmord, die v. der Konvention nicht abgedeckt werden, begrifflich zu fassen, wurden neue Termini inflationär kreiert. Hierzu gehörten Demozid, Ökonomizid, Femizid, Linguicide, Ethnozid, Politizid etc., doch hat sich bisher keiner dieser Begriffe wirklich durchgesetzt. Weiterhin wurde die Genozidvermutung auf eine sehr große Zahl v. Fällen ausgedehnt, auch auf solche, bei denen gar kein systematischer staatl. Massenmord an einem Volk vorlag. Viele Juristen u. Historiker kritisieren heute an dieser weit gefassten Begrifflichkeit, dass damit jede terminologische Präzision verloren geht.

Kritisiert wurde ferner häufig, dass polit. Gruppen ausdrücklich nicht in die Konvention aufgenommen wurden, sodass ihre systematische Verfolgung u. Ermordung völkerrechtlich keinen G. darstellen. Derzeit hat sich jedoch die Meinung weitgehend durchgesetzt, dass der Ausschluss polit. Gruppen aus der Konvention zwar bedauerlich sei, dass es jedoch einfach keine Möglichkeit gäbe, gefährdete polit. Gruppen völkerrechtlich eindeutig u. zweifelsfrei zu definieren: Auch die NSDAP oder die Khmer Rouge waren polit. Gruppen, die keineswegs eines besonderen Schutzes durch internat. Organisationen bedürftig sind. Schließe man polit. Gruppen in die Konvention mit ein, so liefere man nur Argumente für endlose Propagandaschlachten (US Senator Christopher Dodd, 1986). Grundsätzlich ist Genozidverdacht auch für Kriege geäußert worden, in denen eine große Zahl v. Zivilisten ums Leben kam, doch würde es sich nur dann um Völkermord handeln, wenn gezeigt werden könnte, dass nicht allein der milit. Sieg über den Gegner, sondern zugleich die Auslöschung des gesamten verfeindeten Volkes ein Kriegsziel gewesen wäre. Wenn das Töten mit dem Friedensschluss aufhörte, handelte es sich nicht um Völkermord. Kriege erleichtern zwar die Durchführung eines G., bedingen ihn aber nicht. Zu einer gewissen begrifflichen Unschärfe trägt ferner bei, dass das G.-Argument häufig in polit. Auseinandersetzungen benutzt worden ist, um – jenseits aller wiss. Argumente – den jeweiligen Gegner zu diffamieren oder die eigene Position aus einer Opferperspektive heraus moralisch aufzuwerten.

Erst seit den 1990er Jahren sind neue u. intensive interdisziplinäre wiss. Debatten um die Frage der Anwendung des Genozidbegriffes entstanden. Verantwortlich dafür war erstens der Völkermord in Ruanda, bei dem 1994 innerhalb v. wenigen Monaten über 1 Mio. Tutsi v. Hutu-Extremisten ermordet wurden. Zweitens warfen die massiven →Vertreibungen während der Kriege im ehem. →Jugoslawien u. besonders das große Massaker v. →Srebrenica die polit. drängende Frage auf, ob sich ein G. anbahnen würde. Drittens trug generell das Ende des Kalten Krieges u. ein neu erwachtes Interesse an den Opfern des Nationalsozialismus in den USA dazu bei, dass das Thema Völkermord in vergleichender Perspektive einen neuen Stellenwert in den öffentlichen u. wiss. Debatten gewann, die sich rege u. kontrovers entwickelten.

Derzeit besteht weitgehende Übereinstimmung darüber, dass die jungtürkischen Morde an den Armeniern im 1. Wk. (→A. aus dem Osmanischen Reich), der nationalsozialistische Völkermord an den Juden u. die Gewaltexplosion in Ruanda 1994 eindeutig als G. bezeichnet werden können. Ferner sind einige Autoren der Meinung, der dt. Vernichtungskrieg gegen die Herero 1904/05 in der Kolonie Südwestafrika erfülle die Kriterien für G. Strittig werden die nationalsozialistischen Morde an den Sinti u. Roma (→Der Völkermord an den europäischen Zigeunern) u. die Verbrechen der komm. Regime (der Krieg gegen die Kulaken, der große Hunger in der Ukraine Anfang der 1930er Jahre, die Folgen v. Maos „großem Sprung nach vorne", die chinesische Kulturrevolution oder die chinesische Politik in Tibet) beurteilt. Doch geht die Mehrzahl der Historiker heute davon aus, der Begriff G. sei nicht geeignet, die Spezifika der komm. Gräueltaten angemessen zu erfassen. Der stalinistische u. maoistische Terror hatten im Kern polit. Gründe, auch ging es den komm. Regimen – anders als dem nationalsozialistischen Deutschland – nicht darum, Völker als solche zu vernichten. Da eine Ethnisierung v. willkürlich definierten Gruppen nur teilweise stattfand, handelte es sich um staatl. Massenmord, der sich qualitativ v. einem G. unterscheidet. Unklar ist bis heute die Klassifikation der Morde der Khmer Rouge in Kambodscha, bei denen 21 % der Bev. umgebracht wurden u. die bisher nicht juristisch aufgearbeitet worden sind. Strittig ist, inwieweit die Rote Khmer neben ihren polit. Zielsetzungen auch eine Ethnisierung der Bev. betrieben, die sie vernichteten.

Fazit dieser Debatten seit dem Ende der 1990er Jahre ist, dass eine scharfe definitorische Trennung zw. den Konzepten →ethnische Säuberungen und G. inhaltlich sinnvoll u. terminologisch operabel ist. Der Begriff ethn. Säuberungen war im W bis zu den Kriegen im ehem. Jugoslawien unbekannt, setzte sich aber schon zu Beginn der 1990er Jahre schnell in allen westl. Sprachen durch. Er bezeichnet alle Versuche eines Staates, eine bestimmte ethn. definierte Bev.gruppe zu vertreiben. Ethnische Säuberungen stellen keine G.e dar, können in sehr seltenen Fällen aber einem Völkermord vorangehen. Die Frage, wie brutal ethn. Säuberungen im Einzelnen abliefen oder wie hoch die Opferzahlen waren, spielt für die Frage, ob es sich um einen G. gehandelt hat, keine Rolle. Stets war aber für einen entstehenden G. charakteristisch, dass ein Regime eine bestimmte ethn. Gruppe um fast jeden Preis loswerden wollte, sodass G. die letzte Option für den verhinderten ethn. Säuberer werden konnte. Auch die nationalsozialistische Führung betrieb bis in den 2. Wk. hinein gegenüber den Juden eine Politik der ethn. Vertreibungen, weil die Juden mit Gewalt aus dem dt. Machtbereich entfernt werden sollten. Erst als die Vertreibungs- u. Umsiedlungsoption im Russlandfeldzug endgültig fortfiel, wurde die Politik genozidal u. gipfelte in der Shoah.

Deshalb waren die Vertreibungen, die in der Folge des 2. Wk.s stattfanden, kein G., weil zu keinem Zeitpunkt bspw. die physische Vernichtung aller dt.stämmigen oder dt.sprachigen Menschen angestrebt wurde. Sehr wohl handelte es sich aber um ethn. Säuberungen, weil eine ethn. u. sprachlich definierte Gruppe unter Anwendung oder Androhung v. Gewalt aus einem Territorium entfernt wurde. Doch können diese Vorgänge nicht für sich allein betrachtet werden, sondern sind nur im Kontext der vorhergehenden nationalsozialistischen Besatzungspolitik in Ostmittel- u. Osteuropa zu erklären. Zwischen den 1940er u. den 1990er Jahren hat sich zudem internat. der bestehende Wertekanon deutlich verschoben: Erstens wurden ethn. Säuberungen zu einer Option, die zunehmend als intolerabel angesehen wurde, u. zweitens entstand das Bewusstsein, dass in seltenen, aber dramatischen Fällen ethn. Säuberungen in Völkermord münden können. Deshalb besteht strafrechtlich zwischen G. und ethn. Säuberungen heute keine Normenhierarchie mehr, d. h. beide können als Verbrechen gegen die Menschheit (*crimes against humanity*) internat. strafgerichtlich geahndet werden, obwohl es bisher keine rechtlich verbindliche Definition von ethn. Säuberungen gibt.

Lit. (a. →Lemkin, R.): B. Barth, Genozid. Völkermord im 20. Jahrhundert. Geschichte, Theorien, Kontroversen. München 2006; W. D. Rubinstein, Genocide. A History. Harlow 2004; B. A. Valentino, Final Solutions. Mass Killing and Genocide in the Twentieth Century. Ithaca 2004; W. A. Schabas, Genozid im Völkerrecht. Hamburg 2003; E. D. Weitz, A Century of Genocide. Utopias of Race and Nation. Princeton 2003; Y. Ternon, Der verbrecherische Staat. Völkermord im 20. Jahrhundert. Hamburg 1996.

B. B.

Georgier (1991–1993, 1998). Der Zerfall der →Sowjetunion verschärfte den seit Jahrzehnten schwelenden Konflikt zw. der Georgischen SSR u. ihrer im NW am Schwarzen Meer gelegenen u. an die Russl. Föderation angrenzenden ASSR Abchasien. Dabei handelt es sich um einen polit. Gegensatz zw. den christlich-orthodoxen G. (Selbstbez. *Kartveli*) u. den eher nominal christlichen (60–80 %) u. sunnitischen (20–40 %) Abchasen, der jedoch nicht auf relig. Grundlage der beiden Nationen entstand. Vielmehr geht er auf Russlands milit. Expansion in Nordkaukasien u. die unter den Zaren nach 1864 begonnene Kolonisierung bzw. Grusinisierung (Mingrelisierung) Abchasiens zurück, die, nach einer Phase größerer Selbständigkeit Abchasiens als SSR (1921–1931), durch die Nationalitätenpolitik v. Iosif →Stalin – ein südossetischer G. aus Gori – u. Lavrentij →Berija – ein abchasischer Mingrele aus Mercheul – auch unter Anwendung v. Gewalt fortgeführt wurde.

Dazu gehörten →Vertreibungen u. Umsiedlungen, die eine erhebliche demogr. Verschiebung zu Ungunsten der mit den Tscherkessen u. Ubychen sprachlich wie ethn. verwandten Abchasen zur Folge hatten. Dies verdeutlicht ein demogr. Vergleich. So ergab die schon recht genaue Volkszählung aus dem Jahre 1886 bei einer Gesamtbev. von 68.773 Menschen noch folgendes Bild: 58.963 Abchasen (85,73 %), 4.166 Mingrelen bzw. andere G. (6,05 %), 2.149 Griechen (3,12 %), 1.090 Armenier (1,58 %) u. 1.090 Russen (1,58 %). Rund 100 Jahre später wies Abchasien zwar immer noch eine hohe ethn. Diversität auf, doch war das Verhältnis zw. beiden Völkern 1989 völlig umgekehrt: 239.872 G. (45,68 %), 93.267 Abchasen (17,76 %), 76.541 Armenier (14,57 %), 74.914 Russen (14,26 %) u. 14.664 Griechen (2,79 %) bei einer Gesamtbev. von 525.061 Einw.n. Diese Vielfalt ist durch den 1992 ausgebrochenen Krieg, d. h. durch die →Flucht v. Russen u. Armeniern in die Russl. Föderation sowie v. a. durch die Vertreibung der georgischen Bev. abhanden gekommen.

Aufgrund der Spannungen mit Tiflis (Tbilisi) u. anhaltender Grusinisierung (Kartvelisierung) äußerte die abchasische Regierung inoffiziell schon 1978 („Abchasischer Brief der 130") im Zuge der sowj. Verfassungsreform den im Juni 1988 erneut erhobenen („Abchasischer Brief der 60") u. seither mehrfach wiederholten Wunsch, der RSFSR bzw. der Russl. Föderation beizutreten. Suchumi war nach seiner Unabhängigkeitserklärung vom 25. 8. 1990 zwar bereit, in einem georgischen Bundesstaat zu verbleiben, forderte aber gleichfalls den Verbleib Georgiens in der noch existenten Sowjetunion, um sich, wie es hieß, eines gewissen Schutzes gegen die Übergriffe georgischer Nationalisten zu versichern.

Diese Rechnung ging bekanntlich nicht auf. Denn mit der Unabhängigkeitserklärung Georgiens am 9. 4. 1991 u. der Annahme der Konstitution v. 1921 durch das georgische Parlament, die eine Autonomie für Abchasien nicht kannte, forderte Tiflis zugleich die Unterstellung Suchumis unter die georgische Zentralgewalt. Der Konflikt eskalierte zum Krieg, nachdem Ėduard Ševardnadze die Nationalgarde unter dem Kommando v. Verteidigungsminister Tengiz Kitovani am 14. 8. 1992 in das explosive Spannungsgebiet entsandte, um den Forderungen des georgischen Staatsrats Nachdruck zu verleihen.

Die Kämpfe waren durch Grausamkeiten u. Menschenrechtsverletzungen auf beiden Seiten gekennzeichnet. Sie endeten am 30. 9. 1993 mit dem Sieg der abchasischen Truppen bzw. mit der Unterzeichnung v. Waffenstillstandsvereinbarungen im sog. Moskauer Abkommen vom 4. 4. 1994. Über 230.000 G. sollen im Zuge der Kämpfe aus Abchasien vertrieben worden sein. Betroffen war v. a. der südl., an Georgien angrenzende Bezirk Gal (Samurzaq'ano), in dem die georgische Bev. 1989 einen Anteil v. 93,8 % ausgemacht hatte, während sich der abchasische Teil nur auf 0,8 % belief. Der Krieg kehrte diese Verhältnisse völlig um. Selbst nachdem ein großer Teil der vertriebenen G. nach Gal zurückkehren konnte, stellten die Abchasen in der nun unabhängigen, aber internat. nicht anerkannten Republik Abchasien schon 1995 die Bev.mehrheit (91.162 Abchasen, 89.928 G., 61.962 Armenier, 51.573 Russen, 8.177 Ukrainer, 3.535 Griechen).

Seit Aufnahme der Friedensgespräche in Genf unter Vermittlung der Vereinten Nationen u. der Russl. Föderation im November 1993 werden Verhandlungen über den

Status Abchasiens u. die Rückkehr der Kriegsvertriebenen aus Georgien geführt. Doch beeinträchtigen unvereinbare Vorstellungen der Konfliktparteien über den polit. Status Abchasiens sowie ständig erneut aufbrechende Kämpfe, Sabotageakte u. Überfälle auf administrative Einrichtungen in Gal die Friedensverhandlungen. So trieben bspw. militärische Gegenmaßnahmen der abchasischen Regierung wegen des Überfalls georgischer Freischärler vom Mai 1998 zw. 30.000 u. 40.000 der kurz zuvor in Gal eingetroffenen Rückkehrer erneut in die Flucht.

Viele Kriegsvertriebene ziehen bis heute daher die Sicherheit eines Exils in den Städten Georgiens (Tiflis, Zugdidi) u. Südrusslands der ungeklärten Lage in Abchasien vor, zumal ein Großteil ihrer Häuser dort in Schutt u. Asche gelegt wurde. Dies gilt im Übrigen auch für georgische Familien, die der Krieg seit 1991 aus Südossetien vertrieben hat. So waren Anfang 1997 nach Angaben der georgischen Regierung mit 286.621 Menschen noch eine hohe Anzahl v. *Internally Displaced Persons* (IDP) registriert, v. denen 275.100 aus Abchasien u. 11.500 aus Südossetien stammten, v. a. aus dem angrenzenden Bezirk Gori.

Obgleich die Zahlen des →Hohen Flüchtlingskommissars der UNO v. diesen Angaben leicht abweichen, ist unbestritten, dass die →Integration der Kriegsflüchtlinge auch 10 Jahre nach dem ersten Waffenstillstand aufgrund der schwach ausgeprägten Ökonomie u. der fragilen Infrastruktur des Landes nur äußerst schleppend vorankommt. Belief sich die Anzahl der IDPs in Georgien 1995 demnach auf 272.359 Personen, so waren es im Jahre 2004 mit 237.069 nur unwesentlich weniger Menschen. Einer umfassenden Lösung des Flüchtlingsproblems steht bisher entgegen, dass die abchasische Regierung eine →Repatriierung der georgischen Kriegsvertriebenen v. der Anerkennung der Kriegsschuld durch Tiflis – inklusive Kompensationszahlungen – u. von Sicherheitsgarantien über die Einstellung aller feindseligen Handlungen abhängig macht. Trotz ihrer Unterbringung in Gemeindeeinrichtungen u. Hotels stellen die Kriegsflüchtlinge die ärmste u. verwundbarste Schicht (Arbeitslosigkeit, Epidemien, Kriminalität) der georgischen Gesellschaft dar, die v. radikalpolitischen Gruppierungen mit nationalistischen Parolen bevorzugt mobilisiert werden.

Lit. (a. →Kaukasien): UNHCR Statistical Yearbook. Geneva 2004; T. Potier, Conflict in Nagorno-Karabakh, Abkhazia and South Ossetia. A Legal Appraisal. The Hague 2001; S. E. Cornell, Small Nations and Great Powers. A Study of Ethnopolitical Conflict in the Caucasus. Richmond 2001; M. Malek, Georgia, in: Security Handbook Security and Military in Central and Eastern Europe. Hg. H.-J. Giessmann. Baden-Baden 2001, 225–248; S. Lak'oba, History. 18th Century – 1917, in: The Abkhazians: a Handbook. Hg. G. Hewitt. Richmond 1999, 67–88; D. Müller, Demography. Ethno-Demographic History, 1886–1989, in: Ebenda, 218–239; A. Krylov, Abchazija. Social'nyj portret nepriznannogo gosudarstva, *Afrika i Azija segodnja* 11 (1998), 42–46; R. Gachechiladze, The New Georgia. Space, Society, Politics. London 1995; Caucasian Perspectives. Hg. G. Hewitt. Unterschleißheim b. München 1992.

D. S.

Gomułka, Władysław (1905–1982), komm. Funktionär, Führer der Poln. Arbeiterpartei (PPR) u. der Poln. Vereinigten Arbeiterpartei *(Polska Zjednoczona Partia Robotnicza)*. Zunächst gehörte er der Poln. Sozialistischen Partei – die Linke, ab 1926 der verbotenen Komm. Partei Polens an. Für seine Tätigkeit wurde er zu einer Gefängnisstrafe verurteilt. Im Jahre 1934 flüchtete er in die →Sowjetunion. Nach seiner heimlichen Rückkehr nach Polen wurde er 1936 erneut verhaftet u. erlebte den Kriegsausbruch im Gefängnis. Er nahm an der Verteidigung Warschaus teil. Nachdem er sich in das sowj. Okkupationsgebiet abgesetzt hatte, trat er in die VKP(b) ein. Im Jahre 1942 tauchte er im v. den Deutschen besetzten Zentralpolen auf. Dort beteiligte er sich am Aufbau der PPR u. der Volksgarde *(Gwardia Ludowa)*. Er war erster Sekretär des Warschauer Parteikomitees u. dessen Propagandachef. Nach dem nicht aufgeklärten Tod der aus der Sowjetunion entsandten Parteiführer wurde er im November 1943 erster Sekretär der PPR. Bereits damals war eine starke Dissonanz zw. den „einheimischen" u. den v. Moskau aus abkommandierten u. kontrollierten Funktionären zu spüren. G. führte Gespräche mit den Führungsorganen des poln. Untergrundstaates über einen gemeinsamen Kampf gegen die Besatzung, die jedoch am Standpunkt der Kommunisten v. a. zur Ostgrenze scheiterten. G. wirkte an der Entstehung bewaffneter komm. Einheiten der Volksarmee *(Armia Ludowa)* mit. Bestrebt, den Kommunisten eine Basis für den polit. Machtkampf nach der Befreiung Polens zu verschaffen, trug er zur Bildung des Landesnationalrates (*Krajowa Rada Narodowa*, KRN) bei. Dieser usurpierte die Funktion eines polit. Machtzentrums, welches der poln. Exilregierung das Recht streitig machte, für Polen zu sprechen. Im Dezember 1944 setzte der KRN eine Regierung ein, in der G. Vize-Premier wurde. Er war auch Mitglied der Regierung der Nationalen Einheit (*Rząd Jedności Narodowej*, RzJN) unter Beteiligung des ehem. Premiers der Exilregierung Stanisław →Mikołajczyk. Die RzJN wurde auch v. den westl. Alliierten anerkannt, die dadurch die Exilregierung fallen ließen. G. war Mitglied der RzJN-Delegation auf der →Konferenz von Potsdam, wo Entscheidungen über die Gestalt der poln. Westgrenze u. über die Aussiedlung der dt. Bevölkerung getroffen wurden (→Oder-Neiße-Grenze, →Deutsche aus dem heutigen polnischen Staatsgebiet). Im November 1945 stand er dem →Ministerium für die →Wiedergewonnenen Gebiete vor, einem Ressort, das für die Übernahme u. Integration der territ. Gewinne im W und N zuständig war. Elemente dieses Prozesses waren die Zwangaussiedlung der dt. Bevölkerung, die Verifizierung v. Personen poln. Abstammung unter den ehem. deutschen Staatsangehörigen sowie die Ansiedlung v. Polen (→nationale Verifizierung). Im Dezember 1945 wurde G. auch Generalsekretär der PPR. Als Führer der Kommunisten, der dominierenden u. vom sowj. Militär u. dem Sicherheitsapparat unterstützten polit. Kraft, war er für Repressionen gegen die Opposition, besonders gegen Mikołajczyks Poln. Volkspartei *(Polskie Stronnictwo Ludowe)*, für die blutige Bekämpfung polit. Gegner aus dem in den Untergrund abgedrängten unabhängigen Lager u. für Wahlfälschungen verantwortlich. Infolge seines Widerstands gegen die Übernahme des sowj. Modells, aufgrund des Misstrauens, das ihm der Kreml entgegenbrachte, sowie wegen der Verschärfung des Ost-West-Gegensatzes

u. der völligen Gleichschaltung der komm. Parteien wurde ab Frühjahr 1947 G.s Position innerhalb der PPR u. der internat. komm. Bewegung immer schwächer. Im Juni 1948 beschuldigte man ihn einer „rechts-nationalistischen Abweichung" u. enthob ihn kurz darauf seines Amtes als Generalsekretär. Im Januar 1949 wurde das Ministerium für die Wiedergewonnenen Gebiete aufgelöst u. der Abschluss der Integration der neuen Gebiete in Polen verkündet. Im November wurde G. aus der Partei ausgeschlossen u. zwei Jahre später verhaftet. Zu einem Schauprozess kam es jedoch nicht. Er kam im Dezember 1954 wieder frei u. erlangte in den Augen seiner Landsleute Anerkennung als Anti-Stalinist u. Befürworter eines „polnischen Weges zum Sozialismus". Trotz eines hinhaltenden Widerstandes aus Moskau gelangte er im Dezember 1956 wieder an die Macht. Als Parteichef wirkte er an der Demontage des Stalinismus mit, ohne jedoch die Grundlagen des Machtmonopols der Kommunisten anzutasten. Er regelte die Beziehungen mit Moskau u. erlangte dabei das Einverständnis zur →Repatriierung ehem. polnischer Staatsbürger (→Polen: Repatriierung aus der UdSSR [1955–1959]). Unter seiner Regierung entwickelte Polen eine stärkere Aktivität auf internat. Bühne u. nahm auch inoffizielle Gespräche mit der Bundesrepublik Deutschland über die Normalisierung der Beziehungen auf. Die Ausreise v. Personen jüd. und dt. Abstammung wurde erlaubt. Seit Ende der 1950er Jahre verlor G. seinen großen gesellschaftlichen Rückhalt infolge der zunehmenden Einschränkung v. Bürgerrechten. Das Ende seiner Regierungszeit stand im Zeichen des Konflikts mit der kath. Kirche, v. scharfen Angriffen auf die Intelligenz, der brutalen Niederschlagung studentischer Proteste u. der Entfesselung einer antisem. Kampagne. Diese Kampagne löste eine erneute Auswanderungswelle poln. Juden aus (→Juden aus Polen: Migration/Auswanderung infolge der antisemitischen Kampagne [1968]). Seine Macht verlor G. endgültig nach der blutigen Niederschlagung der Arbeiterstreiks durch das Militär im Dezember 1970. Diese Ereignisse überschatteten seinen großen außenpolit. Erfolg, die Unterzeichnung des Normalisierungsvertrages mit der Bundesrepublik Deutschland. G. war zwar entschieden antidt. eingestellt u. schreckte nicht davor zurück, antidt. Losungen propagandistisch einzusetzen, doch war er zugleich bestrebt, die poln. Westgrenze dauerhaft abzusichern, was nicht nur durch eine Verständigung mit der DDR zu erreichen war, sondern auch ein Abkommen mit der Bundesrepublik Deutschland erforderte.

Lit.: P. Machcewicz, Władysław Gomułka. Warszawa 1995; M. Krzoska, Władysław Gomułka und Deutschland, *Zeitschrift für Ostforschung* 2 (1994), 174–213; A. Werblan, Władysław Gomułka, sekretarz generalny PPR. Warszawa 1988; S. Ciesielski, Myśl zachodnia Władysława Gomułki (1943–1948), *Sobótka* 1 (1985), 147–160; N. Bethell, Gomułka, his Poland and his Communism. London u. a. 1969.

K. R.

Griechen: Deportationen in den asiatischen Teil der Sowjetunion. Zu den traditionellen Siedlungsgebieten der G. in der →Sowjetunion gehören die Halbinsel →Krim, auf der ihre Kolonien bereits seit mehreren Jh.en existierten, die Azov-Region (Stadt Mariupol') sowie die Schwarzmeerküste der Region (russ. *kraj*) Krasnodar u. Georgien. Noch vor der endgültigen Angliederung der Krim an Russland (1783) verließen Ende der 1770er Jahre auf Veranlassung der russ. Regierung über 18.000 G. die Halbinsel u. siedelten sich im nördl. Schwarzmeergebiet an. Nach der Annexion der Krim wurden auf der Halbinsel u. in der Nähe Odessas Militärsiedlungen errichtet, in denen auch G. Militärdienst leisteten. Anfang des 19. Jh.s ließen sich G. in Südrussland nieder, die aus dem Umland v. Adrianopol geflohen waren. Beginnend mit den 1820er Jahren stieg der Zustrom von G. aus dem Osm. Reich nach Transkaukasien u. in den Nordkaukasus stetig an (→Kaukasien). Zu Beginn des 20. Jh.s lebten in diesen Gebieten bereits über 100.000 G. Die letzte Einwanderung erfolgte Anfang der 1920er Jahre.

Nach der Volkszählung v. 1939 betrug die Zahl der G. in der UdSSR 286.000, v. denen 86.000 in der RSFSR lebten. Weitere größere Gruppen siedelten in der Ukraine u. in Transkaukasien. Ende der 1920er u. Anfang der 1930er Jahre existierten in der Ukraine drei griech. nationale Rayons, ein weiterer befand sich in der Region Krasnodar. In diesen Gebieten wurden Schulen mit griech. Unterrichtssprache, griech. Presseorgane u. griech. Abteilungen an sog. Technika, d. h. Fachschulen für Lehrerbildung errichtet.

Erste Kampagnen zur „Unschädlichmachung von Ausländern" wurden in den kompakten Siedlungsgebieten der G. in der zweiten Hälfte der 1930er Jahre entfacht. Das Ausmaß der Repressalien gegen Mitglieder der sog. „Griechischen konterrevolutionären, nationalistischen, aufständischen, auf dem Gebiet der Sabotage und Spionage operierenden und terroristischen Organisation" war so extrem, dass sich der griech. Gesandte in der UdSSR im Herbst 1938 dazu veranlasst sah, an die Sowjetregierung ein Gesuch um Schutz der völlig unschuldigen Bürger griech. Nationalität zu richten (vgl. →nationale Operationen des NKVD der UdSSR). →Deportationen der griech. Bevölkerung fanden im Rahmen der Säuberung der Grenzgebiete v. Vertretern nationaler Minderheiten statt – erstmals im Rahmen des Befehls des →NKVD der UdSSR Nr. 00761 „Über die Aussiedlung von fremdnationalen Personen aus der Stadt Murmansk und dem Murmansker Gebiet" vom 23. 6. 1940, danach des Erlasses des Präsidiums des Obersten Sowjets der UdSSR „Über die Erklärung des Kriegszustands" vom 22. 6. 1941 (woraufhin die G. aus Sevastopol' ausgesiedelt wurden), ferner des Beschlusses des Staatskomitees für Verteidigung (russ. *Gosudarstvennyj Komitet Oborony*, GKO) „Über die Aussiedlung von Ausländern aus der Region Krasnodar und dem Gebiet Rostov" vom 12. 5. 1941 u. schließlich des Beschlusses des GKO vom 29. 5. 1942 Nr. 1828ss über die Aussiedlung v. Ausländern sowie staatsfeindlichen Personen aus diesen Gebieten.

Gemäß dem erwähnten Beschluss des GKO vom 29. 5. 1942 wurden noch im Mai 1942 1.402 „unzuverlässige" G. aus der Region Krasnodar u. dem Gebiet Rostov deportiert. Aus Armenien, Aserbaidschan u. der Schwarzmeerküste Georgiens (Abchasien) wurden im Rahmen dieser Operationen 16.376 Bürger griech. Nationalität zwangsumgesiedelt. Der Deportation unterlagen auch 569 griech. Soldaten u. Offiziere der Roten Armee, die erst im Sommer 1942 einberufen worden waren.

Schon unter den im Mai 1944 v. der Krim deportierten Tataren befanden sich einige Dutzend griech. Kommunisten. Die Deportation der gesamten griech. Bevölkerung der Halbinsel – 15.040 Menschen – erfolgte auf der Grundlage des Sonderbeschlusses des GKO vom 2. 6. 1944 über deren angebliche →Kollaboration mit den dt. Okkupanten.

Die Aussiedlung weiterer G. mit fremder Staatszugehörigkeit fand im Rahmen einer speziellen Operation entsprechend dem Beschluss des GKO vom 24. 6. 1944 Nr. 6100ss statt. Im Zuge dieser Operation wurden v. der Krim zusätzlich 3.531 Personen mit ungültigen Sowjetpässen u. aus dem Gebiet Rostov u. der Region Krasnodar 8.300 G., die keine sowj. Staatsbürgerschaft besaßen, deportiert. Die operative Leitung der Deportation aus der Region Krasnodar oblag Ivan →Serov, die Aussiedlung aus Kerč' (Krim) leitete der Volkskommissar Grigorij Karanadze.

Nach Daten der Abteilung für Sondersiedlungen des NKVD der UdSSR befanden sich im Oktober 1946 in den Sondersiedlungen 39.959 Bürger griech. Nationalität (→Sondersiedler). Die Mehrzahl der deportierten G. war in der Baschkirischen ASSR, der Kasachischen u. der Usbekischen SSR registriert.

Erneute Deportationen unter der griech. Bevölkerung fanden Ende der 1940er Jahre statt. Auf der Grundlage der Verordnung der Sowjetregierung vom 29. 5.1949 Nr. 2214–856ss erfolgte die Aussiedlung der noch in den angestammten Wohngebieten verbliebenen G., Türken u. Armenier. Nach Angaben v. B. Sagarija belief sich die Zahl der 1948/49 im Rahmen dieser Aktion deportierten Personen auf 57.680, unter denen sich erneut 981 griech. Familien (4.343 Personen) aus Georgien u. der Region Krasnodar befanden. In deren ursprüngliche Siedlungsgebiete in Georgien wurden 200 Haushalte aus den landarmen Rayons der Republik umgesiedelt. Den neuen Siedlern wurde der gesamte Besitz der Kolchosen, in welchen zuvor die G. beschäftigt gewesen waren, übertragen. Die Aussiedlungsoperation fand vom 15. bis zum 27. 6. 1949 statt, wobei selbst die in jener Periode vom Ministerium für Staatssicherheit (MGB) der UdSSR vorgegebenen Instruktionen zur Aussiedlung grob missachtet wurden. Lavrentij →Berija wies mehrmals darauf hin, dass „entsprechend dem Beschluss des ZK kein einziger Grieche in Abchasien verbleiben dürfe". Nach Dokumenten des MGB der UdSSR wurden 1948/49 aus Abchasien insgesamt 28.289 G. deportiert, v. ihnen besaßen 4.671 Personen die sowj. Staatsbürgerschaft.

Ein besonderer Aspekt der Geschichte der G. in der UdSSR ist mit den griech. Politemigranten verknüpft. Sie wurden nach ihrer Ankunft in der UdSSR nach Usbekistan dirigiert, wo insgesamt 12.020 von ihnen auf der Grundlage der Verordnung des GKO „Über die politischen Emigranten Griechenlands" vom 27. 9. 1949 Nr. 4067-1674 angesiedelt wurden. 10.115 Politemigranten wurden in Wirtschaftsbetrieben eingesetzt; über 10.000 Personen erhielten Russischunterricht. Um jeglichen Kontakt mit den im Gebiet Taškent angesiedelten griech. Politemigranten zu unterbinden, wurden jene G., die bereits zuvor v. der Krim u. der Schwarzmeerküste der Region Krasnodar u. Georgiens dorthin verschleppt worden waren, in entlegenere Gebiete der Usbekischen SSR deportiert.

Damit waren die Deportationen von G. jedoch noch nicht abgeschlossen. Viele G., die in Novorossijsk u. Gelendžik verblieben waren, wurden in benachbarte Gebiete umgesiedelt, darunter nach Georgievsk (Region Stavropol'), Ordžonikidze (Vladikavkaz) u. in die Kosakensiedlung (russ. *stanica*) Prochladnaja (Kabardinische ASSR). Einige G., die nach Kasachstan u. in andere zentralasiatische Republiken verbracht werden sollten, beließ man in Dagestan. Die griech. Sondersiedler u. Politemigranten unterstanden der permanenten Kontrolle des MGB der UdSSR. Die Verordnung des Ministerrates der UdSSR vom 10. 8. 1951 Nr. 14133 mit der Unterschrift Iosif →Stalins forderte: „Den Anträgen des MGB der UdSSR über die Aussiedlung jener Griechen aus der Georgischen SSR ist stattzugeben, die seinerzeit vom MGB gemäß den Beschlüssen des Ministerrates der UdSSR vom 29. 5. 1949 Nr. 2214–856 und Nr. 727–269 vom 21. 5. 1950 zur Aussiedlung aus Georgien bestimmt gewesen waren, sich jedoch nicht an ihrem Wohnort befunden hatten." Damit stellt die Verordnung des Ministerrates der UdSSR vom 10. 8. 1951 den wohl letzten repressiven Akt in Bezug auf die griech. Minderheit dar.

1951/52 befanden sich 36.693 Personen griech. Nationalität in der Kasachischen SSR, in der Usbekischen SSR wurden zw. 1950 u. 1952 über 15.000 deportierte G. registriert. Laut Angaben zur Gesamtstärke der volljährigen Umsiedler belief sich die Zahl der G. in den Sondersiedlungen Anfang 1953 auf 40.590 Personen. Zwei Jahre darauf befanden sich noch 10.368 G., die 1944 aus der Krim-ASSR deportiert worden waren, unter dem Regime der Sondersiedlungen.

Nach der Teilrehabilitierung der griech. Minderheit auf der Grundlage des Erlasses des Präsidiums des Obersten Sowjets der UdSSR vom 27. 3. 1956 war es einem Großteil v. ihnen weiterhin untersagt, die Verbannungsorte zu verlassen. Das änderte sich erst in den 1980er Jahren. Zwischen 1982 u. 1992 sind schätzungsweise 150.000 G. aus Kasachstan, Usbekistan, Armenien u. Georgien nach Griechenland ausgewandert. Die Mehrzahl der Auswanderer waren Nachfahren der pontischen G., die aus der Türkei in die UdSSR geflohen waren.

Lit.: N. F. Bugaj/A. N. Koconis, „Objazat' NKVD SSSR vyselit' grekov" (o deportacii grekov v 1930–1950 gody). Moskva 1999.

N. B.

Griechen aus der Türkei. Nach Erhebungen des Ökumenischen Patriarchats v. Konstantinopel lebten 1912 in Kleinasien, das in Teilen zu den Kerngebieten des griech. Siedlungsraums gehört hatte, noch etwa 1,5 Mio. Menschen, die sich zur griech.-orth. Kirche bekannten. Siedlungsschwerpunkte waren die Ionische Küste (Distrikt Smyrna), die Hauptstadt Konstantinopel, die Schwarzmeerküste (Trapezunt u. Samsun), der Distrikt Bursa in Nordwest-Anatolien sowie Kappadokien u. der Distrikt Karaman in Zentral-

bzw. Südost-Anatolien. 2005 lebten in der Türkei dagegen nur noch einige tausend G. (nahezu ausschließlich in Istanbul).

Das fast vollständige Verschwinden des kleinasiatischen Griechentums im 20. Jh. setzte mit den →Balkankriegen v. 1912/13 ein. Die v. allen Kriegsparteien durchgeführten →ethnischen Säuberungen in den umkämpften Gebieten auf dem Balkan u. die Verdrängungspolitik gegenüber den Muslimen in den v. →Griechenland eroberten Gebieten (Ägäisch-Makedonien, Westthrakien, ägäische Inseln u. Kreta) im Anschluss an die Balkankriege schufen eine extrem angespannte Situation, da das Osm. Reich zur Unterbringung der muslimischen →Flüchtlinge u. →Vertriebenen aus dem Balkan die griech. Bev. (v. a. im Umfeld der Dardanellen u. Westanatoliens) massiv unter Abwanderungsdruck setzte. Anfang 1914 ordnete Ministerpräsident Mehmed →Talât Pasha die Türkifizierung der kleinasiatischen Westküste an, woraufhin rd. 200.000 griech.-orth. Männer, Frauen u. Kinder in die Flucht getrieben wurden. Im Mai 1914 verständigten sich die osm. u. griech. Regierung auf einen (freiwilligen) Bev.austausch, der jedoch infolge des Kriegsausbruchs nicht realisiert wurde. Im Verlauf des 1. →Wk.s spitzte sich die Situation weiter zu. Große Teile der griech. Bev. aus dem W Kleinasiens wurden in das Innere Anatoliens deportiert. Nach Kriegsende besetzte die griech. Armee im Mai 1919 die Hafenstadt Smyrna/Izmir samt Umgebung u. drang v. dort weiter in das Innere Anatoliens vor. Dies war der Beginn des griech.-türk. Kriegs (1919–1922), in dessen Verlauf sowohl die griech. Invasionstruppen wie die Armee v. Mustafa Kemal („Atatürk“) rücksichtslos gegen die Zivilbev. des Gegners vorgingen. Nachdem der griech. Vormarsch im Sept. 1921 vor Ankara gestoppt worden war, sahen sich die griech. Truppen zum Rückzug gezwungen. Bis zur endgültigen Niederlage der griech. Armee im Herbst 1922 flüchteten mehrere hunderttausend Christen (die Rede ist v. 400.000–500.000 Menschen) aus Kleinasien auf dem Seeweg nach Griechenland, etwa 250.000 G. (u. 50.000 Armenier) verließen Ost-Thrakien, während sich ca. 80.000 G. aus dem Schwarzmeerraum in Georgien u. Russland in Sicherheit brachten. Beim Brand der griech. u. armenischen Stadtviertel v. Smyrna im September 1922 kamen etwa 30.000 Menschen in den Flammen um (griech. Autoren setzten eine sehr viel höhere Zahl an).

Mit dem griech.-türk. Friedensvertrag v. Lausanne (24. 7. 1923; →Lausanner Konferenz) u. der vorweg ausgehandelten Konvention über einen obligatorischen Bev.austausch (30. 1. 1923) wurden nicht nur die bereits vollzogenen Fluchtbewegungen u. Vertreibungen nachträglich festgeschrieben, sondern weitere Zwangsumsiedlungen vereinbart. Betroffen war die gesamte griech.-orth. Bev. der T., mit Ausnahme derjenigen in Istanbul u. auf den beiden ägäischen Inseln Imbros u. Tenedos. Im Gegenzug mussten alle Muslime in Griechenland (mit Ausnahme derjenigen in Westthrakien) in die T. umsiedeln (insgesamt etwa 500.000 Personen). Entscheidendes Kriterium für den Bev.austausch war die Religionszugehörigkeit u. nicht die (in vielen Fällen unklare) ethn. Zuordnung. So befanden sich unter den Mitgliedern der griech.-orth. Kirche auch die türk.sprachige Gruppe der Karamanlides aus Zentralanatolien sowie Armenier u. Zirkassier/Tscherkessen. Nach Abschluss der Zwangsumsiedlung lebten 1924 in der T. nur noch etwa 200.000 Angehörige der griech.-orth. Kirche, deren Zahl sich in den folgenden Jahrzehnten durch Abwanderung (infolge wirt. diskriminierender Gesetze) u. in Reaktion auf den Istanbuler →Pogrom vom 6./7. 9. 1955 gegen die griech. Bev. der Stadt weiter drastisch verminderte.

Für das kriegsmüde u. strukturschwache Griechenland, das zum Zeitpunkt der Lausanner Konvention etwas mehr als 5 Mio. Einw. zählte, stellte die Unterbringung u. Ansiedlung v. 1,5 Mio. Flüchtlingen u. Umsiedlern aus der T. und anderen Nachbarländern eine gewaltige Herausforderung dar, zumal die griech.-türk. Kommission zur Regelung der Eigentumsfragen mit ihrer Arbeit nicht vorankam. Nur mit internat. finanzieller Unterstützung konnte die endgültige Unterbringung der Flüchtlinge in mehrjähriger Arbeit bewerkstelligt werden. Der Großteil der aus der T. stammenden G. wurde in Makedonien u. Westthrakien sowie in den größeren Hafen- u. Landstädten Altgriechenlands angesiedelt. Infolge der Bev.verschiebungen veränderte sich die ethn. Landkarte in einigen Gebieten Griechenlands grundlegend. So stieg der Anteil der G. in Ägäisch-Makedonien zw. 1912 u. 1926 v. 43 % auf knapp 90 %. Insgesamt gilt die →Integration der Flüchtlinge u. Vertriebenen als Erfolgsgeschichte. Die ethnologischen Untersuchungen v. R. Hirschman in Piräus zeigen jedoch, dass sich die Betroffenen auch noch in den 1970er Jahren eine eigene, kleinasiatische Identität bewahrt hatten. Einen Sonderfall stellen die Pontos-G. dar, die in die →Sowjetunion geflohen waren, wo sie während der Stalin-Zeit dreimal Opfer v. Zwangsumsiedlungen wurden (→Griechen: Deportationen in den asiatischen Teil der Sowjetunion). Seit den 1980er Jahren wanderten sie fast vollständig nach Griechenland aus (ca. 150.000 Personen).

Lit. (a. →Lausanner Konferenz): B. Clark, Twice a Stranger: How Mass Expulsion Forged Modern Greece and Turkey. London 2006; E. Kontogiorgi, Population Exchange in Greek Macedonia: The Rural Settlement of Refugees, 1922–1930. Oxford 2006; Verfolgung, Vertreibung und Vernichtung der Christen im Osmanischen Reich 1912–1922. Hg. T. Hofmann. Münster 2004; R. Hirschon, Heirs of the Greek Catastrophe. The Social Life of Asia Minor Refugees in Pireaus. Oxford 1989; P. M. Kitromilides/A. Alexandris, Ethnic Survival, Nationalism and Forced Migration. The Historical Demography of the Greek Community of Asia Minor at the Close of the Ottoman Era, *Bulletin of the Centre for Asia Minor Studies* 5 (1984/85), 9–44; D. Pentzopoulos, The Balkan Exchange of Minorities and Its Impact on Greece. Paris-The Hague 1962; S. Ladas, The Exchange of Minorities: Bulgaria, Greece and Turkey. New York 1932; C. B. Eddy, Greece and the Greek Refugees. London 1931; M. Chater, History's Greatest Trek, *National Geographic Magazine* XLVIII (1925) 5, 533–590; A. A. Pallis, A Statistical Study of the Racial Migrations in Macedonia and Thrace. Athens 1925; Ders., Racial Migrations in the Balkans During the Years 1912–1924, *The Geographical Journal* 66 (1925), 315–331.

H. S.

Griechenland. Anlässlich der Volkszählung v. 1907 lebten im 1830 gegründeten Kgr. Griechenland 2,6 Mio. Menschen auf einem Territorium v. 63.200 qkm (d. h. 41,6 Einw./

qkm). 97 % der Bev. waren griech.sprachig. Die restliche Bev. sprach alb. (→Çamen), vlachisch (aromunisch) oder it. Fast 99 % der Einw. bekannten sich zur griech.-orth. Kirche. Hinzu kamen kleinere Gruppen v. Juden, Muslimen u. Protestanten.

Nach den →Balkankriegen v. 1912/13 vergrößerte sich das Territorium G.s durch den Zugewinn v. Ägäisch-Makedonien, Süd-Epirus, Kreta u. der Ägäischen Inseln auf 120.900 qkm. Nach dem 1. →Wk. kam noch Westthrakien hinzu. 1920 wurden auf einer Fläche v. 129.300 qkm (ohne die anschließend an die Türkei verlorenen Gebiete) etwas über 5 Mio. Menschen gezählt. Die territ. Veränderungen im Zuge der Balkankriege u. des 1. Wk.s waren begleitet v. vielfältigen →ethnischen Säuberungen in den zw. den Nachbarstaaten umstrittenen Gebieten. Alle Kriegsparteien versuchten während der Kriege u. danach, die v. ihnen eroberten Territorien v. „fremden" Bewohnern zu „säubern" (durch →Vertreibung, Massenmord, Zwangsumsiedlung oder →Zwangsassimilation). Die nichtgriechische Bev. in den an G. gefallenen Gebieten (v. a. Muslime unterschiedlicher sprachlicher u. ethn. Zuordnung sowie slavisch- u. alb.sprachige Bev.gruppen) wurde drastisch dezimiert. Der in der griech.-türk. Konvention vom 30. 1. 1923 (→Lausanner Konferenz) vereinbarte obligatorische „Bevölkerungsaustausch" zw. beiden Ländern (mit Ausnahme der Bewohner v. Westthrakien u. Istanbul) bildete einen Höhepunkt im Streben nach ethnonationaler oder relig. Homogenität der jeweiligen Staatsbev. (→Nationalstaat und ethnische Homogenität). Schätzungsweise 1,3 Mio. Anhänger der orth. Kirche in der Türkei (→Griechen aus der Türkei) sowie annähernd 500.000 Muslime in G. verloren ihre bisherige Heimat u. ihre bisherige Staatsbürgerschaft. Auch zwischen G. u. →Bulgarien wurden Bev.gruppen „ausgetauscht" (→Bulgaren aus Griechenland, →Makedonier aus Griechenland). Die ethn. Zusammensetzung der Einw.schaft in den eroberten Gebieten veränderte sich dadurch drastisch. Hatte die griech.-orthodoxe Bev. in Ägäisch-Makedonien vor den Balkankriegen weniger als 43 % ausgemacht, so betrug sie 1926 fast 89 %. Die Muslime (ursprünglich über 39 % der Bev.) waren nahezu gänzlich verschwunden, während sich der Anteil der Slavophonen (ursprünglich knapp 10 %) annähernd halbiert hatte.

Die Volkszählung vom 16. 5. 1928 erbrachte 6,2 Mio. Einw., v. denen knapp 93 % Griech. als ihre Muttersprache angaben. Die restlichen gut 7 % sprachen türk., slavisch, spaniolisch u. a. Sprachen. 96 % der Bev. waren orth., 2 % muslimisch, 1 % jüd., der Rest verteilte sich auf Randgruppen. Nach amtlicher Interpretation gab es in G. keine ethn. Minderheiten. Seit dem letzten Drittel des 19. Jh.s hatte sich Schritt für Schritt das Konzept einer griech. Abstammungsnation durchgesetzt. Wer tatsächliche oder vermeintliche griech. Vorfahren hatte, gehörte zur Nation, auch wenn er eine „falsche" Sprache sprach oder einer „falschen" Religion anhing. Da die Abstammung in den meisten Fällen aber nicht nachweisbar war, wurden der Manipulation u. den damit verbundenen Assimilationsbestrebungen Tür u. Tor geöffnet. Und da es angeblich keine ethn. Minderheiten gab, brauchten sie auch nicht geschützt zu werden. Die v. der Zwangsumsiedlung in die Türkei ausgenommenen Muslime in Westthrakien mussten gemäß der Lausanner Konvention zwar als (relig.) Minderheit anerkannt werden, galten den einheimischen Nationalisten aber als zum Islam (zwangs-)konvertierte Griechen, die ihren Glauben weiter ausüben durften. Dagegen erhielt die slavischsprachige Bev. keinerlei Rechte zur Pflege ihrer Sprache u. Kultur u. sah sich insbesondere während der Metaxas-Diktatur (1936–1941) einer rigorosen Assimilationspolitik ausgesetzt. Da die illegalen Kommunisten die slavischsprachige Bev. als Minderheit anerkannten, erfreuten sie sich bei den Betroffenen zunehmender Sympathie.

Während der bulg. Besetzung Westthrakiens u. des östl. Teils v. Ägäisch-Makedonien im 2. →Wk. wurden etwa 100.000 Bulgaren in beiden Gebieten angesiedelt, während eine gleiche oder größere Zahl v. Griechen ausgesiedelt wurde. Diese Bev.ströme kehrten sich bei Kriegsende wieder um. Von den in G. verbliebenen Bulgaren oder slavischsprachigen Makedoniern beteiligten sich viele anschließend am griech. Bürgerkrieg (1946–1949) auf komm. Seite. Unter den 60.000 im Sommer 1949 vertriebenen oder geflohenen komm. Kämpfern befanden sich mehr als 35.000 ethn. Slaven. Von den 1941 in G. lebenden rd. 72.000 Juden, die ganz überwiegend in Saloniki beheimatet waren, haben nur knapp 13.000 den →Holocaust überlebt. Von den über 11 Mio. Einw. des heutigen G. geben 98 % Griech. als Muttersprache an, darunter viele gräzisierte ethn. Slaven u. der Großteil der gräzisierten, ursprünglich romanischsprachigen Aromunen. Die größte anerkannte Minderheit bilden die Muslime in Westthrakien (Türken, Pomaken u. türk.-sprachige Sinti u. Roma).

Lit. (a. →Balkankriege, →ethnische Säuberung, →Makedonier aus Griechenland, →Bulgaren aus Griechenland, →Lausanner Konferenz): I. Zelepos, Die Ethnisierung griechischer Identität 1870–1912. München 2002; G. Auernheimer, Griechenland zwischen Tradition u. Moderne. Athen u. a. 2001; P. N. Tzermias, Neugriechische Geschichte. Eine Einführung. Tübingen u. a. [3]1999; R. Clogg, Geschichte Griechenlands im 19. u. 20. Jahrhundert. Köln 1997; Modern Greece. A civilization on the Periphery. Hg. K. Legg/J. M. Roberts. Boulder/Co. 1997; Modern Greece. Nationalism and Nationality. Hg. T. Veremis/M. Blinkhorn. London, Athens 1990; H. A. Richter, Griechenland im 20. Jahrhundert. Köln 1990; A Profile of Modern Greece in Search of Identity. Hg. Y. A. Kourvetaris/B. A. Dobratz. Oxford 1987; C. M. Woodhouse, Modern Greece. A Short History. London [4]1986; H. Fleischer, Im Kreuzschatten der Mächte. Griechenland 1941–1944. 2 Bde. Frankfurt a. M. u. a. 1986; I. Banco, Studien zur Verteilung u. Entwicklung der Bevölkerung von Griechenland. Bonn 1976.

H. S.

„Der Große Terror“ – repressive Massenkampagne in den Jahren 1937/38, die gegen unterschiedliche soz. und ethn. Bev.gruppen der UdSSR gerichtet war. Gemeinsam mit Kollektivierung u. Industrialisierung wirkte sich der G. T. gravierend auf die weitere Entwicklung der sowj. Gesellschaft aus. Die Ursachen für die Entfesselung des Massenterrors zu diesem Zeitpunkt sind umstritten. Nach mehrheitlicher Meinung steht dahinter das Bestreben des Regimes, das Maß an soz. Unzufriedenheit, Enttäuschung über erlittenes

Unrecht u. Feindseligkeit in der Gesellschaft, das sich infolge der Stalin'schen Veränderungen im Lande angesammelt hatte u. im Kriegsfall zu einer inneren Krise hätte führen können, im Keim zu ersticken.

Als Auftakt zum G. T. gilt gemeinhin das Februar-März-Plenum 1937, auf dem Iosif →Stalin die grundlegenden Richtlinien für die „Liquidierung der Trotzkisten und anderer Doppelzüngler" dargelegt hatte. Die Beschlüsse des Plenums gaben den Impuls zur Inszenierung einer landesweiten Massenkampagne der „Kritik" und „Selbstkritik", die gegen „verdeckte Feinde der Partei" u. jene Führungskräfte gerichtet war, für die der Kampf mit den Resten der Opposition an Aktualität verloren hatte.

Die Notwendigkeit der Entlarvung u. Vernichtung sog. verdeckter u. offener Volksfeinde (russ. *vragi naroda*) in allen Gesellschaftsschichten wurde auf dem Plenum unmittelbar mit den Wahlen zum Obersten Sowjet der UdSSR in Zusammenhang gebracht, die zum Dezember 1937 anberaumt waren. Vom Standpunkt der Stalin'schen Führungsspitze strebten die antisowjetischen Elemente an, die allg. geheimen Wahlen dazu zu nutzen, die Wahl ihrer eigenen Kandidaten in die Führungsorgane der UdSSR zu erwirken. Aktiv gefördert wurde das Klima einer um sich greifenden Massenpsychose durch die Mittel der Massenpropaganda, durch Rundfunk u. Presse.

Die Hauptphase des G. T. begann im Juli-August 1937 mit den repressiven Massenoperationen der →NKVD-Organe, der Ausdehnung der Repressalien auf breite Bev.schichten. Ausgangspunkt war der Beschluss des Politbüros des ZK der VKP(b) vom 2. 7. 1937 „Über die antisowjetischen Elemente". Darin wurde das NKVD der UdSSR angewiesen, innerhalb kürzester Zeit eine komplette Säuberung des Landes von „konterrevolutionären Elementen, Kulaken und Kriminellen" durchzuführen, unter Anwendung besonderer, vereinfachter Verfahren u. Prozeduren.

Auf der Grundlage dieses Beschlusses wurde der operative Befehl des NKVD der UdSSR Nr. 00447 vom 30. 7. 1937 „Über die Operation zur Repressierung ehemaliger Kulaken, Krimineller und anderer antisowjetischer Elemente" ausgearbeitet u. am 31. 7. 1937 vom Politbüro des ZK bestätigt. Der Befehl benennt mehrere zu repressierende Personengruppen: Kulaken, deren Aussiedlungsdauer abgelaufen war oder die aus den Aussiedlungsorten geflohen waren, ehem. Mitglieder „antisowjetischer Parteien", ehem. Angehörige der Weißen Armee u. zarische Beamte, Sektenangehörige, „Terroristen", „Spione", polit. Gefangene u. Kriminelle. Alle Repressierten wurden entsprechend dem Befehl zwei Kategorien zugewiesen – 1. Kategorie: unverzüglich zu verhaften u. zu erschießen; 2. Kategorie: in Lager oder Gefängnis auf acht oder zehn Jahre zu inhaftieren. Die Ermittlung führten die Organe des NKVD, die Urteile wurden v. außergerichtlichen Sonderorganen, sog. *Trojkas*, gefällt. Sie setzten sich zusammen aus dem Leiter der NKVD-Verwaltung, dem Ersten Sekretär des lokalen Parteikomitees u. dem zuständigen Staatsanwalt. Für jedes Gebiet, jede Region u. jede Republik waren Quoten („Limits" v. russ. *limity*) für beide Kategorien vorgeschrieben. Die anfänglich festgelegte Quote der aufgrund des Befehls Nr. 00447 Repressierten sollte 268.950 Personen betragen, davon 75.950 zum Tode Verurteilte u. 193.000 Lagerhäftlinge. Diese „Orientierungsziffern" waren nicht endgültig. Als Reaktion auf die Gesuche örtlicher Behörden erhöhte das Politbüro des ZK im Verlauf der Jahre 1937/38 mehrfach die „Limits".

Hauptmerkmale des G. T. waren somit einerseits der außergewöhnliche Maßstab der Repressionen u. andererseits die Vereinfachung des Aburteilungsverfahrens. Die Umsetzung des Befehls Nr. 00447 wuchs sich zur größten Strafaktion dieser Periode aus. Die Mehrzahl der Opfer waren „Kulaken", weshalb die Operation auf der Grundlage des NKVD-Befehls Nr. 00447 bisweilen als „Kulaken"-Operation bezeichnet wird. Weitere größere Zielgruppen der Operation bildeten Kriminelle, aber auch Geistliche unterschiedlicher Konfessionen u. Gläubige, d. h. aktive Mitglieder von Kirchengemeinden. Insgesamt belief sich die Zahl der im Rahmen dieser Operation repressierten Menschen auf 770.000, wobei die Forschung von einem Verhältnis zw. Todes- u. Lagerstrafe von 1 : 1 ausgeht.

Parallel zur „Kulaken"-Operation starteten die Organe des NKVD im Sommer 1937 ihre Massenrepressionen gegen eine Reihe „konterrevolutionärer" ethnischer Bev.gruppen der UdSSR, in deren Verlauf etwa 365.000 Menschen Opfer der Verfolgung wurden. Die Mehrzahl von ihnen wurde hingerichtet.

Der dritte Bestandteil des G. T.s umfasste die Vernichtung der Partei-, Staats- u. Militäreliten. Bis zum Beginn der 1990er Jahre dominierte die Interpretation des G. T.s als einer Aktion, die v. a. auf die Liquidierung der „Lenin-Garde" sowie der Staats- u. Militärführung, die in irgendeiner Form Stalins Missfallen erregt hatte, gerichtet war. Die sog. Stalin-Listen enthalten an die 40.000 Namen v. Vertretern der Sowjet-Nomenklatur, die zw. 1937 u. 1938 dem Terror zum Opfer fielen. Diese Größenordnung führt im Vergleich zu den oben genannten Zahlen deutlich vor Augen, dass es jedoch v. a. die breite Masse der Bev. war, die unter den Repressionen des Massenterrors zu leiden hatte. Die Verfolgung der Eliten erklärt eine Reihe v. Wissenschaftlern in erster Linie mit der Intention der Stalin'schen Führung, das in der UdSSR entstandene machtpolit. Cliquensystem zu zerschlagen u. eine absolute u. bedingungslose Loyalität der örtlichen Führungskader gegenüber dem Zentrum zu erzwingen. Die massenhafte Inszenierung von Schauprozessen, die hauptsächlich gegen Führungskräfte auf der Rayonsebene geführt wurden, sollte die „Entlarvung" regionaler Funktionäre als Hauptschuldige an wirt. Misserfolgen demonstrieren u. auf diese Weise das Ansehen der Regierung u. die verletzte soz. Gerechtigkeit in den Augen der Bev. wiederherstellen.

Alle genannten Aktionen, die in ihrer Gesamtheit den G. T. ausmachten, setzten sich mit unterschiedlicher Intensität bis zum November 1938 fort. Parallel dazu waren weiterhin die traditionellen sowj. Straforgane tätig: Gerichte, Militärgerichte des Transportwesens u. des Heeres sowie das Militär-Kollegium des Obersten Gerichts der UdSSR.

Wichtigste Auswirkung u. gleichzeitig Voraussetzung für die Durchführung der Massenrepressionen war ein tief greifender Wandel des gesellschaftlichen moralisch-psychologischen Klimas. In allen Bereichen des soz. Lebens wucherten Denunziation, Verleumdung u. gegenseitiges Misstrauen. Die Einstellung der massenhaften Strafoperationen erfolgte im Herbst 1938. Gemäß der Verordnung des Rates der Volkskommissare der UdSSR u. des ZK der VKP(b) vom 17. 11. 1938 „Über Verhaftungen, staatsanwaltschaftliche Aufsicht und Durchführung von Ermittlungsverfahren" beendeten die *Trojkas* ihre Tätigkeit. Die gerichtlichen Ermittlungsverfahren wurden erneut den traditionellen sowj. Rechtsorganen übertragen. Alle Operationen des „Großen Terrors" u. die entsprechenden operativen Dokumente unterlagen der strengen Geheimhaltung. Bis 1992 galten sie als Staatsgeheimnis.

Quellen: Tragedija sovetskoj derevni. Kollektivizacija i raskulačivanie. Dokumenty i materialy. Hg. V. Danilov/R. Mannig. Bd. 5. 1937–1939. Teil 1, 1937. Moskva 2004; Teil 2, 1938–1939. Moskva 2006.

Lit.: K. Schlögel, Terror und Traum: Moskau 1937. München 2008; M. Junge/R. Binner, Kak terror stal „Bol'šim". Sekretnyj prikaz № 00447 i technologija ego ispolnenija. Moskva 2003; J. Baberowski, Der rote Terror. Die Geschichte des Stalinismus. München 2003; B. McLoughlin, Die Massenoperationen des NKWD. Dynamik des Terrors 1937/38, in: Stalinscher Terror 1934–41. Hg. W. Hedeler. Berlin 2002, 33–50.

A. S.

GULag (v. russ. *Glavnoe Upravlenie ispravitel'no-trudovych lagerej*, dt. Hauptverwaltung der Besserungsarbeitslager) ist im engeren Sinne die Abkürzung des Namens einer Behörde, die für Lagerhäftlinge zuständig war. Vor allem aber ist dieses Kürzel zum Inbegriff für Straflager (→Lager) u. →Zwangsarbeit in der →Sowjetunion geworden. Man unterscheidet zw. dem behördlichen, einem breiteren u. schließlich einem umfassenden GULag-Begriff: 1. das GULag als Behörde, als Hauptverwaltung der Lager, die zunächst als Unterbehörde der Geheimpolizei (russ. *Ob'jedinënnoe gosudarstvennoe političeskoe upravlenie*, OGPU; dt. Vereinigte Staatl. Polit. Verwaltung), später als die des Volkskommissariats (Ministeriums) für Innere Angelegenheiten →NKVD bzw. MVD mit Sitz in Moskau fungierte; 2. der oder das GULag als Bez. für das Lagersystem, in Anlehnung an den autobiographischen Roman „Archipel GULag" v. Aleksandr Solženicyn; 3. der oder das GULag als Synonym für Repression u. Zwangsarbeit in der UdSSR schlechthin.

Das GULag als Behörde. Durch den Befehl der OGPU wurde die Verwaltung der Lager (ULag) am 25. 4. 1930 gegründet; erst am 9. 11. 1930 bekam diese Unterbehörde das Zusatzadjektiv *Haupt-*. Seit 1934 im Bestand des neu gegründeten NKVD, wurde der Hauptverwaltung im Oktober d. J. zusätzlich die Zuständigkeit für Kolonien u. Arbeitssiedlungen übertragen. Die wachsende Bedeutung der Behörde im Laufe der 1930er Jahre lässt sich an der Zahl der Mitarbeiter des Zentralapparats verdeutlichen: 1930 – 87 Angestellte, August 1935 – 527, Mai 1939 – 1.563 Personen. Die zunehmende Einbindung der Lagerinsassen in die wirt. Planung führte dazu, dass Fragen der Produktion immer mehr an Bedeutung gewannen. Durch eine Umstrukturierung in den Jahren 1940/41 wurden wichtige Produktionsvereinigungen aus der Hauptverwaltung ausgegliedert u. direkt dem Volkskommissariat unterstellt. Die neue Struktur des NKVD vom 26. 2. 1941 spiegelte diesen Umstand wider: Neben dem eigentlichen GULag handelte es sich um neue Hauptverwaltungen der Lager (GUL) für konkrete Produktionsbereiche: für Eisenbahnbau GULŽDS, für Industriebauten GULPS, für hydrotechnische Bauten GULGTS, Bauhauptverwaltung für den Fernen N *Dal'stroj*, Verwaltung für Forstwirtschaft ULLP u. a.

Zum 6. 12. 1941 zählte der „abgespeckte" Zentralapparat der Behörde 331 Mitarbeiter, die in erster Linie für Kaderfragen, die Organisation der polit. Arbeit, die Tätigkeit der Staatssicherheit (Operative Abteilung), für die Registrierung u. Verteilung der Häftlinge u. für die sanitären Verhältnisse in einzelnen Lagern zuständig waren. Im Laufe des Krieges (2. →Wk.) u. bis zu Iosif →Stalins Tod hat sich an dieser Struktur u. Aufgabenteilung der GULag u. der bis zu neun selbständigen Lager-Produktionsverwaltungen wenig geändert. Nach 1953 erlebte die Behörde einige Umstrukturierungen u. Umbenennungen, bevor sie zusammen mit dem MVD am 13. 1. 1960 aufgelöst wurde. Insgesamt elf Männer standen an der Spitze dieser Behörde in den Jahren 1930–1960. Am längsten verweilten dort Matvej Berman (1932–1937), Viktor Nasedkin (1941–1947) u. Ivan Dolgich (1951–1954).

Das GULag als Lagersystem. Bis Ende der 1920er Jahre befanden sich die meisten gemeinen Straftäter in Haftanstalten (Gefängnisse, Besserungshäuser, landwirt. Kolonien). Zur Zeit des Bürgerkrieges unterstand der Geheimpolizei ČK-GPU-OGPU (→NKVD der UdSSR) eine Reihe v. Konzentrationslagern für polit. Gegner. Nach dem errungenen Sieg wurden diese Lager aufgelöst. Die OGPU konnte immerhin erreichen, dass sie über das Lager für besondere Bestimmung auf der Insel Solovki (russ. *Soloveckie lagerja osobogo naznačenija*, SLON) als Vollzugsstelle für die nach polit. Artikeln Verurteilten verfügen konnte. Der diesbezügliche Regierungsbeschluss vom 13. 10. 1923 gilt als eigentliche Geburtsstunde des GULag-Systems. Mitte des Jahres 1927 zählte man um die 200.000 Strafgefangenen in den Haftanstalten. Hierzu kamen 21.900 Insassen des Straflagers SLON (1928).

Die zw. 1928 u. 1933 vollzogene stalinsche „Revolution von oben" markierte den Übergang zu einer Mobilisierungsdiktatur, die die totale Konzentration materieller u. menschlicher Ressourcen ermöglichte, um in kürzester Zeit angestrebte militärpolit. und ökon. Vorhaben zu verwirklichen. Überlegungen zur wirt. Ausbeutung der Häftlinge hatte es schon in früheren Jahren gegeben. Aber erst der Beschluss des Rats der Volkskommissare der UdSSR vom 11. 7. 1929 „Über den Arbeitseinsatz von Häftlingen" leitete einen grundlegenden Umbau des Strafvollzugs ein. Vor allem im Uralgebiet u. im Fernen O, in →Sibirien u. →Kasachstan sollten neue Lagerkomplexe entstehen, um durch den Einsatz v. Strafgefangenen die weiträumige Erschließung dieser Regionen voranzutreiben.

Diese bekamen den ideologisch konformen Namen „Besserungsarbeitslager“ (russ. *Ispravitel'no-trudovoj lager'*, ITL). Dorthin wurden alle Verurteilten, ob kriminell oder polit., mit einem Strafmaß über drei Jahre eingewiesen. Bei geringeren Freiheitsstrafen erfolgte die Überführung in eine „Besserungsarbeitskolonie“ (russ. *Ispravitel'no-trudovaja kolonija*, ITK).

Die mit äußerster Gewalt vorangetriebene gesellschaftliche Transformation (Zwangskollektivierung der Bauern, Glaubensverfolgung, Repressalien gegen „sozialfremde Elemente, Schädlinge, Saboteure und Volksfeinde“ verschiedener Art usw.) sorgte für eine rasche Zunahme der Lagerinsassen: Schon zum 1. 1. 1934 stieg ihre Zahl auf 510.307 u. betrug kurz vor dem Kriegsausbruch 1.500.524 Personen. Zusammen mit der ITK kam die gesamte GULag-Bev. in diesen Jahren auf 910.307 bzw. 1.929.729 Häftlinge.

Einige Straflager wurden zu einem Staat im Staate: Zum 1. 4. 1938 zählte das für den Bau der Bajkal-Amur-Eisenbahn zuständige *Bamlag* 268.637 Häftlinge; zum 1. 10. 1937 befanden sich in dem Lagerkomplex *Dal'stroj* im Fernen O 157.375 Strafgefangene. Letzterem stellte die Regierung 1941 2.266.000 qkm zur Verfügung – immerhin fast 10 % der Fläche des Landes. Im Frühjahr 1938 gab es in der UdSSR 13 Lagerkomplexe, die ein Produktionsvolumen im Wert v. 1,2 Mrd. Rubel erwirtschafteten. 1940 stieg die Zahl der Lagerkomplexe auf 53 mit einem Gesamtumsatz v. 3,7 Mrd. Rubel.

In den ersten drei Kriegsjahren wurden 975.000 Häftlinge vorzeitig entlassen u. in die Rote Armee überführt. Die Zahl der Lagerinsassen ging bis zum 1. 7. 1944 auf 1,18 Mio. zurück. Dieser Rückgang erklärte sich, ungeachtet der Neuzugänge, in nicht geringem Maße auch durch das eingetretene Massensterben: Allein in den beiden Jahren 1942 u. 1943 registrierte man 620.386 Todesfälle. Ungeachtet der schwindenden menschlichen Ressourcen übertrug die Sowjetführung dem GULag die Verantwortung für den Bau v. strategisch wichtigen Objekten wie Abwehranlagen in frontnahen Bereichen, Eisenbahnlinien, die Kohle- u. Erdölförderung, den Wiederaufbau v. evakuierten Betrieben, die Errichtung v. militärrelevanten Fabriken u. Werken der Bunt- u. Schwarzmetallindustrie. Die Verteilung der Arbeitsressourcen nach „Kernbereichen“ während des Krieges erfolgte folgendermaßen: Bau der Eisenbahnstrecken 448.000 Häftlinge, Industriebau 310.000, Holzbeschaffungslager 320.000, Bergbau 171.000, Straßen- u. Flughafenbau 268.000. Einen zahlenmäßig geringeren Teil der Lagerinsassen stellte man anderen Volkskommissariaten zur Verfügung. Zusätzlich befanden sich in der Verfügungsgewalt des GULags dienstpflichtige Kontingente sowj. Bürger, die die Nationalität der Feindmächte hatten. Neben den relativ wenigen Finnen, Bulgaren oder Ungarn stellten die russlanddt. Zwangsarbeiter das Gros dieses insgesamt mehr als 400.000 Personen zählenden Personenkreises (→Arbeitsarmee).

Als Ergebnis der zunehmend verschärften Strafpolitik der Nachkriegsjahre ereichte das Lagersystem im Jahre 1950 mit 2.561.351 Häftlingen seine größte Ausdehnung. Zur unmittelbaren Folge einer solchen restriktiven Innenpolitik gehört das in den Jahren 1948–1953 existierende Netz v. Sonderlagern, die nicht der GULag-Hauptverwaltung, sondern direkt der Leitung des Innenministeriums unterstanden. Von der dort herrschenden verschärften Haftordnung u. Isolierung waren Gefangene betroffen – im Jahre 1952 waren es immerhin 257.000 Personen –, die wegen Spionage oder Diversion, als Trotzkisten oder Nationalisten, Mitglieder antisowj. Organisationen u. Gruppen u. Ä. verurteilt worden waren.

Eine vorsichtige Liberalisierung, eine vom neuen Innenminister Lavrentij →Berija initiierte Amnestie u. eine starke Reduzierung der wirt. Aktivitäten führten nach dem Ableben des Diktators 1953 zu einem merklichen Rückgang der Gefangenenzahl, die zum 1. 1. 1956 etwa 781.630 betrug. Infolge der Reformen der Chruščëv-Führung wurde 1960 das Lagersystem in der bisherigen Form abgeschafft.

Die Gesamtzahl der Betroffenen lässt sich bis heute nicht genau ermitteln; man schätzt, dass von 1934 bis 1954 zw. 16,5 u. 20,2 Mio. Menschen in Straflagern u. Kolonien Zwangsarbeit leisten mussten. Für diesen Zeitraum weist die interne Behördenstatistik 1,5 Mio. Todesfälle auf. Neben den Sträflingen gehörten zum GULag-System auch die Lagerkader: Im August 1944 waren in der Administration einzelner Lager u. Kolonien etwas mehr als 72.000 Personen beschäftigt. Der Bestand der militarisierten Wachen umfasste 12.000 Offiziere u. Sergeanten sowie 98.000 Schützen. Der Nomenklatura des GULag gehörten offiziell 6.000 Führungskader an.

Der GULag als Synonym für Repression und Zwangsarbeit in der UdSSR. In diesem Fall handelt es sich um zahlreiche Personen minderen Rechts: Neben den rechtskräftig abgeurteilten Lagerinsassen gehörten hierzu die sich damals in den Gefängnissen befindenden Untersuchungshäftlinge, Personen mit entzogenem Stimmrecht (russ. *lišency*), Verbannte u. Deportierte verschiedener Kategorien, Arbeitsmobilisierte u. Internierte, Kriegsgefangene, Verurteilte auf Bewährung, Insassen der Filtrationslager, ehem. Ostarbeiter, die in Baubataillons zwangsrekrutiert wurden, u. andere Bev.gruppen. Man wird annehmen können, dass in den 1930er–1950er Jahren nicht weniger als 40 Mio. Menschen direkt v. unterschiedlichen Repressalien des Sowjetstaates betroffen wurden. Dabei sind die ebenfalls in Mitleidenschaft gezogenen Familienangehörigen u. die nahe Verwandtschaft nicht mitberücksichtigt.

Lit.: Das System der Besserungsarbeitslager in der Sowjetunion 1923–1960. Ein Handbuch. Hg. Memorial International. Berlin 2003; G. Ivanova, Der GULag im totalitären System der Sowjetunion. Berlin 2001; GULAG (Glavnoe upravlenie lagerej). 1918–1960. Dokumenty. Hg. A. I. Kokurin/N. V. Petrov. Moskva 2000; Lager, Zwangsarbeit, Vertreibung und Deportation. Dimensionen der Massenverbrechen in der Sowjetunion und in Deutschland 1933 bis 1945. Hg. D. Dahlmann/G. Hirschfeld. Essen 1999; R. Stettner, „Archipel GULAG". Stalins Zwangslager – Terrorinstrument und Wirtschaftsgigant: Entstehung, Organisation und Funktion des sowjetischen Lagersystems 1928–1956. Paderborn u. a. 1996.

V. K.

Haager Tribunal. H. T. hat sich in der Öffentlichkeit als Bez. für den Internationalen Strafgerichtshof für das ehemalige Jugoslawien (International Criminal Tribunal for the former Yugoslavia – ICTY) eingebürgert. Eine verbreitete Bez. ist auch „Jugoslawien-Tribunal". Es handelt sich um ein für eine spezielle Fallgruppe („ad hoc") eingerichtetes Gericht, um Personen strafrechtlich zu verfolgen, „die für die seit 1991 im Hoheitsgebiet des ehemaligen Jugoslawien begangenen schweren Verstöße gegen das humanitäre Völkerrecht verantwortlich sind" (Art. 1 ICTY-Statut).

Errichtet wurde der Strafgerichtshof aufgrund der Resolution des Sicherheitsrates (SR) der Vereinten Nationen Nr. 827 vom 25. 5. 1993 kraft seiner „Hauptverantwortung für den Weltfrieden und die internationale Sicherheit" (Art. 24 Abs. 1 UN-Charta) sowie seiner Ermächtigung, sie nach seinem Ermessen durch die Anordnung v. Maßnahmen (auch) nichtmilit. Charakters wahrzunehmen (Art. 39, 41 UN-Charta). Der Strafgerichtshof ist nur vorübergehend, bis zur Erfüllung seiner Aufgabe, eingerichtet. Das soll, wie der SR 2003 entschieden hat, 2010 geschehen sein. Dementsprechend werden seit 2004 keine neuen Ermittlungsverfahren mehr eingeleitet.

Die vom Gerichtshof abzuurteilenden Straftaten sind „schwere Verletzungen" der Genfer Konventionen (12. 8. 1949), die vom Statut in einem abschließenden Katalog von acht Tatbeständen (u. a. Totschlag, Mord, Folter, Geiselnahme) aufgelistet werden, ferner Kriegsverbrechen (Einsatz v. Giftwaffen, mutwillige Verwüstungen usw.), Völkermord im Sinne der Konvention zu seiner Verhütung und Bestrafung (9. 12. 1948) sowie Verbrechen gegen die Menschlichkeit (u. a. Mord, Ausrottung, Versklavung, Deportierung, Folter, Vergewaltigung). Nicht nur Privatpersonen, sondern auch staatl. Funktionsträger aller Ränge bis hin zum Staatspräsidenten unterliegen der Strafbarkeit. Durch das Verfahren gegen den ehemaligen jug. bzw. serb. Staatspräsidenten Slobodan →Milošević kam es zur tatsächlichen Anwendung dieser Vorschrift, wegen Miloševićs Tod infolge Herzinfarktes indes nicht zum Urteil. Das Verfahren gegen den Präsidenten der Republika Srpska/Bosnien-Herzegowina, Radovan →Karadžić, konnte schließlich im Juli 2008 eröffnet werden, nachdem der Gerichtshof bereits im Juli 1996 einen Internat. Haftbefehl gegen ihn ausgestellt hatte. Nach General Ratko →Mladić wird noch immer gefahndet.

Eine empfindliche Lücke im Statut des H. T.s u. eine rechtsstaatl. Schwäche zugleich ist die fehlende Regelung der zu verhängenden Strafen. Das Statut beschränkt sich auf Freiheitsentziehungen, womit insbesondere die Todesstrafe ausgeschlossen ist, u. verweist hinsichtlich der Strafhöhe auf „die allgemeine Praxis der Gerichte des ehemaligen Jugoslawien" (Art. 24). Strafverfahren vor dem Tribunal haben grundsätzlich Vorrang vor denen nationaler Strafgerichte.

Das H. T. besteht aus zwei Strafkammern mit je drei Richtern u. einer Berufungskammer mit fünf Richtern sowie der Anklagebehörde. Die Richter werden v. der UN-Generalversammlung auf Vorschlag des SR, der Leiter der Anklagebehörde vom SR auf Vorschlag des UN-Generalsekretärs gewählt. Sie alle sind unabhängig, an Aufträge und Weisungen nicht gebunden. Das Strafverfahren ist rechtsstaatl. geordnet.

Das H. T. ist trotz seiner Mängel ein Meilenstein in der Entwicklung des Völkerstrafrechts. Neben dem Internat. Strafgericht für Ruanda (ICTR), das vom SR im November 1994 zur Aburteilung v. Völkermord errichtet wurde, ist das H. T. das erste internat. Strafgericht nach den alliierten Militärgerichtshöfen (IMT) gegen die Kriegsverbrecher Deutschlands u. Japans v. Nürnberg u. Tokio (1945/47) (→Nürnberger Prozesse). Die Existenz der beiden Ad-hoc-Strafgerichtshöfe hat wesentlich dazu beigetragen, dass schon bald nach ihrer Errichtung in Rom das Statut eines ständigen Internat. Strafgerichtshofes der Vereinten Nationen verabschiedet wurde (17. 7. 1998), dessen Richter gewählt werden u. am 11. 3. 2003 die Arbeit aufnehmen konnten.

Dem H. T. kommt neben dem Ruanda-Tribunal das Verdienst zu, als erstes internat. Strafgericht in Europa den Tatbestand des Völkermordes angewendet u. einige wesentliche Streitfragen bei dessen Auslegung geklärt u. entschieden zu haben. V. a. geschah dies in dem Verfahren gegen den serb. General Radislav Krstić, der am 2. 8. 2001 wegen des 1995 v. ihm in Srebrenica an bosnischen Muslimen begangenen Völkermordes verurteilt wurde (→Srebrenica). Die Berufungskammer bestätigte das Urteil (4. 4. 2004).

Ende Februar 2009 waren 161 Personen (in über 100 Verfahren) beschuldigt, die Verfahren gegen 116 Personen davon galten zu diesem Zeitpunkt bereits als abgeschlossen: 10 waren freigesprochen worden, 57 verurteilt, 13 hatte man an nationale Gerichte überstellt. Die Verfahren gegen 36 Personen sind wegen Krankheit, schwacher Beweise usw. schließlich eingestellt worden.

Seinem selbst gesteckten Ziel, die Ermittlungen auf Fälle zu konzentrieren, die zugleich typische Strukturen der angezeigten Verbrechen aufdeckten, ist das ICTY trotz aller Schwierigkeiten in hohem Maße gerecht geworden. Ein leuchtendes Beispiel für dieses Gelingen ist der Prozess gegen den ehem. Präsidenten Serbiens, Milan Milutinović, u. sechs Mitangeklagte. Das Urteil vom 24. 2. 2009 deckt erstmals minutiös, auf breitester dokumentarischer Grundlage, das verbrecherische Vorgehen des Präsidenten Slobodan →Milošević u. seiner Helfershelfer gegen die Bev. Kosovos auf u. liefert dadurch eine verlässliche Tatsachengrundlage für eine umfassende völkerrechtliche Würdigung des Falles „Kosovo" (→K. als Vertreibungsgebiet).

Lit.: S. Kirsch, Internationale Strafgerichtshöfe. Baden-Baden 2005; International Criminal Law Developments in the Case Law of the ICTY. Hg. G. Boas/W. Schabas. Leiden u. a. 2003; J. Bogoeva/C. Fetscher, Srebrenica. Ein Prozess. Frankfurt a. M. 2002; K. Ambos, Strafverteidigung vor dem UN-Jugoslawiengerichtshof, *Neue Juristische Wochenschrift* 51 (1998), 1444–1447; H. Roggemann, Die internationalen Strafgerichtshöfe. Einführung, Rechtsgrundlagen, Dokumente. Berlin ²1998; K. Oellers-Frahm, Das Statut des Internationalen Strafgerichtshofes zur Verfolgung von Kriegsverbrechen im ehemaligen Jugoslawien, *Zeitschrift für ausländisches öffentliches Recht und Völkerrecht* 54 (1994), 416–434.

O. L.

Heimatortsgemeinschaften. Neben den verschiedenen öffentlichen u. kirchlichen Such- u. Hilfseinrichtungen, die sich bereits im Sommer 1945 gebildet hatten, formierten sich gleichzeitig sog. Heimatstellen oder Heimatkreisorganisationen. Vor dem Hintergrund der in der frühen Nachkriegszeit stark ausgeprägten Rückkehrhoffnungen vieler →Flüchtlinge u. →Vertriebener war die Zusammenfassung resp. Organisation nach ihren früheren Wohnsitzen nahe liegend. Von diesen Einrichtungen wurden zunächst Adressen der migrierten Bewohner v. einzelnen Dörfern, Kreisen u. Städten gesammelt. Diese Verzeichnisse wurden später bspw. in Rundbriefen u. Heimatzeitungen veröffentlicht. Die Heimatstellen bzw. Heimatkreisorganisationen organisierten darüber hinaus auch Heimattreffen u. nahmen neben einer erinnerungskulturellen Aufgabe auch polit. Aufgaben wahr, indem sie direkt oder indirekt den landsmannschaftlichen Gedanken mit Wiedergutmachungs- u. Entschädigungsansprüchen verbanden.

Die →Landsmannschaften der Vertriebenen u. Flüchtlinge integrierten das oben beschriebene Herkunftsprinzip sehr schnell in ihr Organisationsgefüge. Der doppelte Verbandsaufbau als Mischung aus Herkunfts- u. Aufenthaltsprinzip kennzeichnet seitdem die Organisationsform der polit. organisierten Vertriebenenverbände in der Bundesrepublik Deutschland u. trug maßgeblich zu deren Stabilisierung u. Erhaltung bei. Allerdings gab u. gibt es auch Heimatgruppen, die formal nicht mit den Landsmannschaften verbunden waren, sondern eigene Interessen verfolgten.

Bereits kurz nach Gründung der →Sudetendeutschen Landsmannschaft (SL) auf Landesebene im Jahr 1949 trafen sich Vertreter v. Heimatgruppen u. -kreisen zu Beratungen über deren zukünftige Aufgaben u. Einbindung in die SL, die anfänglich nach dem Wohnortsprinzip aufgebaut war. Schließlich entwickelten sich in der SL elf Heimatgebiete, dem die Heimatkreise, die den früheren Verwaltungsbezirken entsprachen, untergeordnet waren. Die unterste Ebene bildeten u. bilden die Heimatgemeinden oder auch Heimatortsgemeinschaften, die sich aus den ehemaligen Einw. einzelner Orte zusammensetzen.

Lit.: T. Weger, „Volkstumskampf ohne Ende?". Frankfurt a. M. u. a. 2008.

K. E. F.

Heydrich, Reinhard Tristan Eugen (*7. 3. 1904 Halle/Salle, †4. 6. 1942 Prag). SS-Gruppenführer, Chef des Reichssicherheitshauptamtes der SS. H. wurde in Halle/Saale als zweites Kind des Opernsängers u. Komponisten Bruno Richard H. und seiner Frau Elisabeth Krantz geboren. Er besuchte das Reformgymnasium in Halle u. meldete sich nach dem Abitur 1922 zur Reichsmarine. Dort diente er bis zu seiner unehrenhaften Entlassung im April 1931, zuletzt als Nachrichtenoffizier im Dienstrang eines Oberleutnants der Marine. Im Dezember 1931 heiratete H. Lina Mathilde von Osten, aus der Ehe gingen vier Kinder hervor.

Im Juni 1931 trat H. in die NSDAP u. die SS ein, es begann eine besondere Arbeitsbeziehung zu Heinrich →Himmler. Gemeinsam reorganisierten die beiden Männer die Polizei unter dem Dach der SS u. verschmolzen so Staats- u. Parteiaufgaben. Zunächst betraute Himmler H. mit dem Aufbau eines parteiinternen Nachrichtendienstes, der v. a. der Überwachung polit. Gegner dienen sollte. 1933/34 übernahm H., inzwischen Chef des Sicherheitsdienstes der SS (SD), sukzessive die Kontrolle über die polit. Polizei in den Ländern. Bei der Liquidierung der SA-Führung (sog. Röhm-Putsch) am 30. 6. 1934 spielten H. selbst u. sein SD eine Schlüsselrolle. Der Lohn für die SS bestand in ihrer Lösung v. der SA u. der unmittelbaren Unterstellung unter Adolf →Hitler, H. persönlich wurde zum SS-Gruppenführer befördert.

In den Folgejahren trieben Himmler und H. die Umgestaltung der gesamten Polizei im Sinne der SS voran. Am 17. 6. 1936 wurde Himmler zum Reichsführer SS u. Chef der dt. Polizei ernannt, H. erhielt den Posten des Chefs der Sicherheitspolizei u. des SD. Damit kontrollierte er Nachrichtendienst, polit. Polizei (Geheime Staatspolizei, Gestapo) u. Kriminalpolizei. Mit Gründung des Reichssicherheitshauptamtes der SS (RSHA) am 27. 9. 1939 als organisatorischer Zusammenfassung von Sicherheitspolizei u. SD war die Reorganisation der Polizei abgeschlossen. Als Chef des RSHA stand H. einer NS-spezifischen Institution vor: Ein weltanschaulich geprägter Polizeiapparat agierte zum Schutze der „Volksgemeinschaft" u. verfolgte, inhaftierte u. ermordete vermeintliche „Volksfeinde". Dabei war das Feindbild nach strikt biologistischen Kriterien definiert.

Im 2. →Wk. war H. maßgeblich verantwortlich für die Verfolgung u. Ermordung der europ. Juden (→J.: Deportation und Vernichtung). Auf seine Initiative hin hatte schon 1938 der SD-Mitarbeiter Adolf Eichmann in Wien die Zentralstelle für jüd. Auswanderung aufgebaut, welche die Erfassung, Ausplünderung, Ausweisung u. später Deportation der jüd. Bevölkerung koordinierte. Nach ihrem Muster wurde eine Reichszentrale in Berlin geschaffen, deren Leitung wieder H. übernahm. H. koordinierte den Angriff v. SD-Angehörigen auf den Sender Gleiwitz am 31. 8. 1939, der als vermeintlich poln. Übergriff den Vorwand für den Angriff auf Polen lieferte. Im Herbst 1939 befehligte er die Einsatzgruppen der SS, welche zahlreiche Mordaktionen unter der poln. intellektuellen Elite u. der jüd. Bevölkerung verübten. Während des Krieges war er verantwortlich für die Erfassung, Ghettoisierung u. Deportation der Juden in den besetzten Gebieten Polens. Auch der Umschlag v. der Deportations- zur gezielten Mordpolitik ist zentral mit dem Namen H. verbunden. Beim Angriff auf die Sowjetunion am 22. 6. 1941 ließ H. die Einsatzgruppen der Sipo bilden, welche in Massenerschießungen einen Großteil der sowj. Juden ermordeten. Mit Wirkung vom 31. 7. 1941 beauftragte Hermann Göring H. mit der „Endlösung der Judenfrage", d. h. der Organisation des planmäßigen Massenmords. Um die verschiedenen Staats- u. Parteistellen über den Stand der Vernichtungspolitik zu informieren u. auf eine einheitliche Linie festzulegen, berief H. für den 20. 1. 1942 die sog. Wannsee-Konferenz ein. Dort bilanzierte H. die Zahl von insgesamt 11 Mio. zu ermordenden Juden.

Mit dem Völkermord (→Genozid) eng verbunden war ein weiteres polit. Ziel H.s, die Germanisierungs- u. Siedlungspolitik. Am 29. 9. 1941 trat er das Amt des stellvertretenden Reichsprotektors in Böhmen u. Mähren an. Bereits in seiner Antrittsrede bekannte er sich zur engen Verzahnung v. Judenvernichtung u. geplanter „Eindeutschung" des „Protektorates“. Mit einer Mischung aus Terror u. Zugeständnissen versuchte H., den Widerstand der tschech. Oppositionsbewegung zu brechen, jedoch mit mäßigem Erfolg. Am 27. 5. 1942 verübten mehrere Attentäter im Auftrag der tschech. Exilregierung einen Mordanschlag auf H. Sein offener Wagen wurde v. einer Handgranate getroffen, H. durch Granatsplitter schwer verletzt. Am 4. 6. 1942 erlag er in Prag seinen Verletzungen. Als Vergeltungsaktion machte die SS am 9./10. 6. 1942 das Dorf Lidice bei Prag dem Erdboden gleich: Die Männer wurden erschossen, die Frauen in Konzentrationslager deportiert u. die Kinder entweder ermordet oder zur „Germanisierung“ in dt. Pflegefamilien verschleppt. Knapp 500 Menschen wurden Opfer dieser Vergeltungsaktion.

H. war der wichtigste Mitarbeiter Himmlers beim Aufbau des SS- u. Polizeisystems u. bei der Durchführung des Massenmords an den europ. Juden. Mit seiner kühlen Rationalität, seiner Härte u. Aktionsbereitschaft bildete er das pragmatische Pendant zum oft realitätsfernen Reichsführer SS. Gleichzeitig ist seine Eigenständigkeit u. Eigenverantwortung bei der Planung des →Holocaust u. der Schaffung vermeintlicher Sachzwänge, die stets zur Radikalisierung des Mordens führten, kaum zu unterschätzen.

Lit.: M. Wildt, Generation des Unbedingten. Das Führungskorps des Reichssicherheitshauptamtes. Hamburg 2002; G. C. Browder, Foundations of the Nazi Police State. The Formation of Sipo and SD. Lexington/Ky. 1990; S. Aronson, Reinhard Heydrich und die Frühgeschichte von Gestapo und SS. Stuttgart 1971.

I. H.

Himmler, Heinrich (*7. 10. 1900 München, †23. 5. 1945 Lüneburg). Reichsführer SS (RFSS) u. Chef der dt. Polizei. H. wurde in München als zweiter Sohn des Gymnasialprofessors Joseph Gebhard H. u. seiner Frau Anna Maria Heyder geboren. Er wuchs in einem bildungsbürgerlich-kath. Umfeld auf u. besuchte das Gymnasium in Landshut. Im 1. →Wk. begann er eine Laufbahn als Offiziersanwärter, erlebte jedoch keinen Fronteinsatz. Von 1918 bis 1922 studierte er an der TH München Landwirtschaft. Nach seinem Diplom u. Versuchen als Angestellter u. Geflügelzüchter widmete er sich ab 1929 ausschließlich seiner polit. Karriere. 1928 heiratete er Margarete Bode, sie hatten eine Tochter, Gudrun.

H.s Kontakt zur radikalen Rechten der Weimarer Republik begann mit der Mitgliedschaft im völkischen Artamanenbund 1923, kurz darauf nahm er am Hitler-Putsch in München teil (11. 1923). 1925 trat er in die wiedergegründete NSDAP ein, wurde Sekretär des NSDAP-Führers Gregor Strasser u. hatte v. 1926 bis 1930 die Funktion eines stellvertretenden Propagandaleiters. Seine steile Karriere in der SS (der er seit 1925 angehörte, Mitgliedsnummer 169) begann mit seiner Ernennung zum RFSS am 20. 1. 1929. In dieser Funktion gelang es ihm binnen weniger Jahre aus einer 280 Mann starken Einheit (1929) eine schlagkräftige Eliteorganisation zu formen (30. 1. 1933: 50.000 Mann, im Krieg gebot H. mit Allgemeiner SS u. Waffen-SS über etwa 1 Mio. Mann).

Eine wichtige Etappe beim Ausbau der SS war erstens der sog. Verlobungs- u. Heiratsbefehl, den H. Ende 1931 erließ. Er definierte die SS als rassische Elite, deren Mitglieder ein kompliziertes Ausleseverfahren zu durchlaufen hatten. Zweitens ließ H. im März 1933 (als Polizeipräsident in München) das KZ Dachau errichten, welches als Modell für den Aufbau des nationalsozialistischen KZ-Systems diente. Dort durchliefen die KZ-Wachmannschaften der SS ihre Ausbildung u. Initiation ins Töten. Drittens beteiligte er sich am 30. 6. 1934 (als stellvertretender Chef der Gestapo in Preußen) an den Gewaltaktionen gegen die SA-Spitze („Röhm-Putsch"). Als Resultat wurde seine SS v. der SA gelöst u. als selbständige Gliederung innerhalb der NSDAP aufgewertet, die fortan Adolf →Hitler direkt unterstand.

Ab dem 17. 6. 1936 wurde die gesamte Polizei unter H. als Staatssekretär im Reichsministerium des Inneren (RMdI) zentralisiert, ab diesem Zeitpunkt führte H. den Titel RFSS u. Chef der dt. Polizei. Die Verschmelzung v. SS u. Polizei fand ihren Abschluss in der Gründung des Reichssicherheitshauptamtes der SS (RSHA) am 27. 9. 1939, indem Sicherheitspolizei (Gestapo u. Kripo) u. Sicherheitsdienst der SS zu einer Behörde zusammengelegt wurden. Im 2. →Wk. folgte H.s Ernennung zum →Reichskommissar für die Festigung deutschen Volkstums (RKF) (7. 10. 1939), zum Reichsminister des Inneren (25. 8. 1943) u. zum Oberbefehlshaber des Ersatzheeres (21. 7. 1944). Wegen eigenmächtiger Versuche mit den Westalliierten einen Separatfrieden auszuhandeln, enthob Hitler H. am 28. 4. 1945 aller Ämter u. schloss ihn aus der NSDAP aus. Am 23. 5. 1945 beging H. in einem brit. Gefangenenlager bei Lüneburg Selbstmord mit einer Giftkapsel.

Während des Krieges gebot H. mit SS u. Polizei über ein wahres Machtimperium: Er kontrollierte die KZ u. Vernichtungslager, die Waffen-SS u. die Einsatzgruppen der Sicherheitspolizei u. war damit maßgeblich für die Ermordung der europ. Juden verantwortlich (→Juden: Deportation und Vernichtung). Ferner dirigierte er das Wirtschaftssystem der SS, welches die Arbeitskraft der Häftlinge verwertete. Als RKF koordinierte er die Umsiedlungs- u. Germanisierungspolitik im besetzten Europa, welche ihrerseits wieder ein wichtiges Antriebsmoment für den Massenmord lieferte. H.s besonderes Interesse galt der Rassenlehre u. der Siedlungspolitik, zwei Bereiche, die er in seiner SS als einem auf die Ostsiedlung ausgerichteten rassischen Eliteorden beispielhaft verwirklichte. Seine pedantische Buchhaltermentalität u. sein bescheidenes Auftreten dürfen nicht darüber hinwegtäuschen, dass es sich bei H. um einen außerordentlich effektiven Organisator u. Machtmenschen handelte, der die Vernichtungspolitik des „Dritten Reiches" wie kein Zweiter geprägt u. verantwortet hat.

Lit.: P. Longerich, Heinrich Himmler. Biographie. München 2008; Der Dienstkalender Heinrich Himmlers 1941/42. Bearb. P. Witte u. a. Hamburg 1999; R. Breitman, The Architect of Genozide. Himmler and the Final Solution. New York 1991.

I. H.

Hitler, Adolf (*20. 4. 1889 Braunau/Inn [Österreich], †30. 4. 1945 Berlin). Reichskanzler u. Führer der NSDAP. H. wurde als Sohn des Zollbeamten Alois H. u. dessen dritter Ehefrau Klara Pölzl in Braunau am Inn geboren. Er besuchte die Realschule in Linz u. Steyr, die er 1905 ohne Abschluss verließ. Nach dem frühen Tod beider Eltern lebte der junge H. von Waisenrente u. der Unterstützung einer Tante. Nach gescheiterten Versuchen, in Wien eine Künstler-Ausbildung einzuschlagen, lebte H. einige Jahre als Bohemien, u. a. auch in Obdachlosenasylen u. Männerheimen. Während seiner Wiener Zeit bildeten sich die wesentlichen Elemente seiner Weltanschauung heraus: radikaler Antisemitismus, Hass auf den Marxismus u. Glaube an die Überlegenheit der „arischen Rasse". Doch erst die bittere Erfahrung der Niederlage im 1. →Wk., an dem H. von 1914 bis 1918 als Gefreiter an der Westfront teilnahm, machte aus den losen Versatzstücken eine Ideologie, machte H. als Politiker überhaupt erst möglich.

Nach ersten Erfahrungen als politischer Agitator trat er im September 1919 der rechtsradikalen Dt. Arbeiterpartei bei (ab Februar 1920 Nationalsozialistische Dt. Arbeiterpartei, NSDAP), deren Vorsitzender er im Juli 1921 wurde. Im November 1923 leitete er den erfolglosen Putschversuch der Nationalsozialisten in München u. wurde dafür 1924 zu fünf Jahren Festungshaft verurteilt. H. nutzte die Haft in Landsberg/Lech, um seine Propagandaschrift „Mein Kampf" zu verfassen. Nach vorzeitiger Haftentlassung gründete H. 1925 die NSDAP neu. Nun begann sich in der NS-Bewegung ein Führerkult um die Person H.s auszubilden. H. verstärkte dies bewusst, indem er z. B. 1926 den Hitlergruß einführte. 1930 gelang der NSDAP der Durchbruch zur Massenpartei, bei den Reichstagswahlen im Juli 1932 wurde sie stärkste Partei mit 37,4 % der Stimmen. Doch erst nach den Novemberwahlen 1932 wurde H. durch Reichspräsident Paul von Hindenburg am 30. 1. 1933 zum Reichskanzler ernannt.

Damit begann die Formierungsphase des NS-Staates (1933/34), auf die eine kurze Zeit der Konsolidierung (1935–1938) u. schließlich die Radikalisierung (1938–1945) (N. Frei) folgten. Seit August 1934 war H. auch Staatschef („Führer u. Reichskanzler") u. Oberbefehlshaber der Reichswehr, seit 1938 auch Oberbefehlshaber der Wehrmacht. Kernelemente des NS-Regimes waren neben dem Führermythos u. der Errichtung einer Volksgemeinschaft ein genuiner Rassismus u. das Streben nach Expansion. Der NS-Rassismus grenzte ab 1933 die Juden aus der dt. Volksgemeinschaft aus, der formalen Entrechtung folgten bald die ökon. Marginalisierung u. schließlich →Deportation u. Vernichtung (→Juden: Deportation und Vernichtung). Andere Gruppen wie „Asoziale", psychisch Kranke u. Behinderte sowie Sinti u. Roma (→Der Völkermord an den europäischen Zigeunern [Porrajmos]) gerieten ebenfalls noch vor Kriegsbeginn ins Visier der NS-Rassenpolitik. Das erklärte Ziel H.s, die Folgen des Versailler Vertrages zu überwinden u. den Deutschen den benötigten „Lebensraum" im O zu verschaffen, motivierte die Expansionspolitik des NS-Staates. Nach Etappen kampfloser Annexionen (1938/39) begann NS-Deutschland mit dem Angriff auf →Polen 1939 den 2. →Wk. u. weitete ihn 1941 zum Vernichtungskrieg gegen die →Sowjetunion aus. Nach dem Scheitern des Eroberungs- u. Vernichtungskrieges beging H. gemeinsam mit Eva Braun, die er noch kurz zuvor geheiratet hatte, am 30. 4. 1945 in der Berliner Reichskanzlei Selbstmord.

Ein überzeugender Erklärungsversuch für den rasanten Aufstieg H.s zum Diktator ist neben seiner rhetorischen Begabung u. den psychischen Auswirkungen der Kriegsniederlage auch die Überlegung Ian Kershaws, dass viele Deutsche willentlich „dem Führer entgegen arbeiteten“. In den 1990er Jahren wurde eine heftige Kontroverse um die Frage geführt, inwiefern H. selbst die Ermordung der Juden zu einem bestimmten Zeitpunkt angeordnet habe. Der gegenwärtige Stand ist, dass es einen einzelnen „Führerbefehl“ nicht gab, wohl aber ab 1939 einen Konsens, dass die Juden aus der dt. Volksgemeinschaft entfernt werden müssten. Im Spätherbst 1941 wurde nach dem Scheitern diverser Umsiedlungspläne u. unter dem Eindruck des Krieges gegen die Sowjetunion die Schwelle zum →Genozid überschritten. Die Wannsee-Konferenz vom Januar 1942 diente nur noch der Organisation des europaweiten Judenmordes, die Beschlussfassung war zu diesem Zeitpunkt längst abgeschlossen.

Sowohl die Rassen- u. Vernichtungspolitik als auch die kriegerische Expansion hatten in H. ihren zentralen Ideengeber, die Verbindung v. „Rasse“ u. „Raum“ war charakteristisch für sein gesamtes Denken. Bereits in „Mein Kampf“ hatte H. erklärt, die Deutschen hätten die Pflicht, sich den Lebensraum kulturell u. rassisch „minderwertiger Völker“ anzueignen. Damit steht H. auch in der Kernverantwortung für die Zwangsumsiedlungsprozesse des 2. Wk.s v. der Umsiedlung (→U. [NS-Begriff]) der →Volksdeutschen bis zur Vertreibung der Polen (→P.: Aussiedlung aus den „eingegliederten Ostgebieten“), v. der Rekrutierung osteurop. Zwangsarbeiter (→Zwangsarbeit) bis zur Deportation u. Ermordung der europ. Juden.

Lit.: I. Kershaw, Hitler. Bd. 1: 1889–1936. Stuttgart 1998; Bd. 2: 1936–1945. Stuttgart 2000; B. Hamann, Hitlers Wien. Lehrjahre eines Diktators. München 1996.

I. H.

Hoher Flüchtlingskommissar der UNO (UNHCR). Der UNHCR ist ein Organ der UNO, das am 1. 1. 1951 durch eine Resolution der Generalversammlung geschaffen wurde, um den Schutzanspruch v. 1,2 Mio. europ. →Flüchtlingen nach dem 2. →Wk. durchzusetzen. In der Erwartung, dass es nach der Lösung dieses Flüchtlingsproblems überflüssig werde, war das Mandat ursprünglich auf drei Jahre beschränkt, wurde dann aber immer wieder verlängert u. schließlich 2003 auf unbegrenzte Zeit ausgesprochen. Heute ist der UNHCR eine der größten humanitären Organisationen mit mehr als 6.500 Mitarbeitern, die 20,8 Mio. Flüchtlinge in 116 Staaten betreut u. ein Budget von ca. 1 Mrd. US Dollar hat. Das ursprüngliche Mandat bestand darin, den Schutzanspruch v. Flüchtlingen „nach der Genfer Flüchtlingskonvention von 1951“ durchzusetzen u. dauerhafte Lösungen (freiwillige Rückkehr, Naturalisation, Neuansiedlung) für sie zu finden. Es sollte u. soll sichergestellt werden, dass die Menschenrechte der Flüchtlinge beachtet werden, dass sie ihr Recht auf Asylsuche (→Asyl) wahrnehmen können u. nicht in einen Staat abgeschoben werden, wo sie Verfolgung befürchten müssen (Verpflichtung des Non-Refoulements). Das Mandat des UNHCR ist insoweit breiter als das der Durchsetzung der Flüchtlingskonvention v. 1951, sodass auch Rückkehrer, Staatenlose u. Binnenvertriebene erfasst werden können. Vielfach entsteht hier ein Spannungsverhältnis zu den Mitgliedsstaaten der Flüchtlingskonvention, da der UNHCR Personen schützen will, für deren Schutz sich die Staaten aber nicht verantwortlich fühlen. So hat der UNHCR zwar einen Rechtsanspruch gegenüber den Staaten, Flüchtlinge zu schützen, will er aber für Binnenvertriebene aktiv werden, braucht er die Einwilligung des Aufenthaltsstaates, da für deren Schutz aufgrund ihrer →Staatsangehörigkeit ebendieser Staat grundsätzlich zuständig ist.

Während die Flüchtlingskonvention v. 1951 v. einem individuellen Rechtsanspruch des Opfers v. Verfolgung, für die der Asylsuchende die Beweislast trägt, ausgeht, sieht die Praxis oftmals anders aus. Vielfach kommt es in der Folge v. Katastrophen oder Kriegen zu einem Massenansturm v. Schutzsuchenden. In diesen Fällen ist v. *prima-facie*-Flüchtlingen auszugehen, d. h. der Vermutung, dass sich alle Personen in der gleichen Lage befinden u. Schutz benötigen. Hier muss der UNHCR Soforthilfe leisten, Flüchtlingslager errichten, für die Sicherheit, Lebensmittel u. Hygiene sorgen u. die Betreuung sicherstellen. Im Regelfall wird er sich zur Finanzierung mit Spendenaufrufen an die Staatengemeinschaft wenden, um ein „Burdensharing" zu erreichen u. zu verhindern, dass betroffene Staaten ihre Staatsgrenzen schließen, um die Verpflichtung des Non-Refoulement zu umgehen. In solchen Situationen ist die Koordination der Hilfsmaßnahmen dringend geboten. Zumeist übernimmt der UNHCR in Absprache mit anderen humanitären Organisationen die Funktion einer *lead agency*. Es zeigt sich, dass der UNHCR zunehmend zu einer operativ tätigen Hilfsorganisation geworden ist u. Einfluss auf grenzüberschreitende Flüchtlingskrisen nimmt. Durch Hilfsoperationen, die auch der lokalen Bev. zugute kommen, versucht man die Fluchtbewegungen zu regionalisieren. Der UNHCR entspricht hiermit den Forderungen der Geldgeber, die neue Flüchtlingsströme in ihre Staaten verhindern wollen. Zugleich strebt der UNHCR zunehmend die →Repatriierung an, ist aber verschiedentlich dem Vorwurf ausgesetzt, dass diese nicht immer dem freien Willen der Betroffenen entspricht.

Quellen: http://www.unhcr.de (dt.sprachig); http://www.unhcr.org (engl.sprachig).

Lit.: V. Türk, Das Flüchtlingshochkommissariat der Vereinten Nationen (UNHCR). Berlin 1992.

H.-J. H.

Holocaust. H. ist der am meisten gebräuchliche Begriff für die Ermordung der europ. Juden im 2. →Wk. (→J.: Deportation und Vernichtung). Das Wort stammt aus dem Griech. (*holokaustos* – „ganz verbrannt") u. hatte seit der Antike eine relig. Konnotation.

Es wurde freilich schon in der Neuzeit im engl. Sprachraum zur Bez. von massenhaften Verlusten an Menschenleben, insbesondere bei Brandkatastrophen, verwendet. Seit Anfang des 20. Jh.s taucht der Begriff als engl.sprachige Bez. großer Massenmorde auf, etwa der Armenierverfolgung im Osm. Reich (→Armenier im Osmanischen Reich) oder der großen →Pogrome im Rahmen des Russ. Bürgerkrieges.

Seit wann mit dem Begriff ein Bezug zur nationalsozialistischen Judenverfolgung hergestellt wurde, ist nicht eindeutig festzustellen. Schon die sog. Reichskristallnacht vom November 1938 wurde vereinzelt als „Synagogen H." apostrophiert. In den Jahren 1939 bis 1941 finden sich verschiedene Hinweise in der westlichen Presse, dass den Juden im dt. Machtbereich ein H. drohe (bspw. *London Times Literary Supplement* vom 26. 8. 1939). Die direkte Bez. der Massenmorde an Juden als H. findet sich spätestens in der Überschrift eines Artikels im *News Chronicle* (London) vom 5. 12. 1942. Seitdem taucht dieser Bezug immer wieder auf.

Dennoch setzte sich der Begriff nach 1945 zunächst nicht als dominante Bez. für den Mord an den Juden durch (meist noch „holocaust" geschrieben), sondern behielt seine unterschiedliche Verwendung auch für andere Arten v. Massentötungen u. Katastrophen bis hin zur nuklearen Vernichtung. Eine offizielle Verbreitung fand das Wort H. jedoch bald nach der Gründung der Gedenk- u. Forschungsstätte Yad Vashem in Jerusalem 1953. Im hebräischen Sprachgebrauch wird zwar das Wort Šo'a verwendet, in den vielen engl.-sprachigen Veröffentlichungen v. Yad Vashem jedoch mit zunehmender Häufigkeit als H. übersetzt. In den 1960er Jahren häufte sich diese Begriffsverwendung auch in den USA, besonders unter amerikanischen Juden u. gesteigert seit dem Sechstagekrieg v. 1967. Im Jahr darauf führte die Library of Congress das Schlagwort „H., Jewish" für ihren Katalog ein.

Die Ausstrahlung der fiktionalen US-Fernsehserie „Holocaust", 1978 in den USA u. im Jahr darauf in den meisten westeurop. Ländern, kann als Wendepunkt im Sprachgebrauch gesehen werden. Innerhalb Europas war allein in Frankreich das Wort „holocauste" schon vorher in nennenswertem Ausmaß in Publikationen gebräuchlich. Seit den 1980er Jahren ist zu beobachten, dass sich der Begriff in den meisten westlichen Ländern etabliert u. zur dominanten Bez. des Mordes an den Juden entwickelt hat, sowohl in der Öffentlichkeit als auch in amtlichen Publikationen. Erst mit dem Zusammenbruch des Kommunismus drang allmählich auch die Thematik u. anschließend der Begriff H. ins Bewusstsein der osteurop. Gesellschaften. Im Sprachgebrauch spielt das Wort H. jedoch immer noch keine besondere Rolle.

Lit.: J. Petrie, The Secular Word Holocaust: Scholarly Myths, History, and 20th Century Meanings, *Journal of Genocide Research* 2 (2000), 31–63; U. Wyrwa, Holocaust. Notizen zur Begriffsgeschichte, *Jahrbuch für Antisemitismusforschung* 8 (1999), 300–311.

D. P.

Humanitäre Intervention. Eine h. I. im völkerrechtlichen Sinne ist eine Einmischung in die der →Souveränität zugehörigen inneren Angelegenheiten eines Staates. Diese kann mit nichtmilit. und milit. Mitteln erfolgen. Da das →Völkerrecht aber die Souveränität der Staaten schützt (Art. 2 Nr. 1 UN-Charta) ist die h. I. völkerrechtswidrig. Insbesondere die militärische h. I. ist aufgrund des Gewaltverbotes nach Art. 2 Nr. 4 UN-Charta, das die zentrale Norm des Völkerrechts bildet, eine schwere Rechtsverletzung. Keine rechtswidrige h. I. liegt jedoch vor, wenn Staaten oder Organisationen die Einhaltung völkerrechtlicher Pflichten verlangen oder wenn der Sicherheitsrat nach der Feststellung einer Friedensbedrohung oder -verletzung gegen den Verursacher Zwangsmaßnahmen nach Kapitel VII der UN-Charta verhängt, um Frieden u. Stabilität wiederherzustellen.

Eine h. I. ist durch ihr besonderes Schutzgut gekennzeichnet. Die Beeinträchtigung der Souveränität ist gerechtfertigt, weil damit grundlegende →Menschenrechte, der sog. humanitäre Mindeststandard, geschützt werden sollen. Wenn der Sicherheitsrat eine Menschenrechtsverletzung als Bedrohung des Friedens (Art. 39 der UN-Charta) ansieht, kann er unter Kapitel VII Zwangsmaßnahmen gegen den verantwortlichen Staat ergreifen. So ordnete er 1992 mit der Resolution 733 zuerst ein Waffenembargo gegen Somalia an, um 1 Mio. Menschen, die wegen anhaltender Kampfhandlungen verschiedener Milizen vom Hungertod bedroht waren, zu retten. Diese Sanktion erwies sich als unzureichend, sodass der Rat mit der Resolution 794 die USA zu einer militärischen h. I. ermächtigte. Das letztliche Scheitern der USA in Somalia hat deren Bereitschaft, sich an h. I.en zu beteiligen, einen schweren Schlag versetzt.

Lang ist hingegen die Reihe der unilateralen h. I.en, die nationalen Interessen dienten u. mit dem Mäntelchen einer humanitären Zielsetzung bedeckt wurden (Vietnam in Kambodscha, Tansania in Uganda, USA in Grenada u. a.). Vielfach fanden sie auch in rechtlichen Grauzonen statt. So verurteilte der Sicherheitsrat mit der Resolution 688 am Ende des Golfkrieges 1991 zwar die irakischen Menschenrechtsverletzungen an den Kurden – Hunderttausende waren auf der →Flucht in Richtung Türkei u. drohten im eisigen Gebirge zu erfrieren – ermächtigte die USA aber nicht zum Eingreifen. Das USA-Militär entschied unilateral, das Kurdengebiet zu einer Schutzzone zu erklären u. sicherte dieses milit. ab. Noch über Jahre erzwangen US- u. britische Flugzeuge ohne Rechtsgrundlage eine No-Fly-Zone u. bombardierten irakische Stellungen angeblich aus humanitären Gründen. Im Falle des Kosovo (→K. als Vertreibungsgebiet) stellte der Rat mit der Resolution 1199 (1998) fest, dass die terroristischen Handlungen der serb. Streitkräfte u. der Kosovarischen Freiheitsbewegung UÇK eine Bedrohung des regionalen Friedens darstellten u. bekräftigte die nichtmilit. Sanktionen gegen die Konfliktparteien. Da sich die Situation nicht verbesserte, kam die Forderung nach einer militärischen h. I. auf, um das anhaltende Morden u. Vertreiben zu beenden. Wegen der russ. Vetoandrohung war der Sicherheitsrat handlungsunfähig, weshalb sich die NATO zu unilateralem Handeln ohne ein Mandat des Rates entschloss. Die NATO-Bombardements vom Frühjahr 1999 waren daher wegen des Verstoßes gegen das Gewaltverbot rechtswidrig. Die Rechtswidrigkeit wurde auch nicht *ex post facto* durch den Sicherheitsrat geheilt, obwohl dies möglich gewesen wäre. Stattdessen übernahm der Sicherheitsrat mit der Resolution 1244 (1999) lediglich die Verantwortung für die Verwaltung des Kosovo nach dem Ende des bewaffneten Konflikts u. mit Zustimmung Serbiens.

Die Kosovo-I. der NATO (→Albaner aus Kosovo) führte zu intensiven Debatten, die allesamt darunter leiden, dass es keine autoritative Bewertung gibt, denn die Klage →Jugoslawiens vor dem Internat. Gerichtshof (IGH) gegen die NATO-Staaten wurde wegen mangelnder Zuständigkeit nicht behandelt. Überwiegend werden in der Völkerrechtswissenschaft die folgenden Meinungen vertreten: Eine h. I. ist unstreitig dann zulässig, wenn eigene Staatsangehörige der Lebensgefahr ausgeliefert sind u. der Aufenthaltsstaat nicht kooperiert (z. B. die 1977 vom dt. Militär durchgeführte Befreiung der „Landshut"-Passagiere in Mogadishu aus der Hand der RAF-Terroristen). Hier ist der Rechtstitel für das Einschreiten die Verpflichtung zum Schutz v. eigenen Staatsangehörigen. Die h. I. zu Gunsten fremder Staatsangehöriger soll nach überwiegender Auffassung (so besonders deutlich v. T. Stein artikuliert) ohne eine Ermächtigung dann zulässig sein, wenn 1. das Verfahren vor dem Sicherheitsrat u. der Generalversammlung versucht wurde u. diese Organe mit der Sache befasst waren; 2. die v. Staatsorganen oder parastaatl. Akteuren begangenen oder organisierten Menschenrechtsverletzungen schwer u. systematisch waren; 3. polit. oder diplomatische Lösungen, einschl. gewaltloser Repressalien (Embargos) versucht wurden; 4. die Operation auf das humanitäre Anliegen begrenzt bleibt u. verhältnismäßig ist; 5. die h. I. geeignet ist, das humanitäre Anliegen zu erreichen, u. den Regeln des Kriegsrechts entspricht; 6. eine Gruppe v. Staaten, vorzugsweise eine Regionalorganisation, nicht aber eine Hegemonialmacht allein, interveniert u. Missbräuche somit weitestgehend ausgeschlossen sind u. 7. weder der Sicherheitsrat noch eine überzeugende Mehrheit in der Generalversammlung die h. I. verurteilt u. zu ihrer Beendigung aufruft. Aus der h. I. folgt die Verpflichtung des Intervenienten zur Nachsorge bis hin zur Übernahme der Verwaltung wie das Beispiel Kosovo zeigt.

Vielfach wird auch argumentiert, die staatl. Souveränität sei durch das moderne Völkerrecht relativiert worden. So argumentierte Kofi Annan vor der Generalversammlung 1999, eine h. I. müsse bei Verbrechen gegen die Menschlichkeit legitim sein. Unterstützung erhielt dieser (moralische) Ansatz durch die „International Commission on Intervention and State Sovereignty", die aus erfahrenen pensionierten Staatsmännern bestand. Sie legte 2001 einen vielbeachteten Bericht „The Responsibility to Protect" vor, der das Individuum zum Referenzpunkt staatl. Handels macht u. insofern die Souveränität nicht länger als ein Abwehrrecht, sondern als eine Pflicht in einem Sozialkontrakt zw. Staaten u. Bürgern betrachtet. Demnach muss der Staat seine Bürger vor den größten Gefahren schützen. Ist er dazu nicht willens oder in der Lage, gehe diese Pflicht auf die internat. Gemeinschaft über. Diese müsse bei ihrer h. I. stufenweise vorgehen. Erst wenn die zivile Prävention scheitert, sei die militärische h. I. legitim u. mit der Verpflichtung zur Nachsorge verbunden. Der Militäreinsatz basiert auf einer modernisierten Konzeption vom gerechten Krieg, dem sechs Kriterien zugrunde liegen: 1. gerechter Grund; 2. richtige Absicht; 3. Militär als letztes Mittel; 4. Verhältnismäßigkeit; 5. vernünftige Erfolgsaussichten; 6. Autorisierung durch die richtige Instanz. Der Bericht fand große Beachtung u. wird häufig zitiert. Gleichwohl kann er weder als Völkerrecht noch als verbindliche Interpretation v. Rechtspflichten verstanden werden. Gerade die Zögerlichkeit der Staatengemeinschaft gegenüber einem massiven milit. Eingreifen in die seit Jahren anhaltenden schwersten Menschenrechtsverletzungen in Darfur belegt, dass die Staaten nicht bereit sind, eine milit. Interventionspflicht im Falle solcher Menschenrechtsverletzungen anzunehmen. Unstrittig dürfte demgegenüber sein, dass es sich bei den massiven Menschenrechtsverletzungen im Sudan nicht um eine innere Angelegenheit handelt. Aus diesem Grund hat der Sicherheitsrat mit der Resolution 1672 (2006) Sanktionen gegen Einzelpersonen wegen ihrer Verantwortung für Menschenrechtsverletzungen beschlossen. In gewisser Weise ähnelt der Fall Darfur der Situation in Ruanda 1994. Hier hatte der Sicherheitsrat wegen des Völkermordes eine h. I. angeordnet, sah sich aber der Schwierigkeit gegenüber, eine Eingreiftruppe auf die Beine zu stellen. Letztlich fand sich Frankreich mit der vom Rat mandatierten Operation „Turquoise" bereit, nach dem Ende des Völkermordes zu intervenieren. Im Lichte dieser Staatenpraxis sind die Konturen eines Rechtes oder einer Rechtspflicht zur h. I. bislang noch nicht absehbar.

Quellen: Bericht „The Responsibility to Protect" (2001), http://www.iciss.ca/report-en.asp (Stand 11. 11. 2008).

Lit.: T. Debiel, Souveränität verpflichtet: Spielregeln für den neuen Interventionismus, *Internationale Politik und Gesellschaft* 3 (2004), 61–81; T. Stein, Eingriff in die inneren Angelegenheiten fremder Staaten zum Zwecke des Menschenrechtsschutzes, in: Rechtsstaat in der Bewährung. Bd. 36. Heidelberg 2002, 21–38; M. Wellhausen, Humanitäre Intervention. Baden-Baden 2002.

H.-J. H.

Integration. Mit I. von Migranten wird die Eingliederung zugewanderter Bev.gruppen in bestehende Sozialstrukturen u. Institutionen im Bereich v. Wirtschaft, Gesellschaft, Recht, Politik u. Kultur bezeichnet. Unter Migranten werden i. d. R. in weitem Sinne Personen mit Migrationshintergrund verstanden (Ausländer, Spätaussiedler oder vergleichbare Gruppen in anderen Ländern, Eingebürgerte sowie Personen, bei denen die Eltern zugewandert sind). Der Begriff I. bezeichnet i. d. R. einen Prozess. Er wird als eher neutraler Begriff zw. Multikulturalismus (ethn. Vielfalt durch Einwanderung, *salad bowl* – kanadisches Modell) u. Assimilation (Verschwinden der Unterschiede, *melting pot* – US-amerikanisches Modell) verortet. Inhaltlich entspricht er im Wesentlichen dem Assimilationsbegriff, der jedoch im polit. Diskurs durch die Verknüpfung mit →Zwangsassimilation negativ besetzt ist. I. wird als ein beiderseitiger Anpassungsprozess postuliert, an dem sowohl die Migranten als auch die Aufnahmegesellschaft beteiligt sind; dieser Prozess wird jedoch asymmetrisch, gelegentlich auch einseitig verstanden: Die I.leistung wird überwiegend vom Migranten erwartet. Konzeptionell liegt dem I.-Begriff ein Mehrheit-Minderheiten-Verhältnis zugrunde; er geht v. einer weitgehend homogenen Aufnahmegesellschaft aus, in die sich Minderheiten integrieren. Dieses Verständnis kollidiert jedoch inzwischen mit soz. Realitäten in städtischen Ballungszentren, in denen Bewohner mit Migrationshintergrund bei bestimmten Alterskohorten bereits überwiegen. In neueren Diskussionen wird daher zunehmend der Begriff *Diversity* (Umgang mit Vielfalt) verwendet; anders als der relativ vage Multikulturalismusbegriff bezieht sich der *Diversity*-Begriff auf konkrete Handlungs- u. Strukturoptionen u. stammt aus der Wirtschaft (Anpassung an spezifische Zielgruppen, spezifische Qualifikationen der Mitarbeiter durch Herkunft aus diesen Gruppen).

Historisch wurde der I.-Begriff in die soziologische Theorie sozialer Systeme durch David Lockwood (1964) eingeführt u. zunächst in Systemintegration u. soziale I. differenziert. Systemintegration ist eine I.form, die im System weitgehend unabhängig v. Motiven, Zielen u. Beziehungen der einzelnen Akteure stattfindet, häufig entgegen ihren Motiven u. Interessen. Systemintegration erfolgt über Institutionen u. Organisationen, den Staat, das Rechtssystem, Märkte, korporative Akteure oder wirt. Faktoren u. ist weitgehend anonym. Soziale I. bezeichnet die Aufnahme neuer Individuen in ein bestehendes System durch das Entstehen wechselseitiger Beziehungen u. Interaktionen sowie die entsprechende Veränderung der Einstellungen. Soziale I. bezieht sich auf bewusste u. zielgerichtete Interaktion u. Kooperation einzelner Akteure u. Gruppen.

In der Literatur wird soziale I. in Bezug auf einzelne Migranten meist in vier Hauptdimensionen eines I.prozesses unterschieden. I. beinhaltet zunächst den Erwerb eines Mitgliedsstatus in den Kerninstitutionen der Aufnahmegesellschaft u. den Erwerb v. mit damit verbundenen Rechten: Wirtschaft u. Arbeitsmarkt, Bildungs- u. Qualifikationssysteme, soz. Sicherungssystem und polit. Gemeinschaft: strukturelle I., auch als *Placement* bezeichnet. Der Mitgliedsstatus ermöglicht, relevante soz. Beziehungen zu knüpfen u. kulturelles, soz. und ökon. Kapital zu erwerben.

Der Erwerb eines Mitgliedsstatus setzt einen Lern- u. Sozialisationsprozess seitens der Migranten voraus, um eine Mitgliedsrolle überhaupt ausfüllen zu können. I. bedeutet in diesem Sinne den Erwerb neuer kommunikativer u. kultureller Kompetenzen sowie auf die Aufnahmegesellschaft bezogene Verhaltens- u. Einstellungsänderungen: kulturelle I. Kulturelle I. (auch als Kulturation oder Sozialisation bezeichnet) bezieht sich v. a. auf die Migrationsbev., beinhaltet aber auch als wechselseitiger Prozess notwendige kulturelle Anpassungen u. Veränderungen seitens der einheimischen Bev.

Erwerb v. Mitgliedschaft in einer neuen Gesellschaft in der privaten Sphäre zeigt sich im Bereich soz. Verkehrskreise, einschl. Freundschafts- u. Partnerwahlstrukturen, Gruppen u. Vereinsmitgliedschaften: soziale I.

Auf der Bewusstseinsebene erweist sich I. als neue Mitgliedschaft in Zugehörigkeits- u. Identifizierungsbereitschaften u. -gefühlen mit nationalen u./oder regionalen u. lokalen Strukturen: identifikative I. Diese hat kognitive u. emotionale Komponenten u. führt zu einem „Wir-Gefühl".

Im I.prozess geht es aus der Sicht der einzelnen Migranten i. d. R. nicht darum, sich bewusst „zu integrieren", sondern in Schritten ihr Leben zu verbessern. Indem man eine bessere Arbeit findet, in eine neue Wohnung zieht u. die Kinder in der Schule vorwärts kommen, man seine Sprachkenntnisse verbessert u. neue Freunde findet, integriert man sich jedoch faktisch. I. ist aus dieser Sicht ein kumulativer Prozess v. Entscheidungen u. Schritten, die eigenen Lebensverhältnisse in der neuen Gesellschaft u. Stadt zu verbessern. Aus Sicht der Gesellschaft ist I. die Angleichung v. Lebenslagen u. die kulturelle u. soziale Annäherung zw. Einheimischen u. Migranten. Dies ist ein Prozess, der i. d. R. über Generationen verläuft.

Der Prozess der sozialen I. trifft in der Praxis meist auf typische Barrieren: Ausschluss v. Einwanderern durch Rechtsvorschriften oder Regeln (institutionelle Diskriminierung); Vorurteile, die zu diskriminierendem Verhalten führen, sowie mangelnde Unterstützung des I.prozesses durch Staat u. Zivilgesellschaft (strukturelle Diskriminierung). In der Diskussion zu I. wird Diskriminierung oft als Grund für die tendenziell benachteiligte Positionierung v. Migranten in der Aufnahmegesellschaft angeführt. Dies mag der Fall sein, es muss aber auch die Rolle des meist geringeren Humankapitals der Migranten (familiärer Bildungshintergrund, etablierte lokale Netzwerke) berücksichtigt werden. Der I.prozess ist jedenfalls gefährdet, wenn Vorurteilsstrukturen u. diskriminierendes Verhalten in Krisensituationen systematisch mobilisiert werden u. in fremdenfeindliche Bewegungen münden, die sich zu einer relevanten Kraft in der nationalen oder regionalen Politik entwickeln können.

Die I. von Migranten wird heute als große gesellschaftliche Herausforderung u. zentrales polit. Handlungsfeld betrachtet. I.politik bedarf eines umfassenden systematischen Ansatzes u. einer Vielzahl aufeinander abgestimmter Maßnahmen auf unterschiedlichen Ebenen u. von verschiedensten Akteuren. Hierbei spielen Kommunen eine zentrale Rolle, da hier das gesellschaftliche Zusammenleben stattfindet u. sowohl I.erfolge als auch Probleme sich unmittelbar im lokalen Kontext auswirken.

Eine erfolgreiche I. von Personen mit Migrationshintergrund ist nicht nur für den gesellschaftlichen Zusammenhalt einer Kommune wichtig, sondern auch aus soz. und wirt. Sicht wünschenswert. Gut integrierte Einw. bieten im Zeitalter der Globalisierung u. Europäisierung vielfältige Chancen für die lokale Wirtschaft (interkulturelle Kompetenz, Mehrsprachigkeit, direktes ökon. Engagement).

Für die lokale I.politik ist es sinnvoll, Handlungsfelder zu identifizieren u. Aktivitäten dort zielgerichtet (weiter) zu entwickeln. Relevante Handlungsfelder sind z. B.: Sprache u. Bildung, Wirtschaft u. Arbeit, Wohnen u. Stadtentwicklung, Soziales, Gesundheit u. Sport, aktives Zusammenleben (Intergruppenbeziehungen) u. interkulturelle Öffnung der Verwaltung.

Bei lokalen I.prozessen spielen aber immer auch die hist. Entwicklung der Zuwanderung in die Region u. die spezifischen strukturellen Gegebenheiten in der Kommune eine Rolle. I. muss also immer in einem spezifischen lokalen Kontext betrachtet werden.

Die Messung des I.grads und I.monitoring befinden sich noch in der Entwicklung. In der Regel wird ein Set v. Indikatoren angewandt (Bildungsbereich, Arbeitsmarktteilhabe/Selbständigkeit, Wohnsituation/Segregation, Reproduktionsverhalten, Freundeskreis, Wahlverhalten, Einbürgerung, Vereinsmitgliedschaft, Delinquenz, relig. Bindung, Geschlechterrollen, Konsumverhalten, Offenheit der Aufnahmegesellschaft). Problem ist hier meist die Datenlage, die bislang i. d. R. nur nach →Staatsangehörigkeit differenziert u. Migrationshintergrund nicht oder nicht vergleichbar ausweist.

Lit.: M. Siegert, Empirische Studien zum Stand der Integration von MigrantInnen in Deutschland. Ein Überblick, *Migration und soziale Arbeit* 29/2 (2007), 107–115; E. Currle, Deutschland – ein Einwanderungsland? Rückblick, Bilanz und neue Fragen. Stuttgart 2001; H. Esser, Soziologie. Spezielle Grundlagen. Bd. 2: Die Konstruktion der Gesellschaft. Frankfurt a. M. 2000.

W. B.

International Organization for Migration (IOM). Die IOM ist eine zwischenstaatliche Organisation, die Hilfsprogramme für Migranten durchführt. Ihre Gründung geht auf eine Konferenz im Jahre 1951 zurück, in der festgestellt wurde, dass das Problem der europ. Nachkriegsflüchtlinge auf internat. Ebene unterschiedlich gelöst werden müsse. Dazu wurde ein Komitee für die Migration v. →Flüchtlingen aus Europa gegründet, aus dem über verschiedene Zwischenstufen 1989 die IOM hervorging. Heute gehören der in Genf ansässigen IOM 119 Mitgliedstaaten an; 20 Staaten u. 40 Nichtregierungsorganisationen haben einen Beobachterstatus. Es besteht ein Netzwerk v. 290 Außenstellen in mehr als 100 Staaten. Das höchste Organ der IOM ist der Rat, in dem alle Mitgliedstaaten repräsentiert sind. Finanziert wird die IOM durch die Mitgliedsbeiträge; für Migrationsprogramme werden freiwillige Zahlungen v. Staaten u. Organisationen eingeworben. Internationale u. nationale, öffentliche u. private Organisationen arbeiten mit der IOM zur Durchführung der Programme zusammen. Die IOM organisiert weltweit die Rückkehr u. Reintegration v. Flüchtlingen u. →Vertriebenen in ihre Heimatländer oder deren Neuansiedlung in Drittländern. Zugleich ist sie ein Forum zum Informations- u. Erfahrungsaustausch. Insgesamt wurden bislang mehr als 11 Mio. Menschen unterstützt. Die Bedeutung der IOM-Aktivitäten ist vor dem Hintergrund der schwachen rechtlichen Absicherung v. Migranten zu sehen. Bislang wurde die 1949er ILO-Konvention Nr. 97 über Arbeitsmigration v. nur 41 Staaten, die 1975er ILO-Konvention 143 über Wanderarbeitnehmer v. nur 18 Staaten u. die UNO-Konvention über Wanderarbeitnehmer aus dem Jahre 1990 v. 12 Staaten ratifiziert. Rechtlich bleibt die Migrationspolitik somit eine nationalstaatliche Angelegenheit. Von der →Souveränität der Staaten ausgehend unterstützt die IOM das Migrationsmanagement durch Kooperation u. bildet Regierungsbeamte hinsichtlich der Migrationspolitik, der Gesetzgebung u. der Verwaltung fort. Die IOM führt Einwanderungs- u. Wiederansiedlungsprogramme für die USA, Australien u. Kanada durch. Die Organisation beteiligt sich aber auch an praktischen Maßnahmen zur medizinischen Versorgung von Migranten u. leistete Wiederaufbauhilfe in Afrika, in Kosovo (→K. als Vertreibungsgebiet) u. Osttimor. Weiter gehören die Rückkehr u. Reintegration v. hochqualifizierten Experten sowie die Demobilisierung v. Soldaten u. bewaffneten Einheiten zu ihren Aufgabengebieten.

Ein Schwerpunkt der den Staaten v. der IOM angebotenen Dienstleistungen des Migrationsmanagements sind die Rückkehrerprogramme. Sie sollen eine ordnungsgemäße, humane u. kosteneffektive Rückkehr u. Reintegration v. Migranten, die nicht länger im Aufnahmeland bleiben können, in ihr Heimatland ermöglichen. Dabei handelt es sich um abgelehnte Asylbewerber, irreguläre u. gestrandete Migranten. Sie erhalten Unterstützung durch Informationen, Weitervermittlung, Organisation der Rückreise zum Heimatort sowie bei der Wiedereingliederung. Da Rückkehrprogramme nur dann nachhaltig sind, wenn sie mit *capacitybuilding* u. humanitärer Hilfe in Transitländern verbunden sind, sieht die IOM auch hierin ihre Zuständigkeit. Überhaupt wird die technische Zusammenarbeit als Instrument angesehen, das die Regierungen in die Lage versetzt, in angemessener, gemeinschaftlicher u. selbstverantwortlicher Weise auf die Herausforderungen weltweiter →Migration zu reagieren.

Quellen: http://www.iom.int.

Lit.: Harnessing the Potential of Migration and Return to Promote Development. Hg. IOM. Genf 2005; Migrations et Protection des Droits de l'Hommes. Hg. IOM. Genf 1995.

H.-J. H.

Internationale Föderation der Rotkreuz- und Rothalbmondgesellschaften (IFRK). Die 1919 unter dem Namen Liga der Rotkreuz-Gesellschaften gegründete heutige IFRK ist neben dem IKRK (→Internationales Komitee vom Roten Kreuz) die zweite humanitäre Spitzenorganisation. Sie setzt sich aus 185 nationalen Rotkreuz- u. Rothalbmondorganisationen zusammen (2007) u. ist damit die größte humanitäre Organisation mit rd. 300.000 hauptamtlichen Mitarbeitern u. 100 Mio. Mitgliedern. Das Sekretariat in Genf ist in vier Abteilungen untergliedert: unterstützende Dienste, Unterstützung der nationalen Gesellschaften im Feld, Strategie u. Kontakte sowie Kooperation innerhalb der Bewegung. Daneben unterhält die IFRK weltweit in 14 Regionen Büros, in 63 Staaten Delegationen u. zwei regionale Logistik-Zentren. Die IFRK-Außenstellen befinden sich in für die humanitäre Hilfe wichtigen Orten.

Die Rechtsgrundlage der IFRK ist die Verfassung, in der die Bestimmungen zu Zielen, Strukturen, Finanzierung u. Kooperation mit anderen Organisationen einschließlich des

IKRK niedergelegt sind. Neben dem Roten Kreuz wird der Rote Halbmond in islamisch geprägten Staaten als Kenn- u. Schutzzeichen verwendet. Deshalb finden sich beide Symbole auch im Logo des IFRK wieder.

Als Dachorganisation mit eigenen Kompetenzen will die IFRK die Lage hilfsbedürftiger Menschen, deren Überleben bedroht ist, verbessern. Es werden Hilfsoperationen für Opfer v. nicht kriegsbedingten Katastrophen wie Erdbeben u. Epidemien durchgeführt u. die Entwicklung der nationalen Gesellschaften gefördert. Dabei sind vier Schwerpunkte feststellbar: Förderung humanistischer Werte, Krisenreaktion, Krisenvorsorge u. Gesundheitsförderung. Die Bedeutung des IFRK resultiert daraus, dass es durch sein Netzwerk nationaler Gesellschaften in nahezu allen Staaten der Welt vertreten ist. Die Kooperation innerhalb der Föderation erlaubt die Entwicklung der Kapazitäten u. Hilfe für Bedürftige. Durch die nationalen Gesellschaften können auf der lokalen Ebene schnellstmöglich die einzelnen hilfsbedürftigen Kommunen erreicht werden. Das IFRK-Sekretariat koordiniert u. mobilisiert Hilfe in Notfällen, fördert die Zusammenarbeit nationaler Gesellschaften u. repräsentiert diese nationalen Gesellschaften im Einsatz. Die Delegationen im Feld helfen u. beraten die nationalen Gesellschaften bei Hilfsoperationen u. Entwicklungsvorhaben. Als Schwerpunktaufgaben der Zukunft sieht die IFRK nach ihrer „Strategy 2010" die Bekämpfung v. Aids, Unterernährung, Kindersterblichkeit, Seuchen u. Naturkatastrophen an. Flüchtlingsströme (→Flüchtling) u. →Vertreibungen spielen in diesen Zusammenhängen in der Tätigkeit der IFRK eine weitere Rolle. Den Herausforderungen soll durch Anstrengungen zur Absenkung der Opferzahlen bei Naturkatastrophen u. Seuchen sowie zur Optimierung der lokalen, regionalen u. internat. Kapazitäten zur Verbesserung der Lage verwundbarer Gruppen begegnet werden.

Finanziert wird die IFRK durch Beitragszahlungen der nationalen Gesellschaften sowie aus eigenen Erträgen. Hinzu kommen freiwillige Beiträge v. nationalen Gesellschaften, Regierungen, Unternehmen u. Privatpersonen. Für Hilfseinsätze werden zumeist Spendenaufrufe ausgesendet (so erhielt das IFRK im Jahre 2004 z. B. Barspenden in Höhe v. 201 Mio. Franken).

Quelle: http://www.ifrc.org.

Lit.: World Desaster Report 2006, http://www.ifrc.org/publicat/wdr2006/index.asp; S. Peterke, Der völkerrechtliche Sonderstatus der Internationalen Föderation der Rotkreuz- und Rothalbmondgesellschaften. Berlin 2006.

H.-J. H.

Internationales Komitee vom Roten Kreuz (IKRK). Das IKRK ist ein privater, unabhängiger Verein des schweizerischen Zivilrechts mit humanitärer Zielsetzung. Wegen der dem IKRK in den Genfer Abkommen v. 1949 v. den Staaten übertragenen Aufgaben hat die Organisation Völkerrechtssubjektivität. Sein Sitz befindet sich in Genf (Schweiz). Dort wurde es 1863 auf Initiative des Schweizer Geschäftsmannes Henry Dunant (1828–1910), den 1859 das Leiden der hilflos dahinvegetierenden Verwundeten der Schlacht v. Solferino tief schockiert hatte, gegründet. Dafür erhielt Dunant 1901 den ersten Friedensnobelpreis.

Die Hauptaufgaben dieser wichtigsten humanitären Organisation sind die Überwachung der Einhaltung der Genfer Abkommen (GA) durch die Staaten u. die Konfliktparteien sowohl in internat. als auch in innerstaatlichen bewaffneten Konflikten. Die vier GA wurden 1949 als Kodifikationen weithin bestehenden Gewohnheitsrechts erarbeitet u. beziehen sich auf den Schutz der Verwundeten u. Schiffbrüchigen sowie der Kriegsgefangenen u. Zivilisten. Sie ermächtigen das IKRK zum Schutz u. zur Hilfe für Kriegsopfer. Es kann humanitäre Hilfe leisten, Informationen einholen u. Kriegsgefangene besuchen. Die Konfliktparteien können das IKRK auch als Schutzmacht nominieren. Autorität u. Erfolg des IKRK beruhen v. a. auf seiner stillen Diplomatie u. den wichtigsten Handlungsmaximen: Menschlichkeit, Unparteilichkeit, Neutralität u. Unabhängigkeit. Ein weiteres Aufgabenfeld ist die Förderung u. Weiterentwicklung des humanitären Völkerrechts. So hatte das IKRK großen Anteil an der Kodifikation der zwei Zusatzprotokolle (ZP) zu den GA v. 1977, die neben den Schutz der Kriegsopfer erstmals auch Bestimmungen zu den Mitteln u. Methoden der Kriegsführung enthalten, wodurch sie auch auf Kombattanten anwendbar sind. Ein wesentlicher Fortschritt ist zudem, dass sich das ZP II auf nicht-internat. Konflikte bezieht u. damit dem IKRK auch eine Möglichkeit einräumt, in sog. Bürgerkriegen aktiv zu werden.

Das IKRK beschäftigt mehr als 1.200 Delegierte u. Mitarbeiter, die derzeit in 80 Missionen überall auf der Welt im Einsatz sind. Hinzu kommen ca. 9.000 lokale Kräfte. Am Sitz des IKRK arbeiten 800 Menschen. Vier- bis sechsmal im Jahr tagt das Internat. Komitee, dem höchstens 25 Schweizer Bürger angehören u. das die allg. Politik u. die Richtlinien der Tätigkeit festlegt. 2005 betrug das Budget 636 Mio. Euro, davon 99,5 Mio. für das Hauptquartier in Genf u. 536,5 Mio. Euro für die Feldmissionen. In der Praxis zeigt sich, dass das IKRK im Zusammenhang mit bewaffneten Konflikten immer wieder mit Flüchtlingsströmen konfrontiert wird. So begann es im Juni 2004 zusammen mit dem Roten Halbmond in Darfur, die →Flüchtlinge mit Essen, Kleidung, Haushaltsgegenständen u. Unterkünften zu versorgen. Das IKRK errichtete drei Flüchtlingslager mit einer Kapazität v. 90.000 Plätzen u. eröffnete Krankenhäuser, in denen bis Januar 2005 370.000 Menschen behandelt wurden. Weiterhin wurden Medikamente u. Ausstattungen geliefert und die Trinkwasserversorgung verbessert.

Ein großes Problem für die Feldmissionen sind zunehmende Übergriffe auf die IKRK-Mitarbeiter, ihre Ausrüstungen u. Objekte. Diese stellen Verletzungen des humanitären Völkerrechts, unter Umständen sogar Kriegsverbrechen dar, da humanitäre Einsätze durch die GA besonders geschützt sind. Zur Kennzeichnung u. zum Schutz verwendet das IKRK ein Rotes Kreuz auf weißem Grund.

Quellen: http://www.icrc.org/eng.

Lit.: F. Kalshoven/L. Zegveld. Constraints on the Waging of War: An Introduction to International Humanitarian Law. Geneva 2003.

H.-J. H.

Iraner (1938, 1944, 1950/51). Selbstbez. *Irani* oder *Farsi*. Von 1501 bis zum Tode des Nadir Schah im Jahre 1742 waren weite Teile Südkaukasiens persische Reichsprovinzen gewesen (v. a. das Gebiet der heutigen Republiken Aserbaidschan u. Armenien) bzw. Vasallenstaaten (so die georgischen Kgr.e Kartlien u. Kachetien sowie zahlreiche dagestanische Fürstentümer). Daher bestanden auch nach der Eroberung der Region durch Russland in der ersten Hälfte des 19. Jh.s iranische Siedlungen im S Aserbaidschans. Eine Diaspora existierte im übrigen →Kaukasien u. auf der →Krim. Diese wuchs besonders vor dem 1. →Wk. durch temporäre u. oft illegale Zuwanderer stark an, welche z. B. als Händler oder als Schwarzarbeiter bei der Erdölgewinnung Bakus ins Zarenreich kamen. Im russ. bzw. sowj. →Zentralasien lebten I. v. a. auf dem Gebiet des heutigen Turkmenistan u. Usbekistan. Dies stand in Zusammenhang mit der Nähe Irans, jahrhundertealten Handelsbeziehungen sowie der Ausstrahlung der islamischen Bildungszentren v. Buchara u. Samarkand. Eine Sondergruppe bildeten die Nachfahren von I.n, welche die buchariotischen Emire im 18. u. 19. Jh. als kriegsgefangene Sklaven um Buchara u. Samarkand angesiedelt hatten. Bis zum Zensus v. 1926 wurden beide Gruppen v. der Statistik getrennt erfasst – die Behörden zählten damals in der gesamten Sowjetunion 43.971 „Perser" (russ. *persy*) u. 9.188 „I." (russ. *irani*, womit man die erwähnte Sondergruppe bezeichnete). Etwas mehr als die Hälfte all dieser Menschen lebte im europ. Teil der Sowjetunion, davon über 20.000 in Kaukasien. Die meisten I. waren schiitische Muslime.

Unter den Bev.gruppen, die v. der Sowjetregierung noch vor dem 2. →Wk. im Rahmen v. „Grenzsäuberungen" präventiv zwangsverschickt wurden, befanden sich nun alle im südl. Aserbaidschan siedelnden I., deren Zahl gegen 2.000 Familien bzw. ca. 6.000 Menschen betrug. Mit Beschluss des Rats der Volkskommissare vom 8. 10. 1938 (Nr. 1084–269ss) wurden sie ins südl. →Kasachstan deportiert (→Deportation). Auch unter den Völkerschaften der Krim, welche das Staatskomitee für Verteidigung (russ. *Gosudarstvennyj Komitet Oborony*, GKO) 1944 im Anschluss an die Deportation der →Krimtataren zwangsverschicken ließ, befand sich eine sechzehnköpfige Gruppe v. Iranern (Verordnung vom 24. 6. 1944 Nr. 6100ss). In den Jahren 1950 u. 1951 deportierte man schließlich alle noch in Georgien lebenden I. mit der Begründung, dass sie entweder nicht die sowj. Staatsbürgerschaft besäßen oder schlichtweg feindliche Elemente darstellten, ins Gebiet v. Alma-Ata in der Kasachischen SSR bzw. in die Usbekische SSR. Bezüglich dieser Gruppierung liegen keine exakten Zahlen vor, weil die I. in den entsprechenden Beschlüssen (wie dem Vollzugsbefehl des Innenministeriums vom 1. 3. 1950 Nr. 00153 oder den Verordnungen des Ministerrats der UdSSR Nr. 727–269ss vom 21. 2. 1950 u. Nr. 4893–2119 vom 21. 11. 1951) als ethn. Gruppe zwar ausdrücklich genannt werden, in den Statistiken jedoch nur nach gleichzeitig deportierten Völkerschaften, wie Griechen (→G.: Deportation in den asiatischen Teil der Sowjetunion) oder Armeniern (→A. in der Sowjetunion und ihren Nachfolgestaaten), unter „andere" geführt werden. Die Daten legen aber nahe, dass es sich um einige Hundert Deportierte gehandelt haben dürfte.

Lit.: Stalinskie deportacii 1928–1953. Dokumenty. Hg. N. L. Pobol'/P. M. Poljan, Moskva 2005; P. M. Polian, Against their Will. The History and Geography of Forced Migration in the USSR. Budapest, New York 2004; N. F. Bugaj, O deportacii irancev iz Azerbajdžana v Kazachstan, *Vostok* 6 (1994), 146–154; An Ethnohistorical Dictionary of the Russian and Soviet Empires. Hg. J. S. Olson. Westpoint, London 1994; A. Bennigsen/S. E. Wimbush, Muslims of the Soviet Union: A Guide. Bloomington, Indianapolis 1986; S. Akiner, Islamic Peoples of the Soviet Union. London, New York u. a. 1983.

C. P. S.

Irredentismus. Der Begriff I. (abgeleitet von it. *terra irredenta* oder *Italia irredenta* „unerlöstes Land, unerlöstes Italien", erstmals verwendet 1877 v. Matteo Renato Imbriani) bezeichnet ein polit. Programm, das die Vereinigung der unter Fremdherrschaft stehenden „nationalen Territorien" mit dem (benachbarten) Staat der „Mutternation" anstrebt. Die Reklamation „unerlöster Gebiete" erfolgt unter Berufung auf die nationale Identität der dort lebenden Bev. (bzw. eines namhaften Teils davon) oder auf „hist. Rechte" u. hat immer einen territorial expansiven Charakter. Seine programmatische Ausprägung erlangte der I. während der letzten Jahrzehnte des 19. Jh.s im Verlangen nach Angliederung der von it. Nationalisten reklamierten Gebiete Österreichs (darunter Triest, Istrien u. die dalmatinische Küste, Südtirol), der Schweiz (Tessin) u. Frankreichs (Nizza, Korsika, Savoyen) an den neuen it. Staat. Der I. belastete zunehmend die Beziehungen zw. Italien u. Österreich-Ungarn u. führte 1915 zum Kriegseintritt Italiens an der Seite der Entente. Als die Versprechen der Alliierten durch die Pariser Vorortverträge nicht voll erfüllt wurden, besetzte der Dichter u. Freischarführer Gabriele d'Annunzio im Sept. 1919 die zw. Italien u. dem neuen jug. Staat umkämpfte Stadt Rijeka (Fiume) in einem Handstreich u. bereitete deren spätere Angliederung an Italien vor (Vertrag v. Rom 1924).

Ausgehend vom it. Beispiel begrenzen die meisten Forscher den Begriff I. auf diejenigen Fälle, in denen bereits ein Nationalstaat existiert, der die „Befreiung" u. territoriale Angliederung der v. (tatsächlichen oder vermeintlichen) Konnationalen bewohnten Gebiete jenseits seiner Staatsgrenzen anstrebt, während die Nationalstaatsbildung durch Abspaltung (Separation) v. einem oder mehreren anderen Staat(en) hierbei ausgeklammert bleibt. Der I. basiert auf einem ethn. Verständnis v. Nation u. der Vorstellung, dass alle Mitglieder der Nation in einem Staat leben müssen. Er stellt eine besonders aggressive Variante des →Nationalismus u. seiner expansiven Ziele dar. Mitunter wird I. als eine moderne Form des Expansionismus verstanden, den es in unterschiedlichen Varianten zu allen Zeiten gegeben hat. Durch die Verknüpfung v. Expansionismus u. Ethnonationalismus erhielt der I. in der zweiten Hälfte des 19. Jh.s seine besondere Prägung. Zur Entfaltung kam er v. a. dort, wo im Zuge der Nations- u. Nationalstaatsbildung nationale Mehr- u. Minderheiten entstanden, die Staatsgrenzen nicht mit den imaginierten „Volkstumsgrenzen" übereinstimmten oder wo ein Nationalstaat infolge eines verlorenen Krieges territoriale Verluste hinnehmen musste, die tatsächlich oder angeblich im Gegensatz zum Willen der Bev. in den verlorenen Gebieten standen. In diesem Fall verband sich der I. mit dem Revisionismus, d. h. dem Bestreben nach Revision des Friedensvertrages. Die it. und dt. Nationalstaatsbildung, die Auflösung der multiethnischen Imperien in Europa u. die sie begleitenden Kriege boten einen „idealen" Nährboden für I.

Die Irredentisten formierten sich zumeist in ihrem jeweiligen Nationalstaat u. versuchten v. dort, die Konnationalen jenseits der Grenzen in ihrem Sinn zu mobilisieren (durch Entsendung v. Agenten, kulturelle Propaganda, Aufbau v. Geheimorganisationen etc.). Je erfolgreicher sie dabei waren, desto konfliktreicher gestaltete sich das Verhältnis zw. der Bev. in den „unerlösten Gebieten" u. dem jeweiligen Staat, zu dem die Gebiete gehörten. Zumeist beantworteten die von I. betroffenen Staaten die Illoyalität der Minderheit(en) mit verstärkter Repression, die dann das „Vaterland" der Minderheitsbev. seinerseits zu Gegenmaßnahmen veranlasste (→nationale Minderheit). Diese wechselseitigen Verursachungen führten in vielen Fällen zum gewaltsamen Konflikt u. endeten oft verhängnisvoll für die Minderheiten, die zum Opfer →ethnischer Säuberungen wurden. Obwohl die Irredentisten vorgeben, für die „Befreiung" ihrer Konnationalen zu kämpfen, missbrauchten sie die Minderheit oft nur zur Durchsetzung ihrer eigenen expansiven Ziele.

In Auswertung der Daten des International Crisis Behavior Project, in dem alle internat. Krisen seit Ende des 2. →Wk.s erfasst sind, kamen David Carment u. Patrick James zu dem Ergebnis, dass irredentistische Konflikte dazu tendieren, besonders gewaltsam zu sein, u. besonders häufig zu regelrechten Kriegen eskalieren. Irredentistische Konflikte erweisen sich als schwer verhandelbar, da sie untrennbar mit dem Ethnonationalismus u. seinen verabsolutierten, essentialistischen Prämissen verknüpft sind. Wo immer die Nation als „natürlicher" (biologischer) Organismus verstanden wird, fällt es schwer zu akzeptieren, dass Teile des Organismus abgetrennt bzw. „unerlöst" sind. Die Beseitigung dieses „unnatürlichen" Zustands verleiht dem I. seinen zumeist kompromisslosen Charakter.

Die Liste irredentistischer Strömungen im Europa des 19. u. 20. Jh.s ist außerordentlich umfangreich. Sie reicht v. den frühen expansionistischen Programmen, die 1844 im Frst. Serbien (Denkschrift des Innenministers Ilija Garašanin) u. im Kgr. →Griechenland (*megali idea* des Premierministers Ioannis Kolettis) formuliert wurden, über revisionistische Bewegungen in den Verliererstaaten des 1. →Wk.s (v. a. in →Deutschland, →Ungarn, →Bulgarien) bzw. in den Staaten, die mit dem Ergebnis unzufrieden waren (z. B. Italien) bis zu den irredentistischen Konflikten nach dem Ende des Ost-West-Gegensatzes.

Lit.: (Allg.): T. Ambrosio, Irredentism: Ethnic Conflict and International Politics. Westport/Conn. 2001; P. C. MacMahon, The Quest for Unity: Divided Nations and Irredentist Ambitions. New York 1998; D. Carment/J. Patrick, Internal Constraints and Interstate Ethnic Conflict: Toward a Crisis-based Assessment of Irredentism, *Journal of Conflict Resolution* 39 (1995) 1, 82–109; D. L. Horowitz, Irredentas and Secessions: Adjacent Phenomena, Neglected Connections, *International Journal of Comparative Sociology* 23 (1992), 1–2, 118–130; Irredentism and International Politics. Hg. N. Chazan. Boulder/Colo. 1991. (Beispiele): M. Zeidler, A magyar irredenta kultusz a két világháború között. Budapest 2002; A. Sandonà, L'Irredentismo. 3 Bde. Bologna 1932–38; A. Giglioli, Italia e Francia 1936–1939: irredentismo e ultranazionalismo nella politica estera di Mussolini. Roma 2001; J. S. Koliopolis, Brigandage and Irredentism in Modern Greece, 1821–1912. Oxford 1987; T. G. Tatsios, The Megali Idea and the Greek-Turkish War of 1897. The Impact of the Cretan Problem on Greek Irredentism, 1866–1897. Boulder/Colo. 1984; J. A. Landau, Pan-Turkism in Turkey. A Study of Irredentism. London 1981.

H. S.

Italiener im Ersten Weltkrieg. Die Zahl der in der österr. Reichshälfte lebenden I. belief sich nach der Volkszählung v. 1910 auf 760.000. Sie siedelten in den Kronländern Tirol („Welschtirol", „Trentino") südl. der Salurner Sprachgrenze (386.000), in Triest (119.000), Görz u. Gradisca (90.000), Istrien (147.000) u. Dalmatien (18.000). In der ung. Reichshälfte (hauptsächlich im adriatischen Küstengebiet des Kgr.s Kroatien u. Slawonien mit dem Hafen Fiume, heute Rijeka) betrug ihre Zahl 68.000.

Die I. waren damit eine der kleinsten Nationalitäten des Habsburgerreiches, sozial u. bildungsmäßig aber eine der höchstentwickelten. Den Rang eines „Kulturvolkes" konnten ihnen die herrschenden Deutschen, anders als den Ruthenen (→R. im Ersten Weltkrieg) u. Serben (→S. im Ersten Weltkrieg), nicht aberkennen. Vom relig. Bekenntnis her waren sie Katholiken, was bei ihrer milderen Behandlung ebenfalls eine Rolle spielte.

Als bei Kriegsbeginn 1914 das Kgr. Italien zunächst neutral blieb, rückten Reichsitaliener zu Zehntausenden in die k. u. k. Armee ein u. kämpften an den Fronten gegen Russland u. Serbien, ohne zu Klagen Anlass zu geben. Die Ruhe der Monate Juli 1914 bis Mai 1915 war jedoch trügerisch. Die nationalen Aversionen u. Feindbilder zw. I. und Dt.österreichern wirkten unter der Decke fort. Die kaiserlichen Behörden hatten im Trentino schon lange vor 1914 Verzeichnisse derjenigen Personen angelegt, gegen die als „politisch Verdächtige" im Falle kriegerischer Verwicklungen mit Italien Maßnahmen ergriffen werden sollten.

Als Italien am 23. 5. 1915 Österreich-Ungarn den Krieg erklärte, konnte sich das k. u. k. Militär bei →Deportationen bereits auf Erfahrungen stützen, die es in Galizien u. auf dem Balkan gesammelt hatte (→Ruthenen im Ersten Weltkrieg, →Serben im Ersten Weltkrieg). Die Aktion gegen die I. übertraf aber alles, was auf dem Gebiet der Habsburgermonarchie im 1. →Wk geschah. Das Kommando der neu gebildeten Südwestfront, an dessen Spitze Erzherzog Eugen trat, erhielt vom Armeeoberkommando (AOK) die Weisung, den „Irredentismus auszurotten" (→Irredentismus). Diesem Befehl kam man in dem Gebiet, das als einziges so gut wie rein it. besiedelt war, im Trentino, am gründlichsten nach. Hier paarten sich „Kriegsnotwendigkeiten" mit der Sucht des ultradeutsch eingestellten, einflussreichen „Tiroler Volksbundes", mit dem nationalen Gegner endlich abzurechnen. Am liebsten hätten das AOK u. die dt. tirolischen Fanatiker alle I. aus dem Trentino ausgesiedelt u. Welschtirol germanisiert. Aber auch das, was umzusetzen gelang, war für die Betroffenen schlimm genug.

Das Trentino zählte bei Kriegsbeginn 386.000 Einw. Von ihnen waren 60.000 im Juli/August 1914 in die k. u. k. Armee eingerückt. Etwa 700 Welschtiroler flüchteten zw. August 1914 u. Juni 1915 nach Italien. An die 30.000 Trientiner wurden aus den im Mai 1915 den I. überlassenen oder später von it. Truppen eroberten Gebieten des Trentino nach Italien ausgesiedelt u. dort in →Lagern untergebracht. Über 1.700 Personen wurden v. den Österreichern aus polit. Gründen interniert oder konfiniert. Und 114.000 Trientiner traf das Schicksal der Deportation u. Verschickung als „Kriegsflüchtlinge" nach Innerösterreich. Zusammengerechnet: Von den 386.000 Einw.n Welschtirols blieben im Sommer 1915 nur mehr 180.000 übrig (→Kriegsflüchtling/Bürgerkriegsflüchtling).

Auch wenn die 114.000 Trientiner v. den österr. Behörden mit der verharmlosenden Bez. „Kriegsflüchtlinge" der Öffentlichkeit präsentiert wurden, fielen sie nicht in diese Kategorie. Sie waren zwangsweise Deportierte u. in ihrer überwiegenden Mehrheit aus Gegenden, die weder 1915 noch später in Frontnähe lagen, in denen also →Evakuierungen aus „Kriegsnotwendigkeit" durchaus hätten unterbleiben können. Der gewaltige Umfang der Aussiedlungsaktion ist daher nur mit polit. Motiven zu erklären: Neben den 1.700 internierten u. konfinierten irredentistischen „Bazillenträgern" figurierten potentiell alle Welschtiroler als „verdächtig" u. „unzuverlässig".

Deportiert wurden die I. familienweise mitsamt den Kindern in große, geschlossene Barackenlager. Solche mit Tausenden, ja manchmal mehreren Zehntausend Insassen befanden sich in Wagna bei Leibnitz in der Steiermark, in Mitterndorf, Wilhelmsburg u. Pottendorf in Niederösterreich, bei Braunau in Oberösterreich, in Chotzen in Böhmen u. in Nikolsburg sowie Gaya in Mähren. Das größte Lager war Wagna, in dem man 1915/16 über 20.000 Ausgesiedelte unterbrachte. Da die arbeitsfähigen Männer zur Landsturmdienstpflicht oder sonstigen Kriegsleistungstätigkeiten herangezogen wurden, bestanden die Lagerinsassen fast nur aus Frauen, Kindern u. alten Menschen. Insgesamt waren die Verhältnisse in den „Flüchtlingslagern" erträglich; es gab keine Seuchen, u. die Bewachungsmannschaften, zumeist Gendarmen, verhielten sich mit wenigen Ausnahmen korrekt.

Neben den Aussiedlungen verhängte die k. u. k. Militärführung Ende Mai 1915 über 3.600 Personen, die als „staatsfeindlich" eingestuft wurden, die Internierung im Lager Katzenau bei Linz. Die Festgenommenen, vornehmlich aus dem Trentino u. Triest, darunter 600 Frauen u. Kinder, setzten sich aus allen Sozialschichten u. Altersstufen zusammen, schwerpunktmäßig jedoch aus Intelligenzberufen (Ärzte, Rechtsanwälte, Beamte, Lehrer), unter denen Angehörige des geistlichen Standes (Dorfpfarrer, Professoren des Priesterseminars u. des fürstbischöflichen Gymnasiums in Trient u. sogar Nonnen) deutlich überrepräsentiert waren.

Das Lager Katzenau befand sich in den Donauauen östl. von Linz u. war schon seit dem Sommer 1914 als Durchgangslager für russ. Kriegsgefangene, danach als Ausbildungsstätte für oberösterr. Rekruten, benützt worden. Die insgesamt 28 Baracken waren für damalige Verhältnisse gut ausgestattet, manche sogar mit eigenem Abort u. Wannenbad. Die ankommenden I. unterzog man einer mehrtägigen Quarantäne u. ärztlichen Beobachtung, um ansteckende Krankheiten vom Lager fernzuhalten. Dadurch blieb Katzenau als eines der wenigen großen Lager in Innerösterreich über die gesamte Dauer seines Bestehens v. Epidemien verschont.

Auch die Umstände der Fahrt zum Internierungsort unterschieden sich v. denen der Ruthenen erheblich. Die I. wurden nicht in Viehwaggons, sondern in normalen Personenwaggons transportiert u. durften relativ viel Gepäck mitnehmen.

Katzenau war jedoch trotz dieser Vergünstigungen v. Anfang bis zum Ende ein Ort, an dem man „staatsgefährliche Subjekte“ gefangen hielt u. Menschen, die keine Gesetze übertreten hatten, wie Sträflinge behandelte. Die Lagerordnung v. Katzenau, eine eigene Broschüre v. acht Seiten, war voll v. Geboten, Verboten, Sanktionsdrohungen und kleinlichen Gängelungen des Verhaltens. Der Reichsratsabgeordnete Dr. Alcide de Gasperi, nach 1945 viele Jahre it. Ministerpräsident, schilderte am 12. 6. 1917 im Parlament, dass Arreststrafen verhängt wurden, wenn man den Lagerkommandanten nicht grüßte, dass in der „Korrektionsbaracke“ die Delinquenten gefesselt u. nicht selten auch geschlagen wurden u. in Katzenau Selbstmorde infolge v. Misshandlungen vorkamen.

Die Amnestie Kaiser Karls hatte zur Wirkung, dass etwa die Hälfte der Insassen im Frühjahr 1917 entlassen wurde, jedoch an verschiedenen Orten in Innerösterreich konfiniert blieb. Anders als Thalerhof (→Ruthenen im Ersten Weltkrieg) existierte Katzenau als Internierungslager fort. In einem Erlass des Kriegsüberwachungsamtes vom 11. 6. 1917 wurde bestimmt, dass v. nun an alle Reichsitaliener, Reichsrumänen sowie in Österreich befindliche Staatsangehörige v. Feindstaaten (Briten, Franzosen, Belgier, Serben u. Portugiesen) in Katzenau zu konzentrieren waren.

Im Oktober 1918, als der Verfall der staatlichen Autorität die Wachsoldaten dazu bewog, alles im Stich zu lassen u. so schnell wie möglich zu den Familien zurückzukehren, vollzog sich das Ende v. Katzenau in Form einer chaotischen Selbstauflösung.

Lit.: H. J. W. Kuprian, Flüchtlinge, Evakuierte und die staatliche Fürsorge, in: Tirol und der Erste Weltkrieg. Hg. K. Eisterer/R. Steininger. Innsbruck, Wien 1995, 277–305; C. Gatterer, Erbfeindschaft Italien-Österreich. Wien u. a. 1972.

H. H.

Italiener aus Istrien, Fiume und Zara. In der Zeit nach Ende des 2. →Wk.s bis zur Festsetzung der Grenze zw. Italien u. →Jugoslawien (1946–1954) verließen etwa 300.000 Menschen die dünn besiedelte Halbinsel Istrien u. die Städte Fiume (kroat. Rijeka) u. Zara (kroat. Zadar), die Jug. zugesprochen worden waren. Dabei handelte es sich fast um die ganze it.sprachige und it.gesinnte Bev. des Gebietes, wobei sich darunter auch ein schwer zu eruierender Anteil an Menschen slowen. und kroat. Muttersprache befunden haben soll.

Die meisten →Flüchtlinge machten vom im Friedensvertrag zw. Italien u. den Alliierten vom 10. 2. 1947 verankerten „Optionsrecht" Gebrauch (→Option). Wie in zahlreichen Friedensverträgen zuvor, die eine Grenzänderung vorsahen, war auch im Friedensvertrag mit Italien statuiert, dass die Einw. der abgetretenen Gebiete die Möglichkeit erhalten sollten, zw. der Beibehaltung der it. Staatsbürgerschaft u. der Annahme derjenigen des Nachfolgestaates zu wählen. Im Falle der Option für die Beibehaltung der it. →Staatsangehörigkeit war der Nachfolgestaat befugt, v. den betreffenden Personen zu verlangen, dass sie innerhalb eines Jahres vom Zeitpunkt der Option an das Land verließen. Dennoch verwandelte sich der Rekurs auf das „Optionsrecht" in Istrien u. Fiume zu einer Art Plebiszit für Italien: 85–100 % der Italiener (je nach Ortschaft) verließen nämlich das Gebiet, um sich nach Italien abzusetzen.

Die v. den Kommunisten majorisierte Volksbefreiungsfront Jug.s hatte schon im November 1943 die it. Gebiete bis zum Fluss Isonzo (slowen. Soča) beansprucht. Damit wäre die it. Grenze noch hinter diejenige aus dem Jahr 1866 zurückgerückt, u. die Italiener wären nach den Albanern zur zweitgrößten nicht-slavischen Bev.gruppe Jug.s geworden, da die Vertreibung der Deutschen (→D. aus Jugoslawien) schon beschlossene Sache zu sein schien. Die diplomatische Auseinandersetzung während der Pariser Friedenskonferenz 1946 kreiste dann um den Besitz Triests. Die Konferenz beschloss, Triest u. seine Umgebung in ein „Freies Territorium" unter dem Schutz der Vereinten Nationen zu verwandeln. Das Gebiet östlich des „Freien Territoriums" wurde Jug. zugesprochen. Nach dem Bruch zwischen Jug. und der Sowjetunion kam es dann 1954 (Londoner Memorandum) zu einer Teilung des „Freien Territoriums" zw. Italien und Jug. Triest wurde Italien u. die sog. B Zone Jug. zugeteilt.

Aufgrund der komplexen polit. Situation in der Region, die v. amerikanischen, brit. und jug. Truppen besetzt war u. die zum Schauplatz des ersten Auftakts des „Kalten Krieges" wurde („Triester Frage"), war der „Exodus" kein einheitliches Phänomen. Das Verlassen des Gebiets seitens der Italiener zog sich vom Jahr 1944 bis zum Jahr 1956 hin, erfolgte v. O nach W (die ersten Flüchtlinge verließen Zara [kroat. Zadar], eine it. Hochburg in Dalmatien, schon im Herbst 1944, nachdem die Stadt infolge Bombardements der Alliierten fast völlig zerstört worden war) u. hing mit dem Zuspruch des jeweiligen Teilgebiets an Jug. zusammen.

Die Lage, die v. den jug. Okkupationstruppen u. v. den lokalen Verwaltungsorganen herbeigeführt wurde, war dabei maßgebend. Hierbei sollte man sich in Erinnerung rufen, dass Jug. das einzige europ. Land nach Russland war, in dem eine komm. Revolution stattgefunden hatte. Außerdem hatte die titoistische Befreiungsarmee das Land weitgehend aus eigenen Kräften v. den Achsenmächten befreit. Entsprechend selbstbewusst u. radikal war das Verhalten des jug. Militärs u. der komm. Komitees der Volksbefreiung, die die frühere zivile Verwaltung ersetzten.

Derjenige Teil der Bev., der Ämter unter der it.-faschist. Herrschaft bekleidet hatte, der dem gehobenen Stand angehörte oder der auch nur nicht ausdrücklich die Übergabe des Gebiets an Jug. befürwortete, wurde massiven Repressalien ausgesetzt, die in nicht seltenen Fällen tödliche Folgen hatten. Die kurze Besatzung Istriens seitens der kroat. Partisanen nach dem Zusammenbruch der it. Armee am 8. 9. 1943 forderte mindestens 500 Todesopfer. Die meisten v. ihnen, die v. selbsternannten „revol. Gerichten" verurteilt worden waren, wurden in eine der zahlreichen Karstschluchten der Region gestürzt, manche während sie noch am Leben waren. Eine zweite Liquidierungswelle erfolgte nach der Besetzung Triests seitens der jug. Armee am 1. 5. 1945. Die Zahl der Todesopfer scheint bei insgesamt mindestens 5.000 zu liegen. Ein Teil fand ebenfalls in den Karstschluchten den Tod. Andere kamen auf unterschiedliche Art u. Weise in den Konzentrationslagern in Slowenien ums Leben. Die Methode der Liquidierungen, die die Angehörigen oft monate- oder sogar jahrelang in Ungewissheit über das Schicksal ihrer verschwundenen Nächsten ließ, wurde für Tausende v. Familien in Istrien, Fiume u. Triest zu einem tiefsitzenden, kollektiven Trauma (→Foibe: Erinnerung an die Verfolgungen der Italiener in Istrien).

Es kamen weitere Faktoren hinzu, die zur kollektiven Entscheidung des „Exodus" beitrugen: Die „Volksgewalten" handelten mit weitgehender Willkür, sodass alle, die nicht aktiv an der Konstruktion des komm. Jug.s beteiligt waren, Opfer v. Gewaltakten, Schikanen, Verhaftungen u. massivem polit. Druck werden konnten. Außerdem wurden selbst vor dem endgültigen Zuspruch der Gebiete an den jug. Staat radikale Wirtschaftsreformen eingeführt, u. a. die zentralistische Handhabung des Vertriebs v. landwirtschaftlichen Produkten.

Es scheint, dass die lokalen Hoheitsträger sich besonders diskriminierend gegenüber dem it. Element verhielten, das auch schärfer in die Säuberungsmaßnahmen der Gerichte einbezogen wurde. Unter den weiteren Gründen, die zur kollektiven Entscheidung der I. beitrugen, Istrien u. Fiume zu verlassen, sind die frühzeitige →Flucht der it. Lehrer u. Beamten zu nennen, der nach der Ratifizierung des Friedensvertrags zunehmende Assimilationsdruck der slowen. und kroat. Funktionsträger, die katastrophale Versorgungslage u. das Überlegenheitsgefühl der I. gegenüber den neuen Machthabern.

Der „Exodus" – dies ist die Bez., mit der die Betroffenen selbst das Geschehene benannten – ist ein komplexes Phänomen, das noch nach einer endgültigen historiographische Erklärung sucht. Dies auch deshalb, weil die hist. Forschung erst seit 1991 begonnen hat, sich des Themas systematisch anzunehmen. Bis vor Kurzem blieb die Erinnerung an den „Exodus" eine Art „Reservat" der Vertriebenenverbände u. ihrer Veröffentlichungen:

Weder die it. Schulbücher noch die it. öffentliche Meinung nahmen das Verlassen des Gebietes östl. der Adria seitens seiner nahezu ganzen it. Bevölkerung zur Kenntnis. Diese Situation hat sich nach dem Zusammenbruch Jug.s und des sowj. Staatenblocks verändert, u. in den letzten Jahren sind infolgedessen erste wiss. Abhandlungen zum Thema erschienen. Auch im öffentlichen Diskurs u. in der Kooperation zwischen it., slowen. und kroat. Historikern sind manche Neuigkeiten zu verzeichnen. 1993 war vom it. und vom slowen. Außenministerium eine gemischte Historikerkommission eingesetzt worden, die 2000 einen gemeinsamen Bericht verfasste. Der Text stellt eine Art minimale Konsensbasis zw. beiden nationalen Geschichtsschreibungen dar. Die lange Zeit ausgebliebene historiographische Verarbeitung des Phänomens hat dazu geführt, dass auch im internat. Bereich der „Exodus" der Italiener aus Istrien u. Fiume weitgehend unbekannt blieb. Selbst die wenigen Werke, die sich übernational mit dem Thema Vertreibung befassten, erwähnten dieses Fallbeispiel nicht.

Lit. (a. →Foibe): M. Cattaruzza/O. Moscarda, Der „Exodus" aus Istrien in der Geschichtsschreibung und im öffentlichen Diskurs Italiens, Sloweniens und Kroatiens, in: Diskurse über Zwangsmigrationen in Zentraleuropa. Geschichtspolitik, Fachdebatten, literarisches und lokales Erinnern seit 1989. Hg. P. Haslinger/K. E. Franzen/M. Schulze Wessel. München 2008, 217–236; R. Pupo, Il lungo esodo. Istria: le persecuzioni, le foibe, l'esilio. Milano 2005; J. Gombač, Esuli ali Optanti? Zgodovinski primer v luči sodobne teorie. Ljubljana 2005; P. Ballinger, History in Exile. Memory and Identity at the Borders of the Balkans. Princeton-Oxford 2003; R. Pupo/R. Spazzali, Foibe. Milano 2003; Slovensko-italijanski odnosi – rapporti italo-sloveni – Slovene-Italian relations 1880–1956. Hg. Inštitut za novejšo zgodovino. Ljubljana 2001; Esodi. Trasferimenti forzati di popolazione nel Novecento europeo. Hg. M. Cattaruzza u. a. Napoli 2000; dies., Der „istrische Exodus": Fragen der Interpretation, in: Erzwungene Trennung. Vertreibungen und Aussiedlungen in und aus der Tschechoslowakei 1938–1947 im Vergleich mit Polen, Ungarn und Jugoslawien. Hg. D. Brandes u. a. Essen 1999, 295–322; C. Colummi u. a., Storia di un esodo. Istria 1945–1956. Trieste 1980; Foibe. Il peso del passato. Venezia Giulia 1943–1945. Hg. G. Valdevit. Venezia 1997.

M. C.

Jagoda, Genrich Grigor'evič (Enoch Geršenovič) (*1891 Rybinsk, †15. 3. 1938) – über mehrere Jahre de facto Leiter der Vereinigten Staatl. Politischen Verwaltung (russ. *Ob'edinënnoe Gosudarstvennoe političeskoe upravlenie*, OGPU), erster Volkskommissar für Innere Angelegenheiten, Generalkommissar für Staatssicherheit (→NKVD). Einer der Hauptorganisatoren der Massenrepressionen in der →Sowjetunion in den 1930er Jahren. Geboren in einer jüd. Handwerkerfamilie (der Vater war ein kleiner Juwelier). Nach Beendigung der achten Gymnasialklasse in Nižnij Novgorod arbeitete er 1904/05 in einer illegalen Druckerei. 1911 u. 1912 wurde er verhaftet, 1912 für zwei Jahre nach Simbirsk verbannt. Am 1. Wk. nahm er als Soldat u. Gefreiter teil, wobei er sich eine Verwundung zuzog. Seit 1917 war J. Mitglied der Petrograder Militärorganisation der RSDRP(b), anschließend arbeitete er bis April 1918 in Zeitungsredaktionen. Seit November 1919 war J. in leitenden Positionen der Organe VČK-OGPU-NKVD tätig. Vom 18. 9. 1923 bis zum 27. 10. 1929 diente er als zweiter, anschließend bis zum 10. 7. 1934 als erster stellvertretender Vorsitzender der OGPU der UdSSR. Vom 10. 7. 1934 bis zum 26. 9. 1936 war er Volkskommissar für Innere Angelegenheiten der UdSSR. Er wurde am 28. 3. 1937 verhaftet u. im Rahmen des Prozesses gegen den „rechtstrotzkistischen Block“ zum höchsten Strafmaß verurteilt, 1938 erschossen u. nicht rehabilitiert.

Als einer der Hauptideologen u. -realisatoren der sowj. Deportationspolitik war J. unmittelbar an der Organisation der Operationen zur Entkulakisierung u. Kulakenverbannung zu Beginn der 1930er Jahre sowie an den „Säuberungs“operationen in den Grenzgebieten u. Großstädten Mitte der 1930er Jahre beteiligt (→Deportation). 1931/32 war er Mitglied der für Angelegenheiten der →Sondersiedler zuständigen Andreev-Rudzutak-Kommission beim Politbüro des ZK der VKP(b), die für die Regulierung sämtlicher Deportationsaktivitäten eingerichtet wurde. Gleichzeitig stand J. der zwischenbehördlichen Kommission vor, deren Aufgabe es war, Maßnahmen zu erarbeiten, um die Ansiedlung der Sondersiedler in den Bestimmungsorten sicherzustellen u. zu forcieren. Damit einhergehend wurde am 10. 8. 1931 die Organisation der Wirtschaftsbelange der Sondersiedler direkt der Hauptverwaltung der Lager der OGPU unterstellt (→GULag) u. die „Einstweilige Verordnung über die Befugnisse der Siedlungsverwaltung in den Bestimmungsrayons der Sondersiedler“ ausgearbeitet u. am 25. 10. 1931 bestätigt.

Lit.: Stalinskie deportacii. Hg. N. L. Pobol’/P. M. Poljan. Moskva 2005; Jagoda, Genrich (Enoch) Grigor’evič (Geršenovič), in: Kto rukovodil NKVD, 1931–1941. Spravočnik. Hg. N. V. Petrov/K. V. Skorkin. Moskva 1999, 459–460.

P. P.

Jaksch, Wenzel (1896–1966). J. trat 1919 der Dt. Sozialdemokratischen Arbeiterpartei in der Tschechoslowakei (DSAP) bei, wurde Redakteur ihres zentralen Parteiorgans sowie 1924 in den Parteivorstand, 1929 in das Abgeordnetenhaus der ČSR, 1935 zum stellvertretenden Vorsitzenden u. Ende März 1938 zum Vorsitzenden der DSAP gewählt.

Nach den Niederlagen der dt. und österr. Sozialdemokratie und der nationalsozialistischen Machtergreifung setzte sich J. für die Verbreiterung der soz. Basis seiner Partei ein. Unter Verzicht auf klassenkämpferische Parolen u. Aufnahme nationaler Losungen sollte sie die „nichtproletarische Volksmehrheit“ gewinnen. Aber weniger das Konzept einer Volkspartei als seine Freundschaft mit dem ehem. Nationalsozialisten Otto Strasser machten J. vielen Genossen verdächtig. Seit dem Sieg der Sudetendt. Partei (SdP) bei den Parlamentswahlen vom 19. 5. 1935 forderte J. nationale Zugeständnisse u. ein Konjunkturprogramm für die dt. Grenzgebiete, die besonders unter der Weltwirtschaftskrise litten. Entschieden trat er für die Zusammenarbeit mit der Regierung beim gemeinsamen Kampf zur Verteidigung der demokr. Republik gegen das nationalsozialistische Deutschland u. die SdP ein. Wenige Tage nach dem Einmarsch der Wehrmacht am 15. 3. 1939 gelang ihm die Flucht aus Prag nach London, wo er während des Krieges an der Spitze der →Treuegemeinschaft Sudetendt. Sozialdemokraten stand u. hohes Ansehen genoss.

Bei seinem ersten Gespräch mit Edvard →Beneš am 3. 8. 1939 wollte J. die Möglichkeit eines Verbleibs der Sudetengebiete bei Deutschland nach der erhofften sozialistischen Revolution in Mitteleuropa noch nicht ausschließen. Seit Kriegsausbruch rechnete J. jedoch mit der Wiederherstellung der Tschechoslowakei in ihren Vormünchener Grenzen. Mit Beneš verhandelte er über den Eintritt v. Vertretern der Treuegemeinschaft in den „Staatsrat", ein Beratungsorgan der Exilregierung, u. der wehrfähigen dt. Sozialdemokraten in die Auslandsarmee. Beneš war jedoch nicht bereit, sich im Gegenzug für die föderative Umgestaltung der ČSR mit einem dt. Bundesland auszusprechen. Dennoch sah J. in Beneš einen Repräsentanten des nationalen Ausgleichs, der unter dem Druck radikalerer Kräfte in der Politik, der Auslandsarmee u. der nationalen Widerstandsbewegung stehe, die eine möglichst vollständige Vertreibung der Sudetendeutschen (→Deutsche aus den böhmischen Ländern) forderten. Beneš versuchte J. in die Verwirklichung seiner Pläne zur Vertreibung v. 1 Mio. Sudetendeutschen, der sog. Schuldigen, u. zur Abtretung kleinerer Grenzstreifen einzubinden u. bot ihm für diesen Fall den Eintritt in den Staatsrat an. Im November 1940 verhandelte J. mit einer Gruppe tschechoslowak. Minister über die Möglichkeit, nach Schweizer Vorbild tschech. und dt. Kantone zu schaffen u. in einigen Fällen durch einen Bev.austausch national zu homogenisieren.

Je stärker Beneš' Position im Laufe des Krieges wurde, desto mehr musste J. seine Forderungen reduzieren u. desto weniger war Beneš bereit, Sudetendeutsche in den Staatsrat aufzunehmen. Als Beneš J. den Umfang des geplanten Bev.transfers erläuterte, schrieb er am 23. 1. 1942 seinen Genossen, dass die Führung der Treuegemeinschaft ihre Zustimmung zu der tschech. Politik eines „maximalen Machtgewinns" verweigere. Als J. am 7. 8. 1942 über den →britischen Kabinettsbeschluss vom 6. 7. 1942 zur Annullierung des →Münchener Abkommens u. zum →Transfer informiert wurde, kündigte er „stärkste Opposition" an. Im Spätherbst 1942 versuchte Beneš erneut, J. zur Hinnahme der Vertreibung von 1 Mio. „Schuldigen" zu gewinnen, doch wandte das Foreign Office ein, dass das Schuldprinzip als Kriterium das gewünschte Ausmaß des Transfers allzu sehr begrenzen könnte. Ende 1942 brach Beneš die Verhandlungen mit J. ab. Seitdem kämpfte J. mit Eingaben an das Foreign Office, Appellen an die Labour Party u. in der Presse, mit der Bildung eines „Demokratischen Sudeten-Komitees" u. der Entsendung v. Agenten ins Sudetenland gegen die Pläne u. Durchführung der Vertreibung sowie für eine internat. Übergangsverwaltung der Sudetengebiete.

Erst 1949 konnte J. nach Deutschland übersiedeln. Er leitete 1950–1953 in Hessen das Landesamt für Vertriebene, Flüchtlinge u. Evakuierte, trat 1961 an die Spitze der

→Sudetendeutschen Landsmannschaft, war seit 1953 Mitglied des Dt. Bundestags u. von 1964 bis zu seinem Tode Präsident des Bundes der Vertriebenen.

Lit. (a. →britischer Kabinettsbeschluss): M. BACHSTEIN, Wenzel Jaksch und die sudetendeutsche Sozialdemokratie. München 1974.

D. B.

Juden: Deportation und Vernichtung. Der Mord an den J. ist nicht ohne Weiteres in die Reihe v. Vertreibungen im 20. Jh. einzuordnen. Tatsächlich stellte die →Vertreibung der J. aus dem dt. Machtbereich nur einen Zwischenschritt in Richtung Massenmord dar, ab Herbst 1941 ohnehin nur noch die →Deportation an die Vernichtungsstätten.

Szenarien zur zwangsweisen Deportation von J. sind keine Erfindung des Nationalsozialismus, sondern durchziehen die gesamte europ. Geschichte. In →Deutschland formulierten antisem. Gruppen seit Ende des 19. Jh.s entsprechende Vorstellungen, nicht selten begleitet v. offenen Vernichtungsdrohungen. Die ersten groß angelegten Massendeportationen von J. organisierte dann die zarische Regierung beim Rückzug vor der Offensive der Mittelmächte im Jahre 1915 (→Juden aus Polen im Ersten Weltkrieg). Unter den rechtsextremen Bewegungen der Zwischenkriegszeit kursierten dann immer wieder Vorschläge zur Vertreibung von J.

Erst die nationalsozialistische Machtergreifung bildete die Grundlage für eine systematische Vertreibung u. Deportation von J. Zwar ergriff das NS-Regime zahllose Maßnahmen, um die J. aus Deutschland durch Auswanderung zu vertreiben, regelrechte Massendeportationen gab es aber nicht vor 1938. In diesem Jahr wurde ein großer Teil der J. mit poln. →Staatsangehörigkeit, die im Reich lebten, an die dt.-poln. Grenze transportiert. Auch nach dem „Anschluss" Österreichs kam es 1938 im Burgenland zu massenhaften Zwangsvertreibungen. Die neue slowak. Regierung unter Jozef Tiso scheiterte hingegen 1939 mit ihrem Vorhaben, J. aus der Südslowakei nach →Ungarn zu verschleppen.

Bald nach dem dt. Angriff auf →Polen begann auch die eigentliche Phase systematischer Deportationen von J. Zunächst vertrieben die Besatzungsbehörden nahezu alle J. aus dem neuen Reichsgau →Danzig Westpreußen, noch zur Jahreswende 1939/40 setzte ein gigantisches Deportationsprogramm für J. und Polen aus den eingegliederten Gebieten ein (→Polen: Aussiedlung aus den „eingegliederten Ostgebieten"), das zur „Germanisierung" dieser Territorien dienen sollte. Die Betroffenen wurden zunächst ins sog. →Generalgouvernement deportiert, ab Anfang 1941 immer mehr innerhalb der eingegliederten Gebiete v. West nach Ost. Das Projekt, auch J. aus dem Reich u. dem „Protektorat Böhmen und Mähren" in ein „Judenreservat" im O des Generalgouvernements zu deportieren, kam über Ansätze nicht hinaus. Dennoch zeichneten sich bereits um die Jahreswende 1939/40 die Umrisse eines Programms zur Deportation aller J. aus dem Reich ab. In Einzelfällen setzten regionale Gauleiter solche Deportationen auch durch, so 1940 aus Stettin u. aus Baden/Pfalz sowie im Frühjahr 1941 aus Wien. Ende 1940 war die

Deportation aller J. im dt. Machtbereich beschlossene Sache. Es fehlte jedoch ein realistisches Zielgebiet, wie das Scheitern des →Madagaskar-Plans verdeutlichte. Im Frühjahr u. Sommer 1941 diskutierten dt. Dienststellen über groß angelegte Deportationen in die sowj. Gebiete (→Sowjetunion).

Zur gleichen Zeit wandelte sich jedoch die Politik der Deportation in eine Politik der direkten Vernichtung, aus der Begrifflichkeit der „Umsiedlungen" wurde immer mehr eine Tarnsprache für die Massenmorde. Die meisten J., die in den neu eroberten Territorien der Sowjetunion lebten, wurden nahe ihrer Heimatorte erschossen. Ab Oktober 1941 begannen die Deportationen von J. aus Mitteleuropa, zunächst ins Ghetto Lodz (Łódź), dann auch ins Baltikum u. nach Minsk. Die meisten dieser Deportierten wurden nicht sofort, sondern v. a. ab Mai 1942 ermordet.

Die Deportationen in die neuen Vernichtungslager begannen innerhalb Polens, im Dezember 1941 nach Kulmhof (Chełmno) im →Warthegau, im März 1942 nach Belzec, danach auch nach Sobibor u. Treblinka (→Lager). Im Frühjahr 1942 war dann ein europaweites Deportationsprogramm entwickelt. Während die meisten J. aus dem Reich u. der →Tschechoslowakei noch in sog. Durchgangsghettos oder nach Theresienstadt gelangten, führten die Transporte aus Westeuropa direkt nach Auschwitz u. Majdanek, wo die Mehrzahl der Deportierten sofort ermordet wurde, oder in die Lager der „Aktion Reinhardt", wo niemand länger als ein paar Stunden am Leben blieb. Nach der Errichtung der großen Vernichtungsanlagen in Auschwitz ab März 1943 wurde dieses Konzentrationslager zum zentralen Deportationsziel für die J. Europas, insbesondere bei der Verschleppung der J. aus Groß-Ungarn vom Mai bis Juli 1944. Ab Sommer 1944 gerieten die überlebenden jüd. Lagerinsassen dann in den Strudel der Evakuierungen u. wurden nun, zusammen mit nichtjüd. Häftlingen, nach Mitteleuropa deportiert.

Insgesamt wurde etwa die Hälfte der J., die im 2. →Wk. ermordet wurden, vorher deportiert. Ebenso viele starben bei Erschießungen in ihren Heimatregionen u. an den miserablen Lebensverhältnissen in Ghettos bzw. Zwangsarbeitslagern. Die Deportationen waren ab 1938 fester Bestandteil der nationalsozialistischen Verfolgungspolitik, ab Herbst 1941 dienten sie nur noch zum direkten oder indirekten Transport an Vernichtungsorte. Zwar wurden die Deportationsprogramme in erster Linie v. der Gestapo aufgestellt u. organisiert, daneben tragen aber auch die Kollaborationsregierungen u. -verwaltungen eine erhebliche Verantwortung (→Kollaboration). Die Transporte wurden v. der Reichsbahn u. ihren ausländischen Pendants reibungslos durchgeführt, obwohl den Eisenbahnern die Zweckbestimmung bekannt war. Die Deportierten hatten, insbesondere bei den Massentransporten innerhalb Osteuropas, entsetzlich an den Transportbedingungen zu leiden, innerhalb Polens verstarben manchmal bis zu 20 % der in die Güterzüge gepferchten Menschen während der Fahrt. Selbst diejenigen Deportierten, die nicht an Vernichtungsstätten transportiert wurden, waren in eine extreme Notsituation geraten, da sie ihr Hab u. Gut verloren hatten u. von den ohnehin verarmten jüd. Gemeinden an den Aufnahmeorten zusätzlich versorgt werden mussten.

Lit.: C. R. Browning, Die Entfesselung der „Endlösung". Nationalsozialistische Judenpolitik 1939–1942. München 2003; G. Aly, „Endlösung". Völkerverschiebung und der Mord an den europäischen Juden. Frankfurt a. M. 1995; R. Hilberg, Sonderzüge nach Auschwitz. Mainz 1981.

D. P.

Juden aus Polen im Ersten Weltkrieg. Die jüdische Bev. Russisch-Polens, die 1897 eine Stärke v. etwa 1,3 Mio. Menschen erreichte, lebte hauptsächlich in großen u. kleinen Städten. Sie bildete mit einem Anteil v. 14 % an der Gesamtbev. nach den Polen die zweitgrößte ethn. Gruppe des Landes u. stellte vielerorts die Mehrheit des städtischen Bürgertums. Das jüd. Leben in P. nahm seinen Ursprung in der ma. Ansiedlung, die bis ins 17. Jh. andauerte. In der Folgezeit hat sich eine soz. Struktur der jüdischen Bev. herausgebildet u. verfestigt, die neben einer kleinen Oberschicht reicher Kaufleute, Finanziers u. Pächter eine verhältnismäßig breite Mittelschicht v. Kleinhändlern, Geldverleihern oder Handwerkern umfasste. Die Unterschicht reichte v. Handwerksgesellen, Krämern u. Verkäufern über Fuhrleute u. Dienstboten bis hin zu Hausierern u. Bettlern. Im Jahre 1897 lebten die kongresspoln. J. zu 86,5 % in den Städten, auf dem Lande siedelten lediglich 13,5 %. Eine Assimilation der J. kam kaum vor. Lediglich einige jüd. Großunternehmer oder Angehörige der Intelligenz polonisierten sich. Im Jahre 1897 gaben lediglich 3,5 % der J. Polnisch als Muttersprache an. Trotz aller Integrationsbemühungen insbesondere im Zuge der Reformen Aleksander Wielopolskis, als alle zivilrechtlichen Diskriminierungen der J. aufgehoben u. ihre Gleichberechtigung deklariert wurden, blieben sie eine eigenständige ethn.-relig. Gruppe u. wurden als Fremdkörper empfunden. Im Zuge der Nationalisierung breiter Bev.schichten nahm die Judenfeindlichkeit zu u. führte schließlich zu einer bewusst diskriminierenden Gesetzgebung unter den beiden letzten Zaren Alexander III. u. Nikolaj II.

Seit Kriegsbeginn verdächtigte man die J. in den Grenzgebieten des Zarenreiches der Spionage u. Illoyalität. Die russ. Militärs bezichtigten sie in Russisch-Polen, Galizien u. in der Bukowina der Zusammenarbeit mit dt. und österr. Truppen u. betrachteten sie als eine schädliche u. feindliche Minderheit. Dabei vermengten sich antisem. Einstellungen in Reihen der russ. Generalität mit der verbreiteten Judenfeindschaft innerhalb der Bev. In Russisch-Polen machte die poln. Nationaldemokratie *(Endecja)* unter ihrem Führer Roman Dmowski das antisem. Gedankengut zum Mittel der polit. Auseinandersetzung u. konnte damit ihre Position festigen. Das Hauptziel der antijüd. Politik der Nationaldemokraten war die „Bewahrung der nationalen Bewegung vor kosmopolitischen Einflüssen sowie die Stärkung der nationalen Kräfte im wirtschaftlichen Bereich". Dabei wurde der Antisemitismus aus populistischen Erwägungen als Mittel eingesetzt, um die in großen Teilen der poln. Gesellschaft als „antinational" empfundene Zusammenarbeit der Nationaldemokraten mit dem Zarenregime auszugleichen. Der Ausbruch des Krieges verstärkte die Judenfeindlichkeit zusätzlich. Das Denunzieren u. Verleumden von J. vor allem bei den russ. Militärstellen nahm einen breiten Umfang an. Aktionen dieser Art sowie die Behauptung der *Endecja* gegenüber der russ. Regierung, die jüdische Bev. Polens konspiriere mit den Deutschen u. Österreichern, hatten heftige Unterdrückungsmaßnahmen gegenüber den J. zur Folge.

Noch im August 1914 zwang die russ. Armeeführung die J. kollektiv zum sofortigen Verlassen der westl. Grenzbezirke sowie ihrer Wohnstätten in der Nähe milit. Festungen. Diese Ausweisungen hatten einen vorbeugenden Charakter, sodass die Betroffenen sich nach wie vor im Kgr. Polen aufhalten konnten. Dagegen handelte es sich bei den →Deportationen während des darauffolgenden Winters u. Frühjahrs um eine gezielte „Strafmaßnahme" im Rahmen der Suche nach Schuldigen für das Versagen der zaristischen Heeresführung. Vorausgegangen war das Scheitern der russ. Herbstoffensive in Russisch-Polen. Nach diesem Rückschlag forderten die Militärs, unterstützt v. der Presse, ein repressives Vorgehen gegen die „feindliche Bevölkerung", also gegen die dt. Kolonisten (→Deutsche aus dem Königreich Polen im Ersten Weltkrieg) und J. Die jüdische Bev. wurde somit zum Sündenbock für die russ. Misserfolge u. Rückschläge an der Front abgestempelt. Sowohl seitens der Militärs als auch seitens der Presse unterstellte man ihnen, sie würden aufgrund ihrer mit dem Deutschen verwandten jiddischen Sprache mit den feindlichen Truppen sympathisieren. Zudem beschuldigte man sie, zusammen mit dt. Unternehmern eine „deutsch-jüd. Verschwörung" zu organisieren.

Am 6. 2. 1915 ordnete der Oberkommandierende, Großfürst Nikolaj Nikolaevič, an, alle J. aus den frontnahen Gebieten auszusiedeln. Die befehlshabenden Frontgeneräle u. die Zivilbehörden legten diese Anweisung sehr breit aus u. schoben auch außerhalb des Operationsgebietes J. ab. Wenige Tage später forderte der russ. Generalstab die konsequente Einhaltung der Aussiedlungsbestimmungen u. erinnerte die Behörden vor Ort daran, dass J. nur aus dem unmittelbaren Kampfgebiet u. nur auf Verlangen der örtlichen Armeekommandeure auszuweisen seien. Die Intervention der Militärs ging auf logistische Probleme, insbesondere auf die Aufnahmeschwierigkeiten in den innerruss. Gouv.s zurück, sodass die deportierten J. vorerst rechts der Weichsel festgesetzt werden mussten. Erst nachdem das Innenministerium die Unterbringung von J. östl. des Flusses Dnepr in den Gouv.s Ekaterinoslav, Mogilëv u. Taurien (ohne Krim) erlaubt hatte, befahl der Warschauer Generalgouverneur, Fürst Pavel Engalyčev, am 26. 2. 1915 die Zwangsaussiedlung der jüdischen Bev. aus dem gesamten Kgr. Polen. Doch die Umsetzung des Befehls erwies sich als sehr schwierig, da es weiterhin starke Widerstände bez. der Aufnahme selbst im sog. jüdischen Ansiedlungsrayon gab. Schließlich erweiterte der Innenminister im Sommer 1915, als die russ. Truppen aus Kongresspolen vollständig hinausgedrängt wurden, den jüd. Ansiedlungsrayon u. ermöglichte die Niederlassungsfreiheit für J. in den russ. Städten. Die Deportationen beschränkten sich aber nach wie vor auf die frontnahen Gebiete u. erfolgten in zwei Etappen: zunächst die Zwangsverlegung auf das rechte Weichselufer u. danach die weitere Abschiebung in die vorgesehenen innerruss. Gouv.s. Um sich der Loyalität der verbleibenden jüdischen Bev. zu versichern, setzten die russ.

Militärstellen „jüdische Geiseln" fest, eine Maßnahme, die bereits im russ. besetzten Galizien angewandt worden war. Eine „Geisel" entfiel auf 100 Bewohner, zwei „Geiseln" bis 10.000, drei auf über 10.000. Im Falle staatsfeindlichen Verhaltens der jüdischen Bev. sollten die Geiseln erhängt werden. Die genaue Anzahl der deportierten J. aus poln. Gebieten ist nicht bekannt. Die jüd. Hilfskomitees v. Petrograd, Moskau, Kiev u. Odessa schätzten diese Anfang Juni 1915 auf etwa 264.000. Aufgeschlüsselt nach Gouv.s entfielen auf Kielce 11.000, Radom 20.000, Lublin 24.000, Łomża, Płock, Grodno 26.000, Galizien 74.000, Warschau 90.000, Suwałki 20.000. Die Authentizität dieser Zahlen ist jedoch nicht gesichert.

Der russ. Generalität dienten die Deportationen zur Vertuschung eigener Fehler. Sie ermöglichten die Zuweisung der Verantwortung für die milit. Misserfolge u. a. an die „feindlichen Juden". Das Innenministerium u. seine Behörden im Kgr. Polen verfolgten daneben auch polit. Ziele. Mit repressiven Maßnahmen gegen Deutsche u. J. sollten die proruss. Kräfte in Kongresspolen gegenüber den Sozialisten u. dem Piłsudski-Lager, das eine Anlehnung an Österreich favorisierte, gestärkt werden. Um Dmowskis Sympathisanten innenpolit. u. gesellschaftlich zu stützen, wurden deren antidt. und antisem. Einstellungen angesprochen u. bedient. Dies erschien umso dringender, als sich die Stimmung innerhalb der polnischen Bev. immer mehr verschlechterte u. die Furcht vor einem erneuten poln. Aufstand anwuchs. Die Reaktionen der polnischen Bev. auf diese Maßnahmen zeigen, dass die zaristischen Behörden mit diesem Konzept durchaus erfolgreich waren. Von den Deportationen profitierten v. a. Bewohner der Dörfer u. Städte, aus denen die J. ausgesiedelt wurden. Plünderungen u. Besetzungen von jüd. Wohnungen u. Geschäften waren dort die Regel. Nach dem dt.-österr. Durchbruch bei Gorlice im Mai 1915 traten alle polit. Überlegungen zurück. Der russ. Rückzug wurde ausschließlich unter milit. Gesichtpunkten organisiert u. durchgeführt. Ab Sommer 1915 betrafen die Zwangsevakuierungen auch Polen (v. a. Facharbeiter u. Eisenbahner). Die Politik der „verbrannten Erde" erfasste jetzt alle Bev.gruppen.

Lit. (a. →Weltkrieg, Erster): F. Schuster, Osteuropäische Juden während des Ersten Weltkrieges (1914–1919). Köln u. a. 2004, E. Lohr, Nationalizing the Russian Empire. The Campaign against Enemy Aliens during World War I. Cambridge/Mass., London 2003; Ders., The Russian Army and the Jews. Mass Deportation, Hostages, and Violence during World War I, *RR* 60 (2001), 404–419; P. Gatrell, A Whole Empire Walking. Refugees in Russia during World War I. Bloomington/Ind. 1999; F. Golczewski, Polnisch-jüdische Beziehungen 1881–1922. Wiesbaden 1981.

S. G.

Juden aus Polen: Migration/Auswanderung infolge der antisemitischen Kampagne (1968). Infolge einer massiven, staatl. gelenkten antisem. Kampagne im Jahre 1968 in der VR →Polen emigrierten zw. 13.000 u. 15.000 J., viele v. ihnen unter Zwang.

Vor dem →Holocaust war P. die größte Heimstätte des jüd. Volkes in Europa. Hier lebten zw. 3,4 u. 3,5 Mio. J., von denen zw. 2,7 u. 3 Mio. ermordet wurden (Juden: Deportation und Vernichtung). Nach dem 2. →Wk. ging die Zahl der in P. lebenden J. trotz Rückkehrern aus der →Sowjetunion drastisch zurück (→Polen und Juden: Umsiedlungen aus den polnischen Ostgebieten nach Polen). Zu einer ersten Emigrationswelle kam es nach dem →Pogrom v. Kielce (4. 7. 1946), bei dem 42 Menschen ermordet wurden. Von den etwa 230.000 J., die zu dieser Zeit in P. lebten, emigrierten in den nächsten drei Jahren 140.000. Eine zweite Ausreisewelle erfolgte in der nachstalinistischen Zeit ab 1956, als nochmal rd. 50.000 J. das Land verließen. Vor der dritten u. letzten Ausreisewelle lebten 1967 noch zw. 18.000 u. 32.000 J. in P.

Die Anzahl der J. zu diesem Zeitpunkt ist schwer anzugeben, da schon die Frage, wer Jude war, nicht ganz leicht zu beantworten ist. Die Assimilation war unter den Verbliebenen so weit vorangeschritten, dass sich viele als P. fühlten u. häufig mit nichtjüd. Ehepartnern verheiratet waren, die später teilweise ebenfalls emigrierten. Auch weil Holocaustüberlebende ihre Herkunft oft mit aller Kraft verbargen, wussten einige Angehörige der jungen Generation bis 1968 nicht v. ihrer jüd. Abstammung. Diese Tendenzen waren v. a. in Großstädten wie Warschau u. Lodz zu beobachten. Die hier lebenden J. unterschieden sich v. den übrigen dadurch, dass sie größtenteils zur Intelligenz gehörten u. oft in Politik, Verwaltung, Wissenschaft u. Kunst arbeiteten. Der Anteil derjenigen, die dem Kommunismus nahestanden, war durch die vergangenen Emigrationswellen deutlich gestiegen, da Zionisten oder religiöse J. bereits mehrheitlich das Land verlassen hatten, was sich besonders auf das Hauptsiedlungsgebiet Niederschlesien auswirkte.

Den Auftakt zur antisem. Kampagne stellte P.s einseitig vollzogener Abbruch der diplomatischen Beziehungen zu Israel nach dem Sechstagekrieg 1967 dar. Damit einher gingen scharfe Angriffe auf Israel, das in den poln. Medien als Aggressor dargestellt u. mit dem nationalsozialistischen Deutschland verglichen wurde. Der erste Sekretär der Poln. Vereinigten Arbeiterpartei, Władysław →Gomułka, warf den poln. J. in einer öffentlichen Rede vor, die Aggressionen Israels zu unterstützen, u. sprach von einer „fünften Kolonne" Israels.

Zum eigentlichen Ausbruch des Antisemitismus kam es im März 1968. Der Anlass waren die Proteste v. Studenten am 8. 3. an der Warschauer Universität für mehr Freiheit. Der Tenor in der nun folgenden Pressekampagne war, dass die Drahtzieher der Proteste gegen das Regime J. seien, wobei das Wort Jude vermieden wurde u. stets v. Zionisten die Rede war. Weiter wurde eine Allianz zw. Israel u. Westdeutschland behauptet, welche v. den einheimischen „Zionisten" unterstützt würde. Diese Propaganda wurde im Innenministerium vorbereitet, dessen Leiter Mieczysław Moczar einer der Hauptköpfe hinter der Kampagne war u. mit dieser an die Macht drängte.

Gomułka versuchte in einer Rede am 19. 3. 1968 vor dem Warschauer Parteiaktiv die Wogen zu glätten, indem er sagte, vom Zionismus gehe keine Gefahr für P. aus. Weiter meinte er jedoch auch, man sei bereit, denjenigen J., die Israel als ihr Vaterland betrachteten, Ausreisepässe auszuhändigen. Diese Sätze wurden von den Zuhörern mit frenetischem Beifall aufgenommen u. trugen dazu bei, dass die Kampagne in einen Exodus mündete.

Nach Gomułkas Rede wurde das ganze Land weiter mit Massenkundgebungen in Betrieben u. auf öffentlichen Plätzen überzogen. Auf den Transparenten waren allerorten Parolen zu lesen wie „Zionisten zu [Mosche] Dajan“ oder „Säubert die Partei von Zionisten“. Jüdische Parteimitglieder wurden angeprangert u. häufig ihrer Posten enthoben sowie aus der Partei ausgeschlossen. Fast alle jüd. Funktionäre verloren ihre Ämter in Politik, Verwaltung u. Wirtschaft.

Viele der Attackierten sahen in dieser Situation keine andere Möglichkeit, als P. zu verlassen. Dies war jedoch nur möglich, wenn sie in einem Ausreiseantrag auf ihre poln. Staatsbürgerschaft verzichteten u. angaben, nach Israel gehen zu wollen. Die Emigranten erhielten ein Reisedokument *(dokument podróży)*, das nur zur Ausreise nach Israel bestimmt u. in dem vermerkt war, dass der Inhaber kein poln. Staatsbürger sei. Es handelte sich sozusagen um ein *One-Way-Ticket*, dessen Gültigkeit auf vier Wochen begrenzt war. Obwohl die Anträge alles andere als freiwillig gestellt worden waren, wurden etwa 5 % abgelehnt. Bei der Ausreise selbst hatten viele Emigranten Schikanen zu erdulden. Die zur Ausfuhr zugelassenen Gegenstände waren stark limitiert, u. es waren hohe Gebühren für das Reisedokument oder ein in P. abgeschlossenes Studium zu entrichten.

Viele poln. Bekannte oder Nachbarn wendeten sich v. den J. ab, in einigen Fällen zeigten P. Solidarität u. halfen den Emigranten oder geleiteten sie zum Bahnhof. Stets gab es nach der Emigration Profiteure in der poln. Gesellschaft, die nun frei werdende Wohnungen beziehen oder frei werdende Posten bekleiden konnten.

Im Zuge der Kampagne wurde niemand direkt zur Ausreise gezwungen, aber viele hatten ihren Arbeitsplatz unter Angabe fadenscheiniger Begründungen verloren; diese Leute hatten keine Alternative mehr zur Ausreise. Bei einer Umfrage unter nach Schweden gelangten Emigranten stellten sich folgende Hauptmotive zur Auswanderung heraus: Angriffe gegen die Personen oder Familienangehörige (40 %), Sorge um die berufliche Zukunft (34 %), Verlust der Arbeit oder des Studienplatzes (32 %), die Ankündigung, dass im September 1969 die Grenze wieder geschlossen werden sollte (25 %), u. die Sorge um die körperliche Unversehrtheit (25 %). Zu den Angriffen gehörten wilde Beschimpfungen durch anonyme Telefonanrufe, die v. Mitarbeitern des Innenministeriums organisiert wurden. Und insbesondere bei der älteren Generation, die den Holocaust erlebt hatte, dominierte der Wunsch nach einer sicheren Zukunft für die eigenen Kinder.

Etwa 3.700 Personen gingen nach Israel, 3.000 nach Dänemark u. 2.500 nach Schweden. Ein weiteres Hauptaufnahmeland waren die USA, die restlichen Emigranten sind auf der ganzen Welt verstreut, eine kleine Gruppe kam nach →Deutschland. Nicht wenige Emigranten verließen ihr Zielland später erneut, vereinzelt kamen sie nach dem Ende des Kommunismus nach P. zurück.

Die Emigration infolge der antisem. Kampagne war wegen des hohen Assimilationsgrades nicht nur die am stärksten poln. geprägte nach dem Krieg, sondern v. a. eine

Elitenemigration. Sie umfasste 500 Wissenschaftler, unter ihnen wichtige Kernphysiker, 200 Journalisten sowie Künstler, Musiker, Schauspieler, Filmemacher, Studenten u. Angehörige der Funktionselite. Zahlreiche namhafte Persönlichkeiten kehrten P. den Rücken, so z. B. die Schauspielerin Ida Kamińska, die noch 1967 für den Oscar nominiert worden war, oder der Soziologe Zygmunt Bauman. Von den jüngeren Emigranten machten viele im Exil beachtenswerte Karrieren. Ein Großteil der Auswanderer hält heute untereinander mittels der neuen Medien Kontakt. In Israel finden regelmäßig große Treffen mit Teilnehmern aus vielen Ländern statt.

Nach der Emigration gab es in P. so gut wie kein jüd. kulturelles Leben mehr. Es fehlte an einem Rabbiner ebenso wie an einer jüd. Schule. Das jüdische Theater in Warschau hielt sich gerade über Wasser. Wer nicht emigriert war, hatte den Verlust vieler Freunde u. Bekannter zu erleiden u. verbarg nun seine Herkunft stärker als zuvor. Erst in den 1980er Jahren änderte sich diese Situation, bis es schließlich nach dem Systemwechsel in den 1990er Jahren zu einem vorsichtigen Wiederaufblühen jüd. Lebens in P. kam.

Der Fall des Kommunismus brachte auch die Öffnung der Archive, weswegen heute ein fortgeschrittener Forschungsstand zu verzeichnen ist. Präsident Aleksander Kwaśniewski bezeichnete 1998 die Ereignisse v. vor 30 Jahren als Schande u. sagte an die Emigranten gerichtet: „Nicht Ihr habt Polen verlassen, sondern Polen hat Euch verlassen."

Lit.: 1968. Forty Years after, Polin H 21. Hg. L. W. Głuchowski/A. Polonsky. Oxford 2009; H.-C. Dahlmann, Die antisemitische Kampagne in Polen 1968, *JBfGOE*, NF 56/4 (2008), 545–570; J. Eisler, Polski rok 1968. Warszawa 2006; D. Stola, Kampania antysyjonistyczna w Polsce 1967–1968. Warszawa 2000; B. Kosmala, Die Vertreibung der Juden aus Polen 1968. Antisemitismus und politisches Kalkül. Berlin 2000.

H.-C. D.

Jugoslawien. Am 1. 12. 1918 wurde in Belgrad das „Kgr. der Serben, Kroaten u. Slowenen" proklamiert, das 1929 in „Kgr. J." umbenannt wurde. Nach offizieller Selbstdarstellung setzte sich die Bev. zu knapp 83 % (1921) aus Angehörigen eines „dreinamigen Volkes" *(troimeni narod)* bzw. ab 1929 eines „jug. Volkes" (im Sinne einer Abstammungsnation) zusammen. Serben, Kroaten u. Slowenen galten als die drei „Stämme" des gemeinsamen „Volkes". Makedonier u. Montenegriner wurden dem serb. „Stamm" zugeordnet, während die bosnischen Muslime von serb. und kroat. Nationalisten umworben u. für ihren jeweiligen „Stamm" vereinnahmt wurden. Deutsche, Ungarn u. Albaner bildeten mit 4,2 %, 3,9 % u. 3,7 % der Gesamtbev. die stärksten nicht-jugoslawischen Bev.gruppen. Hinzu kam eine Vielzahl weiterer ethn. Gruppen (Rumänen, Türken, Slowaken etc.). Da das jug. Volkskonzept v. der überwiegenden Mehrheit der Bev. nicht angenommen wurde, blieb der neue Staat ein Vielvölkerstaat, in dem die Serben (einschl. der Montenegriner) als zahlenmäßig stärkste Gruppe etwas mehr als 40 % der Gesamtbev. repräsentierten. Der Versuch, einen integralen Jugoslawismus v.

oben zu implementieren, zerschlug sich an den Spannungen zw. den polit. Vertretern der verschiedenen nationalen/ethn./relig. Gruppierungen. Insbesondere das Verhältnis zw. Serben u. Kroaten gestaltete sich konfliktreich. Darüber hinaus verweigerten sich die Makedonier ihrer Serbisierung. Und die Albaner (in Kosovo, Makedonien u. Serbien) lehnten den jug. Staat rigoros ab. Andere →nationale Minderheiten, die (im Gegensatz zu den Albanern) unter den in den Pariser Vorortverträgen verankerten →Minderheitenschutz fielen, standen dem Staat mehr (Deutsche) oder weniger (Ungarn) loyal gegenüber. Insbesondere die feindliche Haltung der Albaner wurde v. serb. Nationalisten als Bedrohung ihres nationalen Projekts empfunden, zumal sich die nach dem 1. Wk. angestrebte serb. Kolonisierung des →Kosovo weitgehend als Fehlschlag erwiesen hatte. 1937 arbeitete der Historiker Vaso Čubrilović, Mitglied der Serb. Akademie der Wissenschaften, einen detaillierten Plan zur Umsiedlung u. →Vertreibung der Albaner („Arnauten") aus. Im Jahr darauf wurde ein Abkommen mit der Türkei geschlossen, das die Umsiedlung v. 40.000 muslimischen Familien aus Kosovo u. Makedonien in die Türkei vorsah, aber infolge des 2. →Wk.s nicht mehr umgesetzt wurde (→Albaner aus Jugoslawien in der Zwischenkriegszeit).

Nach dem Überfall Hitlers u. seiner Verbündeten auf J. im April 1941 wurde das Land in ein buntes Mosaik v. annektierten, besetzten u. scheinsouveränen Gebieten zerstückelt. In den v. ihnen annektierten Territorien gingen die Besatzungsmächte (Deutschland, Italien, Ungarn u. Bulgarien) mit großer Härte gegen diejenigen Teile der Bev. vor, die sich ihrer Entnationalisierung bzw. Germanisierung, Romanisierung, Magyarisierung oder Bulgarisierung widersetzten. Besonders weitreichende Pläne verfolgte das Dt. Reich. Aus dem v. ihm annektierten Teil Sloweniens sollten 220.000–260.000 Slowenen vertrieben u. dafür 80.000 Deutsche angesiedelt werden (→Slowenen aus der Untersteiermark und Oberkrain). Die mit der neuen kroat. Regierung vereinbarte Umsiedlung v. Slowenen nach Kroatien u. einer entsprechenden Zahl v. Serben aus Kroatien in das dt. Militärverwaltungsgebiet Serbien wurde jedoch abgebrochen, da sich die kroat. Behörden nicht an die Abmachung hielten. Zu →ethnischen Säuberungen großen Stils kam es im „Unabhängigen Staat Kroatien" (USK) unter der Herrschaft der *Ustaša*-Bewegung mit dem Führer Ante →Pavelić an der Spitze. In diesem Para-Staat, der außer Kroatien auch Bosnien-Herzegowina umfasste, lebten rd. 6,5 Mio. Menschen, darunter etwa 2 Mio. Serben, 800.000 Muslime u. knapp 40.000 Juden. Ziel der *Ustaša*-Führung war die Schaffung eines kroat. homogenen Staates. Bereits bis zum Herbst 1941 waren nach dt. Schätzungen als Folge lokaler Ausschreitungen u. organisierter Massentötung in kroat. KZ rd. 200.000 Serben im USK ermordet worden (→Serben aus dem „Unabhängigen Staat Kroatien"). Viele der Bedrohten flohen daraufhin nach Serbien u./oder schlossen sich einer der beiden Widerstandsbewegungen (den serb. *Četnici* oder der komm. „Volksbefreiungsbewegung") an. Insbesondere in Bosnien mit seiner national u. relig. gemischten Bev. kam es zu einem Krieg an vielen Fronten (kroat. *Ustaše* gegen serb. Zivilbevölkerung u. *Četnici*; *Četnici* gegen Kroaten u. Muslime; komm. Partisanen gegen die dt. und it. Besatzungsmacht sowie gegen *Ustaše* u. *Četnici*; muslimische Heimwehren u. SS-Einheiten gegen Partisanen u. *Četnici*). Aber während sich die „Volksbefreiungsbewegung" Josip Broz →Titos auf die Bekämpfung der Besatzungsmächte und polit. Gegner („Kollaborateure") konzentrierte, verfolgten die kroat. *Ustaše* u. die serb. *Četnici* klare nationalistisch motivierte Ziele.

Als Monarchisten u. serb. Nationalisten strebten die Četnici unter Führung v. Draža →Mihailović die Restauration des früheren jug. Regimes, die Bildung eines Groß-J. u. darin eines „ethnisch reinen Großserbien" („velika Srbija, etnički čista") an. Bereits am 30. 6. 1941 hatte Stevan Moljević, der künftige Chefberater Mihailovićs, ein Memorandum über das „Homogene Serbien" verfasst, in dem die künftige Umsiedlung/Vertreibung v. „nationalen Minderheiten und anationalen Elementen" (insgesamt rd. 2,7 Mio. Menschen) aus J. und „Großserbien" anvisiert wurde.

Insgesamt belief sich die Zahl der Kriegstoten in J. auf etwa 1 Mio. Menschen, die 1. infolge v. Kriegs- oder Bürgerkriegshandlungen, 2. infolge des →Genozids an den Serben im USK, 3. infolge des →Holocaust an den etwa 80.000 Juden des Landes, v. denen 60.000–65.000 im Lande selbst, die anderen in nationalsozialistischen KZ ermordet wurden, u. 4. infolge der Abrechnung der Kommunisten mit ihren Gegnern bei oder kurz nach Kriegsende ermordet wurden. Bezogen auf die jeweilige Gesamtbev. betrugen die Verluste in Bosnien-Herzegowina über 10 %, in Montenegro u. Kroatien über 7 % u. im engeren Serbien weniger als 5 %. Mit mehr als 0,5 Mio. Menschen hatten die Serben (v. a. in Bosnien u. Kroatien) den größten Anteil unter den Kriegsopfern gestellt, gefolgt v. den Kroaten mit annähernd 200.000 u. den bosnischen Muslimen mit 100.000 Opfern. Setzt man diese Angaben in Beziehung zur jeweiligen Gesamtzahl, so hatten die bosn. Muslime mit 8 % den höchsten Blutzoll entrichtet, vor den Serben mit über 7 % sowie Kroaten u. Montenegrinern mit jeweils 5 %.

Die Zahl derjenigen, die während des Krieges innerhalb J.s flüchteten oder v. ihren Heimatorten vertrieben oder deportiert wurden, lässt sich nicht genau bestimmen. Die etwa 500.000 J.deutschen, v. denen ein Teil bereits während des Krieges v. NS-Behörden umgesiedelt oder evakuiert worden war, während andere Deutsche spontanen Racheakten bei Kriegsende zum Opfer fielen oder zum Zwangseinsatz in die Sowjetunion deportiert wurden, kamen bis 1947/48 in Internierungslager (→Deutsche aus Slowenien, →D. aus Jugoslawien, →D. aus Jugoslawien: Deportation in die Sowjetunion). Etwa 50.000 ließen in den Lagern ihr Leben, die anderen wurden schrittweise entlassen u. konnten in die Bundesrepublik Deutschland übersiedeln. Aus den v. Italien gewonnenen Gebieten (Istrien, Rijeka/Fiume u. Zadar/Zara) wanderte nahezu die gesamte it.sprachige Bev. (ca. 300.000 Menschen) aufgrund eines Optionsrechts nach Italien aus (→Italiener aus Istrien, Fiume u. Zara, →Option).

Im zweiten J. wurde der ethn. Jugoslawismus aus der Zwischenkriegszeit zu Gunsten eines polit. (staatsbürgerlichen) Jugoslawismus aufgegeben u. die Gleichberechtigung aller in J. beheimateten Nationen (deren Zahl sich auf 6 erhöhte) anerkannt. Im Zuge der tiefen wirt.-sozialen u. gesellschaftspolit. Krise in den 1980er Jahren rückte die „nationale Frage“ dann wieder schrittweise in den Mittelpunkt der öffentlichen Diskurse. In einem Memorandum der Serb. Akademie der Wissenschaften v. 1986 wurde die vermeintliche Benachteiligung Serbiens u. der Serben in J. beklagt u. „der physische, politische, rechtliche und kulturelle Genozid an der serbischen Bevölkerung von Kosovo und Metohija“ angeprangert. Obwohl v. einem Genozid in Kosovo keine Rede sein konnte, beherrschten Genozid-Topoi sowie Opfer-Mythen u. Verschwörungstheorien bald die öffentliche Meinung der serb. Bev. Nachdem Slobodan →Milošević 1986/87 die polit. Macht in Serbien erobert hatte, setzte eine stürmische Phase nationalistischer Mobilisierung ein, in deren Folge die innere Machtbalance J.s (durch die Aufhebung der Autonomierechte für Kosovo u. die Vojvodina sowie die polit. Gleichschaltung Montenegros) aus den Angeln gehoben wurde. Da sich die polit. Vertreter der sechs Teilrepubliken nicht auf ein gemeinsames Konzept für die Zukunft des Gesamtstaats einigen konnten, erklärten Slowenien u. Kroatien am 25. 6. 1991 ihre Unabhängigkeit, gefolgt v. Bosnien-Herzegowina am 15. 10. u. Makedonien am 19. 11. 1991. Die auf mehrere Republiken verteilte serb. Bev. wurde vom Zerfall J.s besonders schwer getroffen. Erinnerungen an den Völkermord im 2. Wk. wurden wach oder bewusst geschürt. Die radikalen Flügel der serb. Bev. in Kroatien u. Bosnien strebten mit Unterstützung Miloševićs die Bildung eines großserb. Staates an, wie er bereits in den Plänen der *Četnici* v. 1941 vorgesehen war. Auch bei den kroat. Nationalisten gab es Pläne zur Veränderung der Republikgrenzen (zu Lasten Bosniens). Der Zerfall J.s war begleitet v. einer Eskalation der Gewalt. Einem zehntägigen Krieg zw. der Jug. Volksarmee u. der slowen. Territorialverteidigung im Sommer 1991 folgten blutige Zusammenstöße zwischen serb. Kriegern u. kroat. Nationalgarde, Polizei u. paramilit. Banden, die sich zu einem Krieg um die serb. besiedelten Territorien Kroatiens ausweiteten. Die Bundesarmee, die sich Ende Juli 1991 aus Slowenien nach Kroatien zurückgezogen hatte, intervenierte dabei immer offener aufseiten der serb. Minderheit, die auch v. Sondereinheiten der Milošević unterstehenden Geheimpolizei in Serbien sowie von paramilit. Banden aus Serbien unterstützt wurde. Nach der internat. Anerkennung Bosniens im April 1992 verlagerte sich der Schwerpunkt der Kämpfe in diese Republik. Sowohl in Kroatien (1991–1995) wie in Bosnien (1992–1995) u. in Kosovo (1998/99) kam es zu massiven →ethn. Säuberungen, in deren Verlauf insgesamt 3–4 Mio. Menschen flüchteten, vertrieben oder ermordet wurden (→Bosnien-Herzegowina als Vertreibungsgebiet, →Kosovo als Vertreibungsgebiet). Betroffen waren insbesondere Bosniaken (→B. aus Bosnien-Herzegowina), Kosovo-Albaner (→A. aus Kosovo), Serben (in Bosnien, Kroatien [→Krajina-Serben] u. Kosovo [→Serben aus Kosovo]) sowie Kroaten in den serb. kontrollierten Gebieten Kroatiens u. Bosniens. Die Erfassung der Kriegstoten ging nur sehr langsam voran. Bis Mitte 2007 konnten knapp 100.000 Tote des Bosnienkrieges ermittelt werden, darunter mehr als 64.000 bosnische Muslime bzw. Bosniaken, 25.000 Serben u. 7.800 Kroaten. Den Flüchtlingen u. Vertriebenen wurde im →Dayton-Abkommen v. Ende 1995 ein Rückkehrrecht zugesichert. Damit vollzog die internat. Gemeinschaft 72

Jahre nach der griech.-türk. Konvention v. Lausanne (1923, →Lausanner Konferenz) eine radikale Kehrtwende. Während die Lausanner Vereinbarung die im griech.-türk. Krieg v. 1921/22 vollzogenen ethn. Säuberungen nachträglich sanktionierte u. erstmals in der modernen europ. Geschichte einen obligatorischen „Bevölkerungsaustausch" als Ultima Ratio zur Lösung nationaler Konflikte akzeptierte, zielte das Dayton-Abkommen auf die Rückkehr der während des Krieges in Bosnien-Herzegowina geflohenen oder vertriebenen Personen in ihre früheren Heimatorte ab. In den ersten 10 Jahren nach Kriegsende sind insgesamt knapp 1 Mio. Flüchtlinge u. Vertriebene an ihre früheren Wohnorte in Bosnien-Herzegowina zurückgekehrt, darunter auch 442.000 Personen in Gemeinden, in denen sie nicht zur nationalen Mehrheit gehören („minority returns"). Aber v. einer Lösung des Flüchtlings- u. Vertriebenenproblems in großen Teilen des exjugoslawischen Raums (v. a. in Kroatien, Bosnien u. Kosovo) war man zu diesem Zeitpunkt noch immer weit entfernt. Unter den nach den 72-tägigen Luftangriffen der NATO 1999 aus Kosovo geflohenen oder vertriebenen Serben gibt es fast keinerlei Rückkehrer.

Lit.: M. Klemencic/M. Zagar, The Former Yugoslavia's Diverse Peoples. A Reference Sourcebook. Santa Barbara/Calif. 2004; R. Wörsdörfer, Krisenherd Adria 1915–1955. Konstruktion und Artikulation des Nationalen im italienisch-jugoslawischen Grenzraum 1915–1955. Paderborn u. a. 2004; K. Schmider, Partisanenkrieg in Jugoslawien 1941–1944. Hamburg u. a. 2002; L. Benson, Yugoslavia. A Concise History. Basingstoke-Hampshire 2001; Burn This House: The Making and Unmaking of Yugoslavia. Hg. J. Udovički/J. Ridgeway. Durnham/NC ²2000; Neighbors at War. Anthropological Perspectives on Yugoslav Ethnicity, Culture and History. Hg. J. M. Halpern/D. A. Kideckel. University Park/Pa. 2000; Der Kosovo-Konflikt. Ursachen, Akteure, Verlauf. Hg. K. Clewing/J. Reuter. München 2000; Der Jugoslawien-Krieg. Handbuch zu Vorgeschichte, Verlauf und Konsequenzen. Hg. D. Melčić. Opladen, Wiesbaden 1999; S. P. Ramet, Balkan Babel: The Disintegration of Yugoslavia from the Death of Tito to the War for Kosovo. Boulder/Colo. ³1999; J. R. Lampe, Yugoslavia as History. Twice There Was a Country. Cambridge 1996; V. Meier, Wie Jugoslawien verspielt wurde. München 1995; H. Sundhaussen, Experiment Jugoslawien. Von der Staatsgründung bis zum Staatszerfall. Mannheim u. a. 1993; V. Žerjavić, Opsesije i megalomanije oko Jasenovca i Bleiburga. Gubici stanovništva Jugoslavije u drugom svjetskom ratu. Zagreb ²1992; B. Kočović, Žrtve drugog svetskog rata u Jugoslaviji. London 1985; Das Schicksal der Deutschen in Jugoslawien. Hg. T. Schieder. Düsseldorf 1961 (= Dokumentation der Vertreibung der Deutschen aus Ost-Mitteleuropa, 5).

H. S.

Kabardiner (1944). Die K. (Selbstbez. *Adyge*, *Keberdei*), seit der Islamisierung im 16. Jh. überwiegend sunnitische Muslime, gehören wie die Šapsugen, Ubychen u. andere Stämme zu der in Nordkaukasien (→Kaukasien) autochthonen Volksgruppe der Tscherkessen (Adyge). Historisch bekannt v. a. durch die Heirat Ivan des Schrecklichen mit einer

Tochter des kabardinischen Fürsten Temrjuk Idarov, ist ihr Herrschaftsgebiet der großen u. kleinen Kabardei seit dem für Russland sehr vorteilhaften Frieden v. Küçük Kaynarca 1774 unter russ. Hegemonie gelangt.

Eine gewisse Verwaltungshoheit erhielten die K. in sowj. Zeit zwar früh mit Gründung ihres Autonomen Gebietes (russ. *avtonomnaja oblast'*, AO) am 1. 9. 1921. Doch wurde es nur wenige Monate später am 16. 1. 1922 schon mit den →Balkaren zum Autonomen Gebiet Kabardino-Balkarien vereint, das den Status einer Autonomen Republik (ASSR) erst am 5. 12. 1936 erhielt. Im Jahre 1939 lebten hier an die 150.300 K. (43 %), 127.100 Russen (36,3 %) u. 39.000 Balkaren (11,2 %).

Im Herbst 1942 stießen Verbände der dt. Wehrmacht in die Kabardino-Balkarische ASSR vor u. nahmen die Hauptstadt Nal'čik am 29. 10. 1942 ein. Während sich die Rote Armee zurückzog, kam es zu einem Interregnum mit einer lokalen Verwaltung unter Selim Zedov. In der nur wenige Monate dauernden Besatzung wurde diese Selbstverwaltung dann zu einer Art Regierung ausgebaut. Ihr gehörten Vertreter der Aristokratie, der Grundbesitzer sowie Emigranten an, die augenscheinlich sowohl mit dem Besatzungsregime als auch mit dem „Sonderverband Bergmann" der Wehrmacht kooperierten, der unter dem Kommando v. Theodor Oberländer stand.

Das bilaterale Kooperationsinteresse bestand seitens der dt. Wehrmacht in der möglichst verlustarmen Inbesitznahme des Kreuzpasses an der Georgischen Heerstraße u. im Aufbau eines sicheren Rückzugsterrains. Der kabardinischen Übergangsregierung ging es um die Auflösung der Kolchosen, die Reprivatisierung v. Staatsbesitz (Land, Vieh) u. die Wiedereröffnung der Moscheen, wie dies die Richtlinien vom 18. 2. 1942 für die Propaganda unter den Kaukasusvölkern in Aussicht stellten. Es gab auch Pläne, Balkarien v. der Kabardei zu lösen u. die Balkaren mit den sprachlich wie relig. verwandten →Karatschaiern einem türk. Protektorat zu unterstellen.

Am 4. 1. 1943 wurde Nal'čik v. der Roten Armee befreit. Die letzten dt. Einheiten verließen Kabardino-Balkarien am 11. 1. 1943. Dem nationalsozialistischen Terror waren über 2.000 Kriegsgefangene u. fast 2.200 Zivilisten zum Opfer gefallen, darunter viele Balkaren. Die Kooperation der Interimsregierung mit den Besatzern begründete dann den sowj. Vorwurf der →Kollaboration. Dennoch folgte die →Deportation erst über ein Jahr später. Sie kam daher völlig überraschend u. traf v. a. die balkarische Bev. Dagegen fiel der Anteil der verbannten K. weit niedriger aus, was i. d. R. mit einer leichteren Form der Kollaboration begründet wird.

Infolge der Deportation der Balkaren im März 1944 wurde die Kabardino-Balkarische ASSR am 8. 4. 1944 auf Beschluss Nr. 117/6 des Präsidiums des Obersten Sowjets aufgelöst u. zugleich als Kabardinische ASSR neu gegründet, die bis zum 9. 1. 1957 Bestand hatte. Im Mai u. Juni 1944 ergingen Befehle zur Deportation v. 2.492 Kollaborateuren. Darunter befanden sich 1.672 K., die nach Džambul in die Kasachische SSR (→Kasachstan als Aufnahmegebiet) zwangsverschickt wurden. Noch zum 1. 1. 1953 befanden sich 1.717 K. (darunter 1.572 Erwachsene) in den Sonderlagern Kasachstans.

Am 9. 1. 1957 ordnete das Präsidium des Obersten Sowjets per Dekret (Nr. 149/13) die Rekonstituierung der Kabardino-Balkarischen ASSR an. Daraufhin stellte der Ministerrat der RSFSR mit Beschluss (Nr. 205) vom 12. 4. 1957 Finanzmittel bereit, um die Wiederansiedlung der K. zu erleichtern (vgl. →Rehabilitierung).

Lit. (a. →Balkaren, →Kaukasien): Sh. Akiner, Islamic Peoples of the Soviet Union. London, New York ²1986.

D. S.

Kalmücken (1943–1945). Obgleich die dt. Besetzung lediglich den westl. Teil der Kalmücken-Steppe umfasste u. nur wenige Monate, vom August 1942 bis zum Januar 1943 währte, gelang es ihr, die nicht erloschenen Aspirationen der K. (Selbstbez. *Chal'mg*) – eines buddhistischen u. im frühen 17. Jh. aus der Westmongolei zugewanderten Volkes – auf nationale Selbstbestimmung in einer Weise anzusprechen, dass sich hier 1943 ein unter dem dt. Kommando v. Dr. Doll (Othmar Rudolf Wrba) stehendes, einheimisches Kavalleriekorps v. über 3.000 Mann bilden konnte. Weil es sich dabei offensichtlich nicht nur um zwangsrekrutierte Kriegsgefangene, sondern auch um antibolschewistische Freiwillige handelte, war der sowj. Vorwurf der →Kollaboration nicht v. der Hand zu weisen.

Doch anstatt die wenigen Mitläufer vor Gericht zu bringen, ordnete der Rat der Volkskommissare auf Weisung des →NKVD die →Deportation des ganzen Volkes an. Vor Ort war die Entscheidung durch den Parteisekretär der Kalmückischen ASSR, P. F. Kasatkin, eingeleitet worden, der in einem Memorandum an das ZK schon im August pauschal Anklage gegen das kalmückische Volk erhoben hatte. Darin brachte er die Teilnahme kalmückischer Verbände aufseiten der Donkosaken (Pëtr Krasnov) während des Bürgerkrieges u. die erneute Unterstützung der dt. Wehrmacht undifferenziert in einen Zusammenhang, womit das Volk unter Generalverdacht gestellt wurde (→Kollektivschuld).

Schon am 15. 10. 1943 hatte der Rat der Volkskommissare daher ein Dekret (Nr. 1118–346ss) erlassen, das die Gebiete Altaj, Krasnojarsk, Omsk u. Novosibirsk (→Sibirien) zur Vorbereitung u. Aufnahme verpflichtete. Kurz darauf erschien General Ivan →Serov zur Kontrolle in Ėlista u. erklärte den kalmückischen Funktionären am 27. 10. 1943 die Deportation als Folge der Kollaboration mit dem Feind. Die Zwangsverschickung aus der Kalmückischen ASSR erfolgte dann am 28. 12. 1943 innerhalb v. vier Tagen (Dekret Nr. 1432/425ss) unter dem Kodenamen „Ulusy". Die Aufsicht wurde dem „Kommissar der Staatssicherheit" (russ. *komissar GB*) Michail Markeev u. Major Zolotov vom NKVD übertragen. An der Operation nahmen 2.975 Offiziere u. 1.226 Soldaten des 3. motorisierten Schützenregiments des NKVD teil, das sich schon bei der Verschickung der →Karatschaier bewährt hatte.

Somit waren Anfang Februar 1944 in das Gebiet v. Omsk 27.069, in das v. Krasnojarsk 24.998, v. Novosibirsk 16.436, in den Altaj 22.212 u. in die Kasachische SSR 2.268 K.

deportiert worden. An die 2.550 K. aus Rostov am Don folgten am 25. 3. 1944, nachdem der Kalmückische Bezirk dieses benachbarten Gebietes schon am 9. 3. 1944 aufgelöst u. der Rat der Volkskommissare die Umsiedlung qua Direktive Nr. 5475rs am 11. 3. 1944 beschlossen hatte. Ein Befehl des NKVD vom 15. 4. 1944 weitete die Deportation dann auf alle außerhalb der ASSR lebenden K. aus. Allein aus dem benachbarten Gebiet Stalingrad (heute Volgograd) wurden vom 2. bis 4. 6. 1944 an die 1.280 K. in das Gebiet v. Sverdlovsk deportiert.

Eine erste Zählung an den Bestimmungsorten ergab 91.919 K., die auf dem Transport Entflohenen u. Verstorbenen (1.640) nicht mitgerechnet. Bei einer zweiten Zählung vom 1. 10. 1948 stellte sich heraus, dass 979 Personen doppelt gezählt worden waren, sodass man v. 90.940 in Sonderlagern befindlichen K. auszugehen hat. Doch bereits Anfang Oktober 1945 war diese Gruppe auf 80.300 Menschen dezimiert. Bald aber kamen die schon seit Januar aus der Armee entlassenen K. hinzu, die ohne Ansehen der Person oder des Verdienstes zunächst auf Weisung (Nr. 1–65 3337-i) des Generalstabes, dann auf Anordnung vom September 1945 an die Kommandeure der Kontroll- u. Filtrationslager (russ. *proveročno-fil'tracionnye lagerja*) in Sonderlager nach Novosibirsk zu überstellen waren. Dieses Kontingent umfasste zunächst nur 4.105 Demobilisierte, schlussendlich aber 6.154 Personen, darunter 383 Offiziere, zahlreiche Ordensträger u. Helden der Sowjetunion sowie den späteren Nationaldichter David Kugultinov.

Aufgrund der extrem schwierigen Lebensbedingungen verstarben allein in den ersten fünf Jahren 16.594 K. Dem standen 2.702 Geburten gegenüber; 1.364 K. wurden aus der Deportation entlassen. Das Verhältnis v. Sterbe- u. Geburtenrate kehrte sich erst ab 1949 langsam um, sodass die Zahl der Verbannten zum 1. 1. 1953 an die 81.475 Menschen (darunter 53.019 Erwachsene) umfasste.

Deportiert waren sie zu diesem Zeitpunkt in Lagern der Republiken →Zentralasiens, u. zwar in →Kasachstan (2.427), in der Usbekischen (808), in der Kirgisischen (313), in der Tadschikischen (227) sowie in der Turkmenischen (7) SSR. Vor allem aber waren sie über die Gebiete u. autonomen Republiken Sibiriens verteilt: in Krasnojarsk (16.269), Altaj (18.581), Kemerovo (227), Novosibirsk (17.719), Irkutsk (66), Omsk (9.838), Tomsk (1.124), Tjumen' (10.364), kleinere Kontingente auch in anderen Regionen.

Obschon erste Gerüchte über eine bevorstehende Deportation bereits im Sommer 1943 kursierten, verstanden die meisten Verbannten nicht, was mit ihnen geschah u. zu welchem Zweck sie die Heimat verlassen sollten. Ihre gängige Erklärung war, dass Iosif →Stalin sie zum Schutz vor den Faschisten in den O umgesiedelt habe. Viele der nach Sibirien deportierten Familien wurden aber sofort als billige Arbeitskräfte zu Arbeiten (Holzschlag, Fischfang) in die umliegenden Gebiete v. Chanty-Mansijsk, Jamalo-Nenec u. Tobol'sk zwangsverschickt. Und schon am 25. 4. 1944 erließ das Staatskomitee für Verteidigung (russ. *Gosudarstvennyj Komitet Oborony,* GKO) eine Verordnung (Nr. 5729s), mit der 1.000 kalmückische Familien zur Arbeit in den Minen der Jakutischen ASSR sowie des Irkutsker Gebietes abkommandiert wurden. Einen großen Teil der Frontheimkehrer zog man mit anderen deportierten Nationalitäten zum Bau des Wasserkraftwerkes bei Kungur heran. Unter dem Eindruck der →Zwangsarbeit wurde die Vermutung schnell zur Gewissheit, dass die Deportation als Bestrafungsaktion gedacht war.

Ein dem Verbannungsbeschluss vorangegangenes Dekret (Nr. 115/144) des Präsidiums des Obersten Sowjets legte am 27. 12. 1943 zugleich die Auflösung der bis dahin Autonomen Kalmückischen SSR u. die Aufteilung des Territoriums unter die benachbarten Bezirke fest, wobei es – v. a. auf lokaler Ebene – zu namenbereinigenden Akten kam. Die Hauptstadt Ėlista (Stepnoj) sowie die umliegenden Bezirke Dolban, Ketčenerov, Lagan, Privolž'e, Troick (Stepnov), Ulan-Chol', Černozemel'nyj u. Justino wurden dem neu konstituierten Gebiet Astrachan' zugeschlagen. Die Uluse Zapadnyj (früher Bašanta) u. Jašalta (Stepanov) gingen an das Gebiet Rostov am Don u. die Uluse Maloderbet sowie Sarpa an das Gebiet Stalingrad. Das Gebiet Stavropol' erhielt Prijutnoe u. einige südl. Randbezirke.

Obgleich das „Kalmückische Komitee" dem Generalsekretär der Vereinten Nationen, Dag Hammarskjöld, durch Džab Naminov-Burchinov schon am 13. 12. 1953 ein Memorandum über die Lage der nach Sibirien u. Zentralasien deportierten Sowjetvölker überreichen konnte, leitete erst die Geheimrede Chruščëvs vor dem XX. Parteitag mit der Verurteilung des Personenkultes u. der Massendeportationen im Februar 1956 neben der Entstalinisierung auch die →Rehabilitierung verfolgter Personen u. der deportierten Völker ein. Am 17. 3. 1956 hob das Präsidium des Obersten Sowjets alle Restriktionen der Zwangsdeportation für die Kalmücken per Dekret (Nr. 134/33) auf.

Die Wiederherstellung des Kalmückischen Autonomen Gebietes folgte am 9. 1. 1957 durch den Ukas Nr. 149/11 des Präsidiums des Obersten Sowjets, der am 11. 2. 1957 gesetzlich bekräftigt wurde. Die Umbildung in eine ASSR geschah jedoch erst mit dem Dekret Nr. 108/1 vom 29. 7. 1958. Die Rücksiedlung setzte unmittelbar in nur teilweise organisierter Form ein, da ein Recht auf Rückkehr offiziell nicht eingeräumt worden war, u. dauerte bis Ende 1959. In dieser Zeit kehrten 72.665 K. (18.158 Familien) in ihre Heimat zurück, die sie mit Hilfe staatl. Kredite neu aufbauten.

Aufgrund der hohen Zahl an Heimkehrern verlief die Remigration nicht reibungslos, v. a. aus organisatorischen und wirt. Gründen. Da sich in den geräumten Siedlungen jedoch zwischenzeitlich Familien aus Zentralrussland niedergelassen hatten u. die propagierten Feindbilder nicht so rasch aus den Köpfen verschwanden, rief die Ankunft der K. zudem vielerorts Spannung hervor. Im Verteilungskampf um Wohnungen u. Arbeitsplätze zogen es viele Russen daher vor, die restituierte Republik wieder zu verlassen.

Lit. (a. →Balkaren, →Kaukasien): Političeskie repressii v Kalmykii v 20–40-e gg. XX veka. Hg. K. N. Maksimov/N. G. Očirova. Ėlista 2003; Kniga pamjati ssylki kalmyckogo naroda. Hg. V. Z. Atueva/L. S. Burčinova/S. A. Gladkova. Bd. I/2. Ssylka kalmykov: Kak ėto bylo. Sbornik dokumentov i materialov. Ėlista 2001; J. O. Pohl, Ethnic Cleansing in the USSR, 1937–1949. Westport, London 1999; D. Naminov-Burchinov, Bor'ba za graždanskie prava kalmyckogo naroda – The Struggle for Civil Rights of the Kalmyk People. Moskva, Ėlista 1997; V. B. Ubušaev, Kalmyki. Vyselenie i vozvraščenie, 1943–1957 gg. Ėlista 1991; N. F. Bugaj, Operacija „Ulusy". Ėlista 1991; J. Hoffmann, Deutsche und Kalmyken 1942 bis 1945. Freiburg [4]1986.

D. S.

Karadžić, Radovan (*19. 6. 1945 Petnjica/Montenegro), bosn.-serb. Politiker, „Präsident" der internat. nicht anerkannten „*Republika Srpska*" 1992–1996, Vorsitzender der Serb. Demokratischen Partei (*Srpska Demokratska Stranka*, SDS) 1990–1996. Geboren wurde K. im Durmitorgebirge als erstes v. fünf Kindern des Schusters Vuko K., der wegen seiner Betätigung als royalistisch-nationaler Freischärler (*Četnik*) nach dem Krieg fünf Jahre im Gefängnis verbrachte, u. Jovanka geb. Jakić, die ebenfalls aus streng serb.-nationalem Hause stammte. Über seine väterliche Familie sagte K., dass sie auf den Begründer der serb. Schriftsprache, Vuk K. (1787–1864), zurückgehe u. dass v. ihr im 2. →Wk. 95 Mitglieder v. *Ustaša*-Truppen (→Serben aus dem „Unabhängigen Staat Kroatien") ermordet worden seien. Der 15-Jährige kam 1960 nach mehreren Umzügen nach Sarajevo, wo er das Gymnasium abschloss, Medizin studierte u. sich zum Facharzt für Psychiatrie weiterbildete. Schon während des Studiums schrieb K. Gedichte im Stil serb. Heldenlieder u. schloss sich der literarischen Szene an. Nach der Rückkehr v. einem einjährigen Aufenthalt in New York 1974/75 u. Anstellungen in Zagreb u. Belgrad, wo er den einflussreichen polit. Romancier Dobrica Ćosić kennenlernte, praktizierte K. neben seiner Arbeit im Koševo-Krankenhaus als einziger Psychiater Bosniens auch frei u. wurde zu einem gefragten Spezialisten für Depressionen.

Nach einer Rede während der Studentenproteste im Sommer 1968, mit der er angeblich ins Visier des Geheimdienstes geriet, blieb K. politisch untätig, bis er 1990 v. Freunden aufgefordert wurde, mit ihnen die SDS zu gründen. Nach Absagen anderer Kandidaten wurde K. im Juli 1990 überraschend deren erster Vorsitzender. Mit historisierenden Reden über eine alte Feindschaft zw. Serben u. „Türken", wie er die muslimischen Bosnier nannte, u. seiner Nähe zur serb.-orth. Kirche wurde er rasch populär u. eroberte bei den ersten freien Wahlen 1991 mit der SDS knapp 90% der serb. Stimmen. Die Absicht v. Muslimen u. Kroaten, Bosnien in die Unabhängigkeit v. →Jugoslawien zu führen, nahm K. zum Anlass, eine „Serbische Republik Bosnien-Herzegowina" zu gründen. Nach einem Referendum im März/April verließen die SDS-Abgeordneten das Parlament in Sarajevo u. siedelten in K.s Wohnort Pale über, den sie im Sommer zur „Hauptstadt" einer souveränen „Republika Srpska" deklarierten. K. war Präsident der bosn. Serbenrepublik, als Armee, Freischärler u. zivile Behörden den serb. gehaltenen Teil Bosniens systematisch v. Muslimen u. Kroaten „säuberten" (→Bosnien-Herzegowina als Vertreibungsgebiet, →ethnische Säuberung). Nach dem Massaker v. →Srebrenica im Juli 1995 wurde K. vor dem →Haager Kriegsverbrechertribunal wegen Völkermords (→Genozid), Verbrechen gegen die Menschlichkeit u. Bruchs der Genfer Konventionen angeklagt. Im Jahr darauf erzwang internat. Druck seinen Rücktritt, erst als Präsident, dann als SDS-Vorsitzender. In den Jahren 2001–2004 scheiterten mehrere Versuche der internat. Schutztruppen, K. in seinem vermuteten Versteck in der Ostherzegowina aufzuspüren u. zu verhaften. Am 21. 7. 2008 wurde K. in Belgrad v. einer Spezialeinheit des Geheimdienstes festgenommen u. neun Tage später dem Haager Kriegsverbrechertribunal überstellt. Wenigstens im letzten Jahr vor seiner Festnahme hatte K. unter dem falschen Namen Dragan Dabić unerkannt als Naturheiler im Belgrader Stadtteil Novi Beograd praktiziert.

Über die unter seiner Herrschaft verfolgten bosnischen Muslime sagte K., sie seien „den Arabern näher als den Serben" u. teilten mit jenen den Wunsch „zu dominieren". Nach dem Krieg erklärte er, er übernehme die „objektive Verantwortung" für mögliche Verbrechen der Armee, lasse sich aber die Taten „unabhängiger Gruppen" u. „Einzelner" nicht zurechnen: „Das war einfach eine Abrechnung von Zivilisten mit Zivilisten."

Lit.: C. Carmichael, Ethnic Cleansing in the Balkans. Nationalism and the Destruction of Tradition. London u. a. 2002; M. S. Lopušina, Radovan Karadžić: najtraženija srpska glava. Niš 2001; M. G. Mian, Karadzic: carnefice, psichiatra, poeta. Milano 1996.

N. M.-N.

Karapapaken-Terekeme (1944, 1989). Zur Gruppe der v. Iosif →Stalin aus kriegstaktischen Erwägungen deportierten Völker gehören – neben den →Mes'cheten-Türken, →Kurden u. Chemšil (→Armenier in der Sowjetunion und ihren Nachfolgestaaten) – die K. (Selbstbez. *Karapapah*, *Qarapapax*), auch Terekeme (Selbstbez. *Terekeme*) genannt. Die K. sind überwiegend sunnitische Muslime. Sie gelten als turkmenische Halbnomaden u. gehören zum westoghusischen Zweig der Turksprachen. Damit unterscheiden sie sich sprachlich kaum vom Azerischen u. Türkeitürk., sodass sie in Georgien für →Azeri gehalten u. in sowj. Quellen als Türken bezeichnet wurden.

Ihre südkaukasische Heimat ist das georgisch-azerisch-armenische Dreiländereck, d. h. der ostgeorgische Distrikt Borčalo, benannt nach dem Fluss Borčala (Bambak), sowie das armenische Einzugsgebiet des Flusses Debed u. der im NW Aserbaidschans angrenzende Distrikt Kazach (Qazax). Nach dem russ.-persischen Friedensschluss v. Turkmančaj 1828 siedelte ein Teil in das nordwestiranische Sulduz (Naqadeh) über. Ein anderer Teil emigrierte in die ostanatolischen Sandschaks Tschaldyr u. Kars – zwei Verwaltungsbezirke, die das Osm. Reich auf dem Berliner Kongress am 13. 7. 1878 an Russland abtreten musste. Nach der Volkszählung v. 1897 lebten in den nun zu Russland gehörenden Bezirken Südwestkaukasiens 29.902 K., davon 99% allein in den Bezirken Kars u. Ardâhan.

Die Revision dieser Territorialgewinne durch den Vertrag v. Kars am 23. 10. 1921 führte zur Aufteilung der karapapakischen Bev. unter die türk. und die sowj. Verwaltung. Während der größere Teil in Ostanatolien verblieb, siedelte eine Gruppe nach Georgien u. Armenien über, wo sie bis zu ihrer Zwangsverschickung im November 1944 lebte. Hierbei handelte es sich indes nicht um eine Strafaktion, sondern um eine Präventivdeportation (vgl. →Kaukasien, →Deportation), mit der Stalin die südwestkaukasische Grenzregion v. der turksprachigen Bev. säubern ließ. Präzise Angaben zur Zahl der deportierten K. liegen zwar nicht vor. In den sowj. Quellen fallen sie unter die Rubrik kaukasische Türken bzw. Mes'cheten-Türken. Nimmt man jedoch die Bev.größe der Volkszählung v. 1926 mit 6.316 Personen als Ausgangspunkt, so dürften 1944 nicht mehr als 7.500 Menschen verschickt worden sein.

Mit Aufhebung der Restriktionen im April 1956 (→Rehabilitierung) fand ein Teil der Deportierten den Weg in die georgische Heimat zurück, wo sie als „Borçalı-Kazasi-Türken" *(Borçalı-Qarayazi)* oder a. „Borçalı-Kazasi-Aserbaidschaner" bekannt sind u. sich im südgeorgischen Marneuli, an der Grenze zu Armenien niedergelassen haben. Jene K. aber, die es wie viele Mes'cheten vorgezogen hatten, an ihren Verbannungsorten zu bleiben, mussten →Zentralasien verlassen, als usbekische Nationalisten im Mai u. Juni 1989 →Pogrome im Ferganatal verübten. Die erneute →Vertreibung führte sie in die Russl. Föderation (Dagestan, Stavropol'), wo sie seither – gleichfalls ohne russ. →Staatsangehörigkeit – auf eine polit. Lösung zur Rückkehr nach Georgien warten.

Lit.: I. Türkoğlu, Karapapaklar, in: Türkiye Diyamet Vakfi. Islâm Ansiklopedisi. Hg. B. Topaloğlu. Bd. 24. Istanbul 2001, 470; O. Yeniaras, Karapapak ve Terekemelerin siyasi ve kültür tarihine giriş. Istanbul 1994; H. Bauer/A. Kappeler/B. Roth, Die Nationalitäten des Russischen Reiches in der Volkszählung von 1897. A: Quellenkritische Dokumentation und Datenhandbuch. Stuttgart 1991; Sh. Akiner, Islamic Peoples of the Soviet Union. London, New York ^{2}1986; G. Simon, Das nationale Bewußtsein der Nichtrussen der Sowjetunion. Köln 1986 (= *BBIOst*, 47); W. Barthold [R. Wixman], Ķarapapakh, in: The Encyclopaedia of Islam. Bd. 4. Leiden u. a. 1978, 627; A. Caferoğlu, Karapapak'lar, in: Türk Ansiklopedisi. Bd. 21. Ankara 1974, 309; M. Bala, Kara-Papak, in: Islâm Ansiklopedisi. Bd. 6. Istanbul 1955, 330–331.

D. S.

Karatschaier (1943–1945). Im Autonomen Gebiet Karatschai-Tscherkessien, das am 12. 1. 1922 als Teil des Stavropoler Gebietes gegründet wurde, lebten nach der Volkszählung v. 1939 an die 70.900 K. (Selbstbez. *Karačajly, Qaraçay*). Dieses turksprachige u. wohl erst gegen Ende des 18. Jh.s bloß graduell zum sunnitischen Islam konvertierte Volk machte jedoch nur 28,8 % der Gesamtbev. dieser nordwestkaukasischen Region aus. Denn infolge einer gezielten Ansiedlungspolitik in frühsowj. Zeit war der Anteil der Russen bis 1939 auf 48,3 % angestiegen (1926: 4,5 %). Die übrige Bev. bestand überwiegend aus Tscherkessen – eine Stammesföderation, die bis zum Vordringen Russlands nach Nordkaukasien in der ersten Hälfte des 19. Jh.s hier polit. dominierend war.

Das 1922 gegründete Gebiet wurde indes wegen unüberbrückbarer Gegensätze zw. den beiden so unterschiedlichen Nationalitäten schon am 26. 4. 1926 in ein Autonomes Gebiet (russ. *avtonomnaja oblast'*) Karatschai u. in einen Nationalbezirk (russ. *nacional'nyj okrug*) Tscherkessien unterteilt, der den Status eines Autonomen Gebietes erst am

30. 4. 1928 erhielt. Während jedoch dieses Autonome Gebiet Tscherkessien bis zum Januar 1957 Bestand hatte, fiel das Autonome Gebiet Karatschai mit der →Deportation der Titularnation im Oktober 1943 der Liquidierung anheim.

Die dann 1957 restituierte Autonomie des Karatschai-Tscherkessischen Autonomen Gebietes (→Rehabilitierung) währte bis zum November 1990, als sich das Gebiet als Sowjetrepublik (SSR) für unabhängig erklärte – eine Vorstufe zu der im Oktober 1991 erfolgten Unabhängigkeitserklärung beider Nationen, die schließlich im März 1992 zur Gründung der Republik Karatschai-Tscherkessien innerhalb der Russl. Föderation führte. Doch auch nach dem Zerfall der Sowjetunion ist das Bestreben des tscherkessischen Republikteils nach Gründung einer eigenständigen Republik bzw. nach Zusammenschluss mit anderen tscherkessischen Föderationssubjekten (Kabardiner, Adyge, Šapsugen) groß.

Schon während des Vorstoßes dt. Heeresverbände nach Nordkaukasien im August 1942, der einen vorzeitigen Rückzug der Roten Armee u. des Parteiapparates auslöste, formierte sich in der damaligen Hauptstadt Mikojan-Šachar (heute Karačaevsk) unter Kady Bajramukov, Madjir Kočkarev u. Mogamed Bajčorov eine antisowj. Gruppierung, die sich auf eine langjährige Widerstandsbewegung stützen konnte. Diese wurde nun v. der Wehrmacht zur Formierung eines „Karatschaiischen Nationalkomitees" genutzt, das unter dem besonderen Schutz des Generals der Kavallerie u. vormaligen Militärattachés in Moskau, Ernst August Köstring, stand. Weil von dt. Seite sowohl die Auflösung der Kolchosen als auch die Reprivatisierung v. Staatsbesitz (Land, Vieh) u. die freie Religionsausübung gemäß den Richtlinien vom 18. 2. 1942 für die Propaganda unter den Kaukasusvölkern hier nicht nur in Aussicht gestellt, sondern bei den muslimischen K. auch umgesetzt wurde, fand sich das Nationalkomitee bereit, Freiwillige für eine Kavallerieeinheit anzuwerben.

Dem nationalsozialistischen Terror fielen während der gut fünf Monate währenden Okkupationszeit – teils in Reaktion auf eine intensive Partisanentätigkeit der K. selbst – über 9.000 Zivilisten zum Opfer, darunter viele Kinder u. Partisanen. Die Zusammenarbeit des Nationalkomitees mit der dt. Wehrmacht begründete dann auf dem Hintergrund des karatschaiischen Eintretens für die Bürgerkriegsarmee Anton Denikins und des Widerstands gegen die Kollektivierung der frühen 1930er Jahre den sowj. Vorwurf der →Kollaboration, sodass qua Direktive (Nr. 52–6927) des →NKVD u. der Generalstaatsanwaltschaft vom 15. 4. 1943 an die 500 sog. Banditen schon am 9. 8. deportiert wurden. Ende 1943 fand in der Region eine groß angelegte Säuberungsaktion statt, bei der 65 Gruppierungen mit 1.416 Personen u. 182 Einzelkämpfer liquidiert sowie an die 2.000 Deserteure u. 300 Kollaborateure inhaftiert wurden.

Dennoch wurden die K. am 2. 11. unter Aufsicht des Stavropoler Parteisekretärs Michail Suslov als erste der nordkaukasischen Völker in streng bewachten Güterwaggons nach →Zentralasien verschickt. Die Deportation unterstand der Leitung v. Sergej Goglidze, des Generals Michail Gvišiani u. des stellvertretenden Volkskommissars des Inneren Ivan →Serov u. war am 23. 11. abgeschlossen. Sie traf die 69.267 Kinder, Frauen u. wehrunfähigen Männer – 653 v. ihnen starben auf dem Transport – völlig unerwartet, denn seit der Befreiung des Gebietes durch die 37. Sowjetarmee Ende Januar hatte es hierzu keinerlei Vorzeichen gegeben. Das Überraschungsmoment ging nach Augenzeugenberichten nicht zuletzt auf den Umstand zurück, dass die bei karatschaiischen Familien einquartierten 60.000 Rotarmisten sich als NKVD-Truppen erst zu erkennen gaben, als der Befehl zum Abtransport eintraf. Dabei wurde die offizielle Vorgehensweise nicht immer eingehalten, d. h. dass man den Familien weit weniger als 100 kg Reisegepäck zugestand u. sie schneller als innerhalb einer Stunde verlud, damit noch genug Habe zur Plünderung durch die zurückgebliebenen Soldaten verblieb.

Der überwiegende Teil der wehrfähigen Bev. – insgesamt waren über 15.600 Soldaten an die Front gegangen – versah zwar noch den Militärdienst in der Roten Armee. Doch ordnete das Staatskomitee für Verteidigung (russ. *Gosudarstvennyj Komitet Oborony,* GKO) in seiner Direktive Nr. 0741 vom 3. 3. 1944 schließlich auch die Überstellung aller zum Militärdienst verpflichteten K. an die Sonderlager an. Zudem erhielten die Kommandeure der Kontroll- u. Filtrationslager (russ. *proveročno-fil'tracionnye lagerja*) im September 1945 nochmals den Befehl, die aus der Armee entlassenen K. ohne Ansehen der Person oder des Verdienstes nach Alma-Ata zu überstellen.

Trotz dieser Zugänge befanden sich Anfang Oktober des Jahres indes nur 60.100 K., am 26. 11. 1948 sogar nur 56.869 K. in den Lagern Zentralasiens. Die Sterblichkeitsrate war extrem hoch, teils wegen der schlechten Versorgung und fehlender Unterkünfte, teils aufgrund des Klimas u. der harten Arbeitsbedingungen. Zum 1. 1. 1953 befanden sich somit 63.327 K. (darunter 37.225 Erwachsene) in den Deportationslagern, u. zwar in der Kasachischen (35.735) (→Kasachstan), in der Usbekischen (821), in der Kirgisischen (26.669) sowie in der Tadschikischen SSR (16). Kleinere Kontingente waren über die Gebiete u. autonomen Republiken →Sibiriens verstreut.

Den autonomen Status des Gebietes hatten das Präsidium des Obersten Sowjets mit dem Dekret (Nr. 115/13b) vom 12. 10. u. der Rat der Volkskommissare mit dem Dekret (Nr. 1118–342ss) vom 14. 10. 1943 aufgehoben. Am 6. 11. folgte ein weiteres Dekret (Nr. 1221–368ss) durch den Rat der Volkskommissare, das die Neubesiedlung des ethn. gesäuberten Raumes u. namenbereinigende Akte anordnete. Die Bezirke Karačai u. Učku-Lan mit der Hauptstadt Mikojan-Šachar (Kluchori) gingen als Kluchori-Bezirk an die Georgische SSR u. wurden mit 2.115 Svanen aus Georgien besiedelt. Die Bezirke Zelenčuk, Ust'-Džeguta u. Malo-Karačaj (Kislovodsk) verblieben im Stavropoler Gebiet, das sich zudem mit dem Krasnodarer Gebiet noch den Bezirk Pregrodnensk teilte. Geheime Pläne zur Liquidierung des Verwaltungsstatus u. zur Aufteilung des Gebietes auf die Nachbarn Stavropol', Krasnodar u. Georgien bestanden jedoch bereits seit 1942.

Noch bevor das Präsidium des Obersten Sowjets am 16. 7. 1956 die Restriktionen der Zwangsdeportation per Dekret (Nr. 139/19/20) auch für die K. aufhob (→Rehabilitierung), wurde das Georgien zugeschlagene Gebiet am 14. 3. 1955 der RSFSR unterstellt. Dem schlossen sich per Dekret (Nr. 149/12) vom 9. 1. 1957 die Umbildung des Tscherkessischen Autonomen Gebietes in ein Karatschai-Tscherkessisches Autonomes Gebiet u.

qua Gesetz vom 11. 2. die Teilwiederherstellung der früheren Autonomie an. Die Restituierung der staatl. Selbstverwaltung ging also mit der Rückgabe jener Territorien einher, die man dem Krasnodarer Gebiet u. der Georgischen SSR übertragen hatte. Dabei wurden die früheren Umbenennungen rückgängig gemacht. Die svanischen Neusiedler mussten den heimkehrenden K. weichen u. nach Georgien zurückkehren.

Weil jedoch die staatl. Repatriierungsmaßnahmen nur halbherzig durchgeführt wurden und bereits bewilligte Aufbaugelder in den Behörden benachbarter Bezirke versickerten, kehrten nicht alle K. nach Nordkaukasien zurück. Viele blieben in der Region ihrer Verbannung auch deshalb zurück, weil es in Kirgisien u. Kasachstan wohl schon zu Beginn der 1950er Jahre Möglichkeiten des soz. Aufstiegs u. der Teilhabe am staatl. Bildungssystem gegeben hat. Anderen gelang es, sich mit der Zeit der turksprachigen Umgebung anzupassen u. durch Viehzucht oder Ackerbau ein Auskommen zu sichern.

Zwar hatte das Gros der Deportierten Zentralasien bis 1959 verlassen. Da ihnen eine Wohnsitznahme in den Heimatdörfern u. den Höfen, die sie oder ihre Eltern hatten verlassen müssen, jedoch verwehrt blieb u. die örtliche Verwaltung alles daran setzte, die K. von den Leitungspositionen fern zu halten, zogen viele die in den 1960er Jahren erlangte materielle Sicherheit ihres Exils den mit einer Rückkehr in die Heimat verbundenen Ungewissheiten vor. Noch in den 1980er Jahren sollen mit ca. 5.000 Menschen etwa 4–5 % aller in der UdSSR lebenden K. in Zentralasien wohnhaft gewesen sein. Eine staatl. Anerkennung des erlittenen Unrechts, um die sie lange hatten kämpfen müssen, erhielten die K. erst mit dem Gesetz zur Rehabilitierung der „repressierten" Völker vom 26. 4. 1991, verabschiedet durch den Vorsitzenden des Obersten Sowjets der RSFSR, Boris El'cin.

Lit. (a. →Balkaren, →Kaukasien): W. Comins-Richmond, The Deportation of the Karachays, *Journal of Genocide Research* 4,3 (2002), 431–439; Ders., The Karachay Struggle after the Deportation, *Journal Institute of Muslim Minority Affairs* 22,1 (2002), 63–79; J. O. Pohl, Ethnic Cleansing in the USSR, 1937–1949. Westport, London 1999; Karačaevcy. Vyselenie i vozvraščenie (1943–1957). Materialy i dokumenty. Hg. I. Šamanov. Čerkessk 1993; Tak ėto bylo. Nacional'nye repressii v SSSR, 1919–1952 gody, v 3-ch tomach. Bd. 1. Hg. S. Alieva. Moskva 1993. A. Grannes, The Soviet Deportation in 1943 of the Karachays. A Turkic Muslim People of North Caucasus, *Journal Institute of Muslim Minority Affairs* 12/1 (1991), 55–68; J. Hoffmann, Kaukasien 1942/43. Das deutsche Heer und die Orientvölker der Sowjetunion. Freiburg 1991.

D. S.

Karelier: Flucht und Evakuierung (1939–1944). Die K. (Selbstbez. *Kar'jalaschet'*, *Kar'jalaine*) stellen den östl. Hauptstamm der Finnen dar. Sie haben sich nicht in Finnland, sondern nur in Ostkarelien (Karelische Republik innerhalb der Russl. Föderation) zu einer vom allg. Finnentum abweichenden ethn. Gruppe entwickelt. Die K. sind mehrheitlich evang. mit einer starken orth. Minderheit. Da sie in Finnland als einzelne

Gruppe statistisch nie erfasst wurden, kann man in Bezug auf ihre Zahl keine eindeutigen Aussagen machen. Je nach Definition darf man aber v. etwa 1 Mio. K. ausgehen, um 1939 von rd. 700.000. Partielle Brüche in der gesamtfinn. Identität auf dem Territorium Finnlands v. 1939 gab es wohl nur in der karelischen Gemeinde Salmi mit etwa 8.000 Einw.n, die sich sprachlich so stark unterschieden, dass es zu Verständigungsproblemen kam.

Im 2. →Wk. floh etwa die Hälfte der finnischen K. gleich zweimal aus ihrer Heimat – beide Male in Zusammenhang mit der sowj. Besetzung. Um eine durch sowj. Behörden verordnete →Deportation ging es dabei aber nicht, denn mit Ausnahme derjenigen, deren Wohnorte sich in der vorgesehenen 20 km breiten Grenzzone befanden, waren keine Zwangsaussiedlungen vorgesehen. Vielmehr hatten die K. aber eine Massenterrorwelle zu befürchten, die in den neuen sowj. Gebieten mit breit angelegten Säuberungskampagnen einherging. Insofern muss ihre →Flucht als erzwungen angesehen werden.

Angesichts der Bedrohungspolitik der Sowjetunion gegenüber Finnland, das gemäß dem →Ribbentrop-Molotov-Pakt in den Einflussbereich der UdSSR fiel, begann die finn. Regierung Anfang Oktober 1939 die →Evakuierung v. entlang der Grenze lebenden K. Vor dem Ausbruch des finn.-sowj. Krieges waren schon 45.000 Personen evakuiert worden. Während des Krieges wurden weitere 350.000 Personen in einem Eilverfahren evakuiert oder verließen als Flüchtlinge ihre Wohnorte. Unter ihnen waren auch ca. 3.000 Nicht-Finnen (Russen u. Schweden). Etwa 4.000 Personen, die es nicht geschafft hatten, rechtzeitig zu fliehen, u. einige Hundert, die freiwillig geblieben waren, wurden v. der Sowjetmacht interniert. Bevor sie im Sommer 1940 an Finnland übergeben wurden, kamen mehrere Hundert v. ihnen ums Leben. Darüber hinaus wurden viele als vermisst registriert. Die neue Grenze entsprach in etwa der Frontlinie, womit Finnland 10 % seines Territoriums verlor.

In Finnland wurden für die Evakuierten Grund- sowie Eigentumsreparationen ermöglicht (→Lastenausgleich in Finnland). Doch noch bevor die ergriffenen Maßnahmen ihre Wirkung zeigen konnten, wurden die verlorenen finn. Gebiete im Herbst 1941 zurückerobert. Etwa 280.000, d. h. 70 % der Evakuierten kehrten in ihre Heimat zurück. Im Jahr 1944 zwang die Sommeroffensive der Roten Armee die K. erneut zur Flucht. Diesmal wurde die Evakuierung seitens der Regierung besser organisiert, es wurden keine kompakten K.gruppen zurückgelassen. Nachdem die Kriegshandlungen am 2. 9. 1944 beendet wurden, konnten die Personen, die auf noch in finn. Händen liegenden, aber der Sowjetunion zugesagten Territorien lebten (67.000), ohne Einsprüche seitens der UdSSR ins Innere des Landes evakuiert werden. Die Gesamtzahl der Evakuierten überstieg diesmal die Zahl v. 1940 um 30.000 (insgesamt 430.000), denn Finnland hatte im N noch zusätzliche Gebiete (insgesamt 12 % seines Territoriums) verloren. Zu den neuen Evakuierten gehörten auch rd. 1.000 Samen aus dem Gebiet Petsamo (russ. Pečenga). Die Interessen der evakuierten K. wurden seit 1940 durch den Karelischen Bund *(Karjalan Liitto)* vertreten.

Eine Rückkehr der Flüchtlinge ist nie möglich gewesen, weder in Sowjetzeiten noch nach dem Zerfall der UdSSR. Der Friedensschluss v. Paris 1947 bestätigte die neuen Grenzverschiebungen, die sowj. Nationalisierungen (Boden, Immobilien) behielten ihre Gültigkeit. Der Forschungsstand ist zwar recht gut, eine zusammenfassende Darstellung zu dem Thema fehlt aber noch.

Lit. (a. →Lastenausgleich in Finnland): O. Ahokas, Karjalan Kannaksen evakuoiminen. Evakuoimissuunnitelmat ja karu todellisuus. Sipoo 2004; J. Virolainen, Siirtokarjalaiset 1941–1944. Keuruu 1989; Ders., Karjalaiset Suomen kohtaloissa. Keuruu 1988 ; J. Nevakivi, Suomi 1944 – Sodasta rauhaan. Helsinki 1984; J. Etto, Pohjoinen taikapiiri – Lapin evakkojen maailma 1944–1945. Oulu 1977; S. Simonen, Paluu Karjalaan. Palautetun alueen historiaa 1941–1944. Helsinki 1965; Suomen sota 1941–1945. Bd. 7: Rajanmuutokset ja evakuoinnit. Hg. E. Jutikkala. Kuopio 1957.

P. K.

Kasachstan als Aufnahmegebiet. Unabhängiger Staat seit 1991. Mit 2.724.900 qkm flächenmäßig das zweitgrößte Land der ehem. →Sowjetunion u. das neuntgrößte der Erde. Laut der einheimischen statistischen Agentur hat K. 15,778 Mio. Einw. (1. 1. 2009), was eine durchschnittliche Bev.dichte v. 5,8 Personen pro qkm ausmacht.

K. war seit 1920 eine Autonome Republik, die 1936 in den Rang einer Unionsrepublik erhoben wurde. Seit der Machtergreifung der Bolschewiki fungierte das Territorium der Republik, das reich an Bodenschätzen, aber dünn besiedelt u. wenig erschlossen war, als Projektionsfläche für verschiedene agrarökon. bzw. industrielle Vorhaben, die mit massiven Bev.transfers verbunden waren. Die Politik der „Liquidierung der Kulaken als Klasse“ führte allein in den Jahren 1930/31 zu einer restlosen Enteignung u. Verbannung v. 381.173 wohlhabenden Bauernfamilien mit insgesamt 1.803.392 Mitgliedern aus den Getreideüberschussregionen in unwirtliche Gegenden des Landes. Zum 1. 1. 1932 wurden in K. 180.709 →Sonder- bzw. Arbeitssiedler, d. h. ehem. Bauern registriert, wovon noch im Laufe dieses Jahres 23.211 bzw. 12,8 % den Tod fanden. Trotz ständigen Nachschubs betrug ihre Zahl in K. zum 1. 7. 1938 lediglich 134.637 Personen. Die überwiegende Mehrheit v. ihnen befand sich im Gebiet Karaganda in 30 Arbeitssiedlungen mit 91.297 Menschen, wo sie in Kohle- u. Kupfergruben, im Eisenbahnbau u. in der Landwirtschaft eingesetzt wurden. Ein anderer Schwerpunkt war das Gebiet Südkasachstan, wo 34.453 Arbeitssiedler vorwiegend auf den Baumwoll- u. Zuckerrübenplantagen Beschäftigung fanden (→Zwangsarbeit). Unter diesen Bauern zählte man auch mehrere Tausende verbannte Schwarzmeer- u. Wolgadeutsche (→Deutsche aus dem Schwarzmeergebiet, →D. aus dem Wolgagebiet).

Zugleich entstand eines der größten Straflager im →GULag-System, das Karagandinsker Besserungsarbeitslager (Karlag). Annähernd 800.000 Häftlinge wurden allein hier in den Jahren seines Bestehens zw. 1930 und 1959 inhaftiert u. zu schwerer körperlicher

Arbeit vornehmlich in der Landwirtschaft, aber auch im Bergbau u. anderen Industriezweigen gezwungen.

Seit Mitte der 1930er Jahre beherbergte K. zunehmend Vertreter zwangsausgesiedelter u. deportierter Völker: 1935 waren es um die 10.500 Finnen aus der Umgebung v. Leningrad (→Finnen: Deportation aus Ingermanland [Gebiet Leningrad]), ein Jahr später folgten ihnen 70.000 aus den ukr. Grenzgebieten verbannte Polen (→P. aus der Ukraine: Deportation nach Kasachstan in den 1930er Jahren) u. Deutsche. 1937 ereilte dasselbe Schicksal auch 172.000 Sowjetkoreaner, die aus dem Fernen O ausnahmslos nach →Zentralasien deportiert wurden, davon 95.500 nach K., vorwiegend in die südl. Gebiete der Republik, wo sie vornehmlich dem Reis- u. Gemüseanbau sowie dem Fischfang nachgingen. In diesen Jahren folgten ihnen einige Tausend →Iraner u. →Kurden aus Armenien u. Aserbaidschan.

Eine weit größere Zahl an Verbannten musste K. während des dt.-sowj. Krieges aufnehmen: Es war ein bevorzugtes Territorium zur Ansiedlung der „bestraften" Völker. Mitte Januar 1942 befanden sich hier allein 389.000 deportierte Deutsche aus dem europ. Teil des Landes, schwerpunktmäßig in Nord- u. Ostk. (→Deutsche aus dem Schwarzmeergebiet, →D. aus Trans-[Süd]kaukasien). 1943/44 folgten ihnen Hunderttausende Vertreter der nordkaukasischen Nationalitäten als →Sondersiedler. Die kriegswichtige Produktion forderte zusätzliche Zwangsarbeiter: So verlangte z. B. der Beschluss des Staatskomitees für Verteidigung vom 19. 8. 1943, 5.500 einst deportierte „Kulaken" außerhalb K.s zu mobilisieren u. in Kohlegruben v. Karaganda einzusetzen. Für die Förderung v. Buntmetallen in der Nähe der Stadt Džeskazgan, Gebiet Karaganda, wurde im Jahre 1948 das Sonderlager Stepnoj „für besonders gefährliche Staatsverbrecher" gegründet, das zum 1. 1. 1950 27.850 Häftlinge zählte.

Sowohl die Regionalmetropole Karaganda als auch das gleichnamige Gebiet wiesen, verglichen mit der restlichen Republik, die höchste Konzentration von ehem. Lagerhäftlingen, Verbannten u. Deportierten sowie deren Nachkommen auf. Nicht von ungefähr fand in dieser Gegend in den Monaten Mai u. Juni 1954 einer der größten Aufstände statt, der das bestehende GULag-System erschütterte. An den insgesamt 40 Tage andauernden Unruhen in der 3. Abteilung des Lagers Stepnoj, Ortschaft Kengir, nahmen im Ganzen 5.390 Häftlinge teil. Bis Ende der 1980er Jahre blieb dieses Gebiet ein Zentrum des nonkonformen Verhaltens u. der kirchlichen Opposition in K.

Von den massenhaften Vor- u. Nachkriegsdeportationen aus den →Baltischen Ländern, der Westukraine (→Ukraine als Deportationsgebiet) u. dem Schwarzmeergebiet lässt sich lediglich eine nennenswerte Zahl v. Griechen in K. registrieren (→Griechen: Deportationen in den asiatischen Teil der Sowjetunion). Zum 1. 1. 1953 verzeichnete hier die Abteilung für Sondersiedlungen des Innenministeriums 974.900 Menschen, was 35,4% der Gesamtzahl dieser Entrechteten in der UdSSR ausmachte; davon 444.005 Deutsche, 239.768 Tschetschenen, 78.497 Inguschen, 36.952 Griechen, 35.735 Polen, 35.491 →Karatschaier usw. Dabei ist die koreanische Minderheit nicht berücksichtigt, weil sie als Umsiedler galten, eine relative Bewegungsfreiheit genießen durften u. nicht unter Sonderaufsicht standen.

Nach Iosif →Stalins Tod kam es bis Ende der 1950er Jahre zur Aufhebung der Kommandanturaufsicht. Einige Völker wie die Tschetschenen, Kalmücken, Karatschaier, Inguschen u. →Balkaren wurden weitgehend rehabilitiert (→Rehabilitierung) u. bekamen ihre territ. Autonomien zurück. Daher verließen sie mehrheitlich K., wie auch der Großteil der überlebenden Verbannten aus dem Baltikum, Moldawien oder der Westukraine. Die Zahl der Angehörigen anderer ehemals deportierter Völker erhöhte sich in K. dagegen ständig u. betrug vor der Auflösung der UdSSR (1989) um die 1,3 Mio. Menschen (7,9 % der Bev. K.s), darunter 957.518 Deutsche, 103.315 Koreaner, 59.956 Polen, 49.567 →Mes'cheten-Türken, 46.746 Griechen, 25.425 Kurden u. a. Durch die Auswanderung in ihre „hist." Heimat ist die Zahl der Deutschen, Griechen u. Polen derzeit stark rückläufig.

Lit. (a. →Zentralasien als Aufnahmegebiet): W. Hedeler/M. Stark, Das Grab in der Steppe. Leben im GULag. Die Geschichte eines sowjetischen „Besserungsarbeitslagers" 1930–1959. Paderborn u. a. 2008; P. Polian, Against Their Will: The History and Geography of Forced Migrations in the USSR. Budapest, New York 2004; V. Zemskov, Specposelency v SSSR 1930–1960. Moskva 2003.

V. K.

Katholische Kirche und Vertriebene. Unter den dt. kath. →Vertriebenen befanden sich etwa 2,9 Mio. aus dem Sudetenland (→Deutsche aus den böhmischen Ländern), ca. 2,3 Mio. aus Schlesien (→Deutsche aus dem heutigen polnischen Staatsgebiet), ca. 380.000 aus Ostpreußen (→Ostpreußen: Flucht und Vertreibung nach Deutschland) u. ca. 1,4 Mio. aus südosteurop. Ländern (→Deutsche aus Ungarn: Zwangsaussiedlung nach Deutschland, →Deutsche aus Jugoslawien, →Deutsche aus Bessarabien, →Deutsche aus der Dobrudscha u. a.).

Die erste Nothilfe in der frühesten Phase der Ankunft der V. leistete die Caritas. Die Unterbringung u. Ernährung der V., deren Bev.anteil regional 20 % überstieg, war in einem vom Krieg gezeichneten Land mit großen Schwierigkeiten verbunden. Leistungskräftige Organisationen waren notwendig, die ihr Personal, ihr Wissen u. ihre Infrastruktur zur Verfügung stellen konnten. Dazu gehörte der dt. Caritas-Verband 1945 ähnlich wie die kath. K., weil er trotz Verlusten die Kriegswirren organisatorisch relativ schadlos überstanden hatte. Der dt. Caritas-Verband expandierte organisatorisch, als im September 1945 ein Caritas-Suchdienst u. die Caritas-Flüchtlingshilfe am 1. 12. 1945 eingerichtet wurden. Eine sehr breite Ausweitung erfuhr der Caritas-Suchdienst, bei dem z. B. in der Diözese Regensburg 1946 150 Mitarbeiter angestellt waren. Die spontane Nothilfe brachte eine Differenzierung u. Stratifizierung der Aufgaben; es kam zu einem flächendeckenden Ausbau der Kreisstellen der Caritas, die bislang auf die größeren Städte konzentriert war. Die Ausdehnung der Arbeitsbereiche sicherte einer Vielzahl von V. und →Flüchtlingen eine Arbeitsstelle.

Kirchliche Hilfsstellen mit landsmannschaftlich orientierten Selbsthilfegruppen (→Landsmannschaften, →Sudetendeutsche Landsmannschaft) entstanden in Frankfurt am Main, München u. Köln: Ein Initiator, in dem sich wie in einem Fokus das Bemühen um die V. in formaler wie auch in inhaltlicher Hinsicht sammelte, war der Augustinerpater Paulus Sladek (1908–2002), vormals Dogmatikdozent u. Akademikerseelsorger in Prag u. Geistlicher Leiter der sudetendt. kath. Jugendbewegung „Staffelstein". Er hat die konzeptionelle u. die praktische Arbeit der Kirchlichen Hilfsstelle Süd geprägt, die wegweisend für die kirchliche Vertriebenenbetreuung in den Westzonen wurde (→amerikanische, →britische, →französische Besatzungszone). Der Schwerpunkt lag auf der Erziehungs- u. Bildungsarbeit u. dem soz. Engagement. Daneben war den Mitarbeitern der kirchlichen Hilfsstelle in München v. der Bischofskonferenz v. a. die Volksgruppenarbeit für die Sudeten- u. Südostdeutschen zugewiesen worden. Für die Schlesier u. Ermländer war die Arbeitsstelle Nord unter Prälat Oskar Golombek (1898–1972), einem aus der Erzdiözese Breslau stammenden Priester, zuständig. Dass eigene Flüchtlingsseelsorger bestellt, dass Flüchtlingsgottesdienste gehalten, die Flüchtlingswallfahrten veranstaltet wurden, Tagungen der Flüchtlingsseelsorger stattfinden konnten, auf denen Erfahrungen ausgetauscht u. Handreichungen für die Vertriebenenseelsorge erarbeitet werden konnten, wo aber auch Wünsche an die Kirchenleitung u. die einheimischen Seelsorger formuliert wurden, war in der Anfangsphase im Wesentlichen Sladek zu verdanken. Er regte die Vertriebenenpriester an, über Pfarrbriefe Kontakt zu halten zu den Gläubigen der ehem. Pfarrgemeinde. Er entwarf 1946 Leitsätze der kirchlichen Flüchtlingsarbeit für die Diözese u. war maßgeblich beteiligt an der Redaktion der Arbeitshilfen *Flüchtlingspriester, Mitteilungen und Skizzen*, die die kirchliche Hilfsstelle München vom Frühjahr 1946 an herausbrachte. Diese Arbeitshilfen gingen im Dezember 1946 in der neuen Monatsschrift *Christ unterwegs* auf, der ersten Vertriebenenzeitschrift. Als entschiedener Wegbereiter der Versöhnung zw. Polen und V. formulierte Sladek das Gebet der Heimatlosen, das die V. auf vielen Wallfahrten beteten u. das mit seinem Impuls zum Eingeständnis auch eigener Schuld u. zur Stärkung der Bereitschaft zur Versöhnung eine zentrale Vorstufe der Charta der Heimatvertriebenen wurde.

Laienverbände, die landsmannschaftlich strukturiert wurden u. an die Hilfsstellen angebunden waren, waren die Ackermann-Gemeinde für die sudetendt. Katholiken, der Hilfsbund der Karpatendt. Katholiken, das Gerhardswerk für die Donauschwaben, die Eichendorff-Gilde für die Schlesier u. die Ermlandfamilie für die aus Ostpreußen stammenden Katholiken.

Eine zentrale außerordentliche Initiative der kath. Vertriebenenseelsorge war das spätere sog. Vaterhaus der V. in Königstein, das Gymnasium mit Konvikt, die Philosophisch-Theologische Hochschule mit Sonderinstituten zur Erforschung v. Ostthemen, das auf die Initiative des Bischofs Maximilian Kaller (1880–1947), des Leiters der Seelsorge für die Auslandsdeutschen, Albert Büttner, und v. a. des vormaligen Prager Prof. für Kirchenrecht Adolf Kindermann (1899–1974) zurückging. Hier wurde versucht, relig. Leben u.

kirchliche Strukturen u. Muster der Heimat zu reaktivieren, zu pflegen, um sie – wenn möglich – in der neuen Heimat wieder ausbauen zu können. Königstein wird als Inbegriff u. gleichzeitig neue Keimzelle all dessen dargestellt, was Kirche in der Heimat verkörperte u. bedeutete. Man wollte vorrangig heimatlichen Priesternachwuchs heranbilden für die Zeit nach einer ersehnten Rückkehr in die Heimat.

Der aus dem Ermland vertriebene Bischof Maximilian Kaller wurde 1946 v. Papst Pius XII. als Päpstlicher Beauftragter für die V. und Flüchtlinge eingesetzt. Als Nachfolger des bereits 1947 verstorbenen Kaller wurde der Kölner Erzbischof Josef Kardinal Frings als Päpstlicher Protektor für die V. bestimmt. Als Beauftragte der Bischofskonferenz für Flüchtlinge und V. fungierten der Limburger Bischof Ferdinand Dirichs (1894–1948), der aus der freien Prälatur Schneidemühl vertriebene Prälat Franz Hartz, der Würzburger Bischof Julius Döpfner u. dann der Hildesheimer Bischof Heinrich Maria Janssen, seit 1982 der Limburger Weihbischof Gerhard Pieschl.

Der Kath. Flüchtlingsrat, ein Koordinationsgremium der kath. kirchlichen Vertriebenenarbeit, sollte die Bischöfe in den einschlägigen Themen beraten u. Brücken schlagen v. der kirchlichen Vertriebenenarbeit zur staatl. Verwaltung u. zur Politik; er ist ein zentrales Forum des Austausches, der gemeinsamen Suche, der Beratung, der Entwicklung v. Initiativen, der Einschätzung der Lage u. der Urteilsfindung. Langjährige Vorsitzende waren Hans Lukaschek, der Vertriebenenminister, u. Peter Paul Nahm, der Staatssekretär im Vertriebenenministerium.

Die Bereitschaft zur Installierung eines diözesanen Vertriebenenseelsorgers war in den verschiedenen Bistümern sehr unterschiedlich ausgeprägt. Trotz dieser Variabilität lassen sich bestimmte Grundlinien ausmachen, die die Aufgabe des Diözesan-Vertriebenenseelsorgers bestimmten: Er sollte verhindern, dass die V. in einen eigenen Sektor der außerordentlichen Seelsorge abgeschoben wurden. Er sollte sich darum bemühen, das Nebeneinander oder gar Gegeneinander einheimischer u. vertriebener Katholiken abzubauen u. die verschiedenen Gruppen zu einer neuen, v. allen Beteiligten getragenen kirchlichen Gemeinschaft wachsen zu lassen. In den Vertriebenengemeinden unterstützte er den Aufbau der Pfarrcaritas, in Gemeinden mit einheimischem Klerus hielt er Sondergottesdienste für V., Predigten, Vorträge u. organisierte Arbeitsgemeinschaften.

Kirchliche Vertriebenenintegration in der →sowjetischen Besatzungszone (SBZ) konnte sich nicht auf Organisationen u. Strukturen für die Vertriebenenseelsorge stützen, wie sie im W sehr schnell entstanden sind. Die zusätzlichen Aufgaben waren in erster Linie im Rahmen der Pfarrseelsorge wahrzunehmen, ein Konzept, das zunächst auch im W v. der einheimischen Kirchenleitung favorisiert worden war – freilich mit dem Unterschied, dass die Diasporasituation in der sowj. Besatzungszone für die ordentliche Seelsorge die Neueinrichtung zahlreicher Seelsorgestellen erforderte, die weithin Flüchtlingspfarreien wurden, die stark caritativ u. katechetisch ausgerichtet waren. Geistige Heimat wurde in der Kirchengemeinde gesucht; sie war der einzige Ort, wo Herkunftskultur u. Brauchtum zumindest partiell bewahrt werden konnten. Religiöse Praxis in den Gemeinden, auf

Wallfahrten, relig. Leben in Familienkreisen (bereits seit den 1940er Jahren) halfen, die gesellschaftlich tabuisierten Vertreibungserfahrungen zu integrieren u. eine neue Gemeinschaft u. Stabilität zu finden.

Neben der seelsorgerlichen und kulturpolit. Ebene haben die Impulse der kirchlichen Vertriebenenbetreuung zur Sozialpolitik, v. a. zur Frage der Regelung des →Lastenausgleichs, der Wohnraumförderung u. der Eigentumsbildung, einen entscheidenden Beitrag geleistet nicht nur zur Schaffung neuer materieller Grundlagen, sondern auch zur Bewusstseinsstabilisierung der V.

Vertriebene können in der Kirche als Katalysatoren angesehen werden: Sie haben eine reformbedürftige relig. Situation bewusst gemacht u. die Probleme formuliert. Wahrnehmungen der Unterschiede im relig. Leben u. in der Mentalität, in der Volksfrömmigkeit, im relig. Brauchtum, im Priesterbild auch, gab es zuhauf; diese Wahrnehmung barg Potential für Veränderungen. Es schuf Konflikte, die Handlungsbedarf manifestierten. Es genügte nicht der rein verwaltungsmäßige kirchenrechtliche Weg der Eingliederung durch die Wohnsitznahme u. das sich Einfügen in die ordentliche Seelsorge. Am deutlichsten wurde der Handlungsdruck in der Eigentumsverteilung u. im Wohnungsbau artikuliert u. im Umgang mit Vertretern der jeweils anderen Konfession: Die Gemischtkonfessionalität hat nicht nur zum Ausbau v. Seelsorgstrukturen, zu einer Veränderung des Gesichts vieler Bistümer, sondern auch zum gegenseitigen Kennenlernen geführt, zu einem gewissen Maß an Toleranz u. zunehmend zu Kooperation.

Lit.: Vertriebene Katholiken – Impulse für Umbrüche in Kirche und Gesellschaft? Hg. R. Bendel/S. M. Janker. Münster 2005; R. Bendel, Aufbruch aus dem Glauben? Katholikinnen und Katholiken in den gesellschaftlichen Transformationen der Jahre nach dem Zweiten Weltkrieg. Köln u. a. 2003; M. Hirschfeld, Katholisches Milieu und Vertriebene. Eine Fallstudie am Beispiel des Oldenburger Landes 1945–1965. Köln u. a. 2002; Ostpriesterverzeichnis. Hg. Albertus-Magnus-Kolleg. Königstein 1988 (Zahlen); A. Kindermann, Die Heimatvertriebenen, religiös seelsorglich gesehen, in: Kirchliches Handbuch. Amtliches Statistisches Jahrbuch der katholischen Kirche Deutschlands. Hg. F. Groner. Köln 1951, 203–218.

R. B.

Kaukasien. K. (a. Kaukasus, russ. *Kavkaz*) bezeichnet die Landbrücke zw. Schwarzem u. Kaspischem Meer, in deren Zentrum sich das Hochgebirge des Großen Kaukasus erhebt. Die Region umschließt ca. 440.000 qkm. Nordkaukasien, d. h. die Nordabdachung des Großen Kaukasus mit dem Vorland bis zu den Flüssen Kuma u. Manyč, gehört heute zur Russl. Föderation. Administrativ gliedert es sich in die Regionen Krasnodar u. Stavropol' sowie in sieben Teilrepubliken nichtruss. Völker: Adygeja, Karatschai-Tscherkessien, Kabardino-Balkarien, Nordossetien, Inguschetien, Tschetschenien u. Dagestan. Bereits außerhalb dieser Grenzen liegt die Teilrepublik Kalmückien. Da das hist. Siedlungsgebiet der Kalmücken aber auch Gebiete im nördl. Dagestan einbezieht, werden sie im Folgenden dennoch unter den kaukasischen Völkern geführt. Südkaukasien (a. Transkaukasien) umfasst die drei unabhängigen Staaten südl. des Hauptkammes: Armenien, Georgien (mit den Autonomen Republiken Abchasien u. Adscharien sowie dem Autonomen Gebiet der Südosseten) u. Aserbaidschan (mit der Exklave u. Autonomen Republik Nachitschewan sowie dem v. Armeniern besetzten Gebiet Berg-Karabach; →Armenier in der Sowjetunion und ihren Nachfolgestaaten, →Azeri). Ab dem 19. Jh. war ganz K. Teil des russ. Zarenreichs, v. 1922 bis 1991 gehörte es zur →Sowjetunion.

Seine seit dem Altertum bestehende Funktion als Transitraum zw. östlichem Europa u. Vorderasien, verbunden mit der Kleinräumigkeit der Gebirgswelt, die ein ideales Rückzugsgebiet darstellte, bewirkt die hohe ethn. Fragmentation K.s: Anhand sprachlicher Kriterien unterscheidet die Forschung rd. 60 verschiedene Völker, die zur kaukasischen, indoeurop. oder türk. Sprachfamilie gehören. Vor allem die kaukasische Gruppe ist in sich nochmals stark untergliedert. Politische Strukturen u. Konfliktlinien verliefen vor dem späten 19. Jh. allerdings selten längs ethn. Grenzen. Identitätsstiftend wirkten eher tribale, regionale und relig. Zugehörigkeit: Die Armenier sind meist orientalische, Georgier u. →Osseten meist orth. Christen; die Nordkaukasier meist sunnitische, die Aserbaidschaner meist schiitische Muslime. Dass Ethnizität zum bestimmenden Faktor kollektiver Identität wurde, ist letztlich eine Folge der zarischen und sowj. Kolonialpolitik.

Die heutige Siedlungsverteilung ist ebenfalls stark durch die Kolonialzeit geprägt: Bereits das Zarenreich förderte nach der Eroberung Nordwestkaukasiens 1864 die →Emigration der Bewohner ins Osm. Reich, weil sie als schwer beherrschbar galten. An ihre Stelle traten v. a. russische Kolonisten. In Südkaukasien unterstützte man dagegen die Einwanderung der als zuverlässig geltenden Armenier. Diese siedelten sich u. a. in Gebieten an, wo zuvor turkstämmige Muslime die Mehrheit gebildet hatten, wie im ehem. Chanat (Frst.) Karabach.

Seit 1917 zählte Nordkaukasien zu den Schauplätzen des Russ. Bürgerkriegs. In Südkaukasien kam es zu Massakern u. →Vertreibungen zw. Armeniern u. Aserbaidschanern. Beide Völker wie auch die Georgier riefen im Mai 1918 unabhängige Staaten aus, die jedoch 1920/21 dem Einmarsch der Roten Armee zum Opfer fielen. In Nordkaukasien schuf die Sowjetregierung ab 1920 in mehreren Schritten jene auf ethn. Prinzipien beruhenden Autonomen Gebiete u. Autonomen Republiken, die in den erwähnten Teilrepubliken bis heute fortleben (s. oben). Autonome Gebietseinheiten erhielten auch einige Minderheitsvölker Südkaukasiens. Dem tatsächlichen Siedlungsmuster wurde dieses System allerdings selten gerecht: In Nordkaukasien mussten sich meist mehrere Ethnien ein gemeinsames Territorium teilen; die neugeschaffenen Gebietseinheiten entsprachen selten den hist. Siedlungsräumen; Grenzen u. Rechtsstatus wurden mehrfach verändert. All dies führte mit der Zeit dazu, dass die namensgebenden Völker mancher autonomer Territorien auf ihrem Gebiet nur eine Minderheit stellten, dass eine ethn. Gruppe zwar die Mehrheit einer Region bildete, dort aber keine Autonomie besaß, u. dass ein Volk auf mehrere Gebietseinheiten verteilt lebte oder gar zwei unabhängige nationale Territorien besaß.

Zusätzlich kompliziert wurden die Verhältnisse durch massive staatl. Eingriffe in die Siedlungsstruktur, die während der Stalinzeit in der →Deportation ganzer Bev.gruppen bzw. Ethnien gipfelten. Dabei lassen sich zwei Grundtypen unterscheiden:

1. *„Präventive Zwangsverschickungen"*, bei denen die Grenzgebiete der Sowjetunion seit 1937 in Erwartung des Krieges aus strategischen Erwägungen v. Bev.gruppen „gesäubert" wurden. In K. betraf dies v. a. Angehörige muslimischer Ethnien in der Grenzzone zur Türkei u. zum Iran (→Kurden, →Iraner). Weitere Präventivdeportationen aus kriegstaktischen Gründen erfolgten 1944 u. 1945. Betroffen waren nochmals Kurden, daneben →Karapapaken-Terekeme, Chemšil (muslimische Armenier) u. →Mes'cheten-Türken. Eine letzte mes'chetische Gruppe wurde 1948/49 aus dem Schwarzmeergebiet deportiert.

2. *„Strafdeportationen"*, d. h. die Zwangsumsiedlung v. Bev.gruppen, die als polit. unzuverlässig oder gar antisowj. galten. Opfer solcher Maßnahmen waren in K. bereits unmittelbar nach Ende des Bürgerkriegs die Terek-Kosaken, welche teilweise gegen die Bolschewiki gekämpft hatten. Im April 1920 wurden ihre Wehrdörfer (russ. *stanicy*) aufgelöst u. die rd. 45.000 Bewohner in den russischen N deportiert. Säuberungsaktionen gegen „politisch unzuverlässige Elemente" fanden zw. 1949 u. 1951 in Georgien, Armenien u. längs der Schwarzmeerküste statt. Sie galten v. a. (Diaspora-)Armeniern, Griechen (→G.: Deportationen in den asiatischen Teil der Sowjetunion) u. Iranern.

Zur Strafdeportation ganzer Völker kam es während des 2. →Wk.s. Bereits ab September 1941 wurden als Reaktion auf den dt. Überfall auf die Sowjetunion (22. 6. 1941) alle in K. lebenden Russlanddeutschen nach →Zentralasien deportiert – insgesamt fast 240.000 Menschen (→Deutsche aus Trans-[Süd]kaukasien). Als die Wehrmacht im Sommer 1942 Teile Nordkaukasiens besetzte, installierte sie einheimische Kollaborationsverwaltungen u. warb Freiwilligenbataillone an (→Kollaboration). Andererseits kämpften viele Nordkaukasier in der Roten Armee oder unterstützten sie als Partisanen bei der Rückeroberung der besetzten Gebiete. Dennoch warf die Sowjetführung mehreren Ethnien vor, insgesamt mit den Deutschen paktiert u. somit Staatsverrat begangen zu haben (→Balkaren, →Kalmücken, →Karatschaier, →Tschetschenen und Inguschen). Den ab Ende 1943 anlaufenden Massendeportationen fielen nun unterschiedslos Völker zum Opfer, die tatsächlich in größerem Maß kollaboriert hatten, wie auch solche, die wegen ihrer Partisanentätigkeit schwer unter den Vergeltungsmaßnahmen der dt. Besatzer gelitten hatten. Da auch Ethnien deportiert wurden, deren Gebiete nur teilweise oder kaum v. der Wehrmacht besetzt waren, haben Historiker die These geäußert, dass sich die Maßnahmen in Wahrheit gegen Völker richteten, die generell als unbotmäßig galten.

Die Territorien deportierter Völker wurden benachbarten Gebietseinheiten zugeschlagen. Damit verbunden waren „Kompensationsmigrationen", d. h. die staatl. Ansiedlung

v. Nachbarvölkern in den entleerten Gebieten. Eine flächendeckende Neubesiedlung gelang in K. allerdings nirgends; gerade 40 % der Zwangsverschickten konnten im Schnitt ersetzt werden.

Nach Iosif →Stalins Tod erfolgte 1956 die offizielle →Rehabilitierung der bestraften Völker u. die Wiedererrichtung ihrer nationalen Gebiete. Die Rückwanderung schuf indes Probleme mit den neu Angesiedelten, die oft ihrerseits weichen mussten. Zudem entsprachen die Grenzen der reorganisierten Gebietskörperschaften nicht immer jenen vor dem Krieg. Kleinen Ethnien, die keine territ. Autonomie besessen hatten, gelang es häufig nicht, an die alten Heimstätten zurückzukehren.

Zarische und sowj. Siedlungspolitik, stalinistische Deportationen u. von der Rehabilitation nicht gelöste Ansprüche waren ferner die Ursache ethn. Konflikte, die das Ende der Sowjetunion begleiteten oder bald danach ausbrachen. Zu Vertreibungen u. →ethnischen Säuberungen kam es in K. nach 1988 anlässlich des Krieges um Berg-Karabach zw. Armeniern u. Aserbaidschanern, 1991/92 beim Streit zw. (Nord-)Osseten u. Inguschen um den Bezirk Prigorodnyj sowie seit 1991 zw. sezessionistischen (Süd-)Osseten bzw. Abchasen u. den →Georgiern.

Lit.: Stalinskie deportacii 1928–1953. Dokumenty. Hg. N. L. Pobol'/P. M. Poljan. Moskva 2005; P. M. Polian, Against their Will. The History and Geography of Forced Migration in the USSR. Budapest, New York 2004; U. Halbach, Migration, Vertreibung und Flucht in Kaukasien. Ein europäisches Problem, *BBIOst* 13 (1999), 1–40; N. F. Bugaj/A. M. Gonov, Kavkaz: narody v ėšelonach (20–60 gg.). Moskva 1998; B. Pietzonka, Ethno-territoriale Konflikte im Kaukasus. Baden-Baden 1995; N. F. Bugaj, Die stalinistischen Zwangsumsiedlungen kaukasischer Völker und ihre Konsequenzen, in: Krisenherd Kaukasus. Hg. U. Halbach/A. Kappeler. Baden-Baden 1995, 216–237; J. Hoffmann, Kaukasien 1942–43. Das deutsche Heer und die Orientvölker der Sowjetunion. Freiburg i. B. 1991; V. N. Zemskov, Zaključënnye, specposelency, ssyl'noposelency, ssyl'nye i vyslannye. (Statistiko-geografičeskij aspekt), *ISSSR* 5 (1991), 151–165.

C. P. S.

Kirchlicher Suchdienst. Mit dem Zustrom v. Millionen dt. →Flüchtlinge u. →Vertriebener begann 1945 die Suche nach den Vermissten. Im W →Deutschlands nahmen bereits sehr früh Pfarrämter, Büros der Caritas u. des Kirchlichen Hilfswerks Meldungen durchziehender Migranten auf Karteikarten auf u. hielten deren Namen u. Personalien fest. Am 30. 8. 1945 nahm der Dt. Caritasverband die „Vermisstenforschung" offiziell wieder auf u. knüpfte damit an eine Tradition an, die schon während des 1. u. 2. →Wk.s mit Hilfe des Vatikans u. der Caritas-Internationalis gestiftet worden war. Aus praktischen Überlegungen heraus entstand die Idee, die Flüchtlinge nicht nur alphabetisch, sondern auch nach dem Herkunftsort zu registrieren, da immer wieder nach Personen aus bestimmten Orten gefragt wurde. 1947 erfolgte dann die Umstellung vom Namens- auf das

Ortsprinzip: die sog. Heimatortskarteien (HOK) entstanden. Das Ziel dieser Umstellung war auch, die früher v. Deutschen besiedelten Orte „karteimäßig" annähernd zu rekonstruieren.

Millionen unerledigter Suchanträge erforderten schließlich eine Neuordnung der Finanzierung der Suchdiensteinrichtungen in der Bundesrepublik, die das Bundesministerium des Innern übernahm. In diesem Kontext erfolgte eine Abgrenzung der Zuständigkeitsbereiche der Suchdienste, wobei dem K. S. folgende Aufgaben zugewiesen wurden: Neben der Nachforschung nach vermissten Zivilpersonen aus den ehemals v. Deutschen besiedelten Regionen gehörte dazu die amtliche Auskunftserteilung in behördlichen Angelegenheiten (u. a. die Bestätigung v. Personenstandsdaten, die Klärung der →Staatsangehörigkeit, die Beratung u. Hilfe bei der Erstellung v. Entschädigungs- u. Rentenanträgen sowie die Ermittlung v. Erben).

Der K. S. arbeitet unter der Trägerschaft v. Caritas u. Diakonie. Er unterliegt der Leitung der Hauptvertretung des Dt. Caritasverbandes. Durch seine 1965 publizierte Studie mit dem Titel „Gesamterhebung zur Klärung des Schicksals der deutschen Bevölkerung" – die auf einen 1957 gefassten Beschluss des Dt. Bundestages zurückzuführen ist – konnte die 1945 geflohene u. vertriebene deutsche Bev. fast lückenlos erfasst werden. So wurde schließlich auch ein Bev.register geschaffen, das jede einzelne Person namentlich mit Angabe ihres genauen Wohnsitzes verzeichnet. Die Unterlagen, die beim K. S. zentral zusammenlaufen, werden regelmäßig aktualisiert u. ergänzt: Heute sind dort mehr als 20 Mio. Menschen verzeichnet.

Ende 2000 wurde der K. S., vormals bestehend aus sieben Heimatortskarteien, in zwei Zentren zusammengelegt. Das HOK-Zentrum in Passau betreut jetzt die Deutschen aus den Gebieten Ober- u. Niederschlesien sowie aus dem Sudetenland, das HOK-Zentrum in Stuttgart betreut den früheren Bereich Nordosteuropa, die Bereiche Wartheland-Polen u. Mark-Brandenburg sowie Südosteuropa u. das Gebiet der ehem. →Sowjetunion.

Lit.: M. Kornrumpf, In Bayern angekommen. München 1979; 50 Jahre Kirchlicher Suchdienst. Hg. F. M. Pronold. München 1995/96; Kirchlicher Suchdienst. München (o. J.).

K. E. F.

Kollaboration mit dem Landesfeind. K. ist ein geläufiger Begriff, der als verwerfliche Zusammenarbeit mit einer feindlichen Besatzungsmacht verstanden wird. In der heute meist verwendeten Bedeutung ist K. genau zu datieren: Im Oktober 1940 wurde – wenn auch nur vage u. von der dt. Seite nie ernst genommen – zw. Adolf →Hitler u. Maréchal Philippe Pétain eine künftige Zusammenarbeit zw. dem siegreichen Dt. Reich u. dem unterlegenen Frankreich *(une collaboration)* vereinbart. Im Deutschen war bis dahin zwar die Bez. Kollaborateur bekannt (im allg. Wortsinn als Mitarbeiter, etwa ein Hilfslehrer, Hilfsgeistlicher u. dgl.), nicht aber K. Dieses Wort wurde in der Form eines frz. Fremdworts *Collaboration* – zunächst mit positiver Bedeutung – relativ rasch im Deutschen eingebürgert u. auch bald generell für das Verhältnis zwischen Bev. besetzter Staaten u. der Besatzungsmacht verwendet.

Erst im Gebrauch des Wortes durch den frz. Widerstand (frz. *Résistance*) gegen die K., erhielt der Begriff seine negative Bewertung, die sich gegen Ende des 2. →Wk.s mit dem Sieg der Anti-Hitler-Koalition allg. durchsetzte. Die anschließende Säuberung *(épuration)* v. denen, die im Krieg mit dem Feind „kollaboriert" u. damit, wie es jetzt in der öffentlichen Meinung bewertet wurde, Verrat an der eigenen Nation geübt hatten, geschah spontan u. oft blutig. K. erhielt in dieser Phase immer fester umrissene Negativzüge u. wurde in Gesetzen mancher Staaten zum Straftatbestand; sie wurde also auch v. Gerichten geahndet. Seither hat es immer wieder u. bis heute Prozesse gegen Kollaborateure aus der Zeit des 2. Wk.s gegeben. Diese wurden u. werden öfters auch nach der Hauptfigur der norwegischen K., Vidtkun Quisling, als „Quislinge" bezeichnet.

Eine besondere Variante dieser Säuberung v. 1945 war die kollektive Bestrafung ganzer ethn. Gruppen, bisheriger – oder bei Verschiebung v. Staatsgrenzen neu entstandener – Minderheiten, meist deutscher, die der Nationalität des bisherigen Okkupanten angehörten u. denen vorgeworfen wurde, als dessen „fünfte Kolonne" tätig gewesen zu sein. Die Wiederholung dieser Funktion sollte nun – so der Vorwand – durch →Vertreibung bzw. Aussiedlung dieser Minderheiten vermieden werden (→Kollektivschuld, →nationale Minderheit).

Die pejorative Wertung von K. führte auch dazu, das griffige Wort von der Ursprungsbedeutung, die mit der dt. Besetzung v. Teilen Europas im 2. Wk. verbunden war, zu lösen u. es auf strukturell vergleichbare Phänomene anzuwenden, ob sie nun auch weit früher oder später lagen oder in ganz anderen Weltgegenden u. mit anderen Okkupanten bzw. dazugehörigen Kollaborateuren stattfanden. Der Begriff K. hat auf diese Weise eine erhebliche Historisierung bzw. Aktualisierung erfahren; er wird weit in die Geschichte zurück projiziert u. bis in die Gegenwart angewandt.

So verallgemeinert, muss der Begriff nicht einmal mit der Besetzung durch eine Feindmacht verbunden sein; es gibt Abhandlungen über das Verhältnis der Wehrmacht oder der Kirche zum nationalsozialistischen Staat, das fallweise als K. bezeichnet wird; ja, K. wird auch für die Antike u. bisweilen generell für jedwedes Zusammenwirken mit dem Bösen verwendet. In einer solchen Ausweitung wird der Begriff weitgehend unbrauchbar.

Grundsätzlich ist nichts dagegen einzuwenden, wenn man einen später entstandenen Ausdruck auf frühere Phänomene der gleichen Art anwendet, für die es bisher noch keinen gemeinsamen Begriff gegeben hat. Das gilt auch für das Wort u. die (bleibende) Negativbewertung von K. Man wird allerdings gut daran tun, die Möglichkeit einer prinzipiellen Negativbewertung der Zusammenarbeit mit einer milit. Besatzungsmacht oder einer zivilen Fremdverwaltung auf das nationale Zeitalter zu beschränken. So ist die wohl früheste zutreffende Bewertung dieser Art in die napoleonische Ära zu legen, als – nach dem Ende der frz. Besatzung – in dt. Gebieten, v. a. in solchen mit deutschem Nationalbewusstsein, dt. Mitarbeiter der frz. Verwaltung als „Französlinge" diskriminiert wurden.

Wenn – mehr als ein Jh. später – dt.stämmige Einw. der →Sowjetunion (→Deutsche aus dem Wolgagebiet) oder andere ethn. Gruppen im 2. Wk. unter dem Vorwand, sie könnten mit der dt. Wehrmacht zusammenarbeiten, nach O deportiert wurden, dann hatte das sein Vorbild schon im 1. →Wk., wo eine solche Deportation Wolhyniendeutsche (→D. aus Wolhynien im Ersten Weltkrieg), aber auch Juden aus dem Ansiedlungsrayon im W des Russ. Reiches (→J. aus Polen im Ersten Weltkrieg) – ihrer Sprache bzw. Religion wegen – betraf. In beiden Fällen wurde das Wort K. noch nicht verwendet, aber im Nachhinein kann als auslösendes Moment die Befürchtung der Staatsorgane diagnostiziert werden, diese Bev.-teile könnten mit den Mittelmächten kollaborieren. Selbst wenn in diesen Fällen Betroffene durch russ. Kriegsauszeichnungen ihr bisher loyales Verhalten nachweisen konnten, half das nicht, wie überhaupt auch später – etwa nach dem 2. Wk. in der →Tschechoslowakei oder in →Polen – der Kollektivvorwurf gegenüber allen Deutschen im Lande, mit den Machthabern des „Dritten Reiches" kollaboriert zu haben, so schwer wog, dass die Beweispflicht für das Gegenteil eine sehr hohe Schwelle darstellte (vgl. →Kollektivschuld).

Wenige Jahre nach dem 2. Wk. setzte sich in den ehemals okkupierten Ländern eine Erinnerungskultur durch, die den Widerstand als die vorherrschende Haltung der Bev. der Länder unter Okkupationsregime erscheinen ließ u. die K. als höchst seltene Ausnahme. Der beginnende Kalte Krieg u. die sowjetkomm. Vorherrschaft im östl. Teil Europas, die weithin ein nationales Geschichtsbild stabilisierte, v. a. aber die nationalhist. Verdrängungsmechanismen bewirkten, dass die hist. Beschäftigung mit der inländischen K. im 2. Wk. weithin als Nestbeschmutzung verunglimpft wurde. Erst nach dem Sturz der komm. Regime, nach 1990, entwickelte sich zögerlich eine breitere Diskussion in einzelnen nationalen Gesellschaften über K. im eigenen Land (z. B. in Polen, das bislang als „Land ohne Quislinge" gegolten hatte u. das jetzt durch die Jedwabne-Affäre u. die Erkenntnis anderer K.phänomene erschüttert wurde). So ist inzwischen auch eine internat. Fachdiskussion der Geschichte u. der Phänomene der K. im besetzten Europa in Gang gekommen.

Mit dem Begriff der K. hängt derjenige der Loyalität eng zusammen. Wenn K. mit dem okkupierenden Feind als Verrat diskriminiert wird, dann doch deshalb, weil damit eine Verletzung der Loyalität zum eigenen Nationalstaat identifiziert wird. Wie verhält es sich aber im Falle der Nicht-Identität v. Staat u. Nationalität, gar wenn die Okkupationsarmee diejenige Sprache spricht, der man selbst angehört? Hier eröffnet sich das breite Feld der „Konkurrenz der Loyalitäten".

Ähnliches gilt für den Fall, wenn (wie in Frankreich unter Pétain) der Staatschef den Staatsbürgern den Befehl erteilt, mit den Okkupanten zusammenzuarbeiten u. damit für Recht u. Ordnung einzutreten. Wo ist im entstehenden Loyalitätskonflikt ein Ausweg zu finden? Wenn schließlich bei sich bisher unterdrückt wähnenden Nationalitäten (bspw. im 2. Wk. Kroaten, Slowaken) das Erreichen der nationalen Eigenstaatlichkeit durch Unterstützung der Okkupanten gesucht u. erhofft wird – wie ist da eine Zusammenarbeit mit ihnen zu werten?

Einige weitere, höchst unterschiedliche Motive zur K. können nur summarisch angedeutet werden: das Bestreben, mit Hilfe der Besatzungsmacht ein als feindlich erkanntes ideologisches (z. B. Kommunismus) oder Ordnungssystem (z. B. Kapitalismus) im eigenen Land zu überwinden, auch aus ideologischer Sympathie mit dem Besatzungsregime (Faschisten); Opportunismus (d. h. das Bestreben, „Schlimmeres zu verhüten"); die Sicherung des Weiterfunktionierens des öffentlichen Lebens; ja, die Erhaltung der eigenen beruflichen Stellung u. des Familienunterhalts oder gar eine nur vorgetäuschte, eine Scheinkollaboration; all das im Sinne einer „reasonable collaboration" (Warmbrunn). Da es zw. den Extremen v. bewusster, entschiedener K. u. entschlossenem Widerstand ein ausgedehntes Spektrum gab, dem das Verhalten der meisten Menschen zuzuordnen war (weit verbreitet: das Abwarten, der sog. Attentismus, ja die unentschlossene Alltagsk.), u. da Motive für u. gegen eine K. sich vielfältig überschnitten, ist ein generalisierendes Schwarz-Weiß-Urteil nur schwer zu fällen; eindeutig negativ wird es dann sein können, wenn es sich um die bewusste Identifikation mit verbrecherischen Aktionen des Okkupanten (z. B. Judenvernichtung) oder um K. zum Zweck persönlicher Bereicherung u. zum Schaden anderer und dgl. handelt.

Ausschlaggebend für das im Nachhinein gefällte negative Urteil über die K. mit einer Besatzungsmacht ist sicherlich das Scheitern sowohl des Besatzungsregimes wie auch der Zusammenarbeit mit diesem; die Zusammenarbeit dt. Politiker nach dem 2. Wk. mit den alliierten Besatzungsmächten, die in die neue doppelte Staatlichkeit v. Bundesrepublik Deutschland u. DDR mündete, wird generell nicht als moralisch verwerflich gewertet.

Lit.: „Kollaboration" in Nordosteuropa: Erscheinungsformen und Deutungen im 20. Jahrhundert. Hg. J. Tauber. Wiesbaden 2006; Kooperation und Verbrechen. Formen der „Kollaboration" im östlichen Europa 1939–1945. Hg. C. Dieckmann/B. Quinkert/T. Tönsmeyer. Göttingen ²2005; The Politics of Retribution in Europe. World War II and Its Aftermath. Hg. I. Deák/J. T. Gross/T. Judt. Princeton/NJ 2000; Anpassung, Kollaboration, Widerstand. Kollektive Reaktionen auf die Okkupation. Hg. W. Benz. Berlin 1996; Okkupation und Kollaboration (1938–1945): Beiträge zu Konzepten und Praxis der Kollaboration in der deutschen Okkupationspolitik. Hg. W. Röhr. Berlin u. a. 1994 (= Die Okkupationspolitik des deutschen Faschismus [1938–1945]. Achtbändige Dokumentenedition, Ergänzungsband 1); H. Lemberg, Kollaboration mit dem Dritten Reich um das Jahr 1941, in: Das Jahr 1941 in der europäischen Politik. Hg. K. Bosl. München 1972, 143–162.

H. L.

Kollektivschuld. Der Begriff der K. entstammt der polit. Publizistik in Deutschland nach 1945 u. wurde zum Schlagwort der These, dass alle Deutschen schuldig an den Verbrechen des NS-Regimes u. insbesondere an der Ermordung der europ. Juden seien. Ihren Ausgangspunkt hat die These in Verlautbarungen beider Großkirchen, v. a. aber in der „Stuttgarter Erklärung" des Rates der Evang. Kirche in Deutschland (EKiD) vom 19. 10. 1945 aus Anlass eines Treffens mit dem Weltkirchenrat. Darin heißt es eingangs, „daß wir uns mit unserem Volk nicht nur in einer großen Gemeinschaft des Leidens wissen, sondern auch in einer Solidarität der Schuld". Die Erklärung war ein „kirchliches" Eingeständnis v. Versagen u. Schuld im „Dritten Reich"; ein politisch-rechtliches Schuldbekenntnis wollte u. konnte sie nicht sein. Allerdings sprach man in der lebhaften u. kontroversen öffentlichen Debatte alsbald vom „Stuttgarter Schuldbekenntnis" u. assoziierte mit ihm die Behauptung einer dt. K. an den Verbrechen des Nationalsozialismus.

Wie es sich hier schon in polit. Hinsicht um ein Fehlverständnis handelte, so war die Behauptung einer nationalen K. auch u. gerade in rechtlicher Hinsicht unhaltbar. Schon das Militärtribunal v. Nürnberg hatte in seinem Urteil im IG-Farben-Prozess (30. 7. 1948) ausdrücklich die These einer K. der Mehrheit der Deutschen u. eine damit korrespondierende kollektive Bestrafung als undenkbar zurückgewiesen u. – ebenso wie im →Nürnberger Prozess gegen die NS-Hauptkriegsverbrecher – allein auf die individuelle Schuld der Angeklagten abgestellt.

Dementsprechend kennt auch die UN-Konvention zur Verhütung u. Bestrafung von Völkermord (9. 12. 1948) lediglich eine individuelle Verantwortlichkeit der Täter (Art. IV; VI) (→Genozid). Bereits die Haager Landkriegsordnung spricht das Verbot aus, eine ganze Bevölkerung wegen der Handlungen Einzelner „zu bestrafen" (Art. 50). Der Grund ist der, dass Schuld als eine Kategorie des Strafrechts nur auf persönlicher Vorwerfbarkeit eines rechtswidrigen Verhaltens beruht u. nur dann einer bestimmten Person zugerechnet werden kann. In juristischer Hinsicht ist nur ein Individuum schuldfähig. Anders verhält es sich mit der Kategorie der Verantwortung, deren Träger in moralischer, politischer u. unter Umständen auch rechtlicher Hinsicht eine Institution oder ein Kollektiv v. Menschen sein kann.

Allerdings hat es in der Rechtspraxis im 20. Jh. immer wieder die Neigung gegeben, eine Gemeinschaft kollektiv für tatsächliche oder behauptete Verfehlungen einzelner ihrer Mitglieder in Haft zu nehmen u. ihr mit dieser Begründung Rechte vorzuenthalten. Dieser Gedanke war bereits in der Clear Hands Doctrine enthalten, die nach 1919 im →Völkerbund bei der Behandlung der →nationalen Minderheiten aufgrund der Pariser Vorortverträge eine wichtige Rolle spielte. Sie machte die Erfüllung der Loyalitätspflicht durch die Minderheit gegenüber ihrem Staat zur Bedingung für die Gewährung u. den Schutz v. Minderheitenrechten von dessen Seite (→Minderheitenschutz). Das Verständnis der Loyalität als eine kollektive Pflicht der Minderheit, deren Verletzung eine K. bedeutete u. daher eine Sanktion, nämlich den Entzug der Rechte, sowie unter Umständen auch Bestrafung rechtfertigte, lag der Politik des im Mai 1945 wieder errichteten tschechoslowak. Staates gegenüber der dt. und der ung. Minderheit zugrunde. Durch die →Dekrete des tschechoslowakischen Präsidenten („Beneš-Dekrete") wurde sie exekutiert, wobei v. der Zwangsaussiedlung nur anerkannte „Antifaschisten" ausgenommen werden sollten (→deutschsprachige Antifaschisten: Aussiedlung aus der Tschechoslowakei, →Deutsche aus den böhmischen Ländern, →Deutsche aus der Slowakei, →Ungarn aus der Südslowakei nach Ungarn).

In juristischer Hinsicht sind die Clean Hands Doctrine u. die K. unhaltbar, da sie erstens dem Prinzip widersprechen, dass schuldfähig im strafrechtlichen Sinn nur Individuen sein können u. daher nur diese persönlich haften, u. zweitens, weil ebenso wie →Menschenrechte auch Minderheitenrechte ihrer Natur nach voraussetzungslos u. bedingungslos anzuerkennen u. zu gewährleisten sind.

Lit.: J. Friedmann/J. Später, Britische und deutsche Kollektivschulddebatte, in: Wandlungsprozesse in Westdeutschland. Belastung, Integration und Liberalisierung 1945–1980. Hg. U. Herbert. Göttingen 2002, 53–90.

O. L.

Konferenz von Jalta. In dem Badeort Jalta an der Südküste der Krim verhandelten in der Zeit vom 4. bis zum 11. 2. 1945 Iosif →Stalin, Franklin D. Roosevelt u. Winston →Churchill u. a. über die Besatzungszonen in →Deutschland (→amerikanische, →britische, →französische u. →sowjetische Besatzungszone) u. die Grenzen →Polens sowie über die daraus folgenden Bev.verschiebungen.

Die brit. Position hatte sich seit den Gesprächen Stalins u. Churchills mit dem poln. Ministerpräsidenten Stanisław →Mikołajczyk in Moskau am 13. 10. 1944 geändert: Um die poln. Regierung zur Hinnahme der Curzon-Linie als Ostgrenze zu gewinnen, hatten Stalin u. Churchill Mikołajczyk nicht nur den Südteil Ostpreußens, Danzig u. Oberschlesien, sondern alle Gebiete bis zur Oder einschl. Stettins angeboten (→Oder-Neiße-Grenze). Alle Deutschen dieser Territorien würden nach Deutschland (→Deutsche aus dem heutigen polnischen Staatsgebiet) u. alle Polen, die dies wünschten, aus Deutschland nach Polen „repatriiert" (→Repatriierung). Separate Abkommen zw. Polen u. der →Sowjetunion sollten den reziproken →Transfer aller Personen beider Staaten, die dies wünschten, u. die Freilassung v. Verhafteten regeln. Zwar hatten das brit. Kriegskabinett am 1. 11. u. Roosevelt am 16. 12. nach seiner Wiederwahl die Vereinbarung bestätigt. Diese konnte Mikołajczyk jedoch in der Exilregierung nicht durchsetzen u. trat am 24. 11. zurück. Sein Nachfolger Tomasz Arciszewski sprach sich dagegen aus, über Ostpreußen, Danzig, Oberschlesien u. Teile Pommerns hinausreichende Territorien zu beanspruchen, während das komm. beherrschte Lubliner Komitee am 18. 12. schon eine Westgrenze an der Oder u. Görlitzer Neiße forderte. In dieser Entwicklung sah die brit. Regierung die Möglichkeit, sich v. ihren weit reichenden territorialen Zusagen zu lösen, die die Zwangsaussiedlung v. mehr als 10 Mio. Deutschen aus den preußischen Ostprovinzen nötig gemacht hätten. Denn in Zukunft werde sie mit den Lubliner Polen zu tun haben, die die Curzon-Linie ohnehin akzeptierten. Die US-Delegation kam ebenfalls mit der Absicht nach Jalta, nur der Abtretung des Südteils von Ostpreußen, Oberschlesiens u. eines Zipfels v. Pommern zu akzeptieren, u. wollte sich zudem für den Verbleib Lembergs u. der galizischen Ölfelder bei Polen einsetzen.

Roosevelt u. Churchill gaben aber in Jalta ihren Widerstand auf, als Stalin auf der Curzon-Linie einschl. Lembergs bestand, die aber in einigen Gebieten 5–8 km zu Gunsten Polens geändert werden könne. Außerdem forderte Stalin die Ausdehnung Polens bis zur Oder und westl. Neiße, zumal die Rote Armee in den Teilen Deutschlands, die sie bereits eingenommen hatte, fast keine Deutschen mehr vorgefunden habe. Wegen des brit. und amerikanischen Widerstands konnten sich die drei Großmächte nur auf die Formel einigen, dass Polen für die Annahme der Curzon-Linie „einen substantiellen Gebietszuwachs im Norden und Westen erhalten muss". Die poln. Provisorische Regierung, die am 17. 1. 1945 nach Warschau übergesiedelt war, sollte um Politiker aus dem Exil u. dem Lande ergänzt u. zu gegebener Zeit um ihre Meinung zum Ausmaß dieser Ausdehnung befragt werden. Die endgültige Westgrenze Polens sei auf der Friedenskonferenz festzulegen. Die Exilregierung protestierte gegen die Entscheidung v. Jalta u. nannte sie die „Fünfte Teilung" Polens. Der „Rat der Nationalen Einheit" (poln. *Rada Jednosći Narodowej*), zu dem sich die poln. demokr. Parteien u. Verbände im Lande vereinigt hatten, erklärte zwar, dass er gegen die Entscheidung protestiere, sich ihr jedoch anpasse u. davon ausgehe, dass die poln. Westgrenze bis zur Oder und westl. Neiße vorgeschoben werde.

Lit.: D. Brandes, Der Weg zur Vertreibung 1938–1945. Pläne und Entscheidungen zum „Transfer" der Deutschen aus der Tschechoslowakei und aus Polen. München [2]2005; Teheran – Jalta – Potsdam. Dokumentensammlung. Hg. S. P. Sanakojew/B. L. Zybulewski. Frankfurt a. M. 1978; Foreign Relations of the United States. Diplomatic Papers. The Conferences at Malta and Jalta, 1945. Washington 1955.

D. B.

Konferenz von Potsdam. Im Potsdamer Schloss Cecilienhof verhandelten die Führer der drei alliierten Großmächte in der Zeit vom 17. 7. bis zum 2. 8. 1945 u. a. über die Zukunft Deutschlands u. die Zwangsaussiedlung der Deutschen aus Ostdeutschland, →Polen, →Ungarn u. der →Tschechoslowakei. Die →Sowjetunion vertraten Iosif →Stalin u. Außenminister Vjačeslav Molotov, die USA Harry S. Truman u. Außenminister James F. Byrnes. An die Stelle Winston →Churchills u. Anthony Edens traten nach der Bekanntgabe der Ergebnisse der Unterhauswahlen am 28. 7. Clement Attlee u. Ernest Bevin.

Die poln. Regierung hatte am 10. 7. 1945 ihre Forderungen in einem Memorandum unterbreitet u. erhielt Gelegenheit, ihre Position vor den „Großen Drei" darzustellen. Für sie sprachen der Vorsitzende des Landesnationalausschusses Bolesław Bierut, der stellvertretende Ministerpräsident Stanisław →Mikołajczyk u. Außenminister Wincenty Rzymowski. Sie begründeten den Anspruch Polens auf die Gebiete bis zur Oder u. westl. Neiße unter Einschluss v. Stettin mit Polens territorialen Verlusten im O, den Leiden u. Leistungen während des Krieges u. demogr., wirt. und strategischen Bedürfnissen. Im südl. Ostpreußen lebten 300.000–400.000 Polen u. Oberschlesien habe gemäß der Volkszählung v. 1910 eine poln. Mehrheit. Polen müsse zur Tradition des ma. polnischen Staats der Piasten zurückkehren, der bis zur Oder u. Neiße gereicht hatte. Die beanspruchten Territorien sollten sowohl 4 Mio. Polen aus den Gebieten östl. der Curzon-Linie als auch 3 Mio. Auslandspolen sowie die landwirt. Überschussbev. aufnehmen. Die Mehrheit der Deutschen habe diese Gebiete ohnehin verlassen (→wilde Vertreibung der Deutschen aus Polen, →D. aus dem heutigen polnischen Staatsgebiet). Die sowj. Delegation unterstützte die poln. Forderungen. In vertraulichen Gesprächen mit Briten u. Amerikanern warb Mikołajczyk für die →Oder-Neiße-Grenze mit dem zusätzlichen Argument, dass der westl. Widerstand gegen die Oder-Neiße-Grenze den demokr. Politikern schade sowie den Rückzug der sowj. Armee u. des →NKVD sowie freie Wahlen gefährde.

Während Truman u. Churchill den sowj. Anspruch auf den Nordteil Ostpreußens anerkannten, wehrten sie sich gegen eine Festlegung der Westgrenze Polens an der Oder und westl. Neiße. Polen brauche nicht ein Gebiet mit 8–9 Mio. Deutschen, um 2–3 Mio. Polen aus den Territorien östl. der neuen poln.-sowj. Grenze unterzubringen. Ein so stark reduziertes Deutschland könne eine so große Zahl v. Vertriebenen nicht unterbringen u. mit Lebensmitteln u. Kohle versorgen. Anders als v. den Polen u. Stalin behauptet, seien 2–2,5 Mio. Deutsche in den Gebieten jenseits der Oder-Neiße-Linie zurückgeblieben. Hinter der sowj. Unterstützung für die Oder-Neiße-Linie vermuteten sie die Absicht, Polen in einen „absoluten Satelliten“ zu verwandeln u. den sowj. Einfluss bis zur Oder auszudehnen.

Die Konferenz, die wegen der brit. Unterhauswahlen unterbrochen worden war, wurde am 28. 7. fortgesetzt. Aus der Sackgasse führte eine Paketlösung, die Byrnes vorschlug: Bis zu einer Entscheidung durch die Friedenskonferenz wurde Polen die Verwaltung der Gebiete bis zur Oder und westl. Neiße übertragen. Im Gegenzug gab sich die Sowjetunion mit einem prozentualen Anteil an den Reparationen aus den westl. Besatzungszonen zufrieden u. stimmte der Aufnahme Italiens in die Vereinten Nationen zu. Zudem sagte Stalin die Reduktion der sowj. Truppen in Polen u. der Kommunist Bierut, allerdings nur mündlich, freie Wahlen für 1946, Presse- u. Religionsfreiheit zu.

Die Zwangsaussiedlung v. Deutschen aus der Tschechoslowakei (→D. aus den böhmischen Ländern, →D. aus der Slowakei) u. Ungarn (→D. aus Ungarn: Zwangsaussiedlung nach Deutschland) war auf der Konferenz nicht umstritten, zumal sie nicht mit einer Verschiebung v. Vorkriegsgrenzen verbunden war. Im Abschlussprotokoll (Absatz XIII) vom 2. 8. 1945 gaben die drei Großmächte bekannt, dass sie „anerkennen, dass der Transfer deutscher Bevölkerung oder Bestandteile derselben, die in Polen, der Tschechoslowakei und Ungarn zurückgeblieben sind, nach Deutschland durchgeführt werden muss“. Die Umsiedlung solle in „ordnungsgemäßer und humaner Weise“ erfolgen. Die Regierungen Polens, der Tschechoslowakei u. Ungarns wurden aufgefordert, weitere Ausweisungen solange einzustellen, bis sich der Alliierte Kontrollrat für Deutschland über eine gerechte Verteilung u. das Tempo der Ausweisungen geeinigt habe.

Lit.: →Konferenz von Jalta.

D. B.

Konferenz von Teheran. Die K. von T. (28. 11.–1. 12. 1943) war die erste alliierte Konferenz, an der sowohl Winston →Churchill u. Franklin D. Roosevelt als auch Iosif →Stalin teilnahmen. Sie sprachen u. a. über die Zukunft →Polens.

Außenminister Anthony Edens Verhandlungskonzept hatte vorgesehen, dass die →Sowjetunion u. Großbritannien, wenn möglich auch die USA, den Polen für die Hinnahme der Curzon-Linie als Ostgrenze als Kompensation Ostpreußen, Danzig u. den Bezirk Oppeln zusagen sollten. Als Gegenleistung sollte die Sowjetunion die diplomatischen Beziehungen zur poln. Exilregierung sofort wieder aufnehmen u. ihr die Rückkehr in die Heimat, die Beteiligung an der Verwaltung der befreiten Gebiete, frühe freie Wahlen u. den Beitritt zum geplanten tschechoslowak.-sowj. Vertrag (abgeschlossen am 12. 12. 1943) ermöglichen.

Entgegen diesem Konzept ließ sich Churchill auf eine Isolierung der Territorialfragen ein. In Roosevelts Abwesenheit benutzte er eine Äußerung Stalins über die Ausdehnung Polens bis zur Oder als Einstieg in die Diskussion über die poln. Frage. Zwar hätten weder Roosevelt noch er selbst v. ihren Parlamenten eine Ermächtigung zu konkreten Entscheidungen, doch könnten sie sich mit Stalin auf eine Lösung verständigen u. diese anschließend den Polen aufdrängen. Deren Kern beschrieb er mit bildhaften Vergleichen. Wie Soldaten sollten die Polen „zwei Schritte links aufschließen", auch wenn sie dabei den Deutschen auf die Zehen träten. Mit Streichhölzern, die Russland, Polen u. Deutschland darstellen sollten, demonstrierte er, wie Polen nach W verschoben werden sollte. Am 1. 12. erklärte sich auch Roosevelt in einem persönlichen Gespräch mit Stalin mit der Westverschiebung Polens „sogar bis zur Oder" einverstanden, zu der er sich allerdings wegen der 6–7 Mio. Wähler poln. Herkunft vor den Wahlen v. 1944 noch nicht öffentlich bekennen könne.

Edens Versuch, Polen wenigstens Lemberg zu sichern, wurde v. Stalin mit dem Hinweis auf den Text der Note Lord Curzons vom Juli 1920 zurückgewiesen u. auch von Churchill nicht unterstützt. Dieser versprach vielmehr, die Exilregierung zur Annahme der Curzon-Linie mit der Zusage zu drängen, Polen bis zur Oder auszudehnen u. ihm Ostpreußen sowie die Provinz Oppeln zu geben, wobei „eine Entwirrung der Bevölkerung an einigen Stellen" (engl. „disentanglement of population at some points") nötig sein könnte. Stalin stimmte unter der Voraussetzung zu, dass die Sowjetunion den nördl. Teil Ostpreußens mit Königsberg erhalte. Churchill nannte die Kompensation „einen fairen Handel", durch den Polen zu einem großen Industriestaat werde. Seiner Meinung nach konnte man erst nach der Unterwerfung Polens unter den Großmächte-Schiedsspruch über seine Grenzen die Frage der Wiederherstellung der diplomatischen Beziehungen lösen. Den Teheraner Verhandlungsstand gibt ein Memorandum Ivan Majskijs für Außenminister Vjačeslav Molotov wieder. Ziel sowj. Politik sei „ein unabhängiges und lebensfähiges", aber nicht „allzu großes und starkes Polen", formulierte Majskij nach der K. in T. Im O dürfe Polen nicht über die Grenze v. 1941 oder die Curzon-Linie hinausreichen, im N ganz oder „besser, einen Teil" Ostpreußens u. „bestimmte Teile Schlesiens, aber mit der Aussiedlung der Deutschen von dort", erhalten.

Lit.: →Konferenz von Jalta.

D. B.

Konfiskation. Von K. spricht man, wenn fremdes Eigentum oder Vermögen ohne Entschädigung entzogen wird. Von der Enteignung unterscheidet sie sich dadurch, dass zu deren rechtlichen Voraussetzungen entsprechend einer vom amerikanischen Außenminister Cordell Hull 1938 im Streit mit Mexiko geprägten u. seither im →Völkerrecht weithin anerkannten Formel die sofortige *(prompt)*, adäquate *(adequate)* u. wirksame *(effective)* Entschädigung zählt. Verbreitet ist auch die Bedingung angemessene *(appropriate)* oder gerechte *(just)* Entschädigung. Abgesehen v. der Entschädigungsleistung setzt eine völkerrechtlich zulässige Enteignung ausländischen Vermögens ferner voraus, dass sie im öffentlichen Interesse, ohne Diskriminierung u. in einem rechtlich geordneten Verfahren erfolgt.

Während Enteignungen bei Enthaltung solcher Bedingungen nach allg. Meinung nicht gegen Völkerrecht verstoßen, sind K.en nach ebenso einhelliger Ansicht völkerrechtswidrig, weil sie die Normen des etablierten Fremdenrechts verletzen. Gleichwohl sind K.en insbesondere im Zusammenhang mit dem 2. →Wk. sowie der polit. Neuordnung u. Sowjetisierung Osteuropas in weitem Umfang praktiziert worden. Das gilt namentlich für Eigentum u. Vermögen dt. Staatsangehöriger und dt. Unternehmen in den Gebieten, die 1945 unter poln., sowj. und tschechoslowak. Herrschaft u. Verwaltung fielen. Den größten Umfang hatten naturgemäß die vom poln. Staat seit Frühjahr 1945 vorgenommenen K.maßnahmen. Der Gesetzgeber rechtfertigte sie mit der Behauptung, das Vermögen sei v. den Deutschen „verlassen" u./oder „aufgegeben" worden (Dekrete v. 1945 u. 1946). Im Falle v. privaten Unternehmen sowie v. Vermögen staatl., kommunaler u. kirchlicher Träger verzichtete man auf diese Fiktion. Im Weiteren sprach man vom „ehemals deutschen Vermögen". Von der K. betroffen waren schlechthin sämtliche privaten u. öffentlichen Vermögenswerte (Mobiliar- u. Immobiliarvermögen, landwirt., Handwerks- u. Dienstleistungsbetriebe, Industrieunternehmen, Finanzinstitute, Verkehrseinrichtungen, Einrichtungen v. Bildung, Kultur u. Wissenschaft, des Sozial- u. Gesundheitswesens).

K.maßnahmen wurden auch gegen das Vermögen der jenseits der Grenzen v. 1937 lebenden Deutschen ergriffen (Reichsdeutsche, Personen der →Deutschen Volksliste 1 u. 2, →Deutsche aus den böhmischen Ländern usw.). Teilweise überschnitten sich die K.en ab dem Herbst 1944 mit Bodenreformmaßnahmen, die ebenfalls entschädigungslos durchgeführt wurden.

Rechtfertigungsgründe gab es für die K.en nicht. Die betroffenen Vermögenswerte waren durch →Flucht, →Vertreibung u. zwangsweise Umsiedlung nicht herrenlos geworden, sondern standen zum Zeitpunkt der K.dekrete u. -gesetze nach den geltenden Vorschriften des privaten u. öffentlichen Rechts im Eigentum dt. Staatsangehöriger, ihrer Privatunternehmen oder des dt. Staates. Die K.en fanden auch keine Rechtfertigung durch das sog. Potsdamer Abkommen (→Konferenz von Potsdam). Es ermächtigte →Polen nicht einmal zu Enteignungen. Als eine ohne dt. Beteiligung geschlossene Vereinbarung *(„res inter alios acta")* konnte es im Übrigen für Deutschland keine unmittelbare rechtliche Wirkung haben. Einer Rechtfertigung der K.en als „Kriegsbeute" stand die Haager Landkriegsordnung im Wege (Art. 46 Satz 2 HLKO).

Die Rechtswidrigkeit der K. privaten dt. Vermögens ist auch nicht durch eine nachträgliche Einverständniserklärung vonseiten Deutschlands geheilt worden: Weder ist eine solche Erklärung vor der Wiedervereinigung, etwa im Zusammenhang mit dem Warschauer Vertrag (1970), noch nachher in Verbindung mit dem dt.-poln. Grenzvertrag vom 14. 11. 1990 abgegeben worden. Der dt.-poln. Nachbarschaftsvertrag vom 17. 6. 1991 stellt vielmehr fest, dass er sich „nicht mit Vermögensfragen" befasse. Aus völkerrechtlicher Sicht ist daher die Rechtslage des v. den K.en betroffenen in Polen gelegenen privaten dt. Vermögens noch immer eine offene Frage.

Lit.: W. Peterhoff, Rechtsansprüche enteigneter Volksgruppen und ihre Durchsetzbarkeit. Frankfurt a. M. 2004; S. Krülle, Die Konfiskation deutschen Vermögens durch Polen. Teil I. Die Enteignungsmaßnahmen. Bonn 1993; I. Seidl-Hohenfeldern, Internationales Konfiskations- und Enteignungsrecht. Berlin 1952.

O. L.

Kosovo als Vertreibungsgebiet. Die Republik K. (alb. *Republika e Kosoves*, serb. *Republika Kosova*) ist ein zentralbalkanisches Land, das an Albanien, Montenegro, Serbien u. die Republik Makedonien grenzt. Auf der Fläche v. 10.877 qkm lebten 2007 schätzungsweise 2.126.700 Einw. Die größte Bev.gruppe stellen die Albaner (→A. aus Kosovo) mit 88 %, gefolgt v. 7 % Serben (→S. aus Kosovo) u. 5 % anderen Minderheiten (z. B. Bosnier, Goraner, Roma [→R. aus Kosovo], Türken, →Ashkali, →Ägypter). Die Amtssprachen sind Albanisch u. Serbisch, regional begrenzt auch Türkisch. Die Arbeitssprache der internat. Verwaltung ist Englisch. Der Landesname serb. Kosovo, alb. Kosova leitet sich v. der Region Kosovo Polje (Amselfeld) bei Prishtina ab (vom serb. *Kos*, „Amsel").

K. ist 1913 aus dem Osm. Reich unter serb. Oberhoheit gekommen u. war ab 1918 Bestandteil des Kgr.s der Serben, Kroaten u. Slowenen (ab 1929 Kgr. →Jugoslawien). Nach der Kapitulation Jugoslawiens 1941 wurde der südl. Teil von K. mit dem it. besetzten Albanien vereinigt. Nach der Kapitulation v. Italien 1943 wurde auch der dt. besetzte Nordteil angeschlossen.

1945 gehörte K. als Teil v. Serbien wieder zu Jugoslawien, zunächst als Autonome Region K.-Metohija, ab 1963 als Autonome Provinz, 1966 wurde die Bez. Metohija gestrichen und K. bekam den Status einer „soziopolitischen Gemeinschaft", der bis dahin den Republiken vorbehalten war. In der Verfassung v. 1974 wurden K. u. analog die andere Autonome Provinz →Vojvodina neben ihrer Zugehörigkeit zu Serbien gleichberechtigte föderale Subjekte. Im Gegensatz zu den Republiken hatten die Autonomen Provinzen kein Sezessionsrecht, womit man die Annäherung des K. an die Republik Albanien verhindern wollte. Die Forderung nach dem Republikstatus wurde in K. jedoch schon 1968 laut. 1981 gab es in Prishtina Demonstrationen, die den Republikstatus einforderten u.

die gewaltsam niedergeschlagen wurden. 1989 wurde die Autonomie der Provinz durch eine Verfassungsänderung aufgehoben. Die Albaner gründeten ihren Schattenstaat u. erklärten sich 1991 nach einem Referendum für unabhängig. Ab 1996 setzte der bewaffnete Widerstand v. alb. Untergrundorganisationen ein, aus denen sich als prominenteste die K.-Befreiungsarmee UÇK formiert hat.

In die Kämpfe zw. den serb. Sicherheitskräften u. der UÇK griff nach den gescheiterten Friedenskonferenzen v. Rambouillet u. Paris die NATO am 24. 3. 1999 mit Luftschlägen ein. Am 11. 6. 1999 zog sich der serb. Staat aus K. zurück u. das Gebiet wurde gemäß der Resolution 1244 des UN-Sicherheitsrats unter internat. Verwaltung gestellt. Am 17. 2. 2008 löste sich K. von Serbien u. erklärte sich für unabhängig.

Das 20. Jh. spielte sich in K. zw. den Serben u. den Albanern als ein Konkurrenzkampf um das Territorium ab, das jeder für sich exklusiv beanspruchte u. auf dem die Anwesenheit des anderen als Bedrohung gesehen wurde. Nach der Eroberung K.s 1913 versuchte Serbien die Albaner durch Mord, →Vertreibung, Assimilierung, Aussiedlung u. existentielle Marginalisierung los zu werden u. erhöhte gleichzeitig durch die Ansiedlung v. etwa 13.000 Kolonistenfamilien den Anteil der slavischen Bev. Zwischen 1918 u. 1937 emigrierten laut Statistischem Jahrbuch des Kgr.s der Serben, Kroaten u. Slowenen 17.084 Albaner in die Türkei u. 3.902 nach Albanien (→A. aus Jugoslawien in der Zwischenkriegszeit). Als sich die Machtverhältnisse im 2. →Wk. umkehrten, vertrieben Albaner die slavischen Neubauern u. gingen auch gegen andere Minderheiten, insbesondere Juden u. Roma, gewaltsam vor. Gleichzeitig gab es einen Zuzug v. etwa 25.000 Personen aus Albanien nach K., die teils aus dem K. stammten u. dort Verwandte hatten u. teils als Beamte der Besatzungsverwaltung kamen. Die Grenze zu Albanien blieb bis 1948, dem Bruch Josip Broz →Titos mit Iosif →Stalin, offen.

Nachdem K. wieder Bestandteil Serbiens geworden war, wurden die Albaner v. den Serben erneut unter Auswanderungsdruck gesetzt. Doch der stetige Zuwachs des alb. Anteils an der Gesamtbev. durch eine hohe Geburtenrate u. das steigende Bildungsniveau ließ die Albaner zu einer ernstzunehmenden polit. Kraft werden, v. der der Status einer Republik eingefordert wurde. Die vom jug. Staat ergriffenen Maßnahmen konnten nicht verhindern, dass immer mehr Serben (→S. aus Kosovo) u. Montenegriner (→M. aus Kosovo) keine Perspektive mehr in K. sahen u. in andere Gebiete abwanderten. Trotz der Privilegien im Staatsdienst in K. und trotz der Ansiedlungen der aus anderen Gebieten vertriebenen Serben schrumpfte der slavische Bev.anteil. Die kleinen Minderheiten gerieten zw. die beiden nationalen Blöcke, zw. denen sie sich entscheiden mussten. Kroaten (→K. aus Kosovo) u. Tscherkessen (→T. aus Kosovo) wählten in den 1990er Jahren die Auswanderung in die hist. Heimat. Während der Eskalation des Konflikts zw. der UÇK u. den serb. Sicherheitskräften 1998 gingen beide Seiten brutal gegen die jeweils ethn. andere Bev. vor u. produzierten Flüchtlingsströme in u. außerhalb des K. 300.000 Menschen wurden innerhalb des K. vertrieben, 30.000 flohen in die Nachbarländer.

Während der NATO-Luftangriffe v. März-Juni 1999 war es überwiegend die albanische Bev., v. der etwa 900.000 aus K. vertrieben wurden oder vor dem Krieg flohen. Nach dem NATO-Einmarsch wurden v. bewaffneten Albanern die nichtalbanischen K.bewohner angegriffen u. ca. 110.000 Serben sowie je 10.000–20.000 Muslime u. Roma vertrieben. Die Gewalt gegen die verbliebenen Serben kostete das Leben v. mehreren Hundert Menschen. Das Überleben war überhaupt nur in den KFOR-geschützten Enklaven u. in dem ethn. fast homogenen serbischen N des K. möglich. 2004 kam es zu neuerlichen konzentrierten Gewalttätigkeiten überwiegend gegen Serben u. ihre relig. Stätten, aber auch gegen Roma u. Ashkali, wobei diese durch ihre Alb.sprachigkeit nicht geschützt waren. 19 Menschen wurden getötet, knapp 1.000 verletzt und rd. 4.100 vertrieben. Das Wiederaufleben der ethn. Gewalt zeigte, dass sie als Kontfliktlösungsstrategie eine hohe mobilisierende Wirkung hat u. dass das Ausbleiben strafrechtlicher Konsequenzen eine starke Bedrohung der Minderheiten darstellt (→nationale Minderheit).

Lit.: M. Vetter, Chronik der Ereignisse 1986–2002, in: Der Jugoslawien-Krieg: Handbuch zu Vorgeschichte, Verlauf und Konsequenzen. Hg. D. Melčić. Wiesbaden 2007, 550–577; B. Kellermann, Das Kosovo zwischen Standard und Status – vom bewaffneten Konflikt in die unsichere Demokratie. Stuttgart 2006; H. Kramer/V. Džihić, Die Kosovo-Bilanz. Scheitert die internationale Gemeinschaft? Wien 2005; M.-J. Calic, Kosovo 2004. Optionen deutscher und europäischer Politik. Berlin 2004; W. Petritsch/R. Pichler, Kosovo – Kosova. Der lange Weg zum Frieden. Klagenfurt 2004; Der Kosovo Konflikt. Ursachen – Verlauf – Perspektiven. Hg. J. Reuter/K. Clewing. Klagenfurt 2000, 17–63; Kosovo: The Politics of Delusion. Hg. M. Waller/K. Drezov u. a. London 2001; W. Petritsch/K. Kaser/R. Pichler, Kosovo – Kosova. Mythen, Daten, Fakten. Klagenfurt 1999; N. Malcolm, Kosovo: A Short History. London 1998; M. Vickers, Between Serb and Albanian. A History of Kosovo. London 1998.

Z. F.

Krajina-Serben. Der Name K.-S. bezieht sich auf die serb. Bevölkerung in einem Landstrich in Kroatien, der sich entlang der Grenze zu Bosnien bzw. zu Serbien erstreckt u. in welchem die serb. (bzw. orth.) Bevölkerung – neben der kroat. (bzw. kath.) – seit ca. dem 16. bzw. 17. Jh. mehr oder weniger kontinuierlich angesiedelt ist.

Der Anfang der 1990er Jahre schwelende Konflikt zw. Serben u. Kroaten in Kroatien eskalierte im Frühjahr 1991 zu einem Territorialkrieg, in dessen Folge die Krajina-serb. Führung die internat. nie anerkannte Republik Serbische Krajina ausrief u. die kroat. Bevölkerung aus dem besetzten Territorium vertrieb (→Vertreibung). Im Jahre 1995 kam es allerdings zur Rückeroberung des Gebietes durch die kroat. Armee, was wiederum die →Flucht nahezu des gesamten serb. Bev.teils aus den umkämpften Gebieten zur Folge hatte. Das Territorium der in den 1990er Jahren einseitig ausgerufenen Republik Serbische Krajina deckte sich in etwa mit der hist. Vojna Krajina (Militärgrenze), die zw. dem 16. Jh. u. der zweiten Hälfte des 19. Jh.s als gesonderte Militärgrenze des Habsburger

Reiches zur Verteidigung gegen das Osm. Reich fungierte u. große Teile der heutigen Regionen Lika, Kordun u. Banija (die auch als eigentliche Krajina bezeichnet werden) sowie West- u. Ostslawoniens u. die Baranja umfasste.

Anders als in den 1990er Jahren lebten Kroaten u. Serben, die bis zur beginnenden Nationalisierung Ende des 19. Jh.s vor allem als Katholiken u. Orthodoxe bezeichnet wurden, in der Vojna Krajina über Jh.e friedlich mit- u. nebeneinander. Um die Grenze zum Osm. Reich zu festigen, förderten die Habsburger bzw. Venezianer die Besiedelung der verwüsteten, entvölkerten u. verödeten Regionen durch die Vergabe v. freien Landrechten. Die aus dem osm. Territorium zuwandernden orth. Vlachen (Walachen) machten im Laufe der Zeit den größten Bev.anteil aus. Gleichzeitig siedelten sich aber auch kath. Vlachen (*Bunjevacen*, a. *Bunjewatzen*, v. serb., kroat. *Bunjevci*) wie auch andere kath. Bev.teile in der Krajina an. Sie zogen v. a. aus den mehr im Landesinneren gelegenen „kroatischen" Gebieten des Habsburger Reiches zu.

Die Zuteilung v. persönlichem Landbesitz wie auch die Verpflichtung zu Wehrdienst an der Landesgrenze führte bei der lokalen Bev. der Vojna Krajina – den orth. Vlachen wie auch bei den kath. Siedlern – zur Herausbildung einer gemeinsamen Wirtschaftsweise u. damit einhergehend einer gemeinsamen soz. Identität als Wehrbauern. Wirtschaftsweise, Sprache u. Brauchtum der lokalen orth. und kath. Bevölkerung wurden über die Zeiten sehr ähnlich. Die Zugehörigkeit zu unterschiedlichen Kirchen trennte sie im Alltag aber auch, zumal die kath. Kirche wesentlich stärker als die orth. Kirche in der habsburgischen wie auch der venezianischen Herrschaft eingebunden war. Der Prozess der Nationalisierung der beiden relig. Gruppen schritt erst mit der Auflösung der Militärgrenze im Jahre 1881 u. den anschließenden einschneidenden soz. Transformationen voran.

Der eigentliche Antagonismus zw. Serben u. Kroaten in der Krajina entstand im 2. →Wk. Die Region der Krajina war ein Teil des 1941 v. Hitlerdeutschland unterstützten „Unabhängigen Staates Kroatien" (NDH), der auf der faschist. Ideologie des „ethnisch reinen Staates" basierte. Unter dem Regime v. Ante →Pavelić, dem Führer der kroat. *Ustaša*-Bewegung, wurden im größten KZ Kroatiens im Städtchen Jasenovac, welches in der Krajina gelegen war, Massenexekutionen an Serben u. anderen nicht-kroatischen Bev.-gruppen durchgeführt (→Serben aus dem „Unabhängigen Staat Kroatien"). Aber auch in anderen Teilen der Krajina u. des übrigen Kroatiens kam es zu Massakern, →Deportationen u. zur ersten Massenflucht v. Serben nach Serbien. Auf Krajina-serb. Seite formierte sich der Widerstand gegen das *Ustaša*-Regime mehrheitlich schon früh im Rahmen der komm. Partisanenbewegungen, teilweise aber auch im Rahmen der serb.-royalistischen *Četnik*-Bewegung (insbesondere in der Region um Knin). Nach dem Sieg der multinationalen (aber mehrheitlich serb.) Partisanen übten diese massenhaft Vergeltung an den Anhängern des NDH-Staates aus.

Unter dem sozialistischen Regime Josip Broz →Titos verlief das interethn. Zusammenleben zw. Serben u. Kroaten in der Krajina trotz der belastenden Kriegsvergangenheit größtenteils ohne offene Konflikte. Die im ganzen Land voranschreitende Industrialisierung, Urbanisierung u. Modernisierung bewirkte auch bei weiten Teilen der serb. und kroat. Krajinabev. einen schnell ansteigenden Lebensstandard u. generellen Optimismus. Durch die in der sozialistischen jug. Nachkriegsordnung zentrale komm. Ideologie der „Brüderlichkeit und Einheit" der verschiedenen Nationen verlor der nationale Bezugsrahmen zumindest in der Öffentlichkeit mehr u. mehr an Bedeutung. Der langsam anwachsende Prozentsatz der interethn. Ehen war in der gemischtethn. Krajina-Region besonders hoch u. lag in den Städten Pakrac u. Vukovar im Jahre 1980 sogar bei 35 % (in Kroatien insgesamt bei 17 %). Ähnliches gilt für die Anzahl derer, die sich als „Jugoslawen" deklarierten. Dieser Prozentsatz war im Jahre 1980 mit ca. 10 % in der Krajina fast doppelt so hoch wie der Durchschnittswert in →Jugoslawien (5,4 %) u. etwas höher als der Durchschnittswert für ganz Kroatien (8,2 %).

Mit dem Tod Titos u. der in den 1980er Jahren immer gravierender werdenden Wirtschafts- u. Systemkrise, die ganz Jugoslawien erfasste, gewannen die alten nationalen Antagonismen in Kroatien, wie auch in anderen Teilen Jugoslawiens, jedoch wieder an Bedeutung. In Reaktion auf die autokratischen u. nationalistischen Führungstendenzen Serbiens unter Slobodan →Milošević wurden in Kroatien Rufe nach einer Unabhängigkeit laut. Mit dem Wahlgewinn der HDZ *(Hrvatska Demokratska Zajednica)* unter der Führung v. Franjo →Tuđman wurde dieses Ziel mehr u. mehr zum polit. Parteiprogramm erhoben. Dies wiederum schürte bei einigen Serben in Kroatien die Angst vor ökon. und polit. Entrechtung. Insbesondere in der im Vergleich zum übrigen Kroatien strukturschwachen Krajina verschärfte sich die Situation im Sommer 1990 durch populistische Propaganda u. Agitation einer kleinen Gruppe serb. Aktivisten aus Knin. Diese strebten an, eine autonome serb. Region Krajina zu gründen. Nach einer Reihe gewalttätiger Übergriffe auf beiden Seiten u. der im Frühjahr 1991 v. der HDZ verabschiedeten Unabhängigkeitserklärung Kroatiens eskalierte der Konflikt schließlich in einen brutalen Krieg um nationales Territorium, in welchem →ethnische Säuberungen ein probates Mittel wurden. In der Krajina zusammengezogene serb. Truppen u. Verbände vertrieben, unterstützt v. der Jug. Volksarmee u. der polit. Führung in Belgrad, bis zu 300.000 einheimische Kroaten u. zerstörten einen Großteil ihres Eigentums. 1992 wurde v. der polit. Führung der Serben in der Krajina die Republik Serbische Krajina ausgerufen. Auf kroat. Seite waren die Opferzahlen insbesondere in den ersten Kriegsjahren sehr hoch: Nach offiziellen Angaben der Regierung wurden bis September 1993 6.651 Tote gezählt, 12.706 waren als vermisst gemeldet.

Die Situation kehrte sich um, als es 1995 überraschend zu kroat. Militäroffensiven (Bljesak u. Oluja) kam, im Zuge derer das serb. besetzte Territorium (mit Ausnahme Ostslawoniens) zurückerobert wurde. Dabei kam es zu einer spontanen Flucht der zu diesem Zeitpunkt noch verbliebenen serb. Bevölkerung – etwa 150.000 Personen – aus dem Gebiet nach Restjugoslawien, der bosnischen Serbenrepublik u. Ostslawonien. Während u. nach den milit. Operationen sind in der Krajina selbst bis zu 800 Serben – mehrheitlich Zivilisten – gewaltsam zu Tode gekommen. Außerdem sind regional unterschiedlich bis zu 70 % der serb. Häuser zerstört worden.

Im Anschluss an die Wiedereingliederung der Krajina in den kroat. Staat kehrte ein Großteil der aus der Krajina vertriebenen einheimischen Kroaten zurück. Mit Hilfe v. neu verabschiedeten Gesetzen sind außerdem bis zu 20.000 Häuser v. Serben u. einige Tausend Wohnungen, für die ehemals Serben Wohnrechte besaßen, v. Kroaten besetzt worden. Die Mehrheit dieser kroat. Siedler stammte aus Bosnien u. der Herzegowina (→B.-H. als Vertreibungsgebiet). Sie waren oft selbst aus ihren Heimatorten vertrieben u. ihre Häuser v. Serben oder Bosniaken besetzt oder zerstört worden.

Die Rückkehr des serb. Bev.teils setzte dagegen nur sehr langsam ein. Im Jahre 1998 führte der starke Druck der internat. Gemeinschaft auf die kroat. Regierung zur Verabschiedung eines Pogramms, das die rechtlichen Voraussetzungen für eine Rückkehr u. die Rückgabe v. Privateigentum gewährleistete. An den Verhältnissen vor Ort änderte sich aber bis zum Tod Tuđmans im Dezember 1999 u. der Machtübernahme durch eine Koalitionsregierung unter Führung der SDP *(Socijaldemokratska Partija Hrvatske)* kaum etwas. Selbst 2007 gestaltete sich der Rückkehrprozess trotz der Bemühungen der 2001–2003 regierenden Koalitionsregierung wie auch der seit 2003 regierenden reformierten HDZ mit Ivo Sanader an der Spitze noch schwierig. Die Arbeits- u. Wohnsituation ist noch immer sehr angespannt, u. insbesondere die Rückkehr in die Städte ist aufgrund der fehlenden Restitution v. ehemaligen Wohnrechten, die auf die sozialistische Eigentumspolitik zurückgehen, sehr schwer. Diese praktischen Hindernisse zur Rückkehr schlagen sich wiederum in den Bev.zahlen nieder. Während Serben in Kroatien im Jahre 1991 noch 12,2 % der Bev. ausmachten, bildeten sie bei der ersten Volkszählung nach dem Krieg im Jahre 2001 nur noch 4,7 % der Gesamtbev. Kroatiens. Ca. 50 % der registrierten Rückkehrer leben außerdem nicht permanent in Kroatien, sondern halten sich oft v. a. in Serbien oder im westl. Ausland auf. Die Serben, die bisher dauerhaft in die Krajina zurückgekehrt sind, sind v. a. älteren Jahrgangs, was erwarten lässt, dass der Prozentsatz der serb. Bev. in Kroatien in den nächsten Jahrzehnten noch mehr schrumpfen wird.

Lit.: C. Leutloff-Grandits, Serben in der Krajina seit dem späten 19. Jahrhundert, in: Enzyklopädie Migration in Europa vom 17. Jahrhundert bis zur Gegenwart. Hg. K. J. Bade/ P. C. Emmer/L. Lucassen/J. Oltmer. Paderborn 2007, 981–983; Dies., Claiming Ownership in Postwar Croatia. The Dynamics of Property Relations and Ethnic Conflict in the Knin Region. Berlin, Münster 2006; H. Grandits/C. Leutloff, Discourses, Actors, Violence: The Organisation of War-Escalation in the Krajina Region of Croatia 1990–91, in: Potentials of Disorder. Hg. J. Koehler/C. Zürcher. Manchester u. a. 2003, 23–45; J. B. Allcock, Explaining Jugoslavia. New York 2000; H. Grandits/C. Promitzer, „Former Comrades" at War: Historical Perspectives on „Ethnic Cleansing" in Croatia, in: Neighbors at War. Anthropological Perspectives on Yugoslav Ethnicity, Culture, and History. Hg. J. M. Halpern/D. A. Kideckel. University Park/Pa. 2000, 125–142; D. Roksandić, Srbi u Hrvatskoj od 15. stoljeća do naših dana. Zagreb 1991.

C. L.-G.

Kriegsflüchtling/Bürgerkriegsflüchtling. Das heute maßgebende Genfer Abkommen über die Rechtsstellung der Flüchtlinge (28. 7. 1951) differenziert nicht zw. verschiedenen Kategorien v. Flüchtlingen; es kennt nur einen Flüchtlingsbegriff, der auf alle Personen Anwendung findet, gleichgültig, ob ihre →Flucht auf einem gewaltsamen Konflikt zw. Staaten („Krieg") oder innerhalb eines Staates („Bürgerkrieg") beruht (→Flüchtling). Diesem einheitlichen Ansatz entspricht es, dass das Abkommen den Vertragsstaaten grundsätzlich verbietet, die Flüchtlinge „aus Gründen der Rasse, der Religion oder des Herkunftslandes" unterschiedlich zu behandeln (Art. 3). Allerdings schließt das →Völkerrecht nicht aus, dass die Staaten in ihrem nationalen Recht bei der Anerkennung des Flüchtlingsstatus nach unterschiedlichen polit. Lagen differenzieren. So unterscheidet z. B. das dt. Recht u. a. zwischen 1. Flüchtlingen dt. Volkszugehörigkeit, die gemäß Art. 116 Abs. 1 GG „Statusdeutsche" sind; 2. Flüchtlingen, die unter die Genfer Konvention fallen („Konventionsflüchtlinge"); 3. Flüchtlingen, die als „politisch Verfolgte" gemäß Art. 16 a GG in Deutschland asylberechtigt sind; 4. sog. Kontingentflüchtlingen, deren Aufnahme der Gesetzgeber 1980 im Rahmen humanitärer Hilfsaktionen v. a. zur Aufnahme v. Vietnamesen („boat people") gestattet hat u. als welche im Wege analoger Anwendung auch nach Deutschland aus der →Sowjetunion (GUS) übersiedelnde Juden anerkannt wurden; 5. Kriegs- u. Bürgerkriegsflüchtlingen, die, ohne Asylbewerber gemäß § 32a Ausländergesetz (1993/2004) zu sein, „vorübergehend" Schutz in Deutschland erhalten haben – eine Regelung, mit der man v. a. auf die Flüchtlingsströme aus Ex-Jugoslawien reagierte; u. 6. Flüchtlingen, denen aufgrund der EG-Richtlinie 2001/55 „vorübergehend" Schutz v. der Bundesrepublik gewährt wird, wobei auch diese Regelung einer vorläufigen humanitären Bewältigung größerer Flüchtlingsströme dient (§ 24 AufenthaltsG).

Seit der Ablösung des Ausländergesetzes durch das Aufenthaltsgesetz (2005) finden in Deutschland „Kriegs- und Bürgerkriegsflüchtlinge" im Gesetz keine besondere Erwähnung mehr. Ihre Anzahl erreichte in den 1990er Jahren durch den Zuzug aus →Bosnien-Herzegowina u. →Kosovo fast 0,5 Mio., ist durch Rückführung in die Heimat inzwischen aber auf einen Bruchteil abgesunken. Die Zahl der Kriegs- u. Bürgerkriegsflüchtlinge ging in Deutschland v. ca. 350.000 (1993) auf 24.000 (2007) zurück. Von den 32,8 Mio. Menschen, die der →Hohe Flüchtlingskommissar der UNO weltweit betreut, sind ca. 9,8 Mio. Konventionsflüchtlinge u. ca. 12 Mio. Binnenflüchtlinge.

Lit.: →Flüchtling.

O. L.

Krim als Deportationsgebiet. K. (ukr./russ. *Krym*) – eine Halbinsel im nördl. Schwarzen Meer, Autonome Republik innerhalb der Ukraine (ukr. *Avtonomna Rèspublika Krym*) mit der Hauptstadt Symferopol'. Die Fläche beträgt 26.100 qkm, die Halbinsel hat 1,97 Mio. Einwohner (1. 7. 2006). Das nach dem Zusammenbruch der Goldenen Horde entstandene K.-Chanat geriet 1475 unter osm. Kontrolle. Infolge der russ.-osm. Kriege wurde die K. 1783 an Russland angeschlossen u. zu einem Teil des Gouv.s Taurien (russ. *Tavričeskaja gubernija*) gemacht. Nach der Oktoberrevolution wurde das Gouv. K. gegründet, am 18. 10. 1921 bekam dieses Territorium den Autonomiestatus innerhalb der Russl. Föderation (russ. *Krymskaja Avtonomnaja Sovetskaja Socialističeskaja Respublika*). Nach massenhaften →Deportationen v. →Krimtatatren u. Deutschen (→D. aus dem Schwarzmeergebiet) sowie v. Armeniern (→A. von der Krim), Bulgaren (→B. von der Krim) u. Griechen (→G.: Deportationen in den asiatischen Teil der Sowjetunion), wurde die Autonomie am 30. 6. 1945 zu einer regulären adm. Einheit – einem Gebiet (russ. *Krymskaja oblast'*) herabgestuft. 1954 wurde die K. der Ukraine zugesprochen u. 1991 die K.er Autonomie innerhalb der Ukraine wiederhergestellt.

Wenn im 18. Jh. Krimtataren noch mit mehr als 90 % den größten Teil der Bev. bildeten, änderte sich die Zusammensetzung der Bev. nach der russ. Annexion der Halbinsel im 19. Jh. kontinuierlich. Durch die Aus- u. Ansiedlung verringerte sich der Anteil der Tataren drastisch u. machte 1897 nur noch 35 % v. insgesamt 550.000 Halbinselbewohnern aus. Der gemeinsame Anteil der Russen u. Ukrainer stieg dagegen auf 44 % an. Der Anteil der Deutschen belief sich auf 5,8 %, der Griechen auf 3,1 %, der Armenier auf 1,5 % u. der Bulgaren auf 1,3 %.

Im 18. u. 19. Jh. vom Russ. und Osm. Reich hart umkämpft, stand die Halbinsel oft im Zentrum verschiedener Pläne, die massive Bev.verschiebungen vorsahen; einige wurden auch durchgeführt. Auf Befehl des russ. Militärs verließen 1778 fast alle Christen (ca. 30.000, überwiegend Griechen u. Armenier) die K. Der Anschluss an Russland im Jahre 1783 hatte die Aussiedlung von ca. 200.000 Krimtataren nach Rumelien zur Folge. Während des Krimkrieges (1853–1856) erwog die russ. Regierung, die an der Loyalität der muslimischen Bev. Zweifel hatte, eine Umsiedlung der Krimtataren ins Landesinnere. Dieser Plan wurde nur z. T. erfüllt, indem lediglich einige Tausend Krimtataren aus den frontnahen westl. Teilen der Halbinsel in die benachbarten Kreise u. noch weitere 15.000 in die Dobrudscha umgesiedelt wurden. Die tatarenfeindliche Politik der Regierung während des Krieges war der Grund für eine neue Massenauswanderung v. Muslimen Anfang der 1860er Jahre. Damals verließen nochmals ca. 200.000 Tataren u. Nogaier die Region.

Während der ersten dt. Besatzung 1918 wurden die Fürsprecher für die Gründung eines geschlossenen dt. Siedlungsgebiets („Krim-Taurien") unter der Führung v. Pfarrer Immanuel Winkler aktiv. In den 1920ern wurde ein Plan herausgearbeitet, wonach eine jüd. Besiedlung der K. gefördert werden sollte. Dieser Plan stieß aber bei der tatarischen Führung, die sich für die Rückkehr von ca. 200.000 Krimtataren aus den ehem. osm. Gebieten in Südosteuropa (v. a. aus Bulgarien u. Rumänien) einzusetzen versuchte, auf Widerstand.

Ende der 1930er Jahre war schon die Hälfte der Halbinselbev. russisch, v. den kleineren ethn. Gruppen waren Juden u. Deutsche mit Abstand die größten (5,8 u. 4,5 %). Nach dem Angriff Deutschlands auf die →Sowjetunion wurden im August 1941 ca. 50.000

Deutsche deportiert (→D. aus dem Schwarzmeergebiet). Dadurch haben die dt. Besatzer auf der K. nur noch wenige Hundert v. ihnen vorgefunden. Gemäß den nationalsozialistischen Konzeptionen kam der K. wegen ihrer wichtigen strategischen Lage ein hoher Stellenwert zu. Nach einer Übergangsphase sollte das „Generalkommissariat Taurien" in „Gotenland" („Ostgotengau", „Gotengau") umgewandelt u. in das Dt. Reich eingegliedert werden. Es war auch vorgesehen, die Halbinsel mit dt. Bauern aus Südtirol (a. Transnistrien- u. Palästinadeutsche waren im Gespräch; →Südtiroler, →Deutsche aus der Ukraine: NS-Pläne und -Politik) neu zu besiedeln u. die einheimische Bev. nach →Sibirien zu deportieren. Die schon am 3. 7. 1942 befohlene Deportation v. ca. 700.000 Menschen wurde aber auf einen günstigeren Zeitpunkt nach dem Krieg verschoben u. somit nicht durchgeführt. Innerhalb der ersten Monate wurden auf der Halbinsel ca. 38.000 Juden u. 3.000 Krimtschaken ermordet. Die nach dem dt. Einmarsch entstandenen Hilfsmannschaften aus kollaborationswilligen Tataren wurden zur Partisanenbekämpfung eingesetzt. Neuen Forschungsergebnissen zufolge (N. Kunz) war aber ihre Zahl deutlich niedriger als die früher in der Literatur vertretene Vorstellung v. 20.000 Tataren. Von rd. 10.000 Tataren dienten ca. 1.600 in den auf dem ganzen Territorium der K. verteilten Selbstschutzkompanien u. der Rest in Armeeeinheiten. Ähnlich wie die wenigen auf der K. verbliebenen →Volksdeutschen genossen auch ca. 15.000 Bulgaren u. kleinere Gruppen v. Rumänen u. Italienern als Volksangehörige der verbündeten Staaten eine privilegierte Stellung. Es wurden in der Hauptstadt der K. neben dem tatarischen auch ein armenisches u. bulg. Nationales Hilfskomitee gegründet. Diese Aktivitäten wurden nach der Befreiung der K. für diese ethn. Gruppen zum Verhängnis. Gemäß dem stalinschen Motto vom angeblichen kollektiven Verrat einzelner Minderheiten traf das Staatskomitee für Verteidigung (russ. *Gosudarstvennyj Komitet Oborony*, GKO) am 11. 5. 1944 die Entscheidung, alle Krimtataren, Armenier, Bulgaren u. Griechen der K. umzusiedeln (→Kollektivschuld). Die Bev. verringerte sich infolgedessen auf 380.000 Menschen. Nach der Bev.zählung v. 1959 stieg die Zahl der Krimbewohner wieder auf 1,2 Mio., hauptsächlich durch neu angesiedelte Russen u. Ukrainer; der Anteil der Russen stieg auf 71,4 % an.

Am 21. 7. 1944 wurden die v. der K. deportierten Armenier, Bulgaren u. Griechen wie folgt in Russland verteilt (Angaben zu einzelnen Gruppen nicht vorhanden): auf die Gebiete Molotov u. Sverdlovsk je ca. 10.000, Kemerovo 6.800, Baschkirische ASSR 5.700, Mari ASSR u. das Gebiet Kirov je rd. 550 usf.

Von den über 86.000 Deportierten v. der K. (wohl einschl. einiger Krimtataren) arbeiteten rd. 55.000 in der Landwirtschaft, rd. 15.000 in der Forstwirtschaft, in der Papierherstellung u. -bearbeitung 23.500, im Bereich der Ölförderung über 10.000 sowie der Baumaterialienindustrie rd. 1.500. Dabei blieb die Versorgung mit Lebensmitteln u. Wohnungen noch lange Zeit mangelhaft. Dies hatte Epidemien u. hohe Sterberaten zur Folge, so wie z. B. im Gebiet Sverdlovsk, wo in den ersten Tagen nach der Ansiedlung der Deportierten (bis Oktober 1944) fast 200 Fälle v. Erkrankungen an Fleckentyphus registriert wurden.

Gemäß dem Erlass des Präsidiums des Obersten Sowjets der RSFSR vom 30. 6. 1945, bestätigt durch den Erlass des Präsidiums des Obersten Sowjets der UdSSR vom 25. 6. 1946, wurde der Autonomiestatus der K. in den eines Gebietes (russ. *oblast'*) umorganisiert; alle nationalen adm. Einheiten der K.er Völkerschaften wurden damit aufgelöst.

Eine massenhafte Rückkehr der deportierten Krimbewohner begann noch vor der Verabschiedung der Deklaration des Obersten Sowjets der UdSSR „Über die Bewertung der Repressionsakte gegen Völker, die gewaltsam umgesiedelt wurden, als ungesetzlich und verbrecherisch und über die Gewähr der Rechte dieser Völker“ vom 14. 11. 1989 (→Rehabilitierung). So siedelten schon in den Jahren 1987–1989 40.000 Krimtataren auf die Halbinsel über.

Zum 1. 1. 2006 wohnten auf der Krim 247.000 ehem. Deportierte, v. denen 146.000 in den Jahren 1989–1991 u. 101.000 in den Jahren 1992–2005 die ukr. Staatsbürgerschaft erhielten. Da die Rückkehr der Deportierten in die Zeit der wirt. Krise fiel, waren staatl. Förderprogramme unterfinanziert, was die Übersiedlung oft chaotisch gestaltete. Schlechte Vorbereitung führte zu Unzufriedenheit unter den Rückkehrern u. zu Spannungen zw. verschiedenen Bev.gruppen.

Lit.: N. KUNZ, Die Krim unter deutscher Herrschaft (1941–1944): Germanisierungsutopie und Besatzungsrealität. Darmstadt 2005; Ja. E. VODARSKIJ/O. I. ELISEEVA/V. M. KABUZAN, Naselenie Kryma v konce XVIII–konce XX vekov (Čislennost', razmeščenie, ėtničeskij sostav). Moskva 2003; N. F. BUGAJ, Deportacija narodov Kryma. Dokumenty, fakty, kommentarii. Moskva 2002; Deportovani kryms'ki tatary, bolhary, virmeny, hreky, nimci. Materialy urjadovych komisij (1989–2000). Hg. Ju. BILUCHA u. a. Kyïv 2001; N. F. BUGAJ, Deportacija naselenija s Ukrainy, *Ukraïns'kyj istoryčnyj žurnal* 10 (1990), 32–38; 11 (1990), 20–26.

Dm. M.

Krimtataren. Die K. (Selbstbez. *Kırımlı*) stellen ein autochthones Volk der Halbinsel Krim dar, das zw. dem 4. u. 15. Jh. als Ergebnis dauernder Assimilation der altertümlichen Bev. der Halbinsel (Tauren, Kimmerier) v. späteren Völkern (Sarmaten, Hunnen, Alanen, Mongolen, Türken, Kiptschaken u. a.) auf der Krim entstanden war. Eine Grundlage für diese Konsolidierung polyethnischer Bev. der ma. Krim war die Islamisierung sowie die Verbreitung der türk. Sprache insbesondere im Krim-Chanat (15.–17. Jh.). Die gläubigen K. sind sunnitische Muslime. Das neuzeitliche Ethnonym „K.“ in Bezug auf die *Kırımlı* entstand zuerst in Europa u. Russland u. wurde erst im 19. Jh. von den K. selbst benutzt. Von 1443 bis zur Annexion der Krim durch das Russ. Reich (1783) beherrschten sie das Chanat Krim. Die Kolonisationspolitik der russ. Regierung nach der Annexion diskriminierte die K. Die Enteignung v. Grund u. Boden u. die Russifizierung im 19. Jh. bewogen viele K. zur Auswanderung ins Osm. Reich. Nach der Errichtung der Sowjetmacht auf der Krim 1920 wurde im Oktober 1921 die Autonome Sozialistische Sowjetrepublik Krim (ASSRK) innerhalb der Russl. Sozialistischen Föderativen Sowjetrepublik gebildet, die den K. eine nationalkulturelle Entwicklung ermöglichte: Neben dem Russischen wurde auch das Krimtatarische als Amtssprache anerkannt, krimtatarische Bildungs- u. Kultureinrichtungen wurden gefördert, nationale Dorfräte u. Rayons gebildet. Anfang der 1930er Jahre wurde diese Politik eingestellt, das Krimtatarische verlor seinen Rechtsstatus. Unter dem Motto der Bekämpfung des lokalen „Nationalismus" begannen die sowj. Machtorgane Massenrepressalien gegen die Angehörigen der K., die laut der Volkszählung v. 1939 auf dem Gebiet der Krim mit 218.900 Personen 19,4 % der Bev. stellten.

Die der →„Kollaboration" mit dem dt. Okkupationsregime u. des Hochverrats beschuldigten K. wurden gewaltsam aus der Krim deportiert u. in Sondersiedlungen in verschiedenen Regionen der UdSSR – vom Nordural bis in die mittelasiatischen Republiken – festgehalten (→Krim als Deportationsgebiet, →Zentralasien).

Diese Zwangsaussiedlung wurde aufgrund des Beschlusses des Staatskomitees für Verteidigung (russ. *Gosudarstvennyj Komitet Oborony*, GKO) Nr. 5859 „Über die Krimtataren" vom 11. 5. 1944 durchgeführt. Die Operation begann am 18. 5. 1944 – der zum nationalen Trauertag erklärt wurde – u. war am 20. 5. 1944 abgeschlossen. In diesen zweieinhalb Tagen wurden 181.014 Menschen deportiert. Berücksichtigt man kleinere Kontingente, dann wurden insgesamt 191.044 K. verschleppt. Unhygienische Zustände, Mangel an Lebensmitteln während des Transports kosteten zahlreiche Menschenleben. Deren Zahl ist umstritten u. liegt zw. 191 und 7.889.

Die K. wurden auf folgende Gebiete verteilt: Usbekistan 35.750 Familien (151.424 Personen), →Kasachstan 2.426 Familien (darunter 1.666 Erwachsene), in der Russl. Föderation auf drei autonome Sowjetrepubliken, nämlich Baschkirien 284, Jakutien 93 u. Mari (Republik Marij Ėl) 2.291 (9.178), ferner auf die Gebiete Gor'kij (jetzt Nižnij Novgorod) 679 Familien (2.376 Personen), Molotov (Perm') 2.342 Familien (10.002), Sverdlovsk 902 Familien (3.591), Ivanovo 157 Familien (548), Kostroma 1.957 Familien (6.338 Personen). Nach den Angaben der Abteilung für Sondersiedlungen beim Volkskommissariat für Innere Angelegenheiten sind allein in Usbekistan im Zeitraum vom 1. 7. 1944 bis zum 1. 7. 1945 22.355 krimtatarische Sondersiedler verstorben.

Bedeutend waren auch die materiellen Verluste, die den K. durch die Massendeportation zugefügt wurden: Über 80.000 Häuser, mehr als 34.000 Hofgrundstücke, ca. 0,5 Mio. Stück Vieh gingen verloren; 112 persönliche Bibliotheken, 660 Bibliotheken in Grund- u. 221 in Mittelschulen wurden liquidiert sowie die Moscheen in Bachčisaraj (krimtatarisch Bağçasaray), Evpatorija, Sevastopol', Feodosija u. Černomorsk geschlossen. Nach der Deportation wurden nach Beschlüssen der Partei- u. Sowjetmachtsorgane alle geogr. Bezeichnungen, die an die K. erinnerten, geändert.

Die deportierten Personen wurden zu lebenslang ausgewiesenen →Sondersiedlern. Der Beschluss des Präsidiums des Obersten Sowjets der UdSSR „Über Strafverfolgung für die Flucht von den nach fernen Regionen der Sowjetunion ausgesiedelten Personen […] während des Vaterländischen Kriegs" vom 26. 11. 1948 sah strenge Strafen (20 Jahre →Zwangsarbeit) für eine Flucht aus Sondersiedlungen vor.

Das Sondersiedlungsregime für K. wurde erst durch den Beschluss des Präsidiums des Obersten Sowjets der UdSSR vom 28. 4. 1956 aufgehoben, doch durften sie nicht in ihre ehem. Wohnorte zurückkehren u. erhielten keine Entschädigung für ihr konfisziertes Eigentum. Die K. reagierten mit dem Aufbau einer breiten nationalen Bewegung, die das Recht auf Rückkehr in die hist. Heimat u. die Rechte u. Freiheiten, wie sie die Verfassungen der UdSSR u. der Ukrainischen SSR vorsahen, forderte.

Die polit. Wandlungsprozesse Ende der 1980er u. Anfang der 1990er Jahre sowie der Zusammenbruch der Sowjetunion eröffneten eine neue Etappe für die Bewältigung der Folgen der Deportation. Am 14. 11. 1989 verabschiedete das Oberste Sowjet der UdSSR die Deklaration „Über die Bewertung der Repressionsakte gegen Völker, die gewaltsam umgesiedelt wurden, als ungesetzlich und verbrecherisch und über die Gewähr der Rechte dieser Völker". Auf der Grundlage dieser Deklaration wurden weitere Akte herausgearbeitet, darunter das Gesetz der Ukraine „Über die Rehabilitierung der Opfer politischer Repressalien in der Ukraine" (17. 4. 1991) u. das Gesetz der RSFSR „Über die Rehabilitierung von repressierten Völkern" (26. 4. 1991) (→Rehabilitierung). Sie sahen Vergünstigungen für Deportierte sowie finanzielle Hilfen für Personen vor, die in ihre ehem. Wohnorte zurückzukehren wünschten. Bis Mitte 2006 waren über 280.000 K. auf die Krim zurückgekehrt. Zahlreiche Probleme sind noch ungelöst wie die Rückgabe bzw. der Erwerb v. Grundbesitz, der Aufbau v. Bildungseinrichtungen, die Wiederherstellung der hist. Toponyme u. die Entwicklung v. Massenmedien in krimtatarischer Sprache.

Lit. (a. →Krim als Deportationsgebiet): G. Bekirova, Krimskotatarskaja problema v SSSR (1944–1991), *Kryms'ki studiï* 1–2 (2004); Kryms'ki tatary: šljach do povernennja. Zbirnyk dokumentiv ta materialiv. 2 Bde. Hg. O. Bažan u. a. Kyïv 2004; V. N. Zemskov, Specposelency iz Kryma (1944–1956), *Krymskij muzej* 1 (1994), 73–81; Tatars of the Crimea: Their Struggle for Survival. Hg. E. Allworth. Durham, London 1988; A. W. Fisher, The Crimean Tatars. Stanford 1978.

O. B.

Kroaten aus Kosovo. Die K. in →Kosovo, die die südslavische Mundart Torlakisch sprechen, lebten bis Ende der 1990er Jahre in zwei kleinen regionalen Zentren – im Dorf Janjevo, in der Nähe der Hauptstadt Prishtina, die sog. *Janjevci* (Janjever) u. in der Region des Dorfes Letnica, wo die *Letnici* (Eigenbez. *Letničani*) wohnten.

Janjevo wird zum ersten Mal im Jahr 1303 vom Papst Benedikt XII. als Zentrum der kath. Gemeinde v. St. Nikola erwähnt. Die *Janjevci* leiten ihre Hernkunft von kath. Händlern u. Bergleuten aus Dubrovnik u. den angrenzenden herzegowinischen Gebieten sowie v. sächsischen Bergleuten ab, die im Laufe des 14. Jh.s nach Kosovo kamen u. eine Bergwerkskolonie zur Förderung v. Blei und Silber gründeten, deren Blütezeit im 16. Jh. lag. In der kath.-kroat. Gemeinde v. Janjevo sind im Laufe der Jh.e sowohl kath. Albaner als auch orth. Serben aufgegangen.

Die Geschichte der *Janjevci* verzeichnet im 20. Jh. mehrere Arbeitsmigrationswellen. In der ersten Hälfte des Jh.s wanderten sie nach Übersee u. in die umliegenden Balkanländer aus. Nach dem 2. →Wk. konzentrierte sich ihre Wanderbewegung in den Zagreber Stadtteil Dubrava, v. wo aus sie in den Sommermonaten an der Adria Handel mit Andenken, Spielzeug u. anderen Touristenwaren betrieben. In Zagreb gründeten sie 1973 ihren Verein der Freunde des Dubrovniker Altertums *(Društvo prijatelja dubrovačke starine)*, zunächst als eine Filiale des Dubrovniker Vereins, ein Jahr später selbständig als Kroat. Verein Janjevo *(Hrvatsko Društvo Janjevo)*. Ab 1986 engagierte sich der Verein in der Unterstützung der aus Kosovo ankommenden K. 1991 ist die Zahl der *Janjevci* in Zagreb auf 4.200 angewachsen, in den anderen kroat. Städten waren es etwa 2.000.

Nach der Volkszählung v. 1948 lebten in Kosovo 5.290 K. (0,7 % der Kosovobev.), 1971 waren es 8.264, 1981 8.718 (0,6 %) u. bei der letzten jug. Volkszählung 1991 8.062 (0,4 %). In Janjevo selbst wohnten 1991 603 kroat. Familien mit 3.319 Angehörigen.

Die zweite kroat. besiedelte Region um Letnica befindet sich im SO Kosovos zw. den Städten Ferizaj u. Gjilan. Letnica gehört zur Gemeinde Viti, die etwa 15 km entfernt ist. Für den Ort gab es in der Geschichte verschiedene it. und lat. Bezeichnungen: Monte Negro, Montenegro, Montenegro di Scopia, Montenegro in Servia, Crna Gora, Skopska Crna Gora, Crnagora. Letnica wurde wahrscheinlich durch die Dubrovniker im 16. Jh. als Bergwerkskolonie gegründet. Die Gründer v. Letnica u. des benachbarten Šašare wurden *Latini* genannt, wie früher auch die kath. Albaner. Für Šašare ist auch die sächsische Herkunft v. Gründern überliefert. Nach der schnellen Erschöpfung der Erzvorkommen kehrte ein Teil der Kolonisten nach Dubrovnik u. Dalmatien zurück oder wanderte in andere Kolonien der Dubrovniker weiter. Der Teil, der in Kosovo blieb, wandte sich der Viehzucht zu. Im 20. Jh. war eine wichtige Einkommensquelle die Arbeit auf Baustellen in Jugoslawien u. als Gastarbeiter in Westeuropa.

Die K. konnten alb. und heirateten kath. Albaner aus Stublla. Sie waren eine konservative patriarchalische Gesellschaft mit einem starken familiären Zusammenhalt u. enger Bindung an die kath. Kirche. Ihre Haupteinkommensquelle war im Unterschied zu den *Janjevci* die Landwirtschaft. 1981 lebten in der Gemeinde Viti 3.722 K., d. h. 8 % der Gemeindebev. 1991 waren es 4.324 K., davon in Letnica 800, Šašare 1.606, Vrnez 835, Vrnavokolo 883 u. in Kabash 248.

Ab 1991 verschlechterte sich die wirt. und polit. Lage der kleinen kroat. Minderheit in Kosovo zusehends. Junge Männer wollten nicht zum Militär einberufen werden u. gegen Kroatien kämpfen müssen. Sie entzogen sich der Einberufung durch die Flucht über Skopje nach Kroatien. Der Druck v. den serb. Politikern, die in den kosovarischen K. die „fünfte Kolonne" Franjo →Tuđmans sahen, verstärkte sich. Als Nicht-Serben fanden sie in Kosovo immer schwerer Arbeit. Bis Weihnachten 1991 gingen mehr als die Hälfte der Janjevo-K. weg, die meisten nach Zagreb, Dubrava, ihrer früheren Hochburg.

Im Frühling 1992 erklärte der radikale serb. Politiker Vojislav Šešelj, dass K. aus Serbien in „ihr" Kroatien deportiert werden. Am 17. 5. 1992 war Šešelj in Viti, u. einige wollen ihn in Letnica gesehen haben. Kurz danach brannten einige Häuser, Ställe u. Schuppen ab. Es wurde eine Bürgerwehr organisiert, u. die Einschüchterung u. Verunsicherung durch die Serben wuchs. Die Drangsalierung durch die jug. Volksarmee, die die Räume der örtlichen Ambulanz in Beschlag nahm, die täglichen Stromunterbrechungen u. Wasserversorgungsausfälle taten ihr übriges, um den Wunsch nach Auswanderung zu stärken.

1992 fand die erste organisierte Umsiedlungen der Kosovo-K. nach Kroatien statt, die vom kroat. Staat unterstützt u. vor dem Hintergrund der Absprachen über den Bev.austausch zw. den damaligen Präsidenten v. Kroatien u. Jugoslawien gestaltet wurde.

Der Fonds des Heiligen Isidor *(Fond Svetog Izidora),* eine im Jahre 1986 gegründete humanitäre Organisation, hatte im Juni 1992 angefangen, die Kosovo-K. auch ohne Pass nach Kroatien zu evakuieren. Die Kranken wurden v. Skopje ausgeflogen, die gesunden Auswanderer wurden v. Skopje aus über Bulgarien, Rumänien u. Ungarn nach Kroatien gebracht. Wie sich später zeigte, wurde die Aktion im Auftrag des Büros für Binnenvertriebene u. Flüchtlinge ausgeführt. Innerhalb eines Jahres wurden etwa 10 Konvois organisiert u. mehr als 2.200 Personen evakuiert. Die meisten ließen alles zurück, einige verkauften ihre Habe unter Preis. 800 K., d. h. 15 %, blieben in Kosovo, wo sich die Lage für sie bis 1997 wieder leicht entspannte.

Die Mehrheit der kroat. *Letnici* hat sich zw. Juli u. Dezember 1992 entschlossen, die Umsiedlungsmöglichkeit wahrzunehmen. Die K. aus Letnica, Šašare, Vrnez u. Vrnavokolo wurden in Westslawonien, in den z. T. beschädigten Häusern der 1991 vertriebenen u. geflüchteten Serben untergebracht (→Krajina-Serben). Die zusammenhängenden Dorfgemeinden wurden auf Djulovac, Ćeralje, Voćin, Bastaji u. Koreničani verteilt, in denen sie v. der einheimischen Bev. als Menschen mit fremdem Dialekt u. fremden Sitten abgelehnt wurden. Sie wussten nicht, wie lange sie in den serb. Häusern bleiben würden, u. da sie bis 1995 keine kroat. Staatsbürgerschaft, sondern nur einen Flüchtlingsstatus ohne Zugang zum Arbeitsmarkt hatten, waren sie auf die staatl. Unterstützung angewiesen, die stark konfliktbeladen ablief. Nach der Rückkehr der Serben bekamen sie vom Staat Bauland u. Baumaterial u. dank weiterer Spenden aus Deutschland, Österreich u. der Schweiz konnten sie ihre Existenz festigen. Die Arbeitslosigkeit bleibt dennoch ein großes Problem, weil die meisten Einwanderer aus Letnica nur die Grundschule besucht haben. Da ihr Zusammenhalt durch die Ansiedlung an verschiedenen Orten geschwächt wurde, integrieren sie sich schneller in die kroat. Gesellschaft u. fallen als Fremde immer weniger auf (→Integration).

Der zweite Exodus führte im Jahr 1997 2.500 K. aus Janjevo nach Kistanje, einem Ort in Norddalmatien, 25 km v. Knin, der früher v. Serben besiedelt war. Im März wurden 65 Familien u. bis Ende Mai noch weitere 23 in den erneuerten serb. Häusern untergebracht. Sie bekamen vom Kroat. Ministerium für Wiederaufbau die Nutzungserlaubnis für 10 Jahre, u. nach dem Ablauf dieser Frist sollten die Häuser in ihr Eigentum übergehen. Es war geplant, dass auch die übrigen *Janjevci* unter diesen Konditionen nach Kistanje kommen. Der kroat. Exodus aus Kosovo dauerte über das ganze Jahr 1997 an und wurde v. der kath. Kirche unterstützend begleitet. Als die vertriebenen Serben zurückkamen, musste ihnen die kroat. Regierung auf internat. Druck ihr Eigentum zurückgeben. Für die K. aus Kosovo wurden mit internat. Unterstützung neue Häuser gebaut.

Der Volkszählung v. 2001 zufolge hat Kistanje 3.038 Einw., v. denen 57,14 % Serben u. 41,31 % K. sind.

1999 fand die dritte Umsiedlungswelle aus Letnica u. Vrnavokolo statt, die mit einer akuten Gefährdung der K. in der alb. Umgebung begründet wurde. Die Operation verlief im Geheimen u. war logistisch zw. der kroat. Regierung u. der KFOR abgestimmt. Am 31. 10. 1999 kamen 293 Personen an, die in Dumaca bei Petrinje/Sisak in Baracken untergebracht wurden. Bis 2006 blieb ihre Situation, geprägt durch die Arbeitslosigkeit, unverändert. In Vranavokolo leben keine K. mehr, in Letnica u. Šašare 25 Personen. In Janjevo sind noch 250–350 meist alte Menschen übriggeblieben, die v. der Caritasunterstützung leben.

Lit.: M. Palić, Katholische Kroaten im Südostbalkan. München 2006; Ž. Šiljković/M. Glamuzina, Janjevo and Janjevci – from Kosovo to Zagreb, *Geoadria* 9/1 (2004), 89–109; G. Duijzings, Religion and the Politics of Identity in Kosovo. London 2000; M. Vickers, Between Serb and Albanian. A History of Kosovo. London 1998.

Z. F.

Kumanovo-Abkommen. Am 9. 6. 1999 wurde in Kumanovo (Makedonien) das militärtechnische Abkommen zw. der Bundesrepublik Jugoslawien (BRJ) u. Serbien, sowie der Kosovo-Truppe (engl. *Kosovo Force*, KFOR) unterzeichnet. Das K.-A. regelt den Abzug serb. und jug. Militär- u. Polizeieinheiten aus dem Kosovo (→K. als Vertreibungsgebiet) u. den Einsatz der internat. Friedensmission KFOR unter NATO-Ägide.

Das Abkommen wurde für die jug. Armee (VJ) v. Svetozar Marjanović u. von Generalmajor Obrad Stevanović für das serb. Innenministerium u. seitens der KFOR v. General Michael Jackson unterzeichnet. Mit dem Abkommen endete die NATO-Luftkriegsoperation „Allied Force“ gegen Serbien, die am 23. 3. 1999 begonnen hatte. Der NATO-Einsatz folgte auf die Ablehnung des Rambouillet-Friedensplanes durch die BRJ. Der Plan sah eine weitgehende Autonomie des Kosovo unter Überwachung durch eine internat. Friedensmission vor. Hiermit sollten der seit März 1998 anhaltende Konflikt zwischen jug. bzw. serb. Sicherheitskräften u. der alb. Befreiungsarmee des Kosovo (UÇK) sowie die massiven Menschenrechtsverletzungen u. →ethnischen Säuberungen alb. Zivilisten durch die serb. Polizei beendet werden (→Albaner aus Kosovo).

Mit Beginn des NATO-Einsatzes begannen jug. Einheiten mit der systematischen →Vertreibung v. bis zu 90 % der albanischen Zivilbev. des Kosovo. Etwa die Hälfte aller →Flüchtlinge floh in die Nachbarländer (Albanien: 440.000, Makedonien: 320.000, Montenegro: 70.000). Die genauen Opferzahlen des Krieges sind umstritten. Es wird jedoch davon ausgegangen, dass 5.000–15.000 Albaner, meist Zivilisten, serb. Gewalt zum Opfer fielen.

Infolge eines drohenden Einsatzes v. NATO-Bodentruppen u. zunehmender Opposition in Serbien gegen den Krieg stimmte der Präsident der BRJ, Slobodan →Milošević, in einem Abkommen mit dem internat. Vermittler Martti Ahtisaari am 2. 6. 1999 der Stationierung einer internat. Friedenstruppe im Kosovo zu.

Das K.-A. regelte den schrittweisen Abzug der Armee u. Polizei aus dem Kosovo u. die Einstellung sämtlicher Angriffe. Weiterhin schuf das Abkommen eine entmilitarisierte Zone entlang der serb. Grenze zum Kosovo. Diese 5 km breite Zone wurde 2001 mit KFOR-Zustimmung abgebaut, nachdem diese v. der alb. Befreiungsarmee v. Preševo, Bujanovac u. Medvedja (UÇPMB) genutzt worden war, um sich den Angriffen jug. Einheiten zu entziehen.

In das Kosovo zog die KFOR am 12. 6. 1999 ein, während gleichzeitig jug. Einheiten ihren Abzug begannen, der am 20. 6. abgeschlossen wurde.

Die KFOR war jedoch zunächst überfordert, sodass nun Serben (→S. aus Kosovo) u. Roma (→R. aus Kosovo) zu Opfern wurden. In den ersten zwei Jahren nach dem Krieg wurden ca. 1.000 Serben u. Vertreter anderer Minderheiten ermordet oder gelten noch heute als vermisst. 150.000 verließen schließlich das Kosovo.

In Abwesenheit eines umfassenden Friedensplanes für das Kosovo im Jahr 1999 bilden das K.-A. u. die am 10. 6. 1999 verabschiedete UN-Sicherheitsrats-Resolution (1244) die Grundlage für die Friedensmission im Kosovo in den folgenden Jahren.

Lit. (a. →Kosovo als Vertreibungsgebiet): H. Kramer/V. Džihić, Die Kosovo-Bilanz. Münster ²2006; W. Petritsch/R. Pichler/M. Prochazka, Kosovo-Kosova. Klagenfurt ²2005; S. Hosmer, Why Milosevic Decided to Settle When He Did? Santa Monica/Calif. 2001; I. H. Daalder/M. E. O'Hanlon, Winning Ugly: Nato's War to Save Kosovo. Washington/DC 2000; J. Reuter/K. Clewing, Der Kosovo-Konflikt. Klagenfurt 2000.

F. B.

Kurden (1937, 1944/45, 1948, 1988–1993). Die mehrheitlich in der Türkei, im Iran sowie im Irak nomadisierenden Stämme der bis heute staatenlosen K. (Selbstbez. *Kurd*, *Kurmandž*) hatten sich gegen Ende des 19. Jh.s auch in den Grenzgebieten der späteren drei südkaukasischen Sowjetrepubliken (Armenien, Georgien, Aserbaidschan) fest niedergelassen, die Sprache ihrer Titularnation weitgehend angenommen u. sich assimiliert. Vor allem in dem an Armenien angrenzenden Gebiet im äußersten W Aserbaidschans lebten nach dem Stand der Volkszählung vom Dezember 1926 an die 37.182 zumeist schiitische, teils yezidische u. überwiegend azerisprachige K. im Kurdistanschen Distrikt (russ. *uezd*), der mit Blick auf die kurdische Bev. Persiens u. der Türkei v. den Sowjetbehörden zu propagandistischen Zwecken am 7. 7. 1923 geschaffen worden war, also am selben Tag, an dem auch die Autonomie für das Gebiet Berg-Karabach ausgerufen wurde. Für das

Gesamtgebiet der Aserbaidschanischen SSR, d. h. einschl. der kurdischsprachigen, halbnomadischen u. sunnitischen 2.649 K. Nachitschewans, ist für 1926 v. einer kurdischen Bev. von 41.193 Menschen auszugehen. Nach dem Stand der Volkszählung vom Januar 1937 belief sich die Zahl der kurdischsprachigen K. für ganz Aserbaidschan allerdings nur mehr auf 10.878 Menschen.

Der Kurdistansche Distrikt mit der Hauptstadt Kašatach (Laçin, Lačin) war bekannt auch als Rotes Kurdistan (kurdisch *Kurdistana Sor*, aserb. *Qızıl Kürdistan*, russ. *Krasnyj Kurdistan*) u. wies einen kurdischen Bev.anteil v. 80,7 % auf. Wie alle Distrikte Aserbaidschans wurde er im Zuge der Verwaltungsgebietsreform vom 8. 4. 1929 aufgelöst, um am 30. 5. 1930 einem vergrößerten Kurdistanschen Bezirk (russ. *okrug*) zu weichen, allerdings nur für kurze Zeit. Denn aufgrund einer unionsweiten Gebietsreform vom 23. 7., die Aserbaidschan am 8. 8. umsetzte, wurden alle Bezirke aufgelöst u. die Gliederung in Rayons (russ. *rajony*) eingeführt. Dass sich unter den neuen Verwaltungseinheiten dann kein Kurdistanscher mehr befand, mag auch außenpolit. Bedenken geschuldet gewesen sein.

Neben der individuellen Deportation v. als „Kulaken" oder als polit. unzuverlässig klassifizierten Personen war eine Zwangsumsiedlung von K. Aserbaidschans u. Armeniens erstmals schon durch ein Dekret (Nr. 103/1127–267ss) des Zentralen Exekutivkomitees u. des Rats der Volkskommissare vom 17. 7. 1937 angeordnet worden. Dies betraf ein Kontingent v. 3.101 sunnitischen K. aus grenznahen Gebieten (Nachitschewan, Megri, Zangelan, Džebrail, Korjagin, Kardoplin, Beljasuvor, Astrachan-Bozar, Zuvond, Astarin, Mosalin, Lenkoran), die im November des Jahres mit Frachtzügen v. Norašen u. Arazdajan aus nach →Kasachstan (513) u. in das nördl. Kirgisien (812) (→Zentralasien) verschickt wurden, wo sie in schnell hergerichteten Notunterkünften Platz fanden u. bald darauf beim Bau der Bajkal-Amur-Magistrale eingesetzt wurden. Doch handelte es sich hierbei, wie bei den Zwangsverschickungen der Mes'cheten (→M.-Türken) u. Chemšil (→Armenier in der Sowjetunion und ihren Nachfolgestaaten), nicht um Straf-, sondern um Präventivdeportationen (→Kaukasien), die Iosif →Stalin sowohl vor als auch während des 2. Wk.s durchführen ließ, um die südwestkaukasischen Grenzregionen für sowj. Kriegsziele in Ostanatolien v. der islamischen Bev. oder v. Personen mit ehemals persischer bzw. türkischer Nationalität zu säubern.

Erneut wurden 3.240 K., die sich im Laufe der 1930er Jahre der Kollektivierung in den drei südkaukasischen Republiken durch einen Umzug in die georgische Hauptstadt Tiflis entzogen hatten, am 25. 3. 1944 auf Anordnung des Moskauer →NKVD in südöstl. Gebiete Georgiens (Calka, Borchalin, Karajaz) zwangsumgesiedelt. Dies allerdings war nur das Vorspiel für die große Deportation v. Muslimen aus der Georgischen SSR u. dem armenischen Grenzgebiet zur Türkei, wovon 8.694 sunnitische K. und Yezidi aus Achalciche, Achalkalaki, Adigeni, Aspindza, Bogdanovka u. der Adscharischen ASSR betroffen waren.

Ihre Deportation nach Zentralasien erfolgte auf Verordnung (Nr. 6279ss) des Staatskomitees für Verteidigung (russ. *Gosudarstvennyj Komitet Oborony*, GKO) vom

31. 7. 1944. Der entsprechende Befehl des NKVD (Nr. 001176) erging am 20. 9., doch begann die Operation erst am 15. 11. Sie unterstand der Leitung v. Avksentij Rapava (Volkskommissar für Staatssicherheit u. Inneres der Georgischen SSR), Kandid Čarkviani (ZK der KP Georgiens) u. Bogdan Kobulov (stellvertretender Volkskommissar des NKVD der UdSSR). Bis zum Nachmittag des 17. 11. hatte man ein Kontingent v. 81.324 Mes'cheten-Türken, K. und Chemšil in Güterwaggons verschickt – die Aktion war damit abgeschlossen. Wie gewöhnlich hatten die Menschen auch diesmal nur zwei Stunden Zeit, die nötigste Habe für den Transport u. Wegzehrung für drei Tage zu packen.

Hinzu kam jene Gruppe kurdischer Soldaten, die aufgrund des Befehls an die Kommandeure der Kontroll- u. Filtrationslager (russ. *proveročno-fil'tracionnye lagerja*) vom September 1945 in Sonderlager überführt werden mussten. 141 Frontkämpfer waren davon betroffen, darunter vier Offiziere. Außerdem war eine Gruppe v. etwa 500 Peschmerga-Kämpfern (kurdisch *pêşmerge* „Kämpfer") des im Mai 1947 nach Nachitschewan geflohenen Kurdenführers Mustafa Barzānī per Dekret (Nr. 2943-210ss) des Ministerrates der UdSSR vom 9. 8. 1948 in die Usbekische SSR umgesiedelt worden.

Fasst man die Kontingente v. 1937 bis 1948 zusammen, so ist v. 10.660 zwangsverschickten K. auszugehen. Eine präzise Zahl der Deportierten wird indes erst mit der Zählung vom 1. 1. 1953 fassbar. Damals befanden sich 8.843 K. in den Sonderlagern der Kasachischen (5.530), der Usbekischen (667) u. der Kirgisischen (2.613) SSR, in der Jakutischen ASSR (9) sowie in Krasnojarsk (22).

Zwar hob das Präsidium des Obersten Sowjets die Restriktionen für die K. per Dekret (Nr. 0–134/42) vom 28. 4. 1956 auf (→Rehabilitierung). Doch gab es keine autonome Region, in die sie hätten zurückkehren, u. keine Selbstverwaltung, mit der sie hätten Einfluss auf die Bewahrung ihrer Kultur nehmen können. Daher waren die heimkehrenden K. einem starken Assimilationsdruck ausgesetzt. Dies gilt für Armenien insbesondere in sprachlicher Hinsicht, mehr noch aber für Aserbaidschan, wo es weder kurdischen Unterricht noch eine kurdische Presse gab u. wo selbst die Existenz von aserb. Bürgern kurdischer Nationalität negiert wurde.

Als sich der seit 1987 bestehende Konflikt zw. Armenien u. Aserbaidschan um die Unabhängigkeit Berg-Karabachs im Februar 1988 mit →Pogromen an den Armeniern aserbaidschanischer Städte zuspitzte (→Armenier in der Sowjetunion und ihren Nachfolgestaaten, →Azeri), hatte dies in Armenien die Vertreibung der überwiegend sunnitischen K. zur Folge. Nach offiziellen Angaben haben 11.000 K. das Land bis 1990 verlassen müssen; kurdische Vertreter sprechen v. 18.000 Vertriebenen. Sie fanden Aufnahme in Georgien, Russland – 9.000 allein im Krasnodarer Gebiet – sowie in Aserbaidschan, wohin Ende der 1980er Jahre auch K. aus Kasachstan, Kirgisien (Oš) u. Usbekistan vor fremdenfeindlichen Ausschreitungen geflohen waren.

Darüber hinaus kam es mit Ausbruch des Krieges im Sommer 1990 u. der Eroberung des Lačin-Korridors durch armenische Truppen im Mai 1992, die eine Besetzung auch des ehem. Kurdistanschen Bezirkes nach sich zog, seit dem Sommer 1993 erneut zu →ethnischen Säuberungen. Die kurdische Bev. wurde dabei nicht nur aus den Rayons Karvačar (Kəlbəcər, Kelbadžar), Kašatach (Laçin, Lačin) u. Kašunik (Qubadli, Qûbadlî) vertrieben, sondern auch aus Berg-Karabach selbst. Sie fand Aufnahme erneut im Krasnodarer Gebiet sowie in Aserbaidschan, v. a. in Baku, wo sie bis heute lebt. Die besetzten Gebiete befinden sich seither unter der Kontrolle der internat. nicht anerkannten Republik Berg-Karabach.

Lit. (a. →Kaukasien): D. Müller, The Kurds of Soviet Azerbaijan, 1920–1991, *Central Asian Survey* 19/1 (2000), 41–77; J. O. Pohl, Ethnic Cleansing in the USSR, 1937–1949. Westport, London 1999; N. F. Bugaj/T. M. Broev/R. M. Broev, Sovetskie kurdy: vremja peremen. Moskva 1993; S. Kasymov, Kurdy, in: Tak ėto bylo. Nacional'nye repressii v SSSR, 1919–1952, v 3-ch tomach. Bd. 1. Hg. S. Alieva. Moskva 1993, 95–100; V. N. Zemskov, Zaključënnye, specposelency, ssyl'noposelency, ssyl'nye i vyslannye. (Statistiko-geografičeskij aspekt), *ISSSR* 5 (1991), 151–165; N. F. Bugaj, K voprosu o deportacii narodov SSSR v 30–40-ch godach, *ebd.* 6 (1989), 135–144.

D. S.

Lager. Ein L. ist ein oft eilig ausgestattetes, hermetisch abgeriegeltes Gelände, auf dem massenhaft Einzelne oder Gruppen, die als schädlich oder gefährlich gelten, eingesperrt werden. Der Zweck eines solchen L.s ist die Eliminierung im etymologischen Wortsinn (v. lat. *eliminare* „aus dem Haus treiben"). Der Unterschied zw. L. und Gefängnis ist nicht immer einfach zu definieren. Ein Gefängnis ist i. d. R. dafür da, um die Menschen voneinander zu trennen bzw. zu isolieren. Im L. herrscht dagegen meist ein Menschengedränge. Ein Gefängnis ist im Allg. für rechtskräftig verurteilte Delinquenten bzw. für diejenigen, die sich in Untersuchungshaft befinden, bestimmt. Die Insassen eines L.s sind keine verurteilten Rechtsbrecher, sie gelten als schädlich, gefährlich oder verdächtig.

Die L. werden zur Isolierung der Häftlinge, zur Ausbeutung ihrer Arbeitskraft, zur Bestrafung u. Umerziehung, zu ihrer Eliminierung aus der Gesellschaft oder gar Vernichtung bestimmt. Unabhängig davon, welche Ziele in jedem einzelnen Fall verfolgt werden, dient ein L. immer auch dem Zweck der Terrorisierung der Zivilbev. Aus diesen Aufgaben ergeben sich folgende Typen v. Lagern.

Internierungslager sind für eine begrenzte Zeit eingerichtete L. zur Isolierung einer bestimmten Bev.gruppe, die unter konkreten hist. Umständen (z. B. im Krieg) eine Gefahr darstellen kann. So waren die Angehörigen einer verfeindeten Nation im 1. →Wk. 1914 in solchen L.n untergebracht. Ebenso konnten eigene Staatsangehörige interniert werden, falls der Staat Zweifel an ihrer Loyalität hatte (→Ruthenen im Ersten Weltkrieg). 1942 waren sowohl Amerikaner japanischer Herkunft als auch japanische Staatsangehörige, insbesondere diejenigen, die an der Westküste der USA lebten, wegen Verdachts einer unpatriotischen Einstellung inhaftiert.

Konzentrationslager. L. für gefangene Soldaten im 1. Wk. wurden genauso als „Konzentrationslager“ (KZ) bezeichnet wie die v. der frz. Administration 20 Jahre später eingerichteten L. an der frz.-spanischen Grenze für Spanienkämpfer. Heutzutage wird ein KZ als ein Ort definiert, der dem Zweck Eliminierung u. Umerziehung dient. Die Umerziehung kann zwar durch die →Zwangsarbeit erreicht werden, beides ist aber nicht notwendigerweise miteinander verbunden: Die Lager in NS-Deutschland hatten am Anfang keine wirt. Funktion, erhielten eine solche jedoch aufgrund des zunehmenden Arbeitskräftemangels. Falls die Zwangsarbeit nicht in Zusammenhang mit einer Umerziehung steht u. ausschließlich als Bestrafung verstanden wird, handelt es sich eher um eine Strafkolonie als um ein L.

Die KZ wurden v. einigen Staaten als Mittel in ihrem Kampf gegen alle Elemente eingesetzt, die die bestehende gesellschaftliche Ordnung angeblich gefährdeten. Dieser Kampf sieht Entrechtung, Umerziehung, Zwangsarbeit u. sogar Vernichtung vor. Diktatorische Regime greifen auf die KZ in Krisenzeiten zurück, denn ihr Ziel ist es, die Bev. weiterhin zu kontrollieren u. jegliche selbständige gesellschaftliche Aktivität zu unterbinden. In den totalitären Staaten, denen immer ein radikales gesellschaftliches Projekt zugrunde lag, stellen dagegen KZ kein zufälliges, sondern ein notwendiges Institut dar. Die KZ werden dort zu einem festen Bestandteil des totalitären polit. Instrumentariums zum vollständigen Umbau des polit. Systems u. sind in die offizielle Ideologie fest eingebaut. Daher ist es nicht überraschend, dass die KZ in der →Sowjetunion v. Vladimir Lenin bis Michail Gorbačëv gediehen. Das KZ Dachau wurde zwei Monate nach der Machtergreifung v. Adolf →Hitler gebaut.

Vernichtungslager. Selbst der Begriff L. bzw. KZ ist problematisch, wenn man v. den vier Zentren zur sofortigen Vernichtung (Belzec, Chełmno, Sobibor, Treblinka) u. den beiden gemischten Einrichtungen (Auschwitz-Birkenau u. Majdanek) spricht. Es waren Vernichtungszentren oder (nach R. Hilberg) Zentren zur sofortigen Tötung. Wenn auch bestimmte NS- oder sowj. Lager im Endeffekt nichts anderes als Orte der Vernichtung waren, unterschieden sie sich jedoch v. den Vernichtungszentren dadurch, dass sie anfangs zur Eliminierung, Bestrafung u. Ausbeutung eingerichtet worden waren, obgleich deren Konsequenz oft der Tod war. Die Vernichtungslager waren dagegen ausschließlich für die Vernichtung konzipiert, wenn auch die Menschen dabei zur Arbeit gezwungen worden waren. Das war neu u. in diesem Zusammenhang kann der →GULag als Inspiration für die KZ in Deutschland verstanden werden, wobei es in der UdSSR aber keine Entsprechung für die nationalsozialistischen Vernichtungszentren gab.

Der Ursprung des L.s ist in den Plänen radikaler frz. Revolutionäre Ende des 19. Jh.s zu finden, v. a. von Gracchus Babeuf. Zu den ersten Konzentrationen v. Gefangenen kam es im 19. Jh., so waren die L. während des amerikanischen Bürgerkriegs als besonders notdürftig bekannt. L. für Zivilisten entstanden um die Wende zum 20. Jh., v. a. auf Kuba (1898) u. in Südafrika (1900). Ihre Verbreitung zeigte, dass im neuen Zeitalter, das mit dem 20. Jh. begann, auch Zivilisten zunehmend als potentielle Feinde galten u. von Haft bedroht waren. Das Ausmaß der Gewalt während des 1. Wk.s u. die Einbeziehung der Zivilisten durch Mobilisierung in den Kampfgebieten förderte die spätere Verbreitung der L.

Wissenschaftlich belegt ist die Existenz v. 25 L.n, die für die deportierten Armenier am Verlauf des Euphrat eingerichtet worden waren (→Armenier im Osmanischen Reich). Deren Zweck bestand allein darin, die Insassen für einige Tage oder Wochen ihrem Schicksal zu überlassen, um sie dann mit einem anderen Ziel weiterzuschicken. Diese Durchgangs- oder Sterbelager bestanden aus nichts anderem als aus brach liegendem Land, weit genug v. den nächsten Ortschaften entfernt, damit die Deportierten nicht v. den Einheimischen mit Nahrung versorgt werden konnten, u. so abgelegen, dass auch vom Ausland keinerlei Hilfe zu erwarten war. Diese Durchgangslager waren weder streng überwacht noch herrschten dort brutale Regeln. Das überrascht allerdings nicht, wenn man den Gesundheitszustand der Deportierten berücksichtigt. In diesen Lagern sollen rd. 630.000 Armenier umgekommen sein.

Die UdSSR war der erste Staat, der ein dauerhaftes System v. KZ eingeführt hat. In Hinsicht auf dessen Ausmaß, Funktionen, systematischen Charakter u. tödliche Folgen kann dieses System nicht mit den Strafkolonien des Zarenreiches verglichen werden. Das erste sowj. Lager wurde 1918 eingerichtet: Schon im Sommer wurden einige L. dazu genutzt, nach der Rückführung der ausländischen Kriegsgefangenen gefangene Gegner des Bürgerkriegs unterzubringen. Der Wandel vom KZ als Waffe im Kampf gegen den äußeren Feind u. dessen Verbündete im Inneren in ein L., das zur Bekämpfung des inneren Feindes diente, war damit vollzogen; seit 1919 unterschied man zwei Typen v. L.n: die „Besserungsarbeitslager" (russ. *ispravitel'no-trudovoj lager'*) u. die KZ, die Unterschiede waren aber oft formaler Art. In den 1930ern wurde das L.system weiter ausgebaut u. hat die Zahl der Häftlinge stark zugenommen. 1934 wurden verschiedene L., die bisher mehreren Behörden untergeordnet waren, der Hauptverwaltung der Besserungsarbeitslager (→GULag) übergeben. Zum Zeitpunkt des Kriegsausbruchs lebten 2,35 Mio. Häftlinge in den sowj. L.n (ohne →Sondersiedler u. sog. Sonderkontingente). 1950 gab es mehr als 2,6 Mio. L.häftlinge – ein Gipfelpunkt, nach dem die Zahlen zunächst langsam u. nach Iosif →Stalins Tod rapide zurückgingen. In den L.n der Sowjetunion ging es um Isolation, Strafe u. Produktion, wobei Verluste an Menschenleben billigend in Kauf genommen wurden.

Alle komm. Länder führten die L. ein. In der →Tschechoslowakei wurden darin noch vor dem Umsturz 1948 u. a. Sudetendeutsche vor ihrer Vertreibung untergebracht (→Deutsche aus den böhmischen Ländern). Die berüchtigtsten v. ihnen waren das Prager Strahov-Stadion u. ein L. in Šumperk (Mährisch-Schönberg). Nach 1948 existierten in der Tschechoslowakei Zwangsarbeitslager (tschech. *Tábory nucené práce*, TNP). Auch im komm. →Polen wurden in der Nachkriegszeit bis 30 Internierungs- u. Arbeitslager eingerichtet, wo dt. Kriegsgefangene, →Volksdeutsche, aber auch Ukrainer u. antikomm. Partisanen eingesperrt waren. In →Ungarn war das L. Recsk, in →Jugoslawien – das L.

auf der Insel Goli Otok berüchtigt. Anfang der 1960er Jahre wurden in den Ostblockländern (mit Ausnahme v. Albanien) die L. geschlossen.

In NS-Deutschland funktionierte ein weites Netz von KZ. Einst für die Oppositionellen, meistens Deutsche, bestimmt, änderte es seinen Charakter 1939/40 vollkommen. Der eine Faktor war der Krieg, der länger als erwartet dauerte. Für die dt. Kriegswirtschaft mussten die Insassen Zwangsarbeit leisten. Und der zweite Faktor war: Wer in einem KZ saß, konnte nicht damit rechnen, jemals wieder herauszukommen. Hinzu kam die massive Einweisung v. Nicht-Deutschen in die L. Die genaue Zahl der Häftlinge in den nationalsozialistischen KZ ist schwer zu beziffern. Nach allg. Schätzung waren es vom September 1939 bis Januar 1945 rd. 1,65 Mio., v. ihnen kehrten 550.000, etwa ein Drittel, nicht mehr zurück.

Faschistische u. autoritäre Staaten richteten auch KZ ein. In Italien wurden bspw. einige v. ihnen 1939 u. später organisiert. Die Zahl der Häftlinge überschritt hier aber nicht die Marke v. 10.000, u. die Bedingungen waren nicht so inhuman wie in Deutschland oder in der UdSSR. In Portugal unter António de Oliveira Salazar sowie in Spanien unter Francisco Franco existierten L. bis in die Mitte der 1950er Jahre. Auch später entstanden L. im Zuge polit. Umstürze – so in →Griechenland im Jahre 1967. Von L.n spricht man darüber hinaus zu Recht im Fall v. Ex-Jugoslawien (Bosnien, 1992) u. Tschetschenien.

Am Ende des 20. Jh.s führten Bürgerkriege u. →ethnische Säuberungen wie in Ex-Jugoslawien zur Notwendigkeit, verzweifelten →Flüchtlingen in L.n ein Mindestmaß an Versorgung zu sichern u. ihnen zumindest zeitweilig Schutz zu bieten. In der Gegenwart haben solche Flüchtlingslager die KZ des 20. Jh.s weitgehend abgelöst.

Lit.: J. Kotek/P. Rigoulot, Das Jahrhundert der Lager. Gefangenschaft, Zwangsarbeit, Vernichtung. Berlin, München 2001; W. Sofsky, Die Ordnung des Terrors. Das Konzentrationslager. Frankfurt a. M. 1995; A. Kaminski, Konzentrationslager 1896 bis heute. Eine Analyse. Stuttgart 1982.

P. R.

Lamsdorf (poln. Łambinowice) – eine Ortschaft in Oberschlesien zw. Opole (Oppeln) u. Nysa (Neisse). Seit Mitte des 19. Jh.s entstanden hier Lager für Kriegsgefangene, in den Jahren 1921–1924 auch für dt. Aussiedler, die sich in den neu eingegliederten Gebieten →Polens aufhielten. Im Juli 1945, also noch vor der →Konferenz von Potsdam, errichtete die poln. Verwaltung in L. ein →Lager für Deutsche u. Schlesier. Es war eines v. Hunderten im Lagersystem Polens in der Nachkriegszeit. Interniert wurden hier insgesamt etwa 5.000 Personen aus über 150 Ortschaften, u. a. aus 30 umliegenden Dörfern, hauptsächlich Deutsche bzw. jene, die für Deutsche gehalten wurden. Einem Beschluss der Siegermächte gemäß wurden sie – häufig vor der →nationalen Verifizierung bzw. →Rehabilitierung – bis zur Aussiedlung nach →Deutschland festgehalten. Auf diese Weise versuchte man die Ansiedlung der aus der →Sowjetunion seit dem Frühjahr 1945 in großer Zahl zwangsausgesiedelten poln. Umsiedler zu erleichtern (→Polen und Juden: Umsiedlungen aus den polnischen Ostgebieten nach Polen). Die Mehrheit der Internierten waren ältere Frauen u. Männer sowie Kinder, unter ihnen auch Personen, die behaupteten, keine Deutschen, sondern Polen zu sein. Offiziell trug das Lager zwar den Namen „Arbeitslager in Łambinowice", es erfüllte jedoch mehrere Funktionen gleichzeitig: als Umsiedler-, Arbeits- u. Isolationslager. Neben den Lagern in Jaworzno, Potulice u. →Świętochłowice war es auch ein Ort, an dem die Gefangenen schlimmsten Repressionen ausgesetzt waren. Ein Teil des Lagerpersonals mit dem ersten Kommandanten an der Spitze verübte an den Internierten Verbrechen: Morde, Quälereien, Vergewaltigungen, Misshandlungen u. Schikanen. Am 4. 10. 1945 wurden während eines Barackenbrandes 44–48 Personen erschossen. Haupttodesursache waren aber epidemische Krankheiten (v. a. eine Flecktyphusepidemie zw. Februar u. Mai 1946) infolge v. Hunger, Erschöpfung sowie der schweren Aufenthalts- u. sanitären Bedingungen. Neuesten Erkenntnissen poln. Historiker zufolge starben an epidemischen Krankheiten etwa 1.000–1.500 Menschen. Sie wurden in Massen- u. Einzelgräbern bestattet. Die Übrigen wurden nach Deutschland ausgesiedelt oder nach Hause entlassen. Eine kleine Gruppe überführte man in andere Lager; im Herbst 1946 löste man das Lager schließlich völlig auf. In der Bundesrepublik Deutschland wurde es zum Symbol der v. der poln. Verwaltung an den Deutschen begangenen Verbrechen. In Volkspolen wurde das Thema lange Zeit tabuisiert, bis es der polit. Umbruch 1989 ermöglichte, die Lagergeschichte v. Lügen zu befreien u. der Opfer zu gedenken. 1995 wurde ein Denkmal eingeweiht (→Denkmäler und Gedenkstätten in Polen). 2002 folgte die Einweihung eines Friedhofes, auf dem Granittafeln mit den Namen v. 1.137 im Lager Verstorbenen aufgestellt wurden. Mit Bezug auf die im Lager verübten Verbrechen wurden in Polen drei (1958/59, 1960/61 sowie zw. 2001 u. 2006) u. in der Bundesrepublik Deutschland ein Untersuchungsverfahren (1951) eingeleitet. Im jüngsten Prozess wurde der erste Lagerkommandant Czesław Gęborski wegen Verbrechen gegen die Menschheit angeklagt, aber aufgrund des Todes des Angeklagten wurde das Verfahren 2006 eingestellt.

Lit.: Lager in Lamsdorf/Łambinowice (1870–1946). Hg. E. Nowak. Opole 2009; Ders., Lager im Oppelner Schlesien im System der Nachkriegslager in Polen (1945–1950). Geschichte und Implikationen. Opole 2003; Ders., Schatten von Łambinowice. Versuch einer Rekonstruktion der Geschichte des Arbeitslagers in Łambinowice in den Jahren 1945–1946. Opole 1994; H. Esser, Die Hölle von Lamsdorf. Dokumentation über ein polnisches Vernichtungslager. Dülmen 1969.

Edm. N.

Landsmannschaften. *Landsmannschaft Schlesien* (L. S.). Wegen des v. der amerikanischen und brit. Besatzungsmacht verordneten Koalitionsverbotes war es in den ersten Nachkriegsjahren nicht möglich, unabhängige, polit. orientierte Vertriebenenorganisationen zu gründen. Die ersten Vorläufer der späteren L. S. waren daher kirchliche u. karitative Gruppen, die sich mit der kulturellen und soz. Betreuung der ungefähr 1,55 Mio. in der Bundesrepublik Deutschland ansässigen Schlesier beschäftigten. Zwei primär kulturell orientierte, eng mit der kath. Kirche (→Katholische Kirche und Vertriebene) verbundene Organisationen waren besonders wichtig als frühe Kristallisationspunkte für die schlesischen Vertriebenen. In München entstanden 1947 die Eichendorffgilden, die alte schlesische Volksbildungstraditionen fortsetzten. Im westfälischen Lippstadt wurde etwa gleichzeitig das St.-Hedwigs-Werk gegründet, das hauptsächlich im westfälischen u. niedersächsischen Raum tätig war u. kulturelle u. erzieherische Arbeit leistete. Gleichzeitig fanden auch die ersten Bestrebungen in Richtung Gründung einer eher polit. und unabhängigen schlesischen Organisation statt. 1947 wurde in München die Vereinigung der Schlesier v. einer kleinen Gruppe polit. prominenter schlesischer Persönlichkeiten gegründet, u. bald danach entstanden ähnliche Landesverbände in Hamburg, Berlin, Niedersachsen, Nordrhein-Westfalen, Hessen u. Schleswig-Holstein. Im März 1950 erfolgte die Gründung des Bundesverbandes der L. S. als ein Zusammenschluss der Landesverbände. Die Landsmannschaft, die Anfang der 1950er Jahre eine geschätzte Mitgliederzahl v. etwa 300.000 hatte u. an der Bundesspitze v. einem Sprecher u. einem Bundesvorstand geleitet wurde, entfaltete eine erhebliche Organisations- u. Versammlungstätigkeit. Wie viele andere Landsmannschaften veranstaltete sie ein jährliches Bundestreffen, das besonders in den frühen 1950er Jahren v. über 100.000 Schlesiern besucht wurde. Sie war auch an der Gründung des Kulturwerks Schlesien beteiligt, das 1952 als offizieller Vertreter der kulturellen Belange der Schlesier entstand. Außerdem versuchte die Landsmannschaft v. Anfang an, polit. Einfluss zu gewinnen. Besonders ehrgeizig war ihre Forderung, als Vertreter der ehem. preußischen Provinz Schlesien u. der dort gebliebenen Deutschen im Bundesrat anerkannt zu werden. Um diese Bemühungen zu untermauern, konstituierte die Landsmannschaft 1957 die Schlesische Landesversammlung, die als eine Art Exil-Parlament der Schlesier funktionieren sollte. Diese verfassungsrechtlichen Vorstellungen der Landsmannschaft wurden aber nicht v. der Bundesregierung geteilt, u. ihre Bemühungen, als offizieller Vertreter Schlesiens anerkannt zu werden, blieben erfolglos. Zwar spielte die Landsmannschaft eine wichtige Rolle innerhalb der Vertriebenenbewegung, nicht zuletzt wegen einer ganzen Reihe wichtiger Persönlichkeiten, die über die Jahre in der Landsmannschaft u. in den Dachorganisationen dem Zentralverband der vertriebenen Deutschen (ZvD) bzw. dem Bund der vertriebenen Deutschen (BvD) u. dem Bund der Vertriebenen (BdV), an führenden Positionen tätig waren. Hans Lukaschek, der erste Bundesminister für Vertriebene u. Kriegsgeschädigte, profilierte sich a. als eine führende Figur in der L. S., und mehrere Sprecher der Landsmannschaft, wie z. B. Walter Rinke, Erich Schellhaus u. Herbert Hupka, waren gleichzeitig prominente Parteipolitiker u. Bundestagsabgeordnete. Doch die Effektivität der Landsmannschaft innerhalb der Vertriebenenlobbys blieb begrenzt, nicht zuletzt wegen andauernder Konflikte zw. ihr u. einer anderen Organisation, die gegen das Prinzip eines einheitlichen schlesischen Verbands agierte – der Landsmannschaft der Oberschlesier.

Landsmannschaft der Oberschlesier (L. d. O.). Obwohl mehrere Oberschlesier v. Anfang an führende Rollen bei der L. S. innehatten, gab es in den späten 1940er u. frühen 1950er Jahren wachsende Konflikte zw. der entstehenden L. S. und oberschlesischen Aktivisten, die eine getrennte oberschlesische Organisation bevorzugten. Nachdem verschiedene Einigungsversuche unter den schlesischen u. oberschlesischen Gruppen gescheitert waren, kam es zur Gründung einer separaten oberschlesischen Organisation. Der erste Zusammenschluss der Oberschlesier in der Bundesrepublik erfolgte schon am 1. 12. 1949, also bereits vor der Errichtung der L. S., doch offiziell wurde die L. d. O. erst am 28. 10. 1950 in Frankfurt am Main als eingetragener Verein gegründet. In ihren frühen Jahren hatte diese Landsmannschaft schätzungsweise 170.000 Mitglieder unter den ungefähr 540.000 in der Bundesrepublik ansässigen Oberschlesiern. Wie die L. S. hatte sie an ihrer Spitze einen Bundesvorstand u. einen Sprecher, u. die Organisation entfaltete ähnliche Tätigkeiten wie ihre schlesische Rivalin, wobei die besonders in den frühen Jahren gut besuchten sommerlichen Bundestreffen auch bei den Oberschlesiern sehr wichtig waren. Die Landsmannschaft war relativ straff organisiert u. hatte mehrere starke Sprecher, wie z. B. Otto Ulitz, den ersten Sprecher, u. Herbert Czaja, der sich im Zuge der Neuen Ostpolitik besonders profilierte – nicht nur als die führende Figur der Landsmannschaft, sondern auch als CDU-Bundestagsabgeordneter u. langjähriger Präsident des Dachverbandes BdV. Die ersten Jahre der Organisation standen im Schatten andauernder Konflikte mit der L. S. über die Notwendigkeit einer separaten oberschlesischen Organisation, die v. schlesischer Seite negiert wurde. Langwierige Einigungsverhandlungen, besonders zw. 1952 u. 1955, blieben erfolglos. Nach 1955 wurde das Nebeneinanderbestehen der zwei Organisationen v. beiden Seiten notgedrungen weitgehend anerkannt, besonders nachdem die L. d. O. 1955 neben der L. S. als weiteres Mitglied der landsmannschaftlichen Dachorganisation Verband der Landsmannschaften (VdL) akzeptiert worden war.

Landsmannschaft Ostpreußen (L. O.). Die L. O. baute sich anders auf als die meisten anderen Landsmannschaften. Ihre Anfänge lagen nicht in Zusammenschlüssen v. Vertriebenen auf der Basis ihrer Wohnsitze in Nachkriegsdeutschland, sondern in Treckgemeinschaften u. anderen kleinen Gruppen, die auf der Gliederung nach Kreisen u. Gemeinden in der alten Heimat beruhten u. bemüht waren, die alten lokalen ostpreußischen Bindungen auch in Westdeutschland aufrechtzuerhalten. Auf dieser Basis entstanden bis 1948 mehr als tausend örtliche Gruppierungen v. ostpreußischen Vertriebenen (→Ostpreußen: Flucht und Vertreibung nach Deutschland). Die L. O. wurde am 5. 10. 1948 in Hamburg als ein Zusammenschluss dieser Gruppen gegründet. Erst 1952 wurde die Entscheidung getroffen, die örtlichen Gemeinschaften zu Landesverbänden der Landsmannschaft mit eigenen Landesvorsitzenden zusammenzufassen. Damit wurde die interne Organisation der L. O. weitgehend an die anderen größeren Landsmannschaften angeglichen, mit einem Bundesvorstand u. einem Sprecher an der Spitze. Die Landsmannschaft, die in ihren frühen Jahren ungefähr 140.000 Mitglieder unter den etwa 1,4 Mio. in der Bundesrepublik ansässigen Ostpreußen hatte, war fest organisiert, nicht zuletzt wegen der ursprünglichen Gliederung u. der langjährigen Bindungen unter vielen Aktivisten, die dabei gefördert worden waren. Besonders in ihren frühen Jahren wurde die Organisation v. einigen starken Persönlichkeiten geprägt, die das Sprecheramt innehatten. Der bedeutendste u. wohl bekannteste Sprecher der Anfangsphase war Dr. Walter Gille, ein führender Kopf u. Bundestagsabgeordneter der Partei Gesamtdeutscher Block/Bund der Heimatvertriebenen und Entrechteten (GB/BHE). Auch finanziell befand sich die Landsmannschaft ursprünglich in einer relativ guten Stellung, zum erheblichen Teil wegen der guten Erträge des *Ostpreußenblattes*, das v. der L. O. veröffentlicht wurde. Obwohl die L. O., wie auch die anderen ähnlichen Organisationen, über die Jahre hinweg mit dem Verlust v. Mitgliedern und polit. Einfluss zu kämpfen hatte, war es ihr offenbar doch gelungen, zumindest einen Teil ihrer anfänglichen finanziellen u. organisatorischen Stärke zu erhalten. Noch in den 1980er Jahren war sie in der Lage, das Ostpreußische Landesmuseum in Lüneburg zu gründen. Sie bleibt weiterhin eine der aktivsten dt. Vertriebenenorganisationen.

Landsmannschaft Weichsel-Warthe (L. W.-W.). Die L. W.-W., die sich als Vertreterin der früheren dt. Volksgruppe im →Polen der Zwischenkriegszeit darstellte, wurzelt in kirchlichen Organisationen, die kurz nach dem 2. →Wk. gegründet wurden, um soz. Notstände unter den aus den poln. Gebieten vertriebenen Deutschen zu lindern. Der Hilfsausschuss für die Posener evang. Deutschen wurde schon 1945 in Lübeck errichtet, u. die Gründung ähnlicher Hilfskomitees für die evang. Deutschen aus Lodz (Łódź) u. aus Galizien erfolgte wenig später. Die L. W.-W. entstand dann 1949 im Rahmen einer Tagung v. Vertretern dieser drei Hilfskomitees in Hannover. Die Landsmannschaft war v. Anfang an v. großen organisatorischen Schwierigkeiten geplagt, v. a. vom andauernden Wettstreit um potentielle Mitglieder mit zwei anderen Landsmannschaften, dem Bund der Danziger u. der Landsmannschaft Westpreußen, da die Repräsentationsansprüche aller drei Organisationen sich zum Teil überschnitten. Schon der Name der L. W.-W. spiegelt diese Konflikte wider. Eine präzise geogr. Abgrenzung wurde bewusst vermieden, damit die Landsmannschaft das breitest mögliche Spektrum v. Vertriebenen aus Danzig u. aus den Territorien, die in der Zwischenkriegszeit zu Polen gehört hatten, ansprechen konnte. Die Landsmannschaft blieb relativ klein, mit ungefähr 30.000 Mitgliedern in den frühen Jahren ihrer Existenz, u. ihr Einfluss innerhalb der Vertriebenenbewegung war entsprechend begrenzt, obwohl der erste Sprecher der Landsmannschaft eine Figur v. steigender Prominenz war: Walter Kraft, der spätere Begründer des GB/BHE. Weil Kraft aber durch seine Tätigkeit als Parteipolitiker u. später auch als Bundesminister stark in Anspruch genommen war, trat er 1951 als Sprecher der Landsmannschaft zurück. Seine Nachfolger waren weniger dynamische Persönlichkeiten, u. die Organisation verlor an Bedeutung. Erst in den 1980er Jahren wuchs ihr Einfluss wieder etwas an, weil die große Zahl v. Aus- u. Übersiedlern, die aus Polen in die Bundesrepublik übersiedelten, sie vor neue Herausforderungen u. Aufgaben stellte.

Landsmannschaft der Russlanddeutschen (L. R.). Die ersten Anfänge der L. R. gehen zurück auf die Zeit kurz nach dem 1. →Wk., als eine erhebliche Anzahl von →Volksdeutschen aus dem revolutionären Russland nach Deutschland strömte. Damals wurde ein ZK der Deutschen aus Russland gegründet, dem sich einzelne Vereine, wie z. B. der Verein der Wolgadeutschen (→D. aus dem Wolgagebiet), der Verein der Dt. aus Südrussland u. der Verein der Kaukasusdeutschen anschlossen, u. dessen Ziel es war, die wirt. und rechtlichen Interessen der aus Russland in das Dt. Reich zurückgewanderten dt. Kolonisten zu vertreten. Während des 2. Wk.s wurden ungefähr 350.000 weitere →Volksdeutsche aus der Ukraine (→Deutsche aus der U.: NS-Pläne und -Politik) in das damalige Reichsgebiet, zumeist nach Westpreußen u. in den „Warthegau“ (→W. als Aus- und Ansiedlungsgebiet) umgesiedelt. Die meisten v. ihnen wurden in der letzten Phase des Krieges v. der Roten Armee überrollt u. nach →Sibirien verschleppt (→Repatriierung), doch ungefähr 51.000 entkamen in das Gebiet der späteren Bundesrepublik. Aus Furcht, an die →Sowjetunion ausgeliefert zu werden, zögerten diese Russlanddeutschen mit der Gründung ihrer eigenen Landsmannschaft, u. die ersten organisatorischen Initiativen gingen v. kirchlicher Seite aus. Verschiedene konfessionelle Hilfskomitees entstanden in den ersten Nachkriegsjahren, u. diese gründeten im Herbst 1950 die Arbeitsgemeinschaft der Ostumsiedler, die de facto als eine Landsmannschaft funktionierte, Mitglied der landsmannschaftlichen Dachorganisation Vereinigte Ostdeutsche Landsmannschaften (VOL/VdL) wurde u. 1951 sogar ein großes Bundestreffen der Russlanddeutschen in Stuttgart veranstaltete. Erst 1955 benannte die Arbeitsgemeinschaft sich zum Verband der Russlanddeutschen um. Sie wurde eine der kleinsten Landsmannschaften mit nur ungefähr 2.000 Mitgliedern, u. ihre Bedeutung war für Jahrzehnte gering. Die Lage änderte sich erst in den 1980er Jahren, als nach der polit. Öffnung der Sowjetunion Hunderttausende v. Deutschen aus der Sowjetunion u. ihren Nachfolgestaaten in die Bundesrepublik übersiedelten. Obwohl ihre Mitgliederzahl immer noch bescheiden blieb, wurde die Landsmannschaft zunehmend wichtig als Vertreter der soz., rechtlichen u. kulturellen Belange dieser Aus- u. Übersiedler.

Lit. (a. →Sudetendeutsche Landsmannschaft): P. Ahonen, German Expellee Organizations. Between Revisionism and Reconciliation, *Archiv für Sozialgeschichte* 45 (2005), 353–372; M. Stickler, „Ostdeutsch heißt Gesamtdeutsch“: Organisation, Selbstverständnis und heimatpolitische Zielsetzungen der deutschen Vertriebenenverbände 1949–1972. Düsseldorf 2004; P. Ahonen, After the Expulsion. West Germany and Eastern Europe, 1945–1990. Oxford 2003; S. Salzborn, Grenzenlose Heimat. Geschichte, Gegenwart und Zukunft der Vertriebenenverbände. Berlin 2000; I. Eberl, Vertriebenenverbände: Entstehung, Funktion, Wandel, in: Zur Integration der Flüchtlinge und Vertriebenen im deutschen Südwesten nach 1945. Hg. M. Beer. Sigmaringen 1994, 211–234; M. H. Boehm, Gruppenbildung und Organisationswesen, in: Die Vertriebenen in Westdeutschland. Ihre Eingliederung und ihr Einfluss auf Gesellschaft, Wirtschaft, Politik und Geistesleben. Bd. 1. Hg. E. Lemberg/F. Edding. Kiel 1959, 521–605.

P. A.

Lastenausgleich in der Bundesrepublik Deutschland. Der L. bildet ein zentrales Element der lange gepflegten Erfolgsgeschichte v. einer geglückten →Integration der dt. →Flüchtlinge u. →Vertriebenen nach dem 2. →Wk. in der Bundesrepublik →Deutschland. In den letzten Jahren mischten sich jedoch in die Beurteilung des L.s zunehmend differenzierte Zwischentöne. Solche Skepsis hat mit der Frage nach der Verteilungsgerechtigkeit zu tun. Wie veränderte der L. das Verhältnis zw. den Geschädigten u. Nichtgeschädigten? Und wie erfolgreich waren unterschiedliche Gruppen v. Geschädigten im Wettbewerb um einen L.? Hier spiegelt sich nicht allein die unterschiedliche Durchsetzungsfähigkeit einzelner Interessengruppen wider, sondern auch die Rolle unterschiedlicher Vorstellungen v. Eigentum u. sozialer Gerechtigkeit. Hinzu kommt die Frage nach den tatsächlichen Auswirkungen des L.s, die im sektoralen, regionalen u. zeitlichen Verlauf erheblich differenziert werden muss.

Nach dem Ende des 2. Wk.s stand Westdeutschland vor dem Problem, dass ein erheblicher Teil der Bev. seinen Besitz ganz oder teilweise verloren hatte. Zu den sog. Kriegsgeschädigten gehörten v. a. die Opfer des Bombenkrieges, v. →Flucht u. →Vertreibung u. der Währungsreform. Bereits das NS-Regime hatte während des Krieges die Idee der „Volksgemeinschaft“ als einer „Haftungsgemeinschaft“ propagiert, u. nicht zuletzt deshalb entfaltete die Frage des Ausgleichs zw. den in unterschiedlichem Ausmaß v. den Kriegsfolgen betroffenen Gruppen erhebliche sozialpolit. Sprengkraft. Im Gegensatz zu anderen europ. Ländern – u. auch im Gegensatz zu Ostdeutschland – gehörte die Forderung nach einer Umverteilung der materiellen Lasten des Krieges in Westdeutschland v. Anfang an zu den populären Forderungen. Damit sollte v. a. auch die Wiederholung der Situation nach dem 1. →Wk. vermieden werden. Damals hatte die Abwälzung der Kriegskosten durch die Inflation v. a. die Geldwertbesitzer schwer geschädigt, während die Sachmittelbesitzer relativ glimpflich davongekommen waren. Anders als es die Nationalsozialisten propagiert hatten, konnten die Kosten des verlorenen Krieges nach 1945 allerdings nicht den eroberten Ländern aufgebürdet werden, sondern mussten – zusätzlich zu den Belastungen, die Deutschland nunmehr v. außen auferlegt wurden – v. der dt. Gesellschaft selbst getragen werden.

Bei der Auseinandersetzung um die Gestalt eines künftigen L.s standen sich zwei unterschiedliche Modelle gegenüber: Auf der einen Seite stand das Konzept eines quotalen L.s, bei dem die Höhe der Entschädigung in direkter Relation zur Höhe der erlittenen Vermögensverluste stehen sollte. Auf der anderen Seite wurde ein sozialer L. gefordert, der den Gedanken der soz. Eingliederung mit einer gleichzeitigen Nivellierung der Entschädigungsleistungen verband. Bei aller Unterschiedlichkeit der Positionen im Einzelnen lässt sich doch verallgemeinern, dass die Vertriebenenverbände u. die Regierungsparteien der Adenauer-Koalition stärker einer quotalen Lösung zuneigten, während die SPD eher für einen sozialen L. eintrat.

Die Besatzungsmächte sperrten sich gegen die Idee, den L. zugleich mit der Währungsreform durchzuführen, wie es von dt. Seite oftmals gefordert worden war. Doch erließ der Wirtschaftsrat des Vereinigten Wirtschaftsgebietes im Vorgriff auf die endgültige Regelung der Materie das Gesetz zur Milderung sozialer Notstände (Soforthilfegesetz, SHG), das am 18. 8. 1949 in Kraft trat. Das SHG u. ebenso ähnliche Regelungen in der →französischen Besatzungszone konzentrierten sich auf die soz. Eingliederung der Kriegsgeschädigten, wozu Aufbau-, Hausrats- u. Unterhaltshilfen gehörten. Im Lastenausgleichsgesetz (LAG), das am 1. 9. 1952 wirksam wurde, trat daneben das Ziel des Ausgleichs v. Vermögensschäden. Damit war freilich erst ein Anfang gemacht: Denn während der Dt. Bundestag das Bundesentschädigungsgesetz, welches die Ansprüche der NS-Verfolgten regelte, im Jahr 1965 durch ein „Schlussgesetz" einfror, wurde das LAG bis in die jüngste Zeit immer weiter novelliert. Wurde das LAG in den ersten Jahrzehnten durchschnittlich im Jahresrhythmus überarbeitet, so war die Zahl der ausdrücklich als solche gekennzeichneten Novellen bis 1987 auf 31 gestiegen. Darüber hinaus wurde das LAG auch durch Veränderungen in anderen Gesetzen regelmäßig weiterentwickelt.

Die Kategorie der durch das LAG regulierten Kriegsschäden wurde im Verlaufe der Jahrzehnte immer mehr ausgedehnt. So traten zu den anfänglich v. diesem Gesetz erfassten Kriegssachschäden, Vertreibungs- u. Währungsschäden später auch die sog. Ostschäden, Zonenschäden sowie Vermögensschäden der Spätaussiedler. Seit 1969 konnten auch sog. Zonenschäden, d. h. Schäden auf dem Gebiet der DDR, zumindest in eingeschränktem Umfang entschädigt werden. Grundsätzlich besaßen nur auf dem Gebiet der Bundesrepublik einschließlich Westberlins lebende Geschädigte Anspruch auf L. für ihre Schäden. Im Zuge späterer Novellierungen des LAG wurde dieser Grundsatz allerdings stellenweise aufgeweicht.

In den Veränderungen des LAG spiegelt sich damit nicht nur die Geschichte des 2. Wk.s, sondern auch die des Kalten Krieges wider. Gleichzeitig drückt sich im LAG das Ergebnis eines gesellschaftspolit. Kompromisses zw. Geschädigten u. Nichtgeschädigten aus: Denn es war zu keiner weit reichenden Umverteilung des Volksvermögens gekommen, wie v. a. die Geschädigten gefordert hatten, u. auch in der Streitfrage zw. einem quotalen u. einem sozialen L. hatte sich zuletzt eine mittlere Lösung durchgesetzt, die beiden Seiten Konzessionen abverlangte.

Zur Finanzierung des L.s wurden einerseits das nichtgeschädigte Vermögen u. andererseits das allg. Steueraufkommen herangezogen. Der zügige Wiederaufbau besaß klare Priorität gegenüber allen Forderungen nach einer Eigentumsrevolution im Sinne des Ausgleichs v. Geschädigten u. Nichtgeschädigten. So fiel die Belastung der nichtgeschädigten Einkommen, die in Form einer Vermögensabgabe, einer Hypotheken- u. Kreditgewinnabgabe sowie einer erhöhten Vermögenssteuer erfolgte, insgesamt eher moderat aus. Unter bewusster Vermeidung konfiskatorischer Züge erfolgte sie in der Form v. über Jahrzehnte hinweg verteilten erhöhten steuerlichen Abgaben. In steigendem Maße wurden aber auch allg. Steuermittel eingesetzt, die schließlich etwa 60 % der Gesamtausgaben ausmachten. Auf diesem Wege wurde der L. in nicht unerheblichem Umfange „sozialisiert". Freilich schließt dies nicht aus, dass regional- u. branchenspezifisch auch Härten für die Abgabeverpflichteten entstehen konnten.

Im Mittelpunkt der polit. Aufmerksamkeit für den L. stand die Hauptentschädigung, d. h. die Entschädigungsleistungen für verlorenes Eigentum. Diese erfolgten allerdings zum einen nur degressiv, wobei die Entschädigungsquote v. den niedrigsten bis zu den höchsten Vermögensverlusten v. 30 bis auf 6,5 % sank. Zum anderen wurde mit der Hauptentschädigung überhaupt erst 1957 begonnen. Der Anteil dieser Leistungen an der bis 1986 erreichten Gesamtsumme des L.s von rd. 130 Mrd. DM betrug insgesamt weniger als 25 %. Unter dem Gesichtspunkt ihrer praktischen Bedeutung war deshalb die Bedeutung der soz. Eingliederungshilfen wesentlich größer: Dazu gehörten Unterhaltshilfen, Entschädigungsrenten u. Eingliederungsdarlehen, die v. a. auf die Schaffung v. Wohnraum u. Arbeitsplätzen zielten. Die Entschädigung v. Sparguthaben, die durch Vertreibung oder Währungsreform verloren gegangen waren, wurde zwar gleichfalls als Teil des L.s betrachtet, aber in eigenen Gesetzen außerhalb des LAG geregelt.

Der L. war somit nicht jene große Umverteilung zw. Geschädigten u. Nichtgeschädigten, auf die viele gehofft hatten. Die Benachteiligung v. a. der Vertriebenen in der bundesdt. Nachkriegsgesellschaft wurde auf diesem Weg nur zum geringeren Teil behoben. Dass der L. insgesamt trotzdem – zumindest in kollektiver Perspektive – als ein erfolgreicher Versuch zur Bewältigung der sozialen u. materiellen Kriegsfolgen angesehen werden kann, resultiert demgegenüber v. a. aus zwei Faktoren: Zum einen bot er zumindest so viel Starthilfe u. auch Elemente einer Entschädigung, um die Forderungen nach einem Ausgleich kriegsbedingt unterschiedlicher Schicksalslagen auf ein gesellschaftlich erträgliches Maß zu reduzieren. Zum anderen brachte der mit dem „Wirtschaftswunder" verbundene soz. Fahrstuhleffekt auch für die Kriegsgeschädigten zumindest eine relative Verbesserung ihrer wirt. Lage mit sich. Der Verzicht auf eine radikale Umverteilung des Vermögens bildete vermutlich eine wichtige Voraussetzung dafür. Insofern leisteten die Kriegsgeschädigten einerseits einen wichtigen Beitrag zum wirt. Aufschwung in der Bundesrepublik u. konnten andererseits auch an seinen Früchten partizipieren.

Lit.: Rechnung für Hitlers Krieg. Aspekte und Probleme des Lastenausgleichs. Hg. P. Erker. Heidelberg u. a. 2004; 50 Jahre Lastenausgleichsgesetz 1952–2002. Hg. Bundesausgleichsamt. Bad Homburg 2002; W. Rüfner/M. Schwartz/C. Goschler, Ausgleich von Kriegs- und Diktaturfolgen, soziales Entschädigungsrecht, in: Geschichte der Sozialpolitik in Deutschland seit 1945. Hg. Bundesministerium für Arbeit und Soziales und Bundesarchiv. Bd. 2/1. Baden-Baden 2001, 733–809; M. L. Hughes, Shouldering the Burdens of Defeat. West Germany and the Reconstruction of Social Justice. Chapell Hill/NC u. a. 1999; L. Wiegand, Der Lastenausgleich in der Bundesrepublik Deutschland 1949 bis 1985. Frankfurt a. M. u. a. 1992; R. Schillinger, Der Entscheidungsprozess beim Lastenausgleich 1945–1952. St. Katharinen 1985.

C. G.

Lastenausgleich in Finnland. Der L. in F. gehört zu den ganz besonders geglückten Reformen der sog. Jahre der Gefahren *(vaaran vuodet)* v. 1944–1948. In F. war die Frage des Ausgleichs zw. den in unterschiedlichem Ausmaß v. den Kriegsfolgen betroffenen Gruppen in erster Linie eine Frage der Entschädigung der Flüchtlinge (→Karelier: Flucht und Evakuierung). Finnland hatte im Gegensatz zu Deutschland (→Lastenausgleich in der Bundesrepublik D.) nur sehr wenige Bombenopfer u. keine Währungsreform einschl. Einkommensumverteilung aufzuweisen. Die Entschädigung der Flüchtlinge wurde im Kern quotal durchgeführt; d. h. die Höhe der Entschädigung sollte in direkter Relation zur Höhe der erlittenen Vermögensverluste stehen. Bei großem Vermögen sank jedoch der zu ersetzende Prozentsatz allmählich v. realen etwa 60 % zu realen etwa 20 %. Darüber hinaus wies sie auf der Seite der Nichtgeschädigten stark konfiskatorische Züge auf. Wegen des fehlenden Inflationsschutzes für die Nichtgeschädigten (im Gegensatz zu den Geschädigten) bei Ersatzzahlungen für konfisziertes Landeigentum kann die Beschlagnahmung sogar als eine faktisch ersatzlose Enteignung bezeichnet werden. Dadurch kann der L. als wesentlich radikaler als seine dt. Entsprechung eingeschätzt werden.

Die Mehrheit der finn. Flüchtlinge (56 %) waren agrarisch (einschl. der in der Forstwirtschaft tätigen) u. ein gutes Drittel (35 %) Besitzer eigener Ländereien. Deshalb war der wichtigste u. problematischste Teil des L.s die Übergabe der neuen Ländereien an die Flüchtlinge. Dies war allerdings nicht durchführbar ohne Konfiskationen bei ihren damaligen Besitzern. Ein Ankauf der privaten Ländereien hätte die ohnehin strapazierten Staatsfinanzen fraglos ruiniert u. dadurch u. a. die →Souveränität des Staates gefährdet.

Die Grundidee der Haftungsgemeinschaft u. der dazugehörenden Gerechtigkeit der Konfiskationen wurde unter diesen Umständen in F. von allen polit. Parteien akzeptiert. Doch die polit. Rechte, bei der die landbesitzenden Kreise konzentriert waren, legte Wert auf maximale Aufwertung der staatl. Ländereien, um dadurch den Umfang der Konfiszierungen zu reduzieren. Weil unter den Staatsländern, die im Wesentlichen aus nördl. Wald- u. Sumpfländern bestanden, kaum wirklich für die Landwirtschaft geeignete Flächen zu finden waren, führte dies zur Schaffung einiger Flüchtlingsgüter im südl. Lappland bzw. nördl. Ostbotnien, die sich später als nicht lebensfähig erwiesen. Darüber hinaus gelang es der Schwed. Volkspartei, die Ländereien der ethn. schwedisch bestimmten Gebiete v. Konfiskationen auszunehmen, um einer Finnisierung dieser Gebiete entgegenzuwirken. Dafür sollten die erwähnten schwed. Landbesitzer gesonderte Geldabgaben leisten. Dieses Modell erwies sich jedoch als teilweise problematisch, weil die schwed. Gebiete im Wesentlichen Küstengebiete sind u. dadurch schwere Engpässe bei der Wiederherstellung der Fischereigüter entstanden.

Ein besonderer Vorzug des L.s war seine schnelle u. unbürokratische Verwirklichung. Um Eigentum nachzuweisen, wurden nicht unbedingt Dokumente benötigt, weil dazu die Bestätigung v. drei örtlichen Zeugen ausreichte. Eigene Organe wurden, um Kosten zu sparen, nicht für den L. geschaffen. Vielmehr wurde er hauptsächlich durch das Landwirtschaftsministerium durchgeführt. Soweit Teile des Eigentums unersetzt blieben, konnten die Geschädigten stattdessen günstige Staatsdarlehen für Ankaufzwecke erhalten.

Bei der Verteilung der Flüchtlinge setzte man sich zum Ziel, Menschen aus denselben Gegenden nah beieinander neu anzusiedeln. Darüber hinaus sollte der neue Heimatort dem alten möglichst ähnlich sein – sowohl in den ökon. u. natürlichen Voraussetzungen wie auch in den Verkehrsbedingungen. Diesen Zielen gemäß wurden Flüchtlinge aus der karelischen Landenge insbesondere in den südl. Gouv.s Uusimaa (schwed. *Nyland*), Kyme u. Häme *(Tavastland)* sowie in den Gouv.s von Turku u. Pori neu angesiedelt. Die früheren Bewohner aus Ladoga-Karelien u. dem sog. Grenzkarelien (um Suojärvi, Korpiselkä usw.) fanden eine neue Heimat in den Gouv.s Keski-Suomi (Mittelfinnland), Pohjois(Nord)-Savo u. Pohjois-Karjala.

Ein erstes Ausgleichsgesetz („Schnelleinsiedlungsgesetz") war schon nach dem sog. Winterkrieg 1939/40 beschlossen worden. Seine Bedeutung erwies sich jedoch als gering, weil der fehlende Inflationsschutz auch aufseiten der Geschädigten die Ersatzzahlungen weitgehend entwertete. Ohne Konfiskationen ließ sich unter diesen Umständen kaum Neuland ankaufen.

Der fehlende Wille der finn. Führung, Kriegsgeschädigten ernsthaft zu helfen, ist vor dem Hintergrund der als unsicher u. veränderbar angesehenen weltpolit. Lage zu verstehen. Tatsächlich wurde mindestens die Landfrage zunächst durch Wiedereroberung der verlorenen Länder im Fortsetzungskrieg 1941–1944 gelöst (nur die Fischerhalbinsel [Kalastajasaarento] am Eissee u. einige kleine Inseln im finn. Meerbusen konnten nicht zurückerobert werden).

Am 5. 5. 1945 wurde das zweite Ausgleichsgesetz beschlossen, das sich als wesentlich bedeutsamer u. gerechter erwies. Es entschädigte Kriegsschäden allerdings erst für die Zeit ab dem 31. 5. 1944. Die späteren Urteile über diese Gesetzgebung sind überwiegend positiv. Unter Berücksichtigung der damals angespannten äußeren u. inneren Lage sowie der fehlenden staatl. Finanzressourcen kann sie im Rückblick sogar als beinah mustergültige Leistung angesehen werden, die einen wesentlichen Beitrag zur Stabilität u. zum Wohlstand Nachkriegsfinnlands geleistet hat. Die guten Ersatzleistungen haben auch einer Radikalisierung der Flüchtlinge effektiv entgegengewirkt.

Bei der Neuansiedlung der karelischen Flüchtlinge leistete eine Persönlichkeit einen besonderen Beitrag. Der Leiter der Abteilung für Siedlungsangelegenheiten des Landwirtschaftsministeriums, Veikko Vennamo, war selber ein Flüchtlingskarelier aus Ladoga-Karelien u. vermochte die Bedürfnisse der Flüchtlinge entschlossen u. intelligent zu vertreten. Die Popularität, die er dabei erhielt, konnte er später für die Gründung einer eigenen Kleinbauernpartei nutzen, die auch einen besonderen Rückhalt bei den Flüchtlingskareliern aufwies.

Der Forschungsstand bez. der allg. Geschichte des L.s in F. ist in F. selbst eher dürftig, wenn auch reichhaltige Quellen- u. Erinnerungsmaterialien doch ein einigermaßen gutes Bild vermitteln. Leider fehlt es jedoch noch völlig an ausländischen Forschungstätigkeiten. Dadurch ist u. a. auch der vergleichende internat. Aspekt in der finn. Forschung nur rudimentär ausgebildet. Hervorzuheben sind die sowohl wiss. wie volkstümlichen Darstellungen des „Vaters" des Projektes, Vennamo.

Lit. (a. → Flucht aus Karelien 1944): V. Vennamo/P. O. Väisänen, Jälleenrakennuksen ihme: Suomi nousi aallonpohjasta. Jyväskylä 1988; Rakentamisen aika: asutus ja maanhankinta. Maanhankintalain 40-vuotisjuhlajulkaisu. Hg. M. Naskali. Helsinki 1984; Lastenausgleich und Bodenreform in Finnland. Bericht einer nach Finnland entsandten Sachverständigenkommission. Hg. Bundesministerium für Vertriebene. Bonn 1951; V. Vennamo/E. Kuitunen, Maanhankintalainsäädäntö selityksillä ja oikeustapauksilla varustettuna sekä sen toimeenpanosäännökset. Porvoo 1947.

P. K.

Lausanner Konferenz. In dem am 10. 8. 1920 zw. den alliierten u. assoziierten Siegermächten des 1. →Wk.s u. dem Osm. Reich abgeschlossenen Vertrag v. Sèvres musste Sultan Mehmed VI. große Gebietsverluste hinnehmen, die auch das Kernland Anatolien betrafen. Der Vertrag konnte nie realisiert werden, da die v. Mustafa Kemal („Atatürk") geführte türk. Nationalbewegung die Bestimmungen v. Sèvres nicht anerkannte (wie auch den Sultan u. dessen Regierung). Ein im Mai 1919 mit alliierter Zustimmung nach Westanatolien entsandtes griech. Expeditionskorps musste mehrere Niederlagen einstecken, ohne dass die Großmächte intervenierten, u. sah sich am 11. 10. 1922 gezwungen, den Waffenstillstand v. Mudanya (bei Bursa) zu unterzeichnen. Die „kleinasiatische Katastrophe" der Griechen schloss ein Jahrzehnt v. Kriegen im SO Europas ab, das mit dem 1. →Balkankrieg 1912 begonnen hatte. Ende 1922 wurden am Genfer See die Friedensverhandlungen wieder aufgenommen. Der L. Friedensvertrag der Alliierten mit der neuen Türk. Republik vom 24. 7. 1923 ersetzte den Friedensvertrag v. Sèvres. Die Türkei erlangte die Hoheit über Ostthrakien, den Distrikt v. Smyrna, die Meerengen, zwei ägäische Inseln u. einen Streifen entlang der syrischen Grenze zurück. Dem Vertrag vorausgegangen war eine griech.-türk. Konvention vom 30. 1. 1923, die Bestandteil des neuen Friedensvertrags wurde (Art. 142).

Inhalt der L. Konvention war ein obligatorischer „Bevölkerungsaustausch" zw. der Türkei u. Griechenland. Die Betroffenen („emigrants") wurden nicht nach ihrer Sprache oder ihrem nationalen Selbstverständnis (das in vielen Fällen noch unklar war), sondern nach der Religionszugehörigkeit (Orthodoxe bzw. Muslime) bestimmt (Art. 1). Der „Bevölkerungsaustausch" bezog sich sowohl auf Bev.gruppen, denen die →Deportation noch bevorstand, wie auch auf Personen (i. d. R. Griechen), die bereits zu Hunderttausenden vor den türk. Truppen aus Furcht vor Rache auf die Ägäischen Inseln oder das griech. Festland geflohen waren. Rund 1,3 Mio. „Griechen" sowie annähernd 500.000 Muslime verloren ihre bisherige Heimat u. ihre bisherige Staatsbürgerschaft. Auf Drängen Griechenlands wurde die orth. Bev. in Istanbul – am Sitz des „Ökumenischen Patriarchen" – sowie auf zwei Inseln v. der Deportation ausgenommen. Im Gegenzug erhielten die Muslime im griech. Teil Thrakiens das Bleiberecht zugesichert (Art. 2). Die Regelung der Eigentumsfragen v. Flüchtlingen u. Zwangsumgesiedelten wurde einer Gemischten Kommission übertragen (Art. 10–17). Den v. der Zwangsumsiedlung ausgenommenen Bev.gruppen wurden im nachfolgenden Friedensvertrag Minderheitenrechte zugesichert (Art. 37–45).

Mit den L. Vereinbarungen wurden dem griech. →Irredentismus u. der „Großen Idee" *(megali idea),* die jahrzehntelang die griech. Aspirationen in Kleinasien beflügelt hatte, endgültig der Boden entzogen.

Bis heute ist umstritten, wer den „Bevölkerungsaustausch" in L. vorgeschlagen hat. Vor allem von griech. Seite wird behauptet, dass der griech. Verhandlungsführer Eleftherios Venizelos dem Plan nur schweren Herzens zugestimmt habe. Gegen diese Version sind plausible Zweifel vorgetragen worden: Eine Rückkehr der Flüchtlinge erschien angesichts des milit. Übergewichts der Türken u. der mangelnden Bereitschaft der Entente, zu Gunsten Griechenlands zu intervenieren, unrealisierbar. Ein Vertrag bot demgegenüber die Möglichkeit, nicht nur die Eigentumsfragen der Flüchtlinge zu klären, sondern auch durch Zwangsumsiedlung der in Griechenland, v. a. in dem seit 1913 griech. Teil Makedoniens lebenden Muslime Platz für die Ansiedlung der kleinasiatischen Flüchtlinge zu schaffen. Umsiedlungen als Mittel der Politik waren seit den Balkankriegen v. 1912/13 kein Novum mehr, wenngleich die vorangegangenen Umsiedlungsverträge (zw. Bulgarien, Griechenland u. dem Osm. Reich) noch einen formal fakultativen Charakter gehabt hatten. Mit „Lausanne" wurde erstmals in der Geschichte des Völkerrechts ein obligatorischer „Bevölkerungsaustausch" (unter den Auspizien des neu gegründeten →Völkerbunds u. seines Flüchtlingskommissars Fridtjof →Nansen) vereinbart. Als Ultima Ratio zur Lösung ethn. oder ethnonationaler Konflikte zw. Nachbarstaaten galt „Lausanne" bis zum →Dayton-Abkommen für Bosnien-Herzegowina v. 1995 als „Modell", auf das sich sehr unterschiedliche polit. Akteure – Adolf →Hitler ebenso wie Winston →Churchill – berufen haben.

Quellen: a) Lausanner Konvention: League of Nations Treaty Series 32, 1925, S. 75–87; b) Lausanner Friedensvertrag: The Treaties of Peace 1919–1923. Vol. II. Hg. Carnegie Endowment for International Peace. New York 1924.

Lit.: P. M. Kitromilides, Greek Irredentism in Asia Minor and Cyprus, *Middle Eastern Studies* 26 (1990), 1, 3–17; A. L. Macfie, The Eastern Question, 1774–1923. London, New York 1989; M. H. Dobkin, Smyrna 1922. The Destruction of a City. Kent/Ohio, London 1988; J. A. Petropoulos, The Compulsory Exchange of Populations: Greek-Turkish Peace Making, 1922–1930, *Byzantine and Modern Greek Studies* 2 (1976), 135–160; M. L. Smith, Ionian Vision: Greece in Asia Minor, 1919–1922. London 1973; H. J. Psomiades, The Eastern Question: The Last Phase. A Study in Greek-Turkish Diplomacy. Thessaloniki 1968; S. Ladas, The Exchange of Minorities: Bulgaria, Greece and Turkey. New York 1932.

H. S.

Lemkin, Raphael (Rafał) (1900–1959). Der poln.-jüd. Jurist prägte in seinem Buch „Axis Rule in Occupied Europe" 1944 den Begriff *genocide*, dessen Definition maßgeblich in die am 9. 12. 1948 v. der Organisation der Vereinten Nationen verabschiedete „Konvention zur Verhütung und Bestrafung des Genozids" einging (→Genozid).

L. stammte aus dem multiethnischen poln.-weißruss. Grenzgebiet. In der Zweiten Poln. Republik (1918–1939) war er zunächst als Staatsanwalt, dann als Rechtsanwalt tätig. Bereits zu dieser Zeit engagierte er sich u. a. im Rahmen des →Völkerbundes für die internat. Vereinheitlichung des Strafrechts. Sein besonderes Interesse galt dabei einer internat. Konvention gegen Gewalt gegenüber ethn., konfessionellen, kulturellen u. sozialen Gruppen. Er strebte an, staatl. Gewalt, die auf die physische oder kulturelle Vernichtung der im obigen Sinne definierten Gruppen zielte, zu einem völkerrechtswidrigen Verbrechen zu erklären. Ausgehend v. den Verbrechen des türk. Staates an den Armeniern während des 1. →Wk.s (→Armenier im Osmanischen Reich) betonte er v. a. die Wehrlosigkeit solcher Gruppen, da im traditionellen →Völkerrecht die staatl. →Souveränität ein Eingreifen v. außen zu Gunsten der bedrohten Staatsbürger verhinderte.

Nach dem dt. Überfall auf →Polen gelang es ihm, über Lettland u. Schweden in die USA zu fliehen. Dort verfasste er sein Hauptwerk „Axis Rule in Occupied Europe", in dem er die Praktiken der nationalsozialistischen Besatzungspolitik einer genauen Analyse unterzog. Er machte deutlich, dass die nationalsozialistischen Verbrechen an den eigenen Staatsbürgern bzw. an der Zivilbev. der besetzten Länder sich einer strafrechtlichen Verfolgung durch das bestehende Völkerrecht entzogen, das sich auf die Ahndung v. Kriegsverbrechen konzentrierte. Er nahm in beratender Funktion an den →Nürnberger Prozessen teil, wo er die mangelnde Rechtsgrundlage, die eine umfassende Verurteilung der nationalsozialistischen Verbrechen behinderte, kritisierte. Dabei griff er auf seine Vorarbeiten aus der Vorkriegs- u. Kriegszeit zurück u. forderte eine internat. Konvention zur Verhinderung des „Gruppenmordes". Sein Engagement trug maßgeblich zur Verabschiedung der UN-Konvention gegen Völkermord im Jahr 1948 bei.

L. hatte bereits in der Zeit zw. den beiden →Weltkriegen weitsichtig erkannt, dass durch den Primat der nationalstaatl. Souveränität ein rechtsfreier Raum entstehen konnte, in dem häufig willkürlich v. der jeweiligen staatl. Autorität definierte Gruppen zum Opfer v. Diskriminierungen wurden, die bis zur Vernichtung der gesamten Gruppe gehen konnten. Sein Eintreten für eine internat. Konvention wurde in der Zeit zw. den beiden Weltkriegen durch den nahezu unerschütterlichen Glauben an den Primat der staatl. Souveränität u. nach dem 2. Wk. durch die polit. Interessenlagen des Kalten Krieges behindert.

Lit. (a. →Genozid): C. Kraft, Völkermord als *delictum iuris gentium* – Raphael Lemkins Vorarbeiten für eine Genozidkonvention, *Jahrbuch des Simon-Dubnow-Instituts* IV (2005), 79–98; A. Rabinbach, The Challenge of the Unprecedented – Raphael Lemkin and the Concept of Genocide, *ebenda*, 397–420; Pioneers of Genocide Studies. Hg. S. Jacobs/S. Totten. New

Brunswick 2002; R. LEMKIN, Axis Rule in Occupied Europe. Laws of Occupation. Analysis of Government. Proposals for Redress. Washington/DC 1944.

C. K.

Letten: Deportationen im und nach dem Zweiten Weltkrieg. Im Sommer 1940 annektierte die →Sowjetunion widerrechtlich die unabhängige Republik Lettland, in der zu diesem Zeitpunkt 1,886 Mio. Menschen lebten, davon 79 % L. (Selbstbez. *Latvieši*), 10,6 % Russen, 5,3 % Juden, 2,6 % Polen, 0,2 % Deutsche u. a. Das sowj. Okkupationsregime ging v. Anfang an davon aus, die Annexion durch die gewaltsame Veränderung der Gesellschaftsstruktur unumkehrbar zu machen u. damit jeglichen Unabhängigkeitsansprüchen den Boden zu entziehen. Grundlage der Sowjetisierungspolitik bildete der Beschluss des PB des ZK der Komm. Partei (VKP[b]) vom 1. 10. 1939 „Fragen der Westukraine und Westweißrusslands", dessen Maßnahmenkatalog sinngemäß auch in Lettland umgesetzt wurde u. darauf zielte, in den 1939/40 besetzten Staaten u. Territorien die mehr als zwanzigjährige Entwicklung der Sowjetunion mit Hilfe einer „Revolution von oben und von außen" in kurzer Zeit nachzuholen. Als Voraussetzung für die Zerstörung der staatl., rechtlichen, sozialen, ökon., kulturellen u. moralischen Fundamente der bis dahin unabhängigen Republik Lettland galt auch hier die Beseitigung „unerwünschter", „antisowjetischer" u. „sozial gefährlicher Elemente", also der bürgerlichen Eliten. Nicht ohne Grund standen Politiker aller Richtungen, Beamte, Offiziere, Geistliche, Lehrer, Polizeichefs, wohlhabende Bauern, Industrielle u. Kaufleute auf den Deportationslisten obenan. Um sie auszuschalten, bediente sich die Sowjetführung des gesamten Registers stalinistischer Terrormethoden, zu denen seit dem Ende der 1920er Jahre auch die administrative, d. h. durch keinerlei Gerichtsurteile begründete →Deportation sozialer Gruppen, seit den 1930er Jahren aber auch die ganzer Völker oder Volksteile gehörte. Was im Juli 1940 mit Verhaftung, Folter, Ermordung u. Deportation führender Politiker u. Militärs (so auch des lettischen Staatspräsidenten Kārlis Ulmanis) bzw. kleinerer Gruppen begonnen hatte, gipfelte in der Nacht vom 13. auf den 14. 6. 1941 in der ersten Massendeportation. Weitere Massendeportationen konnten wegen des dt. Angriffs auf die UdSSR am 22. 6. 1941 zunächst nicht mehr durchgeführt werden, doch wurden vor dem Einmarsch der Deutschen in Lettland 3.458 polit. Gefangene in aller Eile ins Innere der UdSSR verbracht, v. denen nur wenige überlebt haben.

Die Deportation vom 13./14. 6. 1941 verlief nach dem in der UdSSR damals üblichen Muster. Die streng geheime Vorbereitung v. der Erstellung v. Personenlisten über die Anforderung v. Transportmitteln, der Bewachung u. „Versorgung" der Deportierten bis zur Bestimmung ihrer Zielorte u. ihrer dortigen Verwendung lag in der Hand der Volkskommissare des Innern, Lavrentij →Berija, u. für Staatssicherheit (NKGB), Vsevolod Merkulov, sowie der entsprechenden Volkskommissare der inzwischen gebildeten lettischen Sowjetrepublik, die v. den lokalen Sowjets bzw. Parteiaktivisten unterstützt wurden. Maßgebend für die Durchführung vor Ort waren die „Instruktionen zur Durchführung der Deportation antisowjetischer Elemente aus der Litauischen SSR, der Lettischen SSR und der Estnischen SSR", die der stellvertretende Volkskommissar für Staatssicherheit der Sowjetunion, Ivan →Serov, erlassen hatte, der auch zur Überwachung der Deportation nach Lettland entsandt wurde. Darin war bereits durchweg v. zu deportierenden Familien die Rede, d. h. die „Schuld" des Familienhaupts, zur Oberschicht gehört bzw. in der Republik Lettland Verantwortung getragen zu haben, wurde im Sinne der Klassenideologie der ganzen Familie angelastet.

Die zur Deportation bestimmten Personen, insgesamt 15.424 (0,79 % der Gesamtbev.), wurden ohne jede Auskunft über den Zweck der Operation mitten in der Nacht v. dreiköpfigen sog. operativen Gruppen des NKGB geweckt, aufgefordert, sich in kürzester Frist (vorgeschrieben war eine Stunde, praktisch waren es oft nur 15 Minuten) mit Kleidung, einigen Haushaltsutensilien sowie Proviant für einen Monat zu versehen, unter Bewachung v. Soldaten der Roten Armee u. Arbeitermilizen mit Lastwagen zu den Sammelpunkten verfrachtet u. in Güterwagen zusammengepfercht; ihr zurückbleibendes Eigentum wurde verstaatlicht. Die Männer, insgesamt 5.263, galten als verhaftet, wurden alsbald v. ihren Familien getrennt u. in Zwangsarbeits- bzw. Kriegsgefangenenlager verschickt (→Lager), wo sie formell „angeklagt" u. verurteilt wurden: 700 zum Tode Verurteilte wurden erschossen, 3.441 starben im Kerker. Die 10.161 älteren Menschen, Frauen u. Kinder (davon 2.400 unter 10 Jahren) erreichten nach oft wochenlanger Fahrt, auf der viele Ältere, Kranke u. Kinder starben, als „Zwangsumgesiedelte" die sibirischen Regionen von Krasnojarsk, Novosibirsk (→Sibirien) sowie Karaganda im nördl. →Kasachstan, wo sie sich unter Aufsicht der örtlichen NKVD-Kommandanten (→NKVD) unter schwierigsten Bedingungen niederlassen u. die Arbeitsfähigen in Industriebetrieben, Kolchosen oder Sowchosen arbeiten mussten. Hatten sie noch im Herbst 1941 erfahren, dass sie für 20 Jahre umgesiedelt worden seien, erklärte man ihnen 1948, dass die Zwangsumsiedlung lebenslang gelte. 1.900 aus Lettland Deportierte fielen den z. T. unmenschlichen Lebensbedingungen in den „Sondersiedlungen" (→Sondersiedler) zum Opfer. Insgesamt kamen 6.081 oder knapp 40 % der Deportierten ums Leben. Ein vollständiges Verzeichnis der Deportierten v. 1941 und ihres Schicksals hat das Staatsarchiv Lettlands 2001 vorgelegt: „Aizvestie: 1941. gada 14. jūnijs".

Die ethn. Zugehörigkeit der Deportierten spiegelte im Wesentlichen ihren Anteil an der Gesamtbev. wider, mit Ausnahme der Juden, deren Anteil an den Deportierten (11,7 %) mehr als doppelt so hoch war als ihr Anteil an der Gesamtbev. (5,3 %). Dies unterstreicht einerseits die besondere Stellung der Juden, insbesondere in den freien Berufen, lässt aber auch erkennen, dass dieser für die Bev. Lettlands bis dahin unvorstellbare Terrorakt keine →ethnische Säuberung, sondern eine sozialpolit. Gewaltmaßnahme war, der die gesamte Bev. des Landes ohne Unterschied der Nationalität nicht nur einschüchtern, sondern wehrlos u. somit im Sinne der neuen Machthaber manipulierbar machen sollte. Das erste Jahr der Sowjetherrschaft ging deshalb in das Bewusstsein insbesondere der L. als das „Jahr des Grauens" *(Baigais gads)* ein u. ließ sie die dt. Truppen vielerorts als Befreier begrüßen.

Die dt. Propaganda versuchte ihrerseits, die erst eine Woche zurückliegende Massendeportation als ein Verbrechen des „jüdischen Bolschewismus" darzustellen – der Volkskommissar für Staatssicherheit Lettlands Semën Šustin sowie zwei seiner engsten Mitarbeiter, die im Mittelpunkt der Deportationsereignisse gestanden hatten, waren Juden –, um so die Rachegefühle der lettischen Bev. gegen die Juden zu lenken, zeigte sich jedoch bald v. der mangelnden Reaktion der Bev. enttäuscht. Zweifellos haben sich einzelne u. kleine Gruppen von L. am späteren →Holocaust beteiligt u. zu ihrer Rechtfertigung auch auf die angeblich führende Rolle der Juden bei der Deportation verwiesen; diese Personen u. Gruppen sind jedoch aufgrund neuester Forschungen durchweg namhaft zu machen; der verbreitete Vorwurf, *die* L. hätten dem Holocaust in Lettland Vorschub geleistet, entbehrt jeder Grundlage.

Die Sowjetführung setzte mit ihrer Sowjetisierungspolitik 1944/45 genau dort an, wo sie 1941 aufgehört hatte, der Plan v. 1939 wurde mit den unter Iosif →Stalin üblichen Terrormethoden konsequent weiterverfolgt. Im Mittelpunkt stand nun die Kollektivierung der Landwirtschaft. Auf eine Phase ruinöser Abgaben- u. Steuerpolitik gegenüber den Bauernwirtschaften, die aber den Widerstand gegen die Kolchosen nicht brechen konnte, folgte 1949 die Massendeportation der sog. Kulaken (wohlhabenden Bauern), womit einerseits der Eintritt der übrigen Bauern in die Kolchosen erzwungen, andererseits den sog. Waldbrüdern (im Sowjetjargon „Banditen" u. „Nationalisten"), deren milit. Widerstand gegen die Sowjetherrschaft starke Einheiten der Roten Armee band, die Rückzugsbasis im Dorf entzogen werden sollte.

Schon 1948 wurde in Kreisen der Komm. Partei Lettlands (LKP[b]) die Forderung erhoben, alle „Konterrevolutionäre" ins „Innere" der Sowjetunion zu deportieren. Am 29. 1. 1949 beschloss der Ministerrat der UdSSR in einer geheimen Resolution, „Kulaken", „Banditen", „Nationalisten" u. deren Helfershelfer samt ihren Familien aus Estland, Lettland u. Litauen zu deportieren (→Esten: Deportationen im und nach dem 2. Wk.). Am 17. 3. 1949 bestätigte der Ministerrat der lettischen Sowjetrepublik die v. Distriktkomitees vorgelegten Listen der zu deportierenden Familien, wobei offenbar auch bestimmte Quoten pro Distrikt zu erfüllen waren. Vorbereitung u. Durchführung unterschieden sich kaum v. der Deportation des Jahres 1941. Am 25. 3. 1949 u. den folgenden Tagen wurden 9.115 „Kulaken"-Familien mit 29.030 Mitgliedern u. 4.133 Familien v. „Banditen" u. „Nationalisten" mit 13.095 Mitgliedern, insgesamt 42.125 Personen (2,2 % der Bev. Lettlands), davon 10.987 Kinder unter 16 Jahren, in 33 Zügen nach Sibirien transportiert. Sie wurden überwiegend in den Regionen Omsk (20.813), Tomsk (15.585) u. im Amurgebiet (5.475) angesiedelt. 95,4 % der Deportierten waren L. Im Unterschied zu 1941 wurden dieses Mal die Familienväter nicht v. ihren Angehörigen getrennt. Die Deportation sollte für immer gelten; der Versuch zur Rückkehr in die Heimat, jeder Orts- oder Arbeitsplatzwechsel war bei Strafe von 20 Jahren →Zwangsarbeit verboten. Das harte Klima, der Hunger u. die hohen Arbeitsnormen forderten zahllose Opfer, besonders unter Kindern u. Älteren. Ein vollständiges Verzeichnis der Deportierten v. 1949 u. ihres Schicksals hat das Staatsarchiv Lettlands 2007 vorgelegt: „Aizvēstie: 1949. gada 25. marts". Die Schockwirkung der Massendeportation auf die zurückbleibende Bev. Lettlands, die weitere derartige Maßnahmen befürchtete, entsprach den Erwartungen der Partei: Die Kollektivierung der Landwirtschaft wurde jetzt rasch abgeschlossen u. der milit. Widerstand gegen das Besatzungsregime kam wenig später zum Erliegen.

Erst nach Stalins Tod 1953 bzw. nach dem XX. Parteitag der KPdSU 1956 wurde das spezielle Regiment über die Deportierten gelockert. Ihre Rückkehr nach Lettland kam jedoch nur langsam in Gang, denn die Führer der UdSSR wie der Lettischen Sowjetrepublik hatten kein Interesse an einer Massenrückkehr der Deportierten. Erstere befürchteten den Verlust einer großen Zahl v. Arbeitskräften in Sibirien, letztere den negativen Einfluss der als regimefeindlich eingestuften Rückkehrer auf die Moral der Bev. Trotzdem sind im Laufe der folgenden beiden Jahrzehnte die meisten Überlebenden zurückgekehrt, auch wenn die LKP ihrer Reintegration vielfältige Hindernisse in den Weg legte. Erst seit dem Ende der 1980er Jahre u. dann seit der Wiederherstellung der Unabhängigkeit der Republik Lettland wurde ihnen auch die formelle →Rehabilitierung u. eine gewisse Entschädigung für ihr Eigentum gewährt.

Bei den Deportationen v. Bürgern Lettlands, die 1941 u. 1949 ihren Höhepunkt erreichten, handelte es sich zweifelsfrei um Verbrechen gegen die Menschlichkeit, wie sie zuletzt 1998 im Statut des Internat. Strafgerichtshofs definiert worden sind. Manche lettischen Historiker gehen aber weiter u. bezeichnen die Deportationen als einen →Genozid am lettischen Volk, wobei sie die Deportation der wichtigsten Träger des lettischen nationalen Selbstbewusstseins mit der Massenansiedlung v. Russen in Lettland nach 1945 (der Anteil der L. an der Gesamtbev. sank v. 79 % im Jahre 1940 auf 52 % im Jahre 1990) sowie mit der Russifizierung des gesamten öffentlichen Lebens in Verbindung bringen u. darin insgesamt einen Anschlag auf die Existenz der lettischen Nation sehen. Folgt man jedoch der bis heute maßgebenden „Konvention zur Verhütung und Bestrafung des Völkermords" der Vereinten Nationen vom 9. 12. 1948, in der ebenso wie in der darauf gestützten Rechtsprechung der Absicht u. der Kenntnis v. der Absicht, „eine nationale, ethnische, rassische oder religiöse Gruppe als solche ganz oder teilweise zu zerstören", hohe Priorität eingeräumt wird, dann bedeutet das, dass man die stalinistischen Verbrechen im Baltikum nach heutiger internationaler Rechtsauffassung nicht als Genozid bezeichnen kann. Denn es dürfte kaum möglich sein, den Nachweis zu erbringen, dass die Sowjetführer in Moskau u. Riga, die überdies v. zahllosen L. aktiv unterstützt wurden, den L. an sich die Existenzberechtigung bestritten, d. h. letztlich das ganze lettische Volk ausrotten wollten.

Lit.: V. Nollendorfs, La Lettonie sous la domination de l'Union Soviétique et de L'Allemagne national-socialiste 1940–1991. Musée de l'occupation de la Lettonie. Riga 2007; The Hidden and Forbidden History of Latvia under Soviet and Nazi Occupations 1940–1991. Hg. Ders./ E. Oberländer. Riga 2005; S. Kalniete, Mit Ballschuhen im sibirischen Schnee. Die Geschichte meiner Familie. München 2005; 1941. gada 14. jūnija deportācija – noziegums pret cilvēci. Deportation of 14 June 1941: Crime against Humanity. Hg. A. CAUNE. Riga 2002; D. KĻAVIŅA u. a., Represijas Latvijas laukos 1944–1949. Dokumenti un materiālī. Riga 2000.

E. O.

Letten: Evakuierung und Flucht im Ersten Weltkrieg. Zu Beginn des 1. →Wk.s u. vor der Ausrufung der Republik Lettland (18. 11. 1918) siedelten die L. (Eigenbez. *Latvieši*) v. a. in den baltischen Ostseeprovinzen des Russ. Reiches: im Gouv. Kurland, im südl. Teil des Gouv.s Livland mit der Großstadt Riga als Zentrum sowie im W des russ. Gouv.s Vitebsk, v. den L. Lettgallen genannt.

Von den ca. 1,9 Mio. Menschen, die laut russ. Volkszählung v. 1897 in diesen Gebieten lebten, waren etwa 1,32 Mio. L. (davon in Kurland 510.000, in Livland 560.000 u. in Lettgallen 250.000 Personen). Weitere ca. 150.000 L. lebten verstreut im übrigen Russ. Reich, v. a. im Gouv. Kovno sowie in den anderen europäischen Gouv.s Russlands. Für die Zeit unmittelbar vor Ausbruch des 1. Wk.s liegen lediglich Schätzungen vor. Demnach betrug 1914 die Zahl der L. auf dem Gebiet des späteren Lettland ca. 1,58 Mio. u. im Inneren des Russ. Reiches weitere ca. 220.000.

Die Niederlagen der russ. Armee zu Beginn des 1. Wk.s u. die rasche Besetzung Kurlands durch die dt. Armee ab April 1915 sowie Rigas ab September 1917 u. der übrigen baltischen Gebiete im Winter 1918 führten zu einer Fluchtbewegung der L. in die nicht besetzten baltischen bzw. innerruss. Gebiete des Zarenreiches. Die Zahl der lettischen →Flüchtlinge betrug zeitweilig bis zu 850.000 Personen, einzelne Quellen beziehen auch die zusammen mit 537 Industrieanlagen in 30.000 Eisenbahnwaggons aus Riga u. Daugavpils (Dünaburg) evakuierten ca. 100.000 Arbeiter u. deren Familien ein u. sprechen v. bis zu 1 Mio. L., die während des 1. Wk.s gezwungen waren, ihren Wohnort zu verlassen. Die Zahlen für die lettischen Flüchtlinge in den nicht besetzten baltischen Gebieten u. im Inneren Russlands sind jedoch widersprüchlich. Am 14. 8. 1916 waren beim Lettischen ZK für die Versorgung der Flüchtlinge 297.823 Personen registriert, gerechnet wurde inoffiziell mit einer Zahl v. etwa 760.000 Flüchtlingen. Im September 1915 betrug die Einw.zahl Kurlands statt 800.000 nur noch 230.000, 1917 die Rigas statt 517.000 nur noch 224.000 Personen; zu Beginn des Kriegsjahres 1918 sollen auf dem Gebiet der späteren Republik Lettland nur noch etwa 900.000 L. (davon viele ebenfalls Flüchtlinge) gelebt haben. Bis April 1918 gelang es nur 60.000 L., an ihre Wohnorte zurückzukehren.

Ausgelöst wurde die →Flucht durch den Befehl Zar Nikolajs II. vom 30. 4. 1915, alle Juden aus den litauischen Gebieten sowie dem Gouv. Kurland in geschlossenen Eisenbahnwaggons Richtung Riga zu evakuieren. Unter der übrigen kurländischen Landbev. löste dies eine Panik aus. Bereits am selben Tag flohen einige lettische Bewohner zunächst aus Litauen u. dem grenznahen Kr. Bauske Richtung N.

Zusätzlich ordneten die Verwaltungsbehörden an, beim Rückzug der russ. Truppen Getreide- u. Kartoffelfelder zu vernichten sowie Vieh abzuliefern. Lebensmittel durften nur für einen Monat zurückgehalten werden. Darüber hinaus mussten alle männl. Bewohner zw. 18 u. 45 Jahren ihre Wohnorte verlassen, andernfalls drohte ihnen die Zwangsmobilisierung in Arbeitskommandos. Zwar hob der kurländische Gouverneur diese Befehle am 6. 7. wieder auf, die behördlichen Auflagen konnten aber in den Kriegswirren nicht mehr erfüllt werden. Russische Truppen begannen in Frontnähe die Bauernhäuser der Bev. niederzubrennen sowie Gerüchte über Gräueltaten der vorrückenden dt. Armee zu verbreiten. Die zurückgebliebenen Frauen, Kinder u. Alten sahen sich von Hunger u. Tod bedroht, darüber hinaus blickten viele L. einer Besetzung ihres Landes durch die Deutschen, die ihnen als hist. Feind galten, mit Schrecken entgegen.

Ab dem 4. 5. setzte eine Massenflucht aus Liepāja (Libau) u. Umgebung, zunächst in die umliegenden Wälder, ein. Nach der dt. Besetzung Mittelkurlands ab dem 8. 5. begann auch hier eine Massenflucht der lettischen Bev., die sich ab Juli aus Südkurland u. im späteren Verlauf des Sommers auch aus Riga sowie Teilen Livlands u. Lettgallens fortsetzte. Die ersten Flüchtlinge erreichten Riga zu Fuß, in Pferdewagen, per Schiff oder in Eisenbahnzügen am 14. 5. zusammen mit den Transporten der evakuierten Juden.

Die russ. Behörden waren dem Ansturm nicht gewachsen, die Verwaltung brach zusammen. Auch die ritterschaftlichen Landtage der kurländischen u. livländischen Selbstverwaltung versagten. Von etwa 60.000 Flüchtlingen mit Vieh, die sich in den Vororten Rigas niedergelassen hatten, gelang es den städtischen Behörden, nur etwa 3.000 zu versorgen. Die katastrophalen hygienischen Verhältnisse u. Versorgungsprobleme führten dazu, dass die Rigenser selbst begannen, die Stadt zu verlassen, u. sich die Flüchtlingsströme ab Juli 1915 an der Stadt vorbei nach N oder O bewegten. Zeitweilig befanden sich etwa 300.000–400.000 Menschen mit mehreren Mio. Tieren auf der Flucht. Die Infrastruktur brach zusammen, Wegkreuzungen u. Flussüberquerungen waren verstopft; Tiere starben an Seuchen, an den Wegrändern verwesten Tierkadaver. Alte u. Kranke wurden in den Wäldern zurückgelassen, Hunger u. Durst breiteten sich aus. In den angrenzenden russ. Gebieten trafen die L. mit Flüchtlingen aus Litauen u. Polen zusammen, nicht selten wurden sie mit dt. Kolonisten (→Deutsche aus dem Königreich Polen im Ersten Weltkrieg) verwechselt u. erlitten deren Schicksal der Deportation nach O u. →Sibirien.

Bereits im April 1915 hatten Mitglieder eines lettischen Selbsthilfevereins in Riga, des Lettischen Hilfskomitees, eine Versorgungsabteilung für Flüchtlinge gegründet, die zur Keimzelle eines in Livland u. ganz Russland operierenden lettischen Selbsthilfenetzwerkes wurde. Als sich im August 1915 abzeichnete, dass die russ. Zentralregierung beabsichtigte, die Flüchtlinge jenseits des Urals u. nach Sibirien zu evakuieren, rief ein Flüchtlingskomitee beim Moskauer Lettischen Verein ein ZK ins Leben, welches am 12. 9. 1915 in St. Petersburg einen lettischen Flüchtlingskongress mit 128 Delegierten aus 83 lettischen Einrichtungen u. Selbsthilfevereinen organisierte. Der Kongress rief u. a. die Landsleute in der Heimat dazu auf, das Land nicht mehr zu verlassen bzw. in die nicht besetzten lettischen Landesteile oder wenigstens die angrenzenden russ. Gebiete, aber nicht mehr ins Innere Russlands zu fliehen, da man um den Bestand der lettischen Nation fürchtete.

Der Kongress wählte ein ZK für die Versorgung der Flüchtlinge, das vom August 1915 bis zum Januar 1918 bestand. Vorsitzender wurde Pastor Vilis Olavs, Stellvertreter wurden der spätere erste Staatspräsident Lettlands Jānis Čakste u. der bürgerliche Politiker Arveds Bergs. Mitglieder des Vorstandes waren u. a. die beiden Duma-Abgeordneten Jānis Zālītis u. Jānis Goldmanis.

Das ZK für die Versorgung der Flüchtlinge sammelte Spenden und staatl. Mittel. Bereits am 14. 1. 1916 betrug das Budget 1.750.247 Rubel. In St. Petersburg, Riga, Moskau, Jaroslavl' u. anderen Städten wurden Werkstätten eingerichtet, um den Flüchtlingen Arbeit zu geben. Es bestand eine enge Zusammenarbeit mit russ. Hilfskomitees, insbesondere dem sog. →Tatjana-Komitee. Kontakte ins Ausland (Schwed. Rotes Kreuz, Carnegie-Stiftung) wurden geknüpft. Das ZK für die Versorgung der Flüchtlinge u. sein Führungspersonal wurde über seine eigentlichen Aufgaben hinaus zur Keimzelle der ab 1917 gegründeten lettischen bürgerlichen Parteien u. des Lettischen Provisorischen Nationalrates (LPNP), die 1918 die unabhängige Republik Lettland proklamieren sollten, sowie zur polit. Schule ihrer polit. Eliten. Es ist daher auch als lettisches Vorparlament bezeichnet worden.

Die Rückkehr der lettischen Flüchtlinge wurde durch die Gründung der Republik Lettland 1918 sowie den „Vertrag zwischen Russland und Lettland über die Reevakuierung von Flüchtlingen" vom 12. 6. 1920, den lettisch-russ. Friedensvertrag v. 11. 8. 1920 u. ein Optionsabkommen zw. Lettland u. Russland vom 22. 7. 1921 möglich (→Option). Artikel 8 des Friedensvertrages sah vor, dass Personen, die „selbst oder deren Eltern vor dem 1. August 1914 städtischen, dörflichen oder Standeskorporationen auf dem Gebiet zugeschrieben waren, das nunmehr den Lettischen Staat bildet, [...] als Staatsangehörige Lettlands" anerkannt wurden. Betroffene Personen mit russ. Staatsangehörigkeit, die sich in Russland aufhielten, besaßen ein Jahr lang das Recht, für die Staatsangehörigkeit Lettlands zu optieren. Bis 1922 kehrten 207.646 lettische Flüchtlinge aus der Russl. Sowjetrepublik nach Lettland zurück, bis 1927 weitere 15.926 Personen. Schätzungen gehen davon aus, dass zu Beginn der Stalin'schen Säuberungen Mitte der 1930er Jahre noch etwa 202.000 L. in der Sowjetunion lebten. Neben lettischen Kommunisten u. ihren Familien dürfte ein nicht unerheblicher Teil v. ihnen aus Flüchtlingen bestanden haben, die aus unterschiedlichen Gründen nicht in ihre freie Heimat zurückgekehrt waren. Nur wenige der 70.000 L., die die Säuberungen überlebten, kehrten 1940 bzw. 1945 als sog. Russlandletten in das sowj. besetzte Lettland zurück u. bildeten einen Teil der Funktionseliten in der SSR Lettland. Größere Forschungsarbeiten oder Monographien zur lettischen „Flüchtlingszeit" 1915–1920 liegen noch nicht vor.

Lit.: 20. gadsimta Latvijas vēstures. Bd. 1. Hg. V. Bērziņš. Riga 2000; V. Bērziņš, Latvija pirmā pasaules kara laikā. Rīga 1987; G. v. Rauch, Geschichte der baltischen Staaten. München 1977; Ā. Šilde, Latvijas vēsture 1914–1940. Stockholm 1976; Latviešu konversācijas vārdnīca. Bd. 1. Hg. A. Švabe u. a. Rīgā 1927–1928; K. Bachmanis, Latvju tauta bēgļu gaitās. Rīgā 1925.

D. H.

Liquidationsgesetze. Die L. vom 15. 2. 1915 standen im Zusammenhang mit der Verschärfung repressiver Maßnahmen gegen Staatsangehörige der Mittelmächte sowie gegen russ. Untertanen dt., österr., ung. und türk. Abstammung. Nach den milit. Fehlschlägen vom November 1914 arbeitete die Petrograder Regierung, v. der russ. Heeresführung u. der nationalistischen Presse unter Druck gesetzt, drei Gesetze zur Beschränkung u. Auflösung des dt. Landbesitzes in den westl. Provinzen des Zarenreiches aus. Sie erfassten Russisch-Polen sowie die Gouv.s Kiev, Podolien, Wolhynien, Wilna, Grodno, Kovno, Minsk, Vitebsk, Kurland, Livland u. Bessarabien. Erstens wurden Personen mit dt., österr. und ung. Staatsangehörigkeit der Kauf, die Verpfändung u. die Pacht v. Land verboten. Dieses Verbot galt zweitens auch für alle bäuerlichen Gemeinden, deren Einw.schaft aus russ. Untertanen dt. (a. österr. und ung.) Herkunft bestand sowie für Personen, die erst nach dem 1. 1. 1880 in den russ. Untertanenverband aufgenommen worden waren. Soweit der Landbesitz der genannten Kategorien in einem 150 Werst (1 Werst = 1,067 km) breiten Streifen an der Grenze zu Deutschland oder Österreich-Ungarn bzw. in einem 100 Werst breiten Streifen an der Ostsee oder am Schwarzen Meer lag, musste dieser innerhalb v. 10 bzw. 16 Monaten verkauft werden. Andernfalls, hieß es, werde er auf öffentlichen Auktionen versteigert. Ausgenommen war der Landbesitz v. Deutschen, die selbst oder deren Söhne als Freiwillige oder Offiziere an der Front standen. Von der Liquidation ausgespart blieben v. a. diejenigen Kolonien, die einst auf Staatsland angelegt worden waren (d. h. meist die sog. Mutterkolonien), sowie der Einzelbesitz v. Personen, die vor 1880 russ. Untertanen geworden waren. Das sog. Ukasland, das den dt. Kolonisten im Kgr. Polen 1866 übertragen wurde, blieb v. dieser Maßnahme ebenfalls unberührt.

Die L. wurden im Dezember 1915 verschärft: Sie betrafen nun auch das bei der Ansiedlung zugewiesene Staatsland (die „Mutterkolonien“) sowie das Eigentum aller Landgenossenschaften, soweit ihnen ein Kolonist angehörte. Allerdings stellte sich bald heraus, dass die aus den frontnahen Gebieten Evakuierten die Transportmittel überlasteten u. die Gouv.s im Landesinneren kaum noch weitere Deportierte u. →Flüchtlinge aufnehmen konnten. Zudem erkannten sogar die größten „Deutschenfresser“, dass sie für die enteigneten Bauern nicht so leicht Ersatz finden konnten und die Enteignung der dt. Bauern die Lebensmittelversorgung der Truppe und der Zivilbev. gefährdete. Im März 1916 erlaubte die Regierung deshalb den Schwarzmeerdeutschen, auf dem enteigneten Land weiterzuarbeiten u. die Ernte einzubringen. Dennoch wurden die L. im Herbst 1916 auf weitere Gebiete u. am 6. 2. 1917 schließlich de facto auf das ganze Reich, u. damit auch auf die Wolga- u. die Sibiriendeutschen, ausgedehnt.

Im Dt. Reich vertraten Militärs u. Politiker der Rechtsparteien die Meinung, dass die im Russ. Reich enteigneten Deutschen nach dem Krieg in einem sog. poln. Grenzstreifen angesiedelt werden sollten, um den die preußischen Ostgebiete zu erweitern seien.

Lit. (→Deutsche aus dem Königreich Polen im Ersten Weltkrieg): Istorija rossijskich nemcev v dokumentach 1763–1992. Hg. V. Auman/V. Čebotarëva. Moskva 1993, 36–40; D. Neu-

TATZ, Die „deutsche Frage“ im Schwarzmeergebiet und in Wolhynien. Politik, Wirtschaft, Mentalitäten und Alltag im Spannungsfeld von Nationalismus u. Modernisierung (1856–1914). Stuttgart 1993; V. C. DJAKIN, Pervaja mirovaja vojna i meroprijatija po likvidacii tak nazyvaemogo nemeckovo zasil'ja, in: Pervaja mirovaja vojna 1914–1918. Moskva 1968, 227–238; Th. HUMMEL, 100 Jahre Erbhofrecht der deutschen Kolonisten in Russland. Berlin 1936; K. Ė. LINDEMAN, Zakony 2-go fevralja i 13-go dekabrja 1915 g. Moskva 1916.

S. G.

Litauer. L. (Selbstbez. *lietuviai*) bilden zusammen mit den Letten den baltischen Sprachzweig des Indogermanischen. Das Territorium der Litauischen Republik der Zwischenkriegszeit betrug ca. 53.000 qkm. Hinzu kam das zw. 1924 u. März 1939 der Souveränität Litauens unterstellte Memelgebiet mit 2.708 qkm. Zum Zeitpunkt der sowj. Besatzung im Juni 1940 besaßen rd. 3 Mio. Menschen die litauische →Staatsangehörigkeit, davon waren ca. 71 % ethnische L. Fast alle L. gehören der röm.-kath. Kirche an (→Baltische Länder).

Im MA besaß das Großfrst. Litauen mit seiner Hauptstadt Wilna (Vilnius) große Bedeutung für die Geschichte Ostmitteleuropas. Infolge v. dynastischen Verbindungen wurde der poln. Einfluss schließlich immer stärker, bis das Großfrst. in der Union v. Lublin im Jahre 1569 praktisch im polnischen Kgr. aufging. Die Teilungen Polens betrafen auch den litauischen Teil des Kgr.s, sodass das Land bis zum 1. →Wk. zum zarischen Russland gehörte. Der Zusammenbruch Russlands u. →Deutschlands eröffnete Litauen 1917–1919 den Weg zur Eigenstaatlichkeit. Vor allem mit →Polen kam es wegen der Wilna-Frage zu permanenten Spannungen.

In den geheimem Absprachen zw. dem nationalsozialistischen Deutschland u. der stalinistischen →Sowjetunion (→deutsch-sowjetischer Grenzvertrag) wurde Litauen schließlich im September 1939 der russ. Interessensphäre zugeordnet; im Juni 1940 okkupierte die Sowjetunion den baltischen Staat. Die →Deportationen der ersten Besatzung galten den ideologischen Feinden der Sowjetmacht. Neben Vertretern der litauischen Republik (insbesondere Verwaltungspersonal) waren die „Bourgeoisie“ (städtische Bevölkerung v. a. in Handel u. freien Berufen) u. „Kulaken“ (Bauern mit Landbesitz) betroffen. Die Deportationen erreichten ihren Höhepunkt im Juni 1941: Insgesamt wurden fast 18.000 Menschen während der ersten Besatzung ins Innere der Sowjetunion (Komi ASSR, Gebiete Krasnojarsk u. Novosibirsk, →Sibirien) deportiert.

Der dt. Überfall auf die Sowjetunion am 22. 6. 1941 wurde v. der Mehrheit der L. deswegen als Befreiung bejubelt. Während der dt. Besatzung bis zum Sommer 1944 wurden zwar auch aus Litauen viele Personen als Zwangsarbeiter nach Deutschland verschleppt (Schätzungen liegen zw. 50.000 u. 60.000 Menschen, →Zwangsarbeit), doch nahmen die L. selbst innerhalb der rassistischen Hierarchie der Nationalsozialisten einen relativ hohen Rang ein, während für die litauischen Juden die dt. Okkupation das Todesurteil bedeutete. Da die untere u. mittlere Verwaltung sich zudem in litauischen Händen befand, hatten L. weit bessere Chancen als etwa Polen oder Weißrussen, der Zwangsaushebung zu entgehen. Der Großteil der Zwangsarbeiter stammte daher keineswegs zufällig aus dem Gebiet um Wilna, das wegen seines hohen poln.sprachigen Bev.anteils aus Sicht der litauischen Verwaltung für die Aushebung v. Zwangsarbeitern besonders geeignet war. Im Übrigen lagen die litauischen Kontingente weit unter den dt. Forderungen. Viele Menschen verbargen sich in den Wäldern, um einer Verschickung in das Dt. Reich zu entgehen. Nach den Erfahrungen mit der Sowjetmacht 1940/41 flohen dennoch Zehntausende L. im Sommer 1944 mit den sich zurückziehenden dt. Truppen nach W. In den Westzonen (→amerikanische, →britische, →französische Besatzungszone) des besiegten Deutschlands ließen sich fast 60.000 L. als →Displaced Persons (DPs) registrieren (wobei die Dunkelziffer sicherlich höher lag). Neben den erwähnten →Flüchtlingen vor der Roten Armee befanden sich darunter auch Menschen, die zum Dienst in milit. Einheiten unter dt. Führung gezwungen worden waren. Fast alle in den →Lagern registrierten Personen emigrierten ab 1948 nach Übersee (v. a. in die USA).

Die erneute sowj. Herrschaft stellte alles in den Schatten, was die L. bisher erlebt hatten. Die erste Opfergruppe bestand allerdings aus Angehörigen der dt. Volksgruppe, wobei als „deutsch" auch diejenigen galten, die die Sprache in Schulen unterrichtet hatten oder protestantischen Glaubens waren. Im Mai 1945 erreichten ca. 1.000 deportierte „Deutsche" ihren Verbannungsort in Tadschikistan (→Zentralasien). In Litauen selbst regte sich massiver Widerstand gegen die erneute sowj. Herrschaft: Bis Anfang der 1950er Jahre kam es zu erbitterten u. brutalen Kämpfen zw. litauischen Partisanen und sowj. NKVD-Truppen (→NKVD), wobei die Zivilbev. von beiden Seiten nicht geschont wurde. Im Rahmen des Kampfes gegen die als Banditen bezeichneten Partisanen wurden ab Oktober 1947 Massendeportationen organisiert, denen ganze Familien zum Opfer fielen, die als Angehörige der „Waldbrüder" in Sippenhaft genommen wurden oder als „Sympathisanten" galten. In den Jahren 1948 (ca. 44.000 Personen) u. 1949 (ca. 33.500 Personen) erreichte die Deportationswelle ihren Höhepunkt. Hintergrund war dabei nicht nur der anhaltende bewaffnete Widerstand gegen die Sowjetmacht, sondern v. a. die ideolog. Vorgabe, die Landwirtschaft möglichst schnell zu kollektivieren, was v. a. durch Terror gegen „Kulaken" erreicht werden sollte. Im GULag-System (→GULag) verschwanden bis 1952 mindestens 142.579 Menschen aus Litauen, nach Sibirien wurden mindestens 111.308 Menschen deportiert, darunter rd. 39.000 Kinder u. 50.000 Frauen (betroffen waren neben L.n auch alle anderen in Litauen lebenden Ethnien). Die Deportierten aus Litauen wurden v. a. in die Gebiete Irkutsk, Krasnojarsk, Tomsk u. nach →Kasachstan gebracht; die Lebensbedingungen waren unmenschlich, zumal die Menschen meist zur Schwerstarbeit herangezogen wurden. Mangelerkrankungen wegen Hunger u. Seuchen aufgrund fehlender hygienischer Einrichtungen gehörten zum Alltag. Nimmt man noch die in Litauen inhaftierten oder ermordeten Menschen hinzu, dürften rund 350.000 L. zu Opfern des stalinistischen Systems geworden sein.

Die Deportationen fanden in mehreren Wellen statt, für deren Durchführung zur Unterstützung der in Litauen stationierten Sicherheitskräfte Verbände aus anderen Sowjetrepubliken zusammengezogen wurden. Der Abtransport erfolgte in Güterzügen, die in den größeren Städten bereitgestellt worden waren. Angeordnet wurden die großen Aktionen vom Ministerrat der UdSSR. Federführend war der NKVD, der v. der litauischen KP-Führung u. den lokalen Parteifunktionären unterstützt wurde. Die eigentliche Arbeit erledigten die im Partisanenkampf eingesetzten NKVD-Truppen, einheimische „stribai" (v. russ. *istrebit'* „vernichten") u. örtliche Kommunisten. In geheimen Anweisungen der Litauischen KP (LKP) wurde die Konfiszierung v. Besitz u. Eigentum der Deportierten angeordnet. Die einzelnen Aktionen waren langfristig geplant (Erstellung der Listen der zu Deportierenden, Hinzuziehung auswärtiger Verbände, Bereitstellung des rollenden Materials usw.) u. liefen unter Tarnbezeichnungen wie „Frühling" (Mai 1948, russ. *operacija „Vesna"*) oder „Wellenbrecher" (März 1949, russ. *operacija „Priboj"*).

Erst in der Phase des Tauwetters nach Iosif →Stalins Tod kam es bis in die 1960er Jahre zu einer Rückkehr v. ca. 80.000 Opfern in die Litauische Sowjetrepublik, allein v. den Verbannten hatten mehr als 28.000 Menschen den Tod gefunden. Noch 1956 hatte das ZK der LKP versucht, in Moskau durchzusetzen, dass den offiziell „verurteilten" Deportierten die Rückkehr nach Litauen, in die benachbarten Sowjetrepubliken oder ins Kaliningrader Gebiet verweigert werde.

Die Erforschung der sowj. Periode, insbesondere der Verbrechen der Stalin-Ära 1940/1944–1953, bildete nach der Wiedererlangung der Unabhängigkeit einen der Schwerpunkte der litauischen Zeitgeschichtsforschung. Aufgrund der relativ guten Quellenlage im KGB-Archiv in Wilna sowie in den Beständen der LKP befindet sich die litauische Geschichtsschreibung der Deportationen auf einem hohen Niveau. Als zentrale Einrichtung ist v. a. das Forschungszentrum für den →Genozid an Bewohnern Litauens u. den Widerstand in Wilna zu nennen, das mit seiner wiss. Zeitschrift *Genocidas ir rezistencija* auch das wichtigste Fachorgan herausgibt. Neben der wiss. Aufarbeitung u. Dokumentenbänden haben sich viele Opfer in Erinnerungen u. *oral-history*-Projekten zu Wort gemeldet. Die internat. Kommission zur Erforschung der nationalsozialistischen u. sowj. Verbrechen in Litauen hat inzwischen ebenfalls erste Bücher zur Thematik veröffentlicht.

Lit.: Lietuva 1940–1990. Okupuotos Lietuvos istorija. Hg. A. Anušauskas. Vilnius 2005; The Anti-Soviet Resistance in the Baltic States. Hg. Ders. Vilnius 1999; A. Bubnys, Vokiečių okupuota Lietuva (1941–1944). Vilnius 1998.

J. T.

Lothringer: NS-Vertreibung. Nach der Eroberung v. Metz 1552 durch Frankreich u. dem Erbfall des Hrzgt.s Lothringen samt der bailliage d'Allemagne 1766 an die frz. Krone integrierte sich die Region namentlich nach der Frz. Revolution in Frankreich. Im Frankfurter Frieden verleibte sich das Dt. Reich 1871 vom frz. Departement Moselle das größte Stück u. von Meurthe-et-Moselle einen Randstreifen ein. Das annektierte Territorium, das sich in einen frz.sprachigen SW u. einen dt.sprachigen NO teilte, wurde der Bezirk Lothringen des Reichslands Elsass-Lothringen. Nach dem 1. →Wk. kehrte es als Departement Moselle nach Frankreich zurück, worauf die meisten der eingewanderten Reichsbürger vertrieben wurden. 1940 wurde Lothringen vom Dt. Reich ohne völkerrechtliche Grundlage annektiert, staatl. dem Chef der Zivilverwaltung (CdZ) Josef Bürckel unterstellt und parteipolit. mit dem Gau Saarpfalz der NSDAP zum Gau Westmark zusammengeschlossen. Ähnlich wie im Elsass (→Elsässer: NS-Vertreibung) lassen sich in Lothringen zwei Vertreibungsphasen unterscheiden. Nach mehreren brutalen Vertreibungswellen im Sommer u. Herbst 1940, die 80.000–90.000 L. nach W verdrängten, wurde die Dimension der Ausweisungen zurückgeschraubt. Ab Mitte 1941 nahm infolge der Einführung des Reichsarbeitsdienstes u. besonders 1942 der Wehrpflicht die Zahl der Vertreibungen wieder zu, wobei aus „volkstumspolitischen" Überlegungen nun der größte Teil der L. ins Reichsinnere verschleppt wurde.

Sofort im Juni 1940 wurde eine Linie, die sog. Führer- oder Nord-Ost-Linie, gegen die Ostrückwanderung v. seit September 1939 evakuierten oder geflohenen Franzosen gesperrt, die nicht den polit. und rassistischen Vorstellungen der Nationalsozialisten entsprachen. Anfang August 1940 ließ Adolf →Hitler Bürckel befehlen, jeden L. zu vertreiben, der „französele". Bis Mitte September waren fast 25.000 L. in die unbesetzte Zone Frankreichs abgeschoben worden: Zuerst die Juden (→J.: Deportation und Vernichtung) u. die anderen rassistisch verfolgten Gruppen, Sinti und Roma (→Völkermord an den europäischen Zigeunern), Immigranten aus den frz. Kolonien u. verurteilte Verbrecher, darauf frankophile Priester u. Ordensangehörige, gewählte Volksvertreter, die hohen u. die aus anderen frz. Regionen stammenden Beamten, die Deserteure der kaiserlichen Armee u. die Freiwilligen der frz. Armee aus dem 1. Wk. Die Erwachsenen hatten sich auf 50 kg Gepäck zu beschränken u. durften 2.000 Francs Bargeld mitnehmen, für Kinder waren nur 20 kg u. 1.000 Francs erlaubt.

Am 18. 10. 1940 erhielt Bürckel wie der CdZ im Elsass v. Hitler den Auftrag, aus den neuen Grenzterritorien „im Laufe von zehn Jahren völlig deutsche Gebiete" zu machen. Hitler deckte persönlich die daraufhin vom 11. bis zum 21. 11. 1940 durchgeführte größte Vertreibungswelle in Lothringen, die vorwiegend die ländliche frz.sprachige Bev. der Westmoselle betraf. Bürckel wünschte an der neuen Westgrenze einen „völkischen Schutzwall" aufzubauen u. in der lothringischen Landwirtschaft Platz zu schaffen, um durch eine Gaubinnenkolonisation den saarpfälzischen Bauern die Umsiedlung (→U. [NS-Begriff]) in die annektierten Ostgebiete zu ersparen. Die nach Lothringen versetzten NSDAP-Kreisleiter der Saarpfalz entschieden über die Anzahl der Personen aus den einzelnen Dörfern u. die Ortsgruppenleiter der nationalsozialistischen Sammlungsbewegung für Lothringen, der Dt. Volksgemeinschaft, über die zu vertreibenden Familien, wobei oft persönliche Motive eine Rolle spielten. Zudem stellte die Gestapo Listen der Angehörigen v. patriotischen Vereinen zusammen u. horchte die Schulkinder nach der v. den Eltern benutzten Sprache aus. Die auf oft fehlerhaften Listen eingetragenen L. wurden nicht selten mitten in der Nacht v. Agenten der Sicherheits- u. Schutzpolizei heimgesucht. Die Verhafteten mussten sich in kürzester Zeit zur Abfahrt bereit machen. Auf Alter, Gebrechlichkeit oder Krankheit wurde keine Rücksicht genommen. Im Gegensatz zu den Vertriebenen der ersten Wellen durften jetzt nur 15 kg Handgepäck u. 1.000 Francs mitgenommen werden.

Gegen diese Vertreibungen protestierte nicht nur die frz. Delegation bei der Waffenstillstandskommission in Wiesbaden, sondern auch dt. Stellen, außer Vertretern des Militärbefehlshabers in Frankreich, der Dt. Botschaft in Paris u. der elsass-lothringischen Heimatbewegung v. a. das Reichsministerium des Innern u. der Reichskommissar für die Festigung deutschen Volkstums. Die SS war über Bürckels stark linguistisch und polit. ausgerichtete Vertreibungskriterien empört, da sie die vom Gauleiter verjagten L. als frz.-sprachige Menschen dt. Abstammung erachtete, die geeignet seien, den „französischen Volkskörper" zu verbessern. Obwohl sich Bürckel auf den ausdrücklichen Befehl Hitlers berief, welcher auch in der Folgezeit die Rücksichtslosigkeit seines Gauleiters lobte, wurden die Novembervertreibungen vorzeitig v. der Reichskanzlei abgebrochen. Anstatt der beabsichtigen 100.000 wurden immerhin noch 63.000 L. vertrieben. Die Höfe der Ausgewiesenen wurden dt. Siedlern aus der Saarpfalz u. „volksdeutschen Umsiedlern" besonders aus der Bukowina (→Deutsche aus der B.) zur Verfügung gestellt; die meisten Höfe konnten aus Mangel an Umsiedlern nicht bewirtschaftet werden.

Bürckel war bereit, eine Rückwandererspruchstelle einzurichten, die 1941–1943 v. den weniger als 750 Gesuchen Lothringer Familien auf Rückkehr in die Moselle überhaupt nur 11 % positiv beschied, ließ aber schon im März 1941 fast 8.000 weitere L. nach W verjagen. Ab Ende Juli 1941 wurde die Vertreibungsrichtung geändert: Offen oppositionelle L. wurden ins Konzentrationslager deportiert; frz.sprechende und polit. verdächtige L. wurden ins Altreich oder nach Österreich verschleppt oder, „soweit sie rassisch und sozial wertvoll" seien, zur „Umsiedlung" in die besetzten oder annektierten poln. Gebiete verbracht. „Rassisch minderwertige" L. seien nach Frankreich zu schicken, darunter etwa 12.000 Industriearbeiter vorwiegend poln. oder it. Herkunft, die man aus Angst vor einem Produktionsausfall in der lothringischen Kriegswirtschaft bis dato verschont hatte. Die Familien v. Arbeitsdienstverweigerern u. von Wehrdienstflüchtigen wurden insbesondere in einer allein im Januar 1943 über 8.700 Menschen erfassenden Aktion in v. der SS bewachte menschenunwürdige Speziallager der →Volksdeutschen Mittelstelle im Altreich, in Österreich oder im „Protektorat Böhmen und Mähren" eingesperrt u. zur Arbeit in der Kriegsproduktion gezwungen; ihr Vermögen wurde v. der Dt. Umsiedlungs-Treuhand-Gesellschaft eingezogen. Diese „Patriots Résistants à l'Occupation" (P. R. O.) warten bis heute auf die internat. Anerkennung als Opfer v. →Deportation u. Zwangslager. Die SS dämmte schließlich Bürckels Ausweisungswut ein, weil die Kapazitäten fehlten, die v. ihm verlangten weiteren 40.000 Vertreibungen durchzuführen. Langfristig sah ein „Lothringen-Plan" vor, nach Kriegsende nochmals 60 % der L. nach O zu verschleppen, damit die Moselle nach 25 Jahren zu zwei Dritteln v. Reichsdeutschen bewohnt sein würde.

Man muss davon ausgehen, dass über 100.000 Menschen v. Bürckel aus der Moselle nach W vertrieben u. etwa 50.000 daran gehindert wurden, aus der →Evakuierung zurückzukommen. Man kann durchaus die 75.000 L., die „freiwillig" in Südwestfrankreich ausharrten, zu jenen zählen, denen das nationalsozialistische Deutschland ihre Heimat raubte. Die aus Lothringen in den O des Reiches verschleppten P. R. O. zählten wohl über 10.000 Personen. Das Departement Moselle verlor somit bis 1945 über ein Drittel seiner Bev.

Lit. (a. →Elsässer: NS-Vertreibung): U. Mai, Volkstumspolitik in Lothringen, in: Heimatbewegung und NS-Kulturpolitik in Hessen, Pfalz, Elsaß und Lothringen. Hg. Förderverein Projekt Osthofen. Osthofen 1999, 128–146; P. Heil, Nationalsozialistische Volkstumspolitik in Lothringen, dem Saarland und der Pfalz 1940–1944, in: Grenzenlos. Lebenswelten in der deutsch-französischen Region an Saar und Mosel seit 1840. Ausstellungskatalog. Hg. Historisches Museum Saar. Dillingen 1998, 134–155; Moselle et Mosellans dans la Seconde Guerre mondiale. Hg. F.-Y. Le Moigne. Metz 1983; H. Hiegel, Les expulsions et les transplantations en Moselle de 1940 à 1945, *Mémoires de l'Académie Nationale de Metz* (1980/81), 183–197; D. Wolfanger, Die nationalsozialistische Politik in Lothringen (1940–1945). Saarbrücken 1977.

W. F.

Madagaskar-Plan. Der sog. M.-P. war ein Projekt zur Vertreibung v. Juden, das in unterschiedlichen Formen seit Ende des 19. Jh.s v. Antisemiten in ganz Europa verfolgt wurde u. 1940 eine erhebliche Rolle bei den Planungen zu einer „Endlösung der Judenfrage" spielte (→Juden: Deportation und Vernichtung).

Bereits im Jahre 1885 formulierte der antisem. Orientalist Paul de Lagarde in seinem Artikel „Über die nächsten Pflichten der deutschen Politik" die Idee, Juden aus →Rumänien nach M. zu deportieren (→Deportation). Die Insel im Indischen Ozean war genau seit diesem Jahr frz. Protektorat, 1896 dann Kolonie. Lagarde fügte sich damit in den publizistischen Antisemitismus ein, der seit der Weltwirtschaftskrise ab 1879 boomte. Zugleich trat der Antisemitismus nun in Verbindung mit dem Hochimperialismus.

In der unmittelbaren Nachkriegszeit ab 1919 formierte sich in nahezu allen Ländern Europas ein extremes völkisch-faschist. Lager. Der brit. Antisemit Henry Beamish brachte den Gedanken an eine Vertreibung nach M. Anfang der 1920er Jahre wieder auf u. propagierte ihn nicht nur auf internat. Antisemiten-Kongressen, sondern auch in der damals noch recht bedeutungslosen NSDAP.

In der nationalsozialistischen Propaganda u. Politik nach der Machtergreifung 1933 spielte dieser Gedanke zunächst keine zentrale Rolle. Vor allem solche Organe, die engen Kontakt mit ausländischen Antisemiten hielten, wie die Zeitschrift *Weltdienst* oder die *Antijüdische Weltliga*, ein Ableger des Hetzblattes *Der Stürmer*, propagierten die Vertreibung auf die Insel. In der unmittelbaren Vorkriegszeit seit 1937 verdichtete sich die Propagandakampagne, zunächst im Umfeld des Antisemiten-Kongresses in Erfurt. Doch nicht nur die nationalsozialistischen Medien u. einige Antisemiten aus England u. Frankreich, sondern auch die poln. Regierung begannen sich für das Projekt, wenn auch in modifizierter Form, zu interessieren. Die autoritären Regierungen nach Józef Piłsudskis Tod im Jahre 1935 forderten den Erwerb v. Kolonien u. wollten dies mit der Auswanderung der Juden aus dem Land verbinden, die stark forciert werden sollte. Tatsächlich zeigte sich die frz. Regierung zunächst offen dafür, eine eventuelle Masseneinwanderung v. Juden nach M. zu sondieren. Freilich offenbarten sich alsbald Unterschiede in der Interpretation: Während Frankreich eher Überlegungen für die →Migration einiger Familien konkretisierte, wollte die poln. Regierung – im Verein mit jüd. Organisationen – Pläne einer massenhaften Einwanderung entwickeln; die poln. Rechte hingegen forderte bereits die zwangsweise Ausweisung aller Juden aus dem Lande. Tatsächlich zeigten sich einige internat. und einige polnische jüd. Organisationen angesichts der massenhaften Emigrationsbewegungen interessiert, u. Polen entsandte 1937 eine Delegation auf die Insel, die die Möglichkeit der Ansiedelung untersuchte. Im Ergebnis wurde festgestellt, dass sich höchstens 30.000 Juden auf der Insel ansiedeln könnten. Während die poln. Regierung das Projekt weiter voranzutreiben suchte, wandten sich Frankreich u. die jüd. Verbände allmählich ab.

Mit dem Beginn des 2. →Wk.s war diese Form des Projektes gescheitert. Erst mit dem Sieg NS-Deutschlands über Frankreich kam es wieder auf die polit. Agenda, nun aber in deutlich radikalerer Form. Zwar strebte die NS-Führung v. Anfang an eine Vertreibung der dt. Juden an, das Ausmaß der →Emigration war jedoch seit 1934 wieder rückläufig. Während das Auswärtige Amt die Auswanderung nach Palästina eher kritisch betrachtete, meldete sich 1937 ein neuer Akteur in der Emigrationspolitik, der Sicherheitsdienst der SS (SD). Das „Judenreferat" des SD befürwortete nicht nur die Auswanderung nach Palästina, sondern brachte auch wieder M. als Ziel ins Gespräch. Zwar gestaltete sich die Auswanderung nach Palästina – wegen der brit. Politik – immer schwieriger, doch wurde M. eher hypothetisch unter den vielen Immigrationsgebieten, inzwischen auch in Afrika, genannt.

Der Ausbruch des Krieges lenkte die Vertreibungspläne jedoch in eine andere Richtung. Seit Oktober 1939 wurde in dt. Dienststellen ein „Reservat" für Juden aus dem Reich u. Polen im SO des dt.-besetzten Polen, im Raum östl. von Krakau u. Lublin, diskutiert. Obwohl erste Deportationstransporte noch Ende 1939 in Gang gesetzt wurden, scheiterte dieses Vorhaben jedoch am Widerstand der neuen Besatzungsverwaltung. Zugleich wurde damit aber der Übergang v. einer Politik der Emigration zu einer der Deportation in unwirtliche Gegenden deutlich. Im April 1940 erwog SS-Chef Heinrich →Himmler die Errichtung eines solchen „Reservates" in Afrika.

Mit der Kriegsniederlage Frankreichs flammte intern die Kolonialdiskussion auf, die die NS-Führung eigentlich vermeiden wollte. Noch vor Abschluss des Krieges im W, am 3. 6. 1940, präsentierte der neue „Judenreferent" des Auswärtigen Amtes, Franz Rademacher, Vorschläge zur Deportation v. Juden, u. a. auf die frz. Inselkolonie. Er traf sofort auf offene Ohren u. formulierte Anfang Juli einen konkreteren Plan. Die Juden unter dt.

Herrschaft sollten auf Kosten Frankreichs nach M. deportiert u. dort dem harten Regime eines dt. Polizeigouverneurs unterworfen werden. Im August 1940 folgte das Reichssicherheitshauptamt, das seit 1939 in der Emigrationspolitik federführend war, mit einem eigenen Projekt zur Deportation v. jährlich etwa 1 Mio., insgesamt 4 Mio. Juden auf die Insel. Von Juli bis September 1940 arbeiteten zahlreiche Institutionen, etwa Raumplaner oder Statistiker, an den Planungen, die nun Zahlen v. bis zu 6,5 Mio. Opfern anpeilten. Immer deutlicher zeichnete sich ab, dass die anvisierten Lebensbedingungen auf der Insel auf einen schleichenden Völkermord hinauslaufen würden (→Genozid, →Holocaust). Während in der Öffentlichkeit kaum etwas über dieses Projekt verlautbart wurde, richtete sich die Besatzungsverwaltung in Polen bereits auf die baldige Deportation der Juden aus ihrem Bereich ein. Selbst unter den Juden in Polen kursierten diese Informationen.

Der M.-P. war für die Nachkriegszeit vorgesehen. Zunächst musste das Reich über Großbritannien milit. siegen, um die Seehoheit erringen zu können. Mit dem Scheitern der dt. Luftwaffe im „Battle of Britain" am 15. 9. 1940 war dies jedoch faktisch unmöglich geworden. Dennoch arbeiteten dt. Behörden eine Zeit lang weiter an den Deportationsplänen. Bereits im Dezember 1940 war nicht mehr von M. die Rede, sondern v. „einem noch zu bestimmenden Territorium". Im Frühjahr 1941 rückten die sowj. Gebiete dann in den Horizont der Planer. Doch der Angriff auf die →Sowjetunion am 22. 6. 1941 markiert den Beginn des direkten Völkermordes an den Juden, Pläne für ein „Reservat" wurden bis Ende des Jahres allmählich aufgegeben. Dennoch wurde der M.-P. intern bis Anfang 1942 als Chiffre für die „Endlösung der Judenfrage" benutzt, selbst v. Adolf →Hitler.

Lit.: C. Tonini, Operazione Madagascar: la questione ebraica in Polonia, 1918–1968. Bologna 1999; M. Brechtken, „Madagaskar für die Juden". Antisemitische Idee und politische Praxis 1885–1945. München 1997; H. Jansen, Der Madagaskar-Plan. Die beabsichtigte Deportation der europäischen Juden nach Madagaskar. München 1997.

D. P.

Magyaren aus Siebenbürgen nach Ungarn. Nach dem Einmarsch der ung. Armee in die Karpatenukraine im Frühjahr 1939 verbreitete sich in →Rumänien das Gerücht, dass die ung. Truppen beabsichtigten, auch in Siebenbürgen einzudringen. Als Reaktion darauf führten die rum. Behörden v. a. im Kreise der ung. Grenzbevölkerung, die als unzuverlässig galt, eine Reihe v. Hausdurchsuchungen, Internierungen, Razzien u. Requirierungen durch. Infolge dieser Maßnahmen u. der zunehmenden ungarnfeindlichen Stimmung in Rumänien verließen immer mehr Menschen ung. Nationalität ihre Heimat u. flohen nach →Ungarn.

Vom Einmarsch der ung. Armee in die Karpatenukraine im Frühjahr 1939 bis zum Frontwechsel Rumäniens im 2. →Wk. im August 1944 kamen mehr als 200.000 →Flüchtlinge nach Nordsiebenbürgen, das durch den 2. Wiener Schiedsspruch vom 30. 8. 1940 unter ung. Herrschaft geraten war. Unter ihnen befanden sich auch 14.000 Personen, die zuvor nach Ungarn ausgewichen waren. Anderen Angaben zufolge siedelten bis Ende 1940 etwa 200.000 Rumänen aus Nordsiebenbürgen ins (bei Rumänien verbliebene) Südsiebenbürgen um, während v. dort etwa 60.000 M. nach U. flüchteten (→Rumänen aus Nordsiebenbürgen nach Rumänien).

Die wachsende Zahl v. Flüchtlingen aus Siebenbürgen beunruhigte die ung. Regierung aus zwei Gründen: Zum einen deshalb, weil Unterbringung u. Verpflegung der Flüchtlinge kostspielig waren, zum anderen, weil sie das Sinken der Zahl der Siebenbürgen-M. unter nationalpolit. Gesichtspunkten für nicht wünschenswert hielt. Weiteren Fluchtwellen sollte mit vertraulicher Propaganda unter den M. entgegengewirkt werden, „unwürdige" Elemente sollten abgeschoben werden. Darüber hinaus wollte man erreichen, dass sich alle Flüchtlinge bei der Polizei meldeten, v. wo aus sie zum Zentralamt für Ausländerkontrolle (ung. *Külföldieket Ellenőrző Központi Hivatal*) oder in Militärlager überstellt werden sollten. Nach einer persönlichen, v. a. an den Gesichtspunkten der nationalen Sicherheit ausgerichteten Befragung sorgte dann die sog. Vereinigung der Männer aus Siebenbürgen (ung. *Erdélyi Férfiak Egyesülete*) vorübergehend für ihre Unterstützung u. beschaffte ihnen fallweise auch Arbeitsmöglichkeiten. Bis zum Frühjahr 1940 löste die ung. Regierung die Betreuung der Flüchtlinge aus Siebenbürgen in erster Linie mit Hilfe ziviler Organisationen u. beschränkte ihre eigene Rolle auf ein Minimum. Damit wollte sie auch signalisieren, dass sie die Frage der ung. Flüchtlinge aus Siebenbürgen als ein Phänomen betrachte, das sich aus individuellen Lebensstrategien ergebe u. kein gesamtgesellschaftliches Problem darstelle. Dieser Standpunkt konnte allerdings seit Frühjahr 1940 nicht mehr aufrechterhalten werden, denn damals flüchteten massenweise junge ung. Männer vor der milit. Einberufung aus Rumänien, u. in den Wochen vor dem 2. Wiener Schiedsspruch überfluteten Flüchtlinge aus Siebenbürgen buchstäblich die Straßen v. Budapest. Das größte Problem stellte ihre Unterbringung u. Verpflegung dar. Ihre Eingliederung in die Arbeitswelt wurde dadurch etwas erleichtert, dass infolge der Einberufung eines Teils der männlichen ung. Bevölkerung in die Armee, sowohl in der Industrie als auch in der Landwirtschaft Arbeitskräfte fehlten.

Die Angelegenheit der Flüchtlinge aus Siebenbürgen entwickelte sich nach dem 2. Wiener Schiedsspruch zu einer Frage mit großer gesellschaftlicher u. polit. Tragweite. In Siebenbürgen entfaltete sich im wahrsten Sinne des Wortes eine Völkerwanderung. Diese verlief in zwei Richtungen: Aus Nordsiebenbürgen, das an U. angeschlossen wurde, flohen Rumänen, aus Südsiebenbürgen, das bei Rumänien verblieb, machten sich massenhaft M. auf den Weg nach Nordsiebenbürgen. Zwischen Nagyvárad (rum. Oradea) u. Kolozsvár (rum. Cluj Napoca), parallel zum Verlauf der neuen Grenze, wurden mehrere Flüchtlingslager errichtet, wo die obdachlosen Flüchtlinge provisorisch untergebracht u. versorgt wurden. Die Angelegenheiten der ung. Flüchtlinge, die das Gebiet Nordsiebenbürgens erreichten, wurden bis zum 26. 11. 1940 v. der Militärverwaltung geregelt. Diese begann bereits in den Herbstmonaten, die Flüchtlinge nach U. zu leiten. Deren wachsende Zahl machte eine Intervention der Regierung notwendig. Ein am 11. 10. 1940 gegründeter Regierungsausschuss für Flüchtlingsangelegenheiten unter der Leitung v. Miklós Bonczos bemühte sich darum, den Flüchtlingen Arbeit zu beschaffen. Dem Parlament berichtete er am 11. 12. 1940 Folgendes: Von den über 65.000 Flüchtlingen hielten sich mehr als 54.000 in Nordsiebenbürgen auf, 12.000 auf dem Gebiet des Mutterlandes. 14.000 benötigten staatl. Unterstützung. Nur 4.000 befänden sich in Lagern. Die Mehrheit habe eine Arbeit aufgenommen u. sei bei Verwandten untergekommen. Die stufenweise Aufhebung der Lager begann im Frühjahr 1941, der Regierungsausschuss wurde am 17. 7. 1942 aufgelöst. Flüchtlinge, die nach der Auflösung des Ausschusses ankamen, wurden in Sammellagern im südostung. Battonya u. in Kolozsvár aufgenommen. Nach ihrer Befragung, bei der wiederum Gesichtspunkte der nationalen Sicherheit eine besondere Rolle spielten, u. ihrer Einkleidung wurde ihnen Arbeit zugewiesen. Die Wehrpflichtigen wurden einberufen. Personen, die auf Sozialunterstützung angewiesen waren, wurden in ein Lager in Losonc (rum. Lučenec) überstellt.

Bei ihrer Auseinandersetzung mit der Frage der Flüchtlinge aus Rumänien war die ung. Regierung in den Jahren 1940–1944 – in der Hoffnung auf weitere Grenzrevisionen – darum bemüht, ein Herausströmen der M. aus Südsiebenbürgen zu verhindern. Die Flüchtlingsangelegenheit hielt sie im Wesentlichen für ein soz. Problem, dem schnell begegnet werden müsse. Der polit. Hintergrund u. die soz. Bezüge der Entwicklungen sind inzwischen aufgearbeitet worden.

Lit.: B. L. Balogh, Az erdélyi magyar menekültkérdés, *Regió* 10/3–4 (1999), 243–266; Ders., Az erdélyi magyar menekültkérdés szociális vonatkozásai 1939–1944 között, in: Emlékkönyv Kis András születésének nyolcvanadik évfordulójára. Hg. P.-A. Sándor u. a. Cluj Napoca 2003, 29–39.

Á. T.

Magyaren aus der Südslowakei: Deportation in die böhmischen Länder. Die ung. sprechenden Bewohner der Südslowakei (ethnische Bez. *Magyaren* bzw. *Madjaren*, dt. außerhalb der Fachliteratur auch *Ungarn*, slowak. *Maďari*, ung. *magyarok*) stellten die größte nicht-slowak. Bev.gruppe der Slowakei dar. 1930 wurden in der Slowakei 571.952 Personen der magyarischen Nationalität zugerechnet. Nach dem 1. Wiener Schiedsspruch, der die Südslowakei im November 1938 →Ungarn zugeschlagen hatte, verblieben nur noch rd. 70.000 M. in der Slowakei, die Mitte März 1939 zum „unabhängigen" Staat v. Hitler-Deutschlands Gnaden ausgerufen wurde. Nach Ende des 2. →Wk.s u. der Wiedereingliederung der südl. Landesteile stellten die größtenteils röm.-kath. und daneben evang. Magyaren mit über 550.000 Personen wieder etwa 15 % der Gesamtbev. Sie siedelten seit der ung. Landnahme im Donaubecken am Ende des 9. Jh.s relativ kompakt in den südl. und südöstl. Bezirken entlang der Donau (slowak. Dunaj, ung. Duna), auf der südöstl. von Pressburg (slowak. Bratislava, ung. Poszony) gelegenen fruchtbaren Großen Schüttinsel (slowak. Žitný ostrov, ung. Csallóköz), im nördl. davon gelegenen Gebiet zw. der Kleinen Donau u. der Waag (slowak. Váh, ung. Vág/Wágh) bzw. zwischen Waag u. Eipel (slowak. Ipeľ, ung. Ipoly), daran anschließend südl. des Slowak. Erzgebirges (slowak. Slovenské Rudohorie) im Gemer-Gebiet (slowak. Gemer, ung. Gömör) sowie südl. und südöstl. von Kaschau (slowak. Košice, ung. Kassa). Insgesamt machte 1945 das überwiegend von M. besiedelte Territorium etwa ein Viertel der Slowakei aus.

Nach Planungen des in London um Präsident Edvard →Beneš gruppierten tschechoslowak. Exils sollte nach Kriegsende die Mehrheit der slowak. M. in ihr „Mutterland" Ungarn ausgesiedelt werden. Im Unterschied zum Zwangstransfer der Deutschen wurde eine analoge Maßnahme betreffs der M. aber nicht in die Potsdamer Erklärung der großen Kriegsalliierten vom 2. 8. 1945 aufgenommen (→Konferenz von Potsdam). Auch danach, namentlich bei den Pariser Friedensverhandlungen mit Ungarn 1946, blieb einer Zwangsumsiedlung von slowak. M. die Billigung der Großmächte versagt. Deswegen rückten für die →Tschechoslowakei vermehrt Binnenlösungen in den Vordergrund. Zusammen mit einem Anfang 1946 mit Ungarn beschlossenen teilweisen Bev.austausch u. der ab 1946 laufenden Aktion der sog. Reslowakisierung (behördlich unterstützter Nationalitätenwechsel) sollte die Verbringung eines großen Teils von M. in die westl. Gebiete der Republik ein wichtiges Instrument zur angestrebten vollen „Slowakisierung" der Slowakei darstellen. Nebst dem ethn. Motiv spielte die Hoffnung der Staatsführung auf Linderung des Arbeitskräftemangels im Zielgebiet eine Rolle. Außerdem gedachte Prag mit der Maßnahme Druck auf die ung. Regierung auszuüben, um den v. Budapest zwar ratifizierten, aber in seiner Durchführung lange sabotierten Bev.austausch durchzusetzen bzw. doch noch das Einverständnis zu einem einseitigen Zwangstransfer nach Ungarn zu erreichen.

Zwischen 1945 u. 1947 gelangten mindestens 55.000 südslowak. M. gegen ihren Willen in die böhmischen Länder. Sie wurden v. den tschechoslowak. Behörden in zwei Hauptwellen im Innern des Staates zwangsumgesiedelt. Im Rahmen der ersten Überführung wurden im Herbst 1945 gegen 10.000 Personen – zuerst nur Männer, dann a. ganze Familien – als landwirt. Hilfskräfte in den böhmischen Ländern zur Arbeit eingesetzt. Der großen Mehrheit wurde nach wenigen Monaten wieder die Rückkehr gestattet.

Von weitaus größerer Dimension sollte eine zw. den zentralen Siedlungsbehörden in Prag u. Bratislava bereits im Februar 1946 beschlossene zweite Welle der Zwangsüberführungen sein. Nachdem im Sommer 1946 der Versuch der freiwilligen Anwerbung v. (auch) magyarischen Arbeitskräften gescheitert war, beschloss die tschechoslowak. Regierung im Herbst 1946 den Beginn der Überführungsaktion. Diese wurde gegenüber den Betroffenen u. der Öffentlichkeit als temporärer Arbeitseinsatz dargestellt, obwohl die Regierung nach internen Beschlüssen den dauerhaften Verbleib u. die Assimilation der Betroffenen vorsah. Auch der Einbezug ganzer Familien, mit Kindern u. Greisen, entsprach geltendem innerstaatl. Recht über den temporären Arbeitseinsatz (Dekret des Präsidenten der Republik Nr. 88/1945 vom 1. 10. 1945). Dies u. die Modalitäten der Durchführung (Umstellung der magyarischen Dörfer durch Sicherheitskräfte u. Armee, kurze

Zeitdauer zw. Bekanntgabe des „Arbeitseinsatzes" u. Verladung, Androhung v. physischen Repressionsmitteln bei Nichtbefolgung) qualifizieren die Umsiedlung als Verschleppung bzw. →Deportation.

Die im November 1946 begonnene Umsiedlung erfasste nach amtlichen Zahlen 43.900 Personen (11.642 Familien), die mit einem Teil ihres beweglichen Mobiliars in 219 Eisenbahntransporten (Personen- u. Güterwaggons) befördert wurden. Die Hälfte der Deportierten setzte sich aus Familien selbständiger kleiner Landwirte zusammen, die übrigen waren unselbständige Hilfsarbeiter. Sie stammten aus 393 meist ländlichen Gemeinden in insgesamt 17 slowak. Bezirken. Die im unmittelbaren SO von Bratislava begonnenen u. zügig gegen Osten voranschreitenden Deportationen wurden kurz vor Erreichen v. Košice (Kaschau) – primär infolge westl. Proteste u. diplomatischer Verhandlungen mit Ungarn – Ende Februar 1947 eingestellt.

Entgegen einem weit verbreiteten Topos wurde der überwiegende Teil der Deportierten nicht in die Grenzgebiete der böhmischen Länder („Sudetenland"), sondern nach Innerböhmen u. -mähren verbracht. Die Mehrheit gelangte als Knechte u. Deputatsangestellte auf die Höfe tschech. Bauern, die den Behörden eine „Transportpauschale" für jede Arbeitskraft zu entrichten hatten u. „ihre" Arbeitskräfte am Ankunftsbahnhof nach eigenem Gutdünken auswählen konnten. Schwerpunkte lagen in Mittelböhmen u. in Mähren in der Haná-Ebene südl. von Olomouc (Olmütz).

Unmittelbar nach Ankunft der ersten Transporte setzte eine mit der Zeit immer stärker werdende illegale Rückkehrbewegung ein, die allein bis zum Juni 1948 bereits über 12.000 Personen umfasste. Die Beziehungen zw. Prag u. Budapest verbesserten sich nach der Durchsetzung des komm. Machtmonopols in der Tschechoslowakei im Februar 1948 schnell, sodass sich Prag nicht mehr länger leisten konnte, gegen Angehörige einer befreundeten sozialistischen Nation Zwangsmaßnahmen aufrechtzuerhalten. Im Rahmen der organisierten Rückkehr v. Januar bis April 1949 kamen 19.000 Personen in die Slowakei zurück. Nach amtlichen Angaben verblieben nur etwa 5.000 Deportierte vorerst im Zielgebiet.

Von einer →Integration in die neue tschech. Umgebung konnte in den meisten Fällen nicht die Rede sein. Diese war zwar seitens des Staates erwünscht, wurde v. den Betroffenen, die ihre Verschleppung und soz. Situation kollektiv als Unrecht empfanden, aber nicht angestrebt. Die Sozialkontakte zur tschech. Bevölkerung sind bisher nicht näher untersucht u. erscheinen in Memoirenberichten z. T. als „hasserfüllt" u. „tief zerrüttet", z. T. aber auch als „korrekt" oder gar „herzlich". Das gemeinsame Schicksal des Heimatverlusts u. der →Zwangsarbeit auf fremdem Boden förderte die Entstehung einer Gruppenidentität, die unter den noch Lebenden auch noch zu Beginn des 21. Jh.s auszumachen ist. Sie zeigt sich durch die Organisation der Deportierten im „Verband der verschleppten Bürger der Slowak. Republik", gemeinsam vertretene Entschädigungsforderungen u. eine zentrale Dokumentation u. literarische Aufarbeitung der erlebten Deportation. Welche Spuren der durchschnittlich weniger als zwei Jahre dauernde Aufenthalt einiger Zehntausend slowak. Ungarn an den Zielorten hinterließ, ist bisher nicht untersucht. Die zurückgekehrten Deportierten nahmen zumindest rudimentäre Tschech.kenntnisse u. das Wissen über fortschrittlichere Methoden in Anbau, Ernte u. Stallhaltung mit in ihre Herkunftsregionen. Auch über die Kontinuität von soz. Kontakten (oft auch mit anderen landwirt. Arbeitskräften wie Deutschen, Rumänen, Bulgaren, Slowaken) können bisher kaum Aussagen gemacht werden.

Lit.: A. v. Arburg, Magyarische Deportierte aus der Slowakei im westlichen Landesteil der Tschechoslowakei seit dem Ende des Zweiten Weltkriegs, in: Enzyklopädie Migration in Europa. Vom 17. Jahrhundert bis zur Gegenwart. Hg. K. J. Bade/P. C. Emmer/L. Lucassen/J. Oltmer. Paderborn 2007, 781–784; K. Vadkerty, Maďarská otázka v Československu 1945–1948. Bratislava 2002; K. Janics, Roky bez domoviny. Maďarská menšina na Slovensku po druhej svetovej vojne 1945–1948. Budapest 1994.

A. v. A.

Magyaren aus der Südslowakei nach Ungarn. In der letzten Phase des 2. →Wk.s u. nach Kriegsende strebten Staatspräsident Edvard →Beneš, die tschechoslowak. Koalitionsregierung bzw. das slowak. Beauftragtengremium – unter dem Motto der Wiedergutmachung des →Münchener Abkommens u. des 1. Wiener Schiedsspruchs – nicht nur danach, die Staatsgrenzen v. vor 1938 wiederherzustellen, sondern auch nach der Aussiedlung u. Vertreibung der etwa 4 Mio. Menschen umfassenden dt. (→Deutsche aus den böhmischen Ländern, →Deutsche aus der Slowakei) u. ung. Minderheit.

Die neue tschechoslowak. Koalitionsregierung stellte am 5. 4. 1945 ihr Programm der Öffentlichkeit vor. Dessen VII. Kapitel formulierte das Prinzip der →Kollektivschuld. Anschließend setzte die Regierung nacheinander ihre gegen die Deutschen u. die 761.000 M. gerichteten Verordnungen in Kraft, die v. a. eine Einschränkung der persönlichen Freiheit u. des Rechts auf Eigentum bedeuteten (→Dekrete des tschechoslowakischen Präsidenten).

Nach den Potsdamer Beschlüssen (→Konferenz von Potsdam) stand Prag vor der Entscheidung, entweder die Konzeption der gewaltsamen Aussiedlung aus der Endphase des Krieges wieder aufzunehmen oder die slowak. Beauftragtenämter in deren eigenem Kompetenzbereich „innere“ Lösungen durchführen zu lassen (Zersiedelung, Re-slowakisierung) oder nach bilateralen Vereinbarungen mit dem ung. Staat zu streben. Nachdem die ung. Regierung im Sommer 1945 mehrfach den Standpunkt vertreten hatte, dass sie einen Bev.austausch nur in Verbindung mit entsprechenden territ. Kompensationen für durchführbar halte, gewann der erste Lösungsweg die Oberhand. Demgemäß begannen die tschechoslowak. Organe im Herbst 1945 damit, die arbeitsfähigen ung. Männer u. Frauen aus der Südslowakei in die böhmischen Länder zu deportieren (→Magyaren aus der Südslowakei: Deportation in die böhmischen Länder).

Nachdem beide Seiten spürten, dass die Alliierten danach strebten, die „ung. Frage“ nicht mittels eines internat. Abkommens, sondern durch die Erzwingung einer bilateralen Vereinbarung zu lösen, setzten sie sich vom 3. bis 6. 12. 1945 in Prag an den Verhandlungstisch. Die tschechoslowak. Delegation unter Führung v. Staatssekretär Vladimir Clementis legte dabei folgende Forderungen vor: Seine Regierung solle dieselbe Zahl von M. zur Umsiedlung bestimmen dürfen, als sich Slowaken für eine freiwillige Aussiedlung aus Ungarn melden würden. Außerdem sollten weitere Massen von M. unter Enteignung ihres Besitzes auf das Gebiet v. Trianon-U. umgesiedelt werden. Ein kleinerer Teil der ung.sprachigen Bev. sollte die tschechoslowak. Staatsbürgerschaft erhalten, Minderheitenrechte sollten ihr aber nicht zustehen. Unter diesen Bedingungen konnte die ung. Seite nicht auf einen Bev.austausch eingehen, sodass es zu keinem Abkommen kam.

Als die tschechoslowak. Regierung ihre Erpressung – die →Deportation der M. in die böhmischen Länder bzw. ihre →Vertreibung nach U. – in den folgenden Wochen fortsetzte u. offensichtlich wurde, dass die Großmächte eine internat. Kontrolle des Bev.austausches ablehnten, war die ung. Regierung Anfang 1946 erneut gezwungen, sich an den Verhandlungstisch zu setzen. Bei den Verhandlungen, die vom 6. bis 10. 2. 1946 in Prag stattfanden, wurde ein Entwurf für ein Abkommen über den Bev.austausch erarbeitet, den beide Seiten ohne wesentliche Änderungen am 27. 2. 1946 in Budapest unterzeichneten. Seine wesentliche Bestimmung war folgende: Die tschechoslowak. Regierung kann so viele Slowakei-M. aussiedeln, wie sich Slowaken in U. zur Umsiedlung melden. Darüber hinaus sollte die slowak. Seite zusätzlich maximal 1.000 als Kriegsverbrecher beurteilte Personen aussiedeln dürfen. Gleichzeitig sollten in die Zahl der ung. Zwangsaussiedler auch jene Personen einberechnet werden, die bereits zuvor ausgewiesen worden waren. Eine gemischte Kommission sollte die Durchführung beaufsichtigen. Die tschechoslowak. Seite versprach in einem dem Vertrag beigefügten Protokoll, die Durchführung der sich auf die inneren u. äußeren Umsiedlungen beziehenden Verordnungen zu suspendieren u. keine weiteren Enteignungen durchzuführen.

Das Abkommen über den Bev.austausch kann nicht als Vereinbarung zw. zwei gleichberechtigten Seiten betrachtet werden. Der Vertrag enthielt zahlreiche drückende Vorschriften für die ung. Regierung. In vielen Fällen gelang es nicht, die slowak. Regierung zur Einhaltung ihrer Verpflichtungen zu bewegen, so z. B. hinsichtlich des Prinzips der Vermögensparität u. der rechtlichen Gleichstellung der Slowakei-M. Mit dem Abkommen wurden aber immerhin geregelte, institutionalisierte u. kontrollierte Rahmenbedingungen für die Umsiedlungen geschaffen u. mit der Einberechnung der bereits früher ausgewiesenen Personen der wechselseitige Charakter der Vereinbarung hervorgehoben.

Die Mehrzahl der Slowaken in U. wollte anfangs nichts v. einer Umsiedlung wissen. Die tschechoslowak. Regierung hielt es auch deshalb für wichtig, in den v. Slowaken bewohnten Gegenden U.s Werbung für die Umsiedlungen machen zu dürfen. Der tschechoslowak. Umsiedlungsausschuss begann am 4. 3. 1946 seine Tätigkeit in U. Diese zielte vom ersten Tag an aber nicht darauf ab, slowak. Nationalbewusstsein zu wecken, sondern v. a. darauf, die ökon. Aussichten U. schlecht zu reden u. verantwortungslose Versprechen zu machen. Im Zuge dieser Aktivitäten meldeten sich 95.724 Personen für eine Umsiedlung. Deren überwältigende Mehrheit (90 %) kam aus den Reihen der Landarbeiter. Bei der Überprüfung der Aufzeichnungen stellten die ung. Organe allerdings fest, dass fast ein Viertel der Bewerber kein Slowakisch konnte. Zudem kamen unbekannte u. fiktive Personen sowie mehr als 10.000 bereits Verstorbene auf die Liste.

Als bekannt wurde, dass die tschechoslowak. Regierung über das Abkommen hinaus die einseitige Aussiedlung v. 200.000 M. plante u. sich mit diesem Ziel an die Pariser Friedenskonferenz wandte, verstärkten sich im Sommer 1946 die Gegensätze zw. beiden Ländern erneut. Hierzu trug auch bei, dass die tschechoslowak. Seite bestrebt war, die übrigen 300.000–400.000 Einw. ung. Nationalität zu „re-slowakisieren“.

Erst nach monatelangen Verhandlungen kam der Bev.austausch im März 1947 tatsächlich in Gang. Die M. aus der Slowakei wurden zum kleineren Teil in den Häusern v. Slowaken, die Ungarn verließen, zum größeren Teil in den Wohnungen v. ausgesiedelten Ungarndeutschen (→D. aus U.: Zwangsaussiedlung nach Deutschland) untergebracht. Durch die Umsiedlung verschlechterte sich die wirt. Situation der ung. Aussiedler, v. denen die meisten in der Slowakei zu den wohlhabenden Bauern gehört hatten. Unter den Umsiedlern befanden sich auch überproportional viele Angestellte u. Intellektuelle, deren Mehrzahl reformiert war. Die Umstände, unter denen sie nach Ungarn kamen, die noch nicht abgeschlossene Aussiedlung der Donauschwaben u. die Eigentumsunsicherheit verzögerten ihre soz. →Integration lange Zeit.

Der Bev.austausch dauerte – mit mehrmaligen Unterbrechungen – bis Sommer 1949. Seit Herbst 1948 kamen allerdings nur mehr kleinere Gruppen existentiell bedrohter ung. Familien u. freiwilliger Aussiedler nach Ungarn. Nach dem 2. Wk. gelangten nach jüngsten Berechnungen aufgrund v. →Flucht, Ausweisung u. im Rahmen des Austauschabkommens 90.000 Personen aus der Tschechoslowakei nach Ungarn, während etwa 60.000 Personen Ungarn im „Gegenzug“ in Richtung Tschechoslowakei verließen.

Lit.: Jogfosztó jogszabályok Csehszlovákiában 1944–1949 – Elnöki dekrétumok, törvények, rendeletek, szerződések. Hg. L. Szarka. Komárom 2005; K. Vadkerty, A kitelepítéstől a reszlovakizációig. Trilógia a csehszlovákiai magyarság 1945–1948 közötti történetéről. Bratislava 2001.

Á. T.

Makedonier aus Griechenland. Die Eigen- u. Fremdbezeichnungen für die slavischsprachige Minderheit im nordgriech. Makedonien sind zahlreich u. widersprüchlich: Da das 1870 gegründete bulg. Exarchat bis zu den →Balkankriegen 1912/13 ein gut funktionierendes Schul- u. Kirchennetz in der Region hatte, das als Transmissionsriemen der bulg. Nationalideologie funktionierte, wurden die Slaven der Region von griech. Seite bis weit ins 20. Jh. (und z. T. bis heute) als *Bulgaren* bezeichnet (→B. aus Griechenland).

Eine zweite Eigenbez. ist *Makedonier*, die ethn. oder auch nur regional gemeint sein kann: Nach 1913 war eine Ethnisierung der Lokalbev. festzustellen, die sich durch die interne Kolonisation innerhalb eines bereits bestehenden, zentralistisch regierten Nationalstaats erklären lässt. „Makedonisch“ kann in Nordgriechenland aber auch synonym mit „autochthon“ verwendet werden, was die ebenfalls weitverbreitete Eigenbez. *dopios* (v. griech. *entopios* „Hiesiger“) belegt, mit der man sich v. a. von den zahlreichen Kleinasienflüchtlingen absetzen will u. die eigene Autochthonizität betont. Die in den 1900er–1930er Jahren aufkommende Eigenbezeichnung *M.* entzog sich ebenfalls dem unerbittlichen griech.-bulg. nationalen Antagonismus. Spätestens mit der aktiven Teilnahme v. Slavischsprechern auf komm. Seite im Griech. Bürgerkrieg 1946–1949 hat das 1944 im jug. Makedonien (Vardar-Makedonien) gestartete *nation-building* aber auch in →Griechenland starke Wirkung gehabt.

Das nordgriech. Makedonien hat zw. 1913 u. 1949 mehrere Wellen v. Zwangsmigration erlebt: Mit der Eroberung Ägäis-Makedoniens fiel dem griech. Staat eine Region mit einer gerade im ländlichen Bereich sehr geringen griech.sprachigen Bev. zu. Ägäis-Makedonien erstreckt sich auf fast 35.000 qkm v. Kastoria im W bis Kavala im O, in osm. Zeit war es über die drei großen Verwaltungseinheiten *(vilayets)* Selanik (Thessaloniki), Manastir (Bitola) u. Üsküp (Skopje) verteilt. Mit den Regionen Albanien, Epirus u. Thrakien gehörte es zu den Gebieten, die bis 1912 zum Osm. Reich gehörten. Von den 1,2 Mio. Einw. um 1900 bildeten Muslime u. Slaven ca. jeweils ein Drittel. Von diesen Slaven hatte sich ca. die Hälfte der bulg. Nationalkirche, dem sog. Exarchat, angeschlossen, während die andere Hälfte ebenso wie die Aromunen (Vlachen) u. Arvaniten beim griech. Patriarchat verblieb u. Träger des Hellenismus war.

Die Slaven Nordgriechenlands sind im 6. Jh. in die Region eingewandert. Im MA gehörten sie abwechselnd zum byzantinischen und bulg. Reich. In den Jh.en osm. Herrschaft trat eine allmähliche Gräzisierung der Gruppe infolge der osm. Religionspolitik ein, die alle Balkanchristen dem kulturell u. sprachlich griech. dominierten *millet rum* (d. h. den Rhomäern, den „Oströmern“) zuordnete. Primäres Ziel der slavischen Wiedergeburt des 19. Jh.s im bulg.-makedonischen Raum (der Brüder Miladinov aus Struga u. Grigor Prličev aus Ohrid) war demnach die Brechung der griech. kulturellen Dominanz u. erst dann der Kampf gegen die osm. Herrschaft.

Das Zentrum der slavischen (bulg. oder makedonischen) Bewegung lag vor 1912 in Zentral- u. Ostmakedonien, v. a. im zentralmakedonischen Kukuš (heute Kilkis). Mit den im Folgenden beschriebenen Zwangsmigrationen hat sich das polit. Zentrum eindeutig Richtung W verschoben. Die in der Rainbow-Partei (makedonisch *Vinožito*) polit. organisierte slavischsprachige Minderheit, die sich explizit als national-makedonisch definiert, hat ihr Zentrum in Florina im äußersten NW, in unmittelbarer Nähe zur Grenze nach Bitola (Republik Makedonien). In Florina koalieren heute Vertreter dieser Partei auf Präfekturebene mit den griech. Sozialisten (PaSoK) – dies ist in anderen Regionen Griech.-Makedoniens undenkbar, wo bis heute die Existenz der ca. 200.000 Personen slavischer Abstammung offiziell geleugnet wird. Die Slavischsprecher haben daher keinerlei Rechte, die ihre Kultur u. Sprache schützen würden. Das Verhältnis zw. den beiden großen Gruppen auf dem Land – den autochthonen Slaven u. den in den 1920er Jahren zugezogenen

Kleinasienflüchtlingen – war jahrzehntelang v. gegenseitigem Misstrauen u. der Konkurrenz um Ackerflächen geprägt. Erst in den letzten 20–30 Jahren wird die strikte Monogamie auf Dorfebene allmählich aufgegeben.

Griech.-Makedonien stellt – selbst im balkanischen Kontext – den Extremfall ethn. Entmischung dar, u. zwar als Ergebnis gezielter staatl. Politik, um das griech. Element in Nordgriechenland zu stärken. Die wichtigste Zäsur bilden der bulg.-griech. u. der türk.-griech. Bev.austausch der 1920er Jahre (→Griechen aus der Türkei). Die schriftlichen Abkommen stellen i. d. R. die nachträgliche Absegnung wilder Vertreibungen dar. Der „freiwillige“ bulg.-griech. Austausch v. Neuilly 1919, der bis 1928 dauerte, hat dazu geführt, dass ca. 92.000 Slaven G. verließen (davon 39.000 bereits vor dem Vertragsabschluss 1919), auf der Gegenseite verließen 46.000 Griechen Bulgarien. Nach Intervention Serbiens wurde festgelegt, dass nur die slavische Bev. östlich v. Thessaloniki als „Bulgaren“ ausgetauscht werden sollte (vgl. →Bulgaren aus Griechenland).

Trotz des Bev.austausches verblieben v. den mehr als 300.000 Slaven Ägäis-Makedoniens gut zwei Drittel in G. Ihre Majorisierung wurde erst durch den auf relig. Basis definierten türk.-griech. Bev.austausch v. Lausanne 1923 erreicht (→Lausanner Konferenz), der den obligatorischen Austausch v. mehr als 350.000 Muslimen aus G. und ca. 1,5 Mio. Christen aus der Türkei festschrieb: Indem der griech. Staat ca. 50 % der Kleinasienflüchtlinge in Ägäis-Makedonien ansiedelte, wurde die griech.sprachige Bev. zur zahlenmäßig stärksten Gruppe. Nur in den isolierten, wenig fruchtbaren Gebirgsregionen des Westens (Kastoria u. Florina) blieben die Slaven in der Mehrheit.

Diese Region wurde erst während der 1940er Jahre v. →ethnischer Säuberung betroffen: In den Bergregionen v. Florina u. Kastoria beteiligte sich gerade in der Endphase die slavische Bev. am Bürgerkrieg. Der Bruch zw. Josip Broz →Tito u. Iosif →Stalin 1948, der dazu führte, dass Tito die massive jug. Hilfe für die griech. Kommunisten einstellte u. 1949 die Grenze abriegelte, hatte in kürzester Zeit den Kollaps der komm. Streitkräfte u. ihre gewaltsame Vertreibung zur Folge. Von den 60.000 im Sommer 1949 vertriebenen komm. Kämpfern waren ca. 35.000 ethn. Slaven. Bereits 1948 war es zu einer Kinderverschickung aus den Frontgebieten in den Ostblock gekommen (insgesamt ca. 28.000, wobei der Anteil slavischsprachiger Kinder unklar ist). Die Flüchtlinge v. 1949 wurden über Albanien über den gesamten Ostblock (allerdings nicht in den russ. Teil der →Sowjetunion u. die DDR; →Griechen: Deportationen in den asiatischen Teil der Sowjetunion) verteilt u. konnten erst mit dem polit. Tauwetter nach 1956 in das jug. Makedonien „zurückkehren“. Da diese Gruppe, die sich selbst *egejci* (Ägäer) nennt, ein starkes makedonisches Nationalbewusstsein hat, erhält sie z. T. bis heute kein Rückkehr- oder auch nur Besuchsrecht in G.: Das Repatriierungsgesetz für komm. Emigranten v. Andreas Papandreou 1982 gilt bis heute nur für ethn. Griechen (*Ellinas to genos*, „Abstammungsgriechen“).

Loring Danforth 1995 u. Keith Brown 2003 führen den griech.-makedonischen Konflikt, der 1991–1995 im Streit um die altmakedonische Symbolik Alexanders des Großen auf polit. Ebene eskaliert ist, in seiner Spiegelung in der Diaspora als Paradebeispiel für transnationale, globale Ethnizität an.

Lit. (a. →Bulgaren aus Griechenland): V. Aarbakke, Ethnic Rivalry and the Quest for Macedonia, 1870–1913. New York 2003; K. S. Brown, Macedonia's Child-Grandfathers: The Transnational Politics of Memory, Exile and Return, 1948–1998. Seattle 2003; I. D. Michailidis, Metakiniseis slavofonon plithismon (1912–1930). O polemos ton statistikon. Athen 2003; M. Ristović, A Long Journey Home. Greek Refugee Children in Yugoslavia, 1948–1960. Salonica 2000; The New Macedonian Question. Hg. J. Pettifer. Basingstoke, London 1999; A. Karakasidou, Fields of Wheat, Hills of Blood. Passages to Nationhood in Greek Macedonia, 1870–1990. Chicago u. a. 1997; L. Danforth, The Macedonian Conflict. Ethnic Nationalism in a Transnational World. Princeton/NJ 1995.

C. V.

„Memorial" ist eine Internat. Gesellschaft für Hist. Aufklärung, Soziale Fürsorge u. Menschenrechte. Gegründet im Januar 1989, umfasst sie heute über 70 regionale Abteilungen u. Verbände in Russland sowie Organisationen u. Gruppen in Weißrussland, Deutschland, Italien, Lettland, Kasachstan, der Ukraine u. Frankreich. Die Gesellschaft widmet sich v. a. der hist. Aufklärung (Erforschung der totalitären Regime des 20. Jh.s, Publikation der Ergebnisse, Durchführung v. Konferenzen, öffentlichen Diskussionen u. Ausstellungen, Arbeit mit Schülern u. Studenten), der Einhaltung der →Menschenrechte (Monitoring gegenwärtiger Menschenrechtsverletzungen, juristischer Beistand für Repressionsopfer) u. der soz. Fürsorge (humanitäre Hilfe für die Opfer v. Menschenrechtsverletzungen in Vergangenheit u. Gegenwart).

Im Rahmen des Programms „Opfer zweier Diktaturen", das dem Schicksal der im 2. →Wk. aus der →Sowjetunion nach →Deutschland verschleppten „Ostarbeiter" (→Zwangsarbeit) gewidmet ist, wurden zeitgenössische dokumentarische Quellen dieser Menschen (Briefe, Photographien, Pässe) gesammelt u. mehr als 300 Interviews (davon an die 40 Videointerviews) aufgezeichnet. Auf der Grundlage der „M." zugesandten Briefe wurde eine Datenbank mit über 400.000 Namen angelegt, die Wanderausstellung „Schicksal unter dem Zeichen OST" organisiert u. in 28 russ. Regionen gezeigt sowie die groß angelegte Ausstellung „Zwangsarbeiter des Dritten Reiches" in Moskau gezeigt. Die ehem. „Ostarbeiter" erhalten kontinuierlich Informations- u. Rechtshilfe (Recherche nach Deportationsdokumenten, nach verloren gegangenen persönlichen Kontakten etc.).

Innerhalb des „M."-Programms „Die Geschichte der Repressionen und des GULag in der Sowjetunion" wurden zum ersten Mal normative u. statistische Dokumente zu den sog. dt. und poln. nationalen Massenoperationen der Jahre 1937/38 erforscht u. präsentiert (→nationale Operationen des NKVD der UdSSR). Im Rahmen des „Poln. Programms" erfolgte die Untersuchung u. Veröffentlichung v. Dokumenten zu Verhaftungen u. Verurteilungen auf dem v. der UdSSR 1939 annektierten ostpoln. Territorium sowie zu den in den Jahren 1939–1941 u. 1944–1949 durchgeführten Deportationen aus Polen u. den Baltischen Republiken ins Landesinnere der UdSSR (→Deportation, →Ukraine als Deportationsgebiet, →Baltische Länder). Dies beinhaltete die Erstellung eines Verzeichnisses sämtlicher Transportzüge, die zur Deportation eingesetzt worden waren, mit Angaben zu den Verladestationen u. den Zielorten sowie der jeweiligen Transportstärke. Gemeinsam mit dem Warschauer Zentrum „Karta" veröffentlichte „M." das achtbändige Werk „Liste der Verfolgten", das Kurzbiographien v. 70.000 →Sondersiedlern, die 1940/41 aus Polen in die Gebiete Archangel'sk u. Vologda deportiert worden waren, enthält.

Das Projekt „Verewigung des Andenkens an die Opfer" publiziert in regelmäßigen Abständen die fortwährend aktualisierte CD-ROM „Opfer des politischen Terrors in der Sowjetunion", die auch regionale „Gedenkbücher" (russ. *knigi pamjati*) enthält. In der letzten u. vierten Ausgabe (Moskau 2007) sind über 800.000 Namen v. Deportierten verzeichnet. Es handelt sich dabei v. a. um die Opfer der Entkulakisierung, aber auch anderer Repressionskampagnen, darunter v. Deportationen aufgrund ethn. Zugehörigkeit während des 2. Wk.s.

Im Rahmen der Jugendarbeit v. „M." werden regelmäßig Oberstufenschüler aus jenen Regionen, in denen ethn. Deportationen stattfanden, zu dem wiss. Geschichtswettbewerb „Der Mensch in der Geschichte" eingeladen. Die besten Arbeiten werden publiziert. So entstand bspw. ein Sonderband mit Beiträgen tschetschenischer Schüler.

Im Rahmen des Programms „Migration und Recht" wird →Flüchtlingen in 50 russ. Regionen Rechtsbeistand gewährt. Die Menschenrechtler v. „M." setzen sich für die Rechte der Opfer stalinistischer Deportationen (→Krimtataren, →Mes'cheten-Türken, →Tschetschenen u. Inguschen etc.) ein, vertreten die Opfer der milit. Auseinandersetzungen im Nordkaukasus vor Gericht (darunter auch beim Europ. Gerichtshof für Menschenrechte in Straßburg, →Kaukasien) u. unterstützen Zwangsmigranten u. Flüchtlinge aus den Konfliktregionen, die Ende der 1980er/Anfang der 1990er Jahre auf dem Gebiet der ehem. Sowjetunion entstanden waren (Berg-Karabach, Inguschetien, Tschetschenien, Tadschikistan etc.).

Lit. (a. →Sowjetunion): On the Situation of Residents Chechnya in the Russian Federation, August 2006-October 2007. Hg. S. A. Gannushkina. Moscow 2006; Zu wissen, dass du noch lebst: Kinder aus Tschetschenien erzählen. Hg. Gesellschaft Memorial/Heinrich-Böll-Stiftung. Berlin 2006; A. G. Osipov, Russian Experience of Ethnic Discrimination: Meskhetians in Krasnodar Region. Moscow 2000; Nakazannyj narod: Po materialam konferencii „Repressii protiv rossijskich nemcev v Sovetskom Sojuze v kontekste sovetskoj nacional'noj politiki", provedennoj Nemeckim kul'turnym centrom im. Gëte v Moskve sovmestno c Obščestvom „Memorial" 18–20 nojabrja 1998 g. Hg. I. L. Ščerbakova. Moskva 1999; Repressii protiv poljakov i pol'skich graždan. Hg. A. Ė. Gur'janov. Moskva 1997.

N. G., A. Rog.

Menschenrechte. M. bedeuten, dass jeder Mensch als eine leibliche, seelische u. geistige Einheit kraft seiner natürlichen, existenziellen Einmaligkeit eine ihm v. niemandem verliehene Würde („Menschenwürde") besitzt u. damit eine Seins- u. Wertautonomie. Die Menschenwürde nimmt in einem Kreis elementarer Rechte u. Freiheiten Gestalt an: Recht auf Leben u. körperliche Unversehrtheit, persönliche selbstbestimmte Bewegungs- u. Handlungsfreiheit, Schutz vor willkürlicher Verhaftung, Diskriminierungsverbot, Religions-, Meinungs-, Meinungsverbreitungs-, Informations-, Versammlungs-, Vereinigungsfreiheit usw. Durch die Idee der Menschenwürde werden die M. zu Normen mit dem Anspruch auf universelle Anerkennung u. Geltung. Die geistes- u. sozialgeschichtlichen Begründungsansätze des Geltungsanspruchs v. Menschenwürde und M. sind unterschiedlich. Ihre philosophischen u. theologischen Wurzeln reichen bis in die griech.-römische sowie christliche Antike zurück. Im 18. Jh. bemächtigt sich die Aufklärung der Menschenrechtsidee u. versteht M. als Ausdruck der universell geltenden Vernunft („Vernunftrecht").

Die polit. und rechtlichen Folgerungen aus Menschenwürde und M. wurden Ende des 18. Jh.s im amerikanischen Unabhängigkeitskrieg u. in der Frz. Revolution in den Menschenrechtserklärungen (1776, 1789) gezogen. Die Ausübung staatl. Herrschermacht findet ihre absolute Schranke an den M.n Freiheit, Gleichheit, Eigentum u. Sicherheit. Der Gedanke der Beschränkung der Staatsgewalt, der in der ma. Rechtsvorstellung wurzelt u. die engl. Verfassungsgeschichte seit der Magna Charta Libertatum (1215) durchgehend beherrscht hat, wird durch das moderne Prinzip der Gewaltenteilung, also die Verteilung v. Gesetzgebung, Gesetzesvollziehung u. Rechtsprechung auf verschiedene, sich wechselseitig begrenzende Staatsorgane gewährleistet *(„checks and balances")*. Eingriffe in u. Beschränkungen der M. werden nur durch den demokratisch legitimierten Gesetzgeber (Parlament) u. nur im Interesse wichtiger Schutzgüter der staatl. Gemeinschaft (Rechte der Mitmenschen, öffentliche Sicherheit u. Ordnung, Moralprinzipien) zugelassen.

Formell abgesichert wird die Geltung der M. durch die Verabschiedung einer Verfassung.

Unter dem Einfluss der Romantik u. des Aufstiegs nationalistischer, sozialdarwinistischer u. rassistischer Ideen verlieren die universellen Prinzipien v. Menschenwürde und M. im Verlauf des 19. Jh.s bis zum 1. →Wk. an Wirkungsmacht. Der hist. Schiffbruch des partikularen Prinzips nationalistisch-chauvinistischer Staatsvergötzung im 2. →Wk. hat den universellen Prinzipien der M., nun auf der Ebene des →Völkerrechts, zum Durchbruch verholfen. Die M. sind zusammen mit dem universellen Verbot der Gewalt zw. Staaten (Briand-Kellogg-Pakt 1928) zum Charakteristikum der seither anzusetzenden Epoche des „modernen Völkerrechts" geworden.

Die menschenrechtliche Wende im universellen u. regionalen Völkerrecht hat ihren Niederschlag 1. in der UNO-Charta (Präambel; Art. 1 Nr. 3; Art. 62, 68, 76), 2. in der Allgemeinen Erklärung der M. (AEMR, 10. 12. 1948) u. 3. in der UN-Zwillingskodifikation der M., dem Internat. Pakt über bürgerliche und polit. Rechte („Bürgerrechtspakt") bzw. über wirt., soziale u. kulturelle Rechte („Sozialrechtspakt"), jeweils vom 19. 12. 1966, gefunden. Über diese Grunddokumente sind unter der Ägide der Vereinten Nationen u.

ihrer Sonderorganisationen (Internat. Arbeitsorganisation [ILO], UNESCO) zahlreiche Menschenrechtsverträge („Konventionen") teils zum Schutz v. Angehörigen besonders gefährdeter Gruppen (Frauen, Kinder, Wanderarbeiter, Flüchtlinge usw.) verabschiedet worden, teils zur Unterbindung solcher Menschenrechtsverletzungen, welche die Menschenwürde besonders schwer treffen (u. a. Diskriminierung aus rassischen, nationalen u. ä. Gründen, Folter, Sklaverei). Infolgedessen sind die M. auf der Ebene der Vereinten Nationen inhaltlich („materiell") umfassend anerkannt u. unter Schutz gestellt.

Zur Sicherung der materiellen M. existiert eine Reihe v. Institutionen des universellen UN-Menschenrechtsschutzes. Das sind heute: 1. der achtzehnköpfige Menschenrechtsaussschuss *(Human Rights Committee)* der beiden 1976 in Kraft getretenen UN-Menschenrechtspakte v. 1966; 2. der UN-Menschenrechtsrat *(Human Rights Council),* der an die Stelle der UN-Menschenrechtskommission getreten ist u. bei der UN-Generalversammlung besteht; 3. der Hohe Kommissar der Vereinten Nationen für M. (seit 1993) sowie 4. Institutionen (Komitees) zum Schutz der in UN-Spezialkonventionen anerkannten Menschenrechtsbestimmungen.

Etablierte Verfahren des Menschenrechtsschutzes sind: 1. die periodische Berichtsverpflichtung der Signatarstaaten v. Menschenrechtsverträgen vor dem Schutzorgan des Vertrages („Berichtssystem"); 2. das gemäß der UN-Generalversammlungsresolution Nr. 1503 eingerichtete spezielle Kontroll- u. Überprüfungsverfahren durch Sonderkommissionen, Sonderberichterstatter usw.; 3. die Staatenbeschwerde sowie 4. die Individualbeschwerde.

Auf regionaler Ebene bestehen Menschenrechtskonventionen u. Schutzeinrichtungen in Europa auf der Grundlage des 1949 gegründeten Europarates in Gestalt der Europ. Konvention zum Schutz der Menschenrechte u. Grundfreiheiten (EMRK; 4. 11. 1950), in Amerika die Amerikanische Erklärung der Rechte u. Pflichten des Menschen von Bogota (2. 5. 1948) u. die Amerikanische Menschenrechtskonvention von San Jose/Costa Rica (22. 11. 1969) sowie in Afrika die Afrikanische Charta der M. und der Rechte der Völker v. Banjul/Senegal (27. 6. 1981). Der regionale Menschenrechtsschutz liegt in Europa u. Amerika und, seit der Errichtung eines Afrikanischen Gerichtshofes für M. im Jahre 1998, a. in Afrika in den Händen von Gerichtshöfen.

Lit.: W. Kälin/J. Künzli, Universeller Menschenrechtsschutz. Basel [2]2008; M. Bortfeld, Der Afrikanische Gerichtshof für Menschenrechte. Baden-Baden 2005; Menschenrechte. Hg. B. Simma/U. Fastenrath. München [5]2004 (Textsammlung); J. A. Frowein/W. Peukert, Europäische Menschenrechtskonvention. EMRK-Kommentar. Kehl [2]1996; L. Henkin, Human Rights, in: Encyclopedia of Public International Law. Hg. R. Bernhardt. Bd. II, 886–892; Ders., Inter-American Court of Human Rights, in: ebenda, 1004–1007; T. Buergenthal, American Convention on Human Rights, in: ebenda. Bd. I, 131–136; F. Ermacora, Menschenrechte in der sich wandelnden Welt. 3 Bde. Wien 1974–1994.

O. L.

Mes'cheten-Türken (1937, 1944/45, 1949–1951, 1989–2005). Die Ethnizität der M.-T. (im folgenden Mes'cheten, M.) ist bis heute umstritten u. nicht zur Gänze geklärt. Augenscheinlich handelt es sich um zwei miteinander verbundene Gruppen, nämlich ein muslimisch-sunnitisches Turkvolk (Selbstbez. *Ahıska Türkleri*) mit ostanatolischem Dialekt u. starkem lokalen Kultur- wie Spracheinfluss, das schon im MA die südwestgeorgische Provinz Mes'cheti – auch als Samcche-Džavachetien oder Achalciche bekannt – besiedelte u. in seldschukischer Zeit zur Blüte gelangte, sowie ein altgeorgischer Stamm christlich-orth. Konfession (Selbstbez. *Mes'chi*) als autochthoner Bewohner eben dieser Provinz.

Beide Gruppen unterstanden seit Mitte des 16. Jh.s dem osman. Herrschaftsbereich Paschalyk Achalciche. Die zunehmende Türkisierung wirkte sich vornehmlich aber auf den georgischen Teil der M. aus, der die türk. Sprache u. den sunnitischen Islam annahm. Das ethn. Selbstbewusstsein dieser Gruppe veränderte sich dabei u. wurde türk. wie auch die Familiennamen. Erst mit dem Frieden v. Adrianopel (14. 9. 1829) fiel das grenznahe Siedlungsgebiet an das unter russ. Kolonialverwaltung stehende Georgien, wodurch sich die M. alsbald einer zunehmenden Grusinisierung ausgesetzt sahen.

Aus der ethn. Gemengelage u. der Grenzlage der georgischen Provinz Samcche-Džavachetien zur Türkei erklärt sich, warum die Zwangsverschickung der M. nicht als Straf-, sondern als Präventivdeportation einzuordnen ist (vgl. →Kaukasien), mit der Iosif →Stalin die südwestkaukasische Grenzregion für sowj. Kriegsziele in Ostanatolien v. einer turksprachigen Bev. gesäubert sehen wollte. Schon 1937 waren, einer Verordnung (Nr. 2123–420ss) des Rates der Volkskommissare vom 17. 12. 1936 folgend, an die 2.788 M. und muslimische Armenier (Chemšil, →Armenier in der Sowjetunion und ihren Nachfolgestaaten) am 17. 7. mit eben dem Dekret (Nr. 103/1127–267ss) des Zentralen Exekutivkomitees nach →Kasachstan deportiert worden, mit dem a. →Kurden u. →Iraner der südkaukasischen Grenzgebiete zwangsumgesiedelt wurden. Die →Deportation erfolgte auf Verordnung (Nr. 6279ss) des Staatskomitees für Verteidigung (russ. *Gosudarstvennyj Komitet Oborony*, GKO) vom 31. 7. 1944 u. betraf die Bezirke Achalciche, Achalkalaki, Adigeni, Aspindza u. Bogdanovka. Der entsprechende Befehl (Nr. 001176) des →NKVD erging noch am 20. 9. 1944.

Unvorhersehbare Transportprobleme u. die Überlastung kasachischer Auffanglager verzögerten die Verschickung indes bis zum 15. 11.; sie wurde dann aber innerhalb v. drei Tagen abgeschlossen. Lavrentij →Berija unterstellte die Operation der Leitung v. Bogdan Kobulov sowie der Volkskommissare für Staatssicherheit u. Inneres der Georgischen SSR Avksentij Rapava u. Grigorij Karanadze. Schließlich wurden aufgrund des Befehls an die Kommandeure der Kontroll- u. Filtrationslager (russ. *proveročno-fil'tracionnye lagerja*) vom September 1945 an die 2.517 Frontkämpfer, darunter 24 Offiziere, in die Sonderlager überführt (→Lager). Weitere 1.794 M. aus der Schwarzmeerregion des Krasnodarer Gebiets folgten auf Befehl (Nr. 00183) des Ministeriums für Staatssicherheit vom 28. 5. 1949 sowie des Innenministeriums (Nr. 00525) vom 2. 6. 1949 nach. Personen, die der Deportation im Mai 1949 entgangen waren, wurden später auf Verfügung (14133rs) des Ministerrates vom 10. 8. 1951 zwangsverschickt.

Heutige Angaben über die Gesamtzahl der Deportierten schwanken erheblich. Nach georgischer Auffassung (Gachechiladze) handelte es sich um 70.000, nach mes'chetischer Lesart (Baratashvili) um 125.000 Menschen. Archivdokumente (Pobol'/Poljan) sprechen dagegen v. 79.201 Deportierten. Demgegenüber befanden sich zum 1. 1. 1953 nur noch an die 46.790 M. (darunter 29.848 Erwachsene) in den Sonderlagern der Kasachischen (13.278), der Usbekischen (30.588) u. der Kirgisischen SSR (2.936) (→Zentralasien) sowie in den Gebieten v. Krasnojarsk (6) u. Tomsk (1.772) (→Sibirien). In den entvölkerten Dörfern siedelte die Regierung 7.000 georgische Bauernfamilien aus den wirt. ärmeren Bergregionen u. 20.000 Grenztruppen z. T. unter Zwang an.

Am 28. 4. 1956 hob das Präsidium des Obersten Sowjets die Restriktionen der Zwangsdeportation für die M. per Dekret (Nr. 0–134/42) auf (→Rehabilitierung). In Ermangelung eines autonomen Gebietes in der RSFSR u. weil weder Tiflis (Tbilisi) noch Moskau die Verantwortung der →Repatriierung übernehmen wollten, gelangte ein Teil als Remigranten in die Kabardino-Balkarische ASSR, v. wo sie in die Gebiete v. Stavropol' u. Krasnodar weiterzogen, u. 1958 nach Aserbaidschan (Saatlı, Sabirabad, Xaçmaz), wo sie zur landwirt. Entwicklung der Mugan-Steppe eingesetzt wurden.

Der übrige Teil aber blieb in Mittelasien, um v. dort die Rückkehr in die eigentliche Heimat Georgien zu betreiben. Ein Provisorisches Organisationskomitee für die Rückkehr des Volkes in die Heimat unter Enver Odabašev begann seit Februar 1964 in Moskau vorstellig zu werden, sodass das Präsidium des Obersten Sowjets am 30. 5. 1968 eine Resolution über die Rechtsgleichheit der M. als Bürger der UdSSR erließ. Als sich daraufhin 7.000 M. am 24. 7. in Tiflis vor dem Regierungsgebäude versammelten, sicherte der erste Parteisekretär, Vasilij Mžavanadze, zwar eine sukzessive Einbürgerung zu. Eine wirkliche →Integration gelang jedoch nur wenigen, sodass viele nach Aserbaidschan weiterzogen.

Da auch dem Kreml keine Vermittlung mit Georgien gelang, wandten sich mes'chetische Vertreter im April 1970 an die türk. Botschaft in Moskau mit Bitte um Übersiedlung. Listen v. Emigrationswilligen lagen dort seit dem 15. 3. 1971 vor. Die Hinwendung zum NATO-Mitglied Türkei während des Kalten Krieges führte zur Verhaftung v. Odabašev u. zweien seiner Stellvertreter (Muchlis Nijazov, Ismail Karimov).

Erst 1976 gab es einen erneuten Versuch, mit dem Parteisekretär der georgischen Regierung, Ėduard Ševardnadze, ins Gespräch zu kommen. Nach dem ersten Bruch zw. türkei- u. georgienorientierten M. kam es wegen der Forderung nach Anerkennung ihrer georgischen Herkunft u. der Grusinisierung ihrer Familiennamen nun zu einer weiteren Spaltung der georgienorientierten M. Obgleich die Nonkonformisten die große Mehrheit stellten u. sie die pro-georgische Fraktion am 28. 7. 1988 auf ihrem IX. Konvent in Kabardino-Balkarien verurteilten, waren viele Familien bereit, die Bedingungen zu akzeptieren u. zogen nach Georgien, wo sie – entgegen ihrem Wunsch auf eine ethn. geschlossene Siedlungsform – auf die Distrikte des Landes verteilt wurden. Dergestalt an der geschlossenen Rückkehr nach Georgien behindert u. aufgrund der weitgehend ungeklärten Rechtslage, die eine Ansiedlung laut Dekret (Nr. 161/29) des Präsidiums des Obersten Sowjets vom 31. 10. 1957 eigentlich nur in Aserbaidschan gestattete, zogen es die M. vor, in den Regionen ihrer früheren Verbannung zu verweilen.

Dies änderte sich jedoch schlagartig mit den Ausschreitungen eines organisierten Mobs usbekischer Nationalisten vom 23. 5. bis zum 8. 6. 1989 gegen die rd. 15.000–17.000 im Ferganatal lebenden M., die eine Fluchtwelle auslösten. Auf Beschluss des Ministerrats der UdSSR (Nr. 503) vom 26. 6. u. auf Beschluss des Ministerrats der RSFSR (Nr. 220) vom 13. 7. 1989 wurde ihr unverzüglicher Abtransport in Auffanglager in zentral gelegenen Regionen der RSFSR angeordnet. Weitere 70.000 Personen folgten bald aus anderen Teilen Usbekistans nach, weil sich der Konflikt auf die Städte Kokand, Namagan u. Taškent ausweitete, sodass insgesamt über 90.000 Personen ihre Heimat verlassen mussten. Nur wenigen Hundert Familien gelang die Flucht nach Georgien, wo sie in einer nationalistisch aufgeheizten Atmosphäre unter den „Zviadisten" (Anhängern des georgischen Präsidenten Zviad Gamsachurdia) Opfer v. Diskriminierung, Verfolgung u. Ausweisung wurden. Diese neuerliche Deportation betraf auch schon seit Mitte der 1980er Jahre ansässige M., insbesondere des Bezirks Achalciche.

Der Exodus aus Mittelasien wiederholte sich in geringerem Maße mit dem Zusammenbruch der →Sowjetunion. Daher fanden sich die M. gegen Ende der 1990er Jahre als *Internally Displaced Persons* (IDP) über weite Teile der GUS verstreut wieder, in Russland (50.000–70.000), Aserbaidschan (40.000–60.000), Kirgisien (25.000–30.000), Usbekistan (15.000–20.000), in der Ukraine (5.000–10.000), im Krasnodarer (13.000–16.000) u. Rostover Gebiet (13.000–15.000) sowie in der Kabardino-Balkarischen Republik (5.000–5.500). Während der Zustrom in die Gebiete Nordwestkaukasiens anhielt, erfuhren die M. eine rasch wachsende Diskriminierung seitens der Regionalbehörden sowie Anfeindungen durch eine um ihre ökon. Lage besorgte Bev.

So hatten die Behörden des Krasnodarer Gebietes auch mit Blick auf andere →Flüchtlinge – Armenier aus Aserbaidschan (→Armenier in der Sowjetunion und ihren Nachfolgestaaten), Abchasen aus Georgien – schon Ende August 1989 das Verfahren zur ständigen Wohnsitzaufnahme ausgesetzt. Bald darauf spielte sich ein Repressionsmechanismus ein, mit dem die Behörden hofften, die M. aus dem Land in die Türkei, nach Aserbaidschan bzw. nach Georgien abzudrängen. Nicht nur verwehrte man ihnen Aufenthaltserlaubnis u. Meldebescheinigungen (russ. *propiska*), wodurch ihnen die bürgerlichen Rechte – u. a. Arbeitserlaubnis, Geburts- u. Heiratsbescheinigungen, Wahlrecht, Anmeldung der Kinder zum Schulunterricht, Erwerb oder Anmietung v. Grund u. Boden – genommen wurden. Auch wurden sie v. Polizeikräften regelmäßig nach gültigen Aufenthaltspapieren gefragt, die sie nicht vorweisen konnten, sodass sie Bußgelder zahlen mussten, die sie gar nicht erwirtschaften durften. Dabei handelten u. handeln die Behörden formaljuristisch korrekt, da viele Flüchtlinge erst zuzogen, nachdem das Gesetz zur Staatsbürgerschaft (russ. *Zakon o graždanstve Rossijskoj Federacii*) im Februar 1992 in Kraft trat, sie also keine gültige Meldebescheinigung vorweisen können u. somit als Staatenlose (→Staatenlosigkeit) gelten. Eine zufriedenstellende Lösung des Problems ist nicht in Sicht, obschon Russland die überfällige Aufnahme der Krasnodarer M. durch die georgische Regierung u. Georgiens Verpflichtung gegenüber dem Europarat aus dem Jahre 1999 nicht ohne eigenes Kalkül immer wieder angemahnt hat.

Stattdessen bildeten sich durch das Staatsbürgerschaftsgesetz u. durch ein Einwanderungsangebot der USA zwei Ersatzoptionen heraus. Zum einen hatten v. den 15.000–19.000 registrierten M. des Krasnodarer Gebietes gegen Ende 2004 rd. 5.000 Personen die russl. Staatsbürgerschaft erhalten – ein völlig unbefriedigendes Ergebnis, stellt man in Rechnung, dass sie i. d. R. über gültige Sowjetpässe verfügten. Zum anderen aber hat das v. der →International Organization for Migration (IOM) seit Februar 2004 durchgeführte Umsiedlungsprogramm auch in Reaktion auf das behördliche Vorgehen bewirkt, dass weitere 5.000 M. einen Antrag auf Anerkennung des Flüchtlingsstatus u. damit auf Immigration in die USA stellten. Durch die Umsiedlung von rd. 3.500 M. bis zum August 2005 konnten zwar der Druck auf Tiflis erheblich gemindert u. die Krasnodarer Behörden in ihrer Verantwortung entlastet werden. Gleichzeitig aber verschlechterte sich die rechtliche Stellung der verbliebenen M., deren Akzeptanz durch die dominante Bev.-gruppe weiter abnahm.

Lit. (a. →Kaukasien, →Kurden): Russia. Country Report on Human Rights Practices (2004). Released by the Bureau of Democracy, Human Rights, and Labour (February 28, 2005), http://www.state.gov/g/drl/rls/hrrpt/2004/41704.htm (Stand 13. 4. 2009); M. Brown, America can get by without us, but we can't get by without America. The Resettlement of Meskhetian Turks to the US, *IOM – Migration* 4 (2004), 21–22; A. G. Osipov, Ideologija „migracionnoj politiki" kak ėlement konstruirovanija ėtničeskoj konfliktnosti (na primere Krasnodarskogo i Stavropol'skogo kraëv). Moskva 2002; S. Tschervonnaja, Die Turk-Mes'cheten – Ein Volk ohne Land. Probleme der Repatriierung, *Ethnos – Nation* 7/1 (1999), 27–39; M. Baratashvili, Legal State of Meskh Repatriates in Georgia. Tbilisi 1998; R. Gachechiladze, The New Georgia. Space, Society, Politics. London 1995; Sh. Akiner, Islamic Peoples of the Soviet Union. London, New York ²1986; G. Simon, Das nationale Bewußtsein der Nichtrussen der Sowjetunion. Köln 1986 (= *BBIOst,* 47).

D. S.

Migration. M. (v. lat. *migratio* – „Wanderung") meint als Oberbegriff i. d. R. die längerfristige, räumlich größere Verlagerung der Lebensschwerpunkte v. Individuen, Gruppen oder Bev. Subkategorien auf gleicher Ebene waren in →Deutschland lange einerseits Auswanderung/Einwanderung als grenzüberschreitende Bewegungen im Sinne des dauerhaften Verlassens des Ausgangsraumes ohne die feste Absicht, jemals wieder auf Dauer dorthin zurückzukehren, u. andererseits die verschiedensten Formen grenzüberschreitender Zeitwanderungen (z. B. Saisonwanderungen). Davon unterschieden wurden Abwanderung bzw. Zuwanderung innerhalb v. Landesgrenzen (Binnenwanderung). In diese mehr oder minder abgegrenzten Begriffsfelder ist – auch aus polit.-institutionellen Gründen – seit dem späten 20. Jh. in Deutschland Bewegung gekommen, mit z. T. widersprüchlichen Ergebnissen: Zur Vermeidung der Anwendung des missliebigen Einwanderungsbegriffs wurde in der öffentlichen und polit. Diskussion der ursprünglich aus der Binnenwanderungsforschung stammende Begriff Zuwanderung für internat. Bewegungen nach Deutschland u. zur Beschreibung der Position des Landes im internat. Wanderungsgeschehen (Zuwanderungsland) gebräuchlich. Einen polit.-semantischen Mittelweg empfahl die Unabhängige Kommission Zuwanderung in ihrem Bericht 2001, in dem unter „‚Zuwanderung' [...] alle Arten der Migration verstanden" wurden, „auch diejenigen, die nur vorübergehenden Charakter haben. Von ‚Einwanderung' wird nur dann gesprochen, wenn ausdrücklich die dauerhafte Niederlassung in Deutschland gemeint ist". Solche semantischen Konnotationen sind z. B. im angloamerikanischen Sprachgebrauch schwer nachvollziehbar, weil der Begriff *immigration* (im Gegensatz zu *emigration*) dort grundsätzlich beide, die transnationale u. die interne Dimension einschließt.

Die Geschichte der Wanderungen ist Teil der allg. Geschichte u. nur vor ihrem Hintergrund zu verstehen; denn M.en als Sozial- u. Kulturprozesse sind Antworten auf mehr oder minder komplexe ökon. und umweltbedingte, soziale u. kulturelle, aber auch relig.-weltanschauliche, ethn. und polit. Existenz- u. Rahmenbedingungen. Weil M. in der Geschichte, aber auch in der Gegenwart nachgerade alle Lebensbereiche durchdringt, braucht M.forschung in aller Regel interdisziplinäre Forschungsansätze. Sie reichen je nach Fragestellung unterschiedlich weit in fast alle Humanwissenschaften hinein. Das gilt für die gegenwartsbezogene empirische ebenso wie für die hist. M.forschung.

Migrationshistoriker sind dabei mit einem komplexen Spektrum hist. Wirklichkeit konfrontiert. Jede bloße Ordnung historischer M.prozesse ist schon in hohem Grade stilisierende Abstraktion, weil viele Formen u. Muster im Wanderungsgeschehen, aber auch im Wanderungsverhalten fließende Grenzen hatten bzw. in Wechselbeziehungen zu anderen standen. Das Beobachtungsfeld der historischen M.forschung hat deshalb eine große Spannweite.

Bei der Frage nach Bestimmungskräften bzw. wanderungsbestimmenden Motivationen kann man z. B. wirt. und beruflich-soz. motivierte M.en eingrenzen u. innerhalb dieses Feldes wiederum Erwerbsmigrationen als Existenznotwendigkeit *(subsistence migration)* oder als Verbesserungschance *(betterment migration)* v. M.en zu Qualifikations- bzw. Ausbildungszwecken oder innerhalb v. Firmenfilialen *(career migration)* unterscheiden. Durch Verlust bzw. Zerstörung der wirt. Existenzgrundlagen, mithin letztlich ebenfalls wirt. bedingt, sind aber z. B. auch jene Überlebenswanderungen, für die das späte 20. Jh. den Sammelbegriff Umweltmigration geprägt hat. Von so motivierten M.en kann man wiederum relig.-konfessionell, polit., ethn.-nationalistisch oder rassistisch bedingte Flucht- u. Zwangswanderungen abgrenzen. Dazu zählen auch die →Vertreibungen u. Zwangsumsiedlungen des 20. Jh.s, bei denen die Bewegung v. Menschen über Grenzen häufig die Folge der Bewegung v. Grenzen über Menschen war.

Dabei ist die in der öffentlichen Diskussion, in polit. Zuschreibungen, aber auch in der Forschung verbreitete Unterscheidung zw. freiwilligen u. unfreiwilligen M.en – jenseits v. Zwangswanderungen (→Flucht, Vertreibung, Zwangsumsiedlung) – wenig hilfreich u. oft irreführend; denn auch freiwillige M.en wurden meist v. vielerlei materiellen u. immateriellen, durchaus nicht immer u. insgesamt überblickten oder gar in rationaler Güterabwägung kalkulierten Bestimmungsfaktoren angetrieben. Zwischen freiwilligen u. unfreiwilligen M.en liegt die eigentliche hist. Wirklichkeit des Wanderungsgeschehens mit vielerlei Übergangsformen zw. den verschiedensten u. auf die verschiedenste Weise motivierten Wanderungsbewegungen.

Bei der räumlichen Mobilität ist zu unterscheiden zw. der Bewegung in geogr., sozialen u. kulturellen Räumen. Geographisch reicht das Beobachtungsfeld der hist. M.forschung vom Makrokosmos internat. u. interkontinentaler Massenwanderungen bis hin zum Mikrokosmos interregionaler oder interlokaler Wanderungen u. dementsprechend v. Großraumstudien auf notwendig hohem Abstraktionsniveau bis zu kleinräumigen Fallstudien mit größerer sozialhistorischer Tiefenschärfe. Auf der Zeitachse reicht das Feld v. Längsschnittdarstellungen bzw. Langzeitstudien zu einzelnen Wanderungsbewegungen bis hin zu Querschnittanalysen mittlerer Reichweite durch das gesamte zeitgleiche Wanderungsgeschehen in einem Raum bzw. über seine Grenzen. Als soz.- und kulturhist. Phänomen u. Problem ist Wanderung nicht im Sinne v. Wanderungsstatistik bzw. Reisegeschichte auf die punktuellen Ereignisse v. Abwanderung (Abmeldung bzw. Abreise) bzw. Zuwanderung (Ankunft bzw. Anmeldung) u. auf die dazwischen liegende räumliche Bewegung bzw. Reisezeit zu reduzieren. Sie ist vielmehr als ein umfassender Prozess zu verstehen, der v. der Ausgliederung im Herkunftsraum bis zur Eingliederung im Zielgebiet reicht – sofern es sich nicht nur um Zeitwanderungen handelt oder der Eingliederungsprozess aus den verschiedensten Gründen abgebrochen wird und in Rück- oder Weiterwanderung mündet.

Historische M.forschung hat v. a. drei Aufgaben. Sie untersucht zum Ersten das Wanderungsgeschehen in Bezug auf Volumen, Verlaufsformen u. Strukturen. Sie versucht zum Zweiten das Wanderungsverhalten zu beschreiben u. nach Möglichkeit zu differenzieren. Eine dritte Aufgabe der hist. M.forschung ist es, Wanderungsgeschehen u. Wanderungsverhalten einzubetten in die Bev.- u. Wirtschaftsgeschichte, in die Gesellschafts- u. Kulturgeschichte von geogr. und soz. Ausgangs- u. Aufnahmeräumen.

Historische M.forschung ist keine eigenständige wiss. Disziplin, sondern eine stark interdisziplinär orientierte Forschungsrichtung, zu der die verschiedensten mit dem Thema befassten Disziplinen der Humanwissenschaften Teilaspekte u. Fragestellungen beitragen, die oft ihrerseits mehr oder minder interdisziplinär vorgeprägt sind.

Als interdisziplinär angelegte Forschungsrichtung ist die hist. M.forschung eine noch relativ junge Forschungsrichtung. Disziplinäre Schwerpunkte liegen im Bereich der Geschichtswissenschaften neben der Bev.geschichte u. a. bei der Wirtschafts-, Gesellschafts- u. Kulturgeschichte, bei Ethnohistorie und hist. Kulturanthropologie, aber auch bei Rechts- u. Politikgeschichte, bei denen es um die Gestaltung v. M.vorgängen u. deren Rückwirkung auf das Wanderungsgeschehen geht. Hinzu treten interdisziplinäre Verbindungen zu den Ansätzen v. anderen Disziplinen mit vorwiegend empirischen, aber auch hist. Fragestellungen bzw. für hist. Fragestellungen operationalisierbaren Ansätzen, die bspw. aus der Soziologie, Sozialgeographie u. Sozialpsychologie stammen.

Von entscheidender Bedeutung nicht nur für die kritische Beurteilung v. hist. Wanderungsbewegungen, sondern auch für die Einsicht in das oft weniger angestrebte als verordnete Schicksal vieler Migranten u. ganzer M.bewegungen ist das Wissen um die Tatsache, dass Begriffe u. Zuordnungen wie Auswanderer bzw. Einwanderer, Arbeitswanderer u. Wirtschaftswanderer oder →‚Flüchtlinge' u. Asylsuchende (→Asyl) in der Geschichte wie in der Gegenwart durch staatl. Verwaltungs- bzw. Steuerungsinteressen oder – ebenfalls auf distinktive Ordnungskriterien angewiesene – wiss. Erkenntnisinteressen geleitete Zuschreibungen v. Migranteneigenschaften sind. Sie haben mit den i. d. R. multiplen Migrantenidentitäten oft wenig zu tun. Erschwerend kommt hinzu, dass Migranten in Zeiten, in denen es weitgehend uneingeschränkte Wanderungsfreiheit – wie z. B. beim europ. Massenexodus in die Neue Welt der Vereinigten Staaten v. Nordamerika im 19. Jh. – nicht gab, darauf angewiesen waren, sich in ihren Selbstzuschreibungen diesen amtlichen Fremdzuschreibungen anzupassen, um sich über Grenzen bewegen zu können. Sie hinterließen deshalb in den amtlichen Dokumenten u. Statistiken nicht selten „falsche" Spuren. Um so wichtiger ist es, im Rahmen des Möglichen zu unterscheiden zw. Selbstzuschreibungen v. Migranten u. Fremdzuschreibungen v. zeitgenössischen Beobachtern bzw. amtlichen Beobachtungsinstanzen.

Lit.: K. J. Bade, Sozialhistorische Migrationsforschung. Gesammelte Aufsätze. Hg. M. Bommes/J. Oltmer. Göttingen 2004; Migration, Migration History, History. Old Paradigms and New Perspectives. Hg. J. Lucassen/L. Lucassen. Bern 1997; C. Tilly, Migration in Modern European History, in: Human Migration. Patterns and Policies. Hg. W. H. McNeill/R. S. Adams. Bloomington u. a. 1978, 48–72.

K. J. B.

Mihailović, Dragoljub (Draža) (*27. 4. 1893 Ivanjica, †17. 7. 1946 Belgrad), jug. Kriegsminister u. Führer des nationalserb. Widerstands im 2. →Wk. M. hatte eine Militärlaufbahn absolviert u. war zu Beginn v. Hitlers Balkankrieg im April 1941 Stabschef für die Verteidigung Sarajevos. Anlässlich der bedingungslosen Kapitulation der jug. Armee am 17. 4. 1941 weigerte sich M., die Waffen zu strecken, u. schlug sich bis Mitte Mai unter schweren Verlusten v. Nordbosnien zur zentralserb. Bergregion der Ravna Gora durch. Hier baute er das Hauptquartier der „*Četnik*-Verbände der Jugoslawischen Armee" auf u. versuchte, die lokalen serb. Widerstandsgruppen in verschiedenen Teilen →Jugoslawiens zu koordinieren. Organisatorisch lehnte sich diese erste Widerstandsbewegung im besetzten u. aufgeteilten Jugoslawien an die traditionellen serb. Guerillaformationen (seit Ende des 19. Jh.s) an. Die v. M. wiederbelebte *Četnik*-Bewegung hatte wie ihre Vorläufer einen starken Rückhalt in der ländlichen Bev. u. in den Veteranenverbänden aus der Zwischenkriegszeit. Am 11. 1. 1942 wurde M. v. der Exilregierung zum Kriegsminister sowie zum Kommandanten der „Jugoslawischen Armee in der Heimat" ernannt. M.s Strategie beruhte auf einer Kombination v. nationaler Widerstandsbewegung u. alliiertem Großangriff auf dem Balkan u. setzte den Aufbau einer zweiten Front der Alliierten im Balkanraum voraus (vergleichbar der Saloniki-Front im 1. Wk.). Bis zu diesem Zeitpunkt sollte eine schlagkräftige Organisation aufgebaut u. die Position der Besatzungsmächte durch Sabotageakte geschwächt werden. Offenen, breit angelegten Widerstand lehnte M. in der Vorbereitungsphase ab, da er wusste, dass bewaffnete Aktionen nach geltendem Kriegsrecht illegal waren u. mit Repressalien geahndet werden konnten. Die drastischen Vergeltungsmaßnahmen der Dt. Wehrmacht im Herbst 1941 bestärkten ihn in dieser Auffassung.

Als Monarchisten u. serb. Nationalisten strebten M. u. seine Vertrauten die Restauration des früheren jug. Regimes, die Bildung eines Großjugoslawien u. darin eines „ethnisch reinen Großserbien" („velika Srbija, etnički čista") an. Bereits am 30. 6. 1941 hatte Stevan Moljević, der künftige Chefberater M.s, ein Memorandum über das „Homogene Serbien" verfasst, in dem er die Konturen des künftigen Großserbien entworfen hatte. Auch wenn die konkreten polit. Ziele, darunter die Umsiedlung/→Vertreibung v. „nationalen Minderheiten und anationalen Elementen" (insgesamt rd. 2,7 Mio. Menschen) aus Jugoslawien u. „Großserbien" bzw. die →ethnische Säuberung des als „Serbien" reklamierten Territoriums gegenüber der Öffentlichkeit kaschiert wurden, ziehen sich die nationalserb. Stoßrichtung u. das Verlangen nach Kollektivbestrafung der einheimischen „Aggressoren und Verräter" (Kroaten, Albaner, bosnische Muslime u. die „fünfte Kolonne" der Jugoslawiendeutschen [→Deutsche aus Jugoslawien]) wie ein roter Faden durch die internen Dokumente der *Četnik*-Bewegung. Die Folge war eine weitere Zuspitzung der nationalen Gegensätze zw. Serben auf der einen u. Kroaten sowie bosnischen Muslimen auf der anderen Seite, – v. Albanern u. Makedoniern ganz zu schweigen.

Mit seiner Taktik des „Attentismus" geriet M. bald in Konflikt zu der v. der KPJ organisierten u. von Josip Broz →Tito geführten zweiten Widerstandsbewegung, die nach dem dt. Überfall auf die Sowjetunion den Kampf gegen die Besatzungsmächte in Jugoslawien aufgenommen hatte. Diese setzte sich für die Anerkennung u. Gleichberechtigung aller jug. Nationen ein u. propagierte die Errichtung eines Arbeiter- u. Bauernstaates, womit sie zwangsläufig in Gegensatz zu den serb.-nationalen Kräften geriet. Die restaurative Zielsetzung u. nationale Exklusivität der *Četnik*-Bewegung machten eine Verständigung mit dem komm. und jug. orientierten Widerstandsflügel – trotz einer kurzen Phase der Zusammenarbeit im Herbst 1941 – aussichtslos. Zw. der „Offensivtaktik" der Kommunisten (Widerstand um jeden Preis) u. der „Defensivtaktik" M.s (Schutz des serb. Volkes) gab es ebenso wenig einen Kompromiss wie zw. Revolution u. Restauration, Republik u.

Monarchie, Föderalismus u. Zentralismus. Die abgrundtiefen Gegensätze zw. den nationalen Konzepten u. polit. Ideologien beider Widerstandsbewegungen rückten den Kampf gegen den gemeinsamen Feind teilweise in den Hintergrund. Da es keinen Grundkonsens über die Nachkriegsordnung gab, spielte der Kampf um die künftige Macht v. Anfang an für beide Seiten eine entscheidende Rolle. Beide waren vom Sieg der Anti-Hitler-Koalition überzeugt. Und je mehr der Sieg über den äußeren Feind in greifbare Nähe zu rücken schien, desto vordringlicher wurde der Kampf gegen den inneren Feind. Bereits ab Herbst 1941 waren einzelne *Četnik*-Gruppen zur offenen →Kollaboration mit der it. Besatzungsmacht u. der v. Deutschland eingesetzten Nedić-Regierung in Serbien übergegangen. In Teilen Bosnien-Herzegowinas u. Kroatiens führten die Četniks ihren Krieg nicht nur gegen die kroat.-faschist. *Ustaša*-Regierung (→„Unabhängiger Staat Kroatien" als Vertreibungsgebiet), sondern auch gegen die muslimische u. kroatische Zivilbev. sowie gegen die Tito-Bewegung. Auf der →Konferenz von Teheran (28. 11.–1. 12. 1943) ließen die Alliierten, die M. bis dahin als den einzig legitimierten Vertreter des Widerstands anerkannt hatten, die Četnik-Bewegung zugunsten der komm. „Volksbefreiungsbewegung" fallen. Nach Beendigung des Krieges wurde M. vor ein jug. Militärgericht gestellt u. als „Verräter und Kriegsverbrecher" im Juli 1946 hingerichtet. Mitte der 1980er Jahre begannen in Serbien die Bestrebungen zur Rehabilitierung M.s (hist. Revisionismus) u. gegen Ende des Jahrzehnts wurden M. u. die *Četniks* ins Zentrum einer nationalistischen Kultbewegung gerückt. Der alte *Četnik*-Plan zur Schaffung eines Großserbien u. dessen ethn. Säuberung erhielt mit dem Zerfall Jugoslawiens u. dem Beginn der postjug. Kriege erneute Aktualität. Die zentralserb. Ravna Gora mit einem 1992 errichteten M.-Denkmal v. Dragan Nikolić wurde bald zu einem beliebten Pilgerort für serb.-nationalistische Politiker (sowohl v. der Regierung als auch v. der Opposition).

Lit.: S. Trew, Britain, Mihailović and the Chetniks 1941–1942. Basingstoke u. a. 1998; Draza Mihajlovic (1893–1946). Fifty Years After His Death. Hg. P. Radan. Sydney 1996; L. Karchmar, Draža Mihailović and the Rise of the Chetnik Movement. London, New York 1987; M. J. Milazzo, The Chetnik Movement and the Yugoslav Resistance. Baltimore, London 1975; J. Tomasevich, War and Revolution in Yugoslavia, 1941–1945. The Chetniks. Stanford/Calif. 1975.

H. S.

Mikołajczyk, Stanisław (*18. 7. 1901 Dorsten/Westfalen, †13. 12. 1966 Washington/DC), poln. Landwirt u. Politiker. Er beteiligte sich am Posener Aufstand u. wurde im poln.-sowj. Krieg verwundet. Seit 1922 war M. Mitglied der Poln. Bauernpartei Piast (poln. *Polskie Stronnictwo Ludowe Piast*, PSL). Im Jahre 1927 gründete M. den Verband der Poln. Dorfjugend in Großpolen. In den Jahren 1930–1935 war er Abgeordneter des Sejm. Nach dem Zusammenschluss seiner Partei mit anderen Bauernparteien zur Volkspartei (poln. *Stronnictwo Ludowe*, SL) (1931) wurde M. Mitglied des Parteivorstandes sowie des Exekutivkomitees (1933–1939) u. im September 1935 stellvertretender Vorsitzender der Partei. Im Jahre 1937 wurde M. wegen der Organisation eines Bauernstreikes zu vier Monaten Haft verurteilt. Nach dem Beginn des 2. →Wk.s war er kurzzeitig in Ungarn interniert, v. wo aus er nach Frankreich floh. Seit Dezember 1939 war M. stellvertretender u. de facto Vorsitzender des Nationalrates. Wie die anderen Exilpolitiker hielt er schon Anfang 1940 das Zusammenleben v. Polen u. Deutschen in einem Staat angesichts der damaligen NS-Politik gegenüber den Polen für undenkbar. Seit September 1941 amtierte M. als Innenminister u. stellvertretender Premierminister. Nach dem Tode Władysław →Sikorskis übernahm er das Amt des Ministerpräsidenten der poln. Exilregierung. Territoriale Konzessionen an die →Sowjetunion gegen Kompensation durch Ostpreußen u. Oberschlesien bezeichnete er vor der →Konferenz von Teheran allenfalls bei einer westl. Garantie der Unabhängigkeit und territ. Integrität Polens für möglich. Während des Warschauer Aufstands verhandelte M. im August 1944 mit Iosif →Stalin über die Wiederaufnahme der diplomatischen Beziehungen. M. leistete hinhaltenden Widerstand gegen die sowj. Forderung, auf die poln. Ostgebiete, besonders aber auch auf Wilna u. Lemberg zu verzichten, u. scheute vor einer allzu weitgehenden Westausdehnung Polens wegen der mit ihr verbundenen großen Umsiedlungen u. „den dadurch hervorgerufenen Schwierigkeiten und Leiden" zurück. Als er im Oktober 1944 schließlich unter starkem Druck der brit. Regierung zur Hinnahme der Curzon-Linie bereit war, wofür Stalin u. Winston →Churchill Polen eine Westverschiebung Polens bis zur Oder einschl. Stettins zusagten, verlor M. die Unterstützung der Mehrheit des Kabinetts u. trat am 24. 11. 1944 zurück. Dennoch setzten die westl. Alliierten weiterhin auf M. u. beteiligten ihn an den Verhandlungen über die Bildung der „Provisorischen Regierung der Nationalen Einheit" in Moskau im Juni 1945. In dieser Regierung übernahm M. das Landwirtschaftsministerium u. den stellvertretenden Vorsitz. Auf der →Konferenz von Potsdam setzte er sich zusammen mit den komm. Vertretern Polens für die →Oder-Neiße-Grenze u. die Zwangsaussiedlung aller Deutschen aus den neupoln. Gebieten ein. Im Falle einer Festlegung der Westgrenze Polens noch in Potsdam, vertraute M. den westl. Politikern an, hoffe er auf einen schnellen Rückzug der sowj. Armee, die Einstellung der sowj. Einmischung in die inneren Angelegenheiten seines Landes u. baldige freie Wahlen.

Nachdem die Volkspartei unter die Kontrolle der Kommunisten geraten war, gründete M. im Juli 1945 die Poln. Volkspartei (PSL), die er bis Januar 1946 als stellv. Vorsitzender bzw. bis Oktober 1947 als Vorsitzender führte. Aufgrund v. Fälschungen beanspruchten die Kommunisten u. ihre Verbündeten den Sieg bei den Sejm-Wahlen vom 19. 1. 1947. Im Oktober 1947 floh M. in die USA. Wegen seines Eintritts in die komm. beherrschte Regierung u. seines Verzichts auf die poln. Ostgebiete war die Mehrheit der poln. Exilpolitiker nicht bereit, mit ihm zusammenzuarbeiten, sodass seine Bewegung nicht an den offiziellen Organen des Exils beteiligt wurde. Seine Berichte über Ereignisse in Polen „The Rape of Poland" (1948) wurden ins Frz., Dt., It. und nach einigen Jahren auch ins Poln. übersetzt. Im Jahre 2000 wurden seine sterblichen Überreste nach Polen überführt u. in Poznań (Posen) beigesetzt.

Lit.: D. BRANDES, Der Weg zur Vertreibung 1938–1945. Pläne und Entscheidungen zum „Transfer" der Deutschen aus der Tschechoslowakei und aus Polen. München [2]2005; R. BUCZEK, Stanisław Mikołajczyk. Toronto 1996; A. PACZKOWSKI, Stanisław Mikołajczyk, czyli klęska realisty. Warszawa 1991.

L. K., D. B.

Milošević, Slobodan (*20. 8. 1941 Požarevac/Serbien, †11. 3. 2006 Scheveningen/Niederlande), jug. und serb. Politiker, Staatspräsident der Bundesrepublik Jugoslawien (BRJ) 1997–2000, Präsident der Republik Serbien 1989–1997, Vorsitzender des Bundes der Kommunisten Serbiens (BdKS) 1987–1990 u. der Sozialistischen Partei Serbiens (SPS) 1990–2006.

M. erlebte früh die Trennung der Eltern: Vater Svetozar, Lehrer für Russisch, Serbokroat. und orth. Religion (Katechet), verließ nach Kriegsende die Familie u. ging zurück in seine Heimat bei Bjelopolje (Montenegro), wo er sich 1962 erschoss. M.s Mutter Stanislava geb. Koljenšić, eine Kommunistin, zog M. u. den sechs Jahre älteren Bruder Bora alleine auf. 1974 erhängte sie sich. M., der v. Mitschülern als still, fleißig u. zurückgezogen beschrieben wurde, freundete sich 17-jährig mit seiner späteren Ehefrau Mirjana Marković aus einflussreicher KP-Familie an. 1959 trat M. der KP bei u. nahm ein Jurastudium in Belgrad auf, das er 1964 abschloss. Eine Karriere in staatl. und gesellschaftlichen Unternehmen führte ihn 1978 bis in die Direktion der Belgrader „Beobanka", für die er mehr als 60 Dienstreisen in die USA unternahm.

Schon 1974 als Chef des Konzerns Tehnogas, dann 1984 im Vorsitz der Belgrader u. Anfang 1986 im Vorsitz der serb. KP beerbte M. stets seinen Studienfreund Ivan Stambolić. Bei einem Besuch im →Kosovo im April 1987 hielt M. überraschend u. spontan eine Rede vor demonstrierenden Serben u. wurde damit zum Hoffnungsträger für den konservativ-nationalen Parteiflügel, mit dessen Hilfe M. auf der 8. Sitzung des ZK im September die Titoisten um Stambolić entmachtete. Beflügelt v. einer antialb. Kampagne der Belgrader Medien heizte M., seit Mai 1989 auch Präsident Serbiens, die interethn. Spannungen mit nationalen Demonstrationen („Meetings") an, den Zerfall des Vielvölkerstaates in Kauf nehmend. Teils durch Einschüchterung, teils durch Verfassungsbruch hob er noch im selben Jahr die Autonomie des mehrheitlich alb. Kosovo de facto auf. Später dirigierte er über die v. Nicht-Serben gesäuberte „Jugoslawische Volksarmee" u. deren Nachfolgeeinrichtungen auch die Kriege in Kroatien (1991–1995) u. in Bosnien (1992–1995) (→Krajina-Serben, →Bosnien-Herzegowina als Vertreibungsgebiet). Ab 1996 entstand unter den Kosovo-Albanern eine gegen Belgrad gerichtete „Befreiungsarmee" (*Ushtria Çlirimtare e Kosovës*, UÇK), die M., inzwischen Präsident der serb.-montenegrinischen BRJ, 1998 v. Sonderpolizei u. Armee bekämpfen ließ. Dabei wurden schon im Sommer 1998 230.000 Albaner aus ihren Häusern großteils in die Wälder getrieben (→Albaner aus Kosovo). Nach einem Ultimatum der USA konnten die →Flüchtlinge im Oktober wieder zurückkehren. Als nach einem Massaker der Polizei die Kämpfe Anfang 1999 erneut aufflammten u. Verhandlungen über den Status des Kosovo in Rambouillet bei Paris scheiterten, bombardierte die NATO vom 24. 3. bis 10. 6. Stellungen u. Einrichtungen in ganz Jugoslawien. Gleich nach Beginn des Bombardements vertrieben Polizei, Armee u. Freischärler bis zu 900.000 Albaner, die meisten über die Grenzen, v. a. nach Mazedonien u. Albanien. Noch während des Bombardements wurde M. vor dem →Haager Kriegsverbrechertribunal als erster amtierender Staatschef wegen Verbrechen gegen die Menschlichkeit (Kosovo), später auch wegen Völkermords (Bosnien; →Genozid) angeklagt. Nach seinem Sturz im Oktober 2000 wurde M. im Juni 2001 nach Den Haag ausgeliefert, wo er vor dem Ende des Prozesses in seiner Zelle an Herzversagen starb.

Lit.: F. Bieber, Nationalismus in Serbien vom Tode Titos bis zum Ende der Ära Milosevic. Münster u. a. 2005; A. LeBor, Milosevic: A Biography. New Haven/Conn. 2004; L. Sell, Slobodan Milosevic and the Destruction of Yugoslavia. Durham/NC 2003; L. J. Cohen, Serpent in the Bosom – The Rise and Fall of Slobodan Milošević. Boulder/Colo. u. a. 2002; S. Đukić, Kraj srpske bajke. Beograd 1999; F. Hartmann, Milosevic, la diagonale du fou. Paris 1999.

N. M.-N.

Minderheitenschutz. Unter M. wird hier allein der Schutz nationaler u. ethnischer Minderheiten verstanden (→nationale Minderheit). Ebenso wie bei den →Menschenrechten besteht er in rechtlicher Hinsicht auf zwei Ebenen, der des →Völkerrechts u. der des Landes- bzw. des Staatsrechts.

Anders als bei den Menschenrechten spielen Völkerrecht u. insbesondere völkerrechtliche Verträge für die Etablierung u. Entwicklung des M.es eine besonders wichtige Rolle. Ausgangspunkt u. bestimmender Faktor des Schutzes v. Minderheiten waren Verträge, meist am Ende v. Kriegen, in denen der unterlegenen Seite durch einen Friedensvertrag die Verpflichtung auferlegt wurde, auf ihrem Territorium lebenden Minderheiten gewisse Statusrechte zu gewähren, als deren Garanten die gegnerischen Kriegsparteien auftraten. Herausragende Beispiele sind die Berliner Kongressakte (1878) u. die Pariser Vorortverträge (1919/20, →Völkerbund).

Geschichtlich gesehen hat sich der nationale/ethnische M. aus dem Schutz religiöser und, in Osteuropa, national-religiöser Minderheiten entwickelt. So ist am Ende des 1. →Wk.s unter der Ägide des Völkerbundes das System der M.verträge in Ost- u. Südosteuropa entstanden. Seine Funktion bestand darin, einen polit.-rechtlichen Ausgleich herzustellen zw. dem →Selbstbestimmungsrecht der die Mehrheit bildenden Titularnation der nun – v. Estland bis zur Türkei – als souverän anerkannten neuen Nationalstaaten einerseits u. den Selbstbestimmungsinteressen der diesen Staaten zugeschlagenen fremdnationalen Volksgruppen andererseits, die man durch Gewährung eines völkerrechtlich u. staatsrechtlich verbrieften Minderheitenstatus zu befriedigen versuchte. Das M.system v. 1919/20 bestand aus vier Vertragslinien: 1. den Schutzverträgen der Siegermächte mit →Polen, →Jugoslawien, der →Tschechoslowakei, →Rumänien u. →Griechenland;

2. Schutzklauseln in den Friedensverträgen mit den besiegten Staaten →Österreich, →Bulgarien, →Ungarn u. Türkei; 3. Schutzklauseln in Verträgen, welche die ostmittel- u. südosteurop. Staaten miteinander geschlossen hatten (z. B. Dt.-Poln. Vertrag über Oberschlesien vom 15. 5. 1922); 4. einseitigen, völkerrechtlich bindenden Schutzverpflichtungen namentlich der neu gebildeten baltischen Staaten (→Baltische Länder) gegenüber dem Völkerbundrat (1921–1923).

Der M. der Zwischenkriegszeit hat, ergänzt um nationale Regelungen, zwar im Einzelfall bedeutende Leistungen hervorgebracht (z. B. Estland), ist insgesamt aber weit hinter den polit. Erwartungen eines wirksamen Interessenausgleichs zw. der Mehrheitsnation u. den im Staatsgebiet siedelnden Nationalitäten zurückgeblieben. Dass jenes M.system letztlich scheiterte, hatte v. a. drei Gründe: 1. Die M.verpflichtungen wurden nicht auf der Ebene des Völkerbundes selbst durch Vertrag begründet, banden folglich nicht alle Völkerbundmitglieder u. insbesondere nicht die Siegermächte, sondern nur die Neustaaten u. die Verlierer des Krieges. 2. Die Verfahren zur Kontrolle über die Einhaltung der M.bestimmungen durch die Neustaaten waren ineffektiv u. unterminierten daher das Vertrauen in den M. aufseiten der Nationalitäten. Ein fairer, wirksamer Interessenausgleich zw. Mehrheitsnation u. Minderheiten kam nicht zustande. 3. Die durch fragwürdige Grenzziehung häufig künstlich geschaffenen Minderheiten machten es ihren konnationalen Nachbarstaaten meist leicht, die Ungerechtigkeit des ganzen Systems zu demonstrieren, u. delegitimierten das System insgesamt (Ungarn, Deutschland, Österreich, Tschechoslowakei usw.).

Die Neugestaltung der ostmittel- u. der südosteurop. Landkarte am Ende des 2. →Wk.s erfolgte ohne M.verträge. Die Vereinten Nationen setzten nicht hier, sondern bei dem Schutz der (individuellen) Menschenrechte die Akzente. Allerdings trug man unter diesem Titel auch begrenzt dem M. Rechnung, indem die Menschenrechtskommission des Wirtschafts- u. Sozialrates (ECOSC) der Vereinten Nationen 1947 eine Unterkommission zur Verhütung v. Diskriminierung u. M. einrichtete. Ihr Mandat lag aber nicht beim M., sondern eindeutig beim Schutz vor Diskriminierung.

Unter dem schrecklichen Eindruck v. a. der Vernichtung des europ. Judentums während des 2. (›J.: Deportation und Vernichtung) u. der Armenier im 1. Wk. (→A. im Osmanischen Reich) wurde jedoch – noch vor der Allg. Erklärung der Menschenrechte u. höherrangig als diese, nämlich als völkerrechtlicher Vertrag – am 9. 12. 1948 die Konvention über die Verhütung u. Bestrafung v. Völkermord verabschiedet (→Genozid). Sie schützt „nationale, ethnische, rassische und religiöse Gruppen“, vermeidet also, v. Minderheiten zu sprechen. In der Sache aber sind sie Schutzobjekt der Konvention. Durch die Errichtung der beiden internat. ad-hoc-Straftribunale für die Aburteilung v. Verbrechen gegen die Menschlichkeit im ehem. Jugoslawien (1993) bzw. Ruanda (1994) (→Haager Tribunal) u. durch den 1998 in Rom beschlossenen, 2004 errichteten (ständigen) Internat. Strafgerichtshof der Vereinten Nationen in Den Haag wurden der Anti-Völkermordkonvention erstmals Institutionen u. Verfahren zu ihrer Durchsetzung gegeben. Das hat zu einer Rechtsprechung geführt, deren Urteile v. grundlegender, strategischer Bedeutung auch für den weltweiten M. sind (Völkermordurteile gegen J. P. Akayesu [Kigali, Ruanda], R. Krstić [→Srebrenica, Bosnien-Herzegowina]).

Die wichtigste Norm des M.es auf der universellen Ebene des Völkerrechts ist Art. 27, d. h. die Schlussbestimmung des Internat. Paktes über bürgerliche und polit. Rechte („Bürgerrechtspakt"): „In Staaten mit ethnischen, religiösen oder sprachlichen Minderheiten darf Angehörigen solcher Minderheiten nicht das Recht vorenthalten werden, gemeinsam mit anderen Angehörigen ihrer Gruppe ihr eigenes kulturelles Leben zu pflegen, ihre eigene Religion zu bekennen und auszuüben oder sich ihrer eigenen Sprache zu bedienen."

Der hier gebrauchte Begriff „Minderheit" ist im Völkerrecht nicht verbindlich definiert, da man sich auf eine Definition bislang nicht hat einigen können. Weithin Anerkennung hat aber der von dem UN-Sonderberichterstatter, Francesco Capotorti (1979), gemachte Definitionsvorschlag zu Art. 27 des Bürgerrechtspakts gefunden: „A minority is a group numerically inferior to the rest of the population of the state, in non-dominant position, whose members – being nationals of the state – possess ethnic, religious or linguistic characteristics differing from those of the rest of the population and show, if only implicitly, a sense of solidarity directed towards preserving their culture, traditions, religion or language."

Die →Staatsangehörigkeit gilt nach herrschender Meinung u. der Staatenpraxis als konstitutives Merkmal für die Minderheit. Zwar macht Art. 27 nicht die Minderheit als solche zum Träger v. Rechten, sondern ihre „Angehörigen". Aber indem deren Gruppenbezug betont wird u. Zweck der Bestimmung der Schutz der betreffenden Minderheiten ist, ist der juristische Unterschied zw. Individualschutz u. Gruppenschutz letztlich nur gering.

Wie für die Menschenrechte des Internat. Paktes über bürgerliche und polit. Rechte insgesamt ist der UN-Menschenrechtsausschuss des Paktes auch ermächtigt, die Einhaltung der M.bestimmung des Art. 27 zu kontrollieren (Art. 28 Bürgerrechtspakt). Das geschieht durch die Pflicht der Vertragsstaaten, alle fünf Jahre vor dem 18-köpfigen Ausschuss als einem gerichtsähnlichen Kontrollorgan des Paktes über die Lage der Minderheiten in ihrem Land u. Maßnahmen zu deren Schutz zu berichten, kritische Nachfragen zu beantworten, Materialien vorzulegen u. ergänzende Nachforschungen zu gestatten. Der Ausschuss erlässt zwar keine „Urteile" im förmlichen Sinne, aber seine „Ansichten" *(views)* treffen Feststellungen, die das materielle Recht verbindlich fixieren u. dadurch den völkerrechtlichen M. fortentwickeln.

Auf der regionalen Ebene des Europarats erwähnt Art. 14 der Europ. Menschenrechtskonvention (EMRK, 4. 11. 1950) in dem v. ihm ausgesprochenen Verbot der Diskriminierung als eines seiner Kriterien auch die „Zugehörigkeit zu einer nationalen Minderheit". Jahrzehnte hindurch war dies die einzige minderheitenbezogene Norm im regionalen europ. Völkerrecht. Praktische Bedeutung erlangte sie nicht. Erst als durch die Osteurop.

Revolution v. 1989/90 das sowj. Hegemonialsystem zusammenbrach, der Eiserne Vorhang verschwand, die „sozialistischen" Bundesstaaten der →Sowjetunion u. der Bundesrepublik Jugoslawien in ihre national titulierten Gliedrepubliken mit zahlreichen nationalen Minderheiten zerfielen, erlangte deren Schutz v. neuem Aktualität. Ihr wurde auch alsbald Rechnung getragen, nämlich durch die Verabschiedung der Europ. Charta der Regional- u. Minderheitensprachen (5. 11. 1992). Sie verbrieft keine Rechte der Minderheiten oder ihrer Angehörigen, sondern normiert Verpflichtungen der Staaten, die auf ihrem Territorium lebenden sprachlichen Minderheiten durch gesetzgeberische Maßnahmen zu stärken u. zu fördern. Die Verpflichtung weist ein hohes Maß an Elastizität auf, da sich die Beitrittsstaaten nur einem Teil der Charta-Bestimmungen zu unterwerfen brauchen, nämlich einigen Grundsatzartikeln, ihre Verpflichtung im Übrigen aber mit gewissen Wahlmöglichkeiten u. nach politischem Ermessen zusammenstellen können.

Über die Erfüllung der Verpflichtungen haben sie periodisch zu berichten. Ein unabhängiger Sachverständigenausschuss überprüft die Berichte, verfasst dazu eine Stellungnahme u. leitet sie über den Generalsekretär an das Ministerkomitee des Europarates weiter, um auf diesem Wege auf die Einhaltung der eingegangenen Vertragspflichten hinzuwirken.

Da das zunächst angestrebte Ziel nicht realisierbar war, den M. in einem Zusatzprotokoll zur EMRK zu verankern u. damit dem Europ. Gerichtshof für Menschenrechte (EGMR) die Kontrolle über die Einhaltung zu übertragen, hat der Europarat ein „Rahmenabkommen zum Schutze nationaler Minderheiten" als allg. Grundlage eines europäischen M.es verabschiedet (1. 2. 1995), die aber der Konkretisierung durch nationale Gesetze bedarf, um zur Wirkung zu kommen. Auch hier bildet die periodische Berichterstattung an das Ministerkomitee über die Vertragserfüllung den Schutzmechanismus.

Die Schwächen des Berichtssystems als eines Kontroll- u. Schutzinstruments sind evident, aber auf ein strengeres u. wirkungsvolleres Verfahren haben sich die in Fragen des M.es ganz überwiegend zurückhaltend oder ablehnend agierenden Staaten vorläufig nicht einigen können.

Lit. (a. →nationale Minderheit): The Rights of Minorities. A Commentary on the European Framework Convention for the Protection of National Minorities. Hg. M. Weller. Oxford 2006; Ein Jahrhundert Minderheiten- und Volksgruppenschutz. Hg. D. Blumenwitz/G. H. Gornig/D. Murswiek. Köln 2001; D. Stahlberg, Minderheitenschutz durch Personal- und Territorialautonomie. Ein Vergleich. München 2000; Protection of Minority Rights through Bilateral Treaties. Hg. A. Bloed/D. van Pieter. The Hague u. a. 1999; Das Recht der nationalen Minderheiten in Osteuropa. Hg. G. Brunner/B. Meissner. Berlin 1999; G. Brunner, Nationalitätenprobleme und Minderheitenkonflikte in Osteuropa. Gütersloh 1996; J. Niewerth, Der kollektive und der positive Schutz von Minderheiten und ihre Durchsetzung im Völkerrecht. Berlin 1996; D. Blumenwitz, Minderheiten- und Volksgruppenrecht. Bonn 1992; Fortentwicklung des Minderheitenschutzes und der Volksgruppenrechte in Europa.

Hg. Ders./H. von Mangoldt. Köln 1992; Der Schutz von Minderheiten- und Volksgruppenrechten in der Europäischen Union. Hg. D. Blumenwitz/G. Gornig. Köln 1966.

O. L.

Ministerium für die Wiedergewonnenen Gebiete. Das Ministerium für die sog. →Wiedergewonnenen Gebiete (poln. *Ministerstwo Ziem Odzyskanych*, MZO), die ungefähr ein Drittel des Territoriums v. Nachkriegspolen ausmachen, entstand im November 1945 mit dem Ziel, eine effektive Integrationspolitik (Polonisierungspolitik) in den eingegliederten dt. Gebieten durchzuführen. Das MZO, an dessen Spitze Władysław →Gomułka stand, verfolgte folgende Ziele: 1. möglichst schnelle Zwangsaussiedlung der gesamten dt. Bevölkerung u. Liquidation aller Spuren dt. Kultur in diesen Gebieten über mehrere Jh.e; 2. möglichst schnelle Ansiedlung v. Polen, die aus den an Moskau verlorenen Ostgebieten, aus Zentralpolen u. aus dem Exil kamen; 3. Trennung der Bev. mit ethn. polnischer Herkunft v. den Deutschen u. ihre Repolonisierung (Polonisierung); 4. Wiederaufbau der Städte, der Industrie u. der Landwirtschaft sowie 5. Aufbau einer Gesellschaft, die ihr Schicksal mit den Kommunisten verbindet. Eine Voraussetzung für die Umsetzung dieser Pläne war die Befestigung der Grenze, die in der →Konferenz von Potsdam provisorisch bestimmt wurde. Das MZO mit einem Kommunisten an der Spitze u. mit einem antikomm. Personal, stark unterstützt durch das Westinstitut (poln. *Instytut Zachodni*) in Posen sowie durch den Poln. Westverband (poln. *Polski Związek Zachodni*) (beide Organisationen waren mit antidt. Vorkriegsnationalisten eng verbunden), betrieb ununterbrochen antidt. Propaganda. Diese Politik – begründet mit den Grausamkeiten des dt. Besatzungsregimes – diente den Kommunisten zugleich bei der Selbstdarstellung als poln. Patrioten.

Im Jahr 1946 wurde das bisherige dt. Eigentum durch einen Sonderrechtsakt an den poln. Staat übertragen. Gomułka selbst traf die Vorbereitungen zur Übertragung der Häuser u. Werkstätten in Städten sowie der Bauernhöfe auf dem Lande an poln. Ansiedler. Das sollte der Bev. das Gefühl einer Stabilität des neuen Zustands geben u. sie zugleich mit der Politik der Poln. Arbeiterpartei (poln. *Polska Partia Robotnicza*, PPR) eng verbinden. 1948 wurde Gomułka entmachtet u. Anfang 1949 das MZO liquidiert. Zu diesem Zeitpunkt war die Mehrheit der deutschen Bev. bereits ausgesiedelt u. hatten ca. 1 Mio. ehemals dt. Staatsbürger poln. Herkunft die poln. Staatsbürgerschaft erhalten. Die ihnen gegenüber betriebene Politik der Repolonisierung (Polonisierung) wurde entgegen den Erwartungen der poln. Behörden nie abgeschlossen. Die Aufhebung des MZO unterbrach die gesellschaftliche Angleichung der sog. Wiedergewonnenen Gebiete an die anderen Gebiete Polens. Vermögen u. Land wurden den poln. Ansiedlern nicht übereignet. Nach sowj. Vorbild begann die Zwangskollektivierung der Landwirtschaft, was den Wiederaufbau hemmte. In den folgenden Jahren kam es sogar zu einem wirt. Niedergang. Diese Situation bemühte sich Gomułka zu verbessern, als er 1956 wieder an die Macht kam.

Lit.: G. Strauchold, Myśl zachodnia i jej realizacja w Polsce Ludowej w latach 1945-1957. Toruń 2003.

Grz. S.

Mladić, Ratko (*12. 3. 1943 Božinovići/Bosnien-Herzegowina), jug. u. bosnisch-serb. General, Generalstabschef der bosnisch-serb. Armee *(Vojska Republike Srpske)* 1992–1996, Kommandeur des 9. Korps der Jug. Volksarmee (*Jugoslovenska Narodna Armija*, JNA) in Knin 1991/92.

M., Sohn der Eheleute Neđo u. Stana geb. Lalatović, stammt aus kleinbäuerlichen Verhältnissen. Bei seiner Geburt in einem Weiler bei der zentralbosnischen Kleinstadt Kalinovik hielt sich der Vater bei einer Partisaneneinheit auf, während die Mutter eine Einquartierung it. Soldaten erdulden musste. Gegen M.s eigene Darstellung, der Vater sei im Kampf gegen die kroat. Armee beim Geburtsort des *Ustaša*-Führers Ante →Pavelić gefallen, erzählte Mutter Stana M. der M.-Biografin L. Bulatović 2003, der Vater habe den Krieg überlebt u. sei erst 1946 bei einem mysteriösen Bombenabwurf über einer Getreidemühle, zu der er als „Ökonom" abkommandiert war, ums Leben gekommen. Seinen Vornamen („der Kriegerische") habe Ratko nach einem Onkel bekommen, der Offizier gewesen sei.

Über eine Zeitungsanzeige kam der 15-Jährige auf das Militärgymnasium im Belgrader Stadtteil Zemun. Nach dem Abschluss wechselte er erst zur Militärakademie des Heeres u. dann zur Kommandeursschule, die er mit der herausragenden Note 9,57 (v. 10,0) abschloss. Seine anschließende Offizierslaufbahn führte ihn über die Stationen Skopje u. Štip in Makedonien u. Priština im Kosovo 1990 als Kommandeur des 9. Armeekorps nach Knin in Kroatien. Dort wurde M. binnen eines Jahres erst zum Oberst u. dann zum Generalmajor befördert. Im Oktober 1991 erhielt er den Rang eines Generaloberst. In seine Zeit in Knin fällt der kroat. Unabhängigkeitskrieg gegen M.s Truppen; M.s Korps führte die Bombardierung der kroat. Hafenstadt Šibenik durch. Mit der JNA zog sich M. im Januar/Februar 1992 aus Kroatien nach Bosnien-Herzegowina zurück, wo ihn das Parlament der Republik Srpska am 14. 5. zum Generalstabschef wählte.

Im Jahr nach seiner Ernennung vertrieben Armee u. Freischärlergruppen, mit denen M. schon in Kroatien die Zusammenarbeit erprobt hatte, mehrere Hunderttausend Muslime u. Kroaten (→Bosnien-Herzegowina als Vertreibungsgebiet, →Bosniaken aus Bosnien-Herzegowina). Diese →„ethnischen Säuberungen" dienten dem Ziel, rein serb. Territorien zu schaffen. Mittel dazu waren Massenexekutionen (z. B. Zaklopača u. Kozarac), Verbringung in →Lager (z. B. Keraterm, Trnopolje, Omarska, Manjača), Ghettoisierung (z. B. Brčko), →Deportation über die Grenzen, Brandschatzung v. Dörfern u. Sprengung v. Kultstätten (Moscheen). Zw. dem 12. u. dem 17. 7. 1995 töteten bosnisch-serb. Armeeeinheiten unter dem persönlichen Befehl von M. etwa 7.800 unbewaffnete bosnisch-muslimische Männer u. männl. Jugendliche aus der ostbosnischen Stadt Srebrenica, die meisten in Massenerschießungen. Frauen u. Kinder waren zuvor mit Bussen in v. bosnisch-muslimischen Truppen gehaltenes Territorium deportiert worden (→Srebrenica).

M. rechtfertigte das schwerste Massaker nach dem Ende des 2. →Wk.s als „Rache an den Türken". M. wurde am 24. 7. 1995 vor dem Kriegsverbrechertribunal in Den Haag wegen Völkermords (→Genozid) u. Verbrechen gegen die Menschlichkeit angeklagt (→Haager Tribunal). Er blieb dennoch Generalstabschef, bis er im November 1996 auf Druck der internat. Gemeinschaft v. der bosnisch-serb. Präsidentin Biljana Plavšić entlassen wurde. Dem Strafverfahren entzog sich M. zunächst durch Rückzug in sein altes Kriegshauptquartier in Han Pijesak u. später durch die Flucht nach Serbien. Zum letzten Mal in der Öffentlichkeit trat er 1999 auf. Bis Anfang 2006 lebte M. unbehelligt im Hause seines Sohnes in Belgrad.

Lit. (a. →Bosnien-Herzegowina als Vertreibungsgebiet): N. L. CIGAR/P. WILLIAMS/I. BANAC, Indictment at The Hague: The Milosevic Regime and Crimes of the Balkan Wars. New York 2002; L. STOJADINOVIĆ, Ratko Mladić – heroj ili zločinac. Belgrad ³2002; L. BULATOVIĆ, General Mladić. Belgrad ³2000.

N. M.-N.

Moldauer aus Transnistrien nach 1990. 1990 hat sich die Führung in Tiraspol (russ. Tiraspol') für die Beibehaltung der →Sowjetunion u. die Aufnahme T.s in diese als autonome Republik ausgesprochen. Am 2. 9. 1990 trat in Tiraspol der zweite Kongress der transnistrischen Volksdeputierten zusammen u. rief eine eigenständige Transnistrische Moldauische Sozialistische Sowjetrepublik (russ. *Pridnestrovskaja Moldavskaja Sovetskaja Socialističeskaja Respublika*, PMSSR, seit 5. 11. 1991 *Pridnestrovskaja Moldavskaja Respublika*, PMR) aus, die sich gegen die Chişinăuer „Entsowjetisierungspolitik", gegen die Einführung des lateinischen Alphabets u. die Aufwertung des „Moldauischen" zur einzigen Staatssprache wandte. Die Führung von T. lässt Moldauisch nur mit kyrillischer Schreibung zu. Die PMR ist 205 km lang, zw. 6 u. 35 km breit u. umfasst 4.163 qkm (12,3 % der Fläche des Gesamtstaates Moldova).

1991 kam es immer wieder zu heftigen Auseinandersetzungen. Nach gegenseitigen Provokationen u. vereinzelten gewaltsamen Gefechten kam es im Jahre 1992 zur Eskalation des Konflikts um Dubăsari u. Tighina (a. Bender, russ. Bendery), der in bewaffnete Kämpfe u. unter Beteiligung der in T. stationierten Militäreinheiten der 14. russ.-sowj. Gardearmee in einen regelrechten Krieg mündete. Die jetzt russl. Armee bot der PMR Schützenhilfe u. steht weiterhin in T.

Die Bevölkerung T.s besteht aus drei ethn. Großgruppen (Moldauer, Ukrainer, Russen) u. weiteren kleineren Minderheiten (Bulgaren, Weißrussen, Juden etc.). Im Jahr 2004 lebten auf dem Gebiet T.s offiziellen Angaben zufolge 555.247 Personen (das Stadtgebiet v. Tighina eingeschlossen) gegenüber 739.700 Personen im Jahr 1989. Vergleicht man die Ergebnisse der Volkszählung v. 2004 mit denen v. 1989, stellt man fest, dass in T. die Zahl der M. von 39,9 % auf 32 % gesunken u. die Zahl der Russen v. 25,5 % auf 30 % gestiegen ist, während die Ukrainer einen leichten Zuwachs (28,8 %) verzeichnen konnten.

In T. lebt 68 % der Bev. in Städten, v. a. in Tiraspol, Tighina, Rybniţa u. Dubăsari. Der Bev.rückgang traf besonders stark die städtische Bev., sie ist nach 1990 um 154.400 Personen gesunken. In Tiraspol leben z. Z. 158.069 Personen gegenüber 186.000 im Jahr 1992, in Tighina 105.010 statt 144.000 im Jahr 1993.

Die Bev. der PMR hat durch Geburtenrückgang (die Geburtenrate ist von 16,3 % im Jahr 1990 auf 5,3 % im Jahr 2000 gesunken) u. erhöhte Sterberate, aber v. a. durch Abwanderung bzw. Vertreibung der M. dramatisch abgenommen. Zwar gab es nie →ethnische Säuberungen wie in anderen separatistischen Konfliktgebieten auf dem Westbalkan (→Jugoslawien) oder im Südkaukasus (→Kaukasien), doch die Separatisten haben die M. nach 1990 aus ihren Führungspositionen verdrängt.

Emigration stellt für diese Region ein völlig neues Phänomen dar, denn bis Ende der 1980er Jahre war sie als Zuwanderungsgebiet für viele ukr. und russ. Facharbeiter, Ingenieure, Funktionäre u. Offiziere der Sowjetarmee bekannt. Die transnistrischen M. wurden v. der KP der Sowjetunion „geschätzt" u. privilegiert, weil sie als moskautreu galten. Alle Parteisekretäre der KP in Chişinău kamen aus T. Auch sämtliche Spitzenpositionen in der Wirtschaft wurden durch aus T. stammende M. besetzt.

Im Zuge des bewaffneten Konflikts v. März bis Juni 1992 waren die transnistrischen M. gezwungen, ihre Wohnorte in T. zu verlassen. Ihr Anteil an der Bev. sank allein in den Jahren 1989/90 v. 39,9 % auf 33,5 %. Nach verschiedenen Schätzungen haben im Krieg (März–Juli 1992) mehr als 130.000 →Flüchtlinge T. verlassen. Die meisten v. ihnen waren M. u. haben Zuflucht in der Ukraine u. in der Republik Moldova westl. des Dnjestr gefunden. Neben M. waren auch einige Russen u. Ukrainer auf der →Flucht, aber ihre Zahl war gering (im Jahr 1992 rd. 4.000 Russen u. 3.000 Ukrainer). Nach dem Waffenstillstand sind einige Flüchtlinge in ihre Häuser zurückgekehrt. Während im Jahre 1992 viele M. nur (oder v. a.) aus Tighina u. Dubăsari vertrieben wurden, nahm im Laufe der 1990er Jahre auch die Zahl der moldauischen Flüchtlinge aus Tiraspol zu. In der transnistrischen Verwaltung u. Wirtschaft sind die moldauischen Angestellten weitgehend unterrepräsentiert. Mehr als zwei Drittel der Leitungspositionen haben die Russ.sprachigen inne. In der transnistrischen Regierung gibt es seit 2007 überhaupt keine M.

Moldova u. die PMR stehen in unterschiedlichen Erinnerungskontexten. Moldova kämpfte um Integrität u. Unabhängigkeit, u. die Gefechte am Dnjestr (1990–1992) werden v. moldauischen Politikern, Historikern, Militärs u. Journalisten als „Kampf gegen die Separatisten", als „Kampf um die Integrität der Republik Moldova" wahrgenommen u. dargestellt. Aus der Sicht der PMR u. von General Aleksandr Lebed', dem einstigen Befehlshaber der russ. Truppen in T., führte die Chişinăuer Regierung einen Angriffs- u. Vernichtungskrieg, die PMR aber führte einen „Verteidigungskrieg" gegen moldauische „Faschisten und Nationalisten".

Lit.: C. Trifan, Femeia în zonele de conflict: istoria verbală. Chişinău 2006; St. Troebst, Separatistischer Regionalismus als Besitzstandswahrungsstrategie (post-)sowjetischer Eliten: Transnistrien

1989–2002, in: Regionale Bewegungen und Regionalismen in europäischen Zwischenräumen seit der Mitte des 19. Jahrhunderts. Hg. Ph. Ther/H. Sundhaussen. Marburg 2003, 185–214; V. Moşneaga, Vooružennyj konflikt v Respublike Moldova i problema peremeščënnych lic, in: Moldoscopie. Problemy političeskogo analiza. Sbornik statej. Teil VII. Chişinău 1995, 82–126.

V. D.

Moldawien als Deportationsgebiet. In der Zwischenkriegszeit war das Territorium der heutigen Republik Moldau *(Republica Moldova)* zw. der →Sowjetunion (seit 1924 unter dem Namen Moldawische [russ. *Moldavskaja*] ASSR) u. →Rumänien (unter dem Namen Bessarabien, rum. *Basarabia*) aufgeteilt. Während in der Moldawischen ASSR die Moldauer lediglich 30 % der Bev. ausmachten, stellten sie im rum. Bessarabien die Mehrheit – fast 60 % v. 2,8 Mio. Einw. Im Juni 1940 besetzte die Rote Armee Bessarabien u. die Nordbukowina. Am 2. 8. 1940 wurde die Moldawische SSR mit der Hauptstadt Kišinëv (Chişinău) gegründet. Die Rayons im S der ehem. Autonomen Republik mit einer mehrheitlich ukrainischen Bev. wurden der Ukraine angegliedert; damit bildeten die ehemals rum. Gebiete 90 % der neuen Sowjetrepublik, worin 90 % der Gesamtbev. lebten.

Deportationen 1941. Nach der Besetzung Bessarabiens durch die sowj. Truppen setzte in M. ein Prozess der forcierten Sowjetisierung der Gesellschaft ein. Als Antwort auf die Verstaatlichung v. Betrieben u. Ländereien wuchs der Widerstand der ehem. Besitzer, eines Teils der Intelligenz u. der Geistlichkeit. Die auf dem ganzen Territorium der Republik gebildeten Militärtribunale gingen gegen Fälle „konterrevolutionärer Vergehen“ vor, zeitweilige Bevollmächtigte der sog. „Machtministerien“ aus Moskau leiteten den Repressivapparat.

Bereits im Juli 1940 deportierte man viele rum. Staatsbürger nach →Kasachstan, im November 1940 wurden etwa 200 Menschen zu einer fünf- bis zehnjährigen Lagerhaft verurteilt (→Lager). Im Winter 1940/41 nahmen die Verhaftungen u. Repressionen Massencharakter an. Der Bevollmächtigte des ZK der VKP(b) u. des SNK der UdSSR für die Moldawische SSR, Sergej Goglidze, schlug im Mai 1941 Iosif →Stalin vor, 5.000 Aktivisten rum. bürgerlicher Parteien, Grundbesitzer, ehem. Gendarmen, Offiziere der Weißen Armee, Großhändler u. Hausbesitzer, Gemeindevorsteher sowie deren Familienangehörige aus M. zu deportieren. Als „rechtliche Grundlage“ für die Durchführung der →Deportation diente der Beschluss des SNK der UdSSR vom 2. 3. 1940 über die Aussiedlung „unzuverlässiger Elemente“, der geheime Beschluss des ZK der VKP(b) u. des SNK der UdSSR vom 14. 5. 1941 sowie der am 14. 6. 1941 bestätigte Aussiedlungsplan.

Die Deportation fand in der Nacht vom 12. auf den 13. 6. 1941 statt. Im Zuge der Operation wurden nach offiziellen Angaben 4.507 Personen verhaftet u. 13.885 deportiert. Ein Großteil davon waren ehem. Funktionäre rum. bürgerlicher Parteien, Großgrundbesitzer u. Fabrikanten, nicht weniger als zwei Drittel waren Frauen. Insgesamt waren 1941 3.470 Familien (22.648 Personen) v. der Zwangsumsiedlung betroffen, nach Meinung einiger Wissenschaftler (V. Pasat) lag die tatsächliche Zahl etwas höher, nämlich bei 25.720 Personen. Die Deportierten kamen nach Kasachstan (9.954), in die Gebiete

Novosibirsk u. Omsk (5.787 u. 6.085), einige Gruppen fanden sich in der Sowjetrepublik Komi u. in der Region Krasnojarsk wieder. Das Ansiedlungsgebiet wurde nach u. nach immer weiter ausgedehnt. In der Mehrzahl kamen die Zwangsumsiedler als Hilfsarbeiter in der Holzindustrie u. der Landwirtschaft zum Einsatz.

Die Lebensbedingungen der →Sondersiedler waren äußerst hart. In vielen Ansiedlungspunkten fehlte es an elementaren Lebensvoraussetzungen, die Verpflegung war unzureichend. Viele Familien lebten in Erdhütten, die Wohn- u. Lebensverhältnisse waren äußerst notdürftig, u. die lokalen Behörden trugen nichts zur Verbesserung dieser Situation bei. Gleich zu Beginn kam es deshalb zu Fluchtversuchen v. Sondersiedlern aus den Siedlungen, bspw. in den Gebieten Novosibirsk u. Omsk.

Darüber hinaus fanden 1940 offiziell freiwillige, in Wirklichkeit jedoch unter Zwang durchgeführte Umsiedlungen bessarabischer Bauern u. Arbeiter zu Bau- u. Industriebetrieben im russ. Norden statt. So waren in den Kohlegruben des Gebietes Molotov (heute erneut Perm') unter härtesten Bedingungen 2.500 bessarabische Arbeiter beschäftigt.

Deportationen 1949–1951. Die Nachkriegszeit in M. war einerseits durch die Massenemigration als Folge der Hungersnot v. 1946/47 u. andererseits durch die Rückkehr v. 40.000 Repatrianten, die nach ihrer Überprüfung z. T. in die Sondersiedlungen deportiert wurden, gekennzeichnet (→Repatriierung). Eine Begleiterscheinung der vorangetriebenen Festigung des Sowjetregimes war die Zwangsumsiedlung v. Bürgern dt. Nationalität (688 Personen) u. Personen, die wegen antisowj. Tätigkeit verurteilt worden waren.

Infolge der erneut einsetzenden gewaltsamen Kollektivierungspolitik, mit der bereits vor dem Überfall Deutschlands auf die UdSSR begonnen worden war, blieb die Lage im Land nach Kriegsende weiter angespannt. Die Leiter des →NKVD konstatierten einen wachsenden Widerstand gegen die durchgeführten Maßnahmen. Zur endgültigen „Befriedung" der Bev. wurde eine spezielle Operation ausgearbeitet, die eine neue Massendeportation, in erster Linie der „Kulakenschaft", vorsah. Entsprechend dem Beschluss des Ministerrates der UdSSR Nr. 1290-467ss „Über die Aussiedlung aus dem Territorium der Moldawischen SSR von Kulaken, ehemaligen Grundbesitzern, Großhändlern, aktiven Handlangern der deutschen Okkupanten, Personen, die mit der deutschen und rumänischen Polizei zusammengearbeitet hatten, Mitgliedern profaschistischer Parteien und Organisationen, Weißgardisten, Mitgliedern illegaler Sekten sowie Familienmitgliedern aller oben genannten Kategorien", der am 6. 4. 1949 vom Politbüro bestätigt wurde, erfolgte eine weitere Massendeportation aus M. – die sog. Operation „Süden" (russ. *operacija „Jug"*).

Im Rahmen dieser Aktion war geplant, 11.280 Familien (40.850 Personen) – in der Mehrzahl „Kulaken" (über 8.000 Familien), aber auch andere „feindliche Elemente" – auszusiedeln. Die Listen der „auf ewig" Zwangsverbannten wurden vom Ministerrat der Moldawischen SSR bestätigt. Die Verantwortung für die Durchführung der Operation oblag dem Ministerium für Staatssicherheit der UdSSR (Viktor Abakumov), für die unmittelbare Überstellung in die Ansiedlungsgebiete war das Innenministerium der UdSSR (Sergej Kruglov) zuständig.

Das Territorium der Republik wurde in sieben operative Sektoren unterteilt. Die Operation dauerte vom 6. bis zum 7. 7. 1949. Die Deportierten, deren Zahl sich auf etwa 35.000 Personen belief, wurden in 30 Güterzügen (1.573 Waggons) abtransportiert. Rund 1.000 Personen, die sich der Aussiedlung zunächst entziehen konnten, wurden zu einem späteren Zeitpunkt gefasst u. ebenfalls deportiert.

Den Umsiedlern war es gestattet, persönliche Wertsachen, Gegenstände des alltäglichen Bedarfs (Kleidung, Geschirr, landwirt., handwerkliches und hauswirt. Kleininventar) sowie Verpflegung v. insgesamt bis zu 1.500 kg pro Familie mitzuführen. Der übrige Besitz, Weinberge, Gärten u. Vieh der Deportierten wurden konfisziert. Ein Teil des konfiszierten Eigentums verwendete man zur Tilgung ausstehender öffentlicher Abgaben. Die restliche Habe (Wohn- u. Wirtschaftsgebäude, Produktionsbetriebe, landwirt. und handwerkliches Inventar sowie Weinberge, Gärten u. Vieh) wurde entschädigungslos den Kolchosen übertragen u. in einen unteilbaren Fonds überführt. Für alleinstehende behinderte u. betagte Personen aus den Reihen der Deportierten waren in den Verbannungsorten spezielle Einrichtungen geplant. Zu Beginn der 1950er Jahre, im Zuge der Umsetzung des Beschlusses des Ministerrates der UdSSR Nr. 667–339ss vom 3. 3. 1951 über die Aussiedlung v. Mitgliedern der illegalen Sekte Zeugen Jehovas samt den Familienangehörigen aus den westl. Gebieten der UdSSR (Operation „Nord“), erfolgte die Deportation v. mehr als 1.500 Mitgliedern dieser Glaubensgemeinschaft aus M.

Die Zwangsumsiedler gelangten auf das Territorium der Burjat-Mongolischen ASSR, in die Regionen (russ. *kraj*) Altaj u. Chabarovsk, die Gebiete Amur, Irkutsk, Kemerovo, Kurgan, Tjumen' u. Čita sowie nach Kasachstan.

Mitte der 1950er Jahre wurden etliche Maßnahmen zur Aufhebung der Beschränkungen für unterschiedliche Kategorien der Sondersiedler („Kulaken“, ehem. Kommunisten, ehem. Kriegsgefangene etc.) verfügt. Diese betrafen auch die zu verschiedenen Zeiten aus M. deportierten Menschen. Insgesamt kam es zw. 1954 u. 1956 auf der Grundlage v. Beschlüssen der Regierungen u. der Obersten Gerichte in Moskau u. Kišinëv zur Befreiung v. etwa 8.000 Familien (ca. 25.000 Personen) – darunter Greise, Arbeitsunfähige, Kriegsteilnehmer, Hochschullehrer etc. Unter ihnen befanden sich rd. 10.000 Personen, die wegen →Kollaboration mit den dt. Okkupanten verbannt worden waren u. 1955 amnestiert wurden. Von den 1945 deportierten Deutschen gelang es 668 Personen nach M. zurückzukehren. Allerdings war es etwa einem Drittel der Befreiten per Regierungsbeschluss untersagt, in ihre Herkunftsorte heimzukehren. Der konfiszierte Besitz wurde grundsätzlich nicht erstattet. Trotz des Verbots gelang es vielen Menschen in ihre Heimat zurückzukehren. Nicht selten allerdings wurden dort administrative Maßnahmen gegen sie eingeleitet, die eine erneute Ausweisung nach sich zogen. Außerdem unterlagen die ehem. Deportierten u. Häftlinge lange Jahre der ständigen Überwachung durch die Staatssicherheitsbehörden.

Nach den Unterlagen des MVD der UdSSR befanden sich am 1. 1. 1957 in den Sondersiedlungen: 3.901 Personen, die in den Jahren 1940/41 aus M. ausgesiedelt worden waren, u. 8.827 Personen aus dem Deportationsjahr 1949. Ein Jahr später beliefen sich die Zahlen entsprechend der Unterteilung auf 2.466 u. 6.120 Personen. Die letzte Befreiungsaktion aus den Sondersiedlungen erfolgte zu Beginn der 1960er Jahre. Der Prozess der vollständigen polit. und zivilen →Rehabilitierung der unschuldig verfolgten Personen dauerte bis zum Ende der 1980er bzw. bis zum Beginn der 1990er Jahre an. Am 10. 4. 1989 hob der Ministerrat der Moldawischen SSR seine Verordnung über die Aussiedlung aus dem Jahr 1949 auf. Im Mai 1989 erging der Beschluss über die Rückgabe (oder Entschädigung) des konfiszierten Besitzes an die im Rahmen der Operation „Süden" deportierten Personen. In der unabhängigen Republik Moldau wurde am 8. 12. 1992 das Gesetz „Über die Rehabilitierung der Opfer politischer Repressionen unter dem totalitären kommunistischen Okkupationsregime" verabschiedet.

Alle Aktionen zur Deportation des „sozial fremden Elements" waren ohne Ermittlungsverfahren u. richterlichen Urteilsspruch vorgenommen worden. Soziale Zugehörigkeit, Mitgliedschaft in rum.-moldawischen Parteien sowie „nationalistische Tätigkeit" waren die Hauptkriterien für die Erstellung der Deportationslisten. Exakte Angaben zur nationalen Zusammensetzung der Ausgesiedelten fehlen, unter ihnen waren neben Moldauern alle ethn. Gruppen M.s vertreten (Russen, Ukrainer, Juden etc.). Der Anteil moldawischer Bürger an der Gesamtzahl der Deportierten ist aufgrund des Fehlens einer entsprechenden Statistik schwer zu ermitteln. Allerdings ist bekannt, dass sich am 1. 1. 1953 unter den erwachsenen Sondersiedlern 25.673 Moldauer befanden, drei Jahre später waren es 11.167 Moldauer u. 583 Gagausen. Am 1. 1. 1958 waren noch 7.903 Moldauer registriert.

Die Deportationen aus M. waren eines der wichtigsten Instrumente der Sowjetisierungspolitik in den 1940 annektierten rum. Gebieten. Terror u. Gewalt gegenüber „feindlichen Elementen" sollten nicht nur deren Widerstand brechen, sondern auch die restliche Bev. zum Gehorsam anhalten, um die Verstaatlichung u. die vollständige Kollektivierung zu gewährleisten.

Quellen: Trudnye stranicy istorii Moldovy 1940–1950-e gg. Hg. V. Pasat. Moskva 1994.

Lit.: V. Pasat, Surovaja pravda istorii. Deportacii s territorii Moldavskoj SSR 40–50 gg. Kišinėu 1998.

Dm. M.

Montenegriner aus Kosovo. In der Forschung werden die M. (Eigenbez. *Crnogorac*) in Kosovo oft unter die Gruppe der K.-Serben subsumiert, mit der Erklärung, dass es keine Unterschiede in der Haltung oder polit. Aktion der K.-Serben u. -M. im 20. Jh. gegeben habe. Die eigene montenegrinische Identität gründet sich auf ihrer geogr. Herkunft u. dem jahrhundertelangen Widerstand gegen die Osmanen. Die M. sind als Südslaven mit den Serben sprachlich nah verwandt u. die Zugehörigkeit zu der orth. Kirche bildet eine weitere starke Verbindung, ihr traditionelles Wertesystem hat jedoch viele Gemeinsamkeiten mit den Nordalbanern.

In den Volkszählungen des sozialistischen →Jugoslawien wurden die M. in K. getrennt v. den Serben gezählt. Zwischen den Volkszählungen v. 1948 bis 1991 ist der Anteil der M. an der Bev. in K. von 3,9 % auf 1,0 % kontinuierlich gesunken. Die höchste absolute Zahl erreichten sie 1961 mit 37.588. Gegenwärtig leben in K. nach eigenen Angaben etwa 4.000 bis 5.000 M., u. die Rückkehr der →Vertriebenen gestaltet sich trotz Förderung schleppend.

Ein Teil der Kosovo-M. siedelte seit Jh.en im Westkosovo entlang der heutigen alb. und der montenegrinischen Grenze. Eine neue Gruppe der M. kam nach dem →Balkankrieg 1912 im Zuge einer breiten Kolonisierungsbewegung hinzu u. wurde in Ostkosovo im Gebiet v. Viti (serb. Vitina), Gjilan (serb. Gnjilane) u. Ferizaj (serb. Uroševac) angesiedelt. Nach dem 1. →Wk. wurde in der Agrarreform der Zuzug v. Kolonisten wieder staatl. forciert. Die soz. und ethn. gegen die Albaner gerichteten Umstände, unter denen die Kolonisten in K. angesiedelt wurden, u. ihre Privilegierung bei der Landzuteilung stießen nicht nur bei den Albanern (→A. aus Jugoslawien in der Zwischenkriegszeit), sondern auch bei den alteingesessenen Serben auf Ablehnung u. führten zu einer Solidarisierung unter ihnen.

Nach der dt. Besetzung Jugoslawiens im April 1941 war eines der ersten Themen, die die alb. Führer mit dem Divisionskommandeur General Eberhardt besprachen, die Vertreibung der serb. und der montenegrinischen Kolonisten. Noch im Mai 1941 wurden aus dem damals dt. kontrollierten Peja (serb. Peć) die ersten montenegrinischen Kolonisten vertrieben. In den ersten zwei bis drei Monaten danach flohen 20.000 Menschen u. 10.000 Häuser wurden niedergebrannt. Im dt. besetzten Nordkosovo wurde zw. den Albanern u. Serben ausgehandelt, dass den Auswanderungswilligen ein friedlicher Abzug ermöglicht wird, aber in den nunmehr it. kontrollierten Gebieten in West- u. Südkosovo flammten die Kämpfe gegen die Kolonisten im Oktober u. November an den it. Soldaten vorbei auf.

1943/44 folgte auf die it. Kapitulation eine neue Vertreibungswelle, die v. der Zweiten Liga v. Prizren durch Freiwillige in der Region v. Peja, Lipjan (serb. Lipljan) u. Mitrovica durchgeführt wurde. Im April 1944 forderte Hermann Neubacher, Adolf →Hitlers Sonderbeauftragter Südost, das Einstellen der Vertreibungen. Er schätzte, dass v. 1941 an 40.000 Serben und M. aus K. vertrieben worden waren. Diese Zahl lag unter der Zahl der Kolonisten, die in den 1930er Jahren nach K. gekommen waren, doch unter den Vertriebenen befanden sich auch alteingesessene Kosovo-Slaven.

Durch die Überprüfung der Kolonisierungspolitik der Zwischenkriegszeit wurde die Rückkehr v. etwa zwei Dritteln der vertriebenen Familien gestattet. Am 16. 3. 1945 erließ Josip Broz →Tito im Sinne der Neuregelung der Beziehungen zu den Albanern zunächst ein vorläufiges Dekret, das den Kolonisten die Rückkehr völlig untersagte. Zwei Wochen später sah er sich genötigt, seinen Beschluss zu ändern u. fand im August 1945 eine gesetzliche Kompromisslösung, die nur denjenigen Kolonisten die Rückkehr gestattete, die keine Rentner u. keine ehem. Polizeioffiziere waren u. die das Land nicht von polit. Verfolgten oder widerrechtlich enteigneten Albanern bekamen.

Bis 1961 konzentrierten sich die Siedlungsgebiete der M. in den westkosovarischen Kommunen Peja, Istog (serb. Istok), Deçan (serb. Dečani), Gjakova (serb. Đakovica), Mitrovica u. Prishtina (serb. Priština). Nach 1961 setzte ähnlich wie bei den Serben eine Abwanderungsbewegung nach Serbien oder Montenegro ein. Die Gründe waren wie bei den Serben vorwiegend wirt. Natur, aber auch das zunehmende Gefühl der ethn. Bedrohung durch die alb. Mehrheitsbev. bewog die M. dazu, ihre privilegierte Stellung im staatl. Beschäftigungssektor in K. aufzugeben.

Ab Juni 1999 waren sie massiven Vertreibungen durch Albaner ausgesetzt. Nach Montenegro sind zumeist kosovarische M. aus dem westl. Teil Kosovos u. diejenigen geflohen, die dort Verwandte oder Freunde hatten. Ende 1999 befanden sich 19.132 sog. Binnenvertriebene aus K. in Montenegro, v. denen die M. etwa ein Drittel ausmachten. Manche v. ihnen hinterließen in K. Ländereien von 20 bis 30 ha, die sie bis heute nicht veräußert haben.

In Montenegro wurden sie als Binnenvertriebene behandelt, d. h. als Bürger der Republik Serbien. Sie bekamen vom Kommissariat für Binnenvertriebene einen befristeten Aufenthaltsstatus, wenn sie nicht in Montenegro geboren waren u. kein Eigentum vor ihrer Vertreibung aus K. besessen hatten. Die Erlangung der montenegrinischen Staatsbürgerschaft setzt zehn Jahre Aufenthaltsdauer voraus, bei Verheiratung mit einem montenegrinischen Staatsbürger fünf.

Als Bürger v. Serbien fiel ihre Versorgung u. ihr Schutz nicht in die Zuständigkeit der Republik Montenegro. Die Lesart der Republik Serbien war hingegen, dass Montenegro als Mitglied des Staatenverbandes für die Binnenvertriebenen zu sorgen habe.

Der juristische Status der Binnenvertriebenen in Montenegro schließt sie vom Arbeitsmarkt aus. Sie bekommen keine Unterstützung für Erwerbslose u. haben kein Anrecht auf Hilfe für soz. Schwache. Ihre Tätigkeiten in der grauen Ökonomie wurden 2003 durch die erhöhte Besteuerung ihrer Arbeitgeber erschwert.

Die Binnenvertriebenen kommen jedoch in den Genuss der kostenlosen gesundheitlichen Versorgung u. können Grundschulen u. weiterführende Bildungseinrichtungen besuchen. Das Kommissariat für Binnenvertriebene, der →Hohe Flüchtlingskommissar der UNO u. weitere humanitäre Organisationen leisten bei Bedarf zusätzliche Hilfen. Die Behandlung der Binnenvertriebenen ist im Großen u. Ganzen darauf ausgerichtet, ihren Aufenthalt zeitlich zu begrenzen, u. ihre →Integration in die K.-Rückkehrprogramme wird unterstützt.

Die →Flucht der M. aus K. nach Serbien richtete sich wesentlich danach, ob es dort Freunde u. Verwandte gab. Im Unterschied zu Montenegro galten die Binnenvertriebenen als Staatsbürger, sodass zumindest die Wahrnehmung der Bürgerrechte etwas leichter war, wenn alle benötigten Dokumente für die Beantragung der soz. Unterstützung bzw. für die Aufnahme eines Beschäftigungsverhältnisses oder einer Ausbildung besorgt werden konnten. Bei den Rentenansprüchen wurde die Beantragung zusätzlich durch gegenseitige Nicht-Anerkennung der Antragsformulare zw. der Übergangsverwaltungsmission der Vereinten Nationen in K. (UNMIK) u. der Republik Serbien erschwert. Seit 2003 bekommen die Binnenvertriebenen, wenn sie vor der Vertreibung in K. in staatl. Institutionen gearbeitet haben, eine kleine finanzielle Unterstützung. Potentiell sind die Binnenvertriebenen v. Armut bedroht, da nach den Erhebungen im Jahr 2001 nur 7 % v. ihnen in Serbien Eigentum besitzen u. 52 % v. ihnen arbeitslos sind (die Arbeitslosigkeit betrug 2002 in Serbien 29 %).

Die binnenvertriebenen M. u. Serben in Montenegro organisieren sich in Selbsthilfegruppen wie z. B. in dem im Jahr 2000 gegründeten Verein Kosmet in Bar. In Prishtina ist seit März 2008 der Verein der M. in K. *(Udruženje Crnogoraca Kosova)* mit 200 Mitgliedern aktiv, der sich unter der Leitung v. Slobodan Vujičić aus Anlass der neuen Verfassung K.s um die Berücksichtigung der M. bemüht.

Lit.: Integracija kao dugoročno rešenje za izbeglice i raseljena lica u Srbiji. Analitički izveštaj. Hg. Srpski savet za izbeglice. Novi Sad 2006; The Situation of Internally Displaced Persons in Serbia and Montenegro. Issues Paper (May 2005). Hg. International Committee of the Red Cross; K. Clewing, Mythen und Fakten zur Ethnostruktur in Kosovo – Ein geschichtlicher Überblick, in: Der Kosovo Konflikt. Ursachen – Verlauf – Perspektiven. Hg. J. Reuter/K. Clewing. Klagenfurt 2000, 17–88; N. Malcolm. Kosovo. A short History. London 1998.

Z. F.

Muhacirun – osm.-türk. Sammelbezeichnung für muslimische Einwanderer verschiedener Herkunft, ethn., sprachlicher u. konfessioneller Zugehörigkeit, die seit dem ausgehenden 18. Jh. im Osm. Reich, später in der Republik Türkei Aufnahme fanden. Der aus dem Arabischen stammende Begriff, in seiner wörtlichen Bedeutung allgemein „Migrant“, dann auch enger gefasst →„Flüchtling“, hat eine starke relig. Konnotation, weil er ursprünglich die erste muslimische Gemeinde um den Propheten Mohammed bezeichnete, die im Jahr 622 v. Mekka nach Medina auswanderte u. damit den Beginn der neuen, islamischen Zeitrechnung markierte. Die *muhacirun* (Sg. *muhacir*) sind als Gruppe also nicht über ihre gemeinsame Abstammung u. Geschichte, sondern über ihren gemeinsamen Zielort definiert.

Die muslimische Einwanderung ins Osm. Reich setzte im letzten Drittel des 18. Jh.s ein, als die Osmanen mit der russ. Expansion bis zur →Krim 1771 zum ersten Mal v. Muslimen bewohntes Land an eine nicht-muslimische Macht verloren. Der Verlust der Krim bot Anlass, den islamischen Leitsatz der empfohlenen →Migration in islamisches Herrschaftsgebiet auszuformulieren. Territoriale Verluste der Osmanen gingen seitdem mit Auswanderungsappellen an die zurückgebliebenen Muslime einher. Von den schätzungsweise 300.000 Tataren (→Krimtataren) u. Türken, die im späten 18. Jh. auf der Krim lebten, kam russ. Angaben zufolge rd. die Hälfte allein in den Jahren bis zur Annexion der Krim als russ. Provinz 1783 ins Osm. Reich – ein Exodus, der sich in den folgenden Jahrzehnten mit der offiziellen Ausweisung der muslimischen Landbev. 1784 u. nach dem Krimkrieg 1856 fortsetzte. Andere Schätzungen nennen höhere Zahlen v. bis zu 1 Mio. *m.* von der Krim bis zum frühen 20. Jh. Hinzu kommen ca. 46.000 bis zu 230.000 Nogaier, die 1858–1866 aus ihrer Heimat westl. des Kaspischen Meeres in die osm. Länder kamen. Das russ. Vorrücken in den Kaukasus (→Kaukasien) u. die Härte, mit der der erbitterte Widerstand der kaukasischen Muslime gebrochen wurde, lösten eine weitere große Einwanderungswelle ins Osm. Reich aus. Nach der Niederschlagung der Bewegung v. Imam Schamil (russ. Šamil') 1859, die die endgültige russ. Eroberung des Kaukasus bedeutete, schlossen Russland u. das Osm. Reich 1860 ein Abkommen, durch das Russland die Auswanderung der kaukasischen Völker unter der Bedingung erlaubte, dass die osm. Behörden sie in ausreichender Entfernung der Grenze ansiedelten. Nach dem russ. Ultimatum v. Sotschi (russ. Soči) 1864 verließ die überwältigende Mehrheit der Tscherkessen (Adyge), rd. 80 %, ihre Heimat u. floh über das Schwarze Meer ins Osm. Reich. Schätzungen über ihre Zahl schwanken zw. 400.000 u. 595.000. Werden die Flüchtlinge der folgenden Jahrzehnte mitgerechnet, erhöhen sich die Schätzungen auf insgesamt 1 Mio., anderen türk. Autoren zufolge sogar auf bis zu 1,5 Mio. Diese Zahl umfasst nicht nur die Adyge, sondern auch tscherkessische Minderheiten u. andere Gruppen kaukasischer Muslime, insbesondere Abchasen, die etwa 10 % der Flüchtlinge ausmachten, Ubychen, Tschetschenen, Inguschen, Adscharen u. muslimische Georgier, schließlich Awaren, Laken, Darginer, Lezgier u. Kumyken aus Dagestan. Die Kaukasier wurden verstreut über Anatolien, aber auch in den arabischen Provinzen im heutigen Syrien u. Jordanien angesiedelt (vgl. →Tscherkessen aus Kosovo).

Die territorialen Verluste im russ.-osm. Krieg 1877/78 auf dem Balkan brachten wiederum große Flüchtlingsströme nach Anatolien mit sich, insbesondere aus →Bulgarien, wo der Anteil der Muslime an der Bev. noch Mitte des 19. Jh.s rd. 30 % betragen hatte, unter ihnen nicht nur die eingewanderten Tataren u. Tscherkessen, sondern auch Yörüken u. slavisch sprechende Pomaken. Die →Balkankriege 1912/13 bewirkten eine neuerliche Fluchtbewegung, die den Anteil der Muslime in Bulgarien schließlich auf nur mehr ca. 10 % schrumpfen ließ. Türkische Schätzungen sprechen v. 1,5 Mio. *m.* aus dem Balkan nach dem Krieg 1877/78 u. weiteren 640.000 Migranten nach 1912/13. Offizielle osm. Angaben v. 1918 allerdings fallen geringer aus. Sie beziffern die Zahl der Flüchtlinge aus dem W mit insgesamt 1,3 Mio. u. rechnen 1,5 Mio. Muslime aus dem Kaukasus hinzu. Die kretischen Muslime waren bereits nach 1897 u. 1908 zu Zehntausenden nach Kleinasien gekommen. Die letzte große Einwanderungswelle des „langen 19. Jh.s" wurde durch den 1923 in Lausanne beschlossenen sog. griech.-türk. Bev.austausch ausgelöst, durch den noch einmal rd. 400.000 Muslime v. a. nach (Ost-)Thrakien u. Westanatolien kamen (→Lausanner Konferenz, →Türken/Muslime aus Griechenland). Dies wirft ein Licht darauf, dass auch die vorangegangenen Migrationsbewegungen v. der Idee eines Bev.austausches zur jeweiligen relig. Homogenisierung des eigenen Landes begleitet waren. 1913 wurde mit Bulgarien ein begrenzter Bev.austausch entlang der Grenze vereinbart. Nach 1828/29 verfolgte Russland zeitweise eine dem osm. Vorgehen ähnliche Politik der Werbung um osm.-christliche Einwanderer, wenn auch weniger erfolgreich.

Der osm. Politik waren die Fluchtbewegungen v. Muslimen in osm. Territorium willkommen. Muslimische Einwanderung aus dem Balkan u. dem Kaukasus wurde ermutigt u. gefördert, um die osm. Bevölkerung insgesamt zu vermehren, den muslimischen Anteil zu erhöhen, gerade in den peripheren Regionen die milit. Ressourcen aufzustocken, durch gezielte Zuweisung von *m.* strategisch wichtige Orte u. Kommunikationslinien zu sichern u. schließlich mit den *m.* ein Gegengewicht zu in den Augen des Zentralstaates weniger verlässlichen Bev.gruppen zu schaffen. Staat u. Gesellschaft waren jedoch gleichzeitig mit der Ankunft der Flüchtlinge überfordert. Die osm. Regierung siedelte die *m.* bevorzugt in dünn besiedelten Gebieten an, die auf diese Weise erschlossen werden sollten. Oft waren die Ansiedlungsorte aber unfruchtbar, hatten ein Klima, an das sich die Neuankömmlinge nicht anpassen konnten, u. die mittellosen Siedler bekamen nicht die erforderliche Unterstützung, die zur Kultivierung des Landes notwendig gewesen wäre. Die Sterblichkeit unter den neu Angesiedelten war entsprechend hoch. Ungeachtet absoluter Zahlen kann man feststellen, dass die *m.* den Anteil der muslimischen Bev. im Osm. Reich spürbar erhöhten, mit weitreichenden Folgen für das Zusammenleben der verschiedenen Gruppen auf lokaler Ebene, wo die massive Ansiedlung Tausender Flüchtlinge lang etablierte soz. Gefüge sprengte. Dieser Effekt wurde dadurch verstärkt, dass die osm. Politik im Zuge der zentralisierenden Reformen des 19. u. 20. Jh.s die *m.* gezielt einsetzte, um zum einen eine effektivere Kontrolle über nomadische, meist kurdische, aber auch arabische Stämme auszuüben u. zum anderen Regionen mit hohem christlichen Bev.anteil (Griechen, Armenier) stärker mit Muslimen zu durchmischen. Die Zuteilung v. Land an die *m.* sowie die Gewährung bestimmter Privilegien (zeitweilige Steuer- u. Wehrdienstbefreiung) sorgten bei den anatolischen Bauern für Unzufriedenheit. Gewaltsame Übergriffe notleidender *m.* insbesondere auf ortsansässige Nicht-Muslime häuften sich, weshalb die Frage der muslimischen Einwanderer in den diplomatischen Verhandlungen bereits 1878 mit der Forderung nach Reformen – v. a. in den armenischen Provinzen – verknüpft wurde.

Die Forschung zu den *m.* lässt insbesondere im Hinblick auf soz. und kulturhist. Fragen noch viele Lücken. Die Folgen, die die →Integration einer so großen Zahl v. Migranten unterschiedlichster Sprache u. Herkunft auf die soz. Ordnung u. Alltagskultur der besonders betroffenen Regionen u. des ganzen Landes hatte, sind nicht untersucht. Dagegen sind linguistische u. ethnographische Aspekte der einzelnen Gruppen besser erforscht. Insgesamt überwiegt – im Gegensatz zu anderen Kapiteln der osm. Geschichte – die Forschungsliteratur in türk. Sprache, während in der westeurop. Osmanistik das Thema bislang wenig Beachtung gefunden hat. Auffallend ist schließlich in den hist. Arbeiten eine verbreitete Tendenz, das Schicksal der *m.* vor dem Hintergrund der damaligen europ.

Empörung über Gewalttaten gegen Christen zu behandeln und – gerade auch bei der Angabe v. Zahlen – das Leid der muslimischen Flüchtlinge gegen jenes der christlichen Osmanen aufzurechnen.

Lit.: F. Dündar, Modern Türkiye'nin Şifresi: İttihat ve Terakki'nin Etnisite Mühendisliği 1913–1918. Istanbul 2008; O. Yildirim, Diplomacy and Displacement. Reconsidering the Turco-Greek Exchange of Populations, 1922–1934. New York 2006; A. Saydam, Kırım ve Kafkas Göçleri (1856–1876). Ankara 1997; S. Erkan, Kırım ve Kafkasya Göçleri (1878–1908). Trabzon 1996; A. Toumarkine, Les migrations des populations musulmanes balkaniques en Anatolie (1876–1913). Istanbul 1995; N. İpek, Rumeli'den Anadolu'ya Türk Göçleri, 1877–1890. Istanbul 1994; P. A. Andrews, Ethnic Groups in the Republic of Turkey. Wiesbaden 1989.

E. H.

Münchener Abkommen vom 29. 9. 1938. In der Nacht vom 29. zum 30. 9. 1938 vereinbarten die Regierungschefs Deutschlands, Großbritanniens, Frankreichs u. Italiens einen Zeitplan sowie die Modalitäten der Abtretung des „sudetendeutschen Gebiets", das in der Zeit vom 1.–10. 10. ohne Zerstörung v. Einrichtungen geräumt werden sollte. Ein Ausschuss aus Vertretern der vier Großmächte u. der Tschechoslowakei sollte die endgültigen Grenzen festsetzen. Ferner wurde den Bewohnern ein Optionsrecht (→Option) eingeräumt. Weiter hieß es: „Ein deutsch-tschechoslowakischer Ausschuss wird die Einzelheiten der Option bestimmen, Verfahren zur Erleichterung des Austausches der Bevölkerung erwägen und grundsätzliche Fragen klären, die sich aus dem Austausch ergeben." Großbritannien u. Frankreich erklärten sich zu einer Garantie der neuen Grenzen des tschechoslowak. Staates gegen einen unprovozierten Angriff bereit. Deutschland u. Italien versprachen, der Tschechoslowakei ihrerseits eine Garantie zu geben, sobald die Frage der poln. und ung. Minderheiten geklärt sei.

In der Präambel bezogen sich die vier Großmächte auf das „Abkommen, das hinsichtlich der Abtretung des Sudetengebiets bereits grundsätzlich erzielt wurde". Das M. A. war nämlich das Ergebnis einer Entwicklung der dt.-tschech. Beziehungen, die sich mit der Gründung der Sudetendeutschen Heimatfront am 1. 10. 1933, ihrem Sieg als Sudetendeutsche Partei (SdP) bei der Parlamentswahl am 19. 5. 1935 verschärft hatten. Die SdP passte sich immer stärker dem nationalsozialistischen Vorbild an u. folgte nach dem Anschluss Österreichs Adolf →Hitlers Weisung vom 28. 3. 1938, immer mehr zu fordern, als die tschechoslowak. Regierung gewähren könne. Deshalb blieben alle Versuche dieser Regierung, die Krise durch Zugeständnisse zu lösen, erfolglos. Als Hitler am 12. 9. das →Selbstbestimmungsrecht für die Sudetendeutschen (→Deutsche aus den böhmischen Ländern) forderte, die SdP-Kundgebungen den Charakter eines Aufstands annahmen u. ihr Führer Konrad Henlein erklärte „Wir wollen heim ins Reich", verhängte die Regierung den Ausnahmezustand u. verbot die SdP. In dieser Situation griff die brit. Regierung ein, die schon am 6. 8. Lord Runciman als Vermittler nach Prag geschickt hatte. Nach Chamberlains Besprechung mit Hitler am 15. 9. forderten die beiden Westmächte am 19. 9. 1938 von der tschechoslowak. Regierung die Abtretung aller Gebiete mit mehr als 50% dt.sprachiger Bev. und boten dafür die Garantie der neuen Staatsgrenzen an. Unter der Drohung, im Falle einer Ablehnung die Tschechoslowakei ihrem Schicksal zu überlassen, beugte sich die Prager Regierung am 21. 9. diesem Ultimatum.

Während der tschechoslowak. Außenminister die Entscheidung als Katastrophe bezeichnete, wurden Chamberlain u. Édouard Daladier in ihrer Heimat als Friedensstifter begrüßt. Während die überwiegende Mehrheit der Sudetendeutschen die einmarschierenden dt. Truppen u. Hitler als Befreier feierte, flohen Juden, sudetendt. Kommunisten u. Sozialdemokraten sowie Tschechen ins Landesinnere (→Flucht aus den Sudetengebieten 1938) u. ins westl. (→Treuegemeinschaft sudetendeutscher Sozialdemokraten) u. neutrale Ausland (→Sudetendeutsche Emigration nach Schweden 1938). Versuche der Prager Regierung, die vier Großmächte zu einer Garantie der neuen Staatsgrenzen zu bewegen, scheiterten am Unwillen Großbritanniens u. Frankreichs, sich ohne Deutschland festzulegen, das die Annexion der „Rest-Tschechei" plante u. am 15. 3. 1939 vollzog.

Lit.: J. Němeček, Mnichovská dohoda. Cesta k destrukci demokracie v Evropě. Praha 2004; Erzwungene Trennung. Vertreibungen und Aussiedlungen aus der Tschechoslowakei 1938–1947 im Vergleich mit Polen, Ungarn und Jugoslawien. Hg. D. Brandes/E. Ivaničková/J. Pešek. Essen 1999; B. Celovsky, Das Münchener Abkommen. München 1958.

D. B.

Musealisierung von Zwangsmigrationen. Die Darstellung v. Vertreibungsvorgängen im Europa des 20. Jh.s in Form v. Museen u. Ausstellungen ist ein primär (west-)dt. Phänomen, das in ursächlichem Zusammenhang mit dem § 96 (Pflege des Kulturgutes der Vertriebenen u. Flüchtlinge u. Förderung der wiss. Forschung) des →Bundesvertriebenengesetzes (BVFG) steht. Demzufolge haben „Bund und Länder [...] das Kulturgut der Vertreibungsgebiete in dem Bewusstsein der Vertriebenen und Flüchtlinge, des gesamten deutschen Volkes und des Auslandes zu erhalten, Archive, Museen und Bibliotheken zu sichern, zu ergänzen und auszuwerten [...]." Dies geschieht an erster Stelle in sieben dezentralen Museen, nämlich dem Ostpreußischen Landesmuseum Lüneburg, dem Westpreußischen Landesmuseum Münster, dem Siebenbürgischen Museum Gundelsheim, dem Oberschlesischen Landesmuseum Ratingen, dem Donauschwäbischen Zentralmuseum Ulm, dem Pommerschen Landesmuseum Greifswald u. dem Schlesischen Museum Görlitz. Hinzu kommen zahlreiche Heimatmuseen u. -stuben wie etwa das Egerlandmuseum in Marktredwitz, das Iglauer Museum in Heidenheim oder die Bergreichensteiner Heimatstube in Regen. Zu nennen sind überdies das Haus der Geschichte der Bundesrepublik Deutschland in Bonn u. seine Außenstelle, das Zeitgeschichtliche Forum Leipzig, sowie das Deutsche Hist. Museum in Berlin als zwei Bundesreinrichtungen, in deren

Dauerausstellungen die →Vertreibung der Deutschen aus Ostmittel- u. Südosteuropa u. ihre →Integration in Bundesrepublik u. DDR, partiell auch andere Vertreibungsvorgänge, thematisiert werden.

Auch andernorts in Europa sind Vertreibungsvorgänge zum einen – u. kleineren – Teil Gegenstand v. Dauerausstellungen in zentralen (National-)Museen (Estland, Lettland), zum anderen aber primär in Regionalmuseen dargestellt (Finnland, →Griechenland, Italien, →Polen).

Im Zuge der innerdt. wie poln.-dt. Kontroverse um das BdV-Projekt eines →Zentrums gegen Vertreibungen in Berlin konzipierte das genannte Haus der Geschichte der Bundesrepublik Deutschland in Bonn 2004 eine Ausstellung zum Thema „Flucht, Vertreibung, Integration", welche im Zeitraum Dezember 2005–April 2007 in Bonn, Berlin u. Leipzig gezeigt wurde. „Flucht und Vertreibung" wurden hier „Ankunft und Integration" gleichwertig gegenüber gestellt sowie eine mehrfache Kontextualisierung vorgenommen: Das europ. Vertreibungsgeschehen im 20. Jh. insgesamt – mit dem Schwerpunkt auf nationalsozialistischer Besatzungs- u. Vernichtungspolitik – wurde museal dargestellt, u. darüber hinaus bildete ein Begleitbuch auch die Diskurse über Vertreibung in Polen, der Tschechischen Republik (→Tschechoslowakei) u. Europa ab.

2005 trat auch die Stiftung „Zentrum gegen Vertreibungen" mit einem Ausstellungsplan an die Öffentlichkeit, u. am 10. 8. 2006 wurde die Ausstellung „Erzwungene Wege. Flucht und Vertreibung im Europa des 20. Jahrhunderts" in Berlin eröffnet. Exemplarisch wurden hier zehn Vertreibungsvorgänge – vom →Genozid an den →Armeniern im Osmanischen Reich 1915/16 über die Vertreibung der Deutschen aus Ostmittel- u. Südosteuropa 1945–1948 bis zur →ethnischen Säuberung großer Teile →Bosnien-Herzegowinas v. Kroaten u. Muslimen 1992–1995 – dokumentiert.

Das im Koalitionsvertrag v. CDU/CSU u. SPD vom 11. 11. 2005 genannte „sichtbare Zeichen", mit dem an „das Unrecht von Vertreibungen" erinnert werden sollte, wird seit 2008 in Gestalt der unselbständigen →Bundesstiftung „Flucht, Vertreibung, Versöhnung" realisiert, welche wiederum ein Teil der Bundesstiftung Dt. Hist. Museum bildet. Dabei handelt es sich um ein Ausstellungs-, Dokumentations- u. Informationszentrum im zentral gelegenen Deutschlandhaus am Anhalter Bahnhof in Berlin. Grundlage der Dauerausstellung soll die Ausstellung „Flucht, Vertreibung, Integration" des Hauses der Geschichte der Bundesrepublik Deutschland v. 2005/06 sein. Mit der Eröffnung ist für 2013 zu rechnen.

Lit.: T. Völkering, Flucht und Vertreibung im Museum. Zwei aktuelle Ausstellungen und ihre geschichtskulturellen Hintergründe im Vergleich. Berlin 2008; J. von Puttkamer, Irrwege des Erinnerns. Die Ausstellung „Erzwungene Wege" im Berliner Kronprinzenpalais, in: Couragierte Wissenschaft. Eine Festschrift für Jürgen John zum 65. Geburtstag. Hg. M. Gibas/R. Stutz/J. H. Ulbricht. Jena 2007, 174–190; Erzwungene Wege. Flucht und Vertreibung im Europa des 20. Jahrhunderts [Ausstellungskatalog]. Hg. Zentrum gegen Vertreibungen. Potsdam

2006; Flucht, Vertreibung, Integration. Begleitbuch zur Ausstellung. Hg. Stiftung Haus der Geschichte der Bundesrepublik Deutschland. Bielefeld 2006; S. Vogel, Vertreibung ausstellen. Überlegungen zu einem Museumskonzept, *ZfG* 53 (2005), 969–976.

St. T.

Muslime aus Jugoslawien in der Zwischenkriegszeit. Die M. in Südosteuropa (v. a. Sunniten) sind ethn. und sprachlich heterogen. Im →Jugoslawien der Zwischenkriegszeit verwendeten M. Albanisch (die Albaner unter ihnen u. manche Roma), makedonische Dialekte (Torbeschen, Pomaken), Romanes (Roma), Serbokroat. (Bosniaken) und Türk. (Türken, Kleingruppen anderer Turkvölker als Verkehrssprache im urbanen Milieu). Die gängige Fremdbez. aller als „Türken“ konnte stark pejorative Züge haben. Ihr entsprach damals aber a. noch eine häufige Eigenbez. als „türkisch“ zur Benennung der Religionszugehörigkeit.

Offizielle Zahlen bieten Volkszählungen v. 1921 u. 1931. Die erste ermittelte für Jugoslawien 1.345.271 M., 11,22 % der Gesamtbev. (11.984.911), die zweite 1.561.166 oder 11,2 %. Nach Sprachen unterschieden waren die größten Gruppen 1921 etwa 720.000 serbokroat. sprechende Muslime/Bosniaken (→B. aus Jugoslawien in der Zwischenkriegszeit), 450.000 muslimische Albaner (→A. aus Jugoslawien in der Zwischenkriegszeit) u. etwa 150.000 türk.sprachige M. Die Ziffern spiegeln den Stand nach ausgeprägten Zwangsmigrationen v. a. von alb.- und türk.sprachigen M. im Zuge der →Balkankriege 1912/13 sowie 1918/19 wider u. sind für diese Gruppen überdies durch Ungenauigkeiten bei der Zählung zu niedrig angesetzt.

Geographisch verteilten sich die muslimischen Gruppen auf das 1912/13 durch Serbien u. Montenegro vom Osm. Reich erworbene Gebiet (Makedonien, Teile Südserbiens, →Kosovo, Sandschak v. Novi Pazar, montenegrinische Grenzgebiete zu Albanien) u. auf →Bosnien-Herzegowina. Kompakt siedelten v. a. die Albaner in Kosovo (→A. aus K.) u. längs der übrigen Grenze zum 1912/13 geschaffenen alb. Staat. Besonders diese wurden vom neuen jug. Einheitsstaat als sicherheits- und nationalpolit. Problem wahrgenommen u. behandelt.

Das Aufkommen des Islam in der Region ist unmittelbar mit der einstigen Ausdehnung des Osm. Reiches nach Südosteuropa (ab dem 14. Jh.) verbunden. Überwiegend verbreitete er sich durch Konversion, nur im Falle der Türk. sprachigen durch Zuwanderung (mitunter staatl. gefördert) u. teilweise sprachliche Assimilation.

Die Konfliktkonstellation der Zwischenkriegszeit geht unmittelbar auf die Begleiterscheinungen der südosteurop. Nations- u. Nationalstaatsbildungen ab dem 19. Jh. zurück (→Nationalstaat und ethnische Homogenität). Infolgedessen wurden bis 1912/13 fast durchgängig alle M. zwangsweise aus den jeweils unabhängig werdenden oder territ. zu diesen hinzukommenden Gebieten verdrängt. Ab 1912/13 wurde diese Systematik durchbrochen. Gründe waren zum einen die schiere Zahl der Betroffenen, zum anderen neue nationalideologische Vereinnahmungsmuster, die um 1900 entstanden waren und

v. a. gegenüber den so neu konstruierten „eigentlich serbischen" muslimischen Albanern u. den Slavischsprachigen den Gedanken nährten, sie ließen sich rasch sprachlich bzw. nationalpolit. assimilieren. Dennoch kamen gezielte →ethnische Säuberungen vor. Wie viele 1912/13 v. den insgesamt geschätzten 414.000 in die spätere Türkei gelangten muslimischen →Flüchtlingen aus dem Balkanraum dem nachmals jug. Gebiet entstammten, ist dabei noch zu erforschen. Etwas unter 100.000 können als hypothetische Untergrenze gelten. Ebenso ist v. einigen Zehntausend muslimischen Ziviltoten auszugehen. Hohe Verlustzahlen gab es a. unter der albanischen Bev. nach dem Ende des 1. →Wk.s 1919 u. in den Folgejahren im Zuge der Bekämpfung einer Aufstandsbewegung (der sog. *Kaçaken*) (→Albaner aus Jugoslawien in der Zwischenkriegszeit).

Im Kgr. der Serben, Kroaten u. Slowenen (1918) wurden den nichtslavischen M. (Albanern, Türken) die für sie durch den Friedensvertrag v. St. Germain (1919) an sich geltenden Minderheitenrechte im Schulunterricht u. Sprachgebrauch verwehrt. Mit dieser Politik, die v. a. der alb.sprachigen Bev. das Recht auf Minderheitenschulen u. den amtlichen, nicht selten auch jeden öffentlichen Gebrauch der alb. Sprache verwehrte, bezweckte man die raschere Assimilation. Bei den slavischen M. hingegen stellte sich die Frage nach einer angemessenen Minderheitenpolitik nicht, da sie als Bestandteil des „dreinamigen Volkes" bzw. als „Jugoslawen (Südslaven)" wahrgenommen wurden. Eine polit. Interessenvertretung fanden alle M. der südl. Landesteile – u. nur diese waren, anders als in Bosnien-Herzegowina, v. Formen der Zwangsmigration betroffen – bis 1925 in der Partei *Džemijet* (alb. *Xhemijet*, türk. *Cemiyet*), der Islamischen Vereinigung zur Verteidigung der Gerechtigkeit. Diese lehnte sich an die dominierende Radikale Partei an, der sie als Koalitionspartner zur Verfügung stand, ehe sie 1923 in die Opposition ging. Nach der Inhaftierung ihres Parteiführers Ferhad Draga (1925) kam das innerparteiliche Leben v. Džemijet allerdings zum Erliegen, u. die M. „Südserbiens" verloren die einzige genuin auf ihre Bedürfnisse orientierte polit. Vereinigung. In den dem Anspruch nach gesamtjug., faktisch serb. dominierten Parteien waren sie kaum vertreten. Ähnlich waren M. aus den südl. Landesteilen in der Verwaltung auf unterer u. teilweise mittlerer Ebene durchaus anzutreffen, nicht dagegen in den oberen Verwaltungsgremien, Ministerien, etc.

Die dauerhafte Marginalisierung u. Verdrängung der M. aus den südl. Landesteilen wurde durch die repressive Minderheitenpolitik, die Staatsangehörigkeitsgesetzgebung u. die angewandte Agrar- u. Kolonisationspolitik verfolgt (→Staatsangehörigkeit). Die Rückkehr von zw. 1912 u. 1918 in das Osm. Reich Geflohenen wurde zu verhindern versucht. Im Zuge des ersten gesamtstaatl. Staatsangehörigkeitsgesetzes v. 1928 wurde den nichtslavischen M. „Südserbiens" dann ein Optionsrecht auf Aussiedlung in die Türkei zugestanden, was den Verdrängungsprozess erleichtern sollte (→Option). Gültig für fünf Jahre, wurde es 1933 bis 1938 verlängert. Die Agrar- u. Kolonisationsgesetzgebung sollte den Druck zur Auswanderung erhöhen. Vor allem im Kosovo hatten die einhergehenden Sondergesetze u. parallelen Bemühungen um die Kolonisierung mit Südslaven vorrangig das sicherheits- und nationalpolit. Ziel, homogene „fremdethnische" Gebiete zu zerschlagen. Die wesentlichen Rechtsgrundlagen wurden nach dem Vorbild v. entsprechenden Regelungen noch des Kgr.s Serbien v. 1914 in den Jahren 1920 u. 1922 geschaffen. In der Zeit der Königsdiktatur (ab 1929) folgte ein weiterer Anlauf zur Agrarreform u. Kolonisationspolitik in „Südserbien" mit gesetzlichen Regelungen v. 1931 u. 1933.

Der verstärkte Druck auf die M. und insbesondere auf die Albaner kulminierte ab der Einsetzung v. Milan Stojadinović als Ministerpräsident u. Außenminister. In seiner Regierungszeit gingen die Agrarbehörden dazu über, bei der Umsetzung der Agrarreform Albanern lediglich 0,4 ha pro Person zuzugestehen, um diese damit unter das Existenzminimum u. in die Emigration zu drängen. Im Schatten der Annäherung Jugoslawiens an die Achsenmächte →Deutschland u. Italien sowie vor dem Hintergrund der zunehmenden Differenzen zw. Belgrad u. Zagreb um die Staatsverfassung u. des offensichtlichen Scheiterns des staatl. oktroyierten Jugoslawismus war Stojadinović treibende Kraft hinter dem Plan einer Aussiedlungsvereinbarung mit der Türkei. In zwei interministeriellen Konferenzen zur Aussiedlung der nichtslavischen Bev. „Südserbiens" im September u. Oktober 1935 kam man überein, mit der Türkei u. auch Albanien möglichst eine planmäßige Aussiedlung v. Albanern u. Türken zu vereinbaren. Bei einem Scheitern der Verhandlungen mit Albanien oder einer Nicht-Auswanderung der Albaner in die Türkei war ihre Zwangsumsiedlung in die inneren Landesteile oder ein Bev.austausch mit Albanien vorgesehen. Für alle, die vorab vom Optionsrecht des Staatsangehörigkeitsgesetzes Gebrauch machen wollten, wurden Erleichterungen wie Kostenerlässe bei der Reisepassvergabe oder die Befreiung vom Wehrdienst versprochen. Parallel dazu sollte der staatl. Druck auf die Albaner erhöht werden. 1936 wurden in der Tat die adm. Vorschriften weiter verschärft u. die strikte Einhaltung bestehender Restriktionen vorgeschrieben. Die Maßnahmen weisen in die gleiche Richtung wie die Vorschläge, die ein Jahr später im bekannten sog. Memorandum des Historikers Vasa Čubrilović zur Aussiedlung der Albaner auftauchen. Die zugespitzte Exklusionsstrategie führte zur jug.-türk. Konvention v. 1938, die die Aussiedlung v. 200.000 „Türken" (gemeint waren primär Albaner) vorsah, für welche die jug. Regierung ein Kopfgeld v. 2.000–3.000 Dinar pro Person an die Türkei zu zahlen bereit war. Eine Umsetzung erfolgte jedoch nicht, da die zwei Staaten sich über die finanziellen Modi nicht einigen konnten.

Die Gesamtzahl der insgesamt zw. den Wk.en ins Ausland geflohenen oder zur Abwanderung veranlassten M. wird auf bis zu 240.000 Personen geschätzt; eine realistische Annahme hat jedoch von zw. 80.000 u. 100.000 auszugehen (vgl. →Albaner aus Jugoslawien in der Zwischenkriegszeit).

Der Forschungsstand, v. a. von widerstreitenden nationalhist. orientierten serb. und alb. Arbeiten geprägt, ist unbefriedigend. Eine Kontextualisierung, welche die Dynamisierung u. Radikalisierung der staatl. Politik gegenüber den muslimischen Bev.teilen außerhalb v. Bosnien-Herzegowina unter innen- wie außenpolit. Voraussetzungen beleuchtet, steht noch aus.

Lit. (a. →Albaner aus Jugoslawien in der Zwischenkriegszeit, →Bosniaken aus Jugoslawien in der Zwischenkriegszeit, →Muslime aus dem Sandschak): E. Pezo, Jugoslawien und seine Muslime. Zur Reichweite staatlicher Einflussnahme im Rahmen der Türkei-Auswanderung. Diss. phil. Jena 2009.

K. C., E. P.

Muslime aus dem Sandschak (1992/93). Der Sandschak (bosnisch/kroat./montenegrinisch/serb. Sandžak) ist eine aus elf Gebietskörperschaften bestehende, 8.687 qkm große histor. Region, die auf beiden Seiten der serb.-montenegrinischen Grenze liegt u. an Kosovo im SO u. an Bosnien-Herzegowina im NW angrenzt. Der osm. *Sancak* mit dem Hauptort Yenipazar (serb. Novi Pazar), Namensgeber der heutigen hist. Region, wurde im Zuge der →Balkankriege 1913 als die letzte osm. Provinz im westl. Balkan zw. den Kgr.en Serbien u. Montenegro geteilt. Mit Ausnahme der Jahre 1943–1945, als im S. autonome Behörden im Rahmen der komm. geführten Nationalen Befreiungsbewegung agierten, genoss die Region keine territ. oder kulturelle Autonomie.

Die ganze Region ist durch eine ethn. Vielfalt gekennzeichnet, die aus der osm. Periode stammt, als ein Teil der slavischsprachigen Bev. den Islam annahm. Im 20. Jh. blieb die relig.-kulturelle Identität der Gruppen stabil, dagegen waren die nationalen Zuschreibungen der orth. Christen (Serben/Montenegriner) u. slavischsprachigen M. (Muslime/Bosniaken) labil. Nach den Zensusangaben v. 1991 gab es in der Region 434.000 Einw., darunter 227.000 (52 %) M. u. 192.000 (44 %) Serben u. Montenegriner. Die o. g. Zahlen sind aber mit Vorsicht zu benutzen: Einerseits diente die Ethnostatistik als Argument in den ethnopolit. Konflikten, im jug. Fall besonders ausgeprägt während der Volkszählung v. 1991. Andererseits ist die Eigenzuordnung zu den polit. konstruierten Kategorien im Fall des S. nicht eindeutig: Die bosnisch/kroat./montenegrinisch/serb.sprachigen Muslime konnten sich 1991 als M. (*Musliman*, Pl. *Muslimani*; im Sinne der 1971 offiziell anerkannten muslimischen Nation) oder – aufgrund des polit. Drucks aus Belgrad u. Podgorica wie der sprachlichen Nähe – als Serben (*Srbin*, Pl. *Srbi*) oder Montenegriner (*Crnogorac*, Pl. *Crnogorci*) deklarieren. Anfang der 1990er Jahre kam noch die aus Bosnien stammende säkulare Selbstzuschreibung „Bosniaken" (*Bošnjak*, Pl. *Bošnjaci*) hinzu, im Unterschied zu dem in Bosnien geläufigen Regionalbegriff „Bosnier" (*Bosanac*, Pl. *Bosanci*).

Zwar gab es in den 1990er Jahren polit. induzierte Spannungen und ethn. bedingte Gewalt, aber keinen Bürgerkrieg im Sinne v. kämpfenden Armeen. Die Konfliktlinie lief zw. Gewalt u. Willkür der durch Serben u. Montenegriner dominierten u. aus Belgrad u. Podgorica geleiteten Sicherheitskräfte (wie Polizei, Soldaten der Reserve, Armee Jugoslawiens) u. aus Bosnien-Herzegowina kommenden serb. paramilit. Einheiten auf der einen u. der muslimischen Zivilbev. auf der anderen Seite.

Die Region wurde aus großserb. Sicht als islamisierte „Region Raška" betrachtet – eine Bez., die an eines der ma. Zentren Serbiens erinnern sollte. Zusammen mit dem Kosovo

u. den durch M. dominierten Teilen Bosnien-Herzegowinas bilde der S. „den grünen (d. h. muslimischen) Keil“ in den „urserbischen Territorien“. Die ethn. Gewalt wurde in den 1990er Jahren strategisch genutzt, um die an Bosnien angrenzenden Gemeinden „ethnisch“ zu „säubern“ u. damit die Kontinuität der muslimischen Siedlungen zu zerstören (→ethnische Säuberung).

Die polit. Entwicklung im S. verlief bis 1992 weitgehend parallel zu derjenigen in Bosnien: Großserb. Druck führte auch hier zur Mobilisierung der muslimischen Bev. Nach der ersten Mehrparteienwahl vom Dezember 1990 in der serb. Teilrepublik wurde – ebenso wie in Bosnien – die Partei der Demokratischen Aktion (SDA) die wichtigste polit. Kraft unter der muslimischen Bev. Am 19. 5. 1991, gleichzeitig mit dem Unabhängigkeitsreferendum in Kroatien, wurde der „Muslimische Nationalrat des Sandžak“ (MNVS) als regionales „Parlament“ gebildet. Die zwei wichtigsten Politiker in dieser Versammlung repräsentierten beide erkennbaren Richtungen der muslimischen Bewegung: die „großbosnische“ mit Sulejman Ugljanin an der Spitze, die für eine Unabhängigkeit v. Belgrad plädierte, u. die mehr „jugoslawientreue“, geführt v. Rasim Ljajić. Vom 25. bis 27. 10. 1991 gab es ein v. Belgrad und S.-Christen nicht anerkanntes Referendum, in dem die muslimische Mehrheit für „volle politische u. territoriale Autonomie“ stimmte. Obwohl manche muslimische/bosniakische Politiker die Unabhängigkeit S.s von Belgrad u. Podgorica befürworteten, warben sie niemals für eine gewaltsame Lösung. Der Konflikt verschärfte sich im Frühling 1992, als die Präsenz v. Sicherheitskräften in der Region wesentlich zunahm. Zusammen mit der alltäglichen Gewalt gegen die Zivilbev. stieg die Intensität der antimuslimischen Kampagne in den serb.sprachigen Medien. Als Gegenstrategie betrieben Ljajić u. Ugljanin die Internationalisierung der S.-Frage. Der Ausweisung der KSZE-Beobachter aus Jugoslawien im Herbst 1993 folgte eine Welle v. Verhaftungen u. Prozessen gegen polit. Aktivisten.

Im kollektiven, gar familiären Gedächtnis der S.-M. gewannen die Erinnerungen an die →Pogrome v. 1912/13 (als serb. u. montenegrinische Einheiten in die ehem. osm. Provinz einmarschierten) u. an die blutigen Auseinandersetzungen während des 2. Wk.s immer mehr an Aktualität. Eine Kombination aus hist. Erinnerung u. interethn. Spannung, die mit der im Frühjahr 1992 einsetzenden Welle der serb. und muslimischen Flüchtlinge aus dem östl. Bosnien wuchs, sowie die brutale Politik der Staatsbehörden gegen die muslimische Zivilbev. ängstigten die M. In dieser höchst angespannten Atmosphäre reichten relativ kleine Dosen an Gewalt aus, um eine Massenmigration auszulösen. Die Flüchtlinge fanden Zuflucht im regionalen Zentrum (Novi Pazar), in den durch die bosnische Regierung kontrollierten Regionen bzw. in Westeuropa. Eine geringere Zahl wählte die Auswanderung in die Türkei.

Als Beispiel für den Mechanismus der ethn. Säuberung im S. kann die an Bosnien grenzende, in der montenegrinischen Gemeinde Pljevlja liegende Gegend Bukovica dienen. 1913 kam es dort zu einem Pogrom gegen M. durch die einmarschierten christlichen Truppen. 40 Jahre später, zw. dem 4. u. 7. 2. 1943, ermordeten serb. Aufständische *(Čet-*

niks) mindestens 557 muslimische Zivilisten. Als im April 1992 eine „ethnisch saubere" montenegrinisch-serb. Polizeiwache organisiert wurde, fing die muslimische Bev. an, die Gegend zu verlassen. Ab Mai 1992 wurden hier auch jug. Militäreinheiten stationiert. Zwischen Sommer 1992 u. Herbst 1993 kamen mehrmals paramilitärische serb. Truppen aus Bosnien nach Bukovica. Laut Angaben des Helsinki Ausschuss für Menschenrechte sollen in der ländlichen Gegend in der Zeitspanne zw. 1992 u. 1995 mindestens acht Menschen ermordet u. zwölf entführt worden sein, zwei sollen nach Folterungen durch die Polizei Selbstmord begangen haben. Mehrere muslimische Häuser u. Moscheen wurden niedergebrannt, christliche Nachbarn übernahmen oftmals die verlassenen Höfe. Als Konsequenz wurde das vor 1992 noch überwiegend muslimische Bukovica zu einer ausschließlich serb.-montenegrinischen Gegend.

Der bekannteste Fall ethn. bedingter Gewalt im S. war am 27. 2. 1993 die Entführung der Passagiere eines Expresszuges v. Belgrad nach Bar in der serb.-bosnischen Grenzregion. Mindestens 19 jug. Bürger muslimischer Nationalität wurden durch eine serb. paramilitärische Einheit aus Bosnien unter Befehl v. Milan Lukić nach Višegrad („Serbische Republik" in Bosnien-Herzegowina) verschleppt. Lange Zeit hatte man behauptet, dass die zivilen Geiseln – so wie in anderen Fällen – gegen serb. Kriegsgefangene ausgetauscht werden sollten. Erst viel später wurde bekannt, dass die muslimischen Geiseln schon am selben Tag Opfer eines geplanten Mordes geworden waren.

Die Ergebnisse der Volkszählung v. 2002/2003 zeigen, dass die Politik der ethn. Säuberung im S. zum Teil erfolgreich war. Obwohl das Verhältnis der muslimischen u. christlichen Bev. im ganzen S. fast unverändert blieb, sank die Anzahl der M./Bosniaken in den aus Belgrader Sicht strategisch wichtigen – an Bosnien-Herzegowina grenzenden – Gemeinden: im montenegrinischen Pljevlja um ein Fünftel (d. h. um ungefähr 3.500 Personen) u. im serb. Priboj um ein Viertel (d. h. um fast 4.000 Personen). Besonders destruktiv waren die Folgen der interethn. Gewalt für den serb. Teil des S., dort sank die Bev.zahl seit 1991 um beinahe 10 %.

Obwohl es im S. immer noch interethn. Spannungen gibt, ist die polit. Situation nach dem Sturz Slobodan →Milosevičs relativ ruhig. Die muslimischen/bosniakischen Parteien in Serbien u. Montenegro sind in die polit. Systeme der jeweiligen Republik eingebunden. Das wurde während der Kampagne vor dem Unabhängigkeitsreferendum in Montenegro im Frühling 2006 deutlich: Während die bosniakische/muslimische Elite in Podgorica die Politik „Weg-von-Belgrad" befürwortete, warben die bosniakischen Politiker aus dem serb. Teil für den Erhalt der serb.-montenegrinischen Föderation (u. gleichzeitig für die „Einheit des Sandschak"). Die Verbrechen der 1990er Jahre wurden aber weder in Serbien noch in Montenegro aufgeklärt. Die Täter (wie Milan Lukić) wurden zwar durch serb. und montenegrinische Gerichte zu Gefängnisstrafen verurteilt, aber die Strafen wurden nicht vollzogen. Die polit. Verantwortlichen u. höheren Befehlshaber jedoch wurden für die Menschenrechtsverletzungen im S. weder verurteilt noch anderweitig zur Verantwortung gezogen.

Lit.: St. Troebst, Nach den Krisen. Zwischen Serbien und Montenegro: Der Sandzak, in: Ders., Kulturstudien Ostmitteleuropas. Aufsätze und Essays. Frankfurt a. M. 2006, 345–356; R. Rastoder, Usud imena. Štrpci. Podgorica 2003; S. Bandžović, Otmice u Sandžaku 1992–1993. Novi Pazar 1996.

K. M. Z.

Nansen, Fridtjof (*10. 10. 1861 Christiania [Oslo], †13. 5. 1930 Lysaker), norwegischer Naturwissenschaftler u. Polarforscher, der sich als Diplomat große Verdienste um den Flüchtlingsschutz erworben hat (→Flüchtlinge).

Von 1906 bis 1908 war er Botschafter in London u. sah es als eine seiner Hauptaufgaben an, die erst 1905 erreichte Unabhängigkeit Norwegens durch die Neutralität der Großmächte abzusichern. Obwohl ihm die polit. Etikette nicht behagte, erreicht er im 1. →Wk. als bevollmächtigter Minister im besonderen Auftrag in den USA in zähen Verhandlungen Getreidelieferungen, die eine Hungersnot in Norwegen verhindern. Nach dem 1. Wk. wendet er sich weltweiten humanitären Belangen zu. 1920 wird er norwegischer Gesandter beim →Völkerbund u. als Hochkommissar des Völkerbundes für Flüchtlingsfragen nominiert. In dieser Zeit kümmert er sich um den Austausch v. Kriegsgefangenen, sodass innerhalb v. achtzehn Monaten rd. 0,5 Mio. Kriegsgefangene aus 26 Nationen in ihre Heimat zurückkehren können.

Nach dem bewaffneten Konflikt zw. →Griechenland u. der Türkei (1920–1922) setzt er sich auch hier für die Flüchtlinge ein u. lässt Sammellager errichten. Neue landwirt. Nutzflächen u. Dörfer entstehen, die es den Flüchtlingen möglich machen, eine neue Existenz zu errichten. Seine größte humanitäre Leistung erbringt er während der russ. Hungersnot (1920–1922), die 30 Mio. Einw. Sowjetrusslands betraf. Da der Völkerbund aus polit. Gründen die Hilfe verweigerte, organisiert er private Spender u. einen Kredit Norwegens, um den Hungernden zu helfen. Dafür erhielt er 1922 den Friedensnobelpreis u. spendete das gesamte Preisgeld der Flüchtlingshilfe.

Danach widmet er sich den Armeniern, die 1915 Opfer eines türk. Völkermordes wurden u. über 1 Mio. Menschen in Massakern verloren (→Armenier im Osm. Reich, →Genozid). Nach der Abwehr weiterer Angriffe der Türken 1920 blieb die zugesagte Hilfe der Mittelstaaten aus. Als Armenien im gleichen Jahr Sowjetrepublik wird, flüchten Tausende Armenier in die Türkei. Entgegen der Forderungen N.s handelt der Völkerbund nicht. Dennoch reist er 1925 nach Armenien u. entwirft Pläne zur Neulandgewinnung. Zurückgekehrt bittet er wiederholt erfolglos um die Bewilligung des Projektes. Nach drei Jahren lässt er die Angelegenheit frustriert v. der Tagesordnung streichen u. legt sein Amt als Hochkommissar nieder.

Zu seinen bleibenden Verdiensten zählt der →Nansen-Pass, ein Reisedokument für staatenlose →politische Flüchtlinge. Er wurde 1922 für russ. Flüchtlinge eingeführt u. von 53 Staaten anerkannt. 1924 wurde der Nansen-Pass für die Armenier, 1926, 1928, 1933 u. 1938 auch für andere Flüchtlingsgruppen ausgestellt, sodass ihn 1938 rd. 250.000

Menschen besaßen. 1946 wurden die Reisedokumente für diese Personengruppen neu geregelt (Londoner Pass). Eine endgültige Regelung erfolgte durch Artikel 28 der Genfer Flüchtlingskonvention v. 1951. Die dort geregelten Reisedokumente werden umgangssprachlich oft als Nansen-Pass bezeichnet. 1930 schuf der Völkerbund das Internat. Nansen-Amt für Flüchtlinge *(Office international Nansen pour les réfugiés),* welches seine Arbeit weiterführen sollte u. 1938 ebenfalls den Friedensnobelpreis erhielt.

Lit.: C. TROLL/D. BRENNECKE, Fridtjof Nansen. Reinbek 1990; C. TROLL, In memoriam Fridtjof Nansen. Bonn 1962 (Bibl.).

H.-J. H.

Nansen-Pass. Der N.-P. war das erste Aufenthalts- u. Reisedokument, das seine Existenz einer internat. Vereinbarung verdankte. Es wurde nach dem Hohen Kommissar des →Völkerbundes für die →Flüchtlinge, Fridtjof →Nansen, benannt, weil eine v. ihm berufene, dem Problem der etwa 1,5 Mio. russ. Flüchtlingen gewidmete Regierungskonferenz aus 53 Staaten am 3. 7. 1922 Inhalt, Rechtswirkungen u. Ausstellungsbedingungen des Ausweises (frz. *Certificate d'identité*) beschloss. Der N.-P. war kein internat. Reisepass, sondern ein Ausweis, den die Behörden der Staaten ausstellten, welche russ. Flüchtlinge aufgenommen hatten. 1924 wurde die Regelung unter Beteiligung v. 35 Staaten auf armenische Flüchtlinge, 1928 auf weitere Flüchtlingsgruppen aus der Türkei (Assyrer usw.), 1935 auf Flüchtlinge aus dem Saargebiet ausgedehnt.

Der Pass war jeweils für ein Jahr gültig; er konnte bei Fortdauer des Aufenthaltes vom ausstellenden Land ohne Einschränkung verlängert werden. Er bezeugte die Flüchtlingseigenschaft des Inhabers u. vermittelte ihm im Aufenthaltsstaat den Rechtsstatus nach dem jeweiligen Fremdenrecht. Eingeschlossen war (ab 1926 uneingeschränkt) das Rückkehrrecht in den Aufenthaltsstaat. Indem die Vertragsstaaten des N.-P.es den Passinhabern Einreise- u. Transitvisa erteilten, gewährte der Pass den Flüchtlingen eine gewisse Bewegungsfreiheit. Zugleich genoss der Passinhaber einen begrenzten diplomatischen Schutz seines Aufenthaltsstatus.

Die den Inhabern des N.-P.es zunächst noch regelmäßig gewährte Arbeitserlaubnis wurde ihnen ab 1931 infolge der Weltwirtschaftskrise u. hoher Arbeitslosenzahlen v. immer mehr Staaten verweigert. Auch sank nun deutlich ihre Bereitschaft, den Ausweis zu verlängern, mit der Folge, dass die Flüchtlinge ihr Aufenthaltsland verlassen mussten u. ausgewiesen wurden. Versuche des ab 1930 im Völkerbund tätigen Nansen-Amtes, dieser Entwicklung der nachhaltigen Statusverschlechterung der Flüchtlinge entgegenzutreten, blieben fast durchweg erfolglos, auch deswegen, weil die Autorität des Völkerbundes zunehmend verfiel. Insgesamt wurden vom Völkerbund weit über 2 Mio. Flüchtlinge betreut.

Der N.-P. wurde durch das London Travel Document (Abkommen vom 15. 10. 1946) abgelöst. Sodann lieferte er das Vorbild für den „Reiseausweis", den die Aufenthaltsländer aufgrund der Genfer Flüchtlingskonvention vom 28. 7. 1951 (Art. 28 Abs. 1) sich auszustellen verpflichteten. Sofern die N.-Pässe gültig waren, wurden sie nunmehr so behandelt, als ob sie gemäß der Flüchtlingskonvention ausgestellt worden waren (Art. 28 Abs. 2).

Lit. (a. →Nansen, Fridtjof): Flucht und Vertreibung. Hg. D. Blumenwitz. Köln u.a. 1987; W. Rothholz, Nansenpass, in: Wörterbuch des Völkerrechts. Hg. K. Strupp/H.-J. Schlochauer. Bd. 2. Berlin 1961, 567–568.

O. L.

Nationalausschüsse. Nach dem Ende des 2. →Wk.s entstanden in der →Tschechoslowakei überall N. als neue Selbstverwaltungsorgane. In den böhmischen Ländern wurden zwei Landesnationalausschüsse eingesetzt – einer in Prag für Böhmen u. ein weiterer in Brünn (Brno) mit Zuständigkeiten für den mährisch-schlesischen Landesteil. Diesen folgten die Bezirksnationalausschüsse. Auf lokaler Ebene wurden örtliche N. eingerichtet. Die Mitglieder der N. rekrutierten sich aus den Parteien der Nationalen Front. Nach den Wahlen zur Verfassungsgebenden Nationalversammlung im Mai 1946 wurden die N. den Wahlergebnissen entsprechend besetzt.

In Gebieten mit einer Bev., die überwiegend als „staatlich unzuverlässig“ eingestuft wurde, also mit Bewohnern dt. und magyarischer Nationalität, wurden die Bezirks- u. örtlichen N. ab Juni 1945 vom Innenministerium durch sog. Verwaltungskommissionen ersetzt, deren Mitglieder vom Innenministerium ernannt wurden. N. wurden vielerorts erst Jahre später gewählt. Sie bildeten nach Kriegsende einerseits die Nachfolgeorgane der ehem. regionalen u. lokalen Selbstverwaltungen der Ersten Tschechoslowak. Republik. Sie übten aber nicht nur Verwaltungsfunktionen aus, sondern waren auf Landes-, Regional- u. Lokalebene die Repräsentanten der Staatsmacht u. dort verantwortlich für die Umsetzung der Regierungspolitik. Insbesondere in den ersten Nachkriegswochen agierten die N. weitgehend selbständig u. verfügten über große Macht.

Sie setzten in der unmittelbaren Nachkriegszeit die gegen die Deutschen (→D. aus den böhmischen Ländern) gerichteten Maßnahmen durch, wie z. B. die äußere Kennzeichnungspflicht, Ausgehverbote sowie Verbote, öffentliche Einrichtungen zu benutzen, ferner die Abgabe v. Radios, Fahrrädern u. anderen Gegenständen. In Kooperation mit der Armee, den →Revolutionären Garden u. den Sicherheitsorganen führten die N. die ersten →wilden Vertreibungen durch. Spezielle Abschiebungsreferate, in den Grenzgebieten (tschech. →*pohraničí*) auch Besiedlungsreferate, wurden eingerichtet. Die Landesnationalausschüsse erließen Richtlinien, z. B. über die Auswahl u. Reihenfolge der Abzuschiebenden. Auch über die Einweisung der Deutschen in die verschiedenen Lager gaben sie Anweisungen. Die Bezirks- u. örtlichen N. führten Verhaftungen von Deutschen u. der →Kollaboration bezichtigten Personen durch, organisierten die Zusammenfassung der Deutschen in den verschiedenen →Lagern u. stellten auch vielerorts das Wachpersonal ein. Sie waren in den ersten Nachkriegsmonaten für die Verwaltung des dt. Eigentums verantwortlich, setzten Nationalverwalter in den ehem. deutschen Betrieben u. auf Bauernhöfen ein u. waren für die Aufrechterhaltung des Wirtschaftslebens, für die Sicherstellung der Versorgung u. die Wohnraumbeschaffung verantwortlich (→Nationalverwaltung des konfiszierten Eigentums). Die Bezirksnationalausschüsse waren anfangs auch für die Bescheinigungen über die staatl. Zuverlässigkeit bzw. über die Anerkennung als →dt.sprachiger Antifaschist sowie die Erteilung der provisorischen Staatsbürgerschaftsbescheinigungen zuständig. Auch an der Vorbereitung der organisierten Aussiedlung der Deutschen waren die N. in Zusammenarbeit mit den Sicherheitsbehörden u. der Armee beteiligt. Sie stellten z. B. Lebensmittel für die Sammellager u. den Transport sowie Kleidung bereit u. halfen bei der Zusammenstellung der Transporte.

Lit.: A. Wiedemann, „Komm mit uns das Grenzland aufbauen!" Ansiedlung und neue Strukturen in den ehemaligen Sudetengebieten 1945–1952. Essen 2007; E. Hrabovec, Vertreibung und Abschub. Deutsche in Mähren 1945–1947. Frankfurt a. M. 1995; O. Fejtová, Příspěvek k podílu okresních národních výborů na osídlování pohraničí, in: 6. vědecká archivní konference Revoluční národní výbory, osídlování pohraničí a význam národních výborů při zajišťování národně-demokratického procesu v ČSR v letech 1944–1948. Ústí n.L. 1990, 52–64.

A. W.

Nationale Minderheit. Mit n. M. kann jegliche ethn., sprachliche, relig. oder regionale Minderheit mit einem gewissen Bewusstsein der Eigenständigkeit innerhalb eines Staatsvolkes gemeint sein. Häufig nennt man sie auch Nationalität. Manche Autoren bezeichnen allerdings nur solche M.en als nationale, die sprachlich-kulturell u. verwandtschaftlich eng mit der Mehrheitsbev. eines anderen Staates verbunden sind. Nationalen M.en, die sowohl eine interne M. in der Staatsnation als auch eine externe M. innerhalb einer die Staatsgrenzen übergreifenden Ethnonation sind, wird häufig die Inanspruchnahme des →Selbstbestimmungsrechts der Nationen mit dem Argument verweigert, dass sie bereits schon einen externen Heimat- oder Bezugsstaat besäßen.

Versteht man hingegen unter Nation eine Großgruppe mit dem Willen zu eigener Staatlichkeit, dann ist eine n. M. in einem Staat nur eine solche ethn., sprachliche, relig. oder regionale M., die den Willen zu eigener Staatlichkeit auf einem Teil des bestehenden Staatsgebiets (Sezessionismus oder Unabhängigkeitsseparatismus) oder zur Angliederung ihres Siedlungsgebiets an einen anderen, meist benachbarten Staat (Angliederungsseparatismus) hat. Ein solcher Angliederungsseparatismus einer n. M. kann vom konnationalen Staat abgelehnt oder im Gegenteil unterstützt oder gar hervorgerufen werden, wenn die externe n. M. und deren Siedlungsgebiet im Nachbarstaat als „unerlöst" angesehen werden (→Irredentismus).

Der Wille zu eigener Staatlichkeit (Nationalismus in allg., nicht abwertender Bedeutung) mit Berufung auf das Selbstbestimmungsrecht der Völker hat oft die Erlangung eines eigenen, unabhängigen Nationalstaates zum Ziel, er kann sich aber auch mit einem föderierten Gliedstaat oder einem autonomen Territorium (Selbstregierung u. Selbstverwaltung) im bestehenden Staat begnügen, unter Umständen auch nur mit der Erlangung staatl., kultureller und soz. Kompetenzen für einen öffentlich-rechtlichen Personalverband (national-kulturelle Autonomie, nationaler Korporatismus). Da der Nationalstaat seit dem 2. →Wk. weitgehend seine Funktionen als unabhängiger Militär- u. Wirtschaftsstaat verloren hat, ist das Streben nach nationaler Unabhängigkeit meist mit dem Wunsch nach Einbindung in internationale Strukturen, in Europa gar in supranationale Strukturen (Europ. Union) verknüpft.

Nicht jede ethn., sprachliche, relig. oder regionale M. entwickelt ein nationales Bewusstsein, also den Willen zu eigener Staatlichkeit. Viele M.en bleiben bloß statistische Größen oder entwickeln allenfalls ein unpolitisches Zusammengehörigkeitsbewusstsein. Eine Übergangsform zum nationalen Bewusstsein kann das ethnopolit. Verlangen nach polit. Förderungsmaßnahmen für die M. oder gar nach proportionalen Anteilen an staatl. Ämtern oder am staatl. Budget für kulturelle und soz. Zwecke sein. Die Wahrscheinlichkeit der Entwicklung nationalen Bewusstseins ist v. vielen Faktoren abhängig. Dazu gehören die absolute u. relative Größe einer M. in einem Gebiet, die sozioökon. Situation im Vergleich zur übrigen Staatsbev., die Erinnerung an hist. staatliche Eigenständigkeit oder Zugehörigkeit zu einem anderen Staat, die Wahrnehmung tatsächlicher oder vermeintlicher Diskriminierung der M. durch staatl. Organe oder die gesellschaftliche Mehrheit, irredentistische Einflussnahme durch einen benachbarten Staat sowie Unterstützung durch Nachbarstaaten u. Großmächte, die den bestehenden Staat durch die Aufwiegelung von M.en schwächen oder aufteilen wollen.

Am wahrscheinlichsten ist ein starkes nationales Bewusstsein bei Grenzlandminderheiten, die lediglich durch eine Staatsgrenze v. einer konethn. Mehrheit getrennt sind, v. a. wenn diese Staatsgrenze nur wenige Jahre oder Jahrzehnte alt ist u. ein früher staatl. verbundenes Gebiet trennt. Aber auch Grenzlandminderheiten, die am offenen Meer (z. B. die baltischen Völker in der →Sowjetunion) oder in der Nachbarschaft eines anderen Nationalstaates (z. B. →Tschetschenen in Russland, Abchasen in Georgien) leben, entwickeln oft ein starkes nationales Bewusstsein u. einen Separationswillen. Inselminderheiten hingegen, die zwar in regionaler Mehrheit sind, aber vom Siedlungsgebiet eines anderen Volkes oder anderer Völker in einem Staat umschlossen sind (z. B. Tataren in Russland) neigen eher nicht zur nationalstaatl. Separation, da es zum Wesen eines modernen, souveränen Staates gehört, entweder an das offene Meer oder mindestens an zwei andere Staaten anzugrenzen, um zw. außenpolit. Bündnisalternativen wählen zu können. Am geringsten ist die Wahrscheinlichkeit der Entwicklung nationalen Bewusstseins bei kleinen u. verstreut lebenden M.en sowie in solchen soz. Schichten, die längerfristig durch starke Anreize u. milde Formen der Unterdrückung zur Akkulturation u. zur Assimilation (Angleichung) an die ethn. oder relig. Mehrheit gedrängt werden u. dadurch in den Genuss soz. Aufstiegs und ökonom. Prosperität gelangen. Auch übermächtige u. nachhaltige brutale Unterdrückung ist unter Umständen in der Lage, nationales Bewusstsein bei ethn.

und relig. M.en zu unterbinden. Auch jüngst zugewanderte u. eingebürgerte ethn. M.en verlangen nur selten nach eigener Staatlichkeit, selbst wenn sie zu großer Zahl angewachsen sind. Die Anerkennung langfristig gewachsener hist. Rechte auf den ethn.-nationalen Charakter eines Territoriums spielt bei den Alteingesessenen wie auch bei den Zuwanderern eine starke Rolle. Zudem trachtet moderne staatl. Immigrationspolitik danach, keine regionalen Mehrheiten der Zuwanderer entstehen zu lassen, sie also möglichst weit im Lande zu verstreuen u. allenfalls neue lokale Mehrheiten in einzelnen Stadtvierteln, Dörfern oder Kleinstädten zuzulassen.

Viele n. M.en wollen nicht als M.en bezeichnet u. behandelt werden, da der Begriff der M. oft mit der Bedeutung v. Minderberechtigung oder gar v. Minderwertigkeit behaftet ist. Sie verlangen dann den Status einer gleichberechtigten Nation, Nationalität oder Sprachgemeinschaft innerhalb des Staatsvolks, so wie ihn die frz.- und it.sprachigen Schweizer oder die Wallonen in Belgien besitzen, obwohl sie zahlenmäßig in der M. sind.

Eine n. M. wird zu einem M.enproblem, wenn die →Nationalitätenpolitik eines Staates der M. zu wenig Anreize dafür bietet, den bestehenden Staat auch als den ihrigen zu erkennen, weil er ihnen nur die allg. Freiheiten u. Rechte bietet, nicht aber das Recht auf eine gewisse staatl. Eigenständigkeit innerhalb des Staates, aber auch dann, wenn die n. M. dem Staat nicht das Recht u. die Chance zubilligt, einen Ausgleich zw. divergierenden nationalen Interessen zu finden, sondern bedingungslos die Spaltung des bestehenden Staates betreibt. Bei vielen nationalen Konflikten spielen sich intolerante u. unterdrückerische Nationalitätenpolitik des Staates u. bedingungslose Separationspolitik nationaler M.en wechselseitig in die Hände u. provozieren gewaltsame Auseinandersetzungen, die besonders grausam werden können, weil die Konfliktparteien selten noch freiwillige Kompromisse zulassen u. somit der äußeren Konfliktschlichtung bedürfen.

Im Zeitalter der Volkssouveränität (→Souveränität) u. des Prinzips der Mehrheitsherrschaft gelten gerade solche n. M.en in den Augen einer nationalen Mehrheit als besonders bedrohlich, die die tatsächliche oder vermeintliche Eigenschaft besitzen, im hist. Prozess zur nationalen Mehrheit zu werden u. dadurch den nationalen Charakter eines Staates oder einer Region im Staat völlig zu ändern. Dies kann durch Zuwanderung zu Gunsten der M., Abwanderung zu Ungunsten der Mehrheit u. durch national ungleiche Bev.vermehrung geschehen. Auch die Verlagerung v. sozioökon. Machtverhältnissen v. der nationalen Mehrheit zur M. oder umgekehrt kann den vorherrschenden ethnonationalen Charakter eines Staates umwälzen (z. B. in Belgien seit der Unabhängigkeit v. 1830). Unter Umständen wird versucht, durch eine selektive Nationalitätenpolitik zu Gunsten der nationalen Mehrheit die Entwicklung einer n. M. zur neuen nationalen Mehrheit zu verhindern.

Lit.: Nationalismus im spät- und postkommunistischen Europa. 3 Bde. Hg. E. Jahn. Baden-Baden 2008–2009; Minderheiten in Osteuropa. Ansprüche, Rechte, Konflikte. Hg. M. Sapper

u. a. Berlin 2007; Demokratie und Freiheit im multiethnischen Staat. Hg. D. Blumenwitz u. a. Berlin 2004; C. Pan/B. S. Pfeil, National Minorities in Europe. Handbook. Wien 2003; F. Heckmann, Ethnische Minderheiten, Volk und Nation. Soziologie inter-ethnischer Beziehungen. Stuttgart 1992.

E. J.

Nationale Operationen des NKVD der UdSSR 1937/38 (a. Operationen nach „nationalen Linien“) – v. den Organen des →NKVD der UdSSR im Rahmen des →„Großen Terrors“ durchgeführte repressive Massenaktionen gegen ethn. Minderheiten u. Bev.-gruppen, die als „konterrevolutionär“ stigmatisiert wurden (Polen, Deutsche, Letten, Esten, Finnen, Bulgaren, Makedonier, Griechen, Rumänen, Iraner, Afghanen, Chinesen, Koreaner u. sog. Charbiner – ehem. Bedienstete der Chinesischen Ost-Eisenbahn, die nach deren Verkauf 1935 auf das Territorium der UdSSR zurückgekehrt waren, sowie Remigranten aus der Mandschurei). Das Ziel der Operationen war die Vernichtung einer potentiellen Basis v. „Spionen und Diversanten“ bzw. einer „Fünften Kolonne“ am Vorabend des Eintritts der UdSSR in einen möglichen Krieg.

Die Praxis der Umsetzung der „Linien“-Operationen regelten folgende Direktiven u. normativen Dokumente des NKVD der UdSSR: Operativer Befehl Nr. 00439 vom 25. 7. 1937 über die Operation zur Repressierung deutscher Staatsangehöriger, die der Spionage gegen die UdSSR verdächtig sind; Operativer Befehl Nr. 00485 vom 11. 8. 1937 „Über die Operation zur Anwendung von Repressionen gegen Mitglieder der ‚POW‘ (Polnische Militär-Organisation), Kriegsgefangene der polnischen Armee, polnische Grenzverletzer und Politemigranten, politische Austauschhäftlinge aus Polen und ehemalige Mitglieder der PPS (Polnische Sozialistische Partei) und anderer polnischer politischer Parteien“; Operativer Befehl Nr. 00593 vom 20. 9. 1937 über die Operation der repressiven Maßnahmen gegen „Charbiner“; Direktive Nr. 49990 vom 30. 11. 1937 über die Liquidierung der Spionage-, Sabotage-, nationalistischen und konterrevolutionären Organisationen der Letten; Direktive Nr. 50215 vom 11. 12. 1937 über die Verhaftung und Untersuchung aller Griechen, die der Spionage, Sabotage oder der aufständischen und nationalistischen antisowjetischen Tätigkeit verdächtigt werden; Direktive Nr. 202 vom 29. 1. 1938 über die Verhaftung aller der Spionage, Sabotage, Schädlingstätigkeit, aufständischen, nationalistischen oder anderen antisowjetischen Tätigkeiten verdächtigter Iraner und iranischer Armenier (iranische und sowjetische Staatsbürger) sowie die Verfügung Nr. 202 vom 29. 1. 1938 über den unverzüglichen Beginn der Verhaftungen u. Überprüfung der Fälle aller Iraner (iranischer Staatsbürger und Iraner, die keinen Pass besitzen); schließlich Direktive Nr. 326 vom 16. 2. 1938 über die Verhaftung aller Afghanen, die der Spionage, Schädlingstätigkeit, Sabotage oder terroristischen, aufständischen und nationalistischen Tätigkeit verdächtigt werden (afghanische und sowjetische Staatsbürger).

In einer Reihe von Fällen ging der Erteilung eines operativen Befehls des NKVD ein entsprechender Beschluss des Politbüros des ZK der VKP(b) voraus: Beschluss vom

20. 7. 1937 über die Verhaftung aller Deutschen, die in Rüstungsbetrieben arbeiten; Beschluss vom 9. 8. 1937 zur Sanktionierung des Befehls des NKVD der UdSSR über die Liquidierung polnischer Sabotage- und Spionagegruppen und Organisationen der POW. Spezielle Befehle zur Durchführung von dt., rumänischen, estnischen, finnischen, chinesisch-koreanischen, bulgarischen u. mazedonischen Operationen – entsprechend dem Befehl Nr. 00485 zur Abwicklung der poln. Operation – existierten nicht (der Befehl Nr. 00439 war nicht unmittelbar mit der anschließenden dt. Massenoperation verbunden, sondern darauf gerichtet, die Rüstungsbetriebe von dt. Staatsbürgern zu säubern). Ab einem bestimmten Zeitpunkt wurden die Instruktionen bez. dieser nationalen Kontingente in die allgemeinen Direktiven des NKVD der UdSSR, welche die Durchführung bereits laufender „Linien"-Operationen regelten, mit aufgenommen.

Die „Linien"-Operationen zeichneten sich, im Unterschied zur „Kulaken"-Operation gemäß dem Befehl Nr. 00447, zum einen durch das Fehlen v. Quoten u. zum anderen durch das Fehlen eines einheitlichen Aburteilungsverfahrens aus. Neben den Trojkas, die im Zuge der „Kulaken"-Operation gebildet worden waren, wurden die Opfer der „Linien"-Operationen v. dem Sonderkollegium des NKVD der UdSSR, dem Militär-Kollegium des Obersten Gerichts der UdSSR u. den Militärgerichten abgeurteilt. Bei der Mehrzahl der Opfer erfolgte die Aburteilung durch eine Kommission, bestehend aus dem Volkskommissar für Innere Angelegenheiten u. dem Generalstaatsanwalt der UdSSR. Die für jeden Verhafteten vor Ort erstellten Auskunftsberichte wurden nach Ende der Untersuchung vom Leiter der NKVD-Verwaltung u. dem Staatsanwalt des Gebietes (der Region) unterzeichnet u. nach Moskau gesandt u. enthielten bereits Vorschläge für das Strafmaß (Erschießung oder 5–10 Jahre Lagerhaft). Das endgültige Urteil fällten der Volkskommissar für Innere Angelegenheiten der UdSSR u. der Generalstaatsanwalts der UdSSR (Nikolaj →Ežov u. Andrej Vyšinskij). Das Material wurde in Moskau i. d. R. keiner eingehenden Prüfung unterzogen, die eingegangenen Vorschläge vielmehr mechanisch bestätigt.

Im Rahmen der nationalen Operationen maß die NKVD-Führung drei „Linien" oberste Priorität bei: der polnischen, der deutschen u. der charbinischen („charbinisch-japanischen") Linie. Die poln. Operation avancierte zum Modell für die Durchführung aller darauffolgenden nationalen Massenoperationen (→Polen aus der Ukraine: Deportation nach Kasachstan). Alle Befehle zur Umsetzung der Repressivmaßnahmen gegen verschiedene ausländische Kolonien wiederholten die Struktur u. die Logik des operativen Befehls Nr. 00485. Die Präambel bestätigte i. d. R. vermehrte Aktivitäten der Aufklärungsorgane der entsprechenden ausländischen Regierung auf dem Territorium der UdSSR u. deren Ausweitung zu diversiv-terroristischen u. aufständischen Tätigkeiten in der damaligen Etappe. Darüber hinaus wurden in den Befehlen die zu repressierenden Kontingente (Zielgruppen der Operation) exakt aufgezählt, jene Bereiche erwähnt, die in erster Linie zu säubern waren, sowie die Fristen der Aktion u. die Formen der Berichterstattung festgelegt.

Folgende Zielgruppen der nationalen Säuberungen können hervorgehoben werden: ehem. Kriegsgefangene aus dem 1. Wk.; Politemigranten und Überläufer; Mitglieder sozialistischer Parteien; ehem. ausländische Staatsangehörige, die in der UdSSR arbeiteten oder gearbeitet hatten; ehem. Mitarbeiter vorrevolutionärer ausländischer Unternehmen; das „konterrevolutionäre Aktiv" in den nationalen Rayons u. Kolonien; Personen, die mit ausländischen Konsulaten in Kontakt standen oder Verwandte im Ausland hatten; Empfänger humanitärer Hilfe aus dem Ausland; Geistliche u. Aktivisten relig. Gemeinschaften.

Darüber hinaus waren Repressalien gegenüber bestimmten Personenkategorien innerhalb einiger „Linien"-Operationen von besonderer Wichtigkeit, wie bspw. gegen Teilnehmer der Emigrationsbewegung unter den Sowjetdeutschen der Jahre 1929/30 oder gegen polnische u. lettische Vertreter der sowj. Militär- u. Politelite. Die Mehrzahl der Opfer nationaler Operationen waren sowj. Staatsbürger. Im Verlauf jeder einzelnen Operation erfolgte i. d. R. nicht nur die massenhafte Verurteilung v. Personen der jeweiligen nationalen Minorität, sondern auch v. Vertretern anderer Nationalitäten der UdSSR, darunter auch Russen. Im Zuge der Durchführung der nationalen Operationen wurde folglich die ethn. motivierte Verfolgung mit Repressalien gegen jedwede Kategorie v. Dissidenten, Oppositionellen u. tatsächlichen Gegnern des stalinistischen Regimes kombiniert.

In Großstädten, industriellen Zentren u. Grenzregionen verhaftete man Personen, die einen ausländischen Familiennamen besaßen. In den kompakten Ansiedlungsgebieten der jeweiligen Diaspora schließlich waren die einzelnen „Linien"-Operationen ihrem Wesen nach soz. Säuberungen, jedoch im Rahmen eines ganz bestimmten, v. oben festgelegten, „konterrevolutionären nationalen Kontingents".

Ab Januar-Februar 1938 bildeten die nationalen Operationen das primäre Ziel der NKVD-Aktivitäten. Die Intensivierung der Repressalien gegen nationale „Sonderkontingente" erfolgte auf der Grundlage des Beschlusses des Politbüros des ZK der VKP(b) Nr. P57/49 vom 31. 1. 1938. Darin wurde dem NKVD der UdSSR die Erlaubnis erteilt, die Operation zur Vernichtung der „Spionage- und Sabotagekontingente aus den Reihen der Polen, Letten, Deutschen, Esten, Finnen, Griechen, Iraner, Charbiner, Chinesen und Rumänen sowohl mit ausländischer als auch sowjetischer Staatsangehörigkeit" bis zum 15. 4. 1938 zu verlängern. Im gleichen Zeitraum sollte eine analoge Operation gegen Bulgaren u. Makedonier durchgeführt werden.

Im Frühjahr u. Sommer 1938 wurden die nationalen Operationen nochmals enorm forciert. Nach Angaben des NKVD betrug zum 1.7.1938 die Zahl der Verhafteten wegen Spionage, Sabotage und Schädlingstätigkeit in allen Bereichen der Volkswirtschaft, wegen Terror u. Mitgliedschaft in aufständischen Zellen sowie wegen Vorbereitung eines bewaffneten Aufstands im Kriegsfall u. antisowj. Agitation: nach der poln. Linie – 147.533, nach der dt. – 65.339, nach der charbinischen – 35.943, nach der lettischen – 23.539, nach der iranischen – 15.946, nach der griech. – 15.654, nach der finn. – 10.598, nach der chinesisch-koreanischen – 9.191, nach der rum. – 9.043, nach der estnischen – 8.819, nach der engl. – 3.335, nach der afghanischen – 3.007, nach der bulg. – 2.752 sowie nach den übrigen Linien – 6.528 Personen. Die Folge war eine Überfüllung der Gefängnisse.

Daraufhin verlängerten sich die Fristen zur Durchführung der Operationen ein weiteres Mal, nun bis zum 1. 8. 1938.

Zur Beschleunigung der Ermittlungsverfahren wurden entsprechend dem Befehl des NKVD der UdSSR Nr. 00606 vom 17. 9. 1938 in den NKVD-Verwaltungen der Gebiete, Regionen u. Republiken Sondertrojkas gebildet, die aus dem Ersten Sekretär der lokalen Parteiorganisation, dem amtierenden Leiter der NKVD-Verwaltung u. dem zuständigen Staatsanwalt bestanden. Die Todesurteile der Trojkas waren unmittelbar zu vollstrecken. Insgesamt wurden im Zeitraum ihrer zweimonatigen Tätigkeit (bis zum 15. 11. 1938) bei allen nationalen Operationen etwa 100.000 Menschen verurteilt. Am 17. 11. 1938 verkündete die gemeinsame Verordnung des ZK der VKP(b) u. des Rates der Volkskommissare der UdSSR die Einstellung aller Massenoperationen.

Die Durchführung der „Linien"-Operationen zeichnete sich durch besondere Härte aus. Die Mehrzahl der Verhafteten (etwa 70 %) wurde erschossen. Laut den Akten des NKVD der UdSSR belief sich die Zahl der Verhafteten im Zuge der Operationen nach nationalen Linien bis zum 1.11.1938 auf etwa 365.000 Personen. Die aktuelle Forschung geht v. 340.000 bis 350.000 Opfern aus, unter ihnen ca. 140.000 Repressierte im Rahmen der poln. und 55.000 im Rahmen der dt. Operation.

Lit. (a. →NKVD der UdSSR): N. Ochotin/A. Roginskij, Iz istorii „nemeckoj operacii" NKVD 1937–1938 gg., in: Repressii protiv rossijskich nemcev. Nakazannyj narod. Red. I. L. Ščerbakova. Moskva 1999, 35–75; N.V. Petrov/A. Roginskij, „Pol'skaja operacija" NKVD 1937–1938 gg., in: Repressii protiv poljakov i pol'skich graždan. Hg. A. E. Gur'janov. Moskva 1997, 22–43; J. Baberowski, Der rote Terror. Die Geschichte des Stalinismus. München 2003.

A. S.

Nationale Verifizierung. Die n. V. (poln. *weryfikacja narodowościowa*), die ein Element der nationalen Politik →Polens darstellte, sah eine möglichst rasche Feststellung v. Personen poln. „Abstammung" unter den dt. Staatsangehörigen vor, die vor dem 1. 9. 1939 in den sog. →Wiedergewonnenen Gebieten gelebt hatten. Die Verifizierten hatten nach der Ablegung einer Treueerklärung die Möglichkeit, die poln. Staatsangehörigkeit zu erwerben, in der Heimat zu bleiben u. ihr Vermögen zu behalten. Die dt. Bevölkerung sollte dagegen gemäß poln. Rechtsakten u. in Potsdam (→Konferenz von P.) gefassten Beschlüssen aus Polen ausgesiedelt werden (→Deutsche aus dem heutigen polnischen Staatsgebiet).

Die n. V. beruhte auf der Annahme, dass zw. der poln. und der dt. Bev. in den neuen Gebieten kulturelle, polit. und manchmal sogar Rassenunterschiede bestünden, wobei die Deutschen – laut diesen ideologischen Thesen – als ein fremdes, zugezogenes Element zu betrachten seien. Als Polen wurden auch andere slavische Gemeinschaften anerkannt. Bei der Berechnung der zahlenmäßigen Stärke der poln. Bevölkerung in diesen Gebieten wurden in erster Linie die Schätzungen poln. Minderheitenorganisationen im

Deutschland der Zwischenkriegszeit und dt. Volkszählungen berücksichtigt, wobei bei den Volkszählungen lediglich nach der Sprache, d. h. nur nach einem Teil der kulturellen Ausstattung gefragt worden war. In Wirklichkeit wurden v. dieser Operation verschiedene regionale Gruppen betroffen, v. a. Oberschlesier, Ermländer u. Masuren, die überwiegend slavische Dialekte sprachen u. sich durch eine differenzierte kulturelle Ausstattung u. einen differenzierten Bindungsgrad an das poln. Volk bzw. das dt. Volk u. den dt. Staat auszeichneten.

Politische Entscheidungsträger u. Ideologen haben hinsichtlich des V.vorgangs unterschiedliche Standpunkte vertreten. Die Anhänger der „liberalen" Option, zu der die einheimischen Angehörigen der poln. Minderheitenorganisationen der Vorkriegszeit u. der nationalistischen Verbände (z. B. des Polnischen Westverbandes, poln. *Polski Związek Zachodni*) zählten, sprachen sich für eine möglichst breite V. aus, die auch diejenigen Personen u. Kreise umfassen sollte, die der poln. Sprache/der slavischen Dialekte nicht mächtig waren, allerdings slavischen Familien entstammten. In Extremfällen sollten sogar „gute Deutsche", die weder an der nationalsozialistischen Bewegung noch an dt. Organisationen beteiligt gewesen waren, verifiziert werden. Es wurde erwartet, dass angesichts der dt. Niederlage u. der Verbrechen des dt. Staates eine „Abkehr vom Deutschtum" stattfinden würde u. dass diese Menschen dadurch für das Polentum gewonnen werden könnten. Die Gegner dieses Standpunktes, zu denen in erster Linie die zugezogene Bev. und die Vertreter der neuen Macht (v. a. auf niedriger Ebene) gehörten, bestanden auf eine V., die sich ausschließlich auf aktive Polen beschränken sollte bzw. auf Personen, die einen eindeutigen Bezug zur poln. Kultur hatten. Die Befürworter der restriktiven Politik befürchteten, die verifizierten Einheimischen würden sich in Zukunft zu einer dt. Minderheit entwickeln.

Trotz des ursprünglichen Zeitplans hat sich die V. über Jahre hingezogen u. wurde erst 1951 abgeschlossen. In der ersten Phase (1945) wurde sie nur v. einigen Regionalbehörden (v. a. den oberschlesischen) auf der Grundlage eigener Vorschriften durchgeführt. In der entscheidenden Phase (1946), als die V.saktion auf alle neuen Gebiete ausgedehnt worden war, leitete das →Ministerium für die Wiedergewonnenen Gebiete die Aktion u. übernahm dabei die in Oberschlesien ausgearbeiteten Vorschriften u. Methoden. In den folgenden Jahren wurden nur noch diejenigen Personen verifiziert, die aus dem W oder v. den Ostdeportationen zurückkamen bzw. aus Lagern in Polen entlassen wurden. Eine Ausnahme stellten dabei drei masurische Landkreise dar (Mrągowo [Sensburg], Szczytno [Ortelsburg], Ostróda [Ostrode]), in denen sich die Bev. bis 1948/49 der V. widersetzte. Gegen Haltungen dieser Art wurden Verwaltungsdruck u. Gewalt eingesetzt. Ab 1951 wurde den letzten Unnachgiebigen die poln. Staatsangehörigkeit adm. verliehen.

Eine rechtliche Grundlage für die n. V. bildete das vom Landesnationalrat (poln. *Krajowa Rada Narodowa*) am 28.4.1946 erlassene Gesetz, in dem die V.sprinzipien für die nachfolgenden Jahre festgelegt wurden. Aufrechterhalten wurde die Regelung, wonach der Antragsteller vor den Verwaltungsbehörden seine poln. Volkszugehörigkeit nachweisen musste. Danach war der Antragsteller angehalten, gegenüber dem poln. Staat u. Volk eine Treueerklärung abzugeben. Ein Novum war, dass dabei einigermaßen klare Kriterien des „Polentums“ festgelegt wurden. Neben dem subjektiven Kriterium – dem Willen, ein Pole zu werden – wurden auch objektive Kriterien eingeführt, d. h. die kulturelle Ausstattung (Kenntnis der poln. Sprache, Mitgliedschaft in poln. Vereinen etc.).

Durch die Beschleunigung der V. erhofften sich die komm. Behörden, dass diese Gruppe im Rahmen des Referendums vom 30. 6. 1946 das neue Regime unterstützen würde. Auf die Ergebnisse in den Kreisen Opole (Oppeln), Strzelce Opolskie (Groß Strehlitz) u. Olesno (Rosenberg), wo der Anteil der negativen Antworten zu allen Referendumsfragen, auch zur →Oder-Neiße-Grenze, besonders hoch war, reagierten die poln. Behörden in den Folgejahren mit dem Versuch, die Bindungen einheimischer Gruppen an die dt. Kultur u. das dt. Volk adm. zu beseitigen.

Gleichzeitig äußerten immer mehr Verifizierte den Wunsch, aus Polen auszureisen. Einer der Gründe dafür war die Stabilität der Nachkriegsordnung u. die Überzeugung, dass auch der in der Vorbereitungsphase befindliche Friedensvertrag daran nichts ändern würde. Ferner stand die einheimische Bev. auf der niedrigsten Stufe der gesellschaftlichen Leiter, wurde auf verschiedene Weise diskriminiert u. am stärksten v. den Konsequenzen der soz.-wirt. Situation (Nachkriegsschwierigkeiten u. „Systemreformen“) betroffen. Auf Ausreise aus Polen bestanden zum damaligen Zeitpunkt die schwächsten Vertreter dieser Gruppe, wie Mütter u. Ehefrauen, deren Kinder u. Ehemänner in den Besatzungszonen Deutschlands lebten. Allein im Oppelner Schlesien wurde diese Gruppe auf ca. 70.000 Personen, d. h. 10% der zuvor Verifizierten, geschätzt. Die Regionalbehörden fürchteten, dass Ausreisezusagen eine Lawine v. Anträgen u. im Endeffekt einen Exodus dieser Gruppe auslösen würden. Daher hieß es: Darüber, wer ein Deutscher ist u. ausreisen darf, entscheiden poln. Behörden. Damit wurden bereits in den späten 1940er Jahren die Prinzipien der V. infrage gestellt u. die V. selbst auf eine Operation reduziert, die darauf abzielte, Assimilierungsfähige im Land zu behalten. Auf diese Weise wurde die Situation aus der Kriegszeit (3. Abteilung der →Deutschen Volksliste) buchstäblich kopiert.

Insgesamt erhielten in den neuen Gebieten ca. 1,1 Mio. ehemalige dt. Staatsangehörige die poln. Staatsangehörigkeit, wobei 850.000 v. ihnen im Oppelner Schlesien lebten. Die meisten Verifizierten u. ihre Nachkommen verließen später die Heimat u. kamen im Rahmen der einzelnen Aktionen der Familienzusammenführung nach Deutschland oder deklarierten nach 1989 die dt. Volkszugehörigkeit.

Dieses Ergebnis zeugt v. mangelhaften V.sprinzipien u. bedeutet eine Niederlage der Nationalitäten- u. inneren Politik der Volksrepublik Polen. Zwar konnte im Rahmen der n. V. eine große Bev.gruppe ausgewählt werden, die über eine kulturelle Ausstattung verfügte, die als poln. galt. Allerdings können die Treueerklärungen gegenüber dem poln. Volk, die unter hohem Druck abgelegt wurden, nicht als glaubwürdig bezeichnet werden. Vielmehr waren sie Ausdruck des Willens, in der Heimat zu bleiben, u. der Hoffnung, sich in die neue poln. Wirklichkeit eingliedern zu können.

Lit.: Województwo śląskie 1945–1950. Zarys dziejów politycznych. Hg. A. Dziurok/R. Kaczmarek. Katowice 2007; Die Grenzen der Nationen. Identitätenwandel in Oberschlesien in der Neuzeit. Hg. K. Struve/Ph. Ther. Marburg 2002; G. Strauchold, Autochtoni polscy, niemieccy, czy ... Od nacjonalizmu do komunizmu (1945–1949). Toruń 2001; Niemcy w Polsce 1945–1950. Wybór dokumentów. Hg. W. Borodziej/H. Lemberg. Bde. 1–4. Warszawa 2000–2001; A. R. Hofmann, Die Nachkriegszeit in Schlesien. Gesellschafts- und Bevölkerungspolitik in den polnischen Siedlungsgebieten 1945–1948. Köln u.a. 2000; B. Linek, Polityka antyniemiecka na Górnym Śląsku w latach 1945–1950. Opole 2000; Z. Romanow, Polityka władz polskich wobec ludności rodzimej ziem zachodnich i północnych w latach 1945–1960. Słupsk 1999; M. Hejger, Polityka narodowościowa władz polskich w województwie gdańskim w latach 1945–1950. Słupsk 1998; L. Belzyt, Między Polską a Niemcami. Weryfikacja narodowościowa i jej następstwa na Warmii, Mazurach i Powiślu w latach 1945–1950. Toruń 1996; P. Madajczyk, Przyłączenie Śląska Opolskiego do Polski 1945–1948. Warszawa 1996.

B. L.

Nationalismus. „Als Nationalismus lässt sich [...] die Bevorzugung des politischen, gesellschaftlichen und kulturellen Deutungsmusters Nation und der ihren Mitgliedern zugeordneten Interessen gegenüber denen aller Außenstehenden beschreiben" (Hirschhausen/Leonhard). Ergänzend zu diesem allg. Verständnis wird N. hier definiert als eine stark emotionale, die soz. Wahrnehmung strukturierende u. zugleich handlungsleitende Bindung der Nationsmitglieder an ihre Nation, mit der doppelten Funktion: der Integration nach innen u. der Abwehr nach außen.

Die Definitionen von N. sind ebenso zahlreich wie die Definitionen der Nation selbst. Ob N. eine Hervorbringung der Nation oder die Nation eine Hervorbringung des N. ist, ist ebenso umstritten wie die Frage, ob es Nationen ohne N. oder N. ohne Nationen gibt. N. ist sowohl positiv (emanzipatorisch, demokr.) wie negativ (aggressiv, expansiv, reaktionär) gedeutet worden. Diese Wertungen beziehen sich z. T. auf den N. insgesamt, z. T. werden sie als zwei Seiten derselben Medaille verstanden (Janusköpfigkeit des N.). Darüber hinaus gibt es zeitliche u. regionale Differenzierungen. So werden frühe Formen des N. oft positiv, spätere dagegen negativ gewertet. Oder es wird zw. einem westeurop. u. einem osteurop. N. unterschieden: Der erste sei dem Leitbild einer offenen, der zweite dem einer geschlossenen Gesellschaft verpflichtet. N. wird sowohl als Spezifikum eines bürgerlichen Zeitalters (im Unterschied zum sozialistischen Internationalismus) wie auch als postkoloniale Emanzipationsbewegung in Gesellschaften verstanden, in denen ein Bürgertum nur ansatzweise oder gar nicht existiert. Einige Autoren unterscheiden zw. Nationalbewusstsein (als bloßem Bewusstsein der Zugehörigkeit zu einer Nation) u. N. als überzogener (verabsolutierter) Form dieses Bewusstseins. Um Wertungen zu vermeiden, wurde der Begriff N. seit Ende der 1980er Jahre immer häufiger durch „nationale Identität" ersetzt. Nationale Identität ist eine v. vielen Formen kollektiver Identitäten, deren konkrete Ausgestaltung u. subjektive Gewichtung sich im Laufe der Zeit immer wieder verändert. N. kann in diesem Sinn interpretiert werden als eine auf die Nation bezogene Identifikation mit hoher oder höchster Priorität in der Hierarchie multipler sozialer Identitäten. Diese Priorität resultiert aus der starken emotionalen Bindung des Einzelnen an die Nation (als Kommunikations-, Erfahrungs-, Solidar- oder „Schicksalsgemeinschaft"); sie hat Auswirkungen auf die Wahrnehmung soz. Realität (durch Strukturierung, Reduzierung v. Komplexität u. Deutung auf Grundlage nationaler Codes) u. sie nimmt Einfluss auf gemeinschaftliches Handeln.

Wie eine Nation vorgestellt wird, hat weitreichende Konsequenzen auf die Formen des N. Weit verbreitet ist die Unterscheidung zw. zwei Idealtypen v. Nationsverständnissen, die zwar unterschiedlich benannt werden, aber im Wesentlichen dasselbe meinen: Nation als Staatsbürger- u. Nation als Abstammungsgemeinschaft („subjektives" u. „objektives" Nationsverständnis). Auch wenn beide Formen in der soz. Realität in Reinform selten oder überhaupt nicht vorkommen, sondern nur in verschiedenen Mischformen, verlieren sie damit nicht ihre analytische Bedeutung. Eine Nation, deren Mitglieder sich tendenziell als Abstammungsgemeinschaft verstehen, verwendet ein objektives u. sehr rigides Inklusions- u. Exklusionsverfahren, das z. B. im Staatsbürgerschaftsrecht und v. a. in der Staatsbürgerschaftspraxis sowie im (umstrittenen) „Volksgruppenrecht" seinen Niederschlag findet. Gemeinsame Abstammung ist ein objektives Merkmal, auch wenn es sich empirisch über längere Zeiträume hinweg weder belegen noch widerlegen lässt u. häufig im Widerspruch zu anderen empirischen Befunden steht. Zudem ist Abstammung ein sehr rigides Definitionskriterium für die Zugehörigkeit zur Nation, da sich die Abstammung zwar verheimlichen, aber nicht verändern, weder annehmen noch ablegen lässt: Jemand gehört per Abstammung zur Gemeinschaft oder er gehört nicht dazu. Selbst wenn eine Person (oder Gruppe) ihre Sprache, ihre Religion oder ihre Loyalität gegenüber einer Gemeinschaft bzw. einem Staat verändert, die Abstammung verändert sich dadurch nicht. Letztere bleibt das primäre Merkmal, während Kultur oder polit. Loyalität sekundäre Merkmale sind. Im Unterschied zur Ethno- oder Volksnation ist die Abstammung für die Staatsbürgernation nicht konstitutiv. Sie ist wichtig, weil sich Menschen für ihre Abstammung interessieren, aber sie bestimmt nicht über die Zugehörigkeit zur Nation. Entscheidend ist vielmehr das subjektive Bekenntnis (Ernest Renans „plébiscite de tous les jours") zur Nation, die als Werte-, polit. Willens- u. Kulturgemeinschaft begriffen wird. Die in der älteren Literatur häufig anzutreffende Unterscheidung zw. „Kulturnation" u. „Staatsnation" hat viel Verwirrung gestiftet, weil die Hierarchie der Zuordnungskriterien partiell auf den Kopf gestellt wurde. Die subjektive Entscheidung für eine Kultur hat für die „Staatsnation" größere Bedeutung als für die „Kulturnation", die aufgrund ihrer vermeintlich gemeinsamen Abstammung auch dann erhalten bleibt, wenn ein Teil ihrer Mitglieder – freiwillig oder unter Druck – eine andere Kultur angenommen hat (essentielles Verständnis v. Nation). Zwar stand in den frühen Phasen der Nationsbildung überall die Kultur im Vordergrund der Nationsbildner, doch nach Errichtung des Nationalstaats setzte (etwa seit dem letzten Drittel des 19. Jh.s) bei vielen Nationen (ohne Tradition einer gefestigten Staatlichkeit) die Ethnisierung des Nationsverständnisses ein, die es ermöglichte, Konnationale jenseits der Staatsgrenzen oder Bev.gruppen mit einer „falschen" Sprache oder Religion (z. B. slavischsprachige „Griechen", „kroatische Muslime", „serbische Muslime", „bulgarische Muslime" etc.) aufgrund vermeintlicher gemeinsamer Abstammung für die eigene Nation zu reklamieren u. entsprechende territ. Forderungen zu stellen (→Irredentismus). Gewiss blieb Kultur als Medium der Homogenisierung auch für die Ethnonation weiterhin wichtig, aber nur in ihrer durch die „gemeinsame Abstammung" „legitimierten" Form (als „Volkskultur") oder als national konzipierte Hochkultur. Die in vielen europ. Gesellschaften in der ersten Hälfte des 20. Jh.s zu beobachtende Konjunktur der „Volkstumsforschung" (oft verbunden mit biologistischen oder rassistischen Elementen) unterstrich die Bedeutung des „Volkes" als vorgestellte organische Einheit.

Während die amerikanische u. frz. Nation als Beispiele für die Staatsbürgernation angeführt werden, gelten die dt. Nation u. nahezu alle Nationen in Ostmittel- und Südosteuropa als Beispiele für die Abstammungsnation.

Der N. einer Abstammungsnation, wie sie sich seit dem ausgehenden 19. Jh. vielerorts herauskristallisierte, war aus zwei Gründen besonders konfliktreich. Er richtete sich einerseits gegen Bev.gruppen auf dem eigenen Staatsterritorium, die als „Fremdkörper" empfunden wurden, da sie die angestrebte „natürliche" Deckungsgleichheit v. Staat u. Volksnation „verunreinigt" hatten, u. deren Bleiberecht deshalb infrage gestellt wurde. Anderseits bezog er die Bevölkerungsgruppen jenseits der Staatsgrenzen, die dem eigenen Volk zugerechnet wurden, in die nationale Interessenpolitik mit ein. Besonders in den Territorien der untergehenden oder untergegangenen multiethnischen Imperien, wo sich die Bestimmung v. Staatsgrenzen nach ethn. Kriterien oft als Quadratur des Kreises erwies, waren zwischenstaatl. Konflikte geradezu unvermeidbar. Die Vorstellungen der Nationalisten v. „gerechten" Staatsgrenzen wurden maßgeblich durch das nationale Wahrnehmungsraster geprägt. Dieses setzte sich aus einer mitunter skurrilen, in sich widersprüchlichen Mischung aus hist. Mythen, daraus abgeleiteten Territorialansprüchen, dem Verweis auf das Selbstbestimmungsrecht u. der generellen Verabsolutierung der eigenen Volksnation zusammen. Da diese Grundsätze oft nicht miteinander kompatibel waren (weil z. B. das „historische Recht" infolge v. Migrationen im Widerspruch zum Selbstbestimmungsrecht einer anderen Bev. stand oder weil die Kriterien für die nationale Zuordnung einer Bev. – nach Sprache, Religion, Abstammung oder einer Kombination aus mehreren Kriterien – v. Fall zu Fall variiert wurden), waren der Manipulation Tür u. Tor geöffnet. Individuelle Rechte spielten dabei i. d. R. keine Rolle, da es den Nationalisten primär um die Rechte ihrer Großgruppe, der Nation, ging. Nur als Teil der Nation hatte auch der Einzelne Rechte.

Lit.: M. Hroch, Das Europa der Nationen. Die moderne Nationsbildung im europäischen Vergleich. Göttingen 2005; Fighting Identities: Race, Religion and Ethno-Nationalism. Hg. L. Panitch/C. Leys. London u.a. 2002; D. Kecmanovic, Ethnic Times: Exploring Ethnonationalism in the Former Yugoslavia. Westport/Conn. 2002; U. v. Hirschhausen/J. Leonhard, Europäische Nationalismen im West-Ost-Vergleich. Von der Typologie zur Differenzbestimmung, in: Nationalismen in Europa. West- und Osteuropa im Vergleich. Hg. Dies. Göttingen 2001; H.-U. Wehler, Nationalismus. Geschichte, Formen, Folgen. München 2001; Ethnonationalism in the Contemporary World. Walker Connor and the Study of Nationalism. Hg. D. Conversi. London u.a. 2002; C. P. Scherrer, Towards a Theory of Ethno-Nationalism: Causes of Conflict, Structural Features, and Remedies. o. O. 2001; M. A. Roessingh, Ethnonationalism and Political Systems in Europe: A State of Tension. Amsterdam 1996; D. Kecmanovic, The Mass Psychology of Ethnonationalism. Berlin 1996; J. Breuilly, Approaches to Nationalism, in: Formen des nationalen Bewusstseins im Lichte zeitgenössischer Nationalismustheorien. Hg. E. Schmidt-Hartmann. München 1994; W. Connor, Ethnonationalism. The Quest for Understanding. New Jersey 1994; E. Gellner, Nationalismus und Moderne. Berlin 1991.

H. S.

Nationalitätenpolitik. Unter N. wird gewöhnlich die Politik eines Staates u. der ihn dominierenden nationalen Mehrheit oder auch Minderheit gegenüber minderberechtigten nationalen bzw. ethn., sprachlichen, regionalen und relig. Gruppen oder Nationalitäten verstanden. Infolge der Tendenzen zur sozialen u. rechtlichen Gleichstellung v. Staatsbürgern u. lang anwesenden Ausländern wird gelegentlich auch die Ausländerpolitik als Teil der N. angesehen, da die sozialen u. kulturellen Anforderungen v. Ausländern u. Eingebürgerten an den Staat (Schulen, Funksendungen usw.) sich kaum unterscheiden. In einem ebenfalls weiteren Sinne wird unter N. auch die Politik eines Staates gegenüber der nationalen Mehrheit oder dominierenden →nationalen Minderheit, die früher oft staatstragende Nation oder staatstragendes Volk genannt wurde, in den Begriff der N. einbezogen.

Im engen Zusammenhang mit der N. als Teil der Innenpolitik steht die auswärtige N. Diese beschränkt sich oft auf die Politik eines Staates gegenüber der oder den externen nationalen Minderheiten u. deren Staat, die mit der dominanten Nationalität des Staates verwandt oder kulturell, sprachlich, regionalgeschichtlich oder relig. verbunden sind. In einem weitesten Sinne lässt sich unter N. auch eine allg., auf die ganze Welt oder eine Großregion wie Europa bezogene Politik zur Ordnung der Beziehungen zw. Nationen u. nationalen Gruppen verstehen.

Schließlich gehört zur N. als polit. Prozess auch die Politik nationaler Minderheiten gegenüber einer nationalen Mehrheit u. gegenüber dem bestehenden Staat sowie gegenüber den benachbarten u. anderen Staaten.

Der Charakter einer N. wird ganz wesentlich durch das vorherrschende Nationsverständnis geprägt. Gelten alle Bürger des Staates auch als Angehörige der Nation (Staatsnation), sind die Chancen der Vermeidung u. Bekämpfung ethn.-nationaler Diskriminierung größer als in einem Land, in dem der Staat als Besitz einer ethn. Mehrheits- oder auch Minderheitsnation angesehen wird, wo Nation also als eine sprachliche, relig., regionale oder Abstammungsgemeinschaft (Ethnonation) unabhängig v. der staatl. Zugehörigkeit der Nationsangehörigen verstanden wird. Die Angehörigen einer solchen dominanten Ethnonation, die auch meist die namensgebende Nation (Titularnation) des Staates ist, u. ihre polit. Vertreter beanspruchen nicht selten gesellschaftliche und polit. Vorrechte gegenüber anderen ethn.-nationalen Gruppen.

Seit 1918 sind allerdings in den modernen und v. a. in den demokr. Staaten alle Nationalitäten in Hinblick auf die allg. Bürgerrechte gleichgestellt. Jeder Staat hat dennoch insofern unvermeidlich ethnokratische Züge, da in jedem Staat nur eine oder einige wenige Staatssprachen gelten, sodass die Sprecher dieser Sprache oder Sprachen wesentlich bessere soz. Chancen besitzen als die Angehörigen der ethn. oder sprachlichen Minderheiten, die die Staatssprache gar nicht oder weniger gut beherrschen. Diese Vorherrschaft der Sprecher der Staatssprache(n) kann durch eine Minderheitenschutzpolitik (→Minderheitenschutz) gemildert werden, die die Sprachen mancher Minderheiten allg. oder regional insofern besonders schützt, als sie ihnen in manchen gesellschaftlichen Sphären als Gerichts-, Behörden-, Schul-, Gottesdienst-, Firmensprache usw. kollektive Geltung verleiht. Sprachenrecht lässt sich insofern nicht auf ein individuelles Bürgerrecht reduzieren, als es das Recht eines Bürgers einschließt, nicht nur seine „Muttersprache“ zu sprechen, sondern in ihr auch Gehör u. eine Antwort zu finden. Sprachenrecht enthält also unvermeidlich eine Pflicht von staatl. Organen u. eventuell auch gesellschaftlichen Einrichtungen, eine andere Sprache zu gebrauchen, sodass deren Repräsentanten einer Spracherlernungspflicht unterliegen; es ist insofern unvermeidlich Kollektivrecht.

N. macht i. d. R. einen erheblichen Unterschied zw. altansässigen (autochthonen, indigenen) u. neu zugewanderten u. eingebürgerten Minderheiten, außerdem zw. kompakt siedelnden, lokale oder regionale Mehrheiten bildenden u. zerstreuten Minderheiten (Diaspora-Minderheiten).

Den höchsten Grad an Gleichberechtigung erhält eine Minderheit, wenn sie den Status eines auch sprachlich völlig gleichberechtigten Teils der Staatsnation gleich unter welchem Namen (Nation im Rahmen einer Bundesnation, Nationalität, Ethnie oder Sprachgruppe als Teil einer Staatsnation) erhält, was faktisch meist nur autochthonen Minderheiten gelingt, die zugleich regionale Mehrheiten sind (frz.- und it.sprachige Schweizer, Wallonen in Belgien, Frankokanadier in Kanada usw.). N. kann aber regionalen Mehrheiten, die gesamtstaatl. in der Minderheit sind, eine gewisse regionale Vorherrschaft einräumen u. in Kauf nehmen, dass die Angehörigen der gesamtstaatl. Mehrheit in der autonomen Region nur Minderheitenrechte in Anspruch nehmen können. Solche Staaten können Bundesstaaten sein, die sich aus Subnationalstaaten zusammensetzen, es können aber auch föderale u. Autonomienstaaten (z. B. Spanien) sein, deren staatl. Untereinheiten nicht oder nur z. T. nach nationalen Gesichtspunkten geformt sind.

Eine theoretisch oft geforderte, aber bislang selten praktizierte N. versucht die Autonomierechte innerhalb des Staates territ. unabhängig zu organisieren, sie also nationalkulturell autonomen Personalverbänden zu gewähren. Dies erfordert – im liberalen Verständnis

– eine rechtlich verbindliche, freiwillige u. revidierbare Beitrittserklärung zu einem nationalen Personalverband analog zur freiwilligen u. revidierbaren Zugehörigkeit zu einer Religionsgemeinschaft.

Neben N.en, die auf Frieden u. Kooperation zw. den Nationalitäten ausgerichtet sind, spielen bis heute noch solche N.en eine erhebliche Rolle, die auf Vorherrschaft der stärksten Nationalität entweder durch nationale Inklusion u. nationale Assimilation (Angleichung) oder gar Absorption (Aufsaugung) oder im Gegenteil durch nationale Exklusion mittels Diskriminierung, gesellschaftlicher Marginalisierung u. im Extremfall auf die gewaltsame Verdrängung u. Vernichtung nationaler Minderheiten (→Genozid, →ethnische Säuberung) abzielen.

Das noch weithin vorherrschende Verständnis v. Nationalstaat sieht nationale Minderheiten als Übergangsphänomene an, die längerfristig selbst nach vorherrschenden liberalen u. demokr. Vorstellungen durch Akkulturation u. Assimilation der Minderheit durch die Mehrheit verschwinden sollen, wobei auch einige Elemente der Kultur der Assimilierten in die Kultur der Mehrheit eingehen können. Liberaldemokr. Assimilationspolitik mit einer Vorherrschaft von soz. Anreizen u. einem Minimum an Zwang, etwa zum obligatorischen Erlernen der Staatssprache, zielt auf die friedliche Auslöschung nationaler Minderheiten ab (vgl. →Zwangsassimilation). Allerdings entstehen durch Migrationsprozesse immer wieder neue Minderheiten, sodass der Prozess der Akkulturation u. Assimilation zwar ständig voranschreitet u. staatl. gefördert wird, aber hist. unabschließbar ist. Langfristig kann auf diese Weise die sprachlich-kulturelle Mehrheit auch Mehrheit bleiben.

Eine gegenteilige N. fördert den Erhalt u. die Vermehrung zahlreicher Nationalitäten als ein Mittel zur Bewahrung der sprachlich-kulturellen Vielfalt u. wechselseitigen Bereicherung der Menschheit, bietet also Anreize zur Erhaltung sprachlich-kultureller Differenz u. Toleranz, ohne freiwillige Akkulturation u. Assimilation zu unterbinden. Sie fördert zwar die staatsbürgerliche →Integration, betreibt aber keine Assimilation der ethn.-nationalen Minderheiten.

Aufgrund der höchst unterschiedlichen Einstellungen in den Staaten u. Regierungen gegenüber nationalen Minderheiten war es bislang kaum möglich, über bescheidene Ansätze einer gemeinsamen N. in internat. Organisationen wie den Vereinten Nationen, der OSZE oder der EU hinauszugelangen.

Lit.: M. Opitz, Die Minderheitenpolitik der Europäischen Union. Probleme, Potentiale, Perspektiven. Münster 2007; M. Krugmann, Das Recht der Minderheiten. Legitimation und Grenzen des Minderheitenschutzes. Berlin 2004; Minority Protection and the Enlarged European Union: The Way Forward. Hg. G. N. Toggenburg. Budapest 2004; Nationalitätenkonflikte im 20. Jahrhundert. Ursachen von inter-ethnischer Gewalt im Vergleich. Hg. Ph. Ther/H. Sundhaussen. Wiesbaden 2003; G. Simon, Nationalismus und Nationalitätenpolitik in der Sowjetunion. Von der totalitären Diktatur zur nachstalinschen Gesellschaft. Baden-Baden 1986.

E. J.

Nationalstaat und ethnische Homogenität. Die geopolit. lückenlose Nationalstaatenbildung seit dem späten 18. Jh. stellt eine Entwicklung dar, die die neuere Geschichte nachhaltig geprägt hat. Die Nation ist, wie es Werner Conze formulierte, zum Substrat der Staaten zunächst Europas u. dann auch der ganzen übrigen Welt geworden.

Jeder Mensch ist Glied einer Nation, u. jede Nation soll einen Staat bilden, den N. Diese Vorstellung war Ausdruck der schöpferischen Kraft des →Nationalismus. Dieser entwickelte sich zur stärksten polit. Gestaltungskraft in Europa überhaupt u. wurde zum Leitbild gesellschaftlichen und polit. Handelns. Nur Staaten überlebten oder entstanden in der Folgezeit, die bei der eigenen Bev., bei den Nachbarstaaten u. in der internat. Staatenordnung als N.en Anerkennung fanden. Bis heute hat die Vorstellung vom N. als dem angemessenen Gehäuse für eine Nation ihre weltweite Wirkungskraft nicht verloren. Mit bis in die graue Vorzeit der Geschichte zurückreichenden Mythen werden die Rechtmäßigkeit eines N.s u. der Einklang v. dessen Territorium u. Staatsvolk postuliert.

Die neuzeitliche Vorstellung v. Nation, der „imagined community", wie der v. Benedict Anderson geprägte bildhafte Begriff lautet, u. damit verbunden jene vom N. waren v. Anfang an doppeldeutig. Der Nationalismus war nach Theodor Schieder sowohl der Inbegriff der Erwartungen u. Hoffnungen ganzer Generationen, die im N. die Vollendung ihres Persönlichkeitsideals sahen, als auch der Schrecken ganzer Völker, die durch nationalistischen Fanatismus ihre Freiheit oder ihre Heimat verloren. Die besondere Anziehungskraft des Nationalismus u. des N.s beruht auf dem doppelten Versprechen v. Partizipation u. →Integration. Partizipation bedeutet, anders als die Prinzipien der Fürstenherrschaft u. der ständischen Ungleichheit, Teilhabe u. Mitwirkung an einem Staatswesen, dessen auf Gewaltenteilung u. -kontrolle fußende Verfassung die Grund- u. →Menschenrechte u. freie wirt. Entfaltungsmöglichkeiten garantiert – Freiheit, Gleichheit, Brüderlichkeit. Integration bedeutet Teil eines Ganzen, friedlich zusammenlebender Nationsgenossen zu sein.

Zur Partizipationsverheißung des N.s gehört aber, wie Dieter Langewiesche gezeigt hat, immer auch die aggressive Gewaltbereitschaft dazu: Ein spezifisches Gemisch v. Partizipation u. Aggression kennzeichnet die Berufung auf die Nation als Letztwert gesellschaftlicher Legitimität zu allen Zeiten. Der Prozess der N.enbildung war v. Anfang an gewalt- u. blutdurchtränkt. Die europäischen N.en des 19. Jh.s sind das Ergebnis v. Kriegen. Ebenso vollzogen sich auch die großen nationalstaatl. Gründungswellen des 20. Jh.s vor dem Hintergrund u. als Folge zweier blutiger →Weltkriege. Dieses Merkmal der N.sidee u. ihrer Verwirklichung stellt, ob die betreffenden Staaten durch Integration oder Sezession entstanden, bis in die Gegenwart ein Charakteristikum nicht nur der europ. Geschichte dar. Von Beginn an waren es nach Hagen Schulze die Abgrenzung gegen den Nachbarn, die Feindschaft u. der Kampf, wodurch die europäischen N.en zu sich selbst fanden.

Die Selbstfindung u. Selbstdefinition der N.en durch Abgrenzung war nicht allein nach außen gerichtet. Zum Janusgesicht der Nation, welches ebenso dem N. eigen ist, gehört auch die nach innen gerichtete Ausgrenzung jener, die aus der Sicht des den N.

tragenden Staatsvolks als nicht dazugehörig, als fremd gelten. Das bewegliche Epitheton „national" wirkte, um mit Reinhart Koselleck zu sprechen, wie ein Lackmuspapier, das es ermöglichte, die Mitglieder der Nation einem aus- oder eingrenzenden Gesinnungstest zu unterziehen. Im Zeitalter des „nationalen Erwachens" strebten alle Nationen danach, einen N. zu bilden, in dem im Idealfall Staatsterritorium u. Staatsvolk deckungsgleich waren. Wo immer die ethn. Homogenität, also die Identität v. Staat u. Nation, nicht gegeben war, stellte sich die moderne Nationalitätenfrage, die Frage des Umgangs der Mehrheit des Staatsvolks mit den Minderheiten auf seinem Territorium (→nationale Minderheit). 1814 sprach sich der dt. Historiker u. Publizist Heinrich Luden für eine, wenn möglich, friedliche u. allmähliche Assimilation der Minderheiten aus. Den eigenen Staat durch Umsiedlung u. Ausweisung der Minderheiten zu „reinigen", hielt er für eine nur theoretische Option, die er strikt u. entschieden als „unvaterländisch und unmenschlich" verwarf.

Zu Beginn des nationalen Zeitalters noch als unmenschlich abgetan, gehörten Aus- u. Umsiedlungen am Ende des 19. Jh.s bereits zum Instrumentarium der europ. Politik. Die angestrebte Einheit des Staatsvolkes hatte mit der zunehmenden Ethnisierung der Nation ein breites Spektrum an Homogenisierungsmaßnahmen zur Folge. Es reicht v. der gezielten sprachlichen u. kulturellen Angleichungspolitik mit dem Ziel, die Minderheiten in der Titularnation aufgehen zu lassen, bis hin zum Verschieben v. Grenzen oder dem Verschieben v. Menschen über Grenzen hinweg. Assimilation, Ausgrenzung, Bev.austausch, Umsiedlung (vgl. →U. [NS-Begriff]) u. →Vertreibung der gemäß des N.sideals u. des Nationalitätsprinzips herausdefinierten relig., sprachlichen oder ethn. Minderheiten waren die Folge. In der „Ausnahmesituation" des Kriegs kommen die dem N. innewohnenden Abgrenzungsbestrebungen nach außen u. innen umso deutlicher zum Tragen u. bedürfen auch keiner besonderen Rechtfertigung. Die für jeden Bürger sichtbare u. erfahrbare Bedrohung der eigenen Nation liefert die Begründung, sich der „Feinde" der Nation zu entledigen. 1934 resümierte der brit. Historiker Carlile Macartney treffend: „Since the whole conception of the national state implies a violation of the principle of equality to the detriment of the minorities, the guarantee of equality might be construed as involving the renunciation by the state of its national character [...]. A national state and national minorities are incompatibles."

Noch relig. oder schon national definierte ethn. Minderheiten wurden in Europa seit dem Ende des 19. Jh.s, dem Ziel eines ethn. reinen N.s folgend, umgesiedelt u. ausgetauscht. Umsiedlungen gehörten zu den Begleiterscheinungen der →Balkankriege u. der damit verbundenen Entstehung neuer N.en. Zu Beginn des 20. Jh.s war in ganz Europa der Gedanke verbreitet, Minderheitenprobleme ließen sich wirkungsvoll nur durch Umsiedlung oder Bev.austausch lösen. Nicht allein der Publizist Siegfried Lichtenstädter, der Soziologe Bernard Lavergne oder der Anthropologe George Montandon plädierten für eine „massive Verpflanzung" v. Minderheiten in ihre Mutterländer, für eine Entmischung der Bev., um dadurch künftig Kriege zu vermeiden. In der angestrebten ethn. Homogenität sahen deren Befürworter einen Beitrag zur Pazifizierung von N.en. Umsiedlungspläne dienten zu Beginn des 20. Jh.s aber nicht nur als friedensstiftendes Instrument. Zu der dt. Kriegszielpolitik des 1. Wk.s zählten auch „völkische Flurbereinigungen".

Vor diesem Hintergrund entwickelten sich Umsiedlungen zu Lasten eines effektiven →Minderheitenschutzes, wie ihn die Friedensregelungen nach dem 1. Wk. im Rahmen des →Völkerbundes angestrebt hatten, zunehmend zu einem anerkannten Instrument der europ. N.en. Dass es sich dabei nicht nur um Pläne, sondern um internat. sanktionierte Politik handelte, macht die am 30. 1. 1923 zw. →Griechenland u. der Türkei unterzeichnete Konvention v. Lausanne (→Lausanner Konferenz) deutlich. Dieser auf Betreiben der europ. Großmächte u. des Völkerbundes zustande gekommene gegenseitige obligatorische Bev.austausch eröffnete ein neues Kapitel in der Geschichte der staatl. sanktionierten europ. Zwangsmigrationen (→Griechen aus der Türkei).

Trotz der bereits zeitgenössischen negativen Einschätzung des Abkommens u. seiner katastrophalen Folgen für die betroffenen Menschen u. Staaten entwickelte sich das Lausanner Abkommen zum Modell für den Umgang der europ. N.en mit Minderheiten. Umsiedlungen v. nationalen Minderheiten wurden in der Folgezeit v. der →Sowjetunion durchgeführt (a. →Deportation). Das nationalsozialistische →Deutschland bediente sich in großem Stil der Umsiedlung u. Vertreibung als Instrument zur Umsetzung seiner rassisch begründeten Eroberungs- u. Vernichtungspolitik. Und am Ende des 2. Wk.s sahen die Alliierten unter dem Schlagwort der „gereinigten Nation" in Umsiedlungen v. Minderheiten ein erfolgversprechendes Mittel, eine friedliche, auf nationalstaatl. Grundlage organisierte europ. Nachkriegsordnung sicherzustellen. Kaum ein Landstrich in Ostmittel-, Ost-, Südost- u. Südeuropa blieb in der unmittelbaren Nachkriegszeit v. Vertreibungen u. Umsiedlungen verschont. „The assumption is", schrieb 1946 Eugen Kulischer, ein Fachmann für Migrationsfragen u. genauer Beobachter seiner Gegenwart, „that political and ethnic borders should coincide. Where this cannot be achieved in view of the intermingled habitat of people of various ethnic nationalities, plans are advanced to shift hundreds of thousands of persons from one country to another. [...] This extensive transfer of population is the last emanation of the nineteenth-century idea of ‚ethnic nationality' as a basis, not only of cultural life, but also of political organization."

Die zentrale Frage, die der Historiker Carlile Macartney zum Ausgangspunkt seiner grundlegenden Studie v. 1934 wählte, wie das Verhältnis von N. und Minderheiten friedlich gestaltet werden könne, haben die Bev.transfers während u. nach dem 2. Wk. nicht beantwortet (→Transfer). Umsiedlung u. Vertreibung haben auch nicht die friedliche Koexistenz der sich als N.en definierenden Staaten im Nachkriegseuropa gesichert. Als der Kalte Krieg Ende der 1980er Jahre mit dem Zusammenbruch der Sowjetunion zu Ende ging, kehrten mit dem Zerfall →Jugoslawiens auch wieder Umsiedlung, Flucht u. Vertreibung bis hin zu Völkermord (→Genozid) nach Europa zurück. Eine ihrer wesentlichen Wurzeln ist im Streben der modernen N.en nach Übereinstimmung v. Territorium u. Volk zu sehen, in der ethn. Homogenität eines Staates.

Lit.: Auf dem Weg zum ethnisch reinen Nationalstaat? Europa in Geschichte und Gegenwart. Hg. M. Beer. Tübingen [2]2007; N. Naimark, Fires of Hatred. Ethnic Cleansing in Twentieth-Century Europe. Cambridge 2001; D. Langewiesche, Nation, Nationalismus. Nationalstaat in Deutschland und Europa. München 2000; R. Brubaker, Nationalism Reframed: Nationhood and the National Question in the New Europe. Cambridge u.a. 1996; E. J. Hobsbawm, Nations and Nationalisms since 1790. Programme, Myth, Reality. Cambridge u.a. 1990; E. Gellner, Nations and Nationalisms. Ithaca/NY u.a. 1983; C. A. Macartney, National States and National Minorities. London 1934.

M. B.

Nationalverwaltung des konfiszierten Eigentums. Nach dem Ende des 2. →Wk.s wurde der gesamte bewegliche u. unbewegliche Besitz der Deutschen (→D. aus den böhmischen Ländern), Magyaren (→M. aus der Südslowakei nach Ungarn) u. Kollaborateure (→Kollaboration mit dem Landesfeind) durch das Dekret des Präsidenten der Republik Nr. 5/1945 Sb. vom 19. 5. 1945 unter „nationale Verwaltung" gestellt (vgl. →Dekrete des tschechoslowakischen Präsidenten). Das Dekret erklärte erstens sämtliche vermögensrechtlichen Geschäfte u. Besitzübertragungen, die nach dem 29. 9. 1938 unter dem Druck der Besatzungsorgane oder aufgrund nationaler, rassischer oder polit. Verfolgung vollzogen worden waren, für ungültig. Zweitens führte das Dekret die N. ein. Sie bezog sich sowohl auf landwirt. Flächen u. Bauernhöfe als auch auf Industrie-, Gewerbe- u. Handwerksbetriebe u. jegliches Vermögen der Betroffenen. Dieses Dekret bildete eine der wichtigsten rechtlichen Grundlage für die Enteignung der Deutschen aus den böhmischen Ländern u. die Übersiedlung jener Tschechen in die Grenzgebiete (tschech. →*pohraničí*), die als Nationalverwalter eingesetzt werden wollten. Die Einrichtung von N.en schränkte die Ausübung v. Eigentumsrechten ein, hob diese formal aber noch nicht auf. Eine Konfiszierung erfolgte durch die Dekrete Nr. 12 vom 21. 6. 1945 u. Nr. 108 vom 27. 10. 1945 (vgl. →Konfiskation). Nationalverwalter konnten Personen nicht-dt. oder -magyarischer Nationalität werden, die sich niemals gegen den tschechoslowak. Staat betätigt hatten. Sie sollten den Besitz der Deutschen im Auftrag des Staates sicherstellen sowie die Produktion in landwirt. und nicht-landwirt. Betrieben aufrechterhalten. Sofern der Besitz nicht an die öffentliche Hand fallen sollte, konnten die Nationalverwalter ihn später nach erfolgter Überprüfung ihrer Wirtschaftsführung u. ihrer „nationalen und politischen Zuverlässigkeit" in Eigentum übertragen bekommen. Diese Überprüfungen begannen ab Herbst 1945. Dem Nationalen Bodenfond oblag die Verwaltung des landwirt. Besitzes. Der nicht-landwirt. Besitz (Betriebe, Geschäfte, Häuser, Möbel, Fahrzeuge, Gebrauchsgegenstände usw.) der Deutschen wurde vom Fonds der Nationalen Erneuerung verwaltet, der beim Besiedlungsamt eingerichtet wurde u. diesem unterstellt war.

Die Nationalverwalter wurden je nach Branche, Betriebsgröße u. Beschäftigtenzahlen v. den →Nationalausschüssen der Kommune, des Bezirks oder des Landes ernannt, in den Grenzgebieten v. den lokalen bzw. den Bezirkskommissionen. Bei Unternehmen mit gesamtstaatl. Tätigkeitsbereich bzw. gesamtstaatl. Bedeutung setzte das ressortmäßig zuständige Ministerium eine N. ein. In der Praxis kam es häufig zu Kompetenzstreitigkeiten sowie auch zu Doppeleinsetzungen v. Nationalverwaltern.

Aufgrund mangelnder Qualifikation, aber auch wegen Vorstrafen kam es häufig zu Beschwerden über eingesetzte Nationalverwalter u. in einigen Fällen zu ihrer baldigen Abberufung. Da in der unmittelbaren Nachkriegszeit die Aufrechterhaltung bzw. Erneuerung der Produktion das wichtigste Ziel war, waren die Nationalausschüsse bemüht, in den ehemals dt. Betrieben möglichst schnell Nationalverwalter einzusetzen, sodass auf deren Qualifikationen nicht immer geachtet wurde.

Am 1. 10. 1945 waren in den Grenzgebieten etwa 80.000 Nationalverwalter für schon mehr als die Hälfte des konfiszierten landwirt. Bodens zuständig – u. zwar 36.226 in Böhmen, 28.317 in Mähren u. 11.963 in Schlesien. Im Verlauf des weiteren Siedlungsprozesses erhöhte sich ihre Gesamtzahl auf etwa 85.000 Personen. Nach Angaben des Besiedlungsamts wurden in Gewerbebetrieben, Fabriken u. Geschäften bis Ende 1946 insgesamt rd. 80.000 Nationalverwalter eingesetzt.

Lit.: A. Wiedemann, „Komm mit uns das Grenzland aufbauen!“ Ansiedlung und neue Strukturen in den ehemaligen Sudetengebieten 1945–1952. Essen 2007; A. Míšková, Die Eigentumsverhältnisse in der tschechoslowakischen Industrie in den ersten Nachkriegsjahren – Einführung und Tätigkeit der Nationalen Treuhandverwaltung, in: Die Deutschen im östlichen Europa. Aspekte einer vielfältigen Beziehungsgeschichte. Hg. D. Neutatz/V. Zimmermann. Essen 2006, 275–296; F. Čapka/L. Slezák/J. Vaculík, Nové osídlení pohraničí českých zemí po druhé světové válce. Brno 2005.

A. W.

NKVD der UdSSR (russ. *Narodnyj komissariat vnutrennich del SSSR*, Volkskommissariat für Innere Angelegenheiten der UdSSR), gemeinsam mit dem Volkskommissariat für Staatssicherheit (russ. *Narodnyj komissariat gosudarstvennoj bezopasnosti SSSR*, NKGB) Hauptorgan der polit. Polizei der UdSSR in den 1930–1950er Jahren u. Herzstück des sowj. Strafsystems. Zwei Monate nach der Oktoberrevolution 1917 wurde die Allrussländische Außerordentliche Kommission zur Bekämpfung von Konterrevolution, Spekulantentum und Sabotage (russ. *Vserossijskaja Črezvyčajnaja Komissija po bor'be s kontrrevoljuciej, spekuljaciej i sabotažem*, VČK) gebildet, die 1922 etwa 100.000 offizielle u. fast ebenso viele verdeckt operierende Mitarbeiter zählte. Die Besonderheit der VČK bestand darin, dass sie die Aufgaben sowohl der geheimdienstlichen Überwachung, der Verhaftung u. der Voruntersuchung als auch der Urteilsverkündung u. -vollstreckung in sich vereinte. Die 1922 erfolgte Überführung der VČK in die Staatl. Politische Verwaltung (russ. *Gosudarstvennoe političeskoe upravlenie*, GPU) ging mit einer erheblichen Minderung des Personalbestandes und ihrer außergerichtlichen Befugnisse einher. Mit der Rückkehr zu einer Politik der Massenrepressionen Ende der 1920er Jahre stieg die Bedeutung der Vereinigten Staatl. Politischen Verwaltung (russ. *Ob'edinënnoe Gosudarstvennoe političeskoe upravlenie*, OGPU) erneut sprunghaft an. 1934 ging aus der OGPU das NKVD hervor, das für den Massenterror gegen ganze Bev.gruppen verantwortlich zeichnete. 1937/38 wurden im Zuge der →nationalen Operationen etwa 340.000–350.000 Personen sog. feindlicher Nationalitäten vom NKVD der UdSSR repressiert. Die Mehrzahl v. ihnen waren Polen u. Deutsche.

Infolge der gigantischen Organisationsstruktur des NKVD, die die Konzentrationslager, die zwangsumgesiedelten „Kulaken" u. ethnischen Gruppen, die Miliz etc. umfasste, erfolgte 1941 zunächst eine kurzfristige (Februar-Juli) u. 1943 eine endgültige Ausgliederung des NKGB aus dem NKVD. Dem NKGB (1946–1953 Ministerium für Staatssicherheit, MGB) unterstanden die polit. Aufklärung, die Spionage u. die Spionageabwehr, während die Lager u. die Sondersiedlungen im Zuständigkeitsbereich des Volkskommissariats für Innere Angelegenheiten (später Ministerium) verblieben. Nach Iosif →Stalins Tod wurde das MGB kurzzeitig mit dem Ministerium für Innere Angelegenheiten (MVD) zusammengelegt. 1954 entstand das Komitee für Staatssicherheit (KGB), das über eine wesentlich geringere Mitarbeiterzahl u. Kompetenzbefugnis verfügte als das MGB.

Im sowj. Vielvölkerstaat bildeten die Organe der OGPU-MGB ein aktives Instrument zur Unterdrückung des nationalen Widerstands. Sie waren sowohl für die Beseitigung aktiver Oppositioneller als auch für die Massendeportationen ganzer Völkerschaften verantwortlich. Zu Beginn der 1930er Jahre entstand ein System der polit. Massenverbannung in Form der Abteilung für Sondersiedlungen, die der Hauptverwaltung der Lager der OGPU-NKVD unterstellt war (→GULag). Während zunächst überwiegend die bäuerliche Schicht („Kulaken") v. diesem Verbannungssystem betroffen war, entwickelte es sich Ende der 1930er Jahre zum Bestandteil der Terrorpolitik gegen sog. feindliche Nationalitäten u. bestand bis in die Mitte der 1950er Jahre fort.

→Ethnische Säuberungen in großem Maßstab setzten in der Periode der Kollektivierung ein u. trafen eine ganze Reihe v. Nationalitäten. In den 1930er Jahren wurden zuallererst potentiell illoyale Bewohner aus den Grenzregionen verschleppt. Unter dem Vorwand der Meldepflichtverletzung deportierten die Organe der OGPU 1933 5.000 Zigeuner aus den zentralen Rayons nach Westsibirien. 1934–1936 erfolgten Massendeportationen v. Polen u. Finnen aus den westl. Grenzgebieten der UdSSR nach →Kasachstan, →Sibirien u. in andere abgelegene Regionen (→Polen aus der Ukraine: Deportation nach Kasachstan, →Finnen: Deportation aus Ingermanland [Gebiet Leningrad]). An die 200.000 Koreaner wurden 1937 aus dem Fernen O nach Kasachstan u. →Zentralasien zwangsumgesiedelt. 1939–1941 fielen den Deportationen Hunderttausende Ukrainer (→Ukraine als Deportationsgebiet), Weißrussen, Moldawier (→Moldawien als Deportationsgebiet), Letten (→Lettland), →Litauer u. →Esten aus den annektierten Territorien zum Opfer. In der zweiten Jahreshälfte v. 1941 wurden infolge des Krieges mit Deutschland etwa 1 Mio. Deutsche nach Sibirien, Kasachstan u. Zentralasien deportiert (→Deutsche aus dem Wolgagebiet, →D. aus dem Schwarzmeergebiet). Wegen angeblicher

→Kollaboration mit den Okkupationsmächten erfolgte 1943/44 die Verbannung der →Krimtataren, →Tschetschenen u. Inguschen, →Karatschaier u. →Kalmücken in den Osten. Ihre autonomen Territorialgebilde wurden aufgelöst. Nach 1945 zeichneten die Organe der Staatssicherheit für die Zwangsumsiedlung der Deutschen aus Ostpreußen verantwortlich (→Ostpreußen: Deportation in die Sowjetunion und Ausweisung in die SBZ). Opfer v. Massendeportationen wurden auch die Bewohner der Baltischen Republiken u. der ukr. und weißruss. Westgebiete, welche nationale Widerstandsorganisationen unterstützten u. die Durchführung der Sowjetisierung in den neuen Gebieten der UdSSR behinderten (→Ukraine als Deportationsgebiet, →Baltische Länder). Zu Beginn der 1950er Jahre wurden die Bewohner kaukasischer u. weiterer Grenzregionen zwangsumgesiedelt, allerdings in einem weit geringeren Umfang als zuvor (→Griechen: Deportationen in den asiatischen Teil der Sowjetunion).

Die Organe des NKVD-MGB verwalteten die isolierten Siedlungen der verbannten „Nationalen" mit Hilfe eigener Mitarbeiter u. Geheimagenten aus den Reihen der →„Sondersiedler" selbst. Für die Flucht aus der Verbannung, die auf ewig galt, drohten drakonische Strafen. 1953 befanden sich 2,3 Mio. Menschen im Verbannungssystem auf ethn. Grundlage unter der Kontrolle des MGB. Nach 1954 wurde das MGB aufgelöst. Leiter der Geheimpolizei waren zu unterschiedlichen Zeiten Genrich →Jagoda, Nikolaj →Ežov, Lavrentij →Berija u. Ivan →Serov.

Lit.: N. V. Petrov/K. V. Skorkin, Kto rukovodil NKVD 1934–1941. Spravočnik. Moskva 1999.

A. T.

Norwegian Refugee Council. Der NRC (auch Norwegischer Flüchtlingsrat) ist eine unabhängige, nichtstaatl. humanitäre Organisation, die →Flüchtlingen u. Binnenvertriebenen (→Vertriebene) Unterstützung u. Schutz gewährt sowie bei der Suche nach dauerhaften Lösungen hilft. Der NRC ist die einzige norwegische Organisation, die auf die internat. Anstrengungen bez. dieser Personengruppe spezialisiert ist. Sie hat rd. 2.000 Mitarbeiter u. ist in nahezu 20 Staaten in Afrika, Asien, Amerika u. Europa tätig. Alle Projekte werden durch ein Sekretariat in Oslo koordiniert. Der NRC wurde 1946 unter dem Namen „Aid to Europe" mit der Aufgabe gegründet, den europ. Nachkriegsflüchtlingen zu helfen. Heute handelt es sich um eine private Stiftung, die weltweit mit der UNO u. anderen Organisationen kooperiert. Die auf Flüchtlinge, Binnenvertriebene u. Rückkehrer ausgerichteten Programme beziehen sich auf die Errichtung v. Wohnungen u. Schulen, die Verteilung v. Nahrungsmitteln u. Waren des Grundbedarfs, auf Information, Beratung u. Rechtsbeistand, sowie auf Lagermanagement u. Bildung. Der NRC informiert u. berät auch hinsichtlich der Rückkehr u. der →Repatriierung. Durchgeführt werden zudem Trainingsseminare zur Situation v. Flüchtlingen u. Binnenvertriebenen. Die Organisation ist als engagierter Verteidiger der Rechte dieser Personengruppe in internat. Foren, den

v. ihr betreuten Staaten u. in Norwegen bekannt u. geschätzt. Sie verfügt über eine ständig innerhalb v. 72 Stunden einsatzbereite Gruppe v. 650 Experten *(Emergency Standby Force),* die an jeden Ort der Welt reisen können, um die UNO u. andere Organisationen bei humanitärer Hilfe, der Nothilfe, Wahlbeobachtung, Menschenrechtsüberwachung u. friedensbewahrenden Operationen zu unterstützen. Gleichzeitig bietet sich für das NRC-Personal die einzigartige Möglichkeit, direkte Information v. den Einsatzorten über die flüchtlingsrelevanten Konflikte u. die Reaktion der UNO auf diese zusammenzutragen. Die Schaffung dieser *Emergency Standby Force* geht zurück auf den Golfkrieg 1991, als rd. 2 Mio. Kurden fluchtartig den Irak verließen u. die UNO ihre bislang größte Hilfsoperation startete. Seinerzeit ersuchte die UNO den NRC Hilfspersonal zur Verfügung zu stellen. Heute hat der NRC „Emergency Preparedness Agreements" mit zahlreichen UN-Organisationen u. stellt mit NORSTAFF eine Liste v. 300 unmittelbar einsetzbaren Experten zur Verfügung. Insgesamt wurden bislang v. dem NRC mehr als 3.000 Personen in über 50 Staaten eingesetzt. Darüber hinaus gibt es eine Expertenliste zur Unterstützung regionaler u. lokaler NROs in Afrika (NORAFRIC) u. eine solche für den Nahen Osten (NORMIDEAST). Gemeinsam mit dem norwegischen Menschenrechtszentrum betreibt der NRC zudem NORDEM, eine Datenbank von rd. 250 Personen, die für die Menschenrechtsbeobachtung, Wahlbeobachtung u. die Aufklärung v. schweren Menschenrechtsverletzungen eingesetzt werden können.

Das vom NRC 1998 geschaffene *Internal Displacement Monitoring Centre* (IDMC) in Genf kontrolliert weltweite konfliktbedingte Binnenvertreibungen u. sammelt die diesbezüglichen aktuellen Informationen. Im Auftrag der UNO unterhält das Zentrum eine Onlinedatenbank zur konkreten Situation in über 50 Staaten. Auf der Grundlage dieser Informationen unterbreitet es Lösungsvorschläge, um sicherzustellen, dass die Binnenvertriebenen entsprechend den internat. Standards behandelt werden.

Lit.: NRC-Jahresbericht, http://www.flyktninghjelpen.no/arch/_img/9138084.pdf.

H.-J. H.

Nürnberger Prozesse. Unter den N. P. werden gemeinhin das v. den vier Siegermächten (Großbritannien, Frankreich, USA u. UdSSR) geführte International Military Tribunal (IMT) in Nürnberg (20. 11. 1945–1.10.1946) sowie die zwölf nachfolgenden US-amerikanischen Nuremberg Military Tribunals (NMT) (9. 12. 1946–14. 4. 1949) zusammengefasst. Basierend auf dem Londoner Abkommen (8. 8. 1945) u. dem darin enthaltenen Statut für den Internat. Militärgerichtshof bzw. auf dem Kontrollratsgesetz Nr. 10 (20. 12. 1945) wurden die verbliebene Spitze des NS-Regimes sowie Angehörige der Funktionseliten im „Dritten Reich" vor Gericht gestellt. Unter den Anklagepunkten Verschwörung (zum gemeinsamen Plan), Verbrechen gegen den Frieden, Kriegsverbrechen u. Verbrechen gegen die Menschlichkeit sollten sich die Beschuldigten für Verbrechen u. Gräueltaten verantworten, die mehrheitlich während des 2. →Wk.s verübt worden waren.

Die Vertreibungsverbrechen der Nationalsozialisten, die unter den Begriffen →„Deportation", „Verschleppung", „Absiedlung" u. „Umsiedlung" (→U. [NS-Begriff]) etc. in den N. P.n verhandelt wurden, lassen sich in drei Einzeltatbestände unterteilen, die sich teilweise überschneiden: 1. die Deportation v. Zivilpersonen in Ghettos, Konzentrations- u. Vernichtungslager (v. a. Juden [→J.: Deportation und Vernichtung], Sinti u. Roma [→Völkermord an den europäischen Zigeunern]); 2. die Verschleppung v. Zivilpersonen zur →Zwangsarbeit in das Reichsgebiet; 3. die „Absiedlung" u. „Umsiedlung" der Zivilbev., insbesondere aus den annektierten Territorien, zum Zweck der Schaffung v. Ansiedlungsmöglichkeiten für (Volks-)Deutsche (→Volksdeutsche). Diese unterschiedlichen Formen der Deportation, Verschleppung u. →Vertreibung gelangten unter den Tatbeständen „Kriegsverbrechen" u. „Verbrechen gegen die Menschlichkeit" zur Anklage.

Die Deportation der europ. Juden wurde in den N. P.n als ein Bestandteil der Verfolgung u. „Ausrottung" der Zivilbev. in den besetzten Gebieten, der Plünderung privaten Eigentums u. des Programms der „Vernichtung durch Arbeit" betrachtet. (Die Verfolgung der dt. Juden vor 1939 wurde zwar thematisiert, das IMT u. die NMT erklärten sich jedoch beide für formal nicht zuständig über Verbrechen zu urteilen, die v. Deutschen an Deutschen begangen worden waren. Die einzige Ausnahme stellte das Urteil im Juristen-Prozess/Fall 3 dar.) Die Verschleppung der Zivilbev. vornehmlich aus Ost-, aber auch aus Westeuropa („Nacht-und-Nebel"-Erlass) zur Zwangsarbeit wurde im Rahmen der übergeordneten Straftat „Sklavenarbeit" geahndet. Der Bev.transfer in den annektierten bzw. besetzten Gebieten zum Zwecke der Sesshaftmachung v. (Volks-)Deutschen sowie die damit verbundene Plünderung privaten u. öffentlichen Eigentums wurde den nationalsozialistischen Zielen der „Lebensraumeroberung" u. Germanisierung zugeordnet. Damit wurden diese Vertreibungen v. der Anklagevertretung im IMT als immanenter Bestandteil eines vorsätzlichen Plans der Nationalsozialisten gewertet. Der sog. Nazi Plan, Gebiete in Osteuropa zu erobern u. zu kolonisieren u. im Zuge dessen die territ., demogr. und wirt. Vorherrschaft →Deutschlands in Europa zu erlangen (→Generalplan Ost), diente der Anklage als wichtiges Argument im Rahmen der Beweisführung bez. der Teilnahme der Angeklagten an der Verschwörung zum Angriffskrieg.

Die Argumentation der Anklage, den Beschuldigten den Vorsatz der Vertreibungs- u. Germanisierungsverbrechen zu beweisen, rekurrierte auf Zitate v. Adolf →Hitler u. Heinrich →Himmler zur „Lebensraumeroberung" u. Eindeutschung dieser Gebiete. Zur Verhandlung kamen vornehmlich die damit in Zusammenhang stehenden NS-Verbrechen in →Polen, Elsass-Lothringen (→Elsässer: NS-Vertreibung, →Lothringer: NS-Vertreibung), Slowenien (→Slowenen aus der Untersteiermark und Oberkrain), Tschechien (→Tschechoslowakei) u. auf dem Gebiet der →Sowjetunion. Im Urteil hieß es: „In Polen und in der Sowjetunion waren diese Verbrechen Teil eines Planes, der darauf zielte, die ganze einheimische Bevölkerung durch Austreibung und Vernichtung zu beseitigen, um ihr Gebiet von den Deutschen für Siedlungszwecke verwenden zu können." [IMG, Bd. 22, 545–547] Zwar war in den Augen der Richter des IMT der Hauptverantwortliche für die Germanisierungspolitik H. Himmler (neben A. Hitler) gewesen, für schuldig an Germanisierungsverbrechen befunden wurden unter den Anklagepunkten Kriegsverbrechen u. Verbrechen gegen die Menschlichkeit jedoch auch Alfred Rosenberg (Verbrechen auf dem Gebiet der UdSSR), Wilhelm Frick (Österreich, Tschechien, Memel, Danzig, Westpreußen, Posen, Eupen-Malmedy u. Moresnet), Konstantin von Neurath (Tschechien) sowie in Abwesenheit Martin Bormann (UdSSR).

Wegen der Verschleppung v. Menschen zur Zwangsarbeit wurden Hermann Göring, A. Rosenberg, Hans Frank, W. Frick, Walther Funk, Fritz Sauckel („Gesamtverantwortlichkeit für das Sklavenarbeitsprogramm") u. Arthur Seyß-Inquart verurteilt; wegen Deportationen in Verbund mit dem „Nacht-und-Nebel"-Erlass Wilhelm Keitel sowie wegen Verfolgung, Deportationen u. Ausrottung der europ. Juden H. Göring, Joachim von Ribbentrop, Ernst Kaltenbrunner, A. Rosenberg, H. Frank, W. Frick, Julius Streicher, Baldur von Schirach, A. Seyß-Inquart u. M. Bormann.

Auch in den zwölf anschließenden Verfahren vor den NMT wurden mehrfach die verschiedenen Formen der Deportationen u. Vertreibungen thematisiert. Um Deportationen v. Menschen zur „Sklavenarbeit" ging es im Prozess gegen Erhard Milch (Fall 2), im Pohl-Prozess (Fall 4), im Südost-Generäle-Prozess (Fall 7) sowie in den drei Wirtschaftsprozessen, den Verfahren gegen Flick (Fall 5), die I.G. Farbenindustrie (Fall 6) u. Krupp (Fall 10). In allen sechs Fällen wurden einzelne Angeklagte der Zwangsarbeiterverschleppung für schuldig befunden.

Der Einsatzgruppen-Prozess thematisierte als einziger der zwölf Nachfolgeverfahren ausschließlich den NS-Massenmord an der Zivilbev. auf sowj. Gebiet (v. a. an Juden sowie an Sinti und Roma). Im Wilhelmstraßen-Prozess (Fall 11) gegen Ernst von Weizsäcker u. a. verhandelte der amerikanische Militärgerichtshof die Verfolgung der Juden sowie den Völkermord (→Genozid). Unter anderem wurde Weizsäcker wegen der Deportation frz. Juden in das Konzentrationslager Auschwitz verurteilt. Im Fall 11 sowie im RuSHA-Prozess (Fall 8) war das Protokoll der Wannsee-Konferenz ein Beweisstück der Anklage. Deportationen der jüdischen Bev. aus Südosteuropa in das KZ Auschwitz wurden ferner im Fall 7 zur Anklage gebracht. Die Verhandlung gegen Oswald Pohl u. das SS-Wirtschafts- u. Verwaltungshauptamt konzentrierte sich hingegen auf die Beraubung der jüdischen Bev. Allerdings deutete die Anklagebehörde die „Aktion Reinhard" – den Massenmord an der jüdischen Bev. in den vier Vernichtungslagern im →Generalgouvernement – fälschlicherweise als bloßes Ausplünderungsdelikt.

Vertreibungsverbrechen in Verbindung mit der Germanisierungspolitik wurden ebenfalls in Fall 11, v. a. aber im Fall 8 behandelt. Im Wilhelmstraßen-Prozess richtete sich die Anklage v. Germanisierungs- u. Vertreibungsverbrechen im Einzelnen gegen Wilhelm Keppler in seinen außenpolit. Funktionen u. Hans Kehrl vom Vierjahresplan resp. Rüstungsministerium wegen Vermögensbeschlagnahmungen u. Plünderungen durch die Dt. Umsiedlungstreuhand GmbH (DUT) u. damit wegen der Beteiligung an Vertreibungen u. Zwangsumsiedlungen der einheimischen Zivilbev. Auch der ehem. Staatssekretär im

Reichsministerium des Innern, Wilhelm Stuckart, u. der Chef der Reichskanzlei, Reichsminister Hans-Heinrich Lammers, wurden wegen Beteiligung an der Ausarbeitung des Germanisierungsprogramms in Form v. Herausgabe v. Erlassen u. Verordnungen zur „Festigung deutschen Volkstums“ u. zum Staatsangehörigkeitswesen (→Deutsche Volksliste, →Staatsangehörigkeit) für schuldig befunden.

Im Fall 8 gegen Ulrich Greifelt u. a. wurden zehn der vierzehn Beschuldigten in der Anklageschrift „gewaltsame Aussiedlung und Bevölkerungsumsiedlung“, „Zwangsgermanisierung“, „Verschleppung zur Sklavenarbeit“ sowie der Einzeltatbestand der „Entführung von Kindern“ zur Last gelegt. Einige Angeklagte wurden für schuldig befunden, an der Ausarbeitung des Germanisierungsprogramms des →Reichskommissars für die Festigung deutschen Volkstums (RKF) beteiligt gewesen zu sein, welches auf der Zerstörung der nationalen und ethn. Gruppen basiert habe; in diesem Zusammenhang bediente sich die Anklagevertretung des Begriffs „Genozid“ nach Raphael →Lemkin (1944).

Die dt. Seite war bemüht, die Angeklagten als unschuldig, als reine Befehlsempfänger oder unpolit. Sachverständige hinzustellen. In einigen Fällen war dies auch erfolgreich u. führte zu Freisprüchen. Von den 199 Angeklagten in den 13 N. P. wurden insgesamt 36 Personen zum Tode, 23 zu lebenslanger Haft u. 102 zu Gefängnisstrafen verurteilt. 38 Angeklagte wurden freigesprochen. Von den 24 in den NMT verhängten Todesstrafen wurde die Hälfte vollstreckt. Bis 1958 wurden die v. den NMT verurteilten Häftlinge aufgrund einer umfassenden Begnadigungspolitik aus dem Landsberger Gefängnis in die Freiheit entlassen. 1966 folgten die Entlassung v. zwei der drei noch inhaftierten Verurteilten des IMT, Albert Speer u. von Schirach, aus dem Kriegsverbrechergefängnis in Berlin-Spandau. Rudolf Heß verübte 1987 als letzter Häftling Selbstmord.

Die N. P., der IMT als Präzedenzfall u. die NMT als wesentliche Weiterentwicklung, stellen eine wichtige Stufe in der Herausbildung des modernen Völkerstrafrechts dar u. sind als Meilensteine auf dem Weg zu den heutigen Internat. Gerichtshöfen zu betrachten. Die Behandlung u. Verurteilung v. Deportationen, Verschleppungen u. Vertreibungen, v. →ethnischen Säuberungen u. Genoziden orientiert sich auch heute noch an den in den N. P.n gesetzten Maßstäben.

Lit.: A. Weinke, Die Nürnberger Prozesse. München 2006; D. Bloxham, Genocide on Trial: War Crimes Trials and the Formation of Holocaust History and Memory. Oxford 2001; Der Nationalsozialismus vor Gericht. Die alliierten Prozesse gegen Kriegsverbrecher und Soldaten 1943–1952. Hg. G.R. Ueberschär. Frankfurt a.M. 1999; T. Taylor, Die Nürnberger Prozesse. Kriegsverbrechen und Völkerrecht. Zürich 1951; Trials of War Criminals before the Nuernberg Military Tribunals under Control Council Law No. 10: October 1946–April 1949 [TWC]. 15 Bde. Washington/DC 1950–1953; Der Prozess gegen die Hauptkriegsverbrecher vor dem Internationalen Militärgerichtshof: Nürnberg, 14. November 1945–1. Oktober 1946 [IMG]. 42 Bde. Nürnberg 1947–1949.

A. St.

Oder-Neiße-Grenze. Die Festlegung der Außengrenzen für das besiegte Deutschland nach der Unterzeichnung der bedingungslosen Kapitulation am 8. 5. 1945 lag im Kompetenzbereich der Siegermächte. Eine Veränderung der dt. Ostgrenze wurde in den Beschlüssen der Großen Drei in Jalta angekündigt (→Konferenz von Jalta), ohne jedoch den poln. Territorialgewinn genau zu bestimmen. Noch im Juni 1945 wurde in den Dokumenten zur Besatzung Deutschlands die Wendung „Deutschland in den Grenzen vom 31. 12. 1937" benutzt. Diese Sprachregelung sollte den Anschluss →Österreichs sowie v. Teilen der →Tschechoslowakei an das Dt. Reich in den Jahren 1938/39 als rechtswidrig zum Ausdruck bringen. Nach der Gründung der Bundesrepublik Deutschland im Jahre 1949 verkündete Bonn, dass diese Formel auch den Willen zur territ. Integrität Deutschlands nach 1945 wiedergebe. Sie wurde als ein Argument für die Ablehnung der neuen dt.-poln. Grenze angeführt. Die territ. Erwerbungen →Polens legte das Potsdamer Abkommen vom 2. 8. 1945 (→Konferenz von Potsdam) fest, in dem Iosif →Stalin eine für Warschau äußerst vorteilhafte Lösung durchgesetzt hatte. Denn alle Gebiete östl. der Flüsse Oder u. Lausitzer Neiße sowie die ehem. Freistadt Danzig u. der südl. Teil Ostpreußens sollten „unter die Verwaltung des polnischen Staates kommen und nicht als Teil der sowjetischen Besatzungszone in Deutschland betrachtet werden". Diese Gebiete wurden aufgrund sowj.-poln. Vereinbarungen v. den dort errichteten poln. Organen verwaltet. Die Alliierten bekräftigten „ihre Auffassung, dass die endgültige Festlegung der Westgrenze Polens bis zur Friedenskonferenz zurückgestellt werden soll". Gleichzeitig erkannten die Siegermächte in Potsdam jedoch an, dass „die Umsiedlung deutscher Bevölkerung oder von Bestandteilen derselben, die in Polen, der Tschechoslowakei und Ungarn zurückgeblieben sind, nach Deutschland durchgeführt werden muss". Dieser Beschluss zeigte, dass diese Gebiete dauerhaft unter die Kontrolle Warschaus gelangen sollten (→Deutsche aus dem heutigen polnischen Staatsgebiet). Trotzdem hat die Formel „unter Verwaltung des polnischen Staates" Anlass für einen künftigen Streit um die internat. Anerkennung der dt.-poln. Grenze gegeben. Der Zerfall der Kriegskoalition u. der sich verschärfende Konflikt zw. der UdSSR u. ihren ehem. westl. Alliierten führten letztlich zu einer dauerhaften Teilung des Besatzungsgebietes in zwei dt. Staaten u. zu ihrer Anbindung an zwei entgegengesetzte polit.-milit. Blöcke. Der Koalitionsbruch verursachte zugleich, dass die Frage der dt. Grenzen, die endgültig in einem Friedensvertrag gelöst werden sollte, aufgrund des Ausbleibens desselben im Sinne einer durch die internat. Meinung allg. anerkannten Form ungeregelt blieb. Die Grenzfrage wurde zum Gegenstand internat. Kontroversen u. zu einem Faktor, der Nachkriegspolen v. der UdSSR abhängig machte. Die Unterstützung der östl. Weltmacht garantierte nämlich den Bestand der neuen territ. Ausformung Polens im Westen. Angesichts des Verlustes seiner ehem. Ostgebiete, d. h. fast der Hälfte seines Vorkriegsterritoriums, zu Gunsten der sowj. Republiken Litauen, Weißrussland u. Ukraine hatte der Erhalt der neuen westl. und nördl. Gebiete grundsätzliche Bedeutung für das Funktionieren Nachkriegspolens als lebensfähige gesellschaftliche und staatl. Einheit. Die Übernahme der ehem. deutschen Ostprovinzen durch

Polen u. die Entfernung der dt. Bevölkerung v. dort, die in Deutschland als widerrechtlich oder willkürlich wahrgenommen wurden, schufen ein Konfliktpotential, das die dt.-poln. Beziehungen über Jahrzehnte schwer belastete. In den Augen der Polen handelte es sich um eine Tat hist. Gerechtigkeit, als eine Kompensation für die enormen materiellen u. humanen Verluste, die das Land während der Besatzung durch das „Dritte Reich" erlitten hatte. Die Inbesitznahme der Gebiete bis zur Oder u. Lausitzer Neiße wurde nicht nur v. den Kommunisten, sondern auch der polit. Opposition u. der kath. Kirche unterstützt, die eine große Rolle im gesellschaftlichen Leben im Polen der Nachkriegszeit spielte (→Wiedergewonnene Gebiete). Die Bemühungen um eine internat. Anerkennung der Oder-Lausitzer-Neiße-Linie als Polens Westgrenze bildete eine wesentliche Aufgabe der poln. Außenpolitik in der Nachkriegszeit. Die ideologische Gemeinschaft u. die Zugehörigkeit zum komm. Lager bewirkten, dass es die sozialistischen Staaten waren, die als erste die poln. territorialen Erwerbungen anerkannten. Die 1949 gegründete DDR erkannte ihre Grenze mit Polen (Görlitzer Abkommen vom 6. 7. 1950) ebenfalls als dt.-poln. Grenze an. Die Unterzeichnung des Görlitzer Abkommens bedeutete allerdings nicht, dass die gesamte ostdt. Gesellschaft oder gar die polit. Eliten die Gebietsverluste im O akzeptierten. Zu einem späteren Zeitpunkt, als es in Polen zu einer Zuspitzung innenpolit. Krisen kam, versuchte Ost-Berlin die Anerkennung der Grenze als Druckmittel gegenüber Warschau einzusetzen. Die Bundesregierung sprach Ost-Berlin das Recht ab, Entscheidungen über den Grenzverlauf Deutschlands zu treffen. Bonn beanspruchte, alleiniger Vertreter des dt. Volkes zu sein, u. lehnte polit. Verträge mit der DDR u. mit anderen die DDR anerkennenden Staaten ab (außer mit der UdSSR ab 1955). So bedeutete auch für die poln. kommunistische Regierung das Görlitzer Abkommen nicht die endgültige Grenzanerkennung, u. dies um so mehr, als die Frage nach der Akzeptanz der poln. Westgrenze mit der Aufnahme diplomatischer Beziehungen mit der Bundesrepublik verknüpft war. Trotz einiger inoffizieller Verhandlungsversuche in den 1950er u. 1960er Jahren blieb diese Angelegenheit bis Ende der 1960er Jahre ungelöst. Erst die gesellschaftlich-polit. Veränderungen in der Bundesrepublik sowie die Übernahme der Regierung durch die v. Willy Brandt geführte sozialliberale Koalition verliehen den Gesprächen mit Polen neue Impulse u. brachten den Durchbruch. In dem am 7. 12. 1970 in Warschau unterzeichneten Vertrag zw. der Volksrepublik Polen u. der Bundesrepublik Deutschland erkannten beide Seiten an, dass die Oder-Lausitzer-Neiße-Linie „die westliche Staatsgrenze der Volksrepublik Polen bildet". Die Aufnahme der diplomatischen Beziehungen erfolgte jedoch erst 1972, da sich die Ratifikation des Vertrages durch den dt. Bundestag verzögert hatte. Ursache hierfür waren gerade die Grenze betreffende Einwände, die im Beschluss des Bundestages vom 17. 5. 1972 zum Ausdruck kamen.

Der Zusammenbruch des Ostblocks, die Wiedererlangung der vollen →Souveränität durch Polen u. die Perspektive einer raschen Vereinigung der beiden dt. Staaten schufen einen völlig neuen Rahmen für die dt.-poln. Nachbarschaft. Im Verlauf der 2+4-Gespräche (die beiden dt. Staaten plus die Besatzungsmächte), die zur dt. Einheit führten, wurde die Unantastbarkeit der dt. Grenze mit Polen bestätigt. Noch im selben Jahr (1990) wurde der dt.-poln. Grenzvertrag unterzeichnet, der den Abschluss eines langen Weges zur völligen Anerkennung der 1945 geschaffenen dt.-poln. Grenze markiert. Im Jahre 1991 unterzeichneten beide Staaten einen Vertrag über gute Nachbarschaft, der ein neues Kapitel in den dt.-poln. Beziehungen eröffnete. Die Frage der territ. Änderungen, v. a. aber der Folgen der Zwangsaussiedlung der Deutschen aus Polen spielten immer wieder eine allerdings kleiner werdende Rolle in den Diskussionen der Gesellschaft beider Staaten. Auch die Entschädigungsforderungen v. einzelnen Vertriebenen beeinflussen in gewissem Grade die gegenwärtigen polit. Beziehungen.

Lit.: J.-D. Kühne, Zu Veränderungsmöglichkeiten der Oder-Neiße-Linie nach 1945. Baden-Baden ²2007; M. A. Hartenstein, Zur Geschichte der Oder-Neiße-Linie. München 2006; K. Ruchniewicz, Warszawa-Berlin-Bonn. Stosunki polityczne 1949–1958. Wrocław 2003; M. Tomala, Deutschland – von Polen gesehen. Zu den deutsch-polnischen Beziehungen 1945–1990. Marburg 2000; D. Bingen, Die Polenpolitik der Bonner Republik von Adenauer bis Kohl 1949–1991. Baden-Baden 1998; B. Ihme-Tuchel, Folgen der Potsdamer Konferenz: Die „Friedensgrenze" an Oder und Neiße und die ostdeutsch-polnische „Völkerfreundschaft" in den fünfziger Jahren, in: Potsdam 1945. Konzept, Taktik, Irrtum? Hg. H. Timmermann. Berlin 1997, 305–327; B. Kempen, Die deutsch-polnische Grenze nach der Friedensregelung des Zwei-Plus-Vier-Vertrages. Frankfurt a. M. 1997; T. Marczak, Granica zachodnia w polskiej polityce zagranicznej w latach 1944–1950. Wrocław 1995; H. G. Lehmann, Der Oder-Neiße-Konflikt. München 1979.

K. R.

Option. O. ist ein Rechtsinstitut des →Völkerrechts. Man versteht darunter die einem in aller Regel durch eine Norm des Völkervertragsrechts definierten Personenkreis eingeräumte Befugnis, sich für eine bestimmte →Staatsangehörigkeit zu entscheiden. Der klassische Fall des völkerrechtlichen O.srechts betrifft die Lösung der Staatsangehörigkeitsprobleme bei Gebietsveränderungen, wenn also die Bewohner eines bestimmten Gebiets unter fremde staatl. Herrschaftsgewalt kommen. Seltener sind die Fälle eines nicht unmittelbar durch Gebietsänderung herbeigeführten O.srechts. Wieder anders gelagert sind jene Fälle, in denen der Träger zweier Staatsangehörigkeiten („Doppelstaater") sich per O. für eine v. beiden entscheiden, also eine Staatsangehörigkeit ablegen muss.

Die von Gebietsveränderungen ausgelöste O. war seit dem 19. Jh. zumeist am Ende des Krieges in dem Friedensvertrag in Gestalt einer O.sklausel geregelt. Bis ins 17. Jh. war im Geiste eines patrimonialen Herrschaftsverständnisses die Bev. als rechtliches Zubehör des unter eine andere Herrschaftsgewalt kommenden Grund u. Bodens verstanden worden u. daher nicht als Subjekt eines eigenen O.swillens anerkannt gewesen („Pertinenz-Theorie"). Der Augsburger Religionsfrieden (1555, § 24) gewährte erstmals eine O. im religionsrechtlichen Gewand, nämlich sich entweder dem *ius reformandi* des Landesherrn zu unterwerfen *(cuius regio – eius religio)* u. dessen Konfession zu übernehmen oder aber das *beneficium emigrandi* (→Emigration) zu wählen u. aus dem Herrschaftsgebiet abzuziehen.

Im Zuge des Säkularisierungsprozesses fand dieses Modell seit dem 18. Jh. auf Untertanen Anwendung, die den Treueid gegenüber einem Herrscher nicht leisten wollten. Im Zusammenhang mit einem Gebietswechsel taucht das O.srecht erstmals im Vertrag v. Arras (Nordfrankreich, 1640) auf. Die Herausbildung der Staatsangehörigkeit als Merkmal des modernen Nationalstaates der Frz. Revolution einerseits, die Anerkennung individueller Freiheit v. →Menschen- u. Bürgerrechten andererseits drängte bei Gebietsherrschaftswechsel hin zu einem Interessenausgleich durch Ausübung eines O.srechts für die eine oder andere Staatsangehörigkeit. Vom Belgisch-Holländischen Vertrag (1839) über den Züricher Frieden (1859) bis zu den Pariser Vorortverträgen (1919/20) bildet sich das moderne völkervertragsrechtliche O.srecht heraus. Es ist charakterisiert durch das Recht der freien individuellen Entscheidung über die Beibehaltung der alten oder die Annahme der neuen Staatsangehörigkeit. Die Ausübung der O. führt *ipso iure* zum neuen Angehörigkeitsstatus. Sie erfolgt in aller Regel durch eine förmliche Erklärung gegenüber der vertraglich zuständigen Behörde mit nachfolgender Auswanderung, seltener konkludent durch Abzug in das Restgebiet des vom Gebietsverlust betroffenen Staates. Seine bewegliche Habe darf der Optant mitsamt seiner Familie mitnehmen, das Immobiliarvermögen kann, muss er aber nicht veräußern.

Hat der Optant für die Beibehaltung der bisherigen Staatsangehörigkeit votiert, hat er v. diesem Zeitpunkt an den Status eines Fremden in dem Nachfolgestaat. Er ist daher vertraglich zur Auswanderung verpflichtet, im Weigerungsfall kann er ausgewiesen werden. Das Institut des O.srechts schließt daher die Rechtsfolge des Heimatverlustes ein.

Verlässt der Optant sein in fremde Hände übergegangenes Heimatgebiet nicht, wird seine O.serklärung unwirksam, u. er kann vom Nachfolgestaat als dessen Staatsangehöriger behandelt werden, da mit dem Wechsel der Herrschaft über das Gebiet dessen Bewohner in aller Regel auch die Staatsangehörigkeit des Nachfolgestaates erhalten.

In die Form der O. waren die Umsiedlungen der →Deutschbalten aus Estland u. Lettland in den Warthegau (→W. als Aus- und Ansiedlungsgebiet) gekleidet, die auf der Grundlage des dt.-sowj. Nichtangriffsvertrages vom 23. 8. 1939 („Hitler-Stalin-Pakt", →Ribbentrop-Molotov-Pakt) u. seines geheimen Zusatzprotokolls durch Verträge mit Estland (15. 10. 1939) u. mit Lettland (30. 10. 1939) durchgeführt wurden. Betroffen waren ca. 65.000 Menschen. Weitere Umsiedlungsaktionen der →Deutschen aus Litauen, der Ukraine (→Deutsche aus der U.: NS-Pläne und -Politik) u. Bessarabien (→Deutsche aus B.) schlossen sich u. a. aufgrund des →deutsch-sowj. Grenz- u. Freundschaftsvertrages (28. 9. 1939) sowie der Vereinbarungen vom 16. 11. 1939 u. vom 10. 1. 1941 an.

Die Qualifizierung der Vorgänge u. Maßnahmen als →Vertreibung, Ausweisung, Zwangsaussiedlung oder gar als →Flucht ist zu Recht abgelehnt worden. Am nächsten kommt dem Phänomen noch Dietrich Loebers Bezeichnung „Diktierte Option", denn einerseits erfasst sie mit „O." das freie Element in den Vorgängen, andererseits weist der

Ausdruck „Diktat“ treffend auf die in der damaligen polit. Gesamtlage steckenden Momente der Drohung u. des von außen bzw. oben ausgeübten polit. Druckes auf die Entscheidung der Betroffenen hin.

Lit.: M. SCHRÖDER, Die Umsiedlung der Deutschbalten im Kontext europäischer Zwangsmigrationen, *Nordost-Archiv. Zeitschrift für Regionalgeschichte.* NF XIV (2005) (zugleich: Zwangsmigrationen in Nordosteuropa im 20. Jahrhundert. Hg. H.-J. BÖMELBURG/St. TROEBST. Lüneburg 2006), 91–112; S. KRÜLLE, Options- und Umsiedlungsverträge, in: Flucht und Vertreibung. Hg. D. BLUMENWITZ. Köln u. a. 1987, 131–160; D. A. LOEBER, Diktierte Option. Die Umsiedlung der Deutsch-Balten aus Estland und Lettland 1939–1941. Dokumentation. Neumünster 1972; H. HECKER, Die Umsiedlungsverträge des Deutschen Reiches während des Zweiten Weltkrieges. Hamburg 1971; G. GEILKE, Das Staatsangehörigkeitsrecht der Sowjetunion. Frankfurt a. M., Berlin 1964; J. L. KUNZ, Die völkerrechtliche Option. 2 Bde. Breslau 1925/1928.

O. L.

Osóbka-Morawski, Edward (*5. 10. 1909 Bliżyn, †9. 1. 1997 Warschau), poln. sozialistischer u. komm. Politiker. Im Jahre 1928 trat er in die Poln. Sozialistische Partei ein, danach folgte eine Tätigkeit in der Genossenschaftsbewegung. Sein Jurastudium an der Freien Warschauer Universität (poln. *Wolna Wszechnica Polska*) wurde durch den Krieg unterbrochen. Seit Mai 1941 war er Mitglied der Widerstandsgruppe „Barrikade der Freiheit“ (poln. *Barykada Wolności*), seit September 1941 Mitglied der Führung der Poln. Sozialisten, die sich im April 1943 in Arbeiterpartei der Poln. Sozialisten (RPPS) umbenannten. Im Gegensatz zur Mehrheit dieser Partei trat O. für die Bildung einer Einheitsfront mit den Kommunisten ein u. wurde am 31. 12. 1943 stellvertretender Vorsitzender des durch die komm. Poln. Arbeiterpartei geschaffenen Poln. Nationalrates (KRN). Am 21. 7. 1944 wurde er zum Vorsitzenden des Lubliner Komitees, des sog. Poln. Komitees der Nationalen Befreiung (poln. *Polski Komitet Wyzwolenia Narodowego*, PKWN) nominiert, war dessen Leiter der Abteilung für auswärtige Angelegenheiten, ab Oktober auch der Abteilung für Landwirtschaft u. Agrarreform. In seinem Manifest vom 22. 7. 1944 forderte er das PKWN auf zum „Kampf um die Freiheit Polens, die Rückkehr des alten polnischen Pommern (Pomorze) und Oppeln-Schlesiens zum polnischen Mutterland, um polnische Grenzposten an der Oder“. Bald sprach O. sogar v. Oder u. Neiße als künftigen Grenzflüssen Polens. Bei einer Besprechung mit Stanisław →Mikołajczyk im August 1944 erklärte O.: „Wir haben Sympathien für Lemberg und Wilna, doch die Grenze an der Oder und Neiße ist wichtiger.“ Im September 1944 gründete O. eine neue Poln. Sozialistische Partei (PPS), die Lubliner (Lublin war Sitz des PKWN) oder „falsche“ Partei genannt wurde, u. blieb bis Juni 1947 Vorsitzender des Zentralen Exekutivkomitees der PPS. Nach der Umwandlung des PKWN in eine Provisorische Regierung (31. 12. 1944) wurde er zum Vorsitzenden des Ministerrates (bis Februar 1947) u. zum Minister für auswärtige Angelegenheiten (bis Mai 1945) gewählt. Schon in seiner ersten Rede als Regierungschef erklärte O., dass Oder u. Görlitzer Neiße die Westgrenze Polens bilden würden, wobei sich damals Polen u. die Alliierten einig waren, dass mit der Grenzverschiebung auch die Aussiedlung der Deutschen verbunden werde. Er wiederholte diese Aussage nach der Eroberung Danzigs durch die sowj. Armee. O. war auch Mitglied der poln. Delegation bei der →Konferenz von Potsdam. Nach den Wahlen im Januar 1947 spielte er nur noch eine zweitrangige Rolle als Minister für öffentliche Verwaltung bis Januar 1949 u. als Abgeordneter bis 1952, als er aus der Partei ausgeschlossen wurde. 1990 trat er noch einmal als Vorsitzender der v. ihm neu gegründeten PPS in Erscheinung. 1992 erschienen seine Memoiren „Trudna droga" (dt. „Ein schwieriger Weg").

Lit.: K. Kersten, Narodziny systemu władzy. Polska 1943-1948. Paris 1986; W. Borodziej, Od Poczdamu do Szkarskiej Poręby. Polska w stosunkach międzynarodowych 1945-1947. Londyn 1990.

L. K.

Osseten (1989–1993). Die iranischsprachigen O. (Selbstbez. *Iron* bzw. *Digoron*), Angehörige der christlich-orth. (ca. 80 %) wie der islamischen (ca. 15 %) Religion, sind als Titularnation zweier staatl. Entitäten in spät- und postsowj. Zeit das Opfer v. →ethnischen Säuberungen u. kriegsbedingter →Vertreibung geworden – dass sie auch als Täter in Erscheinung treten, zeigt allerdings die Vertreibung der Inguschen aus Prigorodnyj (→Tschetschenen u. Inguschen). Dabei handelt es sich einerseits um die Republik Nordossetien-Alanien mit der Hauptstadt Vladikavkaz als Teil der Russl. Föderation, andererseits um Südossetien mit dem Verwaltungszentrum Cchinvali als ein v. 1922 bis 1989 autonomes Gebiet (georgisch *Shida Kartli* bzw. *Samchret Osseti*) der Unionsrepublik Georgien.

Am 12. 12. 1990 erklärte die Demokratische Republik Südossetien ihre Unabhängigkeit. Sie wurde zwar internat. nicht anerkannt u. die georgische Regierung stellte ihren Status am 24. 8. 1995 als Autonome Region Cchinvali wieder her. Doch votierte ein Referendum vom 12. 11. 2006 mit 99 % erneut für die Unabhängigkeit Südossetiens v. Georgien, was eine Vereinigung mit Nordossetien wahrscheinlich u. den Anschluss an die Russl. Föderation möglich erscheinen lässt.

Der langstehende Territorialkonflikt zw. Inguschetien u. Nordossetien um den Bezirk Prigorodnyj spitzte sich seit 1990 stetig zu. Unterfütterung erhielten inguschische Forderungen nach Rückführung des Gebietes insbesondere durch das Gesetz „Über die Rehabilitierung der repressierten Völker" vom 26. 4. 1991, das nach Art. 6 die Wiederherstellung der national-territorialen Grenzen vorsieht (→Rehabilitierung). Als der Oberste Sowjet Nordossetiens in Reaktion auf einen tödlich verlaufenen Landstreit schließlich den Ausnahmezustand für den Bezirk Prigorodnyj am 20. 4. ausrufen ließ, entlud sich der Konflikt im Herbst 1992.

Zwischen inguschischen paramilit. Einheiten auf der einen u. der Sonderpolizei des Innenministeriums, der sog. Bürgerwehr, sowie der Republikanischen Garde Nordossetiens auf der anderen Seite kam es zu bewaffneten Auseinandersetzungen, die vom 30. 10. bis zum 6. 11. andauerten. Außerdem griffen am 2. 11. russ. Truppen zu Gunsten Ossetiens in die Kampfhandlungen ein, die auf beiden Seiten mit großer Härte gegen die Zivilbev. geführt wurden.

Das brutale Vorgehen beabsichtigte eine ethn. Säuberung des Bezirks Prigorodnyj v. Vertretern der jeweils anderen Gruppe. Geiselnahmen als Präventivschutz der eigenen Gruppe waren daher an der Tagesordnung. Eine Vereinbarung über die Rückkehr der Vertriebenen wurde von den Präsidenten Inguschetiens u. Nordossetiens, Ruslan Aušev u. Achsarbek Galazov, im März 1993 in Kislovodsk unterzeichnet. Von den geflohenen 9.000 O. sollen bis 1994 etwa 6.000 Menschen in den Bezirk zurückgekehrt sein.

Auf den Konflikt zw. Inguschen und O. wirkte sich die seit 1989 zunehmende Spannung zw. Georgien u. Südossetien eskalierend aus. Die Regierung des Autonomen Gebietes, in dem die Titularnation noch 1989 mit rd. 65.000 Menschen etwa zwei Drittel der Gesamtbev. von 98.000 Bewohnern ausmachte, hatte wegen ebenfalls anhaltender Grusinisierung (Kartvelisierung) in der außerordentlichen Sitzung vom 10. 11. nämlich die Umbildung in eine Autonome Republik beschlossen u. Tiflis (Tbilisi) sowie Moskau noch am selben Tag um Bestätigung ersucht. Aus Tiflis reiste darauf am 23. 11. eine durch Zviad Gamsachurdia u. Givi Gumbaridze organisierte Unterstützergruppe v. 12.000–15.000 Menschen nach Cchinvali an, getrieben v. der Befürchtung einer irredentistischen Vereinigung des Südens mit dem N Ossetiens. Unter der georgischen Bev. Südossetiens begannen sich bewaffnete Milizen zu bilden.

Unmittelbar anschließende Unruhen u. die nach der Unabhängigkeitserklärung vom 19. 1. 1991 einsetzenden Kämpfe führten örtlich zur Vertreibung der in Georgien verstreut lebenden ca. 100.000 O. – bspw. aus Bakuriani (1.000) – zunächst nach Süd- u. später nach Nordossetien. Insbesondere der Vorfall vom Mai 1992, als bei dem georgischen Dorf Kechvi eine Gruppe ossetischer Flüchtlinge erschossen wurde, weil sie die Magistrale Cchinvali-Vladikavkaz blockiert hatte, ließ die Gewaltbereitschaft in der Region u. damit auch in Nordossetien ansteigen. Angriffe der georgischen Armee auf das separatistische Südossetien im Sommer des Jahres lösten erneut Flüchtlingsströme nach Nordossetien aus.

Von 1989 bis zur Waffenstillstandsvereinbarung v. Soči am 24. 6. 1992 sollen über 3.000 O. in den Kämpfen zw. Tiflis u. Cchinvali gefallen, an die 5.000 aus Georgien in die Auffanglager Südossetiens geflohen u. über 40.000 in die Flucht nach Vladikavkaz u. Russland gezwungen worden sein. Trotz einer spürbaren Stabilisierung der Lage, die nach 1993 auf Vermittlung der Organisation für Sicherheit u. Zusammenarbeit in Europa (OSZE) und russl. Friedenstruppen eintrat, hat eine nennenswerte Rückwanderung der O. nach Georgien nicht stattgefunden. Ende 1998 sollen sich in Nordossetien noch über 38.000 Kriegsvertriebene befunden haben. Davon stammten 78 % aus Südossetien u. Georgien, 9 % aus Mittelasien u. 6 % aus Tschetschenien.

Lit. (a. →Kaukasien): M. MALEK, Die geopolitische Lage Inguschetiens, *Orient* 1 (2006), 74–96; T. POTIER, Conflict in Nagorno-Karabakh, Abkhazia and South Ossetia. A Legal Appraisal. The Hague 2001; S. E. CORNELL, Small Nations and Great Powers. A Study of Ethnopolitical Conflict in the Caucasus. Richmond 2001; A. A. CUCIEV, Osetino-ingušskij konflikt (1992–...). Ego predistorija i faktory razvitija. Moskva 1998; R. GACHECHILADZE, The New Georgia. Space, Society, Politics. London 1995.

D. S.

Österreich als Aufnahmeland. Die wiss. Aufarbeitung der Aufnahme v. →Flüchtlingen in Ö. ist je nach Epoche sowie nach Art u. Ausmaß der Flüchtlingsströme unterschiedlich weit fortgeschritten. Die während des 1. →Wk.s auf dem Boden der österr.-ung. Monarchie ausgelösten Fluchtbewegungen wurden erstmals in den 1990er Jahren genauer untersucht. Aufgrund der spärlichen statistischen Aufzeichnungen konnte die Zahl der →Kriegsflüchtlinge, die aus Galizien, der Bukowina (→Ruthenen im Ersten Weltkrieg), aus Südtirol u. dem Trentino (→Italiener im Ersten Weltkrieg), aus dem Küstenland Dalmatiens, Istriens u. aus Bosnien-Herzegowina (→Serben im Ersten Weltkrieg) im Zuge der Kriegshandlungen geflüchtet, vertrieben oder zwangsevakuiert wurden, nicht genau eruiert werden. Für das Jahr 1915 wird v. etwa 1 Mio. Menschen aus diesen Ländern ausgegangen, die sich in Wien, in Böhmen u. Mähren, aber auch in Niederösterreich, Oberösterreich oder der Steiermark aufgehalten haben. Es handelte sich hierbei nur um die offiziell registrierten Flüchtlinge. Durch wechselhafte Kriegsereignisse wurden immer neue Flüchtlingsströme u. Evakuierungen ausgelöst, denen rasche, oft willkürlich vorgenommene Repatriierungsmaßnahmen folgten (→Repatriierung). Ende November 1918 waren offiziell noch 310.000 „nichtdeutsche" Flüchtlinge im Gebiet der damaligen Republik Deutschösterreich registriert. Die Weiterführung der Flüchtlingsfürsorge war ab diesem Zeitpunkt auf die dt. Flüchtlinge („Deutschsüdtiroler", dt. „Kolonisten" aus Galizien u. der Bukowina) beschränkt. Alle anderen waren v. der „Abschaffung", wie man damals die Abschiebung nannte, bedroht, da sie nunmehr offiziell als „Fremde" galten. Genaue Angaben über die Zahl der in Ö. dann doch verbliebenen „nichtdeutschen" Flüchtlinge sowie über ihre ethn. Zugehörigkeit liegen nicht vor. Im Verlaufe des Krieges nahm v. a. die antisem. Rhetorik gegen die geflüchteten „Ostjuden" deutlich zu, v. denen nach halbwegs zuverlässigen Schätzungen etwa 25.000–30.000 in Wien verblieben sind. Nach dem 1. Wk. wurde Ö. und insbesondere Wien durch die zunehmend faschist.-autoritäre polit. Entwicklung in →Ungarn, Italien u. in den Balkanländern zum Sammelpunkt der polit. Emigration.

Nach dem Ende des 2. →Wk.s war Ö. durch seine geogr. Position in der Mitte Europas stark v. Fluchtbewegungen betroffen. Die damals in Ö. noch anwesenden Ausländer, die als Fremdarbeiter u. Kriegsgefangene im Wirtschaftssystem Hitlerdeutschlands auf österr. Boden eingesetzt worden waren, wurden in der Terminologie der Besatzungsmächte als →Displaced Persons (DPs) bezeichnet. Nach Schätzungen der Alliierten lag deren Zahl

1945 bei etwa 1,4 Mio. Menschen. Ihr Abtransport nach Westeuropa erfolgte relativ rasch, der nach Osteuropa eher schleppend, da russ. und ukr. DPs die Rückkehr in ein komm. System verweigerten, mit dessen Ausdehnung sich dann auch Balten u. Polen rückkehrunwillig zeigten. Zu den DPs zählten 1945 auch die überlebenden jüd. KZ-Häftlinge (→Juden: Deportation und Vernichtung), schätzungsweise 20.000 bis 25.000 Menschen, die v. den Alliierten repatriiert wurden, häufig aber wieder illegal nach Ö. zurückkehrten. Ö. wurde in der Folgezeit ein wichtiges Transitland des jüd. Exodus aus Ostmittel- u. Osteuropa. Zwischen den für die Flüchtlinge zuständigen Stellen, also dem Staat Israel, den Besatzungsmächten, der Republik Ö. und den jüd. Organisationen, herrschte Konsens, dieses DP-Problem durch Auswanderung nach Israel zu lösen.

Eine weitere Kategorie v. Flüchtlingen nach 1945 waren die →Volksdeutschen. Nach Schätzungen des österr. Bundesministeriums für Inneres sind v. den über 500.000 Volksdeutschen, die in Ö. Aufnahme fanden, etwa 300.000 nach Erlangung der Staatsbürgerschaft hier geblieben. Aufgrund seiner wirt. schwierigen Lage u. der Kontrolle durch die Besatzungsmächte entwickelte Ö. in den ersten Jahren kaum Ansätze einer planmäßigen Ansiedlung dieser Personengruppe. Mit der Erholung v. den Kriegsfolgen u. der Übertragung der Verantwortung für die Volksdeutschen an die österr. Behörden setzten gezielte Integrationsstrategien ein (→Integration). Ö. wurde sich auch zunehmend darüber klar, dass diese Volksdeutschen wertvolle Arbeitskräfte für den Wiederaufbau u. den wirt. Aufschwung Ö.s darstellten.

Mit Abschluss des Staatsvertrages, der Erklärung der immerwährenden Neutralität u. dem Abzug der alliierten Besatzungsmächte im Jahre 1955 kam bald die erste Bewährungsprobe Ö.s als Asylland (→Asyl) durch den Ausbruch des Ungarnaufstandes im Oktober 1956. Rund 180.000 Flüchtlinge erhielten Erstasyl. Ein Großteil der Flüchtlinge fand in europ. und überseeischen Staaten Aufnahme, rd. 20.000 sind in Ö. geblieben u. waren durch die Zusammenarbeit österr. Regierungsstellen mit dem →Hohen Flüchtlingskommissar der UNO sowie mit österr. und internat. Hilfsorganisationen in großzügige Integrationsprojekte eingebunden.

Am 21. 8. 1968 beendete der Einmarsch der Warschauer Paktstaaten den sog. Prager Frühling, u. eine Emigrationsflut setzte ein. Durch die unbürokratische Erteilung eines Visums reisten bis Oktober 1968 rd. 96.000 Staatsbürger aus der ČSSR nach Ö. ein, rd. 66.000 kamen über Jugoslawien hierher. Von diesen reisten etwa 129.000 nach mehr oder minder langem Aufenthalt in Ö. wieder in ihr Heimatland zurück. Weitere 12.300 wanderten in andere Staaten aus, rd. 15.000 sind in Ö. geblieben. Auch in den 1970er u. 1980er Jahren kamen insgesamt mehrere Tausend Flüchtlinge aus der ČSSR nach Ö., wobei die österr. Behörden bei der Anerkennung des Flüchtlingsstatus äußerst liberal waren.

Die polit. und wirt. Krisensituation in →Polen im Jahre 1980 löste eine große Fluchtbewegung aus diesem Land aus. Aufgrund eines Abkommens zw. der österr. Regierung u. der Regierung der Volksrepublik Polen aus dem Jahre 1972 benötigten poln. Staatsbürger bei der Einreise nach Ö. keinen Sichtvermerk. Mit Verhängung des Kriegsrechtes in Polen im Dezember 1981 u. der Wiedereinführung des Visumzwanges vonseiten Ö.s senkte sich der Eiserne Vorhang wieder. Zu diesem Zeitpunkt befanden sich schätzungsweise 50.000 Polen in Ö.

Die kriegerischen Auseinandersetzungen im Zuge des Zerfalls v. →Jugoslawien trieben viele Menschen in die →Flucht. Um den Jahreswechsel 1991/92 kamen rd. 13.000 Flüchtlinge aus Kroatien nach Ö., wurden hier versorgt u. kehrten im Frühjahr 1992 zum Großteil wieder nach Hause zurück. Zu diesem Zeitpunkt trafen bereits die ersten Flüchtlinge aus →Bosnien-Herzegowina hier ein. Ihre Zahl schwoll auf 95.000 Personen an. Für diese wurde eine Bosnien-de-Facto Aktion gestartet, die 1998 endete. Im Rahmen dieser Aktion erfuhren die Geflüchteten zwar keine Anerkennung als Flüchtlinge im Sinne der Genfer Flüchtlingskonvention (Abkommen über die Rechtsstellung der Flüchtlinge vom 28. 7. 1951), jedoch erhielten sie aus humanitären Gründen ein temporäres Aufenthaltsrecht bis zur Entspannung der Lage im Heimatland. Nach 1995 kehrten viele heim, doch rd. 60.000 Bosnier fanden in Ö. eine zweite Heimat.

Als im Frühjahr 1999 die Vertreibung der →Albaner aus Kosovo eskalierte, nahm Ö. über 5.000 v. ihnen auf, verbunden mit der Gewährung eines provisorischen Aufenthaltsrechtes bis Ende 1999. Neben diesen offiziell aufgenommenen u. betreuten Flüchtlingen kamen noch weitere ca. 5.000 Kosovaren auf verschiedenen Wegen nach Ö., hauptsächlich zu Verwandten u. Bekannten. Um den offiziell betreuten Flüchtlingen die Rückkehr zu erleichtern, wurde ihnen eine finanzielle Unterstützung gewährt. Außerdem organisierten Bund u. Länder Schulungsprojekte, bei denen die Kosovoflüchtlinge zu Schlossern, Automechanikern, Installateuren etc. ausgebildet u. mit dem nötigen Werkzeug ausgestattet wurden, um beim Wiederaufbau in der Heimat aktiv mitwirken zu können. Im Jahr 2000 befanden sich noch ca. 2.600 Kosovaren ohne geklärten aufenthaltsrechtlichen Status – der Großteil Asylwerber – in Ö. Für diese wurde einerseits eine nochmalige Rückkehraktion gestartet, andererseits erhielten sie bei Vorliegen bestimmter Bedingungen (z. B. Krankheit, Traumatisierung, Familienzusammenführung) eine sog. humanitäre Aufenthaltsberechtigung gemäß dem Fremdengesetz.

Lit.: E. Antalovsky, Kosovo-Flüchtlinge in Österreich – ein Jahr danach. Kurzer Rückblick, *AWR-Bulletin, Vierteljahresschrift für Flüchtlingsfragen* 3–4 (2000), 156–158; Ders., Wie hat Österreich das Problem von 90.000 Kriegsflüchtlingen aus Bosnien-Herzegowina gelöst? *Ebenda* 4 (1998), 202–205; Ders., Die Österreichische Flüchtlingspolitik in den letzten 50 Jahren, *Ebenda* 4 (1996), 187–192; Asylland wider Willen. Hg. G. Heiss/O. Rathkolb. Wien 1995; H. Fassmann/R. Münz, Einwanderungsland Österreich? Wien 1995; B. Scheuringer, 30 Jahre danach. Die Eingliederung der volksdeutschen Flüchtlinge und Vertriebenen in Österreich. Abhandlungen zu Flüchtlingsfragen. Bd. XIII. Wien 1983; E. Stanek, Verfolgt, Verjagt, Vertrieben. Flüchtlinge in Österreich. Wien 1985.

B. S.

Ostpreußen: Deportation in die Sowjetunion und Ausweisung in die SBZ. Die →Evakuierung aus Ostpreußen nach W war viel zu spät in Gang gesetzt worden (→Ostpreußen: Flucht und Vertreibung nach Deutschland). Anfang Januar 1945 begann die sowj. Großoffensive gegen O. Rasch versperrte die Rote Armee den Weg nach W u. begann schon im Februar 1945, die arbeitsfähigen Erwachsenen, in der Mehrzahl Frauen, in das Innere der →Sowjetunion zu verschleppen. Die Überlebenden der Flüchtlingstrecks, die v. der Roten Armee im Winter u. Frühjahr 1945 überrollt worden waren, kehrten auf Geheiß des sowj. Militärs in ihre Heimatorte zurück, sofern sie nicht ebenfalls an Ort u. Stelle zu Zwangsarbeiten rekrutiert wurden. Die rechtliche Grundlage dafür bot ein Beschluss der →Konferenz von Jalta, nach der dt. Arbeitskraft zur Reparationsleistung eingesetzt werden konnte. Am 11. 2. 1945 erging die Direktive 16 des →NKVD, nach der arbeitsfähige Männer u. Frauen der deutschen Zivilbev. als Arbeitskräfte zu „Arbeiten in der UdSSR mobilisiert", d. h. abtransportiert werden sollten. Zum 22. 2. 1945 waren 28.105 Personen im Alter v. 17 bis 50 Jahren „zur Stärkung der Industrie in der UdSSR", wie es in den internen sowj. Dokumenten hieß, in das Innere der UdSSR verbracht worden. Die Transporte erfolgten vom Bahnhof Insterburg (Černjachovsk). Zum 16. 4. 1945 wurde die sog. Mobilisierung eingestellt, da die Lagerkapazität der Hauptverwaltung des NKVD der UdSSR für Kriegsgefangene u. Zivilinternierte (russ. *Glavnoe upravlenie NKVD SSR po delam voennoplennych i internirovannych*, GUPVI) erschöpft war u. zudem eine weitere große Zahl an Kriegsgefangenen erwartet wurde. Das vorliegende sowj. Zahlenmaterial über die Anzahl der mobilisierten u. der aus polit. Gründen Verhafteten (des sog. Kontingents B) an der Westfront der Roten Armee weist keine Angaben über regionale Zugehörigkeiten aus. Demzufolge können einzig entsprechend der Frontlage Rückschlüsse auf die Herkunft der Arbeitskräfte u. Verhafteten geschlossen werden. Bis zum 23. 2. 1945 wurden laut sowj. Angaben 35.988 dt. Arbeitskräfte in die UdSSR geschickt. Der Transport erfolgte über die Sammellager Deutsch Eylau (Iława Niemiecka) u. Insterburg. Bereits in den Lagern u. auf den Transporten gab es viele Tote. Deutsche Schätzungen gehen v. insgesamt 44.000 Reparationsverschleppten aus O. aus. Sie kamen überwiegend nach →Sibirien, in Bergwerke des Ural oder zum Eisenbahnbau in den hohen N der UdSSR. Zahlreiche Arbeitskräfte wurden aus gesundheitlichen Gründen bereits 1946 in die →sowj. Besatzungszone (SBZ) entlassen, die letzten kehrten 1951–1953 zurück.

Zum 17. 7. 1945, dem Beginn der →Konferenz von Potsdam, riegelten sowj. Grenzposten das Kaliningrader Gebiet an der heutigen Südgrenze ab. Infolge des Potsdamer Abkommens wurde O. zwischen der Sowjetunion (ca. 35 % des Gebietes) u. →Polen (ca. 65 %) aufgeteilt. Im Gegensatz zur Regelung, die Deutschen aus Polen auszusiedeln, gab es keine Absprache über die Deutschen im sowj. besetzten Gebiet. Das sowj. Teilgebiet wurde 1946 als Kaliningrader Gebiet (russ. *Kaliningradskaja oblast'*) an die Russl. Sowjetrepublik angegliedert, u. ein Ansiedlungsprogramm für sowj. Bürger initiiert. Im gesamten Gebiet wurden sämtliche Orte umbenannt. Dort befanden sich im Herbst 1945 noch ca. 146.000 Deutsche. Im Frühjahr 1947 durften erstmals 1.641 Deutsche aus Kaliningrad als Einzelreisende in die SBZ ausreisen. Am 11. 10. 1947 nahm der Ministerrat der UdSSR den Beschluss Nr. 3547-1169s an: „Über die Umsiedlung der Deutschen aus dem Kaliningrader Gebiet der RSFSR in die sowjetische Besatzungszone Deutschlands". In erster Linie sollten die Familien der nichtarbeitsfähigen u. der „nicht gesellschaftlich nützlichen" Deutschen ausreisen, die dt. Kinderheiminsassen sowie Personen aus Pflegeheimen. Die Auszusiedelnden wurden 24 Stunden vor der Abreise informiert. Am 22. 10. 1947 verließen die ersten, in den nächsten Tagen weitere Züge Kaliningrad. Insgesamt reisten im Oktober 11.352 Personen aus. Im November folgten zehn weitere Züge. Bei der Ankunft in der SBZ wurden die Transporte nach einer Kontrolle durch das sowj. Militär freigegeben u. dann in Auffanglager weitergeleitet. Allen Personen waren vor der Ausreise sämtliche dt. Urkunden abgenommen worden. Am 15. 2. 1948 fasste der Ministerrat der UdSSR den Beschluss, noch im selben Jahr alle im Kaliningrader Gebiet „lebenden Deutschen in die Sowjetische Besatzungszone umzusiedeln". Die Transporte fuhren im Frühjahr sowie August-Oktober 1948 aus Kaliningrad ab. Der letzte, der 48. Zug mit dt. Aussiedlern verließ Kaliningrad am 21. 10. 1948. Insgesamt kamen 1947/48 – nach den Statistiken der Zentralverwaltung für dt. Umsiedler – 99.481 Personen in der SBZ an.

Obwohl die Aussiedlung der Deutschen aus dem Gebiet Kaliningrad ein gravierendes Ereignis darstellte, erschien in der lokalen Presse keine Meldung darüber. Zahlreiche Deutsche waren vor dem Hunger in das benachbarte Litauen geflohen u. erfuhren nichts v. den Transporten. Erst im Mai 1951 wurden auf Bitten der DDR-Führung Transporte aus Litauen über Insterburg organisiert, mit denen ca. 3.300 weitere O. ausreisen konnten. 1958–1960 durften Deutsche im ehem. Memelland Anträge auf Ausreise stellen. 9.422 Personen gingen in die Bundesrepublik, 751 in die DDR.

Von den Umgesiedelten aus dem Kaliningrader Gebiet gingen ca. 30 % direkt in die westl. Besatzungszonen, die restlichen 70 % kamen vorwiegend nach Mecklenburg u. Vorpommern sowie in die sächsischen Industriegebiete. Offiziell galten die Aussiedlungen in allen Teilen als abgeschlossen. Nach Liberalisierungen der Ausreiseregelungen stellte sich jedoch heraus, dass in allen Teilgebieten noch vereinzelt Deutsche lebten. Nach der Öffnung der Archive in den 1990er Jahren sind die Ausweisungen von dt., litauischen, poln. und russ. Historikern ziemlich umfassend erforscht worden.

Lit.: A. Kossert, Kalte Heimat – Die Geschichte der Vertriebenen nach 1945. München 2008; „Unsere Heimat ist uns ein fremdes Land geworden ...". Die Deutschen östlich von Oder und Neiße 1945–1950. Dokumente aus polnischen Archiven. 4 Bde. Hg. W. Borodziej/H. Lemberg. Marburg 2000–2004; R. Kibelka, Ostpreußens Schicksalsjahre 1944–1948. Berlin 2000; E. Matthes, Als Russe in Ostpreußen – sowjetische Umsiedler über ihren Neubeginn in Königsberg/Kaliningrad nach 1945. Ostfildern 1999; M. Zeidler, Kriegsende im Osten – die Rote Armee und die Besetzung Deutschlands östlich von Oder und Neiße 1944/45. München 1996.

R. L.

Ostpreußen: Flucht und Vertreibung nach Deutschland. Bis 1945 war O. die östlichste Provinz →Deutschlands. Nach Inkrafttreten des Versailler Vertrages, der die Landverbindung zum übrigen dt. Staatsgebiet aufhob, zählte die Region etwa 34.000 qkm unter Einschluss des Regierungsbezirks Westpreußen mit einer Bev.zahl von 2,4 Mio. Die Provinz, am südöstl. Ostseeufer gelegen, grenzte an Litauen u. →Polen u. umfasste u. a. Landschaften wie Masuren, Ermland, Samland, Oberland sowie Natangen. Ostpreußens Hauptstadt Königsberg zählte 1939 mit 372.000 Einw. zu den dt. Großstädten, während die übrige Provinz agrarisch geprägt war. Masuren u. das südl. Ermland gehörten zum Regierungsbezirk Allenstein, in dem ein Großteil der Bev. Nachfahren v. im MA aus Polen eingewanderten Masuren waren, im NO – in Preußisch Litauen – lebten Nachfahren litauischsprachiger Bev.teile. Letztlich fand eine erfolgreiche Assimilierungspolitik statt, die – wie bei der Volksabstimmung in Masuren 1920 – zeigte, dass sich die Bev. in ihrer überwältigenden Mehrheit als dt. Ostpreußen verstand.

O. ging aus dem Staat des Dt. Ordens u. nach dessen Säkularisierung 1525 dem evang. Hrzgt. Preußen hervor. Es bestand fast unverändert bis 1772 fort, als das kath. Ermland dazukam. Ihrem relig. Bekenntnis nach waren die O. 1933 zu 83,8 % evang., 15 % kath. u. 0,5 % mosaisch. Durch den Versailler Friedensvertrag wurde das Soldauer Land an Polen abgetreten. Das Memelland, das zunächst dem →Völkerbund unterstellt worden war, wurde 1923 v. Litauen annektiert. Durch die Abtretung Westpreußens kamen die östl. der Weichsel u. Nogat gelegenen Teile der ehem. Provinz Westpreußen als Regierungsbezirk Westpreußen verwaltungsmäßig zu O. Am 22. 3. 1939 marschierte die Wehrmacht in das Memelland ein, womit es wieder an O. fiel; gleiches geschah nach dem dt. Überfall 1939 auf Polen mit dem Soldauer Land, das in den Kreis Neidenburg rückgegliedert wurde.

Ostpreußens Untergang als dt. Land war seit Beginn der sowj. Großoffensive am 22. 6. 1944 nur noch eine Frage v. Monaten. Ende Juli 1944 genehmigte Adolf →Hitler die vorübergehende →Evakuierung der Zivilbev. aus dem Memelland. Mit Schiffen wurden über 50.000 Memeler nach Pillau, Danzig u. Gdingen (1939–1945 Gotenhafen, poln. Gdynia) gebracht. Am 7. 10. 1944 war das Memelland als erster Teil O.s vollständig geräumt.

Am 16. 10. 1944 gelangten sowj. Truppen zw. Stallupönen u. der Rominter Heide erstmals auf dt. Boden. Am weitesten drangen Truppen der 11. Gardearmee vor. Sie trafen am 21./22. 10. im Kr. Gumbinnen im Raum Nemmersdorf auf Einheiten der 4. dt. Armee. Nemmersdorf wurde zum Schreckensmythos, als dt. Truppen bei der Wiedereroberung ein Massaker an der verbliebenen Zivilbev. entdeckten, welches eine Massenpanik verursachte. Erstmals spürte die dt. Zivilbev., welche Rache der Sieger ihnen drohte. Anstatt sich um eine rechtzeitige Evakuierung zu kümmern, instrumentalisierte die NS-Propaganda die Ereignisse in Nemmersdorf, um den Durchhaltewillen in der Bev. zu stärken.

Ab Mitte November 1944 trat eine Kampfpause ein. Am 13. 1. 1945 begann der Großangriff der Roten Armee, zunächst der 3. Weißrussischen Front im N zw. Stallupönen u. Pillkallen, dann der 2. Weißrussischen Front v. S her. Ostpreußen war am 26. 1. 1945 eingekesselt, als die sowj. Truppen bei Tolkemit das Frische Haff erreichten. 1,6 Mio.

sowj. Soldaten befanden sich im Einsatz. Drei Tage später schloss sich der Belagerungsring um Königsberg. Seitens der Gauleitung, aber auch durch die fanatische Haltung vieler NSDAP-Kreisleiter wurde eine rechtzeitige Evakuierung u. die geordnete Räumung O.s verhindert. Die →Flucht der Zivilbev. erfolgte in letzter Minute, unter chaotischen Umständen, u. erfasste seit Januar 1945 die gesamte Bev. Bei eisigen Temperaturen flohen die O. durch die wenigen v. der Wehrmacht frei gehaltenen Nadelöhre: den Heiligenbeiler Kessel, die Festung Königsberg u. das Samland, v. a. über das vereiste Frische Haff auf die Frische Nehrung, die einzig verbliebene Landverbindung nach W. Ein Teil zog nach Pillau, dem 50 km v. Königsberg entfernten Hafen, in der Hoffnung, per Schiff herauszukommen. Am 30. 3. 1945 fiel auch Danzig, damit war die Landverbindung nach W endgültig abgeschnitten. Die Trecks der Eingeschlossenen wurden von dt. und sowj. Militärkolonnen v. den Straßen gedrängt, v. Artillerie u. Tieffliegern beschossen. Sie irrten bei Schneestürmen umher, verloren die Pferde, setzten die Flucht zu Fuß fort. Die „Festung" Königsberg fiel am 9. 4. 1945, gefolgt vom Seehafen Pillau am 25. 4. Die letzten dt. Truppen auf der Frischen Nehrung kapitulierten erst am 8. 5. 1945.

Für viele blieb nur die Rettung über See. In einer groß angelegten Rettungsaktion gelang es der dt. Kriegsmarine, vom Hafen Pillau aus ostpreußische →Flüchtlinge nach Danzig, Gdingen u. Hela zu bringen, v. wo aus sie weiter nach W, etwa nach Swinemünde oder Saßnitz, gebracht wurden. 900.000 Flüchtlinge sowie 350.000 Verwundete schafften es, über See den rettenden W zu erreichen. Auf Kreuzfahrtschiffen der „Kraft durch Freude" sahen sich die Flüchtlinge neben Fliegerangriffen auch U-Boot-Torpedos ausgesetzt. In der eisigen Ostsee ereigneten sich die größten Schiffskatastrophen der Seefahrtsgeschichte. Zehntausende fanden den Tod auf dem Grund der Ostsee. Vor der pommerschen Küste liegt das Schiff „Steuben" mit 3.608 Toten, das v. sowj. Torpedos getroffen wurde. Dasselbe U-Boot versenkte die „Wilhelm Gustloff" mit 9.343 Toten. Der Untergang der „Goya" kostete 6.666 Menschen das Leben.

Als Folge des Potsdamer Abkommens (→Konferenz von Potsdam) vom 2. 8. 1945 wurde O. in zwei Verwaltungsbezirke aufgeteilt, in den nördl., v. dem das Memelland abgetrennt u. der Litauischen SSR zugeschlagen wurde, u. den südl., wobei der nördl. unter sowj., der südl. unter poln. Verwaltung gestellt wurde. Aus dem Provisorium entstanden nach der Auflösung der →Sowjetunion 1991 die heutigen Staatsgrenzen zw. Russland, Polen u. Litauen.

Viele O. wurden auf der Flucht v. der Roten Armee eingeholt. Ein Großteil trat den Rückweg in die Heimatorte an, wo ebenfalls zahlreiche Menschen verblieben waren, die nicht rechtzeitig fliehen konnten oder auf der Flucht überrollt wurden (→O.: Deportation in die Sowjetunion und Ausweisung in die SBZ).

Die Volksrepublik Polen betrachtete ihren Teil O.s als „urpolnisches Land" u. plante für „Ermland u. Masuren" ein umfangreiches „Repolonisierungsprogramm" für die verbliebene dt. Bevölkerung. In der neu geschaffenen Wojewodschaft Allenstein, die das südl. O. umfasste, machte die dt. Bevölkerung 1950 noch 18,5 % aus. Während eindeutig als „Deutsche" identifizierte O. systematisch ausgesiedelt wurden, mussten die als „Masuren

u. Ermländer" deklarierten Einheimischen die Verifizierung (→nationale V.) durchlaufen. Diese Aktion, mit der oft per Gewaltanwendung eine Unterschrift für die „Rückkehr zum Polentum" erwirkt werden sollte, dauerte bis 1949 an. Nach der Entstalinisierung 1956 ergab sich erstmals die Möglichkeit zur Ausreise: Ein jahrzehntelanger Exodus der dt. Bevölkerung des südl. O.s in die Bundesrepublik Deutschland setzte ein. Im Memelland, nun Teil der Litauischen SSR, bemühte man sich um eine „Relituanisierung" der verbliebenen Bev. Doch die Mehrheit der dort verbliebenen O. siedelte nach dem dt.-sowj. Vertrag vom 8. 6. 1958 aus. O. hat unter allen dt. Ländern im Kontext v. Flucht, →Vertreibung u. Zwangsaussiedlung die höchsten Menschenverluste erlitten. Von seinen 2,4 Mio. Einw. starben 511.000, unter ihnen geschätzte 311.000 Zivilisten, durch Kampf, Flucht, Verschleppung, Lagerinternierung (→Lager), Hunger u. Kälte.

Lit.: A. Kossert, Ostpreußen. Geschichte und Mythos. München 2005; R. Kibelka, Ostpreußens Schicksalsjahre 1944–1948. Berlin 2001; T. Namcowicz, Flucht, Vertreibung und Zwangsaussiedlung in der westdeutschen Literatur über Ostpreußen, in: Landschaften der Erinnerung. Hg. E. Mehnert. Frankfurt a. M. 2001, 155–188; „Unsere Heimat ist uns ein fremdes Land geworden ...". Die Deutschen östlich von Oder und Neiße 1945–1950. Dokumente aus polnischen Archiven. Bd. 1: Zentrale Behörden/Wojewodschaft Allenstein. Bearb. W. Borodziej/C. Kraft. Marburg 2000; Als Russe in Ostpreußen. Sowjetische Umsiedler über ihren Neubeginn in Königsberg/Kaliningrad nach 1945. Hg. E. Matthes. Ostfildern 1999; B. Fisch, Nemmersdorf Oktober 1944. Was in Ostpreußen wirklich geschah. Berlin 1998; M. Wieck, Zeugnis vom Untergang Königsbergs. Ein ‚Geltungsjude' berichtet. Heidelberg 1996.

A. K.

Pavelić, Ante (*14. 7. 1889 Bradina/Herzegowina, †28. 12. 1959 Madrid), Führer der *Ustaša*-Bewegung u. des „Unabhängigen Staates Kroatien" 1941–1945. P. studierte Rechtswissenschaft in Zagreb. Nach der Promotion 1915 nahm er eine Tätigkeit als Anwalt auf. Nach Kriegsende bekämpfte er als Sekretär der extrem nationalistischen „Kroatischen Rechtspartei" *(Hrvatska stranka prava)* die Idee des integralen Jugoslawismus im neuen „Kgr. der Serben, Kroaten u. Slowenen". Nachdem seine Partei bereits am 3. 12. 1918 die Rechtmäßigkeit der (jug.) Staatsgründung verneint hatte, sprach sie sich in ihrem Parteiprogramm vom März 1919 offen für die Separation Kroatiens u. die Gründung eines großkroat. Staates (unter Einschluss Dalmatiens, Bosniens u. der Herzegowina) aus, konnte aber keine nennenswerte Anhängerschaft finden. Nach Proklamierung der Diktatur durch König Alexander Karajordjević am 6. 1. 1929 verließ P. das Land u. fand nach mehreren Zwischenstationen Aufnahme in Italien. Dort gründete er als Führer *(poglavnik)* die „Ustaša – kroatische Freiheitsbewegung" (*Ustaša* – kroat. Aufständischer, Pl. *Ustaše*), die aufgrund ihrer anti-jug. Ziele u. ihrer terroristischen Aktivitäten v. mehreren revisionistischen Staaten (Italien, →Ungarn, Österreich) mehr oder minder offen unterstützt wurde. Anlässlich der Ermordung v. König Alexander u. des frz. Außenministers

Louis Barthou am 9. 10. 1934 in Marseille machte die *Ustaša*-Bewegung erstmals Schlagzeilen in der Weltpresse. Versuche P.s, die Unterstützung Adolf →Hitlers zu gewinnen, schlugen allerdings zunächst fehl.

Während der am 6. 4. 1941 begonnene Jugoslawienfeldzug der „Achsenmächte" noch in vollem Gange war, proklamierte der ehem. k. u. k. Offizier Slavko Kvaternik als Vertreter des noch in Italien weilenden „Poglavnik" am 10. 4. den „Unabhängigen Staat Kroatien" (USK, bestehend aus Kroatien u. Bosnien-Herzegowina), dessen Führung P. nach seinem Eintreffen in Zagreb am 15. 4. übernahm. Der von P. und den *Ustaše* als kroat.-völkischer Nationalstaat begriffene USK war de facto ein Vielvölkerstaat. Unter den ca. 6,4 Mio. Einw. waren nur etwa 3,3 Mio. Kroaten. Der Rest der Bev. setzte sich aus über 2 Mio. Serben, 800.000 Muslimen, 175.000 Deutschen u. a. zusammen. So wie Hitler ein „judenfreies" Europa, so strebte P. ein „serbenfreies" Großkroatien an. Zwar besaß die *Ustaša*-Bewegung nur wenige Tausend Mitglieder, konnte aber anfangs auf Sympathien bei einem beträchtlichen Teil der kroat. Bev. u. der Beamtenschaft zählen. Die Abtretung großer Teile Dalmatiens an Italien, die fortdauernde Abhängigkeit des USK v. den „Achsenmächten", die Willkür des *Ustaša*-Regimes, die Massenverfolgungen v. Serben (→Serben aus dem „Unabhängigen Staat Kroatien"), Juden u. Regimegegnern sowie die rasche Zunahme der Widerstandsbewegungen raubten dem P.-Staat jedoch bald seine „Legitimation". Hunderttausende v. Serben aus Kroatien u. Bosnien-Herzegowina flohen, wurden vertrieben oder ermordet. Allein im Konzentrationslager Jasenovac verloren rd. 85.000 Menschen (Serben, Juden u. Kroaten) ihr Leben. Nach der Kapitulation Italiens entwickelte sich der USK de facto zum dt. Besatzungsgebiet. Bei Kriegsende konnte sich P. durch Flucht der Verantwortung für die schweren Verbrechen seines Regimes entziehen u. begab sich zuerst nach Österreich, dann nach Italien, v. wo er sich 1948 (vermutlich mit Unterstützung kath. Kreise) nach Argentinien absetzte. Dort gründete er während der Diktatur Juan Peróns die „Kroatische Befreiungsbewegung". Nach einem Attentatsversuch auf seine Person floh er 1957 in das Spanien des Diktators Franco, wo er Ende 1959 in einem Krankenhaus starb.

Quellen: A. Pavelić, Doživljaji. Bd. 1. Madrid 1968; Ders., Ustaška misao. Poglavnikovi govori od 12. x. 1941 do 12. iv. 1942. Zagreb 1942; Ders., Die kroatische Frage. Berlin 1941; Ders., Aus dem Kampfe um den selbständigen Staat Kroatien. Einige Dokumente und Bilder. Wien 1931.

Lit. (a. →Serben aus dem „Unabhängigen Staat Kroatien"): B. Krizman, Pavelić u bjekstvu. Zagreb 1986; Ders., Pavelić izmedju Hitlera i Mussolinija. Zagreb 1980; Ders., Ante Pavelić i ustaše. Zagreb 1978.

H. S.

Pogrom. Als P. wird eine gewaltsame, v. staatlichen Behörden oft nicht kontrollierte bzw. nach einer Initialzündung nicht mehr kontrollierbare, z. T. aber auch staatl.organisierte

Massenausschreitung gegen Mitglieder relig., nationaler, ethn. oder andersartig definierter Minderheiten verstanden. P.e sind oft mit Plünderungen u. Misshandlungen sowie Mord u. Massenmord verbunden. Dem Begriff liegt das russ. Wort *pogrom* für Verwüstung u. Massaker zugrunde u. wurde erstmals für die Ausschreitungen gegen Juden Ende des 19. u. Anfang des 20. Jh.s verwendet.

Berüchtigt sind die P.e unter dem Kosaken-Hetman Bohdan Chmel'nyc'kyj im Jahre 1648, denen bis zu 100.000 Juden zum Opfer gefallen sein sollen. Mit den Teilungen Polens annektierte das Zarenreich Gebiete mit einer großen Zahl v. Juden. Katharina II. erlaubte den Juden, sich auch in den neu eroberten Gebieten Südrusslands, dem sog. Neurussland, niederzulassen. 1804 beschränkte Zar Alexander I. das Niederlassungsrecht der Juden auf die ehemals poln.-litauischen u. neurussischen Gouv.s als „Ansiedlungsrayon" (*čerta osedlosti* oder *Pale*). Die Juden konzentrierten sich in bestimmten Gewerben (insbesondere Handwerk, Handel u. Betrieb v. Gaststätten). Die Zaren verfolgten eine Politik der →Integration der Juden durch russ.sprachige Schulen u. den Militärdienst. Die Industrialisierung, v. a. nach der Bauernbefreiung v. 1861, brachte zwar neue Erwerbszweige für die Juden, vernichtete aber auch alte Erwerbsquellen. Der poln. Aufstand v. 1863, ein Attentat auf Alexander II. im Jahre 1866 u. die Stärkung der Slavophilen hatten negative Auswirkungen auf die zarische Judenpolitik. 1871 kam es zu einem P. in Odessa, angestiftet von griech. Konkurrenten.

Das erfolgreiche Attentat auf Alexander II. im März 1881, an dem auch eine Terroristin jüd. Herkunft beteiligt war, entfesselte die sog. Stürme im Süden: Bauern u. Kleinbürger wurden mit der Parole aufgehetzt, die Juden stünden hinter dem Anschlag. Entgegen der gängigen Erklärung, das zarische Regime oder diesem nahestehende Kreise hätten die P.e in Gang gesetzt, um der öffentlichen Unzufriedenheit durch Aktionen gegen eine klar sichtbare u. häufig unbeliebte Minorität ein Ventil zu verschaffen („Verschwörungstheorie"), ist die neuere Forschung nicht in der Lage, schlüssige Deutungen anzubieten. Gesichert ist aber zumindest, dass die Regierung die P.e nicht initiiert, wohl aber nach dem Ausbruch nicht energisch bekämpft hat. Die P.e begannen am 15. 4. 1881 in Elizavetgrad, breiteten sich rasch auf zahlreiche Städte u. Dörfer aus u. erreichten einige Tage später Kiev u. Anfang Mai Odessa. Meist wurden Häuser u. Geschäfte v. Juden geplündert, auch kam es zu Vergewaltigung u. Mord. Innenminister Nikolaj Pavlovič Ignat'ev führte die P.e auf den wirt. Einfluss u. die Ausbeutung der Armen durch Juden zurück. Zu Weihnachten desselben Jahres wurde auch Warschau v. einem P. erfasst, nachdem ein Jude beschuldigt worden war, eine Panik ausgelöst zu haben. Drei Tage lang plünderte der Mob Geschäfte v. Juden, 20 Menschen wurden getötet. Im Frühjahr 1882 kam es zu einem weiteren P. in Balta an der russ.-rum. Grenze. Ende Mai 1882 wurde Ignat'ev durch Dmitrij Tolstoj ersetzt, der den Einsatz des Pöbels zur Erreichung polit. Ziele missbilligte. Anfang 1883 wurde eine „Oberste Kommission zur Revision der für die Juden geltenden Gesetze" unter der Leitung des ehem. Justizministers Graf Konstantin Pahlen ins Leben gerufen. Fünf Jahre lang sammelte sie Daten u. empfahl abschließend mit Mehrheit, die Rechte der Juden schrittweise bis zur völligen Gleichstellung zu erweitern. Alexander III. schloss sich jedoch der Meinung der Minderheit an, die die Beibehaltung der Restriktionen verlangte.

Die P.e führten zur Massenflucht über die Grenze; erste Anlaufstation war meist die galizische Stadt Brody. Mit Hilfe jüd. Gemeinden u. Organisationen wurde ein großer Teil der Flüchtlinge in die USA weitergeleitet. Nicht allein P.e und Verfolgung, sondern auch Armut u. Perspektivlosigkeit veranlassten immer mehr Juden, sich für die Auswanderung zu entscheiden. Zwischen den 1890er Jahren u. dem 1. →Wk. sind weit über 1 Mio. Juden aus dem Russ. Reich emigriert. Die Volkszählung v. 1897 ergab 5,2 Mio. Juden im Zarenreich, v. diesen 4,9 Mio. im Ansiedlungsrayon u. unter diesen 1,3 Mio. in Polen; 86,5 % lebten in größeren u. kleineren Städten; 40 % waren im Handel, Bank- u. Kreditwesen, meist allerdings im Kleinhandel, weitere 40 % in Handwerk (v. a. als Schneider u. Schuster), Industrie u. Verkehrswesen beschäftigt.

In Lodz (Łódź) ging 1892 eine Streikbewegung in antijüd. Aktionen über. Vom 19.–21. 4. 1903 wütete ein besonders brutaler P. in Kišinev (Chişinău), in dessen Verlauf 47 Juden getötet u. über 400 verletzt wurden u. Schäden in Höhe v. 2,5 Mio. Rubel entstanden. Dieser P. fiel in eine Zeit gewalttätiger Ausschreitungen gegen Schwarze in den USA u. brutaler Unterdrückung v. Minderheiten auf den Philippinen. Im Mai 1905 kam es zu P.en in Melitopol' u. Žytomyr, 1905 in Łódź. Den Juden wurde vorgeworfen, mit dem Kriegsgegner Japan zusammenzuarbeiten u. die revolutionären Unruhen angestiftet zu haben. Im November desselben Jahres erreichte die P.welle erneut Odessa u. kostete zahlreiche Opfer. Dort setzten sich aber jüd. Selbstverteidigungsorganisationen zur Wehr, die teilweise auch von russ. Intellektuellen unterstützt wurden. Im Juni 1906 ereignete sich ein weiterer großer P. in Białystok. In den Jahren 1905/06 wurden insgesamt 650 P.e mit 3.103 Toten verzeichnet. Die Täter kamen vorwiegend aus den städtischen Unterschichten, eine Initiative staatl. Behörden ist oft behauptet, aber nicht nachgewiesen worden. Allerdings duldeten regionale u. lokale Behörden trotz der geltenden Zensur zuweilen Hetzkampagnen gegen Juden in der Presse u. scheuten sich, ihre oft schwachen Polizeikräfte gegen die Aufrührer einzusetzen, die sich patriotisch gebärdeten u. vorgaben, im Namen des Zaren zu handeln. Ministerpräsident Pëtr Stolypin versuchte, der P.bewegung Zügel anzulegen. Der Ministerrat beschloss sogar einige rechtliche Zugeständnisse an die Juden, doch versagte der Zar seine Billigung.

Als P.e werden auch die antidt. Ausschreitungen in Moskau im Mai 1915 bezeichnet, die v. den Behörden einige Tage lang toleriert wurden. Als im russ. Bürgerkrieg die staatl. Ordnung zusammenbrach, begingen in den Jahren 1917–1921 in erster Linie anti-bolschewistische „weiße" u. nationalukrainische Einheiten sowie „grüne" Bauernarmeen zahlreiche P.e gegen die angeblichen „Juden-Bolschewiken", in denen ihre Geschäfte u. Wohnungen geplündert wurden. Die Zahl der dabei getöteten Juden schwankt in der Forschungsliteratur zw. 70.000 u. 250.000. P.e gab es auch im benachbarten Galizien. Nach der Eroberung v. Lemberg (Lwów, L'viv) veranstalteten siegestrunkene Polen im November 1918 einen P. an den Juden der Stadt, denen man ihre neutrale Haltung in den Kämpfen gegen die Ukrainer vorwarf. Bis schließlich Truppen gegen den Mob eingesetzt wurden, hatte dieser P. etwa 70 Juden das Leben gekostet, 500 Geschäfte waren geplündert u. 50 Häuser in Brand gesetzt worden.

Auch staatl. initiierte u. kontrollierte Verfolgungen außerhalb des Zarenreiches u. der Sowjetunion werden als P.e bezeichnet, etwa die Massenmorde an Armeniern im 1. Wk. (→A. im Osmanischen Reich) oder die P.e gegen Griechen in Istanbul (1955) u. gegen Aleviten in Maras (1978). Die „Novemberpogrome“ v. 1938 in Deutschland, die gemeinhin unter der Bez. „Kristallnacht“ firmieren, markieren den Höhepunkt der antijüd. Verfolgungsmaßnahmen des nationalsozialistischen Regimes vor Kriegsbeginn (→Juden: Deportation und Vernichtung). Unmittelbar nach dem Ende des 2. →Wk.s brachen in Polen erneut P.e aus. Bei dem bekanntesten wurden am 4. 7. 1946 in der poln. Stadt Kielce über 40 Juden getötet. Diese P.e waren nicht „von oben“ entfacht worden, sondern richteten sich im Gegenteil gegen die Politik der neuen staatl. Obrigkeit. Zahlreiche Opfer forderten bis in die Gegenwart P.e auch in Asien u. Afrika, so zw. Muslimen u. Hindus in Indien oder zw. ethnischen Gruppen in Nigeria u. Ruanda.

Lit.: Antisemitism and its Opponents in Modern Poland. Hg. R. Blobaum. Ithaka, London 2005; V. Dönninghaus, Die Deutschen in der Moskauer Gesellschaft. Symbiose und Konflikte (1494–1941). München 2002; Evrejskie pogromy v Rossijskoj imperii 1900–1916. Hg. D. A. Amanžolova. Moskva 1998; E. H. Judge, Easter in Kishinew: Anatomy of a Pogrom. New York 1992; Pogroms: Anti-Jewish Violence in Modern Russian History. Hg. J. D. Klier/ S. Lambroza. Cambridge 1992.

F. W., D. B.

Pohraničí. Der tschech. Begriff *„p.“* (dt. Grenzgebiet) bezeichnet die ehemals mehrheitlich v. Deutschen besiedelten Gebiete der böhm. Länder (→Deutsche aus den böhmischen Ländern) *„P.“* u. „Sudetengebiete“ beziehen sich daher auf mehr oder weniger dasselbe Territorium. Das *p.* bildete kein geschlossenes Gebiet entlang der Grenze. Es ist an mehreren Stellen unterbrochen, wo die Deutschen nicht die Mehrheit der Bev. stellten (z. B. bei Taus [Domažlice] u. Klattau [Klatovy] in Südwestböhmen, Wittengau [Třeboň] in Südböhmen, Náchod in Ostböhmen, Lundenburg [Břeclav] in Südmähren). Das *p.* war weder im ethn. noch wirt. oder geogr. Sinn jemals eine selbständige u. kompakte Einheit gewesen.

Zwar existierte der Begriff *p.* schon in der →Tschechoslowakei der Zwischenkriegszeit, doch war damals auch im Tschech. der Begriff „Sudety“ geläufiger. 1936 definierte das tschechoslowak. Innenministerium eine „Grenzzone“ *(pohraniční pásmo),* die in Böhmen insgesamt 55 Bezirke umfasste u. in Mähren-Schlesien weitere 22.

Das v. →Deutschland im Zuge des →Münchener Abkommens besetzte Gebiet war allerdings größer als das 1936 definierte u. umfasste auch Gebiete mit tschech. Mehrheitsgemeinden (z. B. in der Gegend v. Brüx [Most] u. Dux [Duchcov]). Nach dem Krieg verbot das Innenministerium in einer Bekanntmachung vom 22. 5. 1945 den Gebrauch des Begriffs Sudeten *(Sudety)*; er sei durch *p.* zu ersetzen. Auch alle Ableitungen v. *sudety* durften nicht mehr verwendet werden.

Nach dem Krieg definierten die amtlichen tschechoslowak. Stellen das Grenzgebiet, das wiederbesiedelt werden sollte, unterschiedlich. Die Unterschiede ergaben sich durch die Abweichungen zw. den bis 1938 mehrheitlich v. Deutschen besiedelten u. den als Folge des Münchener Abkommens tatsächlich abgetrennten Gebieten. Ferner wurden die dt. Sprachinseln bei einigen Definitionen mit einbezogen, bei anderen nicht.

Das Staatsamt für Statistik ging in seiner Einteilung des Grenzgebiets seit 1947 nur noch v. ganzen polit. Bezirken aus. Die 1938 abgetretenen Gebiete hatten jedoch häufig nur bestimmte Teile solcher Bezirke umfasst. Das Staatsamt für Statistik zählte Bezirke, v. denen nur ein unerheblicher Teil besetzt u. abgetreten worden war, nicht mehr zum Grenzgebiet, während Bezirke, deren größter Teil besetzt worden war, vollständig dazu gerechnet wurden. Das so definierte Grenzgebiet war um 499 qkm größer als die v. den Deutschen 1938 besetzten Gebiete. Die Angaben des Staatsamtes für Statistik beziehen die dt. Sprachinseln nicht mit ein (aus denen die dt. Bev. ebenfalls vertrieben u. durch Neusiedler ersetzt wurde) mit Ausnahme des Schönhengstgaus (Hřebečsko), der 1938 zusammen mit dem umliegenden mehrheitlich tschech. besiedelten Gebiet um Hohenstadt (Zábřeh) an das Dt. Reich angeschlossen worden war.

Lit.: A. Wiedemann, „Komm mit uns das Grenzland aufbauen!" Ansiedlung und neue Strukturen in den ehemaligen Sudetengebieten 1945–1952. Essen 2007; F. Čapka/L. Slezák/J. Vaculík, Nové osídlení pohraničí českých zemí po druhé světové válce. Brno 2005; G. Kastner, Osídlování českého pohraničí od května 1945 (na příkladu vybraných obcí Litoměřicka). Ústí n. L. 1999.

A. W.

Pokorný, Bedřich (1904–1968). P. wurde am 6. 3. 1904 in Brünn (Brno) geboren. Er absolvierte das Realgymnasium u. beendete später die Handelsakademie mit dem Abitur. 1924 rückte er zum 31. Infanterieregiment in Jihlava (Iglau) ein u. wurde zur Militärakademie in Hranice beordert. Er durchlief die Offiziersakademie u. einen Nachrichtenkurs. 1938 wurde er als Nachrichtenoffizier in die Ostslowakei versetzt. Nach seiner Rückkehr aus der Slowakei im März 1939 arbeitete er für die Brünner Außenstelle der Revisionsabteilung des Finanzministeriums. Im April 1939 schloss er sich einer komm. Zelle v. Intellektuellen an, die illegale Drucksachen verbreitete. In der Revisionsabteilung des Finanzministeriums blieb er bis März 1945 beschäftigt, als er sich in die Illegalität zurückziehen musste. Seine Tätigkeit während der Dauer des „Protektorates" muss mit vielen Fragezeichen versehen werden, u. es besteht sogar der begründete Verdacht, dass er als Konfident der Gestapo tätig war.

Nach der Befreiung v. Brünn wurde P. am 26. 4. 1945 zum Kommandanten des neu entstandenen Korps der Nationalen Sicherheit in Brünn-Stadt (SNB Brno-město), u. vom

16. 5. bis zum 2. 7. 1945 war er Landeskommandant des SNB in Mähren. Hier wurde er zu einem der aktivsten Anstifter der „Hinausführung“ der Deutschen aus Brünn u. der damit verbundenen Exzesse beim →Brünner Todesmarsch.

Aufgrund der Intervention v. Josef Bártík wurde P. dem Verteidigungsministerium als Chef der Abwehr zugeteilt. In dieser Funktion steht sein Name auch im Zusammenhang mit der Untersuchung der Explosion des Munitionslagers u. der folgenden Gewalttaten an der deutschen Bev. am 31. 7. 1945 in Aussig (Ústí nad Labem, →Aussiger Brücke). Einige Historiker schließen aus der detaillierten Beschreibung der Ereignisse im Pressebericht, dass P. die Aussiger Explosion persönlich inszeniert hat.

Es ist für seine Persönlichkeit charakteristisch, dass er gegen seinen Vorgesetzten General Bártík eine Anschuldigung konstruierte u. im Januar 1946 selbst zum Chef der polit. Nachrichtenabteilung des Innenministeriums wurde. Er blieb in dieser Funktion bis 1949, als er Chef der Verwaltung der Zwangsarbeiterlager wurde.

Im Prozess gegen die „Protektorats“-Regierung setzte P. ehem. Agenten u. SS-Mitglieder als Zeugen ein, die bereit waren, alles Mögliche zu behaupten. Er verhörte K. H. Frank persönlich u. versuchte ihn dazu zu bringen, Vladimír Krajina als Gestapoagenten zu bezeichnen, obwohl dieser ein wichtiges Mitglied des nichtkomm. Widerstands u. nach dem Krieg der Tschechoslowak. Volkssozialistischen Partei war. Schließlich hat P. Franks Aussage sogar gefälscht. Außerdem war er im März 1948 an der „Untersuchung“ v. Jan Masaryks Tod beteiligt.

Anfang 1951 wurde er verhaftet u. im Osvald-Záborský-Prozess für 16 Jahre wegen konstruierter Behauptungen in Strafprozessen u. Benutzung ungesetzlicher Untersuchungsmethoden verurteilt. Schon nach drei Jahren wurde er wegen Gesundheitsproblemen entlassen u. erreichte eine Revision des Prozesses u. auch gewisse Entschädigungen. P. starb im Frühling 1968, angeblich durch Selbstmord.

Lit. (a. →Aussiger Brücke): J. Dvořáková, Bedřich Pokorný – vzestup a pád, *Sborník Archivu ministerstva vnitra* 2 (2004), 234–267.

K. K.

Polen *(Rzeczpospolita Polska).* Ohne Berücksichtigung der Kriegsgefangenen waren in den 1940er u. auch noch in den 1950er Jahren über 6 Mio. Polen v. Zwangsmigrationen betroffen. Dies war ein Viertel der poln. Gesamtbev. Das Schicksal von →Flucht, Aussiedlung, →Deportation oder →Vertreibung auf poln. Territorium traf aber nicht nur Polen. Wenn man das Territorium P.s einschl. der 1939 u. 1945 vollzogenen Änderungen berücksichtigt, kommt man auf ein Gebiet einer Größe v. fast 0,5 Mio. qkm. Als v. Zwangsmigration Betroffene müssen daher auch Juden, Deutsche, Ukrainer u. noch einige andere Nationalitäten benannt werden. Dies ist folglich keine Erfahrung nur einer Nation, sodass sich ganz wie v. selbst die Frage nach einer vergleichenden Behandlung dieser Probleme u. ihrer Einordnung in den Kontext europ. Schicksale im 20. Jh. ergibt.

Das ist umso wichtiger, als diese manifesten Tatsachen im kollektiven Gedächtnis der Europäer u. besonders der Westeuropäer nur sehr selektiv vorkommen. Es scheint, als beschränke sich das – im Übrigen oft sehr flüchtige – Wissen darüber auf das Schicksal der Juden u. vielleicht noch auf das der nach dem Krieg ausgesiedelten Deutschen. Des Weiteren ist zu beobachten, dass in einer Periode v. Zwangsmigrationen die Rolle u. Position der Mehrheit der darin involvierten Personengruppen oft wechselt. Als die Deutschen den Krieg begannen, lösten sie eine Flüchtlingswelle aus, u. während sie im Verlauf des Krieges regelmäßig die Mittel v. Deportation, Vertreibung sowie Aus- u. Neuansiedlung mit dem Ziel anwendeten, veränderte Bev.verhältnisse zu schaffen, wurden sie am Ende des Krieges u. in den ersten Jahren danach selbst zu Flüchtlingen, zur Arbeit Deportierten u. schließlich zu Heimatvertriebenen (→Polen: Aussiedlung aus den „eingegliederten Ostgebieten“, →Deutsche aus dem heutigen polnischen Staatsgebiet). Die Polen, die die genannten Phänomene sowohl unter dt., als auch unter sowj. Besatzung in massenhaftem Maßstab erlebten, führten nach dem Krieg die Aussiedlung der Deutschen durch. Außerdem zwangen sie einen Teil der Ukrainer, in die Sowjetukraine auszureisen, u. die Übriggebliebenen siedelten sie aus ihren Wohnorten im südöstl. Polen aus u. verteilten sie auf die neu angeschlossenen Gebiete (→Ukrainer, Weißrussen und Litauer: Umsiedlung aus Polen in die UdSSR, →Aktion „Weichsel“). Die von den Polen nach dem Krieg ausgesiedelten u. von der Sowjetmacht in großer Zahl nach →Sibirien deportierten Ukrainer hatten in den Kriegsjahren einen antipoln. Terror in einem solchen Ausmaß entfaltet, dass sie damit eine Massenflucht der Polen aus Ostgalizien u. Wolhynien hervorriefen (→Polen aus Wolhynien und Ostgalizien: Ermordung und Flucht). Die zwangsweise Beseitigung der Bev. eines bestimmten Gebietes wurde also als normal (notwendig) angesehen, quasi als alltägliches Instrument der Innenpolitik, mit dem ganz offiziell das Problem der →nationalen Minderheiten gelöst wurde. Gleichwohl ist nicht zu übersehen, dass solche Aktionen – auf der Ebene der durchschnittlichen Ausführenden – eine einfache Möglichkeit boten, Rachegelüste zu befriedigen oder materiellen Nutzen daraus zu ziehen.

Der Angriff Hitlerdeutschlands auf Polen am 1. 9. 1939 (→Weltkrieg, Zweiter), das schnelle Vorankommen der dt. Offensive sowie die Bombardierung der Städte verursachten eine große, chaotische Flucht- u. Evakuierungswelle aus den westl. und zentralen Gebieten in den O Polens. Etwa 50.000 →Flüchtlinge überquerten die poln. Grenze u. fanden sich in →Ungarn, →Rumänien oder – in geringerer Zahl – in Litauen u. Lettland wieder. Nach der Einstellung der Kriegshandlungen kehrte ein Teil der Geflohenen nach Hause zurück. Dennoch hielten sich Ende 1939 im v. der Roten Armee besetzten Ostpolen noch etwa 100.000 Flüchtlinge aus den Westgebieten, zu einem großen Teil Juden, unter zumeist schwierigen Bedingungen auf.

Die Aufteilung der v. den Deutschen besetzten Gebiete P.s u. die damit verbundenen Pläne zu einer Veränderung der Nationalitätenverhältnisse waren die Ursache für die Organisierung einer Massenaussiedlung der poln. und jüd. Bevölkerung. Am stärksten waren davon die dem Reich angeschlossenen Gebiete betroffen, d. h. Pommern, Großpolen, die

Region Lodz (Łódź), das poln. Oberschlesien u. das südl. Masowien. Insbesondere der sog. Warthegau (→W. als Aus- und Ansiedlungsgebiet) wurde zum Schauplatz einer gewaltsamen Deportation der Polen u. einer planmäßigen dt. Kolonisierung. Um für die aus anderen dt. Gebieten hierher gebrachten Siedler Platz zu schaffen sowie die als Arbeitskräfte übriggelassene polnische Bev. zu pazifizieren, wurden schon ab Dezember 1939 Zehntausende v. Menschen in organisierter Form in das als Generalgouvernement (GG.) bezeichnete Zentralpolen deportiert (→Generalgouvernement als Aus- und Ansiedlungsgebiet). Bei der Bestimmung der zur Aussiedlung Vorgesehenen achtete man auf deren nationale Gesinnung, soziale Stellung u. Besitzstand. Bevor die organisierten Aussiedlungen in Gang gesetzt wurden, kam es zu wilden Deportationen aus Gdingen (Gdynia) u. Pommerellen (das jetzt Westpreußen hieß). Bis zum März 1941 wurden ca. 360.000 Polen aus den angeschlossenen Gebieten in das GG. ausgesiedelt, mehrheitlich aus dem Warthegau. Die Deportierten verloren bis auf wenige persönliche Gegenstände ihr gesamtes Eigentum. In den Aussiedlungslagern führte man Revisionen u. Rassenselektionen zum Ziel einer Germanisierung durch u. bildete Kontingente v. für die →Zwangsarbeit Vorgesehenen. Die Aussiedlungsaktionen wurden nachts u. mit großer Brutalität durchgeführt. Man zögerte nicht, Familien zu trennen. Nach der Überführung in das GG. wurden die Ausgesiedelten der Willkür der lokalen Machthaber u. der Bev. vor Ort überlassen.

Der sich hinziehende Krieg, Schwierigkeiten bei der Ansiedlung der Deportierten sowie die Erfordernisse der dt. Wirtschaft führten dazu, dass die Massenaussiedlungen in das GG. im März 1941 eingestellt wurden. Dennoch wurden in den eingegliederten Ostgebieten während des ganzen Krieges Aussiedlungen u. Vertreibungen der polnischen Bev. durchgeführt, u. damit verbunden eine Enteignung u. Konfiszierung v. hochwertigen Wohnungen und landwirt. Betrieben. In der Summe waren beinah 470.000 Personen v. dieser Art von Repressionen betroffen. Insgesamt wurden mindestens 850.000 Polen aus ihren Häusern verjagt.

Ende 1942 begannen im GG. ideologisch motivierte Aussiedlungen. Bisher hatte man hier einzig Umsiedlungen (→U. [NS-Begriff]) v. Polen aus solchen Gebieten durchgeführt, die vom Militär übernommen wurden, oder aus Stadtteilen, die „nur für Deutsche" vorgesehen waren. Die Deportation der Juden in Ghettos hatte man dagegen bis zu diesem Zeitpunkt bereits abgeschlossen. Auch ihre Deportation in die Vernichtungslager mit dem Ziel ihrer sofortigen Ausrottung war bereits fortgeschritten (→Juden: Deportation und Vernichtung, →Lager). An den östl. Grenzen des GG.s hatte Heinrich →Himmler die Absicht, einen „Schutzwall des Deutschtums" zu schaffen. Als erste fiel die Region Zamość, die gut für eine landwirt. Kolonisierung geeignet war, den Aussiedlungen zum Opfer. Seit Dezember 1942 wurde dort innerhalb kurzer Zeit eine rücksichtslose Deportation v. etwa 100.000 poln. Bauern aus 300 Dörfern durchgeführt (→Polen [und Ukrainer]: Aussiedlungen aus der Region Zamość). Die Bev. wurde in Übergangslagern untergebracht, v. wo aus sie zur Zwangsarbeit u. in die Konzentrationslager verschickt wurde. Die Aussiedlungen riefen den erbitterten Widerstand der Bauern hervor, die v.

Partisaneneinheiten unterstützt wurden, was in Verbindung mit den Niederlagen an der Ostfront zu einer Behinderung der Aktion führte.

Auch der Warschauer Aufstand, der v. August bis Anfang Oktober 1944 dauerte, brachte als ein Ergebnis die Vertreibung aller Einw. der am linken Weichselufer gelegenen Stadtteile der poln. Hauptstadt mit sich. Die Vertreibung der Zivilbev. aus den v. den Deutschen eingenommenen Stadtteilen wurde während der gesamten Dauer des Aufstandes durchgeführt. Anfang August verband man dies mit Massenexekutionen der Bewohner der Stadtteile Wola u. Ochota, bei denen ca. 40.000 Personen umkamen. In den Vororten Warschaus schuf man eine Reihe v. Übergangslagern, v. denen sich die meisten in Pruszków befanden. Durch sie gingen ca. 0,5 Mio. Warschauer hindurch. Mehrere Zehntausend v. ihnen wurden in Konzentrationslager gebracht, ca. 100.000 wurden zur Zwangsarbeit verschickt, u. der Rest wurde unter primitiven Bedingungen auf das gesamte GG. verteilt (→Polen: Zwangsaussiedlung in und nach dem Warschauer Aufstand).

In den Plänen der Nationalsozialisten waren diese Aussiedlungsaktionen bloß der Auftakt zu riesigen Zwangsmigrationen im Rahmen des sog. →Generalplans Ost gedacht, der alle Nationen dieses Teils v. Europa betreffen sollte, darunter auch die Polen. Historiker schätzen, dass die dt. Zwangsumsiedlungen unterschiedlicher Art ca. 1,6 Mio. Polen erfasste. In dieser Zahl nicht enthalten sind die vom Besatzungsapparat zur Arbeit in der Industrie u. Landwirtschaft im Reich Verschickten, was man in Hinblick auf den Zwang u. die Behandlung der Arbeiter ebenfalls als eine Art der Deportation ansehen muss.

Aus den poln. Gebieten unter sowj. Besatzung wurden in den Jahren 1940/41 in vier Wellen Massendeportationen durchgeführt. Ihr Ziel war v. a. die Beseitigung sog. Klassenfeinde u. derjenigen, die verdächtigt wurden, antisowj. eingestellt zu sein. Obwohl das nationale Kriterium offiziell keine Rolle spielte, betrafen diese Aktivitäten tatsächlich am stärksten die polnische Bev. Dies ergab sich aus der polit. und sozialen Stellung der Polen in diesem Gebiet. Die sowj. Deportationen stellten eine außergerichtliche Form der Repression dar, die nach dem Grundsatz der →Kollektivschuld umgesetzt wurde, also ganze Familien betraf (→Ukraine als Deportationsgebiet). Die Deportationsanordnungen sicherten den Ausgesiedelten das Recht, einen erheblichen Teil ihrer Habe mitzunehmen, u. eine Versorgung während der Reise zu. Doch dies stand bloß auf dem Papier. Die Menschen wurden nachts aus ihren Häusern geholt, u. man erlaubte ihnen nur wenige Dinge u. Lebensmittel mitzunehmen. Auch hier waren die Aussiedlungen Anfang 1940, im Winter, am schlimmsten, als viele Personen bei den Transporten erfroren. Im Gegensatz zu den Aussiedlungen unter dt. Besatzung hatten die Historiker in diesem Fall ein halbes Jh. lang keinen Zugang zu den Archivalien. Darüber hinaus wurde dieses Thema in der VR Polen aus polit. Gründen totgeschwiegen. Schätzungen poln. Exilhistoriker sprachen davon, dass zw. 900.000 und 1.300.000 Bewohner der östl. Gebiete P.s in die →Sowjetunion deportiert wurden. Zu Beginn der 1990er Jahre durchgeführte Archivstudien ergaben, dass 320.000 Personen mehrheitlich poln. Nationalität ausgesiedelt wurden. Die meisten Menschen, nämlich 140.000, wurden am 10. 2. 1940 ausgesiedelt. Weitere Deportationswellen gab es im April u. Juni 1940 sowie im Juni 1941. Die Opfer des ersten Transports waren Militärangehörige u. Zivilisten, Forstarbeiter (poln. *leśniki*) u. deren Familien. In der Folge wurden die Familien v. Inhaftierten u. Kriegsgefangenen sowie Flüchtlinge aus Westpolen deportiert. Darüber hinaus verschickte man einige Zehntausend Personen in Arbeitslager im Innern der UdSSR. Diese Deportierten werden gewöhnlich als „Sibirier" bezeichnet, auch wenn ihr Aufenthaltsort nicht nur Sibirien war, sondern auch in →Kasachstan, dem Fernen O oder im Gebiet Archangel'sk lag. Sie verblieben unter Aufsicht des →NKVD u. unterlagen der Arbeitspflicht. Ihre Lebensbedingungen waren durch das Klima, Hunger u. eine Arbeit, die ihre Kräfte überstieg, außergewöhnlich hart.

Die Verschiebung der Grenzen P.s durch den Krieg führte dazu, dass dessen Ende nicht nur die Rückkehr der Ausgesiedelten u. Vertriebenen in ihr Zuhause bedeutete, sondern auch eine große Welle weiterer, in hohem Maße erzwungener Migrationen in Gang setzte. Bereits im September 1944 stimmte die der UdSSR unterstehende komm. Quasi-Regierung der Umsiedlung der Polen aus den der Sowjetunion angeschlossenen östl. Gebieten zu (→Polen und Juden: Umsiedlungen aus den polnischen Ostgebieten nach Polen). Dabei machte man sich weder um fehlende Plätze zur Ansiedlung, noch um unrealistisch kurzfristige Ausreisetermine oder Transportschwierigkeiten Gedanken. Die Ausreisen besaßen theoretisch freiwilligen Charakter. Gleichwohl bewirkte die Angst vor sowj. Repressionen, vor Kollektivierung, Russifizierung u. der Feindseligkeit der nichtpoln. Umgebung besonders in der Ukraine, dass der Zwang der Situation die entscheidende Rolle spielte. Den sowj. Machthabern war v. a. daran gelegen, sich der Reste der höheren Schichten der polnischen Bev., der Intelligenz u. der Stadtbewohner zu entledigen. In Weißrussland u. Litauen behinderte man dagegen eine Ausreise der bäuerlichen Bev. Andererseits fürchtete ein Teil der Polen den Schritt in das Unbekannte, es tat ihnen leid, ihre Heimat zu verlassen, oder sie hofften auf eine Wende in der Folge einer Friedenskonferenz. Massencharakter nahmen die Umsiedlungen ab 1945 an, als man begann, die aus dem O Angekommenen in die eingenommenen dt. Gebiete zu lenken (→Wiedergewonnene Gebiete).

Den Umsiedlern erlaubte man, einen bedeutenden Teil ihrer Habe mitzunehmen, u. nach der Neuansiedlung sollten sie Land u. Wohnungen erhalten. Zu einer Kompensation für das zurückgelassene Eigentum kam es in vielen Fällen jedoch nicht, u. diese Fragen sind bis heute offen geblieben. Die Schar der aus Ostpolen kommenden Neusiedler wurde v. a. 1946 durch die →Repatriierung von ca. 250.000 der erwähnten „Sibirier" vergrößert, darunter etwa die Hälfte Juden.

Die dt. Ostprovinzen, deren Übernahme durch P. auf der →Konferenz v. Potsdam de facto bestätigt wurde (der Prozess der internat. Anerkennung der →Oder-Neiße-Grenze dauerte gleichwohl bis zum Ende der 1970er Jahre an), sollten nicht nur zum neuen Zuhause für Umsiedler u. Repatrianten aus dem O, sondern auch für Rückkehrer aus der Kriegsemigration, aus Zwangsarbeit oder Lagern werden. Hier suchten auch Polen aus West- u. Zentralpolen einen neuen Ort zum Leben, deren Existenz durch die Kriegszerstörungen erschüttert worden war oder die ihr Leben unter neuen Bedingungen verbessern wollten. Auch Remigranten aus Jugoslawien oder Frankreich wurden hierher gebracht (→Polen aus Bosnien). Die poln. Besiedelung erforderte die Entfernung der deutschen Bev., die zugleich der nationalen Homogenität v. Nachkriegspolen dienen sollte u. der allg. antideutschen Stimmung entsprach (→Nationalstaat und ethnische Homogenität). Die – in Deutschland Vertreibung genannte – Beseitigung der deutschen Bev. fand in mehreren Etappen statt: v. der Evakuierung u. Flucht vor der Kriegsfront über milit. Aussiedlungen („wilde Vertreibungen", →w. V. der Deutschen aus Polen), freiwillige Ausreisen bis hin zur mit Zustimmung der Siegermächte organisierten Massenaussiedlung. Das Schicksal der deutschen Bev. in den letzten Monaten des Krieges u. der ersten Zeit nach seiner Beendigung war sehr hart u. oft tragisch. Sie traf die Vergeltung für die Politik der Nationalsozialisten in den besetzten Gebieten. Im Allg. wurde sie feindselig u. brutal behandelt. Dieses Thema ist in den 1990er Jahren von dt. und poln. Historikern hervorragend aufgearbeitet worden. In P. war es auch Gegenstand öffentlicher Debatten.

Aus den durch P. übernommenen Gebieten wurden in den Jahren 1945–1947 3,2 Mio. Personen ausgesiedelt, die meisten aus Niederschlesien. Die Aussiedlungen besaßen absoluten Zwangscharakter. Am brutalsten war eine chaotische Militäraktion im Sommer 1945. Die mit Zustimmung der Siegermächte organisierten Aussiedlungen fanden unter besseren, wenn auch nicht guten Bedingungen statt. Es war erlaubt, persönliche Gegenstände u. etwas Bargeld mitzunehmen. Der Transport per Bahn wurde gesichert.

Der blutige poln.-ukr. Konflikt in den östl. Gebieten hatte auf die Lage der ukrainischen Bev. einen entscheidenden Einfluss. Die Kommunisten, die die Errichtung eines ethnisch einheitlichen Staates anstrebten, stimmten der Umsiedlung v. Weißrussen, Litauern u. Ukrainern nach O zu. Nur im Falle der Letzteren artete die Aktion in erzwungene Ausreisen aus, die unter dem Geleit v. Militär- u. Polizeikräften durchgeführt wurden. Beinahe 0,5 Mio. Menschen wurden in die Sowjetukraine ausgesiedelt. Die übriggebliebene ukrainische Bev. wurde 1947 mit Gewalt aus ihren Dörfern ausgesiedelt u. auf die westl. und nördl. Gebiete verteilt (→Aktion „Weichsel"). Diese Aktion erfasste 140.000 Personen. Sie war ein offenkundiges Beispiel dafür, dass die Kommunisten das Prinzip der Kollektivschuld anwendeten u. den →Nationalismus akzeptierten.

Die erzwungenen Bev.bewegungen auf dem Territorium P.s in den Grenzen v. 1939 u. 1945 in den 1940er Jahren trafen mehr als 20 Mio. Menschen verschiedener Nationalität, darunter über 6 Mio. Polen u. über 12 Mio. Deutsche. Einige Personen fielen mehr als einmal der Zwangsmigration zum Opfer. Sie gehört daher zur Erfahrung vieler Familien der heutigen Bewohner beider Länder. Zwischen den Kriegsereignissen u. den ersten Friedensjahren besteht eine deutliche Verbindung. Die Kriegshandlungen führten zu Evakuierungs- u. Fluchtwellen. Die von dt. und sowj. Machthabern praktizierte Besatzungspolitik behandelte zwangsweise Bev.verschiebungen als ein normales Vorgehen gegenüber der ihnen ausgelieferten Bev. Die Aussiedlungen der Kriegszeit wurden in ihrer Brutalität, Massenhaftigkeit u. dem Triumph v. nationalem Chauvinismus u. Rassismus zu einem Exempel u. machten Schule. Ihre Erfahrung mündete in der rücksichtslosen Behandlung dt. Zivilisten nach dem Krieg hervor. Das Vorgehen der Machthaber ermutigte in manchen Fällen Durchschnittsbürger zu Rücksichtslosigkeit u. Brutalität, welche sich auf Befehl oder freiwillig Aussiedlungsaktionen anschlossen oder aktiv an der Malträtierung der deutschen Bev. in den Übergangslagern beteiligten, die es unmittelbar nach 1945 auf poln. Gebiet gab (→Lamsdorf, →Schwientochlowitz).

Die Zwangsmigrationen haben menschliche Verluste verursacht, deren Ausmaße zu bestimmen wir häufig bis heute nicht in der Lage sind. Sie haben den Gesundheitszustand v. Mio. von Menschen negativ beeinflusst, aber nicht nur ihre physische, sondern auch psychische Gesundheit. Die Deportationen u. Aussiedlungen haben ebenso zu riesigen materiellen Verlusten als Folge v. Vernichtung, Raub u. Verwüstung geführt. Die massenhafte Beseitigung der Bev. aus einem bestimmten Gebiet hat über Jh.e hin entstandene regionale Kollektive mit ihrer je eigenen Kultur vernichtet. Letztlich ist eine Kulturlandschaft demontiert worden. Im Falle P.s, das jahrhundertelang multinational u. multikulturell gewesen war, war das eine radikale Veränderung. Die auferlegten Grenzverschiebungen u. die mit ihnen einhergehenden Migrationen verstärkten die Gefühle der Abneigung u. Feindseligkeit gegenüber den „Anderen" u. „Fremden", die manches Mal viele Jahre hindurch gepflegt wurden. Die massenhaften Bev.verschiebungen haben soziale Bindungen zerstört, die Transformation der Massen v. Neuansiedlern in eine Gesellschaft hat lange gedauert, u. das (in P. undemokratische) polit. System hat diesen Prozess oft nicht erleichtert. In der Zeit des Kommunismus wurde er, mit dem Fehlen einer konkreten Ansiedlungspolitik für die nach 1955 aus der UdSSR zurückkehrenden Polen (die sog. Zweite Repatriierung, →Polen: Repatriierung aus der UdSSR [1955–1959]), u. als man sich im Rahmen v. Familienzusammenführungen in den 1950er u. 1970er Jahren der restlichen Deutschen u. der sog. autochthonen Bev. entledigte, noch weiter erschwert. In der zweiten Hälfte der 1940er u. in den 1950er Jahren sowie 1968/69 verließen zudem zahlreiche Juden P. (→Juden aus Polen: Migration/Auswanderung infolge der antisemitischen Kampagne [1968]).

Heutzutage rufen Zwangsmigrationen Widerspruch hervor, im Namen der nach dem Krieg formulierten →Menschenrechte bemüht man sich internat., sie zu verhindern. Einige Jahrzehnte nach dem Krieg setzt sich in P. nun die Überzeugung durch, dass die Aussiedlung für Deutsche, Ukrainer u. andere Nationen ebensolches Leid bedeutete wie jenes, das den Polen selbst zuteil wurde. Manchmal wird auf die Stabilität u. den Frieden hingewiesen, die – auch als Folge der Neuordnung des mitteleurop. Nationalitätenmosaiks – nach einer Dekade blutiger nationaler Konflikte herrschten. Diese These ist gleichwohl schwer zu beweisen, denn der Frieden wurde v. a. durch das Kräfteverhältnis der Siegermächte garantiert. Gleichwohl verringerten sich, nachdem man sich (wenn auch nicht vollständig) der nationalen Minderheiten entledigt hatte, zweifelsohne die inneren Spannungen in den Staaten dieser Region. Polnische Historiker ebenso wie Publizisten verweisen außerdem darauf, dass sich P. 1945 – unabhängig davon, ob es demokr. oder komm. war – in einer eigentlich ausweglosen Situation befand. Im O beschnitten, durch den Krieg ausgeblutet u. zerstört, musste es seine territ. Zugewinne im W absorbieren u. sie mit der eigenen, um ihre Heimat gebrachten Bev. besiedeln. Dies war quasi eine hist. Notwendigkeit, was nicht bedeutet, wie Jan Józef Lipski, der antikomm. Oppositionelle u. Soldat des poln. Untergrunds während des Krieges, Anfang der 1980er Jahre betont hat, dass jene Notwendigkeit etwas Gutes war u. dass sie nicht hätte auch ohne Gewalt u. Verachtung einhergehen können. Das Thema der Zwangsmigrationen ist in P. überaus lebendig. Man diskutiert das eigene Schicksal, aber man berücksichtigt dabei auch die Erfahrungen anderer Nationen, v. a. die der Deutschen. Historische Erörterungen mischen sich mit den Stimmen v. Politikern, Publizisten u. der sog. Stimme des Volkes. Dies wurde besonders während der Debatte um die Errichtung eines →Zentrums gegen Vertreibungen in der Bundesrepublik Deutschland an der Wende vom 20. zum 21. Jh. deutlich. Der poln. Mythos, ein Opfer der Geschichte zu sein, wird auf manchmal schmerzhafte Weise mit dem Schicksal der Nachbarn P.s oder der Mitbürger anderer Nationalität konfrontiert. Andererseits kränkt P. das Bewusstsein, wie wenig die Westeuropäer über seine dramatische Geschichte im 20. Jh. wissen.

Lit.: Wysiedlenia, wypędzenia i ucieczki 1939–1959. Atlas ziem Polski. Hg. G. Hryciuk/M. Ruchniewicz/B. Szaynok/A. Żbikowski. Warszawa 2008; Umsiedlung der Polen aus den ehemaligen polnischen Ostgebieten nach Polen in den Jahren 1944–1947. Hg. S. Ciesielski. Marburg u. a. 2006; Vertreibungsdiskurs und europäische Erinnerungskultur. Deutsch-polnische Initiativen zur Institutionalisierung. Eine Dokumentation. Hg. St. Troebst. Osnabrück 2006; S. Jankowiak, Wysiedlenie i emigracja ludności niemieckiej w polityce władz w latach 1945–1970. Warszawa 2005; B. Nitschke, Vertreibung und Aussiedlung der deutschen Bevölkerung aus Polen 1945 bis 1949. München 2003; Pamięć europejska czy narodowa. Spór o Centrum przeciwko Wypędzeniom. Hg. P. Licicki/J. Haszczyński. Warszawa 2003; A. Peczorska, Dzieci Jałty. Exodus ludności polskiej z Wileńszczyzny w latach 1944–1947. Toruń 2002; A. R. Hoffmann, Die Nachkriegszeit in Schlesien. Gesellschafts- und Bevölkerungspolitik in den polnischen Siedlungsgebieten 1945-1948. Köln 2000; „Unsere Heimat ist uns ein fremdes Land geworden ...". Die Deutschen östlich von Oder und Neiße 1945 bis 1950. 4 Bde. Hg. W. Borodziej/H. Lemberg. Marburg 2000ff; M. Ruchniewicz, Repatriacja ludności polskiej z ZSRR w latach 1955-59. Warszawa 2000; Ph. Ther, Deutsche und polnische Vertriebene. Gesellschaft und Vertriebenenpolitik in der SBZ/DDR und in Polen 1945–1956. Göttingen 1998; Verlorene Heimat. Die Vertreibungsdebatte in Polen. Hg. K. Bachmann/J. Kranz. Bonn 1998; A. Głowacki, Ocalić i repatriować. Opieka nad ludnością polską w głębi terytorium ZSRR (1943–1946). Łódź 1994; K. Kersten, Repatriacja ludności polskiej po II wojnie światowej. Wrocław 1974.

K. R., M. R.

Polen: Aussiedlung aus den „eingegliederten Ostgebieten" (1939–1944). Der Erlass Adolf →Hitlers vom 8. 10. 1939 über die Eingliederung west- u. nordpoln. Gebiete in das „Dritte Reich" sah die Schaffung neuer Verwaltungseinheiten (Reichsgaue Wartheland u. Danzig-Westpreußen) ebenso vor wie die Vergrößerung der Provinz Ostpreußen um den Regierungsbezirk Zichenau (Ciechanów) mit der Region Suwałki bzw. der

Provinz Schlesien um den Regierungsbezirk Kattowitz (Katowice). Diese mehrheitlich v. polnischer Bev. bewohnten Gebiete (v. 10,1 Mio. waren 8,9 Mio. P. und nur 600.000 Deutsche) sollten v. Deutschen u. Gruppen germanisierter P. besiedelt werden. Die dafür erforderliche Vertreibung von P. und Juden war unter den Kriegsbedingungen zuerst nicht möglich. Daher betrafen die Zwangsaussiedlungen zu Anfang diejenigen Personen, welche als feindlich oder überflüssig eingestuft wurden.

Ende Oktober 1939 ordnete Heinrich →Himmler die Vorbereitungen zur →Deportation aller Juden an (→J.: Deportation und Vernichtung) sowie die Deportation der P. aus dem Reichsgau Danzig-Westpreußen, die aus anderen Teilen Polens stammten, u. die Deportation der „besonders feindlich eingestellten Elemente" aus den übrigen eingegliederten Gebieten. In den folgenden Monaten betrug die Anzahl der für die Deportation Vorgesehenen schon fast 1 Mio. Menschen. Hierbei wurden politisches u. gesellschaftliches Engagement der Betroffenen vor 1939, deren Beruf sowie gesellschaftliche und wirt. Stellung berücksichtigt. Durchgeführt werden sollte die Zwangsaussiedlung v. den Organen der Sicherheitspolizei. In Posen (Poznań) entstand das zentrale „Amt für die Aussiedlung von Polen und Juden" beim Höheren SS- u. Polizeiführer, das zur „Umwanderzentralstelle" (UWZ) umbenannt u. im April nach Lodz (Łódź, 1940–1945 Litzmannstadt) verlegt wurde. An ihrer Spitze stand der aus dem Sudetenland stammende SS-Obersturmbannführer Hermann Krumey. Vonseiten des RSHA überwachte Adolf Eichmann die Aktion.

Für die Auszusiedelnden wurden zahlreiche Übergangslager eingerichtet. Die größten v. ihnen befanden sich in Posen (bis Mai 1940), Lodz, Thorn (Toruń) u. Soldau (Działdowo). Eine besondere Bedeutung hatten die Lager in Lodz, die bis zum Kriegsende in Betrieb waren. Dort wurden nicht nur die Deportationstransporte vorbereitet, sondern auch eine „rassische" Selektion durchgeführt u. für die „Eindeutschung"' geeignete Personen ausgewählt. Darüber hinaus wurden in den Lagern Zwangsarbeiterkolonnen zusammengestellt. Die v. den örtlichen Besatzungsbehörden zur sofortigen Deportation Vorgesehenen wurden in provisorische Isolierungslager (Schulen, Gasthäuser, Kirchen) gebracht u. zumeist ins →Generalgouvernement transportiert (→Lager).

Die Aussiedlungen aus dem Warthegau (→W. als Aus- und Ansiedlungsgebiet) waren viel umfangreicher als die Zwangsumsiedlungen aus dem Reichgau Danzig-Westpreußen. (→D.-W.: Aus- und Ansiedlung im Zweiten Weltkrieg). Aus Oberschlesien wurden 22.000 Personen ausgesiedelt, mehrheitlich waren dies Bewohner der Region Żywiec (→Polen: Aussiedlung aus der Region Ż. 1940 [Saybusch-Aktion]). Im Regierungsbezirk Zichenau (Ostpreußen) betrafen die Aussiedlungen den Kreis Mława, aus dem im November u. Dezember 1940 beinahe 21.000 Personen deportiert wurden.

474.000 Personen aus den eingegliederten Gebieten, davon 345.000 aus dem Wartheland u. ca. 60.000 aus Oberschlesien, wurden zur →Zwangsarbeit ins Dt. Reich geschickt. Unter ihnen waren auch ca. 28.000 Personen aus den sowj. besetzten ostpoln. Gebieten (Bezirk Białystok u. Region Grodno), die erst nach dem Ausbruch des dt.-sowj. Krieges in das „Dritte Reich" eingegliedert wurden.

Die letzte Massenaussiedlung fand v. August bis Oktober 1944 in Warschau statt (→Polen: Zwangsaussiedlung in und nach dem Warschauer Aufstand). Alle Aussiedlungen u. Vertreibungen in den eingegliederten u. besetzten Gebieten (ohne die Verschickung zur Zwangsarbeit) betrafen ca. 1,6 Mio. P. Diese Größe schließt jedoch nicht die poln. Staatsbürger anderer Nationalitäten, v. a. nicht die Juden, ein, die ausschließlich in die Vernichtungslager deportiert wurden. Es sei angemerkt, dass diese Zahlen nur einen Bruchteil der v. den Nationalsozialisten vorgesehenen Bev.umsiedlungen in den poln. Gebieten darstellten.

Die Zwangsumsiedlungen betrafen ganze Familien einschl. Säuglinge u. Greise. Den Aussiedlern wurde fast das gesamte Hab u. Gut sowie Bargeld abgenommen. An Handgepäck, das nur auf das Nötigste beschränkt war u. keinen großen Wert besaß, durften anfangs nicht mehr als 12,5 kg pro Person (ab dem Frühjahr 1940 30 kg) mitgeführt werden. Die Transporte v. a. in den Wintermonaten waren v. zahlreichen Todesfällen, Erfrierungen u. Krankheiten begleitet. Die Lebensbedingungen an den Zielorten waren ebenfalls sehr schwierig. Es fehlte an Wohnungen u. Arbeitsstellen. Aus diesem Grunde ersuchte Generalgouverneur Hans Frank bereits im Herbst 1940 um die Einstellung der Aussiedlungen. Auch später (bis 1944) kam es zu Massenumsiedlungen der polnischen Bev. Diese geschahen aber nun auf Bezirksebene, wurden „Verdrängung" oder „Umquartierung" genannt u. waren mit der Enteignung u. dem Verlust landwirt. Höfe, Häuser oder Wohnungen verbunden.

Da es für die Vertriebenen an neuen Siedlungen fehlte, begann man mit der Errichtung sog. Polenreservate, d. h. Siedlungen auf Brachland, deren Bewohner polizeilicher Kontrolle unterstanden u. die selbst für ihren Lebensunterhalt sorgen mussten. Sie wurden zu öffentlichen Arbeiten herangezogen. Die Intensität der inneren Umsiedlungen verstärkte sich nach der Einstellung der Massenaussiedlungen in das Generalgouvernement im Frühling 1941.

Lit.: →Warthegau als Aus- und Ansiedlungsgebiet.

K. R.

Polen: Aussiedlung aus der Region Żywiec 1940 (Saybusch-Aktion). Der Kreis Ż., welcher vor dem Krieg zur Wojewodschaft Krakau gehört hatte, wurde nach der milit. Niederlage →Polens an den Regierungsbezirk Kattowitz u. damit an →Deutschland angegliedert. Auf einer Fläche v. 1.150 qkm lebten hier 130.000 Menschen. Schon Ende Oktober 1939 kündigte Heinrich →Himmler als →Reichskommissar für die Festigung deutschen Volkstums die Aussiedlung der polnischen Bev. ab November 1939 an. In Schlesien war hierfür der SS-Gruppenführer Erich von dem Bach-Zelewski verantwortlich. In der Region Ż. sollten →Volksdeutsche aus dem →Generalgouvernement (GG.), Wolhynien (→Deutsche aus W. im Zweiten Weltkrieg) u. Südosteuropa angesiedelt werden. Sie sollten den Platz der zu entfernenden P. einnehmen. Anfangs sollte die erste Aussiedlung bis Ende Februar 1940 durchgeführt werden. Für die Deportierung waren alle aus dem ehem.

russischen Teilungsgebiet stammenden Juden und P. vorgesehen. Im darauf folgenden Jahr sollten aufgrund v. Rassenuntersuchungen als unerwünschte Personen angesehene P. entfernt werden. Diese Pläne wurden in den folgenden Monaten leicht abgeändert. Die Aussiedlung sollte mit der dt. Ansiedlung abgestimmt werden. Im Spätsommer 1940 wurde der Verlauf der Aktion festgelegt, die am 22. 9. 1940 begann. In Ż. und anderen Ortschaften wurden Übergangslager eingerichtet, in denen die vertriebenen P. auf die Zusammenstellung v. Eisenbahntransporten nach Lodz (Łódź) warteten (→Lager). Dort befand sich ein großes Deportationslager für die aus den eingegliederten Gebieten vertriebenen P. Einige der Familien, die man für rassisch wertvoll hielt, wurden v. den übrigen Auszusiedelnden getrennt. Aus Lodz wurden die Transporte beinahe unverzüglich in verschiedene Distrikte des GG.s geschickt. Die Aktion dauerte bis Mitte November 1940, der Abtransport ins GG. bis Anfang Januar 1941. In 19 Transporten wurden insgesamt 18.000 Einw. ausgesiedelt, v. denen jeweils ca. 5.500 Personen im Distrikt Lublin u. im Distrikt Warschau angesiedelt wurden.

Lit.: A. Konieczny, Wysiedlenia ludności polskiej powiatu żywieckiego w 1940 roku (Saybusch-Aktion), *Studia Śląskie*. Seria nowa 20 (1971), 231–249.

K. R.

Polen aus Bosnien (1946). Zwischen 1895 u. 1905 siedelten 830 Familien poln.sprachiger röm.-kath. Bauern aus dem habsburgischen Galizien gemeinsam mit griech.-kath. (unierten) Ukrainern bzw. Ruthenen (Russinen) in das seit 1878 habsburgisch verwaltete u. vormals osm. Bosnien um. In der Bosnischen Krajina um Banja Luka, in der nordbosnischen Region Posavina u. in Zentralbosnien um Sarajevo erwarben die kollektiv „Galizier" (serbokroat. *galicijane*) genannten P. Land aus dem Besitz ehem. muslimischer Grundeigentümer. 1910 lebten ca. 11.000 P. in zwölf poln. Kolonien sowie in ca. 30 gemischten Siedlungen B.s. Im Kgr. der Serben, Kroaten u. Slowenen (ab 1929: Kgr. →Jugoslawien) wurden 1921 neuerlich ca. 11.000 P. in B. gezählt, deren Zahl bis zum 2. →Wk. auf über 15.000 anstieg.

Die interethn. Spannungen zw. zugewanderten P. und Ukrainern auf der einen Seite u. der in den genannten Siedlungsschwerpunkten mehrheitlich orth.-serb. autochthonen Bev. auf der anderen stiegen im Zuge einer dezidiert poln. Schul- u. Kulturpolitik seitens des 1920 eingerichteten Konsulat Polens in Banja Luka an. Im „Unabhängigen Staat Kroatien" gerieten die bosnischen P. zwischen die Fronten des innerjugoslawischen Bürgerkriegs u. wurden Ziel v. Angriffen der serb.-nationalistischen Četnikbewegung. Am Kriegsende unterstützten sie mehrheitlich die komm. Tito-Partisanen, so im Mai 1944 im nordbosnischen Prnjavor (dt. Neugrad) durch Aufstellung eines einhundert Mann starken Bataillons.

Im Zuge des Entstehens des Demokr. Föderativen Jugoslawiens eskalierte im Winter 1944/45 der Konflikt zwischen P. und jenen bosnischen Serben, die mit der Četnikbewegung sympathisierten. In der Folge stellte der wiedergegründete Verband der P. in Jug.

(serbokroat. *Savez Poljaka u Jugoslavii,* poln. *Związek Polaków w Jugosławii*) am 1. 7. 1945 ein Gesuch an die Führung der neuen jug. Republik Bosnien u. Herzegowina auf Ausreise nach Polen. Rechtliche Streitigkeiten standen dem jedoch im Wege: Während die bosnischen P. Entschädigung für Immobilien u. Grundbesitz forderten, verweigerte die Republikführung in Sarajevo dies u. bestand zudem auf Kompensation für mitgeführtes Vieh, Futter u. Lebensmittel. Ebenfalls im Juli 1945 reiste eine Delegation bosnischer P. nach Warschau zu Gesprächen mit dem Staatl. Repatriierungsamt sowie zu einer Erkundungsreise nach Niederschlesien. Am 20. 10. 1945 schickte die Delegation ein Memorandum an den Vorsitzenden der Provisorischen Regierung Polens, Bolesław Bierut, in welchem die Region um die niederschlesische Stadt Bolesławiec (dt. Bunzlau) als am besten geeignet für die Ansiedlung der bosnischen P. bezeichnet wurde.

Im Winter 1945/46 spitzte sich der poln.-serb. Gegensatz in B. weiter zu: Die Republikbehörden verteilten jetzt Waffen an die Bewohner poln. Dörfer, damit diese sich vor Angriffen ihrer serb. Nachbarn schützen konnten. Zugleich flohen mehrere Hundert P. aus Gebirgsdörfern in Städte wie Prnjavor. Am 6. 12. 1945 drängten die bosnischen P. diesmal in einem Brief an das jug. Staatsoberhaupt Josip Broz →Tito erneut auf ihre umgehende Ausreise. Nach einem Besuch des poln. Botschafters in Jugoslawien, Jan Karol Wende, in Prnjavor am 25. 12. 1945 kam es am 2. 1. 1946 zur Unterzeichnung eines jug.-poln. Regierungsprotokolls, welches die Übersiedlung der P. aus Jugoslawien in die Republik Polen auf der Basis ersatzlosen Verzichts auf Immobilien u. Grundbesitz sowie unter Mitnahmen v. Baumaterialien u. kleiner Stückzahlen an Vieh regelte. Zur Abwicklung wurden eine Gemischte poln.-jug. Übersiedlungskommission sowie eine jug. Kommission zur Übernahme des Besitzes der poln. Kolonisten eingerichtet. Vom 28. 3. bis zum 2. 11. 1946 verließen 32 Konvois mit 14.088 Personen, darunter 7.405 Kinder u. Jugendliche, die Republik Bosnien u. Herzegowina in Richtung Slavonski Brod (dt. Brod) auf der kroat. Seite der Save. Per Bahntransport ging es v. hier nach Polen weiter.

Dem bosnischen Historiker Husnija Kamberović zufolge wurden die P. „systematisch aus der jugoslawischen Teilrepublik Bosnien und Herzegowina vertrieben". Das „Gesuch der Polen, das Land verlassen zu dürfen", war ihm zufolge ein „formal freiwilliges, in Wirklichkeit jedoch erzwungenes". Die poln. Soziologin Julita Karaś hingegen spricht v. einer bilateral geregelten „Remigration" u. →„Repatriierung" bzw. „Ausreise und Rückkehr in die Heimat", die auf einhelligen Wunsch der Betroffenen erfolgte. Als Grund für diesen Wunsch gibt sie polit. Instabilität, wirt. Krise u. Bandenkriminalität im Nachkriegsjugoslawien an.

Wie v. den bosnischen P. 1945 vorgeschlagen, konnten sie sich 1946 mehrheitlich in Bolesławiec samt Umland – jetzt umgangssprachlich „Klein-Jugoslawien" *(Mała Jugosławia)* genannt – niederlassen. Von den Behörden erhielten die v. ihrer poln.sprachigen Umwelt als „Bosnier" *(bośniacy)* oder „Jugoslawen" *(jugosłowianie),* aber auch pejorativ als „Jugos" *(jugole),* „Kommunisten aus Jugoslawien" *(komuniści z Jugosławii)* u. „jugoslawische Zigeuner" *(jugosłowiańscy cyganie)* Bezeichneten den administrativen Status v. Repatriierten *(repatrianci),* der sie den zeitgleich aus der UdSSR zwangsumgesiedelten

P., den „von jenseits des Bug Gekommenen“ *(zabużanie)*, gleichstellte (vgl. →Polen und Juden: Umsiedlungen aus den polnischen Ostgebieten nach Polen). Bis in die 1960er Jahre hinein bestimmte der Gegensatz zw. den aus Zentralpolen übersiedelten P. *(centralniacy)* einerseits sowie den „Jugoslawen“ u. den „von jenseits des Bug Gekommenen“ (u. Ukrainern, Deutschen, Juden, Griechen, Makedoniern, Aromunen sowie aus Frankreich repatriierten P.) andererseits das öffentliche Leben in Bolesławiec u. Umgebung.

Lit.: H. Kamberović, Polnische Siedler in Bosnien und Herzegowina seit dem Ende des 19. Jahrhunderts, in: Enzyklopädie Migration in Europa. Vom 17. Jahrhundert bis zur Gegenwart. Hg. K. J. Bade/P. C. Emmer/L. Lucassen/J. Oltmer. Paderborn u. a. ²2008, 889–890; Ders., Iseljavanje Poljaka iz Bosne i Hercegovine 1946. godine, *Časopis za suvremenu povijest* 30/1 (1988), 95–104; J. Karaś, Reemigranci z Jugosławii w Bolesławcu – pół wieku później, *Sprawy Narodowościowe* 12 (2003), 217–232; C. Buczek, Repatrianci z Jugosławii na ziemi bolesławieckiej, *Rocznik Dolnośląski* 8 (1983), 159–178.

St. T.

Polen und Juden: Umsiedlungen aus den polnischen Ostgebieten nach Polen (1944–1947). Es wird geschätzt, dass Anfang 1944 beim erneuten Einmarsch der Roten Armee in den ehem. poln. Ostgebieten ca. 2,8 Mio. Menschen poln. Nationalität u. einige Zehntausend aus den Vernichtungslagern gerettete Juden (→J.: Deportation und Vernichtung, →Lager) verblieben waren. Diese Menschen standen infolge der Verschiebung der Ostgrenze →Polens unter dem Diktat der →Sowjetunion (v. den Westmächten akzeptiert) vor der dramatischen Wahl zw. dem Verbleib in der Heimat, aber in einem feindlich gesinnten Staat, u. der Ausreise nach Polen, verbunden jedoch mit dem Verlust der Heimat u. dem Risiko einer beschwerlichen Reise mit nicht näher bekanntem Ziel.

Die poln. Kommunisten ordneten sich in dieser Angelegenheit v. Anfang an der sowj. Politik unter. Bereits am 27. 7. 1944, einige Tage nach der Einsetzung eines Poln. Komitees der Nationalen Befreiung *(Polski Komitet Wyzwolenia Narodowego)* durch die Kommunisten, unterzeichneten deren Mitglieder in Moskau einen Vertrag über den poln.-sowj. Grenzverlauf. Im Vergleich zur Demarkationslinie v. Ende September 1939 gab die UdSSR Polen zwar Białystok zurück, behielt aber solche Städte wie Lemberg (Lwów, L'viv), Grodno (Hrodna) u. Wilna (Wilno, Vilnius), die einen hohen Anteil an polnischer Bev. aufwiesen u. Zentren poln. Kultur waren.

Die Grenzverschiebung sollte mit einem Bev.austausch einhergehen. Die Abkommen zur Umsiedlung der weißruss., ukr. und litauischen Bev. aus Polen u. der poln. Bürger polnischer und jüd. Nationalität aus den benachbarten Sowjetrepubliken wurden am 9. u. 11. 9. 1944 geschlossen (→Ukrainer, Weißrussen und Litauer: Umsiedlung aus Polen in die UdSSR). Die Umsiedlungen, formell freiwillig, sollten bereits im Februar 1945 abgeschlossen werden, was völlig unrealistisch war. Nach erneuten Verhandlungen wurde der Ausreisetermin bis Mitte 1946 verlängert. Anfang 1945 wurde entschieden, die Umsiedler in die dt. Gebiete östl. von Oder u. Lausitzer Neiße zu schicken. Die fehlende internat. Anerkennung der poln. Erwerbungen im W bis zur →Konferenz von Potsdam wirkte sich hemmend auf den Verlauf der Aktion aus. Im Hinblick auf die großen Bev.verluste während des Krieges wurde der Umsiedlung einer möglichst großen Anzahl an P. aus dem O große Bedeutung zugemessen. Auf diese Art u. Weise sollte auch die Idee eines poln. homogenen Nationalstaates umgesetzt werden, der die P. in den Grenzen des ehem. Piastenreiches vereinigte (vgl. →Nationalstaat und ethnische Homogenität).

Vor der Umsiedlung wurden die etwa 1,7 Mio. Ausreisewilligen registriert, die durch Dokumente ihr Optionsrecht (→Option) nachweisen konnten. Über die Umsiedlung nach W entschied ein Zusammenspiel unterschiedlicher Faktoren, welche häufig Zweifel an der Freiwilligkeit der Aktion aufkommen ließen. Von entscheidender Bedeutung war das Verhalten der sowj. Behörden. Eine ablehnende Haltung legten die litauischen Behörden an den Tag. Sie maßen der Ausreise der P. aus Wilna besondere Bedeutung zu u. verzögerten die Umsiedlung aus den ländlichen Gebieten (Wegzug v. Arbeitskräften, angestrebte Assimilierung der poln. Bauern). Man versuchte dies durch Auferlegung v. Steuern u. Abgaben, die Einschränkung bei der Ausfuhr v. Besitz u. die Erschwerung der Tätigkeit der poln. Umsiedlungsvertretungen zu erreichen. Als sehr schmerzlich erwies sich der Mangel an Transportmitteln, was nur teilweise mit der Nachkriegssituation erklärt werden kann.

Im westl. Weißrussland war die Frage der Feststellung der Nationalität der potentiellen Umsiedler das größte Problem. Die Behörden weigerten sich, mehrere Zehntausend Katholiken als P. anzuerkennen, obwohl diese traditionell als solche wahrgenommen wurden. Die Behörden unterstützten die Ausreise der poln. Intelligenz, schränkten aber die Informations- u. Registrierungsaktionen auf dem Lande ein.

Die besten Ergebnisse bei der Umsiedlung wurden in der Ukraine erzielt, wo sie auch am frühesten begonnen hatte, nämlich bereits im November 1944. Hier gab es keine Probleme bez. der Klärung der Nationalität, da die nationale Abgrenzung infolge der Kriegsgeschehnisse deutlich war (→Polen aus Wolhynien und Ostgalizien: Ermordung und Flucht, →Ukrainische Aufstandsarmee und Polen in der Westukraine 1943/44). Mit dem größten Widerwillen erfolgte die Registrierung u. Umsiedlung in Lemberg, dessen Einw. lange auf den Verbleib der Stadt bei Polen gehofft hatten. Um sie zur Ausreise zu bewegen, wurden Repressionsmaßnahmen gegen die Intelligenz angewandt, Vermögen beschlagnahmt u. Menschen in die sowj. Armee eingezogen. Aus den ländlichen Gebieten reisten die P. wegen der ständigen Bedrohung durch ukr. Partisanen oftmals überhastet aus. Während des gesamten Umsiedlungszeitraums herrschte ein eklatanter Mangel an Transportmitteln. Viele der benutzten Waggons waren überhaupt nicht für den Transport v. Menschen geeignet.

Die massenhaften Umsiedlungen aus den an die UdSSR angeschlossenen Gebieten wurden im Sommer 1946 beendet. Auf organisierte Art u. Weise reisten so ca. 1,3 Mio. Personen aus (darunter 54.000 J.), dies waren 74 % der Registrierten. Im Vergleich zur geschätzten Anzahl der polnischen Bev. im Jahre 1944 wurden ca. 45 % der dortigen P. nach W umgesiedelt.

Auf die Dynamik der Umsiedlungen wirkten sich auch persönliche Entscheidungen der in den ehemaligen poln. Ostgebieten *(Kresy)* lebenden polnischen Bev. aus. Die Ausreise bedeutete zwar den Verlust der Heimat, des persönlichen Hab u. Guts sowie den Verlust v. Kulturdenkmälern zahlreicher Generationen. Doch die Erfahrung der ersten sowj. Besatzung, die neue Repressionswelle des →NKVD u. der Terror der ukr. Nationalisten trugen mit Sicherheit zur Entscheidung für die Umsiedlung bei. Die verbreitete Hoffnung auf eine Veränderung der für Polen ungünstigen Ostgrenze hielt jedoch noch viele Menschen zurück. Sie hielten es trotz des starken Drucks vonseiten der Behörden für ihre Pflicht, so lange wie möglich an Ort u. Stelle zu bleiben. Auf dem Dorf spielte die Verbundenheit mit der Scholle u. der lokalen Gemeinschaft eine große Rolle. Viele schreckten davor zurück, in den zerstörten u. bislang zu →Deutschland gehörenden Gebieten zu leben. Man fürchtete um das Schicksal der Familie, die ins Unbekannte aufbrechen sollte. Besonders gespalten waren die Familien ohne männl. Versorger (wegen Tod, Inhaftierung oder Einziehung des Familienoberhauptes zur Armee). Eine häufige Ursache für den Verbleib am alten Wohnort war auch eine plötzliche Erkrankung oder ein Todesfall in der Familie, infolgedessen man oftmals vom bereits festgesetzten Termin zur Ausreise zurücktrat. Eine bestimmte Anzahl an Familien reiste auch aufgrund der bereits erwähnten Transportschwierigkeiten nicht aus. Viele Menschen hofften außerdem, dass die Ausreise auch zu einem späteren Zeitpunkt möglich sein würde. Dies waren jedoch trügerische Erwartungen, die sich negativ auf das Schicksal mehrerer Zehntausend P. auswirkten. Erst in der zweiten Hälfte der 1950er Jahre erhielten sie die Möglichkeit zur Ausreise nach Polen. In den Jahren 1955–1959 reiste eine weitere Viertelmillion P. aus (→Polen: Repatriierung aus der UdSSR [1955–1959]).

Die Zurückgebliebenen, laut sowj. Verzeichnisse v. 1959 ungefähr 700.000 Personen, hatten nur eingeschränkte Möglichkeiten zur Wahrung u. Pflege ihrer nationalen Identität. Neben der Sowjetisierung der poln. Gemeinschaften kam es auch zu einer Russifizierung. Begünstigt wurde dieser Prozess nicht nur durch spärliche Möglichkeiten des Schulunterrichts in poln. Sprache (dieser war nur in der Wilnaer Region möglich) u. durch sehr eingeschränkte Kontakte zu Polen u. dessen Kultur, sondern auch durch die Behinderung der Religionsausübung infolge der atheistischen Politik des sowj. Staates. Die kath. Kirche war nämlich traditionell ein Hort u. Hüter der poln. Sprache in den östl. Gebieten gewesen.

Lit.: Umsiedlung der Polen aus den ehemaligen polnischen Ostgebieten nach Polen in den Jahren 1944–1947. Hg. S. Ciesielski. Marburg, Wrocław 2006; A. Peczorska, Dzieci Jałty. Exodus ludności polskiej z Wileńszczyzny w latach 1944–1947. Toruń 2002; M. Ruchniewicz, Repatriacja ludności polskiej z ZSRR w latach 1955–59. Warszawa 2000; A. Głowacki, Ocalić i repatriować. Opieka nad ludnością polską w głębi terytorium ZSRR (1943–1946). Łódź 1994; K. Kersten, Repatriacja ludności polskiej po II wojnie światowej (Studium historyczne). Wrocław 1974.

M. R.

Polen: Repatriierung aus Sowjetrussland (1919–1924). Die poln. Minderheit außerhalb der Grenzen Kongresspolens (ein dem Zarenreich eingegliedertes Gebilde, gegründet 1815, welches die ehem. russischen Teilungsgebiete westl. des Bugs umfasste) lebte in Siedlungsgruppen oder verstreut im gesamten Gebiet der westlichen Gouv.s Russlands sowie in vielen Städten im russ. Landesinneren. In den sog. geraubten Gebieten (poln. *ziemie zabrane*), die einst zum Großfürstentum Litauen u. zu den ukr. Wojewodschaften des Kgr.s Polen gehört hatten, war die poln. Besiedlung v. dauerhaftem Charakter u. hatte sich nach der poln.-litauischen Union v. Lublin im Jahre 1569 herausgebildet. Angehörige des Adels u. ein großer Teil der Stadtbewohner waren P. Weiterhin existierten ländliche Siedlungsgruppen, die sich zur poln. Nationalität bekannten. In Russland selbst, v. a. in den Städten, wohnten ebenfalls zahlreiche P. Hier war die polnische Bev. zugewandert, v. a. ab der zweiten Hälfte des 19. Jh.s, angelockt durch bessere Verdienstmöglichkeiten (Hochschullehrer, technische Intelligenz, Kaufleute, Arbeiter, Hauslehrer usw.) u. durch Aufstiegsmöglichkeiten, die den P. in den nach 1864 stark russifizierten poln. und litauischen Gebieten verwehrt blieben. Auch einige poln. Zwangsverbannte entschieden sich nach dem Absitzen ihrer Strafe dafür, in Russland zu bleiben. Laut der Volkszählung (1897) lebten in den westlichen Gouv.s fast 900.000 P., wobei man davon ausgeht, dass diese Zahl v. den Behörden als zu niedrig angegeben wurde. Im europ. Teil Russlands waren es ca. 220.000 P., in →Sibirien, →Kaukasien u. →Zentralasien ungefähr 65.000. Ingesamt hatten mindestens 1,2 Mio. P. außerhalb Kongresspolens die russ. Staatsangehörigkeit.

Während des 1. →Wk.s wuchs die Zahl der P. in Zentralrussland stark an infolge einer v. den russ. Behörden vor dem Vormarsch der dt. Armee in die westlichen russ. Gebiete vorgenommenen Massenumsiedlung. Ein anderer Grund war die Mobilisierung zur zarischen Armee. Nach ungenauen Schätzungen wurden mindestens 1 Mio. P. ins Innere Russlands umgesiedelt. Die Umgesiedelten lebten oftmals unter äußerst schwierigen Bedingungen, welche sich infolge der Revolution u. des Bürgerkriegs nochmals verschlimmerten. Dies betraf auch die übrigen P. im Russ. Reich.

Die Wiederherstellung der poln. Staatlichkeit stellte diese Bev. vor die Frage nach ihrem weiteren Schicksal. In den poln. Siedlungszentren in Russland selbst wuchs der Wunsch nach →Repatriierung. In den weißruss. und ukr. Gebieten bestand hingegen lange die Hoffnung auf den Anschluss dieser Territorien an Polen. Jedoch führten die oftmals feindliche Haltung des nichtpoln. Umfelds, die Unabhängigkeitsbestrebungen der Ukraine u. schließlich auch der dramatische Verlauf des russ. Bürgerkriegs sowie der poln.-sowj. Kämpfe dazu, dass immer mehr Menschen ausreisen wollten. Die polnische Bev. aus dem O strömte in Massen nach Zentralpolen. Diese Ausreisen waren meist spontan, unorganisiert u. oftmals mit erheblichen Schwierigkeiten beim Überschreiten der Frontlinie verbunden.

Günstigere Bedingungen für die massenhafte Umsiedlungs- bzw. Repatriierungsaktion wurden erst durch den Abschluss entsprechender internat. Vereinbarungen geschaffen. Dies war erst nach der Einstellung der Kampfhandlungen zw. Polen u. Sowjetrussland möglich geworden. Das Abkommen wurde am 24. 2. 1921 unterzeichnet. Seine Gültigkeit wurde durch den am 18. 3. 1921 v. beiden Seiten in Riga geschlossenen Friedensvertrag bestätigt. In ihm wurde das Optionsrecht präzisiert, welches nicht v. der Nationalität des Antragsstellers abhing (→Option). Den Optanten wurde das Recht auf Ausreise in das Gebiet eines der unterzeichnenden Staaten innerhalb v. sechs Monaten eingeräumt. Gleichfalls wurde ihnen das Recht auf Verfügung über ihr Eigentum u. den Transport ihres Hab u. Guts ohne die Entrichtung v. Zollgebühren zugesichert. Bis Juni 1924 kamen 1,26 Mio. Menschen nach Polen, darunter 470.000 P. In der Mehrzahl waren dies →Kriegsflüchtlinge, Gutsbesitzer u. Vertreter der Intelligenz. Laut einer Bev.zählung v. 1926 lebten auf sowj. Gebiet 790.000 Menschen poln. Nationalität, darunter 580.000 nahe der poln. Ostgrenze, zumeist Bauern.

Eines der dramatischsten Ereignisse der Repatriierungsaktion, noch vor dem Abschluss der zwischenstaatl. Vereinbarungen, war die Ausreise der poln. Waisenkinder aus Sibirien u. der Mandschurei. In drei Etappen zw. 1919 u. 1921 – u. a. mit Unterstützung der japanischen Regierung – verließen knapp 900 Kinder Ostasien. Die „sibirischen Kinder" (poln. *Syberyjskie dzieci*) wurden nach der langen Reise nach Polen in Waisenhäusern u. bei Verwandten untergebracht.

Lit.: J. Kumaniecki, Pokój polsko-radziecki 1921. Geneza, rokowania, traktat, komisje mieszane. Warszawa 1985; Stosunki Rzeczpospolitej Polskiej z państwem radzieckim 1918–1943. Wybór dokumentów. Hg. J. Kumaniecki. Warszawa 1991; W. Theiss, Dzieci syberyjskie. Warszawa 1992; A. Patek, Polska diaspora w Rosji Radzickiej i Związku Socjalistycznych Republik Radzieckich, in: Polska diaspora. Hg. A. Walaszek. Kraków 2001, 293–324.

M. R.

Polen: Repatriierung aus der UdSSR (1955–1959). Nach Beendigung der Massenmigrationen nach W im Jahre 1947 verblieben noch mehrere Hunderttausend P. auf dem Gebiet der →Sowjetunion, die jetzt als sowj. Bürger angesehen wurden (→Polen und Juden: Umsiedlungen aus den polnischen Ostgebieten nach Polen). Neben den Bewohnern der früheren östl. Wojewodschaften der Zweiten Republik waren dies auch P., die während des Krieges v. den sowj. Behörden verschleppt worden waren u. unmittelbar nach Kriegsende in Lagern inhaftiert oder verbannt wurden (→Lager). Nach Schätzungen der Regierung in Warschau betrug die Zahl dieser P. mindestens 600.000, darunter waren viele, um deren Rückführung aus dem O sich ihre Familienmitglieder in Polen bemühten. Obwohl eine individuelle Ausreise nach den für alle sowj. Bürger geltenden Grundsätzen möglich gewesen wäre, blieben die Grenzen in der Praxis doch geschlossen. Ausnahme war die lange abgestimmte →Repatriierung der v. ihren Familien getrennten poln. Kinder (1951/52 ca. 800 Personen).

Einen Durchbruch bei der Repatriierung aus der UdSSR brachte erst das „Tauwetter" nach dem Tode Iosif →Stalins. Die neue Mannschaft im Kreml lockerte das Regime u. ließ mehrere Hunderttausend Verbannte u. Lagerinsassen frei, unter denen sich auch P. befanden. 1954 übergaben die sowj. Behörden kürzlich amnestierte P., deren poln. Staatsbürgerschaft anerkannt worden war. Im Mai 1955 bat Warschau Moskau um die Ermöglichung der Rückkehr der in der UdSSR befindlichen P. zu ihren Familien. Die Rückkehr aus dem O wurde jedoch mindestens bis Anfang 1956 als Zusatz zur geplanten Repatriierung der P. aus den westl. Gebieten betrachtet. Im Herbst u. im Winter 1955 kamen die ersten Transporte aus der UdSSR in Polen an. Sie bestanden aus beinahe 6.000 Verbannten u. vorzeitig Freigelassenen sowie unter Aufsicht v. Wachen übergebenen Gefangenen, v. a. Soldaten der Heimatarmee (poln. *Armia Krajowa*, AK).

Aus dieser verhältnismäßig geringen Welle v. Rückkehrern wurde in der zweiten Hälfte 1956 eine Massenrepatriierung. Die sowj. Behörden stimmten einer Erweiterung des Umfangs der Repatriierung u. einer Verlängerung des Termins zu. Die poln. Behörden begannen infolge des eingeleiteten Reformprozesses nach der Wahl Władysław →Gomułkas an die Spitze der Poln. Vereinigten Arbeiterpartei *(Polska Zjednoczona Partia Robotnicza)* im Oktober verstärkte Bemühungen um eine umfassende Repatriierung. Krönung der Bemühungen war die Unterzeichnung eines Repatriierungsabkommens Ende März 1957. Das Recht auf Repatriierung stand nun allen P. und Juden zu, die vor dem Krieg Staatsbürger Polens gewesen waren, unabhängig davon, ob sie Familien in Polen hatten oder aufgrund welcher Ursachen sie nach dem Krieg in der UdSSR verblieben waren. Die Ausreisen hatten freiwilligen Charakter. Zur Beendigung der Aktion sollte es im Dezember 1958 kommen. Die Hoffnungen auf eine Grenzverschiebung, die in der zweiten Hälfte der 1940er Jahre noch lebendig gewesen waren, schwanden nun langsam. Man verließ die UdSSR zur Familienzusammenführung, Bewahrung des Polentums u. Pflege des Glaubens sowie zur Verbesserung des materiellen Status. Man hoffte darauf, dass die polit. Situation in Polen erträglicher sei als in der UdSSR.

Ein Nachteil des Abkommens war, dass dessen Umsetzung ausschließlich in der Hand der Organe des Innenministeriums (→NKVD) lag. Der poln. Seite gelang es nicht, einen engeren Kontakt mit den Repatriierungswilligen aufzubauen, sodass nur die schriftliche Korrespondenz verblieb. Umso wichtiger war die Rolle des schon im September 1956 berufenen Bevollmächtigten der Regierung für Repatriierung aus der UdSSR, der an der poln. Botschaft in Moskau tätig war. Er informierte die Bewerber über die Repatriierung sowie deren Grundlagen u. Prinzipien, half bei der Beschaffung notwendiger Dokumente u. hatte außerdem das Recht, bei den lokalen Behörden u. der Leitung des MVD zu intervenieren.

Die Unterzeichnung des Repatriierungsabkommens im März 1957 führte nicht zur Behebung der bislang bestehenden Probleme bei der Erlangung einer Genehmigung zur Repatriierung, sie beseitigte auch nicht die Widerstände u. den Widerwillen der sowj. Behörden, welche die Ausreise nach Polen meist als Verrat am sowj. Staat ansahen. Die Ausreisewilligen mussten oft eine große Entschlossenheit an den Tag legen. Die poln. Seite intervenierte häufig, unter anderem in der Angelegenheit inhaftierter Personen. Noch zwei weitere Male kam es zu Gesprächen über die Repatriierung zw. den Spitzenpolitikern beider Staaten (Oktober 1958 u. Juli 1959). Dank dessen gelang es, den Zeitraum der Repatriierung bis 1959 zu verlängern.

Zw. 1955 u. 1959 reisten im Rahmen der Repatriierung 245.500 Personen nach Polen aus, davon 180.000 in den Jahren 1957 u. 1958. Deren überwältigende Mehrheit waren P. aus den ehem. poln. Ostgebieten (poln. *Kresy Wschodnie*). Die meisten Repatrianten stammten aus dem westl. Weißrussland (101.000), wo die Umsiedlungen in der zweiten Hälfte der 1940er Jahre im Verhältnis zur Größe der polnischen Bev. am geringsten gewesen waren. Bedeutende Ausmaße erreichten auch die Ausreisen aus der Ukraine (76.000 Personen), aus Litauen (46.500 Personen) sowie die Repatriierung aus der Russl. Sowjetrepublik (20.000 Personen), wobei sich letztere hauptsächlich aus früher von sowj. Staatsorganen repressierten Personen zusammensetzte. Die meisten Repatrianten waren P., 18.000 Juden. Nach Polen wurden auch 1.300 Gefangene in Spezialtransporten überführt (polit. Häftlinge waren hier in der Minderheit).

Die Massenrückkehr aus dem O machte die Betreuung für die Repatrianten durch den poln. Staat u. die Bereitstellung v. erheblichen Mitteln für ihre Eingliederung in das Wirtschaftssystem des Landes erforderlich. Die allg. wirtschaftliche Situation in Polen war zu diesem Zeitpunkt äußerst schwierig. Bezüglich der Hilfe für die Repatrianten wurden zweimal Regierungsbeschlüsse gefasst: im September 1955, als man davon ausging, dass das Ausmaß der Repatriierung nicht groß sein würde, u. im April 1957, als jeden Monat beinahe 10.000 Personen nach Polen kamen. Mit der Koordinierung dieser Probleme befasste sich der bereits im September 1955 berufene Bevollmächtigte der Regierung für die Repatriierung. Zwischen 1955 u. 1957 wurde ein Netz v. Aufnahmezentren eingerichtet u. erweitert, welches den Rückkehrern Zuflucht in den ersten Wochen ihres Aufenthalts bot. Größtes Problem war die Bereitstellung v. Wohnungen für die Repatrianten in den Städten. Dort nämlich wollte sich die Mehrheit der Ankömmlinge niederlassen, unabhängig v. Beruf u. Wohnort vor der Repatriierung. Bei der Ansiedlung auf dem Lande wurden ihnen meist Bauernhöfe zugewiesen. Der eigene Grund u. Boden war ein Traum vieler Bauern, welche die brutale Kollektivierung in den Ostgebieten erlebt hatten. Trotz aller Schwierigkeiten scheint es, dass die Bedingungen bei der Ansiedlung u. die staatl. Fürsorge viel besser waren als im Falle der Umsiedler in der zweiten Hälfte der 1940er Jahre (→Polen und Juden: Umsiedlungen aus den polnischen Ostgebieten nach Polen).

Auch die poln. Gesellschaft beteiligte sich in hohem Maße an der Hilfe für die Repatrianten. Ergebnisse einer unabhängigen Initiative waren die Gründung eines landesweiten Hilfskomitees für die Repatrianten (poln. *Ogólnopolski Komitet Pomocy Repatriantom*) u. die Gründung v. lokalen Komitees. Diese über den Rahmen des vom Staat Erlaubten hinausgehende Aktivität traf bei den Behörden auf Unwillen, was zur Hauptursache für ihr allmähliches Abklingen wurde. Fürsorge leisteten den Repatrianten auch das Poln. Rote Kreuz u. die Kirche. Sachspenden u. Geld schickten auch Flüchtlingsgruppen u. Zentren der Polonia aus dem Westen. Der Aufruf zur Hilfe für die Rückkehrer aus dem O traf auf ein großes Echo.

In der zweiten Hälfte des Jahres 1959 ebbte die Rückkehrerwelle deutlich ab u. kam langsam zum Erliegen. Ein Grund dafür war die immer geringere Zahl v. zurückgebliebenen Ausreisewilligen. Andererseits hatte auch die sowj. Seite daran einen großen Anteil, welche erneut eine Beendigung der Ausreisen anstrebte u. mehrere Tausend Widersprüche des Bevollmächtigten der Regierung beinahe vollständig ablehnte. Die Behörden in Warschau waren sich der Tatsache bewusst, dass trotz der Repatriierung in der UdSSR noch zahlreiche poln. Gruppen zurückblieben. 1959 schätzte man deren Zahl auf ungefähr 500.000 Personen. Aus staatlichen sowj. Verzeichnissen v. 1959 ging hervor, dass in den früheren poln. Ostgebieten noch mehr als 700.000 Personen poln. Nationalität lebten, was als Untergrenze angesehen werden kann. Die Repatriierung schwächte zwar diese poln. Gruppen, führte aber nicht zu ihrer Auflösung.

Lit.: S. Ciesielski u. a., Represje sowieckie wobec Polaków i obywateli polskich. Warszawa ^{2}2002; M. Ruchniewicz, Repatriacja ludności polskiej z ZSRR w latach 1955–59. Warszawa 2000; Repressii protiv poljakov i pol'skich graždan. Hg. A. Ė. Gur'janov. Moskva 1997; M. Latuch, Repatriacja ludności polskiej w latach 1955–1960 na tle zewnętrznych ruchów wędrówkowych. Warszawa 1994; B. Kącka/S. Stępka, Repatriacja ludności polskiej z ZSRR 1955–1959. Wybór dokumentów. Warszawa 1994.

M. R.

Polen aus der Ukraine: Deportation nach Kasachstan in den 1930er Jahren. In den 1920er Jahren berücksichtigte die →Nationalitätenpolitik in der →Sowjetunion, wenn auch dem Aufbau einer sowj. Gesellschaft untergeordnet, teilweise die Aspirationen einzelner ethn. Gruppen einschl. der Möglichkeit der Schaffung von nationalen Verwaltungseinheiten. In der Ukr. SSR entstanden damals poln. Dorfräte (ukr. *sil'rady*, russ. *sel'sovety*), v. denen es zum Gipfelpunkt im Jahre 1932 170 gab. Im Jahre 1925 wurde eine Einheit auf höherer Ebene gegründet: der poln. nationale Rayon mit dem Zentrum in Marchlevsk (Dołbusz). Im Jahre 1930 wurde dieser Rayon vergrößert, in dem am 1. 12. 1933 54.319 Personen wohnten, v. denen P. über 70 % stellten.

Trotz behördlicher Zwänge u. trotz des Drucks durch Propaganda sowie Repression verlief die Sowjetisierung der polnischen Bev. verhältnismäßig langsam. Ein Kennzeichen ist der Ablauf der Kollektivierung in den von P. bewohnten Gebieten, die deutlich langsamer als in anderen Regionen der U. vorankam. Das Verhältnis der sowj. Behörden zur polnischen Bev. hing auch mit der Außenpolitik zusammen, besonders mit den Beziehungen zw. der UdSSR u. Polen, ähnlich wie das Verhalten gegenüber sowj. Bürgern dt. Nationalität v. den Beziehungen zw. der UdSSR u. dem dt. Staat abhing. Der im Jahre 1934 geschlossene poln.-deutsche Nichtangriffspakt wurde in Moskau als Zeichen einer für die UdSSR gefährlichen Annäherung zw. Warschau u. Berlin aufgefasst. Dies wirkte sich auf die Politik gegenüber P. und Deutschen in der UdSSR aus, besonders in den Grenzregionen.

Wie auch andere Einw. der UdSSR waren die in den westl. Regionen der Ukr. SSR lebenden P. v. Zwangsumsiedlungen sowie v. speziellen gegen sie als eine ethn. Gruppe gerichteten Maßnahmen betroffen. Die ersten Umsiedlungen trafen die polnische Bev. im Zuge der sog. Säuberungen. Da damals die soz. und nicht die Nationalitätskriterien entschieden, ist die Anzahl der in dieser Zeit deportierten P. schwer festzustellen. Gleichzeitig wurden Repressionen auch gegen Angehörige bestimmter nationaler Gruppen durchgeführt. So wurden im Herbst 1930 die Grenzregionen kraft einer Anordnung des ZK der KP(b)U v. Fachleuten (gemeinsam mit ihren Familien) gesäubert, die Verwandte in Polen u. Rumänien hatten. Aus dem Gebiet der U. wurden damals mindestens 1.261 Personen ausgewiesen. Im Jahre 1935 nahm die Welle v. Massenumsiedlungen der einer antisowj. Einstellung beschuldigten oder als polit. unsicher angesehenen Bev. aus den Grenzgebieten zu. Ein Teil der Umgesiedelten wurde in die östl. Gebiete der Ukr. SSR, der Rest in andere Regionen des Landes verschickt. Anfang Februar 1935 wurden aus der U. 2.000 Familien – darunter 681 poln. – ausgesiedelt, in der Zeit zw. dem 20. 2. u. dem 15. 3. 1935 wurden 8.329 Familien (38.892 Personen) in die Ostukraine umgesiedelt, darunter 2.866 poln. Familien. Im Frühling 1935 wurden 1.188 Familien aus dem Rayon Marchlevsk verbannt u. Ende September/Anfang Oktober nochmals 1.668 Personen in das Charkiver Gebiet umgesiedelt. Man schätzt, dass die von Februar 1935 bis Januar 1936 andauernde Umsiedlungswelle 30.000–40.000 P. betroffen hat.

Am 17. 8. 1935 beschloss das Politbüro des ZK KP(b)U, die Rayons Marchlevsk u. Pulin aufzulösen, am 3. 10. 1935 fasste das Präsidium des Exekutivhauptkomitees der Ukr. SSR einen entsprechenden Beschluss. Diese Entscheidungen wurden zwar offiziell mit wirt. und adm. Aspekten begründet. Den polit. und repressiven Charakter dieser Entscheidungen belegt jedoch das zeitgleiche Treffen v. Entscheidungen zur Aussiedlung der poln. und dt. Bevölkerung aus den Grenzgebieten der U. Am 25. 11. 1935 berief das PB des ZK der KP(b)U eine Kommission, welche die für Frühling 1936 geplanten Deportationen vorbereiten sollte. Am 17. 1. 1936 fasste das ZK der VKP(b) einen Beschluss zur Deportation v. 15.000 poln. und dt. Familien aus der U. nach →Kasachstan. Am 23. 1. legte die Sowjetregierung fest, dass in der ersten Phase – im Zeitraum zw. dem 25. 5. u. dem 10. 6. – 5.000 Bauernhöfe umgesiedelt werden sollen, in der zweiten Phase – im September u. Oktober – weitere 10.000 Bauernhöfe. Am 28. 4. 1936 arbeitete die Regierung einen detaillierteren Umsiedlungsplan für 15.000 poln. und dt. Familien aus. Die Anzahl der zu dieser Zeit v. der Deportation Betroffenen wird auf 45.000 Personen geschätzt. Alle zu Deportierenden sollten in das Gebiet Karaganda geschickt u. in speziellen Sondersiedlungen des →NKVD angesiedelt werden. Sie konnten sich auf dem Territorium des jeweiligen Gebiets bewegen, doch durften sie nicht den Wohnort wechseln.

Im Juni 1936 kamen 5.535 Familien (26.778 Personen) nach Kasachstan, im September 1936 weitere 9.465 Familien (42.505 Personen). Insgesamt wurden 69.283 Personen umgesiedelt, also bedeutend mehr als ursprünglich geplant. Wie viele Personen unter den Verschleppten die poln. Nationalität besaßen, ist nicht genau bekannt, da die Dokumente des NKVD mit den Angaben zur nationalen Zugehörigkeit nur die Anzahl der Familien aufführen, nicht jedoch der Personen. Fragmentarische Angaben erlauben die Annahme

– vorausgesetzt, dass die Zusammensetzung poln. und dt. Familien ähnlich war –, dass mindestens 42.000 P. umgesiedelt wurden.

Die Deportierten verblieben im Gebiet Karaganda in 43 Siedlungen, v. denen 37 neu gegründet wurden. Die bis dahin unter freiem Himmel, manchmal in vom Konvoi erhaltenen Zelten nächtigenden u. umherziehenden Gruppen der Deportierten wurden an einen ausgewählten Ort in der Steppe geführt u. mussten dort selbst Wohn- u. Wirtschaftsgebäude errichten. Aufgrund des Mangels an Baumaterialien wurden am häufigsten primitive Erdhöhlen errichtet, in denen die Deportierten auch einen sehr rauen Winter überdauern mussten. Erst über einen längeren Zeitraum hin waren sie in der Lage, bessere Gebäude zu errichten – meistens Lehmhütten aus ungebrannten Ziegeln – u. diese mit den einfachsten Gerätschaften auszustatten. Die tragischen Wohnverhältnisse führten zu zahlreichen Krankheiten u. Todesfällen, v. a. bei Kindern, Alten u. Menschen mit schwacher körperlicher Verfassung.

Die Deportierten mussten Kolchosen gründen, denen Staatsland – allerdings nicht in ausreichendem Maße – zugeteilt wurde. Ein Ausdruck der Sorge der Behörden um die Verbannten sollte die Befreiung v. Steuern u. von der Zwangsabgabe an landwirt. Produkten in den Jahren 1937–1939 sowie die Gewährung v. geringen Krediten für die Bewirtschaftung sein. Gleichzeitig jedoch wurden v. ihnen im Jahre 1936, also in der schwierigsten Zeit unmittelbar nach der Deportation, Abgaben an Saatgut eingetrieben. Die Deportierten besaßen dabei nicht einmal eine ausreichende Anzahl an Zug- u. Nutztieren sowie die erforderlichen landwirt. Geräte. Daher lebten sie lange Jahre in Armut u. waren nicht in der Lage, die erhaltenen Kredite zurückzuzahlen.

Der Status dieser Deportiertengruppe war anfangs unklar. Ihre Unterbringung in speziellen Siedlungen des NKVD u. die Verweigerung des Rechts auf Wohnortwechsel ähnelten jenen der früher deportierten „Kulaken". Im Unterschied zu diesen behielten sie jedoch ihre Bürgerrechte. Erst am 30. 10. 1940 fiel die Entscheidung über ihre Einbeziehung in das Kontingent der „ehemaligen Kulaken", was u. a. bedeutete, dass alle diese Kategorie betreffenden Akte auch für sie galten. Während nach dem Krieg die 1936 aus der U. ausgesiedelten Deutschen in das Kontingent der in den Jahren 1941/42 deportierten sowj. Bürger dt. Nationalität (→Deutsche aus dem Wolgagebiet, →D. aus dem Schwarzmeergebiet) miteinbezogen wurden, behielten die P. ihren bisherigen Status. Kraft eines Beschlusses des Ministerrates der UdSSR vom 29. 9. 1947 wurden die in Kasachstan verbleibenden „ehemaligen Kulaken" gänzlich v. ihrem Sondersiedlerstatus befreit. Diese Entscheidung betraf auch 37.556 P. aus der U., doch wurde diese schon am 29. 9. 1948 als „vorschriftswidrig" zurückgezogen. Wie aber festgestellt wurde, hatten in der Zwischenzeit bereits 11.260 Personen Kasachstan verlassen, u. 8.274 v. ihnen waren an ihren früheren Wohnort in der U. zurückgekehrt. Am 1. 1. 1953 betrug die Anzahl der nun in den Dokumenten als „P." bezeichneten Sondersiedler 36.045 Personen. Die endgültige Befreiung der deportierten P. brachte erst ein Beschluss des Ministerrates der UdSSR vom 17. 1. 1956 mit sich (→Rehabilitierung). Die überwiegende Mehrheit verblieb aber in Kasachstan.

Lit.: H. Stroński, Represje stalinizmu wobec ludności polskiej na Ukrainie w latach 1929–1939. Warszawa 1999; V. Serhijčuk, Deportacija poljakiv z Ukraïny. Kyïv 1999; S. Ciesielski, Deportacje Polaków z Ukrainy w 1936 r., in: Wrocławskie Studia z Historii Najnowszej. Bd. V. Hg. W. Wrzesiński. Wrocław 1997, 63–79; J. M. Kupczak, Polacy na Ukrainie w latach 1921–1939. Wrocław 1994; I. Wynnyčenko, Ukraïna 1920–1980-ch: deportacii, zaslannja, wyslannja. Kyïv 1994; H. Stronśkyj, Zlet i padinnja. Pol's'kyj nacional'nyj rajon v Ukraïni u 20–30-ti roky. Ternopil' 1992.

St. C.

Polen (und Ukrainer): Aussiedlungen aus der Region Zamość (1942/43). In Zentralpolen errichteten die Nazis im Oktober 1939 das →Generalgouvernement (GG.). Es sollte zum Reservat für die unterworfene poln. Bevölkerung werden. Während des gesamten Krieges fanden hier verschiedene Zwangsmigrationen statt: Die jüd. Bevölkerung wurde in Ghettos u. Vernichtungslager deportiert, P. wurden aus den für Deutsche vorgesehenen Stadtvierteln oder den für die milit. Nutzung vorgesehenen Gebieten entfernt, Hunderttausende wurden zur →Zwangsarbeit deportiert, nach der Niederschlagung des Warschauer Aufstandes im Oktober 1944 auch 500.000 Einw. aus der Hauptstadt vertrieben (→Polen: Zwangsaussiedlung in und nach dem Warschauer Aufstand).

Nach dem 22. 6. 1941 sollte das GG nicht mehr nur Polen aus den eingegliederten Gebieten aufnehmen, sondern selbst eingedeutscht u. seine bisherigen Einw. sollten nach O deportiert bzw. ausgerottet werden. Dieses Vorhaben wurde Teil des →Generalplans Ost, den Heinrich →Himmler am 24. 6. 1941, zwei Tage nach dem Beginn des Ostfeldzugs, in Auftrag gab.

Am 20. 7. 1941 bestimmte Himmler die Stadt Lublin u. den Kreis Z. zum ersten „Großsiedlungsgebiet im Generalgouvernement", angeregt von den Plänen des dortigen SS- u. Polizeiführers Odilo Globocnik, der eine Siedlungsbrücke zwischen den „nordisch- bzw. deutschbesiedelten Ländern und Siebenbürgen" herstellen wollte. „Er will so [...] das verbleibende Polentum siedlungsmäßig ‚einkesseln' und allmählich wirtschaftlich und biologisch erdrücken." In der Region Z. lebten damals ungefähr 0,5 Mio. Menschen, unter ihnen ca. 60 % P. Die Aussiedlungen begannen im November 1941 u. dauerten mit Unterbrechungen bis zum August 1943 an. Man kann sie in vier Zeitabschnitte unterteilen.

Schon im November 1941 ließ Globocnik probeweise die P. aus acht Dörfern des Gebiets aussiedeln u. auf andere Dörfer des Kreises verteilen. Im Juli 1942 gab Himmler den Befehl, hier als „erste Quote" 27.000 und als zweite 70.000 dt. „Rücksiedler" aus der →Sowjetunion, Bosnien u. Kroatien anzusiedeln. Die „eindeutschungsfähigen" P. der Gruppen I u. II der →deutschen Volksliste dieses Kreises sollten nach Lodz (Łódź) „zur Eindeutschung und Feinmusterung", diejenigen der Gruppen III als Arbeitskräfte ins Reich gebracht, die nichtarbeitsfähigen „Restfamilien" in „Rentendörfer" eingewiesen werden. Die in die Gruppe IV eingeordneten Personen (21 %) sollten nach Auschwitz zur

Vernichtung deportiert werden. Tatsächlich wurden jedoch „nur“ zwei Züge mit je 1.000 Menschen nach Auschwitz abgefertigt, wahrscheinlich wegen der Transportschwierigkeiten infolge der Kämpfe um Stalingrad, vielleicht auch wegen des Anschwellens des poln. Widerstands in dieser Region.

Am 12. 11. 1942 erklärte Himmler „die Kreishauptmannschaft Zamość zum ersten deutschen Siedlungsbereich im Generalgouvernement“. Diese solle „gesicherte Heimat werden für a) Umsiedler aus Bosnien, b) gefährdete volksdeutsche Umsiedler aus den besetzten Ostgebieten, c) Volksdeutsche und Deutschstämmige aus dem übrigen Generalgouvernement [...], d) sonstige Umsiedlergruppen“. Bis zum Sommer 1943 seien zunächst Stadt u. Kreis Z. deutsch zu besiedeln.

Die Aktion begann im November 1942. Aus 116 Dörfern in der Umgebung v. Lublin, darunter 47 um Z. wurden die P. und Ukrainer in einem ersten Schritt ausgesiedelt. Auf die Umsiedlungsaktion reagierten die poln. Widerstandsgruppen allerdings mit bewaffneten Aktionen: Nicht nur Partisanen der komm. Volksgarde (poln. *Gwardia Ludowa*), sondern auch die nationale Widerstandsbewegung – die Heimatarmee (poln. *Armia Krajowa*) u. die sog. Bauernbataillone (poln. *Bataliony Chłopskie*) – verübten Sabotageakte u. Überfälle. Eine Widerstandsgruppe tötete bei einem einzigen Angriff 30 dt. Neusiedler. Als Antwort auf eine sog. dt. Sühnemaßnahme, der 280 P. zum Opfer fielen, setzte die Heimatarmee ein dt. Kolonistendorf in Brand, in dem 69 Siedler starben. Der Leiter der Heimatdelegation depeschierte im Januar 1943 an die Exilregierung in London: „Entsprechend der allgemein herrschenden Meinung ist zur Verhinderung der Massenvernichtung von Polen eine Aktion notwendig, die den Nachweis erbringt, dass das nicht so leicht gehen wird wie mit den Juden“ – die sich übrigens im März zu einem Aufstand im Ghetto Białystok erhoben.

Die Ukrainer des Kreises sollten anfangs im Nachbarkreis Hrubieszów Höfe erhalten, die ihren poln. Besitzern geraubt wurden. Angesichts des Widerstandes beschlossen die Umsiedlungsbehörden jedoch, die entstehenden dt. Siedlungen mit einem Schutzgürtel ukr. Dörfer zu umgeben. Dementsprechend wurden Ukrainer in den Kreis Biłgoraj umgesiedelt, eine Wald- u. Sandgegend, um dort einen Wall um die Puszcza Solska – die Hauptbasis der Partisanen – zu bilden u. die neubesiedelten Dörfer vor den immer häufiger werdenden Überfällen abzuschirmen. In diesem zweiten Schritt wurden die Einw. weiterer 171 Dörfer in den Bezirken Biłgoraj, Tomaszów, Z. u. Hrubieszów vertrieben. Gleichzeitig siedelte man im Raum Z. mehr als 9.000 dt. Umsiedler aus verschiedenen Ländern Europas sowie 4.000 sog. Dt.stämmige an. Geplant war, insgesamt 108.000 Personen auszusiedeln, doch nur 51.000, d. h. 47 % des vorgesehenen Kontingents, konnten abtransportiert werden. Mehr als die Hälfte floh u. versteckte sich. Diese geringe Zahl v. Personen, die angesiedelt wurden, war das Ergebnis der Strukturplanung: Die Neusiedler sollten Höfe mit 20–50 ha erhalten, während 60 % der poln. Betriebe über weniger als 10 ha landwirt. Nutzfläche verfügt hatten. Im Juli 1943 wurde die Ansiedlung v. →Volksdeutschen im GG. eingestellt u. Globocnik nach Triest abberufen.

Die Aussiedlung der Einw. der Region Z. unterschied sich v. den früheren Aktionen dieser Art in den in das Dt. Reich eingegliederten poln. Gebieten. Es wurde nämlich jeweils die gesamte Bev. einer Ortschaft unter starkem Einsatz v. SS-Kräften u. Wehrmacht entfernt. Außerdem wurden während der Aussiedlungen einige Ortschaften niedergebrannt u. deren Einw. ermordet. Die Aussiedler durften nur wenige persönliche Sachen u. Lebensmittel mitnehmen. Der bewegliche u. unbewegliche Besitz blieb für die dt. Kolonisten zurück. Die ausgesiedelte Bev. wurde in Übergangslager in Budzyń, Lublin, Włodawa, Z. und Zwierzyniec verbracht, wo sie unter schrecklichen Bedingungen festgehalten wurde. Die Inhaftierten wurden einer Selektion unterzogen, wobei man Familien teilte u. den Eltern die Kinder im Alter v. über sechs Monaten wegnahm. Ein geringer Teil, darunter 4.500 Kinder, wurde als rassisch wertvoll eingestuft u. zur Germanisierung ins Reich geschickt. Arbeitsfähige Personen wurden ebenfalls ausgesondert u. ins Reich deportiert. Andere waren für die Deportierung in Konzentrationslager (Majdanek, Auschwitz) vorgesehen. Ein Teil der Kinder sowie Kranke sollten in ehemaligen jüd. Wohnungen oder in sog. Rentendörfern angesiedelt werden. Was hier entstand, waren jedoch keine Waisenhäuser oder Pflegeheime: An den dortigen katastrophalen Verhältnissen starben mehrere Tausend Menschen. Ausgesiedelte, v. a. Kinder u. Alte, starben auch während der Transporte in den ungeheizten Waggons. Zum Symbol des Schicksals der „Kinder von Zamość" wurde ein tragischer Transport nach Pilawa im Februar 1943, bei dem aufgrund der Kälte 500 kleine Aussiedler starben.

Lit.: A. Czubiński, Polska i Polacy po II wojnie światowej, 1945–1989. Poznań 1998; Cz. Madajczyk, Vom Generalplan Ost zum Generalsiedlungsplan: Dokumente. München u. a. 1994; Cz. Łuczak, Polska i Polacy w drugiej wojnie światowej. Poznań 1993; R.-D. Müller, Hitlers Ostkrieg und die deutsche Siedlungspolitik. Die Zusammenarbeit von Wehrmacht, Wirtschaft und SS. Frankfurt a. M. 1991; Zamojszczyzna – Sonderlaboratorium SS. Bd. 1–2. Hg. Cz. Madajczyk. Warszawa 1977; Cz. Madajczyk, Polityka III Rzeszy w okupowanej Polsce. Bd. 1–2. Warszawa 1970; G. Eisenblätter, Grundlinien der Politik des Reichs gegenüber dem Generalgouvernement 1939–1945. Frankurft a. M. 1969; M. Broszat, Nationalsozialistische Polenpolitik 1939–1945. Stuttgart 1961.

K. R.

Polen aus Wolhynien und Ostgalizien: Ermordung und Flucht. 1939 vor Ausbruch des 2. →Wk.s umfasste der sich in den Grenzen des poln. Staates befindliche westl. Teil W.s eine Fläche v. ca. 36.000 qkm; dort lebten schätzungsweise 2,3 Mio. Personen, darunter 16 % P., 70 % Ukrainer u. 10 % Juden. Die Fläche O.s umfasste ca. 47.000 qkm; dort lebten schätzungsweise 5,1 Mio. Personen, darunter 25 % P., 64 % Ukrainer u. 10 % Juden. Von September 1939 bis Juni 1941 befanden sich diese Gebiete unter sowj., v. Juni 1941 bis September 1944 unter dt. Besatzung, seit 1944 gehörten sie erneut der →Sowjetunion.

Im März 1943 gingen auf Befehl des Anführers der Organisation Ukrainischer Nationalisten (ukr. *Orhanizacija ukraïns'kych nacionalistiv*, OUN) Stepan Bandera die in W. entstandenen ukr. bewaffneten Einheiten zum Partisanenkrieg über. Eines der Ziele der Bestrebungen des ukr. nationalistischen Untergrunds war die Vertreibung der polnischen Bev. aus dem umstrittenen Gebiet W.s, auf welches P. und Ukrainer Ansprüche erhoben. Anfänglich war beabsichtigt, die P. aus W. auszusiedeln (zur →Flucht zu zwingen). Zwischen Februar u. Juni 1943 traf die lokale Leitung der →Ukrainischen Aufstandsarmee (ukr. *Ukraïns'ka Povstans'ka Armija*, UPA) in W. (Dmytro Kljačkivs'kyj, Vasyl' Ivachiv, Ivan Lytvynčuk) jedoch die Entscheidung zur Liquidierung (Ermordung) der polnischen Bev. durch bewaffnete Einheiten der UPA. In den Berichten der OUN-UPA wurden die Morde an den P. unter der Bez. „antipoln. Aktion" geführt. Das erste an der polnischen Bev. durchgeführte Massenverbrechen war der Mord an 155 Einw.n von Parośli (Kr. Sarna), vollzogen am 9. 2. 1943 durch die Abteilung der UPA v. Hryhorij Perehijniak. Seit März 1943 kam es zur Verstärkung der Angriffe auf poln. Dörfer u. Siedlungen. Bis Juni 1943 starben im mittleren u. östl. Teil W.s mindestens 8.600 P. Die heftigsten Angriffe auf die polnische Bev. fanden im Juli u. August 1943 statt. Im Laufe dieser zwei Monate sind etwa 18.800 Personen gestorben (im Juli 10.500, im August 8.300). Zu Morden kam es im Sommer auch in den westl. Kreisen der Wojewodschaft W. Verstärkte Ausmaße nahmen die antipoln. Aktionen am 11. u. 12. 7. und vom 28. bis 31. 8. 1943 an (Kreise Horochów [Horochiv], Kowel [Kovel'], Luboml [Ljuboml'], Włodzimierz Wołyński [Volodymyr-Volyns'kyj]). Im Herbst ebbte die Mordwelle ab, um im Dezember 1943 wieder anzusteigen (ca. 760 Opfer). Geringere Verluste betrafen die polnische Bev. in den Jahren 1944/45. 1944 starb die Mehrheit der 1.800 Opfer in der ersten Jahreshälfte, vor dem Eintreffen der dt.-sowj. Front. 1945 wurden mindestens 18 Attacken auf P. notiert, wobei 31 Personen starben.

Bei den Angriffen auf die poln. Dörfer u. Siedlungen kam dort oft die ganze polnische Bev. um. Bei einem Angriff auf die Bergarbeitersiedlung Janowa Dolina (Kr. Kostopol) zu Ostern 1943 starben zw. 500 u. 600 Personen, in den Dörfern Ostrówki u. Wola Ostrowiecka (Kr. Luboml) im August 1943 wurden über 1.000 Personen ermordet. Die Attacken auf poln. Dörfer wurden v. Abteilungen der UPA u. Kampfeinheiten des Sicherheitsdienstes der OUN durchgeführt. Dabei nahm oft auch die mit leichten Waffen (Messer, Äxte, Gabeln) bewaffnete ukr. Zivilbev. teil, was z. T. zu besonders brutalen Morden führte.

Nach Schätzungen der poln. Untergrundbewegung aus dem Jahre 1944 betrugen die Verluste der polnischen Bev. angeblich bis zu 110.000 Personen. Laut W. und E. Siemaszko liegt die Zahl der poln. Opfer zw. 36.500 u. 36.700 Personen, davon fallen 33.400 auf das Jahr 1943, 19.400 sind namentlich bekannt. Da die poln. Verluste bisher nur für 1.721 v. 3.260 betroffenen Ortschaften mit poln. Bevölkerung dokumentiert werden konnten, kann die tatsächliche Zahl der Ermordeten – bei Berücksichtigung der Extrapolationsmethode – sogar 50.000–60.000 Personen betragen (vgl. →Ukrainische Aufstandsarmee und Polen in der Westukraine).

Die v. den ukr. Einheiten verübten Morde zwangen einen bedeutenden Teil der polnischen Bev. zur Flucht aus ihren Wohnorten. Sie konzentrierte sich in den Städten u. an Eisenbahnknotenpunkten, zumeist mittelgrößeren poln. Siedlungszentren. Die schwierigen Wohnverhältnisse sowie der dt. Druck führten dazu, dass ein Teil der →Flüchtlinge, schätzungsweise mindestens 55.000, ins →Generalgouvernement oder zur Arbeit ins „Dritte Reich" fuhr. Von ca. 306.000 Angehörigen der polnischen Bev. 1942 verblieben 1944 auf dem Gebiet W.s nicht mehr als 160.000–170.000.

Die Situation auf dem Gebiet O.s verschärfte sich zur Jahreshälfte 1943. Im Juli u. August 1943 kam es in den Grenzgebieten W.s verstärkt zu Morden an P., die im Herbst 1943 zunahmen. Die Gesamtzahl poln. Opfer bis zum Dezember 1943 betrug ca. 1.500–2.000.

Gegen Ende des Jahres 1943 gingen die ukr. Einheiten bei der Umsetzung der Entscheidung der Führung der OUN-UPA zu größer angelegten Aktionen der Entpolonisierung O.s über – Terrorisierung u. Zwang der polnischen Bev., nach Westen zu fliehen. Im Hinblick auf die größere Zahl der P. und ihre bessere Organisation sowie unter dem Einfluss der Erfahrungen bei den Aktionen in W. unterlag der Verlauf der Aktionen einer Modifizierung. Anfängliche Opfer der Mörder sollten die Führungsschichten bilden, danach sollten die poln. Dörfer Ziel der Attacken sein. Solch eine Attacke unterstützen sollte die Verteilung v. Handzetteln, die die Bewohner zur unverzüglichen Ausreise aus O. aufforderten, u. im Zug der Pazifizierung des Dorfes sollten lediglich die Männer getötet werden. In Wirklichkeit wurden die Opfer zumeist ohne Rücksichtnahme auf Geschlecht u. Alter getötet. Als Ergebnis der Angriffe ukr. Einheiten auf poln. Dörfer, wobei oft zw. 50 u. 100 Personen starben, wurden v. Januar bis April 1944 etwa 8.000 Personen ermordet. Im Mai u. Juni 1944 fiel die Zahl der Überfälle u. Opfer niedriger aus.

Aus Furcht vor den Aktivitäten der ukr. Nationalisten verließ die polnische Bev. in O. massenweise die bedrohten Gebiete. Nach poln. Angaben reisten in der ersten Hälfte 1944 zw. 140.000 u. 300.000 Personen nach Westen aus. Laut Schätzungen der OUN–UPA flohen bis Ende Juni 1944 425.000 P. aus den „Westukrainischen Gebieten". In einigen an der Grenze zw. Galizien und W. gelegenen Kreisen wurden die poln. Siedlungen ganz verlassen.

Sofort nach der Verschiebung der dt.-sowj. Front gingen die Abteilungen der UPA u. die Kampfeinheiten der OUN in O. zu Aktionen gegen die P. über. Trotz der v. der Führung der OUN im Herbst 1944 erklärten Bereitschaft zur Schlichtung des ukr.-poln. Konfliktes stieg die Anzahl der Angriffe auf die P. in den Distrikten Stanisławów u. Tarnopol seit Oktober gewaltig. Die größten Verluste unter der Zivilbev. verursachten die ukr. Aktionen im Zeitraum zw. Ende Dezember 1944 u. März 1945 in Podole: Am 24. 12. 1944 starben in Ihrowica etwa 80 Personen, am 28. 12. 1944 in Łozowa (beide Kr. Tarnopol) 106, am 5. 1. 1945 in Głęboczek (Kr. Borszczów) 97, am 5. 2. 1945 in Barysz (Kr. Buczacz) 135 Personen. Seit dem Frühjahr 1945 – gemeinsam mit der Verstärkung sowj. pazifisierender Maßnahmen gegenüber der UPA u. der Ausreise der polnischen Bev.

– sank die Zahl der Angriffe auf poln. Dörfer, obwohl es auch 1946 noch zu sporadischen Morden kam.

Die Bilanz der poln. Verluste als Resultat der v. den nationalistischen ukr. Einheiten zw. 1941 u. 1946 begangenen Aktionen in O. beträgt schätzungsweise 20.000–25.000 Opfer, davon 1943 ca. 2.000, 1944 zw. 13.000 u. 16.000, 1945/46 zw. 5.000 u. 6.000; 3.000–3.500 in der Wojewodschaft Stanisławów, 5.000–6.000 in der Wojewodschaft Lemberg u. die meisten mit 12.000 bis 15.000 in der Wojewodschaft Tarnopol, sowie – nach Schätzungen des Autors – ca. 200.000 Flüchtlinge.

Der ukr.-poln. Konflikt während des 2. Wk.s u. in den ersten Jahren nach dessen Ende ist eines der strittigsten Probleme in der poln. und ukr. Historiographie. Die größten Kontroversen betreffen die Ursachen des poln.-ukr. Antagonismus, die Motive, Entscheidungsmomente u. den Verlauf der antipoln. Aktionen der OUN–UPA, ihre mögliche Inspiration durch das Dt. Reich u. die UdSSR, die Höhe der Verluste u. auch den Einfluss der Morde in W. und O. auf die Entscheidung zur Durchführung der →Aktion „Wisła". Dank des Zugangs zu einer Reihe v. Archiven der ehem. sowj. Sicherheitsdienste hat sich die Quellenlage für Forschungen wesentlich verbessert. Ein Überblick zu den Standpunkten u. Argumenten der Historiographie beider Seiten wurde u. a. in Texten gelegt, die im Rahmen des Zyklus der in den Jahren 1997–2001 durchgeführten gemeinsamen poln.-ukr. Konferenzen „Polen-Ukraine: schwierige Fragen" erarbeitet wurden.

Lit. (a. →Ukrainische Aufstandsarmee und Polen in der Westukraine 1943/44): Sz. Siekierka/H. Komański/E. Różański, Ludobójstwo dokonane przez nacjonalistów ukraińskich na Polakach w województwie stanisławowskim w latach 1939–1946. Wrocław 2007; Sz. Siekierka/H. Komański/K. Bulzacki, Ludobójstwo dokonane przez nacjonalistów ukraińskich na Polakach w województwie lwowskim 1939–1947. Wrocław 2006; H. Komański/Sz. Siekierka, Ludobójstwo dokonane przez nacjonalistów ukraińskich na Polakach w województwie tarnopolskim 1939–1946. Wrocław 2004; Volyn' i Cholmščyna 1938–1947 rr. Pol's'ko-ukraïns'ke protystojannja ta joho vidlunnja. Doslidžennja, dokumenty, spohady. Red. Ja. Isajevyč. L'viv 2003; Antypolska akcja OUN-UPA 1943–1944. Fakty i interpretacje. Hg. G. Motyka/D. Libionka. Warszawa 2002; W. Siemaszko/E. Siemaszko, Ludobójstwo dokonane przez nacjonalistów ukraińskich na ludności polskiej Wołynia 1939–1945. Bde. 1–2. Warszawa 2000; Polska – Ukraina: trudne pytania. Bde. 1–10. Warszawa 1998–2002.

G. H.

Polen: Zwangsaussiedlung in und nach dem Warschauer Aufstand (1944). Am Vorabend des Aufstandes zählte Warschau etwa 920.000 Einw., davon entfielen 200.000 auf den am östl. Ufer der Weichsel liegenden Stadtteil Praga. Die verbleibenden etwa 720.000 Stadtbewohner waren während des Aufstands Massenmorden ohne Unterschied des Geschlechts u. Alters ausgesetzt, was daher auch als →Genozid bezeichnet werden kann.

Deutsche Schätzungen, die noch im Oktober 1944 veröffentlicht u. zu Propagandazwecken benutzt wurden, bezifferten den Bev.verlust Warschaus auf 250.000 Personen. Polnische Forscher schätzen die Opferzahl auf 150.000–200.000 Menschen, wobei die wahrscheinlichste Schätzung bei 180.000 Personen liegt, darunter 63.000 Tote außerhalb v. Kampfhandlungen.

Für die vertriebene Stadtbev. wurde in der 25 km westl. von W. gelegenen Stadt Pruszków ein Durchgangslager (Dulag 121; →Lager) errichtet. Die ersten mehrere tausend Menschen umfassenden Kolonnen wurden am 7. 8. zu Fuß dorthin getrieben. Dabei handelte es sich um Frauen, Kinder u. Greise. Um die gesamte Aktion zu beschleunigen, wurden wenige Tage später die →Vertriebenen in die Waggons der vorstädtischen Elektrobahn am Warschauer Westbahnhof (poln. *Warszawa Zachodnia*) verladen u. nach Pruszków gebracht. Die Werkhallen, in denen die Vertriebenen untergebracht waren, genügten den elementarsten Hygieneansprüchen nicht. Es mangelte auch an fließendem Wasser. Als Platz zum Kampieren blieben nur wenige Flecken auf dem Betonboden übrig. Die Zahl der im Dulag 121 befindlichen Personen wuchs in der Folgezeit entsprechend der unter dt. Kontrolle gebrachten Stadtteile. So erhöhte sich ihre Zahl besonders nach dem Fall der Altstadt am 2. u. 3. 9., als sich 45.000 Personen im Lager befanden, sowie nach der Unterzeichung des „Waffenstillstandsabkommens für Warschau“, als vom 2. bis zum 9. 10. jene Aufständischen ins Lager gebracht wurden, die bis zum Ende des Aufstands in der Stadt ausgeharrt hatten. Zwar sicherte das Waffenstillstandsabkommen den Aufständischen die Behandlung als Kriegsgefangene zu, doch bewahrte es auch die Zivilisten nicht vor der →Vertreibung. Sie durften nur so viel Gepäck mitnehmen, wie sie tragen konnten.

Die durch das Lager geschleusten Personen wurden einer Selektion unterzogen, die auf der einen Seite arbeitsfähige Männer u. Frauen im Alter v. 15 bis 60 Jahren zur Zwangsarbeit im Reich und auf der anderen arbeitsunfähige Frauen mit Kindern, Alte u. Kranke zur Verteilung im →Generalgouvernement bestimmte. Infolge dieser Selektion wurden die Menschen auf weitere Werkhallen verteilt u. Familien getrennt. Mindestens bis zur dritten Dekade des September 1944 wurden sogar Frauen mit Kindern bis 14 Jahren ins Dt. Reich abtransportiert.

Der Umgang mit den Vertriebenen unterlag einer gewissen Milderung, als Nachrichten über die Vertreibung u. das Dulag 121 um die Welt gingen, sowie im Zuge der Besichtigung des Lagers durch Erich von dem Bach-Zelewski am 5. 9. u. nach der Ankunft einer Delegation des Internat. Roten Kreuzes am 18. 9.

Die durchschnittliche Aufenthaltsdauer im Lager lag zw. einem u. vier Tagen. Der Weitertransport erfolgte in Güterzügen mit 60–70 Personen pro Waggon. Die bewachten Transporte wurden in zwei große Durchgangs- u. Verteilungslager geleitet, u. zwar nach Wilhelmshagen (östl. von Berlin) sowie nach Burgweide (südöstl. Vorort v. Breslau). Nach einem etwas längeren Aufenthalt (Quarantäne, Entseuchung) transportierte man die Menschen weiter in Gemeinschaftslager an ihren Bestimmungsorten. Von Burgweide aus kamen sie zur →Zwangsarbeit nach →Österreich, Süddeutschland u. Schlesien, v. Wilhemshagen aus nach Mittel- u. Norddeutschland. Im Dulag 121 wurden täglich 12 Transporte mit etwa 60 Waggons abgefertigt.

Manche Transporte wurden direkt in die Konzentrationslager geleitet. So sind z. B. am 12. 8., am 4., 12. u. 17. 9. insgesamt 13.247 Personen (sowohl Männer u. Frauen als auch Minderjährige) ins KZ Auschwitz-Birkenau gebracht worden. Die Transporte führten auch in die KZs Buchenwald, Flossenbürg, Groß-Rosen, Mauthausen u. ins Frauen-KZ Ravensbrück (zweite Augusthälfte). Die arbeitsunfähigen Vertriebenen wurden in offenen Kohlewaggons ins Generalgouvernement abtransportiert u. dort auf verschiedene Orte verteilt.

Am 15. 9. begannen systematische →Deportationen aus dem Stadtteil Praga, die bis zum 9. 9. andauern sollten. Anfangs umfassten sie nur Männer im Alter zw. 16 u. 60 Jahren. In der letzten Phase erstreckten sie sich auch auf kinderlose Frauen bis 45 Jahre. Auch diese Transporte wurden durch das Dulag 121 geschleust; mindestens ein Transport kam ins KZ Mauthausen u. zwei Transporte wurden ins KZ Stutthof geschickt (am 25. u. 31. 8.). Gleichzeitig wurde auch eine planmäßige Demontage v. Industrieanlagen u. eine Zerstörung der Infrastruktur durchgeführt (Aktion „Auflockerungs-, Räumungs-, Lähmungs- und Zerstörungsmaßnahmen“).

Am 12. 7. übernahm das Lagerkommando der altgediente Offizier Oberst Kurt Sieber. Er verfügte über einen mehrere Dutzend Mann starken Trupp, über 5–7 Ärzte, die die dt. Ärztekommission bildeten, sowie über eine Gruppe sowj. Kriegsgefangener, die zu Ordnungsdiensten eingesetzt wurden. Er verbot den Einsatz v. Schusswaffen im Lager, schränkte die Misshandlungen ein u. bemühte sich um eine bessere Organisation der Transporte, um die Kapazität des Dulags zu erhöhen, doch einen Monat später fiel das Kommando an die Sicherheitspolizei unter der Leitung v. SS-Sturmbannführer Heinrich Diehl.

Die Gesamtzahl der vertriebenen Warschauer betrug ca. 650.000 Personen, v. denen 150.000 zur Zwangsarbeit ins Dt. Reich u. 50.000 in KZ transportiert sowie 350.000 in das Generalgouvernement vertrieben u. 100.000 entlassen wurden oder fliehen konnten.

Lit.: Exodus Warszawy. Ludzie i miasto po Powstaniu 1944. Bde. 1–5. Warszawa 1992–1995; Ludność cywilna w Powstaniu warszawskim. Bde. 1–3. Hg. Cz. Madajczyk. Warszawa 1974; H. von Krannhals, Der Warschauer Aufstand. Frankfurt a. M. ²1964.

M. Gett.

Politische Flüchtlinge. Unter einem polit. F. ist im engeren Sinne eine Person – Mensch, Bürger oder Staatenloser – zu verstehen, die wegen ihrer polit. Überzeugung in Konflikt mit ihrem Heimat- oder Aufenthaltsstaat gerät u. ihn deswegen verlässt. In einem weiteren Sinne kann man als polit. F. alle jene Personen verstehen, die v. dem betreffenden Staat aus irgendwelchen polit. Gründen diskriminiert, unterdrückt u. verfolgt werden.

Zwar kommt der Begriff des polit. F.s im →Völkerrecht eigentlich nicht vor, aber die Definition des F.s in der Genfer Flüchtlingskonvention v. 1951 (→Flüchtling, →Kriegs- u. Bürgerkriegsflüchtling) stellt eine Umschreibung des polit. F.s im weiteren Sinne dar, nämlich eine Person, die „aus der begründeten Furcht vor Verfolgung wegen ihrer Rasse, Religion, Nationalität, Zugehörigkeit zu einer bestimmten sozialen Gruppe oder wegen ihrer politischen Überzeugung sich außerhalb des Landes befindet, dessen Staatsangehörigkeit sie besitzt ...". Dieser Begriff liegt auch Art. 16a Abs. 1 des dt. Grundgesetzes zugrunde: „Politisch Verfolgte genießen Asylrecht."

Nicht nur in →Deutschland, sondern weltweit besteht ein spezifischer Zusammenhang zw. politischer Verfolgung u. Asylgewährung (→Asyl). Allerdings werden die Voraussetzungen seiner Gewährung nicht selten enger gefasst, wie etwa in Frankreich, das auf Verfolgung wegen des „Einsatzes zu Gunsten der Freiheit" abhebt (Art. 53-1 Verfassung), Italien, das die Versagung der Ausübung demokr. Freiheit zum Kriterium macht (Art. 10 Abs. 3 Verfassung) oder Portugal, dessen Verfassung das Asylrecht „Ausländern und Staatenlosen" gewährt, „die infolge ihres Eintretens für die Demokratie, für soziale und nationale Befreiung, Frieden zwischen den Völkern, für Freiheit und für die Menschenrechte in schwerwiegender Weise bedroht oder verfolgt werden" (Art. 33 Abs. 7).

Die postkomm. Verfassungen Ostmittel- u. Osteuropas berücksichtigen die Gewährung v. Asyl für polit. F. meist gar nicht oder nur potentiell, wie in →Polen, wo die Regelung der Voraussetzungen für die Gewährung v. Asyl in das Ermessen des Gesetzgebers gestellt ist (Art. 56 Verfassung 1997).

Auf der polit.-soziologischen Ebene ist seit dem 19. Jh., wie K. Bade nachgewiesen hat, eine begriffliche Verschiebung vom polit. Häftling im engeren zu einem solchen im weiteren Sinne erfolgt: „Die Zahl der politischen Flüchtlinge des 19. Jahrhunderts blieb insgesamt verschwindend gering im Vergleich zu einem neuen Typ des Flüchtlings, der mit den Nationalstaaten selbst entstand: Der Nationalstaat schuf sich seine Minderheiten und damit vielfach zugleich die Ausgangskonstellation für Flucht- und Zwangswanderungen, die für das 20. Jahrhundert als ‚Jahrhundert der Flüchtlinge' bestimmend werden sollten. Die Verfolgung der nationalen, liberalen und demokratischen Bewegungen hatte den Typ des Flüchtlings geschaffen, der verfolgt wurde für etwas, was er getan hatte. Das Zeitalter der Nationalstaaten sollte im ausgehenden 19. und frühen 20. Jahrhundert den Typ des Flüchtlings schaffen, der für etwas verfolgt wurde, was er nach Einschätzung seiner Verfolger war."

Lit. (a. →Flüchtling): K. J. Bade, Europa in Bewegung. Migration vom 18. Jahrhundert bis zur Gegenwart. München 2002; P. J. Opitz, Das Weltflüchtlingsproblem. Ursachen und Folgen. München 1988; W. Rothholz, Flüchtlinge, in: Wörterbuch des Völkerrechts. Hg. K. Strupp/ H.-J. Schlochauer. Bd. 1. Berlin 1960, 536–539.

O. L.

Račak (alb. Reçak). Die Ereignisse vom 15. 1. 1999 in diesem Dorf in der Shtime-Region, etwa 35 km südl. von Prishtina, wirkten sich beschleunigend auf das internat. Engagement in der Kosovo-Krise aus. Bis heute ist noch nicht abschließend geklärt, was sich wirklich ereignete. Von entscheidendem polit. Einfluss war die erste Tatversion, die der Leiter der OSZE-Mission William Walker als „Massaker der serbischen Sicherheitsbehörden an albanischen Zivilisten" charakterisierte. Eine härtere Gangart gegenüber dem jug. Staat schien geboten. Die nachfolgenden Relativierungen, Zweifel u. Widerlegungen haben den in Gang gesetzten Mechanismus, der zu der Konferenz in Rambouillet am 6. 2. u. schließlich zum NATO-Einsatz gegen →Jugoslawien am 24. 3. führte, nicht mehr beeinflusst.

Aus den OSZE-Berichten ergibt sich folgender Ablauf: Vor dem u. am 15. 1. ist es um u. in R. zu schweren Kämpfen zw. der UÇK u. serb. Sicherheitskräften gekommen. Die Kampfhandlungen wurden v. mehreren Journalisten von *AP TV, Le Monde* u. *Le Figaro* verfolgt. Um 15 Uhr erreichte ein Polizeikommunique das Internat. Pressezentrum in Prishtina, wonach 15 UÇK-Angehörige bei Kämpfen in R. getötet worden seien. Um 16.45 Uhr stellten beide Seiten das Feuer ein, Polizei u. Armee zogen ab. Die OSZE-Beobachter, die am Nachmittag ankamen, fanden einen Toten u. fünf verletzte Zivilisten vor, darunter eine Frau u. einen Jungen. Es wurde ihnen erzählt, dass 20 Männer gefangen genommen u. abgeführt worden seien. Nichtbestätigten Berichten zufolge gab es weitere Tote im Gebiet.

Am 16. 1. wurden zunächst v. Journalisten, danach v. den OSZE-Beobachtern insgesamt 40 Leichen in Zivilkleidung innerhalb u. außerhalb des Dorfes gefunden, darunter eine Frau u. ein etwa 12-jähriger Junge. Fünf Opfer seien v. ihren Familien bereits weggebracht worden, hieß es. Das Dorf war wieder in der Hand der UÇK-Kämpfer, die die Besucher zu einem Graben mit 22 getöteten Männern führten.

Um 13 Uhr traf in R. der Leiter der OSZE-Mission, William Walker, mit 50 bis 60 Journalisten ein u. ließ diesen freien Zugang zu den Leichen. Nach der Ortsbesichtigung gab Walker eine Pressekonferenz, in der er v. 45 Toten, darunter drei Frauen u. einem Kind berichtete. Alle Opfer seien offenbar dort, wo sie lagen, exekutiert worden. Da alle Toten in Zivilkleidung aufgefunden wurden, handle es sich augenscheinlich um einfache Dorfbewohner. Er sprach vom Massaker u. Verbrechen gegen die Menschlichkeit u. machte die Sicherheitskräfte der serb. Regierung verantwortlich.

Gleichzeitig zu Walkers Version kamen weitere widersprüchliche Opferzahlen u. Angaben zur Identität der Getöteten in Umlauf. In einem internen EU-Bericht vom 18. 1. war v. sechs in R. gefallenen Kombattanten die Rede, die UÇK nannte später acht, Human Rights Watch neun u. die serb. Polizei am Tag des Geschehens 15, später 60. Später glich der Journalist Bo Adam die namentliche Opferliste des Internat. Kriegsverbrechertribunals mit den Grabsteinen des Märtyrerfriedhofs in R. ab u. stellte fest, dass es dort für mindestens 13 der 45 Personen keine Gräber gab.

Vierzig Leichen von R. wurden zunächst in das gerichtsmedizinische Institut in Belgrad gebracht u. von jug. und weißrussischen Experten obduziert. Das Ergebnis lautete, dass die zum Tode führenden Schussverletzungen im Verlauf v. Kämpfen erfolgt seien u. dass es keine Erschießungen aus der Nähe gab, also keine Anhaltspunkte für ein Massaker vorlägen. Die EU beauftragte am 22. 1. mit den Untersuchungen ein finnisches Team. Dieses kritisierte die Schlussfolgerungen der jug. und weißruss. Pathologen u. wies die Methode des Parafintests zur Feststellung v. Schmauchspuren als veraltet zurück. Der vorläufige Bericht wurde nach mehreren Verzögerungen erst nach der Konferenz v. Paris am 17. 3. in einer Zusammenfassung v. der Leiterin des finnischen gerichtsmedizinischen Teams, Dr. Helena Ranta, vorgestellt. Ihr Kurzkommunique leitete sie mit der einschränkenden Formulierung ein: „Die Kommentare geben die persönliche Meinung der Verfasserin H. Ranta wieder und stellen keine autorisierte Mitteilung im Namen der Fachabteilung für forensische Medizin der Universität Helsinki oder des EU-Teams forensischer Experten dar." Die Ereignisse von R. wurden als Kriegsverbrechen charakterisiert, aber es wurde nicht gesagt, v. welcher Seite es begangen wurde.

Im Einzelnen hieß es: Die untersuchten Toten scheinen am 15. 1. „ungefähr zur gleichen Zeit" gestorben zu sein. „Unter den autopsierten Personen waren mehrere ältere Männer und nur eine Frau. Es gibt keine Hinweise, dass es sich bei den Betroffenen nicht um unbewaffnete Zivilisten handelte." Ihre Kleidungsstücke wurden „höchstwahrscheinlich" weder gewechselt noch entfernt. Post-mortem-Verstümmelungen sind „höchstwahrscheinlich" auf Tiere zurückzuführen. Die medizinische Untersuchung kann kein Urteil darüber abgeben, ob es ein Gefecht gegeben hat oder die Opfer unter anderen Umständen starben. Die in einem Graben in der Nähe des Dorfes gefundenen Männer wurden „höchstwahrscheinlich" am Fundort erschossen. Das Urteil, ob es sich um ein Massaker handelt, fällt nicht in die Kompetenz der Gerichtsmedizin. Für ein vollständiges Bild über die Ereignisse in R. bedarf es umfassender kriminalistischer Untersuchungen. Die Kommentare von Ranta wurden veröffentlicht, der vollständige Untersuchungsbericht der finnischen Gerichtsmediziner wurde vom Auswärtigen Amt unter Verschluss genommen.

Im November 1999 u. im März 2000 unternahm das finnische Team im Auftrag der EU die Untersuchung der Fundstätte der Leichen u. fand Patronenhülsen, aber keine Kugeln. Daraus wurde der Schluss gezogen, dass nur aus einer Richtung geschossen wurde, was die Massakertheorie anhand der Indizien erhärtete.

Am 21. 6. 2000 lieferte Ranta einen geheimgehaltenen Bericht beim Jugoslawien-Tribunal ab, der die Ereignisse von R. zu einem der wesentlichen Anklagepunkte gegen die alte jug. Führung gemacht hatte.

Im Februar 2001 wurde ein ausführlicher Aufsatz v. drei Mitgliedern der forensischen Gruppe, nämlich Juha Rainio, Kaisa Lalu u. Antti Penttilä, in der Zeitschrift *Forensic Science International* veröffentlicht. Sie kamen zu dem Schluss, dass ein Opfer durch einen Nahschuss ums Leben kam u. folgerten, dass die Opfer ungefähr zur gleichen Zeit gestorben waren. Sie bestätigten, dass keine Verstümmelungen nach dem Tod verübt wurden. Sie äußerten sich nicht dazu, ob es sich bei den Getöteten um Zivilisten oder UÇK-Mitglieder handelte, ob die Toten dort gestorben sind, wo sie aufgefunden wurden, oder ob es sich um ein Massaker gehandelt hat, sondern stellten vielmehr fest, dass die Art u. Weise des Todes nicht bestimmt werden könne, weil die Tatortuntersuchung unterblieb.

Da keine kriminalistischen Untersuchungen bekannt geworden sind, ist es unmöglich, den tatsächlichen Tathergang der Tötungen in R. zu rekonstruieren. Ihre geschichtliche Rolle liegt darin, dass sie in der medial aufbereiteten Version eines serb. Massakers an wehrlosen alb. Zivilisten v. den polit. Akteuren aufgenommen wurden u. eine unmittelbare Auswirkung auf den weiteren Verlauf des internat. Krisenmanagements in →Kosovo hatten.

Lit.: H. Loquai, Weichenstellungen für einen Krieg. Internationales Krisenmanagement und die OSZE im Kosovo-Konflikt. Baden-Baden 2003; B. Adam/R. Heine, Neues in der Verschlusssache Racak, *Berliner Zeitung* 17. 1. 2001; R. Flottau/C. Ch. Malzahn/R. Schleicher, Kosovo. Täuschen und Vertuschen, *Spiegel* 12 (2001), 238–244; J. Rainio/K. Lalu/A. Pentilla, Independent forensic autopsies in an armed conflict: investigation of the victims from Racak, Kosovo, *Forensic Science International* 116/2 (2001), 171–185; B. Adam, Die verschwundenen Toten von Racak, *Berliner Zeitung* 5. 4. 2000; H. Loquai, Der Kosovo-Konflikt – Wege in einen vermeidbaren Krieg. Die Zeit von Ende November 1997 bis März 1999. Baden-Baden 2000; Report of the EU Forensic Expert Team on the Racak Incident, March 17, 1999, in: http://web. archive.org/web/19991116063236; http://www.usia.gov/regional/eur/balkans/kosovo/texts/racak.htm.

Z. F.

Ražnatović, Željko (a. Ražnjatović, gen. Arkan) (*17. 4. 1952 Brežice/Slowenien, †15. 1. 2000 Belgrad), serb. Freischärlerführer u. Politiker. Kommandant der Serb. Freiwilligengarde (*Srpska Dobrovoljačka Garda*, SDG) 1990–2000, Vorsitzender der Partei der Serb. Einheit (*Stranka Srpskog Jedinstva*, SSJ) 1993–2000.

Als Sohn des aus Montenegro stammenden jug. Luftwaffenoffiziers Veljko R. u. dessen Frau Slavka geb. Josifović in den slowen. Alpen geboren, geriet R. nach der Versetzung des Vaters 1958 erst nach Zagreb u. dann nach Belgrad sowie nach dessen unehrenhafter Entlassung aus der Armee u. der Scheidung der Eltern früh auf die schiefe Bahn u. beging mit 14 Jahren einen ersten Handtaschenraub. Die letzte Volksschulklasse schloss er im Jugendgefängnis v. Novi Sad ab. 17-jährig wurde er abermals zu 1,5 Jahren Haft verurteilt. 1972 lieferte er sich in Mailand eine Schießerei mit einem serb. Bandenführer u. wich nach Schweden aus, wo er zahlreiche Banken überfiel. Bei seinen Überfällen hinterließ er jedes Mal eine Rose; seinen Spitz- u. Kampfnamen „Arkan" nahm R. v. einem Tiger in einem Comic-Strip. 1974 erließ das Stockholmer Interpolbüro einen Haftbefehl gegen ihn. Fluchtversuche aus den Gefängnissen v. Verviers, Malmö, Amsterdam, Frankfurt u. Thorberg (Schweiz) zw. 1979 u. 1983 verschafften ihm den Ruf eines „Ausbrecherkönigs". Protegiert vom jug. Innenminister Stane Dolanc, einem Freund des Vaters, ließ sich R.

nach Medienberichten schon seit den frühen 1980er Jahren für verdeckte Operationen des Geheimdienstes einsetzen.

1988 erhielt der vielfach Vorbestrafte die exklusive Lizenz zum Verkauf v. Fanartikeln des Fußballvereins „Crvena Zvezda" (Belgrad) u. wurde im Jahr darauf auch Vorsitzender des Fanclubs „Delije", den er dirigierte, als es bei einem Spiel seiner Mannschaft gegen „Dinamo" (Zagreb) 1990 zu den ersten nationalen Unruhen kam. Im selben Jahr gründete R. im Kloster Pokajnica mit Anhängern aus der Hooliganszene als eine v. etlichen Freischärlergruppen die SDG. 1992 als unabhängiger Kandidat der Kosovo-Serben ins Parlament gewählt, begründete R. im Jahr darauf die SSJ.

Die ganz in Schwarz gekleideten „Tiger", wie die Arkantruppe sich nannte, schlugen nach Beginn des Krieges im Juli 1991 im kroat. Erdut ihr Hauptquartier auf. Sie taten sich durch besonders brutalen Terror gegen die Zivilbev. hervor u. schufen so ein eigenes Muster der →„ethnischen Säuberungen": Nachdem die Armee Dörfer u. Städte mit Artillerie beschossen hatte, drangen SDG-Truppen ein, plünderten, vergewaltigten u. mordeten. Gut dokumentiert sind ihre Einsätze in den bosnischen Orten Bijeljina, wo in wenigen Tagen mehr als 400 Menschen ums Leben kamen, Janja bei Banja Luka, Bratunac, Brčko, Zvornik, Prijedor u. den umliegenden Dörfern, in →Srebrenica, Sanski Most, Rogatica u. Višegrad. Zum Mythos um die schwarzen „Arkanovci" gehörte, dass sie keinen Alkohol tranken, wohl aber Drogen nahmen. Seit 1991 waren die SDG u. andere kriminelle Banden über den Chef der serb. Territorialverteidigung, Radovan Stojčić („Badža"), organisatorisch mit der Polizei verbunden. Auch der spätere Mörder des serb. Premiers Zoran Djindjić, ein Polizist, u. mehrere Kommandanten v. Lagern dienten in Arkans Truppe. Seine Heirat mit der Pop-Sängerin Snežana Veličković, gen. Ceca, 1995 hob ihn in Serbien in den Rang eines Stars der Gesellschaft. 1997 wurde R. vor dem →Haager Kriegsverbrechertribunal wegen Verbrechen gegen die Menschlichkeit u. Bruchs der Genfer Konventionen angeklagt. Anfang 2000 wurde er in der Lobby des Belgrader Hotels Intercontinental v. gedungenen Mördern erschossen. Die Hintermänner der Tat blieben unbekannt.

Lit.: N. Mappes-Niediek, Balkan Mafia – Staaten in der Hand des Verbrechens. Berlin ²2003; M. Lopušina, Komandant Arkan. Čačak ³2001.

N. M.-N.

Rehabilitierung (von lat. *rehabilitatio* „Wiederherstellung") ist ein Komplex v. juristischen, polit., sozialpsychologischen u. territ.-adm. Maßnahmen in Bezug sowohl auf einzelne Personen als auch auf soziale, nationale, relig. u. andere Bev.gruppen, die unter dem andauernden Zustand gesetzlicher Willkür in den Jahren der Existenz der →Sowjetunion litten, mit dem Ziel der öffentlichen, moralischen u. materiellen Kompensation des erlittenen Unrechts – soweit es möglich ist – u. der Gleichstellung mit den übrigen Bürgern des Landes.

Die R. als Sammelbegriff vergangenheitspolitischer Maßnahmen zu Gunsten der Opfer kollektiver Verfolgung u. der individuellen Opfer polit. Strafjustiz ist ein Spezifikum der sowj. und später russl. Entwicklung. In den übrigen ehemals sozialistischen Staaten Europas wird die Aufarbeitung des Systemunrechts sehr viel weiter begriffen. Dort bezeichnet R. lediglich die Aufhebung rechtsstaatswidriger Strafurteile; sie ist eingebettet in ein – länderweise unterschiedlich weit ausgestaltetes – Paket sehr viel weiter gehender Maßnahmen. In den ehemals sozialistischen Staaten Osteuropas erstreckt sich die rechtliche Aufarbeitung der Vergangenheit typischerweise auf die folgenden Fragen: 1. Wiedergutmachung für die Opfer (wobei die Aufhebung inkriminierender Strafurteile nur einen kleinen Teil bildet; weitere Bereiche der Wiedergutmachung sind der Ausgleich v. Nachteilen in der Sozialversorgung, die Wiederaufnahme in die Staatsbürgerschaft, materielle Leistungen für Schäden an Leben, Leib u. Gesundheit sowie die Rückgabe oder Entschädigung konfiszierten Eigentums); 2. Maßnahmen gegen die Täter (Bestrafung, Entfernung aus dem öffentlichen Dienst, Lustration); 3. Maßnahmen gegen die Staatspartei(en) (Auflösung, Tätigkeitsverbote, Konfiszierung des Vermögens – letzteres v. a. auch zur Herstellung v. Chancengleichheit zu Gunsten der neu entstehenden Parteien); 4. Verbot der Verwendung der Symbole des alten Systems; 5. eine partielle, mit dem Schutz der Rechte der Betroffenen vereinbare Öffnung der Archive des Staatssicherheitsdienstes.

In der Sowjetunion bzw. in den Nachfolgestaaten lassen sich rechtshist. drei Perioden der R. (russ. *reabilitacija*) feststellen. In jeder wird wiederum unterschieden zw. den Opfern der polit. Strafjustiz u. den Betroffenen der gruppenspezifischen adm. Repressalien:

Die *erste Periode* begann sofort nach dem Tod v. Iosif →Stalin u. dauerte im Wesentlichen bis zur Mitte der 1960er Jahre. Sie wurde maßgeblich v. der Parteispitze initiiert u. erfolgte weitgehend unter dem Ausschluss der Öffentlichkeit. Der Wiedergutmachungsprozess verlief unter dem Motto „Wiederherstellung der sozialistischen Gesetzlichkeit" u. beschränkte sich vorerst auf Angehörige der Führungselite u. einige Opfergruppen der späten 1940er u. frühen 1950er Jahre. Mit der Aufhebung des Sonderkollegiums beim Innenminister am 1. 9. 1953 wurden die Staatsanwaltschaft u. das Oberste Gericht der UdSSR mit der Überprüfung v. Eingaben u. Beschwerden der wegen Staatsverbrechen Verurteilten betraut. Eine Beschleunigung der Aufhebung der unbegründeten Urteile stellte die durch den Erlass des Präsidiums des Obersten Sowjets der UdSSR vom 19. 8. 1955 eingeleitete Änderung dar, nach der Militärtribunale, Oberste Gerichte der Unionsrepubliken u. Präsidien der Obersten Gerichte der autonomen Republiken bzw. der Gebiets- u. Regionalgerichte das Recht erhielten, nach einem Einspruch der zuständigen Staatsanwälte die Entscheidungen der Sonderkollegien u. anderer außergerichtlicher Organe sowie Urteile der regulären Gerichte in polit. Strafsachen zu revidieren.

Nikita Chruščëvs Geheimrede auf dem XX. Parteitag der KPdSU im Februar 1956, in der er zwar bruchstückhaft, aber deutlich genug das Ausmaß der v. Stalin begangenen Verbrechen vor Augen führte, verlieh dem Prozess der R. einen zusätzlichen Antrieb. Allerdings kam es zu keiner nennenswerten Verfolgung der einstigen Täter u. Mitschuldigen.

Lediglich eine geringe Zahl v. MGB- u. NKVD-Funktionären, Ermittlern u. Richtern wurde vom Dienst freigestellt, um einige Dienstgrade degradiert, aus der Partei ausgeschlossen oder strafrechtlich belangt.

Die R.praxis in Bezug auf die Opfer der staatl. Strafjustiz wies während dieser Periode einige Besonderheiten u. Einschränkungen auf: Bis Ende der 1980er Jahre wurde das juristische R.verfahren bei polit. motivierten Urteilen erst durch persönliche Eingaben der Betroffenen bzw. ihrer nächsten Verwandten in Gang gesetzt. Die Staatsanwaltschaft beauftragte dann einen Militär- oder KGB-Untersuchungsrichter. Dieser führte eine gründliche Überprüfung des konkreten Falls durch u. fertigte eine „Beschlussvorlage über die archivierte Strafakte" (russ. *zaključenie po archivno-sledstvennomu delu*) an, die er dann beim Militär- oder dem zivilen Staatsanwalt einreichte. Wenn die Empfehlung auf eine Revision hinauslief, bereitete der Staatsanwalt einen „Protest im Aufsichtsverfahren" (russ. *protest v porjadke nadzora po delu*) vor u. leitete ihn zusammen mit den Unterlagen an die zuständige Gerichtsbehörde weiter. Das letztere Gremium fasste dann den „Beschluss" (russ. *postanovlenie*), mit dem das Urteil schließlich aufgehoben wurde. Diese R.entscheide wurden jedoch nur den Antragstellern u. in seltenen Fällen öffentlich bekanntgegeben. Zwischen 1954 u. 1961 erfolgte die R. von insgesamt 737.182 Personen; nach Chruščëvs Sturz 1964 erlahmte die Motivation hierfür jedoch, sodass bis 1987 lediglich 157.055 weitere Opfer strafrechtlicher Willkür rehabilitiert wurden.

Von 1955 bis 1960 wurde eine Reihe v. Regierungsverordnungen u. -bestimmungen auf der Unions- u. Republikebene, v. a. in der RSFSR angenommen, die für die unschuldig verurteilten Bürger die Rentenansprüche, Arbeitszeiten, die Entschädigung des konfiszierten Vermögens, die Anmeldung in der früheren Wohnstätte u. andere Fragen regelten u. somit ihre sozialgesellschaftliche Eingliederung förderten.

Ebenfalls für die Opfer der adm. Repressalien – Angehörigen der deportierten Völker, der noch in den Sondersiedlungen verbliebenen „Kulaken" u. zahlenmäßig kleineren Opfergruppen (Zeugen Jehovas, →Kurden, →Iraner oder Armenier u. Bulgaren von der →Krim [→Armenier von der K., →Bulgaren von der K.] u. a.) – bedeutete die eingeleitete Entstalinisierung eine Verbesserung ihrer Lage (→Deportation, →Sondersiedler). So erließ am 5. 7. 1954 der Ministerrat der UdSSR die Verordnung „Über die Aufhebung einiger Einschränkungen in der Rechtsstellung der Sondersiedler", derzufolge Kinder bis zum 16. Lebensjahr v. der Registrierung als Sondersiedler befreit wurden. Einige Tage später folgte die Aufhebung des Erlasses vom 26. 11. 1948 über die 20-jährige Bestrafung der Flucht aus den Pflichtansiedlungen. Die vor 1941 in östl. Gebieten des Landes lebenden u. während des Krieges nicht umgesiedelten Deutschen u. die „Kulaken" wurden am 13. 8. 1954 v. der Kommandanturaufsicht befreit.

Als erste nationale Gruppe wurden schließlich die aus Georgien zwangsausgesiedelten Griechen am 24. 11. 1955 der Sonderaufsicht enthoben (→Griechen: Deportationen in den asiatischen Teil der Sowjetunion); bis Ende 1956 wurde dies auf Deutsche (→D. aus dem Wolgagebiet, →D. aus Trans-[Süd]kaukasien), →Tschetschenen u. Inguschen,

→Karatschaier, →Kalmücken, →Balkaren, →Krimtataren, →Mes'cheten-Türken u. auf andere verbannte nationale und relig. Gruppen ausgeweitet. Insgesamt handelte es sich dabei um mindestens 2,8 Mio. Menschen.

Im Gegensatz zu den Opfern der polit. Strafjustiz wurde den ehem. Sondersiedlern nur eine begrenzte Wiederherstellung ihrer Rechte zuteil. Faktisch fand eine Art regierungsamtlicher Begnadigung statt: Man verbot ihnen, an die Orte zurückzukehren, aus denen sie deportiert worden waren, u. sie durften die Rückgabe des bei der Verschickung konfiszierten Vermögens nicht anfordern. Auch weiterhin galten sie als Vaterlandsverräter.

Erst die Erlasse des Präsidiums des Obersten Sowjets der UdSSR (PVS SSSR) vom 9. 1. 1957 über die Wiederherstellung der autonomen Gebiete u. Republiken der Tschetschenen, Kalmücken, Balkaren, Karatschaier u. Inguschen führten zu einer substanziellen R. dieser Nationalitäten. Der Staat finanzierte Rücksiedlungsprogramme, tätigte Investitionen in den Ausbau der sozialen u. Verkehrsinfrastruktur u. in den Wohnungsbau, stellte Mittel zur Wiedererrichtung kultureller u. bildungsrelevanter Institutionen zur Verfügung, sodass schon zu Beginn der 1960er Jahre das Gros der betroffenen Ethnien bereits in ihren nationalen Territorien lebte. Dagegen bedeutete die verweigerte adm.-territoriale R. für die dt. und krimtatarische Volksgruppe u. ein Rückkehrverbot für die Mes'cheten-Türken eine ausgeprägte Diskriminierung gegenüber anderen Nationalitäten in allen gesellschaftlichen Bereichen.

Die *zweite Periode* der R. fällt in die Zeit der eingeleiteten Liberalisierung nach dem Machtantritt v. Michail Gorbačëv. Die Wiederaufnahme der R.politik verlief anfänglich in alten Bahnen: Das Politbüro des ZK der KPdSU beschloss im September 1987, eine spezielle Kommission „Über die weitere Untersuchung von Materialien über die Repressionsmaßnahmen der dreißiger, vierziger und frühen fünfziger Jahre" zu bilden. Die Kommission arbeitete eng mit der Staatsanwaltschaft u. dem KGB zusammen u. regte v. a. die Aufhebung der Urteile gegen prominente Parteimitglieder, Opfer der zahlreichen stalinistischen Schau- u. Geheimprozesse an.

Mit der fortschreitenden Demokratisierung verlagerte sich die R.politik immer mehr auf gesetzgeberische Organe. Auch die Öffentlichkeit begann eine immer größere Rolle zu spielen u. übte verstärkten Druck auf die Partei- u. Staatsführung aus. Vor allem die 1988 gegründete Menschenrechtsorganisation →„Memorial" trat entschieden für die R. aller Opfer komm. Gewalt seit 1917 ein.

Als Meilensteine auf dem Wege der Überwindung der stalinschen Vergangenheit galten das Dekret des PVS SSSR vom 16. 1. 1989 „Über zusätzliche Maßnahmen zur Wiederherstellung der Gerechtigkeit hinsichtlich der Opfer der Repressionen im Zeitraum der 1930er und 40er sowie zu Beginn der 1950er Jahre" und die Erklärung des VS SSSR vom 14. 11. 1989 „Über die Bewertung der Repressionsakte gegen Völker, die gewaltsam umgesiedelt wurden, als ungesetzlich und verbrecherisch und über die Gewähr der Rechte dieser Völker". Die Urteile der außergerichtlichen Organe wurden demnach für nichtig u. die Betroffenen, ohne eine zusätzliche Untersuchung vorzunehmen, für rehabilitiert erklärt. Das führte zu einer raschen Zunahme von R.en: Wenn 1988 nur bei 12.048 Personen rechtswidrige Urteile aufgehoben wurden, so wuchs ihre Zahl bereits im nächsten Jahr auf 838.630.

Das immer breitere Medienecho u. die gesellschaftliche Anteilnahme am tragischen Schicksal der unschuldigen Opfer repressiver Politik gaben den letzteren zum ersten Mal das Gefühl einer moralischen u. psychologischen Wiedergutmachung des erlittenen Leides.

Der Ukas vom 13. 8. 1990 des zum Unionspräsidenten gewählten Michail Gorbačëv „Über die Wiederherstellung der Rechte aller Opfer von Repressionen in den 1920er bis 1950er Jahren" erweiterte zum ersten Mal seit Beginn der R.verfahren den Kreis der berechtigten Personen u. a. auf die im Zuge der Kollektivierung verbannten Bauern. Aufgrund der inkonsequenten Herangehensweise der Staatsführung u. massiver Widerstände der örtlichen Bev. blieb indes die territoriale R. der Deutschen, Krimtataren u. Mes'cheten-Türken aus.

Die *dritte Periode* der R. verlief im Zeichen der demokr. Wende u. einer staatsrechtlichen Auflösung der UdSSR im Dezember 1991 in 15 unabhängige Staaten; jeder davon verfolgte nunmehr eine selbständige R.politik. Die Hauptverantwortung für die Untaten in der Vergangenheit übernahm die Russl. Föderation als offizielle Nachfolgerin der einstigen UdSSR. Zwei Republikgesetze, die noch zu Zeiten der Sowjetunion angenommen wurden, prägen bis heute die R.praxis in der RSFSR: „Über die Rehabilitierung der repressierten Völker" vom 26. 4. 1991 u. „Über die Rehabilitierung von Opfern politischer Repressionen" vom 18. 10. 1991. Der Zeitraum der zu rehabilitierenden Rechtsverstöße wurde auf die gesamte Periode der Existenz der Sowjetmacht ausgedehnt. Der Kreis der Betroffenen erweiterte sich stark, bis auf willkürlich verurteilte dt. Kriegsgefangene. Ein Novum ist auch, dass den Opfern der adm. Repressalien neben einer Reihe v. zusätzlichen Vergünstigungen u. sozialen Leistungen nun auch bescheidene Entschädigungen für das während der Deportation beschlagnahmte persönliche Eigentum zustehen.

In der Sache der polit. und territ. R. der zur Stalinzeit kollektiv bestraften nationalen Gruppen konnten dagegen überhaupt keine Fortschritte erzielt werden: Das russl. Parlament legte am 3. 7. 1992 ein Moratorium auf jegliche adm.-territ. Änderungen auf, das faktisch bis heute dauert. Davon waren u. a. Inguschen u. Kalmücken betroffen, weil ihre Autonomien in den 1950er Jahren mit räumlichen Abstrichen wiederhergestellt wurden.

Am schwerwiegendsten traf es die dt. Minderheit, die in der RSFSR die einzige vormals repressierte Nationalität bleibt, der eine substanzielle Wiedergutmachung bis heute verweigert wird. Die Absage, die Russlanddeutschen zu einem gleichberechtigten sowj. bzw. russl. Volk mit einem autonomen Territorium werden zu lassen, war ein Grund der massenhaften Auswanderung nach Deutschland. Der Ukas des Präsidenten Boris El'cin vom 21. 2. 1992 „Über sofortige Maßnahmen zur Rehabilitation der Russlanddeutschen", in dem ein dt. nationaler Rayon im Gebiet Saratov u. ein Landkreis im Gebiet Volgograd vorgesehen waren, blieb wirkungslos. Anstelle einer umfassenden gesellschaftspolit. und territ. R. dieser Volksgruppe begnügt sich die russl. Regierung zur Zeit mit der bescheidenen Finanzierung v. Programmen, die schwerpunktmäßig auf den Bau v. sozialen u. infrastrukturellen Objekten in den dörflichen Siedlungen Westsibiriens setzt.

Eine wichtige Komponente der russl. R.politik sollte die Offenlegung der Archivbestände des Innenministeriums u. des KGB spielen. Nach den anfänglichen Zugangserleichterungen trat seit Mitte der 1990er Jahre zunehmend eine restriktive Archivpolitik in Erscheinung. Auch die schon zur Chruščëv-Zeit geäußerte Absicht u. der später vom VS SSSR und auch vom russl. Parlament gefasste Beschluss, ein zentrales Mahnmal für die Opfer des →GULag u. der Deportationen zu errichten, wurde bis heute nicht verwirklicht. Die im gegenwärtigen Russland auf nostalgische Verklärung der einstigen sowj. Größe ausgerichtete Geschichtspolitik lässt alles in allem wenig Spielraum, den berechtigten Anliegen der Opfer komm. Gewaltherrschaft eine vernehmbare Stimme zu verschaffen.

Lit.: Die rechtliche Aufarbeitung der kommunistischen Vergangenheit in Europa. Hg. F.-C. Schroeder/H. Küpper. Frankfurt a. M. 2009; H. Küpper, Kollektive Rechte in der Wiedergutmachung von Systemunrecht. Frankfurt a. M. 2004; N. Adler, The Gulag Survivor: Beyond the Soviet System. New Brunswick, London 2002; E. Fein, Geschichtspolitik in Russland. Chancen und Schwierigkeiten einer demokratisierenden Aufarbeitung der sowjetischen Vergangenheit am Beispiel der Tätigkeit der Gesellschaft „Memorial". Hamburg 2000; Reabilitacija: kak ėto bylo. Dokumenty v 3-ch tomach: Mart 1953–1991. Hg. A. Artizov u. a. Moskva 2000–2004.

V. K., H. K.

Reichskommissar für die Festigung deutschen Volkstums (RKF). Titel des Reichsführers SS ab 1939 und Bez. des gleichnamigen SS-Hauptamtes (ab 1941). Der RKF koordinierte während des 2. →Wk.s die nationalsozialistische Umsiedlungs- u. Germanisierungspolitik im besetzten Osteuropa.

Mit dem Überfall auf →Polen im September 1939 erhielten die dt. Ansprüche auf „Lebensraum im Osten" eine neue realpolit. Grundlage. Insbesondere die SS unter Heinrich →Himmler nutzte das Machtvakuum im eroberten Polen, um sogleich eine praktische Siedlungs- u. Germanisierungspolitik in Angriff zu nehmen. In seiner Reichstagsrede vom 6. 10. 1939 kündigte Adolf →Hitler eine umfassende „ethnische Neuordnung" Osteuropas an u. übertrug am nächsten Tag seinem SS- u. Polizeichef Himmler die Verantwortung für die Rückführung der →Volksdeutschen aus Osteuropa u. die „Germanisierung" der annektierten poln. Westgebiete (→Polen: Aussiedlung aus den „eingegliederten Ostgebieten"). Diese Kompetenz wurde später auch auf die anderen eroberten Regionen ausgedehnt. Himmler wählte daraufhin für sich den Titel RKF u. errichtete mit dem Stabshauptamt RKF (ab 1941 aufgewertet zu einem SS-Hauptamt) eine Institution, die Planung u. Praxis der Umsiedlung (→U. [NS-Begriff]) koordinierte. Chef des Stabshauptamtes RKF war während des Krieges SS-Obergruppenführer Ulrich Greifelt, ein Vertrauter Himmlers. Die Hauptabteilungen des Stabshauptamtes RKF umfassten die Bereiche Umsiedlung u. Volkstum, Arbeitseinsatz, Wirtschaft, Landwirtschaft, Finanzverwaltung, Planung u. Boden. Auch die Bodenämter im besetzten Polen u. die SS-Ansiedlungsstäbe unterstanden dem RKF. Schließlich unterhielt das Stabshauptamt RKF bei den Gauleitern u. Reichsstatthaltern u. Höheren SS- u. Polizeiführern in den besetzten Regionen Außenstellen (Beauftragte des RKF). Eine Schlüsselrolle im RKF spielte die Hauptabteilung Planung u. Boden unter dem Berliner Agrarwissenschaftler SS-Oberführer Konrad Meyer. Meyers Abteilung erstellte die verschiedenen Varianten der nationalsozialistischen Umsiedlungsplanungen für Osteuropa (→Generalplan Ost).

Ziel der nationalsozialistischen Umsiedlungspolitik war eine ethn. Neuordnung Osteuropas unter dt. Vorherrschaft. Dies war jedoch nur möglich unter Einbeziehung v. Volksdeutschen u. „germanischstämmigen" Siedlern und v. a. durch ein rücksichtsloses Vorgehen gegenüber der nicht-dt. Zivilbev.: Die Ermordung der europ. Juden (→J.: Deportation und Vernichtung) galt den Siedlungsplanern dabei als der erste Schritt. Ebenso sollten große Teile der poln., baltischen u. sowj. Zivilbev. umgebracht werden – durch →Zwangsarbeit, Hungerpolitik, Entstädterung u. →Vertreibungen. Wenn auch die Großpläne zur Umgestaltung Osteuropas während des Krieges nicht umgesetzt wurden, liefen doch im besetzten Westpolen u. in einzelnen Regionen des →Generalgouvernements bereits die Umsiedlungsmaßnahmen (→Polen [und Ukrainer]: Aussiedlungen aus der Region Zamość). Unter der Federführung der SS (RKF, Rasse- u. Siedlungshauptamt der SS) wurden etwa 800.000 Polen aus Dörfern u. Städten vertrieben, ihre Wohnungen u. Höfe bekamen Volksdeutsche aus dem Baltikum, Ostpolen u. Rumänien. Die als „rassisch hochwertig" klassifizierten →Vertriebenen (etwa 35.000 Menschen) wurden zur „Wiedereindeutschung" ins Altreich gebracht.

Lit.: G. Aly/S. Heim, Vordenker der Vernichtung. Auschwitz und die deutschen Pläne für eine neue europäische Ordnung. Frankfurt a. M. 1991; R. L. Koehl, RKFDV. German Settlement and Population Policy. A History of the Reich Commission for the Strengthening of Germandom. Cambridge/Mass. 1957

I. H.

Repatriierung (v. lat. *repatriatio* – Rückkehr ins Vaterland) Rückkehr bzw. Rückführung ehem. oder mutmaßlicher Bürger in ihren Heimatstaat. Als Repatrianten, d. h. Personen, die für die R. prädestiniert sind, gelten Staatsbürger oder Residenten, die freiwillig oder unter Zwang sowohl für eine begrenzte Zeit außerhalb der Grenzen ihres Heimatstaates geraten sind (bspw. als Folge von hist. oder Naturkatastrophen – Kriegsereignissen, Hungersnöten, Dürren etc.) als auch Emigranten oder Vertreter unterschiedlicher Diaspora (vormals staatl., soz. oder ethn.), die bereits seit Langem außerhalb ihrer ehem. Heimat ansässig sind (eine bis mehrere Generationen oder mehrere Jahrzehnte bzw. Jh.) und

i. d. R. weder eine faktische noch eine juristische Staatsbürgerschaft des Repatriierungslandes besitzen. Ein signifikantes Beispiel der R. stellt die nationalsozialistische Kampagne „Heim ins Reich“ dar, im Zuge derer v. 1939–1942 verstärkt sog. →Volksdeutsche, d. h. ethn. Deutsche, die außerhalb Deutschlands lebten u. die Voraussetzung für den Erhalt der dt. Staatsangehörigkeit erfüllten, ins Reichsgebiet umgesiedelt wurden.

Zum Ausgleich der Bev.verluste durch die →Vertreibung u. Zwangsaussiedlung der Deutschen u. Magyaren wurden Tschechen u. Slowaken in den Grenzgebieten der →Tschechoslowakei angesiedelt, die als Repatrianten bzw. Remigranten bezeichnet wurden (→Tschechen und Slowaken: Remigration aus Wolhynien, Jugoslawien usf.). Auch für die Umsiedlung v. Polen aus Sowjetrussland nach dem 1. →Wk. sowie aus der UdSSR in der zweiten Hälfte der 1950er Jahre wird der Begriff R. benutzt (→Polen: Repatriierung aus Sowjetrussland [1919–1924], →Polen: Repatriierung aus der UdSSR [1955–1959]).

Einen Sonderfall der R. stellt die sog. *Alija* dar – d. h. die R. ethn. Juden in den 1948 gegründeten Staat Israel, der sich als rechtmäßiger Nachfolger des antiken Israel definiert u. somit entsprechend der zionistischen Doktrin die hist. Heimat des gesamten jüd. Volkes ist (eine im sog. Rückkehrergesetz v. 1950 festgelegte Norm).

Als Grundmerkmal der R. gilt das Überschreiten der Staatsgrenze verbunden mit der Anerkennung des Repatriantenstatus der jeweiligen Person. Aus diesem Grund ist die häufige Verwendung des Terminus R. im Zusammenhang mit innerstaatl. Umsiedlungen u. Verschiebungen (bspw. im Falle der Rückkehr einzelner deportierter Völker in ihre ehem. Ansiedlungsgebiete) nicht korrekt.

Ein recht bekanntes Beispiel für eine in ihrem Ausmaß massenhafte R. ist die Zwangsrepatriierung v. etwa 6 Mio. während des 2. →Wk.s nach Deutschland verschleppten Zivilarbeitern, ehem. Kriegsgefangenen u. weiteren Gruppen sowj. Bürger, die sich im Zuge der Kriegshandlungen außerhalb der sowj. Vorkriegsgebiete aufhielten, zurück in die UdSSR. Der Zwangscharakter dieser R. resultiert nicht aus dem im Zuge der Aktion erlittenen Freiheitsverlust des einzelnen Repatrianten. Entscheidend ist vielmehr der Sachverhalt, dass nicht die Willensentscheidung des Rückkehrers, sondern allein dessen Status als Einw. der UdSSR in den Grenzen der Vorkriegszeit die hinreichende u. verbindliche Grundlage für die R. bildete (diese Norm wurde v. der UdSSR im Abkommen v. Jalta am 11. 2. 1945 mit Großbritannien u. den USA vereinbart u. von den Sowjetbehörden bis zum Herbst 1945 umgesetzt, in manchen Fällen auch später). Ungeachtet der Absichtserklärung über einen differenzierten Umgang mit den unterschiedlichen Repatriantenkategorien dominierte ihnen gegenüber insgesamt eine auffallend geringschätzige Einstellung. Der Terminus „Repatriant“ erhielt somit in der Sowjetunion schon bald einen negativen Beigeschmack u. wurde in der Folgezeit automatisch auch auf prinzipiell andersartige Formen der R. übertragen (bspw. auf die R. von Auslandsarmeniern in die Armenische SSR).

Lit.: P. Polian, „Reparation durch Arbeit". Repatriierung und Rehabilitierung in die UdSSR deportierter Zivilisten, in: Tauwetter, Eiszeit und gelenkte Dialoge. Hg. K. Eimermacher/ A. Volpert. München 2006, 97–115; Ders., Repatriierung sowjetischer Bürger in die UdSSR vor und nach dem Ende des Zweiten Weltkrieges, in: Ebd., 183–204; Ders., Deportiert nach Hause. Sowjetische Kriegsgefangene im „Dritten Reich" und ihre Repatriierung. München u. a. 2001.

P. P.

Revolutionäre Garden. Die R. G. (a. Revolutionsgarden, tschech. *revoluční gardy*) wurden am Ende des 2. →Wk.s unter Beteiligung der Militärkommandantur v. Groß-Prag u. des komm. dominierten zentralen Gewerkschaftsrates gebildet, nach Aufforderung durch den Gewerkschaftsrat, die Nationale Front, die Komm. Partei (KSČ), die →Nationalausschüsse, die Regierung oder aus eigener Initiative. Sie übernahmen Sicherheitsaufgaben u. beteiligten sich auch an der Vertreibung der →Deutschen aus den böhmischen Ländern. Diese u. andere bewaffnete Einheiten rückten in die mehrheitlich v. Deutschen bewohnten Grenzgebiete (→*pohraničí*) ein u. führten dort die ersten →wilden Vertreibungen der dt. Bev. sowie Hausdurchsuchungen, Inhaftierungen u. Internierungen v. Deutschen u. der →Kollaboration verdächtiger Personen durch. Außerdem beschlagnahmten sie Vermögen u. vollzogen eigenmächtig Exekutionen. Sie trugen Armbinden mit den Buchstaben RG. In den Grenzgebieten existierten neben offiziellen Armeeeinheiten unabhängig operierende Truppen, die bei Kriegsende v. einzelnen Offizieren zusammengestellt worden waren. Ferner waren weitere verschiedene bewaffnete Einheiten aktiv, wie eben die Revolutionsgarden, Partisanenverbände, nationale Milizen, Bürgerwehren u. Ä. Die R. G. waren teilweise Armeekommandos untergeordnet, teilweise handelten sie auf Anordnungen verschiedener Institutionen wie der Nationalausschüsse, Verwaltungskommissionen, Kommandeure der Sicherheitseinheiten, des Innenministeriums oder auf eigene Faust.

Um die Kontrolle des Grenzgebietes zu verbessern, wurde Ende Mai 1945 die Bereitschaftsabteilung der Nationalen Sicherheit aufgestellt, in die vorwiegend Angehörige der R. G. und Partisanenverbände eingereiht wurden.

Im Juni u. Juli 1945 wurden Hunderttausende Deutsche v. den Nationalausschüssen, den R. G. und Militäreinheiten in Lagern interniert, willkürlich enteignet u. über die Grenzen vertrieben. Diese Vorgänge waren verbunden mit Diskriminierungen, Gewalttaten u. zahlreichen Morden. Die Lage der deutschen Bev. hing in großem Maße v. der jeweiligen regionalen u. lokalen Situation u. dem Verhalten der dortigen Machthaber ab.

Die verschiedenen bewaffneten Gruppen wie Partisanen u. R. G., die nicht der Armee oder dem Korps der nationalen Sicherheit (tschech. *Sbor národní bezpečnosti*, SNB) angehörten, sollten durch einen Erlass des Verteidigungsministeriums vom 13. 6. 1945 aufgelöst u. deren Mitglieder in den SNB übernommen werden. Die Durchsetzung dieser Maßnahme war aber mit zahlreichen Problemen verbunden u. stieß auf den Widerstand der jeweiligen Kommandanten. So weigerte sich z. B. der Kommandant der aus Kommunisten bestehenden Formation „Pěst“ in Dux (Duchcov), seine Einheit zu entwaffnen u. seine Offiziersuniform zu übergeben. Viele Nationalausschüsse bzw. Verwaltungskommissionen verwendeten die R. G. sowie andere Einheiten für ihre Zwecke u. zeigten kein großes Engagement, diese aufzulösen. Das Innenministerium mahnte am 3. 8. 1945 die vollständige Auflösung sämtlicher R. G. und Partisanengruppen an. Die Landeskommandantur des SNB wies am 17. 8. 1945 sämtliche Bezirkskommandanturen in Böhmen darauf hin, dass es immer noch Reste der R. G. gäbe, die eigenmächtig Aufgaben des Sicherheitsdienstes übernähmen, u. forderte deren endgültige u. vollständige Auflösung. Bis Ende August 1945 meldeten zahlreiche Bezirkskommandanturen dem SNB in Prag die Auflösung der restlichen Revolutionsgarden.

Lit.: T. Staněk, Poválečné „excesy“ v českých zemích v roce 1945 a jejich vyšetřování. Praha 2005; Ders., Verfolgung 1945: Die Stellung der Deutschen in Böhmen, Mähren und Schlesien (außerhalb der Lager und Gefängnisse). Wien u. a. 2002.

A. W.

Ribbentrop-Molotov-Pakt (a. Hitler-Stalin-Pakt). Am 23. 8. 1939 unterschrieben die Außenminister des nationalsozialistischen Dt. Reiches, Joachim von Ribbentrop, u. der UdSSR, Vjačeslav Molotov, in Moskau einen beiderseitigen Nichtangriffspakt u. eine Vereinbarung zur Sicherung der Neutralität im Kriegsfalle der anderen Partei. Dem Pakt wurde ein geheimes Protokoll über die Festlegung u. Abgrenzung der Interessengebiete der Unterzeichner in Nordost-, Ostmittel- u. Südosteuropa beigefügt. Es sah vor, dass Finnland, Lettland u. Estland im Einflussbereich der →Sowjetunion u. Litauen im Einflussbereich des Reiches liegen, wobei die litauischen Ansprüche auf Wilna (Vilnius) u. das Wilnagebiet anerkannt wurden. Das poln. Gebiet sollte entlang von Narew, Weichsel u. San geteilt u. die Frage der Existenz eines poln. Reststaates später geklärt werden. Die dt. Seite erkannte auch sowj. Ansprüche auf das rum. Bessarabien an.

Der Vertrag war die Folge eines Politikwechsels der Sowjetunion gegenüber →Deutschland nach dem →Münchener Abkommen. Die dort ohne Beteiligung der UdSSR erreichte Verständigung zw. Deutschland, Großbritannien, Frankreich u. Italien hatte die Sowjetunion aus der Gemeinschaft der über die europ. Angelegenheiten entscheidenden Großmächte ausgeschlossen u. wurde in Moskau als Versuch der westl. Großmächte verstanden, die dt. Expansion nach O abzulenken. Nach München deutete die UdSSR Deutschland ihre Bereitschaft zu einer Annäherung an. Gleichzeitig bot sie Großbritannien u. Frankreich den Abschluss eines antideutschen Verteidigungspaktes an. Ziel Iosif →Stalins war einerseits die Verringerung der Gefahr einer isolierten Konfrontation mit Deutschland, besonders angesichts der Bedrohung vonseiten Japans im Fernen O, u. andererseits der Gewinn v. polit. und territ. Vorteilen auf Kosten der europ. Nachbarstaaten. Paris u. London gingen ohne Überzeugung in die Verhandlungen mit der UdSSR u. maßen ihnen nicht den v. Moskau erwarteten Stellenwert bei. Sie waren auch nicht bereit, den Einmarsch der Roten Armee in Polen, →Rumänien u. den →Baltischen Ländern im Falle eines Konflikts mit Deutschland zu akzeptieren, worauf Stalin aber drängte. Als Resultat endeten diese Verhandlungen im August 1939 mit einem Fiasko. Dagegen brachten die Verhandlungen mit dem an einer wohlwollenden Neutralität der UdSSR gegenüber dem geplanten Krieg mit Polen interessierten Deutschland die v. Stalin erwarteten Ergebnisse. Diese Verständigung erleichterte Adolf →Hitler den Angriff auf Polen am 1. 9. 1939 (2. →Wk). Am 17. 9. besetzten sowj. Truppen die östl. Gebiete Polens unter dem Vorwand, nach dem Zusammenbruch des poln. Staates die „slavischen Brudervölker“ (Ukrainer u. Weißrussen) schützen zu müssen.

Am 28. 9. unterschrieben Ribbentrop u. Molotov in Moskau einen Grenz- u. Freundschaftsvertrag (→deutsch-sowjetischer Grenzvertrag). Widerrechtlich den Fall des poln. Staates verkündend, teilten die UdSSR u. das „Dritte Reich“ dessen Territorium entlang v. San, Bug, Narew u. Pisa auf. Abweichend v. den Vereinbarungen vom August verzichtete Stalin auf die Wojewodschaft Lublin u. den Ostteil der Wojewodschaft Warschau u. erreichte dafür den Anschluss Litauens an die Sowjetunion. Etwas später nahm Moskau Wilna u. einen Teil des Wilnagebiets aus den der UdSSR zugefallenen Territorien heraus u. wies sie Litauen zu. In einem geheimen Protokoll verpflichteten sich die dt. und sowj. Regierung, „keine polnische Agitation zu dulden, die auf die Gebiete des anderen Teiles hinüberwirkt“. Weitere Folgen dieses Abkommens waren der sowj. Angriff auf Finnland mit der Erzwingung territ. Zugeständnisse, die Annexion Litauens, Lettlands u. Estlands sowie Bessarabiens u. der nördl. Bukowina auf Kosten Rumäniens durch die UdSSR im Jahre 1940.

Lit.: S. Dębski, Między Berlinem a Moskwą. Stosunki niemiecko-sowieckie 1939–1941. Warszawa 2003; M. Meltjuchov, Upuščennyj šans Stalina. Sovetskij Sojuz i bor'ba za Evropu 1939–1941. Moskva 2000; Vostočnaja Evropa meždu Gitlerom i Stalinym 1939–1941 gg. Hg. V. K. Volkov/L. Ja. Gibianskij. Moskva 1999; G. Roberts, The Soviet Union and the Origins of the Second World War: Russo-German Relations and the Road to War 1933–1941. London 1995; M. I. Semirjaga, Tajny stalinskoj diplomatii 1939–1941. Moskva 1992; I. Fleischhauer, Der Pakt. Hitler, Stalin und die Initiative der deutschen Diplomatie 1938–1939. Frankfurt a. M. 1990; Hitler-Stalin-Pakt 1939: das Ende Ostmitteleuropas? Hg. E. Oberländer/R. Ahmann. Frankfurt a. M. 1989; P. W. Fabry, Die Sowjetunion und das Dritte Reich 1933–1941. Stuttgart 1971.

St. C.

Ripka, Hubert (1895–1958). Der tschechoslowak. Journalist u. Politiker absolvierte die Philosophische Fakultät der Karlsuniversität in Prag (1914–1919) u. im Anschluss die Staatl. Archivschule (1919/20).

1919–1925 war er im Außenministerium beschäftigt. Parallel dazu war er journalistisch tätig; er schrieb für die Wochenzeitung *Demokratický střed* (Demokratische Mitte,

1923–1938), für die Legionärszeitung *Národní osvobození* (Nationale Befreiung, 1925–1930) u. ab 1930 für die *Lidové noviny* (Volkszeitung). Er galt als einer der besten Kenner der südslavischen und russ. Problematik. Er unterstützte die Außenpolitik v. Edvard →Beneš. 1935 trat er der Tschechoslowak. Volkssozialistischen Partei bei. Nach dem →Münchener Abkommen ging er ins polit. Exil, wo er ein Buch über die Münchener Krise verfasste. Unmittelbar nach der Okkupation der „Rest-Tschechei" am 15. 3. 1939 fuhr er nach Paris, wo er einen Informationsdienst herausgab. Am 17. 11. 1939 wurde er Mitglied des Tschechoslowak. Nationalausschusses mit Sitz in Paris, im welchem er für Information u. Propaganda zuständig war. Nach der Flucht nach London ernannte ihn Beneš am 21. 7. 1940 zum Staatssekretär u. am 27. 10. 1941 zum Staatsminister im Außenministerium der Exilregierung. Als die Regierung über Moskau in die Ostslowakei übersiedelte, hielt er die Stellung in London. Nach Prag kehrte er am 17. 5. 1945 zurück, wo er vom 4. 4. 1945 bis zur Machtübernahme der Kommunisten am 25. 2. 1948 das Außenhandelsministerium leitete. Bis zu diesem Zeitpunkt war er auch Abgeordneter der Nationalversammlung u. Mitglied des Vorstands der Tschechoslowak. Volkssozialistischen Partei. Nach dem Februarumsturz ging er am 26. 4. 1948 wieder ins Exil, u. zwar über Paris in die USA, wo er internat. Politik an der New School for Social Science in New York unterrichtete (1949–1955).

Mehr als der Außenminister Jan Masaryk wurde R. von Beneš zu den Gesprächen mit den Führern des sudetendt. Exils in Großbritannien sowie mit den Repräsentanten der großen u. kleinen Alliierten herangezogen. In Benešs Auftrag nahm R. immer schärfer gegen die Forderungen der →Treuegemeinschaft sudetendeutscher Sozialdemokraten u. ihres Führers Wenzel →Jaksch nach territ. Autonomie der Sudetendeutschen (→Deutsche aus den böhmischen Ländern) innerhalb der Nachkriegstschechoslowakei Stellung. Seit April 1941 vertrat R. auch in der Öffentlichkeit – ebenso wie Beneš – die Notwendigkeit „einer organisierten Anwendung des Grundsatzes des Bevölkerungstransfers", damit Deutschland in Zukunft nicht mehr „seine nationalen Minderheiten für seine pangermanischen Ziele missbrauchen" könne u. die kleineren mitteleurop. Staaten national so homogen wie möglich würden (→Nationalstaat und ethnische Homogenität). Im Oktober 1942 kündigte R. öffentlich an, dass für alle „schuldigen" Sudetendeutschen, die Henlein u. die Nazis bei den Wahlen unterstützt hätten, kein Platz in der befreiten Republik sein werde. Seit November 1943 leitete er eine Arbeitsgruppe, die den Auftrag hatte, alle polit. und rechtlichen Bedingungen für einen Friedensvertrag mit Deutschland vorzubereiten. Er wurde mit der Ausarbeitung des Memorandums vom 23. 11. 1944 für die European Advisory Commission beauftragt, in dem die Exilregierung ihre Forderung nach dem →„Transfer" der Deutschen u. Ungarn (→Magyaren aus der Südslowakei nach Ungarn) aus der Tschechoslowakei darlegte.

Lit.: D. Brandes, Der Weg zur Vertreibung 1938–1945. Pläne und Entscheidungen zum „Transfer" der Deutschen aus der Tschechoslowakei und aus Polen. München [2]2005; J. Tomes,

Hubert Ripka známý a neznámý, in: H. RIPKA, Únorová tragédie: Svědectví přímého účastníka. Brno 1995, 9–19; H. RIPKA, Czechoslovakia Enslaved. London 1950; DERS., Munich: Before and After. London 1939.

J. V.

Roma aus Kosovo. R. wurden in K. das erste Mal 1348 in Prizren registriert. Sie stellen keine einheitliche Gruppierung dar. Neben Gruppen, die als ethnische Selbstbez. R. wählen, gibt es Gruppen, die sich als →Ashkali oder →Ägypter bezeichnen. In der serb. Enklave Gračanica bevorzugen einige als Eigenbez. *srpski cigani* (serb., „serbische Zigeuner").

Vertreter der Ashkali u. Ägypter verneinen jegliche ethn. Verwandtschaft mit den R. Während die Vertreter der Ashkali reklamieren, dass Ägypter auch Ashkali seien, vertreten Ägypter die Meinung, dass die Ashkali Ägypter seien. Beide Gruppen betonen zudem ihre engen Beziehungen zu den Albanern. Für die R. sind sowohl Ashkali als auch Ägypter ethn. Roma, die sich stark an die alb. Mehrheitsgesellschaft assimiliert haben. Der größte Teil derjenigen, die sich als R. bezeichnen, sprechen Romani sowie Alb. und Serb. und v. a. in der Prizren Region zudem Türk. Die Umgangssprache unter den Ashkali u. Ägyptern ist Alb., allerdings spricht ein großer Teil Serb., und es gibt auch Gruppen, die Romani sprechen bzw. verstehen. Ägypter u. Ashkali sind Muslime wie auch die überwältigende Mehrheit der jetzt in K. lebenden R. Unter den R. gibt es nur noch kleinere Gruppen, die serb.-orth. Glaubens sind.

Der letzten in K. durchgeführten Volkszählung v. 1991 zufolge, registrierten sich über 43.000 Personen als R. – eine Zahl mit wenig Aussagekraft, da Albaner u. Angehörige anderer Gruppen die Volkszählung boykottierten; zudem fand sie in einer Zeit polit. Manipulationen statt. Des Weiteren muss das Phänomen berücksichtigt werden, dass R. in Volkszählungen ihre ethn. Zugehörigkeit verleugnen.

Angaben der kosovarischen Regierung zufolge lebten 2008 zw. 35.000 u. 40.000 R., Ashkali u. Ägypter in K. Eine Analyse der Daten zu →Flüchtlingen u. →Vertriebenen zeigt, dass in den 1990er Jahren noch über 150.000 R., Ashkali u. Ägypter in K. gewohnt haben. Einer Untersuchung in Serbien zufolge lebten 2002 ca. 46.000 R. aus K. in Serbien. Offiziell registriert als Vertriebene sind aber nur knapp 20.000. Schätzungen zufolge leben bis zu 10.000 in Montenegro, über 2.000 in Makedonien u. ca. 1.000 in Bosnien u. Herzegowina. Dem dt. Bundesamt für Migration u. Flüchtlinge zufolge, waren im Dezember 2004 24.351 R., 8.197 Ashkali u. 1.883 Ägypter aus K. als abgelehnte Asylbewerber in →Deutschland registriert. Dazu kommen noch einige Zehntausend, die sich in anderen westeurop. Ländern entweder als abgewiesene Flüchtlinge, illegale Einwanderer oder als Arbeitsmigranten aufhalten.

Es ist nicht bekannt, wie viele Menschen zu welchem Zeitpunkt K. verlassen haben. Viele haben K. bereits in den 1990er Jahren verlassen; andere Gruppen erst im Zuge der verschärften Repression der serb. Sicherheitskräfte ab 1998. Wiederum andere – wohl der größte Teil – wurden ab Juni 1999 v. Albanern aus K. vertrieben. Ebenfalls nie genau geklärt wurde, wie viele R., Ashkali u. Ägypter während der serb. Repression u. bei den Vertreibungsaktionen der Albaner umgebracht worden oder verschwunden sind. Gewaltakte haben in den letzten Jahren nachgelassen. Allerdings haben die Unruhen im März 2004 gezeigt, dass sie jederzeit wieder Opfer v. pogromartigen Übergriffen werden können. Es wurden bis dato kaum Verantwortliche oder Täter für Verbrechen gegen R. vor Gericht gestellt. Die lokalen und internat. Behörden in K. u. die lokalen Gerichte zeigen sich nicht sehr engagiert, Personen, die für Verbrechen gegen R. seit Juni 1999 verantwortlich gemacht werden, vor Gericht zu bringen.

Vor dem Konflikt 1998/99 gab es R.gemeinden in den größeren Städten wie Prishtina (Priština) (15.000–20.000 Personen), Prizren (ca. 12.000), Mitrovica (über 10.000), Ferizaj (Uroševac) (ca. 10.000), Gjakova (Đakovica) (ca. 10.000), Gjilan (Gnjilane) (ca. 8.000), Fushë Kosovo (Kosovo Polje) (ca. 8.000) u. Peja (Peć) (ca. 5.000).

Heute lebt in Gjakova mit über 7.000 Personen die größte Anzahl R., Ashkali u. Ägypter in K. Weitere größere Gruppen gibt es noch in Prizren mit ca. 5.500 Personen, in Ferizaj mit ca. 4.000 Personen u. in Fushë Kosove mit ca. 3.500 Personen. Im Zeitraum Januar 2000–Ende 2008 sind ca. 7.300 R., Ashkali u. Ägypter nach K. zurückgekehrt. Die Anzahl derjenigen, die K. in diesem Zeitraum verlassen haben, ist nicht bekannt, wird aber als sehr hoch eingeschätzt. Die Mehrheit der R., Ashkali u. Ägypter lebt in den v. Albanern dominierten Gebieten. Nur ein kleinerer Teil, vor allem R., wohnt in den serb. Enklaven oder im serb. kontrollierten Gebiet nördl. des Flusses Ibar. Einige Hundert Personen befinden sich seit Ende des Konfliktes 1999 in menschenunwürdigen, schwerst bleivergifteten →Lagern.

2008 sind in Städten wie Prishtina die R.viertel aus dem Stadtbild verschwunden; Albaner haben die Häuser mit Billigung der lokalen Behörden u. der internat. Verwaltung entweder illegal besetzt oder zerstört u. neue Häuser errichtet. In Gjilan z. B. wurden zw. Juli u. Ende Oktober 1999 120 Häuser, die R. gehörten, niedergebrannt oder zerstört. In vielen Städten bieten die ehem. R.viertel noch immer ein Bild der Zerstörung. Andere werden teilweise wiederaufgebaut wie die „R. Mahalla" in Mitrovica, einst Heimat v. 7.000 bis 8.000 Menschen, die im Juni 1999 v. Albanern, unter den Augen der internat. Schutztruppe, niedergebrannt u. vollkommen zerstört worden ist. Einige Hundert R. sind zurückgekehrt u. haben ihre Häuser wieder aufgebaut. Die rigiden Vorgaben der Behörden beim Wiederaufbau, der Ausschluss aus der Gesellschaft u. die Perspektivlosigkeit verhindern aber die Rückkehr größerer Gruppen. Zudem hat sich bisher die alb. Öffentlichkeit in K. auch noch nicht einer ernsthaften Diskussion über die Verbrechen an u. die Vertreibung v. Nichtalbanern aus K. gestellt. Vielmehr wird den Minderheiten die Schuld u. Verantwortung für ihre Situation zugeschrieben.

Vor dem Konflikt profitierten viele R., Ashkali u. Ägypter v. der antialb. Politik des serb. Regimes u. erlangten größeren Zugang zum Arbeitsmarkt. Dies war jedoch nur dadurch möglich, dass die serb. Behörden die meisten Albaner entlassen hatten. Dieser

Umstand wie eine allg. behauptete →Kollaboration mit den Serben diente als Vorwand für die Massenvertreibung u. Verbrechen ab Juni 1999.

Heute stehen sie vor dem Problem, dass sie vom Arbeitsmarkt nahezu vollkommen ausgeschlossen sind. Weder internat. Organisationen als bedeutende Arbeitgeber noch staatl. oder kommunale Einrichtungen oder Privatpersonen stellen R., Ashkali u. Ägypter in nennenswerter Anzahl ein, sodass in einigen Orten die Arbeitslosigkeit 100 % beträgt.

R., Ashkali u. Ägypter weisen einer Studie des Entwicklungsprogramms der Vereinten Nationen aus dem Jahre 2004 zufolge ein Durchschnittseinkommen v. 397 Euro im Jahr auf (Serben 1.282, Albaner 1.051 Euro). Demnach leben 36,7 % der R. in extremer Armut (1 US Dollar am Tag), allerdings nur 3,94 % der Serben u. 12,87 % der Albaner. Etwa drei Viertel der schulpflichtigen Kinder besuchen die Grundschule u. nur ein Viertel eine weiterführende Schule.

Rechtlich genießen die drei Gruppen weitgehenden →Minderheitenschutz. Ihnen stehen vier der 20 garantierten Sitze für Minderheiten in der Versammlung K.s zu. Gegenwärtig hält die Partei der Ashkali (PDAK) drei Sitze, die polit. Vertretung der Ägypter (IRDK), u. die Partei der R. (PREBK) haben jeweils einen Sitz. Auf der Gemeindeebene gibt es keine garantierten Sitze. Sechs Vertreter der R., Ägypter u. Ashkali haben jedoch den Einzug in die Gemeinderäte geschafft.

Die neue Verfassung K.s u. die neu verabschiedeten Gesetze nach der Unabhängigkeitserklärung haben jedoch in bestimmten Bereichen zu einer Verschlechterung ihrer Situation geführt. Am 24. 12. 2008 nahm die Regierung K.s die Strategie zur →Integration der R., Ashkali u. Ägypter an.

Lit.: S. Müller, Minority Report, *Transition Online* (15. 12. 2008), http://www.tol.cz/look/TOL/home.tpl?IdLanguage=1&IdPublication=4&NrIssue=159; Government of Kosovo, Office of the Prime Minister, Strategy for the Integration of Roma, Ashkali and Egyptian Communities, December 2008; On the Human Rights Situation of Roma, Sinti and Travellers in Europe. Hg. Council of Europe, Office of the Commissioner for Human Rights. Strasbourg 2006; Position paper 1/2006. Hg. Kosovo Roma & Ashkali Forum. o. O. 2006; Shadow Report on the Implementation of the Framework Convention for the Protection of National Minorities. Pristina September 2005; Human Development Report Kosovo 2004. Hg. United Nations Development Programme. Pristina 2004; Romany Settlements. Hg. B. Jaksic/G. Basic (Ethnicity Research Centre). Belgrade 2002; Informationszentrum Asyl und Migration, Serbien und Montenegro/Kosovo. Erkenntnisse des Bundesamtes, Dezember 2004–März 2005. Hg. Bundesamt für Migration und Flüchtlinge Deutschland. Stand März 2005; Human Rights in Kosovo: As Seen, as Told. Hg. OSCE. Vol. II (14 June–31 October 1999), http://www.osce.org/item/17756.html (Stand 27. 8. 2008); S. Müller, Zur Situation der Roma in Kosovo, *Südosteuropa* 9–10 (1999), 506–519.

S. M.

Rumänen aus Bessarabien und der Nordbukowina. *Bevölkerungsveränderungen 1940/41.* Das zarische Bessarabien (rum. *Basarabia*, russ. *Bessarabija*) u. die österr. Bukowina (rum. *Bucovina*, ukr. *Bukovyna*) gehörten seit 1918 zu Großrumänien (→Rumänien). Die Pariser Friedenskonferenz hatte 1919 den Anschluss der gesamten Bukowina anerkannt. Die rum. Behörden behaupteten, dass viele dort lebende Ukrainer slavisierte R. seien u. zwangen sie, rum. Schulen zu besuchen. Bei der Volkszählung v. 1930 bezeichneten sich 44,5 % als R., 29,1 % als Ukrainer (nach Muttersprache aber 33 %), 10,8 % als Juden u. 8,9 % als Deutsche. Den Anschluss Bessarabiens hatten Frankreich u. Großbritannien erst 1920 anerkannt, Sowjetrussland protestierte dagegen. Dort betrug 1930 der Anteil der R. 56,2 %, der Ukrainer 11 %, der Russen 12,3 %, der Bulgaren 5,7 % u. der Deutschen 2,8 %.

Im Zuge des dt.-sowj. Vertrages vom 23. 8. 1939 (→Ribbentrop-Molotov-Pakt) wurde Bessarabien im geheimen Zusatzprotokoll als sowj. Interessengebiet erwähnt. Im März 1940 bezeichnete Außenminister Vjačeslav Molotov im Obersten Sowjet Bessarabien als ungelöstes Problem u. im Mai erfuhr der rum. Außenminister von dt. Seite, dass Bessarabien abgetreten werden müsse. Am 26. 6. 1940 wurde die rum. Regierung per Ultimatum v. der sowj. Regierung zur Räumung Bessarabiens u. der Bukowina aufgefordert. Aufgrund des dt. Einspruches forderte die →Sowjetunion am 27. 6. nur noch die Räumung der Nordbukowina u. verwies dabei auf die ukr. Bev.mehrheit.

Im rum. Kronrat wurde kontrovers über den Abzug diskutiert, u. der König erbat eine Verlängerung der Frist. Von sowj. Seite wurde auf die Übergabe der beiden großen Städte Chişinău (russ. Kišinëv) u. Czernowitz (rum. Cernăuţi, ukr. Černivci) am 28. 6. bestanden, die anderen Orte müssten bis zum 4. 7. geräumt werden. Durch den schnellen Vorstoß der sowj. Verbände konnte aus dem Grenzgebiet kaum jemand mehr fliehen: Viele Soldaten, Gendarmen u. Amtspersonen wurden festgenommen. Völlig unerwartet kam die sowj. Besetzung des Herţa-Gebietes, das nicht Teil der Nordbukowina war.

Insgesamt hatte die Sowjetunion eine Fläche v. 50.762 qkm mit einer Bev. von 3.776.000 Personen gefordert, v. denen 52 % R. waren. Da über 80 % der Bev. dieser Gebiete Bauern waren, entschlossen sich nur wenige zur →Flucht. Die →Flüchtlinge waren mehrheitlich R., weil eine geheime Verordnung an die Grenztruppen ergangen war, dass Juden u. Slaven nicht über die neue Demarkationslinie dürften. Die wenigen Züge, die noch abfuhren, waren total überlastet. Die Straßen waren v. den Militärkonvois verstopft, die dann Waffen u. Munition zurückließen. Teilweise hatten sich Offiziere per Auto v. den oft zu Fuß evakuierten Einheiten abgesetzt, um nicht in Gefangenschaft zu geraten. Die sowj. Vortrupps errichteten Straßensperren u. forderten Soldaten, die aus Bessarabien u. der Nordbukowina stammten, zum Zurückbleiben auf. Mehrere Tausend zogen heimwärts. Der rum. Militärische Sicherheitsdienst behauptete in seinen Berichten, dass das Chaos beim Rückzug v. a. durch Angriffe örtlicher Juden verursacht worden sei. Zwar hatte sich die Bev. stellenweise gegen die Mitnahme aller Transportmittel, der Einrichtung v. Spitälern etc. gewehrt. Die aus den Gefängnissen befreiten Häftlinge u. junge Linke verhöhnten die abziehenden Gendarmen. Doch die damals kolportierten Morde

v. Amtspersonen u. Pfarrern waren oft Fehlmeldungen. Diese Anschuldigungen dienten als Erklärung für Übergriffe rumän. Soldaten aus den preisgegebenen Gebieten, die sich gegen Juden richteten.

Der rum. Staatssekretär für Kolonisierung u. die evakuierte Bev., General Eugen Zwiedenek, gab an, dass bis Dezember 1940 51.738 Personen aus Bessarabien u. der Nordbukowina in Rumänien registriert worden seien. Es dürfte sich aber eher um die 100.000 Flüchtlinge gehandelt haben. Anfangs erhielten die Amtspersonen neue Stellen zugewiesen. Der Staat konnte aber nicht alle unterstützen, weil im September 1940 weitere Flüchtlingsgruppen aus Nordsiebenbürgen (→Rumänen aus N.) u. der Süddobrudscha (→Rumänen aus Dobrudscha) hinzukamen.

Einige gefährdete R. und Ukrainer wie Pfarrer u. Politiker, die in der Nordbukowina u. Bessarabien zurückgeblieben waren, wurden im Herbst 1940 insgeheim v. der Umsiedlungskommission der →Volksdeutschen Mittelstelle in Sicherheit gebracht. Die R. registrierte die Rückwandererstelle in Gleiwitz (R.fälle), v. denen bis Anfang 1942 5.856 Personen nach Rumänien gelangten. In den →Lagern befanden sich noch etwa genauso viele, die keine Erlaubnis erhielten, weil sie aus gemischten Ehen stammten. Als Verwandtennachumsiedlung galt der Transfer v. 52.400 Deutschen aus dem rumänischen S der Bukowina im Herbst 1940. Staatssekretär Zwiedenek versuchte danach geflüchtete R. auf deren Höfen unterzubringen. Doch weil sie zumeist gut ausgestattet waren, wurden diese durch Korruption oft an besser situierte Einheimische vergeben.

Die v. General Aurel Aldea geführte Delegation der rum.-sowj. Kommission setzte sich in Odessa für die Freilassung der in Bessarabien u. der Nordbukowina inhaftierten Militärangehörigen u. Amtsinhaber ein. Ihre Anzahl wird unterschiedlich angegeben, da es eine große Fluktuation gab: Ständig kamen neue Verhaftete hinzu u. gleichzeitig wurden einige Amtspersonen verurteilt (z. B. Mitarbeiter der Sicherheitspolizei) u. in andere Landesteile der Sowjetunion deportiert (→Moldawien als Deportationsgebiet).

Da ein Bev.austausch angekündigt worden war, warteten bereits Ende Juni 1940 in Galați Tausende Personen aus Rumänien auf Verkehrsmittel, die sie nach Bessarabien bringen sollten. Als diese nicht eintrafen, kam es zu Unruhen u. das Militär schoss auf die im Freien kampierende Menge: Etwa 400 Juden u. Ukrainer kamen dabei um. Danach lief der Abtransport bis Oktober 1940 in geordneten Bahnen. Unter den Rückwanderern waren viele rum. Soldaten, die in Bessarabien u. der Nordbukowina geboren waren. Insgesamt zogen 165.089 Personen in die Sowjetunion.

In den neuen sowj. Gebieten ließen sich sehr viele R. zur Umsiedlung nach Rumänien eintragen, doch konnten bis Oktober 1940 nur 8.402 Personen ausreisen. Die sowj. Behörden wollten im Austausch Kommunisten aus rum. Gefängnissen freibekommen, doch diese Verhandlungen zogen sich hin. Nur wenige Häftlinge durften ausreisen. General Ion →Antonescu, der seit September 1940 Rumäniens Staatsführer war, verkündete unter dem Siegel der Verschwiegenheit seinen Beratern im Dezember, dass es für die in Bessarabien u. der Nordbukowina Inhaftierten bald eine andere Lösung gäbe. Gemeint war die Vorbereitung des Angriffs auf die Sowjetunion. Als umfangreiche rum. Truppenverbände zur sowj. Grenze gebracht wurden, verschlechterte sich das Klima zw. Rumänien u. der Sowjetunion. Im November 1940 stellte die gemischte Umsiedlungskommission ihre Tätigkeit ein. Da die sowj. Behörden keine Anträge von R. mehr annahmen, wuchs der Druck in den neu angeschlossenen Gebieten, die zw. der Moldauischen SSR u. Ukrainischen SSR aufgeteilt worden waren.

Als dort Anfang 1941 zunehmend Männer zum Militärdienst eingezogen wurden, flohen viele über die gebirgige Bukowiner Grenze nach Rumänien. Im Januar gelang dies einer großen Gruppe, u. daraufhin versuchten es im Februar erneut ca. 500 R., v. denen viele v. Grenzern erschossen wurden. Dann durften wieder etwa 1.000 Personen legal ausreisen. Am 1. 4. versammelten sich über 2.500 R. und zogen in Richtung Grenze. Bei Fântâna Albă wurde auf sie geschossen: Offiziell gab es 20 Tote, aber Augenzeugen berichteten von ca. 200 Opfern, u. einige Historiker nennen heute sogar 1.500 Opfer.

Hintergrund der Fluchtversuche war auch die zunehmende Verschlechterung der Lage der Bauern: Um sie zu gewinnen, war im Sommer 1940 das Land der Großgrundbesitzer in kleinen Parzellen an sie verteilt worden. Doch im Herbst mussten sie ihre Produkte zu festgelegten Preisen zu den staatl. Ablieferungsstellen bringen u. wurden bestraft, wenn bei ihnen versteckte Vorräte gefunden wurden. Viele Bauern wurden als „Kulaken" (rum. *chiaburi*) verurteilt u. zusammen mit ihren Familien zur →Zwangsarbeit nach →Sibirien oder →Kasachstan deportiert, wo viele an Mangelkrankheiten u. Hunger starben. Am 7. 6. 1941 wurden neue Verhaftungen „antisowjetischer Elemente" angeordnet. In den darauf folgenden Tagen wurden 13.885 Bessarabier u. 10.475 Bukowiner deportiert. Darunter waren auch viele Ukrainer u. Juden.

Bevölkerungsbewegungen nach 1941 u. 1944. Nach der Eroberung u. Rückgliederung Bessarabiens u. der Nordbukowina an Rumänien im Sommer 1941 sollten diese Gebiete auf Wunsch v. General Antonescu ethn. homogenisiert werden. Mit diesem Ziel waren schon beim Einmarsch der rum. und dt. Verbände im Juni/Juli 1941 Tausende Juden getötet worden. Danach wurden fast alle bessarabischen Juden u. viele aus der Bukowina (nur in Czernowitz blieben einige zurück) in das neue rum. Besatzungsgebiet Transnistrien deportiert. Am 15. 10. 1941 hatte der Direktor des Statistikamtes, Sabin Manuilă, einen Plan erstellt, wie in kürzester Zeit 3,5 Mio. Nichtrumänen Rumänien verlassen könnten. Während bei Juden u. Roma v. einseitigem Transfer die Rede war, sollten Ungarn, Ukrainer u. Südslaven gegen R. aus den Nachbarländern ausgetauscht werden. Mitarbeiter v. Manuilă registrierten versprengte R. in den sowj. Gebieten, die von rum. und dt. Truppen besetzt worden waren. Einige wurden bereits im S Bessarabiens auf den Höfen der umgesiedelten Deutschen (→D. aus Bessarabien) angesiedelt. Ende 1943 begann der Rückzug der rum. Institutionen u. alle aus dem Kerngebiet Rumäniens nach Bessarabien u. die Nordbukowina abgeorderten Beamten, Lehrer u. Pfarrer verließen diese Gebiete. Obwohl die Militärverwaltung dies nicht förderte, schlossen sich diesmal aufgrund der Erfahrungen mit der Repression 1940/41 auch einige Bauern dem Exodus an. Die aus dem Inneren der Sowjetunion umgesiedelten R. waren besonders gefährdet u. versuchten ins Kernland Rumäniens zu gelangen. Etwa 300.000 Personen setzten sich ab, es waren mehrheitlich R., aber auch einige Ukrainer, Russen u. a.

Aus dem rum. Altreich, das sich seit Ende August 1944 unter der Kontrolle sowj. Truppen befand, sollten gemäß den Bestimmungen aus dem rum.-sowj. Waffenstillstandsvertrag vom 12. 9. 1944 alle sowj. Staatsbürger „repatriiert" werden (→Repatriierung). Unter den 56.450 bis September 1946 ausgelieferten Personen waren R. aus Bessarabien, der Nordbukowina u. aus Transnistrien. Da diese zumeist nach Sibirien deportiert wurden, bemühten sich viele Gefährdete um falsche Papiere u. konnten in Rumänien bleiben. Nach Rumänien reisten aus der Sowjetunion durch die Vereinbarungen des Waffenstillstandes weitaus mehr rum. Staatsbürger aus.

1944 gingen die sowj. Behörden in der Moldauischen u. der Ukr. SSR hart gegen Bauern vor, die mehr als 10 ha Land besaßen. Ihnen wurde die Unterstützung der rum. Verwaltung in den Kriegsjahren u. Widerstand gegen die neue Macht angelastet. Durch das System der Zwangsabgaben u. durch die Dürre v. 1946 kam es in der Moldauischen SSR zu einer Hungersnot, die 216.408 Personen das Leben kostete. Viele R. versuchten damals illegal nach Rumänien zu gelangen, manche schlossen sich kleinen Widerstandsgruppen an. In Rumänien wurden nach 1991 2.000 Flüchtlinge aus Bessarabien u. der Nordbukowina als Opfergruppe anerkannt.

Lit.: M.-A. Căruntu, Bucovina în al doilea război mondial. Iaşi 2004; D. Şandru, Mişcări de populaţie în România (1940–1948). Bucureşti 2003; V. Achim, Romania and the Refugees from Bessarabia and Northern Bukovina After 1944, *Annali dell'Istituto storico italo-germanico in Trento* XXIX (2003), 673–689; Documente străine despre Basarabia şi Bucovina 1918–1944. Hg. V. F. Dobrinescu/I. Pătroiu. Bucureşti 2003; I. Fruntaşu, O istorie etnopolitică a Basarabiei 1812–2002. Chişinău 2002; M. Hausleitner, Die Rumänisierung der Bukowina. Die Durchsetzung des nationalstaatlichen Anspruchs Großrumäniens 1918–1944. München 2001; I. Caşu, „Politica naţională" în Moldova sovietică 1944–1989. Chişinău 2000; I. Şiscanu, Uniunea Sovietică-România 1940. Chişinău 1995.

M. H.

Rumänen aus der Dobrudscha (1940). Nachdem die Norddobrudscha im Zuge des Berliner Kongresses 1878 an →Rumänien gefallen war, begann dort eine intensive Kolonialisierungspolitik. Diese wurde auch auf die Süddobrudscha (rum. *Cadrilater* oder Neudobrudscha [*Dobrogea Nouă*]) ausgeweitet, nachdem dieses Gebiet 1913 Rumänien zugesprochen wurde. Die Bev. des Gebiets hatte damals eine überwältigende nichtrum. Mehrheit: ca. 42 % Bulgaren, 47 % Muslime u. 2 % R. (1905). Die Diskriminierung, der Einzug zum Wehrdienst, die Unsicherheit des Besitzes sowie eine als ungerecht empfundene Steuerpolitik trieben viele Bulgaren u. Muslime nicht nur in die →Emigration – man schätzt, dass ca. 100.000 Muslime u. 40.000 Bulgaren in der Zeit nach 1918 die D.

verließen –, sondern auch in die polit. und teilweise paramilit. Selbstorganisation gegen den rum. Staat.

Durch verschiedene Maßnahmen konnte der rum. Staat potentiellen Neusiedlern Land zur Verfügung stellen. Unter anderem fiel ein Teil des Besitzes der muslimischen u. bulgarischen Bev. an den Staat, wenn diese in kurzfristigen Verfahren nicht in der Lage war, den legalen Anspruch auf ihr eigenes Land zu belegen. Der so konfiszierte Besitz wurde dann vom Staat an Kolonisten weitergegeben. Während einige Neusiedler aus dem rum. Altreich kamen, waren die meisten Neusiedler Aromunen (rum. *aromânii* oder „Mazedorumänen", rum. *macedoromânii*) aus anderen Balkanländern. Die meisten der Aromunen kamen aus →Griechenland, andere aus →Bulgarien, Serbien (u. Makedonien) u. Albanien. Die Aromunen wurden in der Süddobrudscha angesiedelt, um das „rumänisches Element" zu stärken, also den Bev.anteil zu Gunsten der Titularnation zu erhöhen. Daher wurden sie vom Staat als R. u. nicht als eine ethn. Minderheit angesehen. Dem entsprach zu dieser Zeit auch ihre Selbstwahrnehmung als Vertreter des Rumänentums gegenüber den anderen Gruppen.

Im Zeitraum v. 1920 bis 1940 kamen mindestens 40.000 Kolonisten ins Cadrilater. Das Verhältnis zw. Alteingesessenen u. Neusiedlern war zuweilen äußerst gespannt. Im Konflikt zw. den bulg. Organisationen, insbesondere den sog. Komitadschi-Banden, u. dem rum. Staat nahmen viele der Neusiedler auf rum. Seite teil. Die Rumäniserungspolitik Bukarests führte zu einer Reihe v. Beschwerden bulg. Minderheitenorganisationen beim →Völkerbund u. heizte die Konflikte zw. den verschiedenen Gruppen vor Ort auf.

Die D.frage wurde 1940 im →Craiova-Abkommen dauerhaft gelöst. Hier wurden die Abtretung der Süddobrudscha an Bulgarien u. ein Bev.austausch beschlossen. Die Umsiedlung der →Bulgaren aus der Norddobrudscha (Kreise Tulcea u. Constanța) sowie der R. der Süddobrudscha (Kreise Durostor u. Caliacra) wurde zw. dem 7. 11. u. dem 14. 12. 1940 durchgeführt. Einige R. hatten allerdings die Süddobrudscha schon zuvor verlassen. Was die Zahl der zu repatriierenden Gruppen betraf, gab es anfangs Streitigkeiten: Rumänien war zuerst v. 55.000 auszuweisenden Bulgaren ausgegangen, erhöhte aber die Zahl auf 74.000. Es wurde vermutet, dass Rumänien auch Muslime, Griechen, Ukrainer u. Russen abschieben wollte. Man einigte sich schließlich auf 61.000 Bulgaren u. 100.000 R.; letztere bestanden v. a. aus Personen, die nach 1919 in der Süddobrudscha angesiedelt worden waren.

Die meisten R. wurden auf dem Land der ausgewanderten u. der ausgesiedelten Bulgaren und D.deutschen (→D. aus der Dobrudscha) in der Norddobrudscha angesiedelt. Etwa 25.000 wurden ab 1941, nachdem Bessarabien zurückerobert worden war, dort (ebenfalls auf dem Land der ausgesiedelten →Deutschen aus Bessarabien) angesetzt. Spätestens 1944 scheint die Ansiedlung innerhalb beider Staaten abgeschlossen gewesen zu sein. Die Gruppe der Umsiedler u. ihr Schicksal sind in der rum. Historiographie bis heute weitgehend unbeachtet geblieben.

Lit. (a. →Craiova-Abkommen, →Bulgaren aus der Norddobrudscha): C. Iordachi, ,The California of the Romanians' – The Integration of Northern Dobrodgea into Romania, 1878–1913, in: Nation-Building and Contested Identities: Romanian and Hungarian Case Studies. Hg. B. Trencsényi u. a. Budapest, Iaşi 2001, 121–152; A. Rădulescu/I. Bitoleanu, Istoria Dobrogei. Constanţa 1998; N. Cuşa, Aromânii (macedonii) în România. Constanţa 1996; A. Schmidt-Rösler, Dobrudscha, in: Der ruhelose Balkan. Die Konfliktregion Südosteuropas. Hg. M. Weithmann. München 1993, 94–107; F. Korkisch, Die rumänischen Gebietsabtretungen an Ungarn und Bulgarien und die Regelung damit zusammenhängender Volkstumsfragen, *Zeitschrift für ausländisches öffentliches Recht und Völkerrecht* 10 (1940), 707–745; V. Muşi, Un Deceniu de Colonizare în Dobrogea Nouă, 1925–1935. Bucureşti 1935.

S. I.

Rumänen aus Nordsiebenbürgen (1940–1944). Durch den 2. Wiener Schiedsspruch vom 30. 8. 1940 wurde →Rumänien gezwungen, den nördl. Teil Siebenbürgens an →Ungarn abzutreten. Dieses Gebiet hatte eine 43.492 qkm große Fläche u. war nach den Angaben des rum. Zentralinsituts für Statistik zum 1. 1. 1940 folgendermaßen bevölkert: 1.314.654 (50,3 %) waren R., 969.176 (37,1 %) Magyaren u. 328.272 (12,6 %) Vertreter anderer Nationalitäten. Die Übergabe von N. hatte massive Bev.bewegungen zufolge: Eine große Anzahl von R. floh nach Südsiebenbürgen bzw. in andere Teile Rumäniens, u. viele Magyaren zogen in die Gegenrichtung über die neue Grenze (→Magyaren aus Siebenbürgen nach Ungarn).

Die rum. Armee u. Verwaltung wurden in der Zeit zw. dem 31. 8. u. 13. 9. 1940 evakuiert. Im 2. Wiener Schiedsspruch war vorgesehen, dass die R. aus den abgetretenen Gebieten automatisch die ung. →Staatsangehörigkeit erhalten, gleichzeitig aber die Wahl haben, innerhalb v. sechs Monaten für die rum. Staatsangehörigkeit zu optieren, um dann spätestens nach einem Jahr das ung. Gebiet zu verlassen. Die Möglichkeit der →Option bestand auch für die Magyaren aus Südsiebenbürgen.

Die rum. Bevölkerung wurde in N. einem strengen Verfolgungsregime ausgesetzt. Die Magyarisierungsmaßnahmen sowie die Vernichtung vieler orth. und griech.-kath. Kirchen stieß auf wachsende Unzufriedenheit. Die R. wurden aus der öffentlichen Verwaltung u. aus den Industrie- u. Kommerzbetrieben entlassen, für die Freiberufler, Rechstsanwälte, Ärzte u. a. wurden die Arbeitsmöglichkeiten sehr eingeschränkt. Aber auch den rum. Bauern wurde das im Laufe der Bodenreform v. 1921 verteilte Land entzogen, was eine Massenflucht v. Tausenden Familien nach sich zog. Unter den sich stets verschlechternden wirt. Bedingungen in Ungarn arbeiteten viele R. in Arbeitsbataillons, einige v. ihnen wurden als Arbeitskräfte nach Deutschland verschickt. Es gab auch Massenmorde an R., wie z. B. am 9. u. 13.–14. 9. 1940 in Treznea bzw. Ip (Bezirk Sălaj). Flucht u. Ausweisung dauerten bis zum Herbst 1944, als N. wieder unter rum. Verwaltung fiel.

Am 16. 9. 1940 wurde im Außenministerium das Kommissariat für Flüchtlinge aus N. gegründet, das am 18. 3. 1941 mit dem Kommissariat für Flüchtlinge aus Bessarabien u.

der Nordbukowina (→R. aus Bessarabien und der Nordbukowina) in ein Generalkommissariat für Flüchtlinge zusammengeführt wurde.

Die rum. Regierung befürchtete, dass die R. ihre Mehrheit im N Siebenbürgens verlieren würden. Sie versuchte vergeblich v. Ende 1940 bis Anfang 1941 durch eine Reihe v. Gegenmaßnahmen – unter anderem durch wirt. Hilfe – die Fluchtwelle einzudämmen u. die R. im ung. Gebiet zu halten. Auch wurden die Flüchlinge aus N. im Vergleich zu den Flüchtlingen aus Bessarabien u. der Nordbukowina schlechter behandelt: Sie bekamen keine guten Unterkünfte u. nennenswerte wirt. Hilfe, was sie zu einer möglichst schnellen Rückkehr in die Heimat bewegen sollte.

Die genaue Zahl der Flüchtlinge lässt sich nicht ermitteln. Anhand der veröffentlichten Statistiken des Generalkommissariats für Flüchtlinge kann man nur die Zahl der registrierten Personen aus N. nennen. 1940 meldeten sich 88.587 Personen als Flüchtlinge an, 1941 35.432, 1942 kamen noch 74.414, 1943 weitere 21.107 u. in den beiden ersten Monaten des Jahres 1944 nochmals 2.770 Personen hinzu. Zum 1. 3. 1944 wurden insgesamt 221.697 Personen (128.702 Männer u. 92.895 Frauen) registriert, die aus den an Ungarn abgetretenen Gebieten geflohen waren oder ausgewiesen wurden. Unter ihnen waren 31.231 Bauern, 22.407 Arbeiter, 12.781 Handwerker, 2.351 Kaufleute u. Industrielle, 20.187 Staatsbeamte, 5.440 Lehrer, 24.336 Schüler u. Studenten, 1.261 Pfarrer usw. Die beim Flüchtlingskommissariat angemeldeten Personen stellten damit 17,46 % der rum. Bev. N.s. Da die Angaben des Kommissariats – besonders in den ersten Monaten nach der Abtretung N.s – nicht vollständig waren, schätzen Historiker die Gesamtzahl der rum. Flüchtlinge aus N. bis 1944 auf ca. 280.000–300.000, was ungefähr 22 % der gesamten rum. Bevölkerung N.s ausmachte.

Die meisten Flüchtlinge wurden in Südsiebenbürgen untergebracht. Beamte wurden auf verschiedene Ämter verteilt, Lehrern wurden Stellen gesichert, Kaufleuten u. Industriellen Kredite gewährt. Einige Hundert Flüchtlingsfamilien wurden 1942 auf dem Boden der aus der Südbukowina ausgesiedelten Deutschen (→D. aus der Bukowina) u. Magyaren angesiedelt.

Da der Anteil v. Intellektuellen unter den rum. Flüchtlingen aus N. ziemlich groß war, ist es ihnen gelungen, ein dichtes Netz v. kulturellen, gesellschaftlichen u. beruflichen Organisationen aufzubauen. Die wichtigste war der Verein der Flüchtlinge und Ausgewiesenen aus dem abgetretenen Siebenbürgen (rum. *Asociația Refugiaților și Expulzaților din Ardealul cedat*), der seine lokalen Gruppen in vielen Städten u. Kreisen hatte. Die Siebenbürger Flüchtlinge vertraten ihre Interessen aktiv, veranstalteten Treffen, arbeiteten verschiedene Pläne zur Politik heraus, die der rum. Staat nach der Wiedergewinnung N.s verfolgen sollte. In den Denkschriften, die sie an Marschall Ion →Antonescu versandten, protestierten sie gegen das „Wiener Diktat“ u. beschwerten sich über ihre materielle Lage.

Die polit. Ereignisse vom 23. 8. 1944 u. die Wiedereinsetzung der rum. Verwaltung in N. nach der Befreiung dieses Gebietes durch die rum. und sowj. Armeen (bis 25. 10. 1944) haben die notwendigen Voraussetzungen für die Rückkehr der Flüchtlinge in ihre Heimat geschaffen. Diese Rückkehr sowie die spätere Wiedereingliederung ehem. Flüchtlinge wurde aber nach der Einführung der sowj. Militärverwaltung in N. am 11. 11. 1944 erschwert. Die endgültige Wiedereinsetzung der rum. Verwaltung am 9. 3. 1945 bedeutete die Rückkehr der meisten Flüchtlinge in ihre Heimorte.

Lit.: D. ŞANDRU, Mişcări de populaţie în România (1940–1948). Bucureşti 2003; D. BANCOŞ, Social şi naţional în politica guvernului Ion Antonescu. Bucureşti 2000; G. ŢEPELEA, Lupta refugiaţilor din Transilvania de Nord împotriva Diktatului de la Viena, *Acta Musei Napocensis* 32 (1995) 2, 41–48; Gh. I. BODEA u. a., Administraţia militară horthystă în nord-vestul României, septembrie-noiembrie 1940. Cluj-Napoca 1988; Der horthystisch-faschistische Terror im Nordwesten Rumäniens September 1940–Oktober 1944. Hg. M. FĂTU u. a. Bukarest 1986; A. SIMION, The Horthyst Regime of Occupation in North-Western Romania. The Policy Vis-A-Vis the Non-Hungarian Populations, *Anuarul Institutului de Istorie si Arheologie „A. D. Xenopol"* 23 (1986), 55–73; S. MANUILĂ, The Vienna Award and Its Demographical Consequences. Bucharest 1945; I. HANDREA, Trei ani cu refugiaţii ardeleni. Bucureşti 1944; A. BRAN, Lupte şi jertfe pentru Ardeal. Braşov 1944.

V. A.

Rumänien *(România).* 1858–1866 Vereinigte Frst.er der Moldau u. Walachei, 1866–1881 Vereinigte Rum. Frst.er, 1881–1947 Kgr. R., 1940/41 Nationallegionärer Staat, 1941–1944 Militärdiktatur unter Ion →Antonescu, 1947–1965 Volksrepublik, 1965–1989 Sozialistische Republik, seit 1989 Republik, seit 2007 Mitglied der EU.

Territoriale Änderungen: 1878 Gewinn der Norddobrudscha, Verlust Südbessarabiens; 1913 Gewinn der Süddobrudscha; 1918/20 Gewinn Siebenbürgens, der Bukowina u. Bessarabiens; 1940 Abtretung der Süddobrudscha (→Craiova Abkommen); 1940 Abtretung u. 1944 Rückgewinnung Nordsiebenbürgens; 1940 Abtretung, 1941 Rückeroberung u. 1944 erneute Abtretung Bessarabiens u. der Nordbukowina (→Ribbentrop-Molotov-Pakt).

Die ethn. Struktur R.s änderte sich aufgrund der territ. Verschiebungen, Wandel in der Staatsangehörigkeitspolitik (→Staatsangehörigkeit), (forcierte) →Migration sowie →Deportationen u. →Vertreibungen im 20. Jh. erheblich. Die Fiktion, ein ethn. homogener Staat zu sein, konnte bei den ersten Volkszählungen 1899 u. 1912 nur aufrechterhalten werden, indem nach ethn. oder sprachlicher Zugehörigkeit nicht gefragt wurde (→Nationalstaat und ethnische Homogenität). Zudem waren 1899 nur 4.272 der rd. 260.000 Juden rum. Staatsbürger, bei einer Gesamtbev.zahl v. knapp 5,9 Mio. Zwischen 1913 u. 1919 wuchs die Bev.zahl infolge territ. Zugewinne nach dem 1. →Wk. von 7,2 auf 17 Mio. Bei der nächsten Volkszählung 1930 belief sich die Gesamtbev. auf 18 Mio., mit einem Anteil der Minderheiten v. knapp einem Drittel (Ungarn 7,9 %, Deutsche 4,1 %, Juden 4 %, Ukrainer 3,2 %, Russen 2,3 %, Bulgaren 2 %, Türken/Tataren 1 % etc.). Der

Anteil der Rumänen erhöhte sich v. etwa 72 % (1930) kontinuierlich auf 85,7 % (1956), 88,1 % (1977) u. 89,5 % (2002). Die größten Minderheiten waren 2002 die Ungarn mit 6,6 % u. die Roma mit 2,5 %, während alle anderen Minderheitengruppen landesweit auf weniger als 0,5 % kamen.

Nicht in allen Fällen können die Ursachen für den Wandel in der ethn. Bev.struktur R.s eindeutig bestimmt werden, die Grenzen zw. freiwilliger Migration u. Vertreibung sind also fließend. Wenn aber signifikante Bev.verschiebungen nach Verlust oder Gewinn eines Territoriums oder in Zeiten nationalistischer Mobilisierung geschehen, kann der Anteil v. Zwang als Ursache für Migration sicherlich hoch eingeschätzt werden. Die größten Bev.verschiebungen in R. fanden demnach in den zeitweise oder dauerhaft zu Altrumänien hinzugekommenen Provinzen Dobrudscha, Bessarabien, Bukowina u. Siebenbürgen statt.

Auf dem Berliner Kongress 1878 wurde die Norddobrudscha (Kreise Tulcea, Constanța) R. zugeschlagen. Während des vorhergehenden russ.-osm. Krieges 1877/78 waren bereits etwa 90.000 Muslime (Türken, Tataren) geflüchtet, sodass sich rum. Angaben zufolge 1879 die Gesamtbev. der Norddobrudscha auf 106.934 belief: 32.033 Türken/Tataren, 31.177 Rumänen u. 28.715 Bulgaren. R. begann eine intensive Kolonisierungspolitik, im Verlauf derer insbesondere muslimisches Land enteignet und rum. Kolonisten aus der Walachei u. Siebenbürgen sowie aus anderen Landesteilen gegeben wurde. Dazu kamen kulturelle und polit. Bedrückungen, sodass zahlreiche Muslime die Region verließen. Bis 1913 versiebenfachte sich die rum. Bevölkerung auf 216.425 (56,04 %), während die Gesamtbev. lediglich um das 3,5-fache auf 386.189 gestiegen war. Als Folge der →Balkankriege 1912/13 war R. im Vertrag v. Bukarest 1913 auch die Süddobrudscha (Kreise Durostor, Caliacra) zugesprochen worden. Aus Bukarester Perspektive war die ethn. Ausgangslage jedoch ungleich ungünstiger: 1912 siedelten lediglich 6.602 (2,36 %) Rumänen in der Region, aber 136.224 (48,56 %) Türken u. Tataren sowie 121.925 (43,75 %) Bulgaren. Gleichwohl begann dieselbe Kolonisierungspolitik flankiert mit polit. und kultureller Bedrückung wie im Fall der Norddobrudscha, sodass 1938 bereits 108.404 (29,14 %) Rumänen, nur noch 96.869 (26,04 %) Türken und Tataren, aber 150.763 (40,52 %) Bulgaren gezählt wurden. In mehreren Emigrationswellen jeweils im Zusammenhang mit Änderungen im Bodeneigentumsrecht 1924 u. 1930 sowie nach der rum.-türk. Konvention über die →Repatriierung der muslimischen Bev. vom 4. 9. 1936 zogen zusammengenommen etwa 100.000 Türken u. Tataren aus der Dobrudscha überwiegend Richtung Türkei ab. Etwa 40.000 Bulgaren verließen die Dobrudscha, was aber durch das Bev.wachstum in dieser Gruppe in etwa ausgeglichen werden konnte. Bis 1938 wurden in der Süddobrudscha ca. 40.000 Kolonisten angesiedelt, v. denen der Großteil aus altrum. Kreisen unmittelbar nördl. der Donau kam, aber auch etwa 3.000 Familien makedorumänischen Ursprungs aus →Bulgarien u. →Griechenland. Im Vertrag v. Craiova 1940 musste R. die Süddobrudscha erneut an Bulgarien abtreten. In einem Zusatzprotokoll wurde ein verpflichtender Bev.austausch vereinbart, infolge dessen etwa 61.000 Bulgaren aus der Norddobrudscha u. etwa 100.000 Rumänen aus der Süddobrudscha die Seiten zu wechseln gezwungen waren.

Der Ribbentrop-Molotov-Pakt vom 23. 8. 1939 leitete polit. Entwicklungen ein, die die größten Bev.verschiebungen in der modernen Geschichte R.s nach sich zogen. Die dt. Außenpolitik hatte in einem geheimen Zusatzprotokoll ihr Desinteresse an Bessarabien erklärt, sodass zunächst die Sowjetunion, dann aber auch Bulgarien u. →Ungarn Revisionsforderungen bez. Bessarabien, der Bukowina, der Dobrudscha u. Siebenbürgen an Bukarest richteten. Bezüglich der →Deutschen aus Bessarabien hatten sich das „Dritte Reich" u. die Sowjetunion bereits im September 1939 in einem weiteren geheimen Zusatzprotokoll grundsätzlich auf eine Aussiedlung verständigt. Erst nachdem die UdSSR am 28. 6. 1940 Bessarabien u. die Nordbukowina zu besetzen begann, wurden im September u. Oktober 1940 innerhalb eines Monats rd. 93.000 als Umsiedler registrierte Bessarabiendeutsche und rd. 43.000 Deutsche aus der Nordbukowina zum größten Teil in das besetzte Polen (→Warthegau als Aus- und Ansiedlungsgebiet) gebracht. Nun schienen auch die Deutschen in der bei R. verbliebenen Südbukowina u. Dobrudscha aus der Perspektive Berlins nicht mehr haltbar zu sein, sodass Ende 1940 knapp 14.000 Dobrudscha- u. rd. 52.000 weitere Bukowinadeutsche umgesiedelt wurden (→D. aus der Bukowina, →D. aus der Dobrudscha).

Da die Sowjetunion den rum. Behörden nur wenige Tage Zeit ließ, bevor Truppen der Roten Armee Bessarabien u. die Nordbukowina besetzten, verlief die →Evakuierung v. Armee u. Verwaltung unter chaotischen Bedingungen, sie hatte zum großen Teil den Charakter einer →Flucht. Bis Dezember 1940 wurden in R. knapp 52.000 →Flüchtlinge aus den beiden Regionen gezählt, ihre wirkliche Zahl dürfte bei annähernd 100.000 liegen. Mehrere Tausend Personen versuchten über die grüne Grenze zu fliehen, als die Sowjetunion begann, Männer zum Militärdienst einzuziehen u. in der Landwirtschaft ein System der Zwangsablieferungen zu errichten. Als „Kulaken" wurden bis Kriegsbeginn rd. 24.000 Personen nach →Sibirien u. →Kasachstan deportiert (→Moldawien als Deportationsgebiet), zu denen aufgrund der 1949 eingeleiteten Operation „Süd" weitere etwa 41.000 Personen kamen. Die andere Fluchtrichtung, von R. in das nun sowj. Bessarabien u. in die Nordbukowina bzw. in das Innere der Sowjetunion schlugen rd. 165.000 Personen ein, darunter waren neben Ukrainern u. Juden auch rum. Soldaten, die aus den beiden Provinzen stammten. Nachdem diese im rum. Russlandfeldzug ab Sommer 1941 zunächst erobert, aber 1944 v. der Roten Armee zurückerobert worden waren, setzte ein erneuter Exodus v. etwa 300.000 Personen nach R. ein. Etwa 56.000 dieser Personen wurden bis September 1946 an die UdSSR ausgeliefert (→Repatriierung).

Durch den Zweiten Wiener „Schiedsspruch" am 30. 8. 1940 musste R. den nördl. Teil Siebenbürgens an Ungarn abtreten. Hier hatten die rum. Behörden Zeit, Armee u. Verwaltung ordnungsgemäß zu evakuieren. Im Kommissariat für Flüchtlinge aus Nordsiebenbürgen wurden v. 1940–1944 rd. 218.000 Personen registriert. Dazu kam eine hohe Zahl v. etwa 60.000 bis 80.000 Personen unterschiedlicher Beschäftigung, die nach R.

geflohen waren. Die meisten dieser Personen konnten nach dem Krieg wieder in ihre Heimat zurückkehren (→Rumänen aus Nordsiebenbürgen).

Im Juli 1941 trat R. aufseiten des „Dritten Reiches" mit dem Ziel in den 2. →Wk. ein, insbesondere die an die Sowjetunion verlorenen Gebiete zurückzuerobern. Gleichzeitig sollte eine „Reinigung des Feldes" vorgenommen werden, worunter man die Deportation v. Juden u. Roma, aber auch v. verschiedenen slavischen Gruppen verstand. Bereits im Zusammenhang mit dem Abzug der rum. Truppen aus der Nordbukowina u. Bessarabien im Sommer 1940 war es zu Übergriffen auf Juden gekommen, die pauschal beschuldigt wurden, Saboteuere, Kommunisten u. Sowjetspione zu sein. Während der Doppelherrschaft der faschist. Eisernen Garde mit dem Militärdiktator Antonescu kam es zu mehreren →Pogromen insbesondere in Bukarest u. zur Deportation vieler Juden aus den Städten des rum. Altreichs. In einem Pogrom in Jassy Ende Juni/Anfang Juli wurden etwa 11.000 Juden ermordet. Auf ihrem Vormarsch ermordeten dt. und rum. Truppen in der Bukowina, Bessarabien u. jenseits des Dnjestr mehrere Zehntausend Juden. Jenseits des Dnjestr wurde im August 1941 das unter rum. Verwaltung stehende Transnistrien eingerichtet, in das alle unerwünschten Personen in den beinahe sicheren Tod deportiert werden sollten. In den dort eingerichteten Lagern bzw. auf dem Weg dahin starben etwa 90.000 aus der Nordbukowina u. Bessarabien deportierte Juden sowie etwa 170.000 ukr. Juden aus der Region. Zusammengenommen fanden im Verantwortungsbereich R.s im 2. Wk. etwa 300.000 Juden den gewaltsamen Tod, eine Zahl die nur noch vom „Dritten Reich" übertroffen wurde. Aus dem ung. besetzten Nordsiebenbürgen wurden 151.000 Juden erst 1944 zusammen mit den anderen ung. Juden unter reichsdt. Ägide in Konzentrationslager auf poln. Gebiet deportiert, wo über 90% ermordet wurden. Von den 756.000 bei der Volkszählung 1930 registrierten Juden überlebten gleichwohl etwa 375.000 den 2. Wk. Von den 1941 erfassten 208.700 Roma waren knapp 41.000 zur Deportation vorgesehen, tatsächlich wurden v. 1942–1944 rd. 25.000 nach Transnistrien deportiert, wo bis zu 19.000 den Tod fanden.

Durch Flucht u. Kriegswirren bedingt stieg die Zahl der Juden in R. auf etwa 428.000, wie der World Jewish Congress 1947 schätzte. In zwei Wellen (1948–1951 u. 1958–1966) emigrierten v. diesen etwa 200.000 nach Israel u. 80.000 in andere Länder, vornehmlich in die USA. R. erhielt dafür wirt. Vorteile in Israel u. den USA. Seit den 1960er Jahren verließen jährlich im Durchschnitt etwa 1.500 Juden das Land.

Im Januar 1945 wurden v. den rd. 780.000 Deutschen aus R. gut 70.000 zur →Zwangsarbeit in die Sowjetunion deportiert (→Deutsche aus Rumänien: Deportation in die Sowjetunion). Etwa 10%, also rd. 7.000 Personen starben dort oder auf den Transporten an den Folgen v. harter Arbeit bei Mangelernährung u. schlechten sanitären Verhältnissen. Von 1947–1949 wurden etwa zwei Drittel der Überlebenden nach R. repatriiert u. ein Drittel in die →sowjetische Besatzungszone (SBZ). Auf dem Weg der Familienzusammenführung setzte bereits in den 1950er Jahren, verstärkt seit den 1970er Jahren u. als Massenexodus nach 1989 die Aussiedlung der Deutschen aus R., vornehmlich nach →Deutschland, ein. Seit den 1970er Jahren bis 1989 zahlte Deutschland inoffiziellen Angaben zufolge pro Erwachsenen 8.000 u. pro Kind 4.000 DM an R. Ausweislich der Volkszählung v. 2002 leben heute noch gut 60.000 Deutsche in R.

Die Ungarn aus R. sind seit 1918 mit 1,5–1,7 Mio. u. etwa 6–8 % der Gesamtbev. bis heute die größte Minderheit. Größere demogr. Änderungen wie die Auswanderung ung. Staatsangestellter u. Akademiker nach 1918 wurden im Wesentlichen durch das natürliche Bev.wachstum der Gruppe wettgemacht. Die 160.000 bis 190.000 Ungarn, die nach dem Zweiten Wiener „Schiedsspruch" v. Süd- nach Nordsiebenbürgen umsiedelten (→Magyaren aus Siebenbürgen nach Ungarn), blieben nach der Rückgewinnung der Teilprovinz durch R. zum großen Teil im Land. Die allg. Arbeitsmigration nach 1989 führte zu größeren Bev.verlusten, sodass bei der Volkszählung 2002 nur noch 1,4 Mio. (6,6 %) Ungarn registriert wurden.

Lit.: R. Ioanid, Răscumpararea evreilor. Istoria acordurilor secrete dintre România şi Israel. Iaşi 2005; Ders./T. Friling/M. E. Ionescu, Comisia Internationalā pentru Studierea Holocaustului in România – Raport Final. Iaşi 2005; D. Müller, Staatsbürger auf Widerruf. Juden und Muslime als Alteritätspartner im rumänischen und serbischen Nationscode. Ethnonationale Staatsbürgerschaftskonzepte 1878–1941. Wiesbaden 2005; D. Şandru, Mişcări de populaţie în România (1940–1948). Bucureşti 2003; C. Iordache, „The California of the Romanians": The Integration of Northern Dobrogea into Romania, 1878–1913, in: Nation-Building and Contested Identities: Romanian and Hungarian Case Studies. Hg. B. Trencsényi u. a. Budapest, Iaşi 2001, 121–152; R. Ioanid, The Holocaust in Romania. The Destruction of Jews and Gypsies Under the Antonescu Regime, 1940–1944. Chicago 2000; G. Iacob, Structura etnică a României în secolul XX, in: Minoritari, marginali, excluşi. Hg. A. Neculau/G. Ferréol. Iaşi 1996, 170–181; E. Völkl, Transnistrien und Odessa (1941–1944). Regensburg 1996; A. Schmidt-Rösler, Rumänien nach dem Ersten Weltkrieg. Die Grenzziehung in der Dobrudscha und im Banat und die Folgeprobleme. Frankfurt a. M. 1994; M. R. Jackson, Changes in Ethnic Populations of Southeastern Europe: Holocaust, Migration and Assimilation – 1940–1970, in: Nationalitätenprobleme in Südosteuropa. Hg. R. Schönfeld. München 1987, 73–104.

D. M.

Ruthenen im Ersten Weltkrieg. R. war die Bez. für die im Verband der Habsburgermonarchie lebenden Ukrainer. Ihre Zahl betrug im Jahre 1910 3,9 Mio., verteilt über die Kronländer Galizien (3,2 Mio.) u. Bukowina (305.000) der österr. Reichshälfte sowie das Kgr. Ungarn (464.000 in der Karpatenukraine). Konfessionell gehörten sie in ihrer überwiegenden Mehrheit der griech.-kath. (unierten) Kirche an.

Politisch waren die R. in der österr. Reichshälfte doppelt unterdrückt, v. den herrschenden Deutschen u. von den im Kronland Galizien dominierenden Polen. Das Poln. war

Dienstsprache im inneren Gebrauch der Behörden u. Gerichte, ungeachtet der Tatsache, dass 42 % der Einw. Galiziens R. waren.

Bei Beginn des 1. →Wk.s u. bei Ausbruch der Kampfhandlungen zw. Österreich-Ungarn u. Russland galten die R. in den Augen der Regierenden in Wien u. des k. u. k. Militärs als „russophil verseucht" u. als „politisch unverlässliche" Völkerschaft. Obwohl im Sommer 1914 die staatl. Machtträger des Habsburgerreiches sich nur sechs Wochen lang in dem v. der Masse der ruthenischen Bev. besiedelten Teil Galiziens behaupten konnten u. dann das Territorium vor den zarischen Armeen räumen mussten, genügte dieser kurze Zeitraum, um v. allen Staatsverbrechen, für die die Herrschenden in Österreich-Ungarn im 1. Wk. verantwortlich zeichneten, eines der größten in Szene zu setzen. Schätzungen zufolge wurden unter der Beschuldigung der Spionage für Russland im August u. September 1914 vom k. u. k. Militär an die 30.000 R., darunter auch Frauen, hingerichtet, in der Regel durch Erhängen.

Hand in Hand mit den Exekutionen liefen die →Deportationen an. Aus Berichten v. Betroffenen geht hervor, dass die ersten Festnahmen von R. schon vor der allg. Mobilmachung, also vor dem 31. 7. 1914, erfolgten u. der erste Transportzug aus dem Bezirk Stanislau (ukr. Stanislaviv/Ivano-Frankivs'k, poln. Stanisławów) bereits am 4. 8. 1914, also noch vor der Kriegserklärung Österreich-Ungarns an Russland, zusammengestellt wurde. Das verdeutlicht, dass die offizielle Begründung des k. u. k. Armeeoberkommandos, massenhaft erwiesenen Fällen des Verrats u. der Spionage von R. mit Repressivmaßnahmen begegnen zu müssen, ein Vorwand war. In Wahrheit gab es schon lange vor dem Juli 1914 so etwas wie Proskriptionslisten v. Personen, die man bei einem Krieg mit Russland in jedem Fall zu verhaften gedachte, einerlei, ob sie strafbare Handlungen begangen hatten oder nicht. Die juristische Grundlage für die Deportationen wurde nachträglich durch eine kaiserliche § 14-Verordnung vom 11. 8. 1914 geschaffen, durch welche die milit. Kommandos das Recht erhielten, die Räumung v. Orten im Kriegsgebiet v. der Zivilbev. anzuordnen u. den Betroffenen einen neuen Aufenthaltsort zuzudiktieren.

Der Hauptteil der Deportationen fiel in die Monate August–November 1914 mit dem Schwerpunkt September, als die Niederlagen gegen die russ. Truppen u. der erzwungene Rückzug die Verhaftungs- u. Vernichtungswut des k. u. k. Militärs ins Extreme steigerten.

Endpunkt der Deportationszüge war das Gelände v. Thalerhof, heute Flughafen der steirischen Landeshauptstadt Graz, das schon vor dem 1. Wk. für Flugzwecke benützt wurde. Etwa 15 km südl. des Stadtzentrums gelegen, befand sich dort im Juli 1914 nichts als eine große Wiese. An Bauten existierten lediglich zwei Hangars. Der Entschluss, gerade Thalerhof in ein Internierungslager umzuwandeln, war wohlüberlegt: Das Areal war milit. Eigentum, es war groß genug, um viele Menschen aufnehmen zu können, ausbaufähig u. leicht zu bewachen. Außerdem lag es in einem Gebiet, v. dessen Bev. die milit. Stellen mit Recht annehmen konnten, dass Regungen des Mitleids oder gar der Sympathie für die Lagerinsassen nicht aufkommen würden (→Lager).

Als der erste Eisenbahnzug mit R. in Thalerhof ankam, fehlten dort die primitivsten Voraussetzungen u. Vorsorgen für ein Lagerleben. Mehrere Tage u. Nächte biwakierten die Deportierten unter freiem Himmel. Erst dann wurden sie in den Hangars untergebracht u. Latrinen ausgehoben. In den beiden Hangars lagerten je 2.000 Menschen in drangvoller Enge auf dem nur mit Stroh bedeckten Boden. Als der Platz für Neuzugänge nicht mehr reichte, schlug man ab November 1914 Zelte auf u. ersetzte sie ab Dezember 1914 nach u. nach durch Baracken. Jede Baracke maß 320 qm u. wurde mit 200–300 Personen gefüllt. Eine Beheizung sowie Bettstellen mit Strohsäcken fehlten vorerst.

Solcherart waren die Verhältnisse in Thalerhof, als der Winter 1914/15 hereinbrach. Von Anfang November bis Mitte Dezember hatte sich die Zahl der Deportierten v. 5.700 Personen auf 7.000 erhöht; davon waren 340 Personen Geistliche der griech.-kath. Kirche u. 600 Personen Angehörige v. Intelligenzberufen (Rechtsanwälte, Ärzte, Lehrer usw.). Ende Dezember 1914 begannen die ersten Fälle v. Flecktyphus aufzutreten. Die Lagerkommandantur u. der Lagerchefarzt ergriffen keine Gegenmaßnahmen. Die Flecktyphusepidemie, zu der bald auch Infektionen mit Cholera u. Fleckfieber hinzukamen, breitete sich rasch aus. In der Woche vom 17. bis 24. 1. 1915 erkrankten 464 Lagerinsassen an Flecktyphus, u. täglich starben in Thalerhof 20 bis 40 Menschen. Den Höhepunkt erreichte die Seuche im Februar 1915, als der Tod durch Flecktyphus täglich 50 Menschen ereilte. Bis zum 20. 2. 1915 waren in Thalerhof 1.200 Menschen an der Epidemie gestorben, weitere 1.360 lagen an diesem Tag schwer erkrankt danieder u. weitere 900 waren als rekonvaleszent eingestuft. Geht man davon aus, dass vor Beginn der Seuche Thalerhof 7.000 Internierte zählte, dann bedeutet das, dass etwa die Hälfte der Insassen innerhalb v. drei Monaten starb oder lebensgefährlich erkrankte.

Verglichen mit den Konzentrationslagern u. Deportationen des NS-Regimes fehlte der k. u. k. Kriegsdiktatur jedoch noch der perfekte, totalitäre, systematische Charakter. Thalerhof ist ein Beispiel dafür. Nach der Katastrophe des Winters 1914/15 besserten sich dort die Zustände spürbar. Durch den Bau v. Quarantänebaracken u. eine Reihe weiterer sanitärer Vorkehrungen wurde die Flecktyphusepidemie zum Stillstand gebracht. Das Landesverteidigungsministerium setzte eine Untersuchungskommission ein, die die Gründe für die Verhaftung sowie die polit. Haltung jedes Internierten überprüfte. Im Verlauf ihrer mehr als zwei Jahre dauernden Tätigkeit stellte sich mit wenigen Dutzend Ausnahmen heraus, dass den Deportationen keinerlei staatsfeindliche, konkret strafbare Handlungen zugrunde lagen. Ein Teil der Insassen, v. a. Frauen u. alte Männer, wurde daher ab März 1915 aus Thalerhof entlassen, allerdings ohne rehabilitiert u. materiell entschädigt zu werden (→Rehabilitierung). Ebenso wurde eine Rückkehr in die Heimat trotz der Wiedereroberung Ostgaliziens im Mai/Juni 1915 nur in wenigen Fällen gestattet. Das Stigma der „politischen Unverlässlichkeit" blieb auf den Opfern haften.

Desgleichen bedeutete die Änderung der Verhältnisse in Thalerhof keineswegs, dass Neuzugänge v. nun an ausblieben. Schätzungen gehen dahin, dass insgesamt 20.000 R.

für kürzere oder längere Zeit dort interniert waren, manche sogar über die volle Dauer der Existenz des Lagers v. 33 Monaten.

Die innenpolit. Wende des Frühjahrs 1917 führte dazu, dass Kaiser Karl eine Amnestie für polit. Verfolgte verkündete. Thalerhof wurde im Sommer 1917 aufgelöst. Man entließ alle Insassen, setzte sie aber nicht auf freien Fuß mit dem Recht auf Rückkehr an den Heimatort, sondern wandelte die Internierung in eine Konfinierung um. Die ehem. Thalerhofer blieben, nun mehr in verschiedene Ortschaften der Steiermark, Niederösterreichs, Oberösterreichs u. Mährens verschickt, bis Kriegsende unter Polizeiaufsicht mit Meldepflicht einmal in der Woche.

Die Ruthenenverfolgung als eines der v. der habsburgischen Kriegsdiktatur angeordneten Verbrechen gegen die Humanität ist bis heute der Öffentlichkeit so gut wie unbekannt u. harrt noch der hist. Aufarbeitung. Zum Internierungslager Thalerhof wurden 2008 v. Dieter Binder jedoch Ergebnisse eines Forschungsprojekts präsentiert, die demnächst zur Veröffentlichung kommen sollen.

Quellen: Stenographische Protokolle über die Sitzungen des Hauses der Abgeordneten des österreichischen Reichsrats im Jahr 1917. Wien 1917 (Interpellation der Abgeordneten Julian Romanczúk, Dr. Kost Lewyckyi, Wladimir Ritter v. Schilling-Singalewycz, Leo Lewickyi u. Genossen v. 5. Juni 1917, 216f.; Rede des Abgeordneten Jiři Střibrný v. 14. Juni 1917, 240ff.; Interpellation des Abgeordneten Jiri Střibrný v. 15. Juni 1917, 685ff.; Rede des Abgeordneten Roman Czajkowski v. 28. Juni 1917, 563ff.); weiter in: Stenographische Protokolle über die Sitzungen des Hauses der Abgeordneten des österreichischen Reichsrats im Jahr 1918. Wien 1918 (Rede des Abgeordneten Sigismund Graf Lasocki v. 12. März 1918, 3600ff.; Rede des Abgeordneten Wladimir v. Singalewycz v. 12. März 1918, 3628ff.).

Lit.: B. Horbal, Talerhof, in: Encyclopedia of Rusyn History and Culture. Hg. P. R. Magocsi/I. Pop. Toronto u. a. 2002, 488–489.

H. H.

Schweden in Finnland: Zwangsumsiedlung aus Porkala 1944. Im Vorfrieden vom 19. 9. 1944 musste F. der →Sowjetunion das Gebiet Porkala (finn. Porkkala) als Flottenstützpunkt auf 50 Jahre verpachten. Die etwa 10.000 Einw. des 380,5 qkm umfassenden Territoriums, in der überwiegenden Mehrheit Finnlandschweden, mussten ausgesiedelt werden. Sie konnten nach der freiwilligen Räumung des Stützpunktes am 26. 1. 1956 durch die Sowjetunion jedoch zurückkehren.

Die S. F.s *(svenskar)* haben zwar ein ausgeprägtes, sprachlich betontes Gruppenbewusstsein. Doch zögern sie i. d. R., sich als eine v. den Finnen abweichende Ethnie oder gar als eine eigene Nation bzw. einen Teil der gemeinsamen schwed. Nation zu bezeichnen. Die offizielle finn. Nationalitätentheorie, nach der die Finnen u. die Finnlandschweden ein einheitliches, zweisprachiges finn. Volk darstellen, ist bei ihnen besonders beliebt. Gerne nennen sie sich Finnländer *(finländare)* im Unterschied zur finn.sprachigen Mehrheitsbev. *(finnar)*.

Die S. besiedelten Finnlands südl. Küstengebiete, das sog. Nyland („Neuland“, finn. Uusimaa), seit dem 13. Jh., zunächst im Zuge der nach F. führenden Kreuzzüge. Die Finnen wurden dabei entweder assimiliert oder vertrieben, wodurch die nyländische Küste bis zum 19. Jh. nahezu durchgängig schwed.sprachig war. Ethnische Konflikte aufgrund der ma. Geschehnisse gab es in Nyland jedoch kaum, u. das Verhältnis zw. den beiden Sprachgruppen konnte im internat. Maßstab als recht gut gelten. Das Gebiet von P. war bis 1944 kaum v. den Refinnisierungsimpulsen aufgrund der Metropolenbildung im nur 25 km entfernten Helsinki (schwed. Helsingfors) betroffen u. praktisch einheitlich schwed.sprachig.

Das Territorium des Flottenstützpunktes bestand aus dem nahezu ganzen Territorium der Landgemeinde Degerby, Hauptteilen v. Kyrkslätt (finn. Kirkkonummi), großen Teilen v. Sjundeå (Siuntio) u. Ingå (Inkoo) sowie ganz kleinen Teilen v. Esbo (Espoo, heutzutage eine Stadt). Sie alle gehörten zur Provinz (*lääni*, schwed. *län*) Uusimaa (Nyland) mit Helsinki als Hauptstadt. Zu einer Einheit war das Gebiet nur durch die sowj. Planung geworden. Trotzdem lässt es sich kulturell und ökon. als recht homogen charakterisieren. Die größte Siedlung des Gebietes war das Gemeindezentrum Kyrkslätt. Die Bev. war ländlich geprägt, aber durchgängig modernisiert.

Den Hintergrund für die Anlage des Flottenstützpunktes bildet die Tatsache, dass der enge Finn. Meerbusen für die sowj. Flotte in der Ostsee ein durchaus problematisches Operationsgebiet darstellte. Die Halbinsel Porkala liegt an der Stelle, wo der Meerbusen am engsten ist.

Ein Vorspiel zu den Geschehnissen in P. stellt die Existenz der 50 km westl. von Helsinki gelegenen Flottenbasis in Hanko (schwed. Hangö) in den Jahren 1940/41 dar. Nach dem Winterkrieg mit der Sowjetunion in den Jahren 1939/40 war F. gezwungen worden, der Sowjetunion einen Flottenstützpunkt zu überlassen. Die Halbinsel v. Hanko als die am weitesten nach S vorgelagerte Halbinsel von F. schien hierfür am besten geeignet.

Genauso wie in P. musste auch hier die gesamte Bev. evakuiert werden (→Evakuierung). Das Gebiet war damals mit 115 qkm dreimal kleiner als P. Weil zu dem Gebiet jedoch die Kleinstadt Hanko gehörte, war die Bev.zahl mit etwa 8.000 jedoch nur geringfügig kleiner. Soziologisch u. sprachlich sind beide Gebiete einander recht ähnlich. Mit dem Frieden v. Moskau zw. der Sowjetunion und F. am 13. 3. 1940 war die kostenlose Übergabe des Stützpunktes auf 30 Jahre verabredet worden, die am 22. 3. 1940 erfolgte. Für 3.000 Hankoer wurde eine schnelle Evakuierung organisiert. Jedoch hatten über 5.000 weitere Hankoer wegen schwerer Bombardierungen sicherheitshalber schon vorher ihre Heimat verlassen bzw. waren evakuiert worden. Sie wurden hauptsächlich in der Umgebung neu angesiedelt.

Im sog. Fortsetzungskrieg zwischen F. und der Sowjetunion wurden die sowj. Truppen am 2. 12. 1941 evakuiert u. mussten sich unter großen Verlusten nach Leningrad zurückziehen. Danach konnte die Hankoer Bev. wieder in das Heimatgebiet zurückkehren, obwohl Minen noch eine große Gefahr darstellten u. in der Folgezeit zahlreiche Opfer forderten.

Bei den Friedensverhandlungen v. 1944 war die Sowjetunion jedoch nicht mehr an Hanko interessiert, sondern forderte stattdessen nun ultimativ P. Die Einverleibung Estlands in die UdSSR hatte die strategische Lage verändert. Erstrebt wurde jetzt, das mögliche Vordringen einer Feindesflotte am engsten Punkt des Meerbusens zu bekämpfen. Darüber hinaus lag P. näher an Helsinki u. eignete sich daher besser als Druckmittel u. Basis für ein eventuelles Eindringen in die Hauptstadt.

Die Übergabe erfolgte am 28. 9. 1944. Evakuiert wurden 7.272 Einw. nebst etwa 8.000 Haustieren sowie der Ernte. Vorher hatten etwa 2.000 Einw. das Gebiet verlassen. Die Evakuierten wurden entsprechend dem finn. Lastenausgleich (→L. in Finnland) den Schicksalsgenossen aus Finn.-Karelien gleichgestellt (→Karelier: Flucht und Evakuierung). Wie im Falle v. Hanko wurden sie vorzugsweise in der nahen Umgebung angesiedelt. Insbesondere die damalige Landgemeinde Esbo, die zwischen P. und Helsinki liegt, war ein beliebter Ansiedlungsort. Zu 14.000 Esboern kamen 2.700 Porkalaer hinzu. Neben Esbo waren die bei F. verbliebenen Teile v. Kyrkslätt, Sjundeå u. Ingå wichtigste Zufluchtsorte. Dadurch war garantiert, dass die Evakuierten in ihrer eigenen Kultur u. in der ihnen vertrauten sprachlichen Umgebung bleiben konnten.

Der Stützpunkt verlor schließlich durch neue Waffentechniken seine Bedeutung. Trotzdem wurde dort noch 1954 ein moderner Militärflugplatz gebaut. Im Zuge der sowj. Medienkampagne gegen US-Militärstützpunkte wurde jedoch überraschend am 17. 9. 1955 die vorzeitige Rückgabe von P. angekündigt. Bei der Heimkehr der Evakuierten von P. entstand die Grundsatzfrage, wem die früheren Besitzungen gehörten, für die der finn. Staat Kompensationen bezahlt hatte. Im Sommer 1956 wurde beschlossen, dass die Evakuierten ihre früheren Besitzungen zurückbekommen sollten, soweit sie bereit wären, die ihnen vorher bezahlten Kompensationen mit inflationsbedingten Zinsen zurückzuerstatten. Wenn bei der Rückkehr in die eigenen Besitzungen Sachschäden festgestellt wurden, die v. den Sowjettruppen verursacht worden waren, erhielten die Eigentümer dafür Staatsobligationen. Dieser Modus erwies sich als gelungen u. gesellschaftlich tragfähig.

Die Sowjetunion gab sowohl P. als auch Hanko in heruntergekommenem Zustand, jedoch ohne größere mutwillige Zerstörungen, an F. zurück. Die wertvollen Kirchen waren erhalten geblieben. Zu nennen ist jedoch die Zerstörung des Wohnhauses des finn. Nationalschriftstellers Aleksis Kivi in Sjundeå, in dem er sein Hauptwerk „Sieben Brüder" geschrieben hatte.

Der Forschungsstand bez. der allg. Geschichte des Flottenstützpunktes P. ist zufriedenstellend, doch ist die Forschung über die Umsiedlungsaktionen nur rudimentär. Darüber hinaus fehlt es durchgängig an Publikationen in anderen Sprachen als Finn. und Schwed. Über die Flottenbasis Hanko gibt es sowohl in finn. als auch in russ. Sprache eine Vielzahl v. Veröffentlichungen in Bezug auf die milit. Aspekte der Ereignisse. Doch sind die Evakuierungen der Zivilbev. und ihre Schicksale nur wenig erforscht worden.

Lit.: Porkkala – tapahtumien keskellä. Hg. J. Nieminen. Helsinki 2007; Käännekohta – Porkkala ja Espoo 1944–1956. Hg. S. Björkman u. a. Espoo 2006; J. Leskinen/P. Silvast, Suljettu aika. Porkkala Neuvostoliiton sotilaallisena tukikohtana vuosina 1944–1956. Helsinki 2001; L. Selén, Porkkala ennen, jälkeen ja Parenteesin aikaan/Porkala före, under, efter Parentesen/Porkkala before, during and after the Parenthesis. Degerby 2000; P. Silvast, Porkkala 1944–1956. Neuvostoliiton merisotilaallinen tukikohta. Tutkimusraportti. Helsinki 1991; K. Brunila, Porkkalan kohtalot. Hanko 1986; P. Silvast, Hankoniemi 22. 3. 1940–2. 12. 1941. Neuvostoliiton merisotilaallinen tukikohta. Hanko 1985; S. Nyström, „Krasnij Gangut". Kort om och kring Hangöudd 1940–1941. Ekenäs 1984; N. Lappalainen, Hankoniemi toisessa maailmansodassa. Porvoo 1987; E. Appel, Kampen för Porkala. Porkalaförbundet 1944–1967. Helsingfors 1967; G. Takolander, Porkalaförbundet, 1944–1954. Helsingfors 1955.

P. K.

Schwientochlowitz. Das Lager in Schwientochlowitz (bei Kattowitz, poln. Świętochłowice) bei den „Eintracht"-Werken (poln. *Zakłady „Zgoda"*) funktionierte seit Februar 1945 u. wurde als ehem. Filiale des dt. Konzentrationslagers Auschwitz (Zweiglager „Eintrachthütte") dem poln. Ministerium für Staatssicherheit untergeordnet. Zuerst als Straflager bezeichnet, wurde es seit April 1945 in ein Arbeitslager – als Teil des Zentralen Arbeitslagers in Jaworzno – umbenannt. Das Lager wurde anfänglich v. zwei aus der Wojewodschaft Lublin stammenden Sicherheitsfunktionären verwaltet: Aleksy Krut u. Salomon Morel. Im Juni 1945 wurde Morel zum Lagerleiter ernannt. Sieben Baracken konnten zwar nur bis 1.500 Personen aufnehmen, doch zwischenzeitlich waren dort mehr als 5.000 Menschen inhaftiert. Das Lagergelände war mit doppeltem elektrischem Stacheldrahtzaun u. Wachttürmen an den Ecken umgeben (→Lager).

Unter den Häftlingen waren Oberschlesier mit der Staatsbürgerschaft des Dt. Reiches (Reichsdeutsche) sowie Angehörige der 2. Gruppe der sog. →Deutschen Volksliste (DVL) in der Mehrheit. Bekannt sind jedoch Fälle, in denen auch Personen gefangen gehalten wurden, die nicht in die DVL aufgenommen worden waren sowie mindestens 38 Angehörige anderer Staaten. Die meisten v. ihnen wurden ohne Zustimmung der Staatsanwaltschaft inhaftiert. So blieben die Gründe für die Verhaftung meistens unklar, obwohl man vermuten kann, dass es sich dabei oft um die Absicht handelte, sich an dem Vermögen der Häftlinge zu bereichern. Insgesamt gingen mindestens 5.764 Personen durch das Lager.

Die zur Arbeit geeigneten Personen wurden in den nahe gelegenen Gruben, Hütten u. bei der Eisenbahn eingesetzt. Dabei wurden sie entweder täglich zu Fuß zur Arbeit geführt, oder sie wohnten in kleineren Zweiglagern an den jeweiligen Arbeitsstätten. Im Lager befanden sich einige Werkstätten (Tischlerei, Schuhmacherei, Schneiderei u. Schlosserei), wo ebenfalls Häftlinge eingesetzt wurden. Von dem Arbeitseinsatz wurden nur die der Mitgliedschaft in verschiedenen NS-Organisationen verdächtigten Häftlinge ausgenommen, die in der sog. braunen Baracke Nr. 7 gehalten wurden.

Die Lebensbedingungen im Lager zeitigten tragische Folgen: Unterernährung u. Mangel an Hygiene führten im Sommer 1945 zum Ausbruch v. Typhus- u. Blutruhrepidemien. Allein im August 1945 wurden 632 Todesfälle registriert. Um die Epidemien zu unterdrücken, wurde das Lager Anfang August für neue Häftlinge gesperrt. Offiziellen Angaben zufolge (die Zahl sollte wohl nach oben korrigiert werden) starben 1.855 Häftlinge aufgrund v. Epidemien.

Epidemien, Unterernährung u. mangelnde Hygiene waren jedoch nicht die einzigen Todesursachen: Oft war der Tod die Folge einer absichtlich unmenschlichen Behandlung der Inhaftierten seitens der Lagerbesatzung. Der Lagerleiter Morel beteiligte sich persönlich an Folterungen, u. a. schlug er Häftlinge mit einem schweren Stuhl oder befahl ihnen, sich übereinander zu legen, um eine sog. Pyramide zu bilden. 69 Häftlinge flüchteten aus dem Lager, zwei wurden beim Fluchtversuch erschossen.

Ende Oktober 1945 kam eine Staatsanwaltschaftskommission ins Lager. Nach der Prüfung v. Personalakten der Häftlinge u. Gesprächen wurden 1.341 Personen aus dem Lager entlassen u. nur 301 Personen ins Lager Jaworzno überführt. Am 20. 11. 1945 wurde das Lager liquidiert, die verbliebenen Bauten sollten v. Zentrallager in Jaworzno verwaltet werden.

Salomon Morel reiste 1992 nach Israel aus. Die poln. Staatsanwaltschaft forderte 1998 u. 2004 vergeblich seine Auslieferung. Vor allem die unmenschlichen Lebensbedingungen im Lager sowie physische u. psychische Misshandlungen der Häftlinge wurden ihm vorgeworfen. Vom Institut des Nationalen Gedenkens wurde dies als Verbrechen gegen die Menschlichkeit u. zugleich als komm. Verbrechen gewertet.

Lit.: B. Kopka, Obozy pracy w Polsce 1944–1950. Przewodnik encyklopedyczny. Warszawa 2002; Obóz Pracy w Świętochłowicach w 1945 r. Dokumenty, zeznania, relacje, listy. Hg. A. Dziurok. Warszawa 2002; Obozowe dzieje Świętochłowic. Eintrachthütte – Zgoda. Hg. Ders. Katowice, Świętochłowice 2002; Z. Woźniczka, Obóz pracy w Świętochłowicach i jego komendant, *Dzieje Najnowsze* 4 (1999), 17–36; G. Gruschka, Zgoda – ein Ort des Schreckens. Neuried 1996.

A. D.

Selbstbestimmungsrecht der Völker. Das S. war die längste Zeit des 20. Jh.s eine unklare, hinsichtlich seines Inhaltes, seines Trägers (Subjekts) u. seiner Rechtsnatur stark umstrittene Kategorie der internat. Politik u. des →Völkerrechts. Völlig geklärt sind alle seine juristischen Aspekte zwar noch immer nicht, wohl aber so weitgehend, dass das S. nicht mehr nur eine philosophische Idee oder polit. Forderung ist, sondern ein Rechtsprinzip. Mehr als das: Das S. der Völker hat den Charakter zwingenden Rechts *(ius cogens)*, d. h. es besitzt den in der Völkerrechtsordnung höchsten Rang u. wirkt als objektives Prinzip nicht nur zw. einzelnen Völkerrechtssubjekten, sondern für u. gegen alle *(erga omnes)*. Das bedeutet u. a., dass irgendwelche mit dem S. kollidierenden völkerrechtlichen zwei- oder mehrseitigen Verträge (Vertragsbestimmungen) „nichtig" sind (vgl. Art. 53 Abs. 1 Satz 1 Wiener Vertragsrechtskonvention: „Ein Vertrag ist nichtig, wenn er im Zeitpunkt seines Abschlusses im Widerspruch zu einer zwingenden Norm des allgemeinen Völkerrechts steht.").

Die Vereinten Nationen erkennen den „Grundsatz der Gleichberechtigung und [das] Selbstbestimmungsrecht der Völker" ausdrücklich als eines ihrer Ziele an (Art. 1 Nr. 2 UN-Charta). Seinen Inhalt bestimmt die Friendly Relations Declaration vom 24. 10. 1970 als das „Recht aller Völker, frei und ohne Einmischung von außen über ihren politischen Status zu entscheiden und ihre wirtschaftliche, soziale und kulturelle Entwicklung zu gestalten". Mit dieser Definition haben die Vereinten Nationen den völkervertragsrechtlichen Normengehalt des S.s, wie er in den übereinstimmend lautenden Art. 1 Abs. 1 der beiden Internat. Pakte der Vereinten Nationen vom 19. 12. 1966 über bürgerliche und polit. bzw. über wirt., soziale u. kulturelle Rechte (beide 1976 in Kraft getreten) zum Ausdruck kommt, auf die Ebene des allg., universellen Völkerrechts gehoben.

Es hat sich in der dt. Völkerrechtslehre durchgesetzt, die zitierten Inhaltsbestimmungen des S.s der Friendly Relations Declaration als „inneres" u. „äußeres" S. zu bezeichnen. Das innere S. setzt im Grundsatz das Leben des Volkes als Nation in einem Staat voraus u. bedeutet in rechtlicher Hinsicht, in diesem Rahmen frei über sein polit. System, seine Staatsform u. seine Verfassung entscheiden zu können. Insofern deckt sich das innere S. mit der verfassungsgebenden Gewalt der Nation (*pouvoir constituant*), die mehr ist als „eine Verfassungsautonomie" im Bundesstaat. Eine Seite des inneren S.s ist das Recht, vom Völkerrecht nicht gedeckte Interventionen in das Verfassungsgestaltungsrecht der Nation abzuwehren. Man spricht vom „defensiven", dem abwehrend nach außen gerichteten S., das seiner Natur nach (teilweise) mit der →Souveränität des zur Nation organisierten Staates zusammenfällt.

In seiner „äußeren" Dimension bedeutet das S. die Freiheit eines Volkes, über seinen „politischen Status" zu bestimmen. Die Friendly Relations Declaration hat sie durch die Anerkennung folgender „Möglichkeiten" der Verwirklichung in staatl. Formen konkretisiert (Prinzip 5, Abs. 4): 1. Gründung eines souveränen u. unabhängigen Staates; 2. freie Assoziation mit einem unabhängigen Staat; 3. freie Eingliederung in einen unabhängigen Staat; 4. Eintritt in einen anderen vom Volk frei bestimmten polit. Status.

Das äußere S. erscheint zugleich als „offensives" S., weil es auf eine Veränderung der Status-quo-Verhältnisse eines existierenden Staates abzielt. Da ein Volk (Ethnos), das sich als Nation zu einem unabhängigen, souveränen Staat organisiert hat, das äußere S. dadurch für sich bereits realisiert u. sich gegen Störungen v. außen mit dem defensiven S. bzw. der Souveränität wehren kann u. wird, kann Subjekt des offensiven S.s nur eine in dem betreffenden Staat bereits lebende, kleinere Volksgruppe oder, anders gesagt, ein Minderheitsethnos, eine nationale oder ethn. Minderheit, sein (→nationale Minderheit).

Das S. wirft infolgedessen zwei Fragen auf: 1. Wer ist das „Volk", welches das offensive S. in Anspruch nehmen kann u. 2. Welche rechtlichen Voraussetzungen müssen vorliegen, um von dem offensiven S. Gebrauch machen zu dürfen? Die Antwort darauf ist unklar

u. verständlicherweise sehr umstritten, denn die Ausübung des offensiven S.s etwa durch Gründung eines eigenen, neuen Staates kann denknotwendig nur in der Form der Abspaltung v. einem bestehenden Staat erfolgen u. kollidiert unmittelbar u. aufs schwerste mit der Souveränität des v. der Sezession betroffenen Staates.

Es hat viele Versuche gegeben, das Volk als Träger des S.s zu bestimmen; sie haben aber zu keiner weltweit anerkannten, völkerrechtlich verbindlichen Definition geführt. Das Problem überschneidet sich mit den gleichfalls erfolglosen Bemühungen um die Definition der nationalen/ethn. Minderheit. Weithin anerkannt ist aber erstens, dass eine Volksgruppe oder Minderheit u. die Zugehörigkeit zu ihr sich sowohl nach objektiven als auch nach subjektiven Merkmalen u. Kriterien bestimmt.

Objektive Faktoren sind die gemeinsame Sprache, Kultur, Religion, Mentalität, die Dauer gemeinsamen Zusammenlebens auf einem bestimmten, unter Umständen in der staatl. Verwaltungsgliederung förmlich herausgehobenen Territorium, ein gemeinsames geschichtliches Schicksal, insbesondere Unterdrückung oder Verfolgung bis hin zum Völkermord (→Genozid).

Subjektive Faktoren sind das in aller Regel v. den objektiven Faktoren wesentlich bestimmte Bewusstsein der festen Zugehörigkeit zu einer solchen Gruppe, mit dessen Existenz das Selbstverständnis u. die eigene Identität verbunden werden, u. daraus gespeist der Wille, die Eigenart u. Besonderheit der Gruppe bzw. Minderheit zu bewahren u. sie als Gemeinschaft, notfalls auch gegen Widerstände, zusammenzuhalten.

Entscheidend ist nach neuerer Auffassung der subjektive Faktor. Er liefert zugleich auch den Schlüssel zu der Antwort auf die Frage, wann v. einem Volk im Sinne des S.s die Rede sein kann, nämlich dann, wenn sich die betreffenden Menschen in einer nicht zu überhörenden u. zu übersehenden Weise dafür einsetzen, über ihr Schicksal selbst zu bestimmen: „The fact is, whenever in the course of the history people has aware of being a people, all definitions have proved superflous." (Aureliu Christescu, 1981)

Der Rechtsbegriff des Volkes im Sinne des S.s knüpft daher an komplexe, nichtjuristische, vielmehr hist., polit., soziale und adm. Prozesse an. An deren Ende steht unter Umständen die förmliche rechtliche Anerkennung als Volk.

Die Feststellung der Existenz eines Volkes bedeutet noch nicht zwangsläufig, dass es auch einen legitimen rechtlichen Anspruch darauf hat, das äußere, offensive S. in seiner stärksten Form, nämlich durch Bildung eines eigenen Staates auf dem Wege der Sezession, auszuüben. Den sich hier öffnenden Konflikt zw. dem offensiven u. dem defensiven S. entscheidet die Friendly Relations Declaration in der Weise, dass die staatl. Souveränität grundsätzlich Vorrang vor dem S. genießt („Die vorstehenden Absätze sind nicht so auszulegen, als ermächtigten oder ermunterten sie zu Maßnahmen, welche die territoriale Unversehrtheit oder die politische Einheit souveräner und unabhängiger Staaten [...] ganz oder teilweise auflösen oder beeinträchtigen würden." Prinzip 5, Abs. 7).

Der völkerrechtliche Normalfall ist also die Ausübung des inneren S.s. In einem Staat, in welchem die Nation (Staatsvolk) aus einem Mehrheitsethnos u. einer oder mehreren nationalen/ethn. Minderheiten („Nationalitäten") besteht, realisiert das dominante Ethnos sein inneres S. kraft des demokratischen Mehrheitsprinzips auf dem Wege der Verfassungsgebung. Die sich in der Minderheitenposition befindenden „Völker" können sich zwar im Prinzip gleichfalls auf das S. berufen, ihr Selbstbestimmungsinteresse aber nur innerhalb dieses Staatswesens verwirklichen. Das Selbstbestimmungsprinzip beschränkt u. verweist sie aber nur dann auf die Ausübung des inneren S.s, sofern der vom Mehrheitsethnos beherrschte Staat erstens die Ausübung des inneren S.s achtet (Prinzip 5, Abs. 1) u. er zweitens „eine Regierung besitzt, welche die gesamte Bevölkerung des Gebiets ohne Unterschied der Rasse, des Glaubens oder der Hautfarbe vertritt" (Abs. 7) u. im Übrigen die →Menschenrechte u. Grundfreiheiten achtet u. einhält (Abs. 2 und 3). Damit kommt der Schutz nationaler ethn. Minderheiten in den Blick. Seine Regelungen sind neben den verfassungsrechtlich verbrieften Grund- u. Menschenrechten wesentliche Instrumente, Institutionen u. Verfahren, um das Selbstbestimmungsinteresse der Minderheiten im fremdnationalen Staat zu befriedigen.

Die in der Literatur verbreitete Meinung, Minderheitenschutz u. S. schlössen einander aus, ist deswegen nicht überzeugend, weil erstens das S. nicht mit dem äußeren, offensiven S. identisch ist u. weil zweitens das innere S. nicht nur dem Mehrheitsethnos zusteht, sondern im Prinzip *allen* im Staate lebenden „Völkern"; dies bereits deswegen, weil eine Nationalität durch ihre formale staatl. Anerkennung als „Minderheit" automatisch das Recht verlöre, das äußere S. zu verwirklichen. Das steht einem unter der Herrschaft eines Mehrheitsethnos lebenden fremden Volk aber zu.

Formen des Minderheitenschutzes, die in besonderer, qualifizierter Weise geeignet sind, das innere S. zu realisieren, sind sämtliche Regelungen, die es den Nationalitäten ermöglichen, ihre spezifischen sprachlichen, kulturellen, bildungsmäßigen, relig. Interessen zu realisieren, sei es in Form v. Kulturverbänden u. Sonderbildungseinrichtungen, der Personalautonomie (z. B. Estland) u. der Territorialautonomie (z. B. Spanien) bis hin zur Einfügung in die Staatsorganisation als national titulierter Gliedstaat im Rahmen einer bundesstaatl. Struktur (z. B. Russland).

Wie groß u. umfassend die v. der staatl. Gesetzgebung den minoritären Völkern eingeräumten Entfaltungsmöglichkeiten sein müssen, kann man dem Völkerrecht nicht entnehmen. Prinzip 5, Abs. 7 der Friendly Relations Declaration gibt nur den vagen Hinweis, dass solange der betreffende Staat „eine Regierung besitzt, welche die gesamte Bevölkerung des Gebiets ohne Unterschied der Rasse, des Glaubens oder der Hautfarbe vertritt", einem minoritären Volk die Ausübung (auch) des offensiven S.s, d. h. des Rechts zum Ausscheiden aus dem Staat durch Sezession, versagt ist. Umgekehrt gilt aber daher, dass ein Staat, der seinen Minoritäten keine angemessene Entfaltungsmöglichkeit gibt, sie vielmehr unterdrückt oder gar verfolgt, seinen Anspruch auf die Loyalität seiner fremdnationalen Minderheiten verliert. Sie haben dann das äußere S. bis hin zum Recht der Sezession. Würde die Minorität Opfer schwerster Verbrechen gegen die Menschlichkeit oder gar v. Völkermord, kann ihr ein Verbleib im Staate u. ein Zusammenleben mit dem

Mehrheitsethnos nicht mehr zugemutet werden. Der Weg Kosovos in die staatl. Unabhängigkeit liefert dafür ein eindrucksvolles Beispiel (→Kosovo als Vertreibungsgebiet).

Das S. der Völker hat v. der Idee u. politischen Forderung bis zur Anerkennung als zwingendes Völkerrechtsprinzip einen weiten Weg zurückgelegt. Am Anfang stand seine Deklaration in der bolschewistischen Oktoberrevolution 1917 für das ehem. Zarenreich als „Völkergefängnis" u. die Verkündung durch den amerikanischen Wilson in den berühmten „14 Punkten" (1918). Die Ausführung des Zieles geschah nur sehr unvollkommen, denn der durch die Pariser Vorortverträge in Ost- u. Südosteuropa geschaffene Gürtel souveräner Nationalstaaten verletzte durch ungerechte, willkürliche, geostrategisch motivierte Grenzziehungen die legitimen Selbstbestimmungsinteressen vieler Völker u. legte den Keim zu nationalen u. ethnischen Konflikten. Die Hoffnung, die unbefriedigten Selbstbestimmungsinteressen der „Verlierer" der staatl. Neuordnung in Osteuropa durch ein unter der Ägide des →Völkerbundes stehendes System v. Minderheitenschutzverträgen ausgleichen zu können, hat sich nicht erfüllt. Die ungelösten Minderheitenprobleme wurden im Gegenteil zu einer der Ursachen für den Ausbruch des 2. →Wk.s.

In der 1945 beginnenden neuen Völkerrechtsepoche wurde zwar das S. der Völker feierlich anerkannt (Art. 1 Nr. 2, Art. 55 UN-Charta), in den folgenden Jahrzehnten bis zum Zusammenbruch des sowj. Hegemonialsystems, der →Sowjetunion selbst u. bis zum Ende des Ost-West-Konflikts das Prinzip aber fast ausschließlich mit dem Recht der Kolonialvölker Afrikas, Asiens u. Lateinamerikas auf Selbstbestimmung verbunden u. zum Hebel ihrer Befreiung v. der Kolonialherrschaft gemacht (Erklärung der UN-Generalversammlung vom 14. 12. 1960 über die Gewährung der Unabhängigkeit an koloniale Länder und Völker). Der Entkolonialisierungsprozess einerseits, die Einfügung des S.s in die Art. 1 der beiden UN-Menschenrechtspakte vom 19. 12. 1966, die normative Konkretisierung u. Präzisierung der Ziele u. Grundsätze der Vereinten Nationen in der Friendly Relations Declaration Nr. 2625 vom 24. 10. 1970 u. der Prinzipienkatalog der KSZE-Schlussakte v. Helsinki (1. 8. 1975) trieben die Verrechtlichung des S.s zu einem verbindlichen Prinzip des Völkerrechts entscheidend voran. Der Zusammenbruch der komm. Herrschaft in Osteuropa u. die damit verbundene Entstehung v. über 20 neuen Nationalstaaten auf den Territorien der UdSSR, →Jugoslawiens u. der ČSSR u. nicht zuletzt die Wiedervereinigung Deutschlands stellen einen Siegeszug des S.s in Europa dar u. haben definitiv seine exklusive Verbindung mit dem Dekolonisierungsprozess beendet. Das S. der Völker ist ein Prinzip des universellen Völkerrechts höchster Geltungskraft (*ius cogens*) geworden.

Lit.: J. Castellino, International Law and Self-Determination. The Interplay of the Politics of Territorial Possession with Formulations of Post-Colonial ‚National' Identity. The Hague u. a. 2000; T. D. Musgrave, Self-Determination and National Minorities. Oxford 2000; K. Ipsen, Völkerrecht. Lehrbuch. München [4]1999 (§ 27–30); H.-J. Heintze, Autonomie, Selbstbestimmungsrecht der Völker und Minderheitenschutz, *Der Staat* 36/3 (1997), 399–425; Grenzen des Selbstbestimmungsrechts. Die Neuordnung Europas und das Selbstbestimmungsrecht der

Völker. Hg. E. Reiter. Wien 1996; A. Buchanan, Self-Determination and the Right to Secede, *Journal of International Affairs* 45/2 (1992), 347–365; S. Oeter, Selbstbestimmungsrecht im Wandel, *Zeitschrift für ausländisches öffentliches Recht und Völkerrecht* 52 (1992), 741–780; D. Murswiek, Offensives und defensives Selbstbestimmungsrecht, *Der Staat* 23/4 (1984), 523–548; A. Cristescu, The Right to Self-Determination. Historical and Current Development on the Basis of United Nations Instruments. New York 1981; L. Buchheit, Secession. The Legitimacy of Self-Determination. New Haven, London 1978.

O. L.

Serben im Ersten Weltkrieg. Die S. (Eigenbez. *Srbin*) wurden in den Volkszählungsstatistiken Österreich-Ungarns immer gemeinsam mit den Kroaten angeführt, weil dafür der Gebrauch der (bei beiden Nationalitäten fast identischen) serbokroat. Sprache maßgebend war. Genaue Angaben über die Zahl der im Verband des Habsburgerreiches lebenden S. sind deshalb nicht möglich, sondern nur Schätzungen auf der Basis des relig. Bekenntnisses (S. griech.-orth., Kroaten röm.-kath.). Noch komplizierter wird die Sache dadurch, dass die S. außer in ihrem Kernland, dem Kgr. Serbien, in allen drei Teilen der Habsburgermonarchie siedelten u. deshalb drei verschiedene Staatsbürgerschaften hatten: die österr., die ung. und die „bosnisch-herzegowinische Landesangehörigkeit". Geht man v. der Religion aus (ohne die muslimischen Bosnier, die als „staatstreu" galten u. daher nicht verfolgt wurden), dann betrug 1910 die Zahl der S. in der österr. Reichshälfte (im Südteil des Kronlandes Dalmatien) 116.000, in der ung. Reichshälfte (im Kronland Kroatien u. Slawonien, im Banat u. in der Batschka) 1,1 Mio. u. in Bosnien-Herzegowina 878.000, insgesamt also 2,09 Mio.

Die S. waren neben den Ruthenen (→R. im Ersten Weltkrieg) das zweite Volk, das im 1. →Wk. die härtesten Schläge des k. u. k. Repressionsapparats über sich ergehen lassen musste. Die Motive wie Methoden der Verfolgung glichen sich aufs Haar: der Vorwurf des Einverständnisses mit dem Feind, der Spionage, Sabotage u. des massenhaft begangenen Verrats; die pauschal betriebene Terrorisierung der Zivilbev., die Greise, Frauen u. Halbwüchsige einbezog; die Heranziehung der „Kriegsnotwehr" als Begründung für das Niederbrennen ganzer Dörfer, die sofortigen Erschießungen u. Erhängungen; u. die →Deportationen zehntausender Bewohner in Anhaltelager, wo ein erheblicher Teil v. ihnen an Hunger, Seuchen u. Misshandlungen zugrunde ging.

Für den exzessiven Grad des Wütens auf dem Balkan, der den in Galizien erreichten noch übertraf, war mit verantwortlich, dass beide Seiten sich seit dem Umsturz in Belgrad 1903 einer hasserfüllten Propaganda befleißigt hatten. Es kann kein Zweifel darüber bestehen, dass die serb. Zivilbev. in Bosnien u. Syrmien (einem Gebiet Kroatien-Slawoniens im Zwischenstromland v. Drau, Save u. Donau) den kaiserlichen Truppen feindselig gegenüberstand u. ein Teil v. ihr sich aktiv exponierte: dadurch, dass sie österr.-ung. Soldaten falsche Wege wies u. in die Irre führte, in Hinterhalte der regulären serb. Truppen lockte u. da u. dort aus Häusern u. Heckendickicht beschoss.

Ein weiterer Unterschied zur Ruthenenverfolgung bestand darin, dass die Repression der serb. Zivilbev. nicht wie in Galizien nach einigen Monaten abgeschwächt u. von da an in „normale" kriegsjustizielle Bahnen überführt wurde, sondern sich über die gesamte Kriegsdauer v. vier Jahren erstreckte. Sie bezog auch die Bev. Altserbiens ein, wo nach dem siegreichen Herbstfeldzug v. 1915 im Nordwestteil ein österr.-ung. Besatzungsregime errichtet wurde. Dort kam es 1917 u. 1918 zu einem regelrechten Kleinkrieg der serb. Komitatschi (Freischärler), der v. den k. u. k. Truppen mit „Säuberungsaktionen" beantwortet wurde, die – wie bei Partisanenbekämpfungsmethoden gang u. gäbe – in erster Linie die Zivilbev., die serb. Bauern trafen, deren Häuser niedergebrannt wurden u. die man als „Unterschlupfgewährer" erschoss.

Das lässt die sichere Schlussfolgerung zu, dass die Zahl der Repressionsopfer unter der serbischen Bev. – diesseits u. jenseits der Grenzen des Habsburgerreiches – noch um ein Vielfaches größer als die der Ruthenen war. Bereits im zweiten Halbjahr 1914 belief sie sich auf 35.000–40.000. Legt man der Berechnung die Volkszählungsergebnisse der Jahre 1910 u. 1921 zugrunde, so verloren die S. im 1. Wk. mindestens 500.000 Menschen u. hatten damit unter allen kriegführenden Nationen die höchste Verlustrate zu beklagen.

Deportationen von S. in Bosnien-Herzegowina setzten im September 1914 ein, angeordnet vom milit. Landeschef der Provinz, Feldzeugmeister Oskar Potiorek. Ziel war die möglichst vollständige Entfernung der männl. Bewohner im Alter v. 16 bis 60 Jahren aus dem Aufmarsch- u. Kampfraum, um sie in Konzentrationslagern zu vereinigen u. für Zwangsarbeiten (z. B. im Straßenbau) zu verwenden (→Zwangsarbeit). Die Entvölkerung, →Vertreibung u. Internierung lief unter entsetzlichen Begleiterscheinungen ab u. forderte zusätzlich zu den Hinrichtungen weitere Tausende an Opfern.

Im Ende 1915 eroberten Kgr. Serbien ordnete das österr.-ung. „Militär-Generalgouvernement Serbien" die ersten Internierungen v. 20.000 Personen schon im Zuge der Besetzung des Landes an. Im August/September 1916 wurden weitere 20.000 Männer im wehrfähigen Alter festgenommen u. teils in Lager nach Bosnien u. →Ungarn deportiert, teils in „Internierten-Arbeiterabteilungen" zusammengezogen. Letztere kamen unter äußerst harten Bedingungen bei Straßen- u. Bahnbauten, bei Verladearbeiten u. im Bergbau zum Einsatz.

Da die Majorität der österr.-ung. S., mit dem Kainsmal der →Kollaboration mit einem Feindstaat abgestempelt, in Ungarn u. Bosnien-Herzegowina siedelte, bewirkte die dualistische Struktur des Habsburgerreiches im 1. Wk. eine Art „Arbeitsteilung" bei ihrer Verfolgung. Weil es keine gemeinsame Staatsbürgerschaft gab, sondern nur eine österr. u. eine ung., hätte die Behandlung der verhafteten u. für die Internierung vorgesehenen dalmatinischen S. dem Gesetz nach in die Kompetenz österr. Behörden fallen müssen. Dem war aber nicht so. In verfassungswidriger Weise wurden sie auf ung. Staatsgebiet verschleppt u. dort in Lagern gefangen gehalten. Für diese Praxis verantwortlich zeichnete das Armeeoberkommando, das v. Anfang an der Auffassung war, dass bei dem Krieg gegen die äußeren u. inneren Feinde als einer gemeinsamen Angelegenheit der beiden Reichshälften jede ihr „Pflichtsoll" (Österreich gegenüber Ruthenen und Italienern, Ungarn gegenüber Serben und Rumänen) zu erfüllen habe.

Schätzungen zufolge wurden im Sommer 1914 10.000 österr.-ungarische S. verhaftet u. weitere 30.000 deportiert. Den Hauptteil überführte man nach Ungarn, in die Festung Arad u. in hastig errichtete Internierungslager bei Peterwardein (Pétervárad), Eszég, Hódmezö-Vásárhely, Komárom, Kecskemét, Szeged u. Czegléd.

Die Behandlung der S. seitens der ung. Bewacher stand der der Ruthenen durch die Österreicher in nichts nach, ja übertraf sie womöglich noch im Grad der Rohheit. Am schlimmsten waren die Verhältnisse in Arad, wo an die 10.000 Internierte in den Kasematten u. kilometerlangen unterirdischen Gängen der Festung gleichsam lebendig begraben wurden. Schmutz, Ungeziefer, eine ekelhafte Kost, eine v. Schweiß u. Atem dampfende Luft, feuchtes, faulendes Stroh als Schlafunterlage u. unreines Trinkwasser führten bald zu einer Flecktyphusepidemie, der 3.000 bis 4.000 Menschen zum Opfer fielen.

Ein anderes berüchtigtes Internierungslager befand sich in Doboj bei Banja Luka auf bosnischem Gebiet. Die hierher Verschleppten wurden in Baracken untergebracht, die früher als Pferdespital gedient hatten u., verrottet u. voll Mist, mit Pferdekrankheiten wie Rotz infiziert waren. Im Frühjahr 1916 starben in Doboj 8.000 Insassen an Seuchen, überwiegend Kinder, Frauen u. alte Männer. In der Erwartung, dass nur wenige die Internierung überleben würden, plünderten in Syrmien ung. Truppen das Hab u. Gut der Vertriebenen u. legten ganze Dörfer in Schutt u. Asche.

Wie die Verfolgung der Ruthenen seitens der habsburgischen Kriegsdiktatur ist auch die der S. bis heute ein weißer Fleck auf der Landkarte der Geschichtsforschung.

Lit.: R. Jeřábek, Potiorek. General im Schatten von Sarajevo. Graz u. a. 1991; H. Hautmann, Als die k. k. Österreicher über die Serben herfielen, *Weg und Ziel*, 10 (1991), 450–455.

H. H.

Serben aus Kosovo. Die S. (Eigenbez. *Srbin*) sind in das Territorium K.s im 6. Jh. eingewandert. K. hat für die serb. Volkstradition u. das hist. Gedächtnis einen hohen emotionalen Wert, der sich am ma. serb. Reich, das seine Blüte unter Zar Stefan Dušan 1331–1355 erreichte, dem Zentrum der serb. Orthodoxie im 13./14. Jh. u. an der Niederlage gegen die Osmanen auf dem Amselfeld 1389 festmacht.

K. wurde im Jahre 1912 v. Serbien im Ersten →Balkankrieg erobert. Im Laufe der Jh.e sind in K. die Albaner Bev.mehrheit geworden. Vom Ideal eines ethn. homogenen Territoriums geleitet, auf das Serbien ein hist., ein Anciennitäts- u. ein Souveränitätsrecht erhob, wurde versucht, die ethn. Struktur zu Gunsten der S. zu verändern. In diesem Sinne sollte sich in den 1920er u. 1930er Jahren die Ansiedlung v. bis zu 90 % serb. u. montenegrinischen Kolonisten im Rahmen der Agrarreform auswirken, die im Jahr 1939 noch 59.300 Personen (9,2 % der Gesamtbev.) ausmachten. Die Privilegien bei der Landzuteilung wogen jedoch die Härten des Lebens im rückständigen K. nicht auf: Viele Kolonisten gaben bereits nach wenigen Jahren wieder auf u. wanderten ab. Als weite Teile K.s im 2. Wk. an Albanien angeschlossen wurden, schlug das Pendel der ethn. motivierten Bev.politik um, u. die Kolonisten, aber teilweise auch die alteingesessenen S., wurden zur Zielscheibe v. Vertreibungen durch die Albaner. Nach dem 2. Wk. erlaubten Titos Kommunisten nach der Überprüfung der Agrarreform nur einem Teil die Rückkehr, etwa 20.000 Personen blieben davon ausgeschlossen.

Seit Anfang der 1960er Jahre nahm die Zahl der S. in K. sowohl absolut als auch prozentual stetig ab. Im Spiegel der Volkszählungen stellt sich das wie folgt dar: 1961 227.016 (23,6 %), 1971 228.264 (18,4 %), 1981 209.498 (13,2 %) u. 1991 194.190 (10,97 %). Für 2007 schätzte das kosovarische Statistikamt: Gesamtbev. 2.126.708, davon 148.870 S. (7 %).

Als eine dramatische Entwicklung wurde der Weggang der S. in den 1980ern wahrgenommen u. wiss. untersucht. 1981 wurde errechnet, dass 85.000 Kosovoserben, d. h. ein Drittel, zw. 1961 u. 1981 K. verlassen hatten: Im Auftrag der Serb. Akademie der Wissenschaften wurde 1985/86 eine Befragung durchgeführt, die die Abwanderung der S. u. Montenegriner als Ursache u. Folge der veränderten ethn. Struktur u. der verschlechterten interethn. Beziehungen in K. beschrieb.

Dafür, dass die Migration nicht nur wirt. Gründe hatte, sprach aus der Sicht der Forscher, dass es sich nicht um individuelle Migration v. jungen Menschen aus dem ländlichen Gebiet handelte. Es zogen ganze in K. verwurzelte Großfamilien weg, die in K. eine vergleichsweise gute finanzielle u. soziale Position innehatten u. die mehrheitlich Alb. konnten. 85 % der migrierenden S. waren in K. geboren ebenso wie 50 % ihrer Väter, womit die alb. These v. den wegziehenden zeitweise in K. beschäftigten serb. Beamten widerlegt wurde. Die Studie präsentierte als Ergebnis, dass drei Viertel der Migranten nicht-wirt. Gründe angaben, unter denen Bedrohung der persönlichen Sicherheit u. des Eigentums, ethn. und institutionelle Diskriminierung seitens der alb.sprachigen Behörden ein wichtiger Stellenwert zukam.

In Folge der Migration sank nicht nur die Zahl der S. in K., sondern auch ihre Siedlungsgebiete verkleinerten sich u. die Zahl der ethn. gemischten Orte nahm ab. Sank in einer Ortschaft der Anteil der Serben unter 30 %, entstand ein Abwanderungssog, in dessen Folge zw. 1961 u. 1981 die Zahl der Gemeinden ohne S. von 410 auf 670 anstieg u. die Parallelität der ethn. getrennten Lebensbereiche zunahm.

Wenig bekannt ist über die Binnenvertreibungen der S. ab Februar 1998, als neben dem serb. Apparat auch die serb. Zivilbevölkerung zur Angriffsscheibe der UÇK wurde u. aus den besetzten ländlichen Gebieten vertrieben wurde. Noch vor Beginn der Bombardierungen flüchteten ca. 60.000 Kosovoserben nach Serbien.

Unmittelbar nach dem NATO-Einmarsch in K. am 12. 6. 1999 u. der Rückkehr der vertriebenen Albaner ist es v. bewaffneten Zivilisten u. Uniformierten zu schweren Übergriffen auf S. und andere Nichtalbaner gekommen, soweit sie sich nicht mit der abziehenden serb. Armee u. Polizei in Sicherheit gebracht hatten. Von den zuvor ca. 200.000 S. verließen nach den Meldungen des Human Rights Watch in den ersten sechs Wochen der internat. Verwaltung 164.000 K. in Richtung Serbien u. Montenegro. Die Zahlen des UNHCR (→Hoher Flüchtlingskommissar der UNO) beliefen sich sogar auf 198.000 registrierte serb. Flüchtlinge. In den kosovarischen Städten bis auf Nordmitrovica im mehrheitlich serb. bewohnten Nordteil von K. gab es bis auf ein paar Einzelpersonen keine serb. Einw. mehr. Die meisten der S. in den Kommunen Peja (serb. Peć), Prizren, Ferizaj (serb. Uroševac), Istog (serb. Istok), Prishtina (serb. Priština), Obiliq (serb. Obilić) u. Gjilan (serb. Gnjilane) sind geflohen.

Das Ausmaß der Vertreibungen u. der parallel verübten Verbrechen lässt vermuten, dass es sich nicht nur um spontane Racheakte handelte, sondern dass die alb. Täter planmäßig mit dem Ziel der Schaffung eines ethn. homogenen K.s vorgegangen sind. Dem Vertreibungswillen wurde durch Morde, Massaker, Entführungen, Plünderungen, Hausbesetzungen, Brandstiftungen u. verminte Dörfer Nachdruck verliehen. Unter den zerstörten Gebäuden u. relig. Einrichtungen befanden sich auch hist. wertvolle orth. Baudenkmäler aus dem 14. u. 15. Jh.

Die etwa 80.000 binnenvertriebenen S. konzentrierten sich in den Ortschaften Fushë Kosova (serb. Kosovo Polje), Dobratin, Graçanica (serb. Gračanica) u. Umgebung, Hoça e Madhe (serb. Velika Hoča), im nördl. Teil v. Rahovec (serb. Orahovac), Gorazhdevac (serb. Goraždevac) u. Shtërpce (serb. Štrpce). Ihre Bewegungsfreiheit ist stark eingeschränkt u. der Gebrauch des Serb. in der Öffentlichkeit außerhalb der Enklave ist riskant. Mehrere Tausend S. retteten sich aus dem südl. Teil K.s nach Nordmitrovica, Leposaviq (serb. Leposavić) u. Zubin Potok. Größere Gruppen der serb. Bev. leben südl. des Flusses Ibar in den Kommunen Novo Bërda (serb. Novo Brdo), Gjilan u. Kamenica. Von den 6.000 Flüchtlingen aus Kroatien, die in K. angesiedelt worden waren, sind weniger als hundert in K. geblieben, nachdem ihre Flüchtlingsheime abgebrannt wurden.

Im Zeitraum vom 12. 6. bis Ende Dezember 2000 verschwanden unter ungeklärten Umständen mindestens 932 Nichtalbaner, darunter S., →Roma, →Montenegriner u. slavische Muslime. Im Zeitraum v. 1998 bis Mitte 2001 gab es 1.300 vermisste S.

Öffentlich verurteilt wurden die Verbrechen vom Herausgeber der angesehenen alb.-sprachigen Tageszeitung *Koha ditore*, Veton Surroi, der seine Beschämung über seine Landsleute zum Ausdruck brachte u. dafür Morddrohungen bekam.

Die internat. Gemeinschaft war zu Anfang ihres Einsatzes in K. kaum in der Lage, die Angriffe auf die Minderheiten zu verhindern u. adäquat zu reagieren. Der Abzug der serb. Sicherheitskräfte hatte ein absolutes Sicherheitsvakuum hinterlassen. Im Juli 1999 befanden sich erst wenige v. den geplanten internat. 1.800 regulären u. 1.000 Sonderpolizisten in K. u. die KFOR konnte diese Aufgaben nur eingeschränkt wahrnehmen. Doch auch später war ein flächendeckender Schutz undenkbar.

Die Gewalt gegen die Minderheiten, v. a. gegen die S., ließ bis 2000 nur langsam nach. Ab dem Sommer 2003 verschlechterte sich die Sicherheitssituation der Minderheiten wieder u. erreichte ihren Höhepunkt mit den Märzunruhen 2004, die Vertreibungen v. etwa 4.100 Nichtalbanern auslösten. Im Mai 2005 gab es immer noch 1.467 Binnenvertriebene, die aus Sicherheitsgründen nicht in ihre neu aufgebauten Häuser zurückkehren konnten.

Nach den Angaben des UNHCR sind bis 2005 12.000 S., →Ashkali u. andere Nichtalbaner zurückgekehrt. 2005 gab es in Serbien noch 208.391 registrierte Binnenvertriebene.

Das →Internationale Komitee vom Roten Kreuz bewertete die Lage der Binnenvertriebenen in Serbien u. Montenegro im Jahre 2005 im Vergleich zu den Jahren 2003 u. 2004 als schlechter. Die Ursachen waren das Auslaufen v. Förderungen, der Schwund v. materiellen Reserven der Binnenvertriebenen, Probleme in der Eigentumsnutzung in K., Ausschluss v. staatlichen Sozialtransfers, Schließung der Flüchtlingsheime u. Verringerung der humanitären Hilfen. Die Regierung v. Serbien setzt langfristig auf die Rückkehr der Binnenvertriebenen nach K. Im Unterschied zu den Flüchtlingen werden sie in Wohnungsbauprogrammen nicht berücksichtigt. Auch in der Strategie der serb. Regierung zur Verringerung der Armut in Serbien stellen die Binnenvertriebenen keine wichtige Zielgruppe dar, obwohl die Armut bei ihnen stärker ausgeprägt ist als bei der lokalen Bev.

Noch schwieriger ist die Situation der Binnenvertriebenen in Montenegro: Sie sind nicht Bürger v. Montenegro, sie haben keine unbefristete Aufenthaltserlaubnis u. das Recht auf Arbeit, Sozialhilfe u. Eigentum wird ihnen vorenthalten.

Die Aussichten auf Rückkehr sind trotz der internat. Bemühungen gering. Viele städtische Kosovoserben hatten in den 1990er Jahren Arbeit im staatl. und öffentlichen Sektor, der sich seitdem grundlegend verändert hat. Sporadische Rückkehr in die serb. Enklaven gibt es v. a. bei älteren S. mit Landbesitz, das ihnen trotz Arbeitslosigkeit ein bescheidenes Auskommen gewährt. Für die jungen Kosovoserben ist die Rückkehr in das unabhängige K. keinesfalls attraktiv. Die polit. und wirt. Situation der in Enklaven lebenden S. gestaltet sich schwierig. Die im Norden K.s lebenden S. setzen auf einen eigenständigen Kurs gegenüber der internat. Verwaltung u. der kosovarischen Behörden u. streben eine weitgehende Anlehnung an Serbien an.

Zu den bedeutenden Persönlichkeiten der kosovo-serb. Gemeinschaft gehören die Schriftsteller Petar Sarić, Darinka Jevrić, Vukašin Filipović, Radosav Stojanović, Lazar Vučković, ferner die Maler Lenka Jakšić, Zoran Furunović, Stevan Ćukić, Svetozar Kamenović u. die Politiker Rada Trajković, Momčilo Trajković, Dragiša Krstić, Oliver Ivanović sowie der internat. bekannte Mönch u. Publizist Sava Janjić.

Lit. (a. →Kosovo als Vertreibungsgebiet): K. Clewing, Bevölkerungsentwicklung und Siedlungspolitik. Die ethnische Zusammensetzung des Kosovo, in: Kosovo. Hg. B. Chiari/A. Kesselring. Paderborn 2006, 15–25; M. Nikolić, The Tragedy of Yugoslavia. Baden-Baden 2002; G. Joetze, Der letzte Krieg in Europa? Das Kosovo und die deutsche Politik. Stuttgart-München 2001; Under Orders: War Crimes in Kosovo. Hg. Human Rights Watch. New York u. a. 2001; Federal Republic of Yugoslavia, Abuses against Serbs and Roma in the New Kosovo.

Hg. HUMAN RIGHTS WATCH. August 1999, Vol. 11, No. 10 (D), in: http://www.hrw.org/reports/1999/kosov2 (Stand 27. 8. 2008); Human Rights in Kosovo: As Seen, As Told. Hg. OSCE. Vol. I (October 1998–June 1999), in: http://www.osce.org/odihr/item_11_17755.html, Vol. II (14 June–31 October 1999), in: http://www.osce.org/item/17756.html (Stand 27. 8. 2008); M. BLAGOJEVIĆ, Kosovo: In/Visible Civil War, in: Kosovo: Avoiding Another Balkan War. Hg. T. VEREMIS/E. KOFOS. Athens 1998, 239–310; M. VUČKOVIĆ/G. NIKOLIĆ, Stanovništvo Kosova u razdoblju od 1918. do 1991. godine. Sa osvrtom na prethodni period. Kosovo, die Serben und die Albaner. Veränderungen in der ethnischen Struktur von 1918 bis 1991. München 1996; R. PETROVIĆ/M. BLAGOJEVIĆ, The Migrations of Serbs and Montenegrins from Kosovo and Metohija. Results of the Survey Conducted in 1985–1986. Belgrad 1992.

Z. F.

Serben aus dem „Unabhängigen Staat Kroatien" (1941–1945). Der nach der Zerschlagung →Jugoslawiens durch die Achsenmächte am 10. 4. 1941 proklamierte „Unabhängige Staat Kroatien" (USK) umfasste außer dem Großteil Kroatiens auch ganz Bosnien-Herzegowina. Unter den ca. 6,6 Mio. Einw. des USK befanden sich rd. 2 Mio. Menschen, die sich zur serb.-orth. Kirche bekannten. Siedlungsschwerpunkte der orth. Bev. waren die Gebiete der ehem. habsburgischen Militärgrenze auf kroat.-slawonischem Boden, die Ostherzegowina, Ostbosnien, die Städte Zagreb u. Sarajevo sowie verschiedene Enklaven in Zentral- u. Nordwestbosnien. Viele der in Kroatien u. Slawonien beheimateten S. waren Nachfahren der im Verlauf der Frühen Neuzeit v. den Habsburgern als Wehrbauern angesiedelten „Grenzer" zum Schutz gegen das Osm. Reich.

Die v. Adolf →Hitler u. Benito Mussolini an die Macht gebrachte *Ustaša*-Bewegung unter Führung v. Ante →Pavelić verfolgte das Ziel, den Vielvölkerstaat USK zu einem möglichst homogenen kroat. Nationalstaat (→N. und ethnische Homogenität) umzugestalten. Gemäß ihrer Ideologie waren nicht nur die etwa 800.000 bosnischen Muslime, sondern auch die Mehrheit der orth. Bev. „eigentlich" (d. h. der Abstammung nach) Kroaten, deren Vorfahren nur unter äußerem Zwang den Glauben gewechselt hätten. Pavelićs Mitstreiter Mile Budak gab daher die Devise aus: „ein Drittel töten, ein Drittel vertreiben, ein Drittel umtaufen". Und Kulturminister Mirko Puk erklärte am 25. 2. 1942: „Deshalb begünstigt die kroatische Regierung die Rückkehr dieser griechisch-orientalischen Bewohner zur Religion ihrer Väter, wodurch die Einheit des kroatischen Volkes [...] wiederhergestellt wird. Wer diese historischen Gegebenheiten nicht anerkennen will, kann das Staatsgebiet verlassen [...]."

Zur „Legalisierung" der Verfolgung v. „völkischen, rassischen" u. polit. Gegnern erließ Pavelić schon in den ersten Tagen nach Gründung des USK zahlreiche Gesetzesdekrete. An erster Stelle stand die Verordnung zum „Schutz von Volk und Staat" vom 17. 4. 1941. Darin heißt es: „Wer auf irgendeine Weise die Ehre und Lebensinteressen des kroatischen Volkes beleidigt oder beleidigt hat oder wer auf irgendeine Weise die Existenz des USK oder der Staatsorgane gefährdet, mag die Tat auch nur Versuch bleiben, macht sich des

Verbrechens des Hochverrats schuldig." Auf diese schwammig formulierten Straftaten, die vor „außerordentlichen Volksgerichten" verhandelt wurden, stand die Todesstrafe. Dabei reichte es bereits, dass sich jemand in der Vergangenheit „unkroatisch" *(nehrvatsko)* verhalten hatte. Auch das Ende November 1941 erlassene Gesetz über die Einweisung „unerwünschter" u. „gefährlicher" Personen in Konzentrations- u. Arbeitslager (→Lager) war bewusst allg. gehalten u. öffnete dem Terror Tür u. Tor.

Das *Ustaša*-Regime ergriff eine Vielzahl v. Maßnahmen, um die „Re-Kroatisierung" u. „Re-Katholisierung" der orth. Bev. in die Wege zu leiten (Verbot der kyrillischen Schrift, „Reinigung" der kroat. Sprache v. „Serbismen", Verbot serb. Organisationen u. Enteignung ihres Vermögens usw.); orth. Kirchen u. Klöster wurden geplündert u. zerstört. Zahlreiche Priester verschwanden in den Gefängnissen u. KZ, während der Übertritt v. Teilen der orth. Bev. zum Katholizismus unterstützt u. häufig unter Anwendung v. Zwang durchgesetzt wurde. Parallel dazu wurden bereits seit April 1941 exponierte Persönlichkeiten der serb. Bev. inhaftiert; u. Anfang Mai kam es auch zur ersten Massenexekution von S. im Kordun.

Mitte Mai stimmte Hitler einer Umsiedlung von S. in das v. Deutschen besetzte Serbien zu, als er v. Außenminister Ribbentrop auf die Gelegenheit hingewiesen wurde, „im Austausch" dafür rd. 200.000 Slowenen aus der Untersteiermark u. Südkärnten nach Kroatien zu deportieren (→Slowenen aus der Untersteiermark und Oberkrain). Eine entsprechende dt.-kroat. Vereinbarung wurde am 4. 6. unterzeichnet. Es folgte die Massenverhaftung von S., die vorübergehend in Sammellagern interniert wurden. Bis Oktober 1941 wurden etwa 15.000 registrierte Personen nach Serbien abgeschoben. Da sich die *Ustaša*-Organe nicht an die Absprache hielten (indem sie die betroffenen Personen ausplünderten u. häufig unangemeldet nach Serbien vertrieben), lehnten die dt. Dienststellen eine Weiterführung der Aktion ab. Der Verwaltungschef beim dt. Militärbefehlshaber in Serbien, SS-Gruppenführer Harald Turner, teilte in einem Bericht vom 3. 9. 1941 mit, dass bisher aus den ung. und bulg. Besatzungsgebieten 37.000 resp. 20.000 u. allein aus Kroatien 104.000 S. „entgegen allen Vereinbarungen" in das dt. Besatzungsgebiet abgeschoben worden seien. „Diese Menschen, die in ungezählten Fällen selbst Zeuge der bestialischen Hinmordung ihrer Angehörigen waren, hatten nichts mehr zu verlieren, konnten, da die Abschiebung auch ohne jede Anmeldung erfolgte, nicht aufgefangen und untergebracht werden und gesellten sich darum zu den Kommunisten in die Wälder und Gebirge [...] Nach hier vorliegenden Meldungen sind allein in Kroatien rd. 200.000 Serben ermordet worden." Gemäß den Berechnungen der Reichsbehörden belief sich die Zahl der aus dem USK vertriebenen oder deportierten S. bis Ende September 1941 auf 118.110 Personen. Allein aus Slawonien seien innerhalb v. 4–5 Wochen nahezu 40.000 S. vertrieben worden.

Während die Vertreibungen u. Zwangstaufen noch im vollen Gange waren, nahm die Massenvernichtung von S. im USK immer größere Ausmaße an. Orte der Vernichtung waren in erster Linie die seit Ende April 1941 neu errichteten Konzentrations- u. „Arbeitslager", für deren Organisation das Amt III des „Ustaša-Aufsichtsdienstes" verantwortlich war. Die ersten Lagerinsassen setzten sich v. a. aus S., Juden u. Roma zusammen, später folgten oppositionelle Kroaten u. Muslime. In der Anfangszeit erfolgte die Vernichtung der Lagerinsassen zumeist durch „stille Liquidation", d. h. mittels Krankheit u. Erschöpfung. Erst später kamen Massenliquidationen hinzu. Besonders berüchtigt war das Lager III v. Jasenovac (an der Mündung der Una in die Save), das auf dem Gelände einer ehem. Ziegelei entstand u. die inoffizielle Bez. „Ciglana" erhielt. „Ciglana" bestand aus vier Abteilungen: III A für S., III B für Juden, III C für Roma u. III D für Kroaten. Nach den 1945 vom Lagerkommandanten Ljubo Miloš gemachten Aussagen traf zunächst ein Transport pro Woche ein, später waren es zwei bis drei Transporte wöchentlich. Jeder Transport umfasste mehrere hundert Personen, gelegentlich sogar bis zu tausend u. mehr Menschen. Um Platz für die Neuankömmlinge zu schaffen, wurden die Insassen alle 10–15 Tage einer „Selektion" unterzogen, wobei die Schwachen u. Kranken ausgesondert u. getötet wurden. Die Gesamtzahl der Opfer des Lagerkomplexes Jasenovac ist seit Mitte der 1980er Jahre Gegenstand heftiger serb.-kroatischer Auseinandersetzungen. Während einige serb. Autoren die Zahl der Toten auf mehr als 1 Mio. beziffern, gehen kroat. Autoren v. maximal 30.000–40.000 Toten (darunter viele Kroaten) aus. Nach derzeitigem Forschungsstand erscheint eine Zahl v. 80.000–85.000 Opfern (mehrheitlich S.) als realistisch.

Die vom *Ustaša*-Regime u. den „wilden Ustaše" *(divlje ustaše),* d. h. unkontrolliert operierenden Banden, betriebenen →ethnischen Säuberungen führten zu einer fortschreitenden Destabilisierung der Sicherheitslage. Dennoch wertete Pavelić das Ergebnis in einem Gespräch mit dem dt. Sondergesandten Edmund Veesenmayer Anfang 1943 positiv: „Zur Gründung des Staates hatten wir etwa 30 % Serben, nun haben wir durch die Verdrängung und Massakrierung nur noch 12–15 %. Die in diesem Zusammenhang erfolgten Exzesse haben irgendwie doch für den kroatischen Staat positive Auswirkungen gehabt." Vertreter der Dt. Wehrmacht kamen dagegen zu einer völlig anderen Einschätzung. In einer Denkschrift vom 27. 2. 1943 verlangte der Oberbefehlshaber Südost, Generaloberst Alexander Löhr, die sofortige Ernennung eines „Reichssonderbeauftragten und Befehlshabers der dt. Truppen" im USK mit einem Militärverwaltungsstab zur Ausübung der vollziehenden Gewalt. Löhr begründete seine Forderung u. a. mit der Ermordung v. 400.000 S. durch die *Ustaše,* dem dadurch hervorgerufenen Aufstand u. dem völligen Prestigeverlust der Pavelić-Regierung. Hitler lehnte allerdings diese (wie andere ähnlich lautende Forderungen) kategorisch ab. Die Gesamtzahl der serb. Kriegsopfer auf dem Territorium des USK bewegt sich zw. 295.000 u. 334.000 Personen, die im Zuge v. Kriegs- bzw. Bürgerkriegshandlungen oder infolge des *Ustaša*-Terrors ums Leben kamen.

Lit.: T. Dulić, Utopias of Nation. Local Mass Killing in Bosnia and Herzegovina, 1941–42. Uppsala 2005; J. E. Gumz, Wehrmacht Perceptions of Mass Violence in Croatia, 1941–1942, *The Historical Journal* 44/4 (2001), 1015–1038; H. Sundhaussen, Das Konzentrationslager Jasenovac (1941–1945): Konstruktion und Dekonstruktion eines Kriegsverbrechens und Weltkriegsmythos, in: Kriegsverbrechen im 20. Jahrhundert. Hg. W. Wette/G. R. Ueberschär.

Darmstadt 2001, 370–381; DERS. Der Ustascha-Staat: Anatomie eines Herrschaftssystems, *Österreichische Osthefte* 37/2 (1995), 497–533; V. ŽERJAVIĆ, Opsesije i megalomanije oko Jasenovca i Bleiburga. Gubici stanovništva Jugoslavije u drugom svjetskom ratu. Zagreb 1992; B. KOČOVIĆ, Žrtve drugog svetskog rata u Jugoslaviji. London 1985; F. JELIĆ-BUTIĆ, Ustaše i Nezavisna Država Hrvatska 1941–1945. Zagreb 1977; G. FRICKE, Kroatien 1941–1944. Der „Unabhängige Staat Kroatien" in der Sicht des Deutschen Bevollmächtigten Generals in Agram, Glaise v. Horstenau. Freiburg 1972; L. HORY/M. BROSZAT, Der kroatische Ustascha-Staat 1941–1945. Stuttgart 1964; E. PARIS, Genocide in Satellite Croatia 1941–1945. A Record of Racial and Religious Persecutions and Massacres. Chicago/Ill. 1962.

H. S.

Serov, Ivan Aleksandrovič (*25. 8. 1905 Gouv. Vologda, †1. 7. 1990 Moskau), Armeegeneral, war einer der höchsten Leiter der Organe des Inneren u. der Staatssicherheit der →Sowjetunion in den Jahren 1939–1958, Organisator einer Reihe v. →Deportationen im Zeitraum 1939–1949 u. führende Persönlichkeit im Sowjetisierungsprozess in den westl. Grenzgebieten der UdSSR u. mehreren osteurop. Ländern. Er entstammte einer Bauernfamilie, war Mitglied der VKP(b) seit 1926, Mitglied des ZK seit 1956 u. arbeitete seit Januar 1939 in den Organen →NKVD-NKGB-MVD-KGB, wo S. eine steile Karriere zum Volkskommissar für Innere Angelegenheiten der Ukr. SSR (1939–1941) durchlief u. danach auf Unionsebene Stellvertreter des Volkskommissars (1. Stellvertreter des Ministers) für Innere Angelegenheiten der UdSSR (1941–1954) wurde, 1945 zuerst Stellvertreter des Befehlshabers der 1. Belorussischen Front für zivile Verwaltung, dann seit Juni 1945 bis Februar 1947 Stellvertreter des obersten Befehlshabers der SMAD für den Bereich zivile Verwaltung u. Bevollmächtigter des NKVD in der SBZ (→sowjetische Besatzungszone in Deutschland), sodann Vorsitzender des KGB beim Ministerrat der UdSSR (1954–1958) u. schließlich Chef der Hauptverwaltung für Aufklärung (russ. *Glavnoe razvedyvatel'noe upravlenie*, GRU) beim Generalstab der Streitkräfte der UdSSR (1958–1963).

Als Volkskommissar des NKVD der Ukrainischen SSR organisierte u. leitete er 1939–1941 die Deportation von ehem. poln. Bürgern aus den westl. Rayons der Ukr. SSR (→Ukraine als Deportationsgebiet). Im Mai u. Juni 1941 – nun bereits als 1. Stellvertreter des Volkskommissars des NKVD der UdSSR – organisierte er die Deportationen aus der Westukraine u. dem Baltikum (→Esten: Deportationen im und nach dem Zweiten Weltkrieg, →Letten: Deportationen im und nach dem Zweiten Weltkrieg, →Litauer). Nach Kriegsausbruch avancierte S. zum Hauptspezialisten des NKVD für die Durchführung sog. präventiver Deportationen: Er stand an der Spitze des operativen Stabs zur Organisation der Deportation der Wolgadeutschen (→Deutsche aus dem Wolgagebiet) im September 1941 u. war für weitere Zwangsumsiedlungen v. Deutschen im Herbst 1941 sowie für die Deportationen der Griechen im Frühjahr 1942 (→Griechen: Deportationen in den asiatischen Teil der Sowjetunion), der →Karatschaier, →Kalmücken, →Tschetschenen u. Inguschen (für diese Operation wurde ihm der Suvorov-Orden erster Klasse verliehen), der →Balkaren, →Krimtataren u. anderer Krimvölker (→Krim als Deportationsgebiet) (Auszeichnung mit dem Rotbannerorden) verantwortlich. Als Bevollmächtigter des NKVD bei der 1. Belorussischen Front leitete er die Operationen der Deportation internierter dt. Zivilisten (insbesondere aus Ostdeutschland) in die UdSSR, überwachte die Deportationen der „Kulaken und Banditen" aus dem Baltikum (Frühjahr 1949), der griechischen Bev. aus Transkaukasien (Juni 1949), weitere Aussiedlungsaktionen aus der Ukr. SSR, der Belorussischen SSR, der Moldauischen SSR (→Moldawien als Deportationsgebiet) u. den Baltischen Republiken im März 1951, war Mitglied der Kommission des Präsidiums des Obersten Sowjets der UdSSR zur Bekämpfung der „Zigeunerlandstreicherei" (Oktober 1956).

Unter Ausnutzung seiner einflussreichen Position in der sowj. Verwaltung Deutschlands eignete sich S. zahlreiche Wertgegenstände an u. führte diese mit Hilfe seines Dienstflugzeugs aus. Der Name S. ist mit den spektakulärsten Spionageaffären u. Korruptionsskandalen innerhalb der Straforgane verbunden. Am 2. 2. 1963 wurde er vom Amt des Chefs der GRU abgesetzt, kurz darauf degradiert (vom Armeegeneral zum Generalmajor) u. auf zweitrangige Posten in den Militärbezirken Turkestan u. Wolgagebiet versetzt. S. wurde ein Teil der Auszeichnungen, darunter der ihm 1945 verliehene Titel des Helden der Sowjetunion, aberkannt. Für „Verletzung der sozialistischen Gesetzlichkeit und Amtsmissbrauch für private Zwecke" erfolgte im April 1965 sein Ausschluss aus der Partei, seit dem 1. 9. 1965 befand er sich im Ruhestand.

Lit.: N. Petrov, Pervyj predsedatel' KGB Ivan Serov. Moskva 2005; Stalinskie deportacii. Hg. N. L. Pobol'/P. M. Poljan. Moskva 2005; L. M. Mlečin, Predsedateli organov bezopasnosti. Rassekrečennye sud'by. Moskva 2001, 427–480; Serov Ivan Aleksandrovič, in: N. V. Petrov/ K. V. Skorkin, Kto rukovodil NKVD, 1934–1941. Spravočnik. Moskva 1999, 381–382.

P. P.

Sibirien als Aufnahmegebiet. S. (russ. *Sibir'*) ist eine geogr. Region in Nordasien, Teil der Russl. Föderation. Umfasst das Territorium vom Ural im W bis zum Pazifik im O, vom Polarmeer im N bis zu den Gebirgsketten in den Grenzregionen zu China u. der Mongolei im Süden. Traditionell unterteilt in West- u. Ostsibirien, schließt jedoch i. d. R. auch den Fernen O mit ein. Die Gesamtfläche beträgt etwa 10 Mio. qkm, einschl. des Fernen Ostens – mehr als 13 Mio. qkm, Einw.zahl (2002) 39 Mio. Im Zarenreich u. in der →Sowjetunion fungierte S. als traditioneller Ort der polit. Verbannung *(ssylka)* u. Ziel v. →Deportationen aus polit., soz. und ethn. Gründen.

Im Zuge der Kollektivierung bildete die Zwangsumsiedlung in entlegene Gebiete, darunter auch nach S., eine der Hauptmaßnahmen im Kampf gegen die „Kulaken". Häufig war für diese Deportationen ein gemischter, soz.-ethn. Hintergrund charakteristisch, wie bspw. im Falle der Verschleppung v. Polen u. Deutschen aus den Grenzrayons der Ukraine, die in der Mehrzahl dem Bauernstand angehörten (→Ukraine als Deportationsgebiet).

Im Oktober u. November 1929 wurden die Taigarayons in Westsibirien zum Ziel der Massenumsiedlungen v. „sozial-gefährlichen Elementen" aus den westl. und nordwestl. Grenzgebieten der UdSSR. Im Mai 1930 betrug die Zahl der nach dieser Kategorie Verschickten (sog. *osobovcy* →Sondersiedler) bereits an die 15.000 Personen. Bis zum Frühjahr 1931 kamen noch etwa 37.000 Familienangehörige hinzu.

Infolge der Durchführung der Massendeportationen in den Jahren 1930/31 befanden sich in den west- u. ostsibirischen Sondersiedlungen 96.505 Familien (446.300 Personen) u. im Fernen O 9.697 Familien (48.900 Personen), d. h. 25 % bzw. 3 % der Gesamtzahl der Sondersiedler in der Sowjetunion. In der ersten Jahreshälfte 1933 wurden u. a. auch etwa 5.500 Zigeuner aus der Umgebung Moskaus nach Westsibirien verschleppt.

Die Massendeportationen aufgrund ethn. Zugehörigkeit setzten in der Kriegs- (1940–1945) u. unmittelbaren Nachkriegszeit (1946–Anfang der 1950er Jahre) ein. In der Kriegsperiode fungierten sie als „präventive" Maßnahmen (1940–1941) oder als „Strafe" für die →Kollaboration mit den Okkupanten (1943–1945). 1940/41 wurden in Ostpolen 350.000–380.000 poln. Bürger Opfer v. Zwangsumsiedlungen: darunter poln. Militärsiedler *(osadniki)* u. Forstbedienstete *(lesniki)* sowie Familienangehörige v. repressierten poln. Offizieren, Polizisten, Beamten, Gutsbesitzern u. Mitgliedern „konterrevolutionärer aufständischer Organisationen". Hinzu kamen sog. Sonderumsiedler-Flüchtlinge, die aus den v. den Deutschen besetzten Gebieten in die Westukraine u. Westweißrussland geflohen waren (in der Mehrzahl Juden). Ihre Verteilung in S. sah folgendermaßen aus: In das Gebiet Novosibirsk kamen 19.600 Personen (davon 3.200 Militärsiedler u. 16.400 Flüchtlinge), in der Altajregion befanden sich zum 1. 1. 1941 in 44 Sondersiedlungen etwa 10.100 ehem. polnische Bürger (davon 6.000 Militärsiedler u. 4.000 Flüchtlinge). In das Gebiet Omsk wurden 8.500 Personen (darunter 6.900 Militärsiedler u. 1.900 Flüchtlinge), in die Region Krasnojarsk 14.800 Personen (darunter 13.300 Militärsiedler u. 1.400 Flüchtlinge) u. in das Gebiet Irkutsk 2.900 Personen (593 Militärsiedler u. 2.300 Flüchtlinge) verbracht.

Im Juni u. Juli 1941 erfolgte die →Verbannung v. 19.400 Personen aus den →Baltischen Ländern, der Moldawischen SSR (→Moldawien als Deportationsgebiet) u. den ukr. und weißruss. Westgebieten. Dabei handelte es sich um „Familienangehörige von den durch NKVD-Trojkas zu 20 Jahren Verbannung Verurteilten" sowie um Angehörige „von repressierten Familienoberhäuptern, die sich zum Teil in der Illegalität befanden". Diese Gruppe setzte sich aus 12.600 Erwachsenen (älter als 16 Jahre, davon 3.600 Männer und ca. 9.000 Frauen) u. 6.700 Kindern zusammen u. wurde auf zwölf Rayons des Kreises Narym sowie auf die Rayons Pichtovka u. Šegarskoe des Gebietes Novosibirsk verteilt. Darüber hinaus transportierte man 17.400 Personen in die Region Altaj, 11.500 in das Gebiet Omsk u. 13.200 Personen in die Region Krasnojarsk (wovon mindestens 8.300 aus dem Baltikum, v. a. aus Lettland, z. T. auch aus Litauen stammten).

1941 wurden 124.700 Russlanddeutsche (28.064 Familien) in das Gebiet Novosibirsk deportiert. Etwa 45 % v. ihnen waren Kinder, 27 % Frauen, 22 % Männer u. 5,8 % alte Menschen. Noch 83.500 Personen kamen in das Gebiet Omsk u. 99.400 in die Region

Altaj, darunter in das Autonome Gebiet (russ. *avtonomnaja oblast'*, AO) der Oiroten (→Deutsche aus dem Wolgagebiet). Alle deportierten Deutschen wurden in Dörfern untergebracht u. überwiegend zu landwirt. Tätigkeiten herangezogen.

Ende 1943/44 wurden kleinere Gruppen v. →Karatschaiern in den Fernen O u. das Gebiet Irkutsk überführt. Ebenfalls nach S. gelangten über 90.000 deportierte →Kalmücken. Sie wurden zw. den Gebieten Novosibirsk (20.000 Personen) u. Omsk (25.000 Personen) sowie den Regionen Altaj u. Krasnojarsk aufgeteilt u. überwiegend Sowchosen u. Kolchosen, aber auch Fischfang- u. Holzverarbeitungsbetrieben zugewiesen. Die Ansiedlung der Kalmücken erfolgte z. T. inmitten der ansässigen Bev. oder der dt. Sondersiedler, z. T. in kompakten Gruppen. Einige v. ihnen gelangten unmittelbar nach ihrer Ankunft (oder durch spätere Zwangsumsiedlung) in Städte, wo sie als Fach- oder Hilfsarbeiter für unterschiedliche Betriebe mobilisiert wurden.

Ethnisch motiviert waren auch die Transporte v. der Krim (→K. als Deportationsgebiet) u. aus →Kaukasien im Mai u. Juni 1944, mit denen 66.000 Deportierte in das sibirische Hinterland, z. T. in das Gebiet Kemerovo, kamen. 1944 setzten die Repressionen gegen die Mitglieder der Organisation Ukrainischer Nationalisten (OUN) ein. Auf der Grundlage des NKVD-Befehls zur Verbannung der Familienangehörigen v. OUN-Mitgliedern wurden, beginnend mit dem 31. 3. 1944, in den folgenden drei Jahren insgesamt 100.300 Personen dieser Gruppe als Sondersiedler in die Region Krasnojarsk, die Gebiete Omsk, Novosibirsk u. Irkutsk verbracht. Laut einer Erhebung vom 1. 1. 1949 betrug deren Zahl zu diesem Zeitpunkt in der Region Krasnojarsk 5.400, im Gebiet Irkutsk 8.400, im Gebiet Omsk 13.400 u. im Gebiet Kemerovo 28.900 Personen (→Ukraine als Deportationsgebiet).

Die per Erlass des Obersten Sowjets der UdSSR vom 21. 2. 1948 verbannten Familienmitglieder v. „litauischen Banditen und Nationalisten" u. deren „Helfern" sowie „Kulaken" mit ihren Familien wies man der Region Krasnojarsk, dem Gebiet Irkutsk sowie der Burjat-Mongolischen ASSR u. der Jakutischen ASSR zu (→Litauer). Ende März 1949 kam es aufgrund der Verordnung des Ministerrates der UdSSR vom 29. 1. 1949 zu weiteren Deportationen aus den →Baltischen Ländern: 25.800 Personen gelangten in das Gebiet Irkutsk, 22.500 in das Gebiet Omsk, 16.100 in das Gebiet Tomsk, 10.100 in das Gebiet Novosibirsk, 5.500 in das Gebiet Amur u. 13.800 Personen in die Region Krasnojarsk (→Esten: Deportationen im und nach dem Zweiten Weltkrieg, →Letten: Deportationen im und nach dem Zweiten Weltkrieg).

Auf der Grundlage der vom Politbüro des ZK der VKP(b) am 6. 4. 1949 bestätigten Verordnung des Ministerrates der UdSSR Nr. 1290–467ss wurden über 40.000 Personen aus Moldawien deportiert u. in den Gebieten Kurgan, Tjumen', Irkutsk u. Kemerovo, den Regionen Altaj u. Chabarovsk sowie der Burjat-Mongolischen ASSR verteilt (→Moldawien als Deportationsgebiet).

In den Monaten Januar-März 1951 sanktionierte der Ministerrat der UdSSR erneute Deportationen v. „Kulaken" u. ihren Familien aus der Westukraine u. Westweißrussland.

Opfer v. Deportationen wurden auch „sektiererische Elemente“: Im April 1951 kamen 2.600 Zeugen Jehovas aus Moldawien in das Gebiet Tomsk.

In das Gebiet Tjumen’, die Region Krasnojarsk u. weitere sibirische Rayons wurden auf der Grundlage der Verordnung des Ministerrates der UdSSR vom 5. 9. 1951 „Entkulakisierte“ aus dem Baltikum (16.800 Personen), dem bessarabischen Teil Moldawiens (9.700) sowie der Westukraine u. Westweißrussland (5.600 Personen) verschleppt.

Den Angaben vom 1. 1. 1953 zufolge lebten in der UdSSR zu dieser Zeit 2.753.400 Personen unter dem Sondersiedlerregime. Der Anteil jener, die diesen Status in S. hatten, belief sich auf etwa 900.000 Personen (ca. 30 %). Die Mehrzahl v. ihnen wurde aufgrund ihrer ethn. Zugehörigkeit in der Kriegs- u. unmittelbaren Nachkriegszeit repressiert u. in folgenden sibirischen Landstrichen zwangsangesiedelt: den Regionen Krasnojarsk (151.500) u. Altaj (138.600), den Gebieten Čita (10.200), Tjumen’ (68.700), Tomsk (80.500), Omsk (87.300), Irkutsk (91.900), Novosibirsk (110.200) u. Kemerovo (121.600), der Burjat-Mongolischen (12.900) u. der Jakutischen ASSR (17.800) sowie im N des Fernen Ostens (Magadan) (6.200 Personen). Im Fernen O wurden die Repressierten zumeist in der Region Chabarovsk (35.600 Personen) angesiedelt, wo unter den Sondersiedlern die OUN-Mitglieder u. ihre Familien (26.100 Personen) dominierten. Im Uralgebiet waren die Sondersiedler auf die Gebiete Molotov (87.200 Personen, darunter 52.300 Deutsche), Sverdlovsk (77.500, darunter 62.500 Deutsche), Čeljabinsk (etwa 53.000, darunter 46.300 Deutsche) u. Kurgan (14.200, darunter 13.400 im Jahr 1949 aus Moldawien deportierte Personen) verteilt.

In den Deportationen v. 1930 bis zur ersten Hälfte der 1950er Jahre manifestierte sich das Wesen des totalitären Regimes. Sowohl in den ursprünglichen Ansiedlungsgebieten als auch in den Bestimmungsorten der Repressierten führten diese Zwangsumsiedlungen zu gewaltsamen u. künstlichen Veränderungen der demogr. u. ethn.-sozialen sowie der Beschäftigungsstruktur der Bev. Sie waren die Ursache für interethn. Konflikte, die nach dem Zerfall der Sowjetunion offen zutage traten.

Lit.: V. N. Zemskov, Specposelency v SSSR. 1930–1960. Moskva 2003; S. A. Krasil’nikov, Serp i Moloch. Krest’janskaja ssylka v Zapadnoj Sibiri v 1930-e gody- Moskva 2003; P. M. Poljan, Ne po svoej vole … Istorija i geografija prinuditel’nych migracij v SSSR. Moskva 2001; V. I. Brul’, Deportirovannye narody v Sibiri (1935–1965 gg.): Sravnitel’nyj analiz, in: Nakazannyj narod. Repressii protiv rossijskich nemcev. Moskva 1999, 95–117; Specpereselency v Zapadnoj Sibiri 1930–1945. Hg. Gos. archiv Novosibirskoj oblasti, Rossijskaja akademija nauk/Sib. otdelenie/Institut istorii u. Novosib. istoriko-prosvetitel’skoe obščestvo „Memorial“. 4 Bde. Novosibirsk 1992–1996.

S. K., V. S.

Siebenbürger Sachsen (rum. *saşii din Ardeal*, ung. *Erdélyi szászok*) sind eine im 12. Jh. von ung. Königen in die damalige östl. Provinz des Reiches gerufene u. privilegierte Siedlergruppe unterschiedlicher Herkunft *(Theutones, Flandrenses, Latini)*. Die wohl vom sächsischen Berg- u. Siedlerrecht abgeleitete Bez. *Saxones* hat sich dann für die Gruppe durchgesetzt. Sie bildeten im multiethn. Siebenbürgen (Gesamtfläche rd. 57.000 qkm, Gesamtbev. 1930 5.114.214 Einw.) immer eine Minderheit v. rd. 10–12 %, verfügten aber v. der Ansiedlung bis 1876 über die Rechte der Selbstverwaltung u. der Eigengerichtsbarkeit, sodass sie im MA u. in der Neuzeit einen eigenen Landstand *(Universitas Saxonum)* in der Wojewodschaft des ungarischen Kgr.s bzw. im eigenständigen Frst. Siebenbürgen (1540–1699) u. im Frst., ab 1763 Großfürstentum Siebenbürgen, innerhalb der Habsburger Monarchie bilden konnten. Seit der Eingliederung Siebenbürgens in den rum. Staat (1918–1920) bildeten sie – zusammen mit den Banater u. den Sathmarschwaben, den Bukowina- u. Dobrudschadeutschen u. anderen Gruppen – die Minderheit der Rumäniendeutschen.

Im Kgr. Großrumänien waren S. S. vor allem mit Adolf Schullerus, Rudolf Brandsch u. Hans Otto Roth im polit. Leben des Landes u. in der Minderheitenschutzbewegung besonders aktiv (→Minderheitenschutz). Die Enteignung (1921) u. dann Auflösung (1937) der Stiftung Sächsische Nationsuniversität, die das Vermögen der 1876 aufgelösten Autonomie verwaltet hatte, traf v. a. das daraus bezahlte Schulwesen. Ab 1933 driftete die Unzufriedenenbewegung immer stärker ins nationalsozialistische Fahrwasser ab. Mit der Gründung der Deutschen Volksgruppe in Rumänien unter der Führung des S. S. Andreas Schmidt wurden die evang. Kirche u. das bis dahin kirchlich verwaltete Schulwesen gleichgeschaltet u. die aufgrund eines dt.-rum. Vertrages v. 1943 mögliche Ableistung des Militärdienstes in Formationen der Waffen-SS forciert. Durch den Wiener Schiedsspruch (1940) wurden die in Nordsiebenbürgen lebenden Sachsen dem ung. Staatsverband angegliedert, das Nösnerland um Bistritz (Bistrița) v. dem Altland um Hermannstadt (Sibiu) u. dem Burzenland um Kronstadt (Brașov) getrennt. Ab dem 7. 9. 1944 wurden die Nordsiebenbürger Sachsen v. den dt. Truppen evakuiert; sie flüchteten mehrheitlich zunächst nach →Österreich, v. dort zogen sie in den 1950er Jahren insbesondere nach Nordrhein-Westfalen.

Weder aus Nordsiebenbürgen, das im Oktober 1944 wieder an →Rumänien fiel, noch aus Südsiebenbürgen wurde die dt. Bevölkerung vertrieben, wenngleich entsprechende Pläne v. einigen Parteien geschmiedet worden waren. Hingegen wurden die arbeitsfähigen südsiebenbürgischen Männer (im Alter zw. 17 u. 45 Jahren) u. Frauen (zw. 18 u. 30 Jahren; zusammen 30.336 Personen, 15 % der 1941 gezählten S. S.) auf sowj. Druck im Januar 1945 zur „Wiederaufbauarbeit" in die →Sowjetunion deportiert u. insbesondere in den ukr. Kohlegruben eingesetzt (→Deutsche aus Rumänien: Deportation in die Sowjetunion). 3.076 Deportierte überlebten den Transport u. die Arbeitslager nicht.

Als Angehörige einer „faschistischen Organisation" wurden alle ehem. Mitglieder der Deutschen Volksgruppe in Rumänien, d. h. praktisch alle S. S., der staatsbürgerlichen Rechte für verlustig erklärt u. enteignet. Das betraf auch die Enteignung von rd. 55.000 Bauernhöfen im Zuge der Agrarreform v. 1945. Nach der komm. Verstaatlichung aller Produktionsmittel (11. 6. 1948) erfolgte zum einen die Anordnung v. Zwangsaufenthalten vermögender S. S. in anderen Regionen des Landes, zum anderen begann die Kollektivierung der Landwirtschaft (1949). Ab 1949 erfolgte eine gewisse Lockerung: 1950 wurde das Wahlrecht wieder zugestanden; 1956 die Rückgabe der Wohnhäuser u. -höfe möglich; dt.sprachige Kindergärten u. Schulen wurden unter staatl. Aufsicht zugelassen, dt.sprachige Zeitungen *(Neuer Weg)* konnten erscheinen; eine dt. Abteilung des Staatstheaters Hermannstadt wurde gegründet. 1968 schließlich entstand der Rat der Werktätigen deutscher Nationalität, allerdings nicht als Interessenverband, sondern aus Propagandagründen.

Ab 1956 setzte die sog. Familienzusammenführung ein, zunächst in besonderen Fällen kriegs- u. deportationsbedingter Trennungen v. Eltern u. Kindern, ab 1977/78 aufgrund vertraglicher Regelungen zw. dem dt. und rum. Staat („Ausbildungsentschädigung"). Die Aussiedlungswelle erlebte im Umbruchjahr 1989/90 ihren Höhepunkt. Heute leben noch rd. 20.000 S. S. in Rumänien, repräsentiert durch das Ende 1989 gegründete Demokr. Forum der Deutschen in Rumänien.

Lit.: Vom Faschismus zum Stalinismus. Deutsche und andere Minderheiten in Ostmittel- und Südosteuropa 1941–1953. Hg. M. Hausleitner. München 2008; P. Milata, Zwischen Hitler, Stalin und Antonescu. Rumäniendeutsche in der Waffen-SS. Köln u. a. 2007; K. Gündisch/M. Beer, Siebenbürgen und die Siebenbürger Sachsen. München ²2005; H. Roth, Kleine Geschichte Siebenbürgens. Köln u. a. ²2003; E. Wagner, Geschichte der Siebenbürger Sachsen. Ein Überblick. Thaur bei Innsbruck ⁷1998; Die Deportation der Siebenbürger Sachsen in die Sowjetunion 1945–1949. 3 Bde. Hg. G. Weber. Köln u. a. 1995; E. Wagner, Historisch-Statistisches Ortsnamenbuch für Siebenbürgen. Köln u. a. 1977.

K. G.

Sikorski, Władysław Eugeniusz (1881–1943), General u. Politiker. S. war Mitbegründer der Schützenverbände in Lemberg (Lwów), diente im 1. Wk. in den Poln. Legionen u. machte seit 1919 eine milit. Karriere. S. wurde am 1. 6. 1921 zum Chef des Generalstabs ernannt. Vom 17. 12. 1922 bis zum 26. 5. 1923 stand S. an der Spitze einer Mitte-Links-Regierung. Im April 1923 erklärte er im Sinne der damaligen poln. Verdrängungspolitik, dass die Entdeutschung „in einem möglichst raschen Tempo und kurzen Zeitraum durchgeführt werden" müsse (→Deutsche aus Polen: „Verdrängung" nach dem Ersten Weltkrieg). Von 1923 bis 1924 war S. Generalinspekteur der Infanterie, wurde am 17. 2. 1924 Verteidigungsminister, musste aber am 27. 11. 1925 einem Kandidaten Józef Piłsudskis Platz machen, der ihn nach Lemberg versetzte. Nach Piłsudskis Staatsstreich im Mai 1926 wurde er seines Postens enthoben. S. profilierte sich als Exponent einer engen Anlehnung an Frankreich u. gründete 1936 mit anderen Politikern aus den Reihen der christlichen Demokraten u. der Bauernpartei Piast die Front Morges, die sich den Sturz des Sanacja-Regimes zum Ziel setzte.

Bei der Verteidigung gegen die Wehrmacht im September 1939 erhielt S. kein Kommando u. ging nach der Niederlage der poln. Armee ins Exil. In Frankreich begann er am 28. 9. 1939 mit der Aufstellung poln. Truppen, zu deren Oberbefehlshaber er am 7. 11. 1939 wurde. Am 30. 9. 1939 ernannte ihn der neue Staatspräsident Władysław Raczkiewicz zum Ministerpräsidenten u. Verteidigungsminister. Die Konflikte mit der Sowjetunion um die Armee, die deportierten Polen u. schließlich um die Entdeckung der Gräber poln. Offiziere bei Katyn' führten zum Abbruch der diplomatischen Beziehungen zur Sowjetunion. Auf der Rückreise v. einer Inspektion der poln. Truppen im Nahen O starb S., als sein Flugzeug am 4. 7. 1943 kurz nach dem Start in Gibraltar abstürzte.

Die Exilregierung unter der Führung S.s forderte am 18. 12. 1939 erstmals öffentlich „neben einem unmittelbaren und breiten Zugang zum Meer eine Grenze, die dauernde Sicherheit gewährt". In ihrem am 20. 11. 1940 dem Foreign Office überreichten Memorandum präzisierte sie ihre Vorstellungen: Ostpreußen u. Danzig seien zur Stärkung der eigenen u. Schwächung der dt. Position an Polen zu übergeben. Zudem solle die poln.-dt. Grenze verkürzt werden. In seinen Gesprächen mit dem US-Präsidenten im Frühjahr 1941 beanspruchte S. für Polen die Vorkriegsgrenze im O sowie eine neue Westgrenze, die Ostpreußen u. ganz Oberschlesien einschließen sollte (→Oder-Neiße-Grenze).

Nach dem dt. Angriff auf die Sowjetunion unterzeichnete S. gegen heftigen Widerstand aus den Reihen des Exils am 30. 7. 1941 ein Abkommen mit der Sowjetunion über gegenseitige Hilfe u. Zusammenarbeit, das die Frage der künftigen Ostgrenze offen ließ, ebenso wie am 3. 12. 1941 in Moskau eine Deklaration über den Aufbau einer poln. Armee auf sowj. Boden. Bei seinen Moskauer Gesprächen lehnte S. jede Diskussion über die Ostgrenze Polens ab, obwohl ihm Iosif →Stalin eine Kompensation auf dt. Kosten – Ostpreußen u. Gebiete bis zur Oder – anbot. Als S. im März 1942 in Washington um amerikanische Schützenhilfe in seinem Kampf gegen den geplanten brit.-sowj. Vertrag warb, hielt er es für geraten, eher maßvolle Gebietsforderungen zu Papier zu bringen. Ostpreußen sollte zw. Polen u. einem mit Polen konföderierten Litauen geteilt, die poln. Grenze in Pommern bis Stolpmünde reichen u. das oberschlesische Kohlerevier zw. Polen u. der Tschechoslowakei aufgegliedert oder v. beiden gemeinsam verwaltet werden. Im Mai 1942 bezeichnete S. im Gespräch mit dem brit. Minister Hugh Dalton Stalins Angebot der Oder-Grenze „nur als Provokation". Denn Polen könne nicht ein Gebiet mit so vielen Deutschen übernehmen. Im Memorandum der Exilregierung vom 1. 12. 1942 wurden Argumente für die Angliederung Ostpreußens, Danzigs u. Oberschlesiens an Polen im Einzelnen ausgebreitet. Die Polonisierung dieser Gebiete werde erleichtert durch einen Prozess, der schon im 19. Jh. begonnen habe, nämlich die Abwanderung eines Teils ihrer dt. Bewohner nach W und die Anwerbung poln. Arbeitskräfte für die Landwirtschaft u. Industrie, durch die Rückkehr nur oberflächlich germanisierter Slaven zum poln. Volkstum u. durch eine freiwillige Abwanderung v. Deutschen als Reaktion auf die Einverleibung ihrer Heimat in den poln. Staat, ein Vorgang, der sich in Westpreußen u. Posen auch nach dem 1. Wk. abgespielt habe. Die Exilregierung forderte eine „Verkürzung und Verengung des schlesischen Keils", aber nicht dessen völlige Abtrennung v. Deutschland. Diejenigen dt. Grenzgebiete, deren Besetzung zur Durchsetzung der alliierten Bedingungen nötig sei, worunter die Exilregierung wohl v. a. die Aufnahme der Vertriebenen in Deutschland verstand, sollten einem „strengen Besatzungsregime" *(strict occupation)* unterworfen werden. Diese Zone sollte bis zur Oder u. Lausitzer Neiße reichen. Bei seinen Gesprächen in den USA im Dezember 1942 warb S. um die amerikanische Zustimmung zur Annexion Ostpreußens u. Danzigs durch Polen, aus denen die Deutschen fliehen würden bzw. mit den v. den Deutschen vorexerzierten Methoden vertrieben werden sollten.

Lit.: D. Brandes, Der Weg zur Vertreibung 1938–1945. Pläne und Entscheidungen zum „Transfer" der Deutschen aus der Tschechoslowakei und aus Polen. München [2]2005; K. Sword, Sikorski: Soldier and Statesman. A Collection of Essays. London 1990; S. M. Terry, Poland's Place in Europe. General Sikorski and the Origin of the Oder-Neisse-Line 1939–1945. Princeton 1983; W. Korpalska, Władysław Eugeniusz Sikorski. Biografia polityczna. Wrocław 1981; M. Kukiel, Generał Sikorski. Żolnierz i mąż stanu Polski walczącej. London 1970.

D. B.

Slowenen und Kroaten: Exodus aus den nach 1918 an Italien gefallenen adriatischen Gebieten. Das Exil der S. und K. aus I. hat man erst in jüngerer Zeit als Exodus bezeichnet; in der Zwischenkriegszeit war die Bez. nicht üblich. Der Ausdruck Exodus wird heute vielfach in bewusster Anlehnung an die italienische Bez. *esodo* für die Absetzbewegung v. 250.000 Italienern aus jenen adriatischen Gebieten gewählt, die nach 1945 an →Jugoslawien fielen (→Italiener aus Istrien, Fiume und Zara).

Wer demgegenüber nach 1918 aus I. in den südslavischen Staat geflohen war, der nannte sich →Flüchtling oder Emigrant (→Emigration). Die Organisationen der julischen Emigranten, die in den 1920er u. 1930er Jahren etwa ein Zehntel der aus Italien nach Jugoslawien gewechselten S. und K. zusammenfassten, nannten sich durchweg Emigrantenverbände.

Die Eigensicht der Exilanten blieb nicht immer gleich: Unter der Königsdiktatur (1929–1934) bezeichneten sie sich nicht als S. und K., sondern als Küstenbewohner *(primorci)* u. Istrianer *(istrani),* weil sie aus dem slowen. Küstenland *(Primorska)* oder aus dem kroat. Südteil der Halbinsel Istrien kamen. Der offizielle Sprachgebrauch sah die Bez. jugoslawische Minderheit in I. vor. Von einer slowen. oder kroat. Minorität durfte erst wieder mit dem Maček-Cvetković-Ausgleich v. 1939 die Rede sein.

Die neuere Migrationsforschung hat vielfach Abstand v. der Unterscheidung zw. freiwilligen u. unfreiwilligen →Migrationen bzw. zwischen polit. oder wirt. motivierten Wanderungen genommen. Auch die Grenzen zw. dem polit. Exil u. der vom Mussolini-Regime zeitweise bewusst herbeigeführten Arbeitsmigration aus dem Küstenland u. aus Istrien waren nicht ein für alle Mal festgelegt. Die ersten Flüchtlinge, die das am Ende des 1. →Wk.s von I. besetzte, bis dahin habsburgische Gebiet verließen, waren Staatsbedienstete. Vielfach hatten sie ihren Arbeitsplatz schon verloren oder mussten v. einem auf den anderen Tag mit der Aufkündigung des Arbeitsverhältnisses rechnen. Darunter waren nicht wenige Lehrer, deren Schulen alsbald v. der it. Militäradministration geschlossen oder italianisiert wurden. Als durch den Vertrag v. Rapallo u. das Fiume-Abkommen (1920 u. 1924) neue Grenzregelungen getroffen wurden, erst recht aber mit dem faschist. „Marsch auf Rom“ im Oktober 1922, fanden sich neue Motive, die einen Teil der slavischen Grenzbev. veranlassten, die v. Italien übernommenen Territorien zu verlassen. Dies betraf noch einmal Angehörige des öffentlichen Dienstes, darüber hinaus auch Freiberufler, Priester u. Arbeiter. Mit dabei waren genossenschaftlich organisierte Bauern, die ihren vom Regime gemaßregelten Funktionären ins Exil folgten. Zu den Auslösern v. Fluchtbewegungen zählten die polit. Prozesse des faschist. Sondergerichts. Diese fanden seit Ende der 1920er Jahre gegen Aktivisten der südslavischen Nationalbewegung in Julisch Venetien statt.

Der unter Ministerpräsident Milan Stojadinović eingeleitete Annäherungsprozess zw. Italien u. Jugoslawien brachte der Minderheit im Lande selbst kaum Verbesserungen. Die Lage der Emigranten verschlechterte sich; ihre Organisationen konnten plötzlich nicht mehr mit den bis dahin vom Königshaus u. von der Regierung reichlich bewilligten Hilfsgeldern rechnen. Nachdem 1935 sogar der zentrale Emigrantenkongress verboten worden war, entschloss sich ein Teil zur Rückkehr nach I.

Bis Mitte der 1930er Jahre war der südslavische Zentralstaat aus innen- wie außenpolitischen Gründen interessiert, die Exilorganisationen am Leben zu erhalten. Die v. Vertretern des liberalen Triester Establishments (*Edinost*-Gruppe, *narodnjaki*) organisierten Emigranten waren eine zuverlässige Stütze der Belgrader Regierung u. des Königshauses. Sie adaptierten die jugoslawistische Staatsideologie u. propagierten sie an den verschiedenen Exilorten, v. a. in Slowenien u. Kroatien (sog. alte Strömung).

In einigen Teilen Jugoslawiens waren die Flüchtlinge nicht gut gelitten; im bitterarmen Land neidete man ihnen die staatl. Unterstützung. Besonders heikel war die Lage in Kroatien. Denn dort standen die manchmal bis zur Androhung der Separation reichenden Autonomiebestrebungen der Bauernpartei unter Stjepan Radić in einem auffälligen Gegensatz zur zentralstaatl. Orientierung der Emigrantenverbände. Um 1935 wuchs der komm. Einfluss auf die Migranten, zu denen während des Abessinienkrieges Hunderte v. Deserteuren der it. Streitkräfte stießen. Es entstand die sog. junge Strömung.

Die meisten Migranten behielten in Jugoslawien die it. Staatsbürgerschaft, denn für den Erwerb der jug. →Staatsangehörigkeit war eine hohe Gebühr zu entrichten. Diese überforderte das schmale Migrantenbudget. *Istrani* u. *primorci* forderten die Einrichtung einer Art Doppelstaatsbürgerschaft ein. Diese hätte ihren Trägern alle Rechte jug. Staatsbürger verliehen, ohne dass sie die it. Staatsangehörigkeit u. damit auch die Hoffnung auf eine Rückkehr in das Küstenland oder nach Istrien hätten aufgeben müssen.

Die Flüchtlinge wurden vielfach genötigt, „nationale Pionierarbeit“ im Sinne der jugoslawistischen oder der slowen. Nationalideologie zu leisten. Küstenland-S. sollten im Auftrag der Exilverbände u. patriotischen Vereine in die dt. Minderheitengebiete des

Drau-Banats gehen, um den „Volkstumskampf" im slowen. Sinne zu beeinflussen. Tatsächlich wurde mit Hilfe der *primorci* eine noch stark dt. geprägte Stadt wie Maribor (Untersteiermark) slowenisiert. Eine eigene Siedlungspolitik entwickelte man für die ländlichen Minderheitengebiete im S Jugoslawiens, wo Albaner oder Makedo-Slaven im Sinne des *Jugoslovenstvo* beeinflusst werden sollten.

Als die Achsenmächte 1941 Slowenien besetzten, wurden die Emigranten sehr scharf verfolgt, mehr als andere Teile der jugoslawischen Bev. Dies gilt für den v. der Wehrmacht besetzten Teil des Landes ebenso wie für die ung. Besatzungszone. Viele Migranten kehrten im Verlauf des Krieges oder in den Nachkriegsjahren in die inzwischen ohnehin vielfach jug. verwalteten Herkunftsregionen zurück.

Lit.: B. Marušič, Domovina kje si? Zbornik ob stoletnici rojstva Alberta Rejca 1899–1976. Gorica 1998; A. Kalc, L'emigrazione slovena e croata dalla Venezia Giulia tra le due guerre ed il suo ruolo politico, *Annales* (Koper) 8 (1996), 23–60; P. Purini, Raznarodovanje slovenske manjšine v Trstu (Problematika ugotajljanja števila neitaljanskih izseljencev iz Julijske krajine po prvi svetovni vojni), *Prispevki za novejšo zgodovino* 38 (1988), 23–41; A. Vovko, Delovanje ‚Zveze jugoslovanskih emigrantov iz Julijske krajine' v letih 1933–1940, *Zgodovinski časopis* 1 (1978), 67–102; Ders., Organizacije jugoslovanskih emigrantov iz Julijske krajine do leta 1933, *ebenda* 4 (1978), 449–473.

R. W.

Slowenen aus der Untersteiermark und Oberkrain (1941–1945). Nachdem Deutschland u. seine Verbündeten am 6. 4. 1941 ohne vorherige Kriegserklärung in →Jugoslawien einmarschiert waren, wurde Slowenien zw. →Deutschland, →Ungarn u. Italien aufgeteilt. Die Untersteiermark *(Spodnja Štajerska),* der nördl. Teil der Krain *(Gorenjska)* sowie der slowen. Teil Kärntens *(Koroška)* kamen am 14. 4. 1941 unter dt. Zivilverwaltung. Obwohl eine Annexion formal nicht stattfand, wurden die U. dem Gau Steiermark u. die besetzten Gebiete Kärntens u. der Krain (später O.) dem Gau Kärnten angegliedert. Adolf →Hitler gab den beiden Chefs der Zivilverwaltung persönlich den Auftrag: „Machen Sie mir dieses Land wieder deutsch!" Da zusätzlich auch Heinrich →Himmlers Zuständigkeit als Reichskommissar für die Festigung deutschen Volkstums (RKF) für die slowen. Gebiete v. Hitler bestätigt wurde, war die Stoßrichtung der Besatzungspolitik eindeutig: Germanisierung der Bev., →Vertreibung u. Enteignung aller unerwünschten Bev.-gruppen (polit. Oppositioneller, der Intelligenz, der kath. Geistlichen, „Asozialen", Juden u. Roma) sowie Zwangsumsiedlungen v. Einheimischen zur „Platzschaffung" für die Ansiedlung v. →„Volksdeutschen".

Wenige Tage nach der Etablierung der Zivilverwaltung hatte das Stabshauptamt des RKF in Berlin ein bevölkerungspolit. Konzept für die einverleibten Gebiete Sloweniens ausgearbeitet: Bei einer Gesamtbev. von 800.000 Einw. sollten 130.000 S. nach Serbien u. Kroatien abgeschoben u. an ihrer Stelle 58.000 „Volksdeutsche" aus anderen südosteurop.

Gebieten angesiedelt werden. Reinhard →Heydrich sprach sogar v. bis zu 260.000 S., die zu deportieren seien. Die Vertreibungen aus Slowenien bildeten dabei nur ein Glied in einer ganzen Kette aus Vertreibungen u. Umsiedlungen zur ethn. Neuordnung Südosteuropas (→Umsiedlung [NS-Begriff]). Im dt.-kroat. Umsiedlungsabkommen erhielt die kroat. Regierung im Gegenzug für die Aufnahme von S. das Einverständnis der dt. Besatzer, Serben aus Kroatien ins deutsch besetzte Serbien ausweisen zu können (→Serben aus dem „Unabhängigen Staat Kroatien").

Vorgesehen waren drei Wellen von Deportationen von S. nach Kroatien u. Serbien. Die erste Deportationswelle betraf die „nationalbewussten" S., Angehörige der slowen. Intelligenz u. der Geistlichkeit; zw. Juni u. Juli 1941 deportierten die Umsiedlungsstäbe der Sicherheitspolizei u. des SD an die 7.000 S. nach Serbien (zw. 4.000–5.000 aus der U. und ca. 2.100 aus der O.). Die zweite Welle konzentrierte sich auf Deportationen v. Personen, die nach dem 1. 1. 1914 in die U. zugewandert waren; v. Juli bis Ende September 1941 wurden an die 10.000 S. nach Kroatien deportiert. Zudem flohen im gleichen Zeitraum schätzungsweise 17.000 S. nach Kroatien, Italien u. in das v. Italien besetzte slowen. Gebiet um die Hauptstadt Ljubljana (Laibach).

Die dritte Deportationswelle sollte die Bev. eines 20 km breiten Grenzstreifens betreffen. Der Plan des RKF war, durch die Ansiedlung von „Volksdeutschen" einen „deutschen Grenzwall" zu begründen. Im Gebiet O. wurde dieses Vorhaben fallen gelassen, doch sollte es in der U. durchgeführt werden, da der RKF für die Deutschen der Sprachinsel Gottschee *(Kočevje)* aus dem it. besetzten Teil Sloweniens neuen Siedlungsraum benötigte (→Deutsche aus Slowenien). Diese konnten jedoch nur unter Druck u. mit einem hohen Propagandaufwand zum Verlassen ihrer Heimat bewogen werden. Im November 1941 begann ihre Umsiedlung, nachdem im Oktober bereits die Räumung des Grenzstreifens entlang der Flüsse Save u. Sotla (auch „Save-Sotla-Streifen" oder „Ranner-Dreieck") in Angriff genommen worden war. Im Rahmen dieser dritten Deportationswelle wurden zw. Oktober 1941 u. Juli 1942 an die 37.000 S. aus dem Grenzgebiet vertrieben – wodurch die Region fast entvölkert wurde – u. nach Deutschland deportiert. Von den in die →Lager der →Volksdeutschen Mittelstelle (VoMi) deportierten slowen., größtenteils agrarisch geprägten Familien wurden 11.000 Personen nach „rassischen Musterungen" für „eindeutschungsfähig" erklärt, die restlichen 26.000 sollten als „Fremdarbeiter" in Deutschland verbleiben. Das Stabshauptamt des RKF plante, die „eindeutschungsfähigen" S. im Rahmen der „Aktion Zamość" im Generalgouvernement anzusiedeln (→Polen [und Ukrainer]: Aussiedlungen aus der Region Zamość). Das großangelegte Siedlungsprojekt in Zamość scheiterte jedoch. Keine einzige slowen. Familie wurde dort während des Krieges sesshaft gemacht. Stattdessen mussten die „Eindeutschungsfähigen", da sie die „Staatsangehörigkeit auf Widerruf" erhalten hatten, ab dem Frühjahr 1943 Wehrdienst in der dt. Wehrmacht leisten. Ein Großteil der nach Deutschland verbrachten slowen. Familien (später „Absiedler" genannt) lebte bis zum Kriegsende in den VoMi-Lagern oder in Zwangsarbeiterlagern in der unmittelbaren Nähe v.

Rüstungsbetrieben. Im Herbst 1944 befanden sich um die 45.000 slowen. „Absiedler“ in Deutschland. Währenddessen wurden zw. 1942 u. 1943 im „Ranner-Dreieck“ in der U. neben ca. 10.000 Deutschen der Gottschee einige weitere hundert „Volksdeutsche“ aus der Dobrudscha (→Deutsche aus der D.), aus Bessarabien (→Deutsche aus B.), der Bukowina (→Deutsche aus der B.) u. Südtirol (→Südtiroler) auf den Höfen der vertriebenen S. angesiedelt. Auch in der O. fanden kleinere Siedlungsprojekte statt und an die 1.200 „Volksdeutsche“ aus Ljubljana, dem Kanaltal, Südtirol u. der Bukowina wurden v. den RKF-Stellen dorthin gebracht.

Dass die ursprünglich geplante Abschiebung v. über hunderttausend S. nach Kroatien nicht umgesetzt wurde, hing zum einen mit der Vertreibungspraxis des „Unabhängigen Staates Kroatien“ zusammen, der entgegen den Absprachen an die 100.000 Serben aus seinem Gebiet über die Grenze gejagt hatte. Der dt. Militärbefehlshaber in Serbien verlangte daraufhin, dass keine weiteren „deutschfeindlichen“ Personen mehr in sein Gebiet abgeschoben werden sollten, denn er befürchtete eine Stärkung der serb. Aufständischen. Gleichzeitig klagten die dt. Besatzungsbehörden in Slowenien wie auch die Organisation Todt über einen spürbaren Arbeitskräftemangel in der Kriegswirtschaft, der durch die Deportation v. Facharbeitern eingetreten war, weshalb man sich entschloss, die S. nicht mehr auszuweisen, sondern als Arbeitskräfte einzusetzen.

Neben der Vertreibung v. „unerwünschten“ Bev.gruppen u. der Umsiedlung derjenigen, die den Neuordnungsplänen der Nationalsozialisten im Wege standen, sollte die Bev. der Untersteiermark u. Oberkrains germanisiert werden. Dazu wurde sie in drei Gruppen eingeteilt: in „Volksdeutsche“, in sog. Windische u. in „Nationalslowenen“. Die „Windischen“ wurden als eine Art „Zwischenschicht“ bestimmt: Mit den „Deutschen“ verbände sie eine gemeinsame Geschichte u. gemeinsame Haltung – einzig ihre Sprache sei anders, wurde argumentiert. Zum Zweck einer vermeintlich genauen Unterscheidung der drei Bev.gruppen hatte Himmler bereits im April 1941 Experten u. sog. Eignungsprüfer des Rasse- u. Siedlungshauptamtes der SS (RuSHA) nach Slowenien entsandt, um im großen Stil „rassische Musterungen“ an der Bev. durchführen zu lassen. Während des Krieges wurden insgesamt 550.000 Personen in der Untersteiermark u. Oberkrain „rassisch gemustert“. Der nationalsozialistische Plan war, alle „rassisch Minderwertigen“ langfristig aus dem Gebiet zu vertreiben.

Die „Windischen“ wurden wie die „Volksdeutschen“ in die NSDAP-Vorfeldorganisationen, den Steirischen Heimatbund in der Untersteiermark u. den Kärntner Volksbund in der O., aufgenommen. Bereits im Mai 1941 verzeichnete der Steirische Heimatbund über 320.000 Mitglieder. In beiden Vereinigungen wurde bis Kriegsende annähernd die gesamte verbliebene Bev. erfasst. Die Mitgliedschaft galt zugleich als erster Schritt zur →Staatsangehörigkeit. Die „Volksdeutschen“ erhielten die volle Staatsangehörigkeit, während den „Windischen“ lediglich die „Staatsangehörigkeit auf Widerruf“ zugestanden wurde; 1942 wurde auch für letztere die Reichsarbeitsdienst- u. die Wehrpflicht eingeführt. Die restliche Bev. (in der U. geschätzte 6 %) erhielt den minderen Status der sog. Schutzangehörigkeit u. unterlag damit umfassenden Ehe- u. Sexualverboten mit dt. Staatsangehörigen.

Die Deportationen, die Verfolgung der kath. Geistlichen, die Verbannung der slowen. Sprache aus der Öffentlichkeit, die Errichtung v. Arbeitserziehungslagern u. der beginnende Krieg gegen die →Sowjetunion führten ab Sommer 1941 zu einem Erstarken des Widerstandes im dt. besetzten Slowenien. Mit Himmlers Rückendeckung gingen die Chefs der Zivilverwaltung erbarmungslos gegen die Widerstandskämpfer u. ihre Angehörigen vor: Partisanen wurden ohne Prozess hingerichtet, um die 2.500 Menschen als Geiseln erschossen, Dörfer niedergebrannt, Widerstandskämpfer u. Unterstützer in KZ nach Deutschland u. Österreich verbracht. Insgesamt wird die Zahl der in KZ verschleppten S. auf 18.000 geschätzt, v. denen 9.900 Personen dort umgekommen sind. Im Januar 1945 befanden sich allein im KZ Ravensbrück 2.300 slowen. Frauen. Zusätzlich deportierten die Nationalsozialisten die Angehörigen v. Partisanen u. erschossenen Geiseln nach Deutschland, die dann in Lager der VoMi eingewiesen wurden. Dies betraf zw. März 1942 u. August 1944 schätzungsweise 8.000–9.000 Personen.

Lit.: S. Kavčič, Überleben und Erinnern. Slowenische Häftlinge im Frauen-Konzentrationslager Ravensbrück. Berlin 2007; Entrechtung, Vertreibung, Mord. NS-Unrecht in Slowenien und seine Spuren in Bayern 1941–1945. Hg. G. Jochem/G. Seiderer. Berlin 2005; T. Griesser-Pečar, Das zerrissene Volk. Slowenien 1941–1946. Okkupation, Kollaboration, Bürgerkrieg, Revolution. Wien 2003; Quellen zur nationalsozialistischen Entnationalisierungspolitik in Slowenien 1941–1945. Hg. T. Ferenc. Maribor 1980; Ders., Die Massenvertreibung der Bevölkerung Jugoslawiens während des Zweiten Weltkrieges und der missglückte Plan einer Ansiedlung der Slowenen in Polen, in: Studia Historiae Oeconomicae. Bd. 8. Poznan 1973, 50–76.

A. St.

Sondersiedler. S. (russ. *specposelency*) ist ein Oberbegriff für sowj. Bürger minderen Rechts, die im Zuge einer adm. Repression enteignet, in Familienverbänden in unwirtliche Gebiete des Landes zwangsausgesiedelt, dort unter polizeiliche Aufsicht gestellt u. dafür eingesetzt wurden, diese Gegenden landw. zu erschließen oder neue Industriebetriebe aufzubauen. Administrative Repression in der →Sowjetunion bedeutete eine kollektive Bestrafung bestimmter soz., relig. oder nationaler Bev.gruppen aufgrund vermeintlicher „Gefährdung" der sozialistischen Staatsordnung, u. zwar ohne ein rechtskräftiges individuelles Gerichtsurteil (→Kollektivschuld).

Zunächst bildeten die enteigneten wohlhabenden Bauern, sog. Kulaken, das Gros der S. Sie waren die ersten Opfer des seit Ende der 1920er Jahre eingeschlagenen Kurses der radikalen Umgestaltung der bestehenden kulturellen, soz. und wirt. Ordnung. Der Beschluss des Politbüros des ZK der VKP(b) vom 30. 1. 1930 leitete die Zwangsaussiedlung der „Kulaken" aus den wichtigsten getreideproduzierenden Regionen ein: In der Ukraine betraf dies z. B. an die 64.000, im Nordkaukasus 38.000, im Gebiet der Unteren Wolga

31.000 Familien. In den folgenden zwei Jahren wurden insgesamt 381.173 Familien mit 1.803.392 Angehörigen deportiert. Nach dem Abschluss der Kollektivierung ließen die Repressalien zwar nach, doch wurden bis 1940 weitere 489.882 Bauern als Neuzugänge registriert, sodass die Gesamtzahl der Verbannten nahezu 2,3 Mio. Menschen umfasste. Die neuen Wohnorte lagen v. a. im Uralgebiet u. im Hohen N, in Westsibirien (→Sibirien) u. →Kasachstan. Diese karg besiedelten Gegenden waren für eine solche massenhafte Aufnahme der kinderreichen Familien vollkommen ungeeignet, sodass allein 1932–33 241.000 Todesfälle zu beklagen waren. 629.000 Verbannte flüchteten bis zum 1. 1. 1941 aus den Orten der Pflichtansiedlung. Zum 1. 7. 1938 verteilten sich die registrierten 997.329 S. auf 1.741 v. der übrigen Bev. abgesonderten sog. Arbeitssiedlungen (russ. *trudposëlki*).

Eine wichtige Aufgabe sahen die Partei- u. Sowjetstellen darin, die heranwachsende Generation der ausgesiedelten „Kulaken" für die „Sache des Sozialismus" zu gewinnen. Deshalb leiteten die Regierungsbeschlüsse vom 22. 10. 1938 u. 21. 11. 1939 die Befreiung v. der Kommandanturaufsicht für Personen ein, die zum Zeitpunkt der →Verbannung jünger als 16 waren. Mit den Einberufungen der jüngeren Jahrgänge in die Rote Armee während des dt.-sowj. Krieges wurde diese Lockerung auf Familienmitglieder v. Soldaten ausgedehnt. Die absolute u. relative Zahl der verbannten „Kulaken", unter denen die Russen im Vergleich zu anderen Nationalitäten mit Abstand dominierten, ging im Laufe der Zeit stark zurück: 1948 stellten sie mit 138.000 Personen 6,1 % aller S. u. 1953 mit nur noch 24.000 weniger als 1 %. Um die ehem. „Kulaken" v. a. von den Angehörigen der verbannten Völker zu unterscheiden, wurden sie in der Behördensprache meist als „Arbeitssiedler" (russ. *trudposelency*) bzw. „Arbeitsübersiedler" (russ. *trudpereselency*) tituliert.

Die seit Mitte der 1930er Jahre eingeleitete innenpolit. Wende zum Sowjetpatriotismus mit einer starken russozentrischen Komponente führte zu einer deutlichen Abkehr v. der adm. und strafrechtlichen Verfolgung auf Grundlage des – wenn auch recht verschwommenen – Klassenprinzips hin zu einer ausgeprägten Feindseligkeit gegenüber den als „unzuverlässig", „verräterisch" u. „feindlich" definierten Nationalitäten (→Nationale Operationen des NKVD der UdSSR).

Eine der ersten derartigen Operationen war die Aussiedlung der finnischen Bev. im April u. Mai 1935 aus den Grenzgebieten um Leningrad (→Finnen: Deportation aus Ingermanland [Gebiet Leningrad]). Von 23.200 Finnen kamen 8.400 nach Kasachstan u. der Rest nach Sibirien. Im April 1936 fasste der Rat der Volkskommissare der UdSSR den geheimen Beschluss „Über die Aussiedlung von 15.000 polnischen und deutschen Haushalten aus der Ukrainischen SSR u. ihre wirtschaftliche Einrichtung im Gebiet Karaganda der Kasachischen SSR" (→Polen aus der Ukraine: Deportation nach Kasachstan), worauf offiziellen Angaben zufolge 69.300 Personen aus den Grenzgebieten der Ukraine nach Kasachstan verbannt wurden; die Polen machten dabei mit etwa 75 % das Gros der Zwangsausgesiedelten aus. Ein Jahr später ereilte das gleiche Schicksal auch 171.800 Sowjetkoreaner, die aus dem Fernen O ausnahmslos nach →Zentralasien deportiert wurden. In diesen Jahren folgten ihnen einige Tausend →Iraner u. →Kurden aus Armenien u. Aserbaidschan.

Nach der Einverleibung der poln. Ostgebiete, des Baltikums u. Bessarabiens in den Jahren 1939/40 (→Deutsch-sowjetischer Grenzvertrag) kam es bis zum dt. Angriff auf die Sowjetunion zu Massendeportationen „antisowjetischer Elemente" aus diesen Gebieten, v. a. von Polen (→Ukraine als Deportationsgebiet), Esten (→E.: Deportation im und nach dem 2. Wk.), Letten (→L.: Deportation im und nach dem 2. Wk.) u. →Litauern, aber auch v. jüd. Flüchtlingen. Dabei handelte es sich insgesamt um etwa 470.000 Personen, die größtenteils in die östl. Gebiete der UdSSR verschickt wurden.

Der Ausbruch des dt.-sowj. Krieges führte zu einer Radikalisierung des Vorgehens in Bezug auf mehrere ethn. Gruppen. Der Beschluss des Rates der Volkskommissare u. des ZK der VKP(b) vom 26. 8. 1941, der dem zwei Tage später verabschiedeten offiziellen Ukas vorausging, ordnete die Aussiedlung der Wolgadeutschen an (→Deutsche aus dem Wolgagebiet). Die übrigen dt. Diasporagruppen im europ. Teil der Sowjetunion wurden in den darauf folgenden Wochen u. Monaten auf Grundlage geheimer Sonderbeschlüsse des Staatskomitees für Verteidigung (russ. *Gosudarstvennyj Komitet Oborony*, GKO), des Rates der Volkskommissariate sowie v. Befehlen des →NKVD verbannt (→Deutsche aus dem Schwarzmeergebiet, →D. aus Trans- [Süd]kaukasien). Offiziellen Angaben zufolge wurden zum 1. 1. 1942 insgesamt 794.000 Personen „umgesiedelt", unter ihnen 438.700 Wolgadeutsche. Das war die größte ethn. →Deportation in der Geschichte der Sowjetunion: Etwa die Hälfte der Deutschen wurde in sibirischen Provinzen angesiedelt; die andere Hälfte gelangte nach Kasachstan. Nach Kriegsende transferierte der NKVD in diese Regionen auch an die 210.000 sog. „Repatriierte" (→Repatriierung), d. h. Personen dt. Abstammung, die unter rum. und reichsdt. Besatzung geraten waren u. dann unter Zwang vornehmlich aus dem Warthegau (→W. als Aus- und Ansiedlungsgebiet) in die Sowjetunion zurückkehren mussten. Auch ein Teil der bereits vor 1941 im asiatischen Teil der Sowjetunion lebenden Deutschen wurde unter die S. eingereiht.

Kollektive Repressalien wurden in den Jahren 1943–1945 auch gegen Völker wie die →Kalmücken, →Tschetschenen u. Inguschen, →Krimtataren, →Karatschaier u. →Balkaren verhängt. Ihre Autonomien wurden aufgelöst u. sie selbst nach Sibirien, Kasachstan, Kirgisien u. Usbekistan zwangsausgesiedelt. Katastrophale Lebensbedingungen an den neuen Siedlungsorten führten dazu, dass z. B. von den registrierten 606.600 Deportierten aus dem Nordkaukasus 146.900 Menschen oder 24,2 % bis zum 1. 10. 1948 an Hunger u. Krankheit verstarben. Im Unterschied zu den verbannten „Kulaken" wurden Angehörige der „bestraften" Völker als S. auf bereits bestehende ländliche Orte mit ansässiger Bev. verteilt.

Die S. wurden in den meisten Bereichen des kulturellen, gesellschaftlichen u. polit. Lebens im Vergleich zum durchschnittlichen Sowjetbürger massiv benachteiligt. Sie standen unter direkter adm. Gewalt der Rayons- u. Ortskommandanturen des NKVD u. waren der Willkür der Kommandanten u. des zugehörigen Personals schutzlos ausgeliefert. Sie durften die Orte der Zwangsansiedlung nicht verlassen u. mussten schwere körperliche Arbeit in der Landwirtschaft oder als einfache Arbeiter im Kohlebergbau, in der Waldwirtschaft bzw. auf Baustellen verrichten. Ihnen wurde der Besuch v. weiterbildenden Anstalten u. Hochschulen erheblich erschwert. So standen laut einem Beschluss des ZK der KP Kasachstans vom Mai 1952 etwa 1. Mio. S. nur 105 Studienplätze zur Verfügung. Zusammen mit den Restriktionen in Bezug auf Aufnahme in den Komm. Jugendverband (russ. *Komsomol*) u. in die Partei waren ihre soz. Aufstiegschancen sehr gering.

Die erstarkten großruss. und antiwestl. Tendenzen in der Innenpolitik der Nachkriegsjahre, die verschärfte außenpolit. Konfrontation u. die dadurch ausufernde Spionagemanie führten zu einer neuen Welle v. Deportationen u. zu einer merklichen Verschlechterung der Lage der S.

Es handelte sich zum einen um festgenommene Teilnehmer des bewaffneten Widerstandes in der Ukraine u. Familienangehörige deren, behördlicherseits als OUN-Leute bezeichnet (russ. *ounovcy*, v. OUN – Organisation Ukrainischer Nationalisten). Allein in den Jahren 1944–1947 wurden 100.300 *ounovcy* vornehmlich in Sibirien, aber auch in den Gebieten Karaganda u. Archangel'sk zwangsangesiedelt. Bis 1949 erfolgte die Deportation v. 20.500 Personen aus Estland, 41.900 aus Lettland u. 81.200 aus Litauen. Die Säuberungswelle erfasste auch andere Gebiete des Landes: Nach dem Beschluss des Ministerrats der UdSSR vom 6. 4. 1949 mussten 35.800 ehem. Grundbesitzer, „Kulaken" u. a. mit ihren Familienangehörigen die Republik Moldau verlassen (→Moldawien als Deportationsgebiet). Ein anderer Regierungsbeschluss vom 29. 5. 1949 ordnete die Zwangsaussiedlung v. 57.700 Personen, vornehmlich Griechen (→G.: Deportationen in den asiatischen Teil der Sowjetunion), aber auch Armenier (→A. in der Sowjetunion und ihren Nachfolgestaaten) u. Türken aus dem Schwarzmeergebiet an.

Vor allem der Erlass des Präsidiums des Obersten Sowjets der UdSSR vom 26. 11. 1948, der die Verbannung der repressierten Völker auf ewig festschrieb, war Ausdruck des vorherrschenden xenophoben Klimas der ersten Nachkriegsjahre. Fortan legten die NKVD-Kommandanturen für jeden S., der älter als 16 Jahre war, eine Personalakte an, in dem sein kompletter Lebensverlauf fixiert wurde. Jeder musste sich einmal im Monat persönlich beim Chef der Sonderkommandantur melden u. durfte sich ohne seine schriftliche Erlaubnis nicht mehr als fünf Kilometer v. seinem zugewiesenen Wohnort entfernen. Dagegen wurden die Vlasov-Leute (russ. *vlasovcy*), ehem. sowj. Soldaten u. Offiziere, in der Mehrheit ethn. Russen, die ihren Eid gebrochen hatten u. den bewaffneten Kampf gegen ihre Kameraden in unterschiedlichen Verbänden der dt. Wehrmacht führten, v. der Staatsführung sehr milde behandelt. Die insgesamt 177.600 Personen zählenden *vlasovcy* wurden begnadigt u. mussten laut Beschluss des GKO Nr. 9871 vom 18. 8. 1945 nur sechs Jahre in Sondersiedlungen verweilen.

Unter den zum 1. 1. 1953 registrierten 2.820.000 S.n stellten die Deutschen mit 1.225.000 (43,4 %) mit Abstand die größte Gruppe, gefolgt v. 316.700 Tschetschenen (11,2 %), 175.000

ounovcy (6,2 %), 165.300 Krimtataren (5,8 %), 83.500 Inguschen, 81.500 Kalmücken u. a. kleineren nationalen, relig. und soz. Kontingenten (insgesamt 33 Kategorien).

1954 begann die sukzessive Aufhebung der bestehenden Freiheitseinschränkungen (→Rehabilitierung). Zum 1. 1. 1959 befanden sich nur noch 49.400 S. unter adm. Aufsicht, u. der Erlass des Präsidiums des Obersten Sowjets der UdSSR vom 6. 12. 1964 befreite auch die letzten Verbannten.

Lit.: L. Viola, The Unknown Gulag. The Lost World of Stalin's Special Settlements. Oxford u. a. 2007; V. Zemskov, Specposelency v SSSR 1930–1960. Moskva 2003; Deportation, Sondersiedlung, Arbeitsarmee: Deutsche in der Sowjetunion 1941 bis 1956. Hg. A. Eisfeld/ V. Herdt. Köln 1996.

V. K.

Souveränität. S. ist ein juristischer Begriff. Er leitet sich vom spätlateinischen *superanus* („zu oberst" bzw. „zu höchst sein") her u. ist über den frz. Staatswissenschaftler Jean Bodin (1530–1596) in die Staats- u. Völkerrechtslehre gekommen. S. ist nach heutigem Verständnis eine Eigenschaft des Staates, nämlich seine rechtliche Weisungsfreiheit u. Unabhängigkeit v. einer anderen Staatsgewalt. S. oder souveräne Staatsgewalt bedeutet nicht Freiheit v. Rechtsbindungen; sie ist nicht absolut, vielmehr an die Prinzipien u. Normen des →Völkerrechts gebunden, sei es an die des allg., objektiv geltenden Völkergewohnheitsrechts, sei es kraft freiwilliger Unterwerfung an die des Völkervertragsrechts. Die vielfältigen *tatsächlichen* Abhängigkeiten, Beschränkungen u. Bindungen, denen die Herrschaften u. Staaten immer, besonders intensiv aber in heutiger Zeit unterliegen („Globalisierung"), stehen der S. als Rechtsbegriff daher nicht entgegen.

Die souveräne Gleichheit gilt als erstrangiges Völkerrechtsprinzip (Art. 2 Nr. 1 UN-Charta): „Die Organisation beruht auf dem Grundsatz der souveränen Gleichheit aller ihrer Mitglieder." Die S. ist daher wesentliche Voraussetzung für die Aufnahme eines De-facto-Staates in die Vereinten Nationen (Art. 4 Abs. 1 UN-Charta): „[...] Staaten [...], welche die Verpflichtungen aus dieser Charta übernehmen und nach dem Urteil der Organisation fähig und willens sind, diese Verpflichtungen zu erfüllen."

Kraft seiner Mitgliedschaft in der UNO hat der souveräne Staat einerseits Anteil an ihren Entscheidungen u. an der Fortentwicklung des ihm übergeordneten Völkerrechts, andererseits ist er aber auch den Entscheidungen der UN-Organe (Generalversammlung, Weltsicherheitsrat, WSR) untergeordnet. Die stärkste Einschränkung der staatlichen S. ergibt sich aus der Ermächtigung des Weltsicherheitsrates, im Falle einer Bedrohung oder Verletzung des Weltfriedens zwingende Maßnahmen bis hin zur Gewaltanwendung zu verfügen (Kap. VII, Art. 39 ff. UN-Charta). Liegen diese Voraussetzungen nicht vor, müssen auch die UN-Organe die S. ihrer Mitgliedstaaten respektieren (Art. 2 Nr. 7 UN-Charta): „Keine Befugnis zum Eingreifen in Angelegenheiten, die ihrem Wesen nach zur inneren Zuständigkeit eines Staates gehören".

Einzelne Ausprägungen des Rechtsprinzips der S. sind durch die Resolution Nr. 2625 der UN-Generalversammlung vom 24. 10. 1970 über die „Erklärung der Grundsätze des Völkerrechts betreffend freundschaftliche Beziehungen und Zusammenarbeit zwischen den Staaten im Einklang mit der Charta der Vereinten Nationen“, der sog. Friendly Relations Declaration, bestimmt worden, insbesondere 1. die Gleichberechtigung der Staaten, 2. die Unverletzlichkeit der →territorialen Integrität, 3. die Unverletzlichkeit der polit. Unabhängigkeit, d. h. des Rechts, „sein politisches, soziales, wirtschaftliches, kulturelles System frei zu wählen und zu entwickeln“.

Das sog. Interventionsverbot, d. h. der Anspruch des Staates darauf, dass andere Staaten sich nicht in seine inneren Angelegenheiten *(domestic jurisdiction)* einmischen, stellt die umfassendste Umschreibung des Anspruchs jedes Staates dar, Eingriffe in seine S. abzuwehren. Die wichtigste Ausprägung des Interventionsverbots ist das Verbot der Androhung oder Anwendung von Gewalt in den internat. Beziehungen (Art. 2 Nr. 4 UNO-Charta). Nach derzeit noch herrschender Völkerrechtslehre gilt es absolut, lediglich mit der einen Ausnahme des Rechts zur Selbstverteidigung zur Abwehr eines bewaffneten Angriffs (Art. 51 UN-Charta). Es hat den Charakter u. Rang zwingenden Völkerrechts *(ius cogens)*. Das Nichteinmischungsverbot richtet sich auch gegen Interventionen unterhalb der Schwelle zur Gewalt. Wie weit der Souveränitätsvorbehalt der *domestic jurisdiction* rechtlich reicht, ist unklar. Nach Auffassung des Internationalen Gerichtshofs (Nicaragua-Fall, 27. 6. 1986) fallen darunter alle Maßnahmen, um den eigenen Standpunkt einem anderen Staat aufzuzwingen.

In dem Maße aber, wie der Staat an die völkerrechtlichen →Menschenrechte gebunden ist, fallen die v. ihnen umschriebenen staatl.-gesellschaftlichen Kompetenz- u. Politikbereiche in die Sphäre v. *matters of international concern* u. haben deswegen den Charakter v. (rein) innerstaatl. Angelegenheiten verloren. Unterhalb der Schwelle zur Gewaltanwendung liegende Einwirkungen anderer Staaten können daher mit dem Interventions- oder Nichteinmischungsverbot nicht mehr zurückgewiesen werden.

Ein weiterer wesentlicher Aspekt der S. ist in persönlicher Hinsicht die Personalhoheit u. in räumlicher die Gebietshoheit. Personalhoheit verbietet einem anderen Staat, dass er sein Staatsangehörigkeitsrecht (→Staatsangehörigkeit) ohne legitimen Anknüpfungspunkt über den Personenkreis seiner eigenen Staatsbürger hinaus ausdehnt u. sie damit seiner Jurisdiktion unterwirft. Die Gebietshoheit wird durch den Anspruch auf Respektierung der territorialen Integrität u. insbesondere der äußeren Grenzen des Staates gewährleistet. Grenzstreitigkeiten zu Lande u. zur See haben internationalen Charakter u. sind daher gemäß dem Völkerrechtsprinzip aus Art. 2 Nr. 3 UN-Charta mit friedlichen Mitteln beizulegen, notfalls unter Einschaltung der UNO (Kap. VI, Art. 33 ff.; Kap. XIV, Art. 92 ff. – IGH).

Durch die sich immer weiter beschleunigende Anreicherung des Völkerrechts mit zivilisatorischen Standards (Menschenrechte, bestimmte staatl. Institutionen wie Gerichte, Parlamente, demokratisch legitimierte Gesetzgeber, Verfahrensregeln bei Freiheitsbeschränkungen usw.) schrumpft der Raum v. ausschließlich innerstaatl., v. äußerer Einwirkung freien Angelegenheiten zunehmend weiter zusammen. Infolgedessen unterliegt die Ausübung der staatlichen S. immer intensiver einer qualitativen Bindung u. ändert damit tendenziell ihren ursprünglichen Charakter einer weitgehend ermessensfreien polit. Entscheidungsgewalt.

Lit.: T. Schweisfurth, Völkerrecht. Tübingen 2006; K. Doehring, Völkerrecht. Heidelberg ²2004; I. Seidl-Hohenfeldern/T. Stein, Völkerrecht. Köln u. a. ¹⁰2000; K. Ipsen, Völkerrecht. Lehrbuch. München ⁴1999.

O. L.

Die sowjetische Besatzungszone in Deutschland als Aufnahmegebiet für deutsche Flüchtlinge und Vertriebene nach dem Zweiten Weltkrieg. Von →Flucht u. →Vertreibung waren 15 Mio. Deutsche betroffen, v. denen bis 1950 12 Mio. ins verkleinerte Deutschland gelangten. Ein Drittel – 4,4 Mio. (1949) – kam in die sowj. Besatzungszone (SBZ) bzw. DDR, wo sie als →„Umsiedler“ bezeichnet wurden. Mit 24,1 % (1949) lag der Vertriebenenanteil bedeutend höher als in Westdeutschland. In absoluten Zahlen hatten Sachsen-Anhalt, Sachsen u. Mecklenburg-Vorpommern die meisten →Vertriebenen aufgenommen, prozentual lag Mecklenburg-Vorpommern (43,3 %) vorn, während Sachsen (17,2 %) das Schlusslicht bildete. 1947 stammten 72,4 % dieser „Umsiedler“ aus den v. →Polen annektierten dt. Ostprovinzen (→Deutsche aus dem heutigen polnischen Staatsgebiet), gefolgt zu 20,8 % v. Vertriebenen aus der Tschechoslowakei (→Deutsche aus den böhmischen Ländern).

Aufnahmeregion	31. 12. 1946	1. 12. 1947	1. 1. 1949	31. 8. 1950
Brandenburg	580.571	621.756	655.466	540.761
Mecklenburg	980.773	930.774	922.088	686.340
Sachsen-Anhalt	961.733	1.081.802	1.051.024	782.374
Sachsen	781.455	1.005.992	997.798	760.920
Thüringen	607.390	692.424	685.913	483.707
SBZ/DDR insgesamt	3.911.922	4.332.748	4.312.289	3.254.100 (DDR-Volkszählung) 4.100.000 (westdeutsche Schätzung)

1949 lebten 47 % der „Umsiedler“ in Gemeinden unter 2.000 Einw.n. Allerdings machte sich seit 1946 ein Abwanderungstrend in die Städte bemerkbar, der durch schwerindustrielle Aufbauprojekte in den 1950er Jahren gefördert wurde. Neben Binnenwanderung spielte die Abwanderung in die Westzonen eine zunehmende Rolle. Zwischen 1949 u. 1961 stellten 900.000 Vertriebene von 2,7 Mio. „Republikflüchtlingen“ aus der DDR ein überdurchschnittliches Drittel; dadurch dürfte die Zahl der Vertriebenen bis 1961 auf etwa 3,4 Mio. abgesunken sein.

Die „Umsiedlerpolitik" der SBZ/DDR folgte zwei Prämissen: 1. Unmöglichkeit der Rückkehr in die alte Heimat; 2. Gleichberechtigung u. sozialpolit. Integrationshilfen in der neuen Heimat. Die SED, anfangs in der Revisionsfrage uneindeutig, wurde von den Sowjets auf Linie gebracht, schon 1950 erkannte die DDR die →Oder-Neiße-Grenze als „Friedensgrenze" an.

Sozialpolitik für „Umsiedler" blieb unter Nachkriegsbedingungen zwangsläufig Stückwerk. Zunächst ging es – wie im W – um Nothilfemaßnahmen wohnlicher u. beruflicher Unterbringung u. materieller Versorgung, später um kostspielige, für den Einzelnen trotzdem unzureichende Integrationshilfen. Entschädigung für vertreibungsbedingte Verluste prägte auch in der SBZ die Diskussion, doch Lastenausgleichspolitik (→Lastenausgleich in Deutschland) blieb vor der Währungsreform fragmentarisch (z. B. Beteiligung einer Minderheit der „Umsiedler" an der Bodenreform) u. wurde ab 1948 v. Sowjets u. SED offen abgelehnt.

Die anfängliche berufliche →Integration erfolgte in gesellschaftlicher Eigendynamik u. weist Unterschichtungstendenzen auf. 1947 stellten Vertriebene 19,8 % der Beschäftigten, was deutlich unter ihrem Bev.anteil lag. Sie waren zu über 87 % unselbständig beschäftigt, was nur für 77 % der Altbev. galt, u. arbeiteten oft in Niedriglohnbereichen (Land- oder Hilfsarbeiter). Hauptaufgabe staatl. Arbeitskräftelenkung war die Verlagerung ihrer Beschäftigung v. der Landwirtschaft in die Industrie, der zielgerichtete Einsatz v. Facharbeitern u. die Qualifizierung v. Frauen u. Jugendlichen.

Kurzfristig erfolgreich war im Vergleich mit Westdeutschland die Wohnraumpolitik der SBZ. Bis 1947 wurden 80 % der Vertriebenen als Untermieter in Wohnungen v. Alteingesessenen eingewiesen u. damit aus den Lagern herausgebracht. Doch auch 1949 hatten „Umsiedler" nur etwa die Hälfte des Wohnraumes der altansässigen Bev. inne. Vertriebene blieben direkt oder indirekt (als Nachrücker) auf den spärlichen DDR-Wohnungsneubau angewiesen.

Die SED-Propaganda stellte die Beteiligung v. Vertriebenen an der Bodenreform stets groß heraus. 1950 waren 91.000 Vertriebene (43 % aller Neubauern) mit Kleinbauernhöfen ausgestattet – eine Umverteilung, die auf rigider Enteignung basierte u. für die es daher in Westdeutschland kein Äquivalent gab. Trotzdem erreichte die Bodenreform nur eine Minderheit v. 2 % (mit Angehörigen 8 %) der Vertriebenen in der SBZ/DDR. Neubauernförderung war keine vertriebenenpolit. Maßnahme, sondern machte lange keine Unterschiede zw. alteingesessenen u. vertriebenen Neubauern u. verfestigte dadurch die strukturelle Benachteiligung Vertriebener. Erst das DDR-Umsiedlergesetz v. 1950 sah eine Bevorzugung Vertriebener in der Neubauernförderung vor, die allerdings nur bis 1952/53 andauerte.

Im öffentlichen Dienst profitierten nicht nur SED-nahe „antifaschistische Umsiedler" v. der Entnazifizierung einheimischer Bürokraten. In Handwerk u. Gewerbe ging die anfängliche Unterrepräsentation ab 1947 langsam zurück. Anteil daran hatten in Selbsthilfeaktionen entstandene Umsiedlergenossenschaften, v. denen 1947 in der SBZ 42 (19 in

Sachsen-Anhalt) existierten. Zw. 1947 u. 1949 erhielten diese staatl. Förderkredite v. 4,2 Mio. RM bzw. DM (Ost), wovon fast 3 Mio. Mark auf ganze 12 Genossenschaften entfielen. Diese Subventionierung wurde eingestellt, weil die Eigentumsform der Genossenschaft der SED ebenso unerwünscht war wie die Tendenz zur Selbstghettoisierung der Vertriebenen.

Bevor sie 1949 beendet wurde, hatte eine seit 1946 laufende „einmalige Umsiedlerunterstützung“ (SMAD-Befehl Nr. 304) an alte u. arbeitsunfähige Vertriebene pro Kopf 300 RM u. für Kinder zusätzlich je 100 RM verausgabt. Diese Maßnahme, für die es in Westdeutschland kein Äquivalent gab, kostete die Länder der SBZ 401 Mio. RM bzw. Mark. Sie erreichte 1,2 Mio. Erwachsene u. 763.000 Kinder – 45,5 % der 1949 registrierten 4,3 Mio. Vertriebenen der SBZ. Nach 1949 wurden solche Hilfen in der DDR nicht mehr fortgesetzt. Vor allem alte Vertriebene blieben der kargen Sozialunterstützung überlassen.

Die Versorgung Vertriebener mit Sachgütern konnte in der Nachkriegszeit durch freiwillige Umverteilung (Spenden), zwangsweise Umverteilung des Besitzes Alteingesessener oder aus der Neuproduktion geleistet werden. Das unzureichende Spendenvolumen führte zu staatl. Zwangsumverteilung im thüringischen Hausratgesetz v. 1946, doch ähnliche Gesetze gelangten 1947 in Sachsen u. Mecklenburg nicht mehr zur Verabschiedung. Entscheidend war die sowj. Rücksicht auf einheimische Widerstände gegen die Zwangsumverteilung. Seither war die Versorgung aus der Neuproduktion alternativlos, ohne dass sie das Problem hätte beheben können. Das DDR-Umsiedlergesetz v. 1950 trug immerhin der Kaufkraftschwäche vieler Vertriebener Rechnung, indem es einen „Wohnbedarfkredit“ v. bis zu 1.000 Mark anbot.

Nach Versuchen, Umsiedlerpolitik 1948/49 vollständig abzubauen, führten der anhaltende soz. Problemdruck, die Gründung westdeutscher Vertriebenenverbände sowie der Konkurrenzdruck durch das dortige Soforthilfegesetz u. die Lastenausgleichsdebatte, schließlich der Zwang zur Beruhigung des Vertriebenenunmuts über die 1950 erfolgte Anerkennung der Oder-Neiße-Grenze zur Wiederbelebung v. Vertriebenenförderung im „Gesetz zur weiteren Verbesserung der Lage der ehemaligen Umsiedler“ vom 8. 9. 1950. Dieses DDR-Gegenstück zum westdeutschen Soforthilfegesetz konzentrierte sich auf Fördermaßnahmen für erwerbstätige Vertriebenengruppen: Neubauern u. Handwerker erhielten Förderkredite u. Subventionen, Belegschaftsmitglieder volkseigener Betriebe sollten bevorzugt mit Neubauwohnraum versorgt werden. Darüber hinaus wurden Ausbildungsprogramme für Jugendliche aufgelegt. Am kostenintensivsten waren das Neubauern-Bauprogramm der Jahre 1951/52 u. der Wohnbedarfkredit. Ersteres bot der kleinen Gruppe der Umsiedler-Neubauern neben exklusivem Zugang zu regulären Baukrediten „entsprechend dem Grad ihrer Bedürftigkeit“ zinslose Zusatzkredite bis zu 5.000 Mark u. führte zur Errichtung eines Viertels aller zw. 1945 u. 1953 geschaffenen Neubauernwohnhäuser (23.703 v. 94.668) u. Stallungen. Der Wohnbedarfkredit wiederum, ursprünglich allen Vertriebenen angeboten, wurde sehr bald auf einkommensschwächere Erwerbstätige konzentriert u. schloss Besserverdienende (die 1952 z. T. wieder einbezogen wurden) sowie einkommensschwache Rentner u. Sozialunterstützte tendenziell aus. Dennoch wurden bis 1953 an 695.875 Vertriebenenhaushalte 400,4 Mio. Mark verausgabt, sodass 46,5 % aller „Umsiedler" direkt oder indirekt erreicht wurden. Der Kreditdurchschnitt lag allerdings bei 575 Mark.

Von der Umsiedlerpolitik der SBZ bis 1949 unterschied sich jene der frühen DDR ab 1950 mehrfach. Vor allem war sie exklusiv, förderte nur Vertriebene u. blendete einheimische Kriegsfolgengeschädigte aus. Dies trug dem größeren Unruhe- u. Organisationspotential der Vertriebenen Rechnung u. hatte folglich auch sicherheitspolit. Motive, doch das daraus folgende gesellschaftliche Neid- u. Legitimationsproblem trug zum raschen Ende dieser „Umsiedlerpolitik" bei. Ein zweiter Unterschied bestand darin, dass die DDR ab 1950 sowjetzonale Konzepte direkter Umverteilung (Bodenreform) oder finanzieller Sonderfürsorge nicht mehr fortsetzte, sondern sich auf wirtschaftsfördernde Hilfe zur Selbsthilfe für bestimmte „werktätige" Gruppen konzentrierte. Einzig der Wohnbedarfkredit war einem breiteren Ansatz verpflichtet, doch Unterstützung v. Nichterwerbsfähigen wurde in der DDR nicht weitergeführt. Daraus ergab sich der dritte Unterschied nicht nur zur sowjetzonalen, sondern auch zur westdeutschen Vertriebenenförderung: Hatten Entschädigungsleistungen schon in der SBZ nur eine begrenzte Rolle gespielt (Bodenreform, Hausratgesetze), wurden sie in der DDR völlig fallengelassen.

Mit dem Auslaufen des Umsiedlergesetzes wurde im SED-Staat ab 1952/53 auf jegliche sozialpolit. Vertriebenenförderung verzichtet.

Lit.: M. Schwartz, Vertriebene und „Umsiedlerpolitik". Integrationskonflikte in den deutschen Nachkriegs-Gesellschaften und die Assimilationsstrategien in der SBZ/DDR. München 2004; Ph. Ther, Deutsche und polnische Vertriebene. Gesellschaft und Vertriebenenpolitik in der SBZ/DDR und in Polen 1945–1956. Göttingen 1998; A. v. Plato/W. Meinicke, Alte Heimat – neue Zeit. Flüchtlinge, Umgesiedelte, Vertriebene in der Sowjetischen Besatzungszone und in der DDR. Berlin 1991.

M. S.

Sowjetunion. Am 30. 12. 1922 wurde die Union der sozialistischen Sowjetrepubliken (UdSSR, russ. *Sojuz Sovetskich Socialističeskich Respublik*) durch den Zusammenschluss der Ukr., der Transkaukasischen u. der Weißruss. Sowjetrepublik mit der Russl. Sozialistischen Föderativen Sowjetrepublik (RSFSR) gegründet. Damit hatte sich auf dem Territorium des in Revolution u. Bürgerkrieg untergegangenen Russ. Reiches abermals ein Vielvölkerstaat konstituiert, der wenig später um die zentralasiatischen Republiken Usbekistan, Turkmenistan, Tadschikistan u. Kirgistan erweitert wurde. Von den bei der Volkszählung 1926 registrierten 147 Mio. Einw. stellten die Russen nur knapp mehr als die Hälfte (77,8 Mio., 52,9 %), gefolgt v. Ukrainern (31,2 Mio., 21,2 %), Weißrussen (4,7 Mio., 3,2 %), Usbeken u. Kasachen (jeweils 4 Mio., 2,7 %) sowie Tataren (3,3 Mio., 2,3 %).

Bereits im ersten Programmentwurf der Russl. Sozialdemokr. Arbeiterpartei hatte Vladimir Lenin 1895 die Forderung nach der Gleichberechtigung aller Nationen u. Völker erhoben. Er hatte erkannt, dass der nationalen Frage erhebliche Sprengkraft innewohnte. Sein Konzept zielte nicht auf die Zerschlagung des Vielvölkerreiches, sondern auf die Mobilisierung der nationalen Bewegungen für die sozialistische Revolution. Nach dem Sieg der Revolution sollten sich die Nationalitäten freiwillig wieder zusammenschließen u. in weiterer Folge allmählich verschmelzen. Wenige Tage nach ihrer Machtergreifung im Oktober 1917 verkündeten die Bolschewiki in der „Deklaration der Rechte der Völker Russlands" Gleichheit, →Souveränität u. das Recht auf freie Selbstbestimmung bis zur Lostrennung und Bildung eigener Staaten (→Selbstbestimmungsrecht der Völker) sowie die freie Entwicklung der →nationalen Minderheiten und ethn. Gruppen. Ihre Annahme, dass sich die Nationalitäten nach der Revolution wieder zusammenschließen würden, erfüllte sich nicht. Sie mussten den Bürgerkrieg nicht nur gegen die Armeen der Weißen u. die Interventionsstreitkräfte, sondern auch gegen die nationalen Bewegungen der nichtruss. Völker führen. Sie gewannen den Bürgerkrieg u. a., weil sie zu weitreichenden Konzessionen an die Nationalitäten bereit waren.

Die am 6. 7. 1923 in Kraft tretende Verfassung der S. beschrieb einen föderativen Staat formal gleichberechtigter Nationalitäten. Die Unionsrepubliken erhielten eigene Volkskommissariate des Inneren, der Justiz, der Landwirtschaft u. der Volksaufklärung, während die Union für Außenpolitik, Militär, Kommunikation u. Außenhandel zuständig war. In der Herrschaftspraxis war der Föderalismus allerdings stark eingeschränkt, denn die Sowjetbehörden handelten im Auftrag der KP, die streng zentralistisch u. hierarchisch aufgebaut war. Von der laut Verfassung bestehenden Eigenständigkeit der Volkskommissariate in den Republiken blieb in der Realität nicht viel übrig.

Am Ende des Bürgerkriegs war die Sowjetmacht in vielen nichtruss. Gebieten keineswegs gefestigt, in manchen existierte sie kaum. Um sie zu etablieren u. die Peripherie in das Sowjetsystem einzubinden, entwarf man das Konzept der sog. Indigenisierung (russ. *korenizacija*). Gemeint war die Heranziehung lokaler Kader aus den Reihen der Nationalitäten, verbunden mit kulturellen Entfaltungsmöglichkeiten u. der Organisation national abgegrenzter adm. Einheiten unterhalb der Ebene der Unionsrepubliken: Man bildete für eine ganze Reihe v. Nationalitäten sog. Autonome Republiken bzw., wenn die geschlossenen Siedlungsgebiete dafür nicht groß genug waren, sog. nationale Gebiete, Rayons u. nationale Dorfsowjets. Es war dies eine Förderung der Nationsbildung innerhalb des neuen Staates, in der Erwartung, auf diese Weise die Herrschaft der Partei zu festigen bzw. überhaupt erst zu etablieren. Hinzu kam das Motiv der zivilisatorischen Mission gegenüber den als rückständig wahrgenommenen Völkern.

Die Indigenisierung war im Grunde ein Instrument der Sowjetisierung durch ideologisch-kulturelle Beeinflussung u. Einbindung der nichtruss. Eliten in das Sowjet- u. Parteisystem. Von einer kulturellen, ökon. oder gar polit. Selbständigkeit der „autonomen" territ. Gebilde konnte keine Rede sein. Die Politik wurde in Moskau gemacht, die lokalen

Kader hatten die Direktiven aus Moskau auszuführen u. wurden ausgetauscht, wenn sie das nicht in befriedigender Weise taten. Der Status einer Autonomen Republik änderte nichts daran, dass man in einer zentralistischen Parteidiktatur lebte.

Die Politik der *korenizacija* war zu einem guten Teil taktisch motiviert, zugleich aber auch, wie die neuere Forschung (J. Baberowski) gezeigt hat, Ausfluss des Ordnungsstrebens der Bolschewiki, die konsequent die Ethnisierung ihres Staates betrieben. Konfrontiert mit einer komplizierten Vielfalt v. Sprachen, Religionen, Traditionen, Wirtschafts- u. Lebensweisen, strebten die Bolschewiki nach der Herstellung v. homogenen Ordnungen, die sie als Teil der Moderne begriffen. Da es unmöglich war, kurzfristig die totale Homogenität herzustellen, wollten sie das unübersichtliche Geflecht wenigstens kategorisieren u. vereinfachen (vgl. →Nationalstaat und ethnische Homogenität). Das Ordnungsprinzip des neuen Staates war das der sprachnational definierten Territorien. Es ließ sich mit der vielerorts anzutreffenden ethn. Gemengelage nur schwer in Einklang bringen u. erforderte dort, wo sich Identitäten entlang anderer als sprachlich-ethn. Linien herausgebildet hatten, erst die Neukonstituierung v. Nationen. Aus der Überzeugung der Bolschewiki, dass jeder Mensch einer Nationalität angehöre, musste sich jeder Sowjetbürger in ethn. Hinsicht deklarieren oder wurde einer Nationalität zugeordnet. T. Martin hat das als das Prinzip der „affirmative action" beschrieben: Es äußerte sich in der Bevorzugung bei der Vergabe v. Arbeits- u. Studienplätzen oder in nationalen Quoten bei der Besetzung v. Posten in den Regionen. Das System suggerierte den Menschen, dass nationale Zugehörigkeit etwas Bedeutsames sei.

Diese Art des Herstellens einer ethn.-territ. Ordnung gipfelte in den 1930er u. 1940er Jahren in →Deportationen v. Nationalitäten. Das Umschlagen der Politik in Repressionen hing zum einen mit der generellen Steigerung der Gewaltsamkeit im Kontext der stalinistischen Umgestaltung des Landes (Kulturrevolution, Kollektivierung der Landwirtschaft, forcierte Industrialisierung) zusammen. Zum anderen war es die Reaktion auf Widerstände der Bev. gegen diese grundlegenden Eingriffe in die überkommene Lebensweise. In Zentralasien, im Nordkaukasus u. in Transkaukasien geriet die Lage außer Kontrolle, u. die Bolschewiki nahmen den Widerstand als einen Widerstand v. Nationalitäten wahr – u. zwar ausgerechnet v. jenen Nationalitäten, die man als „rückständig" privilegiert hatte. Die Indigenisierungspolitik hatte zudem nicht die erwarteten Erfolge gezeitigt: Die nationalen Eliten beteiligten sich nicht im erhofften Ausmaß, relig. Bindungen blieben wirksam, u. die Etablierung der Sowjetmacht hatte vielerorts nur den Charakter einer Fassade, hinter der traditionelle Strukturen fortbestanden.

Unter diesem Eindruck änderte sich die Nationalitätenpolitik: In freiwerdende Spitzenämter wurden nun vorwiegend loyale Russen eingesetzt, der Anteil der Einheimischen in den Partei- u. Sowjetorganisationen der Republiken ging zurück, nationale Rayons u. Dorfsowjets wurden wieder liquidiert. Einzelne Nationalitäten wurden Opfer v. Massendeportationen u. eines zielgerichteten Zugriffs der Geheimpolizei (→NKVD). Vor dem Hintergrund der veränderten außenpolit. Lage (Nichtangriffspakt zw. →Deutschland u.

→Polen 1934, Vordringen der Japaner in China, Antikominternpakt 1936) wurden nun Angehörige v. Minderheiten, die in Grenzgebieten siedelten oder ein „Mutterland" jenseits der Grenzen hatten, als potentielle Bedrohung empfunden u. pauschal als „Feinde" stigmatisiert. Diese Wahrnehmung mündete ab 1930 in Deportationen aus den östl. und westl. Grenzgebieten ins Landesinnere bzw. nach →Sibirien u. →Zentralasien. Betroffen waren bis 1937 schätzungsweise 260.000 Personen, davon 172.000 Koreaner. Die übrigen 88.000 entfielen auf Polen (→P. aus der Ukraine: Deportation nach Kasachstan), Finnen (→F.: Deportation aus Ingermanland), Deutsche (→D. aus Trans- [Süd]kaukasien), Chinesen, →Kurden, →Iraner u. Armenier (→A. in der Sowjetunion und ihren Nachfolgestaaten).

In weiterer Folge wurden aber auch indigene Nationalitäten im Landesinneren in diese Feindwahrnehmung einbezogen. Stalinistische Massendeportationen u. Verhaftungen waren in dieser Hinsicht kategorisierend u. prophylaktisch. Es kam weniger darauf an, was jemand getan hatte, sondern ob er zu einer stigmatisierten Gruppe gehörte. Die Deportation war ein vorbeugender Akt gegen jemanden, der voraussichtlich eine Straftat begehen würde. Als Roma oder Tschetschene war man aufgrund der Charaktereigenschaften seiner Nationalität ein potentieller Straftäter, als Deutscher oder Pole ein potentieller Verräter u. Saboteur. In diesen Rahmen gehören die 1937/38 durchgeführten sog. Sonderaktionen des NKVD gegen nationale Minderheiten (→Nationale Operationen des NKVD der UdSSR). Bei einem Anteil v. 1,6 % an der Gesamtbev. stellten die Diasporaminderheiten mit 800.000 Personen etwa ein Drittel aller Sowjetbürger, die damals deportiert, verhaftet oder erschossen wurden.

Im Krieg gipfelte diese Politik in den Deportationen ganzer Völker u. der Auflösung ihrer Autonomen Republiken u. Gebiete (→Weltkrieg, Zweiter). Aus den Territorien, die die S. nach dem →Ribbentrop-Molotov-Pakt besetzt hatte (→Baltische Länder, Ostpolen [→Ukraine als Deportationsgebiet], Bessarabien [→Moldawien als Deportationsgebiet]), wurden zw. Dezember 1939 u. Juni 1941 Angehörige der Eliten sowie Bauern nach O abtransportiert. Während diese Aktionen selektiv auf soz. und polit. unerwünschte Personen zielten, kam es nach dem dt. Überfall zu Massendeportationen nach ethn. Kriterien: Im Sommer u. Herbst 1941 deportierte man die dt. Bevölkerung aus dem europ. Teil der S. und dem Kaukasus (→Kaukasien) nach Mittelasien u. Sibirien, um einer befürchteten →Kollaboration mit der dt. Wehrmacht vorzubeugen (→Deutsche aus dem Wolgagebiet). Nach den v. P. Polian gesammelten Daten betrug die Gesamtzahl der 1941/42 präventiv Deportierten ca. 1,2 Mio., davon 905.000 Deutsche. Männer u. kinderlose Frauen wurden zur sog. →Arbeitsarmee eingezogen, die restliche Bev. wurde in Sondersiedlungen untergebracht u. der Bürgerrechte für verlustig erklärt (→Sondersiedler). Bei den Sondersiedlungen handelte es sich um lagerähnlich organisierte Dörfer, die nicht verlassen werden durften (vgl. →Lager). In den Jahren 1943/44 folgten ca. 1 Mio. Angehörige weiterer als „unzuverlässig" eingestufter kaukasischer u. turksprachiger Ethnien, darunter 412.500 →Tschetschenen, mehr als 190.000 →Krimtataren, rd. 100.000 →Kalmücken, 80.000

→Mes'cheten-Türken, 96.000 Inguschen, 72.000 →Karatschaier u. 39.000 →Balkaren. Bis Ende 1945 stieg die Zahl der verschickten Angehörigen der betroffenen Nationen auf ca. 2,3 Mio. Während des Transports u. der ersten Jahre in den Ankunftsgebieten kam etwa ein Drittel v. ihnen ums Leben. Die Autonomen Republiken u. Gebiete dieser Ethnien wurden aufgelöst.

Die Deportationen v. 1944 erfolgten mit der Begründung, die betroffenen Völker hätten mit der dt. Besatzungsmacht kollaboriert. Kollaboriert hatten allerdings genauso auch Russen u. Ukrainer, ohne dass man deswegen die gesamte Bev. der im Krieg v. den Deutschen besetzten Gebiete nach Mittelasien verfrachtete. Die Auswahl der zu deportierenden Nationalitäten fällt vielmehr mit der Kategorisierung des NKVD v. 1937/38 zusammen. Dieselben Nationalitäten, die man damals im Rahmen der Sonderoperationen dezimiert hatte, wurden nun als Ganze aus ihren Siedlungsgebieten entfernt, zerstreut u. als nationale Einheit zerstört.

Auf dem Territorium der S. ereigneten sich während des 2. Wk.s auch Umsiedlungen u. Deportationen, die nicht v. der sowj. Führung ausgingen. Im geheimen Zusatzprotokoll zum Hitler-Stalin-Pakt hatten die beiden Diktatoren ihre Interessensphären in Osteuropa abgegrenzt. Der →deutsch-sowjetische Grenz- u. Freundschaftsvertrag vom September 1939 stellte die Umsiedlung der dt. Minderheiten aus der neuen sowj. Einflusszone nach →Deutschland in Aussicht (→Umsiedlung [NS-Begriff]). Betroffen waren die dt. Minderheiten im Baltikum (ca. 120.000 einschl. →Litauendeutsche), in Galizien (55.000), Westwolhynien (66.000), Bessarabien (93.000) u. in der Bukowina (96.000). Sie wurden 1939/40 überwiegend in den Territorien, die Deutschland v. Polen annektiert hatte, zum Zwecke der Germanisierung auf den Höfen u. in den Häusern vertriebener Polen u. Juden angesiedelt (→Warthegau als Aus- und Ansiedlungsgebiet).

Als das Bündnis der Diktatoren zerbrach u. Adolf →Hitler im Juni 1941 seinen Angriff auf die S. begann, wurde das Ziel der Germanisierung mit der Eroberung v. „Lebensraum" in großem Stil gekoppelt. Der Ostfeldzug war als ideologischer Weltanschauungs- u. rassebiologischer Vernichtungskrieg konzipiert. Im Vordergrund stand zunächst die wirt. Ausbeutung der eroberten Gebiete u. der dort lebenden Menschen durch →Zwangsarbeit. Etwa 2,5 Mio. Sowjetbürger wurden zur Zwangsarbeit nach Deutschland verbracht. Die jüd. Bevölkerung (etwa 2,1 Mio.) u. die sowj. Führungsschicht wurden systematisch ermordet. Im Laufe des Krieges wurden Pläne zur späteren Besiedlung u. Germanisierung der eroberten Gebiete entworfen (→Generalplan Ost). Für die Eindeutschung kalkulierte man einen Bedarf von 4 Mio. Siedlern. Diese sollten aus dem Reich, durch →Volksdeutsche, durch Umsiedlungen aus Übersee, durch „germanische" Siedler aus Europa u. durch sog. Eindeutschungsfähige aus der ortsansässigen Bev. aufgebracht werden. Die rassisch unerwünschte Bev. sollte entweder enteignet u. degradiert, nach Sibirien deportiert oder ausgerottet werden.

In der Ukraine fand die Wehrmacht 1941 einen Teil der dort ansässigen Deutschen vor. Die Sowjetbehörden hatten angesichts des schnellen dt. Vormarsches deren Deportation nach O nicht mehr durchführen können. Sie wurden v. der Besatzungsmacht in die Deutsche Volksliste Ukraine aufgenommen, was die Verleihung der dt. →Staatsangehörigkeit zur Folge hatte. Ende 1943 begann die →Evakuierung vor der Roten Armee nach Westen. Bei Kriegsende wurden rd. 200.000 Sowjetuniondeutsche im Warthegau u. in der →sowj. Besatzungszone Deutschlands v. der Roten Armee eingeholt u. als „Repatrianten" in die asiatischen Verbannungsgebiete verschickt (→Repatriierung). Auch aus den westl. Besatzungszonen wurden einige 10.000 Sowjetuniondeutsche an die Sowjets ausgeliefert. Insgesamt wurden bis 1953 aus Deutschland u. →Österreich 208.000 Deutsche in die S. „repatriiert".

208.000 Deutsche wurden 1944/45 aus Ostpreußen, Schlesien u. Südosteuropa zur Zwangsarbeit in die S. verschleppt. Während diese Maßnahme auf Bestrafung u. Wiedergutmachung v. Kriegszerstörungen zielte, ging es bei Repressionen und Deportationen gegen Ukrainer (bis einschl. 1947 rd. 114.000 Personen, bis 1952 203.000), Esten (rd. 20.000), Letten (42.000), Litauer (bis 1952 über 140.000 Menschen) u. Moldawier (36.000) in den Jahren 1944–1949 v. a. darum, die dortigen antikomm. Widerstandsbewegungen auszutrocknen u. sozial unerwünschte Personen zu entfernen. Der ethn. Homogenisierung dienten hingegen weitere Umsiedlungen, die mit den Gebietsgewinnen der S. verbunden waren: Aus dem v. der S. annektierten nördl. Ostpreußen war der Großteil der dt. Bevölkerung bei Kriegsende geflüchtet (→Ostpreußen: Flucht und Vertreibung nach Deutschland). Im Lande verblieben waren bis Herbst 1945 noch 146.000 Deutsche. Ca. 100.000 wurden 1947/48 v. den Sowjetbehörden nach Deutschland verbracht. Zwischen Polen u. der S. fand 1945 ein vertraglich vereinbarter Bev.austausch statt: 518.000 Ukrainer, Weißrussen u. Litauer wurden aus Polen in die S. umgesiedelt, 1,5 Mio. Polen aus der S. nach Polen. 1946 folgte ein ähnlicher Austausch zw. der S. und der Tschechoslowakei. 24.351 Ukrainer u. Rusinen wurden aus der Tschechoslowakei in die Ukraine umgesiedelt, im Gegenzug 39.000 Tschechen u. Slowaken aus der Ukraine, v. a. aus Wolhynien, in die Tschechoslowakei (→Tschechen und Slowaken: Remigration aus Wolhynien, Jugoslawien usf.). Aus der an die S. gefallenen Nordbukowina emigrierten 1945 13.000 Juden auf eigenen Wunsch nach →Rumänien.

Das Sonderregime für die v. Deportationen betroffenen Nationalitäten lockerte sich erst nach Iosif →Stalins Tod. Als erster Schritt der polit. und zivilrechtlichen →Rehabilitierung wurden zw. Mai 1955 u. Juli 1956 die Beschränkungen in den Sondersiedlungen reduziert. Keines der „bestraften Völker" erhielt jedoch in dieser Phase das Recht auf die Rückkehr in die Heimat. Mit Beginn des Jahres 1957 folgte ein zweiter Schritt: Kalmücken, Balkaren, Karatschaier, Tschetschenen u. Inguschen durften in ihre Siedlungsgebiete zurückkehren. Balkaren, Tschetschenen u. Inguschen erhielten auch wieder Autonome Republiken, Kalmücken u. Karatschaier nur Autonome Gebiete. Für die Kalmücken, die vor der Deportation über eine eigene Republik verfügt hatten, bedeutete das zunächst eine deutliche Herabminderung ihres Status. Im Juli 1958 wurden jedoch auch sie wieder zu Bewohnern einer Autonomen Republik hochgestuft. Die Karatschaier, die bis zur Deportation ein Autonomes Gebiet besessen hatten, mussten sich jetzt die Autonomie mit den Tscherkessen teilen. In anderer Weise fühlten sich auch die Tschetschenen, Inguschen u. Kalmücken diskriminiert, da die Grenzen ihrer autonomen Territorien enger gezogen wurden als vor dem Krieg. Bis 1959 kehrten ca. 81 % der Balkaren, 84,3 % der Karatschaier, 61,2 % der Kalmücken, 58,2 % der Tschetschenen u. 45,3 % der Inguschen in ihre Heimat zurück. Die Deutschen, Krimtataren u. Mes'cheten wurden nur polit. rehabilitiert, ohne das Recht der Rückkehr. Sie bemühten sich jahrzehntelang durch Petitionen, Delegationen, Kongresse sowie durch Formen v. Dissenz u. zivilem Widerstand (Land- u. Hausbesetzungen) die Rückkehr durchzusetzen.

Die Aktivisten der krimtatarischen Bewegung für die Rückführung auf die Krim (→K. als Deportationsgebiet) befanden sich seit 1956 unter der ständigen Aufsicht der Organe der Staatssicherheit. Besondere Aufmerksamkeit erlangten die Verhaftungen u. die Prozesse gegen Mustafa Džemilev (1969, 1974, 1979). 1967 wurden die Krimtataren vom Vorwurf des Verrats rehabilitiert u. erhielten ihre Freizügigkeit zurück, einschl. der Rückkehr auf die Krim. In der Praxis wurden den Heimkehrern jedoch bürokratische Hürden in den Weg gelegt, sodass sich bis 1979 nur 15.000 Krimtataren auf der Krim offiziell anmelden konnten. Zehntausende ließen sich daher in unmittelbarer Nähe der Krim nieder. Die Volkszählung v. 1989 verzeichnete auf der Krim 38.400 Krimtataren. Die Bedingungen für die Rückkehr änderten sich offiziell erst 1990. Bis zum Ende des Jahres 1991 erhöhte sich die Zahl der Tataren auf der Krim auf 150.000.

Keine Rückkehrmöglichkeit wurde den Mes'cheten-Türken eröffnet. Sie wohnen verstreut in einer Reihe v. Regionen des Kaukasus (Aserbaidschan, Kabardino-Balkarien, Region Krasnodar) sowie in Mittelasien, wohin sie vertrieben wurden.

Die von russlanddt. Organisationen geforderte Wiedererrichtung der Autonomen Republik an der Wolga kam nicht zustande. 1991 erhielten die Deutschen lediglich zwei nationale Landkreise in Westsibirien (Halbstadt u. Azovo). Einige Zehntausend kehrten dennoch v. a. in den 1970er u. 1980er Jahren an die Wolga u. in andere ehem. Siedlungsgebiete zurück. Bedeutsamer wurde jedoch die Übersiedlung in die Bundesrepublik Deutschland, die 1955 mit der Wiederaufnahme diplomatischer Beziehungen zw. den beiden Staaten begann. Bis 1986 siedelten 93.330 Deutsche aus der S. in die Bundesrepublik über. Durch die Lockerung der Reisegesetze stiegen die Zahlen während der Perestrojka sprunghaft an u. summierten sich für die Jahre 1987–1991 auf 455.464. Nach dem Zusammenbruch der S. kam es zu einem weiteren Anstieg, sodass am Höhepunkt der Ausreisewelle allein im Jahr 1995 mehr als 213.000 Deutsche die Nachfolgestaaten der S. verließen.

Lit.: V. Dönninghaus, Minderheiten in Bedrängnis. Sowjetische Politik gegenüber Deutschen, Polen und anderen Diaspora-Minderheiten 1917–1938. München 2009; Stalinskie deportacii 1928–1953. Hg. N. L. Pobol'/P. M. Poljan. Moskva 2005; P. Polian, Against their Will. The History and Geography of Forced Migrations in the USSR. Budapest 2004; D. M. Édiev,

Demografičeskie poteri deportirovannych narodov SSSR. Stavropol' 2003; T. MARTIN, The Affirmative Action Empire. Nations and Nationalism in the Soviet Union, 1923–1939. Ithaka, London 2001; N. F. BUGAJ, L. Berija – I. Stalinu. „Soglasno Vašemu ukazaniju …" Moskva 1995.

V. Dönn., D. N.

Srebrenica. Kleinstadt u. Gemeinde im O Bosniens, nahe der Grenze zu Serbien, seit dem →Dayton-Abkommen von Ende 1995 Teil der „Republika Srpska", Schauplatz des „Massakers von S." im Juli 1995. 1991, vor Beginn des Krieges in Bosnien hatte die Gemeinde S. (mit 80 Dörfern) knapp 37.000 Einw., davon 75 % bosn. Muslime/Bosniaken u. 23 % Serben. Die Ortschaft S. zählte 3.673 Einw. (64 % Muslime u. 28 % Serben). Ende April 1992 wurde S. erstmals von bosn.-serb. Truppen u. paramilit. Einheiten eingenommen. Zwar konnten bosn. Regierungstruppen unter dem Kommando v. Naser Orić die Ortschaft bereits im Mai zurückerobern, doch die umliegenden Dörfer blieben unter serb. Kontrolle. Damit begann die dreijährige Belagerung der Stadt, aus der die serb. Einwohner flohen oder vertrieben wurden. Aus der Ortschaft heraus versuchten Orićs Truppen vergeblich (trotz zeitweiliger Geländegewinne), den Belagerungsring zu sprengen, wobei es auch zu Vergeltungsakten an der serb. Zivilbev. kam. Die Zahl der serb. Zivilopfer ist umstritten u. schwankt zw. 120 u. 1.000. Viele Bosniaken aus der Umgebung von S. flohen in die Ortschaft, deren Einw.zahl sprunghaft auf mehrere Zehntausend zunahm. Die Lebensbedingungen waren verheerend. Im März u. April 1993 wurden deshalb unter Aufsicht der UN-Flüchtlingskommission Tausende v. Bosniaken aus S. evakuiert. Die Regierung in Sarajevo protestierte gegen diese Maßnahmen, weil damit aus ihrer Sicht der →ethn. Säuberung Vorschub geleistet wurde. Am 13. 4. 1993 erklärten bosn.-serb. Militärs, dass sie S. abermals angreifen würden, falls sich die Ortschaft nicht innerhalb zweier Tage ergeben würde. Daraufhin verabschiedete der UN Sicherheitsrat am 16.4. die Resolution 819, durch die S. zur „Schutzzone" *(safe area)* proklamiert wurde (nochmals bekräftigt durch die Resolutionen 824 u. 836 vom 6. 5. u. 4. 6. 1993, womit das Schutzzonen-Konzept auf die Städte Sarajevo, Tuzla, Žepa, Goražde u. Bihać ausgeweitet wurde). Die ersten 170 leicht bewaffneten UNPROFOR-Soldaten aus Kanada trafen am 18.4. in der Enklave S. ein u. wurden 1994 durch ein niederländisches Bataillon *(Dutchbat)* in Stärke v. 600 Mann ersetzt. Die UN-Blauhelme hatten den Auftrag, die Bev. zu schützen, durften jedoch Waffengewalt nur zum Zweck der Selbstverteidigung einsetzen. Gegenüber den militär. Konfliktparteien sollten sie sich neutral verhalten. Sie hatten ein friedenserhaltendes, aber kein friedenerzwingendes Mandat u. waren für letzteres auch nicht ausgestattet. Was es konkret bedeuten sollte, den Frieden in einer Region zu erhalten, in der es keinen Frieden gab, blieb unklar. Die Hoffnung, dass die bloße Stationierung v. Blauhelmen auf Aggressoren abschreckend wirken würde *(„to deter by presence")*, erfüllte sich nicht.

Seit Anfang März 1995 verstärkten die serb. Belagerer den Druck auf S. Die Einrichtung v. Hilfskorridoren zur Versorgung der eingeschlossenen Bev. und der Blauhelme wurde serbischerseits abgelehnt, sodass viele Menschen an Hunger u. Entkräftung starben. Im Juli rückten serb. Einheiten auf die Stadt zu. Vergeblich forderte der Kommandeur des mittlerweile auf 350 Mann reduzierten niederländischen Bataillons, Tom Karremanns, eine Luftunterstützung durch die NATO an, die mit Rücksicht auf die Sicherheit der UN-Soldaten unterblieb. Am 11.7. wurde S. von Einheiten der bosn.-serb. Armee unter dem Kommando v. General Ratko →Mladić u. in Begleitung paramilit. Banden ohne nennenswerten Widerstand eingenommen. 20.000–25.000 Bosniaken (überwiegend Frauen, Kinder, Alte u. Behinderte) suchten daraufhin Schutz auf dem Gelände der Blauhelme im nahe gelegenen Dorf Potočari. Unter den Augen der machtlosen Blauhelme kam es zu ersten Gewalttaten gegen die Bosniaken. Männer im wehrfähigen Alter wurden v. der restlichen Bev. getrennt. Serb. Soldaten transportierten Frauen, Kinder u. Alte in Bussen aus der Schutzzone u. brachten sie in Richtung des bosniakisch kontrollierten Kladanj (nordwestl. von S.). Eine Gruppe v. 10.000–15.000 Menschen, darunter viele schlecht oder gar nicht mehr bewaffnete Soldaten der Armee Bosnien-Herzegowinas, versuchten vom 11.-16.7. die serb. Linien zu durchbrechen, was nur einem Teil gelang u. das Vergeltungsbedürfnis der überraschten serb. Einheiten ins Unkontrollierte steigerte. Viele der am Durchbruchversuch beteiligten Männer fielen den serb. Angriffen zum Opfer oder wurden gefangen genommen. Die Gefangenen sowie die in Potočari aussortierten Männer wurden im Dorf Bratunac interniert. Zwischen dem 13. u. 17.7. wurden rd. 8.000 Männer in Bratunac oder an verschiedenen Plätzen in der Umgebung exekutiert. Die Leichen wurden entweder am Ort der Exekution oder in der Nähe vergraben (primäre Massengräber). Um die Spuren des Verbrechens zu verwischen, wurden einige Gräber später zerstört u. die menschlichen Überreste an anderen Stellen erneut vergraben (sekundäre Massengräber). Die genaue Rekonstruktion dessen, was in der Umgebung von S. im Juli 1995 geschah, erwies sich dadurch als außerordentlich schwierig u. zeitraubend.

Erste Hinweise auf den Massenmord lieferten Satellitenbilder, die Aussagen der niederländischen Blauhelm-Soldaten u. der wenigen Überlebenden des Massakers. Am 18. 11. 1995 erweiterte daraufhin das Haager Kriegsverbrechertribunal (→Haager Tribunal) die bereits vorliegenden Anklagen gegen General Mladić u. Serbenführer Radovan →Karadžić um die Verantwortung für den Massenmord von S. Im April 1996 begann eine Expertenkommission des Haager Tribunals mit den schwierigen Ermittlungen vor Ort. Bis 2009 waren die Untersuchungen noch nicht abgeschlossen. Doch konnten 6.186 exhumierte Opfer namentlich identifiziert werden.

Ob die Regierung in Sarajevo alles getan hatte, um die Katastrophe von S. zu vermeiden, ist umstritten. Auch die Rollen der niederländischen Blauhelme u. der UN wurden nach dem Massaker von S., das auch als „größter Massenmord in Europa nach dem 2. Wk." bezeichnet wurde, intensiv u. kontrovers diskutiert. UN-Generalsekretär Kofi Annan räumte in einem Bericht vom 15. 11. 1999 schwere Versäumnisse der UN ein. In den Niederlanden wurde eine Untersuchungskommission eingesetzt, die im April

2002 einen Bericht veröffentlichte, der die Unzulänglichkeiten des Schutzzonen-Konzepts nachdrücklich offenlegte. Die gerichtliche Verfolgung der Verantwortlichen für den Massenmord sowie der Tatbeteiligten war bis 2009 noch nicht abgeschlossen. In den Prozessen des Haager Tribunals gegen Dražen Erdemović, Radislav Krstić, Dragan Obrenović, Vidoje Blagojević, Dragan Jokić u. Momir Nikolić spielten die Ereignisse von S. eine zentrale Rolle. Die Verfahren gegen die beiden mutmaßlichen (polit. resp. militär.) Hauptverantwortlichen, gegen den im Juli 2008 gefassten Radovan Karadžić u. den nach wie vor flüchtigen General Ratko Mladić stehen noch aus. Sowohl das Haager Kriegsverbrechertribunal wie auch der Internationale Strafegerichtshof in Den Haag haben den Massenmord von S. als →Genozid klassifiziert.

Quellen: UN, General Assembly (A 54/549, 15.11.1999), Report of the Secretary-General pursuant to General Assembly Resolution 53/35: The Fall of Srebrenica, http://daccessdds.un.org/doc/UNDOC/GEN/N99/348/76/IMG/N9934876.pdf?OpenElement; ICTY: Srebrenica Investigation. Summary of Forensic Evidence – Execution Points and Mass Graves (Manning-Report, 16.5.2000), http://www.domovina.net/archive/2000/20000516_man ning.pdf; Srebrenica. Dokumente aus dem Verfahren gegen General Radislav Kristić vor dem Internationalen Strafgerichtshof für das ehem. Jugoslawien in Den Haag. Hg. J. Bogoeva/C. Fetscher. Frankfurt a. M. 2002; Pressemitteilung der niederländischen Untersuchungskommission über die Ereignisse in Srebrenica vom 10.4.2002, http://192.87.107.36/en/a_index.htm.

Lit.: H. Nuhanovic, Under the UN-Flag: The International Community and the Srebrenica Genocide. Sarajevo 2007; A. Simon, UN-Schutzzonen – Ein Schutzinstrument für verfolgte Personen? Eine Analyse anhand der internationalen Schutzzonen im Irak, in Ruanda und Bosnien-Herzegowina mit besonderem Blick auf die schweren Menschenrechtsverletzungen in der safe area Srebrenica. Berlin 2005; G. Duijzings, History and Memory in Eastern Bosnia. Background to the fall of Srebrenica. Amsterdam 2002; D. Rohde, Die letzten Tage von Srebrenica. Was geschah und wie es möglich wurde. Reinbeck b. Hamburg 1997; J.W. Honig/N. Both, Srebrenica. Der Größte Massenmord in Europa nach dem Zweiten Weltkrieg. München 1997.

H. S.

Staatenlosigkeit. Von Staatenlosen spricht man übereinstimmend im →Völkerrecht u. im Landesrecht dann, wenn eine Person über keine →Staatsangehörigkeit verfügt. Hauptgründe für S. sind →Flucht u. →Vertreibung aus dem Heimatstaat mit nachfolgender →Ausbürgerung, Untergang des Heimatstaates, Verlust der Heimat durch Gebietswechsel an einen Nachbarstaat, ferner willkürliche Ausbürgerung polit. missliebiger Personen, Verlust der Staatsangehörigkeit bei Eheschließung u. fehlender Erwerb bei Geburt durch unterschiedlichen Prinzipien folgende nationale Staatsangehörigkeitsgesetze u. Verzicht auf die Staatsangehörigkeit. In der Praxis verbindet sich S. meistens mit einem Flüchtlingsschicksal. Es ist daher kein Zufall, dass schon bald nach Verabschiedung der Genfer Flüchtlingskonvention (28. 7. 1951) u. nach deren Muster auf UNO-Initiative auch eine Konvention über die Rechtsstellung der Staatenlosen verabschiedet wurde (28. 9. 1954). Von dem Geltungsbereich der Konvention sind solche Personen ausgenommen, die 1. durch eine andere UNO-Einrichtung als vom →Hohen Flüchtlingskommissar der UNO (UNHCR) betreut werden, 2. die v. ihrem Aufnahmestaat dessen Inländern (Bürgern) gleichgestellt sind, 3. die vor ihrer Aufnahme durch den Aufenthaltsstaat ein Kriegsverbrechen oder ein Verbrechen gegen die Menschlichkeit begangen haben u. 4. die den Zielen u. Grundsätzen der Vereinten Nationen zuwider gehandelt haben.

Die Rechtsstellung der Staatenlosen gleicht weitgehend der der →Flüchtlinge. Während deren Status im Aufnahmestaat aber tendenziell dem der Inländer angeglichen werden soll, ist der Staatenlose in einigen Punkten nur dem Ausländer nach Fremdenrecht gleichgestellt. Das gilt u. a. für die Ausübung der Vereinigungsfreiheit, für die Arbeit in abhängiger Beschäftigung u. als Freiberufler. Der Schutz vor Ausweisung (Art. 31) ist etwas schwächer ausgestaltet als bei Flüchtlingen.

Neben „echten“ Staatenlosen gibt es „De-facto-Staatenlose“, d. h. solche Personen, die zwar formell eine Staatsangehörigkeit besitzen, die sich aber, ins Ausland entwichen, aus polit. Gründen v. ihrem Heimatstaat abgewendet haben, v. diesem aber nicht ausgebürgert worden sind u. seinen Schutz wegen des zw. ihnen de facto zerschnittenen Bandes nicht mehr genießen. Die De-facto-Staatenlosen werden i. d. R. wie echte Staatenlose behandelt. Sie verlieren ihren Status jedoch dann, wenn ihre Staatsangehörigkeit, sei es durch Regimewechsel oder aus anderen Gründen, wieder effektuiert wird.

Das Ziel der Vereinten Nationen, die S. zu bekämpfen, ist durch die Konvention zur Verminderung der S. vom 30. 8. 1961 nicht erreicht worden. Nur etwas über 30 Staaten sind ihr beigetreten. Die Zurückhaltung rührt vermutlich daher, dass sich der Beitrittsstaat dazu verpflichtet, den Staatenlosen, sei es durch Gesetz oder auf Antrag, die Staatsangehörigkeit zu verleihen.

Weltweit gibt es heute ca. 6 Mio. Staatenlose, die meisten v. ihnen in Asien (75 %), gefolgt von Europa (1,1 Mio.). Der UNHCR setzt sich für die Stärkung ihres Status u. für ihre Einbürgerung ein.

Lit.: H. von Mangoldt, Stateless persons, in: Encyclopedia of Public International Law. Hg. R. Bernhardt. Bd. IV, 656–660; K. Hailbronner, Die Rechtsstellung der De-facto-Staatenlosen in den EG-Staaten. Baden-Baden 1993; T. Jürgens, Diplomatischer Schutz und Staatenlose. Berlin 1987.

O. L.

Staatsangehörigkeit. Die S. ist eine vom Staatsrecht verliehene Eigenschaft, die ihrem Träger einen über die →Menschenrechte hinausgehenden Status, nämlich die Mitgliedschaft in einem Staat als Teil seines Volkes vermittelt u. damit zugleich ein Rechtsverhältnis zw. ihm u. seinem Staat begründet. Die S. ist ein Rechtsinstitut, dessen Regeln teils dem Staatsrecht, teils dem →Völkerrecht angehören. Es ist zusammen mit dem modernen Nationalstaat seit dem Ende des 18. Jh.s entstanden u. aus dessen Sicht durch Unmittelbarkeit, Personalität, Ausschließlichkeit, Beständigkeit u. Effektivität der staatl. Einbindung charakterisiert. In diesem Sinne enthält die S. keine Rechte u. Pflichten, sondern sie gilt nur als rechtlicher Anknüpfungspunkt für solche aus Verfassung u. Gesetz. Gleichwohl dürfte die S. kraft der ihr Wesen ausmachenden staatl. Eingliederung ihrem Eigner gegen seinen Staat einerseits einen Anspruch auf Schutz, andererseits eine Pflicht zum Gehorsam gegenüber der Staatsgewalt auferlegen, deren Grenzen allerdings v. den vor- u. überstaatl. Menschenrechten gezogen werden.

Die S. korrespondiert mit der Personalhoheit des Staates als Teil seiner Gewalt bzw. →Souveränität. Daher hat ein Staat bei der Regelung seines S.srechts das Völkerrecht, insbesondere den Grundsatz der gleichen Souveränität der Staaten (Art. 2 Nr. 1 UNO-Charta) u. das aus ihm fließende Verbot der Einmischung in die Jurisdiktion eines anderen Staates (Interventionsverbot) zu beachten. Die Relevanz des Völkerrechts zeigt sich besonders bei der staatsrechtlichen Regelung v. Erwerb u. Verlust der S. Ausgehend v. der Haager Konvention über gewisse Fragen in Bezug auf den Konflikt zw. S.sgesetzen (12. 4. 1930) u. von dem Europäischen Abkommen über S. vom 6. 11. 1997 gelten insofern die folgenden Prinzipien: 1. jeder Staat darf nur seine S. regeln; 2. kein Staat darf seine S., etwa durch kollektive Einbürgerung v. im Nachbarstaat lebenden konnationalen Ausländern, aufzwingen; 3. diplomatischen Schutz darf ein Staat grundsätzlich nur seinen Staatsangehörigen geben; 4. unzulässig ist die Diskriminierung v. Frauen u. Männern bei Erwerb, Wechsel oder Beibehaltung der S.; 5. kein Staat darf einen Ausländer ohne einen sachlich gerechtfertigten Anknüpfungspunkt einbürgern. Innerhalb dieser weit gezogenen Schranken kann der nationale Gesetzgeber sein S.srecht frei gestalten.

Der Erwerb der S. geschieht entweder nach dem Abstammungsprinzip (*ius sanguinis* – Blutsrecht), nach dem Geburtsort (*ius soli* – Bodenrecht) oder durch Einbürgerung (Naturalisation), sei es auf Antrag oder aufgrund eines gesetzlichen Sondertatbestandes (z. B. Aufnahme in den Staatsdienst). Die nationalen S.srechte weisen durchweg eine Kombination dieser Erwerbsgründe auf; vorherrschend ist aber das Abstammungsprinzip. Das Geburtsortprinzip spielt daneben eine größere Rolle in den Staaten, die sich als Einwanderungsländer verstehen. Es kommt aber auch zur Anwendung, um →Staatenlosigkeit entgegenzuwirken.

Gründe für den Verlust der S. können →Ausbürgerung, Antrag auf Entlassung aus ihr, der Verzicht auf sie, der Erwerb einer anderen S., Eintritt in fremde Staatsdienste u. Eheschließung mit einem Ausländer sein.

Divergierende Regelungen, namentlich der automatische Erwerb kraft Geburtsortprinzip, Eheschließung oder Einbürgerung, führen nicht selten zu Doppel-, unter Umständen auch zu Trippelstaatsangehörigkeiten. Es widerspricht nicht dem Völkerrecht, wenn der jeweilige Heimatstaat die andere(n) S. (en) seines Bürgers ignoriert u. ihn ausschließlich nach seinen Gesetzen behandelt, sofern die eigene S. nicht nur formell, sondern „effektiv" ist. Zwischenstaatliche Abkommen dienen in solchen Fällen dem Ziel, die divergierenden Jurisdiktionsansprüche gegenüber den Mehrstaatern zum Ausgleich zu bringen u. Loyalitätskonflikte so weit wie möglich auszuschließen. Obwohl Mehrstaatigkeit in der heutigen Staatenwelt im Prinzip unerwünscht ist u. der Europarat das mit einem Abkommen über die Verringerung der Mehrstaatigkeit u. über die Wehrpflicht v. Mehrstaatern (6. 5. 1963) unterstrichen hat, nimmt Mehrstaatigkeit, insbesondere durch großzügiger gewordene Einbürgerungen, faktisch zu.

Lit.: A. N. Makarov/H. von Mangoldt, Deutsches Staatsangehörigkeitsrecht. Kommentar. Neuwied (Loseblattausgabe, laufende Ergänzungslieferung); I. von Münch, Die deutsche Staatsangehörigkeit. Vergangenheit – Gegenwart – Zukunft. Berlin 2007; K. Hailbronner/G. Renner, Staatsangehörigkeitsrecht. München ^{4}2005; R. Grawert, Staat und Staatsangehörigkeit. Berlin 1972.

O. L.

Stalin (Džugašvili), Iosif Vissarionovič (1879–1953), komm. Parteiführer und sowj. Politiker. Der Georgier Iosif Vissarionovič Džugašvili wurde am 6./18. 12. 1879 in Gori, einer kaukasischen Kleinstadt, als Sohn des Schusters Vissarion D. und dessen Frau Ekaterina Geladze geboren. Er wuchs im Milieu der kaukasischen Rebellen- u. Gewaltkultur auf. Der Vater war gewalttätiger Alkoholiker, die Mutter schickte den Sohn aufs Priesterseminar nach Tiflis, v. wo er allerdings 1899 wegen marxistischer Propaganda relegiert wurde. Im Jahr davor war S. der Sozialdemokr. Arbeiterpartei Russlands (RSDRP) beigetreten. Nach der Spaltung der Partei 1903 schloss er sich den Bolschewiki an, beteiligte sich an revolutionären Aktivitäten u. wurde mehrfach verhaftet u. nach Sibirien verbannt.

1912 wurde er ins ZK der RSDRP gewählt u. nahm den Decknamen Stalin an. Nach der Machtübernahme der Bolschewiki im Oktober 1917 leitete S. das Volkskommissariat für Nationalitätenfragen (bis 1923), 1919–1922 auch das Volkskommissariat für Staatskontrolle bzw. die Arbeiter- u. Bauerninspektion. Seit 1919 war er Mitglied des Politbüros u. des Organisationskomitees der Partei. Im Bürgerkrieg spielte S. 1918/19 als Kommandeur der Südfront eine Rolle bei der Verteidigung Caricyns (1925 in Stalingrad umbenannt) u. bei der Eingliederung des Nordkaukasus sowie Transkaukasiens in den bolschewistischen Machtbereich (→Kaukasien).

Als Generalsekretär des ZK der KP (seit 1922) gelang es ihm nach Lenins Tod (1924), seine polit. Konkurrenten auszuschalten u. die Position eines Diktators einzunehmen.

1928–1932 unterwarf er, unterstützt v. seinen Gefolgsleuten, das Land einer grundlegenden Umgestaltung, die auf Gewalt u. Mobilisierung der Bev. beruhte. Forcierte Industrialisierung, Kollektivierung der Landwirtschaft, verbunden mit „Entkulakisierung", d. h. Vernichtung des selbständig wirtschaftenden Bauerntums durch Massendeportationen (→Deportation) u. Erschießungen, erfolgten ohne Rücksicht auf menschliche Verluste. Allein die bewusst in Kauf genommene Hungersnot v. 1932/33 forderte mehrere Mio. Todesopfer, besonders in der Ukraine u. an der Wolga.

Im Bündnis mit Hitler-Deutschland gelang es S., 1939/40 den Machtbereich um Ostpolen, die baltischen Staaten, Bessarabien u. die Nordbukowina zu erweitern (→Ribbentrop-Molotov-Pakt, →Deutsch-sowjetischer Grenzvertrag). Nach großen milit. Niederlagen u. Territorialverlusten in den Jahren 1941/42 eroberte die sowj. Armee unter S. als Oberbefehlshaber nicht nur diese Gebiete zurück, sondern drang auch bis nach Mitteleuropa vor u. sicherte die Machtergreifung der Kommunisten in Ostmitteleuropa. Der Sieg über Hitler-Deutschland legitimierte auch in der Sowjetunion die Herrschaft der Bolschewiki neu u. verschaffte S. den Nimbus eines verehrten u. zugleich gefürchteten Führers, der sich seinerseits kultisch feiern ließ u. zugleich im steten Misstrauen gegenüber Verschwörungen lebte. Er starb am 5. 3. 1953.

In seiner Schrift „Marxismus und nationale Frage" hatte sich S. schon 1913 gegen das austromarxistische Modell einer nationalen Kulturautonomie ausgesprochen. Unter dem Eindruck des Zerfalls der Habsburgermonarchie strebten Lenin und S. eine Neuordnung des Russ. Reiches nach dem Prinzip ethn. definierter territ. Einheiten an. Im Revolutionsjahr 1917 suchten sie die Unterstützung der nationalen Eliten u. versprachen den Randvölkern das Recht auf Loslösung vom Russ. Reich, verkündeten aber gleichzeitig das Ziel der Umwandlung Russlands in „eine Union freier Republiken". Das von S. maßgeblich geprägte Konzept der „national-territorialen Autonomie" sollte die Nichtrussen in den gemeinsamen Sowjetstaat integrieren. Nach dem Bürgerkrieg lehnte Lenin S.s Vorschlag, die Ukraine, Weißrussland u. Transkaukasien in die Russl. Sozialistische Sowjetrepublik einzugliedern, ab u. setzte 1922 die Bildung der „Union der sozialistischen Sowjetrepubliken" durch. Übereinstimmung zw. beiden herrschte hingegen hinsichtlich der Politik der Indigenisierung (→Sowjetunion), die über die Heranziehung lokaler Kader u. die Förderung nationaler Identität den vorhandenen Nationalismus in konstruktive Bahnen lenken u. gleichzeitig die Sowjetisierung vorantreiben sollte.

Innere Widersprüche u. Misserfolge dieser Politik mündeten vor dem Hintergrund einer umfassenden Bedrohungsvorstellung in prophylaktische Deportationen v. als potentiell feindlich wahrgenommenen Nationalitäten. Angesichts der Konzentration der Macht in den Händen S.s konnte keine der Deportationen ohne die Initiative oder zumindest Zustimmung des Diktators durchgeführt werden. Das Gleiche gilt für die 1937 durchgeführten nationalen Sonderaktionen im Rahmen des →Großen Terrors u. die während des 2. Wk.s und in den Nachkriegsjahren angeordneten Deportationen ganzer Völker (→Sowjetunion, →Nationale Operationen des NKVD der UdSSR).

Ohne S.s Zustimmung wäre auch die „diktierte Option" der →Deutschbalten sowie der →Deutschen aus Litauen, Ostpolen (→D. aus Galizien, →D. aus Wolhynien im Zweiten Weltkrieg) u. Bessarabien (→Deutsche aus B.) in den Jahren 1939/40 für →Deutschland bzw. die v. Deutschen besetzten Gebiete nicht möglich gewesen (s. a. →Option, →Volksdeutsche). In den Verhandlungen mit den westl. Alliierten setzte S. den Verbleib Ostpolens bei der Sowjetunion u. die Kompensation →Polens für den Verlust durch dt. Territorien durch. Schon am 16. 12. 1941 erklärte S. seinem Besucher Anthony Eden, dass Ostpreußen u. der Korridor Polen übergeben werden sollten, „wobei die deutsche Bevölkerung dieser Gebiete nach Deutschland evakuiert werden" müsse. In den folgenden alliierten Konferenzen erweiterte S. die Gebiete, die Polen erhalten sollte, bis zur Oder-Neiße-Linie (→Oder-Neiße-Grenze), beanspruchte aber den N Ostpreußens für die Sowjetunion. In seinen Gesprächen mit Edvard →Beneš unterstützte S. im Dezember 1943 dessen Plan, die Deutschen u. Magyaren aus der Tschechoslowakei zu vertreiben (→Deutsche aus den böhmischen Ländern, →Magyaren aus der Südslowakei nach Ungarn). Auf der →Konferenz von Potsdam setzte sich S. darüber hinaus auch für die Aussiedlung der Deutschen aus Ungarn (→D. aus U.: Zwangsaussiedlung nach Deutschland) ein, gab allerdings nach, als sich die USA u. Großbritannien gegen die geschlossene Zwangsaussiedlung der Magyaren aus der Südslowakei stemmten.

Lit. (a. →Sowjetunion): D. Brandes, Der Weg zur Vertreibung 1938–1945. Pläne und Entscheidungen zum „Transfer" der Deutschen aus der Tschechoslowakei und aus Polen. München [2]2005; R. Service, Stalin. A Biography. London 2004; H.-D. Löwe, Stalin. Der entfesselte Revolutionär. Göttingen, Zürich 2002.

D. B., D. N.

Sudetendeutsche Emigration nach Schweden (1938). Der Terror der Sudetendeutschen Partei bzw. der NS-Behörden trieb nach Abschluss des →Münchener Abkommens sudetendt. Sozialdemokraten, Kommunisten u. Juden aus ihrer Heimat (→Flucht aus den Sudetengebieten 1938 [Tschechen, Juden, Antifaschisten]). Im Exil protestierten besonders die Sozialdemokraten unter ihnen gegen die Vertreibungspläne der tschechoslowak. Exilregierung.

Auch die schwed. sozialdemokr. Regierung fühlte sich moralisch gezwungen, zur Lösung des Flüchtlingsproblems beizutragen, sah sich aber dem Druck der Öffentlichkeit ausgesetzt, die in ihrer Mehrheit eine großzügige Flüchtlingspolitik ablehnte. Das alles entscheidende Argument war, dass ein Anwachsen der Arbeitslosigkeit unter allen Umständen verhindert werden müsste. Eher unterschwellig waren zudem, wie aus Archivmaterialien u. öffentlicher Debatte hervorgeht, Angst vor jüd. „Überfremdung" u. „Komintern"-Agenten, d. h. Kommunisten, mitentscheidend.

Die Regierung einigte sich darauf, der Aufnahme v. 320 Personen zuzustimmen u. ihnen eine Arbeitsgenehmigung zu erteilen. Die Zusage war an die Bedingung geknüpft, die Flüchtlinge dürften dem schwed. Staat nicht zur Last fallen. Mit der Auswahl dieser Personen wurden das Außenministerium u. die Oberste Sozialbehörde *(Socialstyrelsen)* betraut. Die sozialdemokr. Flüchtlingshilfsorganisation „Flüchtlingshilfe der Arbeiterbewegung" (*Arbetarrörelsens Flyktingshjälp*, AF) übernahm die finanziellen Garantien, während der Parteiapparat für die praktische Arbeit zur Verfügung stand. Sie wurde nach einigen Monaten wesentlich erleichtert, als sich die schwed. Regierung nach zähen Verhandlungen dazu entschloss, Mittel aus dem brit. „The Czech Refugee Trust Fund" entgegenzunehmen, die v. der AF verwaltet wurden. Es ging in erster Linie darum, Funktionäre bzw. Redakteure der Dt. Sozialdemokr. Arbeiterpartei (DSAP) u. der ihr nahestehenden Gewerkschaften sowie sozialdemokr. Facharbeiter u. ihre Angehörigen zu retten. Eine bedeutende Rolle für diese weitgehend ideologisch gelenkte Auswahl spielten auch persönliche Kontakte zw. den Vertretern der SAP *(Sveriges socialdemokratiska Arbetarpartiet)* u. DSAP, so zw. Torsten Nilsson, dem Vorsitzenden der schwed. Jungsozialisten, u. Ernst Paul bzw. Karl Kern.

Insgesamt erreichten im Rahmen dieser Aktion 281 Personen auf verschiedenen Routen in mehreren Sammeltransporten das Aufnahmeland, darunter fast 60 % Familien mit Kindern. Während Parteifunktionäre in Malmö u. Gewerkschaftsfunktionäre in Stockholm untergebracht wurden, fanden die übrigen Flüchtlinge zunächst in Ferienheimen u. Pensionen vornehmlich in der Nähe der Städte Borås u. Eskilstuna ein Unterkommen. Die Voraussetzungen der Sudetendeutschen für eine Eingliederung in die schwed. Gesellschaft waren gut, u. ihr Schicksal fand eine positive Resonanz in der schwed. Presse, zumal sie v. vornherein auf einen längeren Aufenthalt eingestellt u. zur →Integration bereit waren. Sie erhielten Sprachunterricht u. wurden v. den Organisationen der schwed. Genossen bevorzugt betreut, was sie u. a. mit dem sofortigen Beitritt zu den Gewerkschaften honorierten. Da mit Beginn des Krieges u. die dadurch erfolgten Einberufungen zum Militärdienst Arbeitsplätze frei wurden, fanden die meisten bald Arbeit, zumal sie bereit waren, sich bspw. vom Redakteur zum Hohlschleifer umschulen zu lassen.

Parallel mit dieser eher offiziellen Aktion gelang es einem privaten Göteborger Hilfskomitee für dt. Landesflüchtige *(Göteborgs Hjälpkommitté för Tyska Landsflyktiga)* 26 Sudetendeutsche, die sich in Náchod versammelt hatten u. unter denen sich mehrere Kommunisten befanden, nach Schw. zu holen u. in Borås unterzubringen, nachdem man ihren Unterhalt in Schw. mit der Hilfe v. privaten Spenden garantieren konnte. Diese Zahlen sollten sich in den folgenden Jahren verändern. 23 Personen verließen Anfang 1939 im Rahmen der Kanadaaktion das Land (→Treuegemeinschaft Sudetendeutscher Sozialdemokraten). 1940–1943 flohen weitere 230 Personen aus Finnland (40), Dänemark (80) u. Norwegen (110) nach Schw., die zunächst in diesen Ländern eine Zuflucht gefunden hatten.

Am 14. 4. 1939 wurde in Malmö die Treuegemeinschaft sudetendt. Sozialdemokraten in Skandinavien (TG) gegründet u. Ernst Paul zu ihrem Vorsitzenden gewählt. Er blieb

Mitglied des Parteivorstandes der DSAP u. flog während des Krieges mehrfach nach London, um an dessen Sitzungen teilzunehmen. Von Juli bis Dezember 1939 war er Chefredakteur der Zeitung *Sudetenfreiheit*, die in Oslo erschien, u. nach Kriegsbeginn wurden die Mitglieder der TG bis Ende 1943 durch hektographierte Mitteilungsblätter über die aktuelle Entwicklung informiert. Ab Februar 1944 wurden sie durch die *Blätter für sudetendeutsche Sozialdemokraten in Schweden* ersetzt, die bis zum Jahr 2000 herauskamen. Weitere Organisationen waren die Auslandsvertretung der Gewerkschaften des Sudetengebietes, die bereits im Dezember 1938 in Eskilstuna v. Wilhelm Weigel gegründet wurde u. einen *Gewerkschaftsbrief* herausgab, sowie ein Jugendverband, der v. Mai 1943 bis Oktober 1945 über *Rundbriefe an die Jugend* mit seinen Mitgliedern in Verbindung stand. Die TG war ferner in die Internat. Gruppe demokratischer Sozialisten integriert, die sich ab Ende 1943 in Stockholm konstituiert hatte. Neben Bruno Kreisky u. Willy Brandt war u. a. auch Ernst Paul als Mitglied des Vorstands einer ihrer maßgebenden Leute.

Die Auseinandersetzungen, die in London im Juni 1940 zw. dem Parteivorstand der DSAP unter Wenzel →Jaksch u. der tschechoslowak. Exilregierung begannen, u. die Spaltung der DSAP durch die Gruppe um Josef Zinner zogen auch die sudetendt. Emigration in Schw. in Mitleidenschaft u. führten zu einer Spaltung der TG. Während die Mehrheit der TG-Landesleitung u. ihrer Mitglieder für die Linie des Parteivorstandes votierte, nahm eine Gruppe unter dem ehem. Abgeordneten Franz Krejči u. dem Gewerkschaftsfunktionär Josef Ladig für die Zinner-Gruppe u. die Exilregierung Stellung. Sie gründeten im April 1943 eine Arbeitsgemeinschaft Čechoslowakischer Sozialisten (AČS), der etwa ein Drittel der TG-Mitglieder beitraten u. die v. März 1944 bis April 1946 das Mitteilungsblatt *Weg und Ziel. Informationsblatt der deutschen Antifaschisten aus der ČSR in Schweden* herausgab. Sie schloss sich am 21. 5. 1944 mit der weitgehend komm. Náchod-Gruppe zur Vereinigung der deutschen Antifaschisten aus der ČSR (VdA) zusammen, die allerdings keine Bedeutung erhielt.

Insgesamt umfasste die sudetendt. Emigration in Schw. bei Kriegsende etwa 500 Personen. Der größte Teil v. ihnen waren Mitglieder der TG, denen damit eine Rückkehr in die Heimat verwehrt war. Diese schien aber den Mitgliedern der VdA u. AČS offenzustehen. Zwar stellte die tschechoslowak. Gesandtschaft im Sommer 1945 einen Sammeltransport in Aussicht, der aber ohne Angabe v. Gründen nicht zustande kam. Erst im August 1946 kehrten 40 von ihnen zurück, wurden aber vom Hass gegenüber allem Deutschen überrascht u. schlossen sich den Sammeltransporten in die →sowjetische Besatzungszone an. Von dort sollten einige wieder nach Schw. zurückkehren. Eine Ausreise in die westl. Besatzungszonen Deutschlands kam in den ersten Nachkriegsjahren nur für einige Funktionäre wie Ernst Paul infrage, der 1948 übersiedelte. Eine Minderheit derjenigen, die aus Dänemark u. Norwegen nach Schw. geflohen waren, kehrte in ihr erstes Zufluchtsland zurück.

Lit.: Ein sehr trübes Kapitel. Hitlerflüchtlinge im nordeuropäischen Exil 1933–1950. Hg. E. Lorenz u. a. Hamburg 1998; R. Tempsch, Från Centraleuropa till folkhemmet. Den sudettyska invandringen till Sverige 1938–1955. Göteborg 1997; H. Müssener, Exil in Schweden. Politische und kulturelle Emigration nach 1933. München 1974.

H. M.

Sudetendeutsche Emigration nach Schweden seit 1945. Unmittelbar nach Kriegsende erreichten Hilferufe v. Verwandten u. sozialdemokr. Gesinnungsgenossen über die →wilde Vertreibung aus der Tschechoslowakei die →Treuegemeinschaft sudetendeutscher Sozialdemokraten (TG). Ihre Vertreter, an der Spitze Ernst Paul u. Karl Kern, versuchten sofort, die öffentliche Meinung Schw.s auf das Ausmaß der Aussiedlung und v. a. ihre grausame Durchführung aufmerksam zu machen. Die Aufgabe war nicht leicht, da das Land gerade erst begann, den vollen Umfang der dt. Untaten zu erfassen. Dennoch sollte der Versuch nicht erfolglos bleiben. Insbesondere der Regierung nahestehende sozialdemokrat. Zeitungen kritisierten die Verfolgungen u. unterstrichen, dass v. ihnen sogar Gegner des Nationalsozialismus betroffen waren.

Die Kritik verstärkte sich, als die →Konferenz von Potsdam am 2. 8. 1945 die Ausweisung der sudetendeutschen Bev. beschloss. Zwar registrierte man, dass etwa 100.000 Sozialdemokraten u. Kommunisten unter besseren Bedingungen umgesiedelt werden sollten (→deutschsprachige Antifaschisten, →Aktion Ullmann), aber dennoch heißt es in einer Pressemitteilung der TG vom August 1945: „Wir bitten unsere schwedischen Freunde und alle Leser dieser Tatsachen, die Art und Weise, mit der die Tschechen die sudetendeutsche Frage ‚lösen', mit der zu vergleichen, mit der Kulturvölker wie Dänen, Norweger und Holländer die Reichsdeutschen behandeln, die noch in diesen Ländern leben und die dorthin als Besatzer gekommen sind. Der Gegensatz spricht für sich selbst." Ihre Argumente hatten Erfolg. Bereits im Frühherbst 1945 erhielt die TG die Zusage des zuständigen Ministeriums, die Einreise v. 200 Personen, in erster Linie v. Angehörigen u. Freunden, nach Schw. zu genehmigen. Allerdings wurde die Bedingung gestellt, dass ihr Unterhalt in Schw. gesichert sei.

Die Hilfsaktion begann im Oktober 1945. Bei den organisatorischen Vorbereitungen für die Übersiedlung waren das Schwed. Rote Kreuz sowie die Flüchtlingshilfe der Arbeiterbewegung (*Arbetarrörelsens Flyktingshjälp*, AF) behilflich, während die notwendigen Mittel durch Spenden schwed. Organisationen u. der Mitglieder der TG erbracht wurden. Den entscheidenden Beitrag in Höhe v. 12.000 Dollar leisteten aber sudetendt. Kreise in New York, vertreten durch den ehem. Funktionär der Dt. Sozialdemokr. Arbeiterpartei (DSAP), Bruno Rotter, der diese Summe über das „International Rescue and Relief Committee" (IRRC) beschafft hatte.

Noch im Oktober flog der schwed. Sozialdemokrat Axel Granath zu Verhandlungen nach Prag, um die Ausreise zu erwirken. Um der schwed. Seite größeres Gewicht zu verleihen, wurde das ad hoc gebildete Komitee der TG im Dezember in ein Hilfskomitee für sudetendt. Sozialdemokraten umgewandelt, das durch seine schwed. Vorstandsmitglieder Folke Thunborg (Vorsitzender der schwed. Jungsozialdemokraten; ab Januar 1947 Staatssekretär im Innenministerium) als Vorsitzenden, Axel Goudé (führender Funktionär des Gewerkschaftsverbandes LO) u. Axel Granath als Sekretär einen offiziösen Status erhielt, während die sudetendt. Repräsentanten Ernst Paul u. Josef Haas in den Hintergrund traten.

Im Dezember 1945/Januar 1946 traten zwei Transporte den Weg nach Schw. über die →amerikanische u. →britische Besatzungszone sowie →Dänemark an. Insgesamt erreichten 215 Personen Schw., von denen das Gros (181 Personen) nach kurzzeitiger Quarantäne in einem südschwed. Hotel in einem Lager in Gränna untergebracht war, während die übrigen direkt zu Verwandten u. Freunden weiterreisen konnten.

Der Arbeitskräftemangel der ersten Nachkriegszeit in Schw. und die daraufhin erfolgte Liberalisierung der schwed. Einwanderungspolitik erleichterten die Versuche der TG, ihren Landsleuten in den westl. Besatzungszonen Deutschlands u. →Österreichs die Übersiedlung nach Schw. zu ermöglichen. Sie galten als gute Facharbeiter u. erhielten schnell Arbeit. Zusammen mit den schwed. Behörden plante man, mehrere Tausend Personen aus der amerikanischen Besatzungszone nach Schw. zu holen, stieß allerdings auf große Schwierigkeiten. Zum einen waren Sudetendeutsche aufgrund des Potsdamer Abkommens „Deutsche" u. erhielten als solche keine Ausreisegenehmigung. Zum anderen wurden sie als geschickte Facharbeiter für den Wiederaufbau dringend benötigt, u. drittens waren die amerikanischen Besatzungsbehörden v. a. daran interessiert, →Displaced Persons (DPs) ausreisen zu lassen. Diese waren in Schw. nicht willkommen, da sie nicht als qualifizierte Arbeiter u. als nur schwer assimilierbar galten. In Zusammenarbeit mit dem IRRC gelang es aber, Sudetendeutsche als „assimilated displaced persons" zu klassifizieren. Man erwirkte 170 alliierte Ausreisegenehmigungen für 60 Arbeiter u. 110 Familienangehörige. Die TG übernahm dabei die Garantie, dass es sich um polit. zuverlässige Sozialdemokraten handelte. Sie reisten 1947 in kleineren Gruppen nach Schw. ein, wo sie auf verschiedene Orte verteilt wurden.

Eine schwed. Kommission für ausländische Arbeitskräfte mit Folke Thunborg als Vorsitzendem untersuchte ab 1947 auch die Möglichkeit, Sudetendeutsche, die in Österreich Zuflucht gefunden hatten, zu rekrutieren. Die Verhandlungen mit Vertretern der amerikanischen und brit. Besatzungsmächte wurden dadurch erleichtert, dass Sudetendeutsche in Österreich als staatenlos, d. h. als DPs, galten (→Staatenlosigkeit). Schwedischerseits wurden präzise Bedingungen gestellt. Die Personen, die infrage kamen, sollten zw. 20 u. 45 Jahren alt sein, wobei Familien ohne Kinder bevorzugt wurden, eine berufliche Qualifikation als Facharbeiter nachweisen können u. sich einer ärztlichen Untersuchung unterwerfen. Darüber hinaus mussten sie eine polit. Kontrolle bestehen, die von Vertretern der TG in Österreich vorgenommen wurde, sowie bereit sein, sich in Schw. gewerkschaftlich zu organisieren.

Das Abkommen garantierte 5.000 Personen die Ausreise, wurde im Herbst 1947 unterzeichnet und sah u. a. die Übernahme der Reisekosten durch die Besatzungsmächte vor. Die schwed. Behörden richteten im November 1947 in Graz u. Wien Rekrutierungsbüros ein. Sie stießen bei ihrer Arbeit allerdings auf unverhoffte Schwierigkeiten, da die →Flüchtlinge nicht mehr in Lagern, sondern verstreut auf dem Lande lebten, somit nur schwer zu erreichen waren u. zudem des Öfteren schon Arbeit gefunden hatten. Insgesamt gelang es, v. Januar bis November 1948 1.818 Personen in sieben Zugtransporten nach Schw. zu verbringen, v. denen etwa 70 % sofort eine Arbeit aufnahmen. Sie wurden in kleineren Gruppen über das ganze Land verteilt, vorher aber v. Vertretern der TG mit den (Lebens-)Verhältnissen in Schw. vertraut gemacht u. angehalten, der TG beizutreten.

Ab 1950 normalisierten sich die Verhältnisse, u. mit Hilfe eines Abkommens mit dem Bundesministerium für Arbeit konnten weitere 1.500 Personen einen Arbeitsplatz in Schw. erhalten, wobei auch hier die TG eine Schlüsselstellung für ihre Anwerbung einnahm. 1952 lebten in Schw. insgesamt 4.300 Sudetendeutsche, v. denen etwa 3.800 direkt als Mitglieder (1.500) oder indirekt als Familienangehörige (2.300) v. der TG erfasst wurden. Diese stand lange unter der Führung polit. Funktionäre wie Karl Kern u. Artur Schober, ehe sie sich mit zunehmendem Alter ihrer Mitglieder zu einem eher landsmannschaftlichen Verband wandelte.

Lit.: →Sudetendeutsche Emigration nach Schweden (1938).

H. M.

Sudetendeutsche Landsmannschaft. Die S. L. (SL) ist ein e. V., versteht sich jedoch als offizielle Vertretung aller im Zusammenhang des 2. →Wk.s u. seiner Folgen vertriebenen →Deutschen aus den böhmischen Ländern sowie ihrer Nachkommen.

Vereinigungsbestrebungen v. Sudetendeutschen in landsmannschaftlicher Hinsicht fanden ab 1945 parallel an verschiedenen Orten statt – Ausgangspunkt war v. a. Bayern, da sich dort die meisten v. ihnen niedergelassen hatten. Trotz der kritischen Position der Besatzungsmächte im westl. Teil Deutschlands, die polit. Zusammenschlüsse v. →Vertriebenen untersagt hatten, entfalteten die Betroffenen rege organisatorische Aktivitäten. Inspiriert u. a. durch die Einrichtung der Sudetendt. Heimatortskartei in Regensburg kam es in Bayern bis Ende 1948 zur Bildung v. mehr als 50 SL-Ortsgruppen. Die entscheidenden Impulse zur schließlich erfolgreichen Gründung „der" Landsmannschaft scheinen aber vom „Memminger Arbeitskreis" ausgegangen zu sein. Am 21. 4. 1948 wurde der erste Kreisverband der SL überhaupt genehmigt u. damit faktisch v. nun an das Koalitionsverbot der Alliierten außer Kraft gesetzt. Im September 1948 folgte der Zusammenschluss im Bezirksverband Schwaben u. am 18. 1. 1949 im Landesverband Bayern, der am 9. 6. ins Vereinsregister eingetragen werden konnte. Mit der Gründung des Hauptverbandes der SL Westdeutschland 1950 u. dem vier Jahre später stattgefundenen organisatorischen Umbau des Bundesverbandes der SL erhielt der Verband seine im Wesentlichen bis heute geltende Organisationsform.

Zum Selbstverständnis hieß es in § 1 der 1954 beschlossenen Satzung: „Die Sudetendeutsche Landsmannschaft betrachtet sich als die Gestaltung der sudetendeutschen Volksgruppe außerhalb der Heimat." Als polit. Zweck der Vereinigung wurde definiert, „den Rechtsanspruch auf die Heimat, deren Wiedergewinnung und das damit verbundene Selbstbestimmungsrecht der Volksgruppe durchzusetzen".

Der Bundesverband, der eigene Presseorgane unterhält, gliedert sich in Landes-, Kreis- u. Ortsgruppen, in denen die Mitglieder nach ihrem aktuellen Wohnsitz zusammengefasst werden. Parallel dazu gibt es eine Gliederung, in der die Mitglieder nach ihrem früheren Wohnsitz erfasst werden, die sog. Heimatgliederung. Oberstes Organ der Landsmannschaft ist die v. ihren Mitgliedern für die Dauer v. vier Jahren gewählte Bundesversammlung. Sie wählt den „Sprecher der sudetendeutschen Volksgruppe" u. den Bundesvorstand u. legt die polit. Aufgaben fest. Nach außen hin wird die SL durch den Sprecher vertreten. Ihm kommt die führende Position innerhalb der Gruppierung zu, da er im Rahmen der Beschlüsse der Bundesversammlung die Politik bestimmt. Das dritte Bundesorgan ist der v. der Bundesversammlung gewählte Bundesvorstand, der die Geschäfte der SL führt. Ihrem Anspruch, die gesamte „Volksgruppe" zu vertreten, wurde u. wird die SL nicht gerecht: Ihr Organisationsgrad in der Bundesrepublik Deutschland lag selbst in Hochzeiten der Rekrutierung v. Mitgliedern Mitte/Ende der 1950er Jahre bei nicht mehr als 20 %. Neben ihrem zentralen Gründungsdokument, der „Detmolder Erklärung" (1950), beruft sich die SL bis heute vorrangig auf die Obhutserklärung des Dt. Bundestages (1949) u. auf die Schirmherrschaft der Bayerischen Landesregierung (1954) als Grundlagen ihrer Legitimation u. ihres Selbstverständnisses. Die SL war besonders in den ersten Nachkriegsjahrzehnten personell u. ideologisch maßgeblich v. der Tradition der Sudetendeutschen aus der Zwischenkriegszeit, also dem propagierten „Volkstumskampf" zw. Deutschen u. Tschechen in den böhmischen Ländern geprägt.

Für die Tätigkeit u. das Selbstverständnis der Landsmannschaft bedeutsam ist zudem der Einfluss dreier sog. Gesinnungsgemeinschaften, die unterschiedliche hist. Traditionen der Deutschen in den böhmischen Ländern verkörpern: der christlich-sozialen Ackermann-Gemeinde, der sozialdemokr. Seliger-Gemeinde sowie des rechtskonservativen Witiko-Bundes. Der Witiko-Bund besaß besonders in den 1970er u. 1980er Jahren großen Einfluss in der Landsmannschaft u. prägte u. a. deren Öffentlichkeitsarbeit; der Witikone u. CSU-Politiker Walter Becher war in den Jahren 1968–1982 Sprecher der SL.

Ferner dient der SL der aus 30 Personen bestehende Sudetendt. Rat als Schnittstelle zur bundesdt. Politik. Dieser besteht zur Hälfte aus v. der Bundesversammlung der SL gewählten Vertretern u. zur Hälfte aus v. im Bundestag vertretenen Parteien ernannten Mitgliedern. Unter anderem über das Amt des Generalsekretärs, das viele Jahre ebenfalls Walter Becher innehatte, war der Witiko-Bund lange Zeit auch im Sudetendt. Rat prominent vertreten. Der Sudetendt. Rat betreibt wie die SL Öffentlichkeitsarbeit u. initiierte u. a. die 2007 eröffnete Ausstellung „Die Sudetendeutschen – eine Volksgruppe in Europa", die seitdem in mehreren dt. Städten gezeigt wurde.

Lit. (a. →Landsmannschaften): K. E. FRANZEN, Der vierte Stamm Bayerns. München 2010 [in Vorbereitung]; T. WEGER, „Volkstumskampf ohne Ende?". Frankfurt a. M. u. a. 2008; E. HAHN, Die Sudetendeutschen in der deutschen Gesellschaft: ein halbes Jahrhundert politischer Geschichte zwischen „Heimat" und „Zuhause", in: Begegnung und Konflikt. Hg. J. K. HOENSCH/H. LEMBERG. Essen 2001.

K. E. F.

Südtiroler. Nach dem 1. →Wk. wurde Tirol geteilt und das Gebiet südl. des Brenners Italien zugeschlagen. 1922 kamen dort die Faschisten an die Macht. Für Südtirol bedeutete das: Italienisierung u. Majorisierung, d. h. massenhafte Einwanderung v. Italienern aus dem S (mit Industrieansiedlungen, etwa in Bozen), um die S. in ihrer eigenen Heimat zu einer Minderheit zu machen. Für diese wurde diese Heimat mehr u. mehr „unwirtlich", wie das damals hieß. Man hoffte auf Adolf →Hitler – u. wurde bitter enttäuscht. Im Mai 1938 erklärte Hitler bei seinem Besuch in Rom die Brennergrenze als „eine unantastbare"; ein Jahr später, am 23. 6. 1939 wurde in Berlin das „Hitler-Mussolini"-Abkommen unterzeichnet, das der it. Botschafter Bernardo Attolico zynisch als „einen Akt außergewöhnlicher Weisheit" bezeichnete: Für das Bündnis mit Italien sollte das Deutschtum in Südtirol geopfert, die Südtirolfrage durch Umsiedlung (→U. [NS-Begriff]) der S. radikal u. endgültig gelöst werden. „Volkliche Flurbereinigung" hieß das im NS-Jargon, heute würde man es als →„ethnische Säuberung" bezeichnen.

Die S. wurden vor die Wahl gestellt, entweder für die dt. Staatsbürgerschaft zu optieren (→Option), was mit der Aussiedlung aus der angestammten Heimat verbunden war, oder sich für die Beibehaltung der it. Staatsbürgerschaft zu entscheiden, mit der Drohung, dass sie dann keinerlei Schutz mehr für ihr Volkstum in Anspruch nehmen konnten. Die bittere Alternative lautete also: durch Dableiben dem Volkstum oder durch Gehen der Heimat untreu zu werden, in der zunehmend „welschen" Heimat zu bleiben – unter dem Damoklesschwert, „südlich des Po" angesiedelt zu werden, oder ins Dt. Reich bzw. in v. Deutschland erobertes Gebiet überzusiedeln. Die Heimat würden sie in jedem Fall verlieren.

Bis zum 23. 6. 1939 war das Thema „Option u. Umsiedlung" in erster Linie eine dt.-it. Angelegenheit – danach wurde es auch eine Südtiroler Angelegenheit u. hier zuallererst eine Angelegenheit des Völkischen Kampfringes Südtirol (VKS), wie die NS-Vereinigung in Südtirol hieß.

Von nun an rollte eine gigantische Propagandawelle über das Land. Federführend bei der Aktion war bezeichnenderweise Reichsführer SS Heinrich →Himmler, der im Oktober 1939 v. Hitler zum →Reichskommissar für die Festigung deutschen Volkstums ernannt wurde. Himmlers Zusage an die VKS-Führung, die S. in einem Gebiet ihrer Wahl geschlossen anzusiedeln u. die gleichzeitige Drohung mit der Zwangsumsiedlung in den S Italiens waren die Hauptargumente bei der Entscheidung für Deutschland. Von nun an gab es in Südtirol „Geher", d. h. Optanten, u. „Dableiber".

„Deutsch oder walsch! Zusammenbleiben u. gemeinsam eine neue Heimat aufbauen!" Das waren griffige u. erfolgreiche Formeln. Dieser Propaganda konnten sich auch diejenigen nicht entziehen, die bis dahin der Politik gegenüber eine eher indifferente Haltung eingenommen hatten. Die Flut v. Flugblättern, Hetzschriften u. Kettenbriefen drang bis ins kleinste Bergbauerndorf u. zielte v. a. auf die Verfemung u. Denunziation v. „Dableibern". Wo diese Propaganda ihre Wirkung verfehlte, griffen die Nazis zum Terror. „Fliegende Blätter zur Ehre der Deutschtumsverräter" knöpften sich jeden einzelnen „Dableiber" eines Ortes der Reihe nach vor u. machten auch vor der Privatsphäre nicht halt. Die „Dableiber" waren die „Walschen", die eigentlichen „Verräter". Von Zigeunern u. Juden war die Rede und v. der Angst vor Arbeit u. Kriegsdienst im „Dritten Reich". Die Lebensläufe v. „Dableibern" wurden auf Schwachstellen ausgeleuchtet u. in die polit. Auseinandersetzung eingeflochten. Gewaltandrohung u. -anwendung waren an der Tagesordnung. Auf die Fassaden eines „Dableiber"-Gasthauses, in dem ein jüd. Obsthändler geschlafen hatte, wurde „Hotel Israel" geschrieben, ein anderer „Dableiber" mit Jauche überschüttet; so mancher Heustadel ging in Flammen auf, die Kinder der „Dableiber" wurden mit Steinen beworfen, Fensterscheiben eingeschlagen, Häuser mit Kot u. Dreck beschmiert; Freundschaften, Nachbarschaften u. Familienverbände wurden damals zerstört. Friedl Volgger, einer der großen alten Männer Südtirols u. bekannter „Dableiber", beschreibt das in seinen Erinnerungen so: „Was die Juden im Dritten Reich waren, war jetzt ein Teil der Südtiroler in den Augen ihrer fanatisierten Landsleute."

Wenn man heute liest, wie die VKS-Führung die Dinge damals beschrieb, dann bekommt man einen Eindruck davon, wohin polit. Fanatismus führen kann. So schrieb VKS-Führer Peter Hofer am 11. 11. 1939 an den dt. Generalkonsul Otto Bene in Mailand u. a.: „Wenn ich daran denke, dass dieses Südtiroler Bergvolk jahrhundertelang in der volksfremden Parole der alten Habsburger ‚für Gott, Kaiser u. Vaterland' erzogen wurde und bis vor kurzem gar nicht wußte, was Deutschland heißt, so wollen wir alle in tiefer Dankbarkeit diese bewußte Volkswerdung erkennen, die eher bereit ist, auf den 1000-jährigen Heimatboden der schönsten deutschen Landschaft zu verzichten, bevor sie sich von ihrem deutschen Volkstum trennt."

Und ein anderer führender VKS-Mann, Karl Nicolussi, sprach am 10. 11. in einem Brief an Peter Hofer v. einer positiven „Abstimmungs-Psychose", v. „Musterdörfern", wo man zur „geschlossenen Meldung" übergegangen sei: Die Stimmabgabe habe sich zu einer „Volkskundgebung" gestaltet; die Leute seien „freudig gestimmt" u. hätten sich „zum Beispiel in Gossensass auch nicht durch den Pfarrer abhalten lassen [...]". Er sei stolz auf „unser Volk": „Nach Jahren voll unzähliger Enttäuschungen [...] entschließt sich ein ganzes Volk, Hab und Gut, vor allem seine Heimat zu verlassen, nur im Glauben und Vertrauen an Deutschland und an den Führer [...]."

Die Mehrheit der S. war angesichts der Propagandalawine, die über sie hinwegrollte, zutiefst verunsichert, zumal auch die Kirche gespalten war: Der Bischof war für die Option, der Klerus dagegen.

Von den etwa 230.000 S.n stimmten am Ende 86 % für Deutschland, 75.000 verließen tatsächlich ihre Heimat in Richtung N, es waren jene, die am wenigsten zu verlieren hatten, d. h. Besitzlose u. Arbeiter. Sie wurden in →Österreich, in Böhmen, Westfalen u. Luxemburg angesiedelt. Ab 1941 geriet die Umsiedlung ins Stocken. Ein Grund war das fehlende Siedlungsgebiet. Im Frühjahr 1940 waren Gerüchte über eine eventuelle Ansiedlung in Elsass-Lothringen aufgetaucht, im Juni 1940, nach Beendigung des Frankreichfeldzuges, wurde v. Himmler Burgund als neues Siedlungsgebiet festgelegt. Die Städte sollten dort einfach in Bozen, Meran, Brixen, Bruneck etc. umgetauft werden. Hitler hatte andere Vorstellungen: Nach dem Waffenstillstand in Frankreich lag Burgund im Wirkungsbereich der Vichy-Regierung. Schließlich wurde eine Ansiedlung auf der Halbinsel →Krim erwähnt. Die S. sollten dort einen neuen „Reichsgau Taurien" bilden u. damit einen, wie es hieß, „einzigartigen Beweis für die Rassentheorie" des Nationalsozialismus liefern. Bemerkenswert bei allen Diskussionen über das „geschlossene Siedlungsgebiet" ist, dass sich die S. Naziführer keine Gedanken darüber machten, dass, wo auch immer dieses Gebiet sein würde, dessen Bewohner zuerst einmal vertrieben werden mussten. Das fehlende Siedlungsgebiet war aber nicht der einzige Grund für die Verzögerung der Umsiedlung. Die anfängliche Begeisterung war schnell der Ernüchterung gewichen. Die ersten Umsiedler waren am obligaten ersten Aufnahme- u. Durchgangsort Innsbruck noch mit Marschmusik u. zündenden Reden empfangen worden. Das änderte sich dann im Laufe des Krieges sehr schnell. Von den großen Versprechungen blieb nichts mehr übrig. Die Umsiedler wurden in Notunterkünften untergebracht u. mussten eine Arbeit annehmen, die oft ihren Gewohnheiten widerstrebte. Es kam hinzu, dass seit Ende 1941 der ranghöchste Vertreter der dt. Umsiedlungsbehörde in Bozen, Ludwig Mayr-Falkenberg, alles andere als ein linientreuer Parteigenosse war u. vielmehr alles tat, um die Umsiedlung zu verzögern.

Von den 75.000 kehrten nach 1945 nur etwa 20.000 zurück. Ein weit größeres Problem war, dass jene S., die für Deutschland gestimmt, aber das Land nicht verlassen hatten, ihre it. Staatsbürgerschaft verloren, aber die deutsche noch nicht erhalten hatten. Sie waren damit staatenlose, rechtlose DPs (→Displaced Persons) geworden. 1946 erklärte Italien das „Hitler-Mussolini"-Abkommen aus dem Jahre 1939 zwar für null u. nichtig, aber es war ein mühsamer, Jahre dauernder Prozess, bis der it. Staat den Optanten die it. Staatsbürgerschaft zurückgab.

Lit.: R. Steininger, Südtirol im 20. Jahrhundert. Vom Leben und Überleben einer Minderheit. Innsbruck [4]2004.

R. S.

Svoboda, Ludvík (1895–1979). Im 1. Wk. diente S. in den tschechoslowak. Legionen in Russland, wählte 1920 die Offizierslaufbahn, emigrierte im Juni 1939 nach Polen, wo er das Kommando über eine Legion der Tschechen u. Slowaken übernahm, die im

September 1939 in sowj. Gefangenschaft geriet. Dank seiner Zusammenarbeit mit dem sowj. Geheimdienst u. der Unterstützung der Moskauer KPČ-Führung konnte er sich an der Spitze der tschechoslowak. Truppen auf sowj. Boden halten. In die →Tschechoslowakei kehrte er als angeblich „unpolitischer" Verteidigungsminister zurück, ein Amt, das er vom 4. 4. 1945 bis zum 25. 5. 1950 innehatte. In den 1950er Jahren wurde S. auf wenig einflussreiche Posten abgeschoben, doch galt er als Nationalheld u. wurde während des „Prager Frühlings" am 30. 3. 1968 zum Präsidenten der Republik gewählt. Nach der Okkupation der Tschechoslowakei übte er Druck auf die nach Moskau verschleppten Führer der Reformbewegung aus, mit dem Moskauer Protokoll die Kapitulation zu unterzeichnen. Aufgrund seines Gesundheitszustands wurde er 1975 zum Rücktritt zu Gunsten v. Gustav Husák gezwungen.

Besonders bei der sog. →wilden Vertreibung der Deutschen aus der Tschechoslowakei spielten S. und die Ostarmee eine führende Rolle. In den Kämpfen hatten sie schwere Verluste erlitten u. waren Zeugen der brutalen dt. Besatzungspolitik auf sowj. Boden geworden. Am 13. 5. 1945 trat S. sein Amt in Prag an u. beauftragte kurz darauf General Zdeněk Novák, mit seinen Einheiten beschleunigt das Grenzgebiet (tschech. →*pohraničí*) zu besetzen u. von zerstreuten Resten der Wehrmacht zu säubern. Zum Schluss der Besprechung wandte sich S. an Novák mit den Worten: „Was Du auch für die Sicherung Böhmens unternimmst, dazu erteile ich Dir absolute Vollmacht, hinter der ich bis zur letzten Konsequenz stehe." Am 22. 5. 1945 gab der Hauptstab des Verteidigungsministeriums dem Befehlshaber der 1. Tschechoslowak. Armee den Befehl, die Staatsgrenze zu sichern, die Verwaltungsorgane zu unterstützen, die „verbliebenen Feinde" zu eliminieren u. ihre Operationsgebiete von „ČSR-feindlichen Elementen zu befreien".

Kompromisslos vertrat S. die schnelle Vertreibung der Deutschen beginnend mit den dt. „Sprachinseln". Die innere Sicherheit der Republik erfordere, „dass wir uns von den Deutschen befreien", proklamierte er am 3. 5. 1945 in Brünn (Brno). Im Gegensatz zur abwartenden Haltung der Regierung, besonders des Innenministers Václav Nosek, befahl S. dem Kommandeur des 3. Militärbezirks, „unter dem Schutz der tschechoslowakischen Armee die Abschiebung der Deutschen schnell und entschieden durchzuführen", u. stellte sich damit hinter das Vorhaben des Mährischen Landesnationalausschusses (→Nationalausschüsse), die Brünner Deutschen am 30. 5. 1945 nach →Österreich zu vertreiben. Tatsächlich begleiteten auch Soldaten der regulären Armee den →„Brünner Todesmarsch".

Alle Deutschen sollten so schnell wie möglich über die Grenze gejagt werden, erklärte S. am 10. u. 22. 5. 1945 auch in Iglau (Jihlava) u. schickte eine milit. Einheit in die Stadt. Am 9. 6. 1945 wurden tatsächlich alle Iglauer Deutschen, die Mitte Mai in provisorische →Lager gesteckt worden waren, zur österr. Grenze in Marsch gesetzt. Er habe schon Befehl zur „Liquidierung" der dt. Sprachinseln um Iglau u. Zwittau (Svitavy) u. zur Konzentrierung einer größeren Zahl v. Deutschen für die Abschiebung gegeben, hatte S. persönlich Edvard →Beneš am 6. 6. berichtet. Sobald die Armee die Staatsgrenze erreiche, werde sie „die Deutschen weiterschieben".

Mitte Juni 1945 beschwerten sich mehrere lokale Nationalausschüsse, dass die Armee ohne Absprache Deutsche in Lagern konzentriere u. aussiedle. Auf einer Sitzung im Verteidigungsministerium am 17./18. 7. 1945 hieß es, dass die Armee die Aufgabe der Vertreibung der Deutschen v. der Regierung erhalten habe. Jetzt kämen zuerst die Städte an die Reihe, nach der Ernte dann wieder die Dörfer. „Pardon" könnten nur die Antifaschisten (→deutschsprachige A.) erhalten. Kurz darauf befahl S., die Aussiedlung möglichst noch zu beschleunigen. Auf einer weiteren Beratung im Hauptstab des Verteidigungsministeriums am 28. 7. 1945 wurde die Weisung ausgegeben, die Alliierten „vor fertige Tatsachen" zu stellen.

Nach einer Explosion in einem Aussiger Vorort u. den Exzessen in der Stadt (→Aussiger Brücke) am 1. 8. 1945 eilte S. zusammen mit Nosek nach Aussig (Ústí nad Labem). Ohne Beweise behaupteten sie, dass es sich um einen Terrorakt der sudetendt. „Werwölfe" gehandelt habe. Es sei erforderlich, „ein für allemal mit der Fünften Kolonne abzurechnen", erklärte S., so wie dies die →Sowjetunion 1941 im Falle der →Deutschen aus dem Wolgagebiet getan habe. Obwohl die →Konferenz von Potsdam am folgenden Tag eine vorläufige Einstellung des →„Transfers" der Deutschen gefordert hatte, plädierte S. am 3. 8. 1945 weiter für „ein entschiedenes Vorgehen gegen die Deutschen" u. die Fortsetzung der Vertreibung in die →sowj. Besatzungszone.

Lit.: T. Staněk/A. von Arburg, Organizované divoké odsuny? Úloha ústředních státních orgánů při provádění „evakuace" německého obyvatelstva (květen až září), *Soudobé dějiny* (2005), 465–534 u. (2006), 13–49, 321–376; T. Staněk, Poválečné „excesy" v českých zemích v roce 1945 a jejich vyšetřování. Praha 2005.

D. B.

Székler aus der Vojvodina und Batschka (ursprünglich aus der Bukowina). Die S. (a. Szekler; lat. *Siculi*, ung. *Székelyek*, rum. *Secuii*) sind ein ung. Volksstamm.

Ansiedlung in der Batschka. Die Idee, die in der zweiten Hälfte des 18. Jh.s aus Siebenbürgen in die Bukowina geflohenen S. u. die ebenfalls ung. sprechenden Csángós aus Moldawien nach →Ungarn umzusiedeln, wurde seit Ende der 1880er Jahre mehrmals aufgeworfen. Trotz einiger kleinerer Umsiedlungsaktionen in den ersten Jahrzehnten des 20. Jh.s umfasste die ung. Bevölkerung in den im Tatros-Tal liegenden Ortschaften Józseffalva (rum. Vorniçeni), Istensegíts (rum. Tibeni), Hadikfalva (rum. Dorneşti), Andrásfalva (rum. Maneuți) u. Fogadjisten (rum. Iakobeşti) im Jahre 1940 noch immer 12.083 Personen (2.689 Familien). Die Umsiedlung der – in ihrer großen Mehrzahl kath. u. in der Landwirtschaft tätigen – Bukowina-S. nach Ungarn erhielt infolge der außenpolit. Veränderungen, die dem Ausbruch des 2. →Wk.s folgten (v. a. aufgrund der rum. Rückgabe der Nordbukowina u. Bessarabiens an die Sowjetunion), besondere Aktualität. Eine der Personen, die die Umsiedlungen initiierten, war der Pfarrer Kálmán Németh aus Józseffalva.

In den im April 1941 v. der ung. Armee besetzten Gebieten der →Vojvodina beabsichtigte man, eine Politik der vollständigen Aussiedlung durchzuführen. Hierzu sollten die nach dem 1. →Wk. angesiedelten Serben u. die übrigen Bewohner serb. und südslavischer Nationalität wahllos vertrieben werden. Außerdem wurde der Beschluss gefasst, den Grund u. Boden, der im Zuge der jug. Bodenreform südslavischen Siedlern zur Verfügung gestellt worden war (53.000 Katastraljoch, d. h. ca. 30.210 ha), für die Rücksiedlung der Ungarn aus dem Ausland zu verwenden (→Magyaren aus Siebenbürgen nach Ungarn, →Magyaren aus der Südslowakei nach Ungarn).

Die ung. und rum. Regierung unterzeichneten am 11. 5. 1941 ein Abkommen, das die Umsiedlung der Bukowina-S. auf ung. Gebiet vorsah. Die ung. Regierung erklärte sich dazu bereit, den Umsiedlern Häuser, Grund u. Boden sowie Produktionsmittel zur Verfügung zu stellen. Die Regelung der vermögensrechtlichen Fragen der Umsiedlung wurde auf einen späteren Zeitpunkt vertagt. Die ung. Seite erhielt zugleich die Möglichkeit, Beauftragte zur Vorbereitung u. Durchführung der Umsiedlung zu entsenden. Die Umsiedler konnten v. dem Geld, das sie für den Verkauf ihres beweglichen Eigentums erhielten, maximal 2.000 Lei mitnehmen. Da die Vereinbarung es untersagte, Produktionsausrüstungen, Getreide, Futtermittel, Zug- u. Nutztiere, größere Mengen Lebensmittel u. Kirchenglocken auszuführen, setzte sich das Reisegepäck der Bukowina-S. im Wesentlichen aus persönlichen Gegenständen u. wenigen Haushaltsgeräten zusammen. Im Mai/Juni 1941 siedelte der Regierungsausschuss zur Rücksiedelung der Auslandsungarn unter Führung v. Miklós Bonczos in der Batschka – an den Wohnorten der vertriebenen, nach dem 1. Wk. angesiedelten Serben – insgesamt 13.200 Bukowina-S. auf einer Fläche v. 35.000 Katastraljoch an (ca. 19.950 ha). Die ung. Regierung erfüllte damit allerdings den Wunsch der umsiedelnden S. nicht, sie kompakt in ung. Gebieten im Mutterland anzusiedeln. Es blieb auch eine Illusion der S., dass sie im Rahmen ihrer alten Siedlungsstrukturen leben würden, denn die Bewohner der fünf S.gemeinden wurden auf insgesamt 14 Gemeinden bzw. auf sog. Quartiere verteilt.

Bei der Verteilung der Häuser, des Bodens u. der beweglichen Güter wurde versucht, zwei Faktoren zu berücksichtigen, nämlich die Größe der Familie u. den Umfang des in der Bukowina verbliebenen Vermögens. Das Wirtschaftsleben leiteten Siedlungsinspektoren, die dem Wirtschaftsinspektor des Bezirks bzw. den Wirtschaftsexperten des Ansiedlungsausschusses der Regierung unterstellt waren. Die Umstände der Umsiedlung lösten im Kreise der Bukowina-S., die eine Lösung ihrer soz. Probleme erwartet hatten, Enttäuschung aus. Bereits in den ersten Tagen wurden sie mit dem Umstand konfrontiert, dass sich all ihre Erwartungen in absehbarer Zeit nicht erfüllen würden. Die Aufschiebung der Bodenverteilung auf den Herbst löste Spannungen aus u. führte zu Unsicherheit, die Verteilung der Häuser ging mit Reibungen einher u. auch die Teilhabe an der eingebrachten Ernte bildete eine Quelle v. Streitigkeiten.

Evakuierung nach Ungarn. Mit dem Näherrücken der Front im Herbst 1944 waren die S. zu einer neuen „Landnahme“ gezwungen. Die ung. Regierung erließ am 6. 10. 1944 die Verordnung, die Kriegsgebiete zu evakuieren. Die →Flüchtlinge irrten zu Fuß oder mit Gespannen verzweifelt u. ohne Hilfe des Staates auf den Straßen eines Landes herum, das zum Kriegsschauplatz geworden war. Die ersten S.-Flüchtlinge kamen Mitte Oktober 1944 auf das Gebiet des Komitats Tolna. Ihre Ansiedlung erfolgte Monate später, im Frühjahr 1945, gleichzeitig mit der Durchführung der Bodenreform, die eine unterschiedslose Enteignung der Böden der Mitglieder des dt. Volksbunds vorsah.

György Bodor, der über eine mündliche Unterstützungszusicherung v. Innenminister Ferenc Erdei verfügte, ernannte sich eigenmächtig zum Regierungsbeauftragten u. begann am 25. 4. 1945 in Bonyhád seine Tätigkeit. Im Bezirk Völgység ließ er bis zum 29. 4., also innerhalb v. vier Tagen, willkürlich zehn dt. Gemeinden räumen u. etwa 1.500 Familien (6.000 Personen) bis zu ihrer Aussiedlung internieren (→Deutsche aus Ungarn: Zwangsaussiedlung nach Deutschland, →D. aus U.: Deportation in die Sowjetunion). Daraufhin breitete sich schnell die „Nachricht" v. einem „S.-Komitat" aus, sodass sich die S., die in Dörfern des Komitats Zala u. des Bakonyer Gebiets geblieben waren, auf den Weg in diese Gegend machten. Aufgrund des kontinuierlichen Zustroms von S. geriet das dortige Amt für Ansiedlung unter Druck. Bodor griff daher zu immer extremeren Methoden. Er ließ die vertriebenen Deutschen in das zum Internierungslager (→Lager) umgewandelte Apponyi-Schloss in der Gemeinde Lengyel bringen, wo unmenschliche Bedingungen herrschten. Die dortige Situation war durch das Fehlen v. Nahrungsmitteln, katastrophale hygienische Bedingungen u. die Brutalität des Wachpersonals gekennzeichnet. Auch die ung. Regierung hatte v. den Zuständen Kenntnis erhalten. Aufgrund wachsenden gesellschaftlichen Drucks befasste sich die Allparteienkonferenz vom 14. 5. 1945 mit der Frage der Unterbringung der Bukowina-S. Innenminister Erdei legte in Zusammenhang mit dieser Angelegenheit dar, dass der Ministerrat u. zuvor auch die Zentralkonferenz der Parteien beschlossen hätten, zuerst die „Rückführung" der S. zu betreiben. Erdei rechnete aber damit, dass nicht alle S. zurück nach Rumänien gehen möchten u. dass ein Teil v. ihnen gerne in Ungarn bleiben würde.

Laut Bericht des zur Unterbringung der Flüchtlinge gegründeten Amts für Volksfürsorge vom November 1945 ließen sich im Komitat Tolna in 26 Gemeinden 2.712 Familien u. im Komitat Baranya in sieben Gemeinden 588 Familien nieder, 3.000 S.familien kamen aus der Bukowina, 110 Familien aus Moldawien (Csángós) u. 190 ung. Flüchtlingsfamilien aus Bosnien u. Kroatien. Eine andere, kleinere Gruppe v. Bukowina-S. ließ sich im Komitat Bács-Kiskun nieder. Die eine oder andere Gruppe von S. aus Hadikfalva, Istensegíts u. Andrásfalva war im Herbst 1944 erst spät geflüchtet u. wegen der Kriegsereignisse nicht mehr auf ung. Territorium gelangt. Diese Flüchtlinge, die in der zweiten Februarhälfte 1945 aus jug. Gebieten eintrafen, mussten – auf Anweisung des Innenministeriums – im Komitat Bács-Bodrog in v. Deutschen bewohnten Gemeinden untergebracht werden. In der Nordbatschka, in den Ortschaften Csátalja, Gara u. Vaskút ließen sich 382 Familien mit insgesamt 1.683 Mitgliedern nieder. Da dort kein Großgrundbesitz zur Verfügung stand u. der verteilbare Grund u. Boden bereits v. den Ortsansässigen in Besitz genommen worden waren, führte die Unterbringung der Bukowina-S. auch in diesen Dörfern zu Konflikten. Ihre ökon., kulturelle u. mentale →Integration in die ung. Gesellschaft nahm Jahrzehnte in Anspruch. Die Eingliederung wurde auch dadurch erschwert, dass sie in Ortschaften gelangt waren, die v. Deutschen, Serben u. Bunjevacen (a. Bunjewatzen) bewohnt waren. Die Mehrzahl der S. lebt auch heute in diesen Gebieten, also im Bezirk Völgység im Komitat Tolna sowie in verschiedenen Gemeinden des Komitats Bács-Kiskun. In Bonyhád sammelt das Völgység-Museum systematisch volkskundliche Erinnerungsstücke, pflegt die Bräuche der S. u. organisiert zudem hist. Forschungen.

Lit.: E. A. Sajti, Hungarians in the Voivodina 1918–1947. New York 2003; Á. Tóth, Migrationen in Ungarn 1945–1948. Vertreibung der Ungarndeutschen, Binnenwanderungen und slowakisch-ungarischer Bevölkerungsaustausch. München 2001.

Á. T.

Talât Paşa (1874–1921). Mehmet T. Bey (Paşa), einer der führenden Köpfe des jungtürk. Komitees für Einheit u. Fortschritt (*İttihat ve Terakki Cemiyeti*, KEF), während des 1. →Wk.s Innenminister, später auch Großwesir (d. h. Regierungschef) des Osm. Reiches – u. in diesen Funktionen einer der Hauptverantwortlichen für den Völkermord an den Armeniern 1915/16 (→A. im Osmanischen Reich, →Genozid).

T. wurde am 1. 9. 1874 in Edirne (griech. Adrianopel) geboren. Er kam aus bescheidenen Verhältnissen. Der Tod des Vaters zwang ihn 1890, eine Erwerbstätigkeit im örtlichen Post- u. Telegraphenamt aufzunehmen. Seine Schulbildung blieb rudimentär: T. absolvierte die Elementarschule u. eine milit. Grundschule *(askerî rüşdiye)*, später lernte er Frz. an der Schule der *Alliance Israélite Universelle*. T. wurde also durch jene Reforminstitutionen geprägt, die im 19. Jh. neuen Eliten den Aufstieg ermöglichten.

Bemerkenswert jung trat T. in die Politik ein. Kurz nachdem das oppositionelle KEF 1890 gegründet worden war, wurde T. bereits Mitglied. 1906 gehörte er in Saloniki (Thessaloniki) zu den Mitbegründern des Komitees für die Osmanische Freiheit (*Osmanlı Hürriyet Cemiyeti*). Nach dem jungtürk. Umsturz im Juli 1908 wurde T. schnell zum wichtigsten zivilen Mitglied seiner Partei, vielleicht zum mächtigsten u. bedeutendsten Funktionsträger des Komitees überhaupt. T.s herausgehobene Machtposition basierte vornehmlich darauf, dass er Schlüsselfunktionen auf allen polit. Ebenen in seiner Hand bündelte. Damit übte er gleichzeitig auch Einfluss auf nahezu alle Organe aus, die mit der Vernichtung der Armenier befasst waren. Er war sowohl seit Oktober 1908 Mitglied des ZK – eigentlich einer Domäne des milit. Flügels der Partei – als auch durchgehend Mitglied der Parlamentsfraktion des KEF. Als einer der wenigen Jungtürken übernahm T. auch schon früh wichtige Regierungsämter. Von August 1909 bis zum 10. 2. 1911 u. seit Juni 1913 diente er als Innenminister, im Februar 1917 übernahm er gleichzeitig den Posten des Großwesirs, was mit der Rangerhöhung zum Paşa verbunden war. Zeitweilig war er auch Post- u. Justizminister (1912 bzw. 1917).

Mit der absehbaren Niederlage im Krieg trat T. am 8. 10. 1918 v. seinen Ämtern zurück u. floh in der Nacht zum 2. 11. 1918 mit deutscher Hilfe nach Berlin. Vor seiner Flucht veranlasste er mit drei Initiativen wichtige Weichenstellungen für die Nachkriegszeit: die Auflösung des KEF auf dem letzten Parteikongress, die Gründung einer Gesellschaft zur Verteidigung nationaler Rechte in Thrakien – Vorbild für zahlreiche andere regionale Volksorganisationen in Anatolien – u. schließlich die Gründung der bewaffneten Untergrundorganisation „Karakol" (Wache).

In seiner Persönlichkeit vereinte T. politischen Realismus mit Machtstreben u. Skrupellosigkeit, aber auch einen integrativen Charakter u. die Fähigkeit, rivalisierende Flügel innerhalb der Partei zusammenzuhalten u. zu disziplinieren. In der Türkei wird T., der am 15. 3. 1921 v. dem armenischen Attentäter Soghomon Tehlirian in Berlin erschossen wurde, als Märtyrer verehrt. 1943 wurden seine Gebeine nach Istanbul überführt u. dort in einem Ehrengrab beigesetzt. Das Istanbuler Militärmuseum zeigt in einer gesonderten Vitrine sein blutiges Hemd. Eine wiss.-kritische Biographie T.s fehlt in der Forschung bis heute.

Lit.: F. Ahmed, Tal'at Bey, in: Encyclopaedia of Islam, New Edition. Bd. 10. Leiden 2000, 159–160; E. J. Zürcher, The Unionist Factor. The Role of the Committee of Union and Progress in the Turkish National Movement (1905–1926). Leiden 1984; Talat Paşa, Talat Paşanın hatıraları. Istanbul 1958.

E. H.

Tatjana-Komitee. T. K. (vollständige Bez.: Komitee Ihrer Kaiserlichen Hoheit Großfürstin Tat'jana Nikolaevna zur vorübergehenden Unterstützung der Kriegsgeschädigten, russ. *Tat'janinskij Komitet/Komitet Eë Imperatorskogo Vysočestva Velikoj knjažny Tat'jany Nikolaevny dlja okazanija vremennoj pomošči postradavšim ot voennych bedstvij*) – größte gesellschaftliche Hilfsorganisation für Flüchtlinge in Russland während des 1. →Wk.s. Das am 14. 9. 1914 gegründete Hilfswerk bestand bis zum Frühling 1917.

Zum Geschäftsführer wurde das Mitglied des Reichsrates Aleksej B. Nejdgardt ernannt. Die Tochter des Zaren Nikolaus II. Tatjana war die Ehrenvorsitzende des Komitees, das sich zum Ziel setzte, den Kriegsgeschädigten zu helfen. Zu Mitgliedern des ZK wurden neben den Kriegs-, Außen-, Transport- u. Finanzministern auch Vertreter nationaler Minderheiten sowie führende Repräsentanten der Wirtschaft. Die Hilfsorganisation verfügte über ein weit gespanntes Netz an örtlichen Zweigstellen auf der Gouv.-, der Kreis- u. der Bezirksebene u. gab eine Zeitschrift heraus. In den ersten Monaten finanzierte sich das Komitee durch öffentliche Spenden. Infolge des Rückzugs der russ. Armee im Sommer 1915 betrug die Zahl der Menschen, die aus den Westgebieten des Russ. Reiches häufig unter Zwang ihre Wohnorte verlassen mussten, zum 1. 1. 1916 ca. 3,3 Mio. Bis zum 1. 7. 1917 erhöhte sich die Zahl der Flüchtlinge auf fast 7,5 Mio. Personen. Infolge dessen entwickelte sich die Unterstützung der Kriegsflüchtlinge zur Hauptaufgabe des Komitees.

Die Zuweisungen aus der Staatskasse wurden erheblich erhöht u. betrugen bis Ende 1915 mehr als 15 Mio. Rubel. Die hauptsächliche Tätigkeit bestand in der Leistung einmaliger Hilfe, in der Unterstützung bei der Rückkehr in die Heimat, Beschaffung v. Arbeitsplätzen, Bereitstellung v. Unterkünften u. Organisation des Schulunterrichts. Ein besonderes Tätigkeitsfeld des Komitees bildete die Suche nach vermissten Familienangehörigen u. das Sammeln v. Zeitzeugenberichten.

Das Komitee arbeitete eng mit nationalen Flüchtlingsorganisationen – armenischen, lettischen, poln. etc. – zusammen. Nach der Februarrevolution 1917 wurde Prinzessin Tatjana aus dem Komitee ausgeschlossen, das in „Allrussisches Komitee zur Unterstützung der Kriegsgeschädigten" umbenannt u. der „Sonderberatung für das Flüchtlingswesen" innerhalb des Innenministeriums unterstellt wurde, die sich ebenfalls mit den Belangen der Flüchtlinge befasste.

Lit.: P. Gatrell, A Whole Empire Walking. Refugees in Russia during World War I. Bloomington, Indianapolis 1999.

Dm. M.

Territoriale Integrität. T. I. bedeutet, dass kein Staat die Grenzen eines anderen Staates missachten u. Übergriffe auf dessen Gebiet verüben darf. Sie stellt die territ. Seite der staatl. →Souveränität dar u. ist daher wie diese – positiv – durch Art. 2 Nr. 1 der UN-Charta, negativ-abwehrend durch das allg. Gewaltverbot, d. h. durch die Pflicht der Staaten geschützt, „jede gegen die territoriale Unversehrtheit [...] eines Staates gerichtete [...] Androhung oder Anwendung von Gewalt zu unterlassen" (Art. 2 Nr. 4 UN-Charta). Die Prinzipienerklärung der UN-Generalversammlung in der Friendly Relations Declaration-Resolution vom 24. 10. 1970 (Nr. 2625) hat diese Bestimmungen um die Verbote ergänzt, mit milit. Gewalt fremde Gebiete zu besetzen oder sich gar anzueignen, u. dem hinzugefügt: „kein durch Androhung oder Anwendung von Gewalt erreichter Gebietserwerb wird als rechtmäßig anerkannt werden" (Prinzip 1 Abs. 10). Mit diesem Satz hat sie einen Grundsatz bekräftigt, mit dem die USA 1931 auf die Okkupation der zur Republik China gehörenden Mandschurei durch Japan reagiert u. die Konsequenz aus dem Briand-Kellogg-Pakt („Kriegsächtungspakt", 1928) gezogen hatten („Stimson-Doktrin").

Aufgrund eines polit. Kompromisses mit der Sowjetunion, die an einer Festschreibung der „Ergebnisse des 2. Weltkriegs" in Europa in den diplomatischen Auseinandersetzungen während der „Entspannungspolitik" interessiert war, wurde dann die t. I. in dem Prinzipienkatalog des „Korb I" der KSZE-Schlussakte v. Helsinki (1. 8. 1975) in den Rang eines selbständigen Prinzips erhoben (IV.).

Der mit dem Prinzip bekräftigte Gedanke, dass aus Unrecht kein Recht entstehen könne *(ex iniuria ius non oritur),* steht freilich, wie die Geschichte des 20. Jh.s im Allg. und Deutschlands im Besonderen lehrt, in einem Spannungsverhältnis zu einer Wirklichkeit, die nicht selten durch das Gegenteil, nämlich v. der Normativität des Faktischen u. durch den Satz *ex factis ius oritur* bestimmt wird.

Alle Versuche, unrechtmäßige Gebietsänderungen insbesondere dann, wenn sie vor längerer Zeit erfolgt waren, unter Berufung auf die Friedensfunktion des Völkerrechts zu rechtfertigen, sind umstritten geblieben: Weder das völkerrechtliche Effektivitätsprinzip noch das Rechtsinstitut der Ersitzung noch die Zustimmung oder Anerkennung durch Drittstaaten zum Gebietswechsel geschweige denn die Annexion können den Gebietserwerb legalisieren. Gegen das Gewaltverbot, das als „zwingende Norm" *(ius cogens)* höchsten völkerrechtlichen Rang genießt, kann sich keiner der Begründungsansätze durchsetzen (→Völkerrecht). Allein die Einwilligung des v. dem Gebietsverlust betroffenen Staates selbst, ausgesprochen in einem Friedens- oder einem sonstigen Vertrag, kann die Legalisierung der Gebietsänderung im Nachhinein bewirken. Im Falle der unter poln. und sowj. Verwaltung befindlichen dt. Ostgebiete ist das in allg. Form durch Art. 1 des Vertrages vom 12. 9. 1990 „über die abschließende Regelung in Bezug auf Deutschland" (2+4-Vertrag) sowie für Polen durch den Dt.-Poln. Grenzvertrag vom 14. 11. 1990 u. für die Sowjetunion durch Art. 2 des mit ihr am 9. 11. 1990 geschlossenen „Vertrages über gute Nachbarschaft, Partnerschaft und Zusammenarbeit" geschehen.

Lit.: T. Schweisfurth, Völkerrecht. Tübingen 2006; W. Meng, Stimson Doctrine, in: Encyclopedia of Public International Law. Hg. R. Bernhardt. Bd. IV, 690–693; D. Blumenwitz, „ex factis ius oritur – ex iniuria ius non oritur", in: Staatliche und nationale Einheit Deutschlands – ihre Effektivität. Hg. B. Meissner/D. Blumenwitz. Köln 1984, 43–55.

O. L.

Teschener/Olsa-Gebiet: Ausweisungen von Polen und Tschechen 1919 bzw. 1945. Als die Habsburgermonarchie zerfiel, stritten die →Tschechoslowakei u. →Polen um das Teschener Gebiet (tschech. *Těšínsko*, poln. *Śląsk Cieszyński*) sowie um zwei weitere Landzipfel an der poln.-slowak. Grenze. Die wirt. Bedeutung des Teschener Gebiets bestand in seinen Steinkohlelagern u. der Eisenbahnlinie zw. Oderberg (tschech. Bohumín, poln. Bogumin) u. Kaschau (slowak. Košice, ung. Kassa). Die tschech. Seite begründete ihren Anspruch hist. mit der Zugehörigkeit Schlesiens zur böhm. Krone, die poln. ethnisch. Als die sowj. Armee vor Warschau stand, setzte die Tschechoslowakei am 28. 7. 1920 eine für sie günstige Teilung des Gebiets durch. Seitdem nannten die Polen den tschech. Teil *Zaolzie*, weil er hinter dem Fluss Olsa (poln. Olza, tschech. Olše) liegt.

Als die Tschechoslowakei Anfang Oktober 1938 aufgrund des →Münchener Abkommens das Grenzgebiet bzw. die „Sudetengebiete" räumen musste, nutzte Polen die Gelegenheit, das Olsa-Gebiet zu besetzen. Nach der tschechoslowak. Volkszählung v. 1930 lebten dort insgesamt 232.264 Personen, unter ihnen 126.033 Tschechen, 73.868 Polen u. 17.217 Deutsche. Die nationale Struktur wechselte schnell, denn die poln. Staatsbürgerschaft wurde nur Polen u. jenen Bewohnern zugestanden, die dort schon vor November

1918 Heimatortrecht gehabt hatten. Aus Angst vor Verfolgung verließen schätzungsweise 30.000 Tschechen u. 5.000 Deutsche das Olsa-Gebiet u. wurden durch Polen aus dem Landesinneren ersetzt.

Die slowak. Landzipfel, die kurzzeitig 1938 v. Polen besetzt, 1939 aber v. Deutschland an die Slowakei zurückübertragen wurden, wurden am 17. 7. 1945 wiederum von poln. Truppen besetzt. Etwa 6.000 Slowaken retteten sich vor Verfolgung u. Plünderungen in die Slowakei.

Lit.: J. Szymeczek, Polacy na Zaolziu 1920–2000. Český Těšín 2002; D. Gawrecki, Horní Slezsko, Hlučínsko a Těšínsko v československé politice meziválečného období, in: Górny Śląsk po podziale w 1922 roku: co Polska, a co Niemcy dały mieszkańcom tej ziemi? Hg. Z. Kapała. Bytom 1997, 239–267; Nástin dějin Těšínska. Hg. M. Borák/D. Gawrecki. Ostrava 1992; R. Žáček, Slezsko v československo-polských vztazích 1918–1947. Opava 1991; J. Wiechowski, Spór o Zaolzie 1918–1920 i 1938. Warszawa 1990.

K. K.

Tito, Josip Broz (*7. 5. 1892 Kumrovec, †4. 5. 1980 Ljubljana), jug. Präsident, Vorsitzender des Bundes der Kommunisten (bis 1958 KP Jugoslawiens). Als Vorsitzender der vorläufigen Partisanenregierung (1943–1945) u. Premier- u. Verteidigungsminister der Regierung Jug.s (1945–1953) war er maßgeblich für die Inhaftierung u. →Vertreibung der deutschen Bev. des Landes (→Deutsche aus Jugoslawien, →D. aus J.: Deportation in die Sowjetunion) verantwortlich.

Aus einer Bauernfamilie stammend, absolvierte T. eine Schlosserausbildung, bevor er zw. 1910 u. 1913 an verschiedenen Orten in Kroatien, Slowenien, Böhmen, Österreich u. Bayern arbeitete. Während des 1. →Wk.s wurde T. aufseiten Österreich-Ungarns kämpfend verwundet u. von russ. Truppen gefangen genommen. Während der Gefangenschaft erlebte T. die russ. Revolution, was seine sozialistischen Überzeugungen festigte.

1920 kehrte T. nach Jug. zurück u. schloss sich der neu gegründeten, aber schon im Dezember 1920 verbotenen KP an. Er engagierte sich in der Gewerkschaftsbewegung u. verbreitete aktiv komm. Propaganda. 1928 wurde er verhaftet u. zu fünf Jahren Freiheitsentzug verurteilt. 1934 wurde T. Mitglied des PB der KPJ. Seit 1937 setzte er als Generalsekretär des ZK des KPJ den Richtungsstreitigkeiten in der KPJ ein Ende u. machte sie zu einer kleinen, aber gut organisierten Partei.

Nach der Zerschlagung Jug.s im April 1941 verblieb die KPJ in der Illegalität. Erst nach dem dt. Angriff auf die UdSSR, folgte die KPJ den Direktiven aus Moskau u. organisierte eine Widerstandsbewegung in Jug. mit dem Ziel, die Besatzungsmächte zu vertreiben u. eine sozialistische Gesellschaftsordnung auf föderalistischer Basis einzuführen. Dabei gelang es T., seit Herbst 1943 eine immer größere Unterstützung seitens der Westalliierten u. schrittweise die Anerkennung der alliierten Großmächte zu gewinnen. Mit Hilfe der Roten Armee konnten die Partisanen im Mai 1945 das ganze Land befreien u. ihre polit.

Konkurrenten beseitigen. Im November 1945 wurde die jug. Monarchie durch ein Referendum abgeschafft und T. zum Alleinherrscher des Landes. Aufgrund ideologischer, wirt. und machtpolit. Differenzen kam es 1948 zum Bruch mit Iosif →Stalin. Um der Isolation Jug.s zu begegnen, lehnte sich T. zunächst an den W an, der seinerseits daran interessiert war, dem Trojanischen Pferd im sozialistischen Lager Hilfe zu leisten. So begann die jug. Schaukelpolitik zw. den verfeindeten Blöcken, die T. mit großem Erfolg bis zu seinem Tod betrieb. So wurde er 1961 zum Mitbegründer der Bewegung der Blockfreien Staaten. Titos Autorität machte das jug. Experiment eines relativ liberalen Selbstverwaltungssozialismus möglich.

Trotz des Prinzips des „proletarischen Internationalismus" u. der Offenheit der Partisanenbewegung für alle in Jug. lebenden Nationalitäten stand T. hinter der Vertreibung der Deutschen, die pauschal als Kollaborateure des Nazi-Regimes angesehen wurden (→Kollaboration). Es gibt zwar keine eindeutigen Beweise, dass er die treibende Kraft dieser Politik war. Angesichts seiner unbestrittenen Führungsposition konnte aber keine Entscheidung ohne T.s Billigung getroffen werden. Manche Indizien sprechen dafür, dass T. über die Einzelheiten des Schicksals der Deutschen im Lande nicht gut genug informiert war. Er handelte als ein pragmatischer Politiker, der den verständlichen anti-dt. Stimmungen nach dem Krieg Rechnung trug u. zugleich die Gelegenheit nutzte, seine Position durch Verteilung ihres Grundbesitzes zu festigen. Nach Abschluss der Enteignung der Deutschen war T. bereit, der dt. Minderheit einen gleichberechtigten Status zu verleihen. Aufgrund der Verfolgungen der Jahre 1944/45, deren Spuren nicht beseitigt werden konnten, schlug diese neue Politik fehl. Die Minderheitenpolitik blieb daher in Bezug auf die Deutschen u. Italiener widersprüchlich u. stand in deutlichem Gegensatz zu der minderheitsfreundlichen Politik gegenüber anderen Nationalitäten im föderalistischen Jug.

In den ersten 10 Nachkriegsjahren verließ auch die it. Minderheit Istrien. Dabei handelte es sich aber nicht um eine geplante →ethnische Säuberung, sondern um einen sog. Exodus – um einen komplexen Prozess, der durch Furcht, Gewalt, →Nationalismus u. Machtmissbrauch auf lokaler Ebene, aber auch durch die Änderungen des wirt. und gesellschaftlichen Systems u. neue Grenzziehungen verursacht worden war (→Italiener aus Istrien, Fiume und Zara).

Lit.: K. Nikolić, Tito govori šta narod misli. Kult Josipa Broza Tita 1941–1948. Beograd 2006; T. Kuljić, Tito. Sociološko-istorijska studija. Zrenjanin ²2005; D. Dukovski, Istra. Kratka povijest dugog trajanja. Od prvih naseobina do danas. Pula 2004; Z. Janjetović, Between Hitler and Tito: Disappearance of the Ethnic-Germans from the Vojvodina. Belgrade 2000; D. Ridli, Tito. Novi Sad ²1998; V. Dedijer, Novi prilozi za biografiju Josipa Broza Tita. Bde. 1–3. Zagreb u. a. 1980–1984; Ph. Auty, Tito. A Biography. Harmondsworth 1974.

Z. J.

Transfer. „Bevölkerungstransfer" definiert Joseph B. Schechtman als „organisierte Entfernung einer ethnischen Gruppe aus ihrem Wohngebiet und ihre anschließende Ansiedlung in Territorien unter der Souveränität ihres ethnischen Heimatlands, eine Operation, die im allgemeinen auf zwischenstaatlicher Vereinbarung beruht". Zwangsumsiedlung wäre also der entsprechende dt. Terminus. Den Begriff T. benutzte der griech. Ministerpräsident Eleftherios Venizelos, als er Fridtjof →Nansen am 22. 10. 1922 dazu drängte, „to endeavour to arrange that transfer of the populations begins before the signature of peace", womit der Vertrag von Lausanne (→Lausanner Konferenz) gemeint war. T. setzt aber keinen gegenseitigen Austausch von Bev. voraus, wie er kurz vor u. nach dem 1. →Wk. vereinbart worden war. Vielmehr kann T. auch die einseitige Umsiedlung einer ethn. Gruppe bezeichnen, wie die Umsiedlung der →Südtiroler u. der dt. Minderheiten aus Ostmittel- u. Südosteuropa ins „Großdeutsche Reich". Solche Umsiedlungen (→U. [NS-Begriff]) hatte Adolf →Hitler am 6. 10. 1939 angekündigt, u. zwar als „eine neue Ordnung der ethnographischen Verhältnisse, d. h. eine Umsiedlung der Nationalitäten so, daß sich nach Abschluß der Entwicklung bessere Trennungslinien ergeben, als dies bis heute der Fall ist, denn der ganze Osten und Südosten Europas ist zum Teil mit nicht haltbaren Splittern des deutschen Volkes gefüllt".

Auf diese NS-Politik beriefen sich die Politiker Großbritanniens u. der USA sowie ihre Berater, als sie während des 2. →Wk.s Ausmaß, Form u. Folgen einer Zwangsumsiedlung von Deutschen aus Ostmittel- u. Südosteuropa in das restliche Deutschland erörterten. Sowohl der professorale Foreign Research and Press Service, der das Foreign Office in dieser Frage beriet, als auch Edvard →Beneš verwandten seit dem Frühjahr 1940 den Begriff T. für die in der Nachkriegszeit geplanten Umsiedlungen. Die brit. Regierung benutzte den Begriff T. auch für „transfer of territories". Statt „transfer of populations" wurden auch die Worte *evict, expell, expulsion* u. *disentanglement of populations* gebraucht.

Im →britischen Kabinettsbeschluss vom 6. 7. 1942 gab die Regierung ihr Einverständnis zum „general principle of the transfer to Germany of German minorities in Central and South-Eastern Europe after the war in cases where this seems necessary". Eine „geregelte und humane Durchführung" des T.s wurde schließlich auf der →Konferenz von Potsdam vereinbart.

Lit.: D. Brandes, Der Weg zur Vertreibung 1938–1945. Pläne und Entscheidungen zum „Transfer" der Deutschen aus der Tschechoslowakei und aus Polen. München ²2005; J. B. Schechtman, European Population Transfers 1939–1946. Oxford 1946.

D. B.

Treuegemeinschaft Sudetendeutscher Sozialdemokraten. Bei den Parlamentswahlen v. 1935 hatte die Sudetendeutsche Partei (SdP) fast zwei Drittel der dt. Stimmen u. Mandate erhalten u. war zugleich die Fraktion der Dt. Sozialdemokratischen Arbeiterpartei (DSAP) v. 21 auf 11 Sitze geschrumpft. Aufgrund des →Münchener Abkommens fielen die mehrheitlich v. Deutschen besiedelten Grenzgebiete an das „Großdeutsche Reich". Wegen des Terrors der SdP u. der Gestapo setzten sich viele Funktionäre u. Mitglieder der DSAP in das Landesinnere ab. Am 22. 2. 1939 beschloss der Parteivorstand, seine Aktivitäten auf dem Territorium der →Tschechoslowakei einzustellen u. die Arbeit im Ausland unter dem Namen T. fortzusetzen.

Vor u. kurz nach dem Einmarsch der Wehrmacht in Prag flohen etwa 3.000 Funktionäre der Partei, zum Teil mit ihren Angehörigen ins Exil. Nachdem 304 Familien mit etwa 1.000 Personen weiter nach Kanada emigriert waren, lebten im Februar 1940 noch 1.161 Mitglieder der T. in Großbritannien u. etwa 240 in Schweden (→sudetendeutsche Emigration nach S. [1938]). Rd. 400 Mitglieder der T. fielen der Gestapo bei der Besetzung Dänemarks, Norwegens u. Belgiens in die Hände, nur 85 konnten rechtzeitig aus Belgien evakuiert werden. 16 von 42 Mitgliedern des Vorstands u. 12 von 18 Mitgliedern des engeren Vollzugsausschusses der DSAP befanden sich im Exil. Innerhalb des Vorstands der T. waren die Vertreter einer großdt. u. einer tschechoslowak. Orientierung gleich stark vertreten, während der Vorsitzende Wenzel →Jaksch beide Richtungen durch Kompromissformeln zusammenzuhalten versuchte. Zu der zweiten Richtung gehörten v. a. Anhänger Ludwig Czechs, den Jaksch Ende März 1938 als Parteivorsitzenden abgelöst hatte. Mit heimlicher Unterstützung der Exilregierung spaltete sich am 20. 10. 1940 eine Gruppe unter der Führung des Gewerkschafters Josef Zinner ab u. beanspruchte für sich den Vorkriegsnamen der Partei. Die Zinner-Gruppe, der sich etwa ein Drittel der Mitglieder anschloss, bekannte sich ebenso wie eine parallele Abspaltung in Schweden unter der Leitung des Gewerkschafters Josef Ladig ohne Vorbehalte zur Tschechoslowakei u. im Oktober 1944 zur Vertreibung der Mehrheit der →Deutschen aus den böhmischen Ländern.

Am 10. 3. 1940 sprach sich die T. für die Wiederherstellung der Tschechoslowakei mit einer „zentralen Repräsentanz ihrer [dt.] Gesamtinteressen, bestehend aus Landesparlament und Landesregierung" aus u. lehnte jeden „zwangsweisen Bevölkerungsaustausch" ab. Da die Verhandlungen mit der Exilregierung zu keinem Ergebnis führten, meldeten sich etwa gleich viele Mitglieder freiwillig zum brit. Pionierkorps wie zur Auslandsarmee. Am Vorabend der 1. Landeskonferenz der T. am 28. 9. 1941 informierte Jaksch den Vorstand über die tschechoslowak. Pläne, die dt. Minderheit durch die Abtretung v. Gebieten u. durch Vertreibung auf 1,5 Mio. zu reduzieren. Vorstandsmitglieder warfen Jaksch eine allzu nachgiebige Politik vor. Die Landeskonferenz sprach sich unter Berufung auf die Atlantikcharta für eine „Vertragslösung" mit den Tschechen aus. Auch die Parteiexekutive wandte sich am 7. 6. 1942 gegen die Drohung mit dem Bev.transfer u. bekundete die Absicht, „mit den Naziverbrechern selbst abzurechnen". Die 2. Landeskonferenz der T. vom 4. 10. 1942 forderte nur noch „ein Mitbestimmungsrecht unserer arbeitenden Massen" an der Lösung des dt.-tschech. Verhältnisses. Der Parteivorstand rief am 18. 4. 1943 die Genossen auf, in die brit. u. nicht in die Auslandsarmee einzutreten, denn sie könnten nicht für „die Massenvertreibung ihrer Landsleute" kämpfen. Die 3. Landeskonferenz vom 7. 11. 1943 plädierte für eine Föderalisierung nach Schweizer Vorbild, den Zusammenschluss der Donauvölker u. eine „europäische Föderation".

Lit.: →Jaksch, W., →britischer Kabinettsbeschluss zum Transfer.

D. B.

Tschechen: NS-Vertreibungspläne. Vom 1.–10. 10. 1938 marschierten dt. Truppen in die „Sudetengebiete" (Grenzgebiet, tschech. →*pohraničí*), am 15. 3. 1939 auch in Prag u. Brünn (Brno) ein u. errichteten das „Protektorat Böhmen und Mähren". Gemeinsam war allen NS-Plänen, dass Böhmen, Mähren u. Schlesien auf Dauer in das „Großdeutsche Reich" eingegliedert u. eingedeutscht werden sollten. Ein großer Teil der T. könne „umgevolkt", d. h. assimiliert werden. „Die rassisch unbrauchbaren oder reichsfeindlichen Elemente (die in den letzten 20 Jahren entwickelte Intelligenzschicht)" seien „abzustoßen", forderte der Reichsprotektor Konstantin von Neurath am 31. 8. 1940; „die Aussiedlung von rassisch unverdaulichen Tschechen und der reichsfeindlichen Intelligenzschicht, bzw. Sonderbehandlung dieser und aller destruktiven Elemente", verlangte sein Stellvertreter Karl Hermann Frank am selben Tag. Auch Adolf →Hitler hielt am 23. 9. 1940 die Germanisierung „aus historischen und rassepolitischen Gründen für einen größeren Teil des Tschechenvolkes für möglich, wenn gleichzeitig der rassisch unbrauchbare und der reichsfeindliche Teil der Tschechen ausgeschieden bzw. einer Sonderbehandlung zugeführt wird". Als Reinhard →Heydrich am 27. 9. 1941 sein Amt als sog. stellvertretender Reichsprotektor antrat, stellte er die „rassisch-völkische Bestandsaufnahme" in den Mittelpunkt seiner „Volkstumspolitik". In einer geheimen Ansprache am 2. 10. 1941 gliederte er die Bev. nach „Rasse" u. „Gesinnung". Die „schlechtrassigen und schlechtgesinnten ... muss ich hinausbringen. Im Osten ist viel Platz". In den Ostgebieten „gäben sie vielleicht ganz gute Aufseher ab", sagte Hitler am 6. 10. 1941. Heydrichs Ansichten fanden Eingang in den →„Generalplan Ost", der die Assimilierung von rd. 50 % des tschech. Volkes u. die Aussiedlung der „nicht eindeutschbaren" und „harmlosen" T. nach →Sibirien vorsah. Reihenuntersuchungen, in denen auch nach „rassischen" Merkmalen gefragt wurde, fanden seit 1942 statt, u. zwar vor dem Arbeitseinsatz im „Altreich" u. der Aufnahme in Sekundarschulen, bei der Ausgabe von Kennkarten u. als Tuberkuloseprävention getarnt.

Hitler stimmte am 12. 10. 1940 Franks Absicht zu, schon während des Krieges die „Verdeutschung des Raumes und der Menschen vorzubereiten", u. zwar durch die Anlage dt. „Stützpunkte" und „Landbrücken". Eine Landbrücke sollte Prag, eine zweite Budweis (České Budějovice) mit den jeweiligen dt. Siedlungsgebieten in Nord- bzw. Südböhmen verbinden, eine dritte über Olmütz (Olomouc) u. Brünn durch Mähren führen. Bis Januar 1944 wurden insgesamt 5.797 Volks-, unter ihnen 5.075 →Deutsche aus der Dobrudscha auf den geplanten Landbrücken angesiedelt. In diese seien nach dem Kriege Theresienstadt sowie Truppenübungsplätze einzubeziehen, die unter NS-Herrschaft erweitert bzw. neu angelegt wurden u. denen etwa 52.000 T. weichen mussten.

Lit.: D. Brandes, Nationalsozialistische Siedlungspolitik in den böhmischen Ländern, in: Schnittstellen. Gesellschaft, Nation, Konflikt und Erinnerung in Südosteuropa. Festschrift für Holm Sundhaussen zum 65. Geburtstag. Hg. U. Brunnbauer/A. Helmedach/S. Troebst. München 2007, 301–322; Deutsche Politik im „Protektorat Böhmen und Mähren" unter Reinhard Heydrich 1941–1942. Eine Dokumentation. Hg. M. Kárný/J. Milotová/M. Kárná. Berlin 1997.

D. B.

Tschechen und Slowaken: Remigration aus Wolhynien, Jugoslawien usf. (1945–1947). Nach dem 2. →Wk. siedelten sich rd. 200.000 T. und S. aus dem Ausland (sog. Remigranten), deren Vorfahren die böhm. Länder bzw. die Slowakei verlassen hatten, in der →Tschechoslowakei an. Die tschechoslowak. Regierung fasste am 31. 7. 1945 den Beschluss, die Landsleute aus dem Ausland offiziell zur Rückkehr in die Tschechoslowakei aufzurufen. Sie verfolgte damit das Ziel, den Arbeitskräftemangel im Zusammenhang mit der Zwangsaussiedlung der deutschen Bev. (→Deutsche aus den böhmischen Ländern, →Deutsche aus der Slowakei) zu reduzieren u. den Bev.anteil von T. und S. zu erhöhen. Zwangsaussiedlung u. Ansiedlung wurden v. denselben Behörden gesteuert.

Nach Schätzungen aus dem Jahr 1945 gab es damals mehr als 2 Mio. Personen außerhalb der Grenzen der Tschechoslowakei, die sich zur tschech. oder slowak. Nationalität bekannten. Die überwiegende Mehrheit v. knapp über 1 Mio. lebte in den USA, während die etwa 913.000 in Europa zerstreuten Auslandstschechen u. -slowaken sich hauptsächlich in Ländern der ehem. Habsburgermonarchie niedergelassen hatten. Die Hoffnung der tschechoslowak. Regierung auf eine Übersiedlung v. bis zu 700.000 Remigranten erwies sich aber als unrealistisch u. es kamen schließlich nur rd. 200.000.

Organisatorisch u. administrativ wurde die Remigration v. der bereits am 15. 5. 1945 eingerichteten Repatriierungsabteilung (ab 14. 10. 1946 Remigrationsabteilung) beim Ministerium für Arbeit u. soziale Fürsorge geleitet.

Einige der Remigranten siedelten individuell, d. h. nicht im Rahmen der staatl. organisierten u. vertraglich mit den jeweiligen Herkunftsländern geregelten Remigration in die Tschechoslowakei über. Zu den Herkunftsländern dieser ersten Remigranten zählten →Österreich, →Deutschland, →Polen, Frankreich, →Jugoslawien u. →Rumänien. Die Zahl der individuell in den ersten beiden Nachkriegsjahren eingewanderten Remigranten lag bei schätzungsweise 64.000 Personen.

Die organisierte →Migration der Remigranten wurde erst in der zweiten Hälfte des Jahres 1946 in Gang gesetzt. Damals wurden auch erst die rechtlichen Grundlagen wie die Erteilung der tschechoslowak. Staatsbürgerschaft (→Staatsangehörigkeit) sowie wirt. und rechtliche Erleichterungen für Remigranten geschaffen. Die organisierte Übersiedlung der Remigranten erfolgte seit 1946 auf der Basis vertraglicher Regelungen mit den jeweiligen Herkunftsländern. Insgesamt schloss die Regierung zw. 1945 u. 1949 fünf entsprechende Abkommen: das erste mit der →Sowjetunion am 29. 6. 1945 über Optionsmöglichkeiten (→Option) der T. und S. aus der Karpatenukraine, ein weiteres mit der Sowjetunion über die Remigration der Wolhynientschechen u. die Rückkehr v. Sowjetbürgern aus der Tschechoslowakei sowie weitere mit Rumänien u. →Bulgarien, dann eine Absichtserklärung mit Jugoslawien, der aber keine Umsetzung folgte, u. schließlich ein Abkommen mit →Ungarn über den Bev.austausch.

Die Remigranten wurden nach ihrer Ankunft vorübergehend in Sammelzentren untergebracht, bevor sie angesiedelt wurden. Bis 1950 waren offiziell insgesamt über 200.000 Auslandstschechen u. -slowaken in die Tschechoslowakei übergesiedelt, v. denen sich über die Hälfte in den ehem. Sudetengebieten niederließ. Von diesen kamen 71.787 aus Ungarn, 38.859 aus Wolhynien, 21.117 aus Rumänien, 12.915 aus Frankreich, 11.117 aus Österreich, 10.341 aus Polen, 5.197 aus Jugoslawien, 4.059 aus Deutschland, 3.721 aus der UdSSR (ohne Wolhynien), 1.166 aus Südamerika u. 16.423 aus anderen Staaten. Die Gesamtzahl der Remigranten lag noch etwas höher. Einige v. ihnen kehrten allerdings im Laufe der nächsten Jahre wieder in ihre Herkunftsländer zurück.

Die Remigranten wurden i. d. R. nicht in größeren Gruppen angesiedelt. Einerseits wegen der mangelnden Unterbringungsmöglichkeiten im Zuge der fortschreitenden Besiedlung, andererseits lag es im Interesse der Behörden, die Remigranten zu verteilen, um so ihre Eingliederung zu beschleunigen. Außerdem sollte die Entstehung „fremdsprachiger Inseln" in den Grenzgebieten verhindert werden, was sich in erster Linie auf die Übersiedler aus Deutschland u. Ungarn bezog.

Die Zusammensetzung der Remigranten war in einigen Bezirken, bezogen auf ihre Herkunftsgebiete, sehr heterogen. Im nordmährischen Bezirk Šumperk (Mährisch Schönberg) lebten z. B. Remigranten aus neun Staaten, im südmährischen Bezirk Mikulov (Nikolsburg) hatten sich T. und S. aus acht verschiedenen Herkunftsgebieten niedergelassen. Die meisten Übersiedler befanden sich im westböhmischen Bezirk Karlovy Vary (Karlsbad), gefolgt v. Sokolov (Falkenau) u. Žatec (Saaz). In Schlesien wies der Bezirk Hlučín (Hultschin) die höchste Zahl auf. Insgesamt waren etwa 10 % aller Neusiedler in den Grenzgebieten Remigranten.

Für die bedürftigsten Remigranten organisierte das Ministerium für soz. Fürsorge Bekleidungsaktionen. Diese zielten in erster Linie auf die Übersiedler aus Rumänien, die nur notdürftig bekleidet waren u. teilweise bei ihrer Ankunft in den böhmischen Ländern noch nicht einmal Schuhe trugen. Die Remigranten unterschieden sich in den Ansiedlungsorten häufig v. den anderen Siedlergruppen. Dabei handelte es sich nicht nur um Unterschiede in der Lebensweise (Kleidung, Essgewohnheiten, Feierlichkeiten, Bräuche u. Ä.), der Konfession, den Sprachgewohnheiten u. um materielle Unterschiede, sondern auch um soz. Unterschiede, wie der Fähigkeit des Lesens u. Schreibens u. des Assimilierungsgrades in den jeweiligen Herkunftsländern. Von den Behörden als heimkehrende T. und S. begrüßt, wurden sie v. der lokalen Bev. häufig als „Zugereiste" bzw. „Fremde" bezeichnet. Viele Remigranten waren nach ihrer Übersiedlung dann auch zunächst enttäuscht über die Situation, in der sie sich befanden. Die lokalen Organe wie die →Nationalausschüsse brachten ihrer besonderen Lage oft nicht genügend Verständnis entgegen. Offiziell genossen die Remigranten Vorzugsrechte bei der Ansiedlung. Aufgrund der späten Ankunft in den Grenzgebieten u. der Konkurrenz mit den binnenländischen Neusiedlern wurden diese Rechte aber häufig nicht gewährt. Auch hatten die offiziellen Aufrufe zur Übersiedlung bei den Remigranten zu hohe Erwartungen geweckt, die häufig nicht erfüllt werden konnten. Viele hatten auf die Zuteilung v. Bauernhöfen oder Betrieben aus dem konfiszierten Besitz der ausgesiedelten Deutschen gehofft. Als der Besiedlungsprozess weiter fortschritt, die besten Plätze bereits vergeben waren u. sich der Arbeitskräftemangel in den Grenzgebieten im Zuge der Vertreibung der Deutschen enorm verstärkt hatte, sagte die Regierung den Remigranten nur noch die Eingliederung in Lohnarbeitsverhältnisse zu.

Bis zum Jahr 1947 hatte sich die Lage der Remigranten nach Informationen des Tschechoslowak. Auslandsinstituts zwar etwas verbessert, Beschwerden über die Behandlung durch die Behörden u. der restlichen Bev. gab es aber auch noch im Jahr 1949.

Mit besonderen Problemen hatten Remigranten aus Deutschland, Österreich, Schlesien (sog. Glatzer Tschechen) u. Ungarn zu kämpfen, da viele v. ihnen sprachlich assimiliert waren u. im Alltag häufig dt. und ung. sprachen. Viele der Remigranten aus Deutschland u. Schlesien hatten auch dt. Ehepartner. Den dt.sprachigen Remigranten wurde vorgeworfen, sie würden die noch verbliebenen Deutschen begünstigen.

Soziale u. kulturelle Unterschiede im Vergleich zur Mehrheitsbev. traten in den Gebieten am deutlichsten hervor, wo Remigranten eines Herkunftsgebietes kompakt u. in größerer Zahl siedelten. Auf dem Land hielten sich diese Unterschiede länger als in den Städten. Teilweise koexistierten die unterschiedlichen Kulturen u. Bräuche bis in die 1960er u. 1970er Jahre, mit einem geringen Anteil exogamer Eheschließungen. Annäherungen zw. zwei Gruppen konnten durch gemeinsame Berufstraditionen erfolgen, aber auch durch eine gemeinsame Position am Rande der Gesellschaft. Dies war z. B. in Glasbläsereien in Karlovy Vary zw. Deutschen u. Slowaken aus dem rum. Erzgebirge der Fall. Als in den 1950er Jahren rum. Slowaken die ersten exogamen Ehen schlossen, waren ihre Partner häufiger Deutsche als Tschechen.

Lit.: Reemigrace Čechů a Slováků z Jugoslávie, Rumunska a Bulharska 1945–1954. Hg. H. Nosková/J. Váchová. Praha 2000; H. Nosková, Návrat Čechů z Volyně. Naděje a skutečnost let 1945–1954. Praha 1999; J. Vaculík, Remigrace zahraničních Čechů a Slováků v letech 1945–1950. Brno 1993.

A. W.

Tschechoslowakei. Am 28. 10. 1918 wurde die Tschechoslowak. Republik (*Československá republika*, ČSR) gegründet. Das zusammen mit der Verfassung am 29. 2. 1920 verabschiedete Sprachengesetz legte die „tschechoslowak." Sprache als „staatliche, offizielle Sprache der Republik" fest, wobei Behörden in den böhmischen Ländern i. d. R.

tschech., in der Slowakei slowak. amtierten. Die Volkszählungen v. 1921 (bzw. 1930) ergaben, dass auf dem Territorium der ČSR 13,4 (14,5) Mio. Staatsbürger lebten. Von diesen hatten sich 50,8 (51,1) % zur tschech. u. 14,7 (15,8) % zur slowak. Nationalität bekannt. Deutsche stellten 23,4 (22,3), Magyaren 5,6 (4,8), Ukrainer 3,4 (3,8), Polen 0,6 (0,6) u. Juden 1,3 (1,3) % der Staatsbürger. Eine Besonderheit der T. war das Recht, sich zur jüd. Nationalität zu bekennen, v. dem aber nur knapp die Hälfte der Personen jüd. Glaubens Gebrauch machte. Die Konstruktion, dass Tschechen u. Slowaken Zweige eines einheitlichen tschechoslowak. Volkes seien, wurde v. a. von den evang. Slowaken unterstützt, während die kath. Mehrheit zunehmend auf der Eigenständigkeit der slowak. Nation bestand.

Als einziger Staat Ostmittel- u. Südosteuropas konnte die ČSR ihre demokr.-parlamentarische Struktur bis zur Zerschlagung durch das nationalsozialistische Deutschland in den Jahren 1938/39 bewahren, u. zwar trotz der sozialen, polit. und v. a. nationalen Spannungen. Nach der Machtergreifung der Nationalsozialisten in Deutschland u. in der Not der Weltwirtschaftskrise gewann die Sudetendt. Partei unter den Deutschen (→D. aus den böhmischen Ländern) die überwiegende Mehrheit der Wähler. Im Zusammenspiel mit dieser spätestens seit November 1937 separatistischen Partei setzte Adolf →Hitler am 29. 9. 1938 mit dem →Münchener Abkommen die Übergabe der „Sudetengebiete“ an das „Großdeutsche Reich“ durch.

In der Folge des Münchener Abkommens wurde am 20. 11. 1938 eine neue Grenze zw. der T. u. dem Dt. Reich festgesetzt. Die ČSR wurde gezwungen, Territorien mit insgesamt 28.643 qkm abzutreten, auf denen zur Zeit der Volkszählung v. 1930 3.562.232 tschechoslowak. Staatsbürger lebten. Von diesen hatten sich 79,1 % zur dt. und 20,5 % zur tschech. Nationalität bekannt. Aufgrund des Optionsrechts (→Option) u. des wirt. und soz. Drucks flohen etwa 300.000 Tschechen aus den annektierten „Sudetengebieten“ (→Flucht aus den S.). Bei der reichsdt. Volkszählung v. 1939 bekannten sich 287.939 (9,8 %) Einw. des Reichsgaus Sudetenland als Tschechen. Während des Krieges wurden Tausende v. Tschechen zur Arbeit im Grenzgebiet eingesetzt, sodass die Zahl der nichtdt. Bev. für den 1. 5. 1945 auf 600.000 geschätzt wird.

Am 1. 10. 1938 stimmte die T. der Abtretung des Teschener Gebiets an Polen zu (→Teschener/Olsa-Gebiet: Ausweisungen von Polen und Tschechen). Mit dem 1. Wiener Schiedsspruch vom 2. 11. 1938 wurde ein überwiegend v. Magyaren besiedelter Landstreifen im S der Slowakei an Ungarn übergeben. Die Zweite Tschechoslowakische Republik überlebte die Amputationen nur ein halbes Jahr. Unter extremem dt. Druck erklärte der slowak. Landtag am 14. 3. 1939 die Unabhängigkeit der Slowakei u. nahmen Präsident Emil Hácha u. die tschech. Regierung den Einmarsch der Wehrmacht am nächsten Tag hin, während Ungarn die Gelegenheit nutzte, die Karpatenukraine zu annektieren. Die Slowakei u. die Karpatenukraine mussten etwa 130.000 Tschechen verlassen, meist Angestellte des öffentlichen Dienstes mit ihren Familien. In dem am 16. 3. 1939 v. Hitler errichteten „Protektorat Böhmen und Mähren“ entwickelte die dt. Besatzungsmacht unter Staatssekretär Karl Hermann Frank u. Reinhard →Heydrich Pläne zur völligen Eindeutschung der böhmischen Länder (→Tschechen: NS-Vertreibungspläne). Die meisten Juden, denen es nicht gelungen war, aus den v. Deutschland u. Ungarn besetzten Gebieten sowie der Slowakei auszuwandern, wurden ermordet: Ihre Zahl wird auf 272.000 Personen geschätzt.

Edvard →Beneš, der am 5. 10. 1938 sein Amt als Präsident der ČSR aufgegeben hatte, setzte sich in seinem zweiten Exil für die Zwangsumsiedlung der überwiegenden Mehrheit der Deutschen u. Magyaren ein, wobei der Austausch der Ungarn mit einem Austausch gegen Slowaken aus Ungarn kombiniert werden sollte (→Magyaren aus der Südslowakei nach Ungarn). Angesichts dieses Ziels mussten die Verhandlungen mit Wenzel →Jaksch, dem Führer der →Treuegemeinschaft sudetendeutscher Sozialdemokraten scheitern. Beneš erreichte schon 1942 das Einverständnis Großbritanniens (→brit. Beschluss zum Transfer, →brit. Regierungskomitee zum Transfer) u. 1943 auch das der USA u. der Sowjetunion zur Aussiedlung der Sudetendeutschen.

Kurz vor Kriegsende war die Mehrheit der Karpatendeutschen (→Deutsche aus der Slowakei) u. der Deutschen des Ostsudetenlands von dt. Behörden weiter nach Nord- u. Westböhmen evakuiert worden. Außerdem befanden sich etwa 0,5 Mio. Deutsche, die meisten aus Schlesien u. Südosteuropa, in den böhmischen Ländern, die entweder auf eigene Faust geflohen oder ebenfalls evakuiert worden waren. In den Monaten Mai–September erlebten die Deutschen die Schrecken der wilden Vertreibung (→w. V. aus der Tschechoslowakei). Die →Konferenz von Potsdam stimmte zwar dem →Transfer der Deutschen aus der T. ebenso zu wie aus den alt- u. neupoln. Gebieten oder Ungarn, forderte jedoch einen Ausweisungsstopp bis zu einer alliierten Einigung über die Verteilung der →Vertriebenen. Auf Anfrage des Alliierten Kontrollrats für Deutschland erklärte die tschechoslowak. Regierung am 5. 10. 1945, dass noch 2,5 Mio. Deutsche auszusiedeln seien. Am 20. 11. 1945 legte der Alliierte Kontrollrat fest, dass in die →amerikanische Zone 1.750.000 u. in die →sowj. Zone 750.000 Deutsche aus der T. gebracht werden dürften. Die Regierung verabschiedete am 14. 12. 1945 die „Richtlinien zur systematischen Durchführung der Abschiebung (des Transfers) der Deutschen". Die Leitung der Aktion wurde dem komm. geführten Innenministerium übertragen, das die Aus- u. Ansiedlung über seine Regionalen Besiedlungsämter in Zusammenarbeit mit den örtlichen →Nationalausschüssen, der Polizei u. Armee durchführen sollte. →Deutschsprachige Antifaschisten seien auszunehmen, u. unersetzliche Spezialisten durften nur mit besonderer Genehmigung in die Transporte eingereiht werden. Die Vertriebenen sollten 30 kg Gepäck mitnehmen dürfen.

Von Januar bis Oktober 1946 wurden mit regulären Transporten 1,2 Mio. Sudetendeutsche in die US-Zone gebracht. Wie die poln. Behörden schoben auch die tschech. zuerst die wirt. unproduktiven Menschen ab. Ein typischer Zug bestand aus 240 Frauen, 600 Kindern u. 350 Männern, zumal ein großer Teil der Männer weit weg vom Wohnort der Familie →Zwangsarbeit leistete. Probleme bereitete die Behandlung der nationalgemischten Ehen, deren Zahl auf 90.000–130.000 geschätzt wurde. Ihre Einstufung in die verschiedenen Kategorien wurde nach der Nationalität des Mannes vorgenommen. Die tschech. Behörden entschieden sich, geringer, d. h. meist nur durch Mitgliedschaft in einer NS-Organisation, belastete Personen aus den Gefängnissen u. Internierungslagern zu entlassen, um die Abschiebung ihrer Familien zu ermöglichen. Am 4. 3. 1946 war das Innenministerium nämlich zu dem Schluss gekommen, dass noch etwa 500.000 Personen vor Gericht zu stellen wären, die zwei- bis dreimal so viele Familienangehörige hätten. Sie alle könnten nicht ausgesiedelt werden, denn die US-Behörden bestanden auf der Aussiedlung ganzer Familien. Im Juni 1946 gab der Justizminister die Weisung, alle Personen zu vertreiben, die Haftstrafen v. bis zu fünf Jahren erhalten hätten. Verurteilt werden sollten jedoch weiterhin Angehörige der SS, des SD u. der Gestapo sowie der Wachmannschaften der KZ.

Personen, die aus Lagern in die Transporte eingereiht wurden, besaßen oft nicht mehr, als sie auf dem Leibe trugen, u. sollten aus konfisziertem Eigentum mit dem Nötigsten sowie 1.000 RM ausgestattet werden. Dennoch nahmen sich manche Kontrolleure, was ihnen gefiel. Bei einer Besprechung vom 9.–11. 4. 1946 drohten die Amerikaner an, unvollständige Familien zurückzuschicken. Seitdem durften die Deutschen 70 kg Gepäck, aber nur 500 RM pro Person mitnehmen. Unter Hinweis auf die katastrophale Versorgungslage in ihrer Zone drosselten die Amerikaner am 15. 7. die tägliche Aufnahmequote auf vier, im Oktober auf drei Transporte. Außerhalb der regulären Transporte hatten die Amerikaner schon ca. 223.000 Sudetendeutsche aufgenommen.

Im März 1946 erreichte eine tschechoslowak. Delegation unter Leitung des Außenhandelsministers Hubert →Ripka in Moskau, dass Iosif →Stalin den widerstrebenden Marschall Georgij Žukov zur Aufnahme weiterer Sudetendeutscher zwang. Von Juni bis Ende Oktober 1946 wurden 630.000 Deutsche in die SBZ gebracht. Die Abgeschobenen durften 50 kg Gepäck u. 500 RM mitnehmen. Am 16. 10. 1946 teilte Ministerpräsident Klement Gottwald den Abgeordneten unter lang anhaltendem Beifall mit, dass am 27. 10. der letzte Transport in die US-Zone u. zwei Tage später auch in die SBZ abgehen werde. Am nächsten Tag, dem Jahrestag der Staatsgründung stellte Präsident Beneš auf einer feierlichen Kundgebung auf dem Prager Wenzelsplatz fest, dass der Staat nunmehr ein Nationalstaat der Tschechen u. Slowaken sei. Gottwald sprach v. der siegreichen Beendigung der „Säuberung der Republik vom fremden Element und Todfeind des Volkes“.

Im Zuge des „geregelten“ Transfers wurden 2.256.000 Deutsche ausgesiedelt, u. zwar etwa 2.100.000 aus den böhmischen Ländern u. 156.000 aus der Slowakei, v. denen die meisten aber schon ihre Heimat verlassen hatten. Die verbliebene dt. Bevölkerung wird für Mai 1947 auf 180.000 Personen geschätzt. Damals plante die Regierung, etwa 100.000 Deutsche im Landesinnern zu zerstreuen, beschränkte diese Aktion jedoch schließlich auf 20.000 Personen. Bis zur Volkszählung von 1950 sank die Zahl der Deutschen auf 159.938. In den ehem. Sudetengebieten lebten zur Zeit der Volkszählung vom 22. 5. 1947 2.229.485 Menschen, v. denen etwa ein Drittel, nämlich 729.126 schon am

1. 5. 1945 dort gewohnt hatten; zu diesen gehörten Tschechen, die schon vor dem Krieg in den Grenzgebieten gelebt hatten, u. solche, die im Krieg dorthin zur Arbeit geschickt worden waren, sowie Deutsche, die nicht vertrieben wurden. Zwei Drittel stellten Neusiedler, v. denen zu diesem Zeitpunkt 82,2 % aus dem tschech. Landesinnern, 8,7 % aus der Slowakei u. 9,1 % aus dem Ausland gekommen waren (→Tschechen und Slowaken: Remigration). Durch die Gliederung in Bezirke u. Kreise wurde ein neues „Grenzgebiet" *(→pohraničí)* konstruiert, das um 2,5 % größer als das tatsächlich 1938 an Deutschland abgetretene Grenzgebiet war. Die Berechnungen der Statistiker gehen v. diesem Territorium aus, wenn sie feststellen, dass dessen Einw.zahl 1950 um 34,3 % u. 1985 noch um 24,3 % niedriger war als 1930. Die Vertriebenen organisierten sich in Deutschland u. Österreich in der →Sudetendeutschen Landsmannschaft u. in Schweden in der Treuegemeinschaft sudetendeutscher Sozialdemokraten.

Während seines zweiten Exils hat Beneš auch die Verringerung der Zahl der Ungarn in der T. angestrebt. Er dachte bis 1943 wie im Falle der Sudetendeutschen an die Abtretung der Großen Schütt zw. den beiden Donauarmen sowie kleinerer Grenzbezirke. An Ungarn werde die T. Landstriche mit 510.000 Magyaren abtreten u. die restlichen 200.000 Ungarn gegen in Ungarn lebende Slowaken austauschen. Wenn Ungarn der Abschiebung der tschechoslowak. Ungarn zustimme, könnten bestimmte Gebiete abgetreten werden, war die Meinung Beneš' u. der Regierung noch Ende 1942. Die slowak. Widerstandsbewegung hat dagegen bis 1944 offensichtlich nicht an eine Vertreibung der Magyaren gedacht. Erst auf Initiative Beneš' u. der Londoner Exilregierung übernahm sie diese Forderung, die Beneš aber wegen des Widerstandes der Amerikaner u. Briten u. wegen der nur halbherzigen Unterstützung der Sowjets nur z. T. verwirklichen konnte (→Magyaren aus der Südslowakei nach Ungarn). Um den Druck auf die ung. Regierung zu erhöhen, ließen die tschechoslowak. Behörden in den Jahren 1945–1947 insgesamt 55.000 Magyaren in die böhmischen Länder deportieren, die aber schon in den nächsten Jahren in ihre Heimat zurückkehrten (→Magyaren aus der Südslowakei: Deportation in die böhmischen Länder). Aber auch sehr kleinen ethn. Gruppen drohte die Umsiedlung innerhalb der Republik wie den Hultschiner Mährern, Teschener Schlonzaken, Weitraern an der böhmisch-österr. Grenze u. den Kroaten an der mährisch-österr. Grenze. Diese Gruppen galten wie die Deutschen u. Magyaren als „national unzuverlässig" u. sollten deshalb aus den Grenzgebieten entfernt werden. Tatsächlich wurden nur die Kroaten aus ihren drei Dörfern in Südmähren nach Nordmähren sowie die Weitraer umgesiedelt.

Lit.: D. Brandes, Nationalsozialistische Siedlungspolitik in den böhmischen Ländern, Schnittstellen, in: Gesellschaft, Nation, Konflikt und Erinnerung in Südosteuropa. Festschrift für Holm Sundhaussen zum 65. Geburtstag. Hg. U. Brunnbauer/A. Helmedach/St. Troebst. München 2007, 301–322; A. v. Arburg, Tak či onak. Nucené přesidlení v komplexním pojetí poválečné sídelní politiky v českých zemích, *Soudobé dějiny* 10 (2003), 253–292; Erzwungene

Trennung. Vertreibungen und Aussiedlungen in und aus der Tschechoslowakei 1938–1947 im Vergleich mit Polen, Ungarn und Jugoslawien. Hg. D. Brandes/E. Ivaničková/J. Pešek. Essen 1999; Populační, ekonomický a národnostní vývoj pohraničních okresů ČSR od roku 1930 do roku 2010. Hg. V. Srb/A. Andrle. Praha 1989.

D. B.

Tschechoslowakisches Straffreiheitsgesetz vom 8. 5. 1946. Nach dem Gesetz vom 8. 5. 1946 war eine Handlung, die in der Zeit zw. dem 30. 9. 1938 u. dem 28. 10. 1945 begangen wurde, nicht zu bestrafen, wenn sie „darauf abzielte, zum Kampf um die Wiedererlangung der Freiheit der Tschechen und Slowaken beizutragen oder auf eine gerechte Vergeltung für Taten der Okkupanten und ihrer Helfer gerichtet war", auch wenn sie sonst eine Straftat darstellen würde. Die Straflosstellung betraf also nicht nur die Zeit der Besatzung, sondern auch die sog. Revolutionszeit, die als Zeit zw. der Befreiung u. dem 28. 10. 1945, dem Tag des Zusammentritts der Provisorischen Nationalversammlung definiert wurde. Dieser lange Zeitraum war auch innerhalb der Regierung umstritten gewesen. Einige Ministerien hatten nämlich vorgeschlagen, die Geltung dieses Gesetzes auf den 8. 8. 1945 zu befristen, an dem die Erneuerung der tschechoslowak. Rechtsordnung durch eine Verordnung des Innenministeriums bestätigt worden war. Aufgrund des Straffreiheitsgesetzes konnten nur solche Gewalttäter bestraft werden, die ihre Taten aus eigensüchtigen Motiven begangen hatten. Dieses Gesetz schreckte die Staatsanwaltschaften ab, irgendwelche Verfolgungsmaßnahmen einzuleiten. Eine gerichtliche Auseinandersetzung mit den Exzessen, die an Sudetendeutschen (→Deutsche aus den böhmischen Ländern) begangen worden waren, hat es deshalb nur in wenigen Ausnahmefällen gegeben.

Lit.: Němci a Maďaři v dekretech prezidenta republiky: studie a dokumenty 1940–1945. Die Deutschen und Magyaren in den Dekreten des Präsidenten der Republik. Studien und Dokumente 1940–1945. Hg. K. Jech. Brno 2003; J. Kuklík, Mýty a realita takzvaných „Benešových dekretů": dekrety prezidenta republiky 1940–1945. Praha 2002.

D. B.

Tscherkessen aus Kosovo. Die T. (Eigenbez. *Adyge*, in K. *Çerkez*) sind die frühesten bekannten Einw. des Kaukasus u. waren einst das zahlreichste u. wichtigste Volk des nördl. Kaukasus (→Kaukasien). Ihre Sprache gehört zur iberokaukasischen Gruppe.

Auf das Territorium des Osm. Reiches kamen die T. nach der Vertreibung durch die russ. Armee im Jahr 1864. Von schätzungsweise insgesamt 1 Mio. Flüchtlingen, v. denen die T. den größten Teil gebildet haben, siedelte die osm. Verwaltung als ein Bollwerk gegen die christlichen Länder 150.000–200.000 Personen auf den Territorien des heutigen Griechenlands, Serbiens, Makedoniens u. Bulgariens an. Im östl. Teil K.s wurden ungefähr 32 Koloniedörfer geschaffen, v. denen einige an die 100 Häuser hatten, die meisten jedoch nicht mehr als 40–50. Überlieferungen zufolge sollen 1.500–2.000 Familien, insgesamt

12.000–40.000 Menschen der tscherkessischen Stämme der Chanischen, Schapsyghen u. Abedzechen nach K. gekommen sein.

Obwohl sie als Wehrbauern v. der Steuer befreit waren, waren ihre Lebensbedingungen hart, weil sie an die Arbeit in der Landwirtschaft nicht gewöhnt waren. Ihre Revolte im Jahr 1867 wurde v. den Osmanen unterdrückt. Diejenigen, die weiterhin in K. blieben, fanden ihr Auskommen schließlich in der Verzierung v. Waffen, in der Pferde- u. Viehzucht u. in verschiedenen Handwerken. In den Augen der lokalen serb. u. albanischen Bev. galten sie als eine geschlossene fremde u. exotische Gruppe. Erst mit der abnehmenden Zahl ihrer Mitglieder gingen die T. außerhalb ihrer Ethnie Ehen ein.

Die T. verließen K. in fünf Wellen: Die erste Auswanderungswelle aus K. fand 1878 nach dem Berliner Kongress statt, bei der sie sich den aus Serbien Vertriebenen anschlossen u. nach Kleinasien u. Syrien zogen. Im letzten Jahrzehnt des 19. Jh.s soll ihre Zahl in K. auf 6.400 zurückgegangen sein. Eine größere Zahl verließ 1912 nach dem →Balkankrieg die ehemals osm. Gebiete, die nächste Auswanderungswelle folgte 1918. Die dritte Welle fand in der Zwischenkriegszeit statt. Die vierte Welle vollzog sich in den 1950er Jahren Richtung Türkei, wo sie Anschluss an die früher ausgewanderten Kosovo-T. fand. Die fünfte Welle fiel in die Jahre 1998/99.

Im Laufe der Zeit blieben als Hauptsiedlungsorte der T. in K. die Dörfer Stanofc i Poshtëm (serb. Donje Stanovce) u. Milosheva (serb. Miloševo) nördl. v. Priština (Prishtina) übrig. In den 1980er Jahren betrug ihre Zahl etwa 600–700 Personen. Sie sprachen neben Tscherkessisch Serb. und Alb. und waren weitgehend integriert. Als bedeutend galt die Familie v. Hamib Čerkez, der 1908 aus Foča in Bosnien nach K. gewandert war, u. dessen Nachfahren sich in K. politisch engagiert haben.

Als Anfang der 1990er Jahre die Autonomie K.s aufgehoben wurde, verschlechterten sich die interethn. Beziehungen. Die Mehrheitsbev. der Albaner setzte die T. unter Druck, ihre Namen zu albanisieren, u. als Moslems mit den Albanern gegen die Serben zusammenzuhalten u. ihre Kinder in alb. Schulen zu schicken. Die T. wehrten sich dagegen, weil sie ihre Kinder in weiterführende serb. Bildungseinrichtungen schickten u. sich diesen Weg nicht verbauen wollten. Sie kamen bei den Albanern in den Ruf v. Verrätern.

In dieser angespannten Stimmung kamen die Einwanderungswerber aus der neu gegründeten Republik Adygeja in der Russl. Föderation, die den Einwanderern Häuser u. Land in Aussicht stellten. Diese Werbungsaktion ging auf die Initiative der im Jahre 1991 v. der adygischen Diaspora gegründeten T.assoziation zurück, die 4 Mio. Adyge repräsentiert u. die einen organisatorisch-polit. Rahmen für die v. der Republik Adygeja ausgehende Werbung um die Rückkehr in die hist. Heimat gab. Die Republik Adygeja erließ 1998 auf Grundlage des Artikels 10 der Verfassung ein Repatriierungsgesetz, das ausdrücklich auf die Nachkommen des Exodus abzielte u. ihren Zuzug gegenüber anderen Emigranten begünstigte. Die Zugehörigkeit zum adygischen Ethnos konnte beim Fehlen v. Dokumenten durch zwei Zeugen nachgewiesen werden. Die Einwanderung wurde vom adygischen Präsidenten u. dem russ. Außenministerium unterstützt. Im August 1998 entschlossen sich im Schatten des heraufziehenden Krieges die ersten 23 tscherkessischen Familien zur Auswanderung nach Adygeja. Ihre Häuser verkauften sie an Albaner. Insgesamt sind aus K. etwa 300 T. ausgewandert.

Doch anders als v. den Werbern versprochen, bekamen die Einwanderer in Adygeja weder Häuser noch Land u. wurden in einem Kindergarten am Stadtrand v. Majkop untergebracht. Das Bauprojekt wurde vorerst gestoppt. Die Kosovo-T. beschwerten sich bei der russ. Regierung. Eine Untersuchungskommission stellte daraufhin Unterschlagungen fest. Mit Hilfe v. Spenden aus Deutschland u. Jordanien wurden im März 1999 unweit v. Majkop in einem neu gegründeten Dorf Mafekhabl („Glückliches Dorf") die ersten Häuser fertiggestellt, die unterdessen an die lokale Prominenz gegangen sind. Erst ab 2000 gab es Häuser für die Kosovo-T., allerdings ohne Eigentumsrechte. In der Endkonsequenz fanden sich die Kosovo-T. in einem russ. Siedlungsgebiet wieder, in dem sie Anfeindungen ausgesetzt waren: Sie wurden auf der Straße u. auf dem Markt attackiert u. mit Steinen beworfen, weil Russen u. Kosaken, die nach der Vertreibung der T. im 19. Jh. angesiedelt worden waren, befürchteten, dass ihre Mehrheit v. 68 % durch die Rückkehr der Urbevölkerung in Gefahr gerät.

Etwa 100 T. blieben in K. Im Laufe des Kosovokrieges wurden sie v. den serb. Paramilitärs als vermeintliche UÇK-Anhänger misshandelt, entführt u. zusammen mit Albanern vertrieben. Nach der im Juli 1999 erfolgten Auswanderung v. zwei Familien aus Milosheva nach Russland zählte die OSZE dort acht Familien mit insgesamt 85 Personen. Weitere tscherkessische Familien in anderen kosovarischen Orten wurden vermutet. Damit gingen mehr als hundert Jahre tscherkessischer Geschichte in K. zu Ende.

Lit.: R. Elsie, Historical Dictionary of Kosova. Lanham 2004; B. Sikimić, Etnolingvistička istraživanja skrivenih manjina – mogućnosti i ograničenja: Čerkezi na Kosovu, in: Skrivene Manjine na Balkanu. Hg. Dies. Beograd 2004, 259–280; O. Luchterhandt, Der Fall „Adygeja". Die nationale Gliedrepublik als Instrument der Problemlösung der Multinationalität im föderalen Staatsaufbau Russlands?, in: Kontinuität und Neubeginn. Staat und Recht in Europa zu Beginn des 21. Jahrhunderts. Hg. M. Hofmann/H. Küpper. Baden-Baden 2001, 206–244; E. Windisch, Die Heimkehr ist eine Flucht vor dem Krieg, *Stuttgarter Zeitung* 21. 5. 1999, 3; N. Malcolm, Kosovo: A Short History. London 1998; M. Vickers, Between Serb and Albanian. A History of Kosovo. London 1998; B. Özbek, Erzählungen der letzten Tscherkessen auf dem Amselfeld. Bonn 1986; I. Rotar, The International Circassian Community: Is Mass Repatriation of Adygeis Feasible?, in: http://www.jamestown.org/publications_details. php?volume_id=5&issue_id=316&article_id=3516 (Stand 27. 8. 2008).

Z. F.

Tschetschenen und Inguschen (1943–1945, 1992–2006). Zur Gruppe der nordkaukasischen Völker, deren →Deportation Iosif →Stalin durch eine angebliche →Kollaboration mit dem Feind begründen ließ, gehören auch die T. (Selbstbez. *Nachčo*) und I. (Selbstbez.

Galgaj), deren Autonome Gebiete erst am 15. 1. 1934 zusammengelegt u. am 5. 12. 1936 zur Tschetschenisch-Inguschischen ASSR ernannt worden waren. Dabei hatte die dt. Wehrmacht im August 1942 das Territorium der Republik nur peripher bei Malgobek u. Mozdok betreten. Als wahrscheinlicher Grund kommt vielmehr in Betracht, dass sich aus den Opfern der Säuberungen, der Kollektivierung u. der niedergeschlagenen Aufstände hier seit Anfang der 1930er Jahre ein Widerstand gebildet hatte, der sich unter Führung v. Chasan Izrailov (Terloev) und Mairbek Šeripov organisierte u. in die Berge zurückzog. Dass deren Verbände v. dort das Herannahen diversanter Voraustrupps der Deutschen begrüßten u. damit Desertionen in den tschetschenisch-inguschischen Einheiten der Roten Armee verursachten, mag die Entscheidung zur Verschickung provoziert haben, zumal die Fünften Kolonnen unter dem Kommando angeworbener Nordkaukasier standen (Osman Gube, Abdurachman Bel'toev, A. Achil'gov, Š. Gaziev u. a.).

Von einer Verbannung infolge faktischer Kollaboration kann also kaum die Rede sein. Vielmehr muss – wie im Fall der →Kalmücken – v. einer Bestrafungsaktion gegen den lang anhaltenden Widerstand der zwei Volksgruppen ausgegangen werden, die beide dem vajnachisch-dagestanischen bzw. ostkaukasischen Zweig der Kaukasischen Sprachgruppe zugehören sowie dem sunnitischen Islam, der stark durch Sufi-Bruderschaften beeinflusst war. Denn der vorangegangene Kampf gegen die zarische Herrschaft war in dieser Region nahtlos in antisowj. Aktionen übergegangen, die sowohl vor dem Eintreffen dt. Wehrmachtsverbände als auch parallel u. unabhängig zu deren Kampfhandlungen stattfanden.

Nachdem die stellvertretenden Volkskommissare für Inneres, Bogdan Kobulov u. Vasilij Černyšëv, im Oktober u. November 1943 mit den Spitzen des →NKVD über die Machbarkeit einer Deportation v. 0,5 Mio. Menschen beratschlagt hatten, willigte Lavrentij →Berija am 29. 1. 1944 ein, worauf das Staatskomitee für Verteidigung (russ. *Gosudarstvennyj Komitet Oborony*, GKO) zwei Tage später qua Beschluss (Nr. 5073ss u. 5074ss) die Aufnahme in der Kasachischen (→Kasachstan) u. der Kirgisischen (→Zentralasien) SSR vorbereiten ließ. Am 17. 2. waren die Vorbereitungen (Bereitstellung von ca. 15.000 Eisenbahnwaggons u. Bewachungspersonal), die den Funktionären vor Ort nicht verborgen bleiben konnten, abgeschlossen. In Begleitung des stellvertretenden Volkskommissars des Inneren, Ivan →Serov, v. General Kobulov u. Stepan Mamulov (Mamul'jan) erschien Berija am 20. 2. in Groznyj u. beaufsichtige die am 23. 2. beginnende Deportation, wobei er ständigen Kontakt mit Stalin hielt. Danach erging – *post factum* – am 28. 2. der Befehl (Nr. 00193) des NKVD zur Verschickung.

Trotz eines enormen Sicherheitsaufgebotes, bestehend aus über 93.000 Soldaten des NKVD sowie tausenden Zivilisten, darunter 3.000 →Osseten u. 6.000–7.000 Dagestaner, verlief der Abtransport nicht ohne bewaffneten Widerstand u. Verzögerung. Aufgrund der Witterungsverhältnisse zog er sich in den höheren Gebirgslagen des Bezirks v. Galančož bis Anfang März hin, wo an die 7.000 T. lebten. Der Widerstand des Dorfes Chajbach wurde mit brutaler Gewalt gebrochen. Der die Operation leitende General Michail Gvišiani ließ die 200 Bewohner in das Kolchosgebäude einsperren, es in Flammen setzen u. auf die Flüchtenden schießen.

Schon am 1. 3. waren 387.229 T. und 91.250 I. verschickt worden, v. a. nach Nord- u. Ostkasachstan (Akmolinsk, Pavlodar, Karaganda, Semipalatinsk, Alma-Ata) sowie nach Kirgistan (Biškek, Oš). Unter den Deportierten befanden sich auch 30.000 Akkin-T. aus dem Bezirk Auchov der benachbarten Dagestanischen ASSR, die im Terekgebiet schon lebten, bevor die Republik Dagestan 1922 gebildet wurde u. dadurch v. ihren Landsleuten adm.-territ. getrennt wurden. Hinzu kamen über 60.000 Soldaten u. Offiziere der T. und I., die nach dem Februar 1944 aus der Roten Armee entlassen und u. a. in Sonderlager nach Alma-Ata überstellt worden waren.

Der Transport ins Ungewisse erfolgte in völlig überfüllten, unbeheizten Viehwaggons ohne Licht u. Wasser u. dauerte etwa einen Monat. Typhus u. andere Epidemien forderten viele Tote, die während der wenigen Aufenthalte hastig in Gleisnähe verscharrt wurden. Auch im Fall der T. und I. waren die aufnehmenden Republiken nicht in der Lage, zugesagten Wohnraum u. Lebensmittel in ausreichendem Maße zu organisieren. So waren bspw. im Gebiet Akmolinsk der Kasachischen SSR v. 1.000 Planhäusern nur 27 errichtet worden, hatten in der Kirgisischen SSR im September 1946 erst 4.973 v. 31.000 Familien festen Wohnraum erhalten. Als Folge der unmenschlichen Lebensbedingungen war die Sterblichkeitsrate unter beiden Völkern sehr hoch.

Hatten die Staatsorgane bis Anfang März 1944 schon 478.479 Personen verschickt, denen bis 1946 noch weit über 60.000 Armeeangehörige folgen sollten, so befanden sich Anfang Oktober 1945 insgesamt 405.900 u. am 26. 11. 1948 nur noch 364.220 T. und I. in den Sonderlagern. Zum 1. 1. 1953 lebten 316.717 T. (darunter 183.445 Erwachsene) u. 83.518 I. (darunter 46.303 Erwachsene) in den Sonderlagern der Republiken Mittelasiens, u. zwar in der Kasachischen (244.674 T., 80.844 I.), in der Usbekischen (180 T., 167 I.), in der Kirgisischen (71.238 T., 2.334 I.) sowie in der Tadschikischen SSR (69 T., 15 I.). Kleinere Kontingente waren über die Gebiete u. autonomen Republiken →Sibiriens verstreut.

Mit dem Dekret Nr. 116/102 des Präsidiums des Obersten Sowjets vom 7. 3. 1944 wurde die Tschetschenisch-Inguschische ASSR abgeschafft, wobei ein Gebiet Groznyj mit der gleichnamigen Gebietshauptstadt innerhalb der RSFSR gebildet u. die Bezirke Kizljar sowie Groznyj des Stavropoler Gebietes aufgelöst wurden. Der überwiegend von I. bewohnte Bezirk Prigorodnyj wurde der Nordossetischen ASSR sowie der Georgischen SSR zugeschlagen u. unmittelbar mit Osseten bzw. Georgiern besiedelt. Andere Bezirke (Andalaly, Vedeno, Ritljab, Šuragat) gingen an die Dagestanische ASSR, die zudem das Territorium zweier weiterer Bezirke (Botlich, Cumada) auf Kosten der liquidierten ASSR erweitern konnte. Die Neubesiedlung dieser ethn. gesäuberten Gebiete regelte der Rat der Volkskommissare mit einem Dekret (Nr. 255–74ss) vom 9. 3.

Nationalitäten aus nordkaukasischen Gebieten (Awaren, Darginen, Osseten), aber auch Russen u. Ukrainer des Stavropoler Gebietes sowie Bürger der Stadt Groznyj sollten die evakuierten Dörfer zwangsweise besiedeln u. deren Zerfall verhindern helfen – ein Prozess, der mit sprachbereinigenden Akten verbunden war. Die der Nordossetischen ASSR zugeschlagenen Bezirke wurden laut Dekret des Präsidiums des Obersten Sowjets vom 29. 4. umbenannt: Psedach (Alan), Nazran (Kosta-Chetagurovo), Ačaluk (Nartovskij). Ein Dekret vom 30. 8. zog die Umbenennung aller Bezirke des neu geschaffenen Gebietes Groznyj nach sich: Ačchoj-Martan (Novosel'skij), Kurčaloj (Šuragatskij), Nožaj-Jurt (Andalalskij), Sajasan (Ritljabskij), Urus-Martan (Krasnoarmejskij), Šalin (Meždurečenskij).

Der zuvor ausschließlich v. Akkin bewohnte Bezirk Auchov (Novolakskoe) der Dagestanischen ASSR wurde am 7. 6. auf Beschluss des Obersten Sowjets umbenannt. Seine rasche Wiederansiedlung durch 1.300 Familien zwangsverpflichteter Laken aus zwei Bezirken des dagestanischen Hochlandes, v. denen zwei Drittel die Umsiedlung nicht überlebt haben sollen, ordnete der Rat der Volkskommissare mit Dekret (Nr. 5473ss) schon am 11. 3. an. Überhaupt räumte die dagestanische Regierung den inkorporierten Bezirken Auchov, Kurčalou, Nožaj-Jurt, Vedeno, Sajasan u. Gudermes durch ein vom Rat der Volkskommissare u. dem Parteikomitee Dagestans am 13. 3. gemeinsam verabschiedetes Dekret (Nr. 186/341) höchste Priorität beim Aufbau u. der Entwicklung ein.

In Dagestan schritt die ersatzweise Ansiedlung durch 62.000 Personen v. a. aus den awarischen Siedlungsräumen der Georgischen SSR daher zw. März u. August schon rasch voran, während die Neubesiedlung der aufgelösten ASSR mit deutlich unter 40 % weit hinter den Erwartungen zurückblieb. An die 42 Dörfer blieben dort unbewohnt u. waren dem Zerfall preisgegeben. Ein Dekret (Nr. 546) des Rats der Volkskommissare vom 18. 5. konnte nur 700 awarische Haushalte der Georgischen SSR zur Übersiedlung in tschetschenisch-inguschische Gebiete mobilisieren. Auch die bei Groznyj einst blühende Ölförderung fiel weit hinter ihre Sollzahlen zurück. Vor der Deportation waren hier etwa 4.000 tschetschenische u. inguschische Facharbeiter tätig.

Am 16. 7. 1956 hob das Präsidium des Obersten Sowjets die Restriktionen der Zwangsdeportation für die T. und I. per Dekret (Nr. 139/19/20) auf (→Rehabilitierung). Die Wiederherstellung von →territ. Integrität u. nationaler Autonomie aber gelang beiden Völkern erst aufgrund eines Beschlusses des ZK der KPdSU vom 25. 12. sowie eines weiteren Dekretes (Nr. 149/14) des Präsidiums des Obersten Sowjets vom 9. 1. 1957, das am 11. 2. Gesetzeskraft erhielt.

Im Zuge der territ. Neugestaltung mussten erst die tschetschenischen Bezirke Dušeti u. Kazbegi, die der Georgischen SSR unterstellt worden waren, qua Dekret (Nr. 149/22) des Präsidiums des Obersten Sowjets vom 11. 1. teilweise an die RSFSR rückübertragen werden. Analoge Rückübertragungen galten für Dagestan. Einige Bezirke im Hochgebirge (Itum-Kale, Galančož, Šaroj) blieben für die Wiederansiedlung jedoch geschlossen. Das 1944 geschaffene Gebiet Groznyj wurde aufgelöst. Der Bezirk Prigorodnyj blieb dagegen bei Nordossetien, wofür die Tschetschenisch-Inguschische ASSR die Bezirke Kargali, Šelkovo u. Naurskij aus dem Stavropoler Gebiet erhielt, in denen jedoch überwiegend Kosaken u. Nogai-Tataren lebten.

Um die Rückkehr der T. und I. an ihre angestammten Plätze zu erleichtern, stellte der Ministerrat der RSFSR auf Beschluss (Nr. 205) vom 12. 4. 1957 Finanzmittel zur Kreditvergabe bereit. Die Rückumsiedlung sollte in Kontingenten über einen Zeitraum v. vier Jahren durchgeführt werden. Den tschetschenischen Akkin blieb eine Rückkehr nach Dagestan zunächst gänzlich verwehrt, bis der dagestanische Ministerrat in Dekreten vom 16. 7. u. 16. 10. 1958 sowie vom 29. 5. 1959 die Wohnsitz- u. Arbeitsaufnahme durch Reisepässe regelte u. an die 28.000 T. nach Dagestan zurückkamen. Entgegen staatl. Planung reisten jedoch viel mehr Familien an. So waren im Frühjahr 1957 schon 140.000 anstatt vorgesehener 78.000 Personen zurückgekehrt u. gegen Ende des Jahres waren es bereits an die 200.000 Menschen. In den Jahren 1957–1961 kehrten somit an die 384.000 T. und 84.000 I. in ihre Heimat zurück, 8.000 I. allein nach Nordossetien. Obgleich das Zentralkomitee der Partei per Dekret vom 10. 6. 1957 Restriktionen bez. der Niederlassung im Stadtbezirk v. Groznyj erlassen hatte, hielt auch hier der Zustrom an.

Die Rückkehr der T. und I. in ihre Heimat verlief also konfliktreich, zumal über 20.000 Familien der Awaren, Osseten u. Darginen, die sich hier auf Zuruf niedergelassen hatten, nun nach Dagestan ausweichen mussten, wo ihre Heimkehr indes die Kumyken verdrängte. Überall kam es zu Spannungen mit den Vorbesitzern, die sich zwischenzeitlich auf den Wirtschaftshöfen u. in den Wohnungen der Deportierten niedergelassen hatten. Ähnlich verhielt sich die Situation bez. der Vergabe v. Arbeits-, Schul- oder Krankenhausplätzen. Die Konkurrenz um begrenzte Ressourcen zw. den T. und I. auf der einen u. den zugezogenen Bürgern aus Nordossetien, Dagestan u. Russland auf der anderen Seite führte zu Konflikten, die sich im Sommer 1958 in einem blutigen Zusammenstoß zw. Russen und I. entluden. Eine aufgebrachte Menge forderte die erneute Deportation von T. und I.

Obschon der östl. Teil Nordkaukasiens in diese Spannungslage insgesamt einbezogen war, sorgte die Forderung der I. nach Rückübertragung v. Prigorodnyj für besonderen Zündstoff, da dieser Bezirk der Verwaltung Nordossetiens auch nach Wiederherstellung der Autonomie mit der Begründung überlassen blieb, er grenze an die nordossetische Hauptstadt Vladikavkaz (Ordžonikidze) an. Der zw. beiden Ethnien lange schwelende Konflikt um Territorium u. Grenzverlauf, angefacht durch die →Nationalitätenpolitik u. Bev.verschiebungen, hatte zu einer Festsetzung ossetischer Siedler in Prigorodnyj während der Abwesenheit der I. geführt u. die Behörden in Vladikavkaz rieten nun v. einem Verkauf v. Wohnraum u. Land an die Repatrianten ab. Hinzu kam, dass sich in Prigorodnyj auch jene Osseten niederließen, die ab 1957 die tschetschenisch-inguschischen Bezirke Nazran, Psedach u. Ačaluk verlassen mussten, obgleich man sie dorthin aus Georgien 1944 umgesiedelt hatte. Daher stellten die Osseten mit 23.500 Menschen bei Rückkehr der verbannten I. über zwei Drittel der Gesamtbev. (33.000) v. Prigorodnyj dar.

Aber auch andere Teile des alten Territoriums wurden nicht restituiert. So verblieb ein Streifen der Darjal-Schlucht bei Georgien. Und ein Teil des an Nordossetien gegangenen Distriktes Psedach, der sog. Mozdok-Ossetische Korridor, verblieb bei Nordossetien. Den erschwerten Umständen einer Existenzgründung u. ständiger Diskriminierung bei der Vergabe von Arbeits-, Ausbildungs- u. Wohnplätzen zum Trotz arrangierten sich die I. von Prigorodnyj so gut es ging. Doch blieb die Rückforderung des Bezirks auf der polit. Agenda der I., wie ihre v. Gewalt überschatteten Demonstrationen in Groznyj Anfang 1973 u. in Ordžonikidze 1981 zeigten.

1992–2006. Am 1. 11. 1991 erklärte sich der tschetschenische Teil der ASSR zur unabhängigen Republik Ičkerija. Der inguschische Teil bildete per Referendum vom 30. 11. eine Republik innerhalb Russlands, wobei – nach Artikel 3 u. 6 des Gesetzes der RSFSR über die Rehabilitierung der unterdrückten Völker vom April 1991 – Ansprüche auf Restituierung des Bezirks Prigorodnyj, des Mozdok-Ossetischen Korridors sowie des rechtsufrigen Teils v. Vladikavkaz erhoben wurden. Die offizielle Auflösung der Tschetschenisch-Inguschischen ASSR erfolgte *post festum* am 10. 12. 1992, nachdem sich die Republik Inguschetien schon am 4. 6. konstituiert hatte.

Der Konflikt zw. Inguschetien u. Nordossetien, das sich am 20. 7. 1990 für unabhängig erklärt hatte, spitzte sich sowohl durch den georgisch-südossetischen Konflikt als auch durch die Mobilmachung u. Bewaffnung auf nordossetischer Seite seit dem Frühjahr des Jahres zu u. eskalierte nach gezielten Provokationen im Herbst 1992. Vom 30. 10. bis zum 6. 11. kam es im Bezirk Prigorodnyj zu blutigen Ausschreitungen zw. inguschischen paramilit. Einheiten einerseits u. der Miliz, der Sonderpolizei des Innenministeriums, der sog. Bürgerwehr sowie der Republikanischen Garde Nordossetiens andererseits, sodass Präsident Boris El'cin für die Region am 2. 11. den Notstand ausrufen ließ.

Am selben Tag begannen russ. Truppen u. nordossetische paramilit. Einheiten mit Angriffen auf inguschische Dörfer im Bezirk Prigorodnyj, deren Bev. ermordet, vergewaltigt u. vertrieben wurde. Auf russ. bzw. nordossetischer Seite sollen zw. 40.000 u. 68.000 Soldaten an den Aktionen beteiligt gewesen sein. Zahlen über die vertriebenen I. schwanken je nach Provenienz der Angaben zw. 30.000 u. 70.000 Menschen. Die Infrastruktur der inguschischen Bev. (Schulen, Geschäfte, Anlagen) wurde während der Kampfhandlungen gezielt geschädigt, wodurch eine rasche Rückkehr zwar nicht unmöglich, jedoch unwahrscheinlich gemacht wurde: 13 v. insgesamt 16 Dörfern wurden völlig zerstört.

Dennoch unterzeichneten die Präsidenten Inguschetiens u. Nordossetiens, Ruslan Aušev u. Achsarbek Galazov, im März 1993 in Kislovodsk eine Vereinbarung über die Rückkehr der Vertriebenen, die durch ein Dekret El'cins vom 13. 12. 1993 u. eine Absprache zu den Ausführungsbestimmungen am 24. 6. 1994 in Beslan sowie durch eine Erklärung über die Beilegung des Konfliktes in Moskau am 4. 9. 1994 bekräftigt wurde. An die 11.000 I. sollen bis 1997 in den Bezirk zurückgekehrt sein. Eine Beruhigung der Lage ist damit jedoch nicht eingetreten, wie zahlreiche Anschläge auf Behörden, Militärs u. Rückkehrer belegen.

Nicht alle Vertriebenen konnten bis Jahresende 2006 nach Prigorodnyj heimkehren. Ersatzweise Neusiedlungen in anderen Teilen Nordossetiens wurden bisher abgelehnt. Versuche der Regierung Inguschetiens, eine Restituierung der umstrittenen Gebiete auf polit. und verfassungsrechtlichem Wege zu erreichen, sind aufgrund der pro-ossetischen Haltung Moskaus bis heute gescheitert. Zuletzt hat Inguschetiens Vertreter im Bundesrat den Beauftragten des Präsidenten für den südl. Bundesbezirk, Dmitrij Kozak, im Januar 2006 zur Bildung einer Grenzklärungskommission unter Berücksichtigung des Gesetzes „Über die Rehabilitierung der repressierten Völker" vom 26. 4. 1991 aufgefordert.

Darüber hinaus ist zw. Tschetschenien u. Dagestan der Konflikt um den Bezirk Auchov neu entbrannt. Denn trotz eines „Programms zur Rehabilitierung von Opfern der stalinistischen Zwangsumsiedlung" aus dem Jahre 1992 waren v. den in neun Dörfern kompakt lebenden 13.000 Laken bis zum Dezember 2005 nur etwa 2.100 Personen der Aufforderung gefolgt, den Bezirk Novolakskoe zu verlassen u. in neu errichtete Dörfer umzusiedeln. Dem aber steht seit August 2004 die Forderung der Akkin-T. zur unverzüglichen Räumung dieser westdagestanischen Siedlungen gegenüber. Durch den geplanten Bev.austausch würden sich die demogr. Verhältnisse zw. T. und verbleibenden Awaren in einer Größenordnung v. 3 zu 1 verschieben, womit eine Rückübertragung des Bezirkes an die Republik Tschetschenien in greifbare Nähe rückt.

Von diesen Spätfolgen der stalinistischen Nationalitätenpolitik u. Deportation abgesehen haben die russ.-tschetschenischen Kriege erneut zu Flüchtlingsströmen u. Vertreibung geführt. An die 161.000 Personen sollen schon 1995 aus Tschetschenien nach Inguschetien u. über 100.000 Menschen nach Dagestan geflohen sein. Insgesamt vertrieb der erste Tschetschenische Krieg (1994–1996) etwa 400.000 Menschen unterschiedlicher Nationalität aus der Republik Ičkerija.

Lit. (a. →Balkaren, →Kaukasien, →Osseten): J. Burds, The Soviet War against ‚Fifth Columnists': The Case of Chechnya, 1942–1944, *Journal of Contemporary History* 42/2 (2007), 267–314; N. F. Bugaj, 40–50-e gody: posledstvija deportacii narodov (Svidetel'stvujut archivy NKVD – MVD SSSR), *ISSSR* 1 (1992), 122–143; Ders., Pravda o deportacii čečenskogo i ingušskogo narodov, *VI* 7 (1990), 32–44.

D. S.

Tuđman, Franjo (*14. 5. 1922 Veliko Trgovišće, †10. 12. 1999 Zagreb) – General, Historiker, Präsident der Republik Kroatien (1990–1999). T. stammte aus einer Bauernfamilie. Nach der Grund- u. Bürgerschule besuchte er 1939–1941 eine Wirtschaftsakademie. Nach der Besetzung →Jugoslawiens 1941 schloss er sich den Partisanen an u. trat der KPJ bei. Von 1945 bis 1961 bekleidete er als einer der jüngsten Generäle in der Jug. Volksarmee (JVA) hohe Militärposten in Belgrad u. wurde schließlich als Generalmajor pensioniert. Anschließend leitete er das Institut für die Geschichte der Arbeiterbewegung Kroatiens u. promovierte 1965 an der Philosophischen Fakultät in Zadar über das Thema „Die Gründe der Krise des monarchistischen Jugoslawien von der Vereinigung 1918 bis zum Zusammenbruch 1941". Wegen seines Einsatzes für nationalkroat. Interessen innerhalb Jugoslawiens geriet er wiederholt in Konflikt mit den Behörden; 1967 wurde er als Institutsdirektor abgesetzt u. aus dem Bund der Kommunisten ausgeschlossen. Anschließend leitete er das Institut für die Geschichte der Arbeiterbewegung Kroatiens u. war Professor an der Fakultät für Politikwissenschaften in Zagreb. In den 1970er–1980er Jahren wurde er aus polit. Gründen zweimal verhaftet u. zu Gefängnisstrafen verurteilt. 1989 gründete er die Kroatische Demokratische Union (HDZ), die aus den ersten Mehrparteienwahlen im April/Mai 1990 als Siegerin hervorging. Der am 30. 5. 1990 zum Präsidenten der Teilrepublik Kroatien gewählte T. heizte die nationale Euphorie in Kroatien an, umgab sich mit extremen Nationalisten (aus der Heimat u. dem Exil), bediente sich einer mitunter rassistisch anmutenden Rhetorik u. betrieb eine partielle Rehabilitierung des *Ustaša*-Regimes (→Unabhängiger Staat Kroatien). Damit schürte er die Ängste der in Kroatien beheimateten Serben, die sich in der Folgezeit immer stärker an Belgrad anlehnten u. sich von Slobodan →Milošević für dessen großserb. Pläne vereinnahmen ließen. Das am Vorabend der Wahlen v. 1989 veröffentlichte Buch „Bespuća povijesne zbiljnosti" (dt. „Irrwege der Geschichtswirklichkeit", 1993), in dem sich T. mit den Opfermythen des 2. →Wk.s u. insbesondere mit der Zahl der Opfer im kroat. KZ Jasenovac auseinandersetzte, stieß sowohl in Jugoslawien selbst als auch im Ausland auf z. T. heftige Kritik. Ähnlich wie Milošević strebte auch T. nach territorialer Expansion zu Lasten Bosnien-Herzegowinas (→B.-H. als Vertreibungsgebiet). Dabei schloss er nach eigener Aussage eventuelle „freiwillige" Umsiedlungen nicht aus. Die über eine Teilung Bosniens im März 1991 mit Milošević geführten Geheimgespräche blieben jedoch erfolglos, da sich der serb.-kroat. Gegensatz immer mehr zuspitzte.

Am 25. 6. 1991 erklärte Kroatien seine Unabhängigkeit u. wurde v. der JVA u. den →Krajina-Serben angegriffen. Letztere spalteten sich mit Unterstützung Belgrads v. Kroatien ab u. proklamierten am 19. 12. 1991 die „Serbische Republik Krajina", aus der nahezu die gesamte kroatische Bev. vertrieben wurde oder floh.

Das Bestreben, Bosnien-Herzegowina zw. Serben u. Kroaten aufzuteilen, wurde auch während des Krieges in Bosnien (1992–1995) nicht aufgegeben. Im Frühjahr 1993 eröffneten bosnisch-herzegowinische Kroaten gegen ihre bisherigen Verbündeten, die Muslime, einen Krieg (im Krieg), der erst auf massiven amerikanischen Druck hin ein Jahr später beendet wurde. Im Frühsommer 1995 zeichnete sich dann in Kroatien u. Bosnien-Herzegowina die milit. Wende zu Ungunsten der Serben ab. Bereits im Mai hatte die kroatische Armee Westslawonien zurückerobert u. startete Anfang August eine Großoffensive gegen die serb. kontrollierten Gebiete um Knin u. Glina. Innerhalb weniger Tage wurde die „Republik Krajina" v. den Kroaten ohne nennenswerten Widerstand eingenommen. Die serbische Bev. aus der Lika u. Dalmatien flüchtete nach S, während die in der Region Banija u. Kordun eingezingelten serb. Einheiten mit den Kroaten eine Vereinbarung trafen, die der serbischen Bev. den freien Abzug nach Serbien gestattete. Insgesamt über 150.000 Serben verließen die Krajina in Richtung Bosnien u. Serbien. Gebrechliche, alte Menschen, die zur →Flucht nicht in der Lage waren, wurden häufig Opfer kroat. Racheakte. Der Krieg in Bosnien endete mit dem Abkommen v. →Dayton.

Ob u. inwieweit T. für die massiven Menschenrechtsverletzungen u. Kriegsverbrechen kroat. Einheiten in Bosnien (1993/94) u. Kroatien (1995) eine Verantwortung oder Mitverantwortung trug, wurde juristisch infolge seines frühen Todes nie geklärt. Von großen Teilen der kroatischen Bev. wird T. als Begründer u. erster Präsident Kroatiens sowie als Oberbefehlshaber im „Vaterländischen Krieg“ (*domovinski rat*, 1991–1995) bzw. als Befreier v. serbischer Aggression verehrt. Kritische Beobachter der 1990er Jahre weisen dagegen darauf hin, dass T. maßgeblich an der Schürung nationalistischer Konflikte beteiligt war u. mit seinen großkroat. Ambitionen zur Eskalation der Gewalt beitrug. Infolge des Kriegsgeschehens u. des autoritären Führungsstils von T. konnte die Systemtransformation in Kroatien erst nach dessen Tod greifbare Formen annehmen.

Lit.: N. Barić, Srpska pobuna u Hrvatskoj, 1990–1995. Zagreb 2005; Stenogrami o podjeli Bosne, knjiga prva i druga. Hg. P. Lucić. Split, Sarajevo 2005; D. Hudelist, Tuđman: Biografija. Zagreb 2004; S. Husić, Psychopoathologie der Macht. Die Zerstörung Jugoslawiens im Spiegel der Biographien von Milošević, Tudjman u. Izetbegović. Berlin 2007.

H. S.

Türken aus Bulgarien (1950/51). Gemäß der ersten bulg. Volkszählung nach dem 2. →Wk. lebten im Jahr 1946 675.500 T. im Land (9,61 % der Gesamtbev.). Rund 70 % der türk. Minderheit lebte konzentriert in Südostbulgarien (Ostrhodopen) u. Nordostbulgarien (sog. *deli orman*). In den Verwaltungsbezirken Šumen (Kolarovgrad), Chaskovo u. Ruse stellten T. zwischen einem Viertel u. einem Drittel der Gesamtbev., wobei sie in einigen Gemeinden deutlich mehr als die Hälfte der Bev. ausmachten. Die überwiegende Mehrheit der türk. Minderheit gehörte dem sunnitischen Islam an, eine Minderheit der alewitischen Glaubensrichtung. Kemalistisches Gedankengut war nur partiell u. von einer kleinen Elite der türkischen Bev. →Bulgariens rezipiert worden, während der Großteil noch in relig. geprägten, traditionellen Milieus lebte. Beinahe 90 % der türkischen Bev. galt bei Ende des 2. Wk.s als analphabetisch. Hauptwirtschaftszweig war kleinbäuerliche Landwirtschaft, hierbei neben Subsistenzlandwirtschaft v. a. Tabakanbau u. Schafzucht.

Mit der Machtübernahme der komm. dominierten Vaterländischen Front (bulg. *Otečestven front*) am 9. 9. 1944 änderte sich die Lage der türk. Minderheit, die seit Mitte der 1930er Jahre einer zunehmend minderheitenunfreundlichen Politik seitens der Regierung ausgesetzt gewesen war, weshalb zw. 1935 u. 1939 rd. 82.000–85.000 T. aus B. in die Türkei ausgewandert waren. Zum einen betrieb die Regierung der Vaterländischen Front in den ersten Jahren nach ihrer Machtübernahme eine dezidiert minderheitenfreundliche Politik, was sich u. a. im Ausbau des türk.sprachigen Schul- u. Medienwesens ausdrückte. Abgesehen v. außenpolitischen Motiven zielte diese Politik auf die Schaffung einer loyalen türk. Minderheit, unter der eine säkulare, perspektivisch komm. Elite herangebildet werden sollte. Andererseits unterlag die türk. Minderheit, so wie die gesamte Bev. des Landes, den radikalen v. den bulg. Kommunisten vorangetriebenen Modernisierungsbestrebungen, die letztlich in einer kulturell homogenen sozialistischen Gesellschaft münden sollten. Bestimmte Aspekte dieser sich mit der Etablierung einer komm. Diktatur in den Jahren 1947/48 verschärfenden Politik wurden v. Angehörigen der türk. Minderheit als Angriff auf ihre Kultur wahrgenommen, wie die atheistische Propaganda u. Verfolgung v. Geistlichen, die Emanzipation der Frauen, die Säkularisierung v. Bildung u. Familie sowie die Kollektivierung der Landwirtschaft.

Beeinträchtigt wurde die Situation der türk. Minderheit auch durch die zunehmenden bilateralen Spannungen zw. B. und der Türkei. Ab 1947 häuften sich Grenzzwischenfälle zw. beiden Ländern u. in der bulg. Führung entstanden Bedenken hinsichtlich der Loyalität der türk. Minderheit. Mit dem Bruch zw. →Jugoslawien u. der →Sowjetunion u. den darauf folgenden Säuberungswellen in den Moskau treuen sozialistischen Ländern sowie mit der Ausschaltung jeglicher Opposition 1948 verschärfte sich zudem die innenpolitische Situation in B.

Vor diesem Hintergrund kam es Ende der 1940er zu einer verstärkten Emigrationsbereitschaft unter der türkischen Bev. Bulgariens (→Emigration). Nach Angaben der bulg. Regierung wurde diese auch durch die türk. Regierung gezielt gefördert. Im Lauf des Jahres 1949 häuften sich illegale Grenzübertritte, bis schließlich das Politbüro der BKP im August 1949 beschloss, die Auswanderung aus den Grenzregionen zur Türkei zu ermöglichen. Falls die Türkei die Aufnahme dieser Ausreisewilligen ablehnte, sollten sie nach Nordbulgarien umgesiedelt werden. Ende 1949/Anfang 1950 stieg die Zahl der Ausreiseansuchen kontinuierlich an. In der ersten Jahreshälfte 1950 wanderten ca. 12.000 Angehörige der türk. Minderheit aus B. aus (auf Basis des 1925 abgeschlossenen Freundschaftsvertrags zw. B. und der Türkei, der u. a. die freiwillige Auswanderung u. Aufnahme v. Angehörigen der türk. bzw. bulg. Minderheit regelte). Gleichzeitig verschlechterten sich die bilateralen Beziehungen zw. der Türkei und B. weiter.

Bis zu diesem Zeitpunkt stellte die wachsende Emigration von T. aus B. keine Zwangsmigration dar, war sie vielmehr durch unterschiedliche Push-Faktoren in B. (schlechte ökon. Situation, repressives polit. Klima, komm. Modernisierungspolitik, Minderheitenlage) u. Pull-Faktoren in der Türkei (Familienbeziehungen aufgrund vorangegangener Migrationen, türk. Propaganda, konfessionelle u. linguistische Verbundenheit) bedingt. Ab August 1950 scheint die BKP aber die Intention verfolgt zu haben, sich der als illoyal angesehenen Teile der türk. Minderheit zu entledigen.

Am 10. 8. 1950 teilte die bulg. Regierung der türk. überraschend mit, dass 250.000 bulg. T. um Auswanderung angesucht u. über 54.000 bereits bulg. Ausreisedokumente erhalten hätten. B. kritisierte die Türkei, die Bestimmungen des Vertrags v. 1925 zu verletzen u. nicht ausreichend Einreisevisa für emigrationswillige T. auszustellen. Die türk. Regierung wurde nun aufgefordert, binnen drei Monaten die Ansiedlung der Ausreisewilligen zu gewährleisten. Zwei Tage später meldete die bulg. Regierung, dass die Auswanderungswilligen zur türk. Grenze gebracht werden. Die Regierung der Türkei kritisierte diese kurze Frist u. beschuldigte die bulg. Regierung, die türk. Minderheit vertreiben zu wollen, was dem Vertrag v. 1925 widersprach, der sich nur auf freiwillige Emigration bezog. Die Türkei warf B. auch vor, entgegen den Vertragsbestimmungen den Emigranten nicht den Verkauf bzw. die Mitnahme ihres Eigentums zu ermöglichen. Am 7. 11. 1950 schloss die türk. Regierung vorübergehend die Grenze (u. a. warf sie B. vor, auch Roma in die Türkei emigrieren zu lassen). Auf der Basis einer bilateralen Übereinkunft vom 2. 12. 1950, in der die bulg. Regierung Forderungen der Türkei über die Ausreisemodalitäten akzeptierte, konnten wieder T. aus B. auswandern. Bis zur erneuten Grenzschließung durch die Türkei am 8. 11. 1951 aufgrund des Vorwurfs an die bulg. Regierung, dass auch 1.500 Roma in die Türkei gekommen wären, wanderten 154.000 T. aus B. aus (bis zu 20.000 monatlich). Danach stoppte die bulg. Regierung die Ausgabe v. Ausreisevisa, selbst nachdem die türk. Regierung Anfang 1953 die Grenze wieder geöffnet hatte.

Der Auswanderungsstopp durch die bulg. Regierung war einerseits durch die negativen Folgen der Aussiedlung für die Ökonomie der betreffenden Regionen (v. a. den Tabakanbau) bedingt; andererseits hing er auch mit der Umkehr in der Minderheitenpolitik zusammen, die sich bereits in der ersten Jahreshälfte 1951 andeutete: Nun zielte die Regierung wieder auf die →Integration der türk. Minderheit, u. a. durch den Ausbau des türk. Schulwesens u. der türk. Kultureinrichtungen sowie die verstärkte Aufnahme von T. in die BKP (→Nationalitätenpolitik).

Die Auswanderungswelle v. 1950/51 schlug sich auch demogr. nieder: Bei der Volkszählung v. 1956 war der Anteil der T. an der Bev. B.s trotz ihrer höheren Natalität auf 8,62 % (656.025 Personen) gesunken. In der Türkei wurden sie in den westl. Landesteilen angesiedelt; später zogen viele nach Istanbul u. Bursa (dem Zentrum der T. aus B.). Für die Aufnahme der Immigranten erhielt die Türkei u. a. Mittel aus dem Marshall-Plan, u. die türk. Regierung vergab an Immigrantenfamilien Ackerland.

Ein definitives Urteil über diese Migrationbewegung ist angesichts des noch ungenügenden Forschungsstandes nicht möglich; sie hat Elemente des Zwangs u. der Freiwilligkeit vereint. Ein großer Teil der türk. Minderheit war emigrationswillig, nicht zuletzt aufgrund der sich Anfang 1950 intensivierenden Kollektivierungskampagne. In der bulg. Führung gab es auch Zweifel bez. der Integrationsfähigkeit der vielfach noch stark relig., auf dem Lande lebenden T. in die „sozialistische" Nation sowie Ängste, dass die türk. Minderheit eine „Fünfte Kolonne" der Republik Türkei sein könnte. Eine weitere in der Forschung anzutreffende Hypothese ist, dass die bulg. Regierung durch die Aussiedlung einer derart großen Zahl von T. die Türkei destabilisieren wollte bzw. v. der UdSSR zu diesem Zweck instrumentalisiert wurde, da die Türkei sich am Koreakrieg beteiligte. Das Ausmaß des unmittelbaren Zwanges seitens der bulg. Regierung auf die türk. Minderheit, um sie zur Auswanderung zu drängen, sowie seine konkreten Formen müssen noch geklärt werden. Das Mittel der Zwangsmigration war der BKP jedenfalls nicht fremd gewesen; so hatte es 1948/49 Zwangsumsiedlungen v. Minderheitenangehörigen (T. und Pomaken) v. Grenzregionen in das Landesinnere gegeben.

Lit. (a. →Bulgarien): W. Höpken, Im Schatten der nationalen Frage: Die bulgarisch-türkischen Beziehungen, *Südosteuropa* 36/2–3 (1987), 75–95; H. L. Kostanick, Turkish Resettlement of Bulgarian Turks. 1950–1953. Berkeley 1957; R. L. Wolff, The Balkans in Our Time. Cambridge/Mass. 1956.

U. B.

Türken aus Bulgarien (1989). Am 29. 5. 1989 forderte der bulg. Staats- u. Parteichef Todor Živkov in einer Fernseh- u. Radioansprache überraschend die Republik Türkei auf, ihre Grenzen für „alle bulgarischen Muslime" zu öffnen, die auswandern wollten. Innerhalb weniger Wochen suchten rd. 250.000 Angehörige der türk. Minderheit B.s um einen Reisepass an; eine große Ausreisewelle in die Türkei begann. Am 22. 8. 1989 schloss die Türkei ihre Grenzen für Auswanderer aus B. Bis zu diesem Zeitpunkt hatten 310.000–320.000 T. (rd. ein Drittel der türk. Minderheit) B. verlassen u. weitere fast 50.000 sich in Richtung Grenze aufgemacht. In der bulg. Publizistik bürgerte sich für diese Auswanderungswelle der Begriff Große Exkursion *(goljama ekskurzija)* ein.

Unmittelbarer hist. Hintergrund dieser Ausreisewelle, die Elemente der Zwangsausweisung, der →Flucht u. der Auswanderung beinhaltete, war die versuchte →Zwangsassimilation der türk. Minderheit B.s, die Ende 1984 eingesetzt hatte u. von der bulg. Führung als „Wiedergeburtsprozess" tituliert worden war. Im Dezember 1984 begannen die bulg. Behörden, Angehörige der türk. Minderheit zu zwingen, ihre türk.-arabischen Namen durch bulg. zu ersetzen (wobei es schon vorher Fälle gegeben hatte, dass bei der Ausgabe neuer Personaldokumente T. genötigt worden waren, sich bulg. Namen zuzulegen). Die Kampagne der erzwungenen Namensänderung begann in den Bezirken Kărdžali u. Chaskovo u. wurde dann auf die anderen Landesteile ausgedehnt. Bewaffnete Einheiten umstellten türk. Dörfer u. zwangen die Bev., sich neue Personaldokumente mit einem „bulgarischen" Namen ausstellen zu lassen. Bei regulären Neuausstellungen an Angehörige der türk. Minderheit war der Namenswechsel ebenfalls obligatorisch. Gegen diese Zwangsassimilierung regte sich allerdings unerwartet heftiger Widerstand, gegen den die Sicherheitskräfte mit großer Brutalität, der Dutzende T. zum Opfer fielen, vorgingen.

Im Januar 1985 machte ein Plenum des ZK der BKP den „Wiedergeburtsprozess" zur offiziellen Politik u. weitete die Maßnahmen aus. Alle Merkmale türk. Ethnizität sollten ausradiert werden. In der Folge wurde der Gebrauch des Türkischen in der Öffentlichkeit untersagt: Die Zeitung *Yeni işik – Nova svetlina* („Neues Licht") erschien nur mehr auf Bulgarisch, Beschneidungen wurden verboten und relig. Praktiken radikal eingeschränkt, Moscheen u. muslimische Friedhöfe z. T. zerstört, türk. Namen aus Registern gestrichen, türk. Wörterbücher in Bibliotheken in geschlossene Sonderbestände verbannt usw. Ideologisches Motiv war die offizielle Ansicht, dass es sich bei den T. in B. um während der osm. Herrschaft zwangsislamisierte u. -türkisierte Bulgaren handeln würde, deren „eigentliche" ethn. Zugehörigkeit nun wiederhergestellt werden solle. Damit fand die seit den späten 1950er Jahren zunehmend auf Assimilation der muslimischen Minderheiten zielende →Nationalitätenpolitik der komm. Regierung ihren radikalen Abschluss. Bereits die Verfassung v. 1971 kannte keine „Minderheiten" mehr, u. 1973/74 waren die Namen der Pomaken (bulg.sprachige Muslime) zwangsweise durch bulg. ersetzt worden. Diese Politik wurde nun auf die türk. Minderheit u. damit auf rd. ein Zehntel der Gesamtbev. ausgedehnt. Fortan gab es keine „T." mehr in B.

Die konkreten Motive der Parteiführung bzw. Živkovs für diesen Schritt waren – vor dem Hintergrund ihrer seit den 1960er Jahren allg. zunehmend nationalistischen Politik u. der ideologischen Vorstellung v. einer „einheitlichen sozialistischen Nation", in der es keine kulturellen Unterschiede geben sollte – vielfältig. Schon Ende der 1960er Jahre hatte sich Živkov besorgt über die höhere Natalität u. das raschere Wachstum der türkischen Bev. gezeigt. Er befürchtete, dass die territoriale Konzentration der türk. Minderheit u. das sich ändernde demogr. Verhältnis in den Ostrhodopen Ausgangspunkte v. Forderungen für Territorialautonomie seitens der T. sein könnten. Diese Ängste wurden nach der türk. Invasion in Nordzypern 1974 noch akuter. Darüber hinaus stellte die Zwangsassimilierung der T. auch einen Versuch der BKP-Führung dar, in einer sich verschlechternden ökon. Lage Legitimation durch ein nationalistisches Projekt wiederzugewinnen (→Zwangsassimilation).

Die Zwangsassimilierung stieß auf heftigen Widerstand seitens der türk. Minderheit u. provozierte das Entstehen einer türk. Untergrundbewegung, die auch Terrorakte verübte (z. B. im März 1985 auf einen Zug in der Nähe v. Sofia). Aus den Berichten der Behörden u. der BKP wird auch klar, dass der „Wiedergeburtsprozess" keinen Erfolg hatte; vielmehr wurde türk. Sonderbewusstsein eher gestärkt denn geschwächt. Auf internat. Ebene erlitt B. einen massiven Prestigeverlust; die türk. Regierung versuchte die Frage zu internationalisieren, u. Menschenrechtsorganisationen im W dokumentierten die schweren Menschenrechtsverletzungen im Zuge der Assimilierungskampagne (→Menschenrechte). Auch seitens der neuen sowj. Führung unter Michail Gorbačëv gab es kein Verständnis für das Vorgehen der bulg. Führung. Angeblich „freiwillig" für das ausländische Publikum verfasste offene Briefe von turk.stämmigen Intellektuellen u. Muftis, deren „Namen wiederhergestellt" worden waren, konnten nicht über den Zwangscharakter der Namensänderung u. Assimilation hinwegtäuschen.

Im Laufe des Jahres 1988 wurde der Widerstand seitens der türk. Minderheit immer stärker u. Mitte Mai 1989 kam es in einer Reihe v. Orten zu Demonstrationen gegen die Namensänderung sowie zu Auseinandersetzungen mit der Miliz, die Todesopfer unter den Demonstranten forderten (nach offiziellen Angaben sieben, nach inoffiziellen deutlich mehr). Im selben Monat brachten bulg. Dissidenten eine gegen die Assimilationspolitik der Regierung gerichtete Petition in die Nationalversammlung ein. In dieser Situation entschloss sich die bulg. Führung dazu, das „türkische Problem" durch die Auswanderung all jener T. zu lösen, die sich als solche verstanden u. nicht assimilieren wollten. Schon im Januar 1985 hatte Živkov dem Politbüro vorgeschlagen, dass 100.000–150.000 T. auswandern sollten. In seiner Radio- u. Fernsehansprache vom 29. 5. 1989 betonte Živkov zwar nochmals die bulg. Wurzeln der T., stellte ihnen aber die Wahl der Heimat u. somit die →Emigration frei. Im Politbüro sprach er am 6. 6. 1989 davon, dass zumindest 200.000 T. ausgesiedelt werden müssten, damit sich B. nicht in ein paar Jahren in ein zweites Zypern verwandeln würde. Andere Politbüromitglieder forderten, dass so viele T. wie möglich das Land verlassen sollten. Die tägliche Auswanderungsquote wurde in der Folge im Juli v. 2.000 auf 5.000 Personen erhöht.

Formaler Ausgangspunkt der einsetzenden massenhaften Auswanderung war die Verabschiedung eines neuen Passgesetzes durch die bulg. Führung am 10. 5. 1989 u. die Möglichkeit, sich vorzeitig neue Reisepässe ausstellen zu lassen. Als erste wurden Teilnehmer an den Protesten der türk. Minderheit gegen die Zwangsassimilation gezwungen, sich neue Pässe zu besorgen u. auszureisen. Innerhalb kürzester Zeit beantragte ein großer Teil der türk. Minderheit neue Reisepässe (in Summe 369.839) u. die Behörden stellten diese auch sehr rasch aus. Bis zum 8. 7. 1989 verließen bereits fast 120.000 T. das Land, bis zur Schließung der Grenze durch die T. am 22. 8. 1989 weitere 200.000. Die meisten Emigranten kamen aus den beiden Regionen B.s mit dem höchsten türk. Bev.anteil, Kărdžali u. Razgrad (55.151 bzw. 57.623). Das größte Kontingent v. Emigranten (rd. 80.000) wurde in der Stadt Bursa angesiedelt, wo es bereits viele T. aus B. gab.

Angesichts der Aufnahmeschwierigkeiten in der Türkei, die mit einer so großen Zahl an Immigranten überfordert war (weshalb sie die Grenze schloss), setzte bald eine Rückkehrbewegung ein. Noch vor dem Fall Živkovs (9. 11. 1989) kehrten rd. 35.000–50.000 türk. Emigranten zurück. Bis zum 10. 9. 1990 folgten ihnen insgesamt rd. 155.000 geflüchtete T. Trotz der Rückkehr waren die soz. und demogr. Folgen der Fluchtwelle markant. In den betroffenen Regionen wurden Arbeitskräfte für die dort dominante Landwirtschaft knapp. Die Gesamtbev. des Bezirks Kărdžali nahm v. 1985 bis 1992 um 29 % ab. Die Bezirke Šumen u. Razgrad verzeichneten einen Rückgang um ca. 13 %. Die Größe der türk. Minderheit reduzierte sich nach Schätzungen um 25 %. Beim Zensus 1992 wurden 800.052 T. (9,43 % der Gesamtbev.) gezählt, was dem Anteil v. 1965 entsprach (9,49 %, 780.928 Personen). Angesichts des relativ großen natürlichen Bev.wachstums der türk. Minderheit verdeutlichen diese Zahlen den demogr. Rückgang aufgrund der Massenflucht 1989.

Lit. (a. →Bulgarien): U. Bjuksenšjutc [U. Büchsenschütz], Malcinstvenata politika v Bălgarija: politikata na BKP kăm evrei, romi, pomaci i turci, 1944–1989. Sofia 2000; Between Adaptation and Nostalgia. The Bulgarian Turks in Turkey. Hg. A. Zhelyazkova. Sofia 1998.

U. B.

Türken/Muslime aus Griechenland. Unter der Bezeichnung „Türken“ wurden bis ins 20. Jh. hinein (u. gelegentlich noch heute) alle Muslime (unterschiedlicher ethn. Zuordnung u. Sprache) im Balkanraum zusammengefasst. Im Zuge der Entstehung u. territorialen Ausweitung des 1830 gegründeten Kgr. →Griechenland u. der schrittweisen Zurückdrängung des Osm. Reiches aus Europa gerieten die T. unter massiven Auswanderungsdruck oder flohen aus den Gebieten, die an G. fielen. Schon während des griech. Befreiungskrieges 1821–1828 waren über 40.000 T., die auf der Peloponnes gelebt hatten, umgekommen, geflohen oder wurden später vertrieben. In Mittel-G. halbierte sich die Zahl der T. auf etwa 9.000. In den Gründungsdokumenten des Kgr.s G., den Londoner Protokollen v. 1830 u. 1836, sowie in nachfolgenden Friedensverträgen wurden den T. ein Auswanderungsrecht (→Option) eingeräumt, das v. der Mehrheit der Betroffenen wahrgenommen wurde, zumal die ersten griech. Verfassungen mittels des Konfessionskriteriums die Muslime als vollberechtigte Staatsbürger ausschlossen. Das Optionsrecht galt auch für die T. im 1881 an G. angeschlossenen Thessalien, die jedoch bis zum griech.-türk. Krieg 1897 mehrheitlich in ihrer Heimat verblieben. Zu den größten Bev.verschiebungen kam es erst im Verlauf der →Balkankriege v. 1912/13. Etwa 150.000 T. flohen aus dem an G. gefallenen Teil Makedoniens nach Ostthrakien u. in das kleinasiatische Küstenland. Ihre Häuser u. Felder nahmen die aus Westthrakien, das zw. 1913 u. 1919 zu Bulgarien gehörte, sowie aus Ostthrakien u. Anatolien vertriebenen Griechen ein (→Griechen aus der Türkei). Etwa 50.000 T. verließen die Insel Kreta, die 1913 an G. angeschlossen wurde.

Im Ergebnis des griech.-türk. Krieges 1921/22 u. der Lausanner Konvention vom 30. 1. 1923 (→Lausanner Konferenz) wurden alle T. (mit Ausnahme derjenigen in Westthrakien) aus G. zwangsausgesiedelt. Völlig verlässliche Zahlenangaben gibt es nicht. Aus dem griech. Teil Makedoniens sollen 348.000 u. aus anderen Teilen G.s 32.000 T. in die Türkei übersiedelt worden sein (s. a. →Makedonier aus G.). Seither gibt es Muslime nur noch in Westthrakien. Ihre Zahl belief sich in den 1990er Jahren auf 105.000–120.000 Personen, deren ethn. Zugehörigkeit zwischen G., der Türkei u. Bulgarien umstritten ist. Die Mehrheit ist türk.sprachig.

Lit.: →Balkankriege, →Lausanner Konferenz.

Redaktion

Ukraine als Deportationsgebiet (1939 bis zum Anfang der 1950er Jahre). Noch Mitte der 1930er Jahre wurden rd. 70.000 Personen, v. a. Polen u. Deutsche, aus den westlichen ukr. Gebieten nach →Kasachstan umgesiedelt (→Polen aus der Ukraine: Deportation nach Kasachstan in den 1930er Jahren).

1939–1941. Nach der Annexion der östl. Gebiete →Polens durch die →Sowjetunion im Herbst 1939 (→deutsch-sowjetischer Grenzvertrag) ging der sowj. Sicherheitsapparat zur Vorbereitung repressiver Maßnahmen gegen die sog. Siedler (poln. *osadniki*) sowie poln. Kolonisten (poln. *kolonisci*) über – gegenüber Personen also, die vorwiegend aus Zentral- oder Westpolen stammten u. in den östl. Gebieten der Zweiten Republik (in den 1920er u. 1930er Jahren für Verdienste im poln.-sowj. Krieg 1919–1921) landwirt. Güter erhalten oder diese erworben hatten. Die Entscheidung über ihre Aussiedlung traf das

Politbüro des ZK der VKP(b) am 5. 12. 1939. Außer diesen sog. Siedlern sollten auch die Familien v. Forstarbeitern (poln. *leśniki*) ohne Rücksicht auf die Nationalität ausgesiedelt werden (darunter Weißrussen u. Ukrainer). Die allg. Leitung dieser Aktion oblag dem Stellvertretenden Volkskommissar für Innere Angelegenheiten der UdSSR (→NKVD) Vsevolod Merkulov u. dem Volkskommissar für Innere Angelegenheiten der Ukr. SSR Ivan →Serov. Die Aussiedlungsaktion wurde am 10. 2. 1940 durchgeführt. Als Resultat wurden ca. 90.000 Personen (85 % Polen, 15 % Ukrainer) aus den poln. Ostgebieten ausgesiedelt. Die Mehrheit der Betroffenen kam in die Komi ASSR, in die Gebiete Archangel'sk, Vologda, Sverdlovsk sowie nach Omsk u. nach Krasnojarsk (→Sibirien). Die Ausgesiedelten erhielten den Status →Sondersiedler, sie wohnten unter Aufsicht des NKVD in isolierten Siedlungen, mussten →Zwangsarbeit im Wald beim Holzschlag und u. a. bei der Förderung v. Erz leisten.

Am 2. 3. 1940 traf das Politbüro des ZK der VKP(b) die Entscheidung zur →Deportation u. Ansiedlung in der Kasachischen SSR für zehn Jahre „aller [...] sich in Kriegsgefangenenlagern befindlichen ehemaligen Offiziere der polnischen Armee, Polizisten, Gefängnispersonal, Gendarmen, Geheimpolizisten, ehemaligen Landbesitzer, Fabrikanten u. hohen Beamten des ehemaligen polnischen Staatsapparates". Die Deportation fand am 13. 4. 1940 statt. Aus den sog. westl. Gebieten der Ukr. SSR wurden ca. 30.000 Personen ausgewiesen (70 % Polen, 25 % Ukrainer, weiterhin Juden u. Russen). Die Ausgewiesenen wurden in Sowchosen u. Kolchosen im nördl. Teil der Kasachischen SSR angesiedelt.

Im Rahmen der v. den sowj. Behörden durchgeführten „Säuberung" v. antisowj. Elementen in den westl. Gebieten Weißrusslands u. der U. fiel am 2. 3. 1940 die Entscheidung zur Aussiedlung v. aus den zentralen, östl. sowie v. den Deutschen besetzten Teilen Polens stammenden →Flüchtlingen, welche sich für die Rückkehr an ihre Heimatorte gemeldet hatten, v. der dt. Seite jedoch nicht aufgenommen wurden. Im Hinblick auf die Verschiebung der →Repatriierung der Flüchtlinge (vom 18. 4. bis zum 13. 6. 1940) wurde der Termin zur Deportierung am 10. 6. 1940 für Ende Juni 1940 festgesetzt. Der Aussiedlung der Flüchtlingsfamilien waren am 26. 6. 1940 Massenverhaftungen einzelner Flüchtlinge, vorwiegend Männer, vorausgegangen. Die eigentliche Ausweisungsaktion wurde am 29. 6. 1940 durchgeführt. Aus den Gebieten der sog. Westukraine wurden ca. 51.500 Flüchtlinge (über 75 % Juden) deportiert, vorwiegend in die Gebiete Novosibirsk, Sverdlovsk u. in den Altaj. Ähnlich wie die im Februar 1940 ausgewiesenen Siedler u. Forstarbeiter erhielten die Fluchtlinge den Status der Sondersiedler.

Die letzten Deportierungsaktionen vor dem Ausbruch des dt.-sowj. Krieges 1941 führte der NKVD im Mai u. Juni 1941 durch. Am 14. 5. 1941 trafen das Politbüro des ZK der VKP(b) u. der Rat der Volkskommissare der UdSSR die Entscheidung zur Aussiedlung v. Familienangehörigen „der Mitglieder nationaler konterrevolutionärer ukrainischer und polnischer Organisationen" sowie derjenigen Familien, „deren Mitglieder als Angehörige konterrevolutionärer nationalistischer Organisationen zu höchsten Strafen verurteilt sind". Die Aktion wurde am 22. 5. 1941 durchgeführt. Sie betraf 8.036

Personen aus Ostgalizien, 2.627 aus Wolhynien u. 229 aus dem Gebiet Cernăuţi (ukr. Černivci), in der Mehrheit Ukrainer, welche in die Gebiete Novosibirsk, Omsk, Südkasachstan u. Krasnojarsk verschickt wurden. Die im Mai 1941 ausgewiesenen Personen sollten als Sondersiedler in ihren neuen Verbannungsorten in Kasachstan u. Westsibirien 20 Jahre verbringen. Am 13. 6. 1941 wurden bei einer weiteren Deportierungsaktion aus der nördl. Bukowina 7.720 Personen nach Kasachstan u. nach Sibirien (Gebiet Omsk) ausgewiesen.

Beinahe alle aus den früheren Gebieten Polens Deportierten wurden 1941 kraft einer Amnestie befreit. Ein Teil der Ausgesiedelten verließ die Sowjetunion 1942 gemeinsam mit der Poln. Armee v. General Władysław Anders, die Mehrheit (Polen u. Juden) fuhr 1945/46 nach Polen (→Polen und Juden: Umsiedlungen aus den polnischen Ostgebieten nach Polen [1944–1947]). Weißrussen u. Ukrainer kehrten im Allg. in den 1940er Jahren an ihre früheren Wohnorte zurück.

1944–1952. Nach der Rückeroberung durch die Rote Armee seit dem Frühjahr 1944 war die U. wieder Schauplatz groß angelegter stalinistischer Massendeportationen. Dabei fielen mehrere unterschiedliche Komplexe in diese Zeit: zum einen der zwangsweise Bev.-austausch mit Polen (→Ukrainer, Weißrussen und Litauer: Umsiedlung aus Polen in die UdSSR, →Aktion „Wisła") u. später auch mit der →Tschechoslowakei (→Tschechen und Slowaken: Remigration aus Wolhynien, Jugoslawien usf.), zum anderen die Deportationen im Zusammenhang mit der Bekämpfung des nationalistischen Untergrundes u. schließlich die Verschleppungen bei der nachgeholten Kollektivierung in der Westukraine. Daneben stehen die Verbannung der letzten U.deutschen, die Deportation v. Griechen (→G.: Deportationen in den asiatischen Teil der Sowjetunion), aber auch Zwangszuweisungen für den Arbeitseinsatz oder gar für Ausbildungseinsätze. Etwa 350.000 der ehem. „Ostarbeiter", die aus der U. nach Deutschland verschleppt worden waren, wurden nicht nach Hause repatriiert, sondern kamen unfreiwillig an andere Orte (→Zwangsarbeit, →Repatriierung).

Trotz der einschlägigen Andeutungen Nikita Chruščëvs in seiner berühmten Geheimrede existieren nur vage Indizien dafür, dass in der sowj. Führung während der Rückeroberung 1944 große Deportationspläne diskutiert wurden, die sich gegen die Ukrainer im Allg. richteten. Ein angeblicher Befehl dieses Inhalts, dessen Text 1992 auftauchte, hat sich als dt. Propagandafälschung erwiesen. Tatsächlich war die Rückeroberung jedoch v. einer Welle der Gewalt begleitet. Als eine Ursache dafür ist der Kampf der NKVD-Truppen gegen die nationalistische Ukrainische Aufstandsarmee in der Westukraine anzusehen (UPA, →Ukr. Aufstandsarmee und Polen in der Westukraine).

Nach der erneuten Besetzung der ehem. ostpolnischen Gebiete (Westukraine) 1944 sahen die sowj. Behörden die Repressionen, darunter auch die Aussiedlung v. Familien aktiver Mitglieder des Untergrunds, als eines der wirksamsten Mittel im Kampf gegen die nationalistische ukr. Bewegung an. In den Jahren 1944–1953 wurden in der Westukraine etwa 153.000 Menschen erschossen, weitere 87.000 v. Gerichten der Geheimpolizei verurteilt. Bis 1946 wurden 36.609 Personen deportiert (darunter 1944 12.762, 1945 17.497 u. 1946 6.350). Sie kamen hauptsächlich aus Wolhynien (14.784 Personen), aus Ostgalizien (20.569) sowie aus dem Gebiet Cernăuţi (1.256).

Trotz der 1946 getroffenen Vorbereitungen führten die sowj. Behörden erst 1947 in den westl. Gebieten der UdSSR eine einmalige Massendeportation v. Familienangehörigen der OUN- (ukr. *Orhanizacija Ukraïns'kych Nacionalistiv*, Organisation Ukrainischer Nationalisten) u. →UPA-Mitglieder durch. Der Beschluss zur Aussiedlung v. 25.000 Familien „von OUN-Mitgliedern und aktiven inhaftierten oder in Kämpfen getöteten Banditen" aus den westl. Gebieten der UdSSR wurde vom Ministerrat der UdSSR am 10. 9. 1947 getroffen. Die Deportierungsaktion unter dem Decknamen „Westen" (russ. *operacija „Zapad"*) wurde am 21. 10. 1947 durchgeführt. Aus den Gebieten der Westukraine wurden zw. 76.200 u. 77.800 Personen ausgewiesen, die meisten aus den Gebieten Lemberg (ukr. L'viv, poln. Lwów), Ternopil' (Tarnopol) u. Drohobyč (Drohobycz), zumeist in Steinkohlefördergebiete nach Sibirien: in die Gebiete Kemerovo – 30.288, Omsk – 15.202, Čeljabinsk – 7.183, Molotov (heute Perm') – 8.261 u. Karaganda (Kasachische SSR) – 8.122. Um der UPA die soz. Basis zu entziehen, deportierten die sowj. Behörden bis 1952 insgesamt etwa 193.000 Personen (ohne *Oblast' Zakarpat'e*), v. a. Familien v. Angehörigen v. Untergrundaktivisten, sog. „Kulaken-Nationalisten" oder schlichtweg Verdächtige. Die Deportierten gelangten in Sondersiedlungen. Eigentlich sollten sie nach fünf Jahren wieder in ihre Heimat zurückkehren; 1950 wurde die Verbannung jedoch auf unbestimmte Zeit verlängert. Über 15.000 der OUN/UPA-Mitglieder (russ. *ounovcy*) flüchteten aus der Verbannung, die meisten wurden jedoch wieder aufgegriffen. Man schätzt, dass etwa 10 % der Personen an den schlechten Lebensbedingungen in den Siedlungen starben.

Ab Ende 1947, mit der Wiederaufnahme der forcierten Kollektivierung, richteten sich die Deportationspläne stärker gegen die Bauern im Allg. Im Februar 1948 schlug Chruščëv die Deportation unzuverlässiger „parasitärer" Bauern vor. Insgesamt betraf dies in der U. über 10.000 Personen, über 1.000 Bauern wurden als „Kulaken" aus dem Gebiet Izmail (heute Odessaer Gebiet) deportiert. Im Rahmen der nachgeholten Vollkollektivierung in der Westukraine wurden auch ähnliche Gewaltmaßnahmen wie schon 1929/30 ergriffen. Am 23. 1. 1951 erging der Beschluss des Ministerrates zur Deportation der „Kulaken" aus der Westukraine, der für mindestens 1.500 Personen schwere Folgen hatte.

Aber auch ethn. und relig. Minderheiten waren v. den Verschleppungen betroffen. Die U.deutschen, derer das NKVD noch vor dem Rückzug 1941 habhaft werden konnte, waren schon überstürzt aus der Ostukraine abtransportiert worden (→Deutsche aus dem Schwarzmeergebiet). Die meisten anderen Angehörigen der Minderheit zogen 1944 mit der Besatzungsmacht ab, viele wurden jedoch v. der Roten Armee überrollt u. anschließend verbannt (→Deutsche aus der Ukraine: NS-Pläne und -Politik). Doch auch noch unmittelbar nach der Befreiung der U. wurden 1944 2.826 Personen als →Volksdeutsche aus der U. in den Raum Krasnojarsk deportiert; darunter fielen diejenigen, die unter der Besatzung eine Art dt. Staatsangehörigkeit angenommen hatten. Griechen, die nahe der

Schwarzmeerküste wohnten, wurden im Mai/Juni 1949 im Rahmen einer großen Deportation, die sich v. a. auf Georgien erstreckte, nach Kasachstan verschleppt. Als Spätfolge der Annexionen rum. Gebiete 1940 u. dann wieder 1944 sind die Deportationen polit. verdächtiger Rumänen in den Aktionen „Süd" (russ. *operacija „Jug"*) 1949 u. „Nord" (russ. *operacija „Sever"*) 1951 anzusehen, die zwar in erster Linie in Moldawien stattfanden, aber auch zumindest einige Hundert Personen aus der Nordbukowina u. dem Gebiet Izmail erfassten (→Moldawien als Deportationsgebiet). Verbannt wurden auch poln. Angehörige der Anders-Exilarmee in Großbritannien, nachdem sie an ihre Wohnsitze zurückgekehrt waren, die sich inzwischen in der Westukraine befanden. Im Februar 1951 schließlich traf ein ähnliches Schicksal auch 6.140 Zeugen Jehovas, die aus der U. nach Sibirien transportiert wurden. Bis heute umstritten ist die Frage, ob im März/April 1953 im Rahmen des fabrizierten „Ärzte-Komplotts" Pläne zur massenhaften Deportation v. Juden diskutiert wurden. Davon wäre die U. massiv betroffen gewesen.

In den Jahren 1940–1952 fanden Zwangsdeportationen v. über 400.000 Personen verschiedener Nationalitäten aus 1939/40 noch in den Grenzen Polens (Drohobycz, Lemberg, Równe, Stanisławów, Tarnopol, Wolhynien) oder Rumäniens (Cernăuţi) liegenden Gebieten statt. In den Jahren 1948–1952 wurden aus der Westukraine – v. a. nach Sibirien – insgesamt 89.245 Personen deportiert (1948: 817, 1949: 25.527, 1950: 41.149, 1951: 18.523, 1952: 3.229). Insgesamt wurden aus diesen Gebieten in den Jahren 1944–1952 203.662 Personen verschleppt. Erst Ende 1952 war die Zeit der großen Deportationen innerhalb u. aus der U. beendet. Doch noch Anfang 1954 lebten etwa 163.000 Ukrainer in den Sondersiedlungen; die allermeisten waren nach dem Krieg deportiert worden. Sie wurden auch v. den Hafterleichterungen ausgenommen, die im Sommer 1954 gewährt wurden. Die Entlassungen aus den Sondersiedlungen verliefen bei den Ukrainern eher zögerlich: 1956 durften in größerem Ausmaß Familienangehörige an ihre Heimatorte zurückkehren, während den *ounovcy* der Zugang zur Westukraine versperrt blieb. Noch Anfang 1958 stellten die *ounovcy* mit 85.000 Personen fast die Hälfte aller verbliebenen Sondersiedler; erst danach profitierten auch sie in größerem Ausmaß v. den Entlassungen.

Lit.: K. Boeckh, Stalinismus in der Ukraine. Die Rekonstruktion des sowjetischen Systems nach dem Zweiten Weltkrieg. Wiesbaden 2007; N. F. Bugaj, Narody Ukrainy v „Osoboj papke Stalina". Moskva 2005; G. Hryciuk, Przemiany narodowościowe i ludnościowe w Galicji Wschodniej i na Wołyniu w latach 1931–1948. Toruń 2005; S. Ciesielski/G. Hryciuk/A. Srebrakowski, Masowe deportacje ludności w Związku Radzieckim. Toruń 2003; Deportaciï. Zachidni zemli Ukraïny kincja 30-ch – počatku 50-ch rr. Dokumenty, materialy, spohady. Hg. J. J. Slyvka. 3 Bde. L'viv 1996–2002; I. Vynnyčenko, Ukraïna 1920–1980-ch: deportaciï, zaslannja, vyslannja. Kyïv 1994; I. Bilas, Represyvno-karal'na systema v Ukraïni 1917–1953. Suspil'no-polityčnyj ta istoryko-pravovyj analiz. Teile 1–2. Kyïv 1994.

G. H., D. P.

Ukrainer, Weißrussen und Litauer: Umsiedlung aus Polen in die UdSSR (1944–1946). Die am 9. u. 11. 9. 1944 zw. dem Poln. Komitee der Nationalen Befreiung (poln. *Polski Komitet Wyzwolenia Narodowego*, PKWN) u. den Regierungen der Weißrussischen, Litauischen und Ukr. Sowjetrepubliken abgeschlossenen Abkommen zur Umsiedlung der Bev. regelten nicht nur die Einreise nach →Polen, sondern auch die Ausreise. Die Grundlage dieser Vereinbarungen bildete das Prinzip der ethn. Homogenität: Der Platz einer jeden Nationalität sei das Gebiet ihres jeweiligen Nationalstaats (→Nationalstaat und ethnische Homogenität). Für die Umsiedlungen von U., W. und L. aus P. waren die gleichen Grundsätze beschlossen worden wie bei den Polen u. Juden, die die ehem. Ostgebiete der Zweiten Republik verließen, die nun zu den jeweiligen sowj. Republiken gehörten (→Polen und Juden: Umsiedlungen aus den polnischen Ostgebieten nach Polen). Auch hier wurde offiziell das Prinzip der Freiwilligkeit der Umsiedlungen zugrunde gelegt, was jedoch besonders im Falle der ukr. Bevölkerung keine Anwendung fand.

Die poln.-ukr. Umsiedlungen wurden v. einem schwelenden Nationalitätenkonflikt überschattet, welcher in den Kriegsjahren zu blutigen Kämpfen geführt hatte (→Polen aus Wolhynien und Ostgalizien: Ermordung und Flucht). In dem durch die neue Grenze festgelegten Gebiet des südöstl. Polens lebten seit Jh.en etwa 0,5 Mio. Ukrainer (v. a. in den Wojewodschaften Rzeszów, Lublin u. Kraków), obwohl die Volkszugehörigkeit in vielen Familien nicht eindeutig u. den Menschen somit auch nicht immer bewusst war. Wie auch in anderen Gebieten war die Bereitschaft zur Umsiedlung gering. Die Menschen wollten ihre Dörfer nicht verlassen, sie fürchteten sich vor dem Kolchossystem u. vor Repressionen in der UdSSR. Auch die antikommunistische ukr. Untergrundbewegung leistete Widerstand gegen die Ausreise. Manche Menschen versuchten, ihre Nationalität zu verbergen, oder traten zum röm.-kath. Glauben über – in der Hoffnung, so der Umsiedlung zu entgehen. Somit begannen v. oben gesteuerte Aktivitäten eine entscheidende Rolle zu spielen. Gemäß der Übereinkunft wurden sowj. Bevollmächtigte auf poln. Gebiet aktiv, i. d. R. waren dies Funktionäre des →NKVD. Den Umsiedlern wurde die Ausfuhr ihres Hab u. Guts zugesichert, man versprach ihnen die Zuteilung eines eigenen Bauernhofes in der Westukraine u. Darlehen zur Ausstattung u. Einrichtung. Anfänglich galten ähnlich wie bei den anderen umgesiedelten Minderheiten äußerst kurze Termine für die Registrierung u. die Ausreise, die schließlich bis 1946 verlängert wurden.

Die organisierte Umsiedlung der U. aus P. nach O begann Mitte Oktober 1944. Bis Ende des Jahres verließen laut poln. Angaben nahezu 40.000 Personen das Land. Dieser erste Abschnitt der bis zum Frühjahr 1945 andauernden Aktion hatte einen verhältnismäßig freiwilligen Charakter, obwohl hier durch die während des Krieges erfolgte Zerstörung v. Haus u. Hof oder durch die feindliche Haltung des poln. Umfelds meistens mittelbare Zwänge vorlagen. Bis Anfang März 1945 wurden 81.000 Menschen umgesiedelt. Die Mehrzahl der Umsiedler wurde in die östl. Ukraine geschickt, wo sie unter sehr schweren Bedingungen leben musste. Ein Teil v. ihnen versuchte, sich im westl. Teil der Ukraine anzusiedeln oder sogar auf illegalem Wege nach P. zurückzukehren. Vereinzelt fuhren sie mit den Transporten der aus der Ukraine umzusiedelnden Polen wieder nach Westen.

Der zweite Abschnitt der Umsiedlungen ab dem Sommer 1945 war – auch auf Bitten der Sowjets – durch eine größere Beteiligung poln. Militäreinheiten gekennzeichnet, deren Präsenz sich in diesem Gebiet aufgrund der immer heftigeren Kämpfe mit dem ukr. Untergrund verstärkte. Als dessen natürliche Basis wurde die örtliche Bev. angesehen, was die Bemühungen um ihre Entfernung erklärt. Die ukr. Bauern wurden v. der Landzuteilung bei der Parzellierung größerer Güter ausgeschlossen, ukr. Schulen geschlossen, Organisationen u. die griech.-kath. Kirche aufgelöst. Neben den Bemühungen des komm. Staates dauerten auch die bewaffneten antiukr. Aktionen der poln. Partisanen an. Die Haltung des poln. Untergrunds war jedoch nicht einheitlich. Ein Teil bemühte sich darum, die Umsiedlungen zu verhindern, da man hierin eine Bekräftigung des aufgezwungenen Grenzverlaufs sah. Aus der freiwilligen Kampagne wurde schnell eine reine Zwangsaktion. Die Hauptrolle hierbei spielte die milit. Einsatzgruppe „Rzeszów", welche neben der Bekämpfung des poln. und ukr. Untergrunds auch die Umsiedlungen der U. durchführen sollte. Ende 1945 wurden „Säuberungen" des Grenzstreifens vorgenommen, wobei 82.000 Menschen ausgesiedelt wurden. Die Aktion wurde im eisigen Winter 1946 fortgeführt, worunter die Auszusiedelnden zusätzlich litten. Allein die oben erwähnte Einsatzgruppe siedelte 140.000 Personen aus.

Bis Ende August 1946 wurden insgesamt 482.000 U. (122.000 Familien) aus P. entfernt. Dies war die überwiegende Mehrheit der v. den sowj. Umsiedlungsbehörden zur Registrierung gedrängten 498.000 Personen. 260.000 der Zwangsausgesiedelten stammten aus der Wojewodschaft Rzeszów, weitere 200.000 aus der Wojewodschaft Lublin. Die Wojewodschaft Kraków verließen 21.000 U. Sie sollten ihren neuen Lebensmittelpunkt in der Ukraine finden, verhältnismäßig viele v. ihnen, mindestens 285.000 Personen, kamen in die westl. Ukraine (in die früheren poln. Gebiete). Diese Menschen hatten nicht nur die Heimat verloren, sondern auch ihr gesamtes Vermögen. Die sowj. Behörden verweigerten ihnen die vorher bereits zugesagte Hilfe. Nach offiziellen Angaben verblieben bis zu 20.000 Personen ukr. Nationalität in P. In Wirklichkeit war ihre Zahl um ein Vielfaches höher. Diese Menschen, insgesamt 140.000, wurden im Frühjahr u. Sommer 1947 v. der Armee in andere Teile P.s ausgesiedelt, v. a. in die neu erworbenen Gebiete (Niederschlesien, Masuren, Pommern) (→Wiedergewonnene Gebiete, →Aktion Weichsel). Die jahrhundertealten Siedlungen der ukr. Bevölkerung im SO existierten v. nun an nicht mehr.

Nach der Festlegung der poln. Ostgrenze lebte die weißrussische Bev. nun in drei unmittelbar an der Grenze liegenden Kreisen: Bielsk-Podlaski, Białystok u. Sokółka (mindestens 140.000 Personen). Als Grundlage für die Bestimmung der weißruss. Nationalität galt das Bekenntnis zum orth. Glauben. Nach Schätzungen der poln. Behörden waren dies zw. 25 u. 45 % der Bev. dieser Kreise. Aufgrund des Abkommens über die Umsiedlung der Bev. in Verbindung mit der Verschiebung des Grenzverlaufs kamen sowj. Umsiedlungsbevollmächtige nach P., die in zehn Bezirken in der Wojewodschaft Białystok tätig wurden. Ihnen zur Seite stand eine Gruppe v. Agitatoren, welche versuchten, die weißruss. Bauern auf zahlreichen Dorfversammlungen oder in individuellen Gesprächen für die Ausreise nach O zu gewinnen. Die potentiellen Umsiedler jedoch reagierten auf diese Überredungsversuche mit Unwillen. Die Umsiedlungsaktion wurde auch durch die in diesem Gebiet aktive antikomm. Untergrundbewegung erschwert. Mehrere Dutzend sowj. Bevollmächtigter wurden v. den Partisanen getötet. Es kam auch zu Angriffen auf die weißrussische Bev., welche der Sympathie mit den Sowjets bezichtigt wurde. Dennoch war die feindliche Haltung unter den Polen nicht so stark, um die W. zur massenhaften Ausreise zu bewegen. Viele hatten Angst vor einem Leben unter dem Sowjetsystem, einige hofften auf eine Korrektur des Grenzverlaufs u. den Anschluss ihrer Dörfer an Weißrussland. Außerdem arbeitete die poln. Verwaltung nach Meinung der sowj. Seite nicht in ausreichendem Maße mit den sowj. Vertretern zusammen. Bis Mitte Juni 1946 wurden v. den sowj. Bevollmächtigten 137.000 W. (36.000 Familien) registriert, was jedoch nicht bedeutete, dass sich die Registrierten auch sofort umsiedeln lassen wollten. Bis November 1946 hatten nur 41.500 Personen die Ausreise u. die dafür notwendigen Dokumente beantragt. Bis zum Jahresende reisten schließlich nur 36.000 Menschen aus (die meisten v. ihnen – ca. 12.000 – aus der Wojewodschaft Białystok. Obwohl den Umsiedlern die Ansiedlung in der Weißruss. SSR versprochen worden war, kam ein großer Teil v. ihnen ins Landesinnere Russlands u. in die Ukraine. Nur 20.000 Personen wurden in Weißrussland angesiedelt, v. diesen ungefähr die Hälfte in den westl. Gebieten des Landes (welche bis 1939 zu P. gehört hatten). Die Lebensbedingungen dort waren außergewöhnlich schwierig. Vielen Bauern wurden keine neuen Bauernhöfe zugewiesen, obwohl man ihnen dies zum Ausgleich für die in P. verlassenen Güter versprochen hatte.

Die Umsiedlung der litauischen Bev. aus P. hatte insgesamt eher marginalen Charakter. Ursache hierfür war zum einen die geringe Größe dieser Volksgruppe im Jahre 1945 (zw. 5.000 u. 8.000 Personen, was auch eine Folge der Umsiedlungen während der dt. Besatzung war, →Litauer), v. denen die meisten in den Regionen Suwałki u. Sejny lebten. Zum anderen wollte die Mehrheit nicht ins sowj. Litauen ausreisen, u. die Behörden übten diesbezüglich auch keinen Druck auf sie aus. Nur einige Dutzend Personen verließen P.

Lit.: Polska-Ukraina. Trudne pytania. Bd. VIII. Warszawa 2001; A. F. Wialiki, Na razdarozzy. Belarusy i Paliaki u cas perasialennja (1944–1946 gg.). Minsk 2005.

M. R.

Ukrainische Aufstandsarmee und Polen in der Westukraine 1943/44. Im Frühjahr 1943 begannen Einheiten der Ukr. A. (ukr. *Ukraïns'ka Povstans'ka Armija*, UPA), einer bewaffneten nationalistischen u. antibolschewistischen Organisation, damit, im W Wolhyniens Dörfer mit polnischer Bev. anzugreifen, die poln. Einw. zu vertreiben u. zu ermorden.

Während diese Vorgänge im W weitgehend unbekannt blieben, spielen sie in der poln., gelegentlich auch in der ukr. Öffentlichkeit eine große Rolle u. sind heftig umstritten. Die meisten poln. Historiker betonen, es handle sich um eine →„ethnische Säuberung" gegen die P. mit genozidalem Charakter u. dem Ziel, eine ethn. homogene Ukraine ohne Minderheiten zu schaffen (→Genozid, →Nationalstaat und ethnische Homogenität). In der ukr. Historiographie hingegen dominiert die These vom „poln.-ukr. Konflikt" in Westwolhynien; die Vertreibungsmaßnahmen seien als Reaktion auf Gewalttaten des poln. Untergrunds anzusehen.

Es lassen sich drei Ursachenbündel für die Gewaltaktionen herausarbeiten: 1. die langfristigen ethnischen Spannungen seit dem 1. →Wk., 2. die Situation unter dt. Besatzung seit 1941 u. 3. die konkreten Entscheidungen des ukr. Untergrunds im Kontext der Ereignisse ab Ende 1942.

Die Regierungen im Polen der Zwischenkriegszeit betrieben in den Ostgebieten eine Politik, die den Minderheiten die Gleichberechtigung absprach. Besonders in Ostgalizien wurden alle ukr. politischen Bestrebungen unterdrückt, mit Verzögerung auch in Westwolhynien. Die Ukrainer sahen sich mit massiven Benachteiligungen u. einer Polonisierungspolitik konfrontiert. Die Annexion dieser Gebiete durch die Sowjetunion 1939 (→deutsch-sowjetischer Grenzvertrag) führte zu einer neuen Konstellation: Die terroristische Herrschaft richtete sich besonders gegen die P., die nun in der Minderheit waren, aber auch gegen den nationalistischen ukr. Untergrund. Nach der Eroberung durch die dt. Wehrmacht im Juni/Juli 1941 kamen die ethn. Spannungen offen zum Ausbruch. Auch die dt. Besatzungsmacht favorisierte tendenziell die ukr. Bev.mehrheit, unterdrückte alles Poln. und ermordete die Juden. Die Organisation Ukrainischer Nationalisten (ukr. *Orhanizacija Ukraïns'kych Nacionalistiv*, OUN), die zeitweise ein taktisches Bündnis mit den neuen dt. Herren einging, musste jedoch alsbald wieder im Untergrund agieren. Sowohl die Verbrechen des stalinistischen Regimes als auch die weit umfangreicheren Massenmorde unter dt. Herrschaft, denen etwa 800.000 Juden zum Opfer fielen, radikalisierten das polit. Klima in der Westukraine fundamental. Eine ähnliche Wirkung hatten die Massendeportationen der SS im westl. davon gelegenen Raum um Zamość ab Herbst 1942 (→Polen [und Ukrainer]: Aussiedlungen aus der Region Zamość). Seit dieser Zeit bekämpften sich poln. und ukr. Untergrund zunehmend gegenseitig.

Schon Ende 1942, im Kontext der Kriegswende v. Stalingrad, stellte sich die Frage nach der weiteren Zukunft dieser Gebiete. Die poln. Exilregierung beharrte auf dem Verbleib Ostpolens im eigenen Staatsgebiet sowie auf der poln. Dominanz in der Westukraine u. bereitete einen allg. Aufstand gegen Deutsche und ukr. Nationalisten bei Annäherung der Roten Armee vor. Währenddessen entwickelte der radikalere Bandera-Flügel der OUN (OUN/B) seine eigenen Aufstandsplanungen u. begann im Frühjahr 1943 mit dem Aufbau eines bewaffneten Arms, der UPA. Freilich war die UPA nicht identisch mit der OUN/B, bestand teilweise aus desertierten ukr. Hilfspolizisten u. aus der zwangsrekrutierten Jugend. Soweit dies bisher rekonstruiert werden kann, entschied die OUN/B-Führung in Westwolhynien unter Dmytro Kljačivs'kyj („Klym Savur") etwa im April 1943, alle P. aus dem Gebiet zu vertreiben oder zu ermorden, um vollendete Tatsachen für eine ethn. homogene Ukraine zu schaffen. Manchmal wurde den P. mittels Flugblättern mitgeteilt, dass sie das Gebiet binnen 24 Stunden zu verlassen hätten. In kurzer Zeit häuften sich nun die Massaker in poln. Dörfern. Ihren Höhepunkt erreichten diese Verbrechen am 11. 7. mit Angriffen auf 99 poln. bewohnte Dörfer. Ab Februar 1944 griff diese Strategie auch auf Ostgalizien über. Insgesamt wurden in mindestens 1.000 Ortschaften etwa 80.000 bis 100.000 P. ermordet, die meisten in Wolhynien. Hunderttausende P. flüchteten Richtung W (→Polen aus Wolhynien und Ostgalizien: Ermordung und Flucht).

Der poln. Untergrund reagierte mit der verstärkten Aufstellung v. Selbstschutzmilizen u. mit Gewalt an ukr. Einwohnern, v. a. westl. von Bug u. San. Etwa 15.000–20.000 Ukrainer fielen diesen Aktionen zum Opfer. Die dt. Besatzungsmacht registrierte die „ethnische Säuberung" eher kritisch, da sie die eigene Herrschaft zu destabilisieren drohte. Nun wurden verstärkt P. zur Hilfspolizei rekrutiert. Mit der Rückeroberung durch die Rote Armee zw. Februar u. Oktober 1944 kamen die ethn. Gewalttaten zwar zu einem Ende, doch begann ein erbarmungsloser Krieg der sowj. Geheimpolizei gegen die UPA u. Teile der ukr. Bevölkerung (→Ukraine als Deportationsgebiet). Dieser spielt in der nationalen Erinnerung der Ukraine heute eine zentrale Rolle, nicht jedoch die „ethnischen Säuberungen" durch die UPA 1943/44.

Lit.: I. I. Il'jušin, Ukraïns'ka povstans'ka armija i Armija Krajova. Protystojannja v Zachidnij Ukraïni (1939–1945 rr.). Kyïv 2009; G. Motyka, Ukraińska partyzantka 1942–1960. Warszawa 2006; G. Hryciuk, Przemiany narodowościowe i ludnościowe w Galicji Wschodniej i na Wołyniu w latach 1931–1948. Toruń 2005; Polacy i Ukraińcy pomiędzy dwoma systemami totalitarnymi 1942–1945. Hg. S. Bohunov u. a. 2 Bde. Warszawa, Kijów 2005 [zweisprachig poln.-ukr.]; I. I. Il'jušyn, Volyns'ka trahedija 1943–1944 rr. Kyïv 2003; T. Snyder, The Causes of Ukrainian-Polish Ethnic Cleansing 1943, *Past and Present* 179 (2003), 197–234.

D. P.

Umsiedler (Begriff SBZ/DDR). „Wer ist Umsiedler", fragte 1947 die für die →sowj. Besatzungszone Deutschlands (SBZ) zuständige U. Zentralverwaltung, um zu antworten: „Umsiedler sind diejenigen Personen, die aufgrund internationaler Beschlüsse als Deutsche ihren Heimatort verlassen mußten, sofern sich dieser außerhalb der jetzigen deutschen Grenzen befindet, und die als Flüchtlinge oder Ausgewiesene in das Gebiet der jetzigen deutschen Besatzungszonen aufgenommen wurden." (vgl. →Flüchtling)

Am 15. 9. 1945 hatte die Sowj. Militäradministration (SMAD) noch die Gründung einer „Zentralverwaltung für Flüchtlingswesen und Heimkehrer" befohlen, doch zehn Tage später musste diese „auf besonderen Wunsch" der Sowjets in „Zentralverwaltung für [deutsche] U." umbenannt werden. Mit dieser Bez. wollte man das Missverständnis vermeiden, „daß wir nur Flüchtlinge und Heimkehrer zu betreuen haben", denn man müsse sich um alle Menschen kümmern, „die aus dem Osten und später aus Ungarn, Jugoslawien usw. kommen", und werde diese dauerhaft „hier[her] umsiedeln".

Damit waren alle dt. Flüchtlinge, →Vertriebenen u. Zwangsumgesiedelten zw. 1945 u. etwa 1951 als U. definiert. Auch frühere NS-U. (→Umsiedlung [NS-Begriff]) wurden einbezogen. Eine Sondergruppe stellten 50.000 →deutschsprachige Antifaschisten aus der Tschechoslowakei, anerkannte NS-Gegner oder -Verfolgte, die eigentlich dort hätten bleiben dürfen, aufgrund der antidt. Stimmung aber eine „Umsiedlung" in die SBZ bevorzugten. Eine weitere Sondergruppe waren durch die Bodenreform in der SBZ enteignete Grundbesitzerfamilien, die ausgerechnet durch die U.behörden aus ihren Wohnorten deportiert u. daher ebenfalls als U. bezeichnet wurden.

Damit erweist sich der U.-Begriff zunächst als Terminus technicus der Deportationsapparate. Seine sowj. Schöpfer hatten sowj. Politiktraditionen im Blick. Massendeportation war seit den 1930er Jahren ein Mittel sowj. Innenpolitik, 1941 waren Wolgadeutsche (→Deutsche aus dem Wolgagebiet) u. andere Russlanddeutsche nach O deportiert worden, auf die bereits jener U.-Begriff angewandt wurde, der ab 1945 in der SBZ Verwendung fand. Nicht zufällig unterstanden die U.behörden der SBZ Iosif →Stalins Experten für Massendeportation, dem späteren KGB-Chef Ivan →Serov.

Unklar ist, ob die Sowjets auch die dt. Konnotation des U.-Begriffs im Blick hatten – die Erinnerung an die v. Adolf →Hitler 1939–1941 durch bilaterale Verträge (auch mit den Sowjets, →deutsch-sowjetischer Grenzvertrag) betriebene Umsiedlung v. →Volksdeutschen „heim ins Reich". Auf diese Vorgeschichte verwies 1947 die SED: Hitler habe „mit der Massenumsiedlung deutschsprachiger Menschen" begonnen u. „Millionen Fremdarbeiter […] gewaltsam nach Deutschland verschleppt"; diese „von Hitler mit größter Brutalität" gegen andere Völker „zur Anwendung gebrachte Massenumsiedlung" sei 1945 „zu einem Bumerang für unser eigenes Volk geworden".

Sowohl der NS- als auch der sowj. U.-Begriff wollten den U.n ihre Rückkehrhoffnung nehmen u. sie auf Assimilation in der „neuen Heimat" festlegen. Ein Unterschied lag in der Dominanz organischer Metaphern beim NS-Begriff („Eingliederung") gegenüber industriell-technizistischen Bildern beim sowj. („Verschmelzung").

Der U.-Begriff diente den Sowjets zur Verdrängung des unerwünschten Flüchtlingsbegriffs. Das mecklenburgische U.amt begründete dies 1946 damit, dass „in dem Wort Flüchtlinge […] der Begriff Flucht beschlossen" liege, „und im Begriff Flucht wieder die Annahme von etwas Feindlichem, das zu dieser Flucht Veranlassung gab" (→Flucht). Die „Rote Armee" sei aber „nicht als Vertreter böser Mächte, sondern als Befreier des deutschen Volkes von nazistischer Schreckensherrschaft nach Deutschland gekommen". Der U.-Begriff sollte zudem das Geregelte („ordnungsgemäß und human", hieß es in den Potsdamer Beschlüssen v. 1945 [→Konferenz von Potsdam]) der Deportationen im Unterschied zu Flucht u. →Vertreibung herausstellen. Die sächsische U.abteilung erklärte

1946, diese Sprachregelung sei „Ausdruck dafür, daß die Umsiedlung der Deutschen aus den Ostländern auf einen in Berlin [von den Alliierten] gefaßten Beschluß zurückgeht", und solle verdeutlichen: „Diese Menschen sind keine Flüchtenden und unorganisiert aus den jeweiligen Ländern Ausgewiesenen mehr, sondern werden geordnet nach Deutschland umgesiedelt. Von Flüchtlingen konnte man nur solange sprechen und schreiben, als sie in der Tat vor den Fronten des Krieges geflüchtet sind."

Dennoch fiel es SMAD u. SED schwer, den U.-Begriff gesellschaftlich durchzusetzen. Die SED-Schriftstellerin Anna Seghers stellte nach 1950 fest: „Man nannte die Fremden auch immer weiter [...] ‚Die Flüchtlinge' statt ‚Die Umsiedler', wie sie in den Gesetzen hießen." Betroffene beharrten darauf, „Flüchtlinge" oder „Vertriebene" genannt zu werden. Auch die Blockpartei CDU hielt am „Flüchtlings"-Begriff bis 1949/50 fest.

Umso intensiver suchten Sowjets u. SED nach Möglichkeiten, auch den U.-Begriff möglichst bald fallen zu lassen. Ersatzbegriffe wie „Umgesiedelte" oder „Repatrianten" waren wenig erfolgreich. Größere Verbreitung fand der „Neubürger"-Begriff (der auch in der US-Zone verwendet wurde). 1946 ordnete die thüringische Verwaltung an, „von ‚Umsiedlern' jeweils nur solange" zu sprechen, „als die nach Thüringen eingewiesenen Personen sich noch im Quarantänelager befinden"; sobald sie in eine Aufnahmegemeinde eingewiesen seien, sollten sie „Neubürger" heißen, „um dadurch schon rein äußerlich zum Ausdruck zu bringen, daß diese Personen von da an aus der flüchtigen Ungewißheit ihres bisherigen Hin und Her in die wurzelfeste Stetigkeit der örtlichen Gemeinschaft und damit in eine neue Heimat eingetreten sind". 1947 vollzog die sächsische Regierung eine „klare Scheidung" zw. staatlichen u. kommunalen U.behörden, indem „die Umsiedlerämter der Kreise und Städte" künftig als „Ämter für Neubürger" bezeichnet wurden. In Mecklenburg wurde die Einführung des Neubürger-Begriffs diskutiert. Er machte zuletzt auch vor DDR-Regierungsstellen nicht halt u. überlebte bis in die 1950er Jahre.

Seit 1948 schwankte die SED-Führung zw. der „Weiterführung des Assimilationsprozesses der Umsiedler" u. dem Wunsch, „der Begriff ‚Umsiedler' muß schnellstens verschwinden", denn dahinter „verbergen sich oft Klassenfeinde, die unter dieser Tarnung alte Machtpositionen zu gewinnen versuchen". Zur selben Zeit, als das 1950 erlassene DDR-„Gesetz zur weiteren Verbesserung der Lage der ehemaligen Umsiedler" weiterhin von U.n sprach u. eine gruppenspezifische Sozialpolitik festlegte, ordnete das DDR-Innenministerium an, alle Firmennamen der „von Umsiedlern gegründete[n] Genossenschaften" zu ändern, die „im Zusammenhang mit ihrer früheren Heimat, Heimatort bzw. mit der Bezeichnung Umsiedler stehen".

Der Begriff der „ehemaligen U." benannte das angeblich rasche Verschwinden (durch →Integration) u. das Fortbestehen der Sonderexistenz dieser Gruppe gleichermaßen. Zugleich aber wurde im Gesetzestext der kürzere u. daher praktischere U.-Begriff weitergenutzt, der umständliche Gesetzesname v. Bürokratie u. Presse als „Umsiedlergesetz" abgekürzt. Diese Polyphonie der DDR-Sprachpolitik hatte Tradition: Die Formel der

„ehemaligen U." war schon im Oktober 1945 aufgekommen, um vom NS-Regime umgesiedelte Volksdeutsche als „ehemalige U." von U.n jüngeren Datums abzugrenzen. Darauf wurde auf Befehl der Sowjets zwar verzichtet, doch einmal in der Welt, wurde der „ehemalige U." in Brandenburg ab 1946 zur Bez. sämtlicher U., um – ähnlich wie der „Neubürger" – die U.eigenschaft mit Ankunft am Aufnahmeort für erloschen zu erklären. 1950 wurde diese Sprachpolitik in der DDR allgemeinverbindlich.

Als 1952/53 die Programme des U.gesetzes ausliefen, gerieten alle Gruppenbegriffe in polit. Tabuzonen. Doch der U.-Begriff wurde verwaltungsintern beibehalten, da man zur polizeistaatl. Überwachung weiterhin einer Sonderbezeichnung bedurfte. Auch in der dt.-dt. Systemkonkurrenz blieb er erhalten – aber erwies sich als untauglich. Die U.kommission v. SED u. westdeutscher KPD stellte 1950 fest: „Der Begriff Umsiedler hat in Westdeutschland einen völlig anderen Inhalt als in der DDR und wird deshalb in unserem Sinne nicht verstanden. Er trifft auch in Westdeutschland nicht zu, weil diese Menschen im Gegensatz zur DDR zwar ‚ausgesiedelt', aber eben nicht ‚angesiedelt' wurden. In der Kleinarbeit wird der Begriff ‚Flüchtling' nur schwer und nach und nach erst zu verdrängen sein." Doch wollte man diesen nicht akzeptieren u. sah daher für KPD-Verlautbarungen die Alternative „durch Kriegsfolgen ausgesiedelte Deutsche" vor. Untauglicher ging es nicht.

In der DDR diente der U.-Begriff zur ideologischen Abgrenzung vom W: 1961 bezeichnete die Staatssicherheit Vertriebene in der Bundesrepublik bewusst als „U." oder „Flüchtlinge", um zu signalisieren, dass diese Personen nicht integriert u. also nicht schon erfolgreich zu „ehemaligen U.n" gemacht worden seien. Erst 1970 gestand Walter Ulbricht den Vertriebenen in Westdeutschland eine mit erfolgreicher Integration verbundene U.eigenschaft zu.

Seit den 1970er Jahren tauchte der U.-Begriff in Belletristik u. Geschichtswissenschaft der DDR verstärkt wieder auf. Dies reflektierte ein in beiden dt. Nachkriegsgesellschaften wachsendes Interesse an ihren Ursprüngen, zu denen Vertreibung u. Vertriebenenintegration – bzw. SED-konform: die „Lösung des Umsiedlerproblems" – maßgeblich gehörten.

Lit.: M. Schwartz, Vertriebene und „Umsiedlerpolitik". Integrationskonflikte in den deutschen Nachkriegs-Gesellschaften und die Assimilationsstrategien in der SBZ/DDR 1945–1961. München 2004; Ders., „Vom Umsiedler zum Staatsbürger". Totalitäres und Subversives in der Sprachpolitik der SBZ/DDR, in: Vertriebene in Deutschland. Interdisziplinäre Ergebnisse und Forschungsperspektiven. Hg. D. Hoffmann/M. Krauss/M. Schwartz. München 2000, 135–166; M. Beer, Flüchtlinge – Ausgewiesene – Neubürger – Heimatvertriebene. Flüchtlingspolitik und Flüchtlingsintegration in Deutschland nach 1945, begriffsgeschichtlich betrachtet, in: Migration und Integration. Aufnahme und Eingliederung im historischen Wandel. Hg. Ders./M. Kintzinger/M. Krauss. Stuttgart 1997, 145–167.

M. S.

Umsiedlung (NS-Begriff). Bezeichnung für den staatl. gelenkten Bev.transfer zur Ansiedlung der sog. →Volksdeutschen aus Osteuropa im Altreich u. in den besetzten Gebieten (a. Nachumsiedlung).

Bereits lange vor dem 2. →Wk. gehörte die Annahme, dass weite Teile Osteuropas dem „Deutschtum" zurückgewonnen werden müssten, zum Kerngedankengut der Nationalkonservativen wie der radikalen Rechten. Schon die Kriegszieldenkschriften des 1. →Wk.s propagierten eine dt. „Ostexpansion". Nach der Kriegsniederlage u. den mit ihr einhergehenden Gebietsverlusten wurde das Schlagwort v. den Deutschen als einem „Volk ohne Raum" populär. Die Nationalsozialisten übernahmen diese Denkfigur, radikalisierten sie zur aggressiv vorgetragenen Forderung nach „deutschem Lebensraum im Osten" u. machten diese zur Grundlage dt. Außenpolitik.

Mit dem Überfall auf →Polen im September 1939 bekam das dt. Expansionsstreben nach O eine neue Basis. Nun stellte sich ganz praktisch die Frage, wie die eroberten Gebiete Polens dauerhaft dem dt. Herrschaftsbereich einverleibt, resp. im NS-Jargon „dem Deutschtum gesichert" werden könnten. In diesem Zusammenhang rückten die sog. Volksdeutschen, auslandsdeutsche Minderheiten in Osteuropa, in das Blickfeld der NS-Volkstumsstrategen. Gemeinsam mit bäuerlichen Siedlern aus dem Altreich sollten sie die besetzten Gebiete Polens „germanisieren". In seiner Reichstagsrede vom 6. 10. 1939 erklärte Adolf →Hitler, es gelte, umgehend eine „Neuordnung der ethnographischen Verhältnisse" durch U. herbeizuführen. Hiermit war einerseits die Neuansiedlung deutscher u. volksdeutscher Siedler gemeint, andererseits die →Vertreibung u. Ermordung „rassisch" u. politisch „unerwünschter" Einw. der besetzten Gebiete, allen voran der poln. Juden (→J.: Deportation und Vernichtung). Die Kompetenz für Vertreibung u. Neuansiedlung übertrug Hitler seinem SS-Chef Heinrich →Himmler, der sich dieser Aufgabe mit Enthusiasmus u. Brutalität annahm. Himmler wählte für sich die Bez. →Reichskommissar für die Festigung deutschen Volkstums (RKF) u. schuf sich mit dem Stabshauptamt RKF den entsprechenden organisatorischen Apparat. Die „Hauptabteilung Planung und Boden" des RKF, geleitet vom Berliner Agrarwissenschaftler Konrad Meyer, erstellte auf Himmlers Ersuchen umfangreiche Pläne zur Neugestaltung Osteuropas durch Vertreibung und U., u. a. den sog. →Generalplan Ost.

Auf der Basis bilateraler U.sabkommen, die das Dt. Reich im Herbst 1939 mit der →Sowjetunion u. den baltischen Staaten (→baltische Länder) geschlossen hatte, kamen während des Krieges insgesamt mehr als 1 Mio. Volksdeutsche aus dem Ausland in das Reich. Ein Teil dieser Menschen wurde umgehend als dt. „Ostsiedler" in den besetzten Gebieten auf Bauernhöfen u. Betrieben angesiedelt. Hierfür vertrieb die SS die ursprünglichen Bewohner aus ihren Häusern u. Höfen. Allein im besetzten Polen verloren so etwa 800.000 Personen ihren Besitz u. nicht wenige auch ihr Leben (→Polen: Aussiedlung aus den „eingegliederten Ostgebieten").

Die U. selbst lief als Kombination von Vertreibung u. Neuansiedlung ab, Organisation u. Durchführung lagen in den Händen der SS. Am Morgen des U.stages vertrieben die Angehörigen des zuständigen SS-Ansiedlungsstabes unter Polizeischutz die Bewohner zuvor bezeichneter „polnischer" Höfe aus ihren Häusern. Die Menschen durften nur mitnehmen, was sie tragen konnten, pro Person nicht mehr als 30 kg. Vieh u. Wertsachen mussten zurückgelassen werden. Eine spätere Entschädigung für Grundstücke, Immobilien, Inventar u. Vieh gab es nicht, die Familien verloren de facto alles. Die Menschen kamen per Fußmarsch oder LKW-Transport in ein Auffanglager, wo sie von Rasseprüfern der SS auf ihren „rassischen Wert" untersucht wurden. Bei negativem Rasseurteil (in der Mehrzahl der Fälle) drohte eine Abschiebung nach Restpolen, in das sog. →Generalgouvernement. Im Falle eines positiven Rasseurteils wurden die Menschen – unabhängig v. ihrem persönlichen Willen – in das sog. Wiedereindeutschungsverfahren aufgenommen. Um sie „zu Deutschen zu erziehen", sandte sie die SS als Arbeitskräfte ins Altreich. Noch am Nachmittag des Vertreibungstages übernahmen volksdeutsche Familien, die zuvor in einem Auffanglager ebenfalls einer rassenanthropologischen Prüfung unterzogen worden waren, die Höfe u. Wohnungen der vertriebenen poln. Familien. Hierbei wurden oft mehrere Betriebe zu einem einzigen zusammengelegt, um den volksdeutschen Landwirten ein besseres Auskommen zu sichern. Der Kerngedanke dieser Vertreibung und U. am selben Tag war, die reibungslose Bewirtschaftung der Höfe u. die Versorgung des Viehs zu gewährleisten.

Der gesamte Prozess der Vertreibung u. Neuansiedlung stand unter dem Vorzeichen einer rassisch fundierten ethn. Neuordnung: Nur „schlechtrassische" Nichtdeutsche sollten vertrieben werden, nur „gutrassige" Volksdeutsche wurden als Siedler anerkannt. Das Rasseurteil fällten die sog. Rasseexperten der SS aus dem Rasse- u. Siedlungshauptamt der SS (RuSHA). Zur Registrierung der Menschen bildete die Sicherheitspolizei der SS (Sipo) eigene Unterinstitutionen: die Umwandererzentralstelle der Sipo (UWZ) zur Registrierung u. Vertreibung der Polen u. Juden, die Einwandererzentralstelle der Sipo (EWZ) zur Erfassung der Volksdeutschen.

Die U. selbst lässt sich in folgende Phasen einteilen: Von November 1939 bis März 1940 kamen die Volksdeutschen aus Estland u. Lettland in das Reich u. die besetzten Gebiete, insgesamt etwa 62.000 Menschen (→Deutschbalten). Die zweite Gruppe bildeten die Volksdeutschen aus Ostpolen, bis Anfang Februar 1940 trafen insgesamt 128.000 Neusiedler aus Galizien (→Deutsche aus Galizien), der Narew-Region u. Wolhynien (→Deutsche aus W. im Zweiten Weltkrieg) ein. Als dritte Gruppe kamen bis Mitte Dezember 1940 insgesamt etwa 30.000 Volksdeutsche aus dem Generalgouvernement (Chełm u. Lublin). Ebenfalls wurden bis Ende des Jahres 1940 Volksdeutsche aus Rumänien (77.000) u. aus der Sowjetunion (Nordbukowina u. Bessarabien, 137.000 Menschen) (→D. aus Bessarabien, →D. aus der Bukowina) umgesiedelt. Von Januar bis März 1941 folgten schließlich 48.000 Litauendeutsche (→Deutsche aus Litauen) u. 12.000 sog. Nachumsiedler aus Estland u. Lettland. Insgesamt kamen bis Ende 1940 rd. 0,5 Mio. Volksdeutsche ins Reich u. die besetzten Gebiete, v. 1941 bis 1944 weitere 500.000. Das Gros der Menschen stammte aus Osteuropa.

Trotz der aggressiven Vertreibungspolitik u. der Ermordung der Juden konnte längst nicht allen Volksdeutschen eine Siedlerstelle oder Wohnung in den besetzten Gebieten oder im Reich zugewiesen werden. Viele Menschen verharrten folglich während des gesamten Krieges in Lagern, wo sie die SS-Institution →Volksdeutsche Mittelstelle (VoMi) betreute. So saßen Anfang März 1942 mehr als 131.000 Volksdeutsche in Lagern fest, gut ein Viertel der bis dato registrierten 511.000 Umsiedler. In den VoMi-Lagern waren die Lebensbedingungen oft prekär u. die Sterblichkeit unter Kindern u. Alten hoch. Viele Menschen waren krank u. verzweifelt. Die Aporien der dt. Siedlungspolitik erwiesen sich noch während des Krieges, als einerseits die dt. Umsiedlungspolitik aus Mangel an „rassisch" geeigneten u. bereitwilligen Ostsiedlern in eine Sackgasse geriet u. andererseits viele Volksdeutsche in Lagern festsaßen. Als ein Ausweg erschien den SS-Siedlungsplanern die sog. Rücksiedlung der Litauendeutschen. Von 48.000 Litauendeutschen, die 1941 ihre Heimat verlassen hatten, wurden im Sommer 1942 knapp 19.000 erneut in Litauen angesiedelt, um das Land dem dt. Herrschaftsbereich zu sichern. Doch auch dieses Siedlungsprojekt erwies sich bald als Makulatur. In der Endphase des Krieges verließen die Volksdeutschen überall in Osteuropa erneut ihre Häuser u. Höfe, diesmal jedoch als Flüchtlinge vor der vorrückenden Roten Armee (vgl. →Ostpreußen: Flucht und Vertreibung nach Deutschland, →Evakuierung).

Betrachtet man die nationalsozialistische Politik der Zwangsvertreibung und U. im Kontext des 2. Wk.s, so fallen zwei Charakteristika ins Auge. Erstens verstand sich die U.spolitik immer als Maßnahme zum Zwecke der ethn. Neuordnung (Ost-)Europas, gegründet auf eine strikt rassistische Selektionspolitik. Zweitens war die U. aufs Engste mit dem →Holocaust verzahnt. Die erste Bedingung für die angestrebte rassische Reorganisation der Gesellschaft in den eroberten Gebieten war für alle Beteiligten stets die völlige Entfernung der jüdischen Bev., zunächst gedacht als Zwangsvertreibung u. Ghettoisierung, ab Sommer 1941 als Massenmord. Ganz praktisch profitierten die Volksdeutschen – sei es als Neusiedler, sei es in Lagern – vom Holocaust: Während einige von ihnen Wohnungen, Grundstücke oder Mobiliar aus dem Besitz der Ermordeten erhielten, wurde die Masse der Menschen mit Warensendungen aus den Vernichtungslagern versorgt, vom Pelzmantel bis zum Babystrumpf.

Die enge Verbindung von U. u. Holocaust schlug sich auch auf der semantischen Ebene nieder: Während die Zwangsvertreibung der polnischen Bev. oft als „Absiedlung" bezeichnet wurde (seltener auch „U."), erschien der Massenmord an den europ. Juden in den Quellen oft unter der Tarnbezeichnung „Juden-Umsiedlung".

Lit.: I. Heinemann, „Rasse, Siedlung, deutsches Blut". Das Rasse- und Siedlungshauptamt der SS und die rassenpolitische Neuordnung Europas. Göttingen 2003; G. Aly, „Endlösung". Völkerverschiebung und der Mord an den europäischen Juden. Frankfurt a. M. 1995.

I. H.

„Unabhängiger Staat Kroatien" als Vertreibungsgebiet. Der „Unabhängiger Staat Kroatien" (USK, kroat. *Nezavisna Država Hrvatska*, NDH) wurde am 10. 4. 1941, vier Tage nach Beginn des dt. Überfalls auf →Jugoslawien u. sieben Tage vor Unterzeichnung der jug. Kapitulation – in Zagreb durch den ehem. k.u. k. Oberst Slavko Kvaternik – in Absprache mit dem dt. Sonderbevollmächtigten Edmund v. Veesenmayer – proklamiert. Kvaternik verstand sich als Stellvertreter des noch im it. Exil weilenden *Ustaša*-Führers Ante →Pavelić, der drei Tage später in Kroatien eintraf u. an die Spitze des neuen Staates trat. Adolf →Hitler akzeptierte Pavelić erst, nachdem sich der Führer der Kroat. Bauernpartei, Vladko Maček, der →Kollaboration mit dem „Dritten Reich" verweigert hatte. Nach der Slowakei war der USK der zweite Staat, der seine Existenz der gewaltsamen „Neuordnung Europas" durch die „Achsenmächte" verdankte. Wie die Proklamation des Staates, so wurde auch dessen diplomatische Anerkennung u. Grenzziehung v. Berlin u. Rom aus gesteuert. Die *Ustaša*-Führung musste große Teile Dalmatiens u. fast alle dalmatinische Inseln an Italien sowie die Murinsel (Medjumurje) an →Ungarn abtreten, erhielt dafür aber ganz Bosnien-Herzegowina. Mitten durch den USK verlief eine Demarkationslinie, mit der die dt. von der it. Besatzungszone getrennt wurde. Völkerrechtlich u. faktisch war u. blieb der USK ein Besatzungsgebiet. Sein Territorium umfasste rd. 100.000 qkm. Da es keine Volkszählung im USK gab, können die Zahlen zur Einw.schaft nur auf der Grundlage der Zählungsergebnisse v. 1931 sowie der Geburten- u. Sterbeziffern annähernd berechnet werden. Demnach dürfte die Einw.zahl des USK Ende 1941 ca. 6,5 Mio. betragen haben. Davon entfielen 3,45 Mio. auf die hist. Landesteile Kroatien-Slawonien, 2,45 Mio. auf Bosnien, 0,4 Mio. auf die Herzegowina u. 0,37 Mio. auf Dalmatien (soweit es zum USK gehörte). Mit der nach der Kapitulation Italiens im September 1943 erfolgten Eingliederung der zunächst an Italien abgetretenen Gebiete Dalmatiens hätte sich die Einw.zahl – v. den inzwischen eingetretenen Bev.verlusten abgesehen – auf etwa 7 Mio. erhöht. Der Konfession nach gliederte sich die Bev. des USK nach den Angaben v. 1931 (d. h. einschl. der 1941 an Ungarn gefallenen Murinsel) wie folgt: 3,05 Mio. Röm.-Kath., 1,76 Mio. Orth., 720.000 Muslime, 58.000 Protestanten, 32.000 Juden, 28.000 Griech.-Unierte u. 9.000 Sonstige. Bis Ende 1941 dürfte sich – wiederum ohne Berücksichtigung der bereits erfolgten Bev.-verluste, →Vertreibungen, Zwangskatholisierungen u. a. äußerer Einwirkungsfaktoren – die Zahl der Katholiken auf 3,6 Mio., die der Orthodoxen auf über 2 Mio. u. die der Muslime auf 800.000 erhöht haben. Der nationalen Zugehörigkeit nach waren rd. 3,3 Mio. Einw. Kroaten (etwas über 50 % der Gesamtbev.), während sich die Zahl der Serben auf knapp 2 Mio. (31 %) belief. Viele der in Kroatien-Slawonien u. Syrmien beheimateten Serben (nach der Zählung v. 1931 713.000 Personen) waren Nachfahren der in der ehem. habsburgischen Militärgrenze auf kroat.-slawonischem Boden (entlang der früheren Grenze zum osm. Bosnien) angesiedelten Wehrbauern (→Krajina-Serben). Unter den Nationalitäten des Landes stellten die Deutschen (→Deutsche aus Jugoslawien) mit ca. 175.000 die stärkste Gruppe dar (mit den Siedlungsschwerpunkten in Slawonien u.

Syrmien), gefolgt v. Ungarn mit 75.000, Tschechen 45.000, Juden 40.000, Slowenen, Slowaken u. sonstigen Minderheiten mit zusammen über 100.000 Personen. Der Großteil der 800.000 Muslime (→M. aus Jugoslawien in der Zwischenkriegszeit), der Nachfahren der während osman. Herrschaft zum Islam konvertierten Südslaven, besaß kein gefestigtes Nationalbewusstsein. Einige fühlten sich als Serben, andere als Kroaten, viele befürworteten das ethn. Jugoslawentum oder wechselten ihre nationale Zugehörigkeit v. Fall zu Fall. Entgegen der *Ustaša*-Propaganda war der USK somit kein kroat. National-, sondern ein Vielvölkerstaat. In Bosnien-Herzegowina stellten die Kroaten hinter Serben u. Muslimen erst die drittstärkste Gruppe. In Syrmien standen den 50 % Serben nur 25 % Kroaten sowie 17 % Deutsche gegenüber. Lediglich in den hist.-kroat. Landesteilen bildeten die Kroaten mit knapp 80 % der Bev. eine deutliche Mehrheit.

Die eingeschriebenen Mitglieder der 1929 gegründeten konspirativ-terroristischen *Ustaša*-Bewegung zählten bei Gründung des USK nur wenige tausend Personen. Doch unterstützt v. Sympathisanten u. Opportunisten sowie mit Hilfe der dt. Besatzungsmacht errichtete Pavelić einen „Führerstaat" nach dt. und it. Muster, obwohl es dem Regime auch in der Folgezeit nicht gelang, eine gefestigte Massenbasis zu gewinnen. Grund für die zunehmende Distanz zw. dem *Ustaša*-Regime u. der Bev.mehrheit waren die territ. Verluste in Dalmatien u. die überaus fragwürdige „Souveränität" des neuen Staates auf der einen sowie die Willkürherrschaft u. Zügellosigkeit der *Ustaša*-Banden (der sog. „wilden Ustaše") auf der anderen Seite. Unmittelbar nach der „Machtergreifung" gingen Pavelić u. seine Anhänger an die Realisierung ihrer großkroat. Ideologie. Ziel war die Schaffung eines national/rassisch homogenen Staates (→Nationalstaat und ethnische Homogenität). Die bosnischen Muslime wurden in Anlehnung an den „Vater des Vaterlandes", Ante Starčević (1823–1896), zum „reinsten Teil" der kroat. Nation (zu „Kroaten islamischen Glaubens") deklariert. Das Regime versuchte, den polit. aktiven Teil der Jugoslawischen Muslimischen Organisation (JMO) aus der Zwischenkriegszeit an die *Ustaša*-Bewegung zu binden. Einige ihrer pro-kroat. Funktionäre traten der *Ustaša* bei u. erhielten einflussreiche Posten in Staat u. Verwaltung. Ihrem Beispiel folgte ein kleinerer Teil der JMO-Mitglieder, während sich die Mehrheit der Muslime zwar zunächst loyal, aber im Grunde abwartend verhielt. Die pro-serb. und autonomistischen Flügel der muslimischen Führungsschicht standen dem neuen Staat dagegen v. Anfang an ablehnend gegenüber u. strebten eine Loslösung vom USK an. Die „Serben" galten als Hauptfeind der *Ustaša*-Bewegung u. sahen sich vielfältigen Diskriminierungen u. Verfolgungen ausgesetzt. Das Regime unterschied zw. den „zwangsweise zur Orthodoxie bekehrte Kroaten", den „Kroaten griechisch-orthodoxen Glaubens", u. den „echten Serben", die als Eindringlinge betrachtet wurden, die auf kroat. Boden keinerlei Heimatrecht besaßen. Die Konsequenz waren „Re-Katholisierung", „Re-Kroatisierung" im ersten sowie Umsiedlung (→U. [NS-Begriff]), Vertreibung u. Massenmord im zweiten Fall. Hunderttausende v. Serben aus Bosnien-Herzegowina oder den Gebieten der früheren kroat.-slawonischen Militärgrenze flohen ins besetzte Serbien oder in die it. Besatzungszone oder wurden vertrieben. Andere wurden in eines der zahlreichen Konzentrationslager des USK eingewiesen, unter denen das Lager Jasenovac (an der Einmündung der Una in die Save) traurige Berühmtheit erlangte (→Serben aus dem „Unabhängigen Staat Kroatien", →Lager).

Von den im USK lebenden Juden wurden 20.000-25.000 in kroat. Lagern ermordet u. etwa 7.000 in NS-Konzentrationslager zur Vernichtung deportiert. Über die Zahl der ermordeten Roma gibt es keine verlässlichen Angaben. Das Vermögen der Serben u. Juden wurde „nationalisiert" bzw. „arisiert". Im Unterschied zu Serben, Juden u. Roma genoss die „Deutsche Volksgruppe im USK" unter Führung v. Branimir Altgayer eine privilegierte Stellung u. bildete eine Art Staat im Staate.

Das Terrorregime Pavelićs trieb mehr u. mehr Personen in den Widerstand, zuerst die v. Verfolgung u. Vernichtung bedrohten Serben, dann oppositionelle Kroaten u. schließlich Muslime, die bald zw. die Mühlsteine des kroat. und serb. Nationalismus gerieten. Zu den ethn. Spannungen kamen ideologische Gegensätze (zw. den serb.-royalistischen *Četnici* Draža →Mihailovićs u. den jug.-komm. Tito-Anhängern [→Tito, Josip Broz]) sowie die divergierenden Eigeninteressen der beiden Besatzungsmächte. Das Ergebnis war ein Krieg „aller gegen alle", unter dem v. a. die ethn. gemischte Bev. in Bosnien-Herzegowina, an erster Stelle die Muslime, zu leiden hatte(n). Lange vor Kriegsende stand der USK nur noch auf dem Papier. Immer mehr Teile des Landes entzogen sich der Regierungsaufsicht u. wurden v. einer der beiden Widerstandsbewegungen kontrolliert oder unterstanden der Verwaltung durch die Besatzungsmächte. Dank des verstärkten Einsatzes von Dt. Wehrmacht u. Waffen-SS konnte sich das *Ustaša*-Regime zwar bis Mai 1945 behaupten, doch sein Hoheitsgebiet schrumpfte mehr u. mehr zusammen. Mit den dt. Truppen zogen sich schließlich auch die *Ustaša*-Milizen, die kroat. Armee *(Domobranstvo)* und serb. Antikommunisten nach Österreich zurück u. ergaben sich den brit. Truppen. Nach ihrer Auslieferung an die titoitische Jugoslawische Volksbefreiungsarmee kam es im österr. Bleiburg u. auf Todesmärschen zu massenhaften Vergeltungsmaßnahmen.

Die Deutschen konnten großenteils evakuiert werden. Bereits in der ersten Jahreshälfte 1942 wurden die Bosniendeutschen zuerst nach Slawonien u. Syrmien, später ins →Generalgouvernement umgesiedelt. Die Räumung der dt. Siedlungsgebiete in Slawonien u. Syrmien erfolgte zw. Anfang Oktober u. Anfang November 1944.

Die Zahl der Opfer des *Ustaša*-Regimes gehört zu den umstrittensten Themen in der Nachkriegshistoriographie u. hat seit Mitte der 1980er Jahre einen serb.-kroat. Propagandakrieg ausgelöst. Die im zweiten jug. Staat stereotyp verbreitete Behauptung, allein im KZ Jasenovac seien 500.000–700.000 Menschen ermordet worden, hält nüchterner Überprüfung nicht stand. Realistischerweise wird man die Gesamtzahl der Kriegsopfer in Jugoslawien auf etwa 1 Mio. beziffern können. Die höchsten Verluste hatte die Bev. in Bosnien-Herzegowina (320.000–380.000 Personen) zu verzeichnen, darunter 86.000-103.000 Muslime (ca. 8 % aller bosn. Muslime). Insgesamt kamen auf dem Territorium des USK 530.000-680.000 Personen ums Leben (davon weniger als 100.000 im KZ Jasenovac). Unter den Opfern befanden sich zw. 295.000–334.000 Serben (rd. 15 % der im USK beheimateten Serben) u. etwa 200.000 Kroaten (5 % der kroatischen Bev.). Wie viele der Opfer im Zuge milit. Operationen (Aprilkrieg 1941, Widerstand gegen die Besatzungsmächte, Bürgerkrieg, Vergeltungsaktionen bei u. nach Kriegsende) umkamen u. wie viele in Lagern oder im Terrain ermordet wurden (u. von wem) lässt sich nicht verlässlich bestimmen.

Lit. (a. →Serben aus dem „Unabhängigen Staat Kroatien", Ante →Pavelić, Draža →Mihailović): 1. Staat/Regime/Ideologie: H. Sundhaussen, Der Ustascha-Staat: Anatomie eines Herrschaftssystems, *Österreichische Osthefte* 37/2 (1995), 497-533; F. Jelić-Butić, Ustaše i Nezavisna Država Hrvatska 1941-1945. Zagreb 1977; G. Fricke, Kroatien 1941-1944. Der „Unabhängige Staat Kroatien" in der Sicht des Deutschen Bevollmächtigten Generals in Agram, Glaise v. Horstenau. Freiburg 1972; L. Hory/M. Broszat, Der kroatische Ustascha-Staat 1941-1945. Stuttgart 1964.
2. Opfer: T. Dulić, Utopias of Nation. Local Mass Killing in Bosnia and Herzegovina, 1941-42. Uppsala 2005; Partizanska i komunistička represija i zločini u Hrvatskoj 1944.-1946. Dokumenti. Hg. Z. Dizdar/V. Geiger. Slavonski Brod 2005; H. Sundhaussen, Jasenovac 1941-1945 – Diskurse über ein Konzentrationslager als Erinnerungsort, in: Orte des Grauens. Verbrechen im Zweiten Weltkrieg. Hg. G. Ueberschär. Darmstadt 2003, 49-59; V. Žerjavić, Opsesije i megalomanije oko Jasenovca i Bleiburga. Gubici stanovništva u drugom svjetskom ratu. Zagreb 1992; H. Sundhaussen, Jugoslawien, in: Dimension des Völkermords. Die Zahl der jüdischen Opfer des Nationalsozialismus. Hg. W. Benz. München 1991, 311-330; B. Kočović, Žrtve drugog svetskog rata u Jugoslaviji. London 1985; E. Paris, Genocide in Satellite Croatia 1941-1945. A Record of Racial and Religious Persecutions and Massacres. Chicago/Ill. 1962.

H. S.

Ungarn *(Magyarország).* Die Österr.-Ung. Monarchie, die mit dem ung. Gesetzesartikel Nr. XII des Jahres 1867 ins Leben gerufen worden war, bestand aus zwei Staaten, nämlich dem Kgr. U. und dem Kaiserreich Österreich. Obwohl beide multiethn. Staaten über ein eigenes Parlament, eine eigene Regierung u. Verwaltung verfügten, hatte keines v. ihnen sämtliche Attribute der staatl. →Souveränität. Die den Rahmen des Reichs bildende dualistische Staatsorganisation (1867–1918) schuf günstige Bedingungen für die Entwicklung v. Kultur u. Wirtschaft U.s. Das Habsburger Reich zerfiel de facto in den letzten Tagen des 1. →Wk.s. Die „bürgerliche" Revolution v. 1918 mit Graf Mihály Károlyi an der Spitze konnte sich nur wenige Monate lang halten. Aufgrund der Entscheidung des Nationalrates vom 16. 11. 1918 wurde das nunmehr unabhängige U. zu einer „Volksrepublik". Die am 21. 3. 1919 einsetzende zweite Revolution, die in die sog. Räterepublik mündete, führte im staatl. Leben, in der Wirtschaft u. Gesellschaft sowie im Bereich der Kultur zu einer Umgestaltung, die im Wesentlichen nach sowjetruss. Muster ablief. Mit Hilfe der Entente gelangte 1920 Admiral Miklós Horthy an die Macht u. regierte als Reichsverweser U. bis zum 15. 10. 1944. Am 19. 3. 1944 besetzten dt. Truppen U. und im April 1945 befreiten sowj. Truppen das Land v. den dt. Besatzern, gebärdeten sich jedoch v. Anfang an wie Okkupanten. Bis zum Jahre 1948 kamen, wenn auch in eingeschränktem Maße, die Spielregeln einer parlamentarischen Demokratie zur Geltung. Anschließend, in den Jahren zw. 1949 u. 1956, entwickelte sich eine Diktatur sowj. Typus' unter Führung v. Mátyás Rákosi, die mit einigen Veränderungen auch in der Ära des sog. Kádárismus bis 1989 bestehen blieb. Am 23. 10. 1990 wurde U. eine unabhängige parlamentarische Republik, am 12. 3. 1999 Mitglied der NATO u. am 1. 5. 2004 der EU.

Infolge des Friedensvertrags v. Trianon aus dem Jahre 1920 verlor U. zwei Drittel seines Territoriums – das Staatsgebiet verminderte sich v. 270.000 qkm auf 93.000 qkm – u. ein Drittel der ung. Magyaren blieb außerhalb der neuen Grenzen. Die Einw.zahl verringerte sich v. 18.214.272 (1910) auf 7.980.143 Personen (1920) u. stieg dann bis 1930 auf 8,6 Mio. u. 1941 – ohne die Bev. der rückgegliederten Gebiete – auf 9,3 Mio. Eine grundlegende Veränderung erfuhr U. auch hinsichtlich der nationalen/ethn. Zusammensetzung seiner Bev. Einerseits machten rd. 350.000 Ungarn in den Nachfolgestaaten der Habsburger Monarchie v. ihrem Optionsrecht Gebrauch u. siedelten nach Trianon-U. um (darunter 197.000 Ungarn aus Rumänien u. 47.000 Ungarn aus Jugoslawien, v. a. aus der →Vojvodina; →Option). Andererseits flohen etwa 50.000 Südslaven aus dem S des ungar. Reststaates nach →Jugoslawien. Während Personen mit ung. Muttersprache im historischen U. gerade etwas mehr als die Hälfte der Bev. (54,4 %) ausgemacht hatten, umfasste die nicht ung.sprachige Bev. innerhalb der neuen Grenzen kaum mehr als ein Zehntel der Gesamtbev. (11,7 %). Bei der Volkszählung v. 1910 hatte man noch 1.901.042 Deutsche (10,4 % der Gesamtbev.), 1.946.165 Slowaken (10,7 %), 2.948.049 Rumänen (16,2 %), 464.259 Ruthenen (2,6 %), 181.882 Kroaten (1,0 %), 461.091 Serben (2,5 %) u. 374.105 Personen mit sonstigen Muttersprachen registriert. Bei der Volkszählung des Jahres 1920 wurden – neben den 7.147.053 Magyaren (89,6 %) – nur noch 551.211 Deutsche (5,6 %), 141.882 Slowaken (1,8 %), 23.760 Rumänen (0,3 %), 1.500 Ruthenen (0,02 %), 36.858 Kroaten (0,46 %), 17.131 Serben (0,21 %) u. 60.748 Personen mit sonstigen Muttersprachen (0,76 %) verzeichnet. Die Verringerung der Zahl der Angehörigen v. Minderheiten setzte sich auf dem Gebiet v. Trianon-U. – trotz eines bedeutenden Wachstums der Gesamtbev. – in kleinerem Maße auch später fort, sodass ihr Anteil 1941 nur mehr 7 % ausmachte. Die auf dem Gebiet v. Trianon-U. verbliebenden Angehörigen der nationalen Minderheiten wohnten zumeist in den mittleren Landesteilen in einer Umgebung mit gemischter Bev. u. waren verschiedenen Assimilationsfaktoren ausgesetzt.

Währenddessen hatte U. infolge seiner Revisionsbestrebungen (s. a. →Irredentismus) u. den Kriegsinteressen Deutschlands und Italiens in den Jahren zw. 1938 u. 1941 einen Teil seiner zuvor verlorenen Gebiete, insgesamt 78.567 qkm, zurückerhalten: am 2. 11. 1938 Gebiete in Oberungarn (Slowakei) mit 11.927 qkm, im März 1939 die Karpatenukraine mit 12.061 qkm, im August 1940 Nordsiebenbürgen mit 43.104 qkm u. im April 1941 das sog. Südland (die südl. Batschka u. Baranja sowie das Murgebiet) mit 11.475 qkm.

Die Gebiets- u. Bev.zunahme führte abermals zu bedeutenden Veränderungen in der nationalen Zusammensetzung der Bev. Bei der Volkszählung v. 1941 wurde nicht nur nach der Muttersprache, sondern auch nach der Nationalität gefragt. Das Ergebnis war: Von der 14.686.323 Personen umfassenden Gesamtbev. bekannten sich 77,4% zur ung. Muttersprache u. 80,9% zur ung. Nationalität. Im Falle der Minderheiten war die Zahl der Personen, die sich zur jeweiligen Muttersprache bekannten, i. d. R. höher als die Zahl derjenigen, die ihre Angehörigkeit zur entsprechenden Nationalität angaben: dt. Muttersprache 720.291 (Nationalität 532.868), slowak. Muttersprache 270.467 (173.514), rum. Muttersprache 1.100.290 (1.052.067), ruthenische Muttersprache 563.910 (547.177), kroat. Muttersprache 128.740 (12.630), bunjewatzisch-schokatzische Muttersprache 78.994 (55.532), serb. Muttersprache 164.755 (159.346) u. slowen. Muttersprache 70.315 (20.343). Eine Ausnahme bildeten die Zigeuner/Roma, v. denen sich 57.776 Personen zu einer Zigeuner/Roma-Sprache u. 76.738 Personen zur Nationalität als Zigeuner/Roma bekannten, sowie die Juden, v. denen sich 132.325 Personen zur jüd. Muttersprache u. 139.455 Personen zur jüd. Nationalität bekannten. Die Gebietsveränderungen während u. nach dem 2. →Wk. wurden v. erneuten Bev.bewegungen begleitet. Allein aus Nordsiebenbürgen flohen etwa 300.000 Rumänen (→R. aus Nordsiebenbürgen), während 142.000 Ungarn dorthin übersiedelten, die nach dem Krieg aber wieder nach U. zurückkehren mussten (→Magyaren aus Siebenbürgen nach Ungarn). Aus der Batschka wurden die serb. Kolonisten nach Serbien abgeschoben, andere wurden ermordet. Im Anschluss an den Verlust der Batschka im Oktober 1944 ergriffen dann viele Ungarn die →Flucht oder wurden Opfer v. „Racheaktionen".

Nach dem 2. →Wk. verringerte sich in U. die Zahl der Personen, die einer Minderheit angehörten, auf ein so niedriges Niveau wie niemals zuvor. Dies ist zum einen auf den Verlust der rückgegliederten Gebiete zurückzuführen, zum anderen auf die Vertreibung der Deutschen (→D. aus Ungarn: Zwangsaussiedlung nach Deutschland) u. auf den slowak.-ung. Bev.austausch (→Magyaren aus der Südslowakei nach Ungarn). Auch aufgrund der negativen hist. Erfahrungen u. der bedrückenden polit. Atmosphäre bekannten sich bei der Volkszählung des Jahres 1949 nur insgesamt 128.000 Personen zur Gruppe der nichtung. Muttersprachler (25.988 Slowaken, 14.713 Rumänen, 20.423 Kroaten, 5.158 Serben, 4.473 Slowenen, 22.455 Deutsche, 21.387 Zigeuner/Roma u. 14.161 Sonstige), d. h. nur 1,4% der Gesamtbev. Zusammengefasst: U. entwickelte sich in den vom Friedensvertrag v. Trianon bestimmten Grenzen v. einem vormals multinationalen u. vielsprachigen Land zu einem fast vollständig homogenen Nationalstaat. In diesem verringerte sich – abgesehen v. der kurzen Zeit der Gebietsrückgliederungen vor u. während des 2. Wk.s – der Anteil der Personen, die keine ung. Muttersprachler waren u. sich nicht zur ung. Nationalität bekannten. Gemäß den Ergebnissen der Volkszählungen ändert sich dieser Trend seit 1990. Bei der Volkszählung des Jahres 2001 bekannten sich bereits mehr als 442.000 Personen als Angehörige irgendeiner Minderheit. Zudem drehte sich auch das Verhältnis zw. den sich zur Muttersprache u. den sich zu einer nichtung. Nationalität bekennenden Personen um,

d. h. die Zahl der Personen, die sich zur jeweiligen Nationalität bekennen, ist höher als diejenige, die eine nichtung. Sprache als Muttersprache angeben.

In der Zeit zw. den beiden Weltkriegen war die Nationalitätenpolitik der ung. Regierungen durch eine Doppelgesichtigkeit gekennzeichnet. Zum einen erwarteten sie einen effektiven internat. Schutz für die den Nachbarstaaten zugeschlagenen, mehr als 3 Mio. Personen umfassenden magyarischen Minderheiten, die größtenteils in einem Block unmittelbar in den entlang der ung. Grenze liegenden Gebieten lebten, zum anderen betonten sie gegenüber den eigenen, auf dem Gebiet Trianon-U.s lebenden Minderheiten die Souveränität des Staates u. behandelten ihre Probleme u. Bestrebungen als innere Angelegenheit. Für das Trauma v. Trianon machte sowohl ein bedeutender Teil der ung. Gesellschaft als auch die polit. Elite die →nationalen Minderheiten verantwortlich. Die Gewährleistung der Minderheitenrechte (→Minderheitenschutz) war in den Jahrzehnten zw. den beiden Weltkriegen auf die Verwendung der Muttersprache in Verwaltung u. Gerichtswesen sowie auf den – auf verschiedene Art u. Weise gesicherten – muttersprachlichen Unterricht beschränkt. Die Unterschiede, die sich sowohl hinsichtlich der zahlenmäßigen Stärke als auch bez. der kulturellen u. wirt. Ansprüche ergaben, fanden keine Berücksichtigung, u. die Regierungen setzten auch in vielen Fällen die gesetzlich geregelten Rechte nicht um.

Die eingeräumten Minderheitenrechte befriedigten die Deutschen als größte Minderheit in Trianon-U. nicht. Um ihre Emanzipationsbestrebungen durchzusetzen, forderten sie die Möglichkeit, eine landesweite Organisation ins Leben zu rufen. Dem stimmte die ung. Regierung schließlich zu, sodass am 3. 8. 1924 der Ungarnländische Deutsche Volksbildungsverein unter dem Vorsitz des Zipser Sachsen Gustav Gratz u. des geschäftsführenden Vizepräsidenten Jakob Bleyer ins Leben gerufen werden konnte. Die Vereinsführung konnte die Forderungen der polit. gemäßigten u. der radikaleren Strömungen aber nur kurze Zeit integrieren u. auch die Tätigkeit als Kulturverein trat allmählich in den Hintergrund, sodass der Volksbildungsverein schließlich durch u. durch politisiert war. Die ung. Regierungen machten in der zweiten Hälfte der 1930er Jahre aufgrund des Drucks aus Berlin u. der Bestrebungen der Führer der sich radikalisierenden ungarndt. Gemeinschaften weitere Zugeständnisse, wobei sie hofften, so ihre eigenen revisionistischen Ziele besser erreichen zu können.

Am 26. 11. 1938 wurde, nunmehr unter der Leitung v. Franz Basch, der Volksbund der Deutschen in Ungarn gegründet. Diese Organisation schuf die Möglichkeit, die Deutschen in U. im Sinne des Nationalsozialismus zu beeinflussen, sie wurde v. der Regierung Pál Teleki aber auch jetzt nicht als Volksgruppenorganisation, sondern lediglich als Kulturverein anerkannt. Währenddessen erhielt der Volksbund, der sich seit Anfang der 1940er Jahre eindeutig zu einer Organisation mit nationalsozialistischer Ideologie entwickelte, das ausschließliche Recht, die dt. Minderheit in U. zu organisieren, eigene Grundschulen u. ein Gymnasium zu unterhalten u. Ungarndeutsche für die Waffen-SS zu rekrutieren.

Die Juden wurden in den Jahrzehnten zw. den beiden Weltkriegen als Religionsgemeinschaft betrachtet. Seit Mitte der 1920er Jahre machte sich ein wachsender Kreis aus dem christlichen Teil der Intellektuellenschicht u. des Kleinbürgertums die Parolen der antisem. Propaganda zueigen. Den Hintergrund hierfür bildete die wirt. Rezession sowie die Tatsache, dass Personen jüd. Herkunft in einzelnen Intellektuellenberufen u. innerhalb der Mittelklasse proportional überdurchschnittlich vertreten waren. Ergebnis dieses Antisemitismus war Gesetzesartikel Nr. XXV des Jahres 1920, d. h. die Einführung eines Numerus clausus, durch den die Weiterbildung v. Personen mit israelitischem Bekenntnis an den Universitäten eingeschränkt wurde. 1938/39 verabschiedete das ung. Parlament zwei die jüd. Staatsbürger überaus diskriminierende Gesetze: Gesetzesartikel XV des Jahres 1938, der noch vom relig. Bekenntnis ausging, bestimmte ein Maximum v. 20 % Juden bei den Geschäfts- u. Handelsangestellten sowie den Mitgliedern der Journalisten-, Rechtsanwalts-, Ingenieurs- u. Ärztekammern. Gesetzesartikel Nr. IV des Jahres 1939, der bereits auf der Grundlage der „Rasse" basierte, beabsichtigte, den Anteil der Juden in Intellektuellenberufen auf 6 % zu senken u. sie außerdem innerhalb v. fünf Jahren ganz aus dem Kreise der Staatsbediensteten auszuschließen.

Die dt. Besetzung U.s führte nach dem 19. 3. 1944 zu zahlreichen neuen diskriminierenden Maßnahmen gegen die 800.000 Personen umfassenden ung. Juden, darunter das Tragen des gelben Sterns u. die Beschlagnahmung ihres Vermögens. Im Frühjahr 1944 begann dann das unter dem Befehl v. Adolf Eichmann stehende sog. Judenkommando in Zusammenarbeit mit ung. Gendarmen, die Juden in Ghettos zu schaffen u. in Vernichtungslager zu bringen. Bis Ende Juni 1944 wurden etwa 440.000 Personen, d. h. die überwiegende Mehrheit der Juden aus den ländlichen Gebieten U.s, deportiert (→Holocaust). Infolge v. äußerem Druck u. des Protests v. zahlreichen Persönlichkeiten des ung. öffentlichen Lebens ließ Miklós Horthy die →Deportationen Anfang Juli 1944 einstellen. Mit dieser Maßnahme rettete er das Leben v. 200.000 Juden in der Hauptstadt. Opfer der Todeslager wurden laut Schätzungen auch 30.000–50.000 Zigeuner/Roma.

Nach dem 2. Wk. setzte sich in den Reihen der ung. polit. Parteien u. der Regierung das Prinzip der →Kollektivschuld der dt. Minderheit immer stärker durch u. wurde schließlich auch praktisch angewandt: Die führenden polit. Kräfte betrieben nun die vollständige Aussiedlung der 500.000 Personen umfassenden dt. Minderheit. Diese Maßnahme konnte durch die Beschlüsse der →Konferenz von Potsdam auch als eindeutige Vorgabe der Großmächte aufgefasst werden. Die gegen die dt. Minderheit gerichtete Politik der ung. Regierungen wurde zudem durch die Umsiedlung der Ungarn aus der Slowakei sowie durch den Zwang, die aus den Nachbarstaaten ankommenden →Flüchtlinge ung. Nationalität anzusiedeln, beeinflusst. Die Aussiedlung der U.deutschen erfolgte in drei Schritten: vom Januar bis Juli 1946, vom März bis Ende August 1947 sowie vom Januar bis Juni 1948. Insgesamt wurden 180.000 bis 190.000 Menschen in die westl. Besetzungszonen Deutschlands gebracht u. 35.000–45.000 Personen in die sowj. Besatzungszone (→Deutsche aus Ungarn: Zwangsaussiedlung nach Deutschland, →Magyaren aus der Südslowakei nach Ungarn).

Die polit. Macht in U. sah seit dem Ende der 1940er bis Anfang der 1960er Jahre im sog. Automatismus die Lösung der Nationalitätenfrage. Gemäß dieser Auffassung gab es eigentlich keine spezifische Nationalitätenfrage, dieses Problem sollte vielmehr im Zuge der Überwindung der Klassengegensätze u. durch die Gewährung gleicher Rechte für die Mitglieder der Minderheiten u. der Mehrheit automatisch verschwinden. Paragraph 49 des Gesetzesartikels Nr. XX des Jahres 1949, also der Verfassung der Volksrepublik U., besagte Folgendes: „Die Bürger der Volksrepublik Ungarn sind vor dem Gesetz gleich und genießen gleiche Rechte. Jegliche Diskriminierung der Bürger aufgrund von Geschlecht, Religion oder Nationalität wird vom Gesetz streng bestraft. Die Volksrepublik Ungarn gewährt allen auf ihrem Staatsgebiet lebenden Nationalitäten die Möglichkeit des Unterrichts in der Muttersprache und der Pflege ihrer nationalen Kultur.“ In den Jahrzehnten des Sozialismus kam es allerdings nur zu einer sehr beschränkten Verwirklichung der Minderheitenrechte. Eine Wende erfolgte erst nach dem polit. Systemwechsel, als das ung. Parlament Gesetz Nr. LXXVII des Jahres 1993 über die Rechte der nationalen und ethn. Minderheiten in U. verabschiedete, das auf der individuellen kulturellen Autonomie beruht. Während der postjugoslawischen Kriege in den 1990er Jahren verließen viele Ungarn u. Kriegsdienstverweigerer die Vojvodina bzw. das ehem. Jugoslawien u. flohen nach U.

Lit.: I. Romsics, Magyarország története a XX. században. Budapest [3]2005; N. Spannenberger, Der Volksbund der Deutschen in Ungarn 1938–1944 unter Horthy und Hitler. München [2]2005; J. Vékás, Spectra: National and Ethnic Minorities of Hungary as Reflected by the Census, in: National and Ethnic Minorities in Hungary, 1920–2001. Hg. Á. Tóth. Boulder/Colo. u. a. 2005, 1–125; Á. Tóth, Migrationen in Ungarn 1945–1948. Vertreibung der Ungarndeutschen, Binnenwanderungen und slowakisch-ungarischer Bevölkerungsaustausch. München 2001.

Á. T.

Verbannung. V. ist in der Regel eine Form v. Strafe u. des Strafvollzuges. Ihre Eigenart besteht darin, dass der Straftäter wider seinen Willen an einen ihm vom Staat zugewiesenen, mehr oder weniger weit v. seinem Wohnort entfernten Ort verbracht wird, wo er unter Polizeiaufsicht für eine bestimmte Zeit leben muss. Das V.regime kann mit weiteren Einschränkungen der persönlichen Freiheit, insbesondere in Bezug auf Arbeit, Familie u. Wohnen verbunden sein.

Die Strafe der V. wurde Jh.e hindurch v. jenen europ. Staaten praktiziert, die über Kolonien verfügten, seien es überseeische wie England (Australien) oder transkontinentale wie Russland (Ural, →Sibirien, →Zentralasien). Hier bestand sie die längste Zeit u. endete erst mit dem Untergang der →Sowjetunion. Das geltende Strafgesetzbuch Russlands (24. 5. 1996) kennt die V. nicht mehr.

Die Praxis der V. reicht in Russland in das 17. Jh. zurück, wurde im Strafgesetzbuch v. 1832 erstmals zentral geregelt u. erreichte im Sowjetstaat während der Stalinära einen absoluten Höhepunkt (→Stalin, Iosif). Die V. erfolgte in zwei Formen: durch Verwaltungsentscheidung u. durch Strafurteil. Die V. im Verwaltungsverfahren überwog schon zur Zarenzeit. In der Sowjetepoche beruhten die →Deportationen, Aussiedlungen u. Umsiedlungen auf Anordnungen der Staatsführung, die i. d. R. vom →NKVD ausgeführt wurden u. in ein V.sregime einmündeten. Erst nach dem 20. Parteitag der KPdSU (1956) u. der Strafrechtsreform (1958) trat die V. durch Gerichtsurteil als Haupt- oder als Nebenstrafe in den Vordergrund (vgl. Art. 24 der Grundlagen des Strafrechts der UdSSR). Die Strafe der V. wurde nun auf 2–5 Jahre begrenzt.

Zwischen 1920 u. 1952 wurden in der UdSSR in über 50 Deportationskampagnen u. ca. 130 Einzeloperationen etwa 12 Mio. Menschen deportiert. Überwogen zunächst wegen der Vernichtung der Kulaken (als Klasse) soziopolit. motivierte V.smaßnahmen, so dominierte während des 2. →Wk.s die V. ethnischer Gruppen, 1944/45 dann die V. zwangsrepatriierter Sowjetbürger (→Repatriierung). Unter dem Regime der als V. zu qualifizierenden „Sonderansiedlung“ (→Sondersiedler) lebten 1940–1952 ca. 3,5 Mio. Menschen. Von ihnen waren über 1,8 Mio. Angehörige diverser ethn. Gruppen, an erster Stelle Deutsche (ca. 790.000), ferner →Tschetschenen u. Inguschen, →Krimtataren, Ukrainer (→Ukraine als Deportationsgebiet), →Litauer usw.

Von August bis Dezember 1941 wurde die deutsche Bev. aus der Wolgarepublik u. deren angrenzenden Verwaltungsgebieten (→D. aus dem Wolgagebiet), aus der Ukraine, v. der Krim (→D. aus dem Schwarzmeergebiet), aus dem Gebiet Rostov am Don, aus Leningrad, Moskau u. Umgebung, aus dem Nordkaukasus, aus Zentralrussland u. aus Transkaukasien (→D. aus Trans- [Süd]kaukasien) deportiert. Ab Januar 1942 wurde ein Drittel v. ihnen (ca. 316.000) in Arbeitskolonnen (→Arbeitsarmee) eingegliedert u. für Kriegswirtschaft u. Wiederaufbau v. a. unter der Regie des NKVD eingesetzt. 1955 wurden die Rechtsakte über die Eingliederung in Sonderansiedlungen u. die Arbeitsarmee aufgehoben, die Rückkehr der Deutschen in ihre einstigen Siedlungsgebiete jedoch untersagt. Die Freizügigkeitsbeschränkungen wurden 1972 (3. 11.) zwar aufgehoben, blieben jedoch bis 1990/91 de facto weitgehend wirksam (→Rehabilitierung).

Lit.: Staliniskie deportacii 1928–1953. Hg. N. L. Pobol'/P. M. Poljan. Moskva 2005; G. Kennan, Sibirien und das Verbannungssystem. Leipzig u. a. 1891.

O. L.

Vertreibung. V. ist formal weder juristisch noch hist. unmissverständlich beschrieben. Die Abgrenzung zu anderen Begriffen, die Migrationsbewegungen definieren oder mitumfassen, ist oft schwierig (vgl. →Migration, →Flucht, →Deportation, →ethnische Säuberung). Zudem handelt es sich v. a. um einen Begriff der polit. Sprache. Der Terminus kennzeichnet eine mit der Anwendung oder zumindest mit der Androhung v. Gewalt verbundene erzwungene Bev.bewegung v. Menschen (zumeist von relig. oder ethn. Minderheiten, →nationale Minderheit), die zum Verlassen ihrer Herkunftsregion gezwungen sind. Unter diesen Begriff fallen die durch Gewalt oder entsprechende Androhung erzwungene, dauerhafte Flucht, Ausweisung oder Umsiedlung einer Bev.gruppe resp. -minderheit aus einem Staat, während Deportation im Allg. Zwangsumsiedlungen innerhalb eines Staates oder Herrschaftsbereichs bezeichnet. Nach geltendem →Völkerrecht ist V. grundsätzlich verboten: So stellt bspw. die V. aus einem besetzten Gebiet einen Verstoß gegen die Genfer Konventionen vom 12. 8. 1949 dar.

Die V. der Deutschen aus Ostmittel- u. Südosteuropa in der zweiten Hälfte der 1940er Jahre hat eine intensive Diskussion unter vornehmlich dt.(sprachig)en Juristen darüber ausgelöst, ob aus dem Völkerrecht ein explizites V.sverbot abgeleitet werden kann. Im Zuge der Kriege in →Bosnien-Herzegowina sowie in →Kosovo 1991–1999 hat diese Diskussion internat. Charakter angenommen. Zugleich ist die völkerrechtliche Fachdebatte unter den Einfluss des Paradigmenwechsels in der europ. Öffentlichkeit bez. ethnopolit. begründeter und staatl. induzierter Zwangsmigration geraten. Entsprechend wird im Statut v. Rom des neuen Internat. Strafgerichtshofs (ICC) in Den Haag vom Juli 1998 „Deportation oder der zwangsweise Bevölkerungstransfer“ im Anschluss an das Statut für den Internat. Militärgerichtshof in Nürnberg vom 8. 8. 1945 als Kriegsverbrechen *und* als Verbrechen gegen die Menschlichkeit klassifiziert (Art. 7,1d, 8,2a/vii, 8,2b/viii) (→Nürnberger Prozesse). Gleichfalls mehr oder weniger stark verpflichtende rechtliche V.sverbote enthalten bereits die Allg. Erklärung über die →Menschenrechte sowie die „Konvention zur Verhütung und Bestrafung des Genozids“ der Vereinten Nationen v. 1948 (→Genozid), sodann die Vierte Genfer Konvention über den Schutz v. Zivilpersonen in Kriegszeiten v. 1949 u. schließlich die Konvention zum Schutz der Menschenrechte u. Grundfreiheiten des Europarates v. 1950 (Europ. Menschenrechtskonvention). Im Abschlussdokument des Weltgipfels der Vereinten Nationen vom September 2005 heißt es: „Alle Regierungen akzeptieren in klarer und eindeutiger Weise die gemeinsame internationale Verantwortung für den Schutz der Bevölkerung vor Völkermord, Kriegsverbrechen, ethnischer Säuberung und Verbrechen gegen die Menschlichkeit. Sie erklären sich bereit, zu diesem Zweck rechtzeitig und entschieden kollektive Maßnahmen unter Einschaltung des Sicherheitsrats zu ergreifen, falls friedliche Mittel sich als unzureichend erweisen und die nationalen Behörden beim Schutz der Bevölkerung offenkundig versagen.“

Eine zentrale hist. Ursache für V. bildete der →Nationalismus des 19. Jh.s, der in dem Wunsch mündete, staatl. und ethn. Grenzen zur Deckung zu bringen (→Nationalstaat und ethnische Homogenität). In der ersten Hälfte des 20. Jh.s waren durch V. ausgelöste Massenzwangswanderungen noch schwerpunktmäßig auf Europa beschränkt.

Nach dem Ende des 2. →Wk.s verlagerte sich der Schwerpunkt in die im Zuge der Entkolonialisierung entstehende „Dritte Welt“, bis der Zusammenbruch der →Sowjetunion u. →Jugoslawiens in Europa zu Beginn der 1990er Jahre neue Zwangsmigrationen auslöste.

In Deutschland war u. ist der Begriff auf vielen diskursiven Ebenen auf den Prozess der Zwangsmigration der Deutschen aus Ostmitteleuropa im Kontext des 2. Wk.s eingeengt, dem i. d. R. mehrere Vorgänge zugerechnet werden. Dazu gehört die massenhafte Fluchtbewegung der dt. Bevölkerung aus den Ostgebieten, ausgelöst durch den sowj. Vormarsch, gegen Ende des 2. Wk.s. Der anschließenden sog. wilden Vertreibung der Deutschen v. a. aus poln. (→wilde Vertreibung der Deutschen aus Polen) u. tschechoslowak. (→wilde Vertreibung aus der Tschechoslowakei) Gebieten v. ungefähr Mitte bis Ende 1945 folgte schließlich die mehr oder weniger geregelte Ausweisung oder Aussiedlung der Betroffenen in der Folge des Potsdamer Abkommens (→Konferenz von Potsdam) ab 1946.

Während in den ersten Nachkriegsjahren noch selten von V. die Rede war, änderte sich das bereits in den 1950er Jahren. Durch die nun verstärkt im Zuge der gesetzlichen Bestimmungen des →Bundesvertriebenengesetzes v. 1953 einsetzende begriffliche Unterscheidung zw. Vertreibung u. Flucht, Deportation sowie weiteren Migrationsbewegungen konnten besondere Rechtsansprüche der dt. →Vertriebenen geltend gemacht werden. Da die V. der Deutschen als einseitiges, schwerwiegendes Verbrechen interpretiert werden konnte, war es möglich, auch außenpolit. Forderungen aufzustellen: nach Wiedergutmachung der erlittenen Schäden der Vertriebenen u. nach einer Revision der Nachkriegsgrenzen. In den 1990er Jahren setzte schließlich eine Debatte ein, die die V. der Deutschen auch begrifflich in einen direkten Zusammenhang mit erzwungenen Wanderungsprozessen zahlreicher nichtdeutscher Bev.gruppen sowie mit dem Vernichtungskrieg des nationalsozialistischen Deutschland stellte: Die zeitgeschichtliche Forschung differenziert zw. aufeinander folgenden Ereignissen der Flucht, Vertreibung u. (Zwangs-) Aussiedlung. Zudem wird das damit bezeichnete Phänomen in den letzten Jahren vermehrt als Zwangsmigration bezeichnet u. damit in den größeren Kontext v. verschiedenen Migrationsbewegungen gebracht u. versachlicht. Dieser Sprachgebrauch lehnt sich auch an die Formulierung des damaligen Bundespräsidenten Richard von Weizsäcker an, der in seiner Rede zum 40. Jahrestag des Kriegsendes am 8. 5. 1985 v. „erzwungene(r) Wanderschaft“ gesprochen hatte.

Im Tschech. und Poln. bspw. kennzeichnen die Begriffe *odsun* (Abschub) u. *wysiedlenie* (Aussiedlung) tendenziell relativierende, z. T. verharmlosende Interpretationen, Ähnliches gilt teilweise für die Bez. →*Transfer* im Englischen. Der tschech. Begriff *odsun* bezeichnet den Vorgang der Zwangsmigration der Deutschen aus der Tschechoslowakei ab Mitte 1945 (→D. aus den böhmischen Ländern). Er prägte sowohl in der staatlichen komm., als auch in der postkomm. Ära den Diskurs über die Massenzwangswanderungen der Deutschen. Der poln. Ausdruck *wypędzenie* (V.) wird zwar auch v. a. in Bezug auf die Zwangsmigrationen der dt. Bevölkerung nach 1945 verwendet, sein gehäufter Gebrauch findet sich aber erst in den 1990er Jahren als Übersetzung aus dem Deutschen. Insbesondere in den letzten Jahren, hauptsächlich im Zusammenhang mit der Debatte um das →Zentrum gegen Vertreibungen, hat der Begriff *wypędzenie* bzw. *wypędzeni* (Vertriebene) in Polen einen deutlichen Aufschwung erfahren. Außerdem ist, gewissermaßen als Reaktion auf die Benennung der Zwangsmigration der dt. Bevölkerung als *wypędzenie*, in Polen immer häufiger festzustellen, dass der Begriff auch für die v. den dt. Besatzern durchgeführten Bev.verschiebungen v. Polen verwendet wird.

Lit.: St. Troebst, Vom Bevölkerungstransfer zum Vertreibungsverbot – eine europäische Erfolgsgeschichte? *Transit. Europäische Revue* 36 (2008/09), 158–182; Diskurse über Zwangsmigrationen in Zentraleuropa. Geschichtspolitik, Fachdebatten, literarisches und lokales Erinnern seit 1989. Hg. P. Haslinger/K. E. Franzen/M. Schulze Wessel. München 2008; Enzyklopädie Migration in Europa. Vom 17. Jahrhundert bis zur Gegenwart. Hg. K. J. Bade/P. C. Emmer/L. Lucassen/J. Oltmer. Paderborn u. a. ²2008; D. Brandes, Der Weg zur Vertreibung 1938–1945. München ²2005; K. E. Franzen, Die Vertriebenen. Hitlers letzte Opfer. München 2002; E. Haslam, Unlawful Population Transfer and the Limits of International Criminal Law, *Cambridge Law Journal* 61/1 (2002), 66–75; J.-M. Henckaerts, Mass Expulsions in Modern International Law and Practice. The Hague u. a. 1995.

K. E. F., St. T.

Vertriebene. Der Begriff V. bezeichnet diejenigen Deutschen nach Art. 116 des GGs, die ihren Wohnsitz in den ehem. deutschen Ostgebieten oder in den Gebieten außerhalb der Grenzen des Dt. Reiches nach dem Gebietsstand vom 31. 12. 1937 hatten u. diesen in u. nach dem 2. →Wk. infolge v. Umsiedlung (→U. [NS-Begriff]) u. →Vertreibung verloren haben: 1950 waren dies knapp 8 Mio. Menschen in der Bundesrepublik Deutschland. Diese Bez. gilt auch für die dt. Umsiedler der „Heim-ins-Reich"-Bewegung (→Volksdeutsche) sowie für die dt. Aussiedler bzw. Spätaussiedler.

Die gesetzliche Grundlage dafür bildet das Gesetz über die Angelegenheiten der V.n und →Flüchtlinge vom 19. 5. 1953, das in den Folgejahrzehnten mehrfache Neufassungen erfuhr u. unter dem Namen →Bundesvertriebenengesetz allg. bekannt ist. Unterschieden wird im engeren Sinne des Gesetzes dabei zusätzlich zwischen V.n und Heimatvertriebenen, d. h. denjenigen V.n aus den früheren dt. Ostgebieten, die bereits am 31. 12. 1937 oder vorher ihren Wohnsitz im Gebiet des Staates hatten, aus dem sie vertrieben wurden, u. dieses Gebiet vor dem 1. 1. 1993 verlassen haben. Mitgezählt resp. in den Personenkreis eingeschlossen wurden auch deren Ehegatten u. Abkömmlinge.

Die Eingliederung der V. wurde durch zahlreiche staatl. Maßnahmen gefördert: u. a. durch Kredite, steuerliche Vergünstigungen u. die Versorgung mit Wohnraum. Durch den sog. Lastenausgleich (→L. in der Bundesrepublik Deutschland) wurde insgesamt die wirt. und gesellschaftliche Eingliederung der Inhaber des Vertriebenenausweises beschleunigt. Anträge auf Ausgleichsleistungen nach dem Lastenausgleichsgesetz konnten bis zum

31. 12. 1995 gestellt werden. V., die ihren Wohnsitz in der DDR genommen u. ihn dort bis zum 3. 10. 1990 beibehalten hatten, erhielten eine einmalige Zahlung v. 4.000 DM nach dem Vertriebenenzuwendungsgesetz vom 27. 9. 1994.

Bis Ende der 1940er Jahre wurden die zwangsumgesiedelten Deutschen in den westl. Besatzungszonen (→amerikanische, →britische, →französische B.) begrifflich überwiegend pauschal als Flüchtlinge oder Ostflüchtlinge bezeichnet. In der Politik, der Öffentlichkeit, aber auch im gesellschaftlichen Alltag kursierten bspw. Bez.en wie Binnenumsiedler, Ausgewiesene, Rückwanderer – also Menschen, die bald zurückkehren würden. Man traf jedoch insgesamt sprachlich keine Unterscheidung z. B. zu den →Displaced Persons oder den Evakuierten.

In der Amtssprache der amerikanischen Militärbehörde war in den ersten Nachkriegsmonaten ebenfalls undifferenziert v. *refugees* (Flüchtlingen) die Rede. Aber sehr schnell bezeichnete man diese Gruppe als *expellees* (V.). Der damit verbundene Bedeutungswandel korrespondierte mit dem Integrationskonzept der amerikanischen Behörden: Man ging davon aus, dass eine Rückkehr der Deutschen in Zukunft ausgeschlossen war. Nach Vorgabe der Besatzungsmacht verwendeten dt. Verwaltungseinrichtungen nun den Begriff „Neubürger", der die verordnete rechtliche Gleichstellung ausdrücken sollte.

Besonders im Zuge der wachsenden Interessenvertretungen der Zwangsmigranten seit Ende der 1940er Jahre wurden die Begriffe Vertriebener u. Heimatvertriebener Programm: Die Anerkennung der erlittenen Verluste u. die angestrebte Rückkehr rückten vermehrt in den Mittelpunkt der von nun an „Vertriebenenpolitik" benannten Aktivitäten. Sukzessive setzte sich der Begriff Vertriebener bzw. Heimatvertriebener in der Bundesrepublik Deutschland auch als offizielle Bez. durch – insbesondere im Zuge der Bez. der genannten Personengruppe im Bundesvertriebenengesetz.

In der sowj. Besatzungszone u. in der späteren DDR wurde gezielt von „Umsiedlern" bzw. „ehemaligen Umsiedlern" u. „Neubürgern" gesprochen – bevor es ab Mitte der 1950er Jahre keine staatsoffizielle sprachliche Kennzeichnung dieser Gruppe mehr gab (→Umsiedler [Begriff SBZ/DDR]).

Die Verwendung der Begriffe V. bzw. Vertreibung waren u. sind umstritten: Die Konfrontation des Kalten Krieges existiert bis heute zumindest teilweise begriffsgeschichtlich weiter. Da auch innerhalb Deutschlands die Termini Vertreibung und V. nicht immer selbstverständlich gewesen sind u. zunächst der Flucht- u. Flüchtlingsbegriff vorherrschte, stellt sich die Frage nach dem Bedeutungsaufschwung des V.begriffs. Ist eine eigenständige Benennung der Deutschen als „V." durch nachprüfbare Tatsachen gerechtfertigt? Oder war sie eher der Logik juristischer und v. a. politischer Zweckmäßigkeit geschuldet? Die Kennzeichnung der dt. Zwangsmigranten des 2. Wk.s als (Heimat-)V. markierte zum einen auffällig ihren speziellen Status als dt. Staatsangehörige mit entsprechenden Rechten im Gegensatz zu nichtdeutschen Flüchtlingen oder Ausgewiesenen. Zum anderen eröffnete die Wahl dieses Begriffes mehrere außen- und innenpol. sowie gesellschaftlich erwünschte Möglichkeiten, indem er eine Distanz zw. deutschen Deportierten u. den

v. Deutschen Deportierten – Juden (→J.: Deportation und Vernichtung), Polen (→P.: Aussiedlung aus den „eingegliederten Ostgebieten"), Tschechen (→Flucht aus den Sudetengebieten [Tschechen, Juden, Antifaschisten]), sowj. Bürgern etc. – legte: Durch die Verlagerung der Bedeutung in Richtung eines außergewöhnlich schweren, einseitigen Gewaltakts an Deutschen im Kontext des 2. Wk.s ermöglichte er in der Bundesrepublik einen bis heute mit Schwankungen anhaltenden Opferdiskurs, der nach innen gerichtet anfänglich eine tief greifende Auseinandersetzung mit dem Nationalsozialismus behinderte und außenpolit. ein Instrument des Kalten Kriegs zur Aufrechterhaltung dt. Forderungen darstellte.

Lit.: M. Schwartz, Vertriebene und „Umsiedlerpolitik". Integrationskonflikte in den deutschen Nachkriegsgesellschaften und die Assimilationsstrategien in der SBZ/DDR 1945–1961. München 2004; Vertriebene in Deutschland. Interdisziplinäre Ergebnisse und Forschungsperspektiven. Hg. D. Hoffmann/M. Krauss/M. Schwartz. München 2000; M. Beer, Flüchtlinge – Ausgewiesene – Neubürger – Heimatvertriebene. Flüchtlingspolitik und Flüchtlingsintegration in Deutschland nach 1945, begriffsgeschichtlich betrachtet, in: Migration und Integration. Aufnahme und Eingliederung im historischen Wandel. Hg. Ders./M. Kintzinger/M. Krauss. Stuttgart 1997, 45–166; C. Klessmann, Die doppelte Staatsgründung. Deutsche Geschichte 1945–1955. Göttingen 1989.

K. E. F.

Vojvodina. Die V. ist eine 1944 gebildete autonome Provinz, welche jene Teile Serbiens umfasst, die bis 1918–1920 zum ung. Teil der Habsburgermonarchie gehörten. Noch heute sind die Gemeinden im N an der Grenze zu →Ungarn überwiegend von ethn. Magyaren bewohnt, zudem gibt es in der V. kroat. (*Šokci* u. *Bunjevci* [Bunjevacen, a. Bunjewatzen]), slowak., ukr., rum., tschech. u. a. Dörfer. Bis zum →Holocaust zählten die jüd. Gemeinden in den Städten Novi Sad (ung. Újvidék, dt. Neusatz) u. Subotica zu den größten in →Jugoslawien. Seit dem 18. Jh. bis zur →Vertreibung 1945 lebten hier auch zahlreiche Deutsche, die sog. Donauschwaben, welche z. B. 1931 20,2 % der Einw. (328.631) stellten (→Deutsche aus dem Banat, →D. aus Jugoslawien).

Nach der Besetzung des Gebietes durch das serb. Militär im November 1918 verließen bis 1924 ca. 45.000 Ungarn die Region. Vielfach handelte es sich um Angehörige des früheren Beamten- u. Militärapparates sowie der Intelligenzschicht. Ferner leitete die Belgrader Regierung noch im Dezember 1918 eine Agrarreform ein. Das in der V. verteilte Land stammte nur zum kleineren Teil aus Privatbesitz, dann aber, wenn auch nicht normativ u. ausschließlich, aus den Reihen der ung. Großgrundbesitzer. Lokale Interessenten profitierten davon am meisten, doch darüber hinaus wurden auch etwa 45.000 Serben angesiedelt. Für die „Alteigentümer" war eine Entschädigung vorgesehen, hingegen erhielt die Masse der auf den Gütern beschäftigten ung. Landarbeiter kein Land u. verlor durch die Parzellierung ihre Lebensgrundlage. Viele wanderten aus: Obwohl die ung. und die dt. Minderheit 1921 4,22 bzw. 3,9 % der Einw. im Kgr. ausmachten, stellten sie 1924 21,7 % u. 21,4 % der Überseeauswanderer.

Nach dem dt. Angriff auf Jug. am 6. 4. 1941 wurde das Gebiet der V. verschiedenen Staaten zugeteilt: Die Batschka (serb. Bačka, ung. Báczka) zw. Donau u. Theiß wurde ung., der Banat östl. der Theiß hingegen blieb jedoch bis zum Kriegsende Teil (des besetzten) Serbiens, das südl. der Donau gelegene Syrmien (serb. Srem, kroat. Srijem, ung. Szérem) wurde dem sog. →Unabhängigen Staat Kroatien zugeschlagen. In der Batschka wurde den „Kolonisten" die ung. →Staatsangehörigkeit vorenthalten, noch im Frühjahr 1941 wurden sie nach Serbien abgeschoben. In ihren Siedlungen wurden Ungarn aus der Bukowina u. der Moldau angesiedelt (→Székler aus der Vojvodina und Batschka [ursprünglich aus der Bukowina]), ferner Mitglieder des „Helden"-Ordens, v. Gefallenenfamilien u. a. Nach der jug. Kriegsopferzählung (1964) kamen in der V. unter der Okkupationsherrschaft bis 1945 44.438 Menschen ums Leben, davon 26.472 Serben u. 11.321 Juden. In der Batschka ereigneten sich die Morde z. T. unmittelbar nach dem Einmarsch, v. a. aber bei der „Razzia" im Januar 1942 in Novi Sad sowie im Šajkaš (ehem. Militärgrenze). Ansonsten aber wurden die Juden in Ungarn, das unter Miklós Horthy ein eher autoritärer als faschist. Staat war, zwar diskriminiert, aber zunächst nicht systematisch umgebracht. Allerdings mussten die Männer einen „Arbeitsdienst" an der Ostfront oder in Serbien (Bor) leisten. Die →Deportationen in dt. Konzentrationslager u. die Ermordung v. 7.756 Juden aus der Batschka erfolgten jedoch erst nach der Besetzung Ungarns durch dt. Truppen im Sommer 1944. Die Banater Juden wurden dagegen bereits im August/September 1941 nach Belgrad vertrieben, wo diese im selben Jahr v. der Wehrmacht erschossen u. vom SD in Lastwagen vergast wurden. Wie in Serbien wurden auch in Kroatien antisem. Gesetze nach dt. Vorbild eingeführt. Allerdings wurden in Kroatien die meisten Juden v. einheimischen Kroaten u. Deutschen im eigenen Land ermordet u. 1942 die bis dahin Überlebenden nach Auschwitz deportiert. Außerdem versuchte das kroat. Regime die Zahl der Serben durch Terror, Enteignung u. Vertreibung zu vermindern (→S. aus dem „Unabhängigen Staat Kroatien"). Bald wurde Ostsyrmien zu einem Zentrum der Partisanen.

Im Oktober 1944 wurden der Banat u. die Batschka von sowj. Truppen besetzt, die nach einigen Wochen v. den Partisanen abgelöst wurden. In der ersten Phase der komm. Herrschaft bis zum Frühjahr 1945 kam es zu Massenerschießungen, Internierungen u. Misshandlungen. Nur z. T. dürften die Opfer tatsächliche Kriegsverbrecher gewesen sein. Der jug. Forscher A. Kasaš geht von ca. 5.000 ung. Opfern v. „Racheaktionen" aus. Die einheimischen Deutschen sollten vor dem Einmarsch der Roten Armee evakuiert werden. Da die entsprechenden Befehle jedoch zu spät erfolgten, gelang dies im Banat jedoch lediglich zu 20 %, in der Batschka zu 50 % u. nur in Kroatien zu 80 %. Vielfach waren gerade diejenigen Deutschen in Jug. geblieben oder dahin zurückgekehrt, die sich persönlich für unschuldig hielten. Mit einer Verordnung vom 23. 11. 1944 wurde die Enteignung der dt.stämmigen Bev. angeordnet, soweit diese nicht aktiv die Kommunisten unterstützt hatte. Die Kriegsverbrecher wurden inhaftiert u. vor Gericht gestellt, hingegen internierte man die dt. Zivilbev. – bis zu 150.000 Personen – in Sammellagern, die offenbar zur Vorbereitung der Vertreibung dienten. Die Beschlüsse der →Konferenz von Potsdam bezogen sich jedoch nicht auf Jug. Die alliierten Behörden in →Österreich u. →Deutschland nahmen nur die ersten Transporte an, schickten die nachfolgenden aber zurück nach Jug., wo sich die Internierten erneut in den →Lagern wiederfanden. Dort sind wegen des Mangels an Lebensmitteln u. Medikamenten ca. 30.000 Personen gestorben. 1948 erfolgte die endgültige Auflösung der Lager, die meisten verbliebenen Deutschen verließen daraufhin Jug. (→Deutsche aus Jugoslawien).

Bis 1991 hat sich der serb. Bev.anteil in der V. von 1931 37,8 % auf 56,8 % kontinuierlich erhöht. Der wichtigste Faktor dabei war die Ansiedlung v. ca. 250.000 Serben aus der Krajina, Bosnien u. Montenegro. Diesen Kolonisten folgten z. T. Verwandte u. Bekannte nach, abgesehen davon zog der *welfare belt* Serbiens weitere Zuwanderer u. Studenten aus den südl. Landesteilen an. Zweifellos bemühte sich das Regime, verstärkt seit den 1960er Jahren, den Minderheitensprachen in Bildung u. Verwaltung Geltung zu verschaffen. Durch die Abwanderung aus den Dörfern, die wachsende Zahl v. Mischehen u. die relative Attraktivität der titoistischen Kommunismusvariante assimilierten sich viele Minderheitenangehörige. 1988 wurde die bisherige Provinzregierung der V. durch eine dem serb. Parteichef Slobodan →Milošević ergebene Führung abgelöst („antibürokratische Revolution"). In der Folgezeit wurden die Autonomierechte der Provinz u. die Förderung des minderheitensprachlichen Kultur- u. Bildungssektors sukzessive eingeschränkt. Der Krieg gegen Kroatien ab 1991 trug zur Verschlechterung der interethn. Beziehungen bei (→Krajina-Serben). Es kam zu Übergriffen, Vandalismus, Drohungen u. Diskriminierungen. Bis zu 40.000 Männer entzogen sich der Wehrpflicht, vielfach durch →Flucht nach Ungarn. Umgekehrt kamen zahlreiche zumeist serb. →Flüchtlinge in die Provinz. Die Kroaten Ostsyrmiens wurden fast vollständig aus ihren Dörfern vertrieben. Bei der Volkszählung v. 2002 hatte sich der serb. Bev.anteil in diesem Gebiet von 33,8 % im Jahre 1910 auf 65 % erhöht, allein seit 1991 war die Zahl der Ungarn noch einmal um ca. 50.000 (14,3 %) u. diejenige der Kroaten um ca. 20.000 Personen (3,8 %) zurückgegangen.

Lit.: M. Portmann, Die kommunistische Revolution in der Vojvodina 1944–1952: Politik, Gesellschaft, Wirtschaft, Kultur. Wien 2008; Z. Janjetović, Between Hitler and Tito. The Disappearance of the Vojvodina Germans. Belgrade ²2005; Autonomna Pokrajina Vojvodina: Međunarodni naučni skup: Istina … Ankentni odbor za utvrđivanje istine o događajima u periodu od 1941. do 1945 godine u Vojvodini. Republika Srbija. Autonomna Pokrajina Vojvodina. Skupština AP Vojvodine. Novi Sad 2004; E. Sajti, Hungarians in the Vojvodina, 1918–1947. Boulder/Colo. 2004; D. Boarov, Politička istorija Vojvodine u trideset tri priloga. Novi Sad 2001; A. Kasaš, Mađari u Vojvodini 1941–1946. Novi Sad 1996.

C. B.

Völkerbund. Der V. ist der direkte Vorläufer der Vereinten Nationen. Er wurde 1919 in Paris in unmittelbarer Verbindung mit den den 1. →Wk. beendenden Friedensverträgen, den „Pariser Vorortverträgen“, gegründet. Seine Satzung war integraler Teil des mit Deutschland am 28. 6. 1919 in Versailles geschlossenen Vertrages (in Kraft getreten: 10. 1. 1920; weitere Verträge in St. Germain: Österreich, Trianon: Ungarn, Neuilly: Bulgarien, Sèvres: Türkei). Durch Beschluss seiner Bundesversammlung wurde der V. am 19. 4. 1946 wegen der Gründung der Vereinten Nationen (Juni 1945) aufgelöst. Gründungsmitglieder des V.s waren jene 32 Staaten, die als Siegermächte des 1. Wk.s die genannten Friedensverträge unterzeichnet hatten. Ausgeschlossen v. der Mitgliedschaft blieben zunächst die Verliererstaaten.

Mitte der 1930er Jahre hatte der V. ca. 75 Mitglieder. Die USA waren ihm entgegen Präsident Woodrow Wilsons Vorschlag nicht beigetreten. Deutschland wurde nach den Locarno-Verträgen Mitglied (1926), trat aber nach der nationalsozialistischen Machtergreifung wieder aus (1933). Die UdSSR hingegen trat 1934 ein, wurde 1939 wegen des Hitler-Stalin-Paktes (→Ribbentrop-Molotov-Pakt) aber wieder ausgeschlossen. Wegen ihrer Konflikte mit der Organisation traten Italien (1937) u. Japan (1938) aus dem V. aus.

Die Errichtung des V.s entsprang nach der Katastrophe des 1. Wk.s dem polit. Wunsch u. der Sehnsucht, eine auf das →Völkerrecht gegründete gerechte u. dauerhafte Friedensordnung zu schaffen u. →Nationalismus u. Imperialismus, welche man als tiefere Ursachen des Kriegsausbruches erkannt hatte, künftig durch eine starke internat. Organisation unter Kontrolle zu halten. Die Idee, den Frieden v. a. in Europa anstelle einer offensichtlich gescheiterten Gleichgewichtspolitik u. eines „Konzerts“ der Großmächte nunmehr auf das Recht zu gründen u. ihn durch eine internat. Organisation in Form eines V.s zu sichern, hat in der im Bild der Pax Romana wurzelnden, das MA beherrschenden integrierenden Friedensvorstellung eines christlichen Universalreiches einen Vorläufer. Einzelne Denker hatten sie seit dem 14. Jh. vertreten; ihren Höhepunkt hatte die Idee in den Schriften Immanuel Kants gefunden (u. a. Traktat „Zum Ewigen Frieden“, 1795/96).

Die Haager Friedenskonferenzen (1899/1907) u. die an ihrem Ende stehende Errichtung eines Ständigen Schiedshofes mit Sitz in Haag haben der Forderung eines V.s in Wissenschaft u. Praxis noch vor dem Ausbruch des 1. Wk.s den Boden bereitet. 1917/18 wird seine Errichtung als Grundlage der Nachkriegsordnung sowohl im Lager der Entente (Sir Edward Grey, League of Nations, Juni 1918) als auch der Mittelmächte (Matthias Erzberger, Der Völkerbund. Der Weg zum Weltfrieden, September 1918) lebhaft diskutiert.

Der V. hatte drei Hauptorgane: die Bundesversammlung, den Rat u. das Ständige Sekretariat. Der Sitz der Organisation war Genf. 1921 wurde auf der Grundlage eines v. der Bundesversammlung gemäß Art. 14 der V.ssatzung beschlossenen Statuts, ebenfalls mit Sitz im Haag, der Ständige Internat. Gerichtshof (StIGH) errichtet. Er war kein Organ des V.s, sondern ihm nur assoziiert. Die schon 1907 vorgesehene Errichtung des Gerichtshofes war als solche zwar ein Erfolg, hatte aber den Mangel, dass die V.smitglieder seiner Jurisdiktion nicht automatisch unterworfen waren. Der StIGH konnte nur aufgrund einer besonderen Vereinbarung zw. den Streitparteien (Staaten) tätig werden. Immerhin hat er bis 1939 22 Urteile u. 27 Rechtsgutachten verfasst.

Die Bundesversammlung wurde v. den Mitgliedstaaten des V.s gebildet. Jedem Staat standen drei Vertreter zu, jedoch nur eine Stimme. Die Bundesversammlung trat jährlich in Genf zu einer Ordentlichen Sitzung v. etwa drei Wochen zusammen. Außerordentliche Sitzungen galten herausragenden Vorgängen, so der Aufnahme des Dt. Reiches, dem Mandschureikonflikt (1932/33) u. dem Gran-Chaco-Grenzstreit (1935). Kommissionen bereiteten die Entscheidungen der Bundesversammlung vor. Diese fasste ihre Beschlüsse grundsätzlich einstimmig. In einer ganzen Reihe v. Fällen, die v. den Pariser Vorortverträgen insbesondere im Zusammenhang mit der Minderheitenproblematik bestimmt worden waren, entschied die Versammlung mit Mehrheit. Der V.srat hatte ständige u. nichtständige Mitglieder (Art. 4 V.ssatzung). Die Stellung ständiger Mitglieder war zunächst nur den Siegermächten Frankreich, Großbritannien, Italien, Japan u. USA (die aber nicht beitraten) vorbehalten. Später kamen Deutschland, dann – an seiner Stelle – die Sowjetunion hinzu, während Italien u. Japan ausschieden. Die Zahl der wechselnden nichtständigen Sitze stieg stufenweise v. 4 (1919) auf 11 (1939), wodurch die ausgewogene Repräsentation der Staaten in geogr. Hinsicht erleichtert wurde.

Das Ständige Internat. Sekretariat war in Abteilungen gegliedert. Es stand unter der Leitung eines Generalsekretärs, den zwei Stellvertretende Generalsekretäre, drei Untergeneralsekretäre, ein Rechtsberater u. die Abteilungsleiter unterstützten. Die Angehörigen des Sekretariats hatten Diplomatenstatus mit allen Privilegien u. Immunitäten. Auswärtige Vertretungen unterhielt das Sekretariat in den Hauptstädten der Ständigen Mitglieder.

Abteilungen bestanden u. a. für Abrüstung, Minderheitenfragen, die V.mandatsgebiete, für Finanzen, Wirtschaft, Verkehr u. für soz. Fragen.

Der V. verfügte über eine Vielzahl v. Hilfsorganen zur Bearbeitung u. Bewältigung der teilweise sehr speziellen Probleme, Aufgabenstellungen u. Mandate. Besonders zu erwähnen sind der Hohe Kommissar für die Freie Stadt Danzig, die Regierungskommission für das Saargebiet, Kommissionen für diverse milit. Aufgaben, für Abrüstung, für die Unterbindung des Opiumhandels sowie des Frauen- u. Kinderhandels. Art. 24 der Satzung bestimmte, dass alle internat. fachbezogenen Sonderorganisationen u. Institutionen sich dem V. förmlich unterordnen sollten. Dem folgten allerdings nur wenige v. ihnen, u. a. das Internat. Nansen-Amt für Flüchtlingswesen (→Nansen, Fridtjof).

Eine besondere Verantwortung hatte der V. für die Funktionsfähigkeit des v. den Siegermächten geschaffenen →Minderheitenschutzes übernommen. Seine Garantiestellung war in den Minderheitenschutzverträgen ausdrücklich bestimmt worden. Sie konnte dadurch zur Wirkung gebracht werden, dass jedes Mitglied des V.s das Recht besaß, dem V.rat die Verletzung v. Minderheitenvertragsbestimmungen oder die Gefahr einer solchen anzuzeigen u. seine Intervention zu fordern. Der Rat konnte die Streitfrage dem StIGH zur Klärung vorlegen. Schon 1920 führte jedoch der Rat, um seine unmittelbare Verantwortung zu reduzieren, ein spezielles mehrstufiges Petitionsverfahren ein: Die Petitionen wurden zunächst vom Sekretariat geprüft, dann dem betroffenen Staat zur Stellungnahme u. den anderen Ratsmitgliedern zur Kenntnis zugestellt. Danach prüfte der Ratsvorsitzende zusammen mit zwei weiteren Ratsmitgliedern („Dreierkomitee") die Beschwerde u. teilte das Ergebnis der Prüfung dem Beschwerdeführer u. den V.ratsmitgliedern mit. Jedes der Ratsmitglieder war nun berechtigt, den Rat mit der Beschwerde förmlich zu befassen u. im Weiteren gegebenenfalls auch den StIGH anzurufen.

Das Petitionsverfahren hat sich in der Praxis als weitgehend ineffektiv erwiesen, weil das Dreierkomitee u. die V.ratsmitglieder bestrebt waren, das Verfahren in die Länge zu ziehen, die Erfüllung der Minderheitenschutzverpflichtungen an überzogene Loyalitätsanforderungen an die Minderheiten selbst zu knüpfen, u. weil die Bereitschaft der V.ratsmitglieder gering war, sich für die Belange der Minderheiten einzusetzen. So trug das Petitionsverfahren wesentlich dazu bei, den internat. Minderheitenschutz insgesamt zu diskreditieren.

Die Hauptaufgaben des V.s waren die Kriegsverhütung durch präventive Diplomatie, Förderung v. Abrüstung sowie friedliche Streitbeilegung durch Vermittlung u. Schiedsgerichtsbarkeit. Durch den „Kriegsächtungspakt" (Briand-Kellogg-Pakt, 1928), dem fast alle Mitglieder des V.s beitraten, wurde diese Funktion zwar im Prinzip gestärkt, doch hat der V. sie nur unzureichend erfüllt u. auch insofern keine Autorität entfalten können. Nur einmal u. halbherzig hat er v. seinem Recht (Art. 16 der Satzung) Gebrauch gemacht, Sanktionen gegen einen Staat wegen Bruch des Friedens zu verhängen, nämlich gegen Italien wegen seines Überfalls auf Abessinien (1935).

Lit.: F. S. Northedge, The League of Nations. Its Life and Times, 1920–1946. New York 1986; Der Völkerbund. Wege der Forschung. Hg. A. Pfeil. Darmstadt 1976; G. Scott, The Rise and Fall of the League of Nations. New York 1973; F. P. Walters, The History of the League of Nations. London 1967.

O. L.

Der Völkermord an den europäischen Zigeunern (Porrajmos). Die vor 1933 in →Deutschland dominierende Z.politik ging auf ein spätabsolutistisches Konzept zurück, das auf die →Zwangsassimilation u. Ansiedlung der Z. zielte. Konsensfähig wurden diese Forderungen dadurch, dass fast alle dt. Gemeinden voraussetzten, nicht sie würden der Ort sein, an dem sich die Betroffenen niederzulassen hätten. Die „Sesshaftmachung der Z." erschien aus dieser Warte als Quintessenz ihrer →Vertreibung. Praktisch lag das Monopol der Z.politik bei der Polizei. Sie erklärte die Betroffenen – in Deutschland etwa 20.000 Personen oder 0,03 % der Bev. von 1910 – zu einer „Plage", die es zu „bekämpfen" gelte. Dies blieb aber ohne merkliche Wirkung, zielten die Behörden doch allein darauf, die Z. aus ihrem Zuständigkeitsbereich fernzuhalten. So stand man sich gegenseitig im Weg.

Der im Spätabsolutismus entwickelte Diskurs über die Z. betrachtete diese als Mängelwesen, deren „Zurückgebliebenheit" zumindest teilweise gesellschaftlich bedingt sei. Der völkische Rassismus behauptete dagegen eine „Minderwertigkeit" der Z., die auf ein konstantes „Erbschicksal" zurückzuführen sei. Die Wandlungschance, die das im Spätabsolutismus entwickelte Konzept mit der Unterscheidung zw. dem schieren Leben eines Z.s und seiner soziokulturellen Prägung gesetzt hatte, war im völkischen Rassismus nicht angelegt.

Die in der dt. Politik u. Wissenschaft nach 1933 vorherrschende rassistische Sicht „des Z.s" verzahnte sich mit einer Konzeption polizeilichen Eingreifens, die das Reichskriminalpolizeiamt als Spitzenbehörde der Kripo entwickelte. Danach sollte die Verbrechensvorbeugung gleichberechtigt neben die Verbrechensaufklärung treten. Das Verbrechen führte man auf „gemeinschaftsschädliches" Verhalten bestimmter Bev.gruppen, dieses Verhalten wiederum auf genetische Faktoren zurück. Infolge einer solchen biologistisch motivierten „vorbeugenden Verbrechensbekämpfung" wurden seit 1938 auch über 2.000 als „asozial" stigmatisierte Z. in die KZ eingewiesen.

Ende 1938 verlangte ein v. Heinrich →Himmler unterzeichneter Erlass eine „Regelung der Zigeunerfrage aus dem Wesen dieser Rasse heraus". Das markierte den Übergang v. einer Z.politik, die sich als Teilbereich der Ausmerze v. „Gemeinschaftsfremden" verstand, zu einer Verfolgung sui generis. Diese wurde nach Kriegsbeginn radikalisiert. Parallel zu den „volkstumspolitisch" motivierten Vertreibungen v. Juden (→J.: Deportation und Vernichtung) u. Polen aus dem Reich (→P.: Aussiedlung aus den „eingegliederten Ostgebieten") favorisierte man zunächst die „Aussiedlung" der Z. ins dt. besetzte u. annektierte →Polen. 1940 traf diese 2.800 Personen aus den westl. Reichsgebieten, die im →Generalgouvernement unter schwierigsten Bedingungen – u. oft vergeblich – zu überleben suchten. Im November 1941 wurden 5.000 Roma aus dem österr. Burgenland ins Ghetto v. Łódź deportiert u. bald darauf umgebracht. Dieser Mord stand in Zusammenhang mit der Vernichtung der Juden, die v. der NS-Führung 1941 nach dem dt. Angriff auf die →Sowjetunion in Gang gesetzt wurde.

In der Sowjetunion selbst u. im Baltikum zählten Roma zu den Mordopfern der Einsatzgruppen der Sicherheitspolizei u. des Sicherheitsdienstes sowie weiterer SS- u. Polizeieinheiten. Infolge der Phantasmagorie v. spionierenden Z.n übergaben zudem Wehrmachtseinheiten Z. an die Einsatzgruppen oder erschossen sie selbst. Auch in Polen u. Serbien wurden mehr Z. von Wehrmacht, Sicherheits- u. Ordnungspolizei erschossen, als in den →Lagern umgebracht.

Ende 1942 wurde die bis dahin disparate Verfolgung der Z. stärker vereinheitlicht. Ausgehend v. der durch Himmler aufgeworfenen Frage, wie man sich gegenüber der sehr kleinen Gruppe v. ihm als „reinrassig" u., da ursprünglich aus Indien stammend, als „arisch" eingeschätzter Z. verhalten solle, wurde erörtert, was mit den übrigen „zigeunerischen Personen" zu geschehen habe. Gemäß einem Vorschlag der Kripoführung gab der SS-Führer den Befehl, sie in ein KZ einzuweisen. Dies hatte die →Deportation

Zehntausender Z. aus Deutschland, →Österreich, Böhmen u. Mähren, aus den Niederlanden, Belgien u. aus Nordfrankreich nach Auschwitz-Birkenau zur Folge. Bald wurden auch Personen aus Polen, Russland u. Litauen erfasst. Die – in der Praxis vor Ort oft radikalisierten u. außerhalb Deutschlands ohnehin willkürlich ausgelegten – Deportationsrichtlinien schieden die Betroffenen in drei Gruppen. Von ihnen sollte nur die erste – „Reinrassige" u. „im zigeunerischen Sinne guten Mischlinge" – die Fortpflanzungsfähigkeit behalten. Die zweite Gruppe der „sozial angepassten Zigeunermischlinge" sollte der Sterilisation zum Opfer fallen. Die nach Auschwitz-Birkenau Deportierten galten ihren Verfolgern als dritte Gruppe, die in ihrer vermeintlichen „Minderwertigkeit" ganz unten rangierte.

Über 19.300 der 22.600 in Auschwitz-Birkenau zusammengepferchten Z. wurden dort ums Leben gebracht. Um Platz für jene Juden aus →Ungarn u. anderen Ländern zu schaffen, welche die SS nicht sofort ermordete, wurde das Z.lager Anfang August 1944 liquidiert. Längst nicht alle Verbleibenden überlebten das Ende Nazi-Deutschlands. Von Auschwitz in andere KZ transportiert, starben viele bei der →Zwangsarbeit, bei Sterilisationsexperimenten, auf den Todesmärschen der letzten Kriegswochen, im KZ Bergen-Belsen oder in der SS-Einheit Dirlewanger. Dort wurden deutsche Z., die den Lagerkosmos überstanden hatten, 1945 noch zum Kampf gegen die Rote Armee gezwungen. Zudem nahm man in Deutschland seit 1943 die schon zuvor praktizierte Zwangssterilisation v. Zigeunern systematischer in Angriff; ihr fielen an die 3.000 Personen zum Opfer. Um die Jahreswende 1944/45 wurden schließlich auch Roma aus der Slowakei u. aus Ungarn in KZ deportiert oder vor Ort erschossen.

Nach derzeitigem Forschungsstand lassen sich für das Dt. Reich u. für das zw. 1938 u. 1945 dt. besetzte Europa um die 50.000 ermordete Z. nachweisen. Die Todeszahl unter den osteurop. Roma lag dabei deutlich über derjenigen der v. a. im dt. Sprachraum lebenden Sinti. Hinzu kommen die Opfer in den Satellitenstaaten →Rumänien u. Kroatien. Für Kroatien wird auf unsicherer Materialbasis eine Zahl v. 25.000 Ermordeten angenommen. Aus Rumänien wurden 1942/43 25.000 Roma nach Transnistrien deportiert; v. ihnen starben zw. 11.000 u. 19.000 infolge furchtbarer Lebensbedingungen. So ergibt sich derzeit eine Gesamtschätzung v. unter 100.000 Todesopfern. Die definitive Zahl könnte angesichts einer derzeit schwer bestimmbaren Dunkelziffer höher liegen. Um zu genaueren Angaben zu gelangen, sind v. a. weitere Recherchen über die dt. besetzte UdSSR, über Serbien u. Ungarn vonnöten. Es wird zudem durchweg schwierig bleiben, den Anteil der Ermordeten an der Z.bevölkerung der jeweiligen Länder zu eruieren, da die Kriterien für die Kategorie „Z." v. Land zu Land u. oft auch v. Zählung zu Zählung differierten u. vielfach überhaupt keine Zählungen oder validen Schätzungen vorlagen.

Insgesamt waren in den dt. besetzten Territorien Ost- u. Südosteuropas deutlich mehr als Z. Stigmatisierte v. der Ermordung bedroht als in Westeuropa. Noch stärker gefährdet war das Leben der Betroffenen in Deutschland, Österreich, Böhmen u. Mähren. In diesem engeren dt. Machtbereich waren die Z. über Jahre der Erfassung durch Bürokratie, Polizei

u. rassenhygienische Forschung ausgesetzt. Mit Verweis auf „zigeunerische Blutsanteile“ erklärte man im Dt. Reich auch Personen zu „Z.n“ oder „Z.mischlingen“, die völlig in die Mehrheitsbev. integriert waren u. sich selbst durchaus nicht als Sinti oder Roma verstanden. So existierte eine erhebliche Schnittmenge, aber keine exakte Übereinstimmung zw. den als Z.n Verfolgten u. jenen, die sich selbst als Sinti oder Roma begriffen.

Der rassistisch motivierte Mord bildete das Spezifikum der nationalsozialistischen Z.politik. Auch sie knüpfte jedoch an die vorhergehende Z.politik u. deren paradoxen Zielkonflikt an, die Betroffenen sowohl fortschaffen als auch sesshaft machen zu wollen. Die nationalsozialistische Synthese mündete in den Mord. Der Tod war der einzige „Ort“, an dem Vertriebensein u. Sesshaftigkeit dauerhaft identisch wurden.

Lit.: G. Lewy, „Rückkehr nicht erwünscht“. Die Verfolgung der Zigeuner im Dritten Reich. München, Berlin 2001; M. Luchterhandt, Der Weg nach Birkenau. Entstehung und Verlauf der nationalsozialistischen Verfolgung der „Zigeuner“. Lübeck 2000; M. Zimmermann, Rassenutopie und Genozid. Die nationalsozialistische „Lösung der Zigeunerfrage“. Hamburg 1996; Ders., Die nationalsozialistische Verfolgung der Juden und ‚Zigeuner‘. Ein Vergleich, *ZfG* 1 (2004), 50–71.

M. Z.

Völkerrecht. Der Begriff wurzelt im *ius gentium* des Römischen Rechts, das jedoch die allen Völkern gemeinsamen Rechtsregeln bedeutete. V. im modernen Sinn bezeichnet demgegenüber ein Recht, welches das Verhalten v. Staaten u. internationalen (zwischenstaatl.) Organisationen sowie die Beziehungen zw. ihnen regelt. Beschränkt auf Teilbereiche der internat. Rechtsordnung, v. a. die →Menschen- u. die Minderheitenrechte (→Minderheitenschutz) sowie das Völkerdelikts- u. Völkerstrafrecht, sind seit der zweiten Hälfte des 20. Jh.s auch Individuen u. Nichtregierungsorganisationen als (partielle) Subjekte des V.s anerkannt. Entgegen dem durch seinen Begriff in dt. Sprache nahe gelegten Schluss regelt das V. also nicht die Rechtsbeziehungen zw. den Völkern, sondern v. a. die Rechtsbeziehungen zw. den die Völker bzw. Nationen repräsentierenden Staaten.

Das „klassische“ V. entstand in Europa am Ende v. Reformation, Gegenreformation u. Konfessionskriegen mit dem Westfälischen Frieden v. Münster u. Osnabrück (1648). Durch ihn wurden die →Souveränität u. die Gleichheit der am Friedensschluss beteiligten Staaten vorbehaltlos anerkannt u. dadurch dem in der ma. Vorstellung vom Universalreich wurzelnden Vorrang- u. Vormachtsanspruch des Heiligen Römischen Reiches Deutscher Nation ein Ende gesetzt. Wesentliches Element der Souveränität war die Anerkennung des Rechts der Staaten, frei über Krieg u. Frieden zu entscheiden *(ius ad bellum)*. Es entstand eine spannungsreiche gesamteurop. Staatenordnung, die durch völkerrechtliche Verträge u. das „Konzert“ der Großmächte im Gleichgewicht gehalten wurde.

Die Epoche des klassischen wurde durch die des „modernen“ V.s abgelöst. Ihr Symbol ist die Gründung der Vereinten Nationen (1945). Das moderne V. ist maßgebend durch das Verbot, nach Belieben Krieg zu führen, gekennzeichnet. Es wurde erstmals durch den Briand-Kellogg-Pakt (1928) zu einem Grundsatz des V.s erhoben u. erlangte durch das allg. Gewaltverbot der UN-Charta (Art. 2 Nr. 4) universelle Gültigkeit.

Der Zusammenbruch der →Sowjetunion, die Auflösung ihres Hegemonialsystems u. das Ende des Ost-West-Konflikts in der freiheitlichen osteurop. Revolution (1989/90) haben eine neue Periode des V.s eingeleitet, in welcher – trotz vieler Widersprüchlichkeiten u. Einschränkungen – die Bindung der Staaten an die Menschenrechte u. die Standards des humanitären V.s im Ergebnis stärker als zuvor eingefordert werden. Sprunghaft angestiegene →humanitäre Interventionen (mit oder ohne UN-Mandat) bei Staatszerfall, Völkermord (→Genozid) u. Massenverbrechen gegen die Menschlichkeit u. ferner die Gründung eines Ständigen Internat. Strafgerichtshofes (1998) liefern dafür Belege. Die Weltgemeinschaft aus Staaten, internat. Organisationen, Nichtregierungsorganisationen (NGOs), Wirtschaftsunternehmen u. Individuen befindet sich in einem sich beschleunigenden Prozess der Verdichtung u. Verrechtlichung. Er hat dazu geführt, die Entwicklung der Völkerrechtsordnung in Anlehnung an innerstaatl. und supranationale Verhältnisse als einen Vorgang der „Konstitutionalisierung“ zu deuten.

Die Quellen des V.s sind gemäß Art. 38 des Statuts des Internat. Gerichtshofes der Vereinten Nationen (IGH) das Völkervertragsrecht, das Völkergewohnheitsrecht u. „die von den Kulturvölkern anerkannten allgemeinen Rechtsgrundsätze“. Die Anerkennung einer Norm kraft Gewohnheit setzt hinreichende Belege für eine Staatenpraxis voraus, die von allg. Rechtsüberzeugung u. einem entsprechenden Rechtsbindungswillen getragen sein muss. Verträge, Resolutionen u. Deklarationen internat. Gremien u. nationaler Organe, Verfassungstexte, Entscheidungen internat. und nat. Gerichte, weit verbreitete Lehrmeinungen anerkannter Autoritäten des V.s können dafür Indizien liefern. Die Völkerrechtsordnung u. ihre Normen weisen mehrere Dimensionen auf: Das universelle V. bildet die höchste Ebene. Es äußert sich in v. der UNO initiierten völkerrechtlichen Verträgen, insbesondere zu den Menschenrechten, u. ferner in einem weltweit geltenden Völkergewohnheitsrecht. Unterhalb davon erstreckt sich die Ebene des regionalen V.s (Art. 52 UNO-Charta), nämlich Europas unter der Ägide des Europarats (1949), Amerikas in Gestalt der Organisation Amerikanischer Staaten (OAS, 1948), Afrikas in Gestalt der Afrikanischen Union (AU, 2000) u. von Teilen Asiens (GUS, ASEAN-Staaten).

Die Eigenart der V.sordnung besteht darin, dass ihre Hauptsubjekte, die Staaten, wegen ihrer souveränen Gleichheit (Art. 2 Nr. 1 UNO-Charta) miteinander nicht in Subordinations-, sondern in Koordinationsbeziehungen stehen u. deswegen grundsätzlich nur durch Einigung im Vertragswege Entscheidungen treffen u. einen gemeinsamen Willen bilden können. Das V. kann daher im Unterschied zum Landesrecht in aller Regel nicht einseitig durchgesetzt u. vollstreckt werden. Die den Staaten bei völkerrechtswidrigem Verhalten zustehenden Sanktionsmöglichkeiten (Repressalien usw.) müssen wegen des Interventionsverbotes unterhalb der Schwelle zur Gewaltanwendung bleiben.

Der IGH fügt sich in dieses Bild ein, denn er entspricht eher einem Schiedsgericht zw. Staaten als einem „Weltgerichtshof". Denn nur wenn sich die ihn anrufenden Staaten, eingeschlossen auch die UN-Mitglieder, freiwillig, durch besondere Erklärung, seiner Jurisdiktion unterworfen haben, ist die Zuständigkeit des IGH begründet.

Lediglich der Weltsicherheitsrat darf den Staaten unter bestimmten Voraussetzungen einseitig seinen Willen aufzwingen. Denn im Falle eines drohenden oder vollendeten Bruches des Weltfriedens (Art. 39 UN-Charta) kann er die ihm erforderlich erscheinenden Maßnahmen zur Friedenssicherung treffen u. notfalls auch Gewalt gegen Staaten anwenden (Art. 41, 42 UN-Charta). Der Weltsicherheitsrat wird dadurch indes nicht zur „Weltregierung". Für die Staaten gilt zwar das allg. Gewaltverbot, u. die Ermächtigung zur Gewaltanwendung ist grundsätzlich dem Weltsicherheitsrat vorbehalten, aber die Vereinten Nationen befinden sich deswegen keineswegs im Besitz eines universellen „Gewaltmonopols"; denn über eigene Streitkräfte u. die reale Macht, ihren Willen notfalls auch gegen Widerstände durchzusetzen, verfügen sie nicht. Die Interventionsbefugnisse der Vereinten Nationen finden ihre Schranke grundsätzlich an dem Recht der Staaten, über ihre „inneren Angelegenheiten" *(domestic affairs),* freilich unter Einhaltung ihrer völkerrechtlichen Verpflichtungen etwa auf dem Gebiet der Menschenrechte, nach freiem Belieben zu entscheiden (Art. 2 Nr. 7 UN-Charta).

Die Dispositionsfreiheit der Völkerrechtssubjekte bei Abschluss v. völkerrechtlichen Verträgen findet ihre Schranke in völkerrechtlichen Normen zwingenden Charakters (*ius cogens*). Gemäß Art. 53 des Wiener Übereinkommens über das Recht der Verträge (18. 4. 1961) ist darunter eine Norm zu verstehen, „die von der internationalen Staatengemeinschaft in ihrer Gesamtheit angenommen und anerkannt wird als eine Norm, von der nicht abgewichen werden darf und die nur durch eine spätere Norm des allgemeinen Völkerrechts derselben Rechtsnatur geändert werden kann". Ein Verstoß gegen eine zwingende Völkerrechtsnorm macht den Vertrag nichtig. Zwingende Völkerrechtsnormen sind nach allg. Meinung heute die Grundprinzipien der UNO-Charta (Art. 1 und 2), voran das Gewaltverbot, die Menschenrechte des universellen Mindeststandards, insbesondere das Folterverbot u. das Verbot der Rassendiskriminierung, ferner das Verbot des Völkermords, der Verbrechen gegen die Menschlichkeit, namentlich das Verbot der Sklaverei, sowie das →Selbstbestimmungsrecht der Völker.

Lit.: T. Schweisfurth, Völkerrecht. Tübingen 2006; J. Kokott/K. Doehring/T. Buergenthal, Grundzüge des Völkerrechts. Heidelberg [3]2003; I. Seidl-Hohenfeldern/T. Stein, Völkerrecht. Köln u. a. [10]2000; K. Ipsen, Völkerrecht. Lehrbuch. München [4]1999.

O. L.

Volksdeutsche – im Nationalsozialismus gebräuchliche Bez. für die auslandsdeutschen Minderheiten. In den frühen 1930er Jahren löste der Begriff V. die allgemeinere Bez. Auslandsdeutsche für diejenigen Minderheiten ab, die sich qua Abstammung, Sprache u. Kultur als Deutsche fühlten, jedoch nicht über die dt., österr. oder Schweizer Staatsangehörigkeit verfügten. Dieser begriffliche Wandel entsprach der NS-Ideologie, die das Bekenntnis zur Volksgemeinschaft über die Individualität des Einzelnen stellte. Von den V.n wurden Reichsdeutsche u. Auslandsdeutsche (nun ausschließlich verwandt zur Bez. dt. Staatsangehöriger, die außerhalb der Reichsgrenzen lebten) unterschieden. Die meisten V.n lebten als nationale Minderheiten in den Staaten Ost-, Ostmittel- u. Südosteuropas. Schon in Kaiserreich u. Weimarer Republik hatte die dt. Regierung eine Politik der Förderung der dt. Minderheiten im Ausland betrieben, insbesondere auf dem Gebiet der Schulpolitik u. Jugendarbeit. Hauptträger war der 1881 gegründete Deutsche Schulverein zur Erhaltung des Deutschtums im Ausland, ab 1908 Verein für das Deutschtum im Ausland (VDA). Nach dem 1. →Wk. – mehr als 10 Mio. Deutsche lebten nun außerhalb der Reichsgrenzen – konnte sich der VDA offiziell auf das vom →Völkerbund postulierte Prinzip des →Minderheitenschutzes als Legitimationsgrundlage seiner Aktivitäten berufen. Seit 1930 gab der VDA eine Zeitschrift mit dem Titel *Der Volksdeutsche* heraus. 1933 benannte er sich regimekonform um in Volksbund für das Deutschtum im Ausland. Schon 1935 erhielt der Volksbund Konkurrenz durch die v. Rudolf Heß gegründete Volksdeutsche Parteidienststelle der NSDAP. Kurz darauf ging die Zuständigkeit für die dt. Minderheiten im Ausland endgültig an eine Parteiinstitution, die →Volksdeutsche Mittelstelle (VoMi, seit 1941 eigenständiges SS-Hauptamt), was das Ende der bürgerlichen Volkstumspflege bedeutete.

Während des 2. →Wk.s avancierten die sog. V.n zur wichtigsten Zielgruppe der nationalsozialistischen Volkstumspolitik: Nach dem Willen Adolf →Hitlers sollten sie als Siedler dazu beitragen, die annektierten bzw. dt. besetzten Gebiete zu „germanisieren", sie also auch kulturell dem dt. Herrschaftsgebiet einzuverleiben. Damit endete die Politik der Förderung der auslandsdeutschen Gemeinschaften in ihren Herkunftsländern, die bislang die Leitlinie der dt. Politik gegenüber den dt. Minderheiten bestimmt hatte. Unter der Parole „Heim ins Reich!" begann ab 1939 ein staatl. gelenkter Bev.transfer (→Deutschbalten), dessen konkrete Organisation Hitler in die Hände der SS unter Heinrich →Himmler legte. Insgesamt wurden während des 2. Wk.s mehr als 1 Mio. V. in das Altreich u. die dt. besetzten Gebiete (hauptsächlich nach →Danzig-Westpreußen u. in den →Warthegau) umgesiedelt u. erhielten die dt. Staatsangehörigkeit. Pläne wie der →Generalplan Ost projektierten die Neugestaltung Europas mittels volksdt. Siedler.

Die →Umsiedlung der V.n aus Osteuropa nach W geschah jedoch nicht ausschließlich unter Zwang. Die Mehrheit der Menschen verließ freiwillig ihre Heimat, angespornt v. der nationalsozialistischen Propaganda ebenso wie v. der Hoffnung auf materielle Besserstellung. Weitere Motive waren die Angst vor der Ausbreitung des Kommunismus u. die Hoffnung, endlich den bedrückenden Minderheitenstatus ablegen zu können. Die Umsiedlung der V.n war eng mit der →Vertreibung der lokalen Zivilbev. in den „Ansiedlungsgebieten" u. insbesondere mit dem Judenmord (→J.: Deportation und Vernichtung) verzahnt: Für jeden volksdt. „Neubauern" verloren bis zu fünf poln. Landwirte ihre Höfe. Mobiliar u. Bekleidung erhielten die neuen Siedler aus dem ehem. Besitz ermordeter

Juden. Ein weiteres Charakteristikum der Volksdeutschenumsiedlung war die Tatsache, dass die V.n sich nach ihrer Ankunft in den besetzten Gebieten einer polit. u. rassenanthropologischen Überprüfung zu unterziehen hatten, deren Ergebnis über ihr weiteres Schicksal entschied. In einem als „Durchschleusung" bezeichneten Vorgang durchliefen sie die sog. Einwandererzentralstelle der SS (EWZ) in Łódź/Litzmannstadt oder eine ihrer Außenstellen, unter Beteiligung einer Vielzahl v. Institutionen, vom Reichsarbeitsamt bis zur Sicherheitspolizei u. zum Rasse- u. Siedlungshauptamt der SS. Besonders gravierend wurde die Frage der polit. Zuverlässigkeit u. der „rassischen Tauglichkeit" der Umsiedler eingeschätzt: Nur „rassisch wertvolle" Menschen sollten als Siedler im „deutschen Osten" zum Einsatz kommen, den anderen drohte der Einsatz als unselbständige Arbeitskräfte oder gar die Rücksendung in ihr Herkunftsland. Konkret teilte das Votum der EWZ die V.n in drei Gruppen ein: O(st)-Fälle zur Verwendung als Siedler in den besetzten Gebieten, A(ltreich)-Fälle zum Arbeitseinsatz in Deutschland u. S(onderbehandlungs)-Fälle zur Rücksendung, da ungeeignet zur Ostsiedlung. Nur die beiden ersten Gruppen erhielten die Reichsbürgerurkunde. Die ursprünglich projektierte Rücksendung der S-Fälle erwies sich während des Krieges als undurchführbar. Diese Menschen wurden stattdessen zur Beobachtung in Lager eingewiesen.

Auch für viele der als O-Fälle eingestuften V.n endete die Umsiedlung im Lager, da es der SS während des gesamten Krieges nicht gelang genügend Siedlerstellen, d. h. Bauernhöfe, Handwerksbetriebe, Häuser u. Wohnungen, zur Verfügung zu stellen. Die Lagerexistenz, oftmals unter schlechten hygienischen Bedingungen u. mangelnder Versorgung, wurde für zahlreiche V. zur Dauererscheinung. Viele Menschen, insbesondere Alte u. Kinder, starben in den Volksdeutschenlagern. Die Betreuung u. ideologische Ausrichtung der V.n wie auch die Verwaltung der Lager war Aufgabe der VoMi. In Spitzenzeiten unterhielt diese zw. 1.500 u. 1.800 Lager im Reich u. in den besetzten Gebieten.

Nach dem Willen der Nationalsozialisten sollte die Umsiedlung der V.n von Dauer sein u. den Grundstein einer ethn. Neuordnung Europas bilden. Doch viele Menschen hatten während des Krieges mehrfache Umsiedlungen zu überstehen. Dies zeigt anschaulich das Beispiel der 48.000 Litauendeutschen (→Deutsche aus Litauen), die 1941 nach W umgesiedelt wurden u. von denen 1942 knapp 19.000 Personen mangels Siedlerstellen als „Rückumsiedler" wieder zurück in ihre Heimat gebracht wurden. Diejenigen Familien, die im Zuge der Germanisierungspolitik in den annektierten westpoln. Gebieten, im →Generalgouvernement, in Litauen oder der Ukraine (→Deutsche aus der Ukraine: NS-Pläne und -Politik) angesiedelt worden waren, mussten in den Jahren 1943–1945 ihre Höfe erneut verlassen, diesmal durch →Flucht oder Vertreibung. Nicht wenige hatten bereits zuvor bei Partisanenübergriffen, denen die volksdt. Siedlungen im besetzten Gebiet beständig ausgesetzt waren, ihr Leben verloren. Über Auffanglager in den besetzten Gebieten kamen viele der Flüchtenden endgültig nach Deutschland. Nach 1945 gingen die V.n in der Masse durch →Flüchtlinge u. →Vertriebenen aus Ostmittel-, Südost- u. Osteuropa auf. Der Begriff V. selbst war als Bestandteil der NS-Volkstumsideologie diskreditiert. Die zumeist erfolgreiche →Integration der Flüchtlinge u. Vertriebenen in die Nachkriegsgesellschaften v. DDR u. BRD stellte eine beachtliche Leistung dar.

Die V.n selbst verstanden sich nach dem Krieg zumeist als Opfer – des Krieges, der nationalsozialistischen Politik, der Zwangsumsiedlung, ihres Deutsch-Seins. Doch man wird dem Schicksal der volksdt. Minderheiten in Ost-, Ostmittel- u. Südosteuropa während des 2. Wk.s nicht gerecht, wenn man nicht neben ihrer Furcht vor der Sowjetisierung auch ihre Begeisterung für das NS-Regime, ihre Kollaborationsbereitschaft u. den auch unter ihnen verbreiteten Antisemitismus sowie ihre Beteiligung an Judenmord u. Vernichtungspolitik berücksichtigt.

Lit.: Die „Volksdeutschen" in Polen, Frankreich, Ungarn und der Tschechoslowakei. Mythos und Realität. Hg. J. Kochanowski/M. Sach. Osnabrück 2006; V. O. Lumans, Himmler's Auxiliaries. The Volksdeutsche Mittelstelle and the German National Minorities of Europe, 1933–1945. Chapel Hill, London 1993.

I. H.

Volksdeutsche Mittelstelle. Ein zentrales Element der Politik des Dt. Reichs nach der Machtübernahme der Nationalsozialisten im Jahre 1933 war die „überstaatliche Volksgemeinschaft", die sich in dem Zusammenschluss aller Deutschen in einem einzigen „Großdeutschen Reich" äußern sollte. Die NS-Terminologie unterschied in diesem Zusammenhang zw. zwei Arten v. Deutschen: den „Reichsdeutschen" einerseits u. den →„Volksdeutschen" andererseits. Der Begriff „Reichsdeutsche" umfasste all jene Deutschen, die innerhalb der territ. Grenzen des Dt. Reichs lebten, während die sog. Volksdeutschen außerhalb reichsdt. Gebiets ansässig waren u. eine fremde →Staatsangehörigkeit besaßen. Die Gesamtzahl der „Volksdeutschen" in Europa am Vorabend des 2. →Wk.s umfasste etwa 10 Mio. Menschen. Die meisten v. ihnen lebten in der →Tschechoslowakei (3.318.445), in →Polen (740.000), Elsass-Lothringen (1.500.000) u. in der →Sowjetunion (1.240.000). Ferner existierten weitere dt.sprachige Minderheiten in →Jugoslawien (500.000), →Rumänien (750.000), →Ungarn (500.000), Italien (über 200.000), Lettland u. Estland (80.000), im Memelland (100.000) (→Baltische Länder) sowie in →Dänemark (30.000–40.000) u. in Belgien (70.000).

Aus ideolog. und machtpolit. Gründen bemühte sich der Reichsführer-SS, Heinrich →Himmler, nach der Konsolidierungsphase des „Dritten Reichs" um eine Vormachtsstellung in Bezug auf sämtliche Fragen, welche die „Volksdeutschen" betrafen. Sein Interesse an den dt. Minderheiten außerhalb des Dt. Reichs war einerseits ideolog. und andererseits machtpolit. begründet. In den zu erobernden Gebieten sollten die „Volksdeutschen" den Kern u. die Trägerschicht einer neuen rassischen Elite bilden. Außerdem sah Himmler in ihnen eine Möglichkeit, den Reichssicherheitsdienst (SD) mit neuen Agenten u. Mittelsmännern im Ausland auszustatten. Ferner stellten die dt. Minderheiten ein Menschenreservoir dar, aus denen der bewaffnete Arm der SS, die Waffen-SS, Rekruten schöpfen konnte, da die Wehrmacht ein Monopol auf die „reichsdt." Wehrpflichtigen inne hatte. Die Übernahme der Volkstumspolitik erfolgte am 1. 2. 1937 durch die Gründung der V. M. (VoMi), wie die Zentrale für Volkstumsfragen fortan offiziell hieß. Ihr Leiter war der SS-Obergruppenführer Werner Lorenz. Formell unterstellt war die VoMi Joachim von Ribbentrop (Chef des „Amts Ribbentrop" u. späterer Reichsaußenminister) u. Rudolf Heß („Stellvertreter des Führers"), geführt wurde sie v. der SS. Die unmittelbare Vorgängerorganisation der VoMi war das „Büro Kursell", benannt nach ihrem Chef, dem Deutschbalten SS-Obersturmbannführer Otto von Kursell. Für das „Büro Kursell" hatte sich schon seit März 1936 aufgrund mangelnder verbindlicher Sprachregelungen der Bergriff „Volksdeutsche Mittelstelle" eingebürgert. Schon das „Büro Kursell" war mit der Intention gegründet worden, die verschiedenen Stellen, die sich mit der Volkstumspolitik beschäftigen, zu koordinieren. Die wichtigsten Institutionen bis zur Gründung der VoMi waren der Verein für das Deutschtum im Ausland (VDA, später Volksbund für das Deutschtum im Ausland), der Volksdeutsche Rat (VR) sowie die Auslandsorganisation der Nationalsozialistischen Deutschen Arbeiterpartei (NSDAP A. O.). Unterschiedliche Ziele und Streit um Kompetenzen führten zu erheblichen Konflikten untereinander. Die Gründung der VoMi war somit ein wichtiger Schritt im Rahmen der Gleichschaltung der Volkstumsarbeit.

Die vordringlichste Aufgabe der VoMi war zunächst, das Deutschtum jenseits der Grenzen „ruhig und geschlossen" zu halten u. Kräfte zehrende Konflikte innerhalb der Volksgruppen zu verhindern. Doch schon bald verlegte sie sich mehr u. mehr auf geheimdienstliche Aufgaben wie z. B. die Mobilisierung sog. Fünfter Kolonnen, wie die dt. Minderheiten teilweise abfällig v. den Führern der jeweiligen Länder, die sie beherbergten, genannt wurden. Eine aktive Rolle in der nationalsozialistischen Bev.politik in Europa kam der VoMi nach dem 7. 10. 1939 mit dem „Führererlass zur Festigung des Deutschtums" zu. Himmler wurde zum →„Reichskommissar für die Festigung deutschen Volkstums" ernannt, u. die VoMi mit der Rückführung, Umsiedlung (→U. [NS-Begriff]) u. Implementierung der „Volksdeutschen" in ihre jeweilige neue Umgebung beauftragt.

Im Zuge des →Ribbentrop-Molotov-Pakts siedelten Kommandos der VoMi bis zum 26. 1. 1940 134.950 →Deutsche aus Wolhynien v. a. in die „eingegliederten Ostgebiete" um. Dazu kommen mehr als 60.000 →Deutschbalten aus Lettland u. Estland, die bereits bis Ende 1939 repatriiert wurden. In einer „Nachumsiedlung" kamen noch 17.101 Menschen hinzu, sodass sich die Endziffer der Rücksiedler aus dem Baltikum auf 78.959 Personen veranschlagen lässt. Aus Bessarabien evakuierte die VoMi insgesamt 93.548 Deutsche (nach anderen Angaben 93.318, →D. aus Bessarabien) u. aus der nördl. Bukowina 43.568 (→Deutsche aus der B.).

Nach der Kapitulation Jugoslawiens im April 1941 siedelte die VoMi mit Hilfe der Sicherheitspolizei (Sipo) 11.747 Siedler aus Kočevje u. weitere 2.865 aus Laibach (Ljubljana) um. Evakuierungen aus Serbien u. Bosnien betrafen 1.925 Menschen. Außerdem waren noch 2.500 Personen aus Bulgarien u. 144 aus →Griechenland v. Umsiedlungsaktionen betroffen. Im Sommer 1942 erreichten zusätzlich 4.635 Sowjetunion-Deutsche die Durchgangslager der VoMi.

Aufgrund der veränderten milit. Lage im Jahre 1943 – die dt. Truppen befanden sich nun nach u. nach in der Defensive – gab Himmler den Befehl zur →Evakuierung der Deutschen aus dem südöstl. Europa, wobei eine spätere Rückkehr der Betroffenen zu diesem Zeitpunkt nicht auszuschließen war. Hervorzuheben ist hierbei die Evakuierung der →Deutschen aus dem Banat. Ein Kommando v. 80 Mann sollte die Umsiedlung v. 300.000 „Volksdeutschen" planen u. durchführen. Lediglich 20.000 Deutsche aus dem Banat konnten tatsächlich ins Dt. Reich überführt werden. Bis Anfang 1945 evakuierte die VoMi geschätzte 500.000 Menschen nach Deutschland. Im Februar 1945 zerstörte ein Bombentreffer das VoMi-Hauptquartier in Berlin. Dabei wurden die meisten Akten u. Aufzeichnungen vernichtet. Die Zerstörung des Hauptgebäudes ging zeitgleich einher mit der Auflösung der VoMi.

Lit.: M. Leniger, Nationalsozialistische „Volkstumsarbeit" und Umsiedlungspolitik 1933–1945. Von der Minderheitenbetreuung zur Siedlerauslese. Berlin 2006; T. Luther, Volkstumspolitik des Deutschen Reiches 1933–1938. Die Auslandsdeutschen im Spannungsfeld zwischen Traditionalisten und Nationalsozialisten. Stuttgart 2004; V. O. Lumans, Himmler's Auxiliaries. The Volksdeutsche Mittelstelle and the German National Minorities of Europe, 1933–1945. Chapel Hill u. a. 1993.

M. T.

Warthegau als Aus- und Ansiedlungsgebiet. Die Hauptlosung der nationalsozialistischen Ideologie u. das Ziel der dt. Politik im mittleren und östl. Europa war „Eindeutschung", d. h. die Entfernung v. ethnisch u. „rassisch" fremden Völkern aus diesen Gebieten u. ihre Besiedlung mit Deutschen.

Die vom „Dritten Reich" besetzten poln. Gebiete wurden Kraft zweier Hitler-Erlasse vom 8. u. 12. 10. 1939 in das →Generalgouvernement (GG.) u. die sog. eingegliederten Ostgebiete zweigeteilt. In den eingegliederten Gebieten wurden neue Verwaltungseinheiten geschaffen: Die Reichsgaue →Danzig-Westpreußen und Wartheland sowie die Regierungsbezirke Kattowitz (Katowice) u. Zichenau (Ciechanów).

Die Umsetzung des Hauptziels dt. Politik in den eingegliederten Gebieten, der Germanisierung, verlangte die Entfernung bzw. „Umvolkung" der dort lebenden Bev. Betreffend den Umfang der Deportationen erarbeiteten verschiedene Institutionen kurz- u. langfristige Pläne. Sie gingen v. der Aussiedlung v. etwa 80.000 Personen ins GG. im Dezember 1939 aus sowie v. über 600.000 im Jahre 1940 u. von über 800.000 im Jahre 1941. Über das deutlich geringere Ausmaß der tatsächlich erfolgten Aussiedlungen der poln. Bevölkerung sowie die Aufgabe dieser Pläne wurde zum Ende des ersten Quartals 1941 entschieden, u. zwar wegen des Widerstands der Machthaber im GG. gegen die

Aufnahme einer so großen Anzahl v. Umsiedlern, des Beginns des Krieges gegen die → Sowjetunion u. des Bedarfs an Arbeitskräften innerhalb des W.s Neben Aussiedlungen wurden auch andere Mittel im Rahmen der nationalsozialistischen Volkstumspolitik eingesetzt, die ebenfalls die Reduzierung der poln. Bevölkerung in den eingegliederten Gebieten zum Ziel hatten. Hierzu gehörten die Vernichtung der Juden (→J.: Deportation und Vernichtung), Massenmorde an Juden sowie die →Deportationen zur →Zwangsarbeit.

Die Leitung der Volkstumspolitik in den eingegliederten Gebieten wurde im Oktober 1939 Heinrich →Himmler als →Reichkommissar für die Festigung deutschen Volkstums übertragen. Am 30. 10. 1939 ordnete Himmler den Beginn der Aussiedlungen aus dem W. an. Mit der Durchführung beauftragte er die Sicherheitspolizei (Sipo) u. den Sicherheitsdienst (SD).

Die Aussiedlung der poln. Bevölkerung aus dem W. erfolgte in mehreren Phasen. In der ersten Phase v. November bis zum 17. 12. 1939 wurden 87.883 Personen deportiert, mehrheitlich Polen, in der zweiten Phase vom 10. 2. bis zum 15. 3. 1940 40.128 Personen, in der dritten 121.594 Menschen vom Mai 1940 bis zum 20. 1. 1941.

Zu den Hauptkriterien, nach welchen die Polen der Aussiedlung unterlagen, gehörten: polit. und gesellschaftliche Betätigung vor 1939, Zugehörigkeit zur Intelligenzschicht, Vermögen u. Wohnort. Ein Teil der auszusiedelnden Polen u. Juden wurde direkt ins GG. deportiert, andere wurden vor ihrer endgültigen Deportation in eigens hierfür eingerichtete Umsiedlungslager (→Umsiedlung [NS-Begriff], →Lager) eingewiesen.

In der umfangreichen Fachliteratur werden verschiedene die Deportation der poln. Bevölkerung aus den eingegliederten Gebieten ins GG. betreffende Zahlen u. Schätzungen angegeben. Um diese zu präzisieren wurden im Folgenden die Zahlenangaben dem Monatsbericht der Umwandererzentralstelle in Lodz (Łódź; 1939–1945 Litzmannstadt) vom Oktober 1944 entnommen. Demnach wurden aus dem W. insgesamt 280.609 Personen ins GG. ausgesiedelt.

Die Politik der Germanisierung im W. erforderte zugleich die Aufnahme einer groß angelegten Siedlungs- u. Kolonisationsaktion. Am 7. 10. 1939 erließ Adolf →Hitler das Dekret zur Umsiedlung der dt. Bevölkerung aus europ. Staaten ins Dt. Reich u. in die eingegliederten Gebiete. Diese Aufgabe übertrug er Himmler. Die wichtigsten Ämter für die Aufsicht u. die Durchführung der Umsiedlungsaktion waren: das Stabshauptamt, die →Volksdeutsche Mittelstelle, die Einwandererzentralstelle (EWZ), das Rasse- u. Siedlungshauptamt, die Dt.-Umsiedlungs-Treuhand-Gesellschaft (DUT) sowie die Haupttreuhandstelle-Ost (HTO).

Die Mehrzahl der erstellten Pläne zur Ansiedlung v. Deutschen ging v. einer erfolgreichen Germanisierung der eingegliederten poln. Gebiete in einem Zeitraum v. zehn Jahren aus. In der Konzeption der Planungsstelle des RKF „Planungsgrundlagen für den Aufbau der Ostgebiete“ war die Ansiedlung v. 3,4 Mio. Deutschen (einschl. der dort bereits ansässigen) sowie die Entfernung v. 4 Mio. Polen vorgesehen. Entsprechend dieser Planung sollte die dt. Bevölkerung 50 % der gesamten Einw.zahl dieser Gebiete erreichen u. 70 % v. ihnen in der Landwirtschaft beschäftigt sein.

Die vorgesehene Zahl der Ansiedler sollte durch die Umsiedlung v. →Volksdeutschen aus verschiedenen europ. Staaten, den vom Dt. Reich besetzten Ländern sowie durch die Ansetzung v. Deutschen aus dem Reich u. der Freien Stadt Danzig erreicht werden.

Nach internen Angaben des RKF im „Kleinen Umsiedlungsspiegel" wurden im W. bis zum 1. 1. 1944 folgende Gruppen angesiedelt: aus Estland u. Lettland 50.860 Personen (→Deutschbalten), aus Litauen 178 (→Deutsche aus L.), aus Wolhynien, Galizien u. dem Narewgebiet 96.501 (→Deutsche aus Wolhynien im Zweiten Weltkrieg, →Deutsche aus Galizien), aus dem GG. 25.020, aus Bessarabien 41.599 (→Deutsche aus B.), aus der Nord- u. Südbukowina sowie aus ‚Alt'-Rumänien 25.420 (→Deutsche aus der Bukowina), aus der Dobrudscha 5.725 (→Deutsche aus der D.), aus Bulgarien, Serbien u. Bosnien 140, aus der UdSSR 52 Personen.

Von den über 400.000 angekommenen Volksdeutschen wurden bis zum 1. 1. 1944 etwa 348.000 in den eingegliederten Ostgebieten tatsächlich angesiedelt, davon im W. 245.495 Personen. Die soz. Struktur dieser Volksdeutschen war der jeweiligen Herkunftsregion nach unterschiedlich. Die Deutschbalten waren zu 80 % Stadtbewohner, die Deutschen aus der Nord- u. Südbukowina zu 69 % bzw. 56 %, die übrigen dagegen weit überwiegend in der Landwirtschaft beschäftigt gewesen.

Die Ansiedlungsaktion kam 1941 ins Stocken. Hierzu trug die Aussetzung der Deportation v. Polen u. Juden ins GG. bei, weshalb Bauernhöfe u. Wohnungen für die Umsiedler fehlten, sowie der Beginn des Krieges gegen die Sowjetunion im Juni 1941.

Im W. ließen sich auch „Ostrückwanderer" nieder, also Deutsche, die das Gebiet in den Jahren 1918–1939 verlassen hatten. Darüber hinaus trafen auch andere Deutsche aus dem Reich ein, hauptsächlich Staatsdiener, denen Kaufleute, Unternehmer, Handwerker u. Landwirte folgten. Im Februar 1943 lebten im W. schon 131.762 Reichsdeutsche.

Als letzte wurden in der zweiten Hälfte des Jahres 1944 die mehrheitlich aus dem Schwarzmeergebiet stammenden Russlanddeutschen in die eingegliederten Gebiete geleitet (→Deutsche aus dem S.). Im Unterschied zu den vorangegangenen Umsiedlungen handelte es sich hierbei um eine Evakuierungsaktion, ausgelöst durch die dt. militärischen Niederlagen an der Ostfront. Diese Aktion begann im Herbst 1943 u. dauerte bis Ende des Jahres 1944. Insgesamt wurden in dieser Zeit etwa 350.000 Menschen dt. Abstammung aus der UdSSR evakuiert, v. denen 289.900 in den W. kamen.

Lit.: M. Rutowska, Wysiedlenia ludności polskiej z Kraju Warty do Generalnego Gubernatorstwa 1939–1941. Poznań 2003; Cz. Łuczak, Pod niemieckim jarzmem (Kraj Warty 1939–1945). Poznań 1996; J. Marczewski, Hitlerowska koncepcja polityki kolonizacyjno-wysiedleńczej i jej realizacja w „Okręgu Warty". Poznań 1979; Cz. Madajczyk, Polityka III Rzeszy w okupowanej Polsce. 2 Bde. Warszawa 1970; G. Aly/S. Heim, Vordenker der Vernichtung. Auschwitz und die deutschen Pläne für eine neue europäische Ordnung. Frankfurt a.

M. 1993; Przesiedlenia ludności przez III Rzeszę i jej sojuszników podczas II wojny światowej. Międzynarodowe Kolokwium Zamość 17–20. X. 1972. Hg. H. Jabłońsky. Lublin 1974; Wysiedlenie ludności polskiej w tzw. Kraju Warty i na Zamojszczyźnie oraz popełnione przy tym zbrodnie. Hg. W. Szulc. Warszawa 1970; Cz. Łuczak, Wysiedlenia ludności polskiej na tzw. ziemiach wcielonych do Rzeszy 1939–1945. Poznań 1969; J. Sobczak, Hitlerowskie przesiedlenia ludności niemieckiej w dobie II wojny światowej. Poznań 1966.

M. R.

Weltkrieg, Erster. Militärische Konflikte generieren Zwangswanderungen. Während des 1. Wk.s lassen sich bei vielfältigen Überschneidungen u. weitreichenden Wechselwirkungen drei verschiedene Erscheinungsformen beobachten: 1. Fluchtbewegungen oder →Evakuierungen aus den Kampfzonen sowie vor den vorrückenden Truppen; 2. →Vertreibungen u. Umsiedlungen v. Minderheiten zur Herrschaftssicherung; 3. Zwangsrekrutierungen v. Arbeitskräften u. Soldaten.

1. Der 1. Wk. führte als totaler Krieg zu einem rapiden Anwachsen der milit. Kapazitäten der beteiligten kriegführenden Parteien. Ein Kennzeichen der daraus resultierenden neuen Konfliktdynamik war, dass die milit. Operationen z. T. innerhalb weniger Tage u. Wochen Millionen v. Zivilisten in den Kampfzonen entwurzelten; denn die Operationsgebiete der kriegführenden Parteien weiteten sich erheblich aus u. umfassten zeitgleich große Teile des europ. Kontinents. Allein in den ersten drei Monaten nach dem dt. Angriff hatte sich bspw. von den 1914 knapp 7 Mio. Belgiern mit ca. 1,4 Mio. ein Fünftel der Gesamtbev. in die Niederlande, nach Frankreich oder Großbritannien geflüchtet. Weitere Hunderttausende verließen fluchtartig die Kampfzonen in Nord- u. Nordostfrankreich, dessen Bev. noch ein Jahr nach Kriegsende mit rd. 2 Mio. erst wieder rd. 40 % des Vorkriegsstandes erreichte.

Größer noch als im W nahmen sich die Fluchtbewegungen auf den Kriegsschauplätzen im O Europas 1914–1918 aus. Sie begannen in Ostpreußen, das russ. Truppen in den ersten Augustwochen 1914 zu weiten Teilen eroberten. Eine halbe Mio. →Flüchtlinge strömten in Richtung W. Die russ. Offensive führte auch im österr.-ung. Galizien zu Flüchtlingselend u. panikartigen Evakuierungen, v. denen etwa 800.000 Menschen betroffen waren. Der kurz darauf einsetzende Vormarsch der dt. und österr.-ung. Truppen in Richtung O entwurzelte dann wiederum Millionen Menschen in den Grenz- u. Kampfgebieten des russ. Westens. Die russ. Behörden zählten im Dezember 1915 insgesamt 2,7 Mio., im Mai 1916 dann mehr als 3,1 Mio. Flüchtlinge u. Evakuierte auf dem nicht besetzten russ. Territorium, Schätzungen sprachen sogar v. 5 Mio. Bis Juli 1917 soll sich ihre Zahl auf mindestens 7 Mio. erhöht haben. Diese Angaben lassen keine Differenzierung zw. Flüchtlingen u. Evakuierten sowie den im Folgenden behandelten Vertriebenen u. unter Zwang umgesiedelten Gruppen zu.

2. Die Kriegssituation erleichterte bzw. ermöglichte eine staatl. betriebene Zwangsmigrationspolitik gegenüber missliebigen Minderheiten. Erst der erheblich beschleunigte Ausbau der Interventions- u. Ordnungskapazitäten der Staaten im Krieg stellte die adm.

Instrumente zur Verfügung, um Massenausweisungen oder Massenvertreibungen durchzuführen. Darüber hinaus förderte der 1. Wk. die Verbreitung extremer Nationalismen – Fremdenfeindlichkeit wurde lanciert u. die Tendenz zur Ausgrenzung v. Minderheiten verstärkt. Solche Phänomene fanden sich vornehmlich in Ost- u. Ostmitteleuropa.

Im Zarenreich war die jüd. Bevölkerung im Kriegsgebiet besonders betroffen. Sie hatte →Pogrome der russ. Truppen u. der v. den Behörden unterstützten Zivilbev. zu erdulden, weil sie als Feind im Innern galt, der Unterstützung der dt. und österr.-ung. Truppen kollektiv verdächtigt (→Juden aus Polen im Ersten Weltkrieg). Auch andere Gruppen standen im Ruf, eine „fünfte Kolonne" hinter der eigenen Frontlinie zu bilden, u. wurden verantwortlich gemacht für die russ. Niederlagen: Die zarischen Behörden transportierten Hunderttausende Letten (→L.: Evakuierung und Flucht im Ersten Weltkrieg) u. Polen- u. Russlanddeutsche (→D. aus dem Königreich Polen im Ersten Weltkrieg, →D. aus Wolhynien im Ersten Weltkrieg) nach O. Gewalttätige Ausschreitungen u. Zwangsmaßnahmen, wie die antidt. →Liquidationsgesetze, verschlechterten zudem die Situation dieser Minderheitengruppen.

Vergleichbare Muster einer in der Kriegssituation verschärften Diskriminierungs- u. Deportationspolitik gegenüber als missliebig bzw. gefährlich eingestuften Minderheiten lassen sich in Österreich-Ungarn gegenüber Serben, Ukrainern u. Italienern beobachten (→Serben im Ersten Weltkrieg, →Ruthenen im Ersten Weltkrieg, →Italiener im Ersten Weltkrieg). Ein Instrument zum staatl. Umgang mit „feindlichen Ausländern" bildete die Internierung. Nicht weniger als 400.000 v. ihnen wurden in den kriegführenden europ. Staaten 1914–1918 als „Zivilgefangene" in Lagern festgehalten, Zehntausende darüber hinaus unter Zwang repatriiert. Frankreich u. Großbritannien begannen bereits im August 1914 mit einer Politik der Internierung u. Abschiebung, die auch Menschen betraf, die die brit. bzw. frz. Staatsangehörigkeit besaßen, aber aus gegnerischen Staaten zugewandert waren. Deutschland, Österreich-Ungarn u. Russland folgten seit Anfang 1915 diesem Beispiel.

3. Im 1. Wk. kam es zu einer weitreichenden Internationalisierung der Arbeitsmärkte u. Heere, die häufig mit Deportationen u. Zwangsrekrutierungen verbunden war: Frankreich u. Großbritannien griffen dabei besonders auf ihre Kolonialbesitzungen u. informellen Imperien zurück. 1914–1918 wurden bspw. mindestens 1 Mio. afrikanische Soldaten v. den europ. Kolonialmächten mobilisiert, die nicht nur in den Kämpfen auf dem afrikanischen Kontinent eingesetzt wurden, sondern auch in großer Zahl nach Europa kamen. Bis Kriegsende rekrutierte die frz. Kolonialmacht insgesamt 607.256 Soldaten in den Kolonien für die frz. Armee: Der weitaus größte Teil kam aus Nord- (293.756) u. Westafrika (170.891). Großbritannien rekrutierte dagegen v. a. in Indien; insgesamt verstärkten etwa 1,2 Mio. indische Soldaten weltweit die brit. Truppen, in erster Linie auf den Kriegsschauplätzen in Ostafrika, im Nahen O, aber auch in Europa.

Der massive Arbeitskräftemangel in den Kriegswirtschaften schien darüber hinaus zu verstärkten Rekrutierungen über die nationalen Arbeitsmärkte hinaus zu nötigen. Vor allem in den Kolonien, in den besetzten Gebieten u. gegenüber den Kriegsgefangenen bildeten sich Muster der Zwangsrekrutierung u. →Zwangsarbeit heraus. Das galt für die mehr als 200.000 Arbeitskräfte aus den afrikanischen u. asiatischen Kolonien sowie aus China, die während des 1. Wk.s in Frankreich beschäftigt waren. Auch die rd. 100.000 chinesischen Arbeiter, die v. den brit. Militärbehörden für Tätigkeiten hinter den brit. Frontlinien in Nordfrankreich seit 1916 angeworben worden waren, lebten in Lagern, unterlagen scharfer milit. Überwachung u. Separierung u. hatten keinen Einfluss auf ihre Arbeits- u. Lebensbedingungen.

Die Beschäftigung kolonialer Arbeitskräfte kam für Deutschland während des Kriegs wegen der fehlenden Verkehrsverbindungen u. der frühen Eroberung des größten Teils des dt. Kolonialreiches durch alliierte Truppen nicht infrage. Hier ging es v. a. um die Beschäftigung v. Arbeitskräften in den Besatzungsgebieten, die unter Zwang in den besetzten Gebieten selbst eingesetzt (Belgien, Nordfrankreich, „Ober Ost“, Generalgouv. Warschau), an der Heimkehr in die Herkunftsländer nach Kriegsbeginn gehindert (landwirt. Arbeitskräfte aus Russ.-Polen) oder während des Krieges nach Deutschland deportiert wurden (rd. 60.000 belgische Arbeitskräfte Ende 1916–Anfang 1917).

Die kriegführenden Staaten setzten zudem den weitaus überwiegenden Teil der 7 bis 8 Mio. Kriegsgefangenen in den Kriegswirtschaften oder in frontnahen Etappengebieten ein. Sie bildeten damit ein zentrales Potential zur Verminderung des massiven, durch die Mobilisierung von rd. 60 Mio. europ. Soldaten hervorgerufenen Arbeitskräftemangels. Kriegsgefangene arbeiteten sowohl in der Landwirtschaft als auch in der Rüstungsindustrie u. im Bergbau, waren in Klein- wie auch in Großbetrieben zu finden u. über Hunderttausende v. Arbeitsstellen in ganz Europa verteilt. Nationalitätenpolitische Vorstellungen beeinflussten auch die Kriegsgefangenenpolitik: Damit etablierten sich spezifische Hierarchien, die eine Privilegierung konationaler oder koethnischer Gruppen beinhalteten u. zugleich zu scharfen Diskriminierungen anderer, als grundsätzlich feindlich verstandener Gruppen führten.

Das Ende des 1. Wk.s leitete nicht nur eine Phase millionenfacher Rückwanderungen jener Menschen ein, die als Flüchtlinge, Vertriebene, Evakuierte, Zwangsarbeitskräfte oder Kriegsgefangene in das Zwangswanderungsgeschehen des 1. Wk.s involviert gewesen waren (→Repatriierung). Zugleich gewannen mit dem Kriegsende u. den Staatenbildungsprozessen in seiner Nachfolge in unmittelbarem Zusammenhang stehende Zwangswanderungen erheblich an Bedeutung. Es kann davon ausgegangen werden, dass aufgrund der polit. Veränderungen durch die Friedensverträge etwa 5 Mio. Menschen unfreiwillig die Grenzen überschritten. Allein Deutschland, →Österreich u. →Ungarn waren in der unmittelbaren Nachkriegszeit gezwungen, insgesamt mindestens 2 Mio. Menschen aus den verlorengegangenen Territorien aufzunehmen.

Lit.: Captivity, Forced Labour and Forced Migration during the First World War. Hg. M. Stibbe (Themenheft der Zeitschrift *Immigrants & Minorities* 26 [2008], 1/2); J. Oltmer, Migration, Krieg und Militär in der Frühen und Späten Neuzeit, in: Krieg, Militär und Migration in der Frühen Neuzeit. Hg. M. Asche u. a. Münster 2008, 37–55; Ders., Krieg, Migration und Zwangsarbeit im 20. Jahrhundert, in: Zwangsarbeit im Europa des 20. Jahrhunderts. Bewältigung und vergleichende Aspekte. Hg. H.-C. Seidel/K. Tenfelde. Essen 2007, 131–153.

J. O.

Weltkrieg, Zweiter. Der 2. Wk. war in vielerlei Hinsicht u. in der Sicht seiner Hauptakteure eine bewusste, gleichsam fehlerbereinigte Wiederholung des 1. →Wk.s, insbesondere in Europa. Das System der in den Pariser Vororten abgeschlossenen Friedensverträge setzte den Nationalstaat als Ordnungsmodell für Europa durch, was – wegen der offensichtlichen Diskrepanzen zw. monoethn.-nationaler Staatsidee u. gemischtethnischem (ostmitteleurop. „Nachfolgestaaten", in geringerem Umfang Italien u. Frankreich) bzw. über mehrere Staaten verteiltem Staatsvolk (Dt. Reich) – zu einem fragilen u. prekären System v. Minderheitenschutzverträgen sowie zu einer kaum abreißenden Folge v. Konflikten auf bilateraler Ebene (insbesondere zw. dem Dt. Reich u. →Polen) u. im →Völkerbund führte (→Nationalstaat und ethnische Homogenität, →Minderheitenschutz). Eine zunehmende Erosion dieses Systems betrieb in besonderem Maße das nationalsozialistische Deutschland, das die seit 1918 vom Dt. Reich erhobenen Forderungen nach einer Revision des Versailler Vertrags nicht nur übernahm, sondern sie – im →Münchner Abkommen vom September 1938 – bereits zu Friedenszeiten in praktische Außenpolitik umsetzte. Mit dem Angriff auf Polen am 1. 9. 1939 u. dem Angriff auf die →Sowjetunion am 22. 6. 1941 begann zudem die unmittelbare Eroberung neuen „Lebensraums im Osten", wie sie bereits lange vor dem Krieg v. nationalsozialistischen u. anderen Autoren imaginiert worden war.

Als zentraler Bestandteil nationalsozialistischer *raison d'être* setzte die dt. Kriegsführung u. Besatzungspolitik die Praktiken ethn. Bereinigung im Rahmen strategischer u. taktischer Planungen nicht einfach fort, sondern steigerte ihren Umfang u. ihre Qualität in mehrfacher Hinsicht. Zum einen gehörte die ethn. Bereinigung – in einem umfassenderen Sinne die Entfernung ethn.-„rassisch", soz. oder polit. unerwünschter Bev.gruppen – nicht nur zu den Mitteln der Kriegsführung, sondern genoss zumindest für das nationalsozialistische Deutschland, in anderer Form für das kaiserliche Japan, selbst den Rang eines Kriegszieles. Zum anderen trugen die Ethnisierung, Globalisierung u. Totalisierung des Kriegsgeschehens insbesondere seitens der Achsenmächte dazu bei, dass sich die Ethnisierung des Kriegsgegners auch weltweit in je unterschiedlichem Maße u. unterschiedlichen Formen durchsetzte. In der Folge wurden umfängliche – temporäre oder dauerhafte – Bev.verschiebungen nicht nur im dt. besetzten Europa, sondern auch in Afrika u. im pazifischen Raum vorgenommen. Eine Besonderheit auf dt. Seite blieb – neben dem Massenmord an den europ. Juden –, dass durch den hohen Rang der ethn. Bereinigung als Kriegs- u. Politikziel neben dem →Reichskommissariat für die Festigung deutschen Volkstums (RKF) als zentraler für Umsiedlungen zuständiger Instanz alle maßgeblichen Säulen des nationalsozialistischen Deutschland – Partei, Ministerien, Wehrmacht, Industrie – mit Initiativen, Plänen u. Maßnahmen im Bereich der Entfernung unerwünschter Bev.gruppen hervortraten (→Juden: Deportation und Vernichtung, →Umsiedlung [NS-Begriff]). Die Bev.verschiebungen beschränkten sich im Übrigen weder im dt. besetzten Europa noch im Weltmaßstab auf dauerhaft angelegte Zwangsumsiedlungen u. →Vertreibungen im engeren Sinne: Für den Bedarf v. Kriegswirtschaft u. Kriegsführung wurden allein in Europa von dt. Seite mehrere Mio. Menschen zu →Zwangsarbeit deportiert. Auf brit. und frz. Seite entsprach der Rekrutierung v. Zwangsarbeitern in den besetzten ostmitteleurop. Gebieten die Zwangsrekrutierung u. →Deportation v. Menschen aus den Kolonien für Zwangsarbeit u. Kriegsdienst.

Die Niederlage des nationalsozialistischen Deutschland in Europa führte nicht zu einer Abkehr vom ethn. definierten Nationalstaatsprinzip, sondern zog im Gegenteil weitere, äußerst umfängliche Bev.verschiebungen in Ost- u. Ostmitteleuropa nach sich, mit denen schließlich die bereits nach dem 1. Wk. eingeleitete Ethnisierung der europ. Staatenordnung in Form einer Anpassung der ethn. an die staatl. Grenzen vollendet wurde. Auch in Asien bewirkten die mittelfristigen Kriegsfolgen Umsiedlungen u. Massenvertreibungen; am berühmtesten ist sicherlich die Aufteilung des brit. Indien in Indien u. Pakistan, die eine der größten, hier relig. segregierten Flucht- u. Vertreibungsbewegungen der Geschichte mit etwa 1 Mio. Todesopfer nach sich zog (→Flucht).

Mit dem Münchner Abkommen u. dem ersten Wiener Schiedsspruch vom November 1938 empfahl sich das Dt. Reich als Impulsgeber u. Garant für eine ethn. Bereinigung staatl. Grenzen. Mit dem Angriff auf Polen begann ein knappes Jahr später die Umsetzung des dt. Konzepts einer „Bereinigung der Volkstumsgrenzen" im eigenen Machtbereich. Nach chaotischen Anfängen, während derer mehrere Institutionen um die Federführung bei den systematischen Umsiedlungen konkurrierten, setzte sich die SS mit der Ernennung Heinrich →Himmlers zum →Reichskommissar für die Festigung deutschen Volkstums weitgehend durch. Wie bereits nach dem 1. Wk. in Polen (→Deutsche aus P.: „Verdrängung" nach dem Ersten Weltkrieg) u. Frankreich (→Deutsche aus dem Elsass: Verdrängung nach dem Ersten Weltkrieg) zielten erste ethn. Bereinigungen auf die Revision v. Bev.veränderungen, die seit einem als Beginn des Unrechts angenommenen Zeitpunkt stattgefunden hatten: Im besetzten Polen bedeutete dies laut den ersten Plänen die vornehmliche Deportation v. „Kongresspolen", die seit dem Ende des 1. Wk.s in die 1939 „eingegliederten Ostgebiete" gezogen waren, in das zunächst als Abschiebeterritorium verwendete →Generalgouvernement (→Polen: Aussiedlung aus den „eingegliederten Ostgebieten"). In ähnlicher Weise diente die Umsiedlung in Südtirol (→Südtiroler) einer Anpassung der 1918 gezogenen Grenze zw. dem ehem. →Österreich u. dem verbündeten Italien. Die „Rücksiedlung" dt. Minderheiten aus dem sowj. besetzten Baltikum hingegen zog als wertvoll erscheinendes „Siedlermaterial" aus dem Machtbereich des künftigen Gegners Sowjetunion heraus u. machte es für die Besiedlung der besetzten poln. Gebiete nutzbar (→Deutschbalten, →Deutsche aus Litauen).

Bereits die Kriegsführung während des „Septemberfeldzuges" ließ mit dem äußerst blutigen Vorgehen gegen Angehörige der poln. Eliten, gegen die jüdische Bev. sowie mit der im Herbst 1939 einsetzenden Vernichtung der psychisch Kranken erahnen, dass das Dt. Reich im O nicht bei einer Revision des Versailler Vertrags u. seiner demogr. Folgen stehen bleiben würde. Es folgte bis März 1941 eine phasenweise unterbrochene Selektion u. Deportation poln.-kath. Stadt- u. Landbevölkerung in das Generalgouvernement, mitunter auch in „Polenreservate" innerhalb der „eingegliederten Ostgebiete", die mehreren Zielen diente: der Unterbringung der Deutschbalten einerseits, der Arrondierung u. Sanierung der Landwirtschaft andererseits. Gleichzeitig wurde eine zunächst am jeweiligen Selbstverständnis ausgerichtete, in zunehmendem Maße aber an biologischen, kulturellen u. leistungsbezogenen Merkmalen orientierte Selektion großer Teile der Bev. der besetzten Gebiete mit perspektivischer Ausweitung auf das gesamte Gebiet eingeleitet (→Deutsche Volksliste). Parallel dazu erfolgten die Deportation, dann die Ghettoisierung der jüdischen Bev. – zunächst gedacht als Konzentrierung eines besonders unerwünschten Bev.teils vor seiner Deportation nach Madagaskar oder in den weiteren O, dann zur faktischen Vorbereitung der systematischen Ermordung – sowie – im Zusammenhang mit rassistisch konnotierten Plänen zur Bekämpfung der „Asozialen" – die Deportation u. Ermordung der Sinti u. Roma (→Madagaskar-Plan, →Völkermord an den europäischen Zigeunern).

In den Umsiedlungs- u. Deportationsplänen des Dt. Reichs verbanden sich ethn.-„rassische" mit soz. und wirt. Zielen sowie wiss. gestützter Planung u. Legitimation. Auch deshalb führten die zunehmenden Probleme der einmal begonnenen Bev.verschiebungen nicht dazu, dass diese Pläne revidiert wurden, sie wurden im Gegenteil zunehmend ausgeweitet u. radikalisiert. Die Unmöglichkeit einer groß angelegten Deportation der europ. Juden kulminierte zusammen mit der durch die dt. Ghettoisierung verursachte Seuchengefahr unter der jüdischen Bev. im besetzten Polen u. der Ausweitung des „Kommissarbefehls" beim Krieg gegen die Sowjetunion zw. Frühjahr 1941 u. Januar 1942 in der Entwicklung des Gedankens und dann v. Verfahren zur systematischen Massenvernichtung der jüdischen Bev. Diese wiederum war eine der Voraussetzungen der mehrere Mio. Menschen erfassenden Umsiedlungsplanungen des →„Generalplans Ost" u. des folgenden „Generalsiedlungsplans", mit deren Umsetzung versuchsweise 1942/43 in der Region um Zamość begonnen wurde (→Polen [und Ukrainer]: Aussiedlungen aus der Region Z.). In geringerem Umfang erfasste die „Bereinigung der Volkstumsgrenzen" ab 1940 auch besetzte Gebiete im W, insbesondere das Elsass (→Elsässer: NS-Vertreibung).

Während die dt. Politik im besetzten Polen u. der Sowjetunion auf eine dauerhafte, ideologisch-sozialwirtschaftlich motivierte Veränderung der ethn. Bev.zusammensetzung angelegt war, zielten die sowj. Deportationen in höherem Maße darauf, polit. verdächtige Bev.gruppen – insbesondere die polit. und soz. Eliten in annektierten Gebieten – aus grenznahen Gebieten zu entfernen: Ab Mitte September 1939 deportierten die sowj. Behörden Angehörige der polit., wirt. und milit. Eliten der v. der Sowjetunion besetzten Gebiete, mehrere Tausend Offiziere der poln. Armee wurden ermordet. Es folgte nach dem dt. Angriff vom 22. 6. 1941 die Deportation der bis dahin in teilautonomen Gebieten lebenden Deutschen, Rumänen, Angehörigen der baltischen Völker sowie, in späteren Kriegsphasen, die Verschiebung weiterer Bev.gruppen, bspw. der →Krimtataren u. →Tschetschenen sowie Inguschen (→Baltische Länder, →Ukraine als Deportationsgebiet, →Moldawien als Deportationsgebiet). Außerdem spielte in der Sowjetunion die – allerdings meist nicht ethn., sondern durch Klassenzugehörigkeit begründete – Deportation ganzer Bev.gruppen zur Zwangsarbeit, insbesondere für wirt. Großprojekte eine zentrale Rolle (→GULag).

Das dt. Vorgehen in den besetzten Gebieten Ostmitteleuropas, insbesondere in Polen, regte die betreffenden Exilregierungen namentlich Polens, der →Tschechoslowakei u. →Jugoslawiens dazu an, ihrerseits Pläne über eine ethn. Bereinigung nach einem Sieg über das Dt. Reich anzufertigen u. entsprechende Verhandlungen mit den Alliierten einzuleiten. Im Falle Polens bedeutete dies gleichzeitig die ab 1940 erhobene Forderung nach Gebietsgewinnen im W und N auf Kosten des Dt. Reichs (→Wiedergewonnene Gebiete, →Oder-Neiße-Grenze). Die brit. und amerikanische Regierung stimmten diesen Plänen prinzipiell zu, auf der →Konferenz von Jalta wurde gleichzeitig festgeschrieben, dass die Sowjetunion die ab dem 17. 9. 1939 besetzten Gebiete nicht an Polen zurückgeben würde.

Sowohl in Polen als auch in der Tschechoslowakei begann die Entfernung der nun unerwünschten, als unzuverlässig u. durch ihre Beteiligung am dt. Besatzungsregime als kompromittiert angesehenen dt. Bevölkerung chaotisch: Die ab 1945 sich etablierenden Regierungen waren v. den Exilregierungen ganz oder teilweise verschieden u. konnten sich – als komm. Regierungen bzw. Regierungen mit komm. Beteiligung – der Unterstützung der westl. Alliierten alles andere als sicher sein. Zwischen der Konferenz von Jalta u. der →Konferenz von Potsdam kam es daher zu umfänglichen wilden Vertreibungen, mit denen die westl. Siegermächte vor vollendete Tatsachen gestellt werden sollten (→wilde Vertreibungen der Deutschen aus Polen, →w. V. aus der Tschechoslowakei). Die Potsdamer Konferenz regelte Gebietsansprüche vorbehaltlich der Regelungen eines späteren Friedensvertrags u. bildete die Grundlage dafür, dass die Zwangsaussiedlung der dt. Bevölkerungen allmählich in geordnete Bahnen gelenkt wurde. Die Formulierungen des Potsdamer Abkommens, mehr noch aber die Möglichkeit u. Notwendigkeit, im beginnenden Kalten Krieg einen zum poln., tschech. und sowj. konkurrierenden dt. Opfermythos zu etablieren, trugen dazu bei, dass die →Vertreibung der Deutschen aus Ostmitteleuropa u. insbesondere aus Polen u. der Tschechoslowakei ein bis heute vergangenheits- u. realpolitisch äußerst aufgeladenes Thema geblieben ist. Dagegen spielen die umfänglichen Bev.verschiebungen der 1930er u. 1940er Jahre sowie der Nachkriegszeit, die außerhalb Europas stattfanden, bis heute auch in einer globalisierten Öffentlichkeit u. Historiographie keine wesentliche Rolle.

Lit.: N. M. Naimark, Flammender Hass. Ethnische Säuberungen im 20. Jahrhundert. München 2006; Wissenschaft – Planung – Vertreibung. Neuordnungskonzepte und Umsiedlungspolitik im 20. Jahrhundert. Hg. I. Heinemann/P. Wagner. Stuttgart 2006; Definitionsmacht, Utopie, Vergeltung. „Ethnische Säuberungen" im östlichen Europa des 20. Jahrhunderts. Hg. U. Brunnbauer/M. G. Esch/H. Sundhaussen. Berlin 2006; „Unsere Opfer zählen nicht". Die Dritte Welt im Zweiten Weltkrieg. Hg. Rheinisches JournalistInnenbüro. Berlin, Hamburg 2005; M. Mann, Geschichte Indiens. Vom 18. bis zum 20. Jahrhundert. Paderborn 2005.

M. G. E.

Wiedergewonnene Gebiete. Der Pariser Friedensvertrag (1919) berücksichtigte die poln. Territorialforderungen gegenüber →Deutschland nur teilweise. Roman Dmowski, der an der Spitze der poln. Delegation in Versailles stand, vertrat die Position, dass der Anschluss v. Großpolen, Pommern mit Danzig u. mindestens eines Teiles v. Ostpreußen u. Oberschlesien für die Existenz →Polens unentbehrlich sei. Mit Ausnahme v. Oberschlesien u. des größten Teils v. Ostpreußen hatten diese Gebiete vor der Aufteilung Polens durch Preußen, Russland u. Österreich im 18. Jh. zu Polen gehört. Ihr Anschluss an Polen wurde als Wiedergewinnung verlorener Gebiete verstanden. Oberschlesien beanspruchte die poln. Delegation sowohl wegen seiner Bodenschätze, Bergwerke u. Hütten als auch wegen der poln. Muttersprache eines großen Teiles seiner Bev. Zudem wurde auf die Zugehörigkeit Oberschlesiens im MA zu Polen verwiesen. Infolge der Konferenz in Versailles, der Volksabstimmungen in Ostpreußen (1920) u. in Oberschlesien (1921) sowie des sog. 3. Schlesischen Aufstands (1921) wurden schließlich Großpolen, Pommern ohne Danzig (Pommerellen) sowie kleine Teile Ostpreußens in Polen eingegliedert. Oberschlesien, wo die Deutschen die Volksabstimmung mit 60 % gewannen, wurde geteilt. In der Zwischenkriegszeit erhob Deutschland die Forderung nach einer Revision der Ostgrenze, während sich Polen offiziell auf die Erhaltung des Status quo konzentrierte. Allerdings entwickelte eine Gruppe um den Posener Professor Zygmunt Wojciechowski den sog. Westgedanken mit dem Ziel zusätzlich Ostpreußen, Danzig u. Deutsch-Oberschlesien zu „befreien".

Nach der unerwartet schnellen milit. Niederlage der poln. Armee im September 1939 u. der Aufteilung Polens zw. dem Dt. Reich u. der →Sowjetunion erhoben die poln. Exilregierung u. Widerstandsbewegung Anspruch auf bisher dt. Gebiete, besonders auch um die strategische Position Polens gegenüber Deutschland zu verbessern. Während die Regierung sich mit Ostpreußen, Danzig, einem Landstreifen in Hinterpommern u. Oberschlesien zufrieden geben wollte, reichten die Forderungen einer Reihe v. Widerstandsgruppen weiter. Sie verlangten eine Verschiebung der dt.-poln. Grenze bis zur Oder u. Lausitzer Neiße (→Oder-Neiße-Grenze).

1944 übernahm die komm. Poln. Arbeiterpartei (*Polska Partia Robotnicza*, PPR) schrittweise die Macht in den v. der sowj. Armee eroberten Gebieten westl. der v. Iosif →Stalin für die Sowjetunion beanspruchten poln. Ostgebiete u. erhob Anspruch auf alle dt. Territorien bis zur Oder u. Lausitzer Neiße, u. zwar auf Weisung Stalins, der Polen durch diesen weit reichenden Gebietszuwachs v. der sowj. Unterstützung abhängig machen wollte. Władysław →Gomułka akzeptierte diesen Plan auch aus innenpolit. Gründen: Die dt. Ostgebiete sollten ein Schadensersatz für die an Moskau verlorenen poln. Ostgebiete darstellen u. eine neue Heimat für die Polen bilden, die aus Ostpolen geflohen waren oder ausgesiedelt wurden.

Um die Aufmerksamkeit der Polen vom Verlust Ostpolens abzulenken, wurde seit 1944 in der Propaganda der Begriff Wiedergewonnene Gebiete verwendet. Unter W.n G.n wurden verschiedene Territorien verstanden. Erstens Gebiete, die Polen bis zu den Teilungen im 18 Jh. gehört hatten u. die mit einiger Berechtigung als W. G. bezeichnet werden konnten: das Ermland, Danzig, Hinterpommern sowie kleinere Gebiete im W Großpolens. Der Begriff W. G. wurde aber auch auf Gebiete ausgedehnt, die im MA dem poln. Staat unter der Piastendynastie über längere Zeit gehört hatten: der dt. Teil Oberschlesiens, Niederschlesien sowie schließlich Territorien, die ab u. zu von poln. Herrschern regiert worden waren wie Hinterpommern mit Stettin u. der östl. Teil der Lausitz. Für die letzten war die Anwendung des Begriffs W. G. nicht korrekt. Nach dem Verlust der poln. Ostgebiete, die Polen über einige Jh.e besessen hatte, vollzog auch der poln. Untergrund eine entscheidende Kehrtwendung. Ohne auf seinen Antikommunismus u. seine nationalistischen – darunter auch ausdrücklich antidt. – Anschauungen zu verzichten, beschloss z. B. die radikale Organisation „Ojczyzna" (Vaterland) um Zygmunt Wojciechowski, mit den Kommunisten zusammenzuarbeiten. Diese Gruppe erkannte, dass das Konzept der künftigen dt.-poln. Grenze entlang der Oder-(westl.)-Lausitzer-Neiße-Linie bedingungslos unterstützt werden müsse, wenn Polen nicht ein kleines Land mit bescheidenen Zukunftsperspektiven werden solle. Das Angebot einer Zusammenarbeit wurde durch die PPR angenommen. Im Endeffekt genehmigten Kommunisten um die Jahreswende 1944/45 eine relativ unabhängige Tätigkeit des Poln. Westverbandes (poln. *Polski Związek Zachodni*), einer Massenorganisation, die schon vor dem 2. →Wk. bestand. Anfang 1945 entstand in Posen das Westinstitut (poln. *Instytut Zachodni*) unter Leitung v. Wojciechowski. Zusammen mit dem im Herbst 1945 gebildeten →Ministerium für die W.n G., das v. Gomułka geleitet wurde, bemühten sich beide Institutionen, die ehem. dt. Ostgebiete vollständig zu polonisieren u. in Polen zu integrieren.

Aufgrund einer Vereinbarung zw. der sowj. Regierung u. der von den Kommunisten beherrschten poln. Administration begann Polen Anfang 1945 die dt. Ostgebiete de facto zu übernehmen. Dieser Prozess dauerte bis zum Sommer 1945 an u. ging damit also den Entscheidungen der →Konferenz von Potsdam voraus. Um vollendete Tatsachen vor der Friedenskonferenz zu schaffen, wurde die erste Zwangsaussiedlung der dt. Bevölkerung im Frühling u. Sommer 1945 durchgeführt, die mehrere Hunderttausend Personen betraf (→wilde Vertreibung der Deutschen aus Polen). Im August 1945 trafen die Alliierten in Potsdam eine Entscheidung über die einstweilige Festlegung der poln. Westgrenze entlang der Oder u. Lausitzer Neiße, was in Polen allg. als dauerhafte Grenzziehung verstanden wurde. Die Alliierten erkannten an, dass die Grenzverschiebung einen Schadensersatz für die durch Polen an die Sowjetunion verlorenen Ostgebiete darstellte. Gleichzeitig wurde über die Aussiedlung der dt. Bevölkerung aus Polen entschieden. In den Jahren 1946–1949 wurden ca. 3,2 Mio. Deutsche aus den sog. W.n G.n unter Zwang ausgesiedelt – eine große Zahl v. Deutschen war schon früher vor der herannahenden Ostfront geflüchtet. Bei der wilden Vertreibung hatte es große Verluste gegeben, einerseits infolge der Kriegsverbrechen der Roten Armee, andererseits auch durch blutige Racheakte seitens der Polen. Zugleich wurde versucht, aus der dt. Bevölkerung eine Population mit ethn. polnischer Herkunft herauszufiltern. Sie sollte in Polen bleiben u. der sog. Repolonisierung unterliegen (de facto vorwiegend einer Polonisierung). Bis 1949 wurde die poln. Staatsbürgerschaft ca. 1 Mio. dt. Bürger verliehen. Das geschah infolge einer sehr kontroversen Überprüfung der Nationalität (→Nationale Verifizierung). In die v. Deutschen verlassenen Gebiete kamen etwa 1,5 Mio. Polen aus den an die Sowjetunion verlorenen poln. Ostgebieten (→P. und Juden: Umsiedlungen aus den polnischen Ostgebieten nach Polen [1944–1947]), aus Zentralpolen sowie aus Frankreich, Deutschland u. dem Exil weitere Umsiedler. Das Ministerium für die W.n G., unterstützt durch den Poln. Westverband u. durch das Westinstitut, bemühte sich, alle Spuren der früheren über mehrere Jh.e dauernden Anwesenheit v. Deutschen auszulöschen. Zugleich sollten eine neue poln. Gesellschaft aufgebaut u. die neuen Gebiete möglichst gut in den poln. Staat integriert werden. Mit der Entmachtung Gomułkas u. der Auflösung des Ministeriums für die W.n G. Anfang 1949 kam der Integrationsprozess zum Erliegen. Die W.n G. wurden nunmehr West- u. Nordgebiete genannt. Die staatl. Propaganda behauptete, dass sie sich v. anderen Regionen Polens nicht mehr unterschieden. Die forcierte Verstaatlichung der Industrie u. im Handwerk sowie die einsetzende Zwangskollektivierung in der Landwirtschaft bremsten die Wirtschaftsentwicklung, was in der ersten Hälfte der 1950er Jahre auch zu einer erheblichen Verschlechterung der wirt. sowie soz. Lage in den ehemaligen dt. Gebieten führte.

Als Gomułka 1956 wieder an die Macht kam, nahm er seine Politik der Jahre 1945–1948 wieder auf, verbesserte die Lebensbedingungen u. belebte die Wirtschaft in den W.n G.n Eine Anerkennung der Rechte der verbliebenen Deutschen wurde aber offiziell ausgeschlossen. Die Behörden förderten vielmehr Auswanderung in die DDR u. Bundesrepublik.

Lit. (a. →Ministerium für die Wiedergewonnenen Gebiete): Cz. Osękowski, Społeczeństwo Polski zachodniej i północnej w latach 1945–1956. Procesy integracji i dezintegracji. Zielona Góra 1994.

Grz. S.

Wilde Vertreibung der Deutschen aus Polen. Wegen des Mangels an Archivmaterialien ist die genaue Anzahl v. Deutschen in den an →Polen 1945 angeschlossenen Gebieten schwer zu ermitteln. Die poln. und dt. Schätzungen weichen stark voneinander ab, da bei den Berechnungen unterschiedliche Zahlen der umgesiedelten D. zugrunde gelegt werden, die kurz nach Einstellung der Kriegshandlungen in ihre Häuser zurückgekehrt waren. Die Berechnungen der poln. Historiker bewegen sich zw. 2,5 u. 3,4 Mio. Menschen u. die dt. Berechnungen übersteigen 4 Mio. Menschen in den östl. Gebieten →Deutschlands, die seit Mitte 1945 v. Warschau als ein Teil des poln. Staates betrachtet wurden, obwohl noch keine internat. Anerkennung dieser territ. Erwerbungen erfolgt war. Im gleichen Zeitraum war die Anzahl der Polen in diesen Gebieten nicht groß, obwohl sie allmählich zunahm. Die Anwesenheit der dt. Bevölkerung wurde als Hindernis bei dem begonnenen Anschluss dieser Gebiete an Zentralpolen u. bei der poln. Massenansiedlung angesehen. Es wurde erwogen, die dt. Bevölkerung so wie in der →Tschechoslowakei zu entfernen, noch bevor die „Großen Drei" über deren Schicksal entschieden hatten (→wilde Vertreibung aus der Tschechoslowakei). Kommunistische Führer kündigten an, dass bis Jahresende alle Deutschen nach W ausgesiedelt würden. Die Aktion sollte in den unmittelbar an der neuen Grenze liegenden Kreisen beginnen. Vorgesehen war, dort demobilisierte Soldaten mit ihren Familien anzusiedeln.

Den Beginn der →Vertreibung der dt. Bevölkerung leitete der Befehl Nr. 0236 des Oberbefehlshabers der Poln. Armee vom 10. 6. 1945 ein, die Rückkehr v. Deutschen, die vor Kriegsende aus ihrer Heimat jenseits v. Oder u. Neiße evakuiert worden oder geflohen waren, in ihre Häuser zu verhindern u. mit der Entfernung aller Deutschen zu beginnen. Mitte Juni 1945 wiesen die Befehlshaber der 1. u. 2. Poln. Armeen ihre Untergebenen an, streng mit den Deutschen zu verfahren, damit sich diese angesichts der unerträglichen Lebensbedingungen selbst dazu entschieden, das poln. Territorium zu verlassen. Offiziell jedoch waren sämtliche Grausamkeiten u. Plünderungen verboten worden, was sich jedoch v. der Realität dramatisch unterschied.

Die Zwangsaussiedlung der Deutschen aus den Grenzgebieten wurde v. der 2. Poln. Armee (5., 7., 8., 10., 11., 12. u. 13. Infanteriedivision) unter Mithilfe v. ziviler Miliz (poln. *Milicja Obywatelska*, MO), vom Ministerium für Öffentliche Sicherheit (poln. *Urząd Bezpieczeństwa*, UB) u. vom Internen Sicherheitscorps (poln. *Korpus Bezpieczeństwa Wewnętrznego*, KBW), teils auch unter Mithilfe der Zivilverwaltung, durchgeführt.

Die Aktion umfasste die grenznahen Kreise der Wojewodschaften Stettin (Szczecin), Breslau (Wrocław), Posen (Poznań) u. Białystok. Bald darauf ging man zur Umsiedlung v. Deutschen auch aus nicht unmittelbar in Grenznähe liegenden Kreisen über. Aussiedlungen wurden schließlich meistens in Gebieten vorgenommen, die bis zu 150–200 km v. der Westgrenze entfernt lagen oder in einigen Städten wie Danzig (Gdańsk), Allenstein (Olsztyn) oder Stolp (Słupsk).

Der Verlauf der Aktion, die in den letzten Junitagen besonders intensiv durchgeführt wurde, war äußerst brutal, was auch die v. den betroffenen Personen gewählte Bez. unterstreicht – „w. V." (poln. *dzikie wypędzenia*). Die ersten Opfer waren die Einw. von Guben (Gubin), die am 20. 6. 1945 vertrieben wurden. Die gewaltsame Entfernung aller Einw. dieser Ortschaft führte zu erheblichen menschlichen u. materiellen Verlusten. Die verlassenen Häuser wurden zur Beute v. Plünderern. Es fehlte an Arbeitskräften bei der Ernte. Die Erfahrung von Gewalt u. Angst sowie der Verlust des gesamten Besitzes hatten bei den

Ausgesiedelten erhebliche negative psychische Auswirkungen. Die meist zu Fuß zurückzulegende Reise, ohne ausreichend Lebensmittel u. Wasser, unter Bedrohung vonseiten der Armee u. durch Räuber, wurde schnell zur Qual für die Aussiedler, v. denen einige dabei ihr Leben ließen. Es kam zu Selbstmorden. Die Leiden fanden auch nach Überschreitung der Grenze kein Ende, da die dort befindlichen sowj. Besatzungsbehörden schnell die Aufnahme der Aussiedlerkolonnen einstellten. Für sie fehlten Übernachtungsmöglichkeiten u. Versorgung. Viele Aussiedler kampierten daher unter freiem Himmel. Die negative Haltung der sowj. Militärbehörden, welche v. der poln. Aktion überrascht worden waren, war auch westlich der Oder sichtbar. Die Rote Armee hatte dort zahlreiche ländliche Güter in Besitz genommen u. beschäftigte D. aus der Umgebung. Mehrfach widersetzte sie sich vehement den Versuchen der Poln. Armee, diese kostenlosen Arbeitskräfte auszusiedeln.

Genaue Zahlenangaben zum Umfang der Aktion sind nicht bekannt. Historiker halten die Angaben der Militärs für unglaubwürdig. Am heftigsten verliefen die Umsiedlungen in Niederschlesien. Laut Militärberichten wurden über 1 Mio. Deutsche ausgesiedelt. Dies entspricht jedoch nicht der Anzahl der dauerhaft aus Polen Ausgewiesenen, da ein Teil v. ihnen geflüchtet u. heimlich in die Häuser zurückgekehrt war oder versucht hatte, sich in den großen Städten zu verstecken. Viele kehrten vor der Grenze um, als klar wurde, dass man sie nicht überschreiten konnte. Wahrscheinlich haben zw. 300.000 u. 400.000 D. als Ergebnis der Militäraktion für immer poln. Territorium verlassen. Den größten Schwund verzeichnete die dt. Bevölkerung im Lebuser Land.

Die Aussiedlungsaktivitäten der Armee führten zu sowj. Protesten wie auch Protesten der poln. Zivilverwaltung, die nicht in der Lage war, die verlassenen Güter zu übernehmen u. sofort zu besiedeln. Mitte Juli 1945 wurden Zwangsaussiedlungen ohne Zustimmung der Zivilbehörden u. ohne die Sicherung der verlassenen Güter u. der benötigten Arbeitskräfte verboten.

Die w.n V.n hatten zwar nur einen verhältnismäßig geringen Einfluss auf den Rückgang der dt. Bevölkerung in den v. Polen übernommenen Gebieten, aber stark negative wirt. und gesellschaftliche Auswirkungen. Das ausländische Echo auf die „milit. Aussiedlungen“ stellte die komm. Behörden in Polen bloß u. war – zusammen mit der negativen sowj. Bewertung der Aktion – Ursache für die faktische Einstellung unmittelbar vor der →Konferenz von Potsdam.

Lit.: S. Siebel-Achenbach, Niederschlesien 1942 bis 1949. Würzburg 2006; S. Jankowiak, Wysiedlenie i emigracja ludności niemieckiej w polityce władz w latach 1945–1970. Warszawa 2005; B. Nitschke, Vertreibung und Aussiedlung der deutschen Bevölkerung aus Polen 1945 bis 1949. München 2003; „Unsere Heimat ist uns ein fremdes Land geworden ...“. Die Deutschen östlich von Oder und Neiße 1945 bis 1950. 4 Bde. Hg. W. Borodziej/H. Lemberg. Marburg 2000–2004; A. R. Hoffmann, Die Nachkriegszeit in Schlesien. Gesellschafts- und Bevölkerungspolitik in den polnischen Siedlungsgebieten 1945–1948. Köln 2000; Ph. Ther, Deutsche und polnische Vertriebene. Gesellschaft und Vertriebenenpolitik in der SBZ/DDR und in Polen 1945–1956. Göttingen 1998; M. Zeidler, Kriegsende im Osten. Die Rote Armee und die Besetzung Deutschlands östlich von Oder und Neiße 1944/45. München 1996.

K. R.

Wilde Vertreibung aus der Tschechoslowakei. Als w. V. (tschech. *divoký odsun*) wird die Zwangsumsiedlung der Deutschen im Jahre 1945 bezeichnet. Emilia Hrabovec, Tomáš Staněk u. Adrian v. Arburg haben in ihren quellengesättigten Studien nachgewiesen, dass die w. V. von oben initiiert u. geleitet wurde u. weniger, als bis dahin behauptet, als spontane Reaktion der tschech. Bev. auf die Leiden u. die Zumutungen der Kriegsjahre erklärt werden kann. Zwar hatten der Exilpräsident Edvard →Beneš u. seine Regierung 1942 u. 1943 die grundsätzliche Zustimmung der alliierten Hauptmächte zur Zwangsaussiedlung der Deutschen erhalten, doch schufen erst die Entscheidung der →Konferenz von Potsdam vom 2. 8. 1945 u. das Dekret des Präsidenten über die Aberkennung der Staatsbürgerschaft (→Dekrete des tschechoslowakischen Präsidenten), das zum 10. 8. 1945 in Kraft trat, die rechtlichen Grundlagen für die Zwangsaussiedlung der Deutschen (→D. aus den böhmischen Ländern, →D. aus der Slowakei). Die w. V. wurde mit Unterstützung der →Sowjetunion in Gang gesetzt, obwohl der Regierung bewusst war, dass die Westmächte eine Massenumsiedlung vor dem geplanten Treffen der „Großen Drei“ ablehnten. Diese sollten vor vollendete Tatsachen gestellt werden.

Für die schnelle Abschiebung einer größtmöglichen Zahl von Deutschen setzten sich alle politischen Kräfte ein. Zur Steigerung der Emotionen trugen Reden von Politikern, so auch von Präsident Beneš, sowie die Enthüllung der NS-Verbrechen in den Massenmedien bei. Besonders radikal gebärdeten sich die sog. Nationalen Sozialisten u. die Kommunisten, die mit ihrer extrem antidt. Haltung im polit. Konkurrenzkampf die Unterstützung der Bev. suchten. Ihre Vertreter in der Regierung wandten sich am 12. 5. 1945 auch gegen den Vorschlag des Ministerpräsidenten Zdeněk Fierlinger, die Bev. wie auch die Polizeieinheiten vor Gewalttaten u. Lynchjustiz zu warnen. Dagegen kamen in der Presse der kath. Volkspartei wie der Sozialdemokraten auch Stimmen zu Wort, die die brutalen Ausschreitungen gegen die Deutschen kritisierten. Zu den entschiedenen Befürwortern einer schnellen Vertreibung gehörte besonders Verteidigungsminister Ludvik →Svoboda. Die Schlüsselrolle bei der w.n V. spielte die Armee, der die Regierung mit Zustimmung des Präsidenten am 14. 5. 1945 die Aufgabe übertrug, „die Staatsgrenzen und das Grenzgebiet zu sichern“ u. von den Deutschen zu „säubern“. Die übrigen bewaffneten Einheiten (Partisanen, Rote Garden), die in den ersten beiden Wochen Aufträge zur eigenständigen „Säuberung“ der Grenzgebiete erhalten hatten, übernahmen seit Anfang Juni 1945 nur noch Hilfsfunktionen für die Armee bei der Auswahl, Sammlung u. Konzentration der Deutschen in Lagern sowie bei ihrem Transport an die Grenzen. Besonders in ihren Reihen befanden sich Personen, die sich als selbsternannte Rächer u. sog. Goldgräber austobten u. Beute machten. Die örtlichen zivilen Organe gingen bei der w.n V. oft weniger radikal vor als die Armee u. protestierten wiederholt gegen deren Aktionen, u. zwar wegen ihres

Interesses am Verbleib deutscher Arbeitskräfte u. mit Rücksicht auf Verwandte, Nachbarn u. Freunde unter den Deutschen. Das Industrieministerium setzte sich dafür ein, zur Schwerarbeit geeignete Männer vorläufig von der V. auszunehmen.

Angesichts der Entrechtung, Enteignung, →Zwangsarbeit u. Konzentration v. mindestens 100.000 Deutschen in Lagern sowie der Exzesse bis hin zu physischer Gewalt erschien die Aussiedlung vieler Deutscher als das kleinere Übel. Zu den bekanntesten Exzessen gehören der →Brünner Todesmarsch, das Massaker auf der →Aussiger Brücke sowie eine Serie v. Morden Ende Mai/Anfang Juni 1945 in Postelberg (Postoloprty) bei Saaz (Žatec) mit 800 Toten u. die Erschießung v. 265 Karpatendeutschen in Horní Moštěnice bei Přerov in der Nacht zum 19. 6. 1945, unter ihnen 120 Frauen u. 74 Kinder.

Die tschechoslowak. Regierung erreichte schon Anfang Juni die Zustimmung der sowj. Militärbehörden, mit der Zwangsaussiedlung der Sudetendeutschen in die →sowj. Besatzungszonen in Deutschland (SBZ) u. →Österreich zu beginnen, die jedoch „organisiert und so durchgeführt werden sollte, daß ihnen [den Sowjets] dabei keine Schwierigkeiten entstehen". Am 5. 6. 1945 gab der Befehlshaber des 1. Militärbezirks (Nordböhmen) den Befehl, die massenhafte Abschiebung der Deutschen vorzubereiten. In den nächsten Wochen wurden sie zu Tausenden „unter der Hand", so Klement Gottwald am 18. 6. im Kabinett, in die SBZ „evakuiert". Dabei mussten die Deutschen Schlesiens u. Nordmährens große Entfernungen u. Strapazen überwinden, da sie v. den poln. Behörden an der Grenze zurückgewiesen wurden.

Anders war die Lage in den west- u. südböhmischen Gebieten, die unter der Kontrolle der 3. US-Armee standen. Die Amerikaner halfen zwar den tschechoslowak. Behörden, dt. Nationalsozialisten u. Kollaborateure festzunehmen, lehnten aber die w. V. ab u. bemühten sich, größere Exzesse zu verhindern. Am 2. 7. 1945 kehrte eine tschechoslowak. Regierungsdelegation aus Moskau mit der Nachricht zurück, dass Iosif →Stalin „uns die Abschiebung nach Deutschland, Ungarn und Österreich erlaubt". Der sowj. Außenminister Vjačeslav Molotov u. sein Stellvertreter Andrej Vyšinskij hatten aber verlangt, die Tschechen sollten „organisiert und menschlich" bzw. so vorgehen, „wie es einem Kulturvolk geziemt". Briten u. Amerikaner verlangten dagegen weiterhin, die Entscheidung des bevorstehenden Gipfeltreffens abzuwarten.

Die w. V. vor der Konferenz von Potsdam verlief örtlich unterschiedlich. Ein Teil der Deutschen wurde mit Güterwagen oder auf Schiffen, viele aber zu Fuß über die Grenze geführt. Die Behörden erlaubten, Gepäck gewöhnlich im Gewicht v. 30 bis 50 kg u. Lebensmittel für drei bis sieben Tage mitzuführen. An Bargeld konnten 100–300, mancherorts jedoch nur 50 Reichsmark ausgeführt werden. Die Kontrolle, ob jemand Sparbücher, Wertpapiere oder Wertsachen über diesen Betrag hinaus besaß, nutzten Milizionäre wiederholt zum Raub, sodass Deutsche ohne irgendeine Ausstattung, z. T. sogar ohne die erlaubten Eheringe, an der Grenze ankamen.

Die alliierten Großmächte forderten auf der Potsdamer Konferenz, den →„Transfer" bis zu einer Entscheidung über die Verteilung der →Vertriebenen auf die Besatzungszonen einzustellen, doch die w. V. aus der Tschechoslowakei in die SBZ wurde fortgesetzt, bis die sowj. Führung sich außerstande erklärte, weitere Personen aufzunehmen. Im August wurden allein aus Nordböhmen nochmals 100.000 u. im September weitere 3.646 Deutsche in die SBZ „evakuiert". T. Staněk u. A. von Arburg schätzen, dass bis Anfang Oktober 1945 zw. 700.000 u. 800.000 Sudetendeutsche vertrieben worden sind, u. zwar etwa 80 % in die SBZ, die übrigen v. a. nach Österreich. Also mussten etwa 25 % aller Sudetendeutschen ihre Heimat schon in der Phase der w.n V. verlassen. Bis heute umstritten ist die Zahl der Todesopfer. Die meisten von der →Sudetendeutschen Landsmannschaft inspirierten Veröffentlichungen setzen die 220.000 bis 250.000 gegen Anfang der 1950er Jahre ungeklärten Fälle mit den „Vertreibungsverlusten" gleich, während die Dt.-Tschech. Historikerkommission ebenso wie Staněk v. mindestens 16.000 u. höchstens 30.000 Todesopfern ausgeht (→Deutsch-Tschechische und Deutsch-Slowakische Historikerkommission).

Lit. (a. →Brünner Todesmarsch): T. Staněk/A. von Arburg, Organizované divoké odsuny? Úloha ústředních státních orgánů při provádění „evakuace" německého obyvatelstva (květen až září 1945), *Soudobé dějiny* 12 (2005), 465–533; 13 (2006), 13–49 u. 321–376.

D. B.

Zawadzki, Aleksander (*16. 12. 1899 Dąbrowa Górnicza, †7. 8. 1964 Warschau) – polnischer komm. Politiker, General (Pseudonym „Kazik"). Während des 1. →Wk.s war Z. in Thüringen als Landarbeiter, dann in Schlesien als Berg- u. Hüttenarbeiter tätig. 1918 leistete Z. seinen Dienst in den Poln. Streitkräften, kämpfte gegen die Ukrainer sowie im poln.-sowj. Krieg. Nach seiner Demobilisierung schloss sich Z. dem komm. Jugendverband an, 1923 trat er der Komm. Arbeiterpartei Polens bei (poln. *Komunistyczna Partia Robotnicza Polski*, seit 1925 Komm. Partei Polens, KPP). 1925 wurde Z. in Wilna (Vilnius) verhaftet u. zu einer sechsjährigen Freiheitsstrafe verurteilt. Nach der Entlassung u. bis 1934 lebte Z. in der →Sowjetunion. Nach seiner Rückkehr wurde er zum Mitglied des ZK der KPP gewählt, wo er die Armeeabteilung leitete. 1936 wurde Z. für die von ihm organisierten Sabotageaktionen in den Streitkräften verhaftet u. 1938 zu 15 Jahren Haft verurteilt. Als die sowj. Armee im September in Ostpolen einmarschierte, konnte er das Gefängnis in Brest (Brześć) verlassen u. in der sowj. Okkupationsverwaltung u. den Gewerkschaften arbeiten. Nach dem Ausbruch des dt.-sowj. Krieges wurde Z. nach O evakuiert, wo er in einem Arbeitsbataillon der Roten Armee diente u. anschließend als Bergarbeiter tätig war. In den poln. Einheiten, die nach dem Abzug der Anders-Armee unter strikter sowj. Kontrolle aufgebaut wurden, stieg Z. in der „Aufklärungsabteilung" bis zum General u. Stellvertreter des Oberbefehlshabers der Poln. Armee auf. Zwischen Januar u. Juli 1944 war er Vorsitzender des Zentralbüros der Poln. Kommunisten in der UdSSR, Mitglied des Präsidiums des prosowj. Bundes Poln. Patrioten (poln. *Związek Patriotów Polskich*) u. seit September 1944 Mitglied des Politbüros der Poln. Arbeiterpartei.

Am 14. 3. 1945 wurde Z. zum Regierungsbevollmächtigten u. anschließend zum Wojewoden für (Oppeln-)Schlesien-Dąbrowa ernannt, eine Funktion, die er bis Oktober 1948 innehatte. Z. erklärte: „Wir bauen einen slavischen Wall, der Polen nicht für 20 oder 30 Jahre, sondern für immer sichern wird. Deswegen müssen alle Deutschen von hier verschwinden." Zu Z.s Hauptaufgaben gehörten die Feststellung der nationalen Zugehörigkeit (→nationale Verifizierung), die Zwangsaussiedlung der Deutschen u. die Ansiedlung von Polen vor allem aus den verlorenen Ostgebieten u. Zentralpolen. In der Frage der Verifizierung vertrat Z. einen liberalen Standpunkt: Im Zweifel sollten Schlesier als Polen anerkannt werden. Am 18. 6. 1945 ordnete Z. die „Entdeutschung" Oberschlesiens an. Alle dt. Inschriften u. Straßennamen sollten getilgt werden. Um Platz für die poln. Umsiedler aus Ost- u. Zentralpolen zu schaffen, sollten die dt. Bauern von ihren Höfen entfernt u. mit den anderen Deutschen ausgesiedelt oder in Lagern interniert werden. Weitere Anordnungen betrafen das Verbot, öffentlich dt. zu sprechen, u. die Zwangsarbeit dt. Männer in Bergwerken. Gegen die Zustände in Lagern wie in →Lamsdorf (Łambinowice), wo viele an Hunger u. Erschöpfung starben, protestierte der Kattowitzer Bischof Stanisław Adamski u. bat Z., poln. Priestern, Mönchen u. Nonnen die Arbeit unter den bedrängten Deutschen zu erlauben, was Z. genehmigte.

In der im Dezember 1948 gebildeten Poln. Vereinigten Arbeiterpartei (poln. *Polska Zjednoczona Partia Robotnicza,* PZPR) fungierte Z. als Mitglied des ZK u. des Politbüros. Vom Januar bis Juni 1949 sowie von April 1950 bis November 1952 war Z. stellvertretender Vorsitzender des Ministerrates u. anschließend bis zu seinem Tode Staatsratsvorsitzender.

Lit. (a. →Lamsdorf): „Unsere Heimat ist uns ein fremdes Land geworden ...". Die Deutschen östlich von Oder und Neiße. Dokumente aus polnischen Archiven. Hg. H. Lemberg/W. Borodziej. Bd. II. Marburg 2000 (poln.: „Nasza ojczyzna stała się dla nas obcym państwem." Niemcy w Polsce 1945–1950. Wybór dokumentów. Tom II. Warszawa 2000); P. Madajczyk, Przyłaczenie Śląska Opolskiego do Polski 1945–1948. Warszawa 1996.

L. K.

Zentralasien als Aufnahmegebiet. Z. (engl. *Central Asia*, russ. *Central'naja Azija*), auch Mittelasien (russ. *Srednjaja Azija*), ist eine seit der Antike besiedelte Großregion zw. dem Kaspischen Meer im W und der kirgisisch-chinesischen Grenze im O, ursprünglich auch unter Einbeziehung Chinas, der Mongolei u. Afghanistans. Im Folgenden wird die Bezeichnung Z. im engeren Sinne verwendet u. umfasst vier ehem. mittelasiatische (russ. *sredneaziatskie*) Sowjetrepubliken – die Usbekische, Turkmenische, Kirgisische u. Tadschikische. Den großen Teil der Bevölkerung Z.s machen Turkvölker aus – Usbeken, Kasachen, Kirgisen, Turkmenen, Karakalpaken u. Uighuren. Tadschiken gehören zur iranischen Volksgruppe, ihre Sprache ist dem Farsi nahe. Die autochthonen Völker sind sunnitische Muslime. In den 1930–1940er Jahren wurde Z. neben →Kasachstan u.

→Sibirien zu einem der wichtigsten Aufnahmegebiete für die aus verschiedenen Regionen der →Sowjetunion zwangsumgesiedelten soz. und ethn. Gruppen.

Eine der ersten großen Umsiedlungsaktionen traf die sog. Kulaken (russ. *kulaki*) während der Zwangskollektivierung. Nachdem sie zuerst nach N, in das Uralgebiet u. nach Westsibirien umgesiedelt worden waren, wurde der Hauptstrom 1931/32 auf Kasachstan und Z. umgeleitet. Die Kulaken verschiedener Nationalitäten wurden hier auf kleine Arbeitssiedlungen (russ. *trudovye posëlki*) verteilt. Zum 1. 1. 1940 waren in den Arbeitssiedlungen der Usbekischen 14.112, der Kirgisischen 11.271 u. der Tadschikischen SSR 9.024 Zwangsansiedler (russ. *trudposelency*, →Zwangsarbeit) registriert.

Die nächste Massendeportation nach Z. traf mehrere Volksgruppen aus den westl. und südl. Grenzregionen der UdSSR (→Deportation). Infolge v. „Säuberungs"aktionen an der südl. Grenze gemäß dem Dekret der Sowjetregierung u. des Zentralen Exekutivkomitees (Nr. 103/1127–267ss) vom 17. 7. 1937 über die Organisation v. speziellen Sperrzonen an der südl. Grenze wurden aus den grenznahen Gebieten Georgiens, Armeniens, Aserbaidschans, Turkmeniens, Usbekistans u. Tadschikistans in die Kirgisische SSR 812 →Kurden zwangsumgesiedelt. Nach anderen Angaben wurden im Juli 1937 nach Kirgisien u. Kasachstan insgesamt 2.000 Kurden verbannt. 1938/39 wurde die Deportation v. 8.000 →Iranern durchgeführt, v. denen 6.300 aus Aserbaidschan kamen. Sie wurden ebenfalls in Kasachstan u. Kirgisien angesiedelt. Eine der ethn. Gruppen, die gleich nach dem entsprechenden Beschluss des Rates der Volkskommissare u. des ZK der Partei vom 21. 8. 1937 einer totalen Deportation unterzogen wurde, bildeten die Koreaner aus dem Fernen O der Sowjetunion. 74.500 v. ihnen kamen im Oktober u. November 1937 in Usbekistan an. Ca. 1.000 finnische Familien aus dem Leningrader Gebiet wurden im Frühling 1935 in die Tadschikische SSR deportiert (→Finnen: Deportation aus Ingermanland [Gebiet Leningrad]).

Gemäß dem Beschluss der Sowjetregierung vom 10. 4. 1940 (Nr. 497–177ss) „Über die Aussiedlung aus den westlichen Gebieten der Ukrainischen und der Weißrussischen SSR" wurden ca. 1.000 poln. Staatsangehörige nach Usbekistan zwangsausgesiedelt (→Ukraine als Deportationsgebiet). Während des 2. →Wk.s befanden sich dort schon 35.000 Polen, die zuerst ins Gebiet Perm' u. in die Mari ASSR (jetzt die Republik Marij-Ėl) verschickt worden waren. Auf usbekischem Gebiet wurde die poln. Armee v. General Władysław Anders aufgestellt, die zum 25. 10. 1941 ca. 42.000 Mann aufwies.

Nach dem Angriff Deutschlands auf die Sowjetunion wurden sowohl die Deutschen v. der Wolga u. aus anderen Gebieten einer totalen Deportation unterzogen als auch später die Kaukasien- u. Krimvölker sowie andere Völkerschaften aus dem europ. Teil der Sowjetunion (→Deutsche aus dem Wolgagebiet, →D. aus dem Schwarzmeergebiet, →D. aus Trans- [Süd]kaukasien, →Kaukasien, →Krim als Deportationsgebiet). Den vorliegenden Informationen zufolge wurden zwar keine Deutschen zw. 1941 u. 1945 in die Region gebracht. In allen Republiken Z.s waren jedoch Deutsche registriert: Es handelte sich um nach verschiedenen adm. Entscheidungen umgesiedelte bzw. mobilisierte Personen, deren Zahl zum 1. 10. 1944 in Turkmenien 1.754, in Kirgisien 277 u. in Usbekistan 231 erreichte. Nach dem Krieg wurden zahlreiche Deutsche nach Z. „repatriiert", v. a. nach Tadschikistan, wo zum 1. 1. 1953 schon 18.023 Personen dt. Abstammung registriert wurden (→Repatriierung).

Von 1943 insgesamt 69.267 deportierten →Karatschaiern wurden 22.900 Personen nach Kirgisien, 353 nach Usbekistan u. kleinere Gruppen nach Tadschikistan verschickt. Dazu kamen später 90 Karatschaier aus anderen Regionen Kaukasiens sowie weitere 2.543 Karatschaier, die aus der Roten Armee demobilisiert u. ebenso nach Z. deportiert worden waren.

Die Zahl v. →Kalmücken, die überwiegend über die Gebiete u. Autonomen Republiken Sibiriens verteilt worden waren, war in Z. gering: in Usbekistan nur bis 1.000 Personen, in den restlichen Republiken noch weniger. Die in der Usbekischen SSR angesiedelten →Krimtataren machten dagegen die Mehrheit aus: Von insgesamt mehr als 190.000 deportierten Krimtataren waren hier über 62 Bezirke in sieben usbekischen Gebieten 151.604 (zum 1. 10. 1944 147.170) verteilt. Den Krimtataren folgten nach Z. kleinere Gruppen v. Armeniern, Bulgaren u. Griechen, die gemäß dem Beschluss des Staatskomitees für Verteidigung (russ. *Gosudarstvennyj Komitet Oborony*, GKO) Nr. 5984 vom 2. 6. 1944 v. der Krim deportiert wurden, sowie ausländische Staatsangehörige der Halbinsel (3.531 Griechen, 105 Türken u. 16 Iraner), die gemäß dem GKO-Beschluss Nr. 6100 vom 24. 6. 1944 u. a. ins Gebiet Fergana verschickt worden waren (→Armenier von der Krim, →Bulgaren von der K., →Griechen: Deportationen in den asiatischen Teil der Sowjetunion).

Im Rahmen der Zwangsaussiedlung aus dem Grenzgebiet der Georgischen SSR (Beschluss des GKO vom 31. 7. 1944 Nr. 6279ss) wurden insgesamt 92.307 →Mes'cheten-Türken, Kurden u. Chemšil (→Armenier in der Sowjetunion und ihren Nachfolgestaaten) deportiert. 53.133 kamen im November 1944 ursprünglich nach Usbekistan, 10.546 nach Kirgisien. Im Frühjahr 1945 lebten 53.827 Deportierte aus Georgien in Usbekistan. Im August 1948 kamen aus Aserbaidschan noch ca. 1.000 (nach anderen Angaben 500) kurdischen Kämpfer zusammen mit ihrem Anführer Mustafa Barzānī hinzu.

In der Nachkriegszeit (1949) wuchs die Zahl v. Deportierten in Z. etwas an durch die Aussiedlungsaktionen in Moldawien (→M. als Deportationsgebiet) u. durch die Aussiedlung v. insgesamt 57.680 Daschnaken, Türken u. Griechen aus Transkaukasien, dem Krasnodarer Gebiet sowie v. der Schwarzmeerküste, v. denen kleinere Kontingente auch nach Usbekistan u. Kirgisien verschickt worden waren.

Zum 1. 1. 1953 wurden in der Usbekischen SSR 188.689, in der Kirgisischen 143.638, in Tadschikistan 46.392 u. in Turkmenistan 1.998 deportierte Personen registriert.

Die Deportierten wurden zur Arbeit in verschiedensten Branchen herangezogen. Während sie in Usbekistan zw. den Unternehmen der Kohle-, Öl- u. Stahlindustrie aufgeteilt waren oder in den chemischen, metallurgischen u. Bauunternehmen arbeiteten, waren fast alle Sondersiedler in Tadschikistan im Bergbau u. in der Buntmetallindustrie sowie in Kirgisien in der Lebensmittelindustrie u. in der Landwirtschaft beschäftigt.

Oft zeigte sich die heimische Bev. hilfsbereit u. freundlich gegenüber den andersethn. Deportierten. Ihre pauschale Beschuldigung durch die Staatsmacht u. ihre verzögerte →Rehabilitierung, die die Rückkehr in die Heimat erst nach Jahrzehnten ermöglichte, verursachten jedoch zwischenethn. Spannungen in den mittelasiatischen Republiken, die manchmal zu gewaltsamen Konflikten führten, so wie Mitte 1989 im Ferganaer Gebiet Usbekistans zw. den Einheimischen u. Mes'cheten-Türken.

In der letzten Zeit hat sich die geogr. Verteilung v. deportierten Völkern in den Staaten Z.s stark verändert. Seit Mitte der 1950er u. verstärkt seit dem Ende der 1980er Jahre kehrten die meisten ihrer Angehörigen in ihre Heimat zurück. Ein Teil v. ihnen emigrierte in andere Regionen der GUS oder ins Ausland. Da seit 1989 keine Bev.zählungen durchgeführt worden sind, gibt es keine gesicherten Angaben zur Zahlenstärke der einzelnen ethn. Gruppen. Fest steht aber, dass sie v. den soz. und wirt. Wandlungsprozessen gleichermaßen wie die autochthonen Bev.gruppen betroffen sind.

Lit. (a. →Sowjetunion, →Kasachstan): V. A. BERDINSKICH, Specposelency: Političeskaja ssylka narodov Sovetskoj Rossii. Moskva 2005.

A. R.

Zentrum des Gedenkens der Völker Europas (European remembrance centre for victims of forced population movements and ethnic cleansing) des Europarats. Die heftige dt.-poln. Kontroverse vom Sommer 2003 über die Vertreibungserinnerung veranlasste das poln. Mitglied der Parlamentarischen Versammlung des Europarats, den Abgeordneten der liberalen Bürgerplattform Bogdan Klich, am 30. 9. 2003 gemeinsam mit Abgeordneten aus Polen, Litauen, Lettland, der Slowakei, der Ukraine, Liechtensteins u. Großbritanniens der Versammlung die „Einrichtung eines Zentrums für das Gedenken der Völker Europas unter den Auspizien des Europarats" vorzuschlagen – gleichsam als Gegenprojekt zum germanozentrischen Vorhaben des BdV, in Berlin ein →Zentrum gegen Vertreibungen zu gründen. Am 27. 11. 2003 fasste dann ebenfalls auf Klichs Initiative hin der poln. Sejm einen parallelen Beschluss, in welchem als Aufgabe der europ. Neugründung die Erforschung u. Dokumentation der Totalitarismen des 20. Jh.s und ihrer negativen Folgen in ihrer Gesamtheit – also nicht unter Fokussierung auf den Ausschnitt des Vertreibungsgeschehens der 1940er Jahre – beschrieben wurden. Die Parlamentarische Versammlung des Europarats delegierte den Klich'schen Vorschlag an ihr Komitee für Migration, Flüchtlinge und Bev., welches den Abgeordneten der schwed. Linkspartei *(Vänsterpartiet)* Mats Einarsson als Berichterstatter in der Sache bestimmte. In enger Abstimmung mit dem brit. Komiteevorsitzenden John Wilkinson engte Einarsson allerdings die Klich'sche Absicht auf Erweiterung des zeitgeschichtlichen Horizonts deutlich ein: Nicht „the general character of criminal activities of totalitarian regimes, unvaryingly Nazi and Communist", sondern „forced population movements and ethnic cleansing in the 20th century" sollten den Fokus der Neugründung bilden.

Am 20. 12. 2004 legte das Komitee Einarssons Bericht vor, in welchem Parlamentarischer Versammlung u. Ministerkomitee die Gründung eines „European Remembrance Centre for Victims of Forced Populations Movements and Ethnic Cleansing“ im Rahmen des Europarats empfohlen wurde. Für seine schwed. und brit. Initiatoren, aber auch ihre dt., niederländischen u. anderen Unterstützer überraschend stieß dieser Vorschlag auf massiven Widerstand der Delegationen der Parlamente Frankreichs, der Russl. Föderation, der Türkei u. Armeniens. Vor allem der frz. Delegationsleiter Bernard Schreiner kritisierte vehement zum einen die zeitliche Koinzidenz der auf den 27. 1. 2005 angesetzten Debatte zum Thema in der Parlamentarischen Versammlung mit dem internat. Auschwitz-Gedenktag sowie die Verwendung des Begriffs →Deportation, den er für den →Holocaust reserviert wissen wollte. Zum anderen sah er in der „Schaffung eines dauerhaften Zentrums zum Gedenken an die nach dem Zusammenbruch des Dritten Reiches umgesiedelten Menschen durch den Europarat zum Zeitpunkt des 60. Jahrestages der Befreiung der nationalsozialistischen Konzentrationslager“ eine „inakzeptable Gleichsetzung der ‚Opfer‘ u. eine Beleidigung der Millionen Märtyrer der ‚Endlösung‘ oder der Widerstandskämpfer [...], die die Befreiung ihrer jeweiligen Länder mit dem Leben bezahlt haben“. „Zwei verschiedene Tragödien“, so Schreiner, „werden auf derselben Ebene abgehandelt: Deportationen in Todeslager und Zwangsvertreibungen von Volksgruppen.“ Ungeachtet des unter Beteiligung der dt. Delegation vonstatten gehenden Krisenmanagements v. Komitee u. Parlamentarischer Versammlung, das die Modifizierung des Resolutionsentwurf einschloss, kam am 27. 1. 2005 zwar eine absolute Stimmenmehrheit, nicht hingegen die für die Weiterleitung an das Ministerkomitee erforderliche Zwei-Drittel-Mehrheit zustande.

Auch ein zweiter Anlauf im Folgejahr blieb erfolglos: Eine tumultartige Sitzung der Parlamentarischen Versammlung am 5. 10. 2006 resultierte in einem harten Schlagabtausch zw. dem niederländischen Sozialdemokraten u. Holocaust-Überlebenden Ed van Thijn, der für die Neugründung war, u. dem frz. Delegationsleiter Schreiner, der bei seiner Ablehnung blieb. Im Ergebnis kam nach mehreren Wahlgängen erneut eine knappe absolute Mehrheit für die Annahme der Resolution (43 Ja-Stimmen, 42 Nein-Stimmen u. drei Enthaltungen) zustande, nicht hingegen die erforderliche Zwei-Drittel-Mehrheit für die Weiterleitung an das Ministerkomitee (41 Ja-Stimmen, 40 Nein-Stimmen u. fünf Enthaltungen).

Lit.: St. Troebst, Europäisierung der Vertreibungserinnerung? Eine deutsch-polnische Chronique scandaleuse 2002–2007, in: Verflochtene Erinnerungen. Polen und seine Nachbarn im 19. und 20. Jahrhundert. Hg. M. Aust/K. Ruchniewicz/St. Troebst. Köln u. a. 2009, 245–274; Ders., Vertreibungsdiskurs und europäische Erinnerungskultur. Deutsch-polnische Initiativen zur Institutionalisierung. Eine Dokumentation. Osnabrück 2006; K.-O. Sattler, Tiefe Wunden im Gedächtnis der Völker. Parlamentarische Versammlung des Europarats berät über Vertriebenengedenken, *Das Parlament* 56 (2006), Nr. 43, 10.

St. T.

Zentrum gegen Vertreibungen. Die Stiftung „Zentrum gegen Vertreibungen" wurde am 6. 9. 2000 auf Initiative der Vorsitzenden des Bundes der Vertriebenen (BdV), Erika Steinbach, gegründet. In der Selbstdarstellung der Stiftung heißt es: „Sie wurde geboren aus der Erkenntnis der deutschen Heimatvertriebenen, dass es nötig ist, nicht im eigenen Leide, in persönlicher traumatischer Erinnerung zu verharren, sondern ein Instrument zu schaffen, das dazu beiträgt, Vertreibung und Genozid grundsätzlich als Mittel von Politik zu ächten."

Die Stiftung stellte sich zur Aufgabe, in Berlin das eigentliche „Zentrum gegen Vertreibungen" (ZgV) zu errichten, für das drei Schwerpunkte genannt wurden. Erstens sollten in einem „Gesamtüberblick" das Schicksal v. „mehr als 15 Millionen deutschen Deportations- und Vertreibungsopfern aus ganz Mittel-, Ost- und Südosteuropa mit ihrer Kultur und Siedlungsgeschichte" u. die Geschichte v. 4 Mio. dt. Spätaussiedlern dargestellt werden. Eine wichtige Rolle spielte dabei das Gedenken an die →Vertreibung, wozu es konkret in einem Faltblatt über die Stiftungsziele v. 2006 heißt: „In einer Requiem-Rotunde soll zudem Raum für Trauer, Anteilnahme und Verzeihen gegeben werden." Ein zweiter inhaltlicher Schwerpunkt sollte die →Integration der →Vertriebenen in →Deutschland sein, wobei das ZgV deren Beitrag zum Wiederaufbau würdigen möchte. Drittens „gehören unverzichtbar zum Zentrum gegen Vertreibungen auch Vertreibung und Genozid an anderen Völkern". Hier wurde insbesondere auf die Armenier (→A. im Osm. Reich) u. die europ. Juden (→J.: Deportation und Vernichtung) hingewiesen, die in einem Kontext mit der Vertreibung der Deutschen genannt wurden.

Um das geplante ZgV entfalteten sich seit der Gründung der gleichnamigen Stiftung heftige Kontroversen. Einen ersten Anlass dazu gab eine Pressekonferenz v. Steinbach im Juni 2000. Sie forderte dabei, das ZgV mit Hilfe des Bundes u. der Länder in „geschichtlicher und räumlicher Nähe" zum Holocaustdenkmal zu errichten. Unter anderem wegen der möglichen Konkurrenz mit dem Gedenken an die Opfer des →Holocaust distanzierte sich Bundeskanzler Gerhard Schröder in seiner Rede auf dem „Tag der Heimat" im September 2000 v. dem Projekt. Die BdV-Vorsitzende setzte jedoch ihre Bemühungen fort u. brachte dabei in einer Entschließung des Bundestages die Fraktionen der CDU/CSU u. der FDP hinter sich.

Im Sommer 2003 wurde das geplante ZgV zum Gegenstand einer mehrjährigen internat. Kontroverse. Aufgrund v. Medienberichten in Deutschland bekam die Öffentlichkeit in →Polen Wind v. dem Vorhaben, gegen das Politiker aller größeren Parteien protestierten, darunter auch Kenner Deutschlands wie Władysław Bartoszewski u. Bronisław Geremek. Die Proteste beruhten auf dem Argument, dass das ZgV mit einer simplen Dialektik zw. Opfern u. Tätern operiere u. dadurch Polen eine Täterrolle zugewiesen werden solle. Außerdem wurde mit Verweis auf die Person v. Steinbach, die während des 2. →Wk.s in Polen als Tochter eines Besatzungssoldaten geboren wurde, hinterfragt, inwieweit man die dt. Vertriebenen ausschließlich als Opfer sehen könne.

Die Kontroverse wurde zusätzlich durch die Gründung u. das Auftreten der „Preußischen Treuhand" *(Prussian Claims Conference)* angeheizt, die ebenfalls im Jahr 2003

Klagen gegen Polen auf Entschädigung für ehem. deutsches Eigentum ankündigte. Durch die engen personellen Verbindungen der „Preußischen Treuhand“ mit den Vertriebenenverbänden wurde, auch wenn Steinbach sich später von der „Preußischen Treuhand“ distanzierte, ein Nexus der Erinnerung mit Eigentumsfragen hergestellt. Die poln. Proteste gegen die „Preußische Treuhand“ u. das geplante ZgV kulminierten in der einstimmigen Entschließung des poln. Parlaments vom November 2004, auf potenzielle Entschädigungsansprüche aus Deutschland mit Reparationsforderungen zu reagieren.

Eine neue Wendung in der Kontroverse um das ZgV brachte der Vorschlag der beiden poln. Publizisten Adam Michnik u. Adam Krzemiński, das ZgV in Breslau (Wrocław) zu errichten. Dieses Vorhaben wurde v. Steinbach u. der Stiftung jedoch ebenso abgelehnt wie das Konzept der Stadt Görlitz, dort das Zentrum zu gründen. Um den Schaden der Kontroverse um das ZgV für das dt.-poln. Verhältnis zu begrenzen, sprachen sich die damaligen Staatspräsidenten Aleksander Kwaśniewski u. Johannes Rau in ihrer „Danziger Erklärung“ vom Oktober 2003 dafür aus, die Probleme der dt.-poln. Geschichte in einem europ. Rahmen aufzuarbeiten. Sie kritisierten außerdem die Versuche zur Aufrechnung hist. Leids.

Nach dieser vorübergehenden Beruhigung erreichten die Kontroversen um das ZgV wegen der Wahlkämpfe in Deutschland u. Polen 2005 einen neuen Höhepunkt. Die CDU/CSU nahm die Gründung des ZgV in ihr Wahlkampfprogramm auf, während in Polen die 2005–2007 regierende Partei „Prawo i Sprawiedliwość“ (Recht und Gerechtigkeit, PiS) versprach, eine angeblich drohende dt. Geschichtsrevision abzuwehren. Auch in Deutschland gab es neuen Streit um das ZgV. Steinbach verkündete auf einer weiteren Pressekonferenz im Sommer 2005, dass die kath. Kirche ihr eine zentral gelegene Kirche in Berlin Kreuzberg als Raum für das ZgV zur Verfügung stellen wolle. Kurz darauf zog die Erzdiözese Berlin jedoch ihre angebliche Zusage zurück u. die dt. Bischofskonferenz kritisierte zum 40. Jahrestag des bekannten Briefwechsels mit der poln. Bischofskonferenz v. 1965 den neuerlichen „Ungeist des Aufrechnens“. Daraufhin warf Steinbach dem höchsten dt. Kirchenvertreter, Kardinal Lehmann, „Ungeheuerlichkeiten“ u. einen Bruch des biblischen Gebots „Du sollst nicht falsch Zeugnis reden“ vor.

Im Sommer 2006 übernahm die Stiftung „ZgV“ ein weiteres Mal die Initiative. Im ehem. Kronprinzenpalais in Berlin unter den Linden wurde die Ausstellung „Erzwungene Wege. Flucht und Vertreibung im Europa des 20. Jahrhunderts“ eröffnet. Die von der PiS geführte poln. Regierung protestierte scharf, mehrere Ausstellungsgegenstände, die aus Polen stammten, wurden zurückgerufen. Wie aus dem Titel der Ausstellung hervorgeht, bemühte sich die Stiftung, der Kritik an einer einseitigen Betonung des Leids der dt. Vertriebenen mit einer europ. Konzeption zu begegnen. In der nationalen und internat. Presse wurde dies teilweise anerkannt, jedoch v. a. die Einbeziehung des Holocaust in das Narrativ der Vertreibung kritisiert.

Aus wiss. Sicht ist die mangelnde Differenzierung zw. Vertreibung u. →Genozid, die in dem Ausstellungsteil über die Judenverfolgung in NS-Deutschland deutlich wird, unhaltbar. Dies entspricht jedoch der polit. Strategie der Vertriebenenverbände, die seit Längerem versuchen, Vertreibung als Genozid zu deklarieren (so z. B. die →Sudetendeutsche Landsmannschaft auf dem Pfingsttreffen v. 2006, das unter dem Motto „Vertreibung ist Völkermord" stand). Grundsätzlich ist außerdem die gezielt eingesetzte Dichotomie zw. Tätern u. Opfern problematisch. Steinbach forderte die Nutzung des Kronprinzenpalais für eine Dauerausstellung bzw. für das ZgV, konnte sich damit aber 2006 nicht durchsetzen.

International ist es ohnehin nicht üblich, dass ein sich als solcher deklarierender Opferverband Träger einer zentralen geschichtspolit. Einrichtung wird. Weder das Holocaust-Mahnmal in Berlin oder das Holocaust-Museum in Washington D. C. noch eine der bedeutenden Gedenkstätten in Europa werden v. einem Opferverband betrieben.

Professionelle Historiker aus Deutschland u. Polen haben sich auf mehreren Konferenzen u. in öffentlichen Deklarationen ablehnend zum ZgV geäußert. Kritisiert wird insbesondere die Konzentration auf das Leid der dt. Vertriebenen u. die Dichotomie zw. Opfern u. Tätern, die im Falle der Deutschen wegen des Nationalsozialismus nicht haltbar ist u. überdies Tschechen u. Polen kollektiv zu Tätern abstempeln könnte. Außerdem werden negative Auswirkungen auf die Beziehungen zw. Deutschland u. Polen u. den Prozess der Aussöhnung zw. beiden Ländern befürchtet (vgl. zur wiss. Kritik am geplanten ZgV die beiden einschlägigen Ausgaben der *Zeitschrift für Geschichtswissenschaft* Nr. 1/2003 und Nr. 10/2005 sowie den v. D. Bingen, W. Borodziej und St. Troebst herausgegebenen Sammelband). Daher wurde v. namhaften Historikern aus Deutschland, Polen u. anderen europ. Ländern die Gründung der Stiftung „Europäisches Netzwerk Erinnerung und Solidarität" initiiert, die zunächst vom deutschen und poln. Präsidenten u. nachfolgend auch v. den Regierungen der Slowakei u. Ungarns unterstützt wurde. Diese Stiftung sieht sich als Alternative zum geplanten ZgV.

Im Herbst 2005 kehrte dann aber die Institutionalisierung des ZgV – wenn auch unter anderem Namen – auf die politische Tagesordnung zurück: CDU/CSU und SPD vereinbarten, in ihrem Koalitionsvertrag „zur gesellschaftlichen wie historischen Aufarbeitung von Zwangsmigration" in Berlin ein „sichtbares Zeichen" zu setzen, „um – in Verbindung mit dem Europäischen Netzwerk Erinnerung und Solidarität über die bisher beteiligten Länder Polen, Ungarn und Slowakei hinaus – an das Unrecht von Vertreibungen zu erinnern und Vertreibung für immer zu ächten". Bundeskanzlerin Angela Merkel kündigte in einem Festakt zum 50jährigen Bestehen des BdV im Oktober 2007 die Gründung der neuen Einrichtung offiziell an. Im März 2008 beschloss das Bundeskabinett im Anschluss daran die Gründung eines in Berlin angesiedelten „Erinnerungs- und Dokumentationszentrums zu Flucht und Vertreibung", das im Deutschlandhaus in der Nähe des Anhalter Bahnhofs eingerichtet werden soll. Diese faktische Verstaatlichung der Initiative für ein ZgV führte erneut zu tiefen innen- und außenpolitischen Kontroversen, die anlässlich der Besetzung des Stiftungsrates für die Stiftung „Flucht, Vertreibung, Versöhnung" ausbrachen. In diesen Stiftungsrat sollten auch drei Mitglieder des BdV entsandt werden, wobei

Steinbach einen Sitz für sich beanspruchte. Dagegen protestierte sowohl die polnische Regierung als auch die SPD innerhalb der Großen Koalition. Schließlich zog Steinbach aufgrund der Proteste ihre Kandidatur zurück, wobei der BdV ankündigte, diesen Sitz im Stiftungsrat demonstrativ unbesetzt zu lassen.

Es ist absehbar, dass auch die weitere Entwicklung dieses Gedenkzentrums, das über die Stiftung unter der Rechtsaufsicht des Deutschen Historischen Museums steht, von wechselnden innen- und außenpolitischen Konstellationen abhängt.

Lit.: Die Erinnerung an Flucht und Vertreibung. Materialien zur Debatte um das „Zentrum gegen Vertreibungen", in: http://www.zeitgeschichte-online.de/go/rainbow/40208192/de/DesktopDefault.aspx (Stand 8. 4. 2009); Vertreibungen europäisch erinnern? Historische Erfahrungen – Erinnerungspolitik – Zukunftskonzeptionen. Hg. D. Bingen/W. Borodziej/St. Troebst. Wiesbaden 2003.

Ph. T.

Zwangsarbeit. Seit der frühen Neuzeit gehört der Zwang zur Arbeit zum Repertoire disziplinarischer Maßnahmen gegenüber soz. und auch ethn. Gruppen. Besonders in den Kriegszeiten des 20. Jh.s wurde der Arbeitszwang zu einer kriegswirtschaftlich bedeutsamen u. seitens der Krieg führenden Parteien v. a. der undemokr. Systeme „gewohnheitsrechtliche" Praxis. Die Zwangsrekrutierung bzw. →Deportation ziviler Arbeitskräfte war in diesem Zusammenhang eng mit einer Zwangsmigration verbunden.

Die Begriffsdefinition der Z. ist schwierig, es liegen engere u. weitere Auslegungen vor. Problematische Aspekte sind u. a. die Frage der Definitionsmacht, die subjektive Bewertung durch die Betroffenen u. das Verhältnis ökon. zu außerökon. Motiven. Gemäß der Definition der Internat. Arbeitsorganisation (IAO) v. 1930 gilt als Z. „im Allgemeinen jede Art von Arbeit oder Dienstleistung, die von einer Person unter Androhung irgendeiner Strafe verlangt wird und für die sie sich nicht freiwillig zur Verfügung gestellt hat". Ausgenommen davon sind jedoch Militärdienst, übliche Bürgerpflichten, Arbeit im Strafvollzug, notwendige Arbeiten im Falle höherer Gewalt sowie unmittelbar gemeinnützige Arbeiten. Die Haager Landkriegsordnung v. 1907 erlaubt die Heranziehung v. Kriegsgefangenen zu Arbeiten für den sog. Nehmerstaat, soweit sie zu den Mannschafts- u. niederen Unteroffiziersgraden zählten. Die Europäische Menschenrechtskonvention verbietet Z. (Art. 4).

Die Ziele der Z., die häufig mit der Organisationsform des →Lagers verbunden ist, sind vielfältig: v. der Disziplinierung u. der „Erziehung" sozial, polit. oder rassisch definierter Gruppen oder Einzelpersonen bis hin zur Eliminierung u. „Vernichtung durch Arbeit".

Zu Beginn des 1. →Wk.s hatte die Kriegsgefangenenbeschäftigung angesichts der herrschenden Massenarbeitslosigkeit keinen hohen Stellenwert u. wurde lediglich zur Disziplinierung u. Senkung der Unterbringungskosten eingesetzt. Angesichts der zunehmenden Ausrichtung der Produktion auf kriegswirtschaftliche Bedürfnisse, der millionenfachen Einberufung v. Arbeitskräften zum Militär sowie der zunehmend schwierigen Versorgungslage der Bev. wie auch der überraschend vielen Kriegsgefangenen griffen die Krieg führenden Mächte seit dem Frühjahr 1915 fast durchgehend auf die Beschäftigung v. Kriegsgefangenen zurück. Wichtigster Einsatzbereich war die Landwirtschaft, danach die Industrie u. Infrastruktur.

In →Deutschland wurden neben den ca. 1,9 Mio. überwiegend russ. Kriegsgefangenen, die hauptsächlich für die dt. Landwirtschaft, aber auch Industrie u. die Militärbehörden arbeiteten, zudem rd. 1 Mio. ausländische Zivilarbeiter zwangsbeschäftigt. Die bereits vormals restriktive Politik gegenüber russ.-poln. Saisonarbeitern wurde verschärft: Der bestehende Rückkehrzwang für die Auslandspolen wurde in ein Rückkehrverbot umgewandelt. Ihre Freizügigkeit wurde aufgehoben, die Zivilarbeiter wurden teilweise in Lagern untergebracht u. unterlagen z. T. schlechten Lebens- u. Arbeitsbedingungen sowie Misshandlungen. Seit 1915/16 kam zudem Belgien als Rekrutierungsgebiet für Arbeitskräfte in der Rüstungsindustrie hinzu. Nach misslungenen Anwerbungsversuchen wurden bis Februar 1917 61.000 belgische Zivilisten nach Deutschland deportiert. Sowohl Deutschland als auch Frankreich, das über ca. 450.000 dt. bzw. österr.-ung. Kriegsgefangene verfügte, setzten ihre Kriegsgefangenen in frontnahen Gebieten für kriegsrelevante Arbeiten ein. In Russland stieg die Zahl der vorwiegend in der Landwirtschaft beschäftigten Kriegsgefangenen v. 100.000 im März 1915 auf Anfang 1917 1,1 Mio. an. Insgesamt arbeiteten im Juli 1917 80 % aller dieser Kriegsgefangenen.

Zwangsarbeit im NS-Staat. Der Zwangsarbeitereinsatz im Dt. Reich u. im besetzten Europa während des 2. →Wk.s gehört zu den „wesentlichen Kennzeichen" nationalsozialistischer Arbeitspolitik u. war Mittel der polit. und wirt. Herrschaftssicherung. Der Bedarf an ausländischen Arbeitskräften war dabei v. Beginn an mit der Konzeption der dt. Wirtschaft als Raubwirtschaft verbunden. Ca. 12 Mio. Menschen wurden im Zeitraum v. 1939 bis 1945 zu verschiedenen Formen von Z. für das Dt. Reich herangezogen. Dies waren Kriegsgefangene sowie ausländische Zivilpersonen aus den besetzten Gebieten, hauptsächlich aus der Sowjetunion u. →Polen, ferner KZ-Häftlinge u. die europ. Juden, die zunächst in ihren Heimatländern, v. a. aber nach ihrer Deportation Z. verrichten mussten (→Juden: Deportation und Vernichtung).

Im Zuge der staatl. Regulierung des Arbeitsmarktes wurden zunächst sog. Asoziale zur Z. herangezogen. Seit 1939 wurden arbeitslose, ab 1940 dann alle dt. Juden v. der Arbeitsverwaltung im „geschlossenen Arbeitseinsatz" zu Bauarbeiten u. später in der Industrie eingesetzt. Auch im besetzten Polen mussten Juden vom Herbst 1939 bis zu ihrer Deportation in Lagern oder Ghettofabriken, die v. der SS u. der Arbeitsverwaltung organisiert waren, Z. leisten. Anfang 1941 gab es in Polen u. im dt. Reichsgebiet 800.000 jüd. Zwangsarbeiter.

Obwohl der Ausländereinsatz v. der NS-Führung erst unmittelbar vor Kriegsbeginn vorbereitet worden war, arbeiteten im Spätsommer 1944 7,6 Mio. ausländische Zivilisten

u. Kriegsgefangene im „großdeutschen" Reichsgebiet. Bereits vor dem Krieg hatte sich im Reich ein Arbeitskräftemangel mit steigender Tendenz abgezeichnet. Da der Arbeitseinsatz dt. Frauen unerwünscht war, entschied sich die nationalsozialistische Führung trotz weltanschaulicher Bedenken nach Kriegsbeginn, poln. Kriegsgefangene in der dt. Landwirtschaft einzusetzen. In zunehmend brutaler Weise, oft durch Razzien auf Märkten oder nach Kirchgängen, wurden weitere poln. Arbeiter rekrutiert, sodass im Sommer 1940 über 1 Mio. Polen in Deutschland beschäftigt waren. Insgesamt dürften 2,8 Mio. Polen über kürzere oder längere Zeit außerhalb Polens Z., zu zwei Dritteln in der Landwirtschaft, geleistet haben. Unter dem Eindruck des für die dt. Behörden erfolgreichen „Poleneinsatzes" wurden bis Sommer 1941 Kriegsgefangene u. Arbeiter auch anderer besetzter Gebiete u. der verbündeten Länder zur Arbeit vornehmlich in der Landwirtschaft eingesetzt.

In ihrer Siegessicherheit schloss die NS-Führung einen „Russeneinsatz" als unnötig aus u. ließ in Folge dessen über 1,6 Mio. russ. Kriegsgefangene an Hunger u. Kälte sterben oder brachte sie um. Als sich jedoch mit der veränderten milit. Situation im Sommer 1941 ein Abnutzungskrieg andeutete, begann man im Winter 1941 zunächst sowj. Kriegsgefangene, später auch Zivilisten zum Arbeitseinsatz in der Rüstungsindustrie zu rekrutieren. Für diesen Aufgabenbereich wurde Fritz Sauckel in das neue Amt des „Generalbevollmächtigten für den Arbeitseinsatz" berufen. Dieser konnte nach dem Führererlass vom 22. 8. 1942 alle Arbeitsfähigen der besetzten Länder u. der Kriegsgefangenenlager zur Arbeit verpflichten.

Die ausländischen Arbeitskräfte unterstanden einer strengen national-rassischen Hierarchie. Während die westeurop. Zwangsarbeiter eine relativ hohe Wertschätzung erfuhren, die sich in einer besseren Rechtsstellung u. tarifpolitischen Behandlung ausdrückte, unterlagen die Juden, die poln. und v. a. die sowj. Arbeiter u. Kriegsgefangenen vielfältigen diskriminierenden Sonderbestimmungen u. häufig lebensbedrohlichen Lebensumständen. Sie wurden mit dem „Polen-P" oder als sowj. „Ostarbeiter-Ost" gekennzeichnet, deutlich geringer entlohnt, strikt v. den übrigen Beschäftigten isoliert u. nur minimal versorgt.

Die „totale Kriegsmobilisierung" führte zu einem steigenden Arbeiterbedarf in der Rüstungsindustrie. Damit gewann auch der Arbeitseinsatz v. KZ-Häftlingen zunehmend kriegswirtschaftliche Bedeutung. Das SS-Wirtschaftsverwaltungshauptamt führte daher seit Herbst 1942 privaten u. öffentlichen Firmen KZ-Häftlinge zu. Zehntausende arbeiteten u. a. für die Organisation Todt, weitere Hunderttausende unter grausamen Bedingungen am Ausbau unterirdischer Fertigungsanlagen. Das seit Anfang 1942 formulierte Primat des Arbeitseinsatzes stand in Konkurrenz zu den Deportations- u. Liquidierungsbestrebungen, die ohne Rücksicht auf die wirt. Belange fortgesetzt wurden. Nach erneut gestiegenem Arbeitsbedarf wurden 1944 über 100.000 ung. Juden nach Deutschland verbracht u. als KZ-Häftlinge ausgebeutet.

Ende 1944 begann die Erfassung der Deutschen in den durch die UdSSR befreiten Gebieten Osteuropas. In Folge des 2. Wk.s u. ihrer Einbindung in die Politik des „Dritten Reiches" wurden mehr als 12.000 Jugoslawien- u. ca. 30.000 Ungarndeutsche (→D.

aus Jugoslawien: Deportation in die Sowjetunion, →D. aus Ungarn: Deportation in die Sowjetunion) sowie über 70.000 Rumäniendeutsche (→D. aus Rumänien: Deportation in die Sowjetunion) in die UdSSR verschleppt u. mussten dort ebenso wie die dt. und japanischen Kriegsgefangenen Z. leisten.

Zwangsarbeit im Kommunismus. Z. war integraler Bestandteil des sowj. GULag-Systems (→GULag), das sich v. a. unter Iosif →Stalin entwickelte. Bereits in der Zarenzeit war Arbeitszwang für Strafgefangene u. Verbannte üblich gewesen. Seit dem Beginn des russ. Bürgerkriegs spielte die Gefangenenzwangsarbeit im Strafvollzug der Sowjetunion eine bedeutende Rolle. Gemäß der Unterscheidung v. Häftlingsgruppen realisierten die Bolschewiki die propagierte „Besserungsarbeit“ für Kriminelle u. „Z.“ für tatsächliche u. vermeintliche Systemgegner. Dabei konnten sowohl die Besserungs- als auch die Straf-Z. in Hafteinrichtungen, am alten Arbeitsplatz oder bei Arbeiten im öffentlichen Interesse verrichtet werden.

Das Strafvollzugssystem der frühen Sowjetzeit sowie in den Übergangsjahren bis 1928/29 war bereits ein „Lagersystem“ u. somit in organisationsgeschichtlicher Hinsicht Vorläufer für dieses üblicherweise der Stalinzeit zugeordnete System. Sowohl die v. Leo Trotzki (russ. Lev Trockij) propagierten Arbeitsarmeen als auch die Disziplinierung der Bev. durch Zwangsarbeiterlager waren Vorbilder für Stalin.

Im stalinistischen Repressionssystem GULag wurde allerdings das wirt. Potenzial der Z. zunehmend berücksichtigt u. einkalkuliert, was zu einer rapiden u. flächendeckenden Ausweitung des Lagerwesens führte. Die „Entkulakisierungskampagne“ v. 1929/30 u. der andauernde stalinistische Massenterror gegenüber polit. Gegnern schufen ein millionenfaches Reservoir unfreier Arbeitskräfte, das unter grausamen Bedingungen ausgebeutet wurde. Die Zwangsarbeiter wurden im Zuge der forcierten Industrialisierung bei der Holzbeschaffung, Kohle- u. Gasgewinnung u. zur Verwirklichung zahlreicher Großbauprojekte, z. B. zum Bau des Weißmeer-Ostsee-Kanals, eingesetzt. Der massive Zwangsarbeitereinsatz ermöglichte ab 1933/34 die schrittweise Ausdehnung der Industrialisierung nach O und auch die Erschließung u. Besiedlung bisher ungenutzter Gebiete. Mit Kriegsausbruch gewannen Mobilität u. Umfang des Arbeitskräftepotenzials des GULags eine zentrale Bedeutung bei der Planung u. Realisierung der Kriegswirtschaft. Während des Krieges waren auf den Bauobjekten des →NKVD u. in den Arbeitslagern über 2 Mio. Menschen beschäftigt. 1946 befanden sich in den Besserungsarbeitslagern u. -kolonien 1,7 Mio., in den Lagern für Kriegsgefangene 2,2 Mio. Häftlinge. Arbeitslager gab es auch in allen Staaten des entstehenden Ostblocks, u. a. für die Deutschen vor ihrer Zwangsaussiedlung, für tatsächliche u. angebliche polit. Gegner sowie für Menschen, die sich der strengen allg. Arbeitspflicht zu entziehen suchten.

Auf Stalins Tod 1953 folgte zunächst die Amnestie unpolit., später die Freilassung polit. Häftlinge. Trotz der Auflösung der Behörde GULag im Mai 1956 bestand bis 1991 ein Lager-(Kolonie-)System, welches weiterhin wirt. Aufgaben, wenn auch gegenüber der Stalinzeit v. geringerer Bedeutung, erfüllte.

Lit.: Kriegsgefangene im Europa des Ersten Weltkriegs. Hg. J. Oltmer. Paderborn 2006; U. Herbert, Geschichte der Ausländerpolitik in Deutschland. Saisonarbeiter, Zwangsarbeiter, Gastarbeiter, Flüchtlinge. München 2001; J. Kotek/P. Rigoulot, Das Jahrhundert der Lager. Berlin, München 2001; M. Spoerer, Zwangsarbeit unter dem Hakenkreuz. Ausländische Zivilarbeiter, Kriegsgefangene und Häftlinge im Deutschen Reich und im besetzten Europa 1939–1945. Stuttgart u. a. 2001; W. Gruner, Der geschlossene Arbeitseinsatz deutscher Juden. Zur Zwangsarbeit als Element der Verfolgung 1938–1943. Berlin 1997; M. Borák/D. Janák, Tábory nucené práce v ČSR 1948–1954. Opava 1996; R. Stettner, „Archipel GULag“: Stalins Zwangslager. Terrorinstrument und Wirtschaftsgigant. Paderborn 1996; U. Herbert, Fremdarbeiter. Politik und Praxis des ‚Ausländer-Einsatzes‘ in der Kriegswirtschaft des Dritten Reiches. Berlin 1985.

E. N.

Zwangsassimilation. Von Z. muss dann gesprochen werden, wenn der Nationalstaat des Mehrheitsethnos gegenüber den Angehörigen der ethn. Minderheiten (Volksgruppen, →nationale Minderheit), erklärtermaßen oder unausgesprochen, eine Politik der nationalen, ethn. Homogenisierung mit administrativen Mitteln betreibt, deren Ziel die sprachliche u. kulturelle Einschmelzung der Minderheit(en) in das Mehrheitsethnos als Staatsnation ist (→Nationalstaat und ethnische Homogenität). Z. ist der polit. und rechtliche Gegenpol zur Rücksichtnahme auf die legitimen Bedürfnisse ethn. Minderheiten durch Einräumung v. Minderheitenrechten u. →Minderheitenschutz; das Zwangsmoment ist die definitive Negation des Minderheitenschutzes.

Das Phänomen der Assimilation steht zwar theoretisch in einem Zielkonflikt mit Minderheitenschutz, nämlich die Existenz der Minderheit im Staate zu erhalten, aber da es zu den rechtlichen Grundlagen des Minderheitenrechts gehört, dass die Angehörigen einer Minderheit über ihre nationale/ethn. Identität u. Zugehörigkeit frei entscheiden dürfen, ist die Option für die Assimilation legitim. Das Minderheitenrecht kann u. darf sie nicht verhindern. Zugleich ist es eine durch mannigfache Beispiele belegbare Tatsache, dass gerade die vollständige Befriedigung der Forderung eines wirksamen Minderheitenschutzes die Selbsterhaltungskraft der Minderheit schwächt u. die Neigung ihrer Angehörigen stärkt, sich der Kultur des Mehrheitsethnos anzunähern. Als Musterbeispiel gilt hier die dt. Minderheit in Nordschleswig (Dänemark).

Unabhängig davon, wie entwickelt der Minderheitenschutz in einem Staat ist, gilt, dass der Zug zur Assimilation umso stärker ist, wenn die Minderheit klein ist, zerstreut lebt, organisatorisch zu schwach ist, um ihre Besonderheit institutionell zu pflegen (Kultureinrichtungen, Medien, Vereine, Schulen usw.), ferner wenn die Sprache der Minderheit mehr oder weniger eng mit der Staatssprache verwandt ist, die Minderheit ein Volk ohne konnationalen „Schutzstaat“ ist, Mehrheit u. Minderheit derselben Religion (Konfession) anhängen u. beide auf eine lange Geschichte des Zusammenlebens zurückblicken können. In dem Maße, wie solche Faktoren der (objektiven) Distanz zw. Minderheits- u. Mehrheitsethnos sich abschwächen oder überhaupt fehlen, wird aller Erfahrung nach auch das (subjektive) Identitätsbewusstsein der Minderheitsangehörigen abnehmen u. die Tendenz zur Assimilation wachsen. Schwache, unzureichende u. durch administrative Hindernisse zusätzlich erschwerte Minderheitenschutzregelungen werden dagegen letztlich wirkungslos bleiben. Die Assimilation der Minderheit ist in solchen Fällen, ohne dass Zwangselemente hinzuzutreten brauchen, eine Frage der Zeit.

Anders verhält es sich dann, wenn sich Minderheits- u. Mehrheitsethnos, angefangen bei der Sprache, Religion, Kultur, nach objektiven Kriterien stark unterscheiden (z. B. Kosovaren u. Serben), die Minderheitsangehörigen über ein ausgeprägtes Eigen- u. Differenzbewusstsein verfügen u. dementsprechend den Zusammenhalt ihrer Gemeinschaft aktiv pflegen u. stärken. Räumt der vom Mehrheitsethnos getragene Staat den geforderten Minderheitenschutz nur unzureichend oder widerwillig ein oder verweigert er ihn gar u. setzt stattdessen auf eine Politik forcierter Assimilierung, dann sind mehr oder weniger heftige Konflikte mit der Minderheit vorprogrammiert. Auch andere Staaten können in sie hineingezogen werden, fast unvermeidlich dann, wenn eine Minderheit einen konnationalen Staat in der Nachbarschaft besitzt.

Maßnahmen zum Zweck der Z. sind völkerrechtswidrig, denn sie bedeuten sowohl eine Verletzung der Menschenwürde der Angehörigen von ethn. Minderheiten, denn ein Aspekt ihrer Würde ist auch ihre ethnokulturelle Identität, als auch eine Verletzung der Minderheitenschutzbestimmungen des regionalen →Völkerrechts unter der Ägide des Europarates. Daneben stehen solche Maßnahmen im scharfen Widerspruch zum Geist der – polit.-moralisch verpflichtenden – Minderheitenschutzbestimmungen der OSZE (Abschließendes Dokument v. Kopenhagen, Juni 1990, Punkt 32).

Allerdings dürfte es nicht immer leicht sein, eine Grenze zw. unzulässiger Assimilationspolitik u. legitimer Nationalstaatsentfaltung, zumal heute, im globalen Wettbewerb v. Nationen u. Gesellschaften zu ziehen. Denn jeder moderne Staat mit oder ohne ethn. Minderheiten in seinem Verband unternimmt legitimerweise alle Anstrengungen, die seine Leistungsfähigkeit ausmachen, Institutionen in Wirtschaft u. Sozialwesen, in Erziehung u. Bildung, in Kultur, Wissenschaft, Medien- u. Informationsbetrieb nach Kräften zu entwickeln u. Gesellschaft u. Bürger in das Gemeinwesen zu integrieren (→Integration). In dem Maße, wie ihm das gelingt, steigt seine Anziehungskraft auf die Minderheiten, u. das dürfte ihre Bereitschaft, sich zu assimilieren, fördern. Aus dem juristischen Blickwinkel des Minderheitenschutzes ist ein solcher Wirkungszusammenhang allerdings nur dann problematisch, wenn die Integrationsmechanismen der Staat u. Gesellschaft beherrschenden Mehrheitskultur (im weiteren Sinne) umfassend u. mit voller Kraft auf die Angehörigen der Minderheiten einwirken könnten, ohne dass sie die Möglichkeit besäßen, dem wenigstens sektoral eine Alternative entgegenzusetzen u. sich in die Sprach- u. Kulturgemeinschaft ihrer Minderheit zurückzuziehen. Eine derartige Dominanz des Mehrheitsethnos im Gemeinwesen würde einen Druck erzeugen, der einer unzulässigen Z. gleich käme. Dieser Konsequenz könnte der Staat nur entgehen, wenn er die auf seinem

Territorium lebenden Minderheiten als solche anerkennen, ihnen ihren legitimen Bedürfnissen entsprechende Minderheitenrechte einräumen u. sie wirksam schützen würde. Er würde dadurch das ethn. Konfliktpotential in seinen Grenzen reduzieren u. damit die Integration der Gesellschaft auf eine noch festere Grundlage stellen.

Lit. (a. →Nationale Minderheit, →Minderheitenschutz): J. Niewert, Der kollektive und der positive Schutz von Minderheiten und ihre Durchsetzung im Völkerrecht. Berlin 1996; S. Oeter, Minderheiten zwischen Segregation, Integration und Assimilation. Zur Entfaltung und Entwicklung des Modells der Kulturautonomie, in: Ein Jahrzehnt Minderheiten- und Volksgruppenschutz. Hg. D. Blumenwitz/G. H. Gornig/D. Murswiek. Köln 1984, 63–81; T. Veiter, Nationalitätenkonflikt und Volksgruppenrecht im 20. Jahrhundert. München 1977; H. Kloss, Grundfragen der Ethnopolitik im 20. Jahrhundert. Wien 1969.

O. L.

Personen-, Orts- und Sachregister

Fette Seitenzahlen beziehen sich auf die Beiträge zum jeweiligen Stichwort. Für „Deportation“, „Deutschland“, „Flucht“, „Weltkrieg, Erster“, „Weltkrieg, Zweiter“, „Polen (Land)“, „Sowjetunion“, „Vertreibung“, „Vertriebene“ sind im Register nur diese Seitenzahlen angegeben.

Abkommen bzw. Verträge sind alphabetisch, Beschlüsse, Befehle, Erlässe u. a. – auch chronologisch geordnet.

Ortschaften erscheinen unter ihren Bezeichnungen in der Sprache des Landes, dem sie zurzeit angehören. Ausnahmen bilden gängige Bezeichnungen wichtiger Orte etwa Prag, Warschau oder Krakau.

Die Herausgeber

Detlef Brandes war Professor für Kultur und Geschichte der Deutschen im östlichen Europa an der Heinrich-Heine-Universität Düsseldorf.

Kristina Kaiserová ist Direktorin des Instituts für slawisch-germanische Forschung an der J.E. Purkyně-Universität in Ústí nad Labem, Tschechische Republik.

Dmytro Myeshkov war 2005–2008 wissenschaftlicher Mitarbeiter an der Heinrich-Heine-Universität Düsseldorf.

Krzysztof Ruchniewicz ist Professor für Zeitgeschichte und Direktor des Willy Brandt Zentrums für Deutschland- und Europastudien an der Universität Wrocław, Polen.

Holm Sundhaussen war Professor für Südosteuropäische Geschichte an der Freien Universität Berlin und Co-Direktor des Berliner Kollegs für vergleichende Geschichte Europas.

Stefan Troebst ist Professor für Kulturstudien Ostmitteleuropas der Universität Leipzig sowie stv. Direktor des Geisteswissenschaftlichen Zentrums Geschichte und Kultur Ostmitteleuropas an der Universität Leipzig (GWZO).